佛典丛书

指月录

上

〔明〕瞿汝稷 编撰
德贤 侯剑 整理

巴蜀书社

目　录

① 盐：原作“医”，据正文改。

① 太毓：原作“大毓”，云门道人弦礼重刻本（下简称“云门刻本”）同，而正文均作“太毓”，《五灯会元》亦作“太毓”，据改。

① 此题原无，据正文补。
② 此目原无，据正文补。

① 密：原作“審”，据正文及云门刻本改。
② 宣：原误作“宜”，据正文及云门刻本改。

指月录卷二十一

六祖下第八世

① “上”字与卷二十七“六祖下第十三世”后之“下”字原无，据卷八、卷九同一世分上下例补。正文同此。

① 此目及下卷目原无，据正文补。

指月录原序

嵇叔夜好锻，阮遥集好蜡屐。当其意之所适，视世之他好，杂陈于前，无足移也。此不必明哲，第无二子之僻者，皆能喻锻与屐无足尚，交嗤其失所好已。而以二子之才之美，方其跌宕炉鞴，婆娑火蜡之间，虽穷极要眇以开之，使勿好有嗑然而笑耳，终不为之移已。及其既喻，则天地此炉鞴也，万有此火蜡也，孰足控搏？孰足容与？程伯子浮云尧舜之业，以玩物丧志，目辑录五经语者，意不若是乎！人之好不齐，乃或尊锻而卑屐，君屐而隶锻，不亦过乎！予垂髫则好读竺坟，尤好宗门家言。及岁乙亥夏，侍管师东溟先生于郡之竹堂寺，幸以焦芽与沾甘露，开蔽良多。既而师则朝彻蝉蜕，五宗掩耳，不欲复闻。予则沉酣，于是恒语同辈：圣人六艺之精蕴，诸所训诂，非读竺坟，不能得其真。生于万物之中，而得为人，人而男，男而知读书，于书知竺坟，于竺坟知宗门。是犹毂乳而得雪山之牛，复能得酪于乳，得生酥于酪，而熟酥，而醍醐哉！虽有他好，吾不移矣，此正予跌宕炉鞴，婆娑火蜡时语也。于是在架之书，率多宗门家言。每读之，如一瓶一钵，从诸耆宿于长林深壑，虽人间世波涛际天，埃壒蔽日，予席枕此，如握灵犀，得辟尘分流之妙，彼浡潏堀堁，莫能我侵矣。意适处辄手录之，当点笔意适，虽圭组见逼必谢之，儿稚牵挽必谢之。寒暑之薄肌骨，饥渴之迫脏腑，有不暇顾，肯复移意他好之杂陈耶？僻而至是，奚必人嗤，予固自嗤矣！至乙未，积录有三十二卷。适友人陈孟起，见而误赏焉，孟起遂为录二本。会有黄州之役，过故里，严道彻至斋中，亦误赏焉，遂以孟起本遗之。道彻遽欲授梓，予笑曰：“此予嵇氏之锻，阮氏之屐也，凡所云意适者，皆鸩毒也，道之所以塞也。予既已喻其僻矣，子乃欲使有目者，共嗤其僻耶。”坚止之。逮辛丑，予自昭武乞骸归，道彻欲梓，此意益坚。且曰：“子谓此为僻，子则谓然，然可以已众僻，古之人不云乎：‘惟楔出楔。’”至为发愿偈，率其弟侄若子梓行之。予既不能止，遂不敢藏其僻，为次第缘起于其端，题之曰《水月斋指月录》。“水月”，幻也，而云“指月”，果有如盘山所云“心月孤悬，光吞万象”者乎！吾不可得而知也，其质之炉鞴火蜡。

万历壬寅夏五月戊寅，那罗延窟学人瞿汝稷槃谈书。

刻指月录发愿偈

释典虽有宗教两途，世尊云：“吾四十九年住世，未曾说一字。”则何教之非宗乎？顾宗门须凭实悟，毫不容伪。观古之尊宿，几十年点胸自许，直至末后，为明眼人煅炼过，方始开省。则悟岂易言哉！及其悟后，奉戒愈精，检过愈密，甚至向折脚铛下，入山磨炼。真悟人气象如此，岂非识法者惧乎！今之望见门头户口者，便谓已证已得，从而呵佛骂祖，放荡无检，声色货利，居然常人。而高谈阔论，明欺一世。噫！欺世乎！自欺乎！有日须眉堕落，呕血无及在，何得归罪于宗。偈曰：

世皆忏罪造福，我亦作福灭罪。
惟有流传法宝，续佛慧命为最。
愿我生生世世，不迷正路修行。
直取菩提上果，遍度法界众生。
还愿众生觉悟，修行不迷正路。
聊凭标月指头，正见云开月露。
逍遥性海之中，当体与佛全同。

逐一销除夙习，次第到岸登峰。
慎勿拨无因果，莽莽荡荡招祸。
杀盗淫妄不除，岂得泥犁免堕。
还有向上一言，头上便是青天。
秋月梧桐滴露，春风杨柳含烟。

万历辛丑岁八月初三日吴郡严澄和南书。

指月录卷一

七佛

◎毗婆尸佛过去庄严劫第九百九十八尊　偈曰：“身从无相中受生，犹如幻出诸形象。幻人心识本来无，罪福皆空无所住。”《长阿含经》云：“人寿八万岁时，此佛出世。”种刹利，姓拘利若。父槃头，母槃头婆提。居般头婆提城。坐波波罗树下，说法三会，度人三十四万八千。神足二：一名骞茶，二名提舍。侍者无忧子方膺。

◎尸弃佛庄严劫第九百九十九尊　偈曰：“起诸善法本是幻，造诸恶业亦是幻。身如聚沫心如风，幻出无根无实性。”《长阿含经》云：“人寿七万岁时，此佛出世。”种刹利，姓拘利若，父明相，母光曜。居光相城。坐分陀利树下，说法三会，度人二十五万。神足二：一名阿毗浮，二名婆婆。侍者忍行子无量。

◎**毗舍浮佛**庄严劫第一千尊　偈曰：“假借四大以为身，心本无生因境有。前境若无心亦无，罪福如幻起亦灭。”《长阿含经》云：“人寿六万岁时，此佛出世。”种刹利，姓拘利若。父善灯，母称戒。居无喻城。坐娑罗树下，说法二会，度人一十三万。神足二：一扶游，二郁多摩。侍者寂灭子妙觉。

◎**拘留孙佛**现在贤劫第一尊　偈曰：“见身无实是佛身，了心如幻是佛幻。了得身心本性空，斯人与佛何殊别。”《长阿含经》云：“人寿四万岁时，此佛出世。”种婆罗门，姓迦叶。父礼得，母善枝。居安和城。坐尸利沙树下，说法一会，度人四万。神足二：一萨尼，二毗楼。侍者善觉子上胜。

◎**拘那含牟尼佛**贤劫第二尊　偈曰：“佛不见身知是佛，若实有知别无佛。智者能知罪性空，坦然不怖于生死。”《长阿含经》云：“人寿三万岁时，此佛出世。”种婆罗门，姓迦叶。父大德，母善胜。居清净城。坐乌暂婆罗门树下，说法一会，度人三万。神足二：一舒盘那，二郁多楼。侍者安和子导师。

◎**迦叶佛**贤劫第三尊　偈曰：“一切众生性清净，从本无生无可灭。即此身心是幻生，幻化之中无罪福。”《长阿含经》云：“人寿二万岁时，此佛出世。”种婆罗门，姓迦叶。父梵德，母财主。居波罗奈城。坐尼拘律树下，说法一会，度人二万。神足二：一提舍，二婆罗婆。侍者善友子集军。　幻寄曰：“始予录《指月录》，七佛第书其偈，《阿含》化迹皆削焉。既见世之人，粗闻即心即佛者，率多拨无报化，乃悟昔人载此之妙密。盖偈阐法身之极致，《阿含》示化迹之大略。可谓断常俱遣，事理两融者矣。《传灯》成于道原，而裁定于杨大年，其旨不苟也。因具录之，此录稍录神通亦以此。”

◎**释迦牟尼佛**贤劫第四尊　姓刹利，父净饭王，母摩耶。刹利氏自天地更始，阎浮洲初辟已来，世为王。佛历劫修行，值然灯佛授记，于此劫作佛。后于迦叶佛世，以菩萨成道。上生睹史陀天，名护明大士，及应运时至，乃降神于摩耶。当此土周昭王二十四正宗作“九”年甲寅四月初八日，自摩耶右胁诞生。生时放大智光明，照十方世界。地涌金莲花，自然捧双足。一手指天，一手指地，周行七步，目顾四方曰：“天上天下，惟吾独尊。”云门云：“我当时若见，一棒打杀，与狗子吃。贵图天下太平。”　云峰悦云：“云门虽有定乱之谋，且无出身之路。”　琅玡觉云：“云门可谓：将此深心奉尘刹，是则名为报佛恩。”　僧问九峰虔云：“承闻和尚有言，诸圣间出，只是传语人。是否？”曰：“是。”曰：“世尊一手指天，一手指地云：‘天上天下，惟吾独尊。’为甚么却唤作传语人？”峰曰：“只为一手指天，一手指地，所以唤作传语人。”

自降生后，种种神异，具如经言。至四十二正宗作“二十七”年，年十九，二月八日，欲求出家。而自念言：“当复何遇。”即于四门游观，见生老病死四等事，心有悲喜，而作思惟，此老、病、死、终可厌离。于是夜子时，有净居天人于窗牖中叉手白言：“出家时至，可去矣。”于是诸天捧所乘马足，超然凌虚逾城而去。曰：“不断八苦，不成无上菩提，不转法轮，终不还也。”净饭王思甚，遣其臣劝谕还宫者万计，确然不回，入檀特山修道。始于阿蓝迦蓝处三年。学不用处定，知非便舍。复至郁头蓝弗处三年。学非非想定，知非亦舍。又至象头山，同诸外道日食麻麦，经于六年。世尊自思曰：“今此苦行非正解脱，吾当受食而后成佛。”即沐浴于尼连河，天为之偃树，世尊援之而出，受牧牛氏女所献乳糜。寻诣毕钵树下，天帝化人，撷瑞草以藉坐，景云祥风四起纷披。天魔念世尊道成，且受折抑，率众作难，穷现可怖可欲诸境。世尊泊然不动，以指按地，地大震，魔皆颠仆，于是降之。故经云：“以无心意、无受行，而悉摧伏诸外道。”先历试邪法，示诸方便，发诸异见，令至菩提。乃于穆王三年癸未正宗作“昭王三十三年戊寅”岁，二月七日之夕，入正三昧。至八日明星出时，廓然大悟，成等正觉。乃叹曰：“奇哉！一切众生，具有如来智能德相，但以妄想执着不能证得。”时年三十矣。或云成道于腊月八日，以周正二月，乃夏正腊月也。成道后六年，归为净饭王说法。王大喜，遣其族五百贵子，从之出家。

世尊一日升座，大众集定。文殊白椎曰：“谛观法王法，法王法如是。”世尊便下座。芭蕉彻云：“忙忙者匝地普天。”

雪窦颂云：“列圣丛中作者知，法王法令不如斯。会中若有仙陀客，何必文殊下一椎。”　幻寄曰：“于斯荐得，则《华严论》所谓：‘未离兜率，已降王宫，未出母胎，度人已毕。十世古今，始终不离于当念；无边刹境，自他不隔于毫端。’是顾虎头画人影，虽得其神，而终是画香严上树话，雪峰望州亭与汝相见了也，话玄沙三种病人：亡僧面前、触目菩提、深山岩崖佛法。高峰见雪岩，岩问睡着未梦主人，都是依样画猫儿。咦！此俱是画，如何是真？咄！不见云门云：‘且道非非想天，今有几人退位，过此更参三十年。’”

世尊一日升座，默然而坐。阿难白椎曰：“请世尊说法。”世尊云：“会中有二比丘犯律行，故我不说法。”阿难以他心通观是比丘，遂乃遣出。世尊还复默然。阿难又白："适来为二比丘犯律，是二比丘已遣出，世尊何不说法。"世尊云："吾誓不为二乘声闻人说法。"便下座。南堂静云："前箭犹轻，后箭深。"

世尊一日升座，迦叶白椎曰："世尊说法竟。"便下座。世尊在忉利天为母说法，优填王思佛，命匠雕栴檀像。及世尊下忉利天，像亦出迎。世尊三唤三应，乃云："无为真佛实在我身。"咦！在那一个身？

世尊在忉利九十日，及辞天界而下，四众八部，俱往空界奉迎。有莲花色比丘尼作念云："我是尼身，必居大僧后见佛。不如用神力变作转轮圣王，千子围绕。"最初见佛，果满其愿。世尊才见，乃诃云："莲花色比丘，汝何得越大僧见吾！汝虽见吾色身，且不见吾法身。须菩提岩中宴坐，却见吾法身。"荐福怀云："莲花色比丘被热谩且致，还知瞿昙老人性命在别人手里么？"

世尊示随色摩尼珠，问五方天王："此珠所作何色？"时五方天王互说异色。世尊藏珠，复抬手曰："此珠作何色？"天王曰："佛手中无珠，何处有色？"世尊曰："汝何迷倒之甚！吾将世珠示之，便强说有青黄赤白色。吾将真珠示之，便总不知。"时五方天王悉自悟道。世尊因黑氏梵志献合欢梧桐花，佛召仙人："放下着。"梵志放下左手一株花，佛又召仙人："放下着。"梵志又放下右手一株花。佛又召仙人："放下着。"梵志曰："吾今两手俱空，更教放下个甚么？"佛曰："吾非教汝放舍其花，汝当放舍外六尘内六根中六识，一时舍却，无可舍处，是汝放身命处。"梵志于言下悟无生忍。世尊因普眼菩萨欲见普贤，不可得见，乃至三度入定，遍观三千大千世界，觅普贤不可得见，而来白佛。佛曰："汝但于静三昧中起一念，便见普贤。"于是普眼才起一念，便见普贤向空中乘六牙白象。云居舜云："诸仁者，且作么生会。"云居道："普眼推倒世尊，世尊推倒普眼，你道普贤在甚处？"

世尊因五通仙人问："世尊有六通，我有五通。如何是那一通？"佛召五通仙人，仙人应诺。佛曰："那一通你问我？"雪窦显云："老胡元不知有那一通，却因邪打正。"　琅玡觉云："世尊不知，可谓因正而打邪。五通不知，因邪而打正。"　云峰悦云："大小瞿昙被外道勘破了，有旁不肯底出来。我要问你：作么生是那一通？"　翠岩芝云："五通如是问，世尊如是答，要且不会那一通。"　宝叶源颂云："那一通，你问我。口是祸门，招因带果。惭愧慈悲大法王，丙乙离壬不属火。"　断桥伦颂云："那一通，你问我。玄关倒插无须锁。等闲一掣掣得开，三个老婆相对坐。"　妙喜云："今时有一种弄泥团汉，往往在那一通处错认定盘星。"

世尊一日敕阿难："食时将至，汝当入城持钵。"阿难应诺。世尊曰："汝既持钵，须依过去七佛仪式。"阿难便问："如何是七佛仪式？"世尊召阿难，阿难应诺。世尊曰："持钵去。"世尊因有比丘问："我于世尊法中见处即有，证处未是。世尊当何所示？"世尊曰："比丘某甲当何所示，是汝此问。"世尊因耆婆善别音响，至一家间，见五髑髅，乃敲一髑髅问耆婆："此生何处？"曰："此生人道。"又敲一曰："此生何处？"曰："此生天道。"又别敲一问耆婆："此生何处？"耆婆罔知生处。世尊因七贤女游尸陀林，一女指尸曰："尸在这里，人在甚处去？'一女曰："作么作么？"诸姊谛观，各各契悟。感帝释散花曰：“惟愿圣姊。有何所须，我当终身供给。”女曰：“我家四事七珍悉具足，惟要三般物。一要无根树子一株，二要无阴阳地一片，三要叫不响山谷一所。”帝释曰：“一切所须，我悉有之。若三般物，我实无有。”女曰：“汝若无此，争解济人？”帝释罔措，遂同往白佛。佛曰：“憍尸迦，我诸弟子大阿罗汉，不解此义，唯有诸大菩萨乃解此义。”世尊因地布发掩泥，献花于然灯佛。然灯见布发处，遂约退众，乃指地曰：“此一方地，宜建一梵刹。”时众中有一贤于长者，持标于指处插曰：“建梵刹竟。”时诸天散花相赞。世尊尝于阿难行次，见一古佛塔。世尊便作礼，阿难曰：“此是甚么人塔？”世尊曰：“过去诸佛塔。”阿难曰：“过去诸佛是甚么人弟子？”世尊曰：“是吾弟子。”阿难曰：“应当如是。”世尊因自恣日文殊三处过夏，迦叶欲白椎摈出，才拈椎，乃见百千万亿文殊。迦叶尽其神力，椎不能举，世尊遂问迦叶：“汝拟摈那个文殊？”迦叶无对。昭觉勤云：“可惜放过一着，待释迦老子道你欲摈那个文殊，便与一椎，看他作么合杀？”云居元云：“一家有事百家忙。”

城东有一老母，与佛同生，不欲见佛。每见佛来，即便回避。虽然如此，回顾东西，总皆是佛。遂以手掩面，乃至十指掌中，总皆是佛。雪窦显云：“它虽是个老婆，宛有丈夫之作。既知回避稍难，不免吞声饮气。如今不欲见佛，即许你，切忌以手掩面，何故？明眼底觑着，将谓雪窦门下教你老婆禅。”

世尊因文殊至诸佛集处，值诸佛各还本处，唯有一女人近于佛坐而入三昧。文殊乃白佛云：“何此人得近佛，而我不得？”佛告文殊：“汝但觉此女，令从三昧起，汝自问之。”

文殊绕女人三匝，鸣指一下，乃托至梵天，尽其神力而不能出。世尊曰："假使百千文殊，亦出此女人定不得。下方过四十二恒河沙国土，有罔明菩萨，能出此女人定。"须臾，罔明大士从地涌出，作礼世尊。世尊敕罔明出，罔明却至女子前，鸣指一下，女子于是从定而出。五云逢云："不惟文殊不能出此定，但恐如来也出此定不得，只如教意，怎生体解。"

翠岩真好问僧：文殊是七佛之师，因甚出女子定不得？罔明从下方来，因甚却出得女子定？莫有能对者，独英劭武方其问时，以手掐其膝而去。真笑曰：卖匙箸客未在。　洪觉范曰：教中有女子出定因缘，丛林商略甚众，自非道眼明白，亲见作家未能明也。大愚芝禅师每问僧曰：文殊是七佛之师，为甚出女子定不得？罔明菩萨下方而至，但弹指一声便能出定？莫有对者。乃自代云："僧投寺里宿，贼打不防家。"予滋爱其语，作偈记之曰："出定只消弹指，佛法岂用工夫。我今要用便用，不管罔明文殊。"云庵和尚见之，明日升座，用前话，乃曰："文殊与罔明见处。还有优劣也无？若言无，文殊何故出女子定不得。只如今日行者击动法鼓，大众同到座前，与罔明出女子定，是同是别？"良久曰："不见道，欲识佛性义，当观时节因缘。大众总是祖师门下客，参玄上士试谛观看。若见得，出家事毕，解脱安乐，世俗尘劳不用闲观。"喝一喝！下座。云庵亦有偈曰："佛性天真事，谁云别有师。罔明弹指处，女子出禅时。不费纤毫力，何曾动所思。众生总平等，日用自多疑。"　妙喜云：有一种商量古人公案谓之针线工夫，又谓之郎君子弟禅。禅如商量，女子出定语，云：文殊是七佛之师，为甚么出女子定不得？云：文殊与女子无缘。罔明是初地菩萨，为甚么出得女子定？云：与女子有缘。下语云：冤有头，债有主。又有商量道：文殊不合有心，所以出女子定不得。罔明无心，所以出得。下语云：有心用处还成错，无意求时却宛然。又有商量道：文殊为甚么出女子定不得？杓柄在女子手里。罔明为甚么出得？如虫御木。又云：因风吹火。又云：争奈女子何。邪解甚者，至于作女子入定势，出定势，推一推，弹指一下，哭苍天数声，伏惟尚飨，拂袖之类，冷地看来，惭惶杀人。妙喜颂云：“出得出不得，是定非正定。罔明与文殊，丧却穷性命。”

圜悟勤颂云：“大定等虚空，廓然谁辨的。女子与瞿昙，据令何条直。师子奋迅兮摇荡乾坤，象王回旋兮不资余力。孰胜孰负，谁出谁入。雨散云收，青天白日。君不见，马驹踏杀天下人，临济未是白拈贼。”　尼妙总颂云：“金不博金，水不洗水。两既不成，一何有尔。罔明文殊，靴里弄指。”　天衣怀颂云：“文殊托上梵天，罔明轻轻弹指。女子黄面瞿昙，看他一倒一起。”　宝峰照颂云：“拂拭瑶琴月下弹，调高雪曲和应难。五侯费尽平生志，从此诗书懒更看。”　石门易颂云：“坐拥群峰覆白云，莺啼深谷不知春。岩前花雨纷纷落，午梦初回识故人。”　佛灯珣颂云：“瞿昙身心如泥，女子肝肠似铁。文殊贪寻锅子，罔明由来着楔。历观大地众生，不解闭门作活。不动干戈建太平，雨过青山如黛泼。”　佛照光颂云：“一亩之地，三蛇九鼠。仔细看来，是何面嘴。”

殃崛摩罗因持钵至一长者门，其家妇人正值产难，长者曰：“瞿昙弟子，汝为至圣，当有何法能免产难？”殃崛语长者曰：“我乍入道，未知此法。待我回问世尊，却来相报。”乃返具事白佛。佛告殃崛：“汝速去报言，我从贤圣法来，未曾杀生。”殃崛奉佛语疾往告之，其妇得闻，当时分娩。

径山杲禅师游方时，以此因缘，请益湛堂准禅师。堂曰：“正爬着我痒处，这话是金矢法，不会如金，会得如矢。”山曰：“岂无方便？”堂曰：“我有个方便，只是你划地不会。”山曰：“望和尚慈悲。”堂曰：“殃崛云：我乍入道未知此法，待问世尊，未到佛座下，他家生下儿子时如何？佛言：我从贤圣法来，未曾杀生。殃崛持此语，未到它家，已生下儿子时如何？”山当时理会不得，及见圆悟后，过虎丘，阅华严经，至菩萨登第七地证无生法忍云：佛子，菩萨成就此忍，即时得入菩萨第八不动地，为深行菩萨难可知无差别。离一切相、一切想、一切执着，无量无边一切声闻辟支佛所不能及。离诸喧诤，寂灭现前。譬如比丘具足神通，得心自在，次第乃至入灭尽定，一切动心忆想分别悉皆止息。此菩萨摩诃萨亦复如是。住不动地，即舍一切功用行，得无功用法，身口意业念务皆息，住于报行。譬如有人，梦中见身堕在大河，为欲渡故，发大勇猛，施方便故。即便窹窹[1]，既窹窹已，所作皆息。菩萨亦尔，见众生身在四流中，为救度故，发大勇猛，起大精进，故至此不动地。既至此已，一切功用，靡不皆息，二行相行，皆不现前。此菩萨摩诃萨，菩萨心、佛心、菩提心、涅槃心，尚不现起，况复起于世间之心。山于是豁然打失布袋，湛堂所说方便，忽然现前。山后尝颂此因缘，其颂曰："华阴山前百尺井，中有寒泉彻骨冷。谁家美人来照影，不照其余照斜领。"鼓山圭公亦同颂云："月里仙娥不画眉，只将云雾作罗衣。不知梦逐青鸾去，犹把花枝盖面归。"

世尊一日因文殊在门外立，乃曰："文殊文殊，何不入门来？"文殊曰："我不见一法在门外，何以教我入门。"报慈遂征云："为复是门内语、门外语？"沩山喆代云："吾不如汝。"黄龙新云："文殊恁么道入得门入不得门，若入得门，冰消瓦解。"

无边身菩萨将竹杖量世尊顶，丈六了又丈六，量到梵天，不见世尊顶。乃掷下竹杖，合掌说偈云："虚空无有边，佛功德亦然。若有能量者，穷劫不可尽。"

世尊因乾闼婆王献乐，其时山河大地皆作琴声，迦叶起作舞。王问："迦叶岂不是阿罗汉诸漏已尽，何更有余习？"佛曰："实无余习，莫谤法也。"王又抚琴三遍，迦叶亦三度

① 窹：疑是"寤"字之误，下句"窹"字同。

作舞。王曰："迦叶作舞，岂不是习。"佛曰："实不曾作舞。"王曰："世尊何得妄语?"佛曰："不妄语。汝抚琴，山河大地木石尽作琴声，岂不是?"王曰："是。"佛曰："迦叶亦复如是，所以实不曾作舞。"王乃信受。修山主问澄源禅师："乾闼婆王奏乐，直得须弥岌峇，海水腾波，迦叶作舞，作么生会?"源云："迦叶过去世曾作乐人来，习气未除。"修云："须弥岌峇，海水腾波，又作么生?"源休去。　幻寄云："有底道，世尊以药去病，澄源以病去药，梦也未梦见乾闼婆王在。"

世尊在第六天说《大集经》，敕他方此土、人间天上，一切狞恶鬼神，悉皆辑会。受佛付嘱，拥护正法。设有不赴者，四天门王飞热铁轮，追之令集。既集会已，无有不顺佛敕者，各发弘誓，拥护正法。唯有一魔王，谓世尊曰："瞿昙，我待一切众生成佛尽，众生界空，无有众生名字，我乃发菩提心。"天衣怀举云："临危不变，真大丈夫！诸仁者，作么生下得一转语，与黄面瞿昙出气。寻常神通妙用智能辨才，都使不着，尽阎浮大地人莫不爱佛。到这里，何者是佛？何者是魔？还有人辨得么?"良久云："欲识魔么？开眼见明。欲识佛么？闭眼见暗。魔之与佛，一时穿却鼻孔。"　妙喜曰："天衣老汉，恁么批判，直是奇特。虽然如是，未免话作两橛，若向何者是佛何者是魔处休去，不妨使人疑着。却云：开眼合眼，郎当不少。又云：拄杖一时，穿却鼻孔，雪上加霜。妙喜却为黄面老子代一转语，待遮魔王如此道了，只向他道，几乎错唤你做魔王。此语有两负门，若人检点得出，许你具衲僧眼。"

世尊因调达谤佛，生身入地狱，遂令阿难问："你在地狱中安否?"曰："我虽在地狱，如三禅天乐。"佛又令问："你还求出否?"曰："我待世尊来便出。"阿难曰："佛是三界导师，岂有入地狱分。”调达曰：“佛既无入地狱分，我岂有出地狱分？”翠岩真云：“亲言出亲口。”　湛堂准颂云：“好笑提婆达多，入捺落十小劫波。虽然得三禅妙乐，吹布毛须还鸟窠。”　松源岳颂云：“地狱天堂，八字打开，谁知无去亦无来。若言已得三禅乐，未免将身自活埋。”

世尊因文殊忽起法见佛见，被世尊威神摄向二铁围山。五云逢云：“甚么处是二铁围山？还会么，如今人有起法见佛见，五云与烹茶两瓯，且道是赏伊罚伊，同教义不同教义？”　白云端云：“大众！世尊当时无大人相，如今若有向承天这里起法见佛见，承天终不敢教动着他。何谓如此？但得雪消去，自然春到来。”五祖演云：“白云则具大慈悲。”遂拍手云：“曼殊室利普贤大士，不审今后更敢也无？”自云：“一度被蛇伤，怕见断井索。”

世尊因灵山会上五百比丘得四禅定，具五神通，未得法忍，以宿命智通，各各自见杀父害母及诸重罪，于自心内，各各怀疑，于甚深法不能证入。于是文殊承佛神力，遂手握利剑，持逼如来。世尊乃谓文殊曰：“住！住！不应作逆，勿得害吾。吾必被害，为善被害。文殊师利，尔从本已来，无有我人，但以内心见有我人，内心起时，我必被害，即名为害。”于是五百比丘自悟本心，如梦如幻，于梦幻中无有我人，乃至能生所生父母。于是五百比丘同赞叹曰：“文殊大智士，深达法源底，自手握利剑，持逼如来身。如剑佛亦尔，一相无有二。无相无所生，是中云何杀。”天童杰云：“为人须为彻，杀人须见血。文殊费尽腕头气力，且不知此剑来处，带累释迦老子。通身是口也分疏不下。五百比丘恁么悟去？入地狱如箭射，忽若踏翻大海，踢倒须弥，云门扇子踍跳上天，筑着帝释鼻孔，东海鲤鱼打一棒，雨似盆倾，又作么生商量？”良久云：“自从舞得三台后，拍拍元来总是歌。”

世尊因外道问：“不问有言，不问无言。”世尊良久，外道叹曰：“世尊大慈大悲，开我迷云，令我得入。”作礼而去。阿难白佛：“外道得何道理？称赞而去。”世尊曰：“如世良马见鞭影而行。”雪窦显云：“邪正不分，过犹鞭影。”又云：“迷云既开，决定见佛，还许它同参也无？若共相委知，则天下宗师并为外道伴侣。如各非印证，则东土衲僧不如西天外道。”又颂云：“机轮曾未转，转必两头走。明镜忽临台，当下分妍丑。妍丑分兮迷云开，慈门何处生尘埃。因思良马窥鞭影，千里追风唤得回。唤得回，鸣指三下。” 圜悟勤云：“鸣指三下，是点破，是撒沙。” 径山杲云：“邪正两分，正犹鞭影。” 百丈恒举此请益法眼，语未终，法眼云：“住，住！汝拟向世尊良久处会那。”丈从此悟入。

世尊因波斯匿王问：“胜义谛中有世俗谛否！若言无，智不应二；若言有，智不应一。一二之义，其义云何！”佛言：“大王，汝于过去龙光佛时，曾问此义，我今无说，汝今无听，无说无听，是为一义二义。”翠岩真云：“波斯匿王善问不善答，世尊善答不善问。一人理上偏枯，一人事上偏枯。翠岩当时若见，点一把火，照看黄面老，面皮厚多少。”荐福怀云：“诸仁者，大王分明问，世尊分明答。宾主历然，作么生说个无说无闻底道理？”

世尊因外道问：“昨日说何法？”世尊曰：“说定法。”外道曰：“今日说何法？”曰：“不定法。”外道曰：“昨日说定法，今日何说不定法？”世尊曰：“昨日定今日不定。”五祖戒云：“何得将别人物作自己用。”沩山喆云：“世尊大似看楼打楼。大沩即不然，待问昨日说定今日何说不定，但云非汝境界。” 荐福怀云：“黄面老，被外道拶着，出自偶然。虽然如此，邪正未分，若人辨得，许你顶门具眼。”

世尊因有异学问：“诸法是常耶？”世尊不对。又问：“诸法是无常耶？”世尊亦不对。异学曰：“世尊具一切智，何不对我？”世尊曰：“汝之所问，皆为戏论。”世尊尝在尼俱律树下坐次，因二商人问：“世尊还见车过否？”曰：“不见。”“还闻否？”曰：“不闻。”“莫禅定否？”曰：“不禅定。”“莫睡眠否？”曰：“不睡眠。”商人乃叹曰：“善哉！善哉！”世尊乃觉而不见。世尊因长爪梵志索论义，预约曰：“我义若堕，当斩首以谢。”世尊曰：“汝义以何为宗？”志曰：“我以一切不受为宗。”世尊曰：“是见受否？”志拂袖而去，行至中路有省，乃叹曰：“我义两处负堕，是见若受，负门处粗，是见不受，负门处细。一切人天二乘，不知我义堕处。惟有世尊诸大菩萨，知我义堕。”回至世尊前曰：“我义两处负堕，故当斩首以谢。”世尊曰：“我法中无如是事，汝当回心向道。”于是同五百徒众，一时投佛出家，证阿罗汉。天衣怀颂云：“是见若受破家门，是见不受共谁论。匾担蓦折两头脱，一毛头上现乾坤。”

世尊一日坐次，见二人舁猪过，乃问：“这个是甚么？”曰：“佛具一切智，猪子也不识。”世尊曰：“也须问过。”大阳玄云：“不因世尊问，洎乎忘却。”　地藏恩云：“瞿昙老汉，也是无端。大似节目上更生节目，忽被二人呵呵大笑。舁猪便行，一场懡㦬。”

世尊在灵山会上拈花示众，是时众皆默然，唯迦叶尊者破颜微笑。世尊曰：“吾有正法眼藏，涅槃妙心，实相无相，微妙法门，不立文字，教外别传。”付嘱摩诃迦叶。白云端云："迦叶善观风云，别气色，虽然如是，还觉顶门重么？"复颂云："尽说拈花微笑是，不知将底辨宗风。若言心眼同时证，未免朦胧在梦中。"　僧问云峰悦："灵山拈花，意旨如何？"悦云："一言已出，驷马难追。""迦叶微笑，意旨如何？"悦云："口是祸门。"

世尊至多子塔前，命摩诃迦叶分座令坐，以僧伽黎围之，遂告曰："吾以正法眼藏，密付于汝，汝当护持。"并敕阿难副贰传化，无令断绝，而说偈曰："法本法无法，无法法亦法。今付无法时，法法何曾法。"尔时世尊说此偈已，复告迦叶："吾将金缕僧伽黎衣传付于汝，转授补处。至慈氏佛出世，勿令朽坏。"迦叶闻偈，头面礼足曰："善哉！善哉！我当依敕，恭顺佛教。"世尊临入涅槃，文殊大士请佛再转法轮，世尊咄曰："文殊！吾四十九年住世，未曾说一字。汝请吾再转法轮，是吾曾转法轮耶？"雪峰空云："且道世尊从文殊请，不从文殊请？"

世尊于涅槃会上，以手摩胸告众曰："汝等善观吾紫磨金色之身，瞻仰取足，勿令后悔。若谓吾灭度，非吾弟子。若谓吾不灭度，亦非吾弟子。时百万亿众，悉得契悟。"云峰悦云："然膏肓之病，不足以发药。云峰今日且作死马医，汝等诸人，皮下有血么？"

尔时世尊至拘尸那城，告诸大众："吾今背痛，欲入涅槃。"即往熙连河侧娑罗双树下，右胁累足，泊然宴寂。复从棺起，为母说法。特示双足，化婆耆。并说无常偈曰："诸行无常，是生灭法。生灭灭已，寂灭为乐。"时诸弟子，即以香薪竞荼毗之，烬后金棺如故。尔时大众即于佛前，以偈赞曰："凡俗诸猛炽，何能致火爇。请尊三昧火，阇维金色身。”尔时金棺从座而举，高七多罗树，往反空中，化火三昧。须臾灰生，得舍利八斛四斗。即穆王五十二正宗作“三十六”年壬申岁，二月十五日也。自世尊灭后一千一十七年，教至中夏，即后汉永平十年戊辰岁也。世尊涅槃日，迦叶最后至，世尊乃于椁中，露双趺示之。佛鉴勤颂云：“未出王宫已涅槃，何须双足露金棺。致令迦叶双眉皱，庆喜门前倒刹竿。”

附：诸师拈颂诸经语句

◎经题𠆢字　僧问地藏琛：“以字不成，八字不是，未审是甚么字？”藏曰：“看取下注脚。”　　径山杲颂云：“以字不成八字非，烁迦罗眼不能窥。一毛头上重拈出，愤怒那吒失却威。”　　幻寄曰：“有以沤和二字释此者，是以柏树子话，为三界唯心，同一鼻孔，座主见也。”

华严论

未离兜率，已降王宫。未出母胎，度人已毕。径山杲颂云：“利刃有蜜不须舐，蛊毒之家水莫尝。不舐不尝俱不犯，端然衣锦自还乡。”

金刚经

若为人轻贱，是人先世罪业，应堕恶道。以今世人轻贱故，先世罪业，则为消灭。雪窦显颂云：“明珠在掌，有功者赏。胡汉不来，全无伎俩。伎俩既无，波旬失途。瞿昙瞿昙，识我也无？”复云：“勘破了也。” 圆悟勤云：“且道雪窦勘破瞿昙，瞿昙勘破雪窦，具眼者试定当看？”

无我相，无人相。庞居士问讲《金刚经》，座主云：“无我相，无人相，阿谁讲？阿谁听？”主无对。士示偈云：“无我亦无人，作么有疏亲。劝君休历座，何似直求真。金刚般若性，外绝一纤尘。我闻并信受，才是假名陈。”

文殊所说般若经

清净行者，不入涅槃。破戒比丘，不入地狱。此山应颂云：“饮官酒，卧官街。当处死，当处埋。寒山逢拾得，抚掌笑哈哈。” 径山杲颂云：“壁上安灯盏，堂前置酒台。闷来打三盏，何处得愁来？” 高峰妙颂云：“涅槃地狱本无差，只为从前被眼遮。三脚驴儿才踍跳，镬汤炉炭是吾家。”

圆觉经

居一切时，不起妄念。于诸妄心，亦不息灭。住妄想境，不加了知。于无了知，不辨真实。径山杲颂云：“荷叶团团团似镜，菱角尖尖尖似锥。风吹柳絮毛球走，雨打梨花蛱蝶飞。”师答林少瞻云：“但将此颂，放在上面。却将经文，移来下面。颂却是经，经却是颂。如此做工夫看，莫管悟不悟。心头休要忙，亦不可放缓。如调弦之法，紧缓得其所，则曲调自成矣。” 琅玡觉禅师尝问讲僧曰：“如何是居一切时不起妄念？”对曰：“起即是病。”又问：“如何是于诸妄心亦不息灭？”对曰：“息即是病。”又问：“如何是住妄想境不加了知？”对曰：“知即是病。”又问：“如何是于无了知不辨真实？”对曰：“辨即是病。”觉公笑曰：“汝识药矣，未识药中之忌也。”宝觉禅师则为之偈曰：“黄花熳熳，翠竹珊珊。江南地暖，塞北春寒。游人去后无消息，留得云山到老看。”

一切障碍，即究竟觉。雪堂行颂云：“枯树云充叶，凋梅雪作花。击桐成木响，蘸雪吃冬瓜。长天秋水，孤鹜落霞。”

裴休为《圆觉叙》，有云：“终日圆觉而未尝圆觉者，凡夫也。具足圆觉而住持圆觉者，如来也。宋径山慈辨禅师宝印，别其语曰：“具足圆觉住持圆觉者，凡夫也。终日圆觉未尝圆觉者，如来也。”从容录。

楞伽经

五法三自性，八识二无我。径山杲颂云：“陕府铁牛白癞，嘉州大象耳聩。两个病痛一般，咄哉！漆桶不快。”

维摩经

须菩提持钵入维摩舍乞食，时维摩诘取钵盛饭谓言：“汝能于食等者诸法亦等，诸法等者于食亦等。如是行乞，乃可取食。乃至彼外道六师是汝之师，彼师所堕，汝亦随堕，乃可取食。入诸邪见，不到彼岸。住于八难，不得无难。同于烦恼，离清净法。汝得无诤三昧，一切众生亦得是定。其施汝者，不名福田。供养汝者，堕三恶道。为与众魔共一手，作诸劳侣。汝与众魔及诸尘劳，等无有异。于一切众生而有怨心，谤诸佛，毁于法，不入众数，终不得灭度。汝若如是，乃可取食。”妙喜颂云：“独坐许谁知，青山对落晖。花须连夜发，莫待晓风吹。”

楞严经

佛谓阿难：“见见之时，见非是见。见犹离见，见不能及。”竹庵圭云：“落花有意随流水，流水无情恋落花。” 径山杲颂云：“春至百花开，秋来还落叶。黄面老瞿昙，休摇三寸舌。”

海印信颂云：“见不及处，江山满目。不睹纤毫，花红柳绿。白云出没本无心，流水滔滔岂盈缩。”汝等一人，发真归元。此十方空，皆悉销陨。尼无著颂云：“一人发真归元，十方虚空消陨。试问杨岐栗蓬，何似云门胡饼。”诸可还者，自然非汝。不汝还者，非汝而谁。”竹庵圭云：“常恨春归无觅处，不知转入此中来。”喝一喝云：“三十年后，莫道能仁教坏人家男女。” 天目礼颂云：“不汝还兮复是谁，残红落满钓鱼矶。日斜风动无人扫，燕子衔将水际飞。咄！咄！是无等等咒。”

阿难复白佛言：“若此妙明真净妙心，本来遍圆。如是乃至大地草木，蠕动含灵，本元真如，即是如来成佛真体。佛体真实，云何复有地狱饿鬼畜生？”卍庵颜颂云：“双剑峰前古寺基，天尊元是一牟尼。时难只得同香火，莫听闲人说是非。”

佛告阿难：“吾不见时，何不见吾不见之处？若见不见，自然非彼不见之相。若不见吾不见之地，自然非物，云何非汝？雪窦显颂云：“全象全牛意不殊，从来作者共名模。如今要见瞿昙老，刹刹尘尘在半途。” 湛堂准颂云：“老胡彻底老婆心，为阿难陀意转深。韩干马嘶芳草渡，戴嵩牛卧绿杨阴。”若能转物，即同如来。”白云端颂云：“若能转物即如来，春至山花处处开。自有一双穷相手，不曾容易舞三台。”

法华经

是法住法位，世间相常住。朴翁 颂云：“世间相常住，黄莺啼绿树。真个可怜生，动着便飞去。”

佛放眉间白毫相光，照东方万八千世界。圆极岑颂云：

“蛮奴赤脚上皇州，卖尽珍奇跨白牛。贪着市朝人作市，又随歌舞上官楼。多意气，好风流，月冷珠帘挂玉钩。分明忘却来时路，百尺竿头辊绣球。”

诸法从本来，常自寂灭相。昔有僧诵此，忽起疑，日夕不置。忽闻莺声，顿然开悟。遂续前语为偈曰：“诸法从本来，常自寂灭相。春至百花开，黄莺啼柳上。”

假使满世间，皆如舍利弗。尽思共度量，不能测佛智。破庵先颂云：“雪子落纷纷，乌盆变白盆。忽然日头出，依旧是乌盆。”

如来如实知见三界之相，无有生死。若退若出，亦无在世及灭度者。非实非虚，非如非异。不如三界现于三界。如斯之事，如来明见无有错谬。圆极岑颂云：“岣嵝峰头神禹碑，字青石赤形模奇。无目仙人才一见，便应抚掌笑嘻嘻。云暗苍龙化葛陂，就中一句是正颂。有人检点得出，许你具一只眼。”

大通智胜佛，十劫坐道场。佛法不现前，不得成佛道。径山杲颂云：“燕坐道场经十劫，一一从头俱漏泄。世间多少守株人，掉棒拟打天边月。”

指月录卷二

应化圣贤

◎**文殊菩萨**，一日令善财采药曰：“是药者采将来。”善财遍观大地，无不是药。却来白曰：“无有不是药者。”殊曰：“是药者采将来。”善财遂于地上拈一茎草，度与文殊。殊接得示众曰：“此药能杀人，亦能活人。”首山念云：“文殊大似掩耳偷铃。”　琅玡觉云：“文殊可谓诚实之言，要且额头汗出，口里胶生。”　天童华云：“大小文殊被善财换却眼睛。”石田熏颂云：“采药与用药，相逢一会家。杀人活人不眨眼，白玉无瑕却有瑕。”

文殊问庵提遮女曰：“生以何为义？”女曰：“生以不生生为生义。”殊曰：“如何是生以不生生为生义？”女曰：“若能明知地水火风四缘，未尝自得，有所和合，而能随其所宜，是为生义。”殊曰：“死以何为义？”女曰：“死以不死死为死义。”殊曰：“如何是死以不死死为死义？”女曰：“若能明知地水火风四缘，未尝自得，有所离散，而能随其所宜，是为死义。”庵提遮女问文殊曰：“明知生是不生之理，为何却被生死之所流转？”殊曰：“其力未充。”进山主问修山主：“明知生是不生之理，为甚么却被生死之所流转？”修曰：“笋毕竟成竹去，如今作篾使还得么？”进云：“汝向后自悟去在。”修云：“某甲所见只如此，上座意旨如何？”进指云：“这个是监院房，那个是典座房。”修乃礼谢。　　简翁敬颂云：“问处分明答处端，当机觌面不相瞒。死生生死元无际，月上青山玉一团。”

文殊大士尝谓善住意天子云：“汝今若能违背诸佛，毁谤法僧，吾即将同汝如是梵行。”天子云：“大士，今何故复如是语？”大士云：“天子，如汝意者，以何为佛？”天子云：“如如法界，我言是佛。”大士云：“天子，于汝意云何？如如法界可染着乎？”天子云：“弗也。”大士云：“以是义故，我如是说。汝今若能背毁佛法僧，吾将同汝如是梵行。”善住天子准上应有“意”字，此或另是一天子。而白文殊：“可共俱往如来之所咨受未闻，亦同此时如法问难。”文殊云：“尔莫分别取着如来。”天子云：“如来今在何所？令我莫着。”文殊云：“只在目前。”天子云：“若如是者，我何不见？”文殊云：“尔若一切不见，是名真见如来。”天子云：“若见在前，云何戒我莫取着如来？”文殊云：“尔今见前何有？”天子云：“有虚空界。”文殊云：“如来者，虚空界，是故虚空界者即是如来，此中无有一物可分别者。”大小文殊，趁着天子脚跟转，天子却惺惺，文殊未具眼。

◎**天亲菩萨**，从弥勒内宫而下，无著菩萨问曰：“人间四百年，彼天为一昼夜，弥勒于一时中成就五百亿天子，证无生法忍。未审说甚么法？”天亲曰：“只说这个法，只是梵音清雅，令人乐闻。”荐福怀云：“弥勒已是错说，天亲已是错传。山僧今日将错就错，与你诸人注破。”良久，云：“谛听，谛听！向下文长，付在来日。”

◎**维摩会上**，三十二菩萨各说不二法门。文殊曰：“我于一切法，无言无说，无示无识，离诸问答，是为菩萨入不二法门。”于是文殊又问维摩：“仁者当说何等是菩萨入不二法门？”维摩默然。文殊赞曰：“乃至无有语言文字，是菩萨真入不二法门。”雪窦举此至仁者当说何等是菩萨入不二法门，不举维摩默然。便云：维摩道甚么？又云：勘破了也。复颂云：“咄这维摩老，悲生空懊恼。卧疾毗耶离，全身大枯槁。七佛祖师来，一室且频扫。请问不二门，当时便靠倒。不靠倒，金毛师子无处讨。”

圜悟勤云：“如今禅和子便道：‘无语是靠倒。’且莫错认定盘星。”　白云端颂云：“一个两个百千万，屈指寻文数不办。暂时放在暗窗前，明日与君重计算。”

◎**善财**，参五十三员善知识，末后到弥勒阁前，见楼阁门闭，瞻仰赞叹。见弥勒从别处来，善财作礼曰：“愿楼阁门开，令我得入。”寻时，弥勒至善财前，弹指一声，楼阁门开。善财入已，阁门即闭。见百千万亿楼阁，一一楼阁内有一弥勒，领诸眷属并一善财，而立其前。善财因无著菩萨问曰：“我欲见文殊，何者即是？”财曰：“汝发一念心清净即是。”无著曰：“我发一念心清净，为甚么不见？”财曰：

“是真见文殊。”

◎**须菩提尊者**，在岩中宴坐，诸天雨花赞叹。者曰：“空中雨花赞叹，复是何人？云何赞叹？”天曰：“我是梵天，敬重尊者善说般若。”者曰：“我于般若未尝说一字，云何赞叹？”天曰：“如是尊者无说，我乃无闻，无说无闻，是真说般若。”尊者一日说法次，帝释雨花。者乃问：“此花从天得耶？从地得耶？从人得耶？”释曰：“弗也。”者曰：“从何得耶？”释乃举手。者曰：“如是，如是！”云门偃云：“帝释举手处，与你四大五蕴、释迦老子，是同是别？” 妙喜曰：“须菩提解空第一，生时家室尽空。世尊才升座，须菩提便出众云：希有世尊，且道见甚么道理，便恁么道。天亲菩萨作无量偈，只赞希有二字。” 圜悟禅师云：“一句是一个铁橛，故六祖闻‘应无所住而生其心’，便悟去。”

◎**无厌足王**，入大寂定，乃敕有情无情，皆顺于王。若有一物不顺于王，即入大寂定不得。紧那罗王奏无生乐供养，佛乃敕有情无情，俱随王去。若有一物不随王去，即去佛处不得。

◎**舍利弗尊者**，因入城，遥见月上女出城。舍利弗心口思惟：此姊见佛否？知得忍不得忍否？我当问之。才近便问：“大姊往甚么处去？”女曰：“如舍利弗与么去。”弗曰：“我方入城，汝方出城，何言如我恁么去？”女曰：“诸佛弟子当依何住？”弗曰：“诸佛弟子依大涅槃而住。”女曰：“诸佛弟子既依大涅槃而住，我亦如舍利弗与么去。”舍利弗问须菩提梦中说六波罗蜜与觉时同异，提曰："此义深远，吾不能说。会中有弥勒大士，汝往彼问。"舍利弗问弥勒，弥勒云："谁是弥勒？谁名弥勒？"舍利弗问天女曰："何以不转女身？"女曰："我从十二年来，求女人相，了不可得，当何所转。"即时天女以神通力，变舍利弗，令如天女，女自化身如舍利弗。乃问言："何以不转女身？"舍利弗以天女像而答言："我今不知云何转面而变为女身。"

◎**鸯崛魔罗尊者**，未出家时，外道受教为憍尸迦，欲登王位，用千人拇指为花冠，已得九百九十九，唯欠一指，遂欲杀母取指。时佛在灵山以天眼观之，乃作沙门在鸯崛前。鸯崛遂释母欲杀佛。佛徐行，鸯崛急行，追之不及。乃唤曰："瞿昙，住！住！"佛告曰："我住久矣，是汝不住。"鸯崛闻之，心忽开悟，遂弃刃投佛出家。

◎**宾头卢尊者**，因阿育王内宫斋三万大阿罗汉，躬自行香，见第一座无人，王问其故。海意尊者曰："此是宾头卢位，此人近见佛来。"王曰："今在何处？"者曰："且待须臾。"言讫，宾头卢从空而下。王请就座礼敬。者不顾，王乃问："承闻尊者亲见佛来，是否？"者以手策起眉曰："会么？"王曰："不会。"者曰："阿耨达池龙王曾请佛斋，吾是时亦预其数。"翠岩真云："且道甚么处见，直饶雪天缥缈，湖光滟荡，且莫说梦。"

◎**障蔽魔王**，领诸眷属，一千年随金刚齐菩萨觅起处不得。忽一日得见，乃问曰："汝当依何而住？我一千年觅汝起处不得。"齐曰："我不依有住而住，不依无住而住，如是而住。"法眼云：障蔽魔王不见金刚齐。即从只如金刚齐，还见障蔽魔王么？妙喜曰：既觅起处不得，一千年随从底是甚么？金刚齐云：我不依有住而住，不依无住而住，互相热谩。法眼道：障蔽魔王不见金刚齐，即且从只如金刚齐，还见障蔽魔王么？恁么批判，也是看孔着楔。即今莫有知得妙喜起处底么？随后咄云：寐语作么？

◎那吒太子，析骨还父，析肉还母，然后现本身，运大神力，为父母说法。

◎广额屠儿，于涅槃会上放下屠刀，立便成佛。自云："是贤劫千佛一数。"东山觉拈云："今时丛林将为广额是过去一佛，权现屠儿，且喜没交涉。又谓广额是杀人不眨眼底汉，飏下屠刀，立便成佛，且喜没交涉。又道广额飏下屠刀，曰：我是千佛一数。这一佛多少分明，且喜没交涉。要识广额么？夹路桃花风雨后，马蹄何处避残红。" 文殊思业禅师世为屠宰，一日戮猪次，忽洞彻心源，遂弃业为比丘。述偈曰："昨日夜叉心，今朝菩萨面。菩萨与夜叉，不隔一条线。"往见文殊心道禅师，道佛鉴法嗣也。殊曰："你正杀猪时，见个甚么？便乃剃头行脚。"师遂作鼓刀势。殊喝曰："这屠儿，参堂去。"师便下参堂。住文殊日，上堂，举赵州勘婆话乃曰："勘破婆子，面青眼黑。赵州老汉，瞒我不得。"

◎秦跋陀禅师，问生法师："讲何经论？"生曰："大般若经。"师曰："作么生说色空义？"曰："众微聚曰色，众微无自性曰空。"师曰："众微未聚，唤作甚么？"生罔措。师又问："别讲何经论？"曰："大涅槃经。"师曰："如何说涅槃之义？"曰："涅而不生，槃而不灭，不生不灭，故曰涅槃。"师曰："这个是如来涅槃，那个是法师涅槃。"曰："涅槃之义岂有二耶？某甲只如此，未审禅师如何说涅槃？"师拈起如意曰："还见么？"曰："见。"师曰："见个甚么？"曰："见禅师手中如意。"师将如意掷于地，曰："见么？"曰："见。"师曰："见个甚么？"曰："见禅师手中如意堕地。"师斥曰："观公见解，未出常流，何得名喧宇宙！"拂衣而去。其徒怀疑不已，乃追师扣问："我师说色空涅槃不契，未审禅师如何说色空义？"师曰："不道汝师说得不是，汝师只说得果上色空，不会说得因中色空。"其徒曰："如何是因中色空？"师曰："一微空故众微空，众微空故一微空。一微空中无众微，众微空中无一微。"《高僧传》作"佛驮跋陀罗问鸠摩罗什"语。佛驮跋陀罗乃佛大先弟子也。

◎宝志禅师，金陵东阳民朱氏之妇，上巳日闻儿啼鹰窠中，梯树得之，举以为子。七岁依钟山大沙门僧俭出家，专修禅观。宋太始二年[1]，发而徒跣，着锦袍往来皖山剑水之下，以剪尺拂子拄杖头，负之而行。梁武帝诏问："弟子烦惑未除，何以治之？"答曰："十二。"帝问："其旨如何？"答曰："在书字时节刻漏中。"帝益不晓。帝又问："弟子何时得以静心修习？"师曰："安乐禁。"幻寄曰："志公安乐禁及十二，其旨与达磨之不识、德山棒、临济喝，皆自灵山拈花一脉相

① 太始：即宋"泰始"年号。

承。如涂毒鼓，如太阿剑，闻之者丧，婴之者断，不可以心思意解者。而或者谓：十二乃十二因缘，治惑药也；其在书字时节刻漏中，乃书之在十二时中也；安乐禁，禁者，止也，至安乐时乃止耳。此所以为修习也。是以赵州庭柏，为三界唯心，沩山拂子，为附物显理者，同道座主奴也。何足以语此。或者语出《传灯录》，梁武未识达磨，举朝亦不识志公。”

帝尝诏画工张僧繇写师像，僧繇下笔辄不自定。师遂以指剺面门，分披出十二面观音，妙相殊丽，或慈或威，僧繇竟不能写。他日与帝临江纵望，有物溯流而上，师以杖引之，随杖而至，乃紫栴檀也。即以属供奉官俞绍，令雕师像，顷刻而成，神彩如生。师尝数日不食，无饥容。时或歌吟，词如谶记，灵迹炳着，士庶皆共事之。初齐建元中，武帝谓师惑众，收付建康狱。既旦，人见其入市，及检狱如故。建康令以事闻，帝延之于华林园。忽一日重着三布帽，亦不知于何所得之，俄豫章王文惠太子相继薨，齐亦以此衰矣，由是禁师出入。至梁乃下诏褒师令勿复禁。师问一梵僧：“承闻尊者唤我作屠儿？曾见我杀生么？”曰：“见。”师曰：“有见见，无见见，不有不无见。若有见见，是凡夫见；无见见，是声闻见；不有不无见，是外道见。未审尊者如何见？”梵僧曰：“你有此等见耶？”汾阳曰：“不枉西来。”

师垂语曰：“终日拈香择火，不知身是道场。”又曰：“京都邺都浩浩，还是菩提大道。”法眼别云：“京都邺都浩浩，不是菩提大道。”

又曰：“如我身空诸法空，千品万类悉皆同。”云门云：“你立不见立，行不见行，四大五蕴不可得，何处见有山河大地来？是你每日把钵盂噇饭，唤甚么作饭，何处更有一粒米来？”

大乘赞十首　　一、大道常在目前，虽在目前难睹。若欲悟道真体，莫除声色言语。言语即是大道，不假断除烦恼。烦恼本来空寂，妄情递相缠绕。一切如影如响，不知何恶何好。有心取相为实，定知见性不了。若欲作业求佛，佛是生死大兆。生死业常随身，黑暗狱中未晓。悟理本来无异，觉后谁晚谁早。法界量同太虚，众生智心自小。但能不起吾我，涅槃法食常饱。　　二、妄身临镜照影，影与妄身不殊。但欲去影留形，不知身本同虚。身本与影不异，不得一有一无。若欲存一舍一，永与直理相疏。更若爱圣憎凡，生死海里沉浮。烦恼因心有故，无心烦恼何居。不劳分别取相，自然得道须臾。梦时梦中造作，觉时觉境都无。翻思觉时与梦，颠倒二见不殊。改迷取觉求利，何异贩卖商徒。动静两忘常寂，自然契合真如。若言众生异佛，迢迢与佛常疏。佛与众生不二，自然究竟无余。　　三、法性本来常寂，荡荡无有边畔。安心取舍之间，被他二境回换。敛容入定坐禅，摄境安心觉观。机关木人修道，何时得达彼岸。诸法本空无着，境似浮云会散。忽悟本性元空，恰似热病得汗。无智人前莫说，打你色身星散。　　四、报你众生直道，非有即是非无。非有非无不二，何须对有论虚。有无妄心立号，一破一个不居。两名由尔情作，无情即是真如。若欲存情觅佛，将网山上罗鱼。徒费工夫无益，几许枉用工夫。不解即心即佛，真似骑驴觅驴。一切不憎不爱，这个烦恼须除。除之则须除身，除身无佛无因。无佛无因可得，自然无法无人。　　五、大道不由行得，说行权为凡愚。得理返观于行，始知枉用工夫。未悟圆通大理，要须言行相扶。

不得执他知解，回光返本全无。有谁解会此说，教君向己推求。自见昔时罪过，除却五欲疮疣。解脱逍遥自在，随方贱卖风流。谁是发心买者，亦得似我无忧。　　六、内见外见总恶，佛道魔道俱错。被此二大波旬，便见厌苦求乐。生死悟本体空，佛魔何处安着。只由妄情分别，前身后身孤薄。轮回六道不停，结业不能除却。所以流浪生死，皆由横生经略。身本虚无不实，返本是谁斟酌。有无我自能为，不劳妄心卜度。众生身同太虚，烦恼何处安着。但无一切希求，烦恼自然销落。　　七、可笑众生蠢蠢，各执一般异见。但欲傍鏊求饼，不解返本观面。面是正邪之本，由人造作百变。所须任意纵横，不假偏耽爱恋。无着即是解脱，有求又遭罗罥。慈心一切平等，真如菩提自现。若怀彼我二心，对面不见佛面。　　八、世间几许痴人，将道复欲求道。广寻诸义纷纷，自救己身不了。专寻他文乱说，自称至理妙好。徒劳一生虚过，永劫沉沦生老。浊爱缠心不舍，清净智心自恼。真如法界丛林，反作荆棘荒草。但执黄叶为金，不悟弃金求宝。所以失念狂走，强力装持相好。口内诵经诵论，心里寻常枯槁。一朝觉本心空，具足真如不少。　　九、声闻心心断惑，能断之心是贼。贼贼递相除遣，何时了本语默。口内诵经千卷，体上问经不识。不解佛法圆通，徒劳寻行数墨。头陀阿练苦行，希望后身功德。希望即是隔圣，大道何由可得。譬如梦里渡河，船师渡过河北。忽觉床上安眠，失却渡船轨则。船师及彼渡人，两个本不相识。众生迷倒羁绊，往来三界疲极。觉悟生死如梦，一切求心自息。　　十、悟解即是菩提，了本无有阶梯。堪叹凡夫伛偻，八十不能跋蹄。

徒劳一生虚过，不觉日月迁移。向上看他师口，恰似失奶孩儿。道俗峥嵘聚集，终日听他死语。不观己身无常，心行贪如狼虎。堪嗟二乘狭劣，要须摧伏六府。不食酒肉五辛，邪眼看他饮咀。更有邪行猖狂，修气不食盐醋。若悟上乘至真，不假分别男女。

十四科颂十四首　　菩提烦恼不二　众生不解修道，便欲断除烦恼。烦恼本来空寂，将道更欲觅道。一念之心即是，何须别处寻讨。大道只在目前，愚倒迷人不了。佛性天真自然，亦无因缘修造。不识三毒虚假，妄执浮沉生老。昔时迷日为晚，今日始觉非早。　　持犯不二　丈夫运用无碍，不为戒律所制。持犯本自无生，愚人被他禁系。智者造作皆空，声闻触途为滞。大士肉眼圆通，二乘天眼有翳。空中妄执有无，不达色心无碍。菩萨与俗同居，清净曾无染世。愚人贪着涅槃，智者生死实际。法性空无言说，缘起略无人会。百岁无智小儿，小儿有智百岁。　　佛与众生不二　众生与佛无殊，大智不异于愚。何须向外求宝，身田自有明珠。正道邪道不二，了知凡圣同途。迷悟本无差别，涅槃生死一如。究竟攀缘空寂，惟求意想清虚。无有一法可得，翛然自入无余。　　事理不二　心王自在翛然，法性本无十缠。一切无非佛事，何须摄念坐禅。妄想本来空寂，不用断除攀缘。智者无心可得，自然无诤无喧。不识无为大道，何时得证幽玄。佛与众生一种，众生即是世尊。凡夫妄生分别，无中执有迷奔。了达贪嗔空寂，何处不是真门。　　静乱不二　声闻厌喧求静，犹如弃面求饼。饼即从来是面，造作随人百变。烦恼即是菩提，无心即是无境。生死即是涅槃，贪嗔如焰如影。智者无心求佛，愚人执邪执正。徒劳空过一生，不见如来妙顶。了达淫欲性空，镬汤垆炭自冷。

善恶不二　我自身心快乐，翛然无善无恶。法身自在无方，触目无非正觉。六尘本来空寂，凡夫妄生执著。涅槃生死本平，四海阿谁厚薄。无为大道自然，不用将心画度。菩萨散诞灵通，所作常含妙觉。声闻执法坐禅，如蚕吐丝自缚。法性本来圆明，病愈何须执药。了知诸法平等，翛然清虚快乐。　色空不二　法性本无青黄，众生谩造文章。吾我说他止观，自意扰扰颠狂。不识圆通妙理，何时得会真常。自疾不能治疗，却教他人药方。外看将为是善，心内犹若豺狼。愚人畏其地狱，智者不异天堂。对境心常不起，举足皆是道场。佛与众生不二，众生自作分张。若欲除却三毒，迢迢不离灾殃。智者知心是佛，愚人乐往西方。　生死不二　世间诸法如幻，生死犹若雷电。法身自在圆通，出入山河无间。颠倒妄想本空，般若无迷无乱。三毒本自解脱，何须摄念禅观。只为愚人不了，从他戒律决断。不识寂灭真如，何时得登彼岸。智者无恶可断，运用随心合散。法性本来空寂，不为生死所绊。若欲断除烦恼，此是无明痴汉。烦恼即是菩提，何用别求禅观。实际无佛无魔，心体无形无段。　断除不二　丈夫运用堂堂，逍遥自在无妨。一切不能为害，坚固犹若金刚。不着二边中道，翛然非断非常。五欲贪嗔是佛，地狱不异天堂。愚人妄生分别，流浪生死猖狂。智者达色无碍，声闻无不恓惶。法性本无瑕翳，众生妄执青黄。如来引接迷愚，或说地狱天堂。弥勒身中自有，何须别处思量。弃却真如佛像，此人即是颠狂。声闻心中不了，惟只趁逐言章。言章本非真道，转加斗争刚强。心里蚖蛇蝮蝎，螫着便即遭伤。不解文中取义，何时得会真常。死入无间地狱，神识枉受灾殃。　真俗不二　法师说法极好，心中不离烦恼。口谈文字化他，转更增他生老。真妄本来不二，凡夫弃妄觅道。四众云集听讲，高座论义浩浩。南坐北坐相争，四众为言疑嫌为好。虽然口谈甘露，心里寻常枯燥。自已元无一钱，日夜数他珍宝。恰似无智愚人，弃却真金担草。心中三毒不舍，未审何时得道。　解缚不二　律师持律自缚，自缚亦能缚他。外作威仪恬静，心内恰似洪波。不驾生死船筏，如何渡得爱河。不解真宗正理，邪见言辞繁多。有二比丘犯律，便却往问优波。优波依律说罪，转增比丘网罗。方丈室中居士，维摩便即来诃。优波默然无对，净名说法无过。而彼戒性如空，不在内外娑婆。劝除生灭不肯，忽悟还同释迦。　境照不二　禅师体离无明，烦恼从何处生。地狱天堂一相，涅槃生死空名。亦无贪嗔可断，亦无佛道可成。众生与佛平等，自然圣智惺惺。不为六尘所染，句句独契无生。正觉一念玄解，三世坦然皆平。非法非律自制，翛然真入圆成。绝此四句百非，如空无作无依。　运用无碍　我今滔滔自在，不羡公王卿宰。四时犹若金刚，苦乐心常不改。法宝逾于须弥，智能广于江海。不为八风所牵，亦无精进懈怠。任性浮沉若颠，散诞纵横自在。这应是“遮”莫刀剑临头，我曰应是“亦”安然不辨。　迷悟不二　迷时以空为色，悟即以色为空。迷悟本无差别，色空究竟还同。愚人唤南作北，智者达无西东。欲觅如来妙理，常在一念之中。阳焰本非其水，渴鹿狂趁匆匆。自身虚假不实，将空更欲觅空。世人迷倒至甚，如犬吠雷叿叿。

十二时颂　　平旦寅　狂机内有道人身，穷苦已经无量劫，不信常擎如意珍。若捉物，入迷津，但有纤毫即是尘。不住旧时无相貌，外求知识也非真。　　日出卯　用处不须生善巧，纵使神光照有无，起意便遭魔事娆。若施功，终不了，日夜被他人我拗。不用安排只么从，何曾心地生烦恼？　食时辰　无明本是释迦身，坐卧不知元是道，只么忙忙受苦辛。认声色觅疏亲，只是他家染污人。若拟将心求佛道，问取虚空始出尘。　　禺中巳　未了之人教不至，假使通达祖师言，莫向心头安了义。只守玄没文字，认着依前还不是。暂时自肯不追寻，旷劫不遭魔境使。　　日南午　四大身中无价宝，阳焰空华不肯抛，作意修行转辛苦。不曾迷，莫求悟，任你朝阳几回暮。有相身中无相身，无明路上无生路。　　日昳未　心地何曾安了义，他家文字没亲疏，不用将心求的意。任纵横绝忌讳，长在人间不在世。运用不离声色中，历劫何曾暂抛弃。　　晡时申　学道先须不厌贫，有相本来权积聚，无形何用要求真。作净洁，却劳神，万应是“方”认愚痴作近邻。言下不求无处所，暂时唤作出家人。　　日入酉　虚幻声音不长久，禅悦珍羞尚不餐，谁能更饮无明酒。勿可抛，勿可守，荡荡逍遥不曾有。纵你多闻达古今，也是痴狂外边走。　　黄昏戌　狂子施功投暗室，假使心通无量时，历劫何曾异今日。拟商量，却啾唧，转使心头黑如漆。昼夜舒光照有无，疑人唤作波罗蜜。

人定亥　勇猛精进成懈怠，不起纤毫修学心，无相光中常自在。超释迦，越祖代，心有微尘还质应作“窒”碍。放荡长如痴兀人，他家自有通人爱。　　半夜子　心住无生即生死，生死何曾属有无，用时便用无文字。祖师言，外边事，识取起时还不是。作意搜求实没踪，生死魔来任相试。鸡鸣丑　一颗圆光明已久，内外推寻觅总无，境上施为浑大有。不见头，亦无手，天地坏时渠不朽。未了之人听一言，只这如今谁动口。洪觉范曰：志公《十二时歌》，大明佛祖要妙，然年代寖远，昧者多改易其语，以狗其私。其大害意者，如曰：“《夜半子》：‘心住无生即生死，心法何曾属有无，用时便用没文字。’乃作‘生死何曾属有无’，言则工矣，然下句血脉不贯，既曰‘生死不属有无’，又曰‘用时便用’，何哉？”　　幻寄曰：“觉范于文字转接处求志公语脉，既其华，未既其实。使生死不属有无，不可用时便用，则心法不属有无，又何可用时便用？且知生之未尝生，死之未尝死，倏然而来，倏然而往，非生死不属有无，而用时便用乎？见有生死则有心法，见无生死则无心法，不见古人道：生死中无佛则无生死耶？生死心法同一幻泡，未可若是分别也。志公诸赞咏，拔善恶刺，裂凡圣网，苟会其旨，则踏毗卢顶颈上行，一以情求，则入地狱如箭射。真龙象蹴踏。非驴所堪也！”

天监十三年冬，将卒，忽告众僧，令移寺金刚神像，出置于外。乃密谓人曰：“菩萨将去。”及旬日，无疾而终，举体香耎。临亡，然一烛以付后阁舍人吴庆，庆以事闻，帝叹曰：“大师不复留矣！烛者其以后事嘱我乎！”因厚礼葬于钟山独龙阜。仍令开善精舍，敕陆倕制铭于冢内，王筠立碑于寺门，处处传遗像焉。幻寄曰：“可惜一枝烛，分付不着人。却作后事会，咦！若作佛法会，便好与梁武，一坑埋却。因述颂云：‘达磨只履，携归葱岭。志公一烛，梁宫摇影。青阳已谢行人远，落花满阶月华冷，银河西横玉漏残，梦破辘轳鸣露井。’”

◎善慧大士者，婺州义乌县人。齐建武四年丁丑五月八日，降于双林乡傅宣慈家，本名翕，年十六，娶刘氏女名妙光，生二子普建、普成。二十四，与里人稽亭浦漉鱼，获已，沉笼水中曰：“去者适，止者留。”人或谓之愚。会有天竺僧嵩头陀曰：“我与汝毗婆尸佛所发誓，今兜率宫衣钵现在，何日当还？”因命临水观影，见圆光宝盖。大士笑谓之曰：“炉韛之所多钝铁，良医之门足病人。度生为急，何思彼乐乎？”嵩指松山顶曰：“此可栖矣。”大士躬耕而居之。有人盗菽麦瓜果，大士见，即与篮笼盛去。日常营作，夜则行道。见释迦、金粟、定光三如来，放光袭其体。大士乃曰：“我得首楞严定。天嘉二年，感七佛相随，释迦引前，维摩接后，惟释尊数顾共语，为我补处也。”其山顶黄云盘旋若盖，因号云黄山。梁武帝请讲《金刚经》，士才升座，以尺挥案一下，便下座。帝愕然。圣师曰：“陛下还会么？”帝曰：“不会。”圣师曰：“大士讲经竟。”又一日讲经次，帝至，大众皆起，士端坐不动。近臣报曰：“圣驾在此，何不起？”士曰：“法地若动，一切不安。”大士一日披衲、顶冠、靸履朝见，帝问：“是僧耶？”士以手指冠。帝曰：“是道耶？”士以手指靸履。帝曰：“是俗耶？”士以手指衲衣。有偈曰：“有物先天地，无形本寂寥。能为万象主，不逐四时凋。”又曰：“夜夜抱佛眠，朝朝还共起。起坐镇相随，语默同居止。纤毫不相离，如身影相似。欲识佛去处，只这语声是。”保宁勇云：大众，傅大士此颂，古今不坠，一切人知，向此瞥地者固多，错会者不少。玄沙云：大小傅大士只认得个昭昭灵灵。洞山聪云：且道衲僧家，日里还曾睡也无？此两转语，谁言世上无仙客，须信壶中别有天。保宁亦有一颂：要眠时即眠，要起时即起。水洗面皮光，啜茶湿却嘴。大海红尘飞，平地波涛起。呵呵阿呵呵，啰哩啰啰哩。

又曰："空手把锄头，步行骑水牛。人在桥上过，桥流水不流。"断桥伦颂云："狗走抖擞口，猴愁搜搜头。瑞岩门外水，自古向西流。"　　张无尽见皓布裩，举大士此颂，皓曰："此颂得法身边事，颂不得法身向上事。"无尽曰："请和尚颂。"皓遂应声颂曰："昨夜雨霶亨，打倒葡萄棚。知事普请，行者人力。拄底拄，撑底撑，撑撑拄拄到天明，依旧可怜生。"

《心王铭》曰："观心空王，玄妙难测。无形无相，有大神力。能灭千灾，成就万德。体性虽空，能施法则。观之无形，呼之有声。为大法将，心戒传经。水中盐味，色里胶青。决定是有，不见其形。心王亦尔，身内居停。面门出入，应物随情。自在无碍，所作皆成。了本识心，识心见佛。是佛是心，是心是佛。念念佛心，佛心念佛。欲得早成，戒心自律。净律净心，心即是佛。除此心王，更无别佛。欲求成佛，莫染一物。心性虽空，贪嗔体实。入此法门，端坐成佛。到彼岸已，得波罗蜜。慕道真士，自观自心。知佛在内，不向外寻。即心即佛，即佛即心。心明识佛，晓了识心。离心非佛，离佛非心。非佛莫测，无所堪任。执空滞寂，于此漂沉。诸佛菩萨，非此安心。明心大士，悟此玄音。身心性妙，用无更改。是故智者，放心自在。莫言心王，空无体性。能使色身，作邪作正。非有非无，隐显不定。心性离空，能凡能圣。是故相劝，好自防慎。刹那造作，还复漂沉。清净心智，如世黄金。般若法藏，并在身心。无为法宝，非浅非深。诸佛菩萨，了此本心。有缘遇者，非去来今。”

陈太建元年己丑，有慧和法师，不疾而终，嵩头陀亦于柯山灵岩寺入灭。大士悬知，曰：“嵩公兜率待我，决不可久留也。”时四侧花木，方当秀实，欻然枯瘁。四月二十四日，示众曰：“此身甚可厌恶，众苦所集，须慎三业，精勤六度，若坠地狱，卒难得脱。”又曰：“吾去已不得移寝床，七日有法猛上人，持像及钟来镇于此。”弟子问：“灭后形体若为？”曰：“山顶焚之。”又问：“不遂，何如？”曰：“慎勿棺敛，但垒甓作坛，移尸于上，屏风周绕，绛纱覆之，上建浮图，以弥勒像镇之。”又问：“师之发迹可得闻乎？”曰：“我从第四天来，为度汝等，次补释迦，及传普敏文殊、慧集观音、何昌阿难同来赞助。故《大品经》云：有菩萨从兜率来，诸根猛利。疾与般若相应，即吾身是也。”言讫趺坐而终，世寿七十有三。寻猛师果将到，织成弥勒像及九乳钟留镇之，须臾不见。大士道具十余事现在。士于太清二年誓不食，取佛生日焚身供养，至日白黑六十余人，代不食烧身。三百人剃心沥血和香，请大士住世，土愍而从之。士尝遣弟子致书梁武，中有云：“上善略以虚怀为本，不著为宗，亡相为因，涅槃为果；中善略以治身为本，治国为宗，天上人间果报安乐；下善略以护养众生，胜残去杀，普令百姓俱禀六斋。”梁武问：“从来师事谁耶？”曰：“从无所从，来无所来，师事亦尔。”昭明问：“大士何不论义？”曰：“菩萨所说，非长非短，非广非狭，非有边非无边，如如正理，复有何言！”梁武又问：“何为真谛？”曰：“息而不灭。”武曰：“若息而不灭，此则有色，有色故钝。若如是者，大士不免流俗。”曰：

“临财毋苟得，临难毋苟免。”武曰：“大士大识礼。”曰：“一切诸法不有不无。”武曰：“谨受大士来旨。”曰：“大千世界所有色象，莫不归空；百川丛注不过于海，无量妙法不出真如。如来何故于三界九十六道中，独超其最，视一切众生有若赤子，有若自己。天下非道不安，非理不乐。”武默然。大士辞退。

◎**南岳慧思禅师**，姓李氏，顶有肉髻，牛行象视。少以慈恕，闻于闾里。常梦梵僧劝出俗，乃辞亲入道。及禀具，常习坐，日唯一食，诵《法华》等经，满千遍。又阅妙胜定经，叹禅那功德，遂发心寻友。时慧闻法师有徒数百闻阅《中观论》，发明禅理，故遥禀龙树。乃往受法。昼夜摄心，坐夏经三七日，获宿智通，倍加勇猛。寻有障起，四支缓弱，不能行步。自念曰：“病从业生，业由心起，心缘无起，外境何状，病业与身都如云影。”如是观已，颠倒想灭，轻安如故。夏满犹无所得，深怀惭愧，放身倚壁，背未至间，豁尔开悟法华三昧最上乘门。示众曰：“道源不远，性海非遥。但向己求，莫从他觅。觅即不得，得亦不真。”偈曰：“顿悟心源开宝藏，隐显灵通现真相。独行独坐常巍巍，百亿化身无数量。纵令逼塞满虚空，看时不见微尘相。可笑物兮无比况，口吐明珠光晃晃。寻常见说不思议，一语标名言下当。”又偈曰：“天不能盖地不载，无去无来无障碍。无长无短无青黄，不在中间及内外。超群出众太虚玄，指物传心人不会。”尝以道俗所施金字般若法华二经，为众随文发解。复命门人智𫖮代讲，至“一心具万行”，有疑请决，师曰：“汝所疑乃大品次第意耳，未是法华圆顿旨也。吾昔于夏中，一念顿发，诸法现前。吾既身证，不劳致疑。”颉即咨受法华行，三七日得悟。陈光大六年六月二十三日，自大苏山将四十余僧，径趋南岳。乃曰：“吾寄此山，止期十载，已后必事远游，吾前身曾履此处。”巡至衡阳，值一处林泉胜异，师曰：“古寺也，吾昔曾居。”俾掘之，基址犹存。又指岩下曰：“吾此坐禅，贼斩吾首。”寻得枯骸一具。自此化道弥盛，陈主屡致慰劳供养，目为大禅。师因志公令人传语曰：“何不下山教化众生，目视云汉作么？”师曰：“三世诸佛被我一口吞尽，更有甚众生可教化。”玄觉征云：“且道是山头语，山下语？”

师习慈忍行，奉菩萨三聚戒，衣服率用布，寒则加之以艾。将顺世，谓门人曰：“若有十人不惜身命，常修法华般舟念佛三昧，方等忏悔，期于见证者，随有所须，吾自供给。如无此人，吾即远去矣。”时众以苦行事难，无有答者。师乃屏众泯然而逝，小师云辩号叫，师开目曰：“汝是恶魔，吾将行矣，何惊动妨乱吾耶！痴人出去。”言讫长往。时异香满室，顶暖身软，颜色如常。即太建九年六月二十二日也。

◎**天台山修禅寺智者禅师**，讳智颉，荆州华容人，姓陈氏。诞生之夕，祥光烛邻，幼有奇相，肤不受垢。七岁入果愿寺，闻僧诵《法华经·普门品》，即随念之，忽自忆记七卷之文，宛如宿习。十五礼佛像，誓志出家，恍焉如梦，见大山临海际，峰顶有僧招手，复接入一伽蓝，云“汝当居此，汝当终此”。十八丧二亲，于果愿寺依僧法绪出家。二十进具。陈乾明元年，谒光州大苏山慧思禅师，思一见乃谓曰："昔灵鹫同听《法华经》，今复来矣！"即示以普贤道场，说四安乐行。师入观三七日，诵《法华经》至《药王品》曰："是真精进，是名真法供养如来。"于是悟法华三昧，获旋陀罗尼，见灵山一会，俨然未散，宿通潜发，以所证白思，思曰："非汝弗证，非我莫识。此乃法华三昧前方便初旋陀罗尼也，纵令文字之师千万，不能穷汝之辩。汝可传灯，莫作最后断佛种人。"妙喜云："智者悟旋陀罗三昧，见灵山一会，俨然未散，或者谓之表法。惟无尽居士阅《首楞严经》，至是人始获金刚心中处，忽思智者当时所证，见灵山一会，俨然未散，非表法也。尝语余曰：'当真证入时，全身住在金刚心中，李长者所谓：'无边刹境，自他不隔于毫端；十世古今，始终不离于当念。'智者见灵山一会，俨然未散，惟证是三昧者，不待引喻。默默自点头矣！"又曰："而今未获旋陀罗尼者，还见灵山一会否？若见，以何为证？若不见，是真精进是名真法供养如来。只恁么念过，却成剩法矣。"

太建元年辞思，住金陵阐化。凡说法不立文字，以辩才故，昼夜无倦。七年，谢遣徒众，隐天台山佛陇峰。有定光禅师先居比峰，谓弟子曰："不久当有善知识领徒至此。"俄尔师至，光曰："还忆畴昔举手招引时否？"师即悟礼像之征，悲忧交怀，乃执手共至庵所。其夜闻空中钟磬之声，师曰："是何祥也？"光曰："此是犍椎集僧得住之象，此处金地，吾已居之，北峰银地，汝宜居焉。"师尝谓："法华为一乘妙典，荡化城之执教，释草庵之滞情，开方便之权门，示真实之妙理，会众善之小行，归广大之一乘。"遂出玄义，曰释名、辨体、明宗、论用、判教相之五重也。名则法喻齐举，谓一乘妙法。即众生本性，在无明烦恼，不为所染，如莲花处于淤泥，而体常净，故以为名。此经开权显实，废权立实，会权归实，如莲之华有含容开落之义，华之莲有隐现成实之义，亦谓从本垂迹，因迹显本。夫经题，不越法喻人单复具足，凡七种单三复三具足一摄一切名，妙法莲华，即复之一也法譬为复，名以召体，体即实相，谓一切相离实相无体故。宗则一乘因果，开示悟入佛之知见，可尊尚故。用则力用，以开废会之义，有其力故。然后判教相者，以如来一代之说，总判为五时八教。五时者，一佛初成道，为上根菩萨，说华严时；二为小机，说阿含时；三弹偏折小，叹大褒圆，说方等时；四荡相遣执，说般若时；五会权归实，授三乘人及一切众生成佛记，说法华涅槃时。八教者，谓化仪四教，即顿渐秘密不定也；化法四教。即藏生灭四谛通无生别无量圆也。无作四谛，惟法华圆理，乃至治生产业，一色一香，无非实相。该三世如来所演，罄殚其致，四正三接，广如本教。舍此皆魔说故。教理既明，非观行无以复性。乃依一心三谛之理真俗中，示三止观。一一观心，念念不可得，先空次假后中，离二边而观一心，如云外之月者，此乃别教之行相也。尝云：破一切惑，莫盛乎空；建一切法，莫盛乎假；究竟一切性；莫大乎中。故一中一切中，无假无空而不中，空假亦尔，即圆教之行相，如摩醯首罗天之三目，非纵横并别故。第十四祖龙树菩萨偈云："因缘所生法①，我说即是空。亦名为假名，亦名中道义。"斯与《楞严》《圆觉》说奢摩他三摩钵底禅那

① 因：原误作"日"，据云门刻本改。

三观，名目虽殊，其致一也。达磨大师以心传心，不滞名数，直为上上根智，俾忘筌忘意，故与此教同而不同。智者禅师，穷理尽性，备足之门，故与禅宗异而非异也。三观圆成，法身不素，即免同贫子也。尚虑学者昧于修性，或堕偏执，故复创六即之义，以绝斯患。一、理即佛者，十法界众生，下至蟭螟，同禀妙性，从本以来常住清净，觉体圆满，一理齐平故。执名相者，不信即心即佛，睹此而生信也。二、名字即佛者，虽理性坦平，而随流者，日用不知，必假言教外熏，得闻名字，生信发解故。《起信论》云：以有妄想心故，能知名义，自此以下，简暗证者。三、观行即佛者，既闻名开解，要假前之三观，而返源故。圆教外凡也，圆观五阴，为不思议境，即五品位。大师示居此位，别教十信及藏通教，皆名资粮位。四、相似即佛者，观行功深，发相似用故。内凡也，圆伏无明，入十信铁轮位，不断见思惑。至七信以去，见思惑自陨，得六根清净。如经云“父母所生眼，悉见三千界”云云。思大禅师示居此位，若别教，乃地前三十心也，藏通皆名加行位。《楞严经》《唯识论》，三十心后，别立四加行，名位虽同，诠旨迥异，唯通悟者，善巧融会。五、分真即佛者，三心开发，得真如用，位位增胜故。发圆初住，即铜轮位也，如龙女一念成佛，现百界身，从此转胜，至等觉位。凡四十一心，尽目真因，分位虽殊，圆理无别，若别教，即名十地，藏通皆言见道位。六、究竟即佛者，无明永尽，觉心圆极，证无所证故。妙觉也，《起信论》云：始本不二，名究竟觉，仁王名寂灭上忍也。别教权佛摄，对圆行第二位耳，藏通二教佛可知。如上六位，既皆即佛不屈不滥，通具法报化三身为正，三宝三德，属对交络，乃至十种三法，含摄无遗。偈云：“道识性般若，菩提大乘身。涅槃三宝德，一一皆三法。”随居四土为依。四土者，一常寂光，法性土也，法身居之，身土相称。二实报无障碍，摄二受用也，自受用土，报佛自居，他受用土，登地菩萨所居。三方便有余，四净秽同居。并为应化土也，地前菩萨二乘凡夫所居。其实则非身非土，无优无劣，为对机故，假说身土，而分优劣。师得身土互融，权实无碍，故三十余年，昼夜宣演，生四种益，具四悉檀。悉遍也，檀翻名施。禅师之法，遍施有情，随根得益如云，世界悉檀，生欢喜益云云。门人灌顶，日记万言，而编结之，总目为天台教。隋开皇十七年十一月十七日，帝遣使诏师，将行，乃告门人曰："吾今往而不返，汝等当成就佛陇南寺，一依我图。"侍者曰："若非师力，岂能成办？"师曰："乃是王家所办，汝等见之，吾不见也。"师初欲建寺于石桥，禅寂中见阜帻绛衣三神人，语曰："所欲建寺，今非其时，三国既一，当有大施主建之，寺建而国清，宜名曰国清。"至隋开皇十八年，诏司马王弘，依师所图，建国清寺。二十一日，到剡东石城寺百尺石像前不进。二十四日顾侍者曰："观音来迎，不久应去。"时门人智朗请曰："不审何位何生？"师曰："吾不领众，必净六根，损己利他，获预五品耳。"五品弟子，即法华三昧前方便之位，与思大禅师昔语冥符。命笔作《观心偈》，唱诸法门纲要讫，趺坐而逝，寿六十。腊四十，弟子等迎归佛陇岩。大业元年，诏使者送弟子智璪，及寺额入山，赴师忌斋。到日集僧，开石室，唯睹空榻，时会千僧，至时忽剩一人，咸谓师化身来受供。师始受禅教，终乎灭度，常披一坏衲，冬夏不释。居天台二十二年，建大道场一十有二所，国清最居其后，及荆州玉泉寺等，共三十六所。度僧一万五千人，写经一十五藏，造金铜塑画像八十万尊，事迹甚广，具如本传。

◎泗州僧伽大师，唐高宗时，至长安洛阳行化，历吴楚间，手执杨枝，混于缁流。或问："师何姓?"即答曰："我姓何。"又问："师何国人。"师曰："我何国人。"乌龙长老访冯济川话次，云："昔有官人问泗州大圣何姓，云姓何，官云住何国，云住何国。此意如何?"龙云："大圣本不姓何，亦不是何国人。"冯笑云："大圣决定姓何，住何国。"往返数次，遂致书妙喜，乞断此公案。喜云："有六十棒，将三十棒打大圣，不合道姓何；三十棒打济川，不合道大圣决定姓何。若乌龙长老，教自领出去。"

宿州民贺跋氏，舍宅为伽蓝，师曰："此本佛宇。"令掘地，果得古碑，云是香积寺，齐李龙建所创。又获金像，众谓然灯如来。师曰："普光王佛也。"因以为寺额。景龙二年，诏迎住大荐福寺，中宗称弟子。三年三月三日示灭，敕就荐福寺漆身起塔，忽臭气满城，上祝送师归临淮，言讫异香腾馥。宝月问冰壶："慈云无不覆，为甚么大圣不就荐福?"壶云："不见道君子爱财。"月云："此是洞山底，长老分上作么生?"壶云："你还觉髑髅痛么?"月云："恁么则是处是慈氏?"壶云："矢臭气。"

中宗问万回："僧伽是何人?"回云："观音化身。"万回法云公，虢州阌乡张氏子，贞观六年五月五日生，弱龄，笑傲如狂。一日令家人洒扫云："有胜客来。"是日，三藏玄奘自西国还访之。公问印度风境，了如所见，藏作礼围绕称是菩萨。有兄万年，久征辽左，母程氏思其音信，公曰："此甚易耳。"乃告母而往，至暮而还，及持到书，人因呼曰万回。其它灵迹甚多，不及录。

◎天台丰干禅师，不知何许人，居天台国清寺。剪发齐眉，衣布裘，尝诵唱道歌，乘虎入松门，众僧惊畏。本寺厨中有二苦行，曰寒山子、拾得，二人执爨，终日晤语，潜听者都不解。时谓风狂，独与师相亲。一日寒山问：“古镜未磨如何照烛？”师曰：“冰壶无影像，猿猴探水月。”曰：“此是不照烛也，更请师道。”师曰：“万德不将来，教我道甚么？”寒、拾俱礼拜。师欲游五台，问寒、拾曰：“汝共我去游五台，便是我同流。若不共我去游五台，不是我同流。”山曰：“你去游五台作甚么？”师曰：“礼文殊。”山曰：“你不是我同流。”师寻独入五台，逢一老人，便问：“莫是文殊么？”曰：“岂可有二文殊！”师作礼未起，忽然不见。赵州因沙弥举此，州代干云：文殊！文殊！后回天台山示灭。师凡有人问佛理，止答随时二字。初闾丘胤出牧丹丘，将议巾车，忽患头痛，医莫能愈。师造丘，以咒水喷之立差，胤异之。乞一言，师曰：“到任记谒文殊普贤。”曰：“此二菩萨何在？”师曰：“即国清寺寒山、拾得也。”胤后既至任，即入寺问师所在，及寒、拾踪迹，僧道翘对曰：“丰干旧院，在经藏后，今阒无人矣。寒、拾二人，现在僧厨执役。”胤入师房，惟见虎迹。复问翘师：“在此作何行业？”翘曰：“惟事春谷供僧[①]，闲则讽咏，乃入厨访寒、拾。如下章叙之。

◎寒山子，本无氏族，始丰县西有寒明二岩，以其于寒

---

① 春谷：“春”当是“春”之误。

岩中居止得名也。容貌枯瘁，布襦零落，以桦皮为冠，曳大木屐。时来国清寺就拾得，取众僧残食及菜滓食之。或廊下徐行，或望空噪骂，寺僧以杖逼逐，拊掌大笑而去。众僧炙茄次，将茄串向僧背上打一下。僧回首，山呈起茄串曰："是甚么?"僧曰："这风颠汉。"山向旁僧曰："你道这僧费却我多少盐酱?"赵州游天台，路次相逢，山见牛迹，问州曰："还识牛么?"州曰："不识。"山指牛迹曰："此是五百罗汉游山。"州曰："既是罗汉，为甚么却作牛去。"山曰："苍天！苍天!"州呵呵大笑。山曰："作甚么?"州曰："苍天！苍天!"山曰："这厮儿，宛有大人之作。"闾丘入厨见山，同拾得围垆语笑。丘致拜，二人连声咄叱，且笑曰："丰干饶舌。"二人即相携出松门。闾丘又至寒岩礼谒，送衣服药物，二人高声喝之曰："贼！贼!"便缩身入岩石缝中。唯曰："汝诸人各各努力。"其石缝忽然而合。闾丘哀慕，令僧道翘寻其遗迹，得所书林间叶上，及村墅屋壁辞颂，共三百余首。后曹山寂禅师为之注释，谓之对寒山子诗，行于世。

◎**拾得者**，不言名氏，因丰干禅师山中经行，至赤城道侧，见儿孤啼，拾归国清，故名。后沙门灵熠摄受，令知食堂香灯。忽一日登座，与佛像对盘而餐，复于憍陈如上座塑形前呼曰："小果声闻!"灵熠怒，因罢斥，令厨内涤器，每滤食滓，以筒盛之。寒山来，即与负去。一日扫地，寺主问："汝名拾得，因丰干拾得汝归，汝毕竟姓个甚么?"拾得放下苕帚叉手而立。寺主再问，拈帚扫地竟去，寺主罔测。

寒山捶胸云："苍天！苍天!"拾得却问："汝作甚么?"山曰："不见东家人死，西家助哀。"二人作舞，哭笑而去。国清寺半月念戒众集，拾得拍手曰："聚头作想那事如何?"维那叱之。拾得曰："大德且住，无嗔即是戒，心净即出家。我性与你合，一切法无差。"僧厨食为乌所啄，拾得以杖抶伽蓝神曰："汝食不能护，何能护伽蓝。"是夕，神示梦合寺僧曰："拾得谴我。"由是着异，呼曰贤士。未几与寒山隐石岩而逝。道翘纂寒山诗，得偈亦附焉。

◎明州奉化县布袋和尚，未详氏族，自称名契此，形裁腲脮，蹙额皤腹，出语无定，寝卧随地。常以杖荷一布囊，凡供身之具，尽贮囊中。入廛肆聚落，见物则乞，醯醢鱼菹才接入口，分少许囊中，时号长汀子，布袋师也。尝雪中卧，雪不沾身，人以此奇之。或就人乞，其货则售。示人吉凶，必应期无忒。天将雨，即著湿草履，途中骤行，遇亢阳，即曳高齿木屐。市桥上竖膝而眠，民以此验之。有一僧在师前行，师乃拊僧背一下，僧回头，师曰："乞我一文钱。"曰："道得即与你一文。"师放下布袋，叉手而立。白鹿和尚问："如何是布袋?"师便放下布袋。问："如何是布袋下事?"师便负之而去。先保福和尚问："如何是佛法大意?"师放下布袋，叉手。保福曰："为只如此，还更有向上事?"师负之而去。

师在街衢立，有僧问："和尚在这里作甚么?"师曰："等个人。"曰："来也，来也。"归宗柔和尚别云："归去来。"师云："汝不是这个人。"曰："如何是这个人?"师曰："乞我一文钱。”师有歌曰：“只个心心心是佛，十方世界最灵物。纵横妙用可怜生，一切不如心真实。腾腾自在无所为，闲闲究竟出家儿。若睹目前真大道，不见纤毫也大奇。万法何殊心何异，何劳更用寻经义。心王本自绝多知，智者只明无学地。非圣非凡复若何，不强分别圣情孤。无价心珠本圆净，凡名异相妄空呼。人能弘道道分明，无量清高称道情。携锡若登故国路，莫愁诸处不闻声。”又有偈曰：“是非憎爱世偏多，仔细思量奈我何。宽却肚肠须忍辱，豁开心地任从他。若逢知己须依分，纵遇冤家也共和。若能了此心头事，自然证得六波罗。此应是一偈，下章应别是一偈，《灯录》并作一偈，恐非。我有一布袋，虚空无挂碍。展开遍十方，入时观自在。吾有三宝堂，里空无色相。不高亦不低，无遮亦无障。学者体不如，来者难得样。智能解安排，千中无一匠。四门四果生，十方尽供养。吾有一躯佛，世人皆不识。不塑亦不装，不雕亦不刻。无一滴灰泥，无一点彩色。人画画不成，贼偷偷不得。体相本自然，清净非拂拭。虽然是一躯，分身千百亿。”又偈曰：“一钵千家饭，孤身万里游。青目睹人少，问路白云头。”梁贞明三年丙子三月，师将示灭，于岳林寺东廊下端坐盘石，而说偈曰：“弥勒真弥勒，分身千百亿。时时示时人，时人自不识。”偈毕，安然而化。其后复现于他州，亦负布袋。四众竞图其像。

◎**法华志言大士**，寿春许氏子。弱冠游东都，继得度于七俱胝院，留讲肆久之。一日，读《云门录》忽契悟。未几，宿命遂通，独语笑，口吻嗫嚅，日常不辍。世传《诵法华》，因以名之。丞相吕许公问佛法大意，师曰：“本来无一物，一味却成真。”集仙王质问：“如何是祖师西来意？”师曰：“青山影里泼蓝起，宝塔高吟撼晓风。”又曰：“请法华烧香。”师曰：“未从斋戒觅，不向佛边求。”国子助教徐岳问祖师西来意，师曰：“街头东畔底。”徐曰：“某甲未会。”师曰：“三般人不会。”僧问：“世有佛否？”师曰：“寺里文殊有。”问师：“凡耶？圣耶？”遂举手曰：“我不在此住。”庆历戊子十一月二十三日将化，谓人曰：“吾从无量劫来，成就逝多国土，分身扬化，今南归矣。”言毕，右胁而逝。宋仁宗始不豫，国嗣未立，大臣请择宗室贤者居京师。仁宗夜焚香默祷曰：“翊日化成殿具斋，虔请法华大士俯临无却。”左右莫闻也。清旦，道衣凝立而待，俄侍卫奏言：“法华自右掖门直趋寝殿，禁兵呵止不得。”仁宗笑曰：“吾请之来耳。”及至，竟升御榻而坐。仁宗以储嗣为问，索笔大书十三十三数行，掷笔去。至英宗即位，乃濮安懿王第十三子也。

◎扣冰澡先古佛，建宁新丰翁氏子。母梦比丘，风神炯然，荷锡求宿。人指谓曰：“此辟支佛也。”已而孕，生于武宗会昌四年，香雾满室，弥日不散。年十三，求出家，父母许之。依乌山兴福寺沙门行全为师。咸通乙酉，落发受具。初以讲说为众所归。弃谒雪峰，手携凫茨一包、酱一器献之。峰曰：“包中是何物？”师曰：“凫茨。”峰曰：“何处得来？”师曰：“泥中得。”峰曰：“泥深多少？”师曰：“无丈数。”峰曰：“还更有么？”师曰：“转有转深。”又问：“器中何物？”曰：“酱。”峰曰：“何处得来？”曰：“自合得。”峰曰："还熟也未？"曰："不较多。"峰异之，曰："子异日必为王者师。"初居温岭，继居将军岩。二虎侍侧，神人献地为瑞岩院，学者争集。尝谓众曰："古圣修行全凭苦节，吾今夏则衣楮，冬则扣冰而浴。"故人号为扣冰古佛。后住灵曜，上堂："四众云臻，教老僧说个甚么？"便下座。有僧烧炭。积成火龛曰："请师入此修行。"曰："真玉不随流水化，琉璃争夺众星明。"曰："莫只这便是么？"曰："且莫认奴作郎。"曰："毕竟如何？"曰："梅花腊月开。"天成戊子，应闽王之召。王敬礼，谢茶次。师提起橐子曰："会么。"曰："不会。"曰："人王法王，各自照了。"留十日，以疾辞。至十二月二日，沐浴升堂，告众而逝。王与道俗备香薪苏油荼毗之，祥曜满山，获五色舍利。塔于瑞岩正寝。

◎千岁宝掌和尚，中印度人。周威烈十二年丁卯，降神受质，则左掌握拳。七岁祝发乃展，因名宝掌。魏晋间，东游此土，入蜀礼普贤，留大慈。常不食，日诵《般若》等经千余卷。有咏之者曰："劳劳玉齿寒，似迸岩泉急。有时中夜坐，阶前神鬼泣。"一日，谓众曰："吾有愿住世千岁，今六百二十有六矣。"故人以千岁称之。旋游五台，复南历衡岳黄梅匡庐，寻入建业。会达磨入梁，就而扣请，悟无生忍。武帝高其道腊，延供内庭。未几如吴，述偈曰："梁城遇导师，参禅了心地。飘零二浙游。更尽佳山水。"遂遍探两浙名山。后居浦江之宝严，与朗禅师友善。每通问，遣白犬驰往，朗则使青猿。故有题朗壁者云"白犬衔书至，青猿洗钵回"云。显庆二年正旦，手塑一像，至九日成。谓门人慧云曰："此肖谁？"云曰："与和尚无异。"即澡浴易衣趺坐。谓云曰："吾住世已一千七十二年，今将谢世。听吾偈曰：'本来无生死，今亦示生死，吾得去住心，他生复来此。'"又嘱曰："吾灭后六十年，有僧来取吾骨勿拒。"言讫而逝。入灭五十四年，有刺浮长老自云门至塔所，礼曰："冀塔洞开。"少选，塔户果启，其骨连环若黄金。浮即持往秦望山，建　堵波奉藏。以周威烈丁卯至唐高宗显庆二年，实一千七十二年。其在此土，盖历四百余岁云。

◎**懒残**，唐天宝初，衡岳寺执役僧也。退食即收所余而食，性懒而食残，故号懒残。邺侯李泌微时，在寺中读书，李固异人，能识微，察残所为，知不凡。每谓人曰："残师中宵梵唱，恒响彻山林，其音先凄惋而后喜悦，必谪堕之人，时将去矣！"一夕，李潜往道名瞻拜，师大诟曰："是将贼我！"李拜益恭。师拨牛粪火，中出一芋，以半授李啖之，李捧食再拜谢。师曰："慎勿多言，领取十年宰相。"后德宗使人召之，师寒涕垂膺，使者见而笑，令拭涕，师曰："我岂有工夫为俗人拭涕耶？"竟不能致。刺史将祭岳祠，方修磴道，中夜风雷，一峰陨巨石，当道横卧，修磴者以十牛挽之，而又以数百人助挽，屹不动。师笑曰："无烦多力。"遂履石，石盘旋而动，声若震雷疾下，路遂开，人如神之。寺门外虎豹忽成群，师语众僧曰："为尔尽驱彼，授我棰。"众以棰授。师才出寺，一虎遽衔师去，而虎豹亦随绝踪。师有歌曰："兀然无事无改换，无事何须论一段。直心无散乱，他事不须断。过去已过去，未来犹莫算。兀然无事坐，何曾有人唤。向外觅工夫，总是痴顽汉。粮不畜一粒，逢饭但知咂陟立切。世人多事人，相趁浑不及。我不乐生天，亦不爱福田。饥来吃饭，困来即眠。愚人笑我，智乃知焉。不是痴钝，本体如然。要去即去，要住即住。身披一破衲，脚着娘生裤。多言复多语，由来反相误。若欲度众生，无过且自度。莫谩求真佛，真佛不可见。妙性及灵台，何须受熏炼。心是无事心，面是娘生面。劫石可移动，个中无改变。无事本无事，何须读文字。削除人我本，冥合个中意。种种劳筋骨，不如林下睡。兀兀举头见，日高吃饭从头扌聿。将功用功，展转冥蒙。取即不得，不取自通。吾有一言，绝虑忘缘。巧说不得，只用心传。更有一语，无过直与。细如毫末，大无方所。本自圆成，不劳机杼。世事悠悠，不如山丘。青松蔽日，碧涧长流。山云当幕，夜月为钩。卧藤萝下，块石枕头。不朝天子，岂羡王侯。生死无虑，更复何忧。水月无形，我常只宁。万法皆尔，本自无生。兀然无事坐，春来草自青。”

◎**法顺大师**，姓杜氏，世传文殊化身也。降灵于雍州万年县，神迹炳著，不可胜纪。有患聋者投师，师呼之则聋愈；有患哑者投师，师与之言则哑愈。武功县僧为毒龙所魅，众掖以请师，师端拱面之坐，龙遂附病僧曰：“大师所向，义无复留。”寻即释然。师大弘华严圆顿之旨，作法界观，文简理尽，天下宗之。尝作《法身颂》曰：“嘉州牛吃草，益州马腹胀。天下觅医人，灸猪左膊上。”义学莫能窥其旨。余具如本传。

◎清凉澄观国师，姓夏侯氏，山阴人。才供二笔，撰《华严疏钞》，穷圆顿之旨。神异种种，有识咸戴。化后，门人见有金甲神人，空中翩然西逝，门人拜问："神何为?"曰："取华严菩萨牙归供养耳。"门人异之，遂启塔户视之，师容貌如生，而失二牙。以是知师为华严菩萨也。师有《答皇太子问心要》书，《传灯》载之，而妙喜《正法眼藏》亦具载焉。其词曰："至道本乎一心，心法本乎无住。无住心体，灵知不昧，性相寂然，包含德用，该摄内外。能深能广，非有非空，不生不灭，无终无始。求之而不得，弃之而不离。迷现量则惑苦纷然，悟真性则空明廓彻。虽即心即佛，惟证者方知。然有证有知，则慧日沉没于有地；若无照无悟，则昏云掩蔽于空门。若一念不生，则前后际断。照体独立，物我皆如。直造心源，无智无得。不取不舍，无对无修。然迷悟更依，真妄相待。若求真弃妄，犹弃影劳形；若体妄即真，犹处阴影灭；若无心忘照，则万虑都捐；若任运寂知，则众行爰起。放旷任其去住，静鉴觉其源流。语默不失玄微，动静未离法界。言止则双忘知寂，论观则双照寂知，语证则不可示人，说理则非证不了。是以悟寂无寂，真知无知。以知寂不二之一心，契空有双融之中道。无住无着，莫摄莫收。是非两忘，能所双绝。斯绝亦寂，则般若现前。般若非心外新生，智性乃本来具足。然本寂不能自现，实由般若之功。般若之与智性，翻覆相成；本智之与始修，实无两体。双亡证入，则妙觉圆明；始末该融，则因果交彻。心心作佛，无一心而非佛心；处处成道，无一尘而非佛国。故真妄物我，举一全收；心佛众生，浑然齐致。是知迷则人随于法，法法万差，而人不同；悟则法随于人，人人一智，而融万境。言穷虑绝，何果何因？体本寂寥，孰同孰异？惟忘怀虚朗，消息冲融。其犹透水月华，虚而可见；无心鉴象，照而常空矣。”

指月录卷三

西天祖师诸祖事迹参《传法正宗》等传录

◎**一祖摩诃迦叶尊者**，摩竭陀国人，姓婆罗门，父号饮泽，母号香至。过去世为金师，值毗婆尸佛般涅槃，四众起塔。有贫女得金珠，恳金师为补塔中佛像金面缺处，相与发愿，世世为无姻夫妻。由是因缘，九十一劫，身皆金色。及此世，与紫金光尼复为夫妇，梵语迦叶波，此云饮光，盖以身光名。然夫妇皆清净自居，无世间想。旋复出家，修杜多行。会空中有神告曰："佛已出世，请往师之。"尊者即趋礼释尊于竹林精舍，佛言："善来比丘。"而须发自除。佛于众中称叹第一。后因拈花因缘付法。尊者因外道问："如何是我我？"者曰："觅我者是汝我。"外道曰："这个是我我，师我何在？"者曰："汝问我觅。"尊者一日踏泥次，有一沙弥见，乃问："尊者何得自为？"者曰："我若不为，谁为我为?”洞山价云:“莫要茶吃么?”

佛涅槃时，尊者在毕钵罗窟，以净天眼见世尊在熙连河侧，入般涅槃。即至双树，悲恋号泣。佛于金棺出示双足。尊者告诸比丘:“佛已荼毗，金刚舍利，非吾等事，宜当结集法眼，无令断绝。”乃说偈告曰:“如来弟子，且莫涅槃，得神通者，宜赴结集。”于是得神通者，悉赴耆阇崛山毕钵罗窟。时阿难为漏未尽，不得入会，后证阿罗汉果，乃得入。尊者告众言:“此阿难比丘有大智能，所闻佛法，如水传器，无有遗余。可请彼集修多罗藏。”大众默然。尊者告阿难曰:“汝今宜宣法眼。”阿难闻语信受，观察众心，而宣偈言:“比丘诸眷属，离佛不庄严。犹如虚空中，众星之无月。”说偈已，礼众僧足，升法座而宣是言:“如是我闻，一时佛在某处说某经教，乃至人天等作礼奉行。”时尊者问诸比丘:“阿难所言，不错缪乎?”皆曰:“不异世尊所说。”结集既毕，尊者自念衰老，宜入定于鸡足山，以待弥勒。乃召阿难言:“我今不久世间，今将正法付嘱于汝，汝善守护。听吾偈:‘法法本来法，无法无非法。何于一法中，有法有不法。’”偈已，阿难作礼奉命。尊者念如来舍利皆在诸天，凌虚遍至塔庙，礼已而还。复以夙约，往辞阿阇世王。遂杳然入鸡足山，席草而坐。自念:“今我被粪扫服，持僧伽黎，必经五十七俱胝六十百千岁，至于弥勒出世，终不致坏。”乃语山曰:“若阿阇世王及阿难来，汝当为开，去已复合。”阿阇世王知尊者已入鸡足山，乃请阿难同至山，山果为开。见尊者入定俨然，王礼讫，欲以香薪荼毗，阿难曰:“未可燔也，大迦叶方以禅定持身，俟慈氏下生，乃般涅槃。”王闻敬叹，与阿难礼辞，山合如故。当此周孝王五年丙辰也。按：唐无畏三藏尝入山为尊者剃发，岂无畏至山亦为开耶？无畏必果位人也。

◎**二祖阿难尊者**，王舍城人，姓刹利帝。父斛饭王，实如来从弟也。多闻博达，智能无碍。世尊以为总持第一，梵云阿难，此云庆喜，以如来成道日生，故名也。一日，白佛言：“今日入城，见一奇特事。”佛曰：“见何奇特事？”者曰：“入城见一攒乐人作舞，出城总见无常。”佛曰：“我昨日入城，亦见一奇特事。”者曰：“未审见何奇特事？”佛曰：“我入城时，见一攒乐人作舞，出城时，亦见乐人作舞。”者一日问迦叶曰：“师兄，世尊传金缕袈裟外，别传个甚么？”迦叶召阿难，阿难应诺。迦叶曰：“倒却门前刹竿著。”汾阳昭云：“不问那知。” 翠岩芝云：“千年无影树，今时没底靴。”

者一日入竹林，闻比丘诵偈曰：“若人生百岁，不见水潦鹤。不如生一日，而得睹见之。”尊者因为正之曰：“不然，佛云：‘若人生百岁，不解生灭法。不如生一日，而得解了之。’”“生灭法”，觉范作“诸佛机”，“解了”之“解”作“决”。于是比丘以闻其师，其师曰：“阿难老昏矣，吾语是也。”异日尊者复经竹林，见比丘诵偈如前，者诘之。闻述其师言：“因念愚痴难化，入三昧，求尊圣为之证。于是地为之动，光明遽发。俄有一圣宿大士示现，而为之说偈曰：‘彼者念讽偈，实非诸佛意。今遇欢喜尊，而可依了之。’”彼师弟子竦敬，寻得二果。幻寄曰：“阿难果老昏，这僧不著便受伊毒药。若向水潦鹤上打发，便可踏毗卢顶𩕳上行。何有二果却受圣宿小圣处分，一生埋没。”

尊者将入涅槃，于恒河中流跏趺而坐。阿阇世王、毗舍离王皆在河侧，说偈劝请，莫般涅槃。者答偈曰：“二王善严住，勿为苦悲恋。涅槃当我静，而无诸有故。”复念：“我若向一国，则诸国或争，应以平等度诸有情。”遂于恒河中流，将入寂灭。是时山河大地，六种震动，雪山有五百仙人，睹兹瑞应，飞空而至，礼尊者足而白言：“我当于长老而证佛法，愿垂大慈，度脱我等。”尊者默然受请，即变殑伽河悉为金地，为其仙众说诸大法。复念：“先所度脱弟子，应当来集。”须臾，五百罗汉从空而下，为诸仙人出家受具。其仙众中有二罗汉，一名商那和修，二名末田底迦。尊者知是法器，而告之曰：“如来以正法眼付迦叶，迦叶入定而付于我，我今将灭，复付于汝。汝受吾教，当听偈言：‘本来付有法，付了言无法。各各须自悟，悟了无无法。’”说偈已，复以正法眼嘱累商那和修，而谓末田底迦曰：“昔佛记云：‘佛灭度后后五百岁中，汝当于罽宾国敷宣大法。’”言已，踊身虚空，现十八变，入风轮奋迅三昧，而分身四分：一分惠忉利天，一分惠娑竭罗龙宫，一分惠阿阇世王，一分惠毗舍离王。各造宝塔而供养之。当此周厉王十二年癸巳也。

◎三祖商那和修尊者，亦名舍那婆斯。姓毗舍多，父林胜，母憍奢耶，摩突罗国人也。在胎六年而生，梵云商诺迦，此云自然服，乃西域九枝秀草名。出则圣人降生，尊者生而此草出。昔如来行化至摩突罗国，见一青林，枝叶茂盛，语阿难曰：“此林地名优留茶，吾灭后一百年，有比丘名商那和修于此转妙法轮。”后百岁果诞和修，出家证道，受庆喜尊者法眼。至此林遂降二火龙，龙受三归，遂施其地，以建梵宫。尊者化缘既久，思付法者。寻于吒利国，得优波鞠多以为给侍。因问鞠多曰：“汝年几耶？”答曰：“我年十七。”者曰：“汝身十七，性十七耶？”答曰：“师发已白，为发白耶？心白耶？”者曰：“我但发白，非心白。”鞠多曰：“我身十七，非性十七。”尊者知是法器。后三载遂为落发受具，而以法眼付嘱之。付法偈曰：“非法亦非心，无心亦无法。说是心法时，是法非心法。”尊者付法已，即隐于罽宾国南象白山中。后于三昧中，见鞠多徒众多懈慢，乃往彼正之。鞠多见师至顶礼次，尊者以右手上指，即有香乳自空而注。问鞠多曰：“汝识之乎？”鞠多不测。遂入三昧观察，亦不能测。乃请曰：“是果何三昧耶？”尊者曰：“是谓龙奋迅三昧，如是五百三昧，汝皆未之知。”复曰：“如来三昧辟支不识，辟支三昧阿罗汉不识，吾师阿难三昧而我不识。今我三昧汝岂识乎！是三昧者，心不生灭，住大慈力，递相恭敬。其至此者，乃可识之。”于是鞠多弟子皆伏而悔谢，尊者复为说偈曰：“通达非彼此，至圣无长短。汝除轻慢意，疾得阿罗汉。”五百比丘闻偈已，依教奉行，皆获无漏。尊者乃现十八变，火光三昧，用焚其身。鞠多收舍利，建塔于梵迦罗山。盖此周宣王二十三年乙未岁也。

◎四祖优波鞠多尊者，吒利国人也。亦名优波崛多，又名邬波鞠多。姓首陀，父善意。十七出家，二十证果。行化至摩突罗国，得度者甚众。由是魔宫震动，波旬愁怖，遂竭其魔力，以害正法。尊者即入三昧，观其所由。波旬复伺便，持璎珞縻尊者颈。尊者出定，取人狗蛇三尸，化为华鬘，贾言谕波旬曰："吾此华鬘，酬汝璎珞。"波旬大喜，引颈受之，即复三尸，虫蛆臭坏，尽其神通，莫能去之。乃升六欲天，告诸天主。又诣梵王，求其解免。彼各告言："十力弟子所作神变，我辈凡陋，何能去之?"波旬曰："然则奈何?"梵王曰："汝可归心尊者，即能除断。"复示偈曰："若因地倒，还因地起。离地求起，终无其理。"波旬闻已，即下天宫，至尊者所，礼足哀忏。尊者曰："汝自今而往，于佛法更不相娆乎?"波旬曰："誓向佛道。"尊者曰："汝可自唱皈依三宝。"波旬合掌三唱，而三尸悉除，踊跃作礼而去。因访一老比丘尼，入门乃触撒钵盂，尼曰："佛在日，六群比丘甚是粗行，数来我舍，尚不如是。尊者绍祖位人，得与么粗行?"者休去。汾阳昭代云："已知错误。"

尊者在世化导，证果最多。每度一人，以一筹置于石室。其室纵十八肘，广十二肘，充满其间。最后有一长者子，名曰香众，来礼尊者，求出家。尊者问曰："汝身出家，心出家?"答曰："我来出家，非为身心。"尊者曰："不为身心，复谁出家?"答曰："夫出家者，无我我故。无我我故，即心不生灭。心不生灭，即是常道。诸佛亦常，心无形相，其体亦然。"尊者曰："汝当大悟，心自通达。宜依佛法，僧绍隆圣种。"即为剃度，授具足戒。仍告之曰："汝父梦金日而生，汝可名提多迦。如来以大法眼藏，次第传授，以至于我。今复付汝，听吾偈言：'心自本来心，本心非有法。有法有本心，非心非本法。’”付法已，乃踊身虚空，呈十八变，却复本座，跏趺而逝。提多迦以室内筹用焚师躯，收舍利建塔供养。即平王三十一年庚子岁也。时号无相好佛。前此传法者，皆具禅法律三藏，自后律教别行，横分五部。传法者，唯传禅门及经论。

◎**五祖提多迦尊者**，摩伽陀国人也，初名香众。生时，父梦金日自屋而出，照耀天地。前有大山，诸宝严饰，山顶泉涌，滂沱四流。后遇鞠多尊者，为解之曰：“宝山者，吾身也；泉涌者，法无尽也；日从屋出者，汝今入道之相也；照耀天地者；汝智能超越也。因为更今名，梵云提多迦，此云通真量。”尊者闻已，踊跃述偈云：“巍巍七宝山，常出智能泉。回为真法味，能度诸有缘。”鞠多尊者亦说偈曰：“我法传于汝，当现大智能。金日从屋出，照耀于天地。”尊者闻偈，设礼奉持。后至中印度，彼国有八千大仙，弥遮迦为首。闻尊者至，率众瞻礼。谓尊者曰：“昔与师同生梵天，我遇阿私陀仙授我仙法，师逢十力弟子，修习禅那，自此报分殊途，已经六劫。”者曰：“支离累劫，诚哉不虚！今可舍邪归正，以入佛乘。”弥遮迦曰：“昔阿私陀仙人授我记云：‘汝却后六劫，当遇同学，获无漏果。今也相遇，非夙缘耶？愿师慈悲，令我解脱。’”者即度出家，命诸圣授戒。其余仙众，始生我慢，尊者示大神通，于是俱发菩提心，一时出家。者乃告弥遮迦曰：“昔如来以大法眼藏密付迦叶，展转相授，而至于我。我今付汝，当护念之。”乃说偈曰：“通达本法心，无法无非法。悟了同未悟，无心亦无法。”说偈已，踊身虚空作十八变，火光三昧，自焚其躯。弥遮迦与八千比丘同收舍利，于班茶山中起塔供养。即庄王七年己丑岁也。

◎六祖弥遮迦尊者，中印度人。既传法已，游化至北天竺国，见雉堞之上有金色祥云，叹曰："斯道人气也，必有大士为吾嗣。"乃入城，于阛阓间，有一人手持酒器，逆而问曰："师何方来？欲往何所？"祖曰："从自心来，欲往无处。"曰："识我手中物否？"祖曰："此是触器，而负净者。"曰："师识我否？"祖曰："我即不识，识即非我。"复谓之曰："汝试自称名氏，吾当后示本因。"彼说偈答曰："我从无量劫，至于生此国。本姓颇罗堕，名字婆须蜜。"祖曰："我师提多迦说，世尊昔游北印度，语阿难言：'此国中吾灭度后三百年，有一圣人，姓颇罗堕，名婆须蜜，而于禅祖，当获第七。'世尊记汝，汝应出家。"彼乃置器礼师侧立，而言曰："我思往劫，尝作檀那，献一如来宝座，彼佛记我曰：'汝于贤劫释迦法中，宣传至教。'今符师说，愿加度脱。"祖即与披剃，复圆戒相，乃告之曰："正法眼藏今付于汝，勿令断绝。"乃说偈曰："无心无可得，说得不名法。若了心非心，始解心心法。"祖说偈已，入师子奋迅三昧，踊身虚空，高七多罗树，却复本座，化火自焚。婆须蜜收灵骨，贮七宝函，建浮图，置于上级。即襄王十七年甲申岁也。

◎七祖婆须蜜尊者，北天竺国人。常服净衣，执酒器游行里闬，或吟或啸，人谓之狂。及遇弥遮迦尊者，宣如来往志，自省前缘，投器出家，受法行化。至迦摩罗国，广兴佛事。于法座前，忽有智者自称："我名佛陀难提，今与师论义。"祖曰："仁者论即不义，义即不论，若拟论义，终非义论。"难提知师义胜，心即钦服。曰："我愿求道，沾甘灵味。"祖遂与剃度，而授具戒。复告之曰："如来正法眼藏，我今付汝，汝当护持。"乃说偈曰："心同虚空界，示等虚空法。证得虚空时，无是无非法。"即入慈心三昧。时梵王帝释及诸天众俱来作礼，而说偈言："贤劫众圣祖，而当第七位。尊者哀念我，请为宣佛地。"尊者从三昧起，示众曰："我所得法，而非有故，若识佛地，离有无故。"语已，还入三昧，示涅槃相。难提即于本座起七宝塔，以葬全身。即定王十九年辛未岁也。《正宗》付法偈后，有"超身呈十八变，乃入慈心三昧，以趣寂定"语。

◎**八祖佛陀难提尊者**，迦摩罗国人。姓瞿昙氏，《正宗》作"瞿昙波氏"。顶有肉髻，辩捷无碍。受婆须蜜尊者法，行化至迦提国毗舍罗家。见舍上有白光上腾，谓其徒曰："此家有圣人，口无言说，真大乘器，不行四衢，知触秽耳。"长者出致礼，问："何所须?"祖曰："我求侍者。"长者曰："我有一子，名伏驮蜜多，年已五十，口未曾言，足未曾履。"祖曰："如汝所说，真吾弟子。"伏驮闻之，遽起礼拜，而说偈曰："父母非我亲，谁是最亲者。诸佛非我道，谁是最道者。"祖以偈答曰："汝言与心亲，父母非可比。汝行与道合，诸佛心即是。外求有相佛，与汝不相似。欲识汝本心，非合亦非离。"伏驮闻偈已，便行七步。祖曰："此子昔曾值佛，悲愿广大，虑父母爱情难舍，故不言不履耳。"长者遂舍令出家。祖寻授具戒付法，说偈曰：“虚空无内外，心法亦如此。若了虚空故，是达真如理。”伏驮承祖付嘱，即超身虚空，散众宝花，说偈赞曰：“我师禅祖中，当得为第八。法化众无量，悉获阿罗汉。”尔时祖忽起本座，现大神变，却复本座，俨然寂灭。众即其所建塔，闷其全身。时景王十二年丙寅岁也。

◎九祖伏驮蜜多尊者，提伽国人，姓毗舍罗。行化至中印度，有长者香盖携一子而来瞻礼曰：“此子处胎六十岁，《正宗》作“十六”。尝有一仙，谓此儿骨相非常。今遇尊者，可舍令出家。”祖即与落发，羯磨之际，祥光烛座，感舍利三七粒现前，自此精进忘疲。未几祖遂付法，说偈曰：“真理本无名，因名显真理。受得真实法，非真亦非伪。”偈已，即入灭尽三昧，而般涅槃。阇维收舍利，建塔于那烂陀寺。即敬王三十五年甲寅也。圭峰云：“德力甚深，智能广大。国王信邪，躬持赤幡。请诸论主论义，论主皆屈，王自论亦屈，遂改邪心。”

◎十祖胁尊者，中印度人，姓氏未详。处胎六十年，将诞之夕，母梦白象载一宝座，座置一明珠，入门乃生。生而神光烛室，体有奇香。及长，虽谷食，绝无秽滓。本名难生，后侍九祖，执侍左右，未尝睡眠，谓其胁不至席，遂号胁尊者。初至华氏国，憩一树下，右手指地而告众曰：“此地变金色，当有圣人入会。”言讫，即变金色。时有长者子富那夜奢合掌前立，祖问曰：“汝从何来?”曰：“我心非往。”祖曰：“汝何处住？”曰：“我心非止。”祖曰：“汝不定耶？”曰：“诸佛亦然。”祖曰：“汝非诸佛。”曰：“诸佛亦非。”大愚芝云：“祖师一问，童子一答，总欠会在。如今诸人作么生会？”妙喜曰：“直饶如今会得，更参三生六十劫。”祖因说偈曰：“此地变金色，预知有圣至。当坐菩提树，觉华而成已。”夜奢复说偈曰：“师坐金色地，常说真实义。回光而照我，今入三摩谛。”祖即度出家，复具戒品，而付法，说偈曰：“真体自然真，因真说有理。领得真真法，无行亦无止。”祖付法已，即现神变而入涅槃，化火自焚，舍利自空而下，不可胜数。四众盛以衣裓，随处建塔供养。时贞王二十二年己亥也。

◎十一祖富那夜奢尊者，华氏国人。姓瞿昙氏，父宝身。有子七人，祖最少。幼则与诸兄异尚，尝曰：“若遇大士坐于道场，我则诣彼，亲近随喜。”及遇胁尊者，遂授法。祖教被无量，得果者且五百矣。后至波罗奈国，有一长者来趣其会，祖谓众曰：“汝等识此来者耶？佛记圣者马鸣，绍吾法者也。”于是马鸣致礼问曰：“我欲识佛，何者即是？”祖曰：“汝欲识佛，不识者是。”彼曰：“佛既不识，焉知是乎？”祖曰：“既不识佛，焉知不是。”曰：“此是锯义。”祖曰：“彼是木义。”祖问：“锯义者何？”曰：“与师平出。”马鸣却问：“木义者何？”祖曰：“汝被我解。”马鸣豁然省悟，遂求剃度。祖谓众曰：“此大士者，昔为毗舍利国王，以其国有一类裸人，如马裸露，王遂运神通，分身为蚕以衣之。后生中印土，马人感恋悲鸣，故号马鸣。如来悬记：‘灭度后六百年，马鸣当于波罗奈国摧伏异道，度人无量。’今正是时。”遂付法，偈曰：“迷悟如隐显，明暗不相离。今付隐显法，非一亦非二。”付法已，即现神变，湛然圆寂。众兴宝塔以閟全身。当此土周安王戊戌岁也。圭峰云：“马鸣慢心，誓断舌以难祖。祖立二谛义，鸣即归投。”《宗镜录》云：“西天韵陀山中有一罗汉，名富楼那，马鸣往见，端坐林中，志气渺然，若不可测。鸣语之曰：‘沙门说之，敢有所明，要必屈汝，我若不胜，刎颈以谢。’罗汉默然，容无负色，亦无胜颜。扣之数四，曾无应情。鸣退自思惟：我负矣，彼胜矣。彼安无言，故无可屈。吾以言之，虽知言者可屈，自吾未免于言，真可愧矣。遂投出家。”二说与《传灯》不同，并识之。

◎**十二祖马鸣大士者**，波罗奈国人也。亦名功胜，以有作无作诸功德最为殊胜，故名焉。既受法于夜奢尊者，后于华氏国转妙法轮。忽有老人，座前仆地，祖谓众曰：“此非庸流，当有异相。”言讫不见。俄从地涌出一金色人，复化为女子，右手指祖而说偈曰：“稽首长老尊，当受如来记。今于此地上，宣通第一义。”说偈已，瞥然不见。祖曰：“将有魔来与吾较力。”有顷，风雨暴至。天地晦冥。祖曰：“魔之来信矣，吾当除之。”即指空中，现一大金龙，奋发威神，震动山岳。祖俨然于座，魔事随灭。经七日，有一小虫，大若蟭螟，潜形座下。祖以手取之，示众曰：“斯乃魔之所变，盗听吾法耳。”放之令去，魔不能动。祖告之曰：“汝但归依三宝，即得神通。”遂复本形，作礼忏悔。祖问曰：“汝名谁耶？眷属多少？”曰：“我名迦毗摩罗，有三千眷属。”祖曰：

"尽汝神力，变化若何？"曰："我化巨海，极为小事。"祖曰："汝化性海得否？"曰："何为性海？我未尝知。"祖即为说性海曰："山河大地，皆依建立。三昧六通，由兹发现。"迦毗摩罗闻言，遂发信心，与徒众三千俱求剃度。祖乃召五百罗汉，与授具戒。复告之曰："如来大法眼藏，今当付汝。汝听偈言：'隐显即本法，明暗元不二。今付悟了法，非取亦非离。'"付嘱已，即入龙奋迅三昧，挺身空中，如日轮相，然后示灭。四众藏真体于龙龛，即显王三十七年甲午岁也。一外道索祖论义，集国王大臣及四众，俱会论场。祖曰："汝义以何为宗？"曰："凡有言说，我皆能破。"祖乃指国王云："当今国土康宁，大王长寿，请汝破之。"外道屈服。按《宗镜》，外道即马鸣，与论乃胁尊者，马鸣因此从胁尊者出家。与传灯及正宗抵牾，而《宗镜》复载韵陀山中语，则自矛盾矣。嵩公考据甚详，《宗镜》所记讹也。圭峰云：作妙伎乐，降诸伎人，于乐音中，演说诸法，苦空无我，贵贱出家。时遇外国兵围，索九亿金钱。王以马鸣与之，方退。造《甘蔗论》十万偈，又造起信等论，善能开诱。《起信论》疏又谓"大士鸣琴则马鸣"，故称马鸣。

◎十三祖迦毗摩罗尊者，华氏国人也。初为外道，有徒三千，通诸异论。后于马鸣尊者得法，领徒至西印度。彼有太子，名云自在。仰尊者名，请于宫中供养。祖曰："如来有教，沙门不得亲近国王大臣有势之家。"太子曰："今我国城之北，有大山焉，山有一石窟，可禅寂于此否？"祖曰："诺。"即入彼山。行数里，逢一大蟒，祖直前不顾，盘绕祖身，祖因与授三归依，蟒听讫而去。祖将至石窟，复有一老人素服而出，合掌问讯。祖曰："汝何所止？"答曰："我昔尝为比丘，多乐寂静，有初学比丘，数来请益，而我烦于应答，起嗔恨想，命终堕为蟒身，住是窟中，今已千载。适遇尊者，获闻戒法，故来谢尔。”祖问曰：“此山更有何人居止？”曰：“此去十里有大树，荫覆五百大龙，其树王名龙树，常为龙众说法，我亦听受耳。”祖遂与徒众诣彼，龙树出迎曰：“深山孤寂，龙蟒所居。大德至尊，何枉神足？”祖曰：“吾非至尊，来访贤者。”龙树默念曰：“此师得决定性明道眼否？是大圣继真乘否？”祖曰：“汝虽心语，我已意知。但办出家，何虑吾之不圣？”龙树闻已，悔谢。祖即与度脱，及五百龙众俱受具戒。复告之曰：“今以如来大法眼藏，付嘱于汝。谛听偈言：‘非隐非显法，说是真实际。悟此隐显法，非愚亦非智。’”付法已，即现神变，化火焚身。龙树收五色舍利建塔。赧王四十一年壬辰也。圭峰云：“造《无我论》一百偈，此论至处，无不摧魔。”

◎**十四祖龙树尊者**，亦名龙胜。少则能诵四韦陀，长而善知众艺。才辩神明，出家入石窟，栖止龙树，为龙众所归。遇摩罗尊者付法，后至南印度。彼国之人，多信福业，祖为说法，递相谓曰：“人有福业，世间第一。徒言佛性，谁能睹之？”祖曰：“汝欲见佛性，先须除我慢。”彼人曰：“佛性大小？”祖曰：“非大非小，非广非狭，无福无报，不死不生。”彼闻理胜，悉回初心。祖复于座上，现自在身，如满月轮。一切众惟闻法音，不睹祖相。彼众中有长者子，名迦那提婆，谓众曰：“识此相否？”众曰：“目所未睹，安能辨识？”提婆曰：“此是尊者现佛性体相，以示我等。何以知之？盖以无相三昧，形如满月。佛性之义，廓然虚明。”言讫，轮相即隐，复居本座，而说偈言：“身现圆月相，以表诸佛体。说法无其形，用辨非声色。”彼众闻偈，顿悟无生，咸愿出家，以求解脱。祖即为剃发，命诸圣授具。南印度有五千外道，兴大幻术，王与国人，靡然从之，不知向佛，尊者感慨。易其威仪，白衣持幡，每俟王出，则趋其前，或隐或显，如是者七载。王一日忽异之，问曰：“汝何者而前吾行？追之不得，纵之不去。”者曰：“吾是智人，知一切法。”王曰：“汝知诸天，今何所为？”祖曰：“天今与修罗方战。”王曰：“何以明之？”者曰：“顷则征矣。”俄有戈戟手足，自空纷然而下。王遂大敬信，命诸外道，皆归礼尊者。者悉化之，令归三宝。复造《大智度论》《中论》《十二门论》，垂之于世。后付法于迦那提婆，付法偈云：“为明隐显法，方说解脱理。于法心不证，无嗔亦无喜。”付法已，入月轮三昧，广现神变。复座凝然入寂，及七日，天雨舍利。尊者复于座，指空语众曰：“昔拘那含佛弟子摩诃迦尊者有三愿：一为佛时，凡有圣士化度，则天澍雨，及其身皆为舍利；二大地所生，皆堪为药，疗众生病；三凡有智者，皆得所知微妙，以通宿命。今雨舍利，摩诃迦神力也。”言已，复寂。迦那提婆与众建塔，閟其全身。秦始皇三十五年己丑也。圭峰云：“豪贵家生，通四韦陀，天地图谶，因与三友作妖术败。出家诵尽阎浮经论，自谓为一切智人。大龙悯之，接入龙宫，悟已还出。化国王婆罗门外道无数，造论数十部。”

◎十五祖迦那提婆尊者，南天竺国人也，姓毗舍罗。初求福业，兼乐辩论。后谒龙树大士。将及门，龙树知是智人，先遣侍者以满钵水置于座前。尊者睹之，即以一针投之而进，欣然契会。琅玡觉颂云：“龙猛盂中水，提婆毳上针。人人争得失，个个话浮沉。不睹云中雁，焉知沙塞深。农夫移片磉，磉下获黄金。”

龙树即为说法，不起于座，现月轮相，语具《龙树章》。祖既得法，后至迦毗罗国。彼有长者，曰梵摩净德。一日，园树生耳如菌，味甚美。唯长者与第二子罗睺罗多取而食之。取已随长，尽而复生，自余亲属，皆不能见。祖知有宿因，遂至其家。长者乃问其故，祖曰：“汝家昔曾供养一比丘，然此比丘道眼未明，以虚沾信施，故报为木菌。惟汝与子精勤供养，得以享之。”又问：“长者年多少?”曰：“七十有九。”祖乃说偈曰：“入道不通理，复身还信施。汝年八十一，此树不生耳。”长者闻偈已，弥加叹伏。曰：“弟子衰老，不能事师，愿舍次子，随师出家。”祖曰：“昔如来记此子，当第二五百年为大教主。今之相遇，盖符宿因。”即与剃发。至巴莲弗城，闻诸外道欲障佛法。计之既久，祖乃执长幡入彼众中。彼问祖曰：“汝何不前?”祖曰：“汝何不后?”彼曰：“汝似贱人。”祖曰：“汝似良人。”彼曰：“汝解何法?”祖曰：“汝百不解。”彼曰：“我欲得佛。”祖曰：“我灼然得佛。”彼曰：“汝不合得。”祖曰：“元道我得，汝实不得。”彼曰：“汝既不得，云何言得?”祖曰：“汝有我故，所以不得，我无我我，故自当得。”彼辞既屈，乃问祖曰：“汝名何等?”祖曰：“我名迦那提婆。”彼既夙闻祖名，乃悔过致谢。时众中犹互兴问难，祖折以无碍之辩。由是归伏。

《正法眼藏》云："西天禁断钟鼓，谓之沙汰。经于七日，祖运神通登楼撞钟，诸外道众一时共集。至钟楼，其门封锁。乃问：'撞钟者谁？'祖曰：'天。'曰：'天者谁？'祖曰：'我。'曰：'我者谁？'祖曰：'你。'曰：'你者谁？'祖曰：'狗。'曰：'狗者谁？'祖曰：'你。'曰：'你是谁？'祖曰：'我。'曰：'我是谁？'祖曰：'天。'如是往返七度。外道一众知自负堕，奏闻国王再鸣钟鼓，大兴佛法。"

告上足罗睺罗多，而付法眼，偈曰："本对传法人，为说解脱理。于法实无证，无终亦无始。"付法已，入奋迅定，身放八光，而归寂灭。学众兴塔供养，汉文十九年庚辰也。

◎十六祖罗睺罗多尊者，迦毗罗国人也。行化至室罗筏城，有河名曰金水，其味殊美，中流复现五佛影。祖告众曰："此河之源，凡五百里，有圣者僧伽难提居于彼处。佛志：'一千年后，当绍圣位。'"语已，领诸学众溯流而上。至彼，见僧伽难提安坐入定，祖与众伺之。经三七日，方从定起。祖问曰："汝心定耶？身定耶？"提曰："身心俱定。"祖曰："身心俱定，何有出入？"提曰："虽有出入，不失定相。如金在井，金体常寂。"祖曰："若金在井，若金出井，金无动静，何物出入？"提曰："言金动静，何物出入。言金出入，金非动静。"祖曰："若金在井，出者何金？若金出井，在者何物？"提曰："金若出井，在者非金。金若在井，出者非物。"祖曰："此法不然。"提曰："彼义非著。"祖曰："此义当堕。"提曰："彼义不成。"祖曰："彼义不成，我义成矣。"提曰："我义虽成，法非我故。"祖曰："我义已成，我无我故。”提曰：“我无我故，复成何义？”祖曰：“我无我故，故成汝义。”提曰：“仁者师谁，得是无我？”祖曰：“我师迦那提婆，证是无我。”难提以偈赞曰：“稽首提婆师，而出于仁者。仁者无我故，我欲师仁者。”祖以偈答曰：“我已无我故，汝须见我我。汝若师我故，知我非我我。”难提心意豁然，即求度脱。祖曰：“汝心自在，非我所系。”语已，即以右手擎金钵，举至梵宫，取彼香饭，将斋大众，而大众忽生厌恶之心。祖曰：“非我之咎，汝等自业。”即命难提分座同食，众复讶之。祖曰：“汝不得食，皆由此故。当知与吾分座者，即过去娑罗树王如来也。愍物降迹，汝辈亦庄严劫中，已至三果，而未证无漏者也。”众曰：“我师神力，斯可信矣。彼云过去佛者，即窃疑焉。”难提知众生慢，乃曰：“世尊在日，世界平正，无有丘陵，江河沟洫，水悉甘美，草木滋茂，国土丰盈。无八苦，行十善，自双树示灭八百余年，世界丘墟，草木枯瘁，人无至信，正念轻微，不信真如，惟爱神力。”言讫，以右手渐展入地，至金刚轮际，取甘露水，以琉璃器，持至会所。大众见之，即时钦慕，悔过作礼。于是祖命僧伽难提而付法眼。偈曰：“于法实无证，不取亦不离。法非有无相，内外云何起。”难提闻命，敬奉勤至。复说偈赞曰：“善哉大圣者，心明逾日月。一光照世界，暗魔无不放。”祖付法已，安坐归寂，四众建塔。汉武二十八年戊辰也。

◎十七祖僧伽难提尊者，室罗筏城宝庄严王之子也。生而能言，常赞佛事。七岁即厌世乐，以偈告其父母曰：“稽首大慈父，和南骨血母。我今欲出家，幸愿哀愍故。”父母固止之，遂终日不食。乃许其在家出家，号僧伽难提，复命沙门禅利多为之师。积十九载，未尝退倦。每自念言：“身居王宫，胡为出家。”一夕，天光下属，见一路坦平，不觉徐行。约十里许，至大岩前，有石窟焉，乃燕寂于中。父既失子，即摈禅利多出国，访寻其子，不知所在。经十年，祖得法受记已，行化至摩提国，忽有凉风袭众，身心悦适非常，而不知其然。祖曰：“此道德之风也。当有圣者出世，嗣续祖灯乎？”言讫，以神力摄诸大众，游历山谷。食顷，至一峰下，谓众曰：“此峰顶有紫云如盖，圣人居此矣。”即与大众徘徊久之。见山舍一童子，持圆鉴直造祖前。祖问：“汝几岁耶？”曰：“百岁。”祖曰：“汝年尚幼，何言百岁？”童曰：“我不会理，正百岁耳。”祖曰：“汝善机耶？”童曰：“佛言：‘若人生百岁，不会诸佛机，不如生一日，而得决了之。’”祖曰：“汝手中者，当何所表？”童曰：“诸佛大圆鉴，内外无瑕翳。两人同得见，心眼皆相似。”彼父母闻子语，即舍令出家。祖携至本处，受具戒讫，名伽耶舍多。他时闻风吹殿铃声，祖问曰：“铃鸣耶？风鸣耶？”舍多曰：“非风铃鸣，我心鸣耳。”祖曰：“心复谁乎？”舍多曰：“俱寂静故。”祖曰：“善哉！善哉！继吾道者，非子而谁！”即付法眼。偈曰：“心地本无生，因地从缘起。缘种不相妨，华果亦复尔。”祖付法已，右手攀树而化。大众议曰：“尊者树下归寂，其垂荫后裔乎！”将奉全身于高原建塔，众力不能举，即树下起塔。前汉昭帝十三年丁未也。圭峰云：“尊者攀树化，后诸罗汉欲移之不得，以诸象力挽亦不动。遂就树下焚之，身尽树更蓊郁。”

◎十八祖伽耶舍多尊者，摩提国人也。姓郁头蓝，父天盖，母方圣。尝梦大神持鉴，因而有娠。凡七日而诞，肌体莹如琉璃，未尝洗沐，自然香洁。幼好闲静，语非常童。持鉴出游，遇难提尊者得度。后领徒至大月氏国，见一婆罗门舍有异气，祖将入彼舍，舍主鸠摩罗多问曰：“是何徒众？”祖曰：“是佛弟子。”彼闻佛号，心神竦然，即时闭户。祖良久扣其门，罗多云：“此舍无人。”祖曰：“答无者谁？”汾阳昭代云：“洎合忘却。”罗多闻语，知是异人，遽开关延接。祖曰：“昔世尊记曰：‘吾灭后一千年，有大士出现于月氏国，绍隆玄化。’今汝值吾，应斯嘉运。”于是鸠摩罗多发宿命智，投诚出家。授具讫，付法。偈曰：“有种有心地，因缘能发萌。于缘不相碍，当生生不生。”祖付法已，踊身虚空，现十八变，化火三昧，自焚其身。众以舍利建塔。汉成帝二十年戊申也。

◎十九祖鸠摩罗多尊者，大月氏国婆罗门之子也。昔为自在天人，见菩萨璎珞，忽起爱心，堕生忉利。闻憍尸迦说般若波罗蜜多，以法故，升梵天。以根利故，善说法要，诸天尊为导师。以继祖时至，降月氏。后至中天竺国，有大士名阇夜多，问曰：“我家父母素信三宝，而常萦疾瘵，凡所营作，皆不如意。而我邻家久为旃陀罗行，而身常勇健，所作和合。彼何幸而我何辜？”祖曰：“何足疑乎，且善恶之报，有三时焉。凡人但见仁夭暴寿，逆吉义凶，便谓亡因果、虚罪福，殊不知影响相随，毫厘靡忒。纵经百千万劫，亦不磨灭。”时阇夜多闻是语已，顿释所疑。祖曰：“汝虽已信三业，而未明业从惑生，惑依识有，识依不觉，不觉依心。心本清净，无生灭，无造作，无报应，无胜负，寂寂然，灵灵然。汝若入此法门，可与诸佛同矣。一切善恶、有为无为，皆如梦幻。”阇夜多承言领旨，即发宿慧，恳求出家。《正宗记》：“祖曰：‘汝何许人，可白父母而后出家？’夜多曰：‘我国北印度也，去此三千里。然吾有小术，往返亦易，遂行其术。’与祖须臾达彼。夜多既闻其父母，祖遂与授具。”既受具，祖告曰：“吾今寂灭时至，汝当绍行化迹。”付法眼，偈曰：“性上本无生，为对求人说。于法既无得，何怀决不决。”又云：“此是妙音如来见性清净之句，汝宜传布后学。”言讫，即于座上以指爪剺面。如红莲开出，大光明照耀四众，而入寂灭，阇夜多建塔，以奉全身。当新室十四年壬午也。

◎二十祖阇夜多尊者，北天竺国人也。智能渊冲，化导无量。后至罗阅城，敷扬顿教。彼有学众，惟尚辩论。为之首者，名婆修盘头。此云遍行。常一食不卧，六时礼佛，清净无欲，为众所归。祖将欲度之，先问彼众曰：“此遍行头陀能修梵行，可得佛道乎？”众曰：“我师精进，何故不可。”祖曰：“汝师与道远矣，设苦行历于尘劫，皆虚妄之本也。”众曰：“尊者蕴何德行而讥我师？”祖曰：“我不求道，亦不颠倒。我不礼佛，亦不轻慢。我不长坐，亦不懈怠。我不一食，亦不杂食。我不知足，亦不贪欲。心无所希，名之曰道。”时遍行闻已，发无漏智，欢喜赞叹。祖又语彼众曰：

"会吾语否？吾所以然者，为其求道心切。夫弦急即断，故吾不赞。令其住安乐地，入诸佛智。"复告遍行曰："吾适对众，挫抑仁者，得无恼于衷乎？"遍行曰："我忆念七劫前，生常安乐国，师于智者月净，记我非久当证斯陀含果。时有大光明菩萨出世，我以老故，策杖礼谒，师叱我曰：'重子轻父，一何鄙哉！'时我自谓无过，请师示之。"师曰："汝礼大光明菩萨，以杖倚壁画佛面，以此过慢，遂失二果。我责躬悔过以来，闻诸恶言，如风如响。况今获闻无上甘露，而反生热恼耶？惟愿大慈，以妙道垂诲。"祖曰："汝久植众德，当继吾宗。听吾偈曰：'言下合无生，同于法界性。若能如是解，通达事理竟。'"祖付法已，于其座上，以首倒植，像娑罗树枝，奄然而化。众欲阇维，百千人举之不能，乃至诸罗汉以神力举之，亦不能动。众乃炷香祝之，遂颓然委地。阇维，收舍利建塔。当后汉明帝十七年甲戌也。初，月氏国王闻师德风，躬诣问法。修敬已，请开演。祖曰："大王来时好道，今去亦如来时。"王叹服。圆悟勤颂云："至简至易，最尊最贵。往还千圣顶𩕳头，世出世间不思议。弹指圆成八万门，一超直入如来地。"

◎**二十一祖婆修盘头尊者**，罗阅城人也。姓毗舍佉，父光盖，母严一。家富而无子，祷于佛塔，母梦吞明暗二珠因孕。经七日，有一罗汉名贤众，至其家，光盖设礼，贤众端坐受之。严一出拜，贤众避席云："回礼法身大士。"光盖疑之，贤众曰："汝妇怀圣子，生当为世灯慧日，故吾避之。然当一乳而生二子，一名婆修盘头，则吾所尊者也。二名刍尼。此云野鹊子。昔如来雪山修道，乌尼巢于顶上，佛既成道，乌尼受报为那提国王。《佛记》云：‘汝至第二五百年，生罗阅城毗舍佉家，与圣同胞。’今无爽矣。”后一月果诞二子。尊者婆修盘头，年十五，礼光度罗汉出家，感毗婆诃菩萨与之授戒。行化至那提国，彼王名常自在，有二子，长名摩诃罗，次名摩拿罗。王问祖曰：“罗阅城土风，与此何异?”祖曰：“彼曾三佛出世，今王国有二师化导。”王曰：“二师者谁?”祖曰：“《佛记》第二五百年，有二神力大士，出家继圣，一即王之次子摩拿罗。吾虽德薄，亦当其一。初，那提国有恶象为害，拿罗生而象息。至是三十年矣，人尚不知其所以息。”王方同祖语。忽使者报，有象巨万逼城，王忧之。祖曰：“拿罗出，患解矣。”王试命拿罗出，拿罗遂出城南，向象抚腹大喝，城为震动，群象颠仆，顷皆驰散。至是人始知三十年之安，以拿罗也。王大敬信，命拿罗依祖出家。祖即与授具，付法偈曰：“泡幻同无碍，如何不了悟。达法在其中，非今亦非古。”付法已，踊身高半由旬，屹然而住。四众告曰：“愿尊者无为神通，我辈欲收舍利。”遂复座入寂，阇维，舍利建塔。汉殇帝十二年丁巳也。圭峰云：“通达一切修多罗义，分别宣说，广化众生。疑是天亲，未敢为定。”

◎二十二祖摩拏罗尊者，姓刹帝利，父常自在王。受盘头尊者命，祖遂出家。传法至西印土，彼国王名得度，瞿昙种族，事佛精进。一日，于行道处忽现一塔，高尺四寸，欲举以供养，竭众力莫能举。王大会四众，问所由，众莫能知。祖曰：“此阿育王塔，感王精进故现耳。”王曰：“敢问法要？”祖曰：“佛法能具七事，去三物，乃可学。”王问：“三物七事为何？”祖曰：“所去三物，贪、嗔、痴；所具七事，大慈、欢喜、无我、勇猛、饶益、降魔、无证。人所以明了不明了，以此耳。”王闻已，曰：“至圣难逢，世乐非久。”即传位太子出家，七日而证四果。祖深加慰诲曰：“汝居此国，善自度人。今异域有大法器，吾当往化。”得度曰：“师应迹十方，动念当至，宁劳往耶？”祖曰：“然。”于是焚香遥语月支国鹤勒那比丘曰：“汝教导鹤众，道果将证，宜自知之。”时鹤勒那为彼国王宝印说《修多罗》偈，忽睹异香成穗，王曰：“是何祥也？”曰：“西印土摩拏罗尊者将至，此信香也。”王与鹤勒那俱西向作礼，祖亦以手东向三点于地答之。即辞得度，与其具通众凌虚，趣月支国。鹤勒那与宝印迎祖至王宫供养。异日鹤勒那问祖曰：“我止林间已经九白，印土以一年为一白。有弟子龙子者，幼而聪慧，我于三世推穷，莫知其本。”祖曰：“此子于第五劫中，生妙喜国婆罗门家，曾以栴檀施于佛宇，作槌撞钟，受报聪敏，为众钦仰。”又问：“我有何缘而感鹤众？”祖曰：“于第四劫中，尝为比丘，当赴会龙宫，汝诸弟子咸欲随从。汝观五百众中，无有一人堪任妙供。时诸弟子曰：‘师尝说法，于食等者，于法亦等。’今既不然，何圣之有！汝即令赴会，坐是滥食，报为羽族，师弟夙缘，故今相随。”鹤勒那曰：“以何方便，令彼解脱？”祖曰：“吾有无上法宝，汝当听受，化未来际。”乃说偈曰：“心随万境转，转处实能幽。随流认得性，无喜亦无忧。”鹤众闻偈飞鸣而去，祖即踊身空中，呈十八变，返座指地，发一神泉。复说偈曰：“心地清净泉，能润于一切。从地而涌出，遍济十方世。”《宗镜》作“遍满十方际”。偈已，泊然寂灭。鹤勒那与宝印王建塔，以奉全身。汉桓帝十九年乙巳也。

◎**二十三祖鹤勒那尊者**，月支国人。姓婆罗门，父千胜，母金光。以求子，祷于七佛金幢。梦须弥顶有神童，持金环云：“我来。”及诞而天雨花，国王以其有神征，乳于宫中，宫嫔育之。即分身各为其子，有千许。王曰：“我无储嗣，将育尔为太子。今者千身，孰为正子哉？”言已，一子放光，忽皆不见，而见于其父母家，王莫能如何。七岁，睹民间淫祠，恶其宰杀，入庙叱之，庙貌遂隳，乡党称之为圣子。至年二十二出家，栖一林间九白，诵《大般若》，感鹤众相随。三十得法，行化至中印土，为其王无畏海说法，感日月天子，礼拜其前。王目见之，乃问祖：“日月国土总有多少？”祖曰：“千释迦所化世界，各有百亿迷卢日月。我若广说，即不能尽。”王闻忻然。时祖演无上道，度有缘众。有上足龙子早夭，其兄师子，博通强记，事婆罗门。将葬龙子，而众力举其柩，不能动。祖谓师子曰：“昔汝弟欲冥福汝，而塑一佛像，汝方信婆罗门投于地。今汝弟虽谢世，犹欲感悟汝，故示斯异。汝亟供像，柩斯举矣。”师子奉命，而柩举。未几，婆罗门师死，师子乃归依尊者。问曰：“我欲求道，当何用心？”祖曰：“汝欲求道，无所用心。”曰：“既无用心，谁作佛事？”祖曰：“汝若有用，即非功德；汝若无作，即是佛事。《经》云：‘我所作功德，而无我所故。’”师子闻是语已，即入佛慧。时祖忽指东北问曰：“是何气象?”师子曰:“我见气如白虹贯乎天地,复有黑气五道,横亘其中。”祖曰:“其兆云何?”曰:“莫可知矣。”祖曰:“吾灭后五十年,北天竺国当有难起,婴在汝身,吾将灭已。今以法眼,付嘱于汝,善自护持。”乃说偈曰:“认得心性时,可说不思议。了了无可得,得时不说知。”师子比丘闻偈欣惬,然未晓将罹何难,祖乃密示之。言讫,现十八变而归寂。阇维毕,分舍利各欲兴塔,祖复现形空中,而说偈曰:“一法一切法,一切一法摄。吾身非有无,何分一切塔。”大众闻偈,遂不复分。就驮都场而建塔。后汉献帝二十年己丑也。

◎**二十四祖师子比丘尊者**,中印度人,姓婆罗门。得法游方,至罽宾国。有沙门波利迦,或云“波黎迦”。本习小乘禅观,其学徒有五:曰禅定、曰知见、曰执相、曰舍相、曰不语。祖谓持不语者曰:“佛教勤衍般若,孰为不语而反佛说耶?”谓舍相者曰:“佛教威仪具足,梵行清白,岂舍相耶?”谓执相者曰:“佛土清净,自在无着,何执相耶?”谓知见者曰:“诸佛知见,无所得故;此法微妙,觉闻不及。无为无相,何知见耶?”四众皆服从。惟禅定师达磨达者闻四众义屈,愤悱而来。祖曰:“仁者习定,何当来此?既至于此,胡云习定?”彼曰:“我虽来此,心亦不乱。定随人习,岂在处所?”祖曰:“仁者既来,其习亦至。既无处所,岂在人习。”彼曰:“定习人故,非人习定。我当来此,其定常习。”祖曰:“人非习定,定习人故。当自来时,其定谁习?”彼曰:“如净明珠内外无翳。定若通达,必当如此。”

祖曰："定若通达，一似明珠。今见仁者，非珠之徒。"彼曰："其珠明彻，内外悉定。我心不乱，犹若此净。"祖曰："其珠无内外，仁者何能定。秽物非动摇，此定不是净。"达磨达闻已，遂作礼曰："我于学道，盖虚劳耳！尊者幸有以教我，殷勤哀请。"祖曰："诸佛禅定，无有所得；诸佛觉道，无有所证。无得无证，是真解脱。酬因答果，世之业报，于此法中，悉不如是。"达磨达蒙祖开悟，心地朗然。祖既摄五众，名闻遐迩。方求法嗣，遇一长者引其子问祖曰："此子名斯多，当生便拳左手，年二十矣，终未能舒。愿尊者示其宿因。"祖睹之，即以手接曰："可还我珠？"童子遽开手奉珠，众皆惊异。祖曰："吾前报为僧，有童子名婆舍，吾尝赴西海斋，受赚珠付之，今还吾珠，理固然矣。"长者遂令出家，祖会众圣与授具，以前缘故，名婆舍斯多。祖即谓之曰："吾师密有悬记，罹难非久，如来正法眼藏今当付汝，汝应保护，普润来际。"偈曰："正说知见时，知见俱是心。当心即知见，知见即于今。"祖说偈已，以僧伽黎密付斯多，俾之他国，随机演化。斯多受教，直抵南天。祖谓难不可以苟免，独留罽宾。时本国有外道二人：一名摩目多，二名都落遮，学诸幻法，欲共谋乱。诡为释子，潜入王宫。其王弥罗崛遂灭毁释教，秉剑至尊者所问曰："师得蕴空否？"祖曰："已得蕴空。"王曰："离生死否。"祖曰："已离生死。"王曰："既离生死，可施我头。"祖曰："身非我有，何吝于头？"王即挥刃断尊者首，白乳涌高数尺，王之右臂旋亦堕地，七日而终。太子光首叹曰："吾父何故自取其祸？"延众忏悔。时象白山有仙人，深明因果，言师子与罗崛，往世皆为白衣，以嫉法胜故，阴戕于崛，乃今偿焉。众遂以祖报体建塔。当魏废帝齐王二十年己卯也。玄沙备云："大小师子尊者，头也不解作得主。"　玄觉征云："且道斩着斩不着。"　汾阳昭别云："知师不吝。"　雪窦显云："作家君王天然有在。"　翠岩芝云："当时尊者引颈，王便举刃，当恁么时，有人出来谏得住么？至今无人断此公案，如今衲僧作么生断？"　天童华拈诸师语云："玄沙云'大小尊者，头也不解作得主'，随毽毽。玄觉征云'且道斩着斩不着'！将虾钓鳖。汾阳别云'知师不吝'，将错就错。雪窦云'作家君王，天然有在'，提水放火。翠岩芝云'当时王举剑，师子引颈，当恁么时有人谏得住么？至今无人断此公案，如今衲僧作么生断？'莫要说梦。芭蕉云'卖宝撞着瞎波斯'。诬人之罪。琅玡云'罽宾好一口剑，争奈剑上无眼，尊者好个师子，要且不解返踯。'贼过后张弓。"复云："这一队汉，被山僧剿绝了也，还见师子尊者么？蓦拈拄杖，卓一下云：修身慎行，恐辱先也。"　黄龙新云："黄龙要问雪窦，既是'作家君王'，因甚劈落。"　径山杲云："孟八郎汉又恁么去？"　孤峰深颂云："本是山中人，爱说山中话。五月卖松风，人间恐无价。"　永明颂云："尊者理非谬，玄沙语甚奇。首随锋刃落，彼此没毫厘。"　幻寄曰："大小永明，作座主见解，唐突般若。"

◎二十五祖婆舍斯多，罽宾国人。姓婆罗门，父寂行，母常安乐。初，母梦得神剑，因而有孕。既诞，拳左手，遇师子尊者付法语在师子章。后至中印度，国王迦胜设礼供养。有外道无我尊，先亦为王礼重，乃于王前论义，冀胜祖自重。谓祖曰："我解默论，不假言说。"祖曰："孰知胜负？"彼曰："不争胜负，但取其义。"祖曰："汝以何为义。"彼曰：“无心为义。”祖曰：“汝既无心，岂得义乎？”彼曰：“我说无心，当名非义。”祖曰：“汝说无心，当名非义，我说非心，当义非名。”彼曰：“当义非名，谁能辨义？”祖曰：“汝名非义，此名何名？”彼曰：“为辨非义，是名无名。”祖曰：“名既非名，义亦非义，辨者是名，当辨何物？”如是往返五十九番，外道杜口信伏。妙喜曰：“婆舍斯多，何用忉怛？当时若见它道请师默论，不假言说，便云义堕也。即今莫有与妙喜默论者么？或有衲僧出来道义堕也，我也知你在鬼窟里作活计。”于时祖忽面北合掌长吁曰：“我师师子尊者，今日遇难，斯可伤焉！”即辞王南迈，至南天潜隐山谷，王天德迎请供养。王有二子：长曰德胜，凶暴而色力充盛；次曰不如蜜多，和柔而常婴疾苦。王以问尊者，为陈因果，王敬信受。有咒术师忌祖，置毒食中，祖知而食之，彼反受毒，遂投祖出家。后六十载，德胜即位，惑外道说，因诘祖曰：“师子尊者已遇罽宾国王难，何缘付法？”祖出师子尊者所付僧伽黎示胜，胜命焚之，衣出五色光。薪尽如故，胜乃追悔致礼。初胜欲抑尊者，不如蜜多往谏，因囚之。至是立出蜜多，蜜多遂求出家。祖问曰：“汝欲出家，当为何事？”蜜多曰：“我若出家，不为其事。”祖曰：“不为何事？”蜜多曰：“不为俗事。”祖曰：“当为何事。”蜜多曰：“当为佛事。”祖曰：“王子智能天至，必诸圣降迹。”即度出家。侍祖六年，后于王宫受具。羯磨之际，大地震动，乃付法偈曰：“圣人说知见，当境无是非。我今悟真性，无道亦无理。”不如蜜多受偈已，问：“衣可传乎？”祖曰：“此衣为难故，假以证明，汝身无难，化被十方，何假传衣？”不如蜜多作礼。祖现神变，化三昧火自焚，平地舍利可高一尺。德胜王建浮图閟之。东晋明帝太宁三年乙酉岁也。《传法记》云：“祖踊身虚空，现十八变，放大光明，照耀天地。即于空中化火自焚，雨舍利，不堕地，众以衣裓接之。”又云：“祖又名婆罗多那，又名婆罗多罗，此二名华云别业泉众。初中天竺王苑有泉，热不可探。王迦胜以问祖，祖曰：‘泉热有三：一下有热石，二鬼业，三神业。此神业也。’因命爇香临泉，为其忏悔。须臾，有神见谢得度脱，七日而泉清冷如常泉。故中竺、北竺，复以二名称之。”

◎二十六祖不如蜜多尊者，姓刹帝利，南印度王子。得法后至东印度，其王坚固，奉外道师长爪梵志。祖至，王问曰：“师来何为?”曰：“将度众生。”曰：“以何法度?”曰：“各以其类度之。”梵志即化一大山于祖顶上，势且下压。祖指之，山遽移在彼众顶上。复以手按地，地动，五百外道皆不能立，梵志怖惧忏礼。祖复按地，地静，指山，山灭。王异日大治斋，集诸外道，恳祖预会。祖初不欲行，而知所会地将陷，乃往。王曰：“师肯来耶?”祖曰：“吾非应供，来救死耳。此地已为龙窟，须臾当下陷。”王恐，与其众如高原，反顾其地，已渊然成湫矣。王益敬信。祖为演法，且曰：“王国有圣人，当继我法。”先是，东印有婆罗门子，年二十，幼失父母，不知名氏。或自言璎珞，人遂名曰璎珞童子。丐行闾里，有问：“汝行何急?”即曰：“汝行何缓?”问：“何姓?”即曰：“与汝同姓。”人莫测之。一日王与祖同车而出，璎珞稽首于前，祖曰：“汝忆往事否?”珞曰：“我念往劫中与师同居，师演摩诃般若，我演甚深修多罗。今日之事，盖契昔因。”祖顾王曰：“此大势至菩萨也。继后出二人，一人化南印度，一人缘在震旦，九年却返此方。即以昔因故，名为般若多罗。”付法偈曰：“真性心地藏，无头亦无尾。应缘而化物，方便呼为智。”付法已，即辞王曰：“化缘已终，将归寂灭。愿王于最上乘，无忘外护。”即还本座，现形如日。少顷，复呈十八变，出三昧火自焚，雨金色舍利。王以金塔闷之。东晋孝武太元十三年戊子也。

◎二十七祖般若多罗尊者，东印度人，得法后至南印度。彼王名香至，尊重供养，度越伦等，又施无价宝珠。时王有三子，曰月净多罗，曰功德多罗，曰菩提多罗。其季开士也，祖欲试其所得，乃以所施珠，问三王子曰：“此珠圆明，有能及否?”月净、功德皆曰：“此珠七宝中尊，固无逾也。”菩提曰：“此是世宝，未足为上，于诸宝中法宝为上；此是世光，未足为上，于诸光中智光为上；此是世明，未足为上，于诸明中心明为上。此珠光明，不能自照。要假智光，光辨于此。既辨此已，即知是珠。既知是珠，即明其宝。若明其宝，宝不自宝。若辨其珠，珠不自珠。珠不自珠者，要假智珠而辨世珠；宝不自宝者，要假智宝以明法宝。然则师有其道，其宝即现。众生有道，心宝亦然。”祖叹其辩慧，乃复问曰：“于诸物中，何物无相?”曰：“于诸物中，不起无相。”又问：“于诸物中，何物最高?”曰：“于诸物中，人我最高。”又问：“于诸物中，何物最大?”曰：“于诸物中，法性最大。”祖知是法器，以时尚未至，且默而混之。妙喜曰：“说得道理好，归依佛法僧。”及香至王厌世，众皆号绝，菩提多罗独于柩前入定，经七日而出，遂依祖求出家。既受具，祖告曰："如来以正法眼付大迦叶，如是展转，乃至于我。我今嘱汝，听吾偈曰：'心地生诸种，因事复生理。果满菩提圆，花开世界起。'"祖付法已，即于座上起立，舒左右手，各放光明二十七道，五色晃曜。又踊身虚空，高七多罗树，化火自焚，空中舍利如雨。大众建塔，收供。当宋孝武大明元年丁酉也。

祖因东印度国王请斋次，王乃问："诸人尽转经，师独为何不转？"祖曰："贫道出息不随众缘，入息不居蕴界，常转如是经百千万亿卷，非但一卷两卷。"

指月录卷四

东土祖师

◎**初祖菩提达磨大师者**，南天竺国香至王第三子也。姓刹帝利，本名菩提多罗，后于般若多罗尊者得法。尊者谓曰：“汝于诸法，已得通量，达磨者，通大之义也。宜名达磨。”因改今名。祖问尊者：“当往何国作佛事？”者曰：“汝虽得法，未可远游，且止南天。待吾灭后六十七载，当往震旦，设大法药，直接上根，慎勿远行，衰于日下。”祖又曰：“彼有大士，堪为法器否？千载之下有留难否？”者曰：“汝所化之方，获菩提者不可胜数。吾灭后六十余年，彼国有难，水中文布，自善降之。汝至南方勿住，彼惟好有为功业，不见佛理。汝纵到彼，亦不可久留。听吾偈曰：‘路行跨水复逢羊，独自栖栖暗渡江。日下可怜双象马，二株嫩桂久昌昌。’”又问曰：“此后更有何事？”者曰：“从是已去，一百五十年而有小难。听吾谶，偈曰：‘心中虽吉外头凶，川下僧房名不中。为遇毒龙生武子，忽逢小鼠寂无穷。’”又问：“此后如何？”

者曰："却后二百二十年，林下见一人，当得道果。听吾谶曰：'震旦虽阔无别路，要假儿孙脚下行。金鸡解衔一粒粟，供养十方罗汉僧。'"复演诸偈，皆预谶佛教隆替事。具《宝林传》及《圣胄集》。

祖恭禀教义，服勤四十年。迨尊者顺世，遂演化本国。时有二师：一名佛大先，二名佛大胜多，本与祖同学佛陀跋陀小乘禅观。佛大先既遇般若波罗尊者，舍小趣大，与祖并化，时号为二甘露门矣。而佛大胜多更分徒而为六宗：第一有相宗，第二无相宗，第三定慧宗，第四戒行宗，第五无得宗，第六寂静宗。各封已解，别展化源。祖喟然叹曰："彼之一师已陷牛迹，况复支离而分六宗。我若不除，永缠邪见。"言已，微现神力，至有相宗所，问曰："一切诸法，何名实相？"彼众中有一尊长萨婆罗答曰："于诸相中，不互诸相，是名实相。"祖曰："一切诸相而不互者，若名实相，当何定耶？"彼曰："于诸相中，实无有定。若定诸相，何名为实？"祖曰："诸相不定，便名实相。汝今不定，当何得之？"彼曰："我言不定，不说诸相。当说诸相，其义亦然。"祖曰："汝言不定，当为实相。定不定故，即非实相。"彼曰："定既不定，即非实相。知我非故，不定不变。"祖曰："汝今不变，何名实相？已变已往，其义亦然。"彼曰："不变当在，在不在故。故变实相，以定其义。"祖曰："实相不变，变即非实。于有无中，何名实相？"萨婆罗心知圣师悬解潜达，即以手指虚空曰："此是世间有相，亦能空故，当我此身，得似此否？"祖曰："若解实相，即见非相。若了非相，其色亦然。当于色中，不失色体。于非相中，不碍有故。若能是解，此名实相。"彼众闻已，心意朗然，钦礼信受。祖瞥然匿迹，至无相宗所而问曰："汝言无相，当何证之?"彼众中有波罗提者，答曰："我明无相，心不现故。"祖曰："汝心不现，当何明之?"彼曰："我明无相，心不取舍。当于明时，亦无当者。"祖曰："于诸有无，心不取舍。又无当者，诸明无故。"彼曰："入佛三昧，尚无所得。何况无相，而欲知之。"祖曰："相既不知，谁云有无？尚无所得，何名三昧?"彼曰："我说不证，证无所证。非三昧故，我说三昧。"祖曰："非三昧者，何当名之？汝既不证，非证何证?"波罗提闻祖辨析，即悟本心，礼谢于祖，忏悔往谬。祖记曰："汝当得果，不久证之。此国有魔，非久降之。"言已，忽然不现。至定慧宗所，问曰："汝学定慧，为一为二。"彼众中有婆兰陀者，答曰："我此定慧，非一非二。"祖曰："既非一二，何名定慧?"彼曰："在定非定，处慧非慧。一即非一，二亦不二。"祖曰："当一不一，当二不二。既非定慧，约何定慧?"彼曰："不一不二，定慧能知。非定非慧，亦复然矣。"祖曰："慧非定故，然何知哉？不一不二，谁定谁慧?"婆兰陀闻之，疑心冰释。至第四戒行宗所，问曰："何者名戒，云何名行？当此戒行，为一为二?"彼众中有一贤者，答曰："一二二一，皆彼所生。依教无染，此名戒行。"祖曰："汝言依教，即是有染。一二俱破，何言依教？此二违背，不及于行。内外非明，何名为戒?"彼曰："我有内外，彼已知竟。既得通达，便是戒行。若说违背，俱是俱非。言及清净，即戒即行。"祖曰："俱是俱非，何言清净。既得通故，何谈内外?"贤者闻之，即自惭服。至无得宗所，问曰："汝云无得，无得何得？既无所得，亦无得得。"彼众中有宝静者，答曰："我说无得，非无得得。当说得得，无得是得。"祖曰："得既不得，得亦非得。既云得得，得得何得？"彼曰："见得非得，非得是得。若见不得，名为得得。"祖曰："得既非得，得得无得。既无所得，当何得得？"宝静闻之，顿除疑网。至寂静宗所，问曰："何名寂静，于此法中，谁静谁寂？"彼众中有尊者，答曰："此心不动，是名为寂。于法无染，名之为静。"祖曰："本心不寂，要假寂静。本来寂故，何用寂静。"彼曰："诸法本空，以空空故。于彼空空，故名寂静。"祖曰："空空已空，诸法亦尔。寂静无相，何静何寂？"彼尊者闻师指诲，豁然开悟。于是六众，咸誓归依。化被南天，声驰五印。经六十载，度无量众。后值异见，王欲毁佛法，王故祖之侄也，祖悯之，欲开其蒙。而六众亦各念：佛法有难，师将何所匡济？祖遥知众意，弹指应之。六众悉闻，云："此我师信响也。"皆至祖所。祖曰："一翳蔽空，孰为翦之？"前无相宗宗胜欲行，祖曰："汝虽辩慧，道力未全。且与王无缘。"胜辞祖，竟至王所，广陈法要。王曰："汝今所解，其法何在？"宗胜曰："如王治化，当合其道。王所有道，其道何在？"王曰："我所有道，将除邪法。汝所有法，将伏何人？"祖不起于座，悬知宗胜义堕。召波罗提曰："宗胜不禀吾语，与王论屈，汝急往救。"波罗提曰："愿假神力。"言讫，云起足下，遂乘以见王。王正问宗胜，忽见愕然，忘其所问。而顾波罗提曰："乘空来者，是正是邪？"提曰："我非邪正，而来正邪。王心若正，我无邪正。"王虽惊异，而骄慢方炽，即摈宗胜令出。波罗提曰："王既有道，何摈沙门。我虽无解，愿王致问。”王怒而问曰：“何者是佛？”提曰：“见性是佛？”王曰：“师见性否？”提曰：“我见佛性。”王曰：“性在何处？”提曰：“性在作用。”王曰：“是何作用？我今不见。”提曰：“今现作用，王自不见。”王曰：“于我有否？”提曰：“王若作用，无有不是。王若不用，体亦难见。”王曰：“若当用时，几处出现？”提曰：“若出现时，当有其八。”王曰：“其八出现，当为我说。”波罗提即说偈曰：“在胎为身，处世为人。在眼曰见，在耳曰闻。在鼻辨香，在口谈论。在手执捉，在足运奔。遍现俱该沙界，收摄在一微尘。识者知是佛性，不识唤作精魂。”王闻偈已，心即开悟，悔谢前非，咨询法要。妙喜云：“即今敢问诸人，那个是佛性？那个是精魂？”王复问波罗提：“师承为谁？”提曰：“大王之叔菩提达磨也。”王闻，遽来近臣，迎祖至王宫。祖为王忏悔往非，王闻泣谢。随诏宗胜归国，近臣曰：“宗胜被谪时，已捐躯投崖矣。”祖曰：“胜尚在，召之当至。”初，胜受摈，耻不能正王，遂投身危崖。俄有神人以手捧承，置于岩上。胜曰：“我忝沙门，当与正法为主，不能抑绝王非，是以捐身自责。神何佑助，愿示所以？”于是神人乃说偈曰：“师寿于百岁，八十而造非。为近至尊故，熏修而入道。虽具少智能，而多有彼我。所见诸贤等，未尝生珍敬。二十年功德，其心未恬静。聪明轻慢故，而获至于此。得王不敬者，常感果如是。自今不疏怠，不久成奇智。诸圣悉存心，如来亦复尔。”胜闻偈欣然，遂宴坐岩间。至是王遣使山中召胜，祖谓王曰：“知胜来乎？”王曰：“未知。”祖曰：“再命乃来耳。”使者至山，而胜辞。果再命乃至。祖念东震旦国，《佛记》：后五百岁，般若智灯，运光于彼。遂嘱弟子不若蜜多罗住天竺传法，而躬至震旦。乃辞祖塔，别学侣，且谓王曰：“勤修白业，吾去一九即回。”祖泛重溟，凡三周寒暑，达于南海，实梁普通七年庚子岁，九月二十一日也。广州刺史萧昂，具礼迎供。表闻武帝，帝遣使赍诏迎请。以十月一日至金陵，帝问曰：“朕即位以来，造寺写经，度僧不可胜纪，有何功德？”祖曰：“并无功德。”帝曰：“何以无功德？”祖曰：“此但人天小果，有漏之因，如影随形，虽有非实。”帝曰：“如何是真功德。”祖曰：“净智妙圆，体自空寂，如是功德，不以世求。”帝又问：“如何是圣谛第一义？”祖曰：“廓然无圣。”帝曰：“对朕者谁？”祖曰：“不识。”帝不悟。雪窦颂云：“‘圣谛’、‘廓然’，何当辨的？‘对朕者谁’，还云‘不识’。因兹暗渡江，岂免生荆棘。阖国人追不再来，千古万古空相忆。休相忆，清风匝地有何极？顾视左右云：‘这里还有祖师么？唤来与老僧洗脚。’” 《别记》云：“帝后举问志公，公曰：‘陛下还识此人不？’帝曰：‘不识。’公曰：‘此是观音大士，传佛心印。’帝悔，欲遣使追请。公曰：‘莫道遣一使请，阖国人去，他未采着在。’” 圜悟勤云：“武帝道不识，且道与达磨道底，是同是别？似则也似，是即未是。人多错会道：前来达磨是答他禅，后来武帝是对他志公问。乃相识之识，且得没交涉。当时志公恁么问？且道作么生只对？何不一棒打杀，免见涂糊。” 志公化在天监十三年，相去已久，此必缪传。今录此者，以勤公拈语也。

祖知机不契，是月十九日，潜回江北。十一月二十三日，届洛阳，寓止嵩山少林寺。面壁而坐，终日默然，人莫之测，谓之壁观婆罗门。有僧神光，久居伊洛，博览群籍，善谈玄理。每叹曰：“孔老之教，礼术风规。《庄》《易》之书，未尽妙理。近闻达磨大士住止少林，至人不遥，当造玄境。”遂诣祖参承。祖常端坐面壁，莫闻诲励。光自惟曰：“昔人求道，敲骨取髓，刺血济饥，布发掩泥，投崖饲虎，古尚若此，我又何人？”值大雪，光夜侍立，迟明积雪过膝，立愈恭。祖顾而悯之，问曰：“汝久立雪中，当求何事？”光悲泪曰：“惟愿和尚慈悲，开甘露门，广度群品。”祖曰：“诸佛无上妙道，旷劫精勤。难行能行，非忍而忍。岂以小德小智，轻心慢心，欲冀真乘，徒劳勤苦。”光闻祖诲励，潜取利刀，自断左臂，置于祖前。祖知是法器，乃曰：“诸佛最初求道，为法忘形。汝今断臂吾前，求亦可在。”祖遂因与易名曰慧可，乃曰：“诸佛法印即得闻乎？”祖曰：“诸佛法印，匪从人得。”可曰：“我心未宁，乞师与安。”祖曰：“将心来，与汝安。”可良久曰：“觅心了不可得。”祖曰：“我与汝安心竟。”芭蕉清云：“金刚与泥人揩背。” 圜悟勤云：“正当与么时，法身在甚么处？”

越九年，欲返天竺，命门人曰：“时将至矣，汝等盍言所得乎？”有道副对曰：“如我所见，不执文字，不离文字，而为道用。”祖曰：“汝得吾皮。”尼总持曰：“我今所解，如庆喜见阿闳佛国，一见更不再见。”祖曰：“汝得吾肉。”道育曰：“四大本空，五阴非有。而我见处，无一法可得。”祖曰：“汝得吾骨。”最后慧可礼拜，依位而立。祖曰：“汝得吾髓。”乃顾慧可而告之曰：“昔如来以正法眼付迦叶大士，展转嘱累而至于我。我今付汝，汝当护持。并授汝袈裟，以为法信。各有所表，宜可知矣。”可曰：“请师指陈。”祖曰：“内传法印，以契证心；外付袈裟，以定宗旨。后代浇薄，疑虑竞生，云吾西天之人，言汝此方之子。冯何得法？以何证之？汝今受此衣法，却后难生，但出此衣并吾法偈，用以表明，其化无碍。至吾灭后二百年，衣止不传，法周沙界。明道者多，行道者少。说理者多，通理者少。潜符密证，千万有余。汝当阐扬，勿轻未悟。一念回机，便同本得。听吾偈曰：'吾本来兹土，传法救迷情。一花开五叶，结果自然成。'"祖又曰："吾有《楞伽经》四卷，亦用付汝。即是如来心地要门，令诸众生开示悟入。吾自到此，凡五度中毒。我尝自出而试之，置石石裂。缘吾本离南印，来此东土，见赤县神州有大乘气象，遂逾海越漠，为法求人。际会未谐，如愚若讷。今得汝传授，吾意已终。"《别记》云："祖初居少林寺九年，为二祖说法，只教外息诸缘，内心无喘，心如墙壁可以入道。慧可种种说心性，曾未契理。祖只遮其非，不为说无念心体。可忽曰：'我已息诸缘。'祖曰：'莫成断灭去否？'可曰：'不成断灭。'祖曰：'此是诸佛所传心体，更勿疑也。'"言已，乃与徒众往禹门千圣寺。止三日，有期城太守杨衒之，早慕佛乘，问祖曰："西天五印，师承为祖。其道如何？"祖曰："明佛心宗，行解相应，名之曰祖。"又问："此外如何？"祖曰："须明他心，知其今古，不厌有无，于法无取，不贤不愚，无迷无悟。若能是解，故称为祖。"又曰："弟子归心三宝，亦有年矣。而智能昏蒙，尚迷真理。适听师言，罔知攸措。愿师慈悲，开示宗旨。"祖知恳到，即说偈曰："亦不睹恶而生嫌，亦不观善而勤措。亦不舍智而近愚，亦不抛迷而就悟。达大道兮过量，通佛心兮出度。不与凡圣同躔，超然名之曰祖。"衒之闻偈，悲喜交并，曰："愿师久住世间，化导群有。”祖曰：“吾即逝矣，不可久留。根性万差，多逢愚难。”衒之曰：“未审何人？弟子为师除得否？”祖曰：“吾以传佛秘密，利益迷途。害彼自安，必无此理。”衒之曰：“师若不言：“何表通变观照之力？”祖不获已，乃为谶曰：“江槎分玉浪，管炬开金锁。五口相共行，九十无彼我。”衒之莫测，礼辞而去。时魏氏奉释，禅隽如林，光统律师、流支三藏者，僧中鸾凤，而议多与祖相违。祖玄风所被，有识咸归。彼徒生嫉，数加毒药，莫能中伤。至第六度，以化缘既毕，遂端居而逝。葬熊耳山，起塔定林寺。其年，魏使宋云葱岭回，见祖手携只履，翩翩而逝。云问：“师何往？”祖曰：“西天去。”云归，具说其事。及门人启圹，棺空，惟只履存焉。诏取遗履少林寺供养。至唐开元十五年丁卯，为信道者窃在五台，今不知所在。《传灯》载：师示寂之日，为魏庄永安元年戊申十月五日。《通论》据史辨其讹，故今削去。　禾山方曰：“死心先师，每举只履西归话以问衲子，而实难明。诸方或谓之隐显，或谓不可有两个，或谓惟此一事实。若也恁么，未识祖师意旨。诸人要见么，浊中清，清中浊，勿谓麒麟生只角。西行东向路不差，大用头头如啐啄。莫！莫！玄要灵机休卜度。”

◎二祖慧可大师，武牢人，姬氏子。父寂以无子，祷祈既久，一夕有异光照室，母遂怀妊，故生而名之曰光。少则超然，博极载籍，尤善谈老庄。后览佛乘，遂尽弃去。依宝静禅师出家，遍学大小乘义。年三十三，返香山，终日宴坐。又八年，于寂默中忽见一神人谓曰：“将欲受果，汝其南矣。”翌日觉头痛如刺，欲治之。忽闻空中曰：“此换骨也。”往见静，述其事。静视之，见顶骨峣然如五峰秀出，以有神异，更名神光。静语祖曰：“汝相吉祥，而神令汝南，彼少林有达磨大士，必汝师矣。”祖遂造少室，逮得法。至北齐天平二年，有一居士，年逾四十，不言名氏，聿来设礼。而问祖曰：“弟子身缠风恙，请和尚忏罪。”祖曰：“将罪来与汝忏。”士良久曰：“觅罪了不可得。”祖曰：“与汝忏罪竟，宜依佛法僧住。”士曰：“今见和尚，已知是僧，未审何名佛法？”祖曰：“是心是佛，是心是法。法佛无二，僧宝亦然。”士曰：“今日始知罪性不在内，不在外，不在中间，如其心然，佛法无二也。”祖深器之，即为剃发，曰：“是吾宝也，宜名僧璨。”其年三月十八日，于光福寺受具。自兹疾渐愈，执侍经二载。祖遂嘱累，付以衣法。偈曰：“本来缘有地，因地种花生。本来无有种，花亦不曾生。”又曰：“汝受吾教，宜处深山。未可行化，当有国难。般若多罗悬记所谓心中虽吉外头凶者是也。吾亦有宿累，今往酬之。汝谛思圣记，勿罹世难。善去善行，俟时传付。”祖乃往邺都化导。四众皈依，三十四载，遂韬光混迹，变易仪相。或入酒肆，或过屠门，或习街谈，或随厮役。或问之曰：“师是道人，何故如是？”祖曰：“我自调心，何关汝事。”后至管城县匡救寺说法，有辨和法师正于其寺讲《涅槃经》，其徒多去之而从祖。和愤嫉，兴谤于邑宰翟仲侃。侃加祖以非法，祖怡然委顺，识真者谓之偿债。时年一百七矣，隋文帝开皇十三年癸丑三月十六也。葬磁州滏阳县东北七十里。唐德宗谥大祖禅师。辨和或云道恒，恒闻祖语，诋为邪说，遣徒破祖。其徒至辄欣服不去，恒有遇之途者，恒曰：“我用尔许功开尔眼，今反尔耶？”其徒曰：“我眼本正，因师故邪。”恒遂深怒，密谋兴谤，致祖非法。　　皓月供奉问长沙岑和尚：“古德云：‘了即业障本来空，未了应须偿宿债。’只如师子尊者二祖大师，为甚却偿债去。”沙曰：“大德不识本来空。”月曰：“如何是本来空？”沙曰：“业障是。”曰：“如何是业障？”沙曰：“本来空是。”月无语。沙以偈示之曰：“假有元非有，假灭亦非无。涅槃偿债义，一性更非殊。”

◎三祖僧璨大师，不知何许人，以白衣谒二祖得度。传法后，隐于舒之皖公山，往来太湖县司空山。当后周毁法，祖深自韬晦，居无常处。积十余载，人无能知者。至隋开皇十二年，有沙弥道信，年始十四，来礼祖曰：“愿和尚慈悲，乞与解脱法门。”祖曰：“谁缚汝。”曰：“无人缚。”祖曰：“何更求解脱乎？”信于言下大悟。《统要》云：“信于是有省，又问：‘如何是古佛心？’祖曰：‘汝今是甚么心？’曰：‘我今无心。’祖曰：‘汝既无心，诸佛岂有耶？’信于是顿息其疑。”服劳九载，后于吉州受戒，侍奉尤谨。祖屡试以玄微，知其缘熟，乃付衣法。偈曰：“华种虽因地，从地种华生。若无人下种，华地尽无生。”祖又曰：“昔可大师付吾法后，往邺都行化三十余年。今吾得汝，何滞此乎？”即适罗浮山，优游二载，却还旧址。逾月士民奔趋，大设檀供。祖为四众广宣心要讫，于法会大树下，合掌立化。隋炀大业二年丙寅十月十五日也。祖说法三十余年，绝口不谈其姓族乡邑。常语四祖云：“有人借问，勿道于我处得法。”

祖著《信心铭》曰：“至道无难，惟嫌拣择。但莫憎爱，洞然明白。毫厘有差，天地悬隔。欲得现前，莫存顺逆。违顺相争，是为心病。不识玄旨，徒劳念静。圆同太虚，无欠无余。良由取舍，所以不如。莫逐有缘，勿住空忍。一种平怀，泯然自尽。止动归止，止更弥动。惟滞两边，宁知一种。一种不通，两处失功。遣有没有，从空背空。多言多虑，转不相应。绝言绝虑，无处不通。归根得旨，随照失宗。须臾返照，胜却前空。前空转变，皆由妄见。不用求真，惟须息见。二见不住，慎莫追寻。才有是非，纷然失心。二由一有，一亦莫守。一心不生，万法无咎。无咎无法，不生不心。能由境灭，境逐能沉。境由能境，能由境能。欲知两段，原是一空。一空同两，齐含万象。不见精粗，宁有偏党。大道体宽，无易无难。小见狐疑，转急转迟。执之失度，必入邪路。放之自然，体无去住。任性合道，逍遥绝恼。系念乖真，昏沉不好。不好劳神，何用疏亲。欲取一乘，勿恶六尘。六尘不恶，还同正觉。智者无为，愚人自缚。法无异法，妄自爱着。将心用心，岂非大错。迷生寂乱，悟无好恶。一切二边，良由斟酌。梦幻空花，何劳把捉。得失是非，一时放却。眼若不寐，诸梦自除。心若不异，万法一如。一如体玄，兀尔忘缘。万法齐观，归复自然。泯其所以，不可方比。止动无动，动止无止。两既不成，一何有尔。究竟穷极，不存轨则。契心平等，所作俱息。狐疑尽净，正信调直。一切不留，无可记忆。虚明自照，不劳心力。非思量处，识情难测。真如法界，无他无自。要急相应，惟言不二。不二皆同，无不包容。十方智者，皆入此宗。宗非延促，一念万年。无在不在，十方目前。极小同大，忘绝境界。极大同小，不见边表。有即是无，无即是有。若不如是，必不须守。一即一切，一切即一。但能如是，何虑不毕。信心不二，不二信心。言语道断，非去来今。”圆悟勤云：“人多错会道，至道本无难，亦无不难，只是唯嫌拣择。若恁么会，一万年也未梦见在。”

中峰本禅师作《信心铭辟义解》，每两句下，申以示语，次述义解，乃作辟义，复系以偈。聊录二三，要之大旨，悉如是矣。“至道无难，唯嫌拣择”，初示语云：神光烜赫，万灵罔测，踞群象之深渊，启重玄之大宅。临济用金刚王，发雷轰霆震之令，望影尤难；德山遣木上座，奋风驰电走之威，追踪莫及。陶形铸象，不居其有功；负海擎山，似觉其无力。黄面汉四十九年，有手只好拏空；白拈贼千七百个，有口惟堪挂壁。最现成，难委悉。拟向当阳指似伊，早是门前起荆棘。次述义解云：祖师道“至道无难，唯嫌拣择”，义解者谓此两句乃一篇之要纲，一铭之本旨。然信之一言，全该悟证，非信行之信也。如法华之诸子，于会权入实之际，作《信解品》，以述其怀。吾祖目之曰至道，唯佛证之曰菩提，众生昧之曰无明，教中彰之为本觉。皆一心之异名也。至若遍该名相，涉入色空，异辙殊途，千条万目。岂乖优劣，靡隔悟迷，莫不由斯而著。如赵州之柏树子，杨岐之金刚圈，密庵之破沙盆，东山之铁酸馅。异端并起，邪法难扶。则知“至道”之话行矣。该通事理，融贯古今，说个无难，早成剩语。然圣凡染净，极目全真，拣择情生，迥乖至体。是谓“唯嫌拣择”也。下文虽殊，悉禀其意。辟曰：依稀相似，仿佛不同。且至道二字，任你意解。谓无难之旨，须相应始得。自非心开神悟，妙契冥符，迥绝见知，超出言象者，望无难之旨，不啻天渊，于根境相对，差别互陈。不能当处解脱，拟将个无难不简择底道理，存乎胸臆，又岂止于认贼为子矣。故于此不能忘言，偈曰：“至道不应嫌拣择，莫言拣择堕凡情。快须摑瞎娘生眼，白日挑灯读此铭。”良由取舍所以不如。示语云：荐福莫，赵州无。雪峰放出南山鳖鼻，云门打杀东海鲤鱼。兴化赴村斋，向古庙里躲卒风暴雨。

丹霞烧木佛，却教院主堕眉须。疑杀人间几丈夫。述义解云：祖师道“良由取舍，所以不如”，义解者谓此心既如太虚之圆，无相不具，一切皆如。你于染净法中，瞥生取舍，则不如也。辟曰：若是真正本色参学上士，见此等说话底人，便与劈面唾，不为性燥。盖像龙不能致雨故也。偈曰：“取既非如舍不如，是牛谁敢唤为驴。大千沙界金刚体，也是重栽颔下须。”“一种平怀，泯然自尽。”示语云：“不动道场，无生法忍。皓月照窗扉，清风拂屏枕。有佛处不得住，铁裹灯心；无佛处急走过，花铺蜀锦。三千里外摘杨花，十方虚空尽销陨。易商量，难定准。海底泥牛吃铁鞭，百草头边风凛凛。”述义解云：祖师道“一种平怀，泯然自尽”，义解者谓取舍之情既尽，圣凡知见无依。自然一切处平常，一切处泯灭。辟曰：“白日青天，莫寐语好。即今眼见色耳闻声，唤甚么作平怀不平怀?”偈曰：“泯然尽处事无涯，百草头边正眼开。生死涅槃俱捏碎，不知何处着平怀。”无咎无法，不生不心。示语云：太华山非险，沧溟海不深。卢同月蚀诗，有何难读；伯牙流水曲，煞有知音。惟有东山暗号子，收来无缝罅，放去卒难寻。搅扰几多伶俐客，摩裈擦裤到于今。述义解云：祖师道：“无咎无法，不生不心。”义解者谓此二句返上二句而言，谓“无咎”则万法自消，“不生”则一心自寂，法消心寂，至道之体冲然，不待得而得矣。辟曰：昔僧问赵州，学人乍入丛林？乞师指示。州云：“吃粥了也未?”僧云：“吃粥了也。”州云：“洗钵盂去。”此僧悟去。且道此僧当时悟无咎耶？悟无法耶？悟不生耶？悟不心耶？试定当看。偈曰：“法法只因无咎咎，心心多谓不生生。寒猿夜哭巫山月，客路原来不可行。”中峰老人费尔许唇舌，要之，不出圆悟大师数语也。今之人读此铭，顺文解义，未有出于所述义解者。然则自昔宗师深斥此，何哉？莫是拟心即差，不作义解则得么？咦！去去西天路，迢迢十万余。莫错领解，赚到腊月三十日，手忙脚乱，懊悔则迟也。

◎四祖道信大师者，姓司马氏。世居河内，后徙于蕲州广济县。生而超异，幼慕空宗诸解脱门，宛如宿习。既嗣祖风，摄心无寐，胁不至席者六十年。于隋大业十三载，领徒众抵吉州，值群盗围城，七旬不解，万众惶怖。祖愍之，教念《摩诃般若》。时贼众望雉堞间若有神兵，乃相谓曰："城内必有异人。"稍稍引去。唐武德甲申岁，师却返蕲春，住破头山，学侣云臻。一日往黄梅县，路逢一小儿，骨相奇秀，异乎常童。祖问曰："子何姓？"答曰："姓即有，不是常姓。"祖曰："是何姓？"答曰："是佛性。"祖曰："汝无姓耶？"答曰："性空故无。"祖默识其法器，即俾侍者至其母所，乞令出家。母以宿缘故，殊无难色，遂舍为弟子，以至付法传衣。偈曰："华种有生性，因地华生生。大缘与性合，当生生不生。"贞观癸卯岁，太宗向师道味，欲瞻风彩，诏赴京。祖上表逊谢，前后三返。第四度命使曰："如果不起，取首来。"使至山谕旨，祖乃引颈就刃，神色俨然。使回以状闻，帝弥钦重。高宗永徽辛亥岁闰九月四日，忽垂诫门人曰："一切诸法，悉皆解脱。汝等各自护念，流化未来。"言讫，安坐而逝。寿七十有二。塔于本山。明年四月八日，塔户自开，仪相如生。尔后，门人遂不敢复闭焉。

◎五祖弘忍大师者，蕲州黄梅人也。先为破头山中栽松道者。尝请于四祖曰："法道可得闻乎？"祖曰："汝已老，脱有闻，其能广化耶？倘若再来，吾尚可迟汝。"乃去。行水边，见一女子浣衣，揖曰："寄宿得否？"女曰："我有父兄，可往求之。”曰：“诺，我即敢行。”女首肯之，即回策而去。女周氏季子也。归辄孕，父母大恶，逐之。女无所归，日佣纺里中，夕止于众馆之下。已而生一子，以为不祥，因抛浊港中。明日见之，溯流而上，气体鲜明，大惊，遂举之。成童，随母乞食，里人呼为无姓儿。逢一智者，叹曰：“此子缺七种相，不逮如来。”后遇信大师得法嗣化于破头山。

咸亨中，有居士姓卢，名慧能，自新州来参谒。祖问曰：“汝自何来？”卢曰：“岭南。”祖曰：“欲须何事？”卢曰：“唯求作佛。”祖曰：“岭南人无佛性，若为得佛？”卢曰：“人即有南北，佛性岂然。”祖令随众作务，卢曰：“弟子自心常生智能，不离自性，即是福田。未审和尚教作何务？”祖曰：“这獦獠，根性太利，着槽厂去。”卢礼足而退，便入碓坊，服劳于杵臼，昼夜不息。经八月，祖知付授时至，告众曰：“正法难解，不可徒记吾言持为己任，汝等各自随意述一偈，若语意冥符，则衣法皆付。”时会下七百余僧。上座神秀者，学通内外，众所宗仰，咸推称曰：“若非尊秀，畴敢当之？”神秀窃聆众誉，不复思惟，乃于廊壁书一偈曰：“身是菩提树，心如明镜台。时时勤拂拭，莫使惹尘埃。”祖因经行，忽见此偈，知是神秀所述，乃赞叹曰：“后代依此修行，亦得胜果。”其壁本欲令处士卢珍绘《楞伽变相》，及见题偈在壁，遂止不画，各令念诵。卢在碓坊，忽聆诵偈，乃问同学：“是何章句？”同学曰：“汝不知和尚求法嗣，令各述心偈？此则秀上座所述。和尚深加叹赏，必将付法传衣也。”卢曰：“其偈云何？”同学为诵。卢良久曰：

"美则美矣，了则未了。"同学诃曰："庸流何知，勿发狂言！"卢曰："子不信耶？愿以一偈和之。"同学不答，相视而笑。卢至夜，密告一童子，引至廊下。卢自秉烛，请别驾张日用于秀偈之侧，写一偈曰："菩提本无树，明镜亦非台。本来无一物，何处惹尘埃。"祖后见此偈曰："此是谁作？亦未见性。"众闻祖语，遂不之顾。逮夜，祖潜诣碓坊，问曰："米白也未！"卢曰："白也，未有筛。"祖以杖三击其碓。卢即以三鼓入室。祖告曰："诸佛出世为一大事，故随机大小而引导之，遂有十地、三乘、顿渐等旨，以为教门。然以无上微妙、秘密圆明、真实正法眼藏付于上首大迦叶尊者，展转传授二十八世，至达磨。居于此土，得可大师承袭以至于今，以法宝及所传袈裟用付于汝。善自保护，无令断绝。听吾偈曰：'有情来下种，因地果还生。无情既无种，无性亦无生。'"卢跪受讫，问："法则既受，衣付何人？"祖曰："昔达磨初至，人未之信，故传衣以明得法。今信心已熟，衣乃争端，止于汝身，不复传也。且当远隐，俟时行化，所谓受衣之人，命如悬丝也。"卢曰："当隐何所？"祖曰："逢怀即止，遇会且藏。"卢礼足已，捧衣而出。是夜南迈，大众莫知。五祖自后不复上堂，大众疑怪，致问，祖曰："吾道行矣，何更询之？"复问："衣法谁得耶？"祖曰："能者得。"于是众议卢行者名能，即共奔逐。祖既付衣法，复经四载。至上元二年，忽告众曰："吾今事毕，时可行矣。"即入室，安坐而逝，寿七十有四。塔于黄梅东山。代宗谥曰大满，塔曰法雨。及宋遣师将平江南，祖肉身出血如泪珠。识者知李氏必亡也。

◎**六祖慧能大师**，姓卢氏，父行瑫。母李氏，感异梦，觉而异香满室，因有娠。六年乃生，毫光腾空。黎明有僧来，语祖之父曰："此子可名慧能。"父曰："何谓也？"僧曰："惠者，以法惠济众生；能者，能作佛事。"语毕，不知所之。祖不饮母乳，遇夜神人灌以甘露。三岁父丧，母嫠居。家贫甚，幼则樵采鬻薪以养母。一日，负薪过市中，闻客读《金刚经》，至"应无所住而生其心"，有所感悟。而问客曰："此何法也？"曰："此《金刚经》，黄梅东山五祖忍和尚恒教人诵此经。"祖闻语，勃然思出家求法。乃乞于一客，为其母备岁储。遂辞母，直抵韶州。遇高行士刘志略，结为交友。尼无尽藏者，即志略之姑也，尝读《涅槃经》，师暂听之，即为解说其义。尼遂执卷问字，祖曰："字即不识，义即请问。"尼曰："字尚不识，曷能会义？"祖曰："诸佛妙理，非关文字。"尼惊异之。告乡里耆艾，请居宝林寺。寺废已久，四众营缉，朝夕奔凑，俄成宝坊。祖曰："我求大法，止此何为？"遂弃之抵黄梅，参礼五祖。语在《五祖章》。当呈偈后，三鼓入五祖室，五祖复征其初悟"应无所住而生其心"语，祖言下大彻。遂启五祖曰："一切万法，不离自性。何期自性，本自清净；何期自性，本不生灭；何期自性，本自具足；何期自性，本无动摇；何期自性，能生万法。"五祖知悟本性，谓祖曰："不识本心，学法无益。若识本心，见自本性。即名丈夫天人师佛。"遂传衣法。黄龙新禅师颂曰："六祖当年不丈夫，倩人书壁自涂糊。分明有偈言无物，却受他家一钵盂。"　妙喜曰："且道钵盂是物不是物？若道是物，死心老亦非丈夫；若道非物，争奈钵盂何?”　　《金刚经悟缘》：“陆氏《坛经》初叙祖闻经有悟，不言至应无所住，而有开入，惟云闻经有省。至三更入室时，五祖以袈裟围祖，不令人见。为说《金刚经》，至‘应无所住’而大彻。此从藏本《坛经》。三更入室，五祖征《金刚经》，《传灯》不载其语。”五祖送祖至九江驿边，令祖上船，祖随即把橹。五祖曰：“合是吾渡汝。”祖曰：“迷时师度，悟时自度。度名虽一，用处不同。能蒙师传法，今已得悟，只合自性自度。”五祖云：“如是如是，以后佛法，由汝大行。”祖礼辞南行者两月，至大庾岭。僧惠明本将军同数百人，来欲夺衣钵。明先趁及，祖掷衣钵于石，曰：“此衣表信，可力争耶?”明举衣钵不能动，乃曰：“我为法来，不为衣来。”祖曰：“汝既为法来，可屏息诸缘，勿生一念，吾为汝说。”明良久，祖曰：“不思善，不思恶，正与么时，那个是明上座本来面目?”惠明言下大悟。复问曰：“上来密语密意外，还更有密意旨否?”祖曰：“与汝说者，即非密也。汝若返照，密在汝边。”明曰：“惠明虽在黄梅，实未省自己面目。今蒙指示，如人饮水，冷暖自知。今行者即惠明师也!”祖曰：“汝若如是，吾与汝同师黄梅，善自护持。”明又问：“惠明今向甚处去?”祖曰：“逢袁则止，遇蒙则居。”明礼辞，还至岭下谓众曰：“向涉崔嵬，杳无踪迹。当别道寻之。”趁众遂散。后明居袁州蒙山，避祖讳，更名道明。

祖后至曹溪，物色之者稍稍闻，遂避难于四会之猎人队中，经十五载。时与猎人随宜说法，猎人令守网，有获悉放。每饭时，常以菜寄煮肉锅。或问，则对曰：“但吃肉边菜。”仪凤元年正月八日，忽念说法时至，遂出至广州法性寺。值印宗法师讲《涅槃经》，寓止廊庑间。暮夜，风飏刹幡，闻二僧对论，一曰幡动，一曰风动。往复不已。祖曰："不是风动，不是幡动，仁者心动。"一众竦然。雪峰云："大小祖师，龙头蛇尾，好与二十棒，孚上座侍次咬齿。峰云：我与么道，也好与二十棒。"　妙喜云："要识孚上座么？犀因玩月纹生角；要识雪峰么？象被雷惊花入牙。"　雪窦举巴陵示众云：祖师道："不是风动，不是幡动。"既不是幡风，向甚么处着？有人与祖师作主，出来与巴陵相见。雪窦道：风动幡动，既是风幡，向甚么处着？有人与巴陵作主，亦出来与雪窦相见。复颂云："不是幡兮不是风，衲僧于此作流通。渡河用筏寻常事，南山烧炭北山红。"又："不是风幡何处着，新开作者曾拈却。如今蒙懂痴禅和，漫道玄玄为独脚。"　育王普崇颂云："非风非幡无处着，是风是幡无着处。撩天俊鹘悉迷踪，踞地金毛还失措。阿呵呵！悟不悟。令人却忆谢三郎，一丝独钓寒江雨。"　天台韶云：古圣方便，犹如河沙。祖师道："非风幡动，仁者心动。"斯乃无上心印法门，我辈是祖师门下客，合作么生会祖师意。莫道风幡不动，汝心妄动。莫道不拨风幡，就风幡通取。莫道风幡动处是什么。有云附物明心，不须认物；有云色即是空；有云非风幡动。应须妙会。如是解会，与祖师意旨有何交涉？既不许如是会，诸上座合如何知悉？若于这里彻底悟去，何法门而不明。百千诸佛方便，一时洞了，更有甚么疑情。所以古人道："一了千明，一迷万惑。"上座岂是今日会得一则，明日又不会也。　智证传《楞伽经》偈曰："由自心执著，心似外境转。彼所见非有，是故说惟心。"《传》曰："曹溪六祖隐晦时，号卢居士。尝客广州精舍，夜经行，闻两僧论风幡。一曰风动，一曰幡动。六祖前曰：肯使俗流辄与高论否？正以风幡非动，仁者心动耳。法空禅师深居五台山，每夜必闻有声。召曰空禅，法空患之。久而自悟曰：皆我自心之境，安有外声哉！以法遣之，自后遂绝。夫言彼所见非有者，以风幡相待，无有定属。以无定属，缘生则名无生。六祖所示见境既尔，则空禅所悟闻尘亦然。”《首楞严》曰：“见闻如幻翳，三界若空华。闻复翳根除，尘消觉圆净。净极光通达，寂照含虚空。却来观世间，犹如梦中事者”。渠不信夫！幻寄曰：予少读宋人诗，“麦浪岂缘风滚滚，荷珠不为露涓涓”。跃然喜，谓是风幡公案好注脚。及读雪峰雪窦诸大老拈提语，爽然自失。洪公此传，未可过诸老门限也。

印宗延至上席，征诘奥义，见祖言简理当，不由文字，乃曰：“久闻黄梅衣法南来，莫是行者否？”祖曰：“然。”印宗作礼，请衣钵出示大众，令瞻礼。宗复问曰：“黄梅付嘱，如何指授？”祖曰：“指授即无，惟论见性，不论禅定解脱。”宗曰：“何不论禅定解脱？”祖曰：“为是二法，不是佛法，佛法是不二之法。”宗又问：“如何是佛法不二之法？”祖曰：“法师讲《涅槃经》明佛性，是佛法不二之法。如高贵德王菩萨白佛言：‘犯四重禁，作五逆罪，及一阐提等，当断善根佛性否？’佛言：‘善根有二：一者常，二者无常。佛性非常非无常，是故不断，名为不二。’一者善，二者不善，佛性非善非不善，是名不二。蕴之与界，凡夫见二，智者了达其性无二。无二之性，即是佛性。”印宗闻说，欢喜合掌。真净和尚举“印宗问祖不二之法”，祖云云曰，诸禅德，彼时小巧禅道，早是中半丁也。如今丛林，多是惟论禅定解脱，无念无为。且道六祖底是。如今底是：分即是，不分即是。若分去，有违有顺，有是有非；若不分，又不辨邪正，埋没我宗乘。譬如世间道路，有直有迂，有险有善。其行路者，可行即行，可止即止。大众还识泐潭老僧么？良久云：“将此深心奉尘刹，是则名为报佛恩。”

正月十五日，印宗会诸名德，为祖剃发。二月八日，就法性寺智光律师授满分戒。其戒坛即宋求那跋陀三藏之所置也。《三藏记》云："后当有肉身菩萨，在此坛受戒。"又梁末真谛三藏于坛之侧，手植二菩提树，谓众曰："却后一百二十年，有大开士于此树下演无上乘，度无量众。"祖受戒已，于此树下开东山法门，宛如宿契。

次日，韦使君请益，师升座告大众曰："总净心念《摩诃般若波罗蜜多》。"复云："善知识！菩提般若之智，世人本自有之。只缘心迷，不能自悟，须假大善知识示导见性。当知愚人智人，佛性本无差别，只缘迷悟不同，所以有愚有智。吾今为说摩诃般若波罗蜜法，使汝等各得智能。志心谛听，吾为汝说。善知识！世人终日口念般若，不识自性般若。犹如说食不饱，口但说空，万劫不得见性，终无有益。善知识！摩诃般若波罗蜜是梵语，此言大智能到彼岸。此须心行，不在口念。口念心不行，如幻如化，如露如电。口念心行，则心口相应。本性是佛，离性无别佛。何名摩诃？摩诃是大。心量广大，犹如虚空，无有边畔，亦无方圆大小，亦非青黄赤白，亦无上下长短，亦无嗔无喜，无是无非，无善无恶，无有头尾。诸佛刹土，尽同虚空。世人妙性本空，无有一法可得。自性真空，亦复如是。善知识！莫闻吾说空，便即著空。第一莫著空，若空心静坐，即著无记空。善知识！世界虚空，能含万物色像。日月星宿，山河大地，泉源溪涧，草木丛林，恶人善人，恶法善法，天堂地狱，一切大海、须弥诸山，总在空中。世人性空，亦复如是。善知识！自性能含万法是大，万法在诸人性中，若见一切人恶之与善，尽皆不取不舍，亦不染著，心如虚空，名之为大。故曰摩诃。善知识！迷人口说，智者心行。又有迷人，空心静坐，百无所思，自称为大。此一辈人，不可与语，为邪见故。善知识！心量广大，遍周法界。用即了了分明，应用便知一切。一切即一，一即一切。去来自由，心体无滞。即是般若。善知识！一切般若智，皆从自性而生，不从外入，莫错用意，名为真性自用。一真一切真，心量大事，不行小道。口虽终日说空，心中不修此行，恰似凡人自称国王，终不可得。非吾弟子。善知识！何名般若？般若者，唐言智能也。一切处所，一切时中，念念不愚，常行智能，即是般若。行一念愚，即般若绝；一念智，即般若生。世人愚迷，不见般若，口说般若，心中常愚。常自言我修般若，念念说空，不识真空。般若无形相，智能心即是，若作如是解，即名般若智。何名波罗蜜？此是西竺语，唐言到彼岸。解义离生灭，著境生灭起，如水有波浪，即名为此岸。离境无生灭，如水常通流，即名为彼岸。故号波罗蜜。善知识！迷人口念。当念之时，惟妄惟非，念念若行，是名真性。悟此法者，是般若法；修此行者，是般若行。不修即凡，一念修行，自身等佛。善知识！凡夫即佛，烦恼即菩提。前念迷即凡夫，后念悟即佛。前念著境即烦恼，后念离境即菩提。善知识！摩诃般若波罗蜜，最尊最上最第一。无住无往亦无来，三世诸佛从中出。当用大智能，打破五蕴烦恼尘劳。如此修行，定成佛道，变三毒为戒定慧。善知识！我此法门，从一般若，生八万四千智能。何以故？为世人有八万四千尘劳。若无尘劳，智能常现，不离自性。悟此法者，即是无念无忆无著，不起诳妄，用自真如性，以智能观照。于一切法，不取不舍，即是见性成佛道。善知识！若欲入甚深法界及般若三昧者，须修般若行，持诵《金刚般若经》，即得见性。当知此功德无量无边，经中分明赞叹，莫能具说。此法门是最上乘，为大智人说，为上根人说。小根小智人闻，心生不信。何以故？譬如大龙下雨于阎浮提，城邑聚落，悉皆漂流。如漂枣叶，若雨大海，不增不减。若大乘人，若最上乘人，闻说《金刚经》，心开悟解。故知本性，自有般若之智，自用智能，常观照故，不假文字。譬如雨水不从天有，元是龙能兴致。令一切众生，一切草木，有情无情，悉皆蒙润。百川众流，却入大海，合为一体。众生本性般若之智，亦复如是。善知识！小根之人，闻此顿教，犹如草木根性小者。若被大雨，悉皆自倒，不能增长。小根之人亦复如是。元有般若之智，与大智人更无差别。因何闻法，不自开悟？缘邪见障重，烦恼根深。犹如大云覆盖于日，不得风吹，日光不现。般若之智，亦无大小。为一切众生自心，迷悟不同，迷心外见，修行觅佛，未悟自性。即是小根。若开悟顿教，不执外修，但于自心，常起正见。烦恼尘劳，常不能染，即是见性。善知识！内外不住，去来自由。能除执心，通达无碍。能修此行，与《般若经》本无差别。善知识！一切修多罗及诸文字，皆因人置，因智能性，方能建立。若无世人，一切万法，本自不有。故知万法，本自人兴，一切经书，因人说有。缘其中人有愚有智，愚为小人，智为大人。愚者问于智人，智者与愚人说法，愚人忽悟解心开，即与智人无别。善知识！不悟即佛是众生，一念悟时，众生是佛。故知万法尽在自心，何不从自心中顿见真如本性。《菩萨戒经》云：‘我本元自性清净，若识自心见性，皆成佛道。’《净名经》云：‘即时豁然，还得本心。’善知识！我于忍和尚处，一闻言下便悟，顿见真如本性。是以将此教法流行，令学道者顿悟菩提。各自观心，自见本性。若自不悟，须觅大善知识，解最上乘法者，直示正路。是善知识，有大因缘。所谓化导，令得见性。一切善法，因善知识能发起故。三世诸佛十二部经，在人性中，本自具有。不能自悟，须求善知识指示方见。若自悟者，不假外求。若一向执谓，须要他善知识方得解脱者，无有是处。何以故？自心内有知识自悟，若起邪迷，妄念颠倒，外善知识即有教授，救不可得。若起正真般若观照，一刹那间，妄念俱灭，识自本性，一悟即至佛地。善知识！智能观照，内外明彻，识自本心。若识本心，即本解脱。若得解脱，即是般若三昧。般若三昧即是无念。何名无念！若见一切法，心不染著，是为无念。用即遍一切处，亦不著一切处。但净本心，使六识出六门，于六尘中，无染无杂，来去自由，通用无滞，即是般若三昧。自在解脱，名无念行，若百不思，常令念绝，即是法缚，即名边见。善知识！悟无念法者，万法尽通；悟无念法者，见诸佛境界；悟无念法者，至佛地位。善知识！后代得吾法者，将此顿教法门，于同见同行，发愿受持，如事佛故，终身而不退者，定入圣位。然须传授，从上已来，默传分付，不得匿其正法。若不同见同行，在别法中，不得传付。损彼前人，究竟无益。恐愚人不解，谤此法门，百劫千生，断佛种性。善知识！吾有一《无相颂》，各须诵取，在家出家，但依此修。若不自修，惟记吾言，亦无有益。听吾颂曰：‘说通及心通，如日处虚空。惟传见性法，出世破邪宗。法即无顿渐，迷悟有迟疾。只此见性门，愚人不可悉。说即虽万般，合理还归一。烦恼暗宅中，常须生慧日。邪来烦恼至，正来烦恼除。邪正俱不用，清净至无余。菩提本无性，起心即是妄。净心在妄中，但正无三障。世人若修道，一切尽不妨。常见自己过，与道即相当。色类自有道，各不相妨恼。离道别觅道，终身不见道。波波度一生，到头还自懊。欲得见真道，行正即是道。自若无道心，暗行不见道。若真修道人，不见世间过。若见他人非，自非却是左。他非我不非，我非自有过。但自却非心，打除烦恼破。憎爱不关心，长伸两脚卧。欲拟化他人，自须有方便。勿令彼有疑，即是自性现。佛法在世间，不离世间觉。离世觅菩提，恰如求兔角。正见名出世，邪见是世间。邪正尽打却，菩提性宛然。此颂是顿教，亦名大法船。迷闻经累劫，悟则刹那间。”

韦刺史问曰：“弟子常见僧俗念阿弥陀佛，愿生西方。请和尚说，得生彼否？愿为破疑。”祖曰：“使君善听，慧能与说。世尊在舍卫城中，说西方引化。经文分明说去此不远，若论相说，里数有十万八千。即身中十恶八邪，便是说远。说远为其下根，说近为其上智。人有两种，法无两般。迷悟有殊，见有迟疾。迷人念佛求生于彼，悟人自净其心。所以佛言：‘随其心净，则佛土净，’使君！东方人但心净即无罪，虽西方人心不净，亦有愆。东方人造罪念佛，求生西方。西方人造罪念佛，求生何国？凡愚不了自性，不识身中净土，愿东愿西，悟人在处一般。所以佛言：‘随所住处恒安乐。’使君！心地但无不善，西方去此不遥。若怀不善之心，念佛往生难到。今劝善知识，先除十恶，即行十万。后除八邪，乃过八千。念念见性，常行平直。到如弹指，便睹弥陀。使君！但行十善，何须更念往生！不断十恶之心，何佛即来迎请。若悟无生顿法，见西方只在刹那；不悟念佛求生，路遥如何得达？惠能与诸人，移西方于刹那间，目前便见。各愿见否？”众皆顶礼云：“若此处见！何须更愿往生，愿和尚慈悲，便现西方，普令得见。”祖曰：“大众！世人自色身是城，眼耳鼻舌是门，外有五门，内有意门。心是地，性是王，王居心地上，性在王在，性去王无。性在身心存，性去身心坏。佛向性中作，莫向身外求。自性迷即是众生，自性觉即是佛。慈悲即是观音，喜舍名为势至。能净即释迦，平直即弥陀。人我是须弥，邪心是海水。烦恼是波浪，毒害是恶龙。虚妄是鬼神，尘劳是鱼鳖。贪嗔是地狱，愚痴是畜生。善知识！常行十善，天堂便至。除人我，须弥倒。去邪心，海水竭。烦恼无，波浪灭。毒害忘，鱼龙绝。自心地上觉性如来，放大光明。外照六门清净，能破六欲诸天。自性内照三毒，即除地狱等罪。一时消灭，内外明彻，不异西方。不作此修，如何到彼？”大众闻说，了然见性。悉皆礼拜，俱叹善哉！唱言：普愿法界众生，闻者一时悟解。祖曰：“若欲修行，在家亦得，不由在寺。在家能行，如东方人心善；在寺不修，如西方人心恶。但心清净，即是自性西方。”韦公又问：“在家如何修行？愿为教授。”祖曰：“吾与大众作《无相颂》，但依此修，常与吾同处无别。若不作此修，剃发出家，于道何益！颂曰：‘心平何劳持戒，行直何用修禅。恩则亲养父母，义则上下相怜。让则尊卑和睦，忍则众恶无喧。若能钻木出火，淤泥定生红莲。苦口的是良药，逆耳必是忠言。改过必生智能，护短心内非贤。日用常行饶益，成道非由施钱。菩提只向心觅，何劳向外求玄。听说依此修行，天堂只在目前。'”祖复曰：“善知识！总须依偈修行，见取自性，直成佛道，法不相待。”幻寄曰：祖师教人除人我，去邪心。与秀师“时时勤拂拭”，是同是别？若道是别，别在甚处？若道是同，秀师何以不契黄梅？若道此是第二头语。祖师又云：“依偈修行，直成佛道。”不为第二头语也。于此彻证，始有参学分。不然，特是念言语汉。祖师虽日在前，末如之何又当用大智能？打破五蕴烦恼尘劳，祖语也；无念无忆无著，祖训也。而对薛简，则斥以智能照破烦恼；对卧轮，则云“不断百思想”。法道何不侔也！是以唤作竹篦则触，不唤作竹篦则背。不得有言，不得无言。须弥山、干矢橛、青州布衫、庐陵米价，皆使参学者，入《坛经》之妙筏，必契此而后可云能读《坛经》也。今人读此者，率谓明白简易，无疑于心。而于诸方风驰电转之机，则又茫若是，未梦见《坛经》者也。果能契于《坛经》，彼风驰电转者，直家常茶饭耳。何复疑哉！

示众云：“善知识！我此法门，以定慧为本。大众勿迷言定慧别，定慧一体不是二。定是慧体，慧是定用。即慧之时定在慧，即定之时慧在定。若识此义，即是定慧等学。诸学道人，莫言先定发慧，先慧发定各别。作此见者，法有二相。口说善相，心中不善，空有定慧，定慧不等。若心口俱善，内外一种，定慧即等。自悟修行，不在于诤。若诤先后，即同迷人。不断胜负，却增我法，不离四相。善知识！定慧犹如何等？犹如灯光，有灯即光，无灯即暗。灯是光之体，光是灯之用。名虽有二，体本同一。此定慧法亦复如是。”

又云：“善知识！云何立无念为宗？只缘口说见性，迷人于境上有念，念上便起邪见。一切尘劳妄想，从此而生。自性本无一法可得，若有所得，妄说祸福，即是尘劳邪见。故此法门，立无念为宗。善知识！无者无何事，念者念何物。无者无二相，无诸尘劳之心。念者念真如本性，真如即是念之体，念即是真如之用。真如自性起念，非眼耳鼻舌能念。真如有性，所以起念。真如若无，眼耳色声当时即坏。善知识！真如自性起念，六根虽有见闻觉知，不染万境，而真性常自在。故经云：‘能善分别诸法相，于第一义而不动。’”

又云：“此门坐禅，元不着心，亦不著净，亦不是不动。若言著心，心元是妄，知心如幻。故无所著也。若言著净，人性本净，由妄念故，盖覆真如。但无妄想，性自清净。起心著净，却生净妄。妄无处所，著者是妄。净无形相，却立净相。言是工夫，作此见者，障自本性，却被净缚。善知识！若修不动者，但见一切人时，不见人之是非善恶过患，即是自性不动。善知识！迷人身虽不动，开口便说他人是非长短好恶，与道违背。若著心著净，即障道也。”

《无相颂》曰：“迷人修福不修道，只言修福便是道。布施供养福无边，心中三恶元来造。拟将修福欲灭罪，后世得福罪还在。但向心中除罪缘，各自性中真忏悔。忽悟大乘真忏悔，除邪行正即无罪。学道常于自性观，即与诸佛同一类。吾祖惟传此顿法，普愿见性同一体。若欲当来觅法身，离诸法相心中洗。努力自见莫悠悠，后念忽绝一世休。若悟大乘得见性，虔恭合掌至心求。”此颂为拨无因果者录。

南岳怀让禅师礼祖，祖曰：“何处来？”曰：“嵩山。”祖曰：“什么物？恁么来？”曰：“说似一物即不中。”祖曰：“还可修证否？”曰：“修证即不无，污染即不得。”祖曰：“只此不污染诸佛之所护念，汝既如是，吾亦如是。西天般若多罗谶汝，足下出一马驹，踏杀天下人。应一作“病”在汝心，不须速说。”《传灯》：“祖问：‘什么物？恁么来？’让无语。遂经八载，忽然有省。乃白祖：‘某甲有个会处。’祖曰：‘作么生？’让云云。”与此同。

青原行思禅师参祖，问曰：“当何所务即不落阶级？”祖曰：“汝曾作什么来？”曰：“圣谛亦不为。”祖曰：“落何阶级？”曰：“圣谛尚不为，何阶级之有。”祖深器之，令首众。

永嘉玄觉禅师，少习经论，精天台止观法门。阅《维摩经》，发明心地。后遇左溪朗禅师激励，与东阳策禅师，同诣曹溪。初到振锡绕祖三匝，卓然而立。祖曰：“夫沙门者，具三千威仪，八万细行。大德自何方来？生大我慢。”曰：“生死事大，无常迅速。”祖曰：“何不体取无生，了无速乎？”曰：“体即无生，了本无速。”祖曰：“如是如是。”于时大众无不愕然。觉方具威仪参礼，须臾告辞。祖曰：“返太速乎？”曰：“本自非动，岂有速耶？”祖曰：“谁知非动？”曰：“仁者自生分别。”祖曰：“汝甚得无生之意。”曰：“无生岂有意耶？”祖曰：“无意谁当分别？”曰：“分别亦非意。”祖叹曰：“善哉！少留一宿。”时谓一宿觉。

僧法海参问曰：“即心即佛，愿垂指谕。”祖曰：“前念不生即心，后念不灭即佛。成一切相即心，离一切相即佛。

吾若具说，穷劫不尽。听吾偈曰：‘即心名慧，即佛乃定。定慧等等，《灯》下“等”字作“持”。意中清净。悟此法门，由汝习性。用本无生，双修是正。’”法海言下大悟，以偈赞曰：“即心元是佛，不悟而自屈。我知定慧因，双修离诸物。”

僧智通看《楞伽经》约千余遍，不会三身四智，礼祖求解其义。祖曰：“三身者，清净法身，汝之性也；圆满报身，汝之智也；千百亿化身，汝之行也。若离本性，别说三身，即名有身无智；若悟三身，无有自性，即名四智菩提。听吾偈曰：‘自性具三身，发明成四智。不离见闻缘，超然登佛地。吾今为汝说，谛信永无迷。莫学驰求者，终日说菩提。’”通曰：“四智之义可得闻乎？”祖曰：“既会三身，便明四智。何更问耶？若离三身，别谭四智。此名有智无身也。即此有智，还成无智。复说偈曰：‘大圆镜智性清净，平等性智心无病。妙观察智见非功，成所作智同圆镜。五八六七果因转，但用名言无实性。若于转处不留情，繁兴永处那伽定。’”转识为智者，教中云：转前五识为成所作智，转第六识为妙观察智，转第七识为平等性智，转第八识为大圆镜智。虽六七因中转，五八果上转，但转其名，而不转其体也。通礼谢，以偈赞曰：“三身元我体，四智本心明。身智融无碍，应物任随形。起修皆妄动，守住匪真精。妙旨因师晓，终无污染名。”

僧志道览《涅槃经》，至“诸行无常，是生灭法；生灭灭已，寂灭为乐”而生疑。礼祖求发明，祖曰：“汝作么生疑？”对曰：“一切众生皆有二身，谓色身、法身也。色身无常，有生有灭。法身有常，无知无觉。经云‘生灭灭已，寂灭为乐’者，未审是何身寂灭？何身受乐？若色身者，色身灭时，四大分散，全是苦苦，不可言乐。若法身寂灭，即同草木瓦石，谁当受乐？又法性是生灭之体，五蕴是生灭之用。一体五用，生灭是常，生则从体起用，灭则摄用归体。若听更生，即有情之类不断不灭，若不听更生，即永归寂灭，同于无情之物。如是则一切诸法，被涅槃之所禁伏。尚不得生，何乐之有？”祖曰：“汝是释子，何习外道断常邪见？而议最上乘法。据汝所解，即色身外别有法身，离生灭求于寂灭。又推涅槃常乐，言有身受者。斯乃执吝生死，耽着世乐。汝今当知，佛为一切迷人，认五蕴和合为自体相，分别一切法为外尘相。好生恶死，念念迁流。不知梦幻虚假，枉受轮回。以常乐涅槃，翻为苦相，终日驰求。佛愍此故，乃示涅槃真乐。刹那无有生相，刹那无有灭相，更无生灭可灭，是则寂灭现前。当现前之时，亦无现前之量，乃谓常乐。此乐无有受者，亦无不受者。岂有一体五用之名？何况更言涅槃禁伏诸法，令永不生。斯乃谤佛毁法。听吾偈曰：‘无上大涅槃，圆明常寂照。凡愚谓之死，外道执为断。诸求二乘人，目以为无作。尽属情所计，六十二见本。妄立虚假名，何为真实义。唯有过量人，通达无取舍。以知五蕴法，及以蕴中我。外现众色象，一一音声相。平等如梦幻，不起凡圣见。不作涅槃解，二边三际断。常应诸根用，而不起用想。分别一切法，不起分别想。劫火烧海底，风鼓山相击。真常寂灭乐，涅槃相如是。吾今强言说，令汝舍邪见。汝勿随言解，许汝知少分。’”道闻已踊跃，作礼而退。

僧志彻，初名行昌，姓张，少任侠。自南北分化，二宗主虽忘彼我，而徒侣竞起爱憎。北宗既自立秀师为六祖，忌祖传衣，天下所闻，嘱行昌刺祖。祖心通预知其事，置金十两于座间。昌怀刃入室，祖舒颈就之，昌挥刃者三，都无所损。祖曰："正剑不邪，邪剑不正，只负汝金，不负汝命。"昌惊仆，久而方苏。求哀悔过，愿出家。祖以金授曰："汝且去，恐众或害汝。他日易形而来，吾当摄受。"昌禀旨宵遁。遂出家，精进。一日念祖前命，过祖礼觐。祖曰："吾久念汝，汝何来晚？"曰："蒙和尚赦罪，今虽出家苦行，难报深恩！其唯传法度生乎？弟子常览涅槃经，未晓常无常义。乞和尚慈悲，略为宣说。"祖曰："无常者，即佛性也；有常者，即善恶一切诸法分别心也。"曰："和尚所说，大违经文。"祖曰："吾传佛心印，安敢违于佛经？"曰："经说佛性是常，和尚却言无常；善恶诸法乃至菩提心皆是无常，和尚却言是常。此则相违，令学人转加迷惑。"祖曰："《涅槃经》，吾昔听尼无尽藏读诵一遍，便为讲说，无一字一义不合经文。乃至为汝，终无二说。"曰："学人识量浅昧，愿和尚委曲开示。"祖曰："汝知否？佛性若常，更说甚么善恶诸法乃至穷劫，无有一人发菩提心者，故吾说无常，正是佛说真常之道也。又一切诸法若无常有"心"字非者，即物物皆有自性，容受生死。而真常性，有不遍之处，故吾说常者，正是佛说真无常义也。佛比为凡夫外道执于邪常，诸二乘人于常计无常，共成八倒。故于涅槃了义教中，破彼偏见，而显说真常真乐真我真净。汝今依言背义，以断灭无常及确定死常，而错解佛之圆妙最后微言。纵览千遍，有何所益？"行昌忽如醉醒，乃说偈曰："因守无常心，佛演有常性。不知方便者，犹春池拾砾。我今不施功，佛性而见前。非师相授与，我亦无所得。”祖曰：“汝今彻也，宜名志彻。”①

僧志常参祖，祖问：“汝从何来？欲求何事？”曰：“学人近礼大通和尚，蒙示见性成佛之义，未决狐疑。望赐开示。”祖曰：“彼有何言句，汝试举看？”曰：“到彼三月，未蒙开示，以为法切故，中夜哀恳。大通乃曰：‘汝见虚空否？’对曰：‘见。’通曰：‘汝见虚空，有相貌否？’对曰：‘虚空无形，有何相貌。’通曰：‘汝之本性，犹如虚空。返观自性，了无一物可见，是名正见；无一物可知，是名真知；无有青黄长短，但见本源清净，觉体圆明，即名见性成佛，亦名极乐世界，亦名如来知见。’学人虽闻此说，犹未决了。乞和尚示诲，令无凝滞。”祖曰：“彼师所说，犹存见知，故令汝未了。吾今示汝一偈曰：‘不见一法存无见，大似浮云遮日面。不知一法守空知，还如太虚生闪电。此之知见瞥然兴，错认何曾解方便。汝当一念自知非，自己灵光常显现。’”常闻偈已，心意豁然，乃述偈曰：“无端起知见，著相求菩提。情存一念悟，宁越昔时迷。自性觉源体，随照枉迁流。不入祖师室，茫然趣两头。”

禅者智隍，初参五祖，自谓已得正受，庵居长坐。积二十年，祖弟子玄策，游方至河朔，闻隍之名，造庵问云：“汝在此作什么？”隍曰：“入定。”策曰：“汝云‘入定’，为有心入耶？无心入耶？若无心入者，一切无情草木瓦石，应合得定；若有心入者，一切有情含识之流，亦应得定。”隍

① “彻”字后原有“刊”字，衍，今据云门刻本删。

曰：“我正入定时，不见有有无之心。”策曰：“不见有有无之心，即是常定，何出何入？若有出入，即非大定。”隍无对。良久问曰：“师嗣谁耶？”策曰：“我师曹溪六祖。”隍云：“六祖以何为禅定？”策曰：“我师所说妙湛圆寂，体用如如。五阴本空，六尘非有。不出不入，不定不乱。禅性无住，离住禅寂。禅性无生，离生禅想。心如虚空，亦无虚空之量。”隍闻是说，径来谒祖。祖问曰：“仁者何来？”隍具述前缘。祖曰：“诚如所言：“汝但心如虚空，不著空见。应用无碍，动静无心。凡圣情亡，能所俱泯。性相如如，无不定时也。”《灯录》及《正法眼藏》皆无“汝但”以下三十五字，止云“祖愍其远来，便垂开决”。隍于是大悟。二十年所得心，都无影响。其夜河北士庶，闻空中有声，云：“隍禅师今日得道也。”

有一童子名神会，年十三，自玉泉来参礼。祖曰：“知识远来艰辛，还将得本来否？若有本则合识主，试说看。”会曰：“以无住为本，见即是主。”祖曰：“这沙弥争合取次语。”会曰：“和尚坐禅，还见不见。”祖以拄杖打三下，云：“吾打汝，痛不痛。”对曰：“亦痛亦不痛。”祖曰：“吾亦见亦不见。”神会问：“如何是亦见亦不见？”祖云：“吾之所见，常见自家过愆，不见他人是非好恶，是以亦见亦不见。汝言亦痛亦不痛如何？汝若不痛，同其木石；若痛，则同凡夫，即起恚恨。汝向前见不见是二边，痛不痛是生灭。汝自性且不见，敢尔弄人。”神会礼拜悔谢。一日，祖告众曰：“我有一物，无头无尾，无名无字，无背无面。诸人还识否？”神会出曰：“是诸佛之本源，神会之佛性。”祖曰：“向汝道无名无字，汝便唤作本源佛性。汝向去有把茆盖头，也只成个知解宗徒。”

唐中宗神龙元年，诏遣使薛简迎祖，祖以疾辞。简问曰：“京城禅德皆云：‘欲得会道，必须坐禅习定。若不因禅定，而得解脱者，未之有也。’未审师所说法如何？”师曰：“道由心悟，岂在坐也。《经》云：‘若言如来若坐若卧，是行邪道。何故？无所从来，亦无所去。’无生无灭，是如来清净禅；诸法空寂，是如来清净坐。究竟无证，岂况坐耶？”简曰：“弟子回京，主上必问。愿师慈悲，指示心要，传奏两宫，及京城学道者。譬如一灯燃百千灯，冥者皆明，明明无尽。”师曰：“道无明暗，明暗是代谢之义。明明无尽，亦是有尽相待立名。故《净名经》云：法无有比，无相待故。”简曰：“明喻智能，暗喻烦恼。修道之人，若不以智能照破烦恼，无始生死，凭何出离？”祖曰：“烦恼即是菩提，无二无别。若以智能照破烦恼者，此是二乘见解，羊鹿等机。上智大根，悉不如是。”简曰：“如何是大乘见解？”祖曰：“明与无明，凡夫见二。智者了达，其性无二。无二之性，即是实性。实性者，处凡愚而不减，在贤圣而不增，住烦恼而不乱，居禅定而不寂。不断不常，不来不去，不在中间及其内外，不生不灭，性相如如，常住不迁，名之曰道。”简曰：“师说不生不灭，何异外道？”祖曰：“外道所说不生不灭者，将灭止生，以生显灭，灭犹不灭，生说不生。我说不生不灭者，本自无生，今亦不灭。所以不同外道。汝若欲知心要，但一切善恶都莫思量，自然得入清净心体。湛然常寂，妙用恒沙。”简蒙指教，豁然大悟。礼辞归阙，表奏师语。诏加褒美。

僧问："黄梅意旨，甚么人得？"祖曰："会佛法人得。"曰："和尚还得否？"祖曰："我不会佛法。"径山杲颂云："蕉芭蕉芭，有叶无了。忽然一阵狂风起，恰似东京大相国寺里三十六院东廊下北角头王和尚破袈裟。毕竟如何，归堂吃茶。"

蜀僧方辨来谒，曰："善塑。"祖正色曰："试塑看。"方辨不领旨，乃塑祖真，可高七尺，曲尽其妙。祖观之曰："汝善塑性，不善佛性。"酬以衣物，辨礼谢而去。

有僧举卧轮禅师偈曰："卧轮有伎俩，能断百思想。对境心不起，菩提日日长。"祖闻之曰："此偈未明心地，若依而行之，是加系缚。"因示一偈曰："惠能没伎俩，不断百思想。对境心数起，菩提作么长。"

延和壬子七月，是年初号太极，五月改延和，八月改先天。命门人于新州国恩寺建报恩塔。仍令促工，先天二年夏末落成。七月一日集徒众曰："吾至八月，欲离世间。汝等有疑，早须相问，为汝破疑，令汝迷尽。吾若去后，无人教汝。"法海等闻，悉皆涕泣。惟有神会，神情不动。祖曰："神会小师，却得善不善等。毁誉不动，哀乐不生。余者不得，数年山中，竟修何道。汝今悲泣，为忧阿谁？若忧吾不知去处，吾自知去处。吾若不知去处，终不预报于汝。汝等悲泣，盖为不知吾去处。若知吾去处，即不合悲泣。法性本无生灭去来，汝等尽坐，吾与汝说一偈，名曰《真假动静偈》，汝等诵取此偈，与吾意同。依此修行，不失宗旨。"众僧作礼请祖说偈，偈曰："一切无有真，不以见于真。若见于真者，是见尽非真。若能自有真，离假即心真。自心不离假，无真何处真。有情即解动，无情即不动。若修不动行，同无情不动。若觅真不动，动上有不动。不动是不动，无情无佛种。善能分别相，第一义不动。但作如此见，即是真如用。报诸学道人，努力须用意。莫于大乘门，却执生死智。若言下相应，即共论佛义。若实不相应，合掌令欢喜。此宗本无诤，诤即失道意。执逆诤法门，自性入生死。”众闻偈已，普皆作礼。法海再拜问曰：“和尚入灭，衣法当付何人?”祖曰：“吾忝受忍大师衣法，今为汝等说法，不付其衣，盖汝等信根纯熟，决定不疑，堪任大事。据达磨旧记，衣亦不合传矣。”复曰：“诸善知识！汝等各各净心，听吾说法。汝等诸人，自心是佛，更莫狐疑。外无一物而能建立，皆是本心，生万种法。故《经》云：‘心生种种法生，心灭种种法灭。’若欲成就种智，须达一相三昧，一行三昧。若于一切处而不住相，于彼相中不生憎爱，亦无取舍，不念利益成坏等事，安闲恬静，虚融澹泊，此名一相三昧。若于一切处，行住坐卧，纯一直心，不动道场，真成净土，此名一行三昧。若人具二三昧，如地有种，含藏长养，成就其实。一相一行亦复如是。我今说法，犹如时雨溥润大地，汝等佛性，譬之种子，遇兹沾洽，悉得发生。承吾旨者，决获菩提；依吾行者，定证妙果。听吾偈曰：‘心地含诸种，普雨悉皆萌。顿悟花情已，菩提果自成。’”说偈已，复曰：“其法无二，其心亦然。其道清净，亦无诸相。汝等慎勿观静及空其心，此心本净，无可取舍。各自努力，随缘好去。”

七月八日，谓门人曰：“吾欲归新州，汝等速理舟楫。”大众哀留甚坚，祖曰：“诸佛出现，犹示涅槃，有来必去，理亦常然。吾此形骸，归必有所。”众曰：“师从此去，早晚可回？”祖曰：“叶落归根，来时无口。”法云秀云：“非但来时无口，去时亦无鼻孔。”又问曰：“正法眼藏，传付何人？”祖曰：“有道者得，无心者通。”又问：“后莫有难否？”祖曰：“吾灭后五六年，当有一人，来取吾首。听吾记曰：‘头上养亲，口里须餐。遇满之难，杨柳为官。’”又曰：“吾去七十年，有二菩萨从东方，一在家，一出家，同时兴化，建立吾宗，缔缉伽蓝，昌隆法嗣。”又问佛祖传授次第，祖为详述摩诃迦叶而下，至祖次第。

八月三日，复示众曰：“吾灭度后，莫作世情悲泣雨泪，受人吊问，身着孝服，非吾弟子，亦非正法。但识自本心，见自本性，无动无静，无生无灭，无去无来，无是无非，无住无往。恐汝等心迷，不会吾意，今再嘱汝，令汝见性。吾灭度后，依此修行，如吾在日。若违吾教，纵吾在世，亦无有益。”复说偈曰：“兀兀不修善，腾腾不造恶。寂寂断见闻，荡荡心无着。”说偈已，端坐至三更，谓门人曰：“吾行矣。”奄然迁化。于时异香满室，白虹属地，林木变白，禽兽哀鸣。十一月，广韶新三郡官僚暨门人僧俗，争迎真身，莫决所之。乃焚香祷曰：香烟指处，师所归焉。时香烟直贯曹溪。十一月十三日。迁神龛并衣钵归曹溪。次年七月入塔，门人忆念取首之记，以铁漆固颈入塔。时白光自塔起上亘天，三日始散。祖春秋七十有六，盖年二十四而传衣，三十九祝发，说法利生三十七载。开元十年八月，有张满者，受新罗僧贿，伪服衰绖为孝子。夜入塔盗祖首，欲持归供养。守塔者闻塔中有声起，视满惊逸，而祖颈微有伤处，刺史柳无忝、县令杨侃共督捕得满。祖弟子令韬谓："彼意在供养，且佛教慈悲，冤亲平等。"柳守嘉叹，释满不治。　　《外纪》云："祖至曹溪宝林，睹堂宇湫隘不足容众，欲广之。遂谒里人陈亚仙曰：'老僧欲乞檀那一坐具地。'亚仙曰：'和尚坐具几许阔？'祖以坐具示之，亚仙唯然。祖展坐具，弥布曹溪四境，四天王各现其方。亚仙曰：'和尚法力广大，他日兴造，愿存祖墓，余愿尽舍为宝坊。然此地乃生龙白象来脉，只可平天，不可平地。'寺后兴建，一依其言。先是，西国智药三藏经其地，谓林峦泉水，宛如西天宝林，宜建一梵刹，一百七十年后，当有无上法宝。于此演化，得道者如林，宜号宝林。韶州牧侯敬中表闻建寺，时梁天监三年，祖之来适符其记。殿前有潭一所，龙常出没其间。一日，现形甚巨，波浪汹涌，云雾阴翳。徒众皆惧，祖曰：'尔能现大身，不能现小身。若为神龙，当能变化。以小现大，以大现小也。'其龙忽没，俄顷复现小身，跃出潭面。祖展钵曰：'你且不敢入老僧钵盂里？'祖以钵承之，龙伏钵中不能动。持之上堂，为说法要。龙遂蜕骨而去，其骨长七寸许，首尾角足皆具。"留传本寺。　　《林间录》："曹溪大师将入涅槃，门人行瑫、超俗、法海等问：'和尚法何所付？'曹溪曰：'付嘱者二十年外，于此地弘扬，又问谁人？'答曰：'若欲知者，大庾岭上以网取之。'圭峰立荷泽为正传的付，乃文释之曰：岭者高也，荷泽姓高，故密示之耳。欲抑让公为旁出，则曰：让则曹溪门下旁出之泛徒，此类数可千余。呜呼！逐鹿者不见山，攫金者不见人，殆非虚言。方密公所见，惟荷泽故。诸师不问是非，例皆毁之，如'大庾岭上以网取之'之语。是大师末后全提妙旨，而辄以意求。让公僧中之王，而谓之泛徒。详味密公之意，可以发千载之一笑。"又云："老安国师有言曰：《金刚经》云：'应无所住而生其心。''无所住'者，不依色，不住声，不住迷，不住悟，不住体，不住用。'而生其心'者，即一切法而显一心。若住善生心，即善现；住恶生心，即恶现。本心即隐没，若无所住，十方世界惟是一心。信知曹溪大师云：‘风幡不动是心动。’修山主有偈曰：‘风动心摇树，云生性起尘。若明今日事，昧却本来人。’”　　幻寄曰：“洪师诃密公意求网取，而以义路释风幡，正是徐六喻担板耳！不见修山主道‘若明今日事，昧却本来人’耶？咦！”

指月录卷五

六祖下第一世

◎南岳怀让禅师，金州杜氏子。唐仪凤二年四月八日降生，有白气上属天。太史奏之高宗，宗问：“是何祥乎？”对曰：“国之法器，不染世荣。”宗传敕金州太守韩偕亲往存慰。年十岁，惟乐佛书。有玄静三藏告师父母曰：“此子若出家，必获上乘，广度众生。”至垂拱三年，年十五，依荆州玉泉寺弘景律师出家。通天二年受戒，习《毗尼藏》。一日，叹曰：“夫出家者，当为无为法。天上人间，无有胜者。”遇同学坦然，相与谒嵩山安公，安令诣曹溪。其见六祖悟缘，具《六祖章》中。师既得法，侍祖复十五年。先天二年，往衡岳居般若寺。

开元中，有沙门道一，在衡岳常习坐禅。师知是法器，往问曰：“大德坐禅图甚么？”一曰：“图作佛。”师乃取一砖，于彼庵前石上磨。一曰："磨作甚么？"师曰："磨作镜。"一曰："磨砖岂得成镜耶？"师曰："磨砖既不成镜，坐禅岂得作佛？"一曰："如何即是？"师曰："如牛驾车，车若不行，打车即是？打牛即是？"一无对。师又曰："汝学坐禅，为学坐佛？若学坐禅，禅非坐卧。若学坐佛，佛非定相。于无住法不应取舍。汝若坐佛，即是杀佛。若执坐相，非达其理。"一闻示诲，如饮醍醐。礼拜问曰："如何用心，即合无相三昧？"师曰："汝学心地法门，如下种子。我说法要，譬彼天泽，汝缘合故，当见其道。"又问："道非色相，云何能见？"师曰："心地法眼能见乎道，无相三昧亦复然矣！"一曰："有成坏否？"师曰："若以成坏聚散而见道者，非见道也。听吾偈曰：'心地含诸种，遇泽悉皆萌。三昧华无相，何坏复何成。'"一蒙开悟，心意超然。侍奉九秋，日益玄奥。

入室弟子总有六人，师各印可曰："汝等六人，同证吾身，各契其一。一人得吾眉，善威仪常浩；一人得吾眼，善顾盼智达；一人得吾耳，善听理坦然；一人得吾鼻，善知气神照；一人得吾舌，善谭说严峻；一人得吾心，善古今道一。"又曰："一切法皆从心生，心无所生，法无能住。若达心地，所作无碍。非遇上根，宜慎辞哉！"

有大德问："如镜铸像，像成后，未审光向甚么处去？"师曰："如大德为童子时，相貌何在？"法眼别云：阿那个是大德铸成底像？曰："只如像成后，为甚么不鉴照？"师曰："虽然不鉴照，谩他一点不得。"马大师阐化于江西，师问众曰："道一为众说法否？"众曰："已为众说法。"师曰："总未见人持个消息来。”众无对。因遣一僧去，嘱曰：“待伊上堂时，但问作么生？伊道底言语，记将来。”僧去，一如师旨。回谓师曰：“马师云：‘自从胡乱后三十年不曾少盐酱。’”师然之。径山杲云：“云门即不然，夜梦不祥，书壁大吉。”

天宝三年八月十一日圆寂，塔于衡岳，谥大慧。

◎吉州青原山静居寺行思禅师，幼岁出家，参曹溪得法。语具《六祖章》。归住青原。六祖将示灭，沙弥希迁问曰：“和尚百年后，希迁当依附何人？”祖曰：“寻思去。”及祖顺世，迁每于静处端坐，寂若忘生。第一座问曰：“汝师已逝，空坐奚为。”迁曰：“我禀遗诫，故寻思耳。”座曰：“汝有师兄思和尚，今住吉州，汝因缘在彼。师言甚直，汝自迷尔。”迁闻语，便礼辞祖龛，直诣静居参礼。师曰：“子何方来？”迁曰：“曹溪。”师曰：“将得甚么来？”曰：“未到曹溪亦不失。”师曰：“若恁么用，去曹溪作甚么？”曰：“若不到曹溪，争知不失？”迁又曰：“曹溪大师还识和尚否？”师曰：“汝今识吾否？”曰：“识又争能识得？”师曰：“众角虽多，一麟足矣！”迁又问：“和尚自离曹溪，甚么时至此间？”师曰：“我却知汝早晚离曹溪。”曰：“希迁不从曹溪来。”师曰：“我亦知汝去处也。”曰：“和尚幸是大人莫造次。”他日，师复问迁：“汝甚么处来？”曰：“曹溪。”师乃举拂子曰：“曹溪还有这个么？”曰：“非但曹溪，西天亦无。”师曰：“子莫曾到西天否？”曰：“若到即有也。”师曰：“未在，更道。”曰：“和尚也须道取一半，莫全靠学人。”师曰：“不辞向汝道，恐已后无人承当。”

师令迁持书与南岳让和尚曰："汝达书了，速回。吾有个鉏斧子，与汝住山。"迁至彼，未呈书便问："不慕诸圣不重己灵时如何？"岳曰："子问太高生，何不向下问？"迁曰："宁可永劫受沉沦，不从诸圣求解脱。"岳便休。玄沙曰："大小石头被南岳推倒，直至如今起不得。"迁便回。师问："子返何速？书信达否？"迁曰："书亦不通，信亦不达。去日蒙和尚许个鉏斧子，只今便请师垂一足。"迁便礼拜，寻辞往南岳。

荷泽神会参，师问："甚处来？"曰："曹溪。"师曰："曹溪意旨如何？"会振身而立。师曰："犹带瓦砾在。"曰："和尚此间莫有真金与人么？"师曰："设有汝向甚么处着。"玄沙云："果然。"云居锡云："只如玄沙道'果然'，是真金，是瓦砾。"

僧问："如何是佛法大意？"师曰："庐陵米作么价？"开元二十八年十一月十三日，升座告众，跏趺而逝。

六祖下第二世

◎**江西道一禅师**，汉州什邡县人，姓马氏，故俗称马祖，或云马大师。容貌奇异，牛行虎视，引舌过鼻，足下有二轮文。幼岁于本邑罗汉寺出家，受具于渝州圆律师。开元中，习定于衡岳，遇让和尚，发明大事。同参六人，惟师密授心印。始居建阳佛迹岭，迁于临川，次至南康龚公山。《宋高僧传》："先是此峰岫间，魑魅所居，人莫敢近，犯者灾衅立生。及师至，当宴息时，有神紫衣玄冠致礼言：'舍此地为清净梵场。'语终不见。自尔猛鸷毒螫，变心驯扰。"大历中，连帅路嗣恭请师开法，四方学者，云集座下。

僧问："和尚为甚么说即心即佛？"曰："为止小儿啼。"曰："啼止时如何？"师曰："非心非佛。"曰："除此二种人来，如何指示？"师曰："向伊道不是物。"曰："忽遇其中人来时如何？"曰："且教伊体会大道。"肯堂充《即心即佛颂》云："美似杨妃离玉合，娇如西子下琼楼。日日与君花下醉，更嫌何处不风流。"　　牧庵忠《非心非佛颂》云："二月风光景气浮，少年公子御街游。银床踞坐倾杯酒，三个孩童打马球。"

僧问："离四句，绝百非，请师直指西来意？"师曰："我今日劳倦，不能为汝说，问取智藏去。"僧问西堂，堂云："何不问和尚？"僧云："和尚教来问。"堂云："我今日头痛，不能为汝说，问取海兄去。"僧又问百丈，丈云："我到这里却不会。"僧却回举似师。师曰："藏头白，海头黑。"圜悟勤云："若以解路卜度，却谓之相瞒。有者道：只是相推过。有者道：三个总识他问头。所以不答，总是拍盲地。将古人醍醐上味，著毒药在里许。所以马祖道：'待汝一口吸尽西江水，即向汝道。'与此公案一般。若会得藏头白，海头黑，便会西江水话。这僧将一担蒙懂，换得个不安乐，更劳他三大尊宿。入泥入水，毕竟这僧不瞥地。虽然恁么，这三个宗师，却被担板汉勘破。如今只管向语言上作活计云：白是明头合，黑是暗头合，只管钻研计较。殊不知，古人一句，截断意根，须是向正脉里自看，始得稳当。所以道末后一句，始到牢关。把断要津，不通凡圣。若论此事，如当门按一口剑相似，拟议则丧身失命。又道：譬如掷剑挥空，莫论及之不及，但向八面玲珑处会取。不见古人道，这漆桶，或云野狐精，或云瞎汉。且道与一棒一喝，是同是别？若知千差万别，只是一般，自然八面受敌。要会藏头白海头黑么？五祖先师道封后先生。”

问：“如何是西来意？”师曰：“只今是甚么意？”庞居士问：“不昧本来人，请师高着眼。”师直下觑。士曰：“一种没弦琴，唯师弹得妙。”师直上觑。士礼拜。师归方丈，士随后曰：“适来弄巧成拙。”云峰悦云：“且道是宾家弄巧成拙，主家弄巧成拙。若拣得出，三十棒一棒也较不得，若拣不出，明年更有长条在，恼乱春风卒未休。” 妙喜曰：“马祖觑上觑下则不无，争奈昧却本来人。居士虽然礼拜，浑囵吞个枣。马师归方丈，士随后入云：‘适来弄巧成拙。’救得一半。”

一夕，西堂、百丈、南泉随侍玩月次。师问：“正恁么时如何？”堂曰：“正好供养。”丈曰：“正好修行。”泉拂袖便行。师曰：“经入藏，禅归海，惟有普愿独超物外。”泐潭清云：“是则全是，非则全非。后来神鼎道：‘只为老婆心切。’神鼎恁么道：‘大似金沙混杂，玉石不分。’只如马大师道：‘经入藏，禅归海，惟有普愿，独超物外。’甚么处是老婆心切处？还辨得么？不省这个意，修行徒苦辛。”

僧参次，师乃画一圆相云：“入也打，不入也打。”僧才入，师便打。僧云：“和尚打某甲不得。”师靠拄杖休去。雪窦显云：“二俱不了，和尚打某甲不得；靠却拄杖，拟议不来，劈脊便棒。”

问：“如何是西来意？”师便打曰：“我若不打汝，诸方笑我也。”问：“如何得合道？”师曰：“我早不合道。”百丈问：“如何是佛法旨趣？”师曰：“正是汝放身命处。”有小师耽源行脚回，于师前画个圆相，就上拜了立。师曰：“汝莫欲作佛否？”曰：“某甲不解捏目。”师曰：“吾不如汝。”小师不对。邓隐峰辞师，师曰："甚么处去？"曰："石头去。"师曰："石头路滑。"曰："竿木随身，逢场作戏。"便去。才到石头，即绕禅床一匝，振锡一声，问："是何宗旨？"石头曰："苍天，苍天！"峰无语，却回举似师。师曰："汝更去问，待他有答，汝便嘘两声。"峰又去依前问，石头乃嘘两声，峰又无语。回举似师，师曰："向汝道：'石头路滑。'"

有僧于师前作四画，上一画长，下三画短。曰："不得道一画长，三画短，离此四字外，请和尚答。"师乃画地一画曰："不得道长短，答汝了也。"忠国师闻，别云："何不问老僧？"

有讲僧来，问曰："未审禅宗，传持何法？"师却问曰："未审座主，传持何法？"主曰："忝讲得经论二十余本。"师曰："莫是师子儿否？"主曰："不敢。"师作嘘嘘声。主曰："此是法。"师曰："是甚么法？"主曰："师子出窟法。"师乃默然。主曰："此亦是法。"师曰："是甚么法？"主曰："师子在窟法。"师曰："不出不入，是甚么法？"主无对，百丈代云："见么？"遂辞出门。师召曰："座主。"主回首，师曰："是甚么？"主亦无对。师曰："这钝根阿师。"

洪州廉使问曰："吃酒肉即是，不吃即是？"师曰："若吃是中丞禄，不吃是中丞福。"

师问僧："什么处来？"云："湖南来。"师云："东湖水满也未？"云："未。"师云："许多时雨水尚未满。"道吾云："满也。" 云岩云："湛湛地。" 洞山云："什么劫中曾欠少？"

一日，谓众曰："汝等诸人，各信自心是佛，此心即是佛心。达磨大师从南天竺国来至中华，传上乘一心之法。令汝等开悟。又引《楞伽》经文，以印众生心地，恐汝颠倒不自信。此一心之法，各各有之。故《楞伽经》以佛语心为宗，无门为法门。夫求法者，应无所求。心外无别佛，佛外无别心。不取善，不舍恶。净秽两边，俱不依怙。达罪性空，念念不可得。无自性故，故三界惟心。森罗万象，一法之所印。凡所见色，皆是见心。心不自心，因色故有。汝但随时言说，即事即理，都无所碍。菩提道果亦复如是。于心所生，即名为色。知色空故，生即不生。若了此意，乃可随时著衣吃饭。长养圣胎，任运过时，更有何事。汝受吾教，听吾偈曰：'心地随时说，菩提亦只宁。事理俱无碍，当生即不生。'"

僧问："如何修道？"师云："道不属修，若言修得，修成还坏，即同声闻。若言不修，即同凡夫。"曰："云何即得达道？"师云："自性本来具足，但于善恶事上不滞，唤作修道人。取善舍恶，观空入定，即属造作。更若向外驰求，转疏转远。但尽三界心量，一念妄想，即是三界生死根本。但无一念，即除生死根本，即得法王无上珍宝。无量劫来，凡夫妄想，谄曲邪伪，我慢贡高，合为一体。故《经》云：但以众法，合成此身。起时惟法起，灭时惟法灭。此法起时，不言我起，灭时不言我灭。前念后念中念，念念不相待，念念寂灭，唤作海印三昧。摄一切法，如百千异流，同归大海，都名海水。住于一味，即摄众味。住于大海，即混诸流。如人在大海中浴，即用一切水。所以声闻悟迷，凡夫迷悟。声闻不知圣心，本无地位因果阶级。心量妄想，修因证果。住其空定，八万劫二万劫，虽即已悟却迷。诸菩萨观如地狱苦，沉空滞寂，不见佛性。若是上根众生，忽遇善知识指示，言下领会，更不历于阶级地位，顿悟本性。故经云：凡夫有反复心，而声闻无也。对迷说悟，本既无迷，悟亦不立。一切众生从无量劫来，不出法性三昧。常在法性三昧中，著衣吃饭，言谈只对，六根运用，一切施为，尽是法性。不解返源，随名逐相，迷情妄起，造种种业。若能一念返照，全体圣心。汝等诸人，各达自心，莫记吾语。纵饶说得河沙道理，其心亦不增。总说不得，其心亦不减。说得亦是汝心，说不得亦是汝心。乃至分身放光，现十八变，不如还我死灰来。淋过死灰无力，喻声闻妄修因证果。未淋过死灰有力，喻菩萨道业纯熟，诸恶不染。若说如来权教三藏，河沙劫说不可尽，犹如钩锁，亦不断绝。若悟圣心，总无余事。久立珍重。”

一日，示众云：“道不用修，但莫污染。何为污染？但有生死心，造作趣向，皆是污染。若欲直会其道，平常心是道。何谓平常心，无造作，无是非，无取舍，无断常，无凡圣。故《经》云：非凡夫行，非圣贤行，是菩萨行。只如今行住坐卧应机接物，尽是道。道即是法界，乃至河沙妙用，不出法界。若不然者，云何言心地法门？云何言无尽灯？一切法皆是心法，一切名皆是心名。万法皆从心生，心为万法之根本。故《经》云：识心达本源，故号为沙门。名等义等，一切诸法皆等，纯一无杂，若于教门中得随时自在。建立法界，尽是法界。若立真如，尽是真如。若立理，一切法尽是理，若立事，一切应有“法”字尽是事。举一千从，事理无差。尽是妙用，更无别理，皆由心之回转。譬如月影有若干，真月无若干。诸源水有若干，水性无若干。森罗万象有若干，虚空无若干。说道理有若干，无碍慧无若干。种种成立，皆由一心也。建立亦得，扫荡亦得，尽是妙用。妙用尽是自家，非离真而有立处。立处即真，尽是自家体。若不然者，更是何人？一切法皆是佛法，诸法即是解脱。解脱者即是真如，诸法不出于真如。行住坐卧，悉是不思议用，不待时节。《经》云：在在处处，则为有佛。佛是能仁，有智能，善机情，能破一切众生疑网，出离有无等缚。凡圣情尽，人法俱空。转无等轮，超于数量。所作无碍，事理双通。如天起云，忽有还无，不留踪迹。犹如画水成文，不生不灭，是大寂灭。在缠名如来藏，出缠号净法身。体无增减，能大能小，能方能圆。应物现形，如水中月。滔滔运用，不立根苗。不尽有为，不住无为。有为是无为之用，无为是有为之依。不住于依，故云如空无所依。心生灭义，心真如义。心真如者，喻如明镜照像。镜喻于心，像喻于法。若心取法，即涉外因，即是生灭义。不取于法，即是真如义。声闻耳闻佛性，菩萨眼见佛性。了达无二，名平等性。性无有异，用则不同。在迷为识，在悟为智。顺理为悟，顺事为迷。迷则迷自本心，悟则悟自本性。一悟永悟，不复更迷。如日出时不合于暗，智能日出，不与烦恼暗俱。了心境界，妄想即除，妄想既除，即是无生。法性本有，有不假修。禅不属坐，坐即有着。若见此理，真正合道。随缘度日，坐起相随。戒行增熏，积于净业。但能如是，何虑不通！久立珍重。”

师于贞元四年正月中，登建昌石门山，于林中经行，见洞壑平坦，谓侍者曰："吾之朽质，当于来月归兹地矣！"及归，遂示疾。院主问："和尚近日尊候如何？"师曰："日面佛，月面佛。"雪窦显《颂》云："日面佛，月面佛，五帝三皇是何物？二十年来曾苦辛，为君几下苍龙窟。屈！堪述，明眼衲僧莫轻忽。"

二月一日，沐浴跏趺入灭。世寿八十，僧腊六十。元和中，追谥大寂禅师。

◎南岳石头希迁禅师，端州高要陈氏子。母怀师，则不能茹荤。幼而徇齐，既冠，然诺自许。乡民多杀牛祀鬼神，师数毁祠夺牛归，岁恒数十。后造曹溪得度，见青原得法。一日，原问师曰："有人道岭南有消息。"师曰："有人不道岭南有消息。"曰："若恁么？大藏小藏从何而来？"师曰："尽从这里去。"原然之。门人道悟问："曹溪意旨谁人得？"师曰："会佛法人得。"曰："师还得否？"师曰："不得。"曰："为甚么不得？"曰："我不会佛法。"僧问："如何是解脱？"师曰："谁缚汝？"问："如何是净土？"师曰："谁垢汝？"问："如何是涅槃？"曰："谁将生死与汝？"师问新到："从甚么处来？"曰："江西来。"师曰："见马大师否？"曰："见。"师乃指一橛柴曰："马师何似这个？"僧无对。却回举似马祖，祖曰："汝见橛柴大小？"曰："没量大。"祖曰："汝甚有力。"曰："何也。"祖曰："汝从南岳负一橛柴来，岂不是有力？"问："如何是西来意？"师曰："问取露柱。"曰："学人不会。"师曰："我更不会。"大颠问："道有道无俱是谤，请师除。"师曰："一物亦无，除个甚么？"师却问：

“并却咽喉唇吻，道将来？”颠曰：“无这个。”师曰：“若恁么，汝即得入门。”道悟问：“如何是佛法大意？”师曰：“不得不知。”曰：“向上更有转处也无？”师曰：“长空不碍白云飞。”问：“如何是禅？”师曰：“碌砖。”问：“如何是道？”师曰：“木头。”

师因看《肇论》，至“会万物为己者，其唯圣人乎”！乃拊几曰：“圣人无己，靡所不己。法身无象，谁云自他。圆鉴灵照于其间，万象体玄而自现。境智非一，孰云去来。至哉斯语也！”遂掩卷不觉寝梦，与六祖同乘一龟，游泳深池之内。觉而念曰：“灵龟者智也，深池者性海也。吾与祖师同乘灵智，游性海矣！”遂著《参同契》。曰：“竺土大仙心，雪窦著语云：“谁是能举？”东西密相付惜取眉毛。人根有利钝作么生，道无南北祖且款款。灵源明皎洁抚掌呵呵，枝派暗流注亦未相许。执事原是迷展开两手，契理亦非悟拈却了也。门门一切境舍短从长，回互不回互以头换尾。回而更相涉这个是拄杖子，不尔依位住莫错认定盘星。色本殊质象岂辨开眸，声元异乐苦还同掩耳。暗合上中言心不负人，明明清浊句口宜挂壁。四大性自复随所依，如子得其母可知也。火热风动摇春冰自消，水湿地坚固从旦至暮。眼色耳音声海宴河清，鼻香舌醎醋可凭可据。然依一一法重报君，依根叶分布好明取。本末须归宗惟我能知，尊卑用其语不犯之令。当明中有暗暗必可明，勿以暗相遇明还非睹。当暗中有明一见三，勿以明相睹无异说。明暗各相对若为分，比如前后步不知此。万物自有功旨尔宁止，当言及用处纵横十字。事存函盖合子细看，理应箭锋拄莫教错。承言须会宗未兆非相，勿自立规矩突出难辨。触目不会道又何妨，运足焉知路也不恶。进步非近远唱弥高，迷隔山河固和弥寡。谨白参玄人闻必同归，光阴莫虚度。诚哉是言也。

上堂，“吾之法门，先佛传授，不论禅定精进，唯达佛之知见。即心即佛，心佛众生、菩提烦恼，名异体一，汝等当知。自己心灵，体离断常。性非垢净，湛然圆满。凡圣齐同，应用无方。离心意识，三界六道，性自心现。水月镜像，岂有生灭。汝能知之，无所不备。”

师于唐天宝初至衡山南寺，寺之东有石，状如台，乃结庵其上，时号石头和尚。南岳鬼神多显迹听法，师皆与授戒。偶一日见负米登山者，师问之，知为送供者。师愍之，明日即移庵下梁端。贞元六年示寂，德宗谥无际大师。

指月录卷六

二祖旁出法嗣[①]

◎**僧那禅师**，姓马氏。少而神隽，年二十一，讲《礼》《易》于东海，听者如市。一遇二祖，遂投出家。自是手不执笔，尽弃世典。惟一衣一钵，一坐一食，奉头陀行。后谓门人慧满曰：“祖师心印，非专苦行，但助道耳。若契本心，发随意真光之用，则苦行如握土成金。若惟务苦行而不明本心，为憎爱所缚，则苦行如黑月夜，履于险道。汝欲明本心者，当审谛推察。遇色遇声，未起觉观时，心何所之？是无耶？是有耶？既不堕有无处所，则心珠独朗，常照世间。而无一尘许间隔，未尝有一刹那顷断续之相。”满后亦奉头陀行，惟蓄二针，冬则乞补，夏则舍之，心无怖畏。睡而不梦，常行乞食，所至伽蓝则破柴制履，住无再宿。贞观十六

① 原无“二祖”二字，据《目录》补。

年，于洛阳善会寺侧宿古墓中，遇大雪。旦入寺，见昙旷法师。旷怪所从来，满曰："法有来耶?"旷遣寻来处，四边雪积五尺许。旷曰："不可测也。"尝示人曰："诸佛说心，令知心相虚妄。今乃重加心相，深违佛意。又增论议，殊乖大理。"后于陶冶中，无疾坐化。

◎**向居士**，幽栖林野，木食涧饮。北齐天保初，闻二祖盛化，乃致书曰："影由形起，响逐声来。弄影劳形，不识形为影本；扬声止响，不知声是响根。除烦恼而趣涅槃，喻去形而觅影；离众生而求佛果，喻默声而求响。故知迷悟一途，愚智非别。无名作名，因其名则是非生矣；无理作理，因其理则争论起矣。幻化非真，谁是谁非？虚妄无实，何空何有？将知得无所得，失无所失。未及造谒，聊申此意，伏望答之。"二祖回示曰："备观来意皆如实，真幽之理竟不殊。本迷摩尼谓瓦砾，豁然自觉是真珠。无明智能等无异，当知万法即皆如。愍此二见之徒辈，申辞措笔作斯书。观身与佛不差别，何须更觅彼无余。"居士捧披祖偈，乃申礼觐，密承印记。

四祖旁出法嗣①

◎**牛头山法融禅师**，年十九，学通经史。寻阅《大部般若》，晓达真空。忽一日叹曰："儒学世典，非究竟法，《般

① 此题原无，据《目录》补。

若》真观，出世舟航。”遂隐茅山，投师落发。后入牛头山幽栖寺北岩之石室，有百鸟衔花之异。唐贞观中，四祖遥观气象，知彼山有异人。乃躬自寻访，问寺僧：“此间有道人否?”曰：“出家儿那个不是道人?”祖曰：“阿那个是道人。”僧无对。别僧曰：“此去山中十里许，有一懒融，见人不起亦不合掌，莫是道人么?”祖遂入山，见师端坐自若，曾无所顾。祖问曰：“在此作甚么?”师曰：“观心。”祖曰：“观是何人？心是何物?”师无对。便起作礼曰：“大德高栖何所?”祖曰：“贫道不决所止，或东或西。”师曰：“还识道信禅师否?”祖曰：“何以问他?”师曰：“向德滋久，冀一礼谒。”祖曰：“道信禅师，贫道是也。”师曰：“因何降此?”祖曰：“特来相访，莫更有宴息之处否?”师指后面曰：“别有小庵。”遂引祖至庵所。绕庵，惟见虎狼之类。祖乃举两手作怖势。师曰：“犹有这个在。”祖曰：“这个是甚么?”师无语。少选，祖却于师宴坐石上书一佛字，师睹之竦然。祖曰：“犹有这个在。”师未晓，乃稽首请说真要。祖曰：“夫百千法门，同归方寸，河沙妙德，总在心源。一切戒门、定门、慧门，神通变化，悉自具足，不离汝心。一切烦恼业障，本来空寂。一切因果，皆如梦幻。无三界可出，无菩提可求。人与非人，性相平等。大道虚旷，绝思绝虑。如是之法，汝今已得，更无阙少，与佛何殊？更无别法，汝但任心自在，莫作观行，亦莫澄心，莫起贪嗔，莫怀愁虑，荡荡无碍，任意纵横，不作诸善，不作诸恶，行住坐卧，触目遇缘，总是佛之妙用。快乐无忧，故名为佛。”师曰：“心既具足，何者是佛？何者是心?”祖曰：“非心不问佛，问佛非不心。”师曰：“既不许作观行，于境起时，心如何对治？”祖曰：“境缘无好丑，好丑起于心。心若不强名，妄情从何起？妄情既不起，真心任遍知。汝但随心自在，无复对治，即名常住法身，无有变异。吾受璨大师顿教法门，今付于汝。汝今谛受吾言，只住此山，向后当有五人达者，绍汝玄化。”

僧问南泉：“牛头未见四祖时，为甚百鸟衔花供养？”泉云：“只为步步踏佛阶梯。”僧云：“见后为甚么不来？”泉云：“直饶不来，犹较王老师一线道。”　云门举云：“南泉只解步步登高，不解从空放下。”僧问：“如何是步步登高？”门云：“香积世界。”“如何是从空放下？”门云：“填沟塞壑。”　僧问老宿：“牛头未见四祖时，如何？”曰：“如条贯叶。”云：“见后如何？”曰：“秋夜纷纷。”　僧问赵州：“牛头未见四祖时，如何？”州曰：“饱柴饱水。”曰：“见后如何？”曰：“饱柴饱水。”　一尊宿答前两问，皆云贼不打贫儿家。

住后，法席之盛，拟黄梅。唐永徽中，徒众乏粮，师往丹阳缘化。去山八十里，躬负米一石八斗，朝往暮还，供僧三百，二时不阙。三年，邑宰萧元善请于建初寺讲《大般若经》，听者云集。至《灭静品》，地为之震动。博陵王问曰：“境缘色发时，不言缘色起。云何得知缘，乃欲息其起？”师曰：“境色初发时，色境二性空。本无知缘者，心量与知同。照本发非发，尔时起自息。抱暗生觉缘，心时缘不逐。至如未生前，色心非养育。从空本无念，想受言念生。起发未曾起，岂用佛教令。”问曰：“闭目不见色，境虑乃便多。色既不关心，境从何处发？”师曰：“闭目不见色，内心动虑多。幻识假成用，起名终不过。知色不关心，心亦不关人。随行有相转，鸟去空中真。”问曰：“境发无处所，缘觉了知生。

境谢觉还转，觉乃变为境。若以心曳心，还为觉所觉。从之随随去，不离生灭际。”师曰：“色心前后中，实无缘起境。一念自疑忘，谁能计动静。此知自无知，知知缘不会。当自检本形，何须求域外。前境不变谢，后念不来今。求月执玄影，讨迹逐飞禽。欲知心本性，还如视梦里。譬之六月水，处处皆相似。避空终不脱，求空复不成。借问镜中像，心从何处生。”问曰：“恰恰用心时，若为安隐好？”师曰：“恰恰用心时，恰恰无心用。曲谈名相劳，直说无繁重。无心恰恰用，常用恰恰无。今说无心处，不与有心殊。”问曰：“智者引妙言，与心相会当。言与心路别，合则万倍乖。”师曰：“方便说妙言，破病大乘道。非关本性谈，还从空化造。无念为真常，终当绝心路。离念性不动，生灭无乖误。谷响既有声，镜像能回顾。”问曰：“行者体境有，因觉知境亡。前觉及后觉，并境有三心。”师曰：“境用非体觉，觉罢不应思。因觉知境亡，觉时境不起。前觉及后觉，并境有三迟。”问曰：“住定俱不转，将为正三昧。诸业不能牵，不知细无明，徐徐蹑其后。”师曰：“复闻别有人，虚执起心量。三中事不成，不转还虚妄。心为正受缚，为之净业障。心尘万分一，不了说无明。细细习因起，徐徐名相生。风来波浪转，欲静水还平。更欲前途说，恐畏后心惊。无念大兽吼，性空下霜雹。星散秽草摧，纵横飞鸟落。五道定纷纶，四魔不前却。既如猛火燎，还如利剑斫。”问曰：“赖觉知万法，万法本来然。若假照用心，只得照用心，不应心里事。”师曰：“赖觉知万法，万法终无赖。若假照用心，应不在心外。”问曰：“随随无拣择，明心不现前。复虑心暗昧，在心用功行，智障复难除。”师曰：“有此不可有，寻此不可寻。无拣即真择，得暗出明心。虑者心冥昧，存心托功行。何《五灯》作“可”论智障难，至佛方为病。”问曰：“折中消息间，实亦难安怗。自非用行人，此难终难见。”师曰：“折中欲消息，消息非难易。先观心处心，次推智中智。第三照推者，第四通无记。第五解脱名，第六等真伪。第七知法本，第八慈无为。第九遍空阴，第十云雨被。最尽彼无觉，无明生本智。镜像现三业，幻人化四衢。不住空边尽，当照有中无。不出空有内，未将空有俱。号之名折中，折中非言说。安怗无处安，用行何能决。”问曰：“别有一种人，善解空无相。口言定乱一，复道有中无。同证用常寂，知觉寂常用。用心会真理，复言用无用。智能方便多，言乱与理合。如如理自如，不由识心会。既知心会非，心心复相泯。如是难知法，永劫不能知。同此用心人，法所不能化。”师曰：“别有证空者，还如前偈论。行空守寂灭，识见暂时翻。会真是心量，终知未了原。又说息心用，多智疑相似。良由性不明，求空具劳已。永劫住幽识，抱相多不知。放光便动地，于彼欲何为。”问曰：“前件看心者，复有罗縠难。”师曰：“看心有罗縠，幻心何待看。况无幻心者，从容下口难。”问曰：“久有大基业，心路差互间。得觉微细障，即达于真际。自非善巧师，无能决此理。仰惟我大师，当为开要门。引导用心者，不令失正道。”师曰：“法性本基业，梦境成差互。实相微细身，色心常不悟。忽逢混沌士，哀怨愍群生。托疑广设问，抱理内常明。生死幽径彻，毁誉心不惊。野老显分答，法相愧来仪。蒙发群生药，还如色性为。”

显庆元年，邑宰萧元善请住建初，师辞不克，遂命入室上首智岩付嘱法印。将下山，谓众曰："吾不复践此山矣！"时鸟兽哀号，逾月不止。庵前有四大桐树，仲夏之月，忽然凋落。明年正月二十三日，不疾而逝，窆于鸡笼山。

◎**牛头山智岩禅师**，曲阿华氏子。弱冠，智勇过人。隋大业中，为郎将，常以弓挂滤水囊，随所至自汲用，累立战功。年四十，遂乞出家。入舒州皖公山，从宝月禅师。一日宴坐，睹异僧身长丈余，谓之曰："卿八十生出家，宜加精进。"言讫不见。尝在谷中入定，山水暴涨，师怡然不动，其水自退。有猎者遇之，遂改过修善。复有昔同从军者二人，闻师隐遁，共入山寻之。既见，谓曰："郎将狂耶？何为住此？"师曰："我狂欲醒，君狂正发。夫嗜色淫声，贪荣冒宠，流转生死，何由自出？"二人感叹而去。师后谒融禅师，发明大事。尝谓师曰："吾受信大师真诀，所得都亡，设有一法胜过涅槃，吾说亦如梦幻。夫一尘飞而翳天，一芥堕而覆地。汝今已过此见，我复何云？"

◎**牛头山智威禅师**，得法于法持禅师。法持，岩公法孙也。师尝有偈示门人慧忠曰："莫系念，念成生死河。轮回六趣海，无见出长波。"忠答曰："念想由来幻，性自无终始。若得此中意，长波当自止。"师又示偈曰："余本性虚无，缘妄生人我。如何息妄情，还归空处坐。"忠答曰："虚无是实体，人我何所存？妄情不须息，即泛般若船。"师知其了悟，遂付法。初，忠才见师，师即曰："山主来也。"及忠尝出参访，师院中凌霄藤盛夏尽萎，左右欲伐之，师曰："不可，忠还，则复茂矣。"忠还果然。既授法，出居延祚寺，奉法益严。生平一衲不易，器用惟一铛。尝有供僧谷两廪，盗者窥伺，虎为守之。县令张逊至山谒忠，问："有阿弟子？"曰："有三五人。"逊曰："可得见乎？"忠敲禅床，三虎哮吼而出，逊惊怖而退。其神迹颇多，不具载。有安心偈曰："人法双净，善恶两忘。直心真实，菩提道场。"大历四年六月十五日，集僧布萨讫，命侍者净发浴身。至夜有瑞云覆其精舍，天乐四闻，诘旦怡然坐化，风雨遽作，震折林木，复有白虹贯于岩壑。五年春荼毗，获舍利不可胜计。

◎**安国玄挺禅师**，初参威禅师，侍立次，有讲《华严》，僧问："真性缘起，其义云何？"威良久，师遽召曰："大德正兴一念，问时是真性中缘起。"其僧言下大悟。妙喜云："一念未兴时，不可无缘起也。或云：'一念未兴，唤甚么作缘起？'我也只要汝恁么道。"

◎**天柱崇慧禅师**，僧问："达磨未来此土时，还有佛法也无？"师曰："未来且置，即今事作么生？"曰："某甲不会，乞师指示。"师曰："万古长空，一朝风月。"僧无语。师复曰："阇黎会么？"曰："不会。"师曰："自己分上作么生？干他达磨来与未来作么？他家来，大似卖卜汉。见汝不会，为汝锥破卦文，才生吉凶，尽在汝分上，一切自看。"僧曰："如何是解卜底人？"师曰："汝才出门时，便不中也。"问："亡僧迁化，向甚么处去也？"师曰："灊岳峰高长积翠，舒江明月色光辉。”

◎径山道钦禅师，马祖令人送书到，书中作一圆相。师发缄，于圆相中着一点，却封回。忠国师云：“钦师犹被马师惑。”　径山杲云：“马师仲冬严寒，钦师孟夏渐热。虽然寒热不同，彼此不失时节。忠国师因甚却道：‘钦师犹被马师惑。’还委悉么？无风荷叶动，决定有鱼行。”　雪窦云：“径山被惑且置，若将呈似国师，别作个甚么伎俩，免被惑去。有老宿云：当时坐却便休。亦有道：但与划破，若与么？只是不识羞。敢谓天下老师，各具金刚眼睛，广作神通变化，还免得么？雪窦见处，也要诸人共知。只这马师当时画出，早是自惑了也。”

师在唐代宗宫中，见代宗来，起立，宗曰：“师何以起？”师曰：“檀越何得向四威仪中见贫道。”妙喜云：“不向四威仪中，又如何见国一？”

崔赵公问：“弟子出家得否？”师曰：“出家乃大丈夫之事，非将相之所能为。”崔于是有省。

◎天台山云居智禅师，尝有华严院僧继宗问：“见性成佛，其义云何？”师曰：“清净之性，本来湛然，无有动摇，不属有无、净秽、长短、取舍，体自翛然。如是明见，乃名见性。性即佛，佛即性。故曰见性成佛。”曰：“性既清净，不属有无，因何有见？”师曰：“见无所见。”曰：“既无所见，何更有见？”师曰：“见处亦无。”曰：“如是见时，是谁之见？”师曰：“无有能见者。”曰：“究竟其理如何？”师曰：“汝知否？妄计为有，即有能所，乃得名迷。随见生解，便堕生死。明见之人即不然，终日见，未尝见。求名处体相不可得，能所俱绝，名为见性。”曰：“此性遍一切处否？”师曰：“无处不遍。”曰：“凡夫具否？”师曰：“上言无处不遍，岂凡夫而不具乎？”曰：“因何诸佛菩萨不被生死所拘，而凡夫独萦此苦？何曾得遍？”师曰：“凡夫于清净性中，计有能所，即堕生死。诸佛大士善知清净性中，不属有无，即能所不立。”曰：“若如是说，即有能了不了人？”师曰：“了尚不可得，岂有能了人乎？”曰：“至理如何？”师曰：“我以要言之，汝即应念清净性中无有凡圣，亦无了不了人。凡之与圣，二俱是名。若随名生解，即堕生死。若知假名不实，即无有当名者。”又曰：“此是极究竟处。若云‘我能了，彼不能了’，即是大病。见有净秽、凡圣，亦是大病。作无凡圣解，又属拨无因果。见有清净性可栖止，亦大病。作不栖止解，亦大病。然清净性中，虽无动摇，且不坏方便应用。及兴慈运悲，如是兴运之处，即全清净之性，可谓见性成佛矣。”继宗踊跃，礼谢而退。

◎鸟窠道林禅师，见秦望山长松盘屈如盖，遂栖止其上，故谓之鸟窠禅师。复有鹊巢于其侧，自然驯狎，亦目为鹊巢和尚。有侍者会通，一日，欲辞去，师问曰：“汝今何往？”对曰：“会通为法出家，和尚不垂慈诲，今往诸方学佛法去。”师曰：“若是佛法，吾此间亦有少许。”曰：“如何是和尚佛法？”师于身上拈起布毛吹之，通遂领悟玄旨。大沩秀云：“可惜这僧认他口头声色以当平生，不知自己光明盖天盖地。”妙喜曰：“恁么批判，也未梦见鸟窠在。”　泐潭准和尚因侍者告辞，书偈授之云：“鸟窠吹布毛，老婆为侍者。今古道虽同，宝峰不然也。二月三月时，和风满天下。在处百花开，远近山如画。岐路春禽鸣，高岩春水泻。头头三昧门，虚明周大野。好个真消息，书送汝归舍。衲僧末后句，嘘是何言欤。”　　通后居招贤寺，茂龄为六宫使，唐德宗甚眷遇。春时见昭阳宫，华卉敷荣，方玩赏间，忽闻空中有声曰：“虚幻之相，开谢不停。能坏善根，仁者安可嗜之。”通遂感动，哀恳德宗求出家。笃留不可，遂赐归。因韬光法师而诣林公，不纳。通乞韬光坚白曰：“通七岁蔬食，十一受五戒，今年二十有二，而志不缘世法，并未尝娶。今特以欲出家而休官，向愿甚确，乞师拯度。”林公乃与披剃受具。通居常卯斋，昼夜精进。诵大乘经，而习安般三昧，未几得法。后因武宗废教，入山深遁，莫知所如。俗姓吴氏，名元卿，杭州人。

初，师自径山归，至孤山永福寺，有辟支佛塔，时道俗共为法会师振锡而入。韬光法师问曰：“此之法会，何以作声？”师曰：“无声谁知是会。”白居易守杭时，入山谒师。问曰：“禅师住处甚危险？”师曰：“太守危险尤甚。”白曰：“弟子位镇江山，何险之有？”师曰：“薪火相交，识性不停，得非险乎？”又问：“如何是佛法大意？”师曰：“诸恶莫作，众善奉行。”白曰：“三岁孩儿也解恁么道。”师曰：“三岁孩儿虽道得，八十老人行不得。”白作礼而退。耆域者，天竺神僧也。晋惠末至洛阳，神通显著。有高足僧竺法行请域说法，域曰：“众集乃可。”法行乃集众，域升座曰：“守口摄身意，慎勿犯诸恶。修行一切善，如是得度世。”言已，便默。法行复请曰：“愿上人为授所未闻，如斯偈义，八岁童子亦已谙诵。”域笑曰：“八岁虽诵，百岁不行，诵之何益？人皆知敬得道者，不知行之自得道。悲夫！吾言虽少，行者益多也。”

长庆四年二月十日，告侍者曰：“吾今报尽。”言讫坐亡。

有云名圆修者，或师谥耶？

五祖旁出法嗣[①]

◎**嵩岳慧安国师**，得法黄梅，遍历名胜。至嵩、少，云："是吾终焉之地也。"自尔禅者辐辏。有坦然、怀让二僧来参，问曰："如何是祖师西来意？"师曰："何不问自己意？"曰："如何是自己意？"师曰："当观密作用。"曰："如何是密作用？"师以目开合示之。然于言下知归，让乃即谒曹溪。初，隋炀帝尝征师，不赴，及唐高宗征，师亦不赴。武后时以师礼迎，师至辇下，后尝问："师甲子多少？"师曰："不记。"后曰："何不记耶？"师曰："生死之身，其若循环，环无起尽，焉用记为？况此心流注，中间无间，见沤起灭者，乃妄想耳。从初识至动相灭时，亦只如此，何年月可记乎？"后稽颡信受。中宗即位，益加钦礼。神龙三年，辞归嵩岳。三月三日嘱门人曰："吾死将尸向林中，待野火焚之。"俄尔万回公来，见师猖狂，握手言论，旁侍倾耳，都不体会。至八日闭户，偃身而寂，春秋一百二十八。门人遵旨，舁置林中，果野火自然，阇维得舍利八十粒。先天二年，建浮图供奉。

◎**寿州道树禅师**，得法于北宗秀，卜寿州三峰山，结茅

① 此题原无，据《目录》补。

而居。常有野人，服色素朴，言谈诡异，时忽化作佛及菩萨、罗汉、天仙等形，或放神光，或呈声响。师之学徒睹之，皆不能测。如此涉十年，后寂无形影。师告众曰：“野人作多色伎俩，眩惑于人。只消老僧不见不闻，伊伎俩有穷，吾不见不闻无尽。”

◎嵩岳破灶堕和尚，不称名氏，言行叵测。隐居嵩岳，山坞有庙甚灵。殿中惟安一灶，远近祭祀不辍，烹宰物命甚多。师一日领侍僧入庙，以杖敲灶三下曰：“咄！此灶只是泥瓦合成，圣从何来？灵从何起？恁么烹宰物命。”又打三下，灶乃倾破堕落。须臾，有一人青衣峨冠，设拜师前。师曰：“是甚么人？”曰：“我本此庙灶神，久受业报。今日蒙师说无生法，得脱此处，生在天中，特来致谢。”师曰：“是汝本有之性，非吾强言。”神再礼而没。少选，侍僧问曰：“某等久侍和尚，不蒙示诲，灶神得甚么径旨，便得生天？”师曰：“我只向伊道是泥瓦合成，别也无道理为伊。”侍僧无言。师曰：“会么？”僧曰：“不会。”师曰：“本有之性，为甚么不会？”侍僧等乃礼拜。师曰：“破也，破也！堕也，堕也！”后义丰禅师举似安国师，安叹曰：“此子会尽，物我一如。可谓如朗月处空，无不见者。难构伊语脉。”丰问曰：“未审甚么人构得他语脉？”安曰：“不知者。”①

僧问：“物物无形时如何？”师曰：“礼即唯汝非我，不礼即唯我非汝。”其僧乃礼谢。师曰：“本有之物，物非物

① 按：“后义丰禅师举似安国……不知者”一段，据文意疑是正文。

也。所以道‘心能转物，即同如来’。”

◎**嵩岳元圭禅师**，伊阙人，姓李氏，得法安国师，隐于岳之庞坞。一日，有神人率群从谒师，师睹其貌奇伟非常，乃问曰：“善来仁者，胡为而至？”彼曰：“师宁识我耶？”师曰：“吾观佛与众生等，吾一目之，岂分别耶！”彼曰：“吾此岳神也，能生死于人，师安得一目我哉！”师曰：“吾本不生，汝焉能死？吾视身与空等，视吾与汝等，汝能坏空与汝乎？苟能坏空及汝，吾则不生不灭也。汝尚不能如是，又安能生死吾耶？”神稽首曰：“我亦聪明正直于余神，讵知师有广大之智辩乎？愿授以正戒，令我度世。”师曰：“汝既乞戒，即既戒也。所以者何？戒外无戒，又何戒哉！”神曰：“此理也，我闻茫昧，止求师戒，我身为门弟子。”师即为张座秉炉正几曰：“付汝五戒，若能奉持，即应曰能，不能，即曰否。”曰：“谨受教。”师曰：“汝能不淫乎？”曰：“我亦娶也。”师曰：“非谓此也，谓无罗欲也。”曰：“能。”师曰：“汝能不盗乎？”曰：“何乏我也，焉有盗取哉？”师曰：“非谓此也，谓向而福淫，不供而祸善也。”曰：“能。”师曰：“汝能不杀乎？”曰：“实司其柄，焉曰不杀。”师曰：“非谓此也，谓有滥误疑混也。”曰：“能。”师曰：“汝能不妄乎？”曰：“我正直，焉有妄乎？”师曰：“非谓此也，谓先后不合天心也。”曰：“能。”师曰：“汝不遭酒败乎？”曰：“能。”师曰：“如上是为佛戒也。”又言：“以有心奉持，而无心拘执，以有心为物，而无心想身。能如是，则先天地生不为精，后天地死不为老，终日变化而不为动，毕尽寂默而不为休。信此则虽娶非妻也，虽向非取也，虽柄非权也，虽作非故也，虽醉非惛也。若能无心于万物，则罗欲不为淫，福淫祸善不为盗，滥误疑混不为杀，先后违天不为妄，惛荒颠倒不为醉，是谓无心也。无心则无戒，无戒则无心。无佛无众生，无汝及无我。孰为戒哉?”神曰：“我神通亚佛。”师曰：“汝神通十句五能五不能，佛则十句七能三不能。”神竦然避席，跪启曰：“可得闻乎?”师曰：“汝能戾上帝、东天行而西七曜乎?”曰：“不能。”师曰：“汝能夺地只、融五岳而结四海乎?”曰：“不能。”师曰：“是谓五不能也。佛能空一切相，成万法智，而不能即灭定业。佛能知群有性穷亿劫事，而不能化导无缘。佛能度无量有情，而不能尽众生界。是为三不能也。定业亦不牢久，无缘亦是一期。众生界本无增减，亘《传灯》作“且”无一人能主其《传灯》作“有”法。有法无主，是谓无法。无法无主，是谓无心。如我解，佛亦无神通也。但能以无心通达一切法尔。”神曰：“我诚浅昧，未闻空义。师所授戒，我当奉行。今愿报慈德，效我所能。”师曰：“我观身无物，观法无常，块然更有何欲耶?”神曰：“师必命我为世间事，展我小神功。使已发心初发心、未发心、不信心、必信心五等人，目我神踪，知有佛有神，有能有不能，有自然有非自然者。”师曰：“无为是，无为是。”神曰：“佛亦使神护法，师宁隳叛佛耶?愿随意垂诲。”师不得已而言曰：“东岩寺之障，莽然无树，北岫有之而背非屏拥。汝能移北树于东岭乎?”神曰：“已闻命矣。然昏夜必有喧动，愿师无骇。”即作礼而去。师门送而目观之。见仪卫逶迤，如王者之状。其夕果有暴风吼雷，栋宇摇荡。师曰：“神言征矣！众可无怖。”诘旦和霁，则北岩松栝尽移东岭，森然行植。师谓其徒曰：“毋令外知，人将妖我。”开元四年丙辰岁，嘱门人曰：“吾始居寺东岭，吾灭，汝必置吾骸于彼。”言讫若委蜕焉。

◎**终南山惟政禅师**，得法于普寂，结庐太乙。唐文宗嗜蛤蜊，海民供递甚劳。一日御馔中，有擘不张者，帝以其异，即焚香祷之，乃开，见菩萨形仪，梵相具足。遂贮以金粟檀合，赐兴善寺，令僧众瞻礼。问群臣曰：“斯何祥也？”或奏师可备顾问，乃召师问其事，师曰：“臣闻物无虚应，此乃启陛下之信心耳。故《契经》云：‘应以此身得度者，即现此身而为说法。’”帝曰：“菩萨身已现，第未闻说法。”师曰：“陛下睹此为常耶？非常耶？信耶？非信耶？”帝曰：“希有之事，朕深信焉。”师曰：“陛下已闻说法竟。”帝大悦，诏天下寺院各立观音像。留师内道场，师累乞归，乃诏住圣寿寺。武宗甫即位，师忽入终南隐居，人问何故，曰：“吾避仇矣。”后阇维，收舍利四十九粒。而建塔焉。

◎**嵩山峻极和尚**，僧问：“如何是修善行人？”师曰：“担枷带锁。”曰：“如何是作恶行人？”师曰：“修禅入定。”曰：“某甲浅机，请师直指。”师曰：“汝问我恶，恶不从善；汝问我善，善不从恶。”僧良久，师曰：“会么？”曰：“不会。”师曰：“恶人无善念，善人无恶心。所以道善恶如浮云，俱无起灭处。”僧于言下大悟。后破灶堕闻举，乃曰：“此子会尽诸法无生。”妙喜曰：“争奈在髑髅前作妄想何？”

六祖旁出法嗣[1]

◎**司空山本净禅师**，绛州人。张氏子。幼岁披缁，于曹溪受记，住司空山。后因唐玄宗中使杨光庭采常春藤，至山见师。议论超远，还奏阙庭，诏至内道场，与两街名僧硕学共扬佛理。有远禅师者问曰：“禅师所见，以何为道？”师曰：“无心是道。”远曰：“道因心有，何得言无心是道？”师曰：“道本无名，因心名道。心名若有，道不虚然。穷心既无，道凭何立？二俱虚妄，总是假名。”远曰：“禅师见有身心，是道已否？”师曰：“山僧身心本来是道。”远曰：“适言无心是道，今又言身心本来是道，岂不相违？”师曰：“无心是道，心泯道无，心道一如，故言无心是道。身心本来是道，道亦本是身心。身心本既是空，道亦穷源无有。”远曰：“观禅师形质甚小，却会此理。”师曰：“大德只见山僧相，不见山僧无相。见相者是大德所见。经云：‘凡所有相，皆是虚妄。’若见诸相非相，即见其道。若以相为实，穷劫不能见道。”远曰：“今请禅师于相上说于无相。”师曰：“《净名经》云：‘四大无主，身亦无我。无我所见，与道相应。’大德若以四大有主是我，若有我见，穷劫不可会道也。”远闻语失色。师有偈曰：“四大无主复如水，遇曲逢直无彼此。净秽两处不生心，壅决何曾有二意。触境但似水无心，在世

[1] 此题原无，据《目录》补。

纵横有何事?”

志明禅师问:“若言无心是道,瓦砾无心亦应是道。”又曰:“身心本来是道,四生十类皆有身心,亦应是道。”师曰:“大德若作见闻觉知解会,与道悬殊,即是求见闻觉知之者,非是求道之人。经云:‘无眼耳鼻舌身意。’六根尚无,见闻觉知凭何而立?穷本不有,何处存心?焉得不同草木瓦砾。”明杜口。师有偈曰:“见闻觉知无障碍,声香味触常三昧。如鸟空中只么飞,无取无舍无憎爱。若会应处本无心,始得名为观自在。”

真禅师问:“道既无心,佛有心否?佛之与道是一是二?”师曰:“不一不二。”曰:“佛度众生,为有心故,道不度人,为无心故。一度一不度,何得无二?”师曰:“若言佛度众生道无度者,此是大德妄生二见。如山僧即不然,佛是虚名,道亦妄立。二俱不实,总是假名。一假之中如何分二?”曰:“佛之与道,从是假名。当立名时,是谁为立?若有立者,何得言无?”师曰:“佛之与道,因心而立。推穷立心,心亦是无。心既是无,即悟二俱不实。知如梦幻,即悟本空。强立佛道二名,此是二乘人见解。”师因说无修无作偈曰:“见道方修道,不见复何修。道性如虚空,虚空何所修。遍观修道者,拨火觅浮沤。但看弄傀儡,线断一时休。”

法空禅师问:“佛之与道,俱是假名,十二分教,亦应不实。何以从前尊宿皆言修道?”师曰:“大德错会经意。道本无修,大德强修。道本无作,大德强作。道本无事,强生多事。道本无知,于中强知。如此见解,与道相违。从前尊宿不应如是。自是大德不会,请思之。”师有偈曰:“道体本无修，不修自合道。若起修道心，此人不会道。弃却一真性，却入闹浩浩。忽逢修道人，第一莫向道。”

安禅师问：“道既假名，佛云妄立，十二分教亦是接物度生，一切是妄，以何为真？”师曰：“为有妄故，将真对妄。推穷妄性本空，真亦何曾有故。故知真妄总是假名。二事对治，都无实体。穷其根本，一切皆空。”曰：“既言一切是妄，妄亦同真，真妄无殊，复是何物？”师曰：“若言何物，何物亦妄。经云：无相似，无比况，言语道断，如鸟飞空。”安惭伏。师有偈曰：“推真真无相，穷妄妄无形。返观推穷心，知心亦假名。会道亦如此，到头亦只宁。”

达性禅师问：“禅师至妙至微，真空双泯，佛道两忘，修行性空。名相不实，世界如幻，一切假名。作此解时，不可断绝众生善恶二根。”师曰：“善恶二根，皆因心有。穷心若有，根亦非虚。推心既无，根因何立？经云：‘善不善法，从心化生。善恶业缘，本无有实。’”师有偈曰：“善既从心生，恶岂离心有。善恶是外缘，于心实不有。舍恶送何处，取善令谁守。伤嗟二见人，攀缘两头走。若悟本无心，始悔从前咎。”

又有近臣问曰：“此身从何而来，百年之后复归何处？”师曰：“如人梦时，从何而来？睡觉时，从何而去？”曰：“梦时不可言无，既觉不可言有。虽有有无，来往无所。”师曰：“贫道此身，亦如其梦。”示偈曰：“视生如在梦，梦里实是闹。忽觉万事休，还同睡时悟。智者会悟梦，迷人信梦闹。会梦如两般，一悟无别悟。富贵与贫贱，更无分别路。”上元二年归寂，谥大晓禅师。

◎**南阳慧忠国师**，诸暨冉氏子。得法曹溪，居南阳白崖山党子谷，四十余年不下山。道行升闻，肃宗以师礼，迎居千福寺。西天大耳三藏到京，云得他心通。帝命师试验，三藏才见师便礼拜，立于右边。师问曰：“汝得他心通那？”对曰：“不敢。”师曰：“汝道老僧即今在甚么处？”曰：“和尚是一国之师，何得却去西川看竞渡？”良久再问：“汝道老僧即今在甚么处？”曰：“和尚是一国之师，何得却在天津桥上看弄胡孙？”师良久复问：“汝道老僧只今在甚么处？”藏罔测。师叱曰：“这野狐精，他心通在甚么处？”藏无对。后有僧问玄沙，沙曰：“汝道前两度还见么？”　僧问赵州：“大耳三藏第三度不见国师，未审国师在甚么处？”州云：“在三藏鼻孔上。”僧后问玄沙：“既在鼻孔上，为甚么不见？”沙云：“只为太近。”白云端云：“国师若在三藏鼻孔上，有甚难见？殊不知，国师在三藏眼睛上。”

一日唤侍者，者应诺。如是三召三应。师曰：“将谓吾孤负汝，却是汝孤负吾？”妙喜云：“丛林中唤作国师三唤侍者话，自此便有一络索。”惟雪窦见透古人骨髓云：“国师三唤侍者，点即不到。”喜云：“灼然，侍者三应，到即不点。”喜云：“却不恁么，将谓吾孤负汝，谁知汝孤负吾，谩雪窦不得。”喜云：“谁道？复召大众云：好个谩雪窦不得。虽然如是，雪窦亦谩妙喜不得，妙喜亦谩诸人不得，诸人亦谩露柱不得。”玄沙云：“侍者却会。”雪窦云：“停囚长智。”喜云：“两彩一赛。”云门道：“作么生是国师孤负侍者处？会得也是无端。”雪窦云：“元来不会。”喜云：“雪峰道底。”云门又云：“作么生是侍者孤负国师处，粉骨碎身未报得。”雪窦云：“无端无端。”喜云：“垛生招箭。”法眼云：“且去别时来。”

雪窦云："谩我不得。"喜云："却是法眼会。"兴化云："一盲引众盲。"雪窦云："端的瞎。"喜云："亲言出亲口。"玄觉征问僧云："甚处是侍者会处？"僧云："若不会，争解恁么应？"觉云："汝少会在。"又云："若于此见得去，便识玄沙。"喜云："惭惶杀人。"翠岩芝云："国师侍者，总欠会在。"喜云："犹较些子。"投子云："抑逼人作么？"雪窦云："躲根汉。"喜云："理长即就。"复云："惟有赵州多口阿师，下得个注脚，令人疑著。"僧问："国师三唤侍者，意旨如何？"州云："如人暗中书字，字虽不成，文彩已彰。"雪窦便喝。喜云："且道这一喝，在国师侍者分上，在赵州分上，随后喝一喝。"复云："若不是命根五色索子断，如何透得这里过？"雪窦云："若有人问雪窦，雪窦便打，也要诸方检点。"喜云："作贼人心虚。"雪窦复有一颂云："师资会遇意非轻。"喜云："此语有两负门，无事相将草里行。"喜云："普州人送贼，负汝负吾人莫问。"喜云："放待冷来看，任从天下竞头争。"喜云："只今休去便休去，若觅了时无了时。"复云："你若求玄妙解会，只管理会国师三唤侍者话，那里是国师孤负侍者处？那里是侍者孤负国师处？有甚么交涉？鹅王择乳，素非鸭类。遮个便是国师用剑刃上事。"　又云："国师还见侍者么？侍者还见国师么？"

南泉到参，师问："甚么处来？"曰："江西来。"师曰："还将得马师真来否？"曰："只这是。"师曰："背后底聻。"南泉便休。长庆云："大似不知。"　保福云："几不到和尚此间。"　云居锡云："此二尊宿，尽扶背后，只如南泉休去，为当扶面前，扶背后？"

肃宗问："如何是十身调御？"师乃起立曰："会么？"帝曰："不会。"师曰："与老僧过净瓶来。"又曰："如何是无诤三昧？"师曰："檀越蹋毗卢顶上行。"帝曰："此意如何？"师曰："莫认自己清净法身。"妙喜曰："诸人要见忠国师么？只在你眼睛里，开眼也蹉过，合眼也蹉过。既在眼睛里，为甚么却蹉过？妙喜恁么道，也蹉过不少。”

肃宗到，师指石师子云：“陛下，这石师子奇特，下取一转语。”帝曰：“朕下语不得，请师下语。”师曰：“山僧罪过。”后耽源问：“皇帝还会么？”师曰：“皇帝会且致，你作么生会。”玄沙备云：“大小国师，被侍者勘破。”

肃宗请看戏，师曰：“檀越有甚心情看戏？”妙喜举云：“法云圆通禅师曰：且道国师在甚处着到？妙喜敢问诸人，且道圆通禅师在甚处着到？于斯见得三老相去不远。”

师因丹霞来访，值睡次。乃问侍者耽源云：“国师在否？”者曰：“在即在，只是不见客。”霞云：“太深远生。”者云：“莫道上座，佛眼也觑不见。”霞云：“龙生龙子，凤生凤儿。”师睡起，侍者举似师，师打二十棒趁出。丹霞闻，云：“不谬为南阳国师。”天童华云：“侍者吃棒出院，千载一时，然归宗岂免眼热。丹霞虽是好手，争奈落在国师网子里。诸人还辨得么？苟或未然，犹握金鞭问归客，夜深谁共御街行。” 径山杲云：“国师幸自高眠，侍者播扬家丑。不因多口丹霞，争见国师哮吼。敢问大众，国师既在，为甚么不见客？向这里见得破，非唯知耽源落节，亦见自己有出身之路。虽然如是，莫将闲学解，埋没祖师心。”

师问紫璘供奉：“甚处来？”云：“城南来。”师云：“城南草作何色？”云：“作黄色。”师乃问童子：“城南草作何色？”云：“作黄色。”师云：“只这童子，亦可帘前赐紫，对御谈玄。”妙喜云：“你道国师说老婆禅，拖泥带水得么。”

师问紫璘供奉：“佛是甚么义？”曰：“觉义。”师曰：“佛曾迷否？”曰：“不曾迷。”师曰：“用觉作么？”妙喜曰：

"若不入水，争见长人。"

供奉注《思益经》，师曰："凡注经，须会佛义始得。"曰："若不会佛意，争解注经？"师令侍者盛一碗水，中着七粒米，碗面安一只箸，问奉是甚么义？奉无语。师曰："老僧意尚不会，何况佛意！"沩山果云："供奉先锋有作，殿后无功。当时才见国师问是甚么义，只对云草本不劳拈出，踢倒便行。直饶国师通身是口，也无说处。"

师问禅客："从何方来？"禅客曰："南方来。"师曰："南方有何知识？"曰："知识颇多。"师曰："如何示人？"曰："彼方知识直下示学人，即心是佛，佛是觉义。汝今悉具见闻觉知之性，此性善能扬眉瞬目，去来运用，遍于身中，挃头头知，挃脚脚知，故名正遍知。离此之外更无别佛。此身即有生灭，心性无始以来未曾生灭。身生灭者，如龙换骨，蛇蜕皮。人出故宅，即身是无常，其性常也。南方所说大约如此。"师曰："若然者，与彼先尼外道无有差别。彼云：'我此身中有一神性，此性能知痛痒，身坏之时，神则出去。如舍被烧，舍主出去。舍即无常，舍主常矣。'审如此者，邪正莫辨。孰为是乎？吾比游方，多见此色，近尤盛矣。聚却三五百众，目视云汉云：是南方宗旨，把他《坛经》改换，添糅鄙谈，削除圣意，惑乱后徒，岂成言教。苦哉！吾宗丧矣！若以见闻觉知是佛性者，净名不应云'法离见闻觉知'。若行见闻觉知，是则见闻觉知非求法也。"僧又问："《法华》了义，开佛知见，此复若为？"师曰："他云'开佛知见'，尚不言菩萨二乘。岂以众生痴倒，便同佛之知见耶？"僧又问："阿那个是佛心？"师曰："墙壁瓦砾是。"

僧曰："与经大相违也，《涅槃》云：离墙壁无情之物，故名佛性。今云是佛心，未审心之与性，为别不别？"师曰："迷即别，悟即不别。"曰："经云'佛性是常，心是无常'，今云不别，何也？"师曰："汝但依语而不依义，譬如寒月水结为冰，及至暖时，冰释为水。众生迷时结性成心，众生悟时释心成性。若执无情无佛性者，经不应言三界唯心。宛是汝自违经，吾不违也。"问："无情既有佛性，还解说法否？"师曰："他炽然常说，无有间歇。"曰："某甲为甚么不闻？"师曰："汝自不闻。"曰："谁人得闻？"师曰："诸圣得闻。"曰："众生应无分耶？"师曰："我为众生说，不为诸圣说。"曰："某甲聋瞽，不闻无情说法，师应合闻？"师曰："我亦不闻。"曰："师既不闻，争知无情解说法？"师曰："赖我不闻，我若得闻，则齐于诸圣。汝则不闻我说法。"曰："众生毕竟得闻否？"师曰："众生若闻，即非众生。"曰："无情说法，有何典据？"师曰："不见《华严》云：'刹说众生说，三世一切说。'众生是有情乎？"曰："师但说无情有佛性，有情复若为？"师曰："无情尚尔，况有情耶？"曰："若然者，南方知识云：见闻觉知是佛性，应不合判同外道。"师曰："不道他无佛性，外道岂无佛性耶？但缘见错，于一法中而生二见，故非也。"曰："若俱有佛性，且杀有情，即结业互酬，损害无情，不闻有报。"师曰："有情是正报，计我我所而怀结恨，即有罪报。无情是其依报，无结恨心，是以不言有报。"曰："教中但见有情作佛，不见无情受记。且贤劫千佛，孰是无情佛耶？"师曰："如皇太子未受位时，唯一身耳。受位之后，国土尽属于王。宁有国土别受位乎？今但有情受记作佛之时，十方国土悉是遮那佛身，那得更有无情受记耶?”曰：“一切众生尽居佛身之上。便利秽污佛身，穿凿践蹋佛身，岂无罪耶?”师曰：“众生全体是佛，欲谁为罪?”曰：“经云‘佛身无挂碍’，今以有为窒碍之物而作佛身，岂不乖于圣旨?”师曰：“《大品经》云：‘不可离有为而说无为’。汝信色是空否?”曰：“佛之诚言，那敢不信。”师曰：“色既是空，宁有挂碍。”曰：“众生佛性既同，只用一佛修行，一切众生应时解脱。今既不尔，同义安在?”师曰：“汝不见《华严六相义》云：同中有异，异中有同。成坏总别，类例皆然。众生佛虽同一性，不妨各各自修自得，未见他食我饱。”曰：“有知识示学人，但自识性，了无常时。抛却壳漏子一边着，灵台智性，迥然而去，名为解脱。此复若为?”师曰：“前已说了，犹是二乘外道之量。二乘厌离生死，欣乐涅槃，外道亦云：吾有大患，为吾有身。乃趣乎冥谛。须陀洹人八万劫，余三果人六四二万劫。辟支佛一万劫，住空定中。外道八万劫，住非非想中。二乘劫满，犹能回心向大，外道还即轮回。”曰：“佛性一种为别。”师曰：“不得一种。”曰：“何也。”师曰：“或有全不生灭，或半生半灭半不生灭。”曰：“孰为此解?”师曰：“我此间佛性，全无生灭。汝南方佛性，半生半灭半不生灭。”曰：“如何区别?”师曰：“此则身心一如，身外无余，所以全不生灭。汝南方身是无常，神性是常，所以半生半灭半不生灭。”曰：“和尚色身岂得便同法身，不生灭耶?”师曰：“汝那得入于邪道?”曰：“学人早晚入邪道。”师曰：“汝不见《金刚经》，色见声求，皆行邪道。今汝所见，不其然乎!”云门云：“身心一如，身外无余，山河大地何处有耶？” 神鼎諲云：“国师与么道，龙头蛇尾。” 东禅觀云：“国师与这僧，离色声相见，即色声相见。若离色声相见，何异南方知识半生半灭。若即色声相见，又道色见声求是行邪道。众中莫有为国师作主者么？我且问你，既是身心一如，身外无余。为甚么泡幻之身不同法体？”曰：“某甲曾读大小乘教，亦见有说不生不灭中道见性之处，亦见有说此阴灭彼阴生、身有代谢而神性不灭之文。那得尽拨同外道断常二见。”师曰：“汝学出世无上正真之道，为学世间生死断常二见耶？汝不见肇公云：谭真则逆俗，顺俗则违真。违真故迷性而莫返，逆俗故言淡而无味。中流之人，如存若亡。下士拊掌而笑之。汝今欲学下士笑于大道乎？”曰：“师亦言即心是佛，南方知识亦尔。那有异同？师不应自是而非他。”师曰：“或名异体同，或名同体异，因兹滥矣。只如菩提涅槃，真如佛性，名异体同。真心妄心，佛智世智，名同体异。缘南方错将妄心言是真心，认贼为子，有取世智，称为佛智。犹如鱼目而乱明珠，不可雷同，事须甄别。”曰：“若为离得此过？”师曰：“汝但子细返观阴入界处，一一推穷，有纤毫可得否？”曰：“子细观之，不见一物可得。”师曰：“汝坏身心相耶？”曰：“身心性离，有何可坏？”师曰：“身心外更有物否？”曰：“身心无外，宁有物耶？”师曰：“汝坏世间相耶？”曰：“世间相即无相，那用更坏。”师曰：“若然者，即离过矣。”

常州僧灵觉问曰：“发心出家，本拟求佛，未审如何用心即得？”师曰：“无心可用，即得成佛。”曰：“无心可用，阿谁成佛？”师曰：“无心自成佛，成佛亦无心。”曰：“佛有大不可思议，为能度众生。若也无心，阿谁度众生？”师曰：“无心是真度生，若见有生可度者，即是有心，宛然生灭。”曰：“今既无心，能仁出世，说许多教迹，岂可虚言？”师曰：“佛说教亦无心。”曰：“说法无心，应是无说。”师曰：“说即无，无即说。”曰：“说法无心，造业有心否？”师曰：“无心即无业，今既有业，心即生灭，何得无心？”曰：“无心即成佛，和尚即今成佛未？”师曰：“心尚自无，谁言成佛？若有佛可成，还是有心。有心即有漏，何处得无心。”曰：“既无佛可成，和尚还得佛用否？”师曰：“心尚自无，用从何有？”曰：“茫然都无，莫落断见否？”师曰：“本来无见，阿谁道断？”曰：“本来无见，莫落空否？”师曰：“无空可落。”曰：“有可堕否？”师曰：“空既是无，堕从何立？”曰：“能所俱无，忽有人持刀来取命，为是有是无？”师曰：“是无。”曰：“痛否？”师曰：“痛亦无。”曰：“痛既无，死后生何道？”师曰：“无死无生亦无道。”曰：“既得无物自在，饥寒所逼，若为用心？”师曰：“饥即吃饭，寒即着衣。”曰：“知饥知寒，应是有心。”师曰：“我问汝有心，心作何体段？”曰：“心无体段。”师曰：“汝既知无体段，即是本来无心，何得言有？”曰：“山中逢见虎狼，如何用心？”师曰：“见如不见，来如不来，彼即无心，恶兽不能加害。”曰：“寂然无事，独脱无心，名为何物？”师曰：“名金刚大士。”曰：“金刚大士有何体段？”师曰：“本无形段。”曰：“既无形段，唤何物作金刚大士？”师曰：“唤作无形段金刚大士。”曰：“金刚大士有何功德？”师曰：“一念与金刚相应，能灭殑伽沙劫生死重罪，得见殑伽沙诸佛，其金刚大士功德无量。非口所说，非意所陈，假使殑伽沙劫住世说，亦不可得尽。”曰：“如何是一念相应？”师曰：“忆智俱忘，即是相应。”曰：“忆智俱忘，谁见诸佛？”师曰：“忘即无，无即佛。”曰：“无即言无，何得唤作佛？”师曰：“无亦空，佛亦空。故曰无即佛，佛即无。”曰：“既无纤毫可得，名为何物？”师曰：“本无名字。”曰：“还有相似者否？”师曰：“无相似者，世号无比独尊。汝努力依此修行，无人能破坏者。更不须问，任意游行，独脱无畏。常有河沙贤圣之所覆护，所在之处，常得河沙天龙八部之所恭敬，河沙善神来护，永无障碍，何处不得逍遥。”妙喜举至殑伽沙劫住世说亦不可得尽止，复云遮僧当下大悟，如睡梦觉，如莲花开。似这般底便是金刚圈栗棘蓬。你若吞不得，透不得，不见古人行履处，定起谤。无疑透得这里，方能作大舟航。不著此岸，不著彼岸，不著中流。善知识！下得这般手脚，入得这般窠窟，方始为得人师家。若不具许多差别眼目，如心性上得个解路入处底，定不爱击石火闪电光，却爱这般说话，又却错做实法会了。如一机一境一棒一喝上，得个入处底，定不爱这般说话，又是错会了。真所谓所见不同，互有得失。教中所谓菩萨见水如甘露，天人见水如琉璃，凡夫见水是水，饿鬼见水如脓血是也。或有个爱高禅底衲子出来，道妙喜有如是等见耶？即向他道：“逢人但恁么举。”

僧问：“古德云：‘青青翠竹，尽是法身；郁郁黄花，无非般若。’有人不许，云是邪说。亦有信者，云不思议。不知若为？”师曰：“此盖普贤文殊境界，非诸凡小而能信受，皆与大乘了义经意合。故《华严经》云：佛身充满于法界，普现一切群生前，随缘赴感靡不周，而常处此菩提座。翠竹既不出于法界，岂非法身乎？又《般若经》云：色无边，故般若亦无边。黄花既不越于色，岂非般若乎？深远之言，不省者难为措意。”于是禅客作礼而去。又华严座主问大珠和尚曰：“禅师何故不许‘青青翠竹，尽是法身；郁郁黄花，无非般若’。”珠曰：“法身无象，应翠竹以成形；般若无知，对黄花而显相。非彼黄花翠竹而有般若法身，故经云：佛真法身犹如虚空，应物现形，如水中月。黄花若是般若，般若即同无情；翠竹若是法身，翠竹还能应用？座主会么？”云：“不会。”珠云：“若见性人道是亦得，道不是亦得。随用而说，不滞是非。若不见性人说翠竹著翠竹，说黄花著黄花，说法身滞法身，说般若不识般若。所以皆成诤论。”座主礼谢而去。妙喜云：“国师主张青青翠竹尽是法身，主张到底。大珠破青青翠竹不是法身，直破到底。老汉将一个主张底一个破底，收作一处，更无拈提，不敢动着他一丝毫。要你学者具眼，透国师底金刚圈，又吞大珠底栗棘蓬，具眼者辨得出，不具眼者未必不笑。”又云：“众中商量道：二尊宿恁么切磋，一人得其体，一人得其用。得其用者事上建立，得其体者理上扫除。所谓实际理地不受一尘，佛事门中不舍一法。我为法王，于法自在，或抑或扬，无得无失。恁么见解，唤作矮子看戏。妙喜见处，也要诸人共知，不见道，破驴脊上足苍蝇。”

僧问：“若为得成佛去？”师曰：“佛与众生一时放却，当处解脱。”曰：“作么生得相应去？”师曰：“善恶不思，自见佛性。”曰：“若为得证法身？”师曰：“越毗卢之境界。”曰：“清净法身，作么生得？”师曰：“不著佛求耳。”曰：“阿那个是佛？”师曰：“即心是佛。”曰：“心有烦恼否？”师曰：“烦恼性自离。”曰：“岂不断耶？”师曰：“断烦恼者，即名二乘。烦恼不生，名大涅槃。”曰：“坐禅看静，此复若为？”师曰：“不垢不净，宁用起心而看净相？”问：“禅师见十方虚空是法身否？”师曰：“以想心取之，是颠倒见。”问：“即心是佛，可更修万行否？”师曰：“诸圣皆具二严，岂拨无因果耶？”

师将涅槃，辞代宗。代宗曰：“师灭度后，弟子将何所记？”师曰：“告檀越造取一所无缝塔。”帝曰：“就师请取塔样。”师良久曰：“会么？”帝曰：“不会。”师曰：“贫道去后，弟子应真却知此事，乞诏问之。”大历十年十二月十九日，右胁而逝，塔于党子谷。后诏应真问前语，真良久曰：“圣上会么？”帝曰：“不会。”真述偈曰：“湘之南，雪窦著语云：“独掌不浪鸣。”潭之北，“两手鸣聒聒。”中有黄金充一国。“山形拄杖子。”无影树下合同船，“海晏河清。”琉璃殿上无知识。”“拈了也。”复颂云：“无缝塔，见还难，澄潭不许苍龙蟠。层落落，影团团，千古万古与人看。”

◎**永嘉玄觉禅师**，到曹溪，语具《六祖章》中。回温江，学者辐辏，号真觉大师。著《证道歌》及《禅宗悟修圆旨》，自浅之深，庆州刺史魏静缉叙成十篇[1]，名《永嘉集》，并行于世。西竺称为《东土大乘论》。

《证道歌》曰：“君不见，绝学无为闲道人，不除妄想不求真。无明实性即佛性，幻化空身即法身。法身觉了无一物，本源自性天真佛。五阴浮云空去来，三毒水泡虚出没。证实相，无人法，刹那灭却阿鼻业。若将妄语诳众生，自招

① 魏静：据《五灯会元》当作“魏靖”。

拔舌尘沙劫。顿觉了，如来禅，六度万行体中圆。梦里明明有六趣，觉后空空无大千。无罪福，无损益，寂灭性中莫问觅。比来尘镜未曾磨，今日分明须剖析。谁无念，谁无生，若实无生无不生。唤取机关木人问，求佛施功早晚成。放四大，莫把捉，寂漠性中随饮啄。诸行无常一切空，即是如来大圆觉。决定说，表真乘，有人不肯任情征。直截根源佛所印，摘叶寻枝我不能。摩尼珠，人不识，如来藏里亲收得。六般神用空不空，一颗圆光色非色。净五眼，得五力，唯证乃知难可测。镜里看形见不难，水中捉月拈争得。常独行，常独步，达者同游涅槃路。调古神清风自高，貌悴骨刚人不顾。穷释子，口称贫，实是身贫道不贫。贫则身常披缕褐，道则心藏无价珍。无价珍，用无尽，利物应机终不吝。三身四智体中圆，八解六通心地印。上士一决一切了，中下多闻多不信。但自怀中解垢衣，谁能向外夸精进。从他谤，任他非，把火烧天徒自疲。我闻恰似饮甘露，销融顿入不思议。观恶言，是功德，此则成吾善知识。不因讪谤起冤亲，何表无生慈忍力。宗亦通，说亦通，定慧圆明不滞空。非但我今独达了，恒沙诸佛体皆同。师子吼，无畏说，百兽闻之皆脑裂。香象奔波失却威，天龙寂听生欣悦。游江海，涉山川，寻师访道为参禅。自从认得曹溪路，了知生死不相干。行亦禅，坐亦禅，语默动静体安然。纵遇锋刀常坦坦，假饶毒药也闲闲。我师得见然灯佛，多劫曾为忍辱仙。几回生，几回死，生死悠悠无定止。自从顿悟了无生，于诸荣辱何忧喜。入深山，住兰若，岑崟幽邃长松下。优游静坐野僧家，阒寂安居实潇洒。觉即了，不施功，一切有为法不同。住相布施生天福，犹如仰箭射虚空。势力尽，箭还坠，招得来生不如意。争似无为实相门，一超直入如来地。但得本，莫愁末，如净琉璃含宝月。既能解此如意珠，自利利他终不竭。江月照，松风吹，永夜清宵何所为。佛性戒珠心地印，雾露云霞体上衣。降龙钵，解虎锡，两钴金环鸣历历。不是标形虚事持，如来宝杖亲踪迹。不求真，不断妄，了知二法空无相。无相无空无不空，即是如来真实相。心镜明，鉴无碍，廓然莹彻周沙界。万象森罗影现中，一颗圆明非内外。豁达空，拨因果，莽莽荡荡招殃祸。弃有应是“空”著空应是“有”病亦然，还如避溺而投火。舍妄心，取真理，取舍之心成巧伪。学人不了用修行，真成认贼将为子。损法财，灭功德，莫不由斯心意识。是以禅门了却心，顿入无生知见力。大丈夫，秉慧剑，般若锋兮金刚焰。非但能摧外道心，早曾落却天魔胆。震法雷，击法鼓，布慈云兮洒甘露。龙象蹴蹋润无边，三乘五性皆醒悟。雪山肥腻更无杂，纯出醍醐我常纳。一性圆通一切性，一法遍含一切法。一月普现一切水，一切水月一月摄。诸佛法身入我性，我性还共如来合。一地具足一切地，非色非心非行业。弹指圆成八万门，刹那超却三祇劫。一切数句非数句，与吾灵觉何交涉。不可毁，不可赞，体若虚空没涯岸。不离当处常湛然，觅即知君不可见。取不得，舍不得，不可得中只么得。默时说，说时默，大施门开无壅塞。有人问我解何宗，报道摩诃般若力。或是或非人不识，逆行顺行天莫测。吾早曾经多劫修，不是等闲相诳惑。建法幢，立宗旨，明明佛敕曹溪是。第一迦叶首传灯，二十八代西天记。法东流，入此土，菩提达磨为初祖。六代传衣天下闻，后人得道何穷数。真不立，妄本空，有无俱遣不空空。二十空门元不著，一性如来体自同。心是根，法是尘，两种犹如镜上痕。痕垢尽除光始现，心法双亡性即真。嗟末法，恶时世，众生福薄难调治。去圣远兮邪教深，魔强法弱多怨害。闻说如来顿教门，恨不灭除令瓦碎。作在心，殃在身，不须怨诉更尤人。欲得不招无间业，莫谤如来正法轮。栴檀林，无别树，郁密森沉师子住。境静林闲独自游，走兽飞禽皆远去。师子儿，众随后，三岁即能大哮吼。若是野干逐法王，百年妖怪虚开口。圆顿教，勿人情，有疑不决直须争。不是山僧逞人我，修行恐落断常坑。非不非，是不是，差之毫厘失千里。是即龙女顿成佛，非即善星生陷坠。吾早年来积学问，亦曾讨疏寻经论。分别名相不知休，入海算沙徒自困。却被如来苦诃责，数他珍宝有何益。从来蹭蹬觉虚行，多年枉作风尘客。种性邪，错知解，不达如来圆顿制。二乘精进勿道心，外道聪明无智能。亦愚痴，亦小騃，空拳指上生实解。执指为月枉施功，根境法中虚捏怪。不见一法即如来，方得名为观自在。了即业障本来空，未了先须偿宿债。饥逢王膳不能餐，病遇医王争得瘥。在欲行禅知见力，火中生莲终不坏。勇施犯重悟无生，早时成佛于今在。师子吼，无畏说，深嗟蒙憧顽皮靼。只知犯重障菩提，不见如来开秘诀。有二比丘犯淫杀，波离萤光增罪结。维摩大士顿除疑，犹如赫日销霜雪。不思议，解脱力，妙用河沙也无极。《传灯》作"此即成吾善知识"。四事供养敢辞劳，万两黄金亦销得。粉骨碎身未足酬，一句了然超百亿。法中王，最高胜，河沙如来同共证。我今解此如意珠，信受之者皆相应。

了了见，无一物，亦无人，亦无佛。大千沙界海中沤，一切圣贤如电拂。假使铁轮顶上旋，定慧圆明终不失。日可冷，月可热，众魔不能坏真说。象驾峥嵘谩进途，谁见螗螂能拒辙。大象不游于兔径，大悟不拘于小节。莫将管见谤苍苍，未了吾今为君决。”慈明和尚示众云：“‘无明实性即佛性，幻化空身即法身。’诸仁者若也信得去，不妨省力。可谓善财入弥勒楼阁，无边法门悉皆周遍。得大无碍，悟法无生，是谓无生法忍。无边刹境，自他不于隔毫端；十世古今，始终不离于当念。且问诸人：阿那个是当念？只如诸人无明之性，即是汝本觉妙明之性。盖谓不了生死根源，妄执为实，随妄所转，致堕轮回，受种种苦。若能回光反照，自悟本来真性不生不灭。故曰‘无明实性即佛性，幻化空身即法身’。只如四大五蕴不净之身，都无实义。如梦如幻，如影如响。从无量劫来，流浪生死，贪爱所使，无暂休息，出此入彼。积骨如毗富罗山，饮乳如四大海水。何故？为无智能，不能了知五蕴本空，都无所实。逐妄受生，贪欲所拘，不得自在故。所以世尊云：诸苦所因，贪欲为本。若灭贪欲，无所依止。汝等若能了知幻身虚假，本来空寂，诸见不生，无我人众生寿者，诸法皆如。故曰‘幻化空身即法身’。‘法身觉了无一物’，惟听法说法，虚玄大道，无著真宗，故曰‘本源自性天真佛’。又曰‘五阴浮云空去来，三毒水泡虚出没’。若如是者，是为度一切苦厄。乃至无量无边烦恼知解，悉皆清净，是为清净法身。若到遮个田地，便能出此入彼。舍身受身，地狱天堂，此界他方，纵横自在。任意浮沉，应物舒光，随机逗教，唤作千百亿化身。与么说话，可谓无梦说梦，和泥合水，撒屎撒尿，不识好恶。乃呵呵大笑云：若向衲僧门下十万八千，未梦见他汗臭气在。虽然如是，事不得一向，但以假名字，引导于众生，喝一喝。”

《永嘉集》篇目大旨：《慕道志仪》第一。夫欲修道，先须立志。及事师仪则，彰乎轨训，故标第一，明慕道仪式。

《戒憍奢意》第二。初虽立志修道，善识轨仪，若三业憍奢，妄心扰动，何能得定。故次第二明戒憍奢意也。《净修三业》第三。前戒憍奢，略标纲要。今子细检责，令粗过不生。故次第三，明净修三业，戒乎身口意也。《奢摩他颂》第四。已捡责身口，令粗过不生。次须入门修道渐次，不出定慧五种起心，六种料拣，故次第四明，奢摩他颂也。《毗婆舍那颂》第五。非戒不禅，非禅不慧。上既修定，定久慧明。故次第五，明毗婆舍那颂也。《优毕颂》第六。偏修于定，定久则沉。偏学于慧，慧多心动。故次第六，明于优毕义颂等于定慧，令不沉动，使定慧均等，舍于二边。《三乘渐次》第七。定慧既均，则寂而常照。三观一心，何疑不遣？何照不圆？自解虽明，悲他未悟，悟有深浅。故次第七，明三乘渐次也。《事理不二》第八。三乘悟理，理无不穷。穷理在事，了事即理。故次第八，明事理不二，即事而真，用袪倒见也。《劝友人书》第九。事理既融，内心自莹，复悲远学，虚掷寸阴，故次第九，明劝友人书也。《发愿文》第十。劝友人虽是悲他，专心在一，情犹未普，故次第十，明发愿文，誓度一切。复次，观心十门。初则言其法尔，次则出其观体，三则语其相应，四则警其上慢，五则戒其疏怠，六则重出观体，七则明其是非，八则简其诠旨，九则触途成观，十则妙契玄源。第一言法尔者，夫心性虚通，动静之源莫二；真如绝虑，缘计之念非殊。惑见纷驰，穷之则唯一寂；灵源不状，鉴之则以千差。千差不同，法眼之名自立；一寂非异，慧眼之号斯存。理量双消，佛眼之功圆著。是以三谛一境，法身之理常清；三智一心，般若之明常照。智境冥合，解脱之应随机；非纵非横，圆伊之道玄会。故知三德妙性，宛尔无乖；一心深广，难思何出。要而非路，是以即心为道者，可谓寻流而得源矣。第二出其观体者，只知一念，即空不空，非空非不空。第三语其相应者，心与空相应，则讥毁赞誉，何忧何喜？身与空相应，则刀割香涂，何苦何乐？依报与空相应，则施与劫夺，何得何失？心与空不空相应，则爱见都忘，慈悲普救。身与空不空相应，则内同枯木，外现威仪。依报与空不空相应，则永终贪求，赀财给济。心与空不空、非空非不空相应，则实相初明，开佛知见。身与空不空、非空非不空相应，则一尘入正受，诸尘三昧起。依报与空不空、非空非不空相应。则香台宝阁，严土化生。第四警其上慢者，若不尔者，则未相应也。第五戒其疏怠者，然渡海应须上船，非船何以能渡？修心必须入观，非观无以明心。心尚未明，相应何日，思之勿自恃也。第六重出观体者，只知一念即空不空，非有非无，不知即念即空不空，非非有非非无。第七明其是非者，心不是有，心不是无。心不非有，心不非无。是有是无即堕是，非有非无即堕非，如是只是是非之非，未是非是非非之是。今以双非破两是，是破非是犹是非。又以双非破两非，非破非非即是是。如是只是非是非非之是，未是不非不不非，不是不不是。是非之惑，绵微难见，神清虑静，细而研之。第八简其诠旨者，然而至理无言，假文言以明其旨。旨宗非观，藉修观以会其宗。若旨之未明，则言之未的。若宗之未会，则观之未深。深观乃会其宗，的言必明其旨。旨宗既其明会，言观何得复存耶？第九触途成观者，夫再演言词，重标观体。欲明宗旨无异言观。有逐方移，方"方"《五灯》作"言"，上"方"同。移《五灯》作"言"。则言理无差，无差则观旨不异。不异之旨即理，无差之理即宗。宗旨一而名二，言观明其弄引耳。第十妙契玄源者，夫悟心之士，宁执观而迷旨；达教之人，岂滞言而惑理？理明则言语道断，何言之能议；旨会则心行处灭，何观之能思？心言不能思议者，可谓妙契环中矣。先天二年十月十七日，安坐示灭。塔于西山之阳。

◎**西京荷泽神会禅师**，见六祖，语具《六祖章》中。弟子光宝问："眼耳缘声色时，为复抗行？为有回互？"师曰："抗互且置，汝指何法为声色之体乎？"宝曰："如师所说，即无有声色可得。"师曰："汝若了声色体空，亦信眼耳诸根，及与凡与圣，平等如幻。抗行回互，其理昭然。"宝顿领悟，即日发去，隐于蒙山。一日乡信至，报二亲俱亡。师入堂白槌曰："父母俱丧，请大众念摩诃般若。"然才集，师便打槌曰："劳烦大众下座。"

◎**圭峰宗密禅师**，果州西充何氏子。髫龀通明儒典。弱冠，将赴举，见圆和尚，遽落鬃受具。一日，赴府吏任灌斋，以次受经，得《圆觉》，读之感悟流涕。归白圆，圆曰："此佛授汝耳，汝当大弘圆顿之教。"令遍参。因谒荆南忠公南印，忠曰："传教人也。"复谒洛阳照公奉国神照，照曰："菩萨中人也。"抵襄阳，得清凉国师《华严疏》于病僧处，夙未经目，即为众讲说，听者云集。有泰恭者，不胜庆遇，至断臂酬恩。师遣书先诣清凉，叙师资礼。讲毕，乃躬诣观国师，执弟子礼。观国师曰："毗卢华藏，能随我游者，其汝乎！"师预观之室，日臻玄奥，筌象都亡。回住鄠县草堂寺，未几住终南圭峰寺。太和征至都赐紫，天子而下悉归慕参扣，相国裴休独称入室。

师以禅教互相非毁，乃著《禅源诠》以通之，其《都序》略曰："禅是天竺之语，具云禅那，此云思惟修，亦云静虑，皆定慧之通称也。源者，是一切众生本觉真性，亦名佛性，亦名心地。悟之名慧，修之名定。定慧通明为禅。此性是禅之本源，故云禅源，亦名禅那。理行者，此之本源是禅理，忘情契之是禅行，故云理行。然今所述诸家述作，多谭禅理，少说禅行，故且以禅源题之。今时有人但目真性为禅者，是不达理行之旨，又不辨华竺之音也。然非离真性，别有禅体。但众生迷真合尘，即名散乱。背尘合真，方名禅定。若直论本性，即非真非妄，无背无合，无定无乱，谁言禅乎？况此真性，非惟是禅门之源，亦是万法之源，故名法性。亦是众生迷悟之源，故名如来藏藏识出《楞伽经》。亦是诸佛万德之源，故名佛性《涅槃》等经。亦是菩萨万行之源，故名心地。《梵网经》云："行菩萨道之根本。"万行不出六波罗蜜。禅者，但是六中之一，当其第五。岂可都目真性为一禅行哉！然禅定一行最为神妙，能发起性上无漏智能。一切妙用，万行万德，乃至神通光明，皆从定发。故三乘人欲求圣道，必须修禅，离此无门，离此无路。至于念佛求生净土，亦修十六观禅，及念佛三昧、般舟三昧等也。又真性即不垢不净，凡圣无差。禅门则有浅有深，阶级殊等。谓带异计、欣上厌下而修者，是外道禅。正信因果，亦以欣厌而修者，是凡夫禅。悟我空偏真之理而修者，是小乘禅。悟我法二空所显真理而修者，是大乘禅。上四类皆有四色四空之异也。若顿悟自心本来清净，元无烦恼，无漏智性本自具足，此心即佛，毕竟无异。依此而修者，是最上乘禅，亦名如来清净禅，亦名一行三昧，亦名真如三昧。此是一切三昧根本。若能念念修习，自然渐得百千三昧。达磨门下展转相传者，是此禅也。达磨未到，古来诸家所解，皆是前四禅八定，诸高僧修之，皆得功用。南岳天台令依三谛之理，修三止三观，教义虽最圆妙，然其趣入门户次第，亦只是前之诸禅行相。唯达磨所传者，顿同佛体，迥异诸门，故宗习者难得其旨。得则成圣，疾证菩提，失即成邪，速入涂炭。先祖革昧防失，故且人传一人。后代已有所凭，故任千灯千照。洎乎法久成弊，错谬者多，故经论学人疑谤亦众。原夫佛说顿教渐教，禅开顿门渐门，二教二门各相符契。今讲者偏彰渐义，禅者偏播顿宗。禅讲相逢，胡越之隔。宗密不知夙生何作，熏得此心，自未解脱，欲解他缚，为法忘于躯命，愍人切于神情。亦知《净名经》云[1]：“若自有缚，能解他缚，无有是处。然欲罢不能，验是宿习难改故。”每叹人与法差，法为人病。时别撰经律论疏，大开戒定慧门。显顿悟资于渐修，证师说符于佛意。意既本末而委示，文乃浩博而难寻。泛学虽多，秉志者少。况迹涉名相，谁辨金鍮？徒自疲劳，未见机感。虽佛说悲增是行，而自虑爱见难防。遂舍众入山，习定均慧，前后息虑，相继十年。微细习情，起灭彰于静慧；差别法义，

① “亦知”：《五灯会元》卷二作“亦如”。

罗列现于空心。虚隙日光，纤埃扰扰。清潭水底，影像昭昭。岂比夫空守默之痴禅，但寻文之狂慧者也。然本因了自心而辨诸教，故悬情于心宗；又因辨诸教而解修心，故虔诚于教义。教也者，诸佛菩萨所留经论也。禅也者，诸善知识所述句偈也。但佛经开张，罗大千八部之众；禅偈撮略，就此方一类之机。罗众则莽荡难依，就机则指的易用。今之纂集，意在斯焉。”

萧俯相公呈己见解，请师注释。荷泽云：“见清净体于诸三昧、八万四千诸波罗蜜门，皆于见上一时起用，名为慧眼。若当真如相应之时，师注：“善恶不思，空有不念。”下细字皆是师注。万化寂灭，万法俱从思想缘念而生，皆是虚空，故云化也。既一念不生，则万法不起，故不待泯之，自然寂灭也。此时更无所见。照体独立，梦智亡阶。三昧诸波罗蜜门，亦一时空寂，更无所得。散乱与三昧，此岸与彼岸，是相待对治之说。若知心无念，见性无生，则定乱真妄一时空寂，故无所得也。不审此是见上一时起用否？然见性圆明，理绝相累，即绝相为妙用，住相为执情，于八万法门，一一皆尔。一法有为一尘，一法空为一用，故云见清净体，则一时起用矣。

山南温造尚书问：“悟理息妄之人不复结业，一期寿终之后，灵性何依？”师曰：“一切众生无不具有觉性，灵明空寂，与佛何殊？但以无始劫来，未曾了悟，妄执身为我相，故生爱恶等情。随情造业，随业受报，生老病死，长劫轮回。然身中觉性未曾生死，如梦被驱役，而身本安闲。如水作冰，而湿性不易。若能悟此性，即是法身。本自无生，何有依托？灵灵不昧，了了常知。无所从来，亦无所去。然多生妄执，习以性成。喜怒哀乐，微细流注。真理虽然顿达，此情难以卒除。须常觉察，损之又损。如风顿止，波浪渐停。岂可一生所修，便同诸佛力用？但可以空寂为自体，勿认色身；以灵知为自心，勿认妄念。妄念若起，都不随之，即临命终时，自然业不能系。虽有中阴，所向自由。天上人间，随意寄托。若爱恶之念已泯，即不受分段之身。自能易短为长，易粗为妙。若微细流注，一切寂灭，唯圆觉大智，朗然独存。即随机应现千百亿化身，度有缘众生，名之为佛。”宗密先有八句偈显示此意，曾于尚书处诵之，奉命解释。今谨注释如后。偈曰：作有义事，是惺悟心。义谓义理，非谓仁义恩义。意明凡所作为，先详利害，须有所以，当于道理，然后行之，方免同惛醉颠狂之人也。就佛法中有三种义，即可为之：一益资色身之事，谓衣食医药房舍等，世间义也；二资益法身，谓戒定慧六波罗蜜等，第一义也；三弘正法利济群生也，乃至为法诸余缘事，通世出世也。作无义事，是狂乱心。谓凡所作为，若不缘上三般事，即名无义也。是狂乱者，且如世间狂人醉人，所往不拣处所，所作不量是非。今既不择有何义利，但纵情妄念，要为即为，故如狂也。上四句述业因也，下四句述受果报云。狂乱随情念，临终被业牵。既随妄念，欲作即作，不以悟理之智简择是非，犹如狂人。故临终时，牵于业道，被业所引，受当来报。故《涅槃经》云：“无明郎主，贪爱魔王，役使身心，策如僮仆。”惺悟不由情，临终能转业。情中欲作，而察理不应，即须便止。情中不欲作，而照理相应，即须便作。但由是非之理，不由爱恶之情。即临命终时，业不能系，随意自在天上人间也。通而言之，但朝暮之间所作，被情尘所牵，即临终被业所牵而受生。若所作所为，由于觉智，不由情尘。即临终由我自在而受生，不由业也。当知欲验临终受生自在不自在，但验寻常行心于尘境自由不自由。《林间录》引师前偈曰：阅唐史，李训之败，被缘衣诡言黜官，走终南依密。密欲匿之，其徒不可，乃奔凤翔，为盩厔吏所执。训死，仇士良捕密诘之。怡然曰："与训游久，吾法遇难则救，初无爱憎，死固吾分。"予谓比丘与唐士大夫交者多，或见传记，多犯法辱教，而圭峰独超然如此，为史者亦欣然点笔疾书，盖其履践之明也。观其偈，则无不欲透脱情境，譬如香象摆坏铁锁，自在而去，岂若蝇为唾所污哉！《智证传》引此偈曰："朝奉大夫孙于之嫂，年十九而寡。自誓一饭终身诵《法华经》，不复嫁。于守高安，嫂年已七十余，面目光泽，举止轻利。政和六年夏六月，忽收经帙，料理服玩与侍妾。于问其故，笑曰：'我更三日死矣。'果如期而逝。"韩子苍问予曰："人之将终，有前知者，何术致之？"予曰："譬如牛乳以酵发之，虽缘缘之中无有作者，久而成酪，非自外来，生乳中故，非自能生，以酵发之故。缘缘成熟，忽然成就。乃有偈，其略曰：'酪出乳中无别法，死而何苦欲先知。'"如某夫人，华年休息，白首见效，凡五十余年，心心无间，自然前知化日，酪出乳中也。然观圭峰偈语，恐于死时未得自在，以其皆理障故。如本朝太祖皇帝将问罪江南，后主遣其臣徐铉入对，欲以舌辩存国。既见，曰："江南国主，如子事父，以事陛下，奈何欲伐之？"太祖曰："父子异居可乎？"铉愕然无以对。今平生知诵圭峰之偈语，至于临终。为徐铉之愕然是也。

《林间录》又引师答温尚书书，具载其辞。复列韩侍郎与晦堂问答，而觉范于后稍有所评。并录于此。韩侍郎宗古以书问晦堂老师曰："昔闻和尚开悟，旷然无疑。但无始以来烦恼习气，未能顿尽，为之奈何？"晦堂答曰："敬承中书谕及，昔时开悟旷然无疑，但无始以来烦恼习气未能顿尽，为之奈何？然心外无剩法者，不知烦恼习气是何物而欲尽之。若起此心，翻成认贼为子也。从上以来，但有言说，乃是随病设药。纵有烦恼习气，但以如来知见治之，皆是善权方便诱引之说。若是定有习气可治，却是心外有法而可尽之。譬如灵龟曳尾于途，拂迹迹生，可谓将心用心，转见病深。苟能明达心外无法，法外无心，心法既无，更欲教谁顿尽耶？伏奉来谕，略叙少答，以为山中之信耳。”二老古今之宗师也，其随宜方便，自有意味，初无优劣。然圭峰所答之词，正韩公所问之意，而语不失宗，开廓正见。以密较之晦堂，所得多矣！　　又《林间录》曰：草堂禅师笺要曰：“心体灵知不昧，如一摩尼珠，圆照空净，都无差别之相，以体明故。对物时能现一切色相，色自差而珠无变易。如珠现黑时，人以珠为黑者，非见珠也。离黑觅珠者，亦非见珠也。以明黑都无为珠者，亦非见珠也。马祖说法，即妄明真，正如以黑为珠；神秀说法，令妄尽方见觉性者，离妄求真，正如离黑觅珠；牛头说法，一切如梦，本来无事，真妄俱无，正如明黑都无为珠；独荷泽于空相处指示知见，了了常知，正如正见珠体，不顾众色也。密以马祖之道如珠之黑，是大不然。即妄明真，方便语耳。略知教乘者皆了之，岂马祖应圣师远谶，为震旦法主，出其门下者，如南泉百丈大达归宗之徒，皆博综三藏，熟烂真妄之论，争服膺师尊之，而其道乃止于如珠之黑而已哉！又以牛头之道，一切如梦，真妄俱无者，是大不然。观其作《心王铭》曰：‘前际如空，知处迷宗。分明照境，随照冥蒙。纵横无照，最微最妙。知法无知，无知知要。’一一皆治知见之病。而荷泽公然立知见，优劣可见，而谓其道如明黑都无为珠者，岂不重欺吾人哉！至如北秀之道，顿渐之理，三尺童子知之所论，当论其用心。秀公为黄梅上首，顿宗直指，纵曰机器不逮，然亦饫闻饱参矣！岂自甘为渐宗徒耶？盖祖道于时疑信半，天下不有渐，何以显顿哉！至于纷争者，皆两宗之徒，非秀心也。便谓其道止如是，恐非通论。吾闻大圣应世，成就法道，其权非一，有冥权，有显权。冥权即为异道，为非道；显权则为亲友。为知识；庸讵知秀公非冥权也哉！”

指月录卷七

未详法嗣

◎泗州塔头侍者，及时锁门，有人问："既是三界大师，为甚么被弟子锁？"侍者无对。法眼代云："弟子锁，大师锁？"法灯代云："还我锁匙来。"又老宿代云："吉州锁，虔州锁？"

◎或问僧："承闻大德讲得《肇论》，是否？"曰："不敢。"曰："《肇论》有物不迁义，是否？"曰："是。"或人遂以茶盏就地扑破曰："这个是迁不迁？"无对。法眼代抚掌三下。

◎有道流在佛殿前背坐，僧曰："道士莫背佛？"道流曰："大德本教中道，佛身充满于法界，向甚么处坐得？"僧无对。法眼代云："识得汝。"

又有一行者随法师入佛殿，行者向佛而唾。法师曰：“行者少去就，何以唾佛？”行者曰：“将无佛处来，与某甲唾？”法师无对。沩山云：“仁者却不仁者，不仁者却仁者。”仰山代法师云：“但唾行者。”又云：“行者若有语，即向伊道，还我无行者处来。”

◎台州六通院僧，欲渡船，有人问：“既是六通，为甚么假船？”无对。天台韶代云：“不欲惊众。”

◎圣僧像，被屋漏滴，有人问：“既是圣僧，为甚么有漏？”天台韶代云：“无漏不是圣僧。”

◎死鱼浮于水上，有人问僧：“鱼岂不是以水为命。”曰：“是。”曰：“为甚么却向水中死？”无对。天龙机代云：“是伊为甚么不向岸上死？”

◎江南相冯延巳，与数僧游钟山，至一人泉，问：“一人泉，许多人争得足？”一僧对曰：“不教欠少。”乃别云：“谁人欠少？”法眼别云：“谁是不足者？”

◎有施主妇人入院，行众僧随年钱，僧云：“圣僧前著一分。”妇人曰：“圣僧年多少？”无对。法眼代云：“心期满处即知。”

◎偃台感山主，到圆通院相看，第一座问曰：“圆通无路，山主争得到来？”无对。归宗柔代云：“不期又得相见。”

◎**有僧入冥见地藏菩萨**，地藏问：“是你平生修何业？”僧曰：“念《法华经》。”曰：“止，止！不须说。我法妙难思，为是说是不说。”无对。归宗柔代云：“此回归去，敢请流通。”

◎**鹞子趁鸽子**，飞向佛殿栏干上颤。有人问僧：“一切众生在佛影中常安常乐，鸽子见佛，为甚么却颤？”无对。法灯代云：“怕佛。”

◎**官人问僧**：“名甚么？”曰：“无拣。”官人曰：“忽然将一碗沙与上座，又作么生？”曰：“谢官人供养。”法眼别云：“此犹是拣底。”

◎**广南有僧住庵**，国主出猎。人报庵主：“大王来，请起。”曰：“非但大王，佛来亦不起。”王问：“佛岂不是汝师？”曰：“是。”王曰：“见师为甚么不起？”无对。法眼代云：“未足酬恩。”

◎**僧问圆通和尚**：“一尘才起，大地全收，还见禅床么？”圆通曰：“唤甚么作尘？”又问法灯，灯曰：“唤甚么作禅床？”东禅齐云：“此二尊宿语还明伊问处，不明伊问处？若明伊问处，还得尽善也未，试断看？忽然向伊道：你指示我更要答话，又作么生会？莫道又答一转子。”

◎有僧与童子上经了，令持经著函内。童子曰：“某甲念底著向那里？”法灯代云：“汝念甚么经？”

◎先净照禅师问楞严大师：“经中道：‘若能转物，即同如来。若被物转，即名凡夫。’只如升元阁，作么生转？”严无对。汾阳代云：“彼此老大。”

◎有僧到曹溪，守衣钵僧提起衣曰：“此是大庾岭头，提不起底。”曰：“为甚么在上座手里？”无对。云门云：“彼此不了。”又云：“将谓是师子儿。”

◎昔高丽国来钱塘，刻观音圣像。及舁上船，竟不能动，因请入明州开元寺供养。后有设问：“无刹不现身，圣像为甚么不去高丽国？”长庆棱代云：“现身虽普，睹相生偏。”
法眼别云：“识得观音未？”

◎有人问僧：“点甚么灯？”僧曰：“长明灯。”曰：“甚么时点？”曰：“去年点。”曰：“长明何在？”无对。长庆棱代云：“若不如此，知公不受人瞒。” 法眼别云：“利动君子。”

◎有官人，入镇州天王院睹神像，因问院主曰：“此是何功德？”曰：“护国天王。”曰：“只护此国，遍护余国？”曰：“在秦为秦，在楚为楚。”曰：“腊月二十九日打破镇州城，天王向甚处去？”主无对。

◎老宿有偈曰：“五蕴山头一段空，同门出入不相逢。无量劫来赁屋住，到头不识主人公。”有老宿云：“既不识他，当初问甚么人赁？”

◎有僧持钵到长者家，偶为犬伤，长者指袈裟曰：“龙披一缕，金翅不吞。大师全披法服，为甚却被狗咬？”

◎宋太宗幸相国寺，问看经僧曰：“是甚么经？”曰：“仁王经。”曰：“既是寡人经，因甚却在卿手里？”无对。雪窦代云：“皇天无亲，惟德是辅。”幸开宝塔，问僧：“卿是甚人？”曰：“塔主。”曰：“朕之塔，因甚卿作主？”无对。雪窦代云：“阖国咸知。”僧朝宗，问：“甚处来？”曰：“庐山卧云庵。”曰：“朕闻卧云深处不朝天，因甚到此？”无对。雪窦代云：“难逃至化。”僧入对次，奏曰：“陛下还记得么？”曰：“甚处相见来？”曰：“灵山一别，直至如今。”曰：“以何为验？”无对。雪窦代云：“贫道得，得而来。”京寺回禄藏经毁，僧乞宣赐。召问：“昔日摩腾不烧，如今为甚却烧？”无对。雪窦代云：“陛下不忘付嘱。”宗尝梦神人报曰：“请陛下发菩提心。”因早朝宣问左右街：“菩提心作么生发？”无对。雪窦代云：“实谓古今罕闻。”

◎茶陵郁山主，不曾行脚，因庐山有化士至，论及宗门中事。教看僧问法灯：“百尺竿头，如何进步？”灯曰：“恶！”凡三年，一日乘驴度桥，一踏桥板而堕，忽然大悟。遂有颂云：“我有神珠一颗，久被尘劳关锁。今朝尘尽光生，照破山河万朵。”因兹更不游方。师为白云端禅师得度师。

◎**唐朝因禅师**，微时尝运椎击土次，见一大块，戏椎猛击之，应手而碎，豁然大悟。”

◎**楼子和尚**，不知何许人，亦不知其名氏。一日，偶经游街市间，于酒楼下整袜带次，闻楼上人唱曲云：“你既无心我也休。”忽然大悟。因号楼子焉。

◎**神照本如法师**，尝以经王此字应讹请益四明尊者，者震声曰：“汝名本如。”师即领悟。作偈曰：“处处逢归路，头头达故乡。本来成现事，何必待思量。”

◎**临安府上竺圆智证悟法师**，台州林氏子。依白莲仙法师，问具变之道。莲指行灯曰：“如此灯者，离性绝非，本自空寂，理则具矣。六凡四圣所见不同，变则在焉。”师不契。后因扫地诵《法华经》，至“知法常无性，佛种从缘起”，始谕旨。告莲，莲然之。师领徒以来，常患本宗学者胶于笔录，至以天台之传为文字之学，南宗鄙之。乃谒护国此庵元禅师，夜语次，师举东坡《宿东林偈》，坡《偈》：“溪声便是广长舌，山色岂非清净身。夜来八万四千偈，他日如何举似人。”且曰：“也不易到此田地。”庵曰：“尚未见路径，何言到耶？”曰：“溪声便是广长舌，山色岂非清净身。若不到此田地，如何有这个消息？”庵曰：“是门外汉耳。”曰：“和尚不吝，可为说破。”庵曰：“却只从这里猛著精彩觑捕看。若觑捕得他破，则亦知本命元辰落著处。”师通夕不寐，及晓钟鸣，去其秘蓄，以前偈别曰：“东坡居士太饶舌，声色关中欲透身。溪若是声山是色，无山无水好愁人。”这汉思量了一夜，却寐语东坡门外汉。这汉未及门。持以告此庵，庵曰：“向汝道是门外汉。”且道是赏伊罚伊，莫错好。师礼谢。俄有化马祖殿瓦者，求语发扬。师书曰：“寄语江西老古锥，从教日炙与风吹。不是儿孙无料理，要见冰消瓦解时。”此庵见之，笑曰：“须是这阇黎始得。”

◎**公期和尚**，因往罗汉路，逢一骑牛公子，师问：“罗汉路向甚么处去？”公拍牛曰：“道，道。”师喝曰：“这畜生。”公曰：“罗汉路向甚么处去？”师却拍牛曰：“道，道。”公曰：“直饶恁么，犹少蹄角在。”师便打，公拍牛便走。

◎**福州山东云顶禅师**，有居士问：“洞山道有一物，上拄天，下拄地，未审是甚么物？”师曰：“担铁枷，吃铁棒。”曰：“天地黑，山河走。”师曰：“阎老殿前添一鬼，北邙山下卧千年。”曰：“快活！快活！”师曰：“也是野狐吞老鼠。”

◎**昔有一老宿**，一夏不为师僧说话，有僧叹曰：“我只恁么空过一夏，不敢望和尚说佛法，得闻正因两字也得。”老宿闻乃曰：“阇黎莫嘶速，若论正因，一字也无。”道了扣齿云：“适来无端，不合与么道。”邻壁有一老宿闻曰：“好一釜羹，被一颗鼠粪污却。”雪窦代云：“谁家釜里无一两颗。”

又一老宿，畜一童子，并不知轨则。有一行脚僧到，乃教童子礼仪。晚间见老宿外归，遂去问讯。老宿怪讶，遂问童子曰：“阿谁教你？”童曰：“堂中某上座。”老宿唤其僧来，问：“上座傍家行脚，是甚么心行？这童子养来二三年了，幸自可怜生，谁教上座教坏伊。快束装起去。”黄昏雨淋淋地被趁出。法眼云：“古人恁么显露些子家风，甚怪。且道意在于何？”

◎**昔有二庵主**，旬日不相见，忽相会，上庵主问下庵主：“多时不相见，向甚么处去？”下庵主曰：“在庵中造个无缝塔。”上庵主曰：“某甲也要造一个，就兄借取塔样子。”下庵主曰：“何不早说，却被人借去了也。”法眼云：“且道是借他样，不借他样？”

◎**昔有一老宿**，曰：“祖师九年面壁，为访知音，若恁么会得，吃铁棒有日在。”又一老宿曰：“祖师九年面壁，何不惭惶？若恁么会得，更买草鞋行脚三十年。”琅玡觉云：“既不然，且道祖师面壁意作么生？”良久云：“欲得不招无间业，莫谤如来正法轮。”

◎**昔有一老宿**，因僧问：“师子捉兔亦全其力，捉象亦全其力，未审全个甚么力？”老宿曰：“不欺之力。”法眼别云：“不会古人语。”

◎**昔有婆子**，供养一庵主，经二十年，常令一二八女子送饭给侍。一日，令女子抱定曰：“正恁么时如何？”主曰：

“枯木倚寒岩，三冬无暖气。”女子举似婆，婆曰：“我二十年只供养得个俗汉。”遂遣出，烧却庵。

◎昔有婆子临斋，入赵州法堂云：“这一堂师僧总是婆婆生得底，唯有大底孩儿五逆不孝。”州才顾视，婆便出去。

◎昔有跨驴人，问：“众僧何往？”僧曰：“道场去。”其人曰：“何处不是道场。”僧殴之曰：“这汉没道理，向道场里跨驴不下。”

◎肇法师在姚秦，临刑时说偈曰：“四大元无主，五阴本来空。将头临白刃，犹似斩春风。”玄沙云：“大小肇法师，临死犹寐语。”

◎双溪布衲如禅师，因嵩禅师戏以诗悼之曰：“继祖常吾代，生缘行可规。终身常在道，识病懒寻医。貌古笔难写，情高世莫知。慈云布何处，孤月自相宜。”师读罢举笔答曰：“道契平生更有谁，闲卿于我最心知。当初未欲成相别，恐误同参一首诗。”投笔坐亡，六十年后，塔户自启，真容俨然。

◎处州法海立禅师，因徽宗革本寺作神霄宫，师升座谓众曰：“都缘未彻，所以说是说非，盖为不真，便乃分彼分此。我身尚且不有，身外乌足道哉？正眼观来，一场笑具。今则圣君垂旨，更僧寺作神霄，佛头添个冠儿，算来有何不可？山僧今日不免横担拄杖，高挂钵囊，向无缝塔中安身立命，于无根树下啸月吟风。一任乘云仙客，来此咒水书符，叩牙作法，他年成道，白日上升，堪报不报之恩，以助无为之化。只恐不是玉，是玉也大奇。然虽如是，且道山僧转身一句，作么生道？还委悉么？”掷下拂子，竟尔趋寂。郡守具奏，诏仍改寺额曰真身。又汝州天宁明禅师改德士日，登座谢恩毕，乃曰：“木简信手拈来，坐具乘时放下。云散水流去，寂然天地空。”即敛目而逝。

◎**幽栖禅师**，因僧为师造寿塔毕，师乃领众看塔，即入塔内端坐云：“一客不烦两主人。”便告寂。众僧竞唤云：“和尚许多年住世，不可便即恁么去。”遂舁归。主事办斋了，师复上堂告众曰：“不得唤作是，不得唤作非，汝唤作甚么？”时有僧出：“承闻和尚有言：‘不得唤作是，不得唤作非。’未审唤作甚么？”师便珍重告寂。

◎**魏府老洞华严**，尝示众曰：“佛法在日用处，行住坐卧处，吃茶吃饭处，语言相问处，所作所为处。举心动念又却不是也。”又曰：“时当缺减，人寿少有登六七十者。汝辈入我法中，整顿手脚未稳，早是三四十年。须臾衰病至，衰病至则老至，老至则死至。前去几何，尚复恣意，何不初中后夜纯静去。”文潞公镇北京，洞老来谒别，文潞公曰：“法师老矣！复何往？”对曰：“入灭去。”潞公笑谓其戏语，归与子弟言：“其道韵深稳，谈笑有味，非常僧也。”使人候之，果入灭矣，叹异久之。及阇维，亲往视火，以琉璃瓶置座前祝曰："佛法果灵，愿舍利填吾瓶。"言卒，烟自空而降，布入瓶中，烟灭如所愿。潞公自是竭诚内典，恨知之暮也。

◎**太瘤蜀僧**，居众尝叹佛法混滥，异见蜂起。乃曰："我参禅若得真正知见，当不惜口业。"遂发愿礼马祖塔，长年不辍。忽一日塔放白光，感而有悟。后遍至丛林勘验老宿。过雪窦山前云："这老汉口里水漉漉地。"雪窦闻其语，意似不平。及太见雪窦，窦云："你不肯老僧那？"太云："老汉果然口里水漉漉地。"遂摵一坐具便出。直岁不甘，中路令人殴打，损太一足。太云："此是雪窦老汉使之，他日须折一足偿我。"后果如其言。太后至都下，放意市肆中，有官人请居家供养，太屡告辞。官人确留，愈加敬礼。每使侍妾馈食，一日见官人至，故挑其妾，官人以此改礼，遂得辞去。不数日闹市中端坐而化。

◎**欧阳文忠公**，昔官洛中，一日游嵩山，却去仆吏，放意而往。至一山寺，入门修竹满轩，霜清鸟啼，风物鲜明。文忠休于殿陛，旁有老僧阅经自若，与语不甚顾答。文忠异之，问曰："道人住山久如？"对曰："甚久也。"又问："诵何经？"对曰："《法华经》。"文忠曰："古之高僧，临生死之际，类皆谈笑脱去，何道致之耶？"对曰："定慧力耳。"又问："今乃寂寥，无有何哉？"老僧笑曰："古之人念念在定慧，临终安得乱？今之人念念在散乱，临终安得定？"文忠大喜，不自知膝之屈也。谢希深："有文记其事。"

◎盐官会下，有一主事僧，忽见一鬼使来追，僧告曰：“某甲身为主事，未暇修行，乞容七日得否?”使曰：“待为白王，若许即七日后来，不然，须臾便至。”言讫不见。至七日后，觅其僧了不可得。后有人举问一僧，若被觅着时，如何抵拟他?”洞山代云：“被他觅得也。”

◎昔有官人，作《无鬼论》，中夜挥毫次，忽见一鬼出云：“汝道无，我聻。”五祖演云：“老僧当时若见，但以手作鹁鸠嘴，向伊道谷呱呱。”

◎昔有古德，一日不赴堂，侍者请赴堂，德曰：“我今日在庄上吃油糍饱也。”侍者曰：“和尚不曾出入?”德曰：“汝去问庄主。”者方出门，忽见庄主来谢和尚到庄。径山杲颂云：“和尚不赴堂，庄主谢临屈。一字入公门，九牛拔不出。”

颂古指为南泉事，《会元》列于《鹅湖孚章》中。

◎昔有外道，问一入定僧云：“轮王众生种，非佛非罗汉，不受后有身，是甚么义?”僧便入定以问弥勒，却出定述弥勒语，答云：“譬如陶师，埏埴成器。”

◎唐僧元晓者，海东人。初航海而至，将访道于名山。独行荒陂，夜宿冢间。渴甚，引手掬于穴中，得泉甘凉。黎明视之，髑髅也，大恶之，尽欲呕去。忽猛省，大叹曰：“心生则种种法生，心灭则髑髅不二！如来大师曰：‘三界唯心。’岂欺我哉！”遂不复求师。还海东，疏《华严经》。《林间录》曰：“玄沙备禅师薪于山中，旁僧呼曰：‘和尚看虎。’玄沙见虎，顾僧曰：‘是你。’灵润法师山行，野烧迅飞而来，同游者皆避之，润安步如常。曰：‘心外无火，火实是心，谓火可逃，无由免火。’火至而灭。严阳尊者，单丁住山，蛇虎就手而食。归宗常公刈草，见蛇芟之。傍僧曰：‘久闻归宗，今日乃见。’一粗行沙门常曰：‘你粗我粗耶？吾闻亲近般若，有四种验心，谓就理、就事、入就、出就。事理之外，宗门又有四藏锋之用，亲近以自治，藏锋之用以治物。’”

◎**唐修雅法师**，听诵《法华经歌》：“山色沉沉，松烟幂幂，空林之下，盘陀之石。石上有僧，结跏横锡，诵白莲经，从旦至夕。左之右之，虎迹狼迹。十片五片，异花狼籍。偶然相见，未深相识。知是古之人，今之人？是昙彦，是昙翼？我闻此经有深旨，觉帝称之真妙义。合目冥心子细听，醍醐滴入焦肠里。佛之意兮祖之髓，我之心兮经之旨。可怜弹指及举手，不达目前今正是。大矣哉！甚奇特！空王要使群生得。光辉一万八千土，土土皆作黄金色。四生六道一光中，狂夫犹自问弥勒。我亦当年学空寂，一得无心便休息。今日亲闻诵此经，始觉驴乘匪端的。我亦当年不出户，不欲红尘沾步武。今日亲闻诵此经，始觉行行皆宝所。我亦当年爱吟咏，将谓冥搜乱禅定。今日亲闻诵此经，何妨笔研资真性。我亦当年狎儿戏，将谓光阴半虚弃。今日亲闻诵此经，始觉聚沙非小事。我昔曾游山与水，将谓他山非故里。今日亲闻诵此经，始觉山河无寸地。我昔心猿未调伏，常将金锁虚拘束。今日亲闻诵此经，始觉无物为拳㭰。师诵此经经一字，字字烂嚼醍醐味。醍醐之味珍且美，不在唇，不在齿，只在劳生方寸里。师诵此经经一句，句句白牛亲动步。白牛之步疾如风，不在西，不在东，只在浮生日用中。日用不知一何苦，酒之肠，饭之腑。长者扬声唤不回。何异聋，何异瞽。世人之耳非不聪，耳聪特向经中聋。世人之目非不明，目明特向经中盲。合聪不聪，合明不明。辘轳上下，浪死虚生。世人总识师之音，谁人能识师之心？世人总识师之形，何人能识师之名？师名医王行佛令，来与众生治心病。能使迷者醒，狂者定，垢者净，邪者正，凡者圣，如是则非，但人恭敬。亦合龙赞咏，鬼赞咏，佛赞咏，岂得背觉合尘之徒，不稽首而归命。”

◎僧文通慧者，河南开封府白云寺僧也。其师令掌盥盆，偶有市鲜者，濯于盆，文恚击之，遽陨，因潜奔华州总持寺。久之，为长老，盖二十年余矣。一日，忽语其徒曰：“二十年前一段公案，今日当了。”众问故，曰：“日午当自知之。”遂趺坐以俟时。张浚统兵至关中，一卒持弓矢至法堂，瞪目视文，将射之。文笑曰：“老僧相待久矣。”卒曰：“素未相面，今见而恚心不可遏，即欲相戕，何耶？”文语以昔故。卒遽说偈曰：“冤冤相报何时了，劫劫相缠岂偶然。不若与师俱解释，如今立地往西天。”视之已立化矣！文即索笔书偈曰：“三十三年飘荡，做了几番模样。谁知今日相逢，却是在前变障。”书毕，泊然而化。《一统志》。

指月录卷八

六祖下第三世上①

◎洪州百丈山怀海禅师，福州长乐人王氏子。儿时随母入寺拜佛，指佛像问母曰：“此为谁?”母曰：“佛也。”师曰：“形容与人无异，我后亦当作佛。”丱岁离尘，三学该练，参马大师为侍者。檀越每送斋饭来，师才揭开盘盖，马大师便拈起一片胡饼示众云：“是甚么?”每每如此，经三年。一日，侍马祖行次，见一群野鸭飞过。祖曰：“是甚么?”师曰：“野鸭子。”祖曰：“甚处去也?”师曰：“飞过去也。”祖遂把师鼻扭，负痛失声。祖曰：“又道飞过去也。”师于言下有省。雪窦颂：“野鸭子，知何许?马祖见来相共语。话尽云山水月情，依然不会还飞去。却把住，道！道!”却归侍者

① “上”字原无，据《目录》补。

寮，哀哀大哭。同事问曰："汝忆父母耶?"师曰："无。"曰："被人骂耶?"师曰："无。"曰："哭作甚么?"师曰："我鼻孔被大师扭得痛不彻。"同事曰："有甚因缘不契?"师曰："汝问取和尚去。"同事问大师曰："海侍者有何因缘不契，在寮中哭，告和尚为某甲说。"大师曰："是伊会也，汝自问取他。"同事归寮曰："和尚道汝会也，教我自问汝。"师乃呵呵大笑。同事曰："适来哭，如今为甚却笑?"师曰："适来哭，如今笑。"同事罔然。次日，马祖升座，众才集，师出卷却席。祖便下座，师随至方丈。祖曰："我适来未曾说话，汝为甚便卷却席?"师曰："昨日被和尚扭得鼻头痛。"祖曰："汝昨日向甚处留心?"师曰："鼻头今日又不痛也。"祖曰："汝深明昨日事。"师作礼而退。

师再参侍立次，祖目视绳床角拂子。师曰："即此用，离此用?"祖曰："汝向后开两片皮，将何为人?"师取拂子竖起。祖曰："即此用，离此用?"师挂拂子于旧处。祖振威一喝，师直得三日耳聋。未几，住大雄山。以所处岩峦峻极，故号百丈。四方学者麇至。一日谓众曰："佛法不是小事，老僧昔被马大师一喝，直得三日耳聋。"黄檗闻举，不觉吐舌。师曰："子已后莫承嗣马祖去么?"檗曰："不然。今日因和尚举，得见马祖大机之应作"大"用，然且不识马祖。若嗣马祖，已后丧我儿孙。"师曰："如是，如是！见与师齐，减师半德。见过于师，方堪传授。子甚有超师之见。"檗便礼拜。沩山问仰山："百丈再参马祖因缘，此二尊宿意旨如何?"仰曰："此是显大机大用。"沩云："马祖出八十四人，善知识几人得大机，几人得大用?"仰云："百丈得大机，黄檗得大用，余者尽是唱导之师。”沩云：“如是，如是。” 汾州云：“悟去便休，更说甚么三日耳聋？”石门云：“若不三日耳聋，争得悟去？”汾州云：“我与么道，较他石门半月程。” 东林总云：“当言不避截舌，当炉不避火迸，佛法岂可曲顺人。东林今日向骊龙窟内争珠去也。百丈大智，不无他三日耳聋。汾州石门，争免个二俱瞎汉。只这三老，还曾悟去也无？”良久云：“祖祢不了，殃及儿孙。” 又汾阳颂云：“每因无事侍师前，师指绳床角上悬。举放却归本位立，分明一喝至今传。” 雪窦拈云：“奇怪诸禅德，如今列其派者甚多，究其源者极少，总道百丈于喝下大悟，还端的也无？然刀刁相似，鱼鲁参差，若是明眼汉，瞒他一点不得。只如马祖道：汝向后开两片皮，将何为人？百丈竖起拂子。为复如虫御木，为复啐啄同时，诸人要会三日耳聋么？大冶精金应无变色。” 圜悟勤云：雪窦道：“诸人要见三日耳聋么，大冶精金，应无变色。”这语句沉却多少人了也。雪窦要出气，露一机一境，千古万古扑不破。诸人且莫错会好。大慧杲自沩潭准和尚处将谒圜悟勤，过张无尽。一日，无尽谓曰：“余阅雪窦拈古，至百丈再参马祖因缘曰：‘大冶精金，应无变色。’投卷叹曰：‘审如是，岂得有临济今日耶？’遂作一颂曰：‘马师一喝大雄峰，深入髑髅三日聋。黄檗闻之惊吐舌，江西从此立宗风。’后平禅师致书云：‘去夏读临济宗派，乃知居士得大机大用。’且求颂本。余作颂寄之曰：‘吐舌耳聋师已晓，捶胸只得哭苍天。盘山会里翻筋斗，到此方知普化颠。’诸方往往以余聪明博记，少知余者。师自江西法席来，必能辨优劣。试为余言之。”大慧曰：“公见处与真净死心合。”张曰：“何谓也？”大慧举《真净颂》曰：“‘客情步步随人转，有大威光不能现。突然一喝双耳聋，那吒眼开黄檗面。’死心拈云：‘云岩要问雪窦，既是大冶精金应无变色’，为甚么却三日耳聋？诸人要知么，从前汗马无人识，只要重论盖代功。”张拊几曰：“不因公语，争见真净死心用处。若非二大老，难显雪窦马师尔。”

住后，马师寄三瓮酱至。师集众上堂，开书了，拈拄杖指瓮曰：“道得即不打破，道不得即打破。”众无语。师打破归方丈。

马祖一日问师：“甚么处来？”师曰：“山后来。”祖曰：“逢着一人么？”曰：“不逢着。”祖曰：“为甚么不逢着？”曰：“若逢着，即举似和尚。”祖曰：“甚么处得这消息来？”曰：“某甲罪过。”祖曰：“却是老僧罪过。”

有僧哭入法堂来，师曰：“作么？”曰：“父母俱丧，请师选日。”师曰：“明日来，一时埋却。”沩山、五峰、云岩侍立次，师问沩山：“并却咽喉唇吻，作么生道？”山曰：“却请和尚道。”师曰：“不辞向汝道，恐已后丧汝儿孙。”又问五峰。峰曰：“和尚也须并却。”师曰：“无人处斫额望汝。”又问云岩。岩曰：“和尚有也未？”师曰：“丧我儿孙。”雪窦颂云：“却请和尚道，虎头生角出荒草，十洲春尽花凋残。珊瑚树林日杲杲。和尚也并却，龙蛇阵上看谋略，令人长忆李将军，万里秋空飞一鹗。和尚有也未，金毛师子不踞地，两两三三旧路行，大雄山下空弹指。”

师每上堂，有一老人随众听法。一日众退，唯老人不去。师问：“汝是何人？”老人曰：“某非人也，于过去迦叶佛时，曾住此山。因学人问：‘大修行人还落因果也无？’某对云：‘不落因果。’遂五百生堕野狐身，今请和尚代一转语，贵脱野狐身。”师曰：“汝问。”老人曰：“大修行人还落因果也无？”师曰：“不昧因果。”老人于言下大悟，作礼曰：“某已脱野狐身，住在山后。敢乞依亡僧律送。”师令维那白椎告众，食后送亡僧。大众聚议，大众皆安，涅槃堂又无病人，何故如此？食后师领众至山后岩下，以杖挑出一死野狐，乃依法火葬。师至晚上堂，举前因缘。黄檗便问："古人错只对一转语，堕五百生野狐身。转转不错，合作个甚么？"师曰："近前来向汝道。"檗近前打师一掌，师笑曰："将谓胡须赤，更有赤须胡。"时沩山在会下作典座，司马头陁举野狐话问典座："作么生？"座撼门扇三下，司马曰："太粗生。"座曰："佛法不是这个道理。"《真净颂》云："不落藏锋不昧分，要伊从此脱狐身。人人尽道休官好，林下何曾见一人。"　　真如喆颂云："大冶洪炉，烹佛烹祖。规模 尽，识者罔措。"　　僧问径山杲云："大修行人还落因果也无？前百丈道不落因果，为甚么堕野狐身？"径云："逢人但恁么举。"僧曰："只如后百丈道不昧因果，为甚么脱野狐身？"径云："逢人但恁么举。"僧云："或有人问径山：'大修行底人还落因果也无？'未审和尚向他道甚么？"径曰："向你道逢人但恁么举。"杲复有颂云："不落不昧，石头土块。陌路相逢，银山粉碎。拍手呵呵笑一场，明州有个憨布袋。"　　雪峰道圆禅师依积翠日，宴坐下板。闻二僧举野狐话，一云不昧因果也未脱得野狐身，一云不落因果又何曾堕野狐来。师闻之竿然。因诣积翠庵，渡涧猛省。因见南公叙其事，未终涕交颐。南公令就侍者榻熟睡，睡觉忽起作偈曰："不落不昧，僧俗本无忌讳。丈夫气宇如王，争受囊藏被盖。一条榔栗甚纵横，野狐跳入金毛队。"南公见，为之助喜。"

问："如何是奇特事？"师曰："独坐大雄峰。"僧礼拜，师便打。普请镢地次，忽有一僧闻鼓鸣，举镢头大笑便归。师曰："俊哉！此是观音入理之门。"师归院，乃唤其僧问："适来见甚么道理，便恁么？"曰："适来肚饥，闻鼓声，归吃饭。”师乃笑。镜清云：“当时沩山有此一僧。”鼓山云：“当时沩山无此一僧。”　圜悟勤云：“这僧洪音大振，直得一千五百人大善知识眼目定动，及乎勘证将来，却打个背翻筋斗。若不是沩山，争见汗马功高。后来道有此一僧，只得一半。道无此一僧，只得一半。今日板声钟声鱼声鼓声齐振，或有个拍手呵呵大笑，直向伊道：‘观世音菩萨来也。’”　此章或列于《沩山章》，故诸师皆云沩山。此从《传灯录》。

僧问西堂：“有问有答即且置，无问无答时如何？”堂曰：“怕烂却那。”师闻举乃曰：“从来疑这个老兄。”曰：“请和尚道。”师曰：“一合相不可得。”师谓众曰：“有一人长不吃饭不道饥，有一人终日吃饭不道饱。”临济示众云：“一人在孤峰顶上无出身之路，一人在十字街头亦无背面。那个在前，那个在后？不作维摩诘，不作傅大士。珍重！”又云：“有一人论劫在途中不离家舍，有一人离家舍不在途中。阿那个合受人天供养？”妙喜拈临济语云：“贼身已露。”

云岩问：“每日区区为阿谁？”师曰：“有一人要。”岩曰：“因甚么不教伊自作？”师曰：“他无家活。”云岩煎茶次，道吾问：“煎与阿谁？”岩曰：“有一人要。”曰：“何不教伊自煎？”岩曰：“幸有某甲在。”又药山问云岩：“作甚么？”岩曰：“担屎。”山曰：“那个聻？”岩曰：“在山。”曰：“汝来去为谁？”岩曰：“替他东西。”山曰：“何不教并行？”岩曰：“和尚莫谤他。”山曰：“不合恁么道？”岩曰：“如何道？”山曰：“还曾担么。”

师令僧去章敬处，见伊上堂说法，你便展开坐具礼拜，起，将一只鞋以袖拂却上尘，倒头覆下。其僧到章敬，一依师旨。章敬云：“老僧罪过。”黄龙新云：“百丈逞尽神通，不如章敬道个老僧罪过。”

僧问："抱璞投师，请师一鉴。"师曰："昨夜南山虎咬大虫。"曰："不谬真诠，为甚么不垂方便？"师曰："掩耳偷铃汉。"曰："不遇中郎鉴，还同野舍薪。"师便打。僧曰："苍天！苍天！"师曰："得与么多口？"曰："罕遇知音，拂袖便行。"师曰："百丈今日输却一半。"《佛鉴》云："虽得一场荣，刖却一双足。"至晚，侍者问："和尚被这僧不肯了便休。"师便打。者曰："苍天，苍天！"师曰："罕遇知音。"者作礼。师曰："一状领过。"赵州参，师问："近离甚处？"曰："南泉。"师曰："南泉近日有何言句？"曰："未得之人直须悄然。"师曰："悄然一句且置，茫然一句作么生道？"州进前三步，师便喝。州作缩身势，师曰："大好悄然。"州便出去。或作州曰："未得之人，直须悄然。"师便喝。州作怕势，师曰："大好悄然。"州作舞而出。

师有时说法竟，大众下堂，乃召之。大众回首，师曰："是甚么？"药山目之为百丈下堂句。

上堂，"灵光独耀，迥脱根尘。体露真常，不拘文字。心性无染，本自圆成。但离妄缘，即如如佛。"问："如何是大乘顿悟法要？"师曰："汝等先歇诸缘，休息万事。善与不善，世出世间，一切诸法，莫记忆，莫缘念，放舍身心，令其自在。心如木石，无所辨别。心无所行，心地若空，慧日自现，如云开日出相似。但歇一切攀缘，贪嗔爱取，垢净情尽。对五欲八风不动，不被见闻觉知所缚，不被诸境所惑，自然具足神通妙用，是解脱人。对一切境，心无静乱，不摄不散，透过一切声色，无有滞碍，名为道人。善恶是非俱不运用，亦不爱一法，亦不舍一法，名为大乘人。不被一切善恶、空有、垢净、有为无为、世出世间、福德智能之所拘系，名为佛慧。是非好丑、是理非理，诸知见情尽，不能系缚，处处自在，名为初发心菩萨，便登佛地。”问：“对一切境，如何得心如木石去?”师曰：“一切诸法，本不自言空，不自言色，亦不言是非垢净，亦无心系缚人。但人自虚妄计著，作若干种解会，起若干种知见，生若干种爱畏。但了诸法不自生，皆从自己一念妄想颠倒，取相而有，知。心与境本不相到，当处解脱，一一诸法当处寂灭，当处道场。又本有之性不可名目，本来不是凡不是圣，不是垢净，亦非空有，亦非善恶，与诸染法相应，名人天二乘界。若垢净心尽，不住系缚，不住解脱，无一切有为无为缚脱心量，处于生死，其心自在，毕竟不与诸妄虚幻、尘劳蕴界、生死诸入和合，迥然无寄，一切不拘，去留无碍。往来生死，如门开相似。夫学道人，若遇种种苦乐，称意不称意事，心无退屈，不念名闻利养衣食，不贪功德利益，不为世间诸法之所滞碍，无亲无爱，苦乐平怀，粗衣遮寒，粝食活命，兀兀如愚如聋，稍有相应分。若于心中广学知解，求福求智，皆是生死，于理无益，却被知解境风之所漂溺，还归生死海里。佛是无求人，求之即乖。理是无求理，求之即失。若着无求，复同于有求。若着无为，复同于有为。故经云：‘不取于法，不取非法，不取非非法。’又云：‘如来所得法，此法无实无虚。’若能一生心如木石相似，不被阴界五欲八风之所漂溺，即生死因断，去住自由。不为一切有为因果所缚，不被有漏所拘。他时还以无因缚为因，同事利益，以无着心应一切物，以无碍慧解一切缚。亦云应病与药。”问：“如今受戒，身口清净，已具诸善，得解脱否？”师曰：“少分解脱，未得心解脱，亦未得一切处解脱。”曰：“如何是心解脱及一切处解脱？”师曰：“不求佛法僧，乃至不求福智知解，垢净情尽，亦不守此无求为是，亦不住尽处，亦不欣天堂、畏地狱，缚脱无碍，即身心及一切处皆名解脱。汝莫言少分戒，身口意净，便以为了。不知河沙戒定慧门、无漏解脱，都未涉一毫在。努力向前，须猛究取，莫待耳聋眼暗，面皱发白，老苦及身，悲爱缠绵，眼中流泪，心里慞惶，一无所据，不知去处。到恁么时节，整理手脚不得也。纵有福智名闻利养，都不相救。为心眼未开，唯念诸境，不知返照，复不见佛道。一生所有善恶业缘，悉现于前，或欣或怖，六道五蕴，俱时现前。尽敷严好舍宅，舟船车舆，光明显赫，皆从自心贪爱所现。一切恶境，皆变成殊胜之境。但随贪爱重处，业识所引，随着受生，都无自由分。龙畜良贱，亦总未定。”问：“如何得自由分？”师曰：“如今得即得。或对五欲八风，情无取舍，悭嫉贪爱，我所情尽，垢净俱亡。如日月在空，不缘而照。心心如木石，念念如救头然。亦如香象渡河，截流而过，更无疑滞。此人天堂地狱所不能摄也。夫读经看教语言，皆须宛转归就自己。但是一切言教，只明如今鉴觉自性，但不被一切有无诸境转，是汝导师。能照破一切有无诸境，是金刚慧。即有自由独立分。若不能恁么会得，纵然诵得十二《韦陀典》，只成增上慢，却是谤佛，不是修行。但离一切声色，亦不住于离，亦不住于知解，是修行。读经看教，若准世间是好事，若向明理人边数，此是壅塞人。十地之人脱不去，流入生死河。但是三乘教，皆治贪嗔等病，只如今念念若有贪嗔等病，先须治之，不用求觅义句知解。知解属贪，贪变成病。只如今但离一切有无诸法，亦离于离，透过三句外，自然与佛无差。既自是佛，何虑佛不解语。只恐不是佛，被有无诸法缚，不得自由。以理未立，先有福智，被福智载去，如贱使贵。不如先立理，后有福智。若要福智，临时作得。撮土成金，撮金为土，变海水为酥酪，破须弥为微尘，摄四大海水入一毛孔。于一义作无量义，于无量义作一义。伏惟珍重。”夫语须辨缁素，须识总别语，须识了义不了义教语。了义教辨清，不了义教辨浊，说秽法边垢拣凡，说净法边垢拣圣。从九部教，说向前众生无眼，须假人雕琢。若于聋俗人前说，直须教渠出家持戒修禅学慧。若是过量俗人，亦不得向伊与么说。如维摩诘、傅大士等类。若于沙门前说，他沙门已受白四羯磨讫，具足全是戒定慧力。更向他与么说。名非时语，说不应时，亦名绮语。若是沙门，须说净法边垢，须说离有无等法。离一切修证，亦离于离。若于沙门中剥除习染，沙门除贪嗔病不去，亦名聋俗，亦须教渠修禅学慧。若是二乘僧，他歇得贪嗔病去尽，依住无贪将为是。是无色界，是障佛光明，是出佛身血，亦须教渠修禅学慧。须辨清浊语。浊法者贪嗔爱取等多名也，清法者菩提涅槃解脱等多名也。只如今鉴觉，但于清浊两流，凡圣等法，色声香味触法，世间出世间法，都不得有纤毫爱取。既不爱取，依住不爱取将为是，是初善，是住调伏心，是声闻人，是恋筏不舍人，是二乘道，是禅那果。既不爱取，亦不依住不爱取，是中善，是半字教，犹是无色界，免堕二乘道，免堕魔民道，犹是禅那病，是菩萨缚。既不依住不爱取，亦不作不依住知解，是后善，是满字教，免堕无色界，免堕禅那病，免堕菩萨乘，免堕魔王位。为智障地障行障故，见自己佛性，如夜见色，如云佛地断二愚，一微细所知愚，二极微细所知愚。故云有大智人破尘出经卷，若透得三句过，不被三段管。教家举喻，如鹿三跳出网，唤作廛外佛。无物拘系得渠，是属然灯后佛，是最上乘，是上上智，是佛道上立，此人是佛，有佛性，是导师。是使得无所碍风，是无碍慧，于后能使得因果福智自由。是作车运载因果，处于生不被生之所留，处于死不被死之所碍。处于五阴，如门开，不被五阴碍，去住自由，出入无难。若能与么，不论阶梯胜劣，乃至蚁子之身，但能与么。尽是净妙国土，不可思议。此犹是解缚语，彼自无疮，勿伤之也。佛疮菩萨等疮，但说有无等法，尽是伤也。有无管一切法，十地是浊流河众。作清流说，竖清相说浊过患。向前十大弟子，舍利弗、富楼那、正信阿难、邪信善星等，个个有榜样，个个有则候，一一被导师说破。不是四禅八定，阿罗汉等，住定八万劫。他是依执所行，被净法酒醉。故声闻人闻佛法，不能发无上道心。所以断善根人无佛性，教云唤作解脱深坑可畏之处。一念心退，堕地狱犹如箭射。亦不得一向说退，亦不得一向说不退。只如文殊观音势至等，却来须陁洹地，同类诱引，不得言他退。当与么时，只唤作须陁洹人。只如今鉴觉，但不被一切有无诸法管，透三句及一切逆顺境得过。闻百千万亿佛出世间，如不闻相似，亦不依住不闻，亦不作不依住知解。说他这个人退，不得量数，管他不着。是佛常住世间，而不染世法。说佛转法轮退，亦是谤佛法僧。说佛不转法轮不退，亦是谤佛法僧。肇公云：菩提之道不可图度，高而无上，广不可极，渊而无下，深不可测。语也垛生招箭，言鉴觉犹不是从浊辨清。许说如今鉴觉是，除鉴觉外别有，尽是魔说。若守住如今鉴觉，亦同魔说，亦名自然外道说。如今鉴觉是自己佛，是尺寸语，是图度语，似野干鸣。犹属黐胶门，本来不认自知自觉是自己佛，向外驰求觅佛，假善知识说出自知自觉作药，治个向外驰求病。既不向外驰求，病瘥须除药。若执住自知自觉，是禅那病，是彻底声闻，如水成冰，全冰是水，救渴难望。亦云：必死之病，世医拱手。无始不是佛，莫作佛解。佛是众生边药，无病不要吃药。药病俱消，喻如清水。佛是甘草和水，亦如蜜和水，极是甘美。若同清水边数，则不著不是。无是本有，亦云此理是诸人本有。诸佛菩萨唤作示珠人，从来不是个物。不用知渠解渠，不用是渠非渠。但割断两头句，割断有句不有句，割断无句不无句。两头迹不现，两头捉汝不着，量数管汝不得，不是欠少，不是具足，非凡非圣，非明非暗。不是有知，不是无知，不是系缚，不是解脱，不是一切名目，何以不是实语。若为雕琢虚空，作得佛相貌，若为说道虚空，是青黄赤白作得。如云法无有比，无可喻故。法身无为，不堕诸数。故云圣体无名不可说，如实理空门难凑。喻如大末虫，处处能泊，惟不能泊于火焰之上。众生心亦尔，处处能缘，惟不能缘于般若之上。参善知识，求觅一知一解，是善知识魔。生语见故。若发四弘誓愿，愿度一切众生尽，然后我始成佛，是菩萨发智魔。誓愿不相舍故。若持斋戒修禅学慧，是有漏善根，纵然坐道场，示现成等正觉，度恒沙数人，尽证辟支佛果，是善根魔。起贪著故。若于诸法都无贪染，神理独存，住甚深禅定，更不升进，是三昧魔。久耽玩故。至上涅槃离欲寂静，是魔业。若智能脱若干魔网不去，纵解百本《韦陁经》，尽是地狱滓。若觅如佛相似，无有是处。如今闻说不著一切善恶有无等法，即为堕空。不知弃本逐末，却是堕空也。求佛求菩提，及一切有无等法，是弃本逐末。只如今粗食助命，补破遮寒，渴则掬水吃，余外但是一切有无等法，都无纤毫系念，此人渐有轻明分。善知识不执有不执无，脱得十句魔语，师《语录》中又云："只如今但无十句，浊心、贪心、爱心、染心、嗔心、执心、住心、依心、著心、取心、恋心，但是一句各有三句外，个个透过三句外。但是一切照用任听纵横，但是一切举动施为语默啼笑，尽是佛慧。未审十句浊心即十句魔语否？要当不外此意。"出语不系缚人，所有言说不自称师，说如谷响，言满天下无口过，堪依止。若道我能说能解，说我是和尚，汝是弟子，者个同于魔说。无端说道，目击道存，是佛不是佛，是菩提涅槃解脱等。无端说一知一解，见举一手竖一指，云是禅是道，者个语系缚人，未有住时，只是重增比丘绳索。纵然不说，亦有口过，宁作心师，不师于心。不了义教有人天师，有导师，了义教中，不为人天师，不师于法，未能依得玄鉴。且依得了义教，犹有相亲分，若是不了义教，只合聋俗人前说。只如今但不依住一切有无诸法，亦不住无依住，亦不作不依住知解，是名大善知识。亦云惟佛一人是大善知识，为无两人，余者尽名外道，亦名魔说。如今只是说破两头句，一切有无境法，但莫贪染。及解缚之事，无别语句教人，若道别有语句教人，别有法与人者，此名外道，亦名魔说。须识了义教不了义教语，须识遮语不遮语，须识生死语，须识药病语，须识逆顺喻语，须识总别语。说道修行得佛，有修有证，是心是佛，即心即佛，是佛说，是不了义教语，是不遮语，是总语，是升合担语，是拣秽法边语，是顺喻语，是死语，是凡夫前语。不许修行得佛，无修无证，非心非佛，亦是佛说。是了义教语，是遮语，是别语，是百石担语，是三乘教外语，是逆喻语，是拣净法边语，是生语，是地位人前语。从须陁洹向上，直至十地。但有语句，尽属法尘垢。但有语句，尽属烦恼边收。但有语句，尽属不了义教。了义教是持，不了义教是犯，佛地无持犯，了义不了义教尽不许也。从苗辨地，从浊辨清，只如今鉴觉。若从清边数，鉴觉亦不是清，不鉴觉亦不是，此处有脱误。清亦不是，不清亦不是。圣亦不是，不圣亦不是。见水浊说水浊过患，水若清，都无可说，说却浊他水。若有无问之问，亦有无说之说。佛不为佛说法，平等真如法界，无佛不度众生。佛不住佛，名真福田。须辨主客语，贪染一切有无境法，被一切有无境惑乱。自心是魔王，照用属魔民。只如今鉴觉，但不依住一切有无诸法世间出世间法，亦不作不住知解，亦不依住无知解，自心是佛。照用属菩萨，心心应衍[1]是主宰。照用属客尘，如波说水，照万象以无功。若能寂照不自玄旨，自然贯串于古今。如云神无照功，至功常存。能一切处为导师，众生性识，他为未曾踏佛阶梯，是黐

[1] 心心：此衍一“心”字。

胶性。多时粘著有无诸法，乍吃玄旨药不得。乍闻格外语，他信不及。所以菩提树下，四十九日默然思惟。智能冥朦难说，无可比喻。说众生有佛性，亦谤佛法僧。说众生无佛性，亦谤佛法僧。若言有佛性，名执著谤。若言无佛性，名虚妄谤。如云说佛性有，则增益谤。说佛性无，则损减谤。说佛性亦有亦无，则相违谤。说佛性非有非无，则戏论谤。始欲不说，众生无解脱之期，始欲说之，众生又随语生解。益少损多，故云我宁不说法，疾入于涅槃。向后返寻过去诸佛，皆说三乘法。向后假偈说，假立名字，本不是佛。向渠说是佛，本不是菩提。向渠说是菩提，涅槃解脱等，知渠担百石担不起，且与渠一升一合担，知渠难信了义教，且与渠说不了义教。且得善法流行，亦胜于恶法。善果限满，恶果便到，得佛则有众生到，得涅槃则有生死到，得明则有暗到。但是有漏因果，翻覆无有不相酬献者。若欲免见翻覆之事，但割断两头句，量数管不着。不佛不众生，不亲不疏，不高不下，不平不等，不去不来，但不著文字，隔渠两头，捉汝不得，免苦乐相形，免明暗相酬。实理真实亦不真实，虚妄亦不虚妄，不是量数物，喻如虚空不可修治。若心有少许作解，即被量数管着。亦如卦兆，被金木水火土管，亦如黐胶五处俱黏。魔王捉得，自在还家。夫教语皆三句相连，初中后善。初直须教渠发善心，中破善心，后始名好善。菩萨即非菩萨是名菩萨，法非法非非法，总与么也。若只说一句，令众生入地狱。若三句一时说，渠自入地狱，不干教主事。说到如今，鉴觉是自己佛，是初善。不守住如今鉴觉，是中善。亦不作不守住知解，是后善。如前属然灯后佛，只是不凡亦不圣，莫错说佛非凡非圣。此土初祖云：无能无圣为佛圣，若言佛圣者亦非，九品精灵龙畜等类。及释梵已来，皆能通变，上品精灵，亦知古今百劫时事，岂得是佛？如阿修罗王身极长大，敌两倍须弥山。与帝释战时，知力不如，领百万兵众入藕丝孔里藏，通变辩才不少。他且不是佛教语，节级奢缓升降不同，未悟未解，唤作贪嗔，悟了唤作佛慧。故云不异旧时人，只异旧时行履处。”

问：“斩草伐木，掘地垦土，为有罪报相否？”师云：“不得定言有罪，亦不得定言无罪。有罪无罪，事在当人。若贪染一切有无等法，有取舍心在，透三句不过，此人定言有罪。若透三句外，心如虚空，亦莫作虚空想，此人定言无罪。”又云：“罪若作了，道不见有罪，无有是处。若不作罪，道有罪，亦无有是处。如律中本迷煞人，及转相煞，尚不得煞罪。何况禅宗下相承，心如虚空。不停留一物，亦无虚空相，将罪何处安着？”古若有今，今亦有古。古若有佛，今亦有佛。如今若得，直至未来际得，只如今一念，一念不被一切有无等法管。自古自今，佛只是人，人只是佛。亦是三昧定。不用将定入定，不用将禅想禅，不用将佛觅佛。如云法不求法，法不得法，法不行法，法不见法，自然得法。不以得更得。所以菩萨应如是正念于法，罄然独存，亦无知独存之法智。性自如如，非因所置。亦名体结，亦名体集。不是智知，不是识识。绝思量处，凝寂体尽，忖度永亡。如海大流尽，波浪不复生。亦云如大海水无风匝匝之波，忽知匝匝之波。此是细中之粗，亡知于知。还如细中之细，是佛境界。从此初知，名三昧之顶。亦名三昧王，亦名尔焰智。

出生一切诸三昧，灌一切诸法王子顶，于一切色声香味触法刹土，成等正觉。内外通达，悉无有阂。一色一尘，一佛一色，一切佛一切色，一切尘一切佛，一切色声香味触法亦复如是。一一遍满一切刹土，此是细中之粗，是善境界，是一切上流知觉闻见，亦是一切上流出生入死。度一切有无等，是上流所说，亦是上流涅槃。是无上道，是无等等咒，是第一之说。于诸说中最为极深，无人能到。诸佛护念，犹如清波，能说一切水清浊深流广大之用。诸佛护念，行住坐卧若能如是，我时为现清净光明身。”又云：“如汝自等语等，我亦如然。一佛刹声，一佛刹香，一佛刹味，一佛刹触，一佛刹事，悉皆如是。从此上至莲花藏世界，纵广总皆如是。若守初知为解名顶结，亦名堕顶结，是一切尘劳之根本。自生知见，无绳自缚。所知故系，世有二十五。又散一切诸烦恼门，缚著于他，此初知，二乘见之，名为尔焰识，亦名微细烦恼。即便断除，既得除已，名为回神住空窟，亦名三昧酒所醉，亦名解脱魔所缚。世界成坏，定力所持，漏向别国土都不觉知，亦名解脱深坑可畏之处，菩萨悉皆远离。”为求无上菩提涅槃，犹是邪愿。于自己五阴，被人割截，都无烦恼，亦无一念生彼我心。若依住无一念，将为是，此名法尘垢。十地之人脱不去，流入生死河。而彼心持我慢，识逐利名者，云我得一切无碍，只是自诳。”此土初祖云：“心有所是，必有所非。若贵一物，则被一物惑。信被信惑，不信又成谤。莫贵莫不贵，莫信莫不信。”

问：“如何是有情无佛性，无情有佛性？”师云：“从人至佛，是圣情执。从人至地狱，是凡情执。只如今但于凡圣二境，有染爱心，是名有情无佛性。只如今但于凡圣二境，及一切有无诸法，都无取舍心，亦无无取舍知解，是名无情有佛性。只是无其情系，故名无情。不同木石太虚黄花翠竹之无情，将为有佛性。若言有者，何故经中不见受记而得成佛者。只如今鉴觉，但不被有情改变，喻如翠竹，无不应机，无不知时，喻如黄花。”又云：“若踏佛阶梯，无情有佛性。未踏佛阶梯，有情无佛性。”大小百丈作小乘见解，莫是未曾见南阳。

“未悟未解时名母，悟了名子，亦无无悟解知解，是名母子俱丧。”

“一切言教，只是治病，为病不同，药亦不同。所以有时说有佛，有时说无佛。实语治病，病若得瘥，个个是实语。治病若不瘥，个个是虚妄语。实语是虚妄语，生见故。虚妄是实语，断众生颠倒故。为病是虚妄，只有虚妄药相治。”

“圣地习凡因，佛入众生中，同类诱引，化导同渠。饿鬼肢节火然，与渠说般若波罗蜜，令渠发心。若一向在圣地，凭何得至彼共渠语？佛入诸类，与众生作船筏，同渠受苦，无限劳极。佛入苦处，亦同众生受苦。佛只是去住自由，不同众生。佛不是虚空，受苦何得不苦？若说不苦，此语违负。等闲莫说错，说佛神通自在不自在。且惭愧人，不敢说佛是有为是无为？不敢说佛自由不自由？除赞药方外，不欲得露现两头丑陋。教云：若人安佛菩提置有所是边，其人得大罪。亦云：如不识佛人前，向渠与么说无过。如无漏牛乳，能治有漏病。其牛者，不在高原，不居下隰，此牛乳堪作药。高原喻于佛，下隰喻于众生。如云如来实智法身，又无比应作“此”病。辩才无碍，升腾自在，不生不灭，是名应作“明”生老病死，疼痛疴疴是暗，吃菌羹，患痢疾而终是暗。为藏明头迹，明暗都遣，莫取无取，亦无无取。他不明不暗，王宫生纳耶输陁罗八相成道，声闻外道妄想所计，如云非杂食身。纯陁云：我知如来决定不受不食，第一须具两只眼，照破两头事。莫只带一只眼，向一边行。即有那一边到，功德天黑暗女相随，有智主人二俱不受。只如今心如虚空相似，学始有所成。西国高祖云：雪山喻大涅槃。此土初祖云：心心如木石。三祖云：兀尔忘缘。曹溪云：善恶都莫思量。先师云：如迷人不辨方所。肇公云：闭智塞聪，独觉冥冥者矣。文殊云：心同虚空故，敬礼无所观。甚深修多罗，不闻不受持。只如今但是一切有无诸法，都不见不闻。六根杜塞，若能与么学，与么持经，始有修行分。者个语逆耳苦口，可中与么作得。至第二第三生，能向无佛处坐大道场，示现成等正觉，变恶为善，变善为恶。使恶法教化十地菩萨，使善法教地狱饿鬼。能向明处解明缚，能向暗处解暗缚。又云：“从色界向上，布施是病，悭贪是药。从色界向下，悭贪是病，布施是药。”又云：“从人至佛是得，从人至地狱是失。是非亦然。三祖云：得失是非一时放却。”撮金成土，撮土成金，百般作得，变弄自由。于恒沙世界外有求救者，婆伽婆即披三十二相现其人前，同渠语音，与渠说法，随机感化，应物殊形，变现诸趣。离我我所，犹属彼边事，犹是小用，亦是佛事门中收大用者。大身隐于无形，大音匿于希声。如木中之火，如钟鼓之声，因缘未具时，不可言其有无。傍报生天，弃之如涕唾。菩萨六度万行，如乘死尸过岸，如在牢狱厕孔得出。佛披三十二相，唤作垢腻之衣。”“无善缠，无恶缠，无佛缠，无众生缠。量数亦然，乃至都无一切量数缠。故云佛是出缠过量人。贪爱知解义句如母爱子，惟多与儿酥吃，消与不消，都总不知。此语喻十地受人天尊贵烦恼，生色界无色界禅定福乐烦恼，不得自在神通，飞腾隐显，遍至十方诸佛净土听法之烦恼，学慈悲喜舍因缘烦恼，学空平等中道烦恼，学三明六通四无阂烦恼，学大乘心发四弘誓愿烦恼，初地二地三地四地明解烦恼，五地六地七地诸知见烦恼，八地九地十地菩萨双照二谛烦恼，乃至学佛果百万阿僧祇诸行烦恼。惟贪义句知解，不知却是系缚烦恼。故云见河能漂香象。”“若执本清净本解脱，自是佛，自是禅道解者，即属自然外道。若执因缘修成证得者，即属因缘外道。执有即属常见外道，执无即属断见外道。执亦有亦无，即属边见外道。执非有非无，即属空见外道。亦云愚痴外道。只如今但莫作佛见涅槃等见，都无一切有无等见，亦无无见，名正见。无一切闻，亦无无闻，名正闻。”

“文殊是七佛祖师，亦云是娑婆世界第一主首菩萨。无端作见佛想、闻法想，被佛威神力故，左降二铁围山。不是不解，特与诸学人作标则，令诸后学人莫作与么见闻。但无一切有无等法，有无等见。一一个个透过三句外，是名如意宝，是名宝华承足。若作佛见法见，但是一切有无等见，名眼翳，见所见故。亦名见缠，亦名见盖，亦名见孽。只如今念念及一切见闻觉知，及一切尘垢祛得尽。但是一尘一色，总是一佛。但起一念，总是一佛。三世五阴念念，谁知其数？

是名佛阖塞虚空，是名分身佛。”师尝云：“但有举心动念，尽名破戒，此念云何名分身佛？天魔波旬，觅菩萨一念起处，便拟扑倒。此起念处可觅否？若不可觅见佛闻法底，文殊云何降二铁围山？”

“信着一切法，名信不具，亦名信不圆，亦名偏信不具。故名一阐提。如今欲得蓦直悟解，但人法俱泯，人法俱绝，人法俱空。透三句外，是名不堕诸数人，是信法者。”“佛是缠外人，无纤毫爱取，亦无无爱取知解，是名具足六度万行。若要庄严具，种种皆有，如不要则亦不失他。使得因果，福智自由。”

问：“从上祖宗，皆有密语，递相传授如何？”师曰：“无有密语，如来无有秘密藏。只如今鉴觉语言分明，觅形相了不可得，是密语。从须陀洹向上，直至十地，但有语句，尽属法之尘垢。但有语句，尽属烦恼边收。但有语句，尽属不了义教。但有语句，尽不许也。了义教俱非也，更讨甚么密语？”“供养者，净三业，前际无烦恼可断，中际无自性可守，后际无佛可成。是三际断，是三业清净，是三轮空，是三檀空。云何比丘给侍于佛，所谓不漏六根者，亦名庄严，空无诸漏，林树庄严，空无诸染，花果庄严，空无佛眼。”

问：“语也垛生招箭，言既垛生，不得无患。患累既同，缁素奚别？”师云：“但却发箭，途中相拄，如其相差，必有所伤。谷中寻响，累劫无形，响在口边，得失在于来问。却问所归，还被于箭。”问：“大通智胜佛，十劫坐道场，佛法不现前，不得成佛道。如何？”师云：“劫者滞也，亦云住也。住一善滞于十善，西国云佛，此土云觉。自己鉴觉滞著于善，善根人无佛性。故云佛法不现前，不得成佛道。触恶住恶，名众生觉。触善住善，名声闻觉。不住善恶二边，不依住将为是者，名二乘觉，亦名辟支佛觉。既不依住善恶二边，亦不作不依住知解，名菩萨觉。既不依住，亦不作无依住知解，始得名为佛觉。如云佛不住佛，名真福田。若于千万人中，忽有一人得者，名无价宝，能于一切处为导师，无佛处云是佛，无法处云是法，无僧处云是僧，名转大法轮。”

僧问临济：“大通智胜佛，十劫坐道场，佛法不现前，不得成佛道。未审此意如何，乞师指示？”济云：“大通者，是自己于处处达其万法，无性无相，名为大通。智胜者，于一切处不疑，不得一法，名为智胜。佛者，心清净光明透彻法界，得名为佛。十劫坐道场者，十波罗蜜是。佛法不现前者，佛本不生，法本不灭，云何更有现前不得成佛道者？佛不应更作佛。古人云：佛常在世间，而不染世间法。道流，你欲得作佛，莫随万物。心生种种法生，心灭种种法灭。一心不生，万法无咎。世与出世，无佛无法。亦不现前，亦不曾失。设有者，皆是名言章句，接引小儿，施设药病，表显名句。且名句不自名句，还是你目前昭昭灵灵，鉴觉闻知照烛底安一切名句。”

洪觉范《智证传》曰：“经盖尝言：若人散乱心入于塔庙中，一称南无佛，皆已成佛道。岂一部之经，首尾自相违戾。曰：予论此经，盖皆象也。圣人非不欲正言，以有不可胜言者，惟象为能尽其意，佛意以智身不可以三昧处求故也。以智体无所住无所依故，若生想念，愿乐见之。即如所应现，无有处所依止故。犹如空谷响，但有应物之音，若呼之即应，无有处所可得。故《华严经》曰：有欲见普贤身及座者，但生想念是也。夫于散乱心时，一念佛号，便得觉道。但生想念，即见普贤。而十劫在定，谓佛法不现。遍会推求，谓普贤不见。非钝根所知之境也。”　幻寄曰：“三师谈《法华》，如韩婴说诗，断章取义，好处不无。欲见大通智胜，只得一边。”

“常嗟今日所依之命，饥不得食则死，寒不得衣则死，被四大把定。不如先达者，入火不烧，入水不溺。要烧便烧，要溺便溺，去住自由。十地菩萨亦水不能溺，火不能烧。倘要烧且不可得烧，他被量数管定。佛则不与么，使得四大，风水自由。”琅玡云：“药王十地，何以烧得。” 幻寄云：“琅玡未识药王。”

“智浊照清，慧清识浊。在佛名照慧，在菩萨名智，在二乘及众生边名识，亦名烦恼。在佛名果中说因，在众生名因中说果。在佛名转法轮，在菩萨名法轮转，在菩萨名璎珞庄严具，在众生名五阴丛林。在佛名本地无明，是无明明，故云无明为道体。不同众生暗蔽无明，彼是所，此是能，彼是所闻，此是能闻。不一不异，不断不常，不来不去，是生语句，是出辙语句。不明不暗，不佛不众生，总与么也。”

师凡作务执劳，必先于众，主者不忍，密收作具而请息之。师曰：“吾无德，争合劳于人?”既遍求作具不获，则亦不食。故有“一日不作，一日不食”之语流播诸方。唐元和九年正月十七日归寂，谥大智禅师。

◎池州南泉普愿禅师，郑州新郑人，姓王。依大隗山大慧禅师受业，嵩岳受具。初习相部及《毗尼》，既游讲肆，历听《楞伽》《华严》，入《中百门》观，精练玄义。后扣大寂之室，顿然忘筌，得游戏三昧。一日，为众僧行粥次，马祖问：“桶里是甚么?”师曰：“这老汉，合取口，作恁么语。”祖便休。自是同参无敢诘问。贞元十一年，憩锡池阳，不下南泉三十余载。诸方目为郢匠。

南泉山下有一庵主，人谓曰：“近日南泉和尚出世，何不去礼见？”主曰：“非但南泉出世，直饶千佛出兴，我亦不去。”师闻，乃令赵州去勘。州去便设拜，主不顾，州从东过西，又从西过东，主亦不顾。州曰：“草贼大败。”遂拽下帘子便归。举似师，师曰：“我从来疑着这汉。”次日师与沙弥携茶一瓶，盏三只到庵，掷向地上，乃曰：“昨日底，昨日底！”主曰：“昨日底是甚么？”师于沙弥背上拍一下曰：“赚我来，赚我来！”拂袖便回。雪窦显云：“大小南泉赵州，被这担板汉勘破。”

赵州问：“道非物外，物外非道，如何是物外道？”师便打。州捉住棒云：“已后莫错打人。”师曰：“龙蛇易辨，衲子难瞒。”雪窦显云：“赵州如龙无角，似蛇有足，当时不管，尽法无民，直须吃棒了趁出。”

玩月次，僧问：“几时得似这个去？”师曰：“王老师二十年前亦恁么来。”曰：“即今作么生？”师便归方丈。师一日问黄檗：“黄金为世界，白银为壁落，此是甚么人居处？”檗曰：“是圣人居处。”师曰：“更有一人居何国土？”檗乃叉手立。师曰：“道不得，何不问王老师？”檗却问：“更有一人居何国土？”师曰：“可惜许。”师问黄檗：“定慧等学，明见佛性，此理如何？”檗曰：“十二时中不依倚一物。”师曰：“莫是长老见处么？”檗曰：“不敢。”师曰：“浆水钱且置，草鞋钱教阿谁还？”妙喜曰：“不见道，路逢剑客须呈剑，不是诗人莫献诗。”

师参百丈涅槃和尚，丈问：“从上诸圣还有不为人说底法么？”师曰：“有。”丈曰：“作么生是不为人说底法？”师曰：“不是心，不是佛，不是物。”丈曰：“说了也。”师曰：

“某甲只恁么，和尚作么生？”丈曰：“我又不是大善知识，争知有说不说？”师曰：“某甲不会。”丈曰：“我忒煞为你说了也。”雪窦显颂云：“佛祖从来不为人，衲僧今古竞头走。明镜当台列象殊，一一面南看北斗。斗柄垂，无处讨，拈得鼻孔失却口。”

师与鲁祖、归宗、杉山四人离马祖处，各谋住庵。于中路相别次，师插下拄杖云：“道得也被这个碍，道不得也被这个碍。”宗拽拄杖打师一下云：“也只是这个，王老师说甚么碍不碍？”鲁云：“只此一句语，大播天下。”宗曰：“还有不播者么？”鲁曰：“有。”宗曰：“作么生是不播者？”鲁作掌势。师同鲁祖、杉山、归宗吃茶次，鲁祖提起茶盏云：“世界未成时，便有这个。”师云：“今人只识这个，未识世界。”宗云：“是。”师云：“师兄莫同此见么？”宗却拈起盏云：“向世界未成时道得么？”师作掌势，宗以面作承掌势。麻谷持锡到章敬，绕禅床三匝，振锡一下，卓然而立。敬云：“是，是。”雪窦云：“错。”谷又到师处，亦绕禅床三匝，振锡一下，卓然而立。师云：“不是，不是。”雪窦云：“错。”谷云：“章敬道是，和尚为甚么道不是？”师云：“章敬即是，是汝不是。此是风力所转，终成败坏。”雪窦颂云：“此错彼错，切忌拈却。四海浪平，百川潮落。古策风高十二门，门门有路空萧索。非萧索，作者好求无病药。” 圜悟勤云：“须是明取两错始得，雪窦要提活泼泼处，所以如此，若是皮下有血底汉，自然不向言句中作解会。有者道：雪窦代麻谷，下这两错，有甚么交涉？殊不知古人著语，锁断要关。这边也是，那边也是。毕竟不在这两头。庆藏主道：持锡绕禅床，如是不是俱错，其实亦不在此。”沩山喆云：“章敬道是，也落在麻谷彀中。南泉道不是，也落在麻谷彀中。大沩即不然，忽有人持锡绕禅床三匝，卓然而立，但向伊道，未到这里，好与三十棒。”

盐官谓众曰：“虚空为鼓，须弥为椎，甚么人打得？”众无对。有僧举似师，师云：“王老师不打这破鼓笛。”法眼别云：“王老师不打。”　　黄龙心云：“南泉法眼，只知瞻前，不知顾后。且如盐官道：虚空为鼓，须弥为椎。什么处是破处？还检点得出么？直饶检点得破处分明，我更问你觅鼓在。”

师与归宗、麻谷同去参礼南阳国师，师于路上画一圆相曰：“道得即去。”宗便于圆相中坐，谷便作女人拜。师曰：“恁么则不去也。”宗曰：“是什么心行？”师乃相唤便回，更不去礼国师。雪窦颂云：“由基箭射猿，绕树何太直。千个与万个，是谁曾中的。相呼相唤归去来，曹溪路上休登陟。”复云：“曹溪路坦平，为甚么休登陟？”

有一座主辞师，师问：“甚么处去？”对曰：“山下去。”师曰：“第一不得谤王老师。”对曰：“争敢谤和尚。”师乃喷嚏，曰：“多少？”主便出去。云居膺云：“非师本意。”　　先曹山云：“赖也。”　　石霜云：“不为人斟酌。”　　长庆云：“请领话。”　　云居锡云：“座主当时出去，是会不会？”

师一日掩方丈门，将灰围却门外曰：“若有人道得即开。”或有只对，多未惬师意。赵州曰：“苍天！”师便开门。陆大夫与师见人双陆，指骰子曰：“恁么不恁么。正恁么信彩去时如何？”师拈起骰子曰：“臭骨头十八。”陆大夫向师道：“肇法师也甚奇怪，解道天地与我同根，万物与我一体。师指庭前牡丹花曰：“大夫，时人见此一株花，如梦相似。”陆罔测。雪窦颂云：“闻见觉知非一一，山河不在镜中观。霜天月落夜将半，谁共澄潭照影寒。”　　圜悟勤云：“南泉小睡语，雪窦大睡语。虽然作梦，却作得个好梦。前头说一体，这里说不同。‘闻见觉知非一一，山河不在镜中观。’若道在镜中观，然后方晓了则不离镜处。山河大地，草木丛林，莫将镜鉴。若将镜鉴，便为两段。但只可山是山，水是水，是法住法位，世间相常住。山河不碍眼光，且道向甚么处观？还会么？到这里，向霜天月落夜将半，这边与你打并了也，那边你自相度。还知雪窦以本分事为人么？谁共澄潭照影寒。为复自照，为复共人照，须是绝机绝解，方到这境界。即今也不要澄潭，也不待霜天月落，即今作么生？”　径山杲云：“若向理上看，非但南泉谩他陆亘大夫一点不得，亦未摸着他脚跟下一茎毛在。若向事上看，非但陆亘大夫谩他南泉一点不得，亦未梦见他汗臭气在。或有出来道，大小径山说事说理，只向他道，但向理事上会取。复有颂云：‘天地同根伸一问，未曾抬步已亡家。’无阴阳地花重发，玉本无瑕却有瑕。”　法昌遇。一日与讷首座修花坛次，乃问：“南泉道：时人见此一株花如梦相似。且道你见似个甚么？”讷云：“只是一株花。”遇云：“与么则你也在南泉窠窟里。”讷云：“古人意作么生？”遇云：“拈砖来。”讷过砖了又问，遇云：“古佛过去久矣。”

师入宣州，陆亘大夫出迎，指城门曰：“人人尽唤作雍门，未审和尚唤作甚么？”师曰：“老僧若道，恐辱大夫风化。”曰：“忽然贼来作么生？”师曰：“老僧罪过。”陆又问：“弟子家中有一片石，或时坐或时卧，如今拟镌作佛得否？”师曰：“得。”陆曰：“莫不得否？”师曰：“不得。”云岩云：“坐即佛，不坐即非佛。”　洞山云：“不坐即佛，坐即非佛。”

天童觉云：“转功就位，转位就功，还他洞上父子，且道南泉意作么生，直是针锥不入。”

问：“父母未生时，鼻孔在甚么处？”师曰：“父母已生了，鼻孔在甚么处？”师问神山：“何处来？”神山云：“打罗来。”师曰：“手打脚打。”山无语。师曰：“你问我，我与你道。”山如问。师曰：“分明记取，已后遇明眼人举似他。”师问座主：“讲甚么经？”座主云：“《弥勒下生经》。”师云：“弥勒几时下生？”主云：“现在天宫未来。”师云：“天上无弥勒，地下无弥勒。”洞山价举问云居膺，居云：“天上无弥勒，地下无弥勒，未审谁与安名？”洞山被问，直得禅床振动。乃云：“吾在云岩曾问老人，直得火炉振动。今日被子问，直得通身汗流。”

大阳玄云：“如今老僧举起，也有解问者，致将一问来，乃云：地动也。”　径山杲云：“禅床动火炉动地动，即不无三个老汉，要见南泉，直待弥勒下生始得。忽有个汉出来道：天上无弥勒，地下无弥勒，却教甚么人下生？又向他作么生只对，但向他道，老僧罪过。”

师住庵时，有一僧到庵。师向伊道：“我上山去作务，待斋时作饭自吃了，送一分上来。”少时，其僧作饭自吃了，却一时打破家事，就床卧。师待不见来，便归庵见僧卧，师亦就伊边卧，僧便起去。师住后曰：“我往前住庵时，有个灵利道者，直至如今不见。”翠岩芝云：“两个汉，前不至村，后不至店。”

问：“十二时中以何为境？”师曰：“何不问王老师？”曰：“问了也。”师曰：“还曾与汝为境么？”僧问：“师归丈室，将何指南？”师曰：“昨夜三更失却牛，天明起来失却火。”师因东西两堂争猫儿，师遇之白众曰：“道得即救取猫儿，道不得即斩却也。”众无对。师便斩之。赵州自外归，师举前语示之，州脱履安头上而出。师曰：“子若在，即救得猫儿也。”又归宗禅师刬草次，有讲僧来参。忽有一蛇过，师以锄断之，僧曰：“久向归宗，原来是个粗行沙门。”师曰：“你粗我粗?”曰：“如何是粗?”师竖起锄头。曰：“如何是细?”师作斩蛇势。曰：“与么则依而行之?”师曰：“依而行之且置，你甚处见我斩蛇。”僧无对。　　雪峰问德山：“南泉斩猫意如何?”德山以拄杖便打趁出。复召云：“会么?”峰云：“不会。”山云：“我与么老婆心，犹自不会。”　　盐官尚禅师问觉印：“南泉斩猫，意旨如何?”印曰：“须是南泉始得。”印即以前语诘之，尚不能对。至僧堂，忽大悟云：“古人道：从今日去更不疑天下老和尚舌头，信有之矣!”述偈呈印曰：“须是南泉第一机，不知不觉蓦头锥。觌面若无青白眼，还如鸕鹚守空池。”举未绝，印竖拳云：“正当恁么时作么生?”尚掀倒禅床，印遂喝。尚云：“贼过后张弓。”　　圜悟勤云：“这斩猫话，天下丛林商量浩浩地。有者道‘提起处便是’，有底道‘在斩处且得’。都没交涉。他若不提起时，亦匝匝地作尽道理。殊不知古人他有定乾坤底眼，有定乾坤底剑。你且道毕竟是谁斩猫儿，只如南泉提起云道得即不斩，当时忽有人道得，且道南泉斩不斩。所以道，正令当行，十方坐断，出头天外看，谁是个中人。其实当时元不斩，此话亦不在斩与不斩处。此事知如此分明，不在情尘意见上讨，若向情尘意见上讨，则孤负南泉去。但向当锋剑刃上看，是有也得，无也得，不有不无也得。所以古人道：‘穷则变，变则通。’而今人不解变通，只管语句上走。南泉恁么提起，不可教人合下得甚语，只要教人自荐各各自用自知。若不恁么会，卒摸索不着。”又云：“南泉云：‘子若在救得猫儿，真个恁么不恁么。’南泉云：‘道得即不斩，如击石火。似闪电光，赵州头戴草鞋出，他参活句，不参死句。日日新，时时新，千圣移易，一丝毫不得。须是运出自己家珍，方见古人全机大用。”　　真净云：“大众只如赤眼斩蛇，向其僧道：我粗你粗？且道古人见处作么生？遂举拂子云：今日归宗举拂子，与当时归宗斩蛇是同是别？良久云：人人有个天真佛，妙用纵横总不知。今日分明齐指出，斩蛇举拂更由谁。”又云：“南泉斩猫儿，归宗斩蛇，丛林中商量，还有优劣也无？优劣且止，只如赵州戴靸鞋出去，又作么生？若也于此明得，德山诃佛骂祖，有甚么过？于此不明丹霞烧木佛，院主眉须落。所以祸福无门，惟人自召。喝一喝下座。”妙喜云：“归宗斩蛇，南泉斩猫儿，学语之流，多谓之当机妙用，亦谓之大用现前不存轨则。殊不知总不是这般道理。具超方眼，举起便知落处。若大法不明，打瓦钻龟，何时是了。” 雪窦显《南泉斩猫颂》：“两堂都是杜禅和，拨动烟尘不奈何。赖得南泉行正令，一刀两段任偏颇。” 赵州《戴鞋颂》公案圆来问赵州，长安城里任闲游。草鞋头戴无人会，归到家山即便休。”

师示众云：“唤作如如，早是变了也。如今师僧，须向异类中行。”归宗云：“虽行畜生行，不得畜生报。”师云：“孟八郎汉又与么去也。”德山密云：“南泉中毒也。” 保宁勇颂云：“张公移住在深村，被贼潜身入后门。锅子一时偷去了，更来敲瓦玩儿孙。” 道吾宗智禅师离药山见师，师问：“阇黎名甚么？”吾曰：“宗智。”师曰：“智不到处，作么生宗？”吾曰：“切忌道著。”师曰：“灼然道著即头角生。”三日后，吾与云岩在后架把针，师见乃问：“智头陀前日道：智不到处切忌道著，道著即头角生。合作么生行履？”吾便抽身入僧堂，师便归方丈。吾又来把针，云岩曰：“师弟为何不只对和尚？”吾曰：“你不妨灵利。”岩不荐，却问师：“智头陀为甚不只对和尚？”师曰：“他却向异类中行。”岩曰：“如何是异类中行？”师曰：“不见道，智不到处切忌道著，道著即头角生，直须向异类中行。”岩亦不会。吾乃与岩归药山，岩举前话问山，山曰：“子作么生会？”岩无对，山乃大笑。岩复问：“如何是异类中行？”山曰：“吾今日困倦，且待别时来。”岩曰：“某甲特为此事归来。”山曰：“且去。”岩便出。吾在方丈，闻岩不荐，不觉咬得指头血出。却下来问岩：“师兄去问和尚那，因缘作么生？”岩曰：“和尚不与某甲说。”吾便低头。赵州问：“异即不问，如何是类?”师以两手拓地。州近前一踏踏倒,却向涅槃堂里叫悔悔。师令侍者问曰:“悔个甚么?”州曰:“悔不更与两踏。”

师云:“文殊、普贤昨夜三更相打,每人与二十棒趁出院了也。”赵州云:“和尚棒教谁吃?”师曰:“王老师过在甚么处?”州乃作礼。石庵玿颂:“是贼识贼精识精,南泉无过强惺惺。赵州礼拜归堂去,前箭犹轻后箭深。” 径山杲颂:“南泉无过,口能招祸。赵州礼拜,草贼大败。径山不管,结案据款。文殊普贤,且过一边。”

师曰:“我十八上,便解作活计。”赵州云:“我十八上,便解破家散宅。”

师示众云:“江西马祖说‘即心即佛’,王老师不恁么道,不是心,不是佛,不是物。恁么道有过么?”赵州礼拜而出。时有一僧,随问赵州曰:“上座礼拜便出,意作么生?”州曰:“汝却问取和尚。”僧乃问:“适来谂上座意作么生?”师曰:“他却领得老僧意旨。”黄龙心云:“古人恁么道,譬若管中窥豹,但见一斑,设使入林不动草,入水不动波,犹是骑马向冰凌上行。若是射雕手,何不向蛇头揩痒?”良久云:“鸳鸯绣出自金针。” 径山杲云:“两个老汉,虽善靴里动指头,殊不知旁观者丑。”

师问僧云:“夜来好风。”僧云:“夜来好风。”师云:“吹折门前一株松。”僧云:“吹折门前一株松。”次问一僧云:“夜来好风。”僧云:“是甚么风?”师云:“吹折门前一株松。”僧云:“是甚么松?”师云:“一得一失。”赵州到一庵主处问:“有么,有么?”主竖起拳头。州曰:“水浅不是泊船处。”便行。又到一庵主处问:“有么,有么?”主亦竖起拳头。州曰:“能纵能夺,能杀能活。”便作礼。 赵州闻沙弥喝向侍者曰:“教伊去者乃教去，沙弥便珍重。”州曰：“沙弥得入门，侍者在门外。”

法眼因僧来参次，眼以手指帘，寻有二僧，齐去卷帘。眼云：“一得一失。”

上堂：“王老师自小养一头水牯牛，拟向溪东牧，不免犯他国王水草。拟向溪西牧，不免犯他国王水草。不如随分纳些些，总不见得。”云门云：“且道牛内纳，牛外纳，直饶你说得纳处分明，我更问你觅牛在。”　云峰悦云：“说甚纳些子，尽乾坤大地、色空明暗、情与无情，总在翠岩这里。放行则随缘有地，把住则逃窜无门。且道放行好？把住好？”　幻寄云：“随邪逐恶汉。”

上堂：“王老师卖身去也，还有人买么？”一僧出曰：“某甲买。”师曰：“不作贵，不作贱，汝作么生买？”僧无对。卧龙代云：“属某甲去也。”　禾山代云：“是何道理？”　赵州代云：“明年与和尚缝一领布衫。”　雪窦显云：“虽然作家竞买，要且不善轮机，且道南泉还肯么？雪窦也拟酬个价。直令南泉进且无门，退亦无地。不作贵，不作贱，作么生买？别处容和尚不得。”

师云：“三世诸佛不知有，狸奴白牯却知有。”大沩智云：“三世诸佛既不知有，狸奴白牯又何曾梦见？灼然须知向上有知有底人始得。且作么生是知有底人？吃官酒，卧官街，当处死，当处埋。沙场无限英雄汉，堆山积岳露尸骸。”　径山杲颂：“三世诸佛不知有，老老大大外边走。眼皮盖尽五须弥，大洋海里翻筋斗。狸奴白牯却知有，瀑布不溜青山走。却笑无端王老师，错认簸箕作熨斗。”

师巡堂次，牵一头牛入堂，首座以手拊牛背一下，师便休去。赵州以草二束，放在首座前。师至庄所，庄主预备迎奉，师曰："老僧居常出入不与人知，何得排办如此。"庄主曰："昨夜土地报道：'和尚今日来。'"师曰："王老师修行无力，被鬼神觑见。"侍者便问："和尚既是善知识，为甚么被鬼神觑见？"师曰："土地前更下一分饭。"玄觉云："甚么处是土地前更下一分饭？"　云居锡云："是赏伊罚伊，只如土地前见，是南泉不是南泉。"　天童觉云："老僧当时若见庄主与么道，便与捉住云：'放汝不得。'何故？不见道，来说是非者，便是是非人。"　因圣颖云："南泉被这僧一问，不免向鬼窟里作活计。"

师问维那："今日普请作甚么？"对曰："拽磨。"师曰："磨从你拽，不得动着磨中心树子。"那无语。保福代云："比来拽磨，如今却不成。"　法眼代云："恁么即不拽也。"

上堂："然灯佛道了也。若心诸所思，出生诸法，虚假不实，何以故？心尚无有，云何出生诸法？犹如形影，分别虚空。如人取声，安置箧中。亦如吹网，欲令气满。故老宿云：不是心，不是佛，不是物，且教你兄弟行履。据说十地菩萨住《首楞严》三昧，得诸佛秘密法藏，自然得一切禅定解脱神通妙用。至一切世界，普现色身，或示现成等正觉，转大法轮，入涅槃，使无量入毛孔。演一句经无量劫，其义不尽，教化无量亿千众生，得无生法忍。尚唤作所知愚、极微细所知愚，与道全乖。大难，大难！珍重！"

上堂："诸子，老僧十八上解作活计，有解作活计者出来，共你商量，是住山人始得。"良久，顾视大众合掌曰："珍重无事，各自修行。"大众不去，师曰："如圣果大可畏，勿量大人尚不奈何，我且不是渠，渠且不是我，渠争奈我何！他经论家说法身为极则，唤作理尽三昧，义尽三昧。似老僧向前，被人教返本还源去，几恁么会。祸事！兄弟，近日禅师太多，觅个痴钝人不可得。不道全无，于中还少，若有，出来共你商量。如空劫时有修行人否？有无作么不道？阿你，寻常巧唇薄舌，及乎问着，总皆不道。何不出来？莫论佛出世时事。兄弟，今时人担佛着肩上行，闻老僧言心不是佛，智不是道，便聚头拟推老僧。无你推处，你若束得虚空作棒，打得老僧着一任推。”时有僧问：“从上祖师至江西大师，皆云即心是佛，平常心是道。今和尚云心不是佛，智不是道。学人悉生疑惑，请和尚慈悲指示？”师乃抗声答曰：“你若是佛，休更涉疑，却问老僧何处有恁么傍家疑佛来。老僧且不是佛，亦不曾见祖师。你恁么道，自觅祖师去。”曰：“和尚恁么道，教学人如何扶持得？”师曰：“你急手托虚空着。”曰：“虚空无动相，云何托？”师曰：“你言无动相，早是动也。虚空何解道我无动相，此皆是你情见。”曰：“虚空无动相，尚是情见，前遣某甲托何物？”师曰：“你既知，不应言托。拟何处扶持他？”曰：“即心是佛既不得，是心作佛否？”师曰：“是心是佛，是心作佛，情计所有，斯皆想成。佛是智人，心是采集主，皆对物时，他便妙用。大德莫认心认佛，设认得是境，被他唤作所知愚。故江西大师云：‘不是心，不是佛，不是物，且教你后人恁么行履？’今时学人，披个衣服，傍家疑恁么闲事，还得否？”曰：“既不是心，不是佛，不是物，和尚今却云‘心不是佛，智不是道’。未审若何？”师曰：“你不认心是佛，智不此字应衍是道，老僧勿得心来，复何处着？”曰：“总既不得，何异或作“与非”太虚？”师曰：“既不是物，比什么太虚？又教谁异不异?”曰:“不可无他不是心,不是佛,不是物。”师曰:“你若认这个,还成心佛去也。”曰:“请和尚说。”师曰:“老僧自不知。”曰:“何故不知?”师曰:“教我作么生说?”曰:“可不许学人会道。”师曰:“会甚么道?又作么生会?”曰:“某甲不知。”师曰:“不知却好。若取老僧语,唤作依通人。设见弥勒出世,还被他捋却头毛。”曰:“使后人如何?”师曰:“你且自看,莫忧他后人。”曰:“前不许某甲会道,今复今,某甲自看,未审如何?”师曰:“冥会妙会许你,作么生会?”曰:“如何是妙会。”师曰:“还欲学老僧语,纵说是老僧说,大德如何?”曰:“某甲若自会,即不烦和尚,乞慈悲指示。”师曰:“不可指东指西赚人,你当哆哆和和时,怎么不来问老僧?今时巧黠,始道我不会,图甚么?你若此生出头来道,我出家作禅师,如未出家时,曾作甚么来?且说看共你商量。”曰:“恁么时某甲不知。”师曰:“既不知,即今认得可可是邪?”曰:“认得既不是,不认是否?”师曰:“认不认是什么语话?”曰:“到这里某甲转不会也。”师曰:“你若不会,我更不会。”曰:“某甲是学人,即不会,和尚是善知识,合会?”师曰:“这汉向你道不会,谁论善知识,莫巧黠。看他江西老宿在日,有一学士问:‘如水无筋骨,能胜万斛舟。此理如何?’老宿云:‘这里无水亦无舟,论什么筋骨。’兄弟,他学士便休去,可不省力。所以数数向道佛不会道,我自修行,用知作么?”曰:“如何修行?”师曰:“不可思量得。向人道‘恁么修?恁么行?’大难。”曰:“还许学人修行否?”师曰:“老僧不可障得你。”曰:“某甲如何修行?”师曰:“要行即行,不可专寻他辈。”

曰："若不因善知识指示，无以得会。如和尚每言修行须解始得，若不解，即落他因果，无自由分。""未审如何修行，即免落他因果？"师曰："更不要商量。若论修行，何处不去得？"曰："如何去得？"师曰："你不可逐背应是"辈"字寻得。"曰："和尚未说，教某甲作么生寻？"师曰："纵说何处觅去，且如你从旦至夜，忽东行西行，你尚不商量道去得不得，别人不可知得你。"曰："当东行西行总不思量，是否？"师曰："恁么时，谁道是不是？"曰："和尚每言我于一切处而无所行，他拘我不得，唤作遍行三昧，普现色身。莫是此理否？"师曰："若论修行，何处不去？不说拘与不拘，亦不说三昧。"曰："何异有法得菩提道？"师曰："不论异不异。"曰："和尚所说修行，迢然与大乘别，未审如何？"师曰："不管他别不别，兼不曾学来。若论看教，自有经论座主。他教家实大可畏，你且不如听去好。"曰："究竟令学人作么生会？"师曰："如汝所问，元只在因缘边看，你且不奈何，缘是认得六门头事。你但会佛那边，却来我与你商量。兄弟，莫恁么寻逐，不住恁么，不取古人语行菩萨行。唯一人行，天魔波旬领诸眷属，常随菩萨后。觅心行起处，便拟扑倒。如是经无量劫，觅一念异处不可得，方与眷属礼辞，赞叹供养，犹是进修位。中下之人便不奈何，况绝功用处。如文殊、普贤，更不话他。兄弟，作么生道行是无？觅一日行底人不可得。今时傍家从年至岁，只是觅究竟。作么生空弄唇舌生解？"曰："当恁么时无佛名，无众生名，使某甲作么图度？"师曰："你言无佛名，无众生名，早是图度了也。亦是记他言语。"曰："若如是，悉属佛出世时事了，不可不言。”师曰：“你作么生言？”曰：“设使言，言亦不及。”师曰：“若道言不及是及语，你虚恁么寻逐，谁与你为境？”曰：“既无为境者，谁是那边人？”师曰：“你若不引教来，即何处论佛？既不论佛，老僧与谁论这边那边。”曰：“果虽不住道，而道能为因，如何？”师曰：“是他古人，如今不可不奉戒。我不是渠，渠不是我，作得伊如狸奴白牯行履，却快活。你若一念异，即难为修行。”曰：“云何一念异难为修行？”师曰：“才一念异，便有胜劣二根。不是情见，随他因果，更有什么自由分。”曰：“每闻和尚说报化非真佛，亦非说法者，未审如何？”师曰：“缘生故非。”曰：“报化既非真佛，法身是真佛否？”师曰：“早是应身也。”曰：“若恁么，即法身亦非真佛？”师曰：“法身是真非真。老僧无舌，不解道，你教我道即得。”曰：“离三身外，何法是真佛？”师曰：“这汉共八九十老人相骂，向你道了也，更问甚么离不离，拟把楔钉他虚空。”曰：“伏承《华严经》是法身佛说，如何？”师曰：“你适来道什么语？”其僧重道或作“问”。师顾视叹曰：“若是法身说，你向甚么处听？”曰：“某甲不会。”师曰：“大难！大难！《传灯》至此云：“好去珍重。”遂止。而师《语录》复有下文。汝看亮座主是蜀中人，解讲三十二本经论，于江西讲次，来见开元寺老宿。宿问：‘见说座主解讲经，是否？’主云：‘不敢。’宿云：‘将什么讲？’主云：‘将心讲。’宿云：‘心如工伎儿，意如和伎者，争解讲得？’主云：‘莫是虚空讲得。’宿云：‘却是虚空讲得。’主拂袖便行。宿召座主，主回首。宿云：‘是什么？’主便开悟。兄弟，看他快利么？”僧云：“据和尚说，即法身说法。”师云：“若如是会，早是应身了也。”僧云：“既是应身，岂无说法者？”师云：“我不知。”云：“某不会。”师云：“不会却好，免与他分疏。”问：“教中道：法身大士会处，即见法身佛。地位菩萨，即见报身佛。二乘唯见化身佛，莫是此理否？”师曰：“我眼不曾看教，兼无耳孔不曾听，你自看取。若如是忆持，即已后始不奈何。如似弄珠说珠光遍，有金盘在即得，忽被拈却金盘去，何处弄珠？向什么处寻他光遍与不遍？”学人礼拜，和尚笑云：“大难！大难！古人骂你唤作田猎渔捕，唤作搬粪人。好去珍重。”

示众：“真理一如，潜行密用，无人觉知，呼为应有“无”字渗智。亦云无渗不可思议等。空不动性，非生死流。道是大道，无碍涅槃。妙用自足，始与一切行处而得自在。故云于诸行处无所而行，亦云遍行三昧，普现色身。只为无人知他用处，无踪迹，不属见闻觉知。真理自通，妙用自足。大道无形，真理无对。所以不属见闻觉知，无粗细想，如云不闻闻是大涅槃道，这个物不是闻不闻。”僧问：“大道不属见闻觉知，未审如何契会？”师云：“须会冥契自通，亦云了因，非从见闻觉知有。见知属缘，对物始有。者个灵妙不可思议。不是有对，故云妙用自通。不依傍物，所以道通。不是依通，事须假物方始得见。所以道非明暗法，离有离无，潜理幽通，无人觉知。亦云冥会真理。非见闻觉知，故云息心达本源，故号如如佛。毕竟无依自在人。亦云本果，不从生因之所生。文殊云：惟从了因之所了，不从生因之所生。从上已来，只教人会道，更不别求。若思量作得道理，尽属句义。三乘五性义理，无不唤作行履。处处受用，具足即得，若论道即不是。一向耽著，被他识拘，亦云世间智。教云一向耽著三藏学者，为田猎渔捕。为利养故煞害大乘，亦云贪欲成性。所以云：佛不会道，我自修行，我自有妙用。亦云正因。了六波罗蜜空，即物拘我不得。所以祖师西来，恐你诸人迷着因果地位，故来传法救迷情。顿悟花情已，性是花种性，亦云菩提花。故江西老宿云：不是心，不是佛，不是物。先祖虽说即心即佛，是一时间语。空拳黄叶，止啼之说。如今多有人唤心作佛，唤智为道，见闻觉知皆是道。若如是会者，何如应作“殊”演若达多迷头认影。设使认得，亦不是汝本来头。故大士诃迦旃延以生灭心，说实相法，皆是情见。若言即心即佛者，如兔马有角；非心非佛，牛羊无角。汝心若是佛，亦何用非他有无形相，以何是道。所以教中不许，宁作心师，不师于心。心如工伎儿，意如和伎者。故云佛有道，心此处有脱误，原录如是，姑因之。不离见闻觉知，皆属因缘而有，皆是照物而有，不可常照。所以心智俱不是道。且大道非明暗法，虽应作“离”有无数，数不能及。如空劫时，无佛名，无众生名，与么时正是道。只是无人觉知见他，数不及他，唤作无名大道，早属名句了也。所以真理一如，更无思想，才有思想。即被阴拘，便有众生名，有佛名。佛出世来，唤作三界智人。只如未出世时，唤作什么？如云不得而得有无而兴大慈，佛出世，只令人会道体非凡圣，唤作还源归本，体解大道。今日既如是会道，即无量劫来六道四生，皆有去来，是暂时行履处。先圣本行集云：我无所不行，一切众生，虽在如是行处，为无了因，故生贪欲，名为在缠。不得自在，暂时岐路，云驶月运，舟行岸移，众生妄想，物无不住。岂况理能迁变，今既如是会，却向里许行履，不同前时。为了因，会本果故，了阴界空。六波罗蜜空，所以得其自在。若不向里许行履，如何摧剉得五种贪、二种欲。不守住声闻，随于劫数。所以诸佛菩萨，具福智二严。为了因，了六波罗蜜空，体者个受用。所以不存知见，始得自在。若有知见，即属地位。便有分剂心量，被因果隔，唤作酬因答果佛，不得自在。所以大圣诃他，为内见外见情量不尽二障二愚。所以见河能漂香象，真理无形，如何知见。大道无形，理绝思量。今日行六波罗蜜，先用了因，会本果故，了此物是方便受用，始得自由，去住自在无障碍，亦云方便勤庄严，亦云微妙净法身。具相三十二，只是不许分剂心量。若无如是心，一切行处乃至弹指合掌，皆是正因。万善皆同无终，此字应是“作”字始得自在。所以天魔外道求我不得，唤作无住心，亦云无渗智。不思议妙用自在，菩提涅槃，皆是修行人境界，皆属明句。若会本来非凡物，即水不能洗水。何以故？本来无物故。经云‘我王库中实无如是刀’，又云‘功德天黑暗女，有智主人二俱不受’。所以道非明暗，故云性海不是觉海，觉海涉缘，即须对物。他便妙用，无人觉知。唤作极微细透金色水尘。菩萨所因，唤作受用具。若水不洗水，即体不是明暗。亦云无渗智，又云无碍智。若如是即一切处拘我不得。如今更别求建立义句，觅胜负知解语言。言众生劣有佛圣救众生，求佛菩提，皆属贪欲。亦云破戒比丘，与道悬隔。大道无明，未曾有暗。非三界摄，非去来今。如来藏实不覆藏，师子何曾在窟？五阴本空，何曾有处所？且法身无为，不随诸数。法无动摇，不依六尘。故经云：佛性是常，心是无常。所以智不是道，心不是佛。如今且莫唤心作佛，莫作见闻觉知会。者个物，且本来无许多名字，妙用自通，数量管他不得，是大解脱。所以道人心无住处，踪迹不可寻。故云无渗智，不思议智。看他池州崔使君问五祖大师云：‘徒众五百，何以能大师独受衣传信？余人为甚么不得？’五祖云：‘四百九十九人，尽会佛法，惟有能大师。是过量人。’“是过量人”，或作“不会佛法”。所以传衣信。”崔云：“故知道非愚智，便告大众，总须记取。”师云：“记得属第六识，不堪无事珍重。”又云：“暂时披垢腻之衣来，为人说破，不是凡圣物。他家早晚与人为因，亦不曾与人为果。若与人为因，即不自在。被因果所拘，不得自由。佛未出世时，无人会得。若出世边论，还许少分会。但以冥理自通，无师自尔。本自无物，由是见闻觉知，即是报化。所以三十二相异体，故若离彼，即同如来。报化佛总打却，何处存立，不是不许，只如弥勒又作凡夫。他炽然行六波罗蜜，他家触处去得，因什么便不许他。他不曾滞著凡圣，所以那边会了，却来这边行履，始得自由分。今时学人，多分出家，不肯入家。好处即认，恶处即不认。争得？所以菩萨行于非道，是为通达佛道。他家去住得自由，且如何？若知即被知处所拘，若不恁么，争得不许他。他者个定不曾变异，若不定，即属造化也。他那个早晚曾变动，所以十二分教，决定不是我，我即向十二分教中行履得。若十二分教是我，即受变也。”又云：“大道一如，无师自尔。若能如如不变，故不曾迷。报化非真佛，莫认法身。凡圣果报皆是影。若认著，即属无常生灭也。粗细而论，纤毫不立。穷理尽性，一切全无。如世界未成时，洞然空廓。无佛名无众生名。始有少分相应，直向那边会了，却来这里行履。不证凡圣果位，据本而论，实无少法可得，岂况三乘五性差别名数。但是有因有果，尽属无常生灭也。”又云：“心如枯木，始有少许相应。”又云：“但会取无量劫来性不变异，即是修行。妙用而不住，便是菩萨行。达诸法空，妙用自在，色身三昧，炽然行六波罗蜜空，处处无碍，游于地狱，犹如变观，准《法华》，“变”当作“园”不可道伊不得作用。众生无量劫来，迷于本性，不自了体，云尘暂翳。著诸恶欲，云驶月运，舟行岸移，暂时岐路不得自在，种种受苦，不自觉知。乃至今日会取从来性与今日不别。”

师将顺世，第一座问：“和尚百年后，向甚么处去?”师曰：“山下作一头水牯牛去。”座曰：“某甲随和尚去，还得也无?”师曰：“汝若随我，即须衔取一茎草来。”师乃示疾。大和八年甲寅十二月二十五日凌晨，告门人曰：“星翳灯幻亦久矣，勿谓吾有去来也。”言讫而逝。世寿八十七，腊五十八。

指月录卷九

六祖下第三世下[1]

◎**盐官海昌院齐安国师**，有讲僧来参，师问："座主蕴何事业？"对曰："讲《华严经》。"师曰："有几种法界？"曰："广说则重重无尽，略说有四种。"师竖起拂子曰："这个是第几种法界？"主沉吟。师曰："思而知，虑而解，是鬼家活计。日下孤灯，果然失照。"保福闻云："若礼拜，即吃和尚棒。"　禾山代云："某甲不烦，和尚莫怪。"　法眼代拊掌三下。"　妙喜曰："两段不同，收归上科。"

僧问大梅："如何是西来意？"大梅曰："西来无意。"师闻乃曰："一个棺材，两个死汉。"玄沙云："盐官是作家。"　雪窦云："三个也有。复颂云：'活中死眼，无作有用。方寸不移，十方独弄。巧拙不到处，盐官有出身。亲言出亲口，鸡犬闹比邻。"

① "下"字原无，据《目录》补。

黄龙新云："雪窦道三个也有，是死汉，是活汉，具眼者请试甄别？"　昭觉勤云："一串穿却。"

师一日唤侍者曰："将犀牛扇子来。"者曰："破也。"师曰："扇子既破，还我犀牛儿来。"者无对。投子代云："不辞将出，恐头角不全。"　资福代作圆相，心中书牛字。　石霜代云："若还和尚即无也。"　保福云："和尚年尊，别请人好。"　云居舜云："三伏当时正须扇子，为侍者不了事，虽然如是，盐官太絮，何不大家割舍侍者。当时若见盐官道'扇子既破，还我犀牛儿来'，便向道：'已飏在搕𢶍堆上了也。'"

◎**庐山归宗寺智常禅师**，上堂："从上古德，不是无知解。他高尚之士，不同常流。今时不能自成自立，虚度时光。诸子莫错用心，无人替汝，亦无汝用心处。莫就他觅，从前只是依他解，发言皆滞，光不透脱，只为目前有物。"问："如何是玄旨？"师曰："无人能会。"曰："向者如何？"师曰："有向即乖。"曰："不向者如何？"师曰："谁求玄旨。"又曰："去无汝用心处？"曰："岂无方便门，令学人得入。"师曰："观音妙智力，能救世间苦。"曰："如何是观音妙智力？"师敲鼎盖三下曰："子还闻否？"曰："闻。"师曰："我何不闻？"僧无语。师以棒趁下。大愚一日辞师，师问："甚处去？"愚曰："诸方学五味禅去。"师曰："诸方有五味禅，我这里只有一味禅。"愚便问："如何是一味禅？"师便打。愚忽然大悟云："嗄！我会也。"师云："道，道！"愚拟开口，师又打趁出。愚后到黄檗举前话，檗上堂曰："马大师出八十四人善知识，问着个个屙漉漉地，只有归宗较些子。”资福先云：“归宗幸是好一味禅，无端伤盐伤醋，却成五味了也。如今忽有人来，辞去诸方学五味禅，只向他道：善为道路。若是个汉，必然别有生涯。”

师入园取菜次，乃画圆相围却一株。语众曰：“辄不得动着这个。”众不敢动。少顷师复来，见菜犹在，便以棒趁众僧曰：“这一队汉，无一个有智能底。”刺史李渤问：“教中所言须弥纳芥子，渤即不疑。芥子纳须弥，莫是妄谈否？”师曰：“人传使君读万卷书籍，还是否？”曰：“然。”师曰：“摩顶至踵，如椰子大，万卷书向何处着。”李俯首而已。李异日又问：“一大藏教明得个甚么边事？”师举拳示之曰：“还会么？”曰：“不会。”师曰：“这个措大，拳头也不识？”曰：“请师指示。”师曰：“遇人则途中授与，不遇即世谛流布。”师有颂云：“归宗事理绝，日轮正当午。自在如师子，不与物依怙。独步四山顶，优游三大路。欠呿飞禽坠，嚬呻众邪怖。机竖箭易及，影没手难覆。施张若弓伎，裁剪如尺度。巧镂万般名，归宗还似土。语默音声绝，旨妙情难措。弃个眼还聋，取个耳还瞽。一镞破三关，分明箭后路。可怜大丈夫，先天为心祖。”

◎明州大梅山法常禅师，初参大寂问：“如何是佛？”寂曰：“即心是佛。”师即大悟，遂之四明梅子真旧隐缚茆燕处。寂闻师住山，乃令僧问：“和尚见马大师得个甚么便住此山？”师曰：“大师向我道即心是佛，我便向这里住。”僧曰：“大师近日佛法又别。”师曰：“作么生？”曰：“又道非心非佛。”师曰：“这老汉惑乱人，未有了日。任他非心非佛，我只管即心即佛。”其僧回举似寂，寂曰：“梅子熟也。”庞居士欲验师，特相访。才见便问：“久向大梅，未审梅子熟也未？”师曰：“熟也，你向甚么处下口？”士曰：“百杂碎。”师伸手曰：“还我核子来。”士无语。大愚芝云：“此二人前不至村，后不至店。”

僧问：“如何是佛法大意？”师曰：“蒲花柳絮，竹针麻线。”夹山与定山同行，言话次，定山曰：“生死中无佛，即无生死。”夹山曰：“生死中有佛，即不迷生死。”互相不肯，同上山见师。夹山便举问：“未审二人见处，那个较亲？”师曰：“一亲一疏。”夹山复问：“那个亲？”师曰：“且去，明日来。”夹山明日再上问，师曰：“亲者不问，问者不亲。”夹山住后自云：“当时失一只眼。” 英邵武举此问法昌遇云：“此个公案作么生？”遇便打。英云：“一场优倥。”遇云：“你试下转语。”英云：“一状领过。”遇云：“矮子看戏。”

大梅山旁有石库，相传神仙置药之所。一夕，师梦神人告之曰：“君非凡夫，石库中有圣书，受之者为地下主。不然亦为帝王。”师于梦中答曰：“昔僧稠不顾仙经，其卷自亡。吾以涅槃为乐，厥寿何啻与天偕老耶？”神曰：“此地灵府，俗人居此，立致变怪。”师曰：“吾寓迹梅尉之乡耳，非久据也。”幻寄曰：“道流还识大梅意么？作么生是涅槃乐？急须着眼看仙人，莫看仙人手中扇。”

忽一日谓其徒曰：“来莫可抑，往莫可追，从容间闻鼯鼠声。”乃曰：“即此物，非他物，汝等诸人善自护持。吾今逝矣。”言讫示灭。永明寿禅师赞云：“师初得道，即心是佛。最后示徒，物非他物。穷万法源，彻千圣骨。真化不移，何妨出没。”

雪窦显云："这汉生前卤莽，死后颟顸。即此物，非他物，是何物？还有分付处也无？有般汉不解，截断大梅脚跟，只管道贪程太速。"

◎池州鲁祖山宝云禅师，寻常见僧来，便面壁。南泉闻，乃云："我寻常向僧道：佛未出世时会取，尚不得一个半个，他溜么驴年去。"玄觉云："为复唱和语，不肯语。"保福问长庆："只如鲁祖节文在甚么处？被南泉恁么道。"长庆云："退己让于人，万中无一个。"　罗山云："陈老师当时若见，背上与五火抄，何故？为伊解放不解收。"　玄沙云："我当时若见，也与五火抄。"　云居锡云："罗山玄沙总恁么道，为复一般，别有道理。若择得出，许上座佛法有去处。"　玄觉云："且道玄沙五火抄，打伊着不着。"　径山杲云："鲁祖不得南泉，几乎觑破壁。"

师因僧问："如何是不言言？"师曰："汝口在甚么处？"曰："无口。"师曰："将甚么吃饭？"僧无对。洞山代云："他不饥，吃甚么饭？"

◎泐潭常兴和尚，南泉至，见师面壁，泉乃拊师背。师问："汝是阿谁？"曰："普愿。"师曰："如何？"曰："也寻常。"师曰："汝何多事！"妙喜曰："也须验过。"

◎泐潭法会禅师，问马祖："如何是祖师西来意？"祖曰："低声近前来向汝道。"师便近前，祖打一掴曰："六耳不同谋，且去，来日来。"师至来日，独入法堂曰："请和尚道。"祖曰："且去待老汉上堂出来问，与汝证明。"师忽有省，遂曰："谢大众证明。"乃绕法堂一匝便去。

◎洛京佛光如满禅师。唐顺宗问："佛从何方来？灭向何方去？既言常住世，佛今在何处？师答曰："佛从无为来，灭向无为去。法身等虚空，常住无心处。有念归无念，有住归无住。来为众生来，去为众生去。清净真如海，湛然体常住。智者善思惟，更勿生疑虑。"帝又问："佛向王宫生，灭向双林灭。住世四十九，又言无法说。山河与大海，天地及日月。时至皆归尽，谁言不生灭。疑情犹若斯，智者善分别。"师答曰："佛体本无为，迷情妄分别。法身等虚空，未曾有生灭。有缘佛出世，无缘佛入灭。处处化众生，犹如水中月。非常亦非断，非生亦非灭。生亦未曾生，灭亦未曾灭。了见无心处，自然无法说。"帝闻大悦，益重禅宗。

◎五泄山灵默禅师，初谒马祖，次谒石头，便问："一言相契即住，不契即去。"石头据坐，师便行。头随后召曰："阇黎。"师回首，头曰："从生至死只是这个，回头转脑作么？"师言下大悟。乃拗折拄杖而栖止焉。洞山云："当时若不是五泄先师，大难承当。然虽如此，犹涉在途。" 长庆云："险。" 玄觉云："那个是涉在途处。"有僧云："为伊三寸途中荐得，所以在途。"玄觉云："为复荐得自己，为复荐得三寸？若是自己，为甚么成三寸？若是三寸，为甚么悟去？且道洞山意作么生？莫乱说，子细好。"

元和十三年三月二十三日，沐浴焚香端坐告众曰："法身圆寂，示有去来。千圣同源，万灵归一。吾今沤散，胡假兴哀。无自劳神，须存正念。若遵此命，真报吾恩。倘固违言，非吾之子。”时有僧问：“和尚向甚么处去？”师曰：“无处去。”曰：“某甲何不见？”师曰：“非眼所睹。”洞山云作家言毕，奄然而化。

◎**幽州宝积禅师**，因于市肆行。见一客人买猪肉，语屠家曰：“精底割一斤来。”屠家放下刀叉手曰：“长史，那个不是精底？”师于此有省。又一日出门，见人舁丧，歌郎振铃云：“红轮决定沉西去，未审魂灵往那方？”幕下孝子哭曰：“哀！哀！”师身心踊跃，归举似马祖，祖印可之。住盘山宝积。僧问：“如何是道？”师便咄。僧曰：“学人未晓？”师曰：“去。”

上堂：“心若无事，万法不生。意绝玄机，纤尘何立？道本无体，因体而立名；道本无名，因名而得号。若言即心即佛，今时未入玄微；若言非心非佛，犹是指踪极则。向上一路，千圣不传。学者劳形如猿捉影。”慈明曰：“向上一路，千圣不然。” 杨岐曰：“口上着。” 白云端颂：“盘山向上路何言，罕见行人耳有穿。口上着来无咬处，方知千圣不能传。” 径山杲颂：“不传不然，海口难宣。昆仑顶上，驾起铁船。”

上堂：“夫心月孤悬，光吞万象。光非照境，境亦非存。光境俱亡，复是何物？妙喜云：“千年常住一朝僧。”禅德譬如掷剑挥空，莫论及之不及，斯乃空轮无迹，剑刃无亏。若能如是，心心无知。妙喜云：“咄！咄！咄！我王库内无如是刀，《正法眼藏》作二则。”已下语不录。全心即佛，全佛即人。人佛无异，始为道矣。”

上堂：“禅德可中学道似地擎山，不知山之孤峻，如石含玉，不知玉之无瑕。若如此者，是名出家。故导师云：‘法本不相碍，三际亦复然。无为无事人，犹是金锁难。’所以灵源独耀，道绝无生。大智非明，真空无迹。真如凡圣皆是梦言。佛及涅槃并为增语。禅德直须自看，无人替代。”

上堂：“三界无法，何处求心？四大本空，佛依何住？璇玑不动，寂尔无言。觌面相呈，更无余事。珍重！”掩室开颂：“山舍无尘分外清，石榴花发透帘明。槐阴满地日卓午，梦觉流莺时一声。”　愚谷渊颂：“依依杨柳欲藏鸦，社后东风卷落花。理策邀朋何处好，山南山北看桑麻。”　雪窦显颂：“三界无法，何处求心。二句。三界无法，何处求心。白云为盖，流水作琴。一曲两曲无人会，雨过夜塘秋水深。”

师将顺世，告众曰：“有人邈得吾真否？”众将所写真呈，皆不契师意。普化出曰：“某甲邈得。”师曰：“何不呈似老僧。”化乃打筋斗而出，师曰：“这汉向后掣风狂去在！”师乃奄化。

◎**麻谷宝彻禅师**，侍马祖行次。问：“如何是大涅槃？”祖曰：“急。”师曰：“急个甚么？”祖曰：“看水。”师同南泉归宗谒径山，路逢一婆，乃问：“径山路向甚处去？”婆曰：“蓦直去。”师曰：“前头水深过得否？”婆曰：“不湿脚。”师又问：“上岸稻得与么好，下岸稻得与么怯。”婆曰：“总被螃蟹吃却也。”师曰：“禾好香。”婆曰：“没气息。”师又问：“婆在甚处住？”婆曰：“只在这里。”三人至店，婆煎茶一瓶，携盏三只至，谓曰：“和尚有神通者即吃茶。”三人相顾间，婆曰：“看老朽自逞神通去也。”于是拈盏倾茶便行。

◎东寺如会禅师，常患门徒诵大寂“即心即佛”之谈不已，谓：“佛于何住？”而曰：“即心。”“心如画师。”而云：“即佛。”遂示众曰：“心不是佛，智不是道。剑去远矣，尔方刻舟。”虚堂愚颂云：“昨日因过竹院西，邻家稚子隔溪啼。山寒水肃半黄落，无数归鸦卜树栖。”

仰山参。师问：“汝是甚处人？”仰曰：“广南人。”师曰：“我闻广南有镇海明珠，是否？”仰曰：“是。”师曰：“此珠如何？”仰曰：“黑月即隐，白月即现。”师曰：“还将得来也无？”仰曰：“将得来。”师曰：“何不呈似老僧？”仰叉手近前曰：“昨到沩山，亦被索此珠，直得无言可对，无理可伸。”师曰：“真师子儿，善能哮吼。”仰礼拜了，却入客位，具威仪，再上人事。师才见，乃曰：“已相见了也。”仰曰：“恁么相见莫不当否？”师归方丈闭却门。仰归举似沩山，沩曰：“寂子是甚么心行？”仰曰：“若不恁么，争识得他！”

◎西堂智藏禅师，与百丈、南泉同入大寂之室。李尚书尝问僧：“马大师有甚么言教？”僧曰：“大师或说即心即佛，或说非心非佛。”李曰：“总过这边。”李却问师：“马大师有甚么言教？”师呼李翱，李应诺。师曰：“鼓角动也。”普请次，师曰：“因果历然，争奈何！争奈何！”有僧出以手托地，师曰：“作甚么？”曰：“相救！相救！”师曰：“大众，这个师僧犹较些子。”僧拂袖便走。师曰：“师子身中虫，自食师子肉。”昭觉勤云：“西堂洞明纲要，始终正令全提。这僧异类中行，争奈龙头蛇尾。敢问大众，‘因果历然’一句作么生道？是则龙女顿成佛，否则善星生陷坠。”

僧问：“有问有答，宾主历然。无问无答时如何？”师曰：“怕烂却那。”后有僧举问长庆，庆云：“相逢尽道休官好，林下何曾见一人。”

有一俗士问：“有天堂地狱否？”师曰：“有。”曰：“有佛法僧宝否？”师曰：“有。”更有多问，尽答言有。曰：“和尚恁么道，莫错否？”师曰：“汝曾见尊宿来耶？”曰：“某甲曾参径山和尚来。”师曰：“径山向汝作么生道？”曰：“他道一切总无。”师曰：“汝有妻否？”曰：“有。”师曰：“径山和尚有妻否？”曰：“无。”师曰：“径山和尚道无即得。”俗士礼谢而去。

◎**越州大珠慧海禅师**，建州朱氏子。初参马祖，祖问：“从何处来？”曰：“越州大云寺来。”祖曰：“来此拟须何事？”曰：“来求佛法。”祖曰：“我这里一物也无，求甚么佛法？自家宝藏不顾，抛家散走作么？”曰：“阿那个是慧海宝藏？”祖曰：“即今问我者，是汝宝藏。一切具足，更无欠少，使用自在，何假外求？”师于言下自识本心。不由知觉，踊跃礼谢。师事六载，后以受业师老，遂归奉养，晦迹藏用，人莫能识。潜著《顿悟入道要门论》一卷，法侄玄晏窃呈马祖。祖览讫，告众曰：“越州有大珠，圆明光透自在，无遮障处也。”众因寻访依附，师谓曰：“我不会禅，并无一法可示于人。”僧问：“拟伸一问，师还对否？”师曰：“深潭月影任意撮摩。”问：“如何是佛？”师曰：“清谈对面，非佛而谁？”众皆茫然。法眼云：“是即没交涉。”僧良久又问：“师说何法度人?”师曰:“贫道未曾有一法度人。”曰:“禅师家浑如此。”师却问:“大德说何法度人?”曰:“讲《金刚经》。”师曰:“讲几座来?”曰:“十余座。”师曰:“此经是阿谁说?”僧抗声曰:“禅师相弄,岂不知是佛说耶?”师曰:“若言如来有所说法,则为谤佛,是人不解我所说义。若言此经不是佛说,则是谤经。请大德说看!”僧无对。师少顷又问:“《经》云:‘若以色见我,以声音求我,是人行邪道,不能见如来。’大德且道:阿那个是如来?”曰:“某甲到此却迷去。”师曰:“从来未悟,说甚却迷。”曰:“请禅师为说。”师曰:“大德讲经二十余座,却不识如来。”僧礼拜曰:“愿垂开示。”师曰:“如来者,是诸法如义。何得忘却?”曰:“是诸法如义。”师曰:“大德是亦未是?”曰:“经文分明,那得未是?”师曰:“大德如否?”曰:“如。”师曰:“木石如否?”曰:“如。”师曰:“大德如同木石如否?”曰:“无二。”师曰:“大德与木石何别?”僧无对。良久却问:“如何得大涅槃?”师曰:“不造生死业。”曰:“如何是生死业?”师曰:“求大涅槃,是生死业。舍垢取净,是生死业。有得有证,是生死业。不脱对治门,是生死业。”曰:“云何即得解脱?”师曰:“本自无缚,不用求解。直用直行,是无等等。”曰:“禅师如和尚者,实谓希有。”礼谢而去。

上堂:“诸人幸自好个无事人,苦死造作,要担枷落狱作么?每日至夜奔波,道我参禅学道,解会佛法。如此转无交涉也。只是逐声色走,有何歇时?贫道闻江西和尚道:汝自家宝藏,一切具足,使用自在,不假外求。我从此一时休去。自己财宝,随身受用,可谓快活!无一法可取,无一法可舍。不见一法生灭相，不见一物去来相。遍十方界，无一微尘许不是自家财宝。但自子细观察，自心一体三宝，常自现前，无可疑虑。莫寻思，莫求觅，心性本来清净。故《华严经》云：‘一切法不生，一切法不灭。若能如是解，诸佛常现前。’又《净名经》云：观身实相，观佛亦然。若不随声色动念，不逐相貌生解，自然无事去。莫久立，珍重！”此日大众普集，久而不散。师曰：“诸人何故在此不去？贫道已对面相呈，还肯休么，有何事可疑？莫错用心，枉费气力。若有疑情，一任诸人恣意早问。”时有僧问：“云何是佛？云何是法？云何是僧？云何是一体三宝？”曰：“心是佛，不用将佛求佛。心是法，不用将法求法。佛法无二，和合为僧，即是一体三宝。《经》云：心佛与众生，是三无差别。身口意清净，名为佛出世。三业不清净，名为佛灭度。喻如嗔时无喜，喜时无嗔。唯是一心，实无二体。本智法尔，无漏现前。如蛇化为龙，不改其鳞。众生回心作佛，不改其面。性本清净，不待修成。有证有修，即同增上慢者。真空无滞，应用无穷。无始无终，利根顿悟。用无等等，即是阿耨菩提。心无形相，即是微妙色身。无相，即是实相法身。性相体空，即是虚空无边身。万行庄严，即是功德法身。此法身者，乃是万化之本，随处立名。智用无尽，名无尽藏。能生万法，名本法藏。具一切智，名智能藏。万法归如，名如来藏。《经》云：‘如来者，即诸法如义。’又云：‘世间一切生灭法，无有一法不归如也。’”

维摩座主问：“《经》云：‘彼外道六师等是汝之师，因其出家，彼师所堕汝亦随堕。其施汝者不名福田，供养汝者堕三恶道。谤于佛，毁于法，不入众数，终不得灭度。汝若如是，乃可取食。’今请禅师明为解说?”师曰：“迷徇六根者，号之为六师。心外求佛，名为外道。有物可施，不名福田。生心受供，堕三恶道。汝若能谤于佛者，是不著佛求。毁于法者，是不著法求。不入众数者，是不著僧求。终不得灭度者，智用现前。若有如是解者，便得法喜禅悦之食。”又问：“《般若经》云：‘度九类众生，皆入无余涅槃。’又云：‘实无众生得灭度者。’此两段经文如何会通？前后人说皆云：‘实度众生而不取众生相。’常疑未决，请师为说。”曰：“九类众生，一身具足，随造随成。是故无明为卵生，烦恼包裹为胎生，爱水浸润为湿生，欻起烦恼为化生，悟即是佛，迷号众生。菩萨只以念念心为众生，若了念念，心体俱空，名度众生也。智者于自本际上，度于未形。未形俱空，即知实无众生得灭度者。”

道光座主问曰：“禅师用何心修道?”师曰：“老僧无心可用，无道可修。”曰：“既无心可用，无道可修，云何每日聚众劝人学禅修道?”师曰：“老僧尚无卓锥之地，甚么处聚众来？老僧尚无舌，何曾劝人来?”曰：“禅师对面妄语。”师曰：“老僧尚无舌劝人，焉解妄语?”曰：“某甲却不会禅师语论也。”师曰：“老僧自亦不会。”讲止观，座主问：“禅师辨得魔否?”师曰：“起心是天魔，不起心是阴魔。或起不起是烦恼魔，我正法中无如是事。”曰：“一心三观义又如何?”师曰：“过去心已过去，未来心未至，现在心无住。于其中间，更用何心起观。”曰：“禅师不解止观?”师曰：“座主解否?”曰：“解。”师曰：“如智者大师说止破止，说观破观，住止没生死，住观心神乱。且为当将心止心，为复起心观观。若有心观是常见法，若无心观是断见法，亦有亦无成二见法。请座主子细说看。”曰：“若如是问？俱说不得也。”师曰：“何曾止观。”

维摩座主问：“经云：‘诸菩萨各入不二法门。’维摩默然，是究竟否？”师曰：“未是究竟。圣意若尽，第三卷更说何事？”座主良久曰：“请禅师为说未究竟之意。”师曰：“如经第一卷，是引众呵十大弟子住心。第二诸菩萨各说入不二法门，以言显于无言。文殊以无言显于无言，维摩不以言，不以无言，故默然收前言语。故第三卷从默然起说，又显神通作用。座主会么？”曰：“奇怪如是。”师曰：“亦未如是。”曰：“何故未是？”师曰：“且破人执情，作如此说。若据经意，只说色心空寂，令见本性。教舍伪行入真行，莫向言语纸墨上讨意度，但会净名两字便得。净者本体也，名者迹用也。从本体起迹用，从迹用归本体。体用不二，本迹非殊。所以古人道：本迹虽殊，不思议一也。一亦非一，若识净名两字假号，更说甚么究竟与不究竟。无前无后，非本非末，非净非名，只示众生本性，不思议解脱。若不见性人，终身不见此理。”讲《华严》，座主问：“禅师信无情是佛否？”师曰：“不信。若无情是佛者，活人应不如死人。死驴死狗亦应胜于活人。经云：佛身者即法身也。从定戒慧生，从三明六通生，从一切善法生。若说无情是佛者，大德如今便死，应作佛去。”入井救人。

问：“佛法在于三际否？”师曰：“现在无相，不在其外。应用无穷，不在于内。中间无住处，三际不可得。”曰：“此言大混。”师曰：“汝正说混之一字时，在内外否？”曰：“弟子究检内外无踪迹。”师曰：“若无踪迹，明知上来语不混。”曰：“如何得作佛？”师曰：“是心是佛，是心作佛。”曰：“众生入地狱，佛性入否？”师曰：“如今正作恶时，更有善否？”曰：“无。”师曰：“众生入地狱，佛性亦如是。”张汤儿时诘鼠案。

三藏法师问：“真如有变易否？”师曰：“有变易。”藏曰：“禅师错也。”师却问三藏：“有真如否？”曰：“有。”师曰：“若无变易，决定是凡僧也。岂不闻善知识者，能回三毒为三聚净戒，回六识为六神通，回烦恼作菩提，回无明为大智。真如若无变易，三藏真是自然外道也。”藏曰：“若尔者，真如即有变易也。”师曰：“若执真如有变易，亦是外道。”曰：“禅师适来说真如有变易，如今又道不变易，如何即是的当？”师曰：“若了了见性者，如摩尼珠现色，说变亦得，说不变亦得。若不见性人，闻说真如变易，便作变易解会，说不变易，便作不变易解会。”藏曰：“固知南宗实不可测问三教同异。”师曰：“大量者用之即同，小机者执之即异。总从一性上起用，机见差别成三。迷悟由人，不在教之同异也。”

◎**杉山智坚禅师**，初与归宗、南泉行脚时，路逢一虎，各从虎边过了。泉问归宗：“适来见虎似个甚么？”宗曰：“似个猫儿。”宗却问师，师曰：“似个狗子。”又问南泉，泉曰：“我见是个大虫。”大沩智云：“三个老汉，聚头寐语。若要彻一时，参取这大虫始得。”

师吃饭次，南泉收生饭，乃曰：“生聻！”师曰：“无生。”泉曰：“无生犹是末。”泉行数步，师召曰：“长老！”泉回头曰：“作么？”师曰：“莫道是末。”普请择蕨次，南泉拈起一茎曰：“这个大好供养。”师曰：“非但这个，百味珍羞他亦不顾。”泉曰：“虽然如是，个个须尝过始得。”翠岩芝云：“只如杉山与么道，还有免得么？若免得去，未具眼在。若免不得，又违前话。”

◎**水潦和尚**，问马祖：“如何是西来的的意？”祖乃当胸踏倒，师大悟。起来拊掌呵呵大笑云：“也大奇！也大奇！百千三昧，无量妙义，只向一毛头上，一时识得根源去。”乃作礼而退。师后告众云：“自从一吃马祖踏，直至如今笑不休。”蒋山泉云：“忽然瞥地，更是好笑。”

◎**澧州茗溪道行禅师**，尝曰：“吾有大病，非世所医。”后僧问曹山：“古人曰：‘吾有大病，非世所医。’是甚么病？”山曰：“攒簇不得底病。”曰：“一切众生还有此病也无？”山曰：“人人尽有。”曰：“和尚还有此病也无？”山曰：“正觉起处不得。”曰：“一切众生为甚么不病？”山曰：“一切众生若病，即非众生。”曰：“未审诸佛还有此病也无？”山曰：“有。”曰：“既有，为甚么不病？”山曰：“为伊惺惺。”

◎**抚州石巩慧藏禅师**，本以弋猎为务，恶见沙门。因逐鹿从马祖庵前过，祖乃逆之。师遂问：“还见鹿过否？”祖曰：“汝是何人？”曰：“猎者。”祖曰：“汝解射否？”曰：“解射。”祖曰：“汝一箭射几个？”曰：“一箭射一个。”祖曰："汝不解射。"曰："和尚解射否？"祖曰："解射。"曰："一箭射几个？"祖曰："一箭射一群。"曰："彼此生命，何用射他一群。"祖曰："汝既知如是，何不自射？"曰："若教某甲自射，直是无下手处。"祖曰："这汉旷劫无明烦恼，今日顿息。"师掷下弓，投祖出家。雪窦显云："马师一箭一群，信彩射得，有甚用处？不如石巩一箭一个，却是好手。雪窦今日效古人之作，拟放一箭。高声唱曰：'看箭！'又云：'中也！'" 翠岩芝云："马祖一箭一群，犹未善在。山僧一箭射蠢动含灵，无不中者。虽然如是，只道得一半，更有一半，留与诸上座道。"

一日，在厨作务次，祖问："作甚么？"曰："牧牛。"祖曰："作么生牧？"曰："一回入草去，蓦鼻拽将回。"祖曰："子真牧牛。"师便休。师住后，常以弓箭接机。载三平章。

问西堂："汝还解捉得虚空么？"堂曰："捉得。"师曰："作么生捉？"堂以手撮虚空。师曰："汝不解捉。"堂却问："师兄作么生捉？"师把西堂鼻孔拽，堂作忍痛声曰："太煞拽人鼻孔。"直欲脱去。师曰："直须恁么捉虚空始得。"

◎**袁州南源道明禅师**，洞山参，方上法堂，师曰："已相见了也。"山便下去。明日，却上问曰："昨日已蒙和尚慈悲，不知甚么处是与某甲已相见处？"师云："心心无间断，流入于性海。"山曰："几合放过。"

◎**中邑洪恩禅师**，仰山问："如何得见佛性义？"师曰："我与汝说个譬喻，如一室有六牕，内有一猕猴，外有猕猴。从东边唤猩猩，猩猩即应，如是六牕俱唤俱应。"仰山礼谢起，曰："适蒙和尚譬喻，无不了知。更有一事，只如内猕猴睡着，外猕猴欲与相见，又且如何？"师下绳床执仰山手作舞曰："猩猩与汝相见了。譬如蟭螟虫，在蚊子眼睫上作窠，向十字街头叫云：'土旷人稀，相逢者少。'"云居锡云："中邑当时若不得仰山这一句，何处有中邑也。"　信相宗显禅师举至与汝相见了也曰："诸人要见二老么？我也与你说个譬喻，中邑大似个金师，仰山将一块金来，使金师酬价，金师亦尽价相酬。临成交易，卖金底更与贴秤，金师虽然暗喜，未免心中偷疑。何故？若非细作，定是贼赃。"

◎**潭州三角山总印禅师**，示众曰："凡说法须用应时应节。"时有僧出问曰："四黄四赤时如何？"师曰："三月杖头挑。"曰："为甚么满肚皮贮气？"师曰："争奈一条绳何！"曰："如何得出气去？"师曰："直待皮穿。"僧问："如何是三宝？"师曰："禾麦豆。"曰："学人不会。"师曰："大众欣然奉持。"又示众云："若论此事，眨上眉毛，早已蹉过了也。"时麻谷出问："眨上眉毛即不问："如何是此事？"师云："蹉过也。"谷乃掀禅床。师便打。雪窦显云："两个有头无尾汉，眉毛未曾眨上，说甚么此事蹉过。"寻有僧问："眉毛为甚不眨上？"窦便打。　长庆代云："悄然。"　妙喜拈曰："蹉过麻谷也不知。"

◎**汾州无业禅师**，谒马祖。祖睹状貌奇伟，语音如钟，乃曰："巍巍堂堂，其中无佛。"师礼跪而问曰："三乘文学，粗穷其旨，常闻禅门即心是佛，实未能了。"祖曰："只未了底心即是，更无别物。"师曰："如何是祖师西来密传心印？"

祖曰："大德正闹在，且去别时来。"师才出，祖召曰"大德"，师回首。祖曰："是甚么？"师便领悟。乃礼拜。祖曰："这钝汉，礼拜作么！"云居锡云："甚么处是汾州正闹？"《高僧传》："马祖谓师曰：'只未了底心即是，更无别物。不了时即是迷，若了即是悟。迷即众生，悟即是佛。道不离众生，岂更有别佛。亦犹手作拳，拳全手也。'师言下豁然开悟，涕泪悲泣向大寂曰：'本谓佛道长远，勤苦旷劫，方始得成。今日始知法身实相本自具足。一切万法，从心所生，但有名字，无有实者。'大寂曰：'如是，如是。一切法性，不生不灭。一切诸法，本自空寂。经云"诸法从本来，常自寂灭相"。又云"毕竟空寂舍"。又云"诸法空为座"。此即诸佛如来住此无所住处。若如是知，即住空寂舍，坐法空座，举足下足，不离道场。言下便了，更无渐次，所谓不动足而登涅槃山者也。'"赞公述此，不知其所自来。中不载正闹语，尤不可晓。姑附录广闻见。

师既住后，学者致问，多答之曰："莫妄想。"《击节录》举僧问汾州无业国师："如何是佛？"国师云："莫妄想。"雪窦拈云："塞却鼻孔。"僧又问："如何是佛？"国师云："即心是佛。"雪窦拈云："拄却舌头。"圜悟云："正当恁么时，舌头又拄却，鼻孔又塞却，还有转身吐气处也无？便打。"

师曰："诸佛不曾出世，亦无一法与人。但随病施方，遂有十二分教。如将蜜果换苦葫芦，淘汝诸人业根。"又云："他古德道人，得意之后，茅茨石室。向折脚铛中煮饭吃过三二十年，名利不干怀，财宝不为念，大忘人世，隐迹岩丛。君王命而不来，诸侯请而不赴。岂同我辈贪名爱利，汩没世途，如短贩人。"又云："学般若菩萨，不得自谩，如冰棱上行，似剑刃上走。临终之时，一毫凡情圣量不尽，纤尘思念未忘。随念受生轻重五阴，向驴胎马腹里托质，泥犁镬汤里煮炸一遍了。从前记持忆想见解智能，都卢一时失却。依前再为蝼蚁，从头又作蚊虻。虽是善因，而遭恶果。且图甚么？兄弟！只为贪欲成性。二十五有，向脚跟下系着，无成办之期。祖师观此土众生，有大乘根性，惟传心印，指示迷情。得之者，即不拣凡之与圣，愚之与智。且多虚不如少实，大丈夫儿！如今直下便休歇去。顿息万缘，越生死流，迥出常格，灵光独照，物累不拘，巍巍堂堂，三界独步。何必身长丈六，紫磨金辉，项佩圆光，广长舌相。若以色见我，是行邪道。设有眷属庄严，不求自得。山河大地，不碍眼光，得大总持。一闻千悟，都不希求一餐之直。汝等诸人，倘不如是，祖师来至此土，非常有损有益。有益者，百千人中，捞漉一个半个，堪为法器。有损者，如前已明，从他依三乘教法修行，不妨却得四果三贤，有进修之分。所以先德云：了即业障本来空，未了还须偿宿债。”唐宪宗屡召，师皆辞疾不赴。暨穆宗即位，思一瞻礼，乃命两街僧录灵阜等赍诏迎请。至，彼作礼曰：“皇上此度恩旨，不同常时，愿和尚且顺天心，不可言疾也。”师微笑曰：“贫道何德，累烦圣主？且请前行，吾从别道去矣。”乃澡身剃发，至中夜告弟子惠悟等曰：“汝等见闻觉知之性，与太虚同寿，不生不灭。一切境界，本自空寂，无一法可得。迷者不了，即为境惑。一为境惑，流转不穷。汝等当知，心性本自有之，非因造作，犹如金刚不可破坏。一切诸法，如影如响，无有实者。经云：‘惟此一事实，余二则非真。常了一切空，无一物当情。’是诸佛用心处，汝等勤而行之。”言讫，跏趺而逝。荼毗日，祥云五色，异香四彻，所获舍利，璨若珠玉。

◎信州鹅湖大义禅师，唐宪宗诏入麟德殿论义。有法师问：“如何是四谛？”师曰：“圣上一帝，三帝何在？”法师无语。又问：“欲界无禅，禅居色界，此土凭何而立禅？”师曰：“法师只知欲界无禅，不知禅界无欲。”曰：“如何是禅？”师以手点空，法师又无对。帝曰：“法师讲无穷经论，只这一点尚不奈何。”师却问诸硕德曰：“行住坐卧，毕竟以何为道？”有对：“知者是道。”师曰：“不可以智知，不可以识识。安得知者是乎？”有对：“无分别者是。”师曰：“善能分别诸法相，于第一义而不动。安得无分别是乎？”有对：“四禅八定是。”师曰：“佛身无为，不堕诸数。安在四禅八定耶？”众皆杜口。妙喜曰：“相骂饶你接嘴，相唾饶你泼水。”师却举顺宗问尸利禅师：“大地众生如何得见性成佛？”利曰：“佛性犹如水中月，可见不可取。”因谓帝曰：“佛性非见必见，水中月如何攫取？”帝乃问：“何者是佛性？”师对曰：“不离陛下所问。”帝默契。

有僧乞置塔，李翱尚书问曰：“教中不许将尸塔下过，又作么生？”僧无对。却特诣师，举前语请答。师曰：“他得大阐提。”

◎京兆兴善惟宽禅师。僧问：“狗子还有佛性否？”师曰：“有。”曰：“和尚还有否？”师曰：“我无。”曰：“一切众生皆有佛性，和尚因何独无？”师曰：“我非一切众生。”曰：“既非众生，莫是佛否？”师曰：“不是佛。”曰：“究竟是何物？”师曰：“亦不是物。”曰：“可见可思否？”师曰：“思之不及，议之不得，故曰不可思议。”

问：“道在何处？”师曰：“只在目前。”曰：“我何不见？”师曰：“汝有我故，所以不见。”曰：“我有我故即不见，和尚还见否？”师曰：“有汝有我，展转不见。”曰：“无我无汝，还见否？”师曰：“无汝无我，阿谁求见？”

◎常州芙蓉太毓禅师，因行食。到庞居士前，士拟接，师乃缩手曰：“生心受施，净名早诃去。此一机居士还甘否？”士曰：“当时善现，岂不作家？”师曰：“非关他事。”士曰：“食到口边，被他夺却。”师乃下食。士曰：“不消一句。”昭觉勤云：“善现作家，芙蓉奇特，尽被庞居士一时领过了也。只如居士道‘不消一句’，且道是那一句？端坐受供养，施主蒙安乐。”

◎利山和尚，僧问：“众色归空，空归何所？”师曰：“舌头不出口。”曰：“为甚么不出口？”师曰：“内外一如故。”

◎松山和尚，同庞居士吃茶。士举橐子曰：“人人尽有分，为甚么道不得？”师曰：“只为人人尽有，所以道不得。”士曰：“阿兄为甚么却道得？”师曰：“不可无言也。”士曰：“灼然，灼然。”师便吃茶，士曰：“阿兄吃茶，为甚么不揖客？”师曰：“谁？”士曰：“庞公。”师曰：“何须更揖。”后丹霞闻乃曰：“若不是松山，几被个老翁惑乱一上。”士闻之，乃令人传语霞曰："何不会取未举橐子时。"矢上加尖，旁观呕哕。

◎唐州紫玉山道通禅师，于頔相公问："如何是黑风吹其船舫，漂堕罗刹鬼国？"师曰："于頔客作汉，问恁么事作么？"于公失色。师乃指曰："这个便是漂堕罗刹鬼国。"公又问："如何是佛？"师唤相公，公应诺。师曰："更莫别求。"药山闻曰："噫！可惜于家汉，生埋向紫玉山中。"公闻，乃谒见药山。山问曰："闻相公在紫玉山中大作佛事，是否？"公曰："不敢。"乃曰："承闻有语相救，今日特来。"山曰："有疑但问。"公曰："如何是佛？"山召于頔，公应诺。山曰："是甚么？"公于此有省。昭庆共罗山举次，庆云："药山一等是道，甚是奇特，云泥有隔。"罗山云："大师也不得草草，当时赖遇于相公，可中草窠里。若拨着个焦尾大虫，何处有药山也。"庆云："作么生？"罗山云："还知于相是煅了金么？"

◎五台山隐峰禅师，邓氏子。屡参马祖、石头法席，后于马祖言下相契。师问石头："如何得合道去？"头曰："我亦不合道。"师曰："毕竟如何？"头曰："汝被这个得多少时耶？"石头划草次，师在左侧叉手而立，头飞划子向师前，划一株草。师曰："和尚只划得这个，不划得那个。"头提起划子，师接得便作划草势。头曰："汝只划得那个，不解划得这个？"师无对。洞山云："还有堆阜么。"

师推车次，马祖展脚在路上坐。师曰："请师收足。"祖曰："已展不缩。"师曰："已进不退。"乃推车碾损祖脚。祖归法堂，执斧子曰："适来碾损老僧脚底出来。"师便出，于祖前引颈。祖乃置斧。

到南泉，值众参次。泉指净瓶曰："铜瓶是境，瓶中有水，不得动着境，与老僧将水来。"师拈起净瓶，向泉面前泻。泉便休。到沩山，便入堂。于上板头解放衣钵。沩闻师叔到，先具威仪，下堂内相看，师见来便作卧势。沩便归方丈，师乃发去。少间沩山问侍者："师叔在否?"曰："已去。"沩曰："去时有甚么语?"曰："无语。"沩曰："莫道无语，其声如雷。"师在襄州破威仪堂，只着衬衣，于砧椎边拈椎云："道得即不打。"于时大众默然。师便打一下。法眼益云："邓隐峰奇怪甚奇怪！要且不打着。"又云："其时一众出自偶然。"翠岩芝云："此语有勘破处，且道勘破阿谁去?"雪窦云："果然，果然。"

师冬居衡岳，夏止清凉。唐元和中，荐登五台。路出淮西，属吴元济阻兵，违拒王命，官军与贼军交锋，未决胜负。师曰："吾当去解其患。"乃掷锡空中，飞身而过。两军将士仰观，事符预梦，斗心顿息。师既显神异，虑成惑众，遂入五台，于金刚窟前将示灭。先问众曰："诸方迁化，坐去卧去吾尝见之，还有立化也无?"曰："有。"师曰："还有倒立者否?"曰："未尝见有。"师乃倒立而化，亭亭然其衣顺体。时众议舁就荼毗，屹然不动，远近瞻睹惊叹无已。师有妹为尼，时亦在彼，乃拊而咄曰："老兄畴昔不循法律，死更荧惑于人。"于是以手推之，偾然而踣。遂就阇维，收舍利建塔。

◎龟洋无了禅师，尝有虎逐鹿入庵，师以杖格虎，鹿得脱去。将示化，述偈曰：“八十年来辨西东，如今不要白头翁。非长非短非大小，还与诸人色相同。无来无去兼无住，了却本来自性空。”偈毕俨然告寂。瘗于正堂，垂二十载，为山泉淹没。门人发塔，见全身水中而浮。闽王闻之，遣使舁入府庭供养。忽臭气远闻，王焚香祝之曰：“可还龟洋旧址建塔。”言讫异香普熏。倾城瞻礼，遂塔于龟洋。隐峰无了，皆于化后假四大说法。

◎南岳西园昙藏禅师，一日自烧浴次，僧问：“何不使沙弥？”师抚掌三下。僧举似曹山，山云：“一等是拍手抚掌，就中西园奇怪，俱胝一指头禅，盖为承当处不谛当。”僧却问曹山：“西园抚掌，岂不是奴儿婢子边事？”山云：“是。”云：“向上更有事也无？”山云：“有。”云：“如何是向上事？”山叱云：“这奴儿婢子。”

东厨有一大蟒，长数丈，张口呀气，毒焰炽然，侍者请避之。师曰：“死可逃乎？彼以毒来，我以慈受。毒无实性，激发则强。慈苟无缘，冤亲一揆。”言讫，其蟒按首徐行，倏然不见。

◎磁州马头峰神藏禅师，上堂：“知而无知，不是无知，而说无知。”便下座。南泉云：“恁么依师道，始道得一半。”黄檗云：“不是南泉驳他，要圆前话。”　　中庵空颂云：“从头数到一二三，倒数却成三二一。直饶会尽大衍算，掐指巡文数不出。”　　幻寄曰：“大小诸祖师，俱说不了话，若问如何是了话？咄！”

◎潭州华林善觉禅师，常持锡杖，夜出林麓间。七步一振锡，一称观音名号。夹山问："远闻和尚念观音，是否？"师曰："然。"山曰："骑却头时如何？"师曰："出头即从汝骑，不出头骑甚么？"山无对。僧参方展坐具，师曰："缓缓！"曰："和尚见甚么？"师曰："可惜许磕破钟楼。"其僧从此悟入。观察使裴休访之，问曰："还有侍者否？"师曰："有一两个，只是不可见客。"裴曰："在甚么处？"师乃唤大空小空。时二虎自庵后而出，裴睹之惊悸。师语虎曰："有客，且去。"二虎哮吼而去。裴问曰："师作何行业，感得如斯？"师乃良久曰："会么？"曰："不会。"师曰："山僧常念观世音。"空音湛颂云："僧来展具已输筹，常念观音独不休。雕虎风生君未会，可怜空磕破钟楼。"

◎乌臼和尚，玄绍二上座参，师乃问："二禅客发足甚么处？"玄曰："江西。"师便打。玄曰："久知和尚有此机要。"师曰："汝既不会，后面个师僧祇对看。"绍拟近前，师便打，曰："信知同坑无异土，参堂去！"雪窦显云："宗师眼目须是恁么，如金翅鸟擘海，直取龙吞。有般汉，眼目未辨东西，拄杖不知颠倒，只管说照用同时，人境俱夺。"　圜悟云："雪窦明辨古今，分别邪正。若不知有，争恁么道。虽然只见乌臼放行，要明乌臼把住处么？直得释迦弥勒犹为走使，据令而行，尽大地人并须吃棒。"

问僧："近离甚处？"曰："定州。"师曰："定州法道，何似这里？"曰："不别。"师曰："若不别，更转彼中去。"便打。僧曰："棒头有眼，不得草草打人。"师曰："今日打着一个也。”又打三下，僧便出去。师曰：“屈棒元来有人吃在。”曰：“争奈杓柄在和尚手里。”师曰：“汝若要，山僧回与汝。”僧近前夺棒打师三下。师曰：“屈棒！屈棒！”曰：“有人吃在。”师曰：“草草打着个汉。”僧礼拜。师曰：“却与么去也。”僧大笑而出。师曰：“消得恁么，消得恁么。”

佛性泰颂：“相见不虚图，分明付与渠。汝醉我扶起，我倒汝还扶。交互为宾主，相将入帝都。高歌大笑九衢里，天上人间我与尔。”

雪窦颂：“呼即易，遣还难，互换机锋子细看。劫石固来犹可坏，沧溟深处立须干。乌臼老，乌臼老，几何般！与他杓柄太无端。”

幻寄曰：“多少人在雪窦颂上敲砖打瓦，不知雪窦命脉在乌臼棒头上。”

◎**石臼和尚**，初参马祖。祖问：“甚么处来？”师曰：“乌臼来。”祖曰：“乌臼近日有何言句？”师曰：“几人于此茫然。”祖曰：“茫然且置，悄然一句作么生？”师乃近前三步，祖曰：“我有七棒，寄打乌臼，你还甘否？”师曰：“和尚先吃，某甲后甘。”

◎**镇州金牛和尚**，每自做饭供养众僧。至斋时，舁饭桶到堂前作舞呵呵大笑曰：“菩萨子吃饭来！”

长庆棱云：“大似因斋庆赞。”　大光诲，因僧问云：“长庆道因斋庆赞，意旨如何？”光乃作舞，僧礼拜。光云：“见甚道理便礼拜？”僧却作舞。光云：“这野狐精。”　雪窦显云：“虽然如是，金牛不是好心。”　圜悟勤云：“且道大光云这野狐精，与藏头白、海头黑，是同是别？这漆桶，又道好师僧，且道是同是别。”　雪窦显颂：“前箭犹轻后箭深，谁云黄叶是黄金。曹溪波浪如相似，无限平人被陆沉。”

◎**亮座主**，蜀人也，颇讲经论。因参马祖，祖问：“见说座主大讲得经论，是否？”师曰：“不敢。”祖曰：“将甚么讲？”师曰：“将心讲。”祖曰：“心如工伎儿，意如和伎者，争解讲得？”师抗声曰：“心既讲不得，虚空莫讲得么？”祖曰：“却是虚空讲得。”师不肯，便出。将下阶，祖召曰：“座主！”师回首，祖曰：“是甚么？”师豁然大悟，便礼拜。祖曰：“这钝根阿师，礼拜作么？”师曰：“某甲所讲经论，将谓无人及得，今日被大师一问，平生功业，一时冰释。”礼谢而退。乃隐于洪州西山，更无消息。僧问真净：“如何是道？”真净曰：“宝公云：‘若欲将心求佛道，问取虚空始出尘。’汝今求佛道，虚空向汝道甚么？”其僧于是大悟于言下。　妙喜曰：“如今讲人，才闻宗师说，却是虚空讲得，便向虚空里东捞西摸。”

◎**百灵和尚**，一日与庞居士路次相逢，问曰：“南岳得力句，还曾举向人也无？”士曰：“曾举来。”师曰：“举向甚么人？”士以手自指曰：“庞公。”师曰：“直是妙德空生，也赞叹不及。”士却问：“阿师得力句，是谁得知？”师戴笠子便行。士曰：“善为道路。”师更不回首。径山杲云：“这个话端，若不是庞公，几乎错举似人。虽然如是，百灵输他庞老一着。何故？当时若不得个破笠头遮却髑髅，有甚面目见他庞公。”

◎**则川和尚**，摘茶次。庞蕴曰：“法界不容身，师还见我否？”师曰：“不是老师，洎答公话。”士曰：“有问有答，盖是寻常。”师乃摘茶不听。士曰：“莫怪适来容易借问。”师亦不顾。士喝曰：“这无礼仪老汉，待我一一举向明眼人。”师乃抛却茶篮，便归方丈。雪窦曰：“则川只解把定封疆，不能同生同死。当时好与捋下幞头，谁敢唤作庞居士！”

一日，在方丈内坐，士来见乃曰：“只知端居丈室，不觉僧到参时。”师垂下一足，士便出行三两步却回，师乃收足。士曰：“可谓自由自在。”师曰：“我是主。”士曰：“阿师只知有主，不知有客。”师唤侍者点茶，士作舞而出。达磨一宗，扫地尽矣。

◎**忻州打地和尚**，自江西领旨，常晦其名。凡学者致问，唯以棒打地示之。时谓之打地和尚。一日被僧藏却棒，然后致问，师但张其口。僧问门人曰：“只如和尚每日有人问便打地，意旨如何？”门人即于灶内取柴一片，掷置釜中。妙喜曰：“养子不及父，家门一世衰。”

◎**潭州秀溪和尚**，谷山问：“声色纯真，如何是道？”师曰：“乱道作么？”山却从东过西立。师曰：“若不恁么，即祸事也。”山又从西过东立。师乃下禅床方行两步，被谷山捉住，曰：“声色纯真事作么生？”师便打一掌。山曰：“三十年后，要个人下茶也无在。”师曰：“要谷山这汉做甚么？”山呵呵大笑。

◎**江西椑树和尚**，卧次，道吾近前，牵被覆之。师曰：“作么？”吾曰：“盖覆。”师曰：“卧底是，坐底是？”吾曰：

“不在这两处。”师曰：“争奈盖覆何?”吾曰：“莫乱道。”

◎**浮杯和尚**，凌行婆来礼拜，师与坐吃茶。婆乃问：“尽力道不得底句分付阿谁?”师曰：“浮杯无剩语。”婆曰：“未到浮杯，不妨疑着。”师曰：“别有长处，不妨拈出。”婆敛手哭曰：“苍天中更添冤苦。”师无语。婆曰：“语不知偏正，理不识倒邪，为人即祸生。”后有僧举似南泉，泉曰：“苦哉浮杯，被这老婆摧折一上。”婆后闻笑曰：“王老师犹少机关在。”澄一禅客逢见行婆，便问：“怎生是南泉犹少机关在?”婆乃哭曰：“可悲可痛!”一罔措。婆曰：“会么?”一合掌而立。婆曰：“伎死禅和，如麻似粟。”一举似赵州，州曰：“我若见这臭老婆，问教口哑。”一曰：“未审和尚怎生问他?”州便打。一曰：“为甚么却打某甲?”州曰：“似这伎死汉不打，更待几时?”连打数棒。婆闻，却曰：“赵州合吃婆手里棒。”后僧举似赵州，州哭曰：“可悲可痛!”婆闻此语，合掌叹曰：“赵州眼光，烁破四天下。”州令僧问如何是赵州眼?”婆乃竖起拳头。僧回举似赵州，州作偈曰：“当机觌面提，觌面当机疾。报汝凌行婆，哭声何得失。”婆以偈答曰：“哭声师已晓，已晓复谁知。当时摩竭国，几丧目前机。”

◎**潭州龙山和尚**，洞山与密师伯行脚，见溪流菜叶，洞曰：“深山无人，因何有菜随流，莫有道人居否?”乃相与拨草，溪行五七里间。忽见师羸形异貌，放下行李问讯。师曰：“此山无路，阇黎从何处来?”洞曰：“无路且置，和尚从何而入？”师曰：“我不从云水来。”洞曰：“和尚住此山多少时耶？”师曰：“春秋不涉。”洞曰：“和尚先住，此山先住？”师曰：“不知。”洞曰：“为甚么不知？”师曰：“我不从人天来。”洞曰：“和尚得何道理，便住此山？”师曰：“我见两个泥牛斗入海，直至于今绝消息。”洞山始具威仪礼拜。便问：“如何是主中宾？”师曰：“青山覆白云。”曰：“如何是宾中主？”师曰：“长年不出户。”曰：“宾主相去几何？”师曰：“长江水上波。”曰：“宾主相见，有何言说？”师曰：“清风拂白月。”洞山辞退。师乃述偈曰：“三间茅屋从来住，一道神光万境闲。莫把是非来辨我，浮生穿凿不相关。”又曰：“一池荷叶衣无数，满地松花食有余。刚被世人知住处，又移茅屋入深居。”因烧庵，不知所如，故人亦称隐山和尚。

◎**濛溪和尚**，问僧：“甚处来？”僧云：“定州来。”师曰：“定州近日有甚奇特事？”僧曰：“某甲旦过，但闻盐贵米贱，苦无奇特事。”师曰：“我这里也只如此，粗粥淡饭与僧，别无奇特事。你又来这里觅个甚么？”僧曰：“某甲不会，乞师慈悲。”师曰：“赖你不会，若会，我即输汝一半道理。”首座晚间上问曰：“和尚适来勘僧，为甚么道输汝一半道理？”师云：“赖得汝举，老僧洎合忘却。”首座曰：“请和尚为某甲说。”师曰：“你即忘前失后，我又失后忘前。”座方去，师唤转曰：“却不得举着，近日师僧但说盐贵米贱，并不将佛法为事。频频举着，丧却你性命不难。”

◎**襄州居士庞蕴者**，衡州衡阳县人也。字道玄。世本儒业。少悟尘劳，志求真谛。唐贞元初，谒石头。乃问："不与万法为侣者是甚么人？"头以手掩其口，豁然有省。后与丹霞为友。一日，石头问曰："见老僧以来，日用事作么生？"士曰："若问日用事，即无开口处。"乃呈偈曰："日用事无别，惟吾自偶谐。头头非取舍，处处没张乖。朱紫谁为号，丘山绝点埃。神通并妙用，运水及搬柴。"头然之。曰："子以缁耶，素耶？"士曰："愿从所慕。"遂不剃染。后参马祖，问曰："不与万法为侣者是甚么人？"祖曰："待汝一口吸尽西江水，即向汝道。"士于言下顿领玄旨。大慧《语录》云：士初谒马祖，问："如水无筋骨，能胜万斛舟时如何？"祖曰："我这里无水亦无舟，说甚么筋骨？"士于言下顿息诸缘。遂向南岳见石头云云。与此少异。

至药山，山命十禅客相送。至门首，士乃指空中雪曰："好雪片片，不落别处。"有全禅客曰："落在甚处？"士遂与一掌。全曰："也不得草草。"士曰："恁么称禅客，阎罗老子未放你在。"全曰："居士作么生？"士又掌，曰："眼见如盲，口说如哑。"士见丹霞，霞作走势，士曰："犹是抛身势，作么生是颦呻势？"霞便坐。士以拄杖划地作七字，霞于下划个一字。士曰："因七见一，见一忘七。"霞便起去。士曰："更坐少时，犹有第二句在。"霞曰："向这里著语得么？"士遂哭出去。或作"士以拄杖画地作七字，于下画个一字，曰：'因七见一，见一忘七。'霞便起去。"

偈："心如境亦如，无实亦无虚。有亦不管，无亦不拘。不是圣贤，了事凡夫。易复易，即此五蕴有真智。十方世界一乘同，无相法身岂有二。若舍烦恼入菩提，不知何方有佛地?”又:“护生须是杀,杀尽始安居。会得个中意,铁船水上浮。”圜悟举此偈云:“且道杀个甚么?杀众生物命,凡夫见解;杀六贼烦恼,座主见解;杀佛杀祖,大阐提人见解。衲僧分上,毕竟杀个甚么?试定当看。”僧问:“未审杀个甚么?”师曰:“大有人疑着。”曰:“学人到这里,直得步步绝行踪时如何?”悟曰:“未有金刚王宝剑在。”圜悟又云:“只如护生须用杀,且道杀个甚么?便有禅和子道:不是杀物命,只是杀无明贼,杀烦恼贼,杀六根六尘贼,杀争人争我贼。虽然一期也似,要且未梦见衲僧脚跟头。既是护生,须是明杀意。如何是杀意?险!若向个里辨得出,便可放一线道,浩浩之中管取,坐断天下人舌头,然后始杀得尽。然虽如是,释迦老子也杀不尽,迦叶也杀不尽,西天二十八祖也杀不尽,唐土六祖也杀不尽。要明不尽底,须是放却从前已后,见解明暗,玄妙理性。殊胜奇特,洁净刬除。不留毫末,也不到极尽处。只如正尽处,合作么生,还委悉么?深山大泽无人到,聚头正好共商量。”　　中峰本云:“莫是杀人与护生一念平等么?恁么商量,瞎人眼目。”

士悟后,以舟尽载珍橐数万,沉之湘流,举室修行。有女名灵照,常鬻竹漉篱以供朝夕。有偈曰:“有男不婚,有女不嫁。大家团栾头,共说无生话。”径山杲示罗快然云:“昔庞居士有言:‘有男不婚,有女不嫁。大家团栾头,共说无生话。’后来元丰间有个士人,谓之无为居士,姓杨,名杰,字次公。尝参前辈,于宗门中,有真实得力处。曾和庞公此偈云:‘男大须婚,女大须嫁。讨甚闲工夫,更说无生话。’者两个俗汉子,将他十方常住一片田地,不向官中印契,各自分疆列界。道我知有,而时时向无佛处称尊。当时亦有个不平底,谓之海印信禅师。时住苏州定慧,因见无为此偈,亦有一偈曰:‘我无男婚,我无女嫁。困来便打眠,谁管无生话。’这三个老汉,说此三偈,快然居士,开眼也著,合眼也著，不开不合也著。妙喜只得冷地看，看即不无，毕竟快然居士向开眼处著到耶？合眼处著到耶？不开不合处著到耶？若向开眼处著到，则落在庞公圈䙡里；若合眼处著到，则落在杨无为圈䙡里；在不开不合处著到，则落在海印禅师圈䙡里。快然见恁么说，定道总不恁么。若总不恁么，又落在妙喜圈䙡里。要出三老圈䙡则易，要出妙喜圈䙡则难。快然毕竟如何出得？待归延平嫁了女，却缓缓地来，为你说破。"

庞婆入鹿门寺作斋，维那请疏意回向。婆拈梳子插向髻后曰："回向了也。"便出去。士一日庵中独坐，蓦地云："难！难！十石油麻树上摊。"庞婆接声云："易，易！百草头上祖师意。"灵照云："也不难，也不易，饥来吃饭困来睡。"妙喜曰："此三人同行不同步，同得不同失。若以心意识博量卜度，非独不见三人落着处，十二时中亦自昧却本地风光。不见本来面目，未免被难易不难易牵挽。不得自在，欲得自在。将此三人道底作一句看，妙喜已是拖泥带水，下注脚了也。"

士坐次，问灵照曰："古人道：'明明百草头，明明祖师意。'作么生？"照曰："老老大大作这个语话。"士曰："你作么生？"照曰："明明百草头，明明祖师意。"士乃笑。径山杲云："庞居士先行不到，灵照女末后太过。直饶齐行齐到。若到云门，一坑埋却，且道过在甚么处？明明百草头，明明祖师意。"

士卖竹漉篱，下桥吃扑，灵照见，亦去爷边倒。士曰："你作甚么？"照曰："见爷倒地，某甲相扶。"士曰："赖是无人见。"士将入灭，谓灵照曰："视日早晚及午以报。"照遽报，日已中矣，而有蚀也。"士出户观次，灵照即登父座，合掌坐亡。士笑曰："我女锋捷矣。"于是更延七日，州牧于公頔问疾次，士谓之曰："但愿空诸所有，慎勿实诸所无。

好去世间，皆如影响。”言讫，枕于公膝而化。遗命焚弃江湖。士语录载无名子序，“焚弃江湖”下复云：“旋遣使人报诸妻子，妻闻之曰：‘这愚痴女与无知老汉，不报而去，是何忍也。’因往告子，见劚畬曰：‘庞公与灵照去也。’子释锄应之曰：‘嗄！’良久，亦立而亡去。母曰：‘愚子痴一何甚也！’亦以焚化。众皆奇之。未几，其妻乃遍诣乡闾，告别归隐。自后沉迹敻然，莫有知其所归者。”其事更奇卓，并志之此。

◎**澧州药山惟俨禅师**，绛州韩氏子。年十七出家，纳戒衡岳。博通经论，严持戒律。一日，叹曰：“大丈夫当离法自净，谁能屑屑事细行于布巾耶？”首造石头之室，便问：“三乘十二分教某甲粗知，尝闻南方直指人心，见性成佛。实未明了，伏望和尚慈悲指示。”头曰：“恁么也不得，不恁么也不得，恁么不恁么总不得。子作么生？”师罔措。头曰：“子因缘不在此，且往马大师处去。”师禀命恭礼马祖，仍伸前问。祖曰：“我有时教伊扬眉瞬目，有时不教伊扬眉瞬目，有时扬眉瞬目者是，有时扬眉瞬目者不是。子作么生？”师于言下契悟，便礼拜。头曰：“你见甚么道理便礼拜？”师曰：“某甲在石祖处，如蚊子上铁牛。”祖曰：“汝既如是，善自护持。”法云秀云：“石头有个无孔铁椎，大似分付不着。药山虽过江西悟去，争奈平地上吃交。有甚么扶策处，具眼者试辨看？”

五祖演云：“老僧在众日，闻兄弟每商量道：即心即佛也不得，不即心即佛也不得。若恁么说话，敢称禅客。殊不知古人文武兼备，韬略双全。山僧见处也要诸人共知，只见波涛涌，不见海龙宫。”

径山杲云：“好个话端，阿谁会举。举得十分，未敢相许。”侍奉三年。一日，祖问：“子近日见处作么生？”师曰：“皮肤脱落尽，惟有一真实。”祖曰：“子之所得，可谓协于心体，布于四肢。既然如是，将三条篾束取肚皮，随处住山去。”师曰：“某甲又是何人，敢言住山。”祖曰：“不然，未有常行而不住，未有常住而不行。欲益无所益，欲为无所为。宜作舟航，无久住此。”师乃辞祖返石头。

一日，在石上坐次，石头问曰：“汝在这里作么?”曰：“一物不为。”头曰：“恁么即闲坐也。”曰：“若闲坐即为也。”头曰：“汝道不为，不为个甚么?”曰：“千圣亦不识。”头以偈赞曰：“从来共住不知名，任运相将只么行。自古上贤犹不识，造次凡流岂可明。”妙喜曰：“物是实价，钱是足陌。”

石头垂语曰：“言语动用没交涉。”师曰：“非言语动用亦没交涉。”头曰：“我这里针札不入。”师曰：“我这里如石上栽花。”头然之。住药山后，海众四集。遵布衲浴佛，师曰：“这个从汝浴，还浴得那个么?”遵曰：“把将那个来。”师乃休。长庆云：“邪法难扶。”　玄觉云：“且道长庆恁么道，在宾在主，众中唤作浴佛语，亦曰兼带语，且道尽善不尽善。”黄龙南禅师住同安日，示众云：“今朝四月八，我佛降生之日，天下精蓝皆悉浴佛。记得举浴佛公案云云。大众：古人随时一言半句，亦无巧妙。今人用尽心力安排，终不到他境界。众中商量或有道这个是铜像，那个是法身。铜像有形，可以洗涤。法身无相，如何洗得?药山只知其一，不知其二。被遵公靠倒，直得口似匾担，不胜懡㦬。”又云：“古德垂问，只要验人。问汝那个，便道把将那个来。正是随声逐色，咬他言句，上他圈䙡。药山见伊不会，所以便休。又道：药山恁么来，早是无事生事，好肉上剜疮。遵公不见来病，却向炙疮瘢上更着艾燋。有云：古人得了，逢场作戏。无可不可，何高何低。彼此知有，自是后人强生分别。如前所解，盖不遇人。一失其源，迷而不复。所以只凭识心思量计较，以当宗乘。殊不知有作思惟从有心起，用此思惟辨于佛境，如取萤火烧须弥山，纵经尘劫，终不能着。是故行脚高人，切须自看。从上来事合作么生，毕竟将何敌他生死。勿以少许粗浮识见自作障碍，佛法不是这个道理。同安今日不避口业，与汝诸人说破。此二尊宿，一出一入，未见输赢，三十年后不得错举。"　幻寄曰："同安且须自检，一出一入未见输赢，何异他逢场作戏，何高何低？三十年后求错举者，便是幻寄。"

坐次，道吾、云岩侍立。师指按山上枯荣二树，问道吾曰："枯者是，荣者是？"吾曰："荣者是。"师曰："灼然一切处，光明灿烂去。"又问云岩："枯者是，荣者是？"岩曰："枯者是。"师曰："灼然一切处放教枯澹去。"高沙弥忽至，师曰："枯者是，荣者是？"弥曰："枯者从他枯，荣者从他荣。"师顾道吾、云岩曰："不是，不是。"草堂清颂云："云岩寂寂无窠臼，灿烂宗风是道吾。深信高禅知此意，闲行闲坐任荣枯。"

院主报："打钟也，请和尚上堂。"师曰："汝与我擎钵盂去。"曰："和尚无手，来多少时。"师曰："汝只是枉披袈裟。"曰："某甲只恁么，和尚如何？"师曰："我无这个眷属。"谓云岩曰："与我唤沙弥来。"岩曰："唤他来作甚么？"师曰："我有个折脚铛子，要他提上挈下。"岩曰："恁么则与和尚出一只手去也。"师便休。园头栽菜次，师曰："栽即不障，汝栽莫教根生。"曰："既不教根生，大众吃甚么？"师曰："汝还有口么？"头无对。

问："平田浅草，麈鹿成群，如何射得麈中主。"师曰：

“看箭！”僧放身便倒。师曰：“侍者，拖出这死汉。”僧便走。师曰：“弄泥团汉有甚么限？”雪窦显拈云：“这僧三步虽活，五步须死。”复颂云：“麈中主，君看取。下一箭，走三步。五步若活，成群趁虎。正眼从来付猎人。复高声云：‘看箭。’”

看经次，僧问：“和尚寻常不许人看经，为甚么却自看？”师曰：“我只图遮眼。”曰：“某甲学和尚，还得也无？”师曰：“你若看，牛皮也须穿。”长庆云：“眼有何过？”玄觉云：“且道长庆会药山意，不会药山意。” 汾阳昭颂：“彻底更何疑，觑穿会者稀。叮咛由付嘱，句句是玄机。”

师看经次，柏岩云：“和尚休猱人得也。”师卷却经，云：“日头早晚。”岩云：“正当午也。”师云：“犹有这文彩在。”岩云：“某甲无亦无。”师云：“汝太煞聪明。”岩云：“某甲只恁么，和尚尊意如何？”师云：“我跛跛挈挈，百丑千拙，且恁么过。”师与道吾说茗溪上世为节察来，吾曰：“和尚上世曾为甚么？”师曰：“我痿痿羸羸，且恁么过时。”曰：“凭何如此？”师曰：“我不曾展他书卷。”师晚参，云：“我有一句子，待特牛生儿，即向汝道。”时有僧便出云：“特牛生儿也，只是和尚不道。”师唤侍者将灯来，其僧便抽身入众。洞山价云：“这僧会，只是不肯礼拜。” 投子青云：“且道甚处是这僧会底道理？若道得，可为这僧雪屈。若道不得，却被药山瞒。” 昭觉勤云：“夹山即不然，有一句子，威音已前道与诸人了。或有问明头合、暗头合，只向伊道。龙遇水时添意气，虎逢山色长威狞。”

师问庞居士：“一乘中还著得这个事么？”士曰：“某甲只管日求升合，不知还著得么？”师曰：“道居士不见石头得么？”士曰：“拈一放一，未为好手。”师曰：“老僧住持事繁。”士珍重便出。师曰：“拈一放一，的是好手。”士曰：“好个一乘问宗，今日失却也。”师曰：“是，是。”师因僧问：“学人有疑，请师决。”师曰：“待上堂时来，与阇黎决疑。”至晚上堂众集。师曰：“今日请决疑，上座在甚么处？”其僧出众而立，师下禅床把住曰：“大众！这僧有疑。”便与一推，却归方丈。问饭头：“汝在此多少时也？”曰：“三年。”师曰：“我总不识汝。”饭头罔测，发愤而去。

问僧：“年多少也？”僧云：“七十二也。”师云：“是年七十二那？”僧云：“是。”师便打。师坐次，僧问：“兀兀地思量甚么？”师曰：“思量个不思量底。”曰：“不思量底如何思量？”师曰：“非思量。”问：“己事未明，乞和尚指示？”师良久曰：“吾今为汝道一句亦不难，只宜汝于言下便见去，犹较些子。若更入思量，却成吾罪过，不如且各合口，免相累及。”师令供养主抄化，甘贽行者问：“甚处来？”曰：“药山来。”甘曰：“作么？”曰：“教化。”甘曰：“将得药来么？”曰：“行者有甚么病？”甘便舍银两锭，意山中有人必不受此。主归纳疏，师问曰：“子归何速。”主举前话。师曰：“速送还他。子著贼了也。”主遂送还。甘曰：“由来有人，益金以施。”师久不升座，一日，院主白云：“大众久思和尚示诲。”曰：“打钟着。”时大众才集定，便下座归方丈。妙喜曰：“葛藤不少。”院主随后问云：“和尚许为大众说话，为甚么一言不措？”师曰：“经有经师，律有律师，争怪得老僧。”妙喜曰：“笑杀人。” 荐福怀云：“药山还见院主么，院主还见药山么？三十年后遇着作家，不得错举。”

问：“学人拟归乡时如何？”师曰：“汝父母遍身红烂，

卧在荆棘林中，汝归何所？”曰：“恁么则不归去也。”师曰：“汝却须归去。汝若归乡，示汝个休粮方子。”曰：“便请。”师曰：“二时上堂，不得咬破一粒米。”师与云岩游山，腰间刀响。岩问：“甚么物作声？”师抽刀蓦口作斫势。朗州刺史李翱问：“师何姓？”师曰：“正是时。”李不委，却问院主，某甲适来问和尚姓，和尚曰‘正是时’。未审姓甚么？”主曰：“恁么则姓韩也。”师闻乃曰：“得恁么不识好恶，若是夏时对他，便是姓热。”李初向师玄化，屡请不赴，乃躬谒师。师执经卷不顾。侍者曰：“太守在此。”李性褊急，乃曰：“见面不如闻名。”拂袖便出。师曰：“太守何得贵耳贱目。”李回拱谢。问曰：“如何是道？”师以手指上下曰：“会么？”曰：“不会。”师曰：“云在青天水在瓶。”李欣然作礼。述偈曰：“炼得身形似鹤形，千株松下两函经。我来问道无余话，云在青天水在瓶。”李又问：“如何是戒定慧？”师曰：“贫道这里无此闲家具。”李罔测玄旨。师曰：“太守欲保任此事，须向高高山顶立，深深海里行。闺合中物舍不得，便为渗漏。”张无尽颂云：“云在青天水在瓶，眼光随指落深坑。溪花不耐风霜苦，说甚深深海底行。”

师一夜登山经行，忽云开见月，大啸一声，应澧阳东九十里许，居民尽谓东家，明晨迭相推问，直至药山。徒众曰：“昨夜和尚山顶大啸。”李赠诗曰：“选得幽居惬野情，终年无送亦无迎。有时直上孤峰顶，月下披云啸一声。”

上堂：“祖师只教保护，若贪嗔起来，切须防御，莫教抚直庚反触。是你欲知枯木石头却须担荷，实无枝叶可得。虽然如此，更宜自看，不得绝却言语。我今为汝说，这个语显无语底，他那个本来无耳目等貌。”时有僧问：“云何有六趣？”师曰：“我此要轮虽在其中，元来不染。”问：“不了身中烦恼时如何？”师曰：“烦恼作何相状，我且要你考看。更有一般底，只向纸背上记持言语，多被经论惑。我不曾看经论策子，汝只为迷事走失自家不定，所以便有生死心。未学得一言半句一经一论，便说甚么菩提涅槃，世摄不摄。若如是解，即是生死。若不被此得失系续，便无生死。汝见律师，说甚么尼萨耆突吉罗最是生死本。虽然恁么，穷生死且不可得。上至诸佛，下至蝼蚁，尽有此长短好恶大小不同。若也不从外来，何处有闲汉，掘地狱待你。你欲识地狱道，只今镬汤煎煮者是。欲识饿鬼道，即今多虚少实不令人信者是。欲识畜生道，见今不识仁义不辨亲疏者是。岂须披毛戴角，斩割倒悬。欲识人天，即今清净威仪持瓶挈钵者是。保任免随诸趣，第一不得弃这个。这个不是易得，须向高高山顶立，深深海底行。此处行不易，方有少相应。如今出头来，尽是多事人。觅个痴钝人不可得，莫只记策子中言语，以为自己见知。见他不解者便生轻慢，此辈尽是阐提外道，此心直不中，切须审悉。恁么道，犹是三界边事。莫在衲衣下空过，到这里更微细在。莫将谓等闲，须知珍重！”太和八年十一月六日，临示寂，叫曰：“法堂倒！法堂倒！”众皆持柱撑之。师举手曰：“子不会我意。”乃告寂。弟子奉全身，塔于院东隅。

◎**邓州丹霞天然禅师**，本习儒业，将入长安应举，方宿于逆旅，忽梦白光满室，占者曰：“解空之祥也。”偶禅者问曰："仁者何往？"曰："选官去。"禅者曰："迁官何如选佛？"曰："选佛当往何所？"禅者曰："今江西马大师出世，是选佛之场。仁者可往。"遂直造江西。才见祖师，以手托幞头额。祖顾视良久，曰："南岳石头是汝师也。"遽抵石头，还以前意投之。头曰："着槽厂去。"师礼谢，入行者房，随次执爨役，凡三年。忽一日，石头告众曰："来日刬佛殿前草。"至来日，大众诸童行各备锹镢刬草，独师以盆盛水沐头，于石头前胡跪。头见而笑之，便与剃发，又为说戒。师乃掩耳而出，再往江西谒马祖。未参礼，便入僧堂内，骑圣僧颈而坐。时大众惊愕，遽报马祖。祖躬入堂，视之曰："我子天然。"师即下地礼拜曰："谢师赐法号。"因名天然。祖问："从甚处来？"师曰："石头。"祖曰："石头路滑，还跶倒汝么？"师曰："若跶倒即不来也。"乃杖锡观方。过慧林寺，遇天大寒，取木佛烧火向。院主诃曰："何得烧我木佛？"师以杖子拨灰曰："吾烧取舍利。"主曰："木佛何有舍利？"师曰："既无舍利，更取两尊烧。"主自后眉须堕落。保宁勇云："院主眉须堕落即且置，且道丹霞眉毛还在也无？若也见得，与古佛同参；若也不见，切忌拨无因果。"　真净上堂云："丹霞烧木佛，院主眉须落。蓦拈拄杖云：不是木佛。便掷下云：谁敢烧你。拟即眉须堕落，不拟又且如何？高声云：行者拈取拄杖。"　天童华云："诸方商量道，院主忽起疑心，以致斯祸。不知院主买铁得金，一场富贵。"　僧问云峰悦："丹霞烧木佛，意旨如何？"峰曰："横三竖四。"曰："院主为甚么眉须堕落？"峰曰："七通八达。"僧举问天宁卓，宁曰："猫儿会上树。"僧曰："早知如是，悔不如是。"宁曰："惜取眉毛。"僧问云峰志璇："丹霞烧木佛，院主为甚么眉须堕落？"云曰："一人传虚，万人传实。"曰：

"恁么则不落也。"云曰："两重公案。"曰："学人未晓，特伸请益。"云曰："筠袁虔吉，头上插笔。"　文殊道颂云："彭祖八百乞延寿，秦皇登位便求仙。昨夜天津桥上过，石崇犹自送穷船。"

谒南阳忠国师。初见国师语，具《国师章》中。

明日再往礼拜，见国师，便展坐具。国师曰："不用，不用。"师退后。国师曰："如是，如是。"师却进前。国师曰："不是，不是。"师绕国师一匝便出。国师曰："去圣时遥，人多懈怠。三十年后，觅此汉也难得。"访庞居士，见女子灵照洗菜次。师曰："居士在否?"女子放下菜篮，叉手而立。师又问："居士在否?"女子提篮便行。师遂回。须臾，居士归，女子乃举前话。士曰："丹霞在么?"女曰："去也。"士曰："赤土涂牛妳。"蒋山勤云："丹霞从苗辨地，灵照因语识人。放下菜篮，当处发生。提起菜篮，随处灭尽。居士云'赤土涂牛妳。'屋里贩扬州，且道毕竟如何？各自散去，免增话会。"

又一日访庞居士，至门首相见。师乃问："居士在否?"士曰："饥不择食。"师曰："庞老在否?"士曰："苍天！苍天!"便入宅去。师曰："苍天！苍天!"便回。师问庞居士，昨日相见，何似今日?"士曰："如法举昨日事来作个宗眼。"师曰："只如宗眼，还着得庞公么?"士曰："我在你眼里。"师曰："某甲眼窄，何处安身?"士曰："是眼何窄？是身何安?"师休去。士曰："更道取一句，便得此话圆。"师亦不对。士曰："就中这一句无人道得。"师与庞居士行次，见一泓水。士以手指曰："便与么也还辨不出?"师曰："灼然是辨不出。"士乃戽水，泼师二掬。师曰："莫与么，莫与么。"

士曰：“须与么须与么。”师却戽水，泼士三掬。师曰：“正与么时堪作甚么？”士曰：“无外物。”师曰：“得便宜者少。”士曰：“谁是落便宜者？”士来访师，于师前立少时，便出去。师不顾，士却来坐。师却来士前立少时，便归方丈。士曰：“汝出我入，未有事在。”师曰：“这老翁，出出入入，有甚了期。”士曰：“略无些子慈悲。”师曰：“引得个汉到这田地。”士曰：“把甚么引？”师拈起士幞头，曰：“恰似个师僧。”士拈幞头安师头上，曰：“恰似个俗人。”师应诺三声。士曰：“犹有些子气息在。”师抛下幞头，曰：“恰似个乌纱巾。”士亦应诺三声。师曰：“昔时气息，争解忘得？”士弹指三下曰：“动天动地。”师因去马祖处，路逢一老人与一童子。师问：“公住何处？”老人曰：“上是天，下是地。”师曰：“忽遇天崩地陷，又作么生？”老人曰：“苍天！苍天！”童子嘘一声。师曰：“非父不生其子。”老人便与童子入山去。”问僧：“甚么处宿？”曰：“山下宿。”师曰：“甚么处吃饭？”曰：“上下吃饭。”师曰：“将饭与阇黎，吃底人还具眼也无？”僧无对。长庆问保福：“将饭与人吃，感恩有分。为甚么不具眼？”福云：“施者受者，二俱瞎汉。”庆云：“尽其机来，还成瞎否？”福云：“道某甲瞎得么？”玄觉征云：“且道长庆明丹霞意，为复自用家财。”天童华云：“丹霞既已龙头蛇尾，长庆保福只得将错就错。虽然二三老宿，且不知老应作“者”僧落处。具择法眼者，试请辨看。”　雪窦显颂：“尽机不成瞎，按牛头吃草。四七二三诸祖师，宝器持来成过咎。过咎深，无处寻，天上人间同陆沉。”

汾阳昭代僧云：“若不上山，争识丹霞？”　保宁勇代僧云：“今日被和尚勘破。”

上堂：“阿你浑家。切须保护。一灵之物，不是你造作名邈得，更说甚荐与不荐？吾往日见石头，亦只教切须自保护，此事不是你谈话得。阿你浑家，各有一坐具地，更疑甚么？禅可是你解底物？岂有佛可成？佛之一字，永不喜闻。阿你自看，善巧方便，慈悲喜舍，不从外得，不著方寸。善巧是文殊，方便是普贤。你更拟趁逐甚么物？不用经求落空去。今时学者，纷纷扰扰，皆是参禅问道。我此间无道可修，无法可证。一饮一啄，各自有分，不用疑虑。在在处处有恁么底。若识得释迦即老“老”当从《传灯录》作“者”凡夫是，阿你须自看取。莫一盲引众盲，相将入火坑。夜里暗双陆，赛采若为生。无事珍重！”

长庆四年六月，告门人曰：“备汤沐浴，吾欲行矣！”乃戴笠策杖受屦，垂一足未及地而化去。

◎潭州大川禅师，江陵僧参，师问：“几时发足江陵？”僧提起坐具。师曰：“谢子远来下去。”僧绕禅床一匝便出。师曰：“若不恁么，争知眼目端的？”僧拊掌曰：“苦杀人，洎合错判诸方。”师曰：“甚得禅宗道理。”僧举似丹霞，霞曰：“于大川法道即得。我这里不然。”曰：“未审此间作么生？”霞曰：“犹较大川三步在。”僧礼拜。霞曰：“错判诸方者多。” 洞山云：“不是丹霞，难分玉石。” 幻寄云：“这僧中大川老拳，却还丹霞毒手。洞山道不是丹霞，难分玉石，如今分也。是玉是石？”

◎潮州灵山大颠宝通禅师，初参石头。头问：“那个是汝心？”师曰：“见言语者是。”头便喝出。经旬日，师却问：“前者既不是，除此外何者是心？”头曰：“除却扬眉瞬目将心来。”师曰：“无心可将来。”头曰：“元来有心，何言无心？无心尽同谤。”师于言下大悟。妙喜曰：“且道大颠悟得个甚么？”异日侍立次，头问：“汝是参禅僧？是州县白蹋僧？”师曰：“是参禅僧。”头曰：“何者是禅？”师曰：“扬眉瞬目。”头曰：“除却扬眉瞬目外，将你本来面目呈看？”师曰：“请和尚除却扬眉瞬目外鉴。”头曰：“我除竟。”师曰：“将呈了也。”头曰：“汝既将呈我心如何？”师曰：“不异和尚。”头曰：“不关汝事。”师曰：“本无物。”头曰：“汝亦无物。”师曰：“既无物，即真物。”头曰：“真物不可得，汝心见量意旨如此也，大须护持。”住后，上堂：“夫学道人，须识自家本心，将心相示，方可见道。多见时辈只认扬眉瞬目，一语一默，蓦头印可，以为心要，此实未了。吾今为你诸人分明说出，各须听受。但除却一切妄运想念，见量即汝真心。此心与尘境，及守认静默时全无交涉。即心是佛，不待修治。何以故？应机随照，泠泠自用。穷其用处，了不可得。唤作妙用，乃是本心。大须护持，不可容易。”僧问：“其中人相见时如何？”师曰：“早不其中也。”曰：“其中者如何？”师曰：“不作个问。”韩文公一日相访，问师：“春秋多少？”师提起数珠曰：“会么？”公曰：“不会。”师曰：“昼夜一百八。”公不晓，遂回。次日再来，至门前见首座举前话问意旨如何。座扣齿三下。及见师，理前问，师亦扣齿三下。公曰：“元来佛法无两般。”师曰：“是何道理？”公曰：“适来问首座亦如是？”师乃召首座问：“是汝如此对否？”座曰：“是。”师便打趁出院。汾阳昭颂云：“解展机锋是大颠，明知不是小因缘。一般扣齿丛林异，出院韩公始得闲。”

文公又一日白师曰："弟子军州事繁，佛法省要处，乞师一语。"师良久，公罔措。时三平为侍者，乃敲禅床三下。师曰："作么？"平曰："先以定动，后以智拔。"公乃曰："和尚门风高峻，弟子于侍者边得个入处。"僧问："苦海波深，以何为船筏。"师曰："以木为船筏。"曰："恁么即得度也。"师曰："盲者依前盲，哑者依前哑。"一日，将痒和子廊下行，逢一僧问讯次，师以痒和子蓦口打曰："会么？"曰："不会。"师曰："大颠老野狐，不曾孤负人。"

◎**潭州长髭旷禅师**，曹溪礼祖塔回，参石头。头问："甚么处来？"曰："岭南来。"头曰："大庾岭头一铺功德成就也未？"师曰："成就久矣，只欠点眼在。"头曰："莫要点眼么？"师曰："便请。"头乃垂下一足。师礼拜，头曰："汝见个甚么道理便礼拜？"师曰："据某甲所见，如红炉上一点雪。"玄觉征云："且道长髭具眼只对，不具眼只对？若具眼，为甚么请它点眼？若不具眼，又道成就久矣，且作么生商量？"　法灯代云："和尚可谓眼昏。"

师见僧问讯次，师曰："步步是汝证明处，汝还知么？"曰："某甲不知。"师曰："汝若知，我堪作甚么？"僧礼拜。师曰："我不堪，汝却好。"庞居士到，师升座，众集定。士出曰："各请自检好。"却于禅床右立。时有僧问："不触主人翁，请师答话。"师曰："识庞公么？"曰："不识。"士便搊住曰："苦哉！苦哉！"僧无对。士便拓开。师少间却问："适来这僧还吃棒否？"士曰："待伊甘始得。"师曰："居士只见锥头利，不见凿头方。"士曰："恁么说话某甲即得，外人闻之，要且不好。”师曰：“不好个甚么?”士曰：“阿师只见锥头尖，不见凿头利。”僧参，绕禅床一匝，卓然而立。师曰：“若是石头法席，一点也用不著。”僧又绕禅床一匝。师曰：“却是恁么时，不易道个来处。”僧便出去。师乃唤，僧不顾。师曰：“这汉犹少教诏在。”僧却回曰：“有一人不从人得，不受教诏，不落阶级，师还许么?”师曰：“逢之不逢，逢必有事。”僧乃退身三步，师却绕禅床一匝。僧曰：“不惟宗眼分明，亦乃师承有据。”师乃打三棒。问僧：“甚处来?”曰：“九华山控石庵。”师曰：“庵主是甚么人?”曰：“马祖下尊宿。”师曰：“名甚么?”曰：“不委他法号。”师曰：“他不委，你不委?”曰：“尊宿眼在甚处?”师曰：“若是庵主亲来，今日也须吃棒。”曰：“赖遇和尚放过某甲。”师曰：“百年后讨个师僧也难得。”李行婆来，师乃问：“忆得在绛州时事么?”婆曰：“非师不委。”师曰：“多虚少实在。”婆曰：“有甚讳处?”师曰：“念你是女人，放你拄杖。”婆曰：“某甲终不见尊宿过。”师曰：“老僧过在甚么处?”婆曰：“和尚无过，婆岂有过?”师曰：“无过底人作么生?”婆乃竖拳曰：“与么总成颠倒。”师曰：“实无讳处。”师见僧，乃擒住曰：“师子儿，野干属。”僧以手作拨眉势。师曰：“虽然如此，犹欠哮吼在。”僧擒住师曰：“偏爱行此一机。”师与一掴，僧拍手三下。师曰：“若见同风，汝甘与么否?”曰：“终不由别人。”师作拨眉势。僧曰：“犹欠哮吼在。”师曰：“料想不由别人。”僧问：“不负从上诸圣，如何是长髭第一句?”师曰：“有口不能言。”曰：“为甚么口不能言?”师乃颂云：“石师子，木女儿。第一句，诸佛机。言不得也大奇，直下是莫狐疑。”良久云：“是第一句？第二句？”曰：“不一不二。”师曰：“见利忘锥，犹自多在。”僧礼拜。师拈起盏子云：“直下不负从上诸圣。”曰：“直指人心，见性成佛，又作么生？”师放下盏子，便归方丈。僧随后入，师翘一足云：“大地不容针，汝从何处来？”曰：“直是维摩，也缄口不得。”师曰：“偶尔之间，又逢猛虎。”僧便作虎声，师以拄杖作亚枪势。僧却把住云：“大地不容针，何处得这个来？”师曰：“不但维摩，文殊也缄口不得。”曰：“着箭虎不可当。”师与一掌，推出方丈。

◎**潭州招提寺慧朗禅师**，初参马祖。祖问：“汝来何求？”曰：“求佛知见。”祖曰：“佛无知见，知见乃魔耳。汝自何来？”曰：“南岳来。”祖曰：“汝从南岳来，未识曹溪心要。汝速归彼，不宜他往。”师归石头，便问：“如何是佛？”头曰：“汝无佛性。”师曰：“蠢动含灵，又作么生？”头曰：“蠢动含灵，却有佛性。”曰：“慧朗为甚么却无？”头曰：“为汝不肯承当。”师于言下信入。住后，凡学者至，皆曰：“去！去！汝无佛性。”其接机大约如此。时谓大朗。

◎**长沙兴国寺振朗禅师**，初参石头，便问：“如何是祖师西来意？”头曰：“问取露柱。”曰：“振朗不会。”头曰：“我更不会。”师俄省悟。住后，有僧来参，师召上座，僧应诺。师曰：“孤负去也。”曰：“师何不鉴？”师乃拭目而视之，僧无语。时谓小朗。

◎汾州石楼禅师，僧问："未识本来性，乞师方便指。"师曰："石楼无耳朵。"曰："某甲自知非。"师曰："老僧还有过。"曰："和尚过在甚么处？"师曰："过在汝非处。"僧礼拜，师便打。问僧："近离甚处？"曰："汉国。"师曰："汉国主人还重佛法么？"曰："苦哉！赖遇问着某甲，若问别人，即祸生。"师曰："作么生？"曰："人尚不见，有何佛法可重。"师曰："汝受戒得多少夏？"曰："三十夏。"师曰："大好不见有人。"便打。

◎凤翔府法门寺佛陀禅师，寻常持一串数珠，念三种名号，曰：一释迦，二元和，三佛陀，自余是甚么碗跶丘，乃过一珠，终而复始。事迹异常，人莫能测。

◎澧州大同济禅师，米胡领众来，才欲相见，师便拽转禅床，面壁而坐。米于背后立，少时却回客位。师曰："是即是，若不验破，已后遭人贬剥。"令侍者请米，米却拽转禅床便坐。师乃绕禅床一匝，便归方丈。米却拽倒禅床，领众便出。访庞居士，士曰："忆在母胎时有一则语，举似阿师，切不得作道理主持。"师曰："犹是隔生也。"士曰："向道不得作道理。"师曰："惊人之句争得不怕！"士曰："如师见解，可谓惊人。"师曰："不作道理，却成作道理。"士曰："不但隔一生、两生。"师曰："粥饭底僧一任检责。"士鸣指三下。一日，见庞居士来，便掩却门曰："多知老翁，莫与相见。"士曰："独坐独语，过在阿谁？"师便开门，才出被士把住曰："师多知，我多知？"师曰："多知且置，闭门开门，卷之与舒，相较几许？”士曰：“只此一问，气急杀人！”师默然。士曰：“弄巧成拙。”问：“十二时中如何合道？”师曰：“汝还识十二时么？”曰：“如何是十二时？”师曰：“子丑寅卯。”僧礼拜。师示颂曰：“十二时中那事别，子丑寅卯吾今说。若会惟心万法空，释迦弥勒从兹决。”一日，问庞居士，是个语言，古今少人避得。只如庞公，还避得么？”曰：“诺。”师再举前话，士曰：“甚么处去来？”师曰：“非但如今，古人亦有此语。”士作舞而出去。师曰：“风颠老！风颠老！自过教谁检。”士来访，提起笊篱唤曰：“大同师！大同师！”师不顾。士曰：“石头一宗，瓦解冰消。”师曰：“若不得庞公辈，灼然如此。”士抛下笊篱曰：“宁教不直一文钱。”师曰：“钱虽不直，欠他又争得？”士作舞而退。师乃提起笊篱曰：“庞公！庞公！”士曰：“你要我笊篱，我要你木杓。”师作舞而退。士抚掌笑曰：“归去来！归去来！”

南岳青原宗派未定法嗣

◎**荆州天皇道悟禅师**，婺州东阳张氏子。神仪挺异，幼而生知。年十四，恳求出家，父母不许。遂减食饮，父母不得已许之。及出家，精修梵行。风雨昏夜，宴坐丘冢，离诸怖畏。谒径山国一受心法，服勤五载。复谒马祖，重印前解，依止二夏。后谒石头而致问曰：“离却定慧，以何法示人？”头曰：“我这里无奴婢，离个甚么？”曰：“如何明得？”

头曰："汝还撮得虚空么？"曰："恁么则不从，今日去也。"头曰："未审汝早晚从那边来？"曰："道悟不是那边人。"头曰："我早知汝来处也。"曰："师何以赃诬于人？"头曰："汝身现在。"曰："虽然如是，毕竟如何示于后人？"头曰："汝道谁是后人？"师从此顿悟。罄殚前二哲匠言下有所得心。妙喜曰："且道悟得个甚么。"

后居天皇，客无贵贱，皆坐而揖。江陵尹右仆射裴公稽首问法，师接之无加礼。裴愈归向。元和丁亥四月示疾，命弟子先期告终。至晦日，大众问疾。师蓦召典座，座近前，师曰："会么？"曰："不会。"师拈枕子抛于地上，即便告寂。寿六十，腊三十五。嗣石头，住城东。弟子三人，慧真、文贲、幽闲。协律郎符载撰碑。《传灯》所录悉同符碑，而误以龙潭列师法嗣。

◎天王道悟禅师，渚宫崔氏，汉子玉之胤。十五出家，二十三受戒。三十谒石头，频沐指示而不契。次谒忠国师。三十四，与国师侍者应真南还谒马祖。祖曰："识取自心，本来是佛，不属渐次，不假修持，体自如如，万德圆满。"师于言下大悟。祖嘱曰："汝若住持，莫离旧处。"师蒙旨已，便返荆门。去郭不远，结草为庐。节使来访，师不为加礼，使怒擒师掷江中。及归，见遍衙火发，且闻空中天王神嗔责声，遂哀悔设拜，烟焰顿息，宛然如初。乃躬往江边迎师，见师在水，都不湿衣，益自敬重。于府西造天王寺供师。龙潭信问："从上相承底事如何？"师曰："不是明汝来处不得。"潭曰："这个眼目，几人具得？"师曰："浅草易为长芦。”僧问：“如何是玄妙之说?”师曰：“莫道我解佛法好。”曰：“争奈学人疑滞何?”师曰：“何不问老僧?”曰：“即今问了也。”师曰：“去，不是汝存泊处。”师常云：“快活！快活!”及临终时叫：“苦！苦!”又云：“阎罗王来取我也。”院主问曰：“和尚当时被节使抛向水中，神色不动，如今何得恁么地?”师举枕子云：“汝道当时是，如今是?”院主无对。便入灭。当元和三年《林间录》作“十三年戊戌”。戊子十月十三日也。年八十二，坐六十三夏。嗣马祖，住城西。弟子一人，龙潭崇信。荆南节度使丘玄素撰碑。又唐闻人归登《南岳碑》、圭峰《答裴相国宗趣状》、权德舆《马祖塔铭》皆以天王为马祖嗣。佛国白、达观颖、吕夏卿、张无尽皆著辨证《传灯》之误。独其时同，其地同，其参谒石头马祖同，故犹不能不阙疑。且药山参石头，头谓因缘当在马祖处。山旋于马祖处大悟，而竟嗣头。皆释迦之胤，何彼此足分析耶！

指月录卷十

六祖下第四世

◎**洪州黄檗希运禅师**，闽人也。幼于本州黄檗山出家。额间隆起如珠，音辞朗润，志意冲澹。后游天台逢一僧，与之言笑，如旧相识。熟视之，目光射人，乃偕行。属涧水暴涨，捐笠植杖而止。其僧率师同渡，师曰："兄要渡自渡。"彼即褰衣蹑波，若履平地，回顾曰："渡来！渡来!"师曰："咄！这自了汉。吾早知当斫汝胫。"其僧叹曰："真大乘法器，我所不及。"言讫不见。至洛京行乞，吟添钵声。有一妪出棘扉间曰："太无厌生。"师曰："汝犹未施，责我无厌，何耶?"妪笑而掩扉，师异之。进而与语，多所发药。师须臾辞去，妪告之曰："可往南昌见马大师。"至南昌，马大师已示寂，遂往石门谒塔。时百丈禅师庐于塔旁，乃往参丈。丈问："巍巍堂堂，从何方来?"师曰："巍巍堂堂，从岭南来。”丈曰：“巍巍堂堂，当为何事？”师曰：“巍巍堂堂，不为别事。”便礼拜。问曰：“从上宗乘如何指示？”丈良久。师曰：“不可教后人断绝去也。”丈曰：“将谓汝是个人。”乃起，入方丈。师随后入，曰：“某甲特来。”丈曰：“若尔，则他后不得孤负吾。”丈一日举再参马祖，被喝话。师遂领旨见《百丈章》。丈一日问师：“甚么处去来？”曰：“大雄山下采菌子来。”丈曰：“还见大虫么？”师便作虎声，丈拈斧作斫势，师即打丈一掴。丈吟吟而笑，便归。上堂曰：“大雄山下有一大虫，汝等诸人也须好看。百丈老汉，今日亲遭一口。”《碧岩集》载师参丈不为别事后云：丈因深器之，次日辞丈，丈云：“何处去？”师云：“礼拜马大师去。”丈云：“大师已迁化去也。”圜悟云：“你道黄檗恁么问，是知来问？是不知来问？”师云：“某甲特去礼拜，福缘浅薄，不及一见。未审平日有何言句？”丈举再参被一喝三日耳聋语，师闻不觉吐舌。丈曰：“子已后莫承嗣马大师去否？”师曰：“不然。今日因闻师举，得见马祖大机大用。且不识马祖，若嗣马祖，已后丧我儿孙。”丈曰：“见与师齐，减师半德。见过于师，方堪传授。子甚有超师之作。”圜悟又云：“你道黄檗恁么问，是知来问？是不知来问？”再参公案。已见《百丈章》，而此复录，以圜悟拈语也。事之异同，所不必论。添钵公案，《会元》《颂古统要》皆作临济，此从《古尊宿语录》及《林间录》入师章中。

丈一日因普请开田，回问师曰：“运阇黎开田不易。”师曰：“随众作务。”丈曰：“有烦道用。”师曰：“争敢辞劳。”丈曰：“开得多少田？”师将镢筑地三下，丈便喝，师掩耳而去。师在南泉普请择菜次，泉问：“甚么处去？”曰：“择菜去。”泉曰：“将甚么择？”师竖起刀。泉曰：“只解作宾，不解作主。”师以刀点三下。泉曰：“大家择菜去。”一日，捧钵向南泉位上坐，泉入堂见，乃问：“长老甚年行道？”师曰：“威音王已前。”泉曰：“犹是王老师儿孙，下去。”师便过第二位坐，泉休去。沩山云：“欺敌者亡。”仰山云：“不然，须知黄檗有陷虎之机。”沩山云：“子见处得与么长。” 雪窦云：“可惜王老师，只见锥头利。我当时若作南泉，待伊道威音王已前，即便于第二位坐，令黄檗一生起不得。虽然如此，也须救取南泉。”

妙喜曰：“何待问他甚年行道，才入堂见他在主位，便捧钵向第二位坐。直饶黄檗有陷虎之机，拟向甚处施设？”

泉一日曰：“老僧有牧牛歌，请长老和。”师曰：“某甲自有师在。”师辞南泉，泉门送，提起师笠曰：“长老身材没量大，笠子太小生。”师曰：“虽然如此，大千世界总在里许。”泉曰：“王老师聻。”师戴笠便行。师在盐官，殿上礼佛次。时唐宣宗为沙弥问曰：“不著佛求，不著法求，不著僧求，长老礼拜当何所求？”师曰：“不著佛求，不著法求，不著僧求，常礼如是事。”弥曰：“用礼何为？”师便掌。弥曰：“太粗生。”师曰：“这里是甚么所在？说粗说细。”随后又掌。师曾散众，在洪州开元寺，裴相国休，一日入寺行次，见壁画，问寺主：“这画是甚么？”寺主曰：“高僧真仪。”公曰：“真仪可观，高僧何在？”寺主无对。公曰：“此间有禅人否？”曰：“近有一僧，投寺执役，颇似禅者。”公遂请相见，曰：“休适有一问，诸德吝辞，今请上人代酬一语。”师曰：“请相公垂问。”公举前语，师朗声曰：“裴休。”公应诺。师曰：“在甚么处？”公当下知旨，如获髻珠。延入府署，执弟子礼。径山杲禅师因李参政到山，举此公案拈云：裴公将错就错，脱尽根尘。黄檗信口垂慈，不费心力。似地擎山，不知山之孤峻。如石含玉，不知玉之无瑕。虽然如是，黄檗只有杀人刀，且无活人剑。今日大资相公或问云门，真仪可观，高僧在甚么处?”云门亦召云相公，相公若应诺，云门即向道。今日堂中，特谢供养。

裴一日托一尊佛于师前跪曰：“请师安名。”师召曰：“裴休。”公应诺。师曰：“与汝安名竟。”公礼拜。裴一日请师至郡，以所解一编示师。师接置于座，略不披阅。良久曰：“会么?”裴曰：“未测。”师曰：“若便恁么会去，犹较些子。若也形于纸墨，何有吾宗?”裴乃赠诗一章，曰：“自从大士传心印，额有圆珠七尺身。挂锡十年栖蜀水，浮杯今日渡漳滨。一千龙象随高步，万里香花结胜因。拟欲事师为弟子，不知将法付何人。”师亦无喜色。裴既领旨，复博综教相。以弟子礼事师，以昆仲友圭峰。尝亲书大藏经五百函，所制法苑文字，诸方重之。

师因有六人新到，五人作礼，中一人提起坐具，作一圆相。师曰：“我闻有一只猎犬甚恶。”僧曰：“寻羚羊声来。”师曰：“羚羊无声到汝寻。”曰：“寻羚羊迹来。”师曰：“羚羊无迹到汝寻。”曰：“寻羚羊踪来。”师曰：“羚羊无踪到汝寻。”曰：“与么则死羚羊也。”师便休去。明日升堂曰：“昨日寻羚羊僧出来。”僧便出。师曰：“昨日公案未了，老僧休去。你作么生?”僧无语。师曰：“将谓是本色衲僧，元来只是义学沙门。”便打趁出。师一日捏拳曰：“天下老和尚总在这里，我若放一线道，从汝七纵八横，若不放过，不消一捏。”僧问：“放一线道时如何?”师曰：“七纵八横。”曰：

“不放过，不消一捏时如何？”师曰：“普。”师上堂，大众才集，师拈拄杖一时打散。复召大众，众回首。师曰：“月似弯弓，少雨多风。”问：“如何是西来意？”师便打。一日上堂，大众云集。乃曰：“汝等诸人欲何所求？”以拄杖趁之，大众不散。师却复坐曰：“汝等诸人，尽是噇酒糟汉。恁么行脚，取笑于人。但见八百一千人处便去，不可图他热闹也。老汉行脚时，或遇草根下有一个汉，便从顶门上一锥。看他若知痛痒，可以布袋盛米供养他。可中总似汝如此容易，何处更有今日事也。汝等既称行脚，亦须着些精神好。还知道大唐国里无禅师么？”时有僧问：“诸方尊宿尽聚众开化，为甚么却道无禅师？”师曰：“不道无禅，只是无师。沩山问仰山：“作么生？”仰云：“鹅王择乳，素非鸭类。”沩云：“此实难辨。” 五祖戒出僧语云：“谢和尚说得道理好，承天宗云：五祖戒，眼照四天下，要见黄檗犹未可。若要扶竖正法眼藏，须是黄檗宗师。” 石门聪云：“黄檗垂示，不妨奇特。才被布衲拶着，失却一只眼。” 径山杲云：“且道是醍醐句，是毒药句？又颂：身上著衣方免寒，口边说食终不饱。大唐国里老婆禅，今日为君注破了。” 佛鉴勤颂：“黄檗山中明示众，大唐国里暗藏身。袈裟一角犹拖地，谁是丛林有眼人。” 佛慧泉颂：“无师充塞大唐国，噇酒糟汉会不得。竹寺闲过春已深，落花乱点莓苔色。”阇黎不见马大师下有八十四人坐道场，得马师正法眼者，止两三人。庐山归宗和尚是其一。夫出家人，须知有从上来事分始得。且如四祖下牛头，横说竖说，犹未知向上关棙子。有此眼目，方辨得邪正宗党。且当人事，宜不能体会得。但知学言语念，向皮袋里安著，到处称我会禅，还替得汝生死么？轻忽老宿，入地狱五箭。我才见汝入门来，便识得了也。还知么？急须努力，莫容易事，持片衣口食，空过一生。明眼人笑汝，久后总被俗汉算将去在。宜自看远近，是阿谁面上事。若会即便会，若不会即散去。珍重!”

示裴公美曰：“诸佛与一切众生唯是一心，更无别法。此心无始已来，不曾生，不曾灭。不青不黄，无形无相。不属有无，不计新旧。非长非短，非大非小。超过一切限量名言，踪迹对待。当体便是，动念即乖。犹如虚空，无有边际，不可测度。惟此一心即是佛，佛与众生更无别异。但是众生著相外求，求之转失。使佛觅佛，将心捉心。穷劫尽形，终不能得。不知息念忘虑，佛自现前。此心即是佛，佛即是众生。为众生时，此心不减；为诸佛时，此心不添。乃至六度万行河沙功德，本自具足，不假修添。遇缘即施，缘息即寂。若不决定信此是佛，而欲著相修行，以求功用，皆是妄想，与道相乖。此心即是佛，更无别佛，亦无别心。此心明净，犹如虚空，无一点相貌。举心动念，即乖法体，即为著相。无始已来无著相佛，修六度万行，欲求成佛，即是次第。无始已来无次第佛，但悟一心，更无少法可得，此即真佛。佛与众生一切无异，犹如虚空，无杂无坏。如大日轮照四天下，日升之时，明遍天下，虚空不曾明。日没之时，暗偏天下，虚空不曾暗。明暗之境自相陵夺，虚空之性廓然不变。佛及众生心亦如此。若观佛作清净光明解脱之相，观众生作垢浊暗昧生死之相，作此解者，历河沙劫，终不得菩提。为著相故。唯此一心，更无微尘许法可得，即心是佛。如今学道人，不悟此心体，便于心上生心，向外求佛。著相修行，皆是恶法，非菩提道。供养十方诸佛，不如供养一个无心道人。何故？无心者无一切心也。如如之体，内如木石，不动不摇，外如虚空，不塞不碍。无能所，无方所，无相貌，无得失。趋者不敢入此法，恐落空无栖泊处故。望崖而退，例皆广求知见。所以求知见者如毛，悟道者如角。文殊当理，普贤当行。理者真空无碍之理，行者离相无尽之行。观音当大慈，势至当大智。维摩者净名也，净者性也，名者相也。性相不异，故号净名。诸大菩萨所表者，人皆有之。不离一心，悟之即是。今学道人不向自心中悟，乃于心外著相取境，皆与道背。恒河沙者，佛说是沙，诸佛菩萨释梵诸天，步履而过，沙亦不喜。牛羊虫蚁践踏而行，沙亦不怒。珍宝馨香，沙亦不贪。粪尿臭秽，沙亦不恶。此心即无心之心。离一切相，众生诸佛，更无差别。但能无心，便是究竟。学道人若不直下无心，累劫修行，终不成道。被三乘功行拘系，不得解脱。然证此心有迟疾，有闻法一念便得无心者，有至十地乃得无心者。长短得无心乃住，更无可修可证。实无所得，真实不虚。一念而得，与十地而得者，功用恰齐，更无深浅。只是历劫枉受辛勤耳。造恶造善皆是著相，著相造恶，枉受轮回，著相造善，枉受劳苦。总不如言下便自认取本法。此法即心，心外无法。此心即法，法外无心。心自无心，亦无无心者。将心无心，心却成有。默契而已，绝诸思议。故曰言语道断，心行处灭。此心是本源清净佛，人皆有之。蠢动含灵与诸佛菩萨，一体不异。只为妄想分别，造种种业。果本佛上，实无一物。虚通寂静，明妙安乐而已。深自悟入，直下便是。圆满具足，更无所欠。纵使三祇精进修行，历诸地位，及一念证时，只证原来自佛，向上更不添得一物。却观历劫功用，总是梦中妄为。故如来云：我于阿耨菩提实无所得。若有所得，然灯佛则不与我授记。”

问：“何者是佛?”师云：“汝心是佛，佛即是心，心佛不异，所云即心即佛。若离于心，别更无佛。”云：“若自心是佛，祖师西来，如何传授?”师云：“祖师西来，惟传心佛。直指汝等心本来是佛，心心不异。故名为祖。若直下见此意，即顿超三乘，一切诸位，本来是佛，不假修成。”云：“若如此，十方诸佛出世，说于何法?”师云：“十方诸佛出世，只共说一心法。所以佛密付与摩诃大迦叶，此一心法体，尽虚空，遍法界，名为诸佛。理论者个法，岂是汝于言句上解得他，亦不是于一机一境上见得他。此意唯是默契，得者一门，名为无为法门。若欲会得，但知无心，忽悟即悟。若用心拟学取，即转远去。若无岐路心一切取舍，心心如木石，始有学道分。”云：“如今现有种种妄念，何以言无?”师云：“妄本无体，即是汝心所起。汝若识心是佛，心本无妄，那得起心，更认于妄。汝若不生心动念，自然无妄。所以云：心生则种种法生，心灭则种种法灭。”云：“今正妄念起时，佛在何处?”师云：“汝今觉妄起时，觉正是佛。可中若无妄念，佛亦无。何故如此？为汝起心作佛见，便谓有佛可成。作众生见，便谓有众生可度。起心动念总是汝见处。若无一切见，佛有何处所？如文殊才起佛见法见，便贬向二铁围山。”云：“今正悟时，佛在何处?”师云：“问从何来？觉从何起？语默动静，一切声色，尽是佛事。何处觅佛？不可更头上安头，嘴上加嘴。但莫生异见，山是山，水是水，僧是僧，俗是俗。山河大地，日月星辰，总不出汝心。三千世界，都来是汝个自己，何处有许多般？心外无法，满目青山，虚空世界皎皎地，无丝发许与汝作见解。所以一切声色是佛之慧目，法不孤起，仗境方生，为物之故，有其多智。终日说，何曾说？终日闻，何曾闻？所以释迦四十九年说：未尝说着一字。”云：“若如此，何处是菩提？”师云：“菩提无是处，佛亦不得菩提。众生亦不失菩提，不可以身得，不可以心求。一切众生即菩提相。”云：“如何发菩提心。”师云：“菩提无所得，你今但发无所得心。决定不得一法，即菩提心。菩提无住处，是故无有得者。故云我于然灯佛所，无有少法可得，佛即与我授记。明知一切众生本是菩提，不应更得菩提。你今闻发菩提心，将谓一个心学取佛去。唯拟作佛，任你三祇劫修，亦只得个报化佛。与你本源真性佛，有何交涉？故云外求有相佛，与汝不相似。”又云：“是法平等，无有高下，是名菩提。即此本源清净心，与众生诸佛世界，山河有相无相遍十方界，一切平等，无彼我相。此本源清净心，常自圆明遍照。世人不悟，只认见闻觉知为心，为见闻觉知所覆，所以不睹精明本体。但直下无心，本体自现。如大日轮升于虚空，遍照十方，更无障碍。故学道人，惟认见闻觉知施为动作，空却见闻觉知，即心路绝无入处，但于见闻觉知处认本心。然本心不属见闻觉知，亦不离见闻觉知，但莫于见闻觉知上起见解，亦莫于见闻觉知上动念，亦莫离见闻觉知觅心，亦莫舍见闻觉知取法。不即不离，不住不著，纵横自在，无非道场。”“若欲得知要诀，但莫于心上著一物。言佛真法身犹若虚空，此是喻法身即虚空，虚空即法身。常人谓法身遍虚空处，虚空中含容法身。不知法身即虚空，虚空即法身也。若定言有虚空，虚空不是法身。若定言有法身，法身不是虚空。但莫作虚空解，虚空即法身。莫作法身解，法身即虚空。虚空与法身无异相，佛与众生无异相，生死与涅槃无异相，烦恼与菩提无异相，离一切相即是佛。凡夫取境，道人取心。心境双亡，乃是真法。忘境犹易，忘心至难。人不敢忘心，恐落空无捞摸处。不知空本无空，唯一真法界耳。”问：“如何是见性？”云：“性即是见，见即是性。不可以性更见性，闻即是性。不可以性更闻性，只你作性见，能闻能见性。便有一异法生，他分明道，所可见者不可更见。你云何头上更著头？他分明道，如盘中散珠，大者大圆，小者小圆，各各不相知，各各不相碍。起时不言我起，灭时不言我灭。所以四生六道，未有不如时。且众生不见佛，佛不见众生。四果不见四向，四向不见四果。三贤十圣，不见等妙二觉；等妙二觉，不见三贤十圣。乃至水不见火，火不见水，地不见风，风不见地。众生不入法界，佛不出法界。所以法性无去来，无能所见。既如此，因什么道我见我闻？于善知识处得契悟，善知识与我说法，诸佛出世，与众生说法。迦旃延只为以生灭心传实相法，被净名诃责。分明道，一切法本来无缚，何用解他？本来不染，何用净他？故云：实相如是岂可说乎？汝今只成是非心、染净心，学得一知一解，绕天下行，见人便拟定当取，谁有心眼？谁强谁弱？若也如此，天地悬殊，更说什么见性？”问：“既言性即见见即性，只如性自无障碍，无剂限，云何隔物即不见？又于虚空中，近即见，远即不见者如何?”师云:“此是你妄生异见。若言隔物不见,无物言见。便谓性有隔碍者,全无交涉。性且非见非不见,法亦非见非不见。若见性人,何处不是我之本性。所以六道四生,山河大地,总是我之性净明体。故云见色便见心,色心不异。故只为取相作见闻觉知,去却前物,始拟得见者,即堕二乘人中。依通见解也。虚空中近则见,远则不见。此是外道中收,分明道非内,亦非外,非近,亦非远。近而不可见者,万物之性也。近尚不可见,更道远而不可见,有什么意旨?”问:“佛穷得无明否?”师云:“无明即是一切诸佛得道之处,所以缘起是道场。所见一尘一色,便合无边理性。举足下足不离道场,道场者无所得也。我向你道,只无所得。名为坐道场。”云:“无明者,为明为暗。”师云:“非明非暗,明暗是代谢之法。无明且不明,亦不暗不明,只是本明。不明不暗,只者一句子,乱却天下人眼。所以道:假使满世间,皆如舍利弗。尽思共度量,不能测佛智。其无碍惠当作“慧”,出过虚空,无你语论处。释迦量等三千大千世界,忽有一菩萨出来,一跨跨却三千大千世界,不出普贤一毛孔。你如今把什么本领拟学他?”云:“既是学不得,为什么道归源性无二,方便有多门?如之何?”师云:“归源性无二者,无明实性即诸佛性。方便有多门者,声闻人见无明生,见无明灭。缘觉人但见无明灭,不见无明生。念念证寂灭。诸佛见众生终日生而无生,终日灭而无灭,无生无灭,即大乘果。所以道:果满菩提圆,花开世界起。举足即佛,下足即众生。诸佛两足尊者,即理足事足。众生足生死足,一切等足。足故不求。是你今念念学佛,即嫌著众生。若嫌著众生，即是谤他十方诸佛。所以佛出世来，执除粪器，蠲除戏论之粪，只教你除却从来学心。见心除得尽，即不堕戏论。亦云搬粪出，只教你不生心。心若不生，自然成大智者。决定不分别佛与众生，一切尽不分别，始得入我曹溪门下。故自古先圣云：少行我法门。所以无行为我法门，只是一心门。一切人到这里，尽不敢入。不道全无，只是少人得，得者即是佛。珍重！”“夫学道者，先须并却杂学诸缘，决定不求，决定不著。闻甚深法，恰似清风届耳，瞥然而过，更不追寻。是为甚深入如来禅，离生禅想。从上祖师，唯传一心，更无二佛。指心是佛，顿超等妙二觉之表。决定不流至第二念，始似入我宗门。如斯之法，汝取次人。到者里拟作么生学？所以道：拟心时被拟心魔缚，非拟心时又被非拟心魔缚应有“魔”字。非外来，出自你心。唯有无神通菩萨，足迹不可寻。若以一切时中，心有常见，即是常见外道。若观一切法空，作空见者，即是断见外道。所以三界唯心，万法唯识。此犹是对外道邪见人说。若说法身以为极果，此对三贤十圣人言。故佛断二愚，一者微细所知愚，二者极微细所知愚。佛既如是，更说什么等妙二觉来。所以一切人，但欲向明，不欲向暗。但欲求悟，不爱烦恼无明。便道佛是觉，众生是妄。若作如是见解，百劫千生轮回六道，更无断绝。何以故？为谤诸佛本源自性故。他分明向你道，佛且不明，众生不暗，法无明暗故。佛且不强，众生且不弱，法无强弱故。佛且不智，众生且不愚，法无愚智故。是你出头，总道解禅。开着口，便病发。不说本，只说末，不说迷，只说悟，不说体，只说用。总无你话论处。他一切法，且本不有，今亦不无。缘起不有，缘灭不无。本亦不有，本非本故。心亦不心，心非心故。相亦非相，相非相故。所以道，无法无本心，始解心心法。法即非法，非法即法。无法无非法故，是心心法。忽然瞥起一念，了知如幻如化，即流入过去佛。过去佛且不有，未来佛且不无。又且不唤作未来佛。现在念念不住，不唤作现在佛。佛若起时，即不拟他，是觉是迷，是善是恶，辄不得执滞他，断绝他。如一念瞥起，千重关锁锁不得，万丈绳索索他不住。既若如是，争合便拟灭他止他。分明向你道，尔焰识，你作么生拟断他？喻如阳焰。你道近，十方世界求不可得。始道远，看时只在目前。你拟趁他，他又转远去。你始避他，他又来逐你。取又不得，舍又不得。既若如此，故知一切法性自尔，即不用愁他虑他。如言前念是凡，后念是圣，如手翻覆一般。此是三乘教之极也。据我禅宗中，前念且不是凡。后念且不是圣，前念不是佛，后念不是众生。所以一切色是佛色，一切声是佛声。举着一理，一切理皆然。见一事见一切事，见一心见一切心，见一道见一切道，一切处无不是道。见一尘，十方世界山河大地皆然。见一滴水，即见十方世界一切性水。又见一切法，即见一切心。一切法本空，心即不无。不无即妙有，有亦不有，不有即有，即真空妙有。既若如是，十方世界不出我之一心，一切微尘国土不出我之一念。若然，说甚么内之与外。如蜜性甜，一切蜜皆然，不可者个蜜甜，余底苦也。何处有与么事？所以道：虚空无内外，法性自尔。虚空无中间，法性自尔。故众生即佛，佛即众生，众生与佛元同一体，生死涅槃，有为无为元同一体，世间出世间，乃至六道四生山河大地有性无性亦同一体。言同者名相亦空，有亦空，无亦空。尽恒沙世界，元是一空。既若如此，何处有佛度众生？何处有众生受佛度？何故如此？万法之性自尔故。若作自然见，即落自然外道。若作无我无我所见，堕在三贤十圣位中。你如今云何将一尺一寸，便拟量度虚空？他分明向汝道，法法不相到，法自寂故。当处自住，当处自真。以身空故名法空，以心空故名性空。身心总空，故名法性空。乃至千途异说，皆不离你之本心。如今说菩提涅槃真如佛性二乘菩萨者，为指叶为黄金拳掌之说。若也展手之时，一切大众若天若人，皆见掌中都无一物。所以道：本来无一物，何处有尘埃。本既无物，三际本无所有故。学道人单刀直入，须见者个意始得。故达磨大师从西天来至此土，经多少国土，只觅得可大师一人。密传心印，印你本心。以心印法，以法印心。心既如此，法亦如此。同真际，等法性。法性空中谁是授记人？谁是成佛人？谁是得法人？他分明向你道，菩提者不可以身得，身无相故。不可以心得，心无相故。不可以性得，性即便是本源自性天真佛故。不可以佛更得佛，不可以无相更得无相，不可以空更得空，不可以道更得道。本无所得，无得亦不可得。所以道无一法可得，只教你了取本心。当下了时，不得了相。无了无不了，相亦不可得。如此之法，得者即得。得者不自觉知，不得者亦不自觉知。如此之法，从上已来，有几人得知？所以道：天下忘己者有几人？如今于一机一境，一经一教，一世一时，一名一字，六根门前领得，与机关木人何别？忽有一人出来，不于一名一相上作解者，我说此人，尽十方世界觅者个人不可得。以无第二人故。继于祖位，亦云释种，无杂纯一。故言王若成佛时，王子亦随出家。此意大难知，只教你莫觅，觅便失却，如痴人山上叫一声，响从谷出，便走下山趁。及乎觅不得，又叫一声，山上响又应，亦走上山上趁。如是千生万劫，只是寻声逐响人，虚生浪死汉。汝若无声即无响，涅槃者无闻无知无声，绝迹绝踪。若得如是，稍与祖师邻房也。"

上堂云："即心是佛，上至诸佛，下至蠢动含灵，皆有佛性，同一心体。所以达磨从西天来，惟传一心法。直指一切众生，本来是佛，不假修行。但如今识取自心，见自本性，更莫别求。云何识自心，即如今言语者正是汝心。若不言语，又不作用，心体如虚空相似。无有相貌，亦无方所。亦不一向是无，有而不可见。故祖师云：真性心地藏，无头亦无尾。应缘而化物，方便呼为智。若不应缘之时，不可言其有无。正应之时，亦无踪迹。既知如此，如今但向无中栖泊，即是行诸佛路。经云应无所住而生其心，一切众生轮回生死者，意缘走作，心于六道不停，致使受种种苦。净名云：难化之人，心如猿猴。故以若干种法，制御其心，然后调伏。所以心生种种法生，心灭种种法灭。故知一切诸法皆由心造，乃至人天地狱六道修罗，尽由心造。如今但学无心，顿息诸缘，莫生妄想分别。无人无我，无贪嗔，无憎爱，无胜负。但除应如许多种妄想，性自本来清净，即是修行菩提法佛等。若不会此意，纵你广学勤苦修行，木食草衣，不识自心，皆名邪行，尽作天魔外道水陆诸神。如此修行，当复何益？志公云：本体是自心作，那得文字中求。如今但识自心，息却思惟妄想，尘劳自然不生。净名云：唯置一床寝疾而卧，心不起也。如今卧疾，攀缘都息，妄想歇灭，即是菩提。如今若心里纷纷不定，任你学到三乘四果十地诸位，合杀只向凡圣中坐，诸行尽归无常势力，皆有尽期。犹如箭射于空，力尽还堕，却归生死轮回。如斯修行，不解佛意，虚受辛苦，岂非大错。志公云：未逢出世明师，枉服大乘法药。如今但一切时中，行住坐卧，但学无心。亦无分别，亦无依倚，亦无住着。终日任运腾腾，如痴人相似。世人尽不识你，你亦不用教人识。不识心如顽石头，都无缝罅。一切法透汝心不入，兀然无著，如此始有少分相应。透得三界境过，名为佛出世。不漏心相，名为无漏智。不作人天业，不作地狱业，不起一切心，诸缘尽不生。即此身心是自由人，不是一向不生，只是随意而生。经云菩萨有意生身是也。忽疑讹若未会无心，著相而作者，皆属魔业。乃至作净土佛事，并皆成业，乃名佛障。障汝乃故，被因果管束，去住无自由分。所以菩提等法，本不是有，如来所说，皆是化人。犹如黄叶为金，权止小儿啼故，实无有法名阿耨菩提。如今既会此意，何用区区，但随缘消旧业，更莫造新殃。心里明明，所以旧时见解总须舍却。《净名》云：除去所有。《法华》云：二十年中常令除粪，只是除去胸中作见解处。又云：蠲除戏论之粪。所以如来藏本自空寂，并不停留一法。故经云：诸佛国土，亦复皆空。若言佛道是修学而得，如此见解，全无交涉。或作一机一境，扬眉动目，只对相当，便道契会也，得证悟禅理也。忽逢一人不解，便道都无所知。对他若得道理，心中便欢喜。若被他折伏不如

他，便即心怀惆怅。如此心意学禅，有何交涉？任汝会得少许道理，只得个心所法。禅道总没交涉，所以达磨面壁，都不令人有见处。故云：忘机是佛道，分别是魔军。此性纵汝迷时亦不失，悟时亦不得。天真自性，本无迷悟。尽十方虚空界，元来是我一心体。纵汝动用造作，岂离虚空。虚空本来无大无小，无漏无为，无迷无悟，了了见无一物。亦无人，亦无佛，绝纤毫的疑讹量。是无依倚，无粘缀，一道清流，是自性无生法忍，何有拟议？真佛无口，不解说法。真听无耳，其谁闻乎。珍重！又云：但无一切心，即名无漏智。汝每日行住坐卧，一切言语，但莫著有为法。出言瞬目，尽同无漏。如今末法向去，多是学禅道者，皆著一切声色。何不与我心，心同虚空去。如枯木石头去，如寒灰死火去，方有少分相应。若不如是，他日尽被阎老子拷你在，你但离却有无诸法，心如日轮常在虚空，光明自然，不照而照，不是省力底事。到此之时，无栖泊处，即是行诸佛行。便是'应无所住而生其心'。此是你清净法身，名为阿耨菩提。若不会此意，纵你学得多知，勤苦修行，草衣木食，不识自心，尽名邪行。又云：你如今一切时中，但学无心，久久须实得。为你力量小，不能顿超。但得三年五年或十年，须得个入头处，自然会去。为有贪嗔痴，即立戒定慧。本无烦恼，焉有菩提？故祖师云：佛说一切法，为度一切心，我无一切心，何用一切法。本源清净佛上，更不著一物。譬如虚空，虽以无量珍宝庄严，终不能住。佛性同虚空，虽以无量功德智能庄严，终不能住。但迷本性，转不见耳。所谓心地法门，万法皆依此心建立。遇境即有，无境即无，不可于净性上转作境解。所言定慧，鉴用历历，寂寂惺惺，见闻觉知皆是境上作解，暂为中下根人说即得。若欲亲证，皆不可作如此见解。言化城者，二乘及十地等觉妙觉，皆是权立接引之教，并为化城。言宝所者，乃真心本佛自性之宝，此宝不属情量，不可建立。无佛无众生，无能无所，何处有城？若问此既是化城，何处为宝所，宝所不可指，指即有方所，非真宝所也。故云在近而已，不可定量言之。但当体会契之即是。言阐提者，信不具也。一切六道众生，乃至二乘，不信有佛果，皆谓之断善根阐提。菩萨者，深信有佛法，不见有大乘小乘。佛与众生同一法性，乃谓之善根阐提。凡人多为境碍心，事碍理。常欲逃境以安心，屏事以存理。不知乃是心碍境，理碍事。但令心空，境自空。但令理寂，事自寂。勿倒用心也。凡人多不肯空心，恐落于空，不知自心本空。愚人除事不除心，智者除心不除事。菩萨心如虚空，一切俱舍，所作福德皆不贪著。然舍有三等，内外身心一切俱舍。犹如虚空，无所取著，然后随方应物，能所皆忘，是为大舍。若一边行道布德，一边旋舍无希望心，是为中舍。若广修众善，有所希望，闻法知空，遂乃不著，是为小舍。大舍如火烛在前，更无迷悟。中舍如火烛在旁，或明或暗。小舍如火烛在后，不见坑阱。故菩萨心如虚空，一切俱舍。过去心不可得，是过去舍。现在心不可得，是现在舍。未来心不可得，是未来舍。所谓三世俱舍。

自如来付法迦叶已来，以心印心，心心不异。印着空即印不成文，印着物即印不成法。故以心印心，心心不异。能印所印俱难契会，故得者少。然心即无心，得即无得。佛有三身，法身说自性虚通法，报身说一切清净法，化身说六度万行法。法身说法，不可以言语音声形相文字而求，无所说，无所证，自性虚通而已。故曰‘无法可说，是名说法’。报身化身，皆随机感现所说法，亦随事应根以为摄化，皆非真法。故曰报化非真佛，亦非说法者。

问：“本来无一物，无物便是否？”师云：“无亦不是，菩提无是处，亦无无知解。”问：“只如目前虚空可不是境，岂无指境见心乎？”师云：“甚么心教汝向境上见？设汝见得，只是个照境底心。如人以镜照面，纵然得见眉目分明，元来只是形像，何关汝事？”云：“若不因照，何时得见？”师云：“若也涉因，常须假物，有什么了时？汝不见他向汝道，撒手似君无一物，徒劳谩说数千般。”云：“他若识了，照亦无物耶？”师云：“若是无物，更何用照？你莫开眼寱语去。”

才作佛见，便被佛障，作众生见，被众生障。作凡作圣作净作秽等见，尽成其障。障汝心故，总成轮转。犹如猕猴放一捉一，无有了期。十方诸佛实无少法可得，名为阿耨菩提。只是一心实无异相，亦无光彩，亦无胜负。无胜故无佛相，无负故无众生相。

云：“心既无相，岂得全无三十二相、八十种好化度众生耶？”师云：“三十二相属相，凡所有相皆是虚妄。八十种好属色，若以色见我，是人行邪道，不能见如来。”问：“无边身菩萨，为甚么不见如来顶相？”师云：“实无可见。何以故？无边身菩萨便是如来，不应更见。只教你不作佛见，不落佛边。不作众生见，不落众生边。不作有见，不落有边。

不作无见，不落无边。不作凡见，不落凡边。不作圣见，不落圣边。但无诸见，即是无边身。若有见处，即名外道。外道者，乐于诸见。菩萨于诸见而不动，如来者即诸法如义。所以云弥勒亦如也，众圣贤亦如也。如即无生，如即无灭，如即无见，如即无闻。如来顶即是圆见，亦无圆见。故不落圆边。所以佛身无为，不堕诸数，权以虚空为喻，圆同太虚。无欠无余，等闲无事。莫强辨他境，辨着便成识。所以云：圆成同识海，流转若飘蓬。”

“学道人莫疑四大为身，四大无我，我亦无主，故知此身无我亦无主。五阴为心，五阴无我亦无主，故知此心无我亦无主。六根六尘六识和合生灭，亦复如是。十八界既空，一切皆空。唯有本心，荡然清净。”“学般若人，不见有一法可得。绝意三乘，惟一真实，不可证得。谓我能证能得，皆增上慢人。法华会上拂衣而去者，皆斯徒也。故佛言：我于菩提实无所得，默契而已。凡人临欲终时，但观五蕴皆空，四大无我。真心无恒，不去不来。生时性亦不来，死时性亦不去。湛然圆寂，心境一如。但能如是，直下顿了。不为三世所拘系，便是出世人也，切不得有分毫趣向。若见善相，诸佛来迎，及种种现前，亦无心随去。若见恶相，种种现前，亦无心怖畏。但自忘心，同于法界，便得自在。此即是要节也。”“惟直下顿了，自心本来是佛。无一法可得，无一行可修，此是无上道。”

问：“教中云：销我亿劫颠倒想，不历僧祇获法身者如何？”师云：“若以三无数劫修行，有所证得者，尽恒沙劫不得。若于一刹那中获得法身，直了见性者，犹是三乘教之极谈也。何以故？以见法身可获故，皆属不了义教中收。我此禅宗，从上相承已来，不曾教人求知求解。只云学道，早是接引之辞。然道亦不可学，情存学解，却成迷道。道无方所，名大乘心。此心不在内外中间，实无方所。第一不得作知解，只是说汝如今情量处。情量若尽，心无方所。此道天真，本无名字。”问：“从上来皆云即心是佛，未审即那个心是佛？”师云：“你有几个心？”云：“为复即凡心是佛，即圣心是佛。”师云：“你何处有凡圣心耶？”云：“即今三乘中说有凡圣，和尚何得言无？”师云：“三乘中分明向你道：凡圣心是妄。你今不解，反执为有。将空作实，岂不是妄！妄故迷心。汝但除却凡情圣境，心外更无别佛。祖师西来，直指一切人全体是佛。汝今不识，执凡执圣，向外驰骋，还自迷心，所以向汝道即心是佛。一念情生，即堕异趣。无始已来，不异今日无有异法。故名成等正觉。”云：“和尚所言即者，是何道理？”师云：“觅甚么道理。才有道理，便即心异。”云：“前言无始已来不异今日，此理如何？”师云：“只为觅故，汝自异他。汝若不觅，何处有异？”云：“既是不异，何更用说即？”师云：“汝若不认凡圣，阿谁向你道即。即若不即，心亦不心。可中心即俱忘，阿你更拟向何处觅去。”问：“妄能障自心，未审而今以何遣妄？”师云：“起妄遣妄，亦成妄。妄本无根，只因分别而有。你但于凡圣两处情尽，自然无妄。更拟若为遣他，都不得有纤毫依执。名为我舍两臂，必当得佛。”云：“既无依执，当何相承？”师云：“以心传心。”云：“若心相传，云何言心亦无？”师云：“不得一法，名为传心。若了此心，即是无心无法。”云：“若无心无法，云何名传？”师云：“汝闻道传心，将谓有可得也。所以祖师云：‘认得心性时，可说不思议。了了无所得，得时不说知。’此事若教汝会何堪也！”问：“佛度众生否？”师云：“实无众生如来度者。我尚不可得？非我何可得？佛与众生皆不可得。”云：“现有三十二相及度众生，何得言无？”师云：“凡所有相，皆是虚妄。若见诸相非相，即见如来。”问：“和尚现今说法，何得言无僧亦无法？”师云：“汝若见有法可说，即是以音声求我。若见有我，即是处所。法亦无法，法即是心。所以祖师云：付此心法时，法法何曾法。无法无本心，始解心心法。实无一法可得，名坐道场。道场者，只是不起诸见。悟法本空，唤作空如来藏。本来无一物，何处有尘埃，若得此中意，逍遥何所论。”问：“诸佛如何行大慈悲为众生说法？”师云：“佛慈悲者，无缘故名大慈悲。慈者不见有佛可成，悲者不见有众生可度。其所说法无说无示，其听法者无闻无得。譬如幻士为幻人说法，者个法若为道，我从善知识言下，领得会也悟也。者个慈悲，若为汝起心动念，学得他见解。不悟自心，究竟无益。”问：“如何是出三界？”师云：“善恶都莫思量，当处便出三界。如来出世，为破三有。若无一切心，三界亦非有。如一微尘破为百分，九十九分是无，一分是有，摩诃衍不能胜出。百分俱无，摩诃衍始能胜出。”“祖师直指一切众生本心本体，本来是佛，不假修成。不属渐次，不是明暗。不是明故无明，不是暗故无暗。所以无无明，亦无无明尽。入我此宗门，切须在意。如此见得，名之为法。见法故名之为佛。佛法俱无，名之为僧。唤作无为僧，亦名一体三宝。夫求法者，不著佛求，不著法求，不著众求，应无所求。不著佛求故无佛，不著法求故无法，不著众求故无僧。”问：“如何是道？如何修行？”师云：“道是何物？汝欲修行。”问：“诸方宗师相承参禅学道如何？”师云：“接引钝根人语，未可依凭。”云：“此即是接引钝根人语，未审接上根人复说何法？”师云：“若是上根人，何处更就人觅。他自己尚不可得，何况更别有法。当情不见教中云法法何状？”云：“若如此，则都不要求觅也？”师云：“若与么则省心力。”云：“如此则浑成断绝，不可是无也。”师云：“阿谁教他无？他是阿谁？你拟觅他。”云：“既不许觅，何故又言莫断他？”师云：“若不觅便休，即谁教你断。你见目前虚空，作么生断他？”云：“此法可得，便同虚空否？”师云：“虚空早晚向你道，有同有异。我暂如此说，你便向这里生解。”云：“应是不与人生解耶？”师云：“我不曾障你，要且解属于情，情生则智隔。”云：“向这里莫生情，是否？”师云：“若不生情，阿谁道是？”问：“六祖不会经书，何得传衣为祖。秀上座是五百人首座，为教授师，讲得三十二本经论，云何不传衣？”师云：“为他有心，是有为法，所修所证将为是也。所以五祖付六祖，六祖当时祇是默契。得密授如来甚深意，所以付法与他。汝不见道：法本法无法，无法法亦法，今付无法时，法法何曾法。若会此意，方名出家儿，方好修行。若不信，云何明上座走来大庾岭头寻六祖，六祖便问：‘汝来求何事？为求衣为求法？’明上座云：‘不为衣来，但为法来。’六祖云：‘汝且暂时敛念，善恶都莫思量。’明乃禀语。六祖云：‘不思善，不思恶。正当与么时，还我明上座父母未生时面目来。’

明于言下，忽然默契。便礼拜云：‘如人饮水，冷暖自知。某甲在五祖会中，枉用三十年工夫。今日方省前非。’六祖云：‘如是。’到此之时，方知祖师西来，直指人心，见性成佛，不在言说。岂不见阿难问迦叶云：‘世尊传金襕外，别传何物？’迦叶召阿难，阿难应诺。迦叶云：‘倒却门前刹竿著。’此便是祖师之标榜也。甚生二字疑误阿难三十年为侍者，只为多闻智能，被佛诃云：汝千日学慧，不如一日学道。若不学道，滴水也难消。”问：“圣人无心即是佛，凡夫无心莫沉空寂否？”师云：“法无凡圣，亦无沉寂。法本不有，莫作无见。法本不无，莫作有见。有之与无，尽是情见，犹如幻翳。所以云：‘见闻如幻翳，知觉乃众生。’祖师门中，只论息机忘见，所以忘机则佛道隆，分别则魔军炽。”问：“心既本来是佛，还修六度万行否？”师云：“悟在于心，非关六度万行。六度万行尽是化门接物度生边事，设使菩提真如实际解脱法身，直至十地四果圣位，尽是度门，非关佛心，心即是佛。所以一切诸度门中，佛心第一。但无生死烦恼等心，即不用菩提等法。”问：“若无心，行此道得否？”师云：“无心便是行此道，更说什么得与不得？且如瞥起一念便是境，若无一念，便是境亡。心自灭无，复可追寻？”问：“如何得不落阶级。”师云：“终日吃饭，未曾咬着一粒米；终日行，未曾踏着一片地。与么时无人我等相，终日不离一切事，不被诸境惑，方名自在人。更时时念念不见一切相，莫认前后三际。前际无去，今际无住，后际无来，安然端坐，任运不拘，方名解脱。努力！努力！此门中千人万人，只得三个五个。若不将为事，受殃有日在。故云：‘着力今生须了却，谁能累劫受余殃。'" 问："本既是佛，那得更有四生六道种种形貌不同?" 师云："诸佛体圆，更无增减。流入六道，处处皆圆。万类之中，个个是佛。譬如一团水银，分散诸处，颗颗皆圆。若不分时，只是一块。此一即一切，一切即一。种种形貌，喻如屋舍。舍驴屋入人屋，舍人身至天身。乃至声闻缘觉菩萨佛屋，皆是汝取舍处。所以有别。本源之性何得有别。"

唐大中年，终于本山。谥断际禅师。

指月录卷十一

六祖下第四世

◎**福州长庆大安禅师**，造百丈，礼而问曰：“学人欲求识佛，何者即是？”丈曰：“大似骑牛觅牛。”师曰：“识得后如何？”丈曰：“如人骑牛至家。”师曰：“未审始终如何保任？”丈曰：“如牧牛人执杖视之，不令犯人苗稼。”师自兹领旨，更不驰求。同参佑禅师，创居沩山。师躬耕助道。佑归寂，众请主法。上堂：“汝诸人总来就安，求觅甚么？若欲作佛，汝自是佛。担佛傍家走，如渴鹿趁阳焰相似，何时得相应去！汝欲作佛，但无许多颠倒攀缘、妄想恶觉、垢欲不净，众生之心，便是初心正觉佛，更向何处别讨所以安？在沩山三十年来，吃沩山饭，屙沩山矢，不学沩山禅。只看一头水牯牛，若落路入草，便把鼻孔拽转来，才犯人苗稼，即便鞭挞。调伏既久，可怜生受人言语，如今变作个露地白牛，常在面前，终日露迥迥地，趁亦不去。汝诸人各自有无价大宝，从眼门放光，照见山河大地，耳门放光，领采一切善恶音响。如是六门，昼夜常放光明，亦名放光三昧。汝自不识取，影在四大身中，内外扶持，不教倾侧。如人负重担，从独木桥上过，亦不教失脚。且道是甚么物任持，便得如是。且无丝发可见，岂不见志公和尚云：‘内外追寻觅总无，境上施为浑大有。’珍重！”师室中每问僧：“有句无句，如藤倚树，子意何如？”罗山道闲禅师在禾山，因清贵上座说话次。贵云：“天下无第一人，大小沩山犹输他道吾。”闲云：“有甚么语输他。”贵举石霜辞沩山，才礼拜起，沩山问：“有句无句，如藤倚树，子意如何？”霜无对。却到道吾，吾问：“甚处来？”霜云：“沩山来。”吾云：“有甚么言句？”霜遂举前话。吾云：“汝何不道取？”霜云：“只为道不得。”吾云：“汝为我看庵，待我与你报仇去。”吾往沩山，山泥壁次，忽回首见道吾在背后，山便云：“智头陀因何到在此？”吾云：“某甲不为别事来，只为和尚问诸道者：有句无句，如藤倚树。还是也无？”沩云：“是。”吾便问：“树倒藤枯时如何？”沩山呵呵大笑，被道吾捺向泥里，沩山总不管。贵上座举了云：“这个岂不是沩山输与他道吾？”罗山云：“上座三十年后，若有把茅盖头，切忌举着这个话。”贵不肯，却与道吾作主，被罗山擒下地云：“白大众各请停喧，某甲今日与清贵上座直为沩山雪屈话，且须侧聆。”贵云：“知也！知也！”便礼拜。罗山云：“何不早道，你还识道吾么？只是馆驿里本色撮马粪汉。”

问：“此阴已谢，彼阴未生时如何？”师曰：“此阴未谢。那个是大德？”曰：“不会。”师曰：“若会此阴，便明彼阴。”问：“黄巢军来，和尚向甚么处回避？”师曰：“五蕴山中。”曰：“忽被他捉着时如何？”师曰：“恼乱将军。”

◎福州古灵神赞禅师，本州大中寺受业，后行脚遇百丈开悟，却回受业。本师问曰：“汝离吾在外，得何事业？”曰：“并无事业。”遂遣执役。一日，因澡身命师去垢，师乃拊背曰：“好所佛堂而佛不圣。”本师回首视之，师曰：“佛虽不圣，且能放光。”本师又一日在窗下看经，蜂子投窗纸求出。师睹之曰：“世界如许广阔不肯出，钻他故纸驴年去！”遂有偈曰：“空门不肯出，投窗也太痴。百年钻故纸，何日出头时。”本师置经问曰：“汝行脚遇何人？吾前后见汝发言异常。”师曰：“某甲蒙百丈和尚指个歇处。今欲报慈德耳。”本师于是告众致斋，请师说法。师乃登座，举唱百丈门风曰：“灵光独耀，迥脱根尘。体露真常，不拘文字。心性无染，本自圆成。但离妄缘，即如如佛。”本师于言下感悟曰：“何期垂老得闻极则事。”师后住古灵，聚徒数载。临迁化，剃浴声钟告众曰：“汝等诸人，还识无声三昧否？”众曰：“不识。”师曰：“汝等静听，莫别思惟。”众皆侧聆。师俨然顺寂，塔存本山。

◎大慈寰中禅师，上堂：“山僧不解答话，只能识病。”时有僧出，师便归方丈。法眼云：“众中唤作病在目前不识。”

玄觉云：“且道大慈识病不识病，此僧出来是病不是病？若言是病，每日行住不可总是病；若言不是病，出来又作么生。” 雪窦拈云：“大凡扶竖宗乘，须辨个得失。且大慈识病不答话，时有僧出，便归方丈。雪窦识病不答话，或有僧出，劈脊便棒。诸方识病不答话，有僧出必然别有长处。敢有一个动着，大唐天子只三人。”

虚堂愚颂："轻如毫末重如山，地角天涯去复还。黄叶陨时风骨露，水边依旧石斓斑。"

赵州问："般若以何为体？"师曰："般若以何为体。"州大笑而出。明日州扫地次，师曰："般若以何为体？"州置帚拊掌大笑，师便归方丈。僧辞，师问："甚么处去？"曰："江西去。"师曰："我劳汝一段事得否？"曰："和尚有甚么事？"师曰："将取老僧去得么？"曰："更有过于和尚者，亦不能将去。"师便休。僧后举似洞山，山曰："阇黎争合恁么道。"曰："和尚作么生？"山曰："得。"法眼别云："和尚若去，某甲提笠子。" 天童云："大慈合伴不着，这僧不如独行。也须是恁么始得，直饶大慈古佛，也不奈这担板汉何。且道别有甚么长处。"山又问其僧："大慈别有甚么言句？"曰："有时示众曰：'说得一丈，不如行取一尺。说得一尺，不如行取一寸。'"山曰："我不恁么道。"曰："和尚作么生？"山曰："说取行不得底，行取说不得底。"云居云："行时无说路，说时无行路。不说不行时，合行甚么路。" 洛浦云："行说俱到，即本分事无，行说俱不到，即本分事在。"

◎**天台平田普岸禅师**，访茂源和尚。源才起迎，师近前把住云："开口即失，闭口即丧。去此二途，请师别道。"源以手掩鼻，师放开云："一步较易，两步较难。"源云："着甚死急？"师云："若非是师，不免诸方点检。"僧参，师打一拄杖。其僧近前把住拄杖，师曰："老僧适来造次。"僧却打师一拄杖。师曰："作家！作家！"僧礼拜。师把住曰："是阇黎造次。"僧大笑。师曰："这个师僧今日大败也。"临济访师，到路口先逢一嫂在田使牛。济问嫂："平田路向甚么处去？"嫂打牛一棒曰："这畜生，到处走到，此路也不识！"济又曰："我问你平田路向甚么处去？"嫂曰："这畜生，五岁尚使不得。"济心语曰："欲观前人，先观所使，便有抽钉拔楔之意。"及见师，师问："你还曾见我嫂也未？"济曰："已收下了也。"师遂问："近离甚处？"济曰："江西黄檗。"师曰："情知你见作家来。"济曰："特来礼拜和尚。"师曰："已相见了也。"济曰："宾主之礼，合施三拜。"师曰："既是宾主之礼，礼拜着。"

◎**瑞州五峰常观禅师**，因僧辞，师曰："汝诸方去，莫谤老僧在这里。"曰："某甲不道和尚在这里。"师曰："汝道老僧在甚么处？"僧竖起一指。师曰："早是谤老僧也。"

◎**潭州石霜山性空禅师**，僧问："如何是祖师西来意？"师云："如人在千尺井中，不假寸绳，出得此人即答汝西来意。"僧曰："近日湖南畅和尚出世，亦为人东语西话。"师唤沙弥，拽出这死尸着。沙弥即仰山。山后问耽源："如何出得井中人？"源曰："咄！痴汉，谁在井中？"山复问沩山。沩召慧寂，山应诺。沩曰："出也。"仰山住后，常举前语谓众曰："我在耽源处得名，沩山处得地。"

◎**广州和安寺通禅师**，礼佛次，禅者问："座主礼底是甚么？"师曰："是佛。"禅者乃指像曰："这个是何物？"师无对。至夜具威仪礼，问："今日所问，某甲未知意旨如何？”禅者曰：“座主几夏耶？”师曰：“十夏。”禅者曰：“还曾出家也未？”师转茫然。禅者曰：“若也不会，百夏奚为？”乃命同参马祖。及至江西，祖已圆寂。遂谒百丈，顿释疑情。师住后，一日召仰山将床子来。山将到，师曰：“却送本处着。”山从之。师召：“慧寂。”山应诺。师曰：“床子那边是甚么物？”山曰：“枕子。”师曰：“枕子这边是甚么物？”山曰：“无物。”师复召：“慧寂。”山应诺。师曰：“是甚么？”山无对。师曰：“去！”通禅中毒，旁及仰山。

◎**洪州东山慧禅师**，同大于、南用到茶堂，有僧近前不审。用曰：“我既不纳汝，汝亦不见我。不审阿谁？”僧无语。师曰：“不得平白地恁么问伊。”用曰：“大于亦无语那。”于把定其僧曰：“是你恁么累我亦然。”便打一掴。用大笑曰：“朗月与青天。”大于侍者到，师问：“金刚正定，一切皆然。秋去冬来，且作么生？”者曰：“不妨和尚借问。”师曰：“即今即得，去后作么生？”者曰：“谁敢问着某甲？”师曰：“大于还得么？”者曰：“犹要别人点检在。”师曰：“辅弼宗师，不废光彩。”侍者礼拜。

◎**百丈山涅槃和尚**，一日谓众曰：“汝等与我开田，我与汝说大义。”众开田了归，请说大义。师乃展两手，众罔措。

◎**赵州观音院真际从谂禅师**，曹州郝乡人也。姓郝氏。童稚于本州扈通院披剃。未纳戒便抵池阳，参南泉。值泉偃息，而问曰："近离甚处？"师曰："瑞像。"泉曰："还见瑞像么？"师曰："不见瑞像，只见卧如来。"泉便起坐，问："汝是有主沙弥，无主沙弥？"师曰："有主沙弥。"泉曰："那个是你主？"师近前躬身曰："仲冬严寒，伏惟和尚尊候万福。"泉器之，许其入室。他日问泉曰："如何是道？"泉曰："平常心是道。"师曰："还可趣向也无？"泉曰："拟向即乖。"师曰："不拟争知是道？"泉曰："道不属知，不属不知。知是妄觉，不知是无记。若真达不疑之道，犹如太虚廓然荡豁，岂可强是非耶？"师于言下悟理。乃往嵩岳琉璃坛纳戒。仍返南泉。一日问泉曰："知有底人向甚么处去？"泉曰："山前檀越家，作一头水牯牛去。"师曰："谢师指示。"泉曰："昨夜三更月到窗。"云峰悦云："若不是南泉，洎被打破蔡州。"

师在井楼上打水次，见南泉过，便抱柱悬却脚曰："相救！相救！"南泉上胡梯曰："一二三四五。"师少顷却去礼谢曰："适来谢相救。"师在南泉时，泉牵一头水牯牛入僧堂内巡堂而转，首座乃向牛背上三拍，泉便休去。师却将一束草安首座面前，首座无对。南泉上堂，师出问："明头合，暗头合。"泉便下座归方丈。师曰："这老和尚被我一问，直得无言可对。"首座曰："莫道和尚无言好，自是上座不会。"师便打一掌，曰："此掌合是堂头老汉吃。"师到，茱萸，执拄杖于法堂上从东过西，萸曰："作甚么？"师曰："探水。"萸曰："我这里一滴也无，探个甚么？"师以杖倚壁，便下。琅玡觉云："势去奴欺主，时衰鬼弄人。"　大慧杲云："钓在不疑之地。"

到道吾，才入堂，吾曰：“南泉一只箭来也。”师曰：“看箭！”吾曰：“过也。”师曰：“中！”或作“茱萸上堂曰：‘看箭！’师亦曰‘看箭’”云云。　雪窦云：“二俱作家，盖是茱萸赵州二俱不作家，箭锋不相拄，直饶齐发齐中，也只是个射垛汉。”

到黄檗，檗见来便闭方丈门。师乃把火于法堂内叫曰：“救火！救火！”檗开门捉住曰：“道！道！”师曰：“贼过后张弓。”雪窦显云：“直是好笑笑须三十年，忽有个衲僧问雪窦笑个甚么，笑贼过后张弓。”

师行脚，见二庵主，一人作丫角童。师问讯，二人殊不顾。来日早晨，丫角童将一铛饭来，放地上分作三分，庵主将席子近前坐，丫角童亦将席近前相对坐，亦不唤师。师乃亦将席子近前坐，丫角童目顾于师。庵主云：“莫言侵早起，更有夜行人。”师云：“何不教诏这行者？”庵主云：“他是人家男女。”师云：“洎合放过。”丫角童便起顾视庵主云：“多口作么？”丫角童从此入山不见。师到投子处对坐斋，投子将蒸饼与师吃。师曰：“不吃。”不久下胡饼，投子教沙弥度与师，师接饼却礼沙弥三拜。师到云居，居云：“老老大大何不觅个住处去？”师云：“作么生是某甲住处？”居云：“山前有个古寺基。”师云：“和尚自住取。”又到茱萸，萸云：“老老大大何不觅个住处？”师云：“甚么处是某甲住处？”萸云：“老老大大住处也不知。”师云：“三十年弄马骑，今日却被驴子扑。”师到一庵主处问：“有么，有么？”主竖起拳头。师曰：“水浅不是泊船处。”便行。又到一庵主处问：“有么，有么？”主亦竖起拳头。师曰：“能纵能夺，能杀能活。”便作礼。瞎堂远颂云：“换手捶胸哭老爷，棺材未出死尸斜。不如掘地深埋却，管取来年吃嫩茄。”　圜悟勤云：“佛祖命脉，列圣钳锤。换斗移星，经天纬地。有般汉未出窠窟，只管道舌头在赵州口里，殊不知自己性命已属他人。若能握向上纲宗，与二庵主相见，便可以定龙蛇别缁素，正好着力。还知赵州落处么？切忌颟顸。”　姜山爱云：“赵州只见锥头利，不见凿头方。”　云居舜云：“赵州当时甚生意气，要且鼻孔在二庵主手里。”

僧问师：“学人乍入丛林，乞师指示。”师云：“吃粥了也未？”云：“吃粥了也。”师云：“洗钵盂去。”其僧因此大悟。云门云：“且道有指示，无指示？若言有，赵州向伊道个甚么？若言无，这僧为甚悟去。”　云峰悦云：“云门不识好恶，恁么说话，大似为蛇画足。云峰则不然，这僧恁地悟去，入地狱如箭射。”

妙喜曰：“云门老汉大似阿修罗王，托动三有大城诸烦恼海。随后喝云：寐语作甚么？复云：云峰虽善背手抽金镞，翻身控角弓，争奈蹉过云门何？又云：赵州与这僧，若不得云门，一生受屈。而今诸方有一种瞎汉，往往尽作洗钵盂话会了。”　雪窦显云：“我不似云门为蛇画足，直言向你道，问者如虫御木，答者偶尔成文。虽然与么，瞎却衲僧眼。作么生免得此过，诸仁者要会么？还尔赵州吃粥也未？拈却这僧吃粥了也，雪窦与你拄杖子归堂。”　湛堂准颂云：“之乎者也，衲僧鼻孔。大头向下，禅人若也不会，问取东村王大姐。”

师示众云：“此事的的，没量大人出这里不得。老僧到沩山，见僧问如何是祖师西来意，山云与我过床子来。若是宗师，须以本分事接人始得。”时有僧问：“如何是祖师西来意？”师曰：“庭前柏树子。”曰：“和尚莫将境示人。”师曰：“我不将境示人。”曰：“如何是祖师西来意？”师曰：“庭前柏树子。”后法眼问光孝觉曰：“近离甚处？”曰：“赵州。”眼曰：“承闻赵州有柏树子话，是否？”曰：“无。”眼曰：“往来皆谓赵州有此语，上座何得道无？”曰：“先师实无此语，和尚莫谤先师好。”

径山杲云：“若道有此语，蹉过觉铁嘴。若道无此语，又蹉过法眼。若道两边都不涉，又蹉过赵州。直饶总不恁么，别有透脱一路。入地狱如箭射，毕竟如何？举起拂子云：还见古人么？喝一喝。”

五祖演云：“如何是祖师西来意？庭前柏树子，恁么会，便不是了也。如何是祖师西来意？庭前柏树子，恁么会，方始是。”径山杲云：“要识五祖师翁么？脑后见腮，莫与往来。”　　云居佑举柏树子话云：“奇哉古圣！垂一言半句，可谓截断圣凡门户，直示弥勒眼睛。今昔无坠，众中异解多途，商量非一。埋没宗旨，错判名言。或谓青青翠竹尽是真如，郁郁黄花无非般若。或谓山河草木，物物皆是真心显现，何独庭前柏树子乎！尘毛瓦砾，都是一法界中重重无尽，理事圆融。或谓庭前柏树子，才举便直下荐取。觌体全真，拟议之间早落尘境。须是当人作用临机相见，或棒或喝，或擎起拳头，衣袖一拂，这个眼目，如石火电光相似。或谓庭前柏树子更有甚么事，赵州直下为人，实头说话，饥来吃饭，困即打眠。动展施为，尽是自家受用。如斯见解，如麻似粟，皆是天魔种族，外道邪宗。但取识情分别，用心取舍，强作知见。何不游方遍历，求善知识，决择身心，略似个衲僧。古来自有宗门师范，我佛心宗，释梵诸天拱手敬信，三贤十圣罔测其由。乃举拂子云：若向这里悟去，山河大地与汝同参，复顾左右云：道林争敢压良为贱。”　　佛日才颂：“赵州庭柏，说与禅客，黑漆屏风，松椤亮槅。”　　叶县省和尚因僧请益柏树子话，省曰：“我不辞与汝说，还信么？”曰：“和尚重言，争敢不信。”省曰：“汝还闻檐头雨滴声么？”其僧豁然不觉失声云：“嘟！”省曰：“汝见个甚么道理？”僧以颂对云：“檐头雨滴，分明历历。打破乾坤，当下心息。”　　真如院方禅师参琅玡，惟看柏树子话。每入室陈其所见，不容措辞，尝被喝出。忽一日大悟，直入方丈曰：“我会也。”琅玡曰：“汝作么生会？”方曰：“夜来床荐暖，一觉到天明。”琅玡可之。　　雪窦显在大阳时，有客举光孝觉语问曰：“觉赵州侍者眼问柏树因缘，乃言无此语而眼肯之。其旨安在哉？”显曰：“宗门抑扬，宁有轨辙乎？”时有苦行，名韩大伯，侍其旁辄匿笑去。显诘其笑故，韩曰：“笑知客智眼未正，择法不明。”显曰：“岂有说乎？”韩对以偈曰：“一兔横身当古路，苍鹰才见便生擒。后来猎犬无灵性，空向枯桩旧处寻。”显阴异之，因结以为友。后显得法于智门，唱导于雪窦，称云门中兴。尝经行植杖，众衲环之。显问：“有问云门：‘树凋叶落时如何？’门曰：‘体露金风。’云门答这僧耶？为解说耶？”有称宗上座者曰：“待老汉有悟处即说。”显惊视之曰：“非韩大伯乎！”曰：“老汉瞥地也。”显因集众，乞升座说法焉。

师一日于雪中倒卧曰：“相救！相救！”有僧便去身边卧，师便起去。翠岩芝云：“此僧在赵州圈䙌里，有人出得么？”

师问新到：“曾到此间么？”曰：“曾到。”师曰：“吃茶去。”又问僧，僧曰：“不曾到。”师曰：“吃茶去。”后院主问曰：“为甚么曾到也云吃茶去，不曾到也云吃茶去？”师召院主，主应诺。师曰：“吃茶去。”僧到睦州，州问：“曾到赵州么？”僧云：“曾到。”州云：“有何言句？”僧举吃茶话，州云：“惭愧。”却问：“赵州意作么生？”僧云：“只是一期方便。”州云：“苦哉赵州！被尔将一杓屎泼。”便打。州却问沙弥：“尔作么生？”沙弥便礼拜，州亦打。僧问沙弥：“适来和尚打尔，意作么生？”弥云：“若不是我和尚不打某甲。”　　雪窦举云：“这僧克由叵耐，将一杓屎泼他二员古佛。诸上座若能辨得，非惟赵、睦二州雪屈，亦乃翠岩与天下老宿无过。若辨不得，到处泼人卒未了在。”

问：“狗子还有佛性也无？”师曰：“无。”曰：“上至诸佛下至蝼蚁，皆有佛性。狗子为甚么却无？”师曰：“为伊有业识在。”又僧问：“狗子还有佛性也无？”师曰：“有。”曰：“既有，为甚么入这皮袋里来？”师曰：“知而故犯。”妙喜恒举此则，语至无字，令学者参。云：“佛语祖语诸方老宿语，千差万别，若透得个无字，一时透过，不用博量，不用注解，不用要得分晓。”又云：“不得作有无商量，不得作真无之无卜度，不用向开口处承当，不用向举起处作道理，不用堕在空寂处，不用将心等悟，不用向宗师说处领略，不用掉在无事甲里。但行住坐卧，时时提撕。狗子还有佛性也无？无提撕得熟，口议心思不及。方寸里七上八下。如生铁橛没滋味时。切莫退志。得如此时。却是个好底消息。忽然打失布袋。不觉拊掌大笑矣！”又云：“茶里饭里，喜时怒时，净处秽处，妻儿聚头处，与宾客相酬酢处，办公家职事处，了私门婚嫁处，都是第一等做工夫提撕举觉底时节。”又云：“既有个趋向狗子无佛性话，冷地里慢提撕则个，若道知是般事便休。我说此人智眼未明，在妙喜虽似平地起风雷，然亦不出雪峰道底。”

师因侍者报：“大王来也！”师云：“万福大王。”者云：“未到在。”师云：“又道来也。”黄龙南云：“头头漏泄，罕遇仙陀。侍者只解报客，不知身在帝乡。赵州入草求人，不觉浑身泥水。”

秀才问：“佛不违众生所愿，是否？”师曰：“是。”曰：“某甲欲觅和尚手中拄杖得否？”师曰：“君子不夺人所好。”曰：“某甲不是君子。”师曰：“我亦不是佛。”僧问：“如何是道？”师曰：“墙外底。”曰：“不问这个道。”师曰：“你问那个道？”曰：“大道。”师曰：“大道透长安。”问：“如何是佛？”师曰：“殿里底。”曰：“殿里者，岂不是泥龛塑像？”师曰：“是。”曰：“如何是佛？”师曰：“殿里底。”问：“和尚姓甚么?”曰：“常州有。”问：“甲子多少?”曰：“苏州有。”问：“如何是赵州?”曰：“东门西门南门北门。”问：“如何是祖师意?”师敲床脚。曰：“只这莫便是否?”师曰：“是即脱取去。”问：“如何是毗卢圆相?”师曰：“老僧自幼不曾眼花。”曰：“岂不为人?”师曰：“愿汝常见毗卢圆相。”官人问：“和尚还入地狱否?”师曰：“老僧末上入。”曰：“大善知识为甚么入地狱?”师曰：“我若不入，阿谁教化汝?”问：“久向赵州石桥，到来只见略彴?”师曰：“汝只见略彴，且不见石桥。”曰：“如何是石桥?”师曰：“度驴度马。”曰：“如何是略彴?”师曰：“个个度人。”师因与文远行，乃指一片地曰：“这里好造个巡铺。”文远便去路旁立曰：“把将公验来。”师遂与一掴。远曰：“公验分明过。”师与文远论义曰：“斗劣不斗胜，胜者输果子。”远曰：“请和尚立义。”师曰：“我是一头驴。”远曰：“我是驴胃。”师曰：“我是驴粪。”远曰：“我是粪中虫。”师曰：“你在彼中作甚么?”远曰：“我在彼中过夏。”师曰：“把将果子来。”师在东司上，见远侍者过，蓦召文远，远应诺。师曰：“东司上不可与汝说佛法。”问菜头：“今日吃熟菜，吃生菜?”头拈起菜呈之。师曰：“知恩者少，负恩者多。”师示众云：“今夜答话去也，有解问者出来。”时有僧出作礼。师曰：“比来抛砖引玉，却引得个墼子。”法眼举问觉铁嘴：“先师意作么生?”觉云：“如国家拜将，乃问：‘甚人去得?’或有人出云：‘某甲去得。’须云：‘汝去不得。’”法眼云：“我会也。” 长庆棱问觉铁嘴：“那僧才出礼拜，为甚么便指为墼子?”觉云：“适来那边亦有人恁么问。”庆云：“向伊道甚么?”觉云：“亦向伊恁么道。”

师因二僧相推，不肯作第一座。主事白师，师曰："总教作第二座。"事曰："第一座教谁作？"师云："装香着。"事曰："装香了也。"师曰："戒香定香慧香解脱香。"天童华云："赵州下一槌，不妨惊群动众，子细点检将来，也是泥里洗土块。若是荐福门下，不用相推。第一座也有人，第二座也有人，第三座也有人。虽然如是，不免从头注破。第一座铁眼铜睛觑不破，第二座阳春白雪无人和，第三座真实身心同达磨。且道与赵州是同是别？若也会得，许你具一只眼。若也不会，也许你具一只眼。有个衲僧出来道：'总不恁么时如何？'对他道：'切忌向鬼窟里作活计。'"

师示众曰："才有是非，纷然失心。还有答话分也无？"有僧出，拊侍者一下曰："何不只对和尚？"师便归方丈。后侍者请益："适来僧是会不会？"师曰："坐底见立底，立底见坐底。"无相范颂曰："坐底见立底，立底见坐底。咄哉老赵州，白日眼见鬼。"

有僧举"才有是非话"似洛浦，浦扣齿。又举似云居，居曰："何必。"僧回举似师，师曰："南方大有人丧身失命。"曰："请和尚举。"师才举前语，僧指旁僧曰："这个师僧吃却饭了，作恁么语话。"师休去。

示众："佛之一字，吾不喜闻。"幻庵觉拈云："诸人切忌恁么会，既不恁么会，又作么生会？"乃颂曰："佛之一字不喜闻，去年依旧今年春。今年春间降大雪，陆墓乌盆变白盆。"

因僧侍次，遂举火问曰："这个是火，你不得唤作火。老僧道了也。"僧无对。复筴起火曰："会么。"曰："不会。"师曰："此去舒州有投子和尚，汝往礼拜问之，必为汝说。因缘相契，不用更来，不相契却来。"其僧到投子，子问：

“近离甚处?”曰：“赵州。”子曰：“赵州有何言句?”僧举前话。子曰：“汝会么?”曰：“不会，乞师指示。”子下禅床行三步，却坐问曰：“会么?”曰：“不会。”子曰：“你归举似赵州。”其僧却回举似师，师曰：“还会么?”曰：“不会。”师曰：“投子与么不较多也!”

僧问：“二龙争珠，谁是得者?”师曰：“老僧只管看。”雪窦显云：“看即不无，争即不得。且道扶这僧，扶赵州。”

上堂：“至道无难，唯嫌拣择。才有语言，是拣择是明白?老僧不在明白里，是汝还护惜也无?”时有僧问：“既不在明白里，护惜个甚么?”师曰：“我亦不知。”僧曰：“和尚既不知，为甚道不在明白里?”师曰：“问事即得，礼拜了退。”雪窦显拈云：“赵州倒退三千。”复颂云：“至道无难，言端语端。一有多种，二无两般。天际日上月下，槛前山深水寒。髑髅识尽喜何立，枯木龙吟消未干。难！难！拣择明白君自看。”

僧问：“至道无难，唯嫌拣择，是时人窠臼否?”师曰：“曾有人问我，老僧直得五年分疏不下。”雪窦显云：“识语不能转，死却了也，好与二十棒，这棒须有分付处。若辨不出，且放此话大行。”　天童觉颂云：“五年分疏不下，一句元无缝罅。只知推过商量，谁信分明酬价。玲珑底相知，卤莽底相讶。宁可与晓事人相骂，不可共不晓事人说话。”

问：“至道无难，唯嫌拣择。才有语言是拣择。和尚如何为人?”师曰：“何不引尽此语。”僧曰：“某甲只念到这里。”师曰：“至道无难，唯嫌拣择。”白云端颂云：“驱山塞海也寻常，所至文明始是王。但见皇风成一片，不知何处有封疆。”

问：“至道无难，唯嫌拣择。如何是不拣择?”师曰：“天上天下，唯我独尊。”曰：“此犹是拣择。”师曰：“田库奴甚处是拣择?”僧无语。无庵全颂云:“当门一脉透长安,游子空嗟行路难。不是人前夸俏措,金锤击碎万重关。” 法宗禅师参雪窦,窦令参“至道无难,唯嫌拣择’。于此有省。一日雪窦问宗:“至道无难,唯嫌拣择。意作么生?”宗云:“畜生!畜生!”后隐居投子,常以袈裟裹草鞋、经文,僧问:“如何是道者家风?”宗曰:“袈裟裹草鞋。”曰:“意旨如何?”宗曰:“赤脚下桐城。” 圜悟勤云:“人多错会道,至道本无难,亦无不难,只是唯嫌拣择。若恁么会,一万年也未梦见在。”

师与官人游园次,兔见惊走。遂问:“和尚是大善知识,兔见为甚么走?”师云:“老僧好杀。”问院主:“甚么处来?”主曰:“送生来。”师曰:“鸦为甚么飞去?”主曰:“怕某甲。”师曰:“汝十年知事,作恁么语话?”主却问:“鸦为甚么飞去?”师曰:“院主无杀心。”僧辞,师问:“甚处去?”曰:“闽中去。”师曰:“彼中兵马隘,汝须回避始得。”曰:“向甚处回避?”师曰: “恰好。”僧游五台,问一婆子曰:“台山路向甚处去?”婆曰:“蓦直去。”僧便去。婆曰:“好个师僧又恁么去。”后有僧举似师,师曰:“待我去勘过。明日,师便去问:“台山路向甚处去?”婆曰:“蓦直去。”师便去。婆曰:“好个师僧又恁么去。”师归院谓僧曰:“台山婆子为汝勘破了也。”雪窦显到曾学士处,曾问:“尝与清长老商量赵州勘婆话,端的有勘破处么?”窦云:“清长老道个甚么?”曾云:“又与么去也。”窦云:“清长老且放过一着,学士还知天下衲僧出这婆子圈繢不得么?”曾云:“这里别有个道处。赵州若不勘破婆子,一生受屈。”窦云:“勘破了也。” 真净云:“赵州若点检来,也好吃婆手中棒。且道赵州过在甚么处?若知赵州过,方解不受人谩。归宗门下莫有不受人谩底么?喝一喝,下座。” 玄觉云:“前来僧也恁么道，赵州去也恁么道，甚么处是勘破婆子处？”又云：“非惟被赵州勘破，亦被这僧勘破。” 径山杲颂：“天下禅和说勘破，争知赵州已话堕。引得儿孙不丈夫，人人点过冷地卧。” 蒙庵岳颂：“本是山中人，爱说山中话。五月卖松风，人间恐无价。”

问：“如何是玄中玄？”师曰：“汝玄来多少时耶？”曰：“玄之久矣。”师曰：“阇黎若不遇老僧，几乎玄杀。”问：“万法归一，一归何所？”师曰：“老僧在青州，作得一领布衫，重七斤。”雪窦颂：“编辟曾挨老古锥，七斤衫重几人知？而今抛向西湖里，下载清风付与谁？”

僧写师真呈，师曰：“且道似我不似我？若似我，即打杀老僧。不似我，即烧却真。”僧无对。玄觉云：“留取供养。”

师托起钵曰：“三十年后若见老僧，留取供养。若不见，即扑破。”别僧曰：“三十年后敢道见和尚，师乃扑破。”师问僧：“曾看《法华经》么？”曰：“曾看。”曰：“衲衣在空闲，假名阿练若，诳惑世间人。尔作么会？”僧拟礼拜，师曰：“尔披衲衣来么？”曰：“披来。”师曰：“莫惑我。”曰：“作么得不惑去？”师曰：“莫取我语。”雪窦举云：“大小赵州，龙头蛇尾，诸人若能辨得，便乃识破赵州。如或不明，个个高拥衲衣，莫惑翠峰好。”

问：“初生孩子还具六识也无？”师曰：“急水上打球子。”僧却问投子：“‘急水上打球子’，意旨如何？”子曰：“念念不停留。”埽地次，僧问：“和尚是大善知识，为甚么扫地？”师曰：“尘从外来。”曰：“既是清净伽蓝，为甚么有尘？”师曰：“又一点也。”问：“恁么来底，师还接否？”曰：“接。”曰：“不恁么来底，师还接否？”曰：“接。”曰：“恁么来者从师接，不恁么来者如何接？”师曰：“止止不须说，我法妙难思。”有一婆子令人送钱请转藏经，师受施利了，却下禅床转一匝。乃曰：“传语婆转藏经已竟。”其人回举似婆，婆曰：“比来请转全藏，如何只为转半藏？”径山杲云：“众中商量道：如何是那半藏？或云再绕一匝，或弹指一下，或咳嗽一声，或喝一喝，或拍一拍。恁么见解，只是不识羞。若是那半藏，莫道赵州更绕一匝，直饶百千万亿匝，于婆子分上只得半藏。设使更绕须弥山百千万亿匝，于婆子分上亦只得半藏。假饶天下老和尚，共如是绕百千万亿匝，于婆子分上也只得半藏。设使山河大地森罗万象，若草若木，各具广长舌相，异口同音从今日转到尽未来际，于婆子分上亦只得半藏。诸人要识婆子么？”良久云：“鸳鸯绣出从君看，不把金针度与人。”

问：“承闻和尚亲见南泉，是否？”师云：“镇州出大萝卜头。”圜悟勤云：“有者道：镇州从来出大萝卜头，天下皆知。赵州从来参见南泉，天下皆知。这僧更问：所以道镇州出大萝卜，且得没交涉。江西澄散圣判，谓之东问西答。唤作不答话，不上他圈䙡，若恁么会争得？远录公云：此是旁瞥语，收在九带中。若恁么会，梦也未梦见在，更带累赵州去。”

官人问：“丹霞烧木佛，院主为甚么眉须堕落？”师云：“官人宅内变生作熟，是甚么人？”云：“所使。”师云：“却是他好手。”马大夫问：“和尚还修行也无？”师云：“老僧若修行即祸事。”云：“和尚既不修行，教甚么人修行？”师云：“大夫是修行底人。”云：“某甲何名修行？”师曰：“若不修行，争得扑在人王位中，喂得来赤冻红地无有解出期。”大夫乃下泪拜谢。问：“作何方便即得闻于未闻？”师云：“未闻且置，你曾闻个甚么来？”问：“不离言句，如何得独脱？”

师云："离言句是独脱。"云："适来无人教某甲来。"师云："因甚么到此？"云："和尚何不拣出？"师云："我早个拣了也。"师问僧："甚处来？"曰："江西来。"师曰："赵州著在甚么处？"僧无对。问："不见边表时如何？"师指净瓶云："这个唤作甚么？"云："净瓶。"师曰："大好不见边表。"有僧问："生死二路，是同是别？"师以颂答云："道人问生死，生死若为论。双林一池水，朗月耀乾坤。唤他句上识，此是弄精魂。欲会个生死，颠人说梦春。"洞山问僧："甚处来？"曰："掌鞋来。"山曰："自解依他。"曰："依他。"山曰："他还指阇黎也无？"僧无对。师代云："若允即不违。"保寿问："胡钉铰，汝莫是胡钉铰么？"曰："不敢。"寿曰："还钉得虚空么？"曰："请和尚打破虚空来。"寿便打。胡曰："和尚莫错打某甲。"师曰："向后有多口阿师，与你点破在。"胡后到师处举前话，师曰："汝因甚么被他打？"胡曰："不知过在甚么处？"师曰："只这一缝尚不奈何。"胡于此有省。师曰："且钉这一缝。"雪窦显举云："我要打这三个汉。一打赵州，不合瞎却胡钉铰眼；二打保寿，不能塞却赵州口；三打胡钉铰，不合放过保寿。"蓦拈拄杖云："更有一个。"大众一时退，击禅床一下。

师问新到："离甚么处？"云："雪峰。"师云："雪峰有甚么言句？"云："雪峰寻常道，尽十方世界都来是沙门一只眼，你等诸人向甚么处屙？"师云："阇黎若回，寄个锹子去。"师问僧："甚处来？"曰："摘茶来。"师曰："闲。"云盖智颂："道著不著，何处摸索。背后龙鳞，面前驴脚。反身筋斗，孤云野鹤。阿呵呵！"

新到参，师曰："甚处来？"曰："南方来。"师曰："佛法尽在南方，汝来这里作甚么？"曰："佛法岂有南北耶？"师曰："饶汝从云居雪峰来，只是个担板汉。"崇寿稠云："和尚是据客置主人。"

师闻沙弥喝参，向侍者曰："教伊去。"者乃教去，沙弥便珍重。师曰："沙弥得入门，侍者在门外。"师问一婆子："甚么处去？"曰："偷赵州笋去。"师曰："忽遇赵州，又作么生？"婆与一掌，师休去。瞎堂远颂云："去若丘山重，来如一羽轻。去来无别路，倾盖白头新。"

师因有老宿问："近离甚处？"师云："滑州。"宿云："几程到这里？"师云："一跶到。"宿云："好个捷疾鬼。"师云："万福大王。"宿云："参堂去。"师应："喏，喏。"师一日到僧堂后逢一僧，乃问："大德总向甚处去？"僧云："普请去。"师遂于袖中取刀度与云："老僧住持事繁，请上座为我折倒却。"便引颈向前，其僧便走。僧辞，师曰："甚处去？"曰："诸方学佛法去。"师竖起拂子曰："有佛处不得住，无佛处急走过。三千里外逢人不得错举。"曰："与么则不去也。"师曰："摘杨花，摘杨花。"径山杲颂云："有佛处不得住，生铁秤锤被虫蛀。无佛处急走过，撞着嵩山破灶堕。三千里外莫错举，两个石人相耳语。恁么则不去也，此话已行遍天下。摘杨花，摘杨花，唵嚩呢哒哩吽泼吒。"

尼问："如何是密密意？"师以手掐之。尼曰："和尚犹有这个在？"师曰："却是你有这个在。"问："十二时中如何用心？"师曰："汝被十二时辰使，老僧使得十二时。"乃曰："兄弟莫久立，有事商量，无事向衣钵下坐穷理好。老僧行脚时，除却二时粥饭是杂用心处，除外更无别用心处。若不如是，大远在。”又谓众曰：“你若一生不离丛林，不语五年十载，无人唤你作哑汉，已后佛也不奈你何！你若不信，截取老僧头去。”

上堂：“金佛不度炉，木佛不度火，泥佛不度水，真佛内里坐。菩提涅槃真如佛性，尽是贴体衣服，亦名烦恼，实际理地甚么处著。一心不生，万法无咎。汝但究理坐看三二十年，若不会，截取老僧头去。梦幻空华，徒劳把捉，心若不异，万法一如。既不从外得，更拘执作么？如羊相似，乱拾物安向口里。老僧见药山和尚道：有人问着，但教合取狗口。老僧亦教合取狗口，取我是垢，不取我是净，一似猎狗专欲得物吃。佛法在甚么处？千人万人尽是觅佛汉子，于中觅一个道人无？若与空王为弟子，莫教心病最难医。未有世界早有此性，世界坏时，此性不坏。一从见老僧后，更不是别人，只是个主人公。这个更向外觅作么？正恁么时，莫转头换脑。若转头换脑，即失却也。”僧问：“承师有言，世界坏时此性不坏，如何是此性？”师曰：“四大五阴。”曰：“此犹是坏底，如何是此性？”师曰：“四大五阴。”法眼云：“是一个两个，是坏不坏，且作么生会。试断看？” 妙喜曰：“军营里大王。” 雪窦颂：“泥佛不度水，神光照天地。立雪如未休，何人不雕伪。金佛不度炉，人来访子湖。牌中数个字，清风何处无。木佛不度火，常思破灶堕。杖子忽击着，方知孤负我。”

示众云：“兄弟若从南方来者，即与下载。若从北方来者，即与装载。所以道：近上人问道即失道，近下人问道即得道。兄弟！正人说邪法，邪法亦随正。邪人说正法，正法亦随邪。诸方难见易识，我这里易见难识。”又云：“此事如明珠在掌，胡来胡现，汉来汉现。老僧拈一枝草作丈六金身用，将丈六金身作一枝草用。佛即是烦恼，烦恼即是佛。”又僧问：“未审佛是谁家烦恼？”师曰：“与一切人烦恼。”曰：“如何免得？”师曰：“用免作么！”①

又云：“老僧此间，即以本分事接人，若教老僧随伊根机接人，自有三乘十二分教接他了也。若是不会，是谁过欤？已后遇着作家汉，也道老僧不孤负他。但有人问，以本分事接人。”

师自受南泉印可，乃归曹州，省受业师。亲属闻师归，咸欲来会。师闻曰：“俗尘爱网，无有了期。已辞出家，不愿再见。”遂携瓶锡遍历诸方。常谓“七岁儿童胜我者，我即问伊。百岁老翁不及我者，我即教他”。及往赵州观音院，燕赵二王同至院见师，师端坐不起，燕王问曰：“人王尊耶？法王尊耶？”师曰：“若在人王，人王中尊。若在法王，法王中尊。”二王闻之，欢然敬服，乃同供养。师志效古人，住持枯槁，僧堂无前后架，旋营斋食。绳床一角折，以绳系残薪支之。屡有愿为制新者，师不许也。住持四十余年，未尝以一书告檀越。唐乾宁四年十一月二日，右胁泊然而寂，寿一百二十岁。谥真际大师。

◎湖南长沙景岑招贤禅师，上堂：“我若一向举扬宗教，法堂前须草深一丈。事不获已，向汝诸人道：尽十方世界是

① 此段注文疑似正文错出。

沙门眼，尽十方世界是沙门全身，尽十方世界是自己光明，尽十方世界在自己光明里，尽十方世界无一人不是自己。我常向汝诸人道：三世诸佛，法界众生，是摩诃般若光。光未发时，汝等诸人向甚么处委悉？光未发时，尚无佛无众生消息，何处得山河国土来？”时有僧问：“如何是沙门眼？”师曰：“长长出不得。”又曰：“成佛成祖出不得，六道轮回出不得。”僧曰：“未审出个甚么不得？”师曰：“昼见日，夜见星。”曰：“学人不会。”师曰：“妙高山色青又青。”妙喜曰：“熟处难忘。”

师与仰山玩月次，山曰：“人人尽有这个，只是用不得。”师曰：“恰是倩汝用。”山曰：“你作么生用？”师劈胸与一蹋。山曰：“囫直下似个大虫。”自此诸方称为岑大虫。长庆云：“前彼此作家，后彼此不作家。乃别云：‘邪法难扶。’”

游山归，首座问：“和尚甚处去来？”师曰：“游山来。”座曰：“到甚么处？”师曰：“始从芳草去，又逐落花回。”座曰：“大似春意。”师曰：“也胜秋露滴芙蕖。”雪窦著语云：“谢答话。”复颂云：“大地绝纤埃，何人眼不开，始随芳草去，又逐落花回。羸鹤翘寒木，狂猿啸古台。长沙无限意，咄！”

有秀才看《千佛名经》，问曰：“百千诸佛，但见其名，未审居何国土？还化物也无？”曰：“黄鹤楼崔颢题后，秀才还曾题也未？”曰：“未曾。”曰：“得闲题取一篇好。”黄龙新颂云：“黄鹤楼前法战时，百千诸佛竖降旗。问渠国土归何处？赢得多才一首诗。”

问：“本来人还成佛也无？”师曰：“汝见大唐天子，还自种田割稻么？”曰：“未审是何人成佛？”师曰：“是汝成佛。”僧无语。师曰：“会么？”曰：“不会。”师曰：“如人因地而倒，依地而起。地道甚么？”问：“向上一路，请师道？”师曰：“一口针，三尺线。”曰：“如何领会？”师曰：“益州布，扬州绢。”僧问师同参会和尚曰[1]：“和尚见南泉后如何？”会默然。僧曰：“和尚未见南泉已前作么生？”会曰：“不可更别有也。”僧回举似师，师示偈曰：“百尺竿头不动人，虽然得入未为真。百尺竿头须进步，十方世界是全身。”僧便问：“只如百尺竿头，如何进步？”师曰：“朗州山，澧州水。”曰：“不会。”师曰：“四海五湖皇化里。”妙喜曰：“要见长沙，更进一步。若有人问如何是遮一步，待我款款地与你葛藤。”

竺尚书问：“蚯蚓斩为两段，两头俱动。未审佛性在阿那头？”师曰：“莫妄想。”曰：“争奈动何？”师曰：“会即风火未散。”书无对。师唤尚书，书应诺。师曰：“不是尚书本命。”曰：“不可雕却，即今只对，别有第二主人。”师曰：“唤尚书作至尊得么？”曰：“恁么总不只对时，莫是弟子主人否？”师曰：“非但只对与不只对时，无始劫来是个生死根本。”示偈曰：“学道之人不识真，只为从来认识神。无始劫来生死本，痴人唤作本来人。”《灯录》作两则。“风火未散”上作一则，“师唤尚书”下又作一则，语亦小异。此从《宗门统要》正法眼藏。妙喜曰：“即今只对者，既不是本来人，却唤甚么作本来人？良久曰：我恁么道，且作死马医。”　又皓月供奉问师：“蚯蚓断为两段，两头俱动，未审佛性在阿那头？”师曰：“动与不动是何境界？”曰：“言不干典，非智者之所谈。只如和尚言‘动典不动

---

[1] “僧问师”：《五灯会元》作“师遣僧问”，为是。

是何境界’，出自何经？”师曰：“灼然言不干典，非智者之所谈。大德岂不见《首楞严》云：‘当知十方无边，不动虚空，并其动摇，地水火风，均名六大，性真圆融，皆如来藏，本无生灭。’复示偈曰：‘最甚深，最甚深，法界人身便是心。迷者迷心为众色，悟时刹境是真心。身界二尘无实相，分明达此是知音。’”

问：“如何转得山河国土归自己去？”师曰：“如何转得自己成山河国土去？”曰：“不会。”师曰：“湖南城下好养民，米贱柴多足四邻。”僧无语。师示偈曰：“谁问山河转，山河转向谁。圆通无两畔，法性本无归。”问：“南泉道：‘三世诸佛不知有，狸奴白牯却知有。’为甚么三世诸佛不知有？”师曰：“未入鹿苑时犹较些子。”曰：“狸奴白牯为甚么却知有？”师曰：“汝争怪得伊。”问：“和尚继嗣何人？”师曰：“我无人得继嗣。”曰：“还参学也无？”师曰：“我自参学。”曰：“师意何如？”师示偈曰：“虚空问万象，万象答虚空。谁人亲得闻？木叉丱角童。”示众：“若心是生，则梦幻空华亦应是生。若身是生，则山河大地万象森罗亦应是生。”问：“教中说幻意是有耶？”师曰：“大德是何言欤？”曰：“恁么则幻意是无邪？”师曰：“大德是何言欤？”曰：“恁么则幻意是不有不无邪？”师曰：“大德是何言欤？”曰：“如某三明，尽不契于幻意，未番和尚如何明教中幻意？”师曰：“大德信一切法不思议否？”曰：“佛之诚言，那敢不信。”师曰：“大德言信，二信之中是何信？”曰：“如某所明，二信之中是名缘信。”师曰：“依何教门得生缘信？”曰：“《华严》云：‘菩萨摩诃萨以无障无碍智，信一切世间境界，是如来境界。’又《华严》云：‘诸佛世尊，悉知世法及诸佛法性无差别，决定无二。'又《华严》云：'佛法世间法，若见其真实，一切无差别。'"师曰："大德所举缘信教门甚有来处。听老僧与大德明教中幻意，若人见幻本来真，是则名为见佛人。圆通法法无生灭，无灭无生是佛身。"华严座主问："虚空为是定有，为是定无？"师曰："言有亦得，言无亦得。虚空有时但有假有，虚空无时但无假无。"曰："如和尚所说，有何教文？"师曰："大德岂不闻《首楞严》云：'十方虚空生汝心内，犹如片云点太清里。'岂不是虚空生时但生假名？"又云："汝等一人发真归元，十方虚空悉皆销殒。岂不是虚空灭时但灭假名。老僧所以道：有是假有，无是假无。"问："如何是文殊？"师曰："墙壁瓦砾是。"曰："如何是观音？"师曰："音声语言是。"曰："如何是普贤？"师曰："众生心是。"曰："如何是佛？"师曰："众生色身是。"曰："河沙诸佛体皆同，何故有种种名字？"师曰："从眼根返源名文殊，耳根返源名观音，从心返源名普贤。文殊是佛妙观察智，观音是佛无缘大慈，普贤是佛无为妙行。三圣是佛之妙用，佛是三圣之真体。用则有河沙假名，体则总名一薄伽梵。"问："南泉迁化向甚么处去？"师曰："东家作驴，西家作马。"曰："学人不会，此意如何？"师曰："要骑即骑，要下即下。"三圣令秀上座问曰："南泉迁化向甚么处去？"师曰："石头作沙弥时参见六祖。"秀曰："不问石头见六祖，南泉迁化向甚么处去？"师曰："教伊寻思去。"秀曰："和尚虽有千尺寒松，且无抽条石笋。"师默然。秀曰："谢和尚答话。"师亦默然。秀回举似三圣。圣曰："若恁么，犹胜临济七步。然虽如此，待我更验看。"至明日，三圣上问："承闻和尚昨日答南泉迁化一则语，可谓光前绝后，今古罕闻。”师亦默然。问：“亡僧迁化甚么处去也”师示偈曰：“不识金刚体，却唤作缘生。十方真寂灭，谁在复谁行！”《林间录》曰：“长沙岑禅师因僧亡，以手摩之曰：‘大众，此僧却真实为诸人提纲商量，会么？’乃有偈曰：‘目前无一法，当处亦无人。荡荡金刚体，非妄亦非真。’”又曰：“雪峰和尚亦因见亡僧作偈曰：‘低头不见地，仰面不见天。欲识金刚体，但看髑髅前。’”玄沙曰：“亡僧面前，正是触目菩提，万里神光顶后相。有僧问法眼：‘如何是亡僧面前触目菩提？’法眼答曰：‘是汝面前。’又问：‘迁化向甚么处去？’答曰：‘亡僧几曾迁化。’进曰：‘争奈即今何？’答曰：‘汝不识亡僧。’”天衣怀云：“亡僧面前即且置，只如活人背后底是甚么？近代尊宿不复以此旨晓人，独晦堂老师时一提起，作南禅师圆寂日偈曰：‘去年三月十有七，一夜春风撼筹室。三角麒麟入海中，空余片月波心出。真不掩伪，曲不藏直。谁人为和雪中吟，万古知音是今日。’又云：‘昔人去时是今日，今日依前人不来。今既不来昔不往，白云流水空悠哉。谁云秤尺平，直中还有曲。谁云物理齐，种麻还得粟。可怜驰逐天下人，六六元来三十六。’”

皓月供奉问：“天下善知识证三德涅槃也未？”师曰：“大德问果上涅槃因中涅槃？”曰：“问果上涅槃。”师曰：“天下善知识未证。”曰：“为甚么未证？”师曰：“功未齐于诸圣。”曰：“功未齐于诸圣，何为善知识？”师曰：“明见佛性，亦得名为善知识。”曰：“未审功齐何道，名证大涅槃？”师示偈曰：“摩诃般若照，解脱甚深法。法身寂灭体，三一理圆常。欲识功齐处，此名常寂光。”曰：“果上三德涅槃已蒙开示，如何是因中涅槃？”师曰：“大德是。”进山主问修山主曰：“明知生是不生之理，为甚么为生死之所流转？”修曰：“笋毕竟成竹去，如今作篾使还得么？”进曰：“汝向后自悟去在。”修曰：“某所见只如此，上座意旨又如何？”进指曰：“这个是监院房，那个是典座房。”修即礼谢。

初，师久依南泉，有投机偈曰：“今日还乡入大门，南泉亲道遍乾坤。法法分明皆祖父，回头惭愧好儿孙。”泉答曰：“今日投机事莫论，南泉不道遍乾坤。还乡尽是儿孙事，祖父从来不出门。”

◎鄂州茱萸山和尚，上堂，擎起一橛竹曰：“还有一虚空里钉得橛么？”时有灵虚上座出众曰：“虚空是橛。”师便打。虚曰：“莫错打。”师便下座。云门偃云：“矢上加尖。”有僧云：“和尚适来与么道那？”门云：“捶钟谢响得个虾蟆出来。”

◎衢州子湖岩利踪禅师，于门下立牌曰：“子湖有一只狗，上取人头，中取人心，下取人足。拟议即丧身失命。”临济会下二僧来参，方揭帘，师喝曰：“看狗！”僧回顾，师便归方丈。或有人问子湖狗，师曰：“嗥！嗥！”僧无语。师便归方丈。刘铁磨参，师曰：“汝是刘铁磨否？”曰：“不敢。”师曰：“左转右转？”曰：“和尚莫颠倒。”师便打。与胜光和尚锄园次，师蓦按镢回视光曰：“事即不无，拟心即差。”光便问：“如何是事？”被师拦胸踏倒。光从此有省。僧问：“自古上贤还达真正理否？”师曰：“达。”僧曰：“真正理作么生达？”师曰：“霍光当时卖假银城，与单于契书是甚么人作？”僧无语。示众：“诸法荡荡，何绊何拘，汝等于中自生难易。心源一统，绵亘十方，上上根人自然明白。不见南泉道：如斯痴钝，世且还稀，历历分明，有无不是。只少个丈夫之志，致见如斯疲劳。汝欲得易会么？自古及今，未曾有一个凡夫圣人出现汝前，亦无有一善语恶语到汝分上。为甚么故？为善善无形，为恶恶无相。既已无我，把甚么为善恶，立那个是凡圣？汝信否？还保任否？有甚么回避处？恰似日中逃影相似，还逃得么？今之既尔，古之亦然，今古齐时，汝还讳得么？佛法玄妙，了得者自相策发，无为小缘妨于大事。汝不见道，宁可终身立法，谁能一旦忘缘，仁者要得会禅么？各归衣钵下看。”示众：“幸自可怜生，苦死向人前，讨些子声色唇吻作么？我且问你，声色两字作么生讨得？还会么？我道声色如泡，为复为你说破，为复为你讨声色。试商量看，莫生容易，志刚用心。若了根源，终非他物。譬如圆镜，男来男现，女来女彰。乃至僧俗青黄山河万物，随其色相，一镜传辉。不可是镜有多般，但能映物而露。仁者还识得镜未？若不识镜，尽被男女青黄山河类等碍汝光明，有甚么出气处？若识镜去，乃至青黄男女，大地山河，有想无想，四足多足，胎卵情生，天堂地狱，咸于一镜中，悉得其分剂长短劫数。若色若空并能了之，更非他物。汝岂不闻诸法如义，光阴箭速，莫漫悠悠，大事因缘决须了取。”僧问：“如何是大圆镜？”师云：“一切物著不得。”进云：“为甚么一切物著不得？”师云：“汝是一切物，还著得汝否仁者。本自具足，本自周备，直教无纤尘法碍你眼光始得。若有微尘底不尽，不是一生半劫赚汝皮囊，汝性命根境法中，造诸妖怪，山精鬼魅，附汝行持，得少为足，鼓弄片皮，于佛法却为毒害。讥礼塔庙，毁彼持经，师子身中虫，自食师子身中肉。”“仁者岂不见，目前太虚还有纤毫欠少处么？若也于中体得这个消息，不妨出得凡圣境界，了得世间出世间之智。”“一法既尔，万法亦然，仁者还乐也无？”示众：“天上人间，轮回六道，乃至蠢动含灵，未曾于此一分真如中，有些子相违处。还信么？还领受得么？大凡行脚，也须具大信根作个丈夫始得。何处得与么难信？他古人只见道个即心是佛，即心是法，便承信去。随处茅茨石室，长养圣胎，只待道果成熟。汝今何不效他行取，仁者可煞分明，并无参杂。治生产业，与诸实相不相违背。”初子湖山下有陶家，无子，夫妇日夕焚祷。师一日过而问曰：“尔何所祈？”陶告之故。师曰：“汝施我竹，我施汝子。”陶遂施竹。其夕感异梦，随举一男。众因号师神力禅师。广明中无疾归寂，塔于本山。

◎**荆南白马昙照禅师**，常曰：“快活！快活！”及临终时叫：“苦！苦！”又曰：“阎罗王来取我也。”院主问曰：“和尚当时被节度使抛向水中，神色不动，如今何得恁么地？”师举枕子曰：“汝道当时是，如今是？”院主无对。法眼代云：“此时但掩耳出去。”

◎**终南山云际师祖禅师**，初参南泉，问：“摩尼珠，人不识，如来藏里亲收得。如何是藏？”泉曰：“与汝往来者是。”师曰：“不往来者如何？”泉曰：“亦是。”曰：“如何是珠？”泉召师祖，师应诺。泉曰：“去！汝不会我语。”师从此信入。雪窦显云：“百尺竿头作伎俩，不是好手。这里著得只眼，宾主互换，便能深入虎穴。或不恁么，纵饶师祖悟去，也是龙头蛇尾汉。"　　圜悟云："南泉一期垂手，收放擒纵则不无，要且未见向上事在，只如尽大地是如来藏。向甚么处著珠，尽大地是摩尼珠。向甚么处著藏？若明得有转身处，许你具一只眼。"

◎**邓州香严下堂义端禅师**，僧问："某甲曾辞一老宿，宿曰：'去则亲良朋，附善友。'某今辞和尚，未审有何指示？"师曰："礼拜着。"僧礼拜。师曰："礼拜一任礼拜，不得认奴作郎。"

◎**池州灵鹫闲禅师**，上堂："是汝诸人本分事，若教老僧道，即是与蛇画足。"时有僧问："与蛇画足即不问，如何是本分事？"师曰："阇黎试道看。"僧拟再问。师曰："画足作么？"

◎**日子和尚**，因亚溪来参，师作起势。溪曰："这老山鬼，犹见某甲在。"师曰："罪过！罪过！适来失只对。"溪欲进语，师便喝。溪曰："大阵当前，不妨难御。"师曰："是！是！"溪曰："不是！不是！"赵州云："可怜两个汉，不识转身句。"

◎**苏州西禅和尚**，僧问："三乘十二分教则不问，如何是祖师西来的的意？"师举拂子示之。其僧不礼拜，竟参雪峰。峰问："甚么处来？"曰："浙中来。"峰曰："今夏甚么处？"曰："西禅。"峰曰："和尚安否？"曰："来时万福。"

峰曰："何不且在彼从容？"曰："佛法不明。"峰曰："有甚么事？"僧举前话。峰曰："汝作么生不肯伊？"曰："是境。"峰曰："汝见苏州城里人家男女否？"曰："见。"峰曰："汝见路上林木池沼否？"曰："见。"峰曰："凡睹人家男女，林木池沼，总是境。汝还肯否？"曰："肯。"峰曰："只如举起拂子，汝作么生不肯？"僧乃礼拜曰："学人取次发言，乞师慈悲。"峰曰："尽乾坤是个眼，汝向甚么处蹲坐？"僧无语。

◎**池州甘贽行者**，一日入南泉设斋，黄檗为首座。行者请施财，座曰："财法二施，等无差别。"甘曰："恁么道，争消得某甲赚。"便将出去。须臾复入，曰："请施财。"座曰："财法二施，等无差别。"甘乃行赚。翠岩真云："甘贽行者黠儿落节，黄檗施财何曾梦见。"妙喜举翠岩语云："一等是随邪逐恶，这云居罗汉较些子。"

又一日，入寺设粥，仍请南泉念诵。泉乃白椎曰："请大众为狸奴白牯念《摩诃般若波罗蜜》。"甘拂袖便出。泉粥后问典座："行者在甚处？"座曰："当时便去也。"泉便打破锅子。妙喜云："心不负人，面无惭色。"颂云："南泉打破闲家具，浩浩诸方作话看。今日为君重举过，明明历历不颟顸。"

◎**洪州双岭玄真禅师**，初问道吾："无神通菩萨为甚么足迹难寻？"吾曰："同道者方知。"师曰："和尚还知否？"吾曰："不知。"师曰："何故不知？"吾曰："去！你不识吾语。"师后于盐官处悟旨焉。

◎福州芙蓉山灵训禅师，初参归宗，问："如何是佛?"宗曰："我向汝道，汝还信否?"曰："和尚诚言，安敢不信?"宗曰："即汝便是。"师曰："如何保任?"宗曰："一翳在眼，空华乱坠。"法眼云："若无后语，有甚么归宗?"

师辞，宗问："甚么处去?"师曰："归岭中去。"宗曰："子在此多年，装束了却来，为子说一上佛法。"师结束了上去。宗曰："近前来。"师乃近前。宗曰："时寒，途中善为。"师聆此言，顿忘前解。

◎汉南高亭和尚，有僧自夹山来礼拜，师便打。僧曰："特来礼拜，何得打某甲?"僧再礼拜，师又打趁。僧回举似夹山，山曰："汝会也无?"曰："不会。"山曰："赖汝不会，若会，即夹山口哑。"

◎新罗大茅和尚，上堂："欲识诸佛师，向无明心内识取。欲识常住不凋性，向万物迁变处识取。"

◎五台山智通禅师自称大禅佛，初在归宗会下，忽一夜连叫曰："我大悟也。"众骇之。明日上堂众集。宗曰："昨夜大悟底僧出来。"师出曰："某甲。"宗曰："汝见甚么道理，便言大悟?试说看。"师曰："师姑原是女人做。"宗异之，师便辞去。宗门送，与提笠子。师接得笠子，戴头上便行，更不回顾。后居台山法华寺，临终有偈曰："举手攀南斗，回身倚北辰。出头天外看，谁是我般人?"

◎镇州普化和尚者，不知何许人也。师事盘山，密受记莂[1]，而佯狂出言无度。暨盘山顺世，乃于此地行化。或城市，或冢间，振一铎曰："明头来，明头打。暗头来，暗头打。四面八方来，旋风打。虚空来，连架打。"一日，临济令僧捉住曰："总不恁么来时如何？"师拓开曰："来日大悲院里有斋。"僧回举似济。济曰："我从来疑着这汉。"五祖演举云："若是五祖即不然，有人问总不恁么来时如何？和声便打。是他须道五祖盲枷瞎棒，我只要你恁么道，何故？一任举似诸方。"

凡见人无高下，皆振铎一声，或将铎就人耳边振之，或附其背，有回顾者，即展手曰："乞我一钱。"师见马步使出喝道，师亦喝道作相扑势，马步使令人打五棒。师曰："似即似，是即不是。"师尝于阛阓间摇铎唱曰："觅个去处不可得。"时道吾遇之，把住问曰："汝拟去甚么处？"师曰："汝从甚么处来？"吾无语。师掣手便去。临济初开堂，师首往赞佐。唐咸通初将示灭，乃入市谓人曰："乞我一个直裰。"人或与披袄，或与布裘，皆不受，振铎而去。临济令人送与一棺，师笑曰："临济厮儿饶舌，便受之。"乃辞众曰："普化明日去东门死也。"郡人相率送出城，师厉声曰："今日葬不合青乌。"乃曰："明日南门迁化。"人亦随之。又曰："明日出西门方吉。"人出渐稀。出已还返，人意稍怠。第四日，自擎棺出北门外，振铎入棺而逝。郡人奔走出城，揭棺视之已不见，惟闻空中铎声渐远，莫测其由。

---

① 记莂：《五灯会元》作"真诀"。

◎**寿州良遂禅师**，参麻谷，谷见来，便将锄头去锄草。师到锄草处，谷殊不顾，便归方丈，闭却门。师次日复去，谷又闭门。师乃敲门，谷问：“阿谁？”师曰：“良遂。”才称名，忽然契悟，曰：“和尚莫谩良遂，良遂若不来礼拜和尚，洎被经论赚过一生。”谷便开门相见。及归讲肆，谓众曰：“诸人知处，良遂总知。良遂知处，诸人不知。”

◎**虔州处微禅师**，僧问：“三乘十二分教体理得妙，与祖意是同是别？”师曰：“须向六句外鉴，不得随声色转。”曰：“如何是六句？”师曰：“语底默底，不语不默，总是总不是，汝合作么生？”僧无对。问仰山：“汝名甚么？”山曰：“慧寂。”师曰：“那个是慧？那个是寂？”山曰：“只在目前。”师曰：“犹有前后在。”山曰：“前后且置。和尚见个甚么？”师曰：“吃茶去。”

◎**金州操禅师**，请米和尚斋，不排坐位。米到，展坐具礼拜。师下禅床，米乃坐师位，师却席地而坐。斋讫，米便去。侍者曰：“和尚受一切人钦仰，今日坐位被人夺却。”师曰：“三日后若来，即受救在。”米三日后果来。曰：“前日遭贼。”

◎**湖南上林戒灵禅师**，初参沩山。山曰：“大德作甚么来？”师曰：“介胄全具。”山曰：“尽卸了来，与大德相见。”师曰：“卸了也。”山咄曰：“贼尚未打，卸作甚么？”师无对。仰山代曰：“请和尚屏却左右。”沩山以手指曰：“喏！

喏！”师后参永泰，方谕其旨。永泰灵湍，马祖法嗣。

◎五台山秘魔岩和尚，常持一木叉，每见僧来礼拜，即叉却颈曰：“那个魔魅教汝出家？那个魔魅教汝行脚？道得也叉下死，道不得也叉下死。速道！速道！”学徒鲜有对者。霍山通和尚访师，才见不礼拜，便撺入怀里。师拊通背三下。通起拍手曰：“师兄三千里外赚我来，三千里外赚我来。”便回。

◎湖南祇林和尚，每叱文殊普贤皆为精魅。手持木剑，自谓降魔。才见僧来参，便曰：“魔来也！魔来也！”以剑乱挥，归方丈。如是十二年后，置剑无言。僧问：“十二年前为甚么降魔？”师曰：“贼不打贫儿家。”曰：“十二年后为甚么不降魔？”师曰：“贼不打贫儿家。”

指月录卷十二

六祖下第四世

◎潭州沩山灵祐禅师，福州长溪赵氏子。年十五出家，依本郡建善寺法常律师，剃发于杭州龙兴寺，究大小乘教。二十三游江西参百丈，丈一见，许之入室，遂居参学之首。侍立次，丈问：“谁?”师曰：“某甲。”丈曰：“汝拨炉中有火否?”师拨之曰：“无火。”丈躬起深拨得少火，举以示之曰：“汝道无这个，聻!”师由是发悟，礼谢陈其所解。丈曰：“此乃暂时岐路耳。经云：欲识佛性义，当观时节因缘。时节既至，如迷忽悟，如忘忽忆，方省己物不从外得。故祖师云：悟了同未悟，无心亦无法。只是无虚妄凡圣等心，本来心法元自备足。汝今既尔，善自护持。”次日，同百丈入山作务。丈曰：“将得火来么?”师曰：“将得来。”丈曰：“在甚么处?”师拈一枝柴吹两吹，度与百丈。丈曰：“如虫御木。”妙喜曰：“百丈若无后语，几被典座热瞒。”　《高僧传》云：“冠年剃发，三年具戒。时有钱塘上士义宾，授其律科。及入天台，遇寒山子于途中。谓师曰：‘千山万水遇潭即止，获无价宝，赈恤诸子。’乃造国清，遇拾得，复申前意。师遂诣沩潭，谒大智，顿了祖意。”　《宗门统要》云：“师至国清受戒，寒山子遂与拾得子往松门接师。才到二人从路两边透出，作大虫吼三声，师屹然无对。寒山云：‘自从灵山一别，迄至于今还相记么？’师亦无对。拾得拈起拄杖云：‘老兄唤这个作甚么？’师又无对。山云：‘休！休！别后伊三生作国王，总忘却也。’”

司马头陀见百丈，谈沩山之胜，宜结集法侣为大道场。丈因语众曰：“若能对众下得一语出格，当与住持。”即指净瓶问曰：“不得唤作净瓶，汝唤作甚么？”时华林觉为首座，师为典座，林曰：“不可唤作木楔也。”丈乃问师，师踢倒净瓶便出去。丈笑曰：“第一座输却山子也。”师遂往焉。是山峭绝，敻无人烟。虎狼纵横，莫敢往来，师拾橡栗充食者五七年。一日，念道在接物利生，独居非是。乃出至山口，语虎狼曰：“我若于此山有缘，汝等各自散去。若其无缘，我充尔腹。”言讫，虫虎四散，师乃回庵。未几，懒安上座，同数僧从百丈所来辅佐。曰：“某与和尚作典座，俟众至五百乃解务。”于是人稍稍集。厥后禅学辐辏，风动天下。称沩仰宗焉。

上堂：“夫道人之心，质直无伪，无背无面，无诈妄心。一切时中，视听寻常，更无委曲，亦不闭眼塞耳，但情不附物即得。从上诸圣，只说浊边过患，若无如许多恶觉情见想习之事，譬如秋水澄渟，清净无为，澹泞无碍。唤他作道人，亦名无事人。”时有僧问：“顿悟之人更有修否？”师曰：

“若真悟得本他自知时，修与不修是两头语。如今初心虽从缘得，一念顿悟自理，犹有无始旷劫习气未能顿净，须教渠净除现业流识，即是修也。不可别有法，教渠修行趣向，从闻入理，闻理深妙，心自圆明，不居惑地。纵有百千妙义，抑扬当时，此乃得坐，披衣自解作活计始得。若以要言之，则实际理地不受一尘，万行门中不舍一法。若也单刀直入，则凡圣情尽，体露真常，理事不二，即如如佛。”仰山问：“百千万境一时来作么生？”师云：“青不是黄，长不是短，诸法各住自位，非干我事。”仰乃作礼。仰山问：“如何是祖师西来意？”师指灯笼曰：“大好灯笼。”仰曰：“莫只这便是么？”师曰：“这个是甚么？”仰曰：“大好灯笼。”师曰：“果然不见。”师摘茶次，谓仰山曰：“终日摘茶，只闻子声，不见子形。”仰撼茶树。师曰：“子只得其用，不得其体。”仰曰：“未审和尚如何？”师良久。仰曰：“和尚只得其体，不得其用。”师曰：“放子三十棒。”仰曰：“和尚棒，某甲吃。某甲棒教谁吃？”师曰：“放子三十棒。”玄觉云：“且道过在甚么处？”

师问仰山：“生住异灭，汝作么生会？”仰曰：“一念起时，不见有生住异灭。”师曰：“子何得遣法？”仰曰：“和尚适来问甚么？”师曰：“生住异灭。”仰曰：“却唤作遣法。”师问仰山：“妙净明心，汝作么生会？”仰曰：“山河大地，日月星辰。”师曰：“汝只得其事。”仰曰：“和尚适来问甚么？”师曰：“妙净明心。”仰曰：“唤作事得么？”师曰：“如是，如是。”上堂，僧出曰：“请和尚为众说法。”师曰：“我为汝得彻困也。”僧礼拜。后人举似雪峰，峰曰：“古人得恁么老婆心切？”玄沙云：“山头和尚蹉过古人事也。”雪峰闻之乃问沙曰：“甚么处是老僧蹉过古人事处？”沙曰：“大小沩山被那僧一问，直得百杂碎。”峰乃骇然。

师坐次，仰山入来。师曰：“寂子速道，莫入阴界。”仰曰：“慧寂信亦不立。”师曰：“子信了不立，不信不立。”仰曰：“只是慧寂，更信阿谁？”师曰：“若恁么，即是定性声闻。”仰曰：“慧寂佛亦不立。”师问仰山：“《涅槃经》四十卷，多少是佛说？多少是魔说？”仰曰：“总是魔说。”师曰：“已后无人奈子何？”仰曰：“慧寂即一期之事，行履在甚么处？”师曰：“只贵子眼正，不说子行履。”师一日唤院主，主便来。师曰：“我唤院主，汝来作甚么？”主无对。又令侍者唤第一座，座便至。师曰：“我唤第一座，汝来作甚么？”座亦无对。”曹山代院主云：“也知和尚不唤某甲。”代第一座云：“若令侍者唤，恐不来。”

师问仰山：“何处来？”仰曰：“田中来。”师曰：“禾好刈也未？”仰作刈禾势。师曰：“汝适来作青见，作黄见？作不青不黄见？”仰曰：“和尚背后是甚么？”师曰：“子还见么？”仰拈禾穗曰：“和尚何曾问这个？”师曰：“此是鹅王择乳。”师一日见刘铁磨来，师曰：“老牸牛，汝来也。”磨曰：“来日台山大会斋，和尚还去么？”师乃放身作卧势，磨便出去。雪窦显颂云：“曾骑铁马入重城，敕下传闻六国清。犹握金鞭问归客，夜深谁共御街行。”

僧问：“如何是道？”师曰：“无心是道。”曰：“某甲不会。”师曰：“会取不会底好。”曰：“如何是不会底？”师曰：“只汝是，不是别人。”复曰：“今时人但直下体取不会底，正是汝心，正是汝佛。若向外得一知一解，将为禅道，且没交涉。名运粪入，不名运粪出，污汝心田。所以道不是道。”合酱次，问仰山：“这个用多少盐水？”仰曰：“某甲不会，不欲只对。”师云：“却是老僧会。”仰云：“不知用多少盐水。”师云：“汝既不会，我亦不答。”晚间师却问仰山：“今日因缘，子作么生主持？”仰云：“待问即答。”师云：“现问次。”仰云：“耳背眼昏，见闻不晓。”师云：“凡有问答，出子此语不得。”仰礼谢。师云：“寂子今日忘前失后，不是小小。”师方丈内坐次，仰山入来。师曰：“寂子，近日宗门令嗣作么生？”仰曰：“大有人疑着此事。”师曰：“寂子作么生？”仰曰：“慧寂只管困来合眼，健来坐禅。所以未曾说着在。”师曰：“到这田地也难得。”仰曰：“据慧寂所见只如此，一句也着不得。”师曰：“汝为一人也不得。”仰曰：“自古圣人，尽皆如此。”师曰：“大有人笑汝恁么只对。”仰曰：“解笑者是慧寂同参。”师曰：“出头事作么生？”仰绕禅床一匝。师曰：“裂破古今。”师睡次，仰山问讯，师便回，面向壁。仰曰：“和尚何得如此？”师起曰：“我适来得一梦，你试为我原看。”仰取一盆水与师洗面，少顷，香严亦来问讯。师曰：“我适来得一梦，寂子为我原了，汝更与我原看。”严乃点一碗茶来。师曰：“二子见解，过于鹙子。”师坐次，仰山从方丈前过。师曰：“若是百丈先师见，子须吃痛棒始得。”仰曰：“即今事作么生？”师曰：“合取两片皮。”仰曰：“此恩难报。”师曰：“非子不才，乃老僧年迈。”仰曰：“今日亲见百丈师翁来。”师曰：“子向甚么处见？”仰曰：“不道见，只是无别。”师曰：“始终作家。”师问仰山：“即今事且置，古来事作么生?”仰叉手近前。师曰：“犹是即今事，古来事作么生?”仰退后立。师曰：“汝屈我，我屈汝?”仰便礼拜。仰山、香严侍立次，师举手曰：“如今恁么者少，不恁么者多。”严从东过西立，仰从西过东立。师曰：“这个因缘，三十年后如金掷地相似。”仰曰：“亦须是和尚提唱始得。”严曰：“即今亦不少。”师曰：“合取口。”一日，师翘起一足，谓仰山曰：“我每日得他负载，感伊不彻。”仰曰：“当时给孤园中与此无别。”师曰：“更须道始得。”仰曰：“寒时与他袜着，也不为分外。”师曰：“不负当初，子今已彻。”仰曰：“恁么更要答话在。”师曰：“道看?”仰曰：“诚如是言。”师曰：“如是，如是。”师谓仰山曰：“汝须独自回光返照，别人不知汝解处。汝试将实解献老僧看?”仰曰：“若教某甲自看，到这里无圆位，亦无一物一解得献和尚。”师云：“无圆位处原是汝作解处，未离心境在。”仰曰：“既无圆位，何处有法，把何物作境?”师曰：“适来是汝作与么解是否?”仰曰：“是。”师云：“若恁么，是具足心境法，未脱我所心在。元来有解献我，许汝信位显，人位隐在。”此则独见于《正法眼藏》，《会元》诸书都不载。　　仰山和尚因僧思鄢问：“禅宗顿悟，毕竟入门的意如何?”仰曰：“此意极难，若是祖宗门下上根上智，一闻千悟，得大总持。其有根微智劣，若不安禅静虑，到这里总须茫然。”曰：“除此一路，别更有入处否?”仰曰：“有。”曰：“如何即是?”仰曰：“汝是甚处人?”曰：“幽州人。”仰曰：“汝还思彼处否?”曰：“常思。”仰曰：“能思者是心，所思者是境。彼处楼台林苑人马骈阗，汝反思底还有许多般也无?”正此下有“僧于言下有省”一句。曰：“某甲到这里总不见有。”仰曰：“汝解犹在心，信位即得，人位未在。”曰：“除却这个，别更有意也无?”仰曰："别有别无，即不堪也。"曰："到这里作么生即是？"仰曰："据汝所解，只得一玄，得坐披衣向后自看。"此则《正法眼藏》《五灯会元》皆载。

师一日见香严、仰山作饼次，师曰："当时百丈先师，亲得这个道理。"仰与香严相顾视云："什么人答得此话？"师云："有一人答得。"仰云："是阿谁？"师指水牯牛云："道！道！"仰取一束草来，香严取一桶水来，放牛前。牛才吃，师云："与么，与么？不与么，不与么？"二人俱作礼。师云："或时明，或时暗。"师与仰山行次，指前头枯树问："前头是甚么？"仰云："只是枯树子。"师却问耘田翁，翁亦云："枯树子。"师云："这耘田翁，向后亦有五百众。"沩山喆云："山僧则不然，耘田公子，吾不如汝。且道大圆是，山僧是？若人辨得，许汝具择法眼。若也不辨，佛法炽然生灭。"　神鼎諲云："为复意在耘田处，为复意在仰山分上，为复总不恁么？"诸上座，一切诸法总然，更不用生事。他是父子说法，同道方知。"

师因资国来参，乃指月示之。国以手拨三下，师云："不道汝不见，只是见处太粗。"师一日索门人呈语，乃曰："声色外与吾相见。"时有幽州鉴弘上座呈语云："不辞出来，那个人无眼。"师不肯。仰山凡三度呈语，第一云："见取不见取底。"师云："细如毫末，冷似雪霜。"第二度云："声色外谁求相见？"师云："只滞声闻方外榻。"第三度云："如两镜相照，于中无像。"师云："此语正也，我是你不是，早立像了也。"仰山却问师："某甲精神昏昧，拙于只对，未审和尚于百丈师翁处作么生呈语？"师云："我于百丈先师处呈语云：'如百千明镜鉴像，光影相照，尘尘刹刹，各不相借。'"仰山于是礼拜。沩山急须买草鞋，与座主执巾瓶始得。

仰山踏衣次，提起问师曰：“正恁么时，和尚作么生？”师曰：“正恁么时，我这里无作么生。”仰曰：“和尚有身而无用。”师良久却拈起问曰：“汝正恁么时作么生？”仰曰：“正恁么时和尚还见伊否？”师曰：“汝有用而无身。”师后忽问仰山：“汝春间有话未圆，今试道看？”仰曰：“正恁么时切忌勃诉。”师曰：“停囚长智。”上堂：“仲冬严寒年年事，晷运推移事若何？”仰山进前叉手而立，师曰：“我情知汝答这话不得。”香严曰：“某甲偏答得这话。”师蹑前问，严亦进前叉手而立。师曰：“赖遇寂子不会。”仰山、香严侍立次，师曰：“过去未来现在佛佛道同，人人得个解脱路。”仰曰：“如何是人人解脱路？”师回顾香严曰：“寂子借问，何不答伊？”严曰：“若道过去未来现在，某甲却有个只对处。”师曰：“子作么生只对？”严珍重便出。师却问仰山曰：“智闲恁么只对，还契寂子也无？”仰曰：“不契。”师曰：“子又作么生？”仰亦珍重出去。师呵呵大笑曰：“如水乳合。”师向仰山云：“有俗弟子将三束绢来，与我赎钟子，欲与世人受福。”仰云：“俗弟子则有绢，与和尚赎钟子，和尚将何物酬他？”师以拄杖敲床三下云：“我将这个酬他。”仰云：“若是这个，用作甚么？”师又敲三下云：“汝嫌这个作甚么？”仰云：“某甲不嫌这个，这个只是大家底。”师云：“你既知是大家底，何得更就我觅物酬他？”仰云：“只怪和尚把大家底行人事。”师云：“汝不见达磨大师从西天来此土，亦将此物来人事。汝诸人尽是受他信物者。”师问道吾：“甚处去来？”吾云：“看病来。”师云：“有几人病？”吾云：“有病底有，不病底。”师云：“不病底莫是智头陀否？”吾云：“病与不病总不干他事。急道！急道！”师云：“道得也与他没交涉。”师因僧问：“如何是祖师西来意？”师竖起拂子。后僧遇王常侍，侍问：“沩山近日有何言句。”僧举前话。侍云：“彼中兄弟如何商量？”僧云：“借色明心，附物显理。”侍云：“不是这个道理，上座快回去好，某甲敢寄一书到和尚。”僧得书遂回持上，师拆开见画一圆相，内写个日字。师云：“谁知千里外有个知音。”仰山侍次，乃云：“虽然如是，也只是个俗汉。”师云：“子又作么生？”仰却画一圆相，于中书日字以脚抹，师乃大笑。师坐次，仰山问：“和尚百年后，有人问先师法道，如何只对？”师曰：“一粥一饭。”曰：“面前有人不肯，又作么生？”师曰：“作家师僧。”仰便礼拜。师曰：“逢人不得错举。”师问仰山：“终日与子商量，成得个甚么边事？”仰空中画一画。师曰：“若不是，吾终被子惑。”师问僧：“甚处来？”曰：“西京来。”师曰：“还得西京主人公书来么？”曰：“不敢妄通消息。”师曰：“作家师僧，天然犹在。”曰：“残羹馊饭，谁人吃之？”师曰：“独有阇黎不吃。”僧作呕吐势。师曰：“扶出这病僧着。”僧便出去。石霜会下有二禅客，到云：“此间无一人会禅。”后普请搬柴。仰山见二禅客歇，将一橛柴问曰：“还道得么？”俱无对。仰曰：“莫道无人会禅好。”仰归举似师曰：“今日二禅客被慧寂勘破。”师曰：“甚么处被子勘破？”仰举前话。师曰：“寂子又被吾勘破。”上堂：“老僧百年后，向山下作一头水牯牛，左胁下书五字曰：‘沩山僧某甲。’当恁么时，唤作沩山僧，又是水牯牛，唤作水牯牛，又是沩山僧。毕竟唤作甚么即得？”仰山出礼拜而退。云居膺代云：“师无异号。资福宝曰。当时但作此○相拓呈之，新罗和尚作此㊦相拓呈之。”又曰：“同道者方知芭蕉彻作此（初）（衣）（弗）相拓呈之。”又曰：“说也说了也，注也注了也。悟取好！”乃述偈曰：“不是沩山不是牛，一身两号实难酬。离却两头应须道，如何道得出常流。”

师敷扬宗教，凡四十余年，达者不可胜数。大中七年正月九日，盥漱敷座，怡然而寂。寿八十三，腊六十四。塔于本山，谥大圆禅师。

◎**潭州道吾山宗智禅师**，豫章海昏张氏子。幼依槃和尚受教登戒，预药山法会，密契心印。一日，山问：“子去何处来？”师曰：“游山来。”山曰：“不离此室，速道将来。”师曰：“山上乌儿头似雪，涧底游鱼忙不彻。”见南泉异类中行语。见《南泉章》中。

药山上堂：“我有一句子，未曾说向人。”师出曰：“相随来也。”僧问药山：“一句子如何说？”山曰：“非言说。”师曰：“早言说了也。”师一日提笠出，云岩指笠曰：“用这个作甚么？”师曰：“有用处。”岩曰：“忽遇黑风猛雨来时如何？”师曰：“盖覆着。”岩曰：“他还受盖覆么？”师曰：“然虽如是，且无渗漏。”沩山问云岩：“菩提以何为座？”岩曰：“以无为为座。”严却问沩山。山曰：“以诸法空为座。”又问：“师作么生？”师曰：“坐也听伊坐，卧也听伊卧，有一人不坐不卧。速道！速道！”山休去。僧问：“如何是今时着力处？”师曰：“千人万人唤不回头，方有少分相应。”曰：“忽然火起时如何？”师曰：“能烧大地。”师却问僧：“除却星与焰，那个是火？”曰：“不是火。”别一僧却问师：“还见火么？”师曰：“见。”曰：“见从何起？”师曰：“除却行住坐卧，别请一问。”颂古云：“沩山一日见野火，乃问师：‘还见火么？’师曰：‘见。’山曰：‘从何处起？’师曰：‘除却经行坐卧，请师别致一问来？’山休云。”

云岩问：“师弟家风近日如何？”师曰：“教师兄指点，堪作甚么？”岩曰：“无这个来多少时也。”师曰：“牙根犹带生涩在。”师指佛桑花问僧曰：“这个何似那个？”曰：“直得寒毛卓竖。”师曰：“毕竟如何？”曰：“道吾门下底。”师曰：“十里大王。”僧问：“久向和尚会禅，是否？”师曰：“苍天！苍天！”僧近前掩却师口云：“低声！低声！”师遂与一掌。僧云：“苍天！苍天！”师云：“得与么无理。”僧却与师一掌，拂袖便出。师云：“早知如是，悔不如是。”云岩不安，师乃谓曰：“离此壳漏子，向甚么处相见？”岩曰：“不生不灭处相见。”师曰：“何不道非不生不灭处亦不求相见。”云岩临迁化，遣书辞师。师览书了，谓洞山密师伯曰：“云岩不知有我，悔当时不向伊道。虽然如是，要且不违药山之子。”　玄觉云：“古人恁么道，还知有也未？”又云：“云岩当时不会，且道甚么处是伊不会处？”

石霜问：“和尚一片骨，敲着似铜鸣，向甚么处去也？”师唤侍者，者应诺。师曰：“驴年去。”唐大和九年九月示疾，有苦。僧众慰问体候，师曰：“有受非偿，子知之乎？”众皆愀然。越十日将行，谓众曰：“吾当西迈，理无东移。”言讫告寂。阇维得灵骨数片，建塔道吾。后雷，迁于石霜山之阳。

◎潭州云岩昙晟禅师，钟陵建昌王氏子。《高僧传》：“生有自然胎衣，右袒犹缁服。”少出家于石门，参百丈海禅师二十年，因缘不契。后造药山，山问：“甚处来?”曰：“百丈来。”山曰：“百丈有何言句示徒?”师曰：“寻常道：我有一句子，百味具足。”山曰：“咸则咸味，淡则淡味，不咸不淡是常味。作么生是百味具足底句?”师无对。山曰：“争奈目前生死何!”师曰：“目前无生死?”山曰：“在百丈多少时?”师曰：“二十年。”山曰：“二十年在百丈，俗气也不除。”他日侍立次，山又问：“百丈更说甚么法?”师曰：“有时道：三句外省去，六句内会取。”山曰：“三千里外，且喜没交涉。”山又问：“更说甚么法?”师曰：“有时上堂，大众立定，以拄杖一时趁散。复召大众，众回首。丈曰：‘是甚么?’”山曰：“何不早恁么道，今日因子得见海兄。”师于言下顿省，便礼拜。一日山问：“汝除在百丈，更到甚么处来?”师曰：“曾到广南来。”曰：“见说广州城东门外有一片石，被州主移去，是否?”师曰：“非但州主，阖国人移亦不动。”山又问：“闻汝解弄师子，是否?”师曰：“是。”曰：“弄得几出。”师曰：“弄得六出。”曰：“我亦弄得。”师曰：“和尚弄得几出?”曰：“我弄得一出。”师曰：“一即六，六即一。”后到沩山，沩问：“承闻长老在药山弄师子，是否?”师曰：“是。”曰：“长弄有置时。”师曰：“要弄即弄，要置即置。”曰：“置时师子在甚么处?”师曰：“置也，置也。”师煎茶次，道吾问：“煎与阿谁?”师曰：“有一人要。”曰：“何不教伊自煎?”师曰：“幸有某甲在。”师问石霜：“甚么处来?”曰：“沩山来。”师曰：“在彼中得多少时?”曰：“粗经冬夏。”师曰：“若恁么即成山长也？”曰：“虽在彼中却不知。”师曰：“他家亦非知非识。”石霜无对。道吾闻云：“得恁么无佛法身心。”

住后僧问：“二十年在百丈巾瓶，为甚么心灯不续？”师曰：“头上宝华冠。”曰：“意旨如何？”师曰：“大唐天子及冥王。”后僧举问九峰虔曰：“大唐天子及冥王，意旨如何？”虔曰：“却忆洞上之言。”

上堂示众曰：“有个人家儿子，问着无有道不得底。”洞山出问曰：“他屋里有多少典籍？”师曰：“一字也无。”曰：“争得恁么多知？”师曰：“日夜不曾眠。”山曰：“问一段事还得否？”师曰：“道得却不道。”问僧：“甚处来？”曰：“添香来。”师曰：“还见佛否？”曰：“见。”师曰：“甚么处见？”曰：“下界见。”师曰：“古佛，古佛！”道吾问：“大悲千手眼，那个是正眼？”师曰：“如人夜间背手摸枕子。”吾曰：“我会也。”师曰：“作么生会？”吾曰：“遍身是手眼。”师曰：“道也太煞道，只道得八成。”吾曰：“师兄作么生？”师曰：“通身是手眼。”雪窦显颂云：“遍身是，通身是，拈来犹较十万里。展翅鹏腾六合云，搏风鼓荡四溟水。是何埃壒兮忽生，那个毫厘兮未止。君不见，网珠垂范影重重，棒头手眼从何起。咄！”

扫地次，道吾曰：“太区区生。”师曰：“须知有不区区者。”吾曰：“恁么则有第二月也。”师竖起扫帚曰：“是第几月？”吾便行。玄沙备云：“正是第二月。”长庆棱问玄沙云：“被他倒转扫帚拦面摵又作么生？”沙休去。　罗山闲云：“噫！两个汉不识好恶，云岩个汉缚手脚，死来多少时也。”　云门云：“奴见婢殷勤。”　真如云：“将勤补拙。”　《正法眼藏》举此则语及玄沙、云门、真如三师语云："此三句语，一句可以定乾坤，一句可以验衲僧，一句可以接初机。诸人还拣辨得么？若拣辨得出，许汝亲见慧光。若辨不出，莫道慧光山势险，隔江遥望碧云闲。"

问僧："甚处来？"曰："石上语话来。"师曰："石还点头也无？"僧无对。师自代曰："未语话时却点头。"师作草鞋次，洞山近前曰："乞师眼睛得么？"师曰："汝底与阿谁去也？"曰："良价无。"师曰："设有，汝向甚么处着？"山无语。师曰："乞眼睛底是眼否？"山曰："非眼。"师便喝出。僧问："一念瞥起，便落魔界时如何？"师曰："汝因甚么却从佛界来？"僧无对。师曰："会么？"曰："不会。"师曰："莫道体不得，设使体得，也只是左之右之。"院主游石室回，师问："汝去入到石室里许，为只恁么便回？"主无对。洞山代曰："彼中已有人占了也。"师曰："汝更去作甚么？"山曰："不可人情断绝去也。"裴大夫问僧："供养佛，佛还吃否？"僧曰："如大夫祭家神。"大夫举似师，师曰："有几般饭食，但一时下来。"师却问神山："一时下来后作么生？"神山曰："合取钵盂。"师然之。

会昌元年辛酉十月二十六日示疾，命澡身竟，唤主事，令备斋。来日有上座发去，至二十七夜归寂。荼毗得舍利一千余粒，瘗于石塔。

◎**秀州华亭船子德诚禅师**，节操高邈，度量不群。自印心于药山，与道吾、云岩为同道交。洎离药山，乃谓二同志曰："公等应各据一方，建立药山宗旨。予率性疏野，惟好山水，乐情自遣，无所能也。他日后知我所止之处，若遇灵利座主，指一人来，或堪雕琢，将授生平所得，以报先师之恩。”遂分携。至秀州华亭，泛一小舟，随缘度日，以接四方往来之众。时人莫知其高蹈，因号船子和尚。一日，泊船岸边闲坐，有官人问：“如何是和尚日用事？”师竖桡子曰：“会么？”官人曰：“不会。”师曰：“棹拨清波，金鳞罕遇。”道吾后到京口，遇夹山上堂。僧问：“如何是法身？”山曰：“法身无相。”曰：“如何是法眼？”山曰：“法眼无瑕。”道吾不觉失笑。山便下座，请问道吾：“某甲适来只对这僧话，必有不是，致令上座失笑。望上座不吝慈悲。”吾曰：“和尚一等是出世未有师在。”山曰：“某甲甚处不是？望为说破。”吾曰：“某甲终不说，请和尚却往华亭船子处去。”山曰：“此人如何？”吾曰：“此人上无片瓦，下无卓锥。和尚若去，须易服而往。”山乃散众束装直造华亭。船子才见，便问：“大德住甚么寺？”山曰：“寺即不住，住即不似。”师曰：“不似似个甚么？”山曰：“不是目前法。”师曰：“甚处学得来？”山曰：“非耳目之所到。”师曰：“一句合头语，万劫系驴橛。”师又问：“垂丝千尺，意在深潭。离钩三寸，子何不道？”山拟开口，被师一桡打落水中。山才上船，师又曰：“道！道！”山拟开口，师又打。山豁然大悟，乃点头三下。师曰：“竿头丝线从君弄，不犯清波意自殊。”山遂问：“抛纶掷钓，师意如何？”师曰：“丝悬绿水，浮定有无之意。”山曰：“语带玄而无路，舌头谈而不谈。”师曰：“钓尽江波，金鳞始遇。”山乃掩耳。师曰：“如是！如是！”遂嘱曰：“汝向去直须藏身处没踪迹，没踪迹处莫藏身。吾三十年在药山，只明斯事。汝今已得，他后莫住城隍聚落，但向深山里、镢头边，觅取一个半个接续，无令断绝。”山乃辞行，频频回顾。师遂唤：“阇黎!”山乃回首，师竖起桡子曰：“汝将谓别有。”乃覆船入水而逝。芙蓉楷云：“法身者，理妙言玄，顿超终始之患。诸仁者，莫是幻身外别有法身么？莫是幻身便是法身么？若也恁么会去，尽是依他作解。明昧两岐，法眼未得，通明不见。僧问夹山：‘如何是法身？’山云：‘法身无相。’‘如何是法眼？’山云：‘法眼无瑕。’所以道吾云‘未有师在’。忽有人问老僧：‘如何是法身？’‘羊便干处卧。’‘如何是法眼？’‘驴便湿处尿。’更有人问：‘作么生是法身？’‘买帽相头。’‘作么生是法眼？’‘坑坎堆阜。’若点检将来，夹山只是学处不明。如流俗闺合里物，不能舍却。致使情关固闭，识锁难开。老僧今日若不当阳显示，后学难以知归。劝汝诸人，不用求真，惟须息见。诸见若息，昏雾不生。自然智鉴洞明，更无他物。诸仁者还会么？良久云：‘珠中有火君须信，休向天边问太阳。’”　洪觉范曰：“嗟乎！于今丛林师授弟子，例皆禁绝悟解。推去玄妙，惟要直问直答。无则始终言无，有则始终言有。毫厘差互，谓之狂解。使船子闻之，岂止万劫系驴橛而已哉！由此观之，非特不善悟，要亦不善疑也。善疑者必思，三十三祖授法之际，悟道之缘，其语言具在，皆可以理究，可以智知。独江西石头而下，诸大宗师，以机用应物。观其问答，溟涬然令人坐睡。其道异诸祖耶，则嗣其法；其不异耶，则所言乃尔不同。故知临济大师曰：‘大凡举论宗乘，一句中具三玄，一玄中具三要。有玄有要者，盖明此也。’不知者指为门庭建立，权时语言，可悲也!”

颂古云：“山既得法于船子，归。道吾复遣僧往问：‘如何是法身？’山仍曰：‘法身无相。’问：‘法眼如何？’亦仍曰：‘法眼无瑕。’僧归举似吾。吾曰：‘这汉此回方彻。’”

◎**宣州椑树慧省禅师**，道吾来相看，值师卧次。吾乃近前将被盖覆，师问："作么？"吾云："盖覆。"师曰："坐是，卧是？"吾云："不在两头。"师曰："争奈盖覆何？"吾便喝。

◎**鄂州百岩明哲禅师**，洞山与密师伯到参，师问："二上座甚处来？"山曰："湖南。"师曰："观察使姓甚么？"曰："不得姓。"师曰："名甚么？"曰："不得名。"师曰："还治事也无？"曰："自有郎幕在。"师曰："还出入也无？"曰："不出入。"师曰："岂不出入。"山拂袖便出。师次早入堂，召二上座曰："昨日老僧对阇黎一转语不相契，一夜不安。今请阇黎，别下一转语，若惬老僧意，便开粥相伴过夏。"山曰："请和尚问。"师曰："岂不出入。"山曰："太尊贵生。"师乃开粥同共过夏。昭觉勤云："当时待他道不委他名，便向伊道：他不委你，你不委他，敢问合道得甚么语？"

◎**澧州高沙弥**，初参药山，山问："甚处来？"师曰："南岳来。"山曰："何处去？"师曰："江陵受戒去。"山曰："受戒图甚么？"师曰："图免生死。"山曰："有一人不受戒，亦无生死可免，汝还知否？"师曰："恁么则佛戒何用？"山曰："这沙弥犹挂唇齿在。"师礼拜而退。道吾来侍立，山曰："适来有个跛脚沙弥，却有些子气息。"吾曰："未可全信，更须勘过始得。"至晚山上堂，召曰："早来沙弥在甚么处？"师出众立，山问："我闻长安甚闹，你还知否？"师曰："我国晏然。"山曰："汝从看经得，请益得？"师曰："不从看经得，亦不从请益得。"山曰："大有人不看经，不请益，为甚么不得？"师曰："不道他不得，只是不肯承当。"山顾道吾、云岩曰："不信道。"师一日辞药山，山问："甚么处去？"师曰："某甲在众有妨，且往路边卓个草庵，接待往来茶汤去。"山曰："生死事大，何不受戒去？"师曰："知是般事便休，更唤甚么作戒？"山曰："汝既如是，不得离吾左右，时复要与子相见。"师住庵后，一日归来值雨。山曰："你来也。"师曰："是。"山曰："可煞湿。"师曰："不打这个鼓笛。"云岩曰："皮也无，打甚么鼓？"道吾曰："鼓也无，打甚么皮？"山曰："今日大好一场曲调。"山斋时，自打鼓，师捧钵作舞入堂。山便掷下鼓槌曰："是第几和？"师曰："是第二和。"山曰："如何是第一和？"师就桶舀一杓饭便出。

◎京兆府翠微无学禅师，初问丹霞："如何是诸佛师？"霞咄曰："幸自可怜生，须要执巾帚作么？"师退身三步，霞曰："错！"师进前，霞曰："错！错！"师翘一足，旋身一转而出。霞曰："得即得，孤他诸佛。"师由是领旨。住后，投子问："未审二祖初见达磨，有何所得？"师曰："汝今见吾，复何所得？"投子顿悟玄旨。一日，师在法堂内行，投子进前接礼。问曰："西来密旨，和尚如何示人？"师驻步少时。子曰："乞师垂示。"师曰："更要第二杓恶水那？"子便礼谢。师曰："莫躲根。"子曰："时至根苗自生。"师因供养罗汉，僧问："丹霞烧木佛，和尚为甚么供养罗汉？"师曰："烧也不烧着，供养亦一任供养。"曰："供养罗汉，罗汉还来也无？"师曰："汝每日还吃饭么？"僧无语。师曰："少有灵利的。"

◎**吉州孝义寺性空禅师**，丁行者看师，师打一棒云："瞎却汝本来眼也。"丁云："非但今日，古人亦行此令。"师云："谁向汝道古今。"丁拂袖便出。师云："青天白日有迷路人。"丁云："莫要指示么？"师便打。丁云："莫瞎却人眼好。"师云："瞎却俗人眼，有甚么过！"

◎**仙天禅师**，僧参。才展坐具，师曰："不用通时暄，还我文彩未生时道理来。"曰："某甲有口，哑却即闲，苦死觅个腊月扇子作么？"师拈棒作打势。僧把住曰："还我未拈棒时道理。"师曰："随我者随之南北，不随我者死住东西。"曰："随与不随且置，请师指出东西南北。"师便打。披云和尚来，才入方丈，师便问："未见东越老人时，作么生为物？"云曰："只见云生碧嶂，焉知月落寒潭。"师曰："只与么也难得。"曰："莫是未见时么？"师便喝。云展两手，师曰："错怪人者有甚么限？"云："掩耳而出。"师曰："死却这汉平生也。"

◎**漳州三平义忠禅师**，初参石巩，巩常张弓架箭接机。师诣法席，巩曰："看箭！"师乃拨开胸曰："此是杀人箭，活人箭又作么生？"巩弹弓弦三下，师乃礼拜。巩曰："三十年张弓架箭，只射得半个圣人。"遂拗折弓箭。后参大颠，举前话。颠曰："既是活人箭，为甚么向弓弦上辨？"师无对。颠曰："三十年后，要人举此话也难得。"师问："大颠不用指东划西，便请直指。"颠曰："幽州江口石人蹲。"师曰："犹是指东划西。"颠曰："若是凤凰儿，不向那边讨。"

师作礼。颠曰："若不得后句，前话也难圆。"

◎**马颊山本空禅师**，上堂："只这施为动转，还合得本来祖翁么？若合得，十二时中无虚弃底道理。若合不得，吃茶说话往往唤作茶话在。"僧便问："如何免得不成茶话去？"师曰："你识得口也未？"曰："如何是口？"师曰："两片皮也不识。"曰："如何是本来祖翁？"师曰："大众前不要牵爷恃娘。"曰："大众欣然去也。"师曰："你试点大众性看？"僧作礼。师曰："伊往往道一性一切性在。"僧欲进语，师曰："孤负平生行脚眼。"问："去却即今言句，请师直指本来性。"师曰："你迷源来得多少时？"曰："即今蒙和尚指示。"师曰："若指示你，我即迷源。"曰："如何即是？"师示颂曰："心是性体，性是心用。心性一如，谁别谁共。妄外迷源，只者难洞。古今凡圣，如幻如梦。"《佛鉴》云："问不徒然，答无虚设。才随语转，觌面千山。后偈中虽有收有放，其奈错下名言，山僧重为别过。乃有偈曰：'心本非心，性本非性。心性两亡，谁少谁剩。老倒本空，灼艾求病。妄外迷源，孤负凡圣。'"

◎**本生禅师**，拈拄杖示众曰："我若拈起，你便向未拈起时作道理。我若不拈起，你便向拈起时作主宰。且道老僧为人在甚么处？"时有僧出曰："不敢妄生节目。"师曰："也知阇黎不分外。"曰："低低处平之有余，高高处观之不足。"师曰："节目上更生节目。"僧无语。师曰："掩鼻偷香，空招罪犯。"

◎**潭州石室善道禅师**，作沙弥时，长髭遣令受戒，谓之曰：“汝回日须到石头和尚处礼拜。”师受戒后，乃参石头。一日随头游山次，头曰：“汝与我斫却面前树子，免碍我。”师曰：“不将刀来。”头乃抽刀倒与，师曰：“何不过那头来？”头曰：“你用那头作甚么？”师即大悟，便归长髭。髭问：“汝到石头否？”师曰：“到即到，只是不通号。”髭曰：“从谁受戒？”师曰：“不依他。”髭曰：“在彼即恁么，来我这里作么生？”师曰：“不违背。”髭曰：“太忉忉生。”师曰：“舌头未曾点着在。”髭喝曰：“沙弥出去。”师便出。髭曰：“争得不遇于人。”师寻值沙汰，乃作行者，居于石室。每见僧，便竖起杖子曰：“三世诸佛，尽由这个。”对者少得冥契。长沙闻，乃曰：“我若见，令放下拄杖，别通个消息。”三圣将此语只对，被师认破是长沙语。杏山闻三圣失机，乃亲到石室。师见杏山，僧众相随，潜入碓坊碓米。杏曰：“行者接待不易，贫道难消。”师曰：“开心碗子盛将来，无盖盘子合取去。说甚么难消？”杏便休。仰山问：“佛之与道，相去几何？”师曰：“道如展手，佛似握拳。”曰：“毕竟如何的当。可信可依。”师以手拨空三下曰：“无恁么事，无恁么事。”曰：“还假看教否？”师曰：“三乘十二分教是分外事。若与他作对，即是心境两法，能所双行，便有种种见解，亦是狂慧，未足为道。若不与他作对，一事也无。所以祖师道：‘本来无一物。’汝不见小儿出胎时，可道我解看教、不解看教？当恁么时，亦不知有佛性义、无佛性义？及至长大，便学种种知解出来，便道我能我解，不知总是客尘烦恼。十六行中，婴儿行为最，哆哆和和时，喻学道之人离分别取舍心，故赞叹婴儿可况喻取之。若谓婴儿是道，今时人错会。”师一夕与仰山玩月，山问：“这个月尖时，圆相甚么处去？圆时，尖相又甚么处去？”师曰：“尖时圆相隐，圆时尖相在。”云岩云：“尖时圆相在，圆时无尖相。”道吾云：“尖时亦不尖，圆时亦不圆。”

◎**澧州龙潭崇信禅师**，渚宫人也。其家卖饼。师少而英异，初悟和尚为灵鉴潜请居天皇寺，人莫之测。师家于寺巷，常日以十饼馈之。天皇受之，每食毕，常留一饼曰：“吾惠汝以荫子孙。”师一日自念曰：“饼是我持去，何以返贻我耶？其别有旨乎？”遂造而问焉。皇曰：“是汝持来，复汝何咎？”师闻之颇晓玄旨，因投出家。皇曰：“汝昔崇福善，今信吾言，可名崇信。”由是服勤左右。一日问曰：“某自到来，不蒙指示心要？”皇曰：“自汝到来，吾未尝不指汝心要。”师曰：“何处指示？”皇曰：“汝擎茶来，吾为汝接。汝行食来，吾为汝受。汝和南时，吾便低头。何处不指示心要？”师低头良久。皇曰：“见则直下便见，拟思即差。”师当下开解。复问：“如何保任？”皇曰：“任性逍遥，随缘放旷。但尽凡心，别无圣解。”师后诣澧阳龙潭栖止。僧问：“髻中珠谁人得？”师曰：“不赏玩者得。”曰：“安著何处？”师曰：“有处即道来。”有尼问：“如何得为僧去？”师曰：“作尼来多少时也？”曰：“还有为僧时也无？”师曰：“汝即今是甚么？”曰：“现是尼身，何得不识？”师曰：“谁识汝。”李翱刺史问：“如何是真如般若？”师曰：“我无真如般若。”李曰：“幸遇和尚。”师曰：“此犹是分外之言。”

指月录卷十三

六祖下第五世

◎陈睦州尊宿，讳道明，江南陈氏之后也。生时红光满室，祥云盖空，旬日方散。目有重瞳，面列七星，形相奇特，秀出人表。因往开元寺礼佛，见僧如故知。归白父母，愿求出家。父母听许为僧。后持戒精严，学通三藏。游方契旨于黄檗。诸方归慕，咸以尊宿称。后居开元，恒织蒲鞋资以养母，故复有陈蒲鞋之称。巢寇入境，师标大草屦于城门，巢欲弃之，竭力不能举。叹曰："睦州有大圣人。"舍城而去。一日晚参，谓众曰："汝等诸人还得个入头处也未？若未得个入头处，须觅个入头处。若得个入头处，已后不得孤负老僧。"时有僧出礼拜，曰："某甲终不敢孤负和尚。"师曰："早是孤负我了也。"又曰："明明向你道，尚自不会，何况盖覆将来。"又曰："老僧在此住持，不曾见个无事人到来，汝等何不近前?”时有一僧方近前，师曰：“维那不在，汝自领去三门外，与二十棒。”曰：“某甲过在甚么处?”师曰：“枷上更着杻。”师寻常见衲僧来，即闭门。或见讲僧，乃召曰：“座主。”主应诺。师曰：“担板汉。”雪窦云：“睦州只具一只眼，何故?这僧唤既回头，因甚却成担板?”

师见僧乃曰：“见成公案，放汝三十棒。”曰：“某甲如是。”师曰：“三门头金刚，为甚么举拳?”曰：“金刚尚乃如是。”师便打。《正法眼藏》：“睦州见僧来，云：‘现成公案，放汝三十棒。’云峰悦云：‘作贼人心虚。’妙喜曰：‘又添得一个，道了问冲密。你道我恁么道，还有过也无?密云：作贼人心虚。妙喜曰：‘三个也有。’”

座主参，师问：“莫是讲唯识论否?”曰：“不敢。”师曰：“朝去西天，暮归唐土。会么?”曰：“不会。”师曰：“吽！吽！五戒不持。”问僧：“近离甚处?”曰：“仰山。”师曰：“五戒也不持。”曰：“某甲甚么处是妄语?”师曰：“这里不着沙弥。”紫衣大德到礼拜，师拈帽子带问曰：“这个唤作甚么?”曰：“朝天帽。”师曰：“恁么则老僧不卸也。”复问：“所习何业?”曰：“惟识。”师曰：“作么生说?”曰：“三界惟心，万法惟识。”师指门扇曰：“这个是甚么?”曰：“是色法。”师曰：“帘前赐紫对御谈经，何得不持五戒?”德无对。问僧正云：“讲得惟识论么?”正云：“不敢，小年曾读文字来。”师拈起糖饼，擘作两片，云：“你作么生?”正无语。师云：“唤作糖饼是，不唤作糖饼是?”正云：“不可不唤作糖饼。”师却唤沙弥：“来！来！你唤作甚么?”弥云：“糖饼。”师云：“你也讲得《惟识论》。”径山杲云：“僧正与沙弥真实讲得《惟识论》，只是不知糖饼来处。睦州老人，虽是一方善知识，若是三界惟心，万法惟识，毕竟理会不得。”

问：“如何是曹溪的的意？”师曰：“老僧爱嗔不爱喜。”曰：“为甚么如是？”师曰：“路逢剑客须呈剑，不是诗人莫献诗。”师问武陵长老：“了即毛端吞巨海，始知大地一微尘。长老作么生？”曰：“问阿谁？”师曰：“问长老。”曰：“何不领话。”师曰：“汝不领话，我不领话。”雪窦拈云：“堕也！堕也！”复云：“这个葛藤老汉好与划断。”拈拄杖云：“甚么处去也？”

问：“一句道尽时如何？”师曰：“义堕也。”曰：“甚么处是学人义堕处？”师曰：“三十棒教谁吃？”问：“某甲讲兼行脚，不会教意时如何。”师曰：“灼然实语，当忏悔。”曰：“乞师指示。”师曰：“汝若不问，老僧即缄口无言。汝既问，老僧不可缄口去也。”曰：“请师便道。”师曰：“心不负人，面无惭色。”问僧：“甚处来？”僧云：“那边札。”师曰：“老僧屈。”僧云：“和尚即得。”师曰：“担枷过状，搦脊便打。”云峰悦云：“睦州何用繁词，那边札，搦脊便打。”

问：“高揖释迦，不拜弥勒时如何？”师曰：“昨日有人问，趁出了也。”曰：“和尚恐某甲不实那？”师曰：“拄杖不在，苕帚柄聊与三十。”问：“如何是触途无滞底句？”师曰：“我不恁么道。”曰：“师作么生道？”师曰：“箭过西天十万里，却向大唐国里等候。”

有僧名宗阐，来参云：“宗阐咨和尚。”师云：“住。”僧便住。师咄云：“名也不识。”又云：“有阐即判。快道！快道！”僧无对。新到参，方礼拜。师叱曰：“阇黎因何偷常住果子吃？”曰：“学人才到，和尚为甚么道偷果子？”师曰：“赃物现在。”问僧：“几人新到？”云：“五人。”师云：“瓦解冰消。”僧云：“和尚未曾有问。”师云：“贼把赃为验。”问讲《金刚经》僧：“荷担如来即不问。你寺门前金刚为甚么入你鼻孔里？”僧云：“和尚甚么说话？”师云：“你讲得梦里。”问僧：“何处来？”云：“灵山来。”师云：“涅槃是第几座？”僧无对。师又问：“迦叶甚么处去？”僧云：“不知。”师云：“脱空妄语汉。”问僧：“甚么处来？”云：“灵山来。”师云：“近日打杀一门僧是否？”僧无语。师云：“这个虾蟆。”问：“寺门前金刚，拓即乾坤大地，不拓即丝发不逢时如何？”师曰：“吽！吽！我不曾见此。”师却问：“先跳三千，倒退八百。你合作么生？”曰：“诺。”师曰：“先责一纸罪状好。”便打。其僧拟出，师曰：“来我共你葛藤，拓即乾坤大地，你且道洞庭湖水深多少？”曰：“不曾量度。”师曰：“洞庭湖又作么生？”曰：“只为今时。”师曰：“只这葛藤尚不会。”便打。僧参，师曰：“汝是新到否？”曰：“是。”师曰：“且放下葛藤会么？”曰：“不会。”师曰：“担枷陈状，自领出去。”僧便出。师曰：“来！来！我实问你甚处来？”曰：“江西。”师曰：“泐潭和尚在汝背后，怕你乱道。见么？”僧无对。师闻一老宿难亲近，躬往相访。才入方丈，宿便喝。师侧掌曰：“两重公案。”宿曰：“过在甚么处？”师曰：“这野狐精。”便退。问僧：“近离甚处？”僧便喝。师曰：“老僧被你一喝。”僧又喝。师曰：“三喝四喝后作么生？”僧无语。师便打曰：“这掠虚汉。”问：“教意祖意，是同是别？”师曰：“青山自青山，白云自白云。”曰：“如何是青山?”师曰：“还我一滴雨来。”曰：“道不得，请师道。”师曰：“法华锋前阵，涅槃句后收。”后又有僧问巴陵：“教意祖意，是同是别?”陵云：“鸡寒上树，鸭寒下水。”雪窦拈云：“问既一般，答亦相似。其中利他自利，瞒人自瞒。若人点检分明，管取解空第一。”

问：“如何是展演之言?”师曰：“量才补职。”曰：“如何是不展演之言?”师曰：“伏惟尚飨。”上堂：“裂开也在我，捏聚也在我。”时有僧问：“如何是裂开?”师曰：“三九二十七，菩提涅槃，真如解脱，即心即佛。我且与么道，你又作么生?”曰：“某甲不与么道。”师曰：“盏子扑落地，碟子成七片。”曰：“如何是捏聚?”师乃敛手而坐。云峰悦云：“相骂饶汝接嘴，相唾饶汝泼水。”

问：“以一重去一重即不问。不以一重去一重时如何?”师曰：“昨朝栽茄子，今日种冬瓜。”僧问：“一气还转得一大藏教也无?”师曰：“有甚么饽饠馅子，快下将来。”妙喜曰：“五更侵早起，更有夜行人。”

升座云：“首座聻。”答云：“在。”寺主聻，答云：“在。”维那聻，答云：“在。”师云：“三段不同，今当第一，向下文长，付在来日。”下座。示众：“大事未明，如丧考妣。大事既明，如丧考妣。”僧问青峰楚：“大事已明，为甚么亦如丧考妣?”楚云：“不得春风花不开，及至花开又吹落。”

示众：“我见百丈不识好恶，大众才集，以拄杖一时打下。复召大众，众回首。乃云：‘是甚么?有甚共语处?’又黄檗和尚亦然，复召大众，众回首，乃云：‘月似弯弓，少雨多风。’犹较些子。”师临终，召门人曰：“此处缘息，吾当逝矣。”乃跏趺而寂。郡人以香薪焚之，舍利如雨。乃收灵骨建塔于寺。寿九十八，腊七十六。

◎**福州乌石山灵观禅师**，寻常扃户，人罕见之。一日，雪峰伺便扣门，师开门，峰蓦胸挡住曰：“是凡是圣。”师唾曰：“这野狐精。”便推出闭却门。峰曰：“也只要识老兄。”雪峰至敲门，师曰：“谁？”峰云：“凤皇儿。”师云：“作甚么？”峰云：“来啖老鹳。”师便开门扭住云：“道！道！”峰拟议，师便托开闭却门。峰住后示众云：“我当时若入得老观门，你这一队 噇酒糟汉向甚处摸索。”曹山行脚时，问：“如何是毗卢师法身主？”师曰：“我若向你道，即别有也。”曹山举似洞山。山曰：“好个话头，只欠进语。何不问为甚么不道？”曹却来进前语，师曰：“若言我不道，即哑却我口。若言我道，即謇却我舌。”曹山归举似洞山，山深肯之。”

◎**益州大随法真禅师**，妙龄夙悟，遍参知识。次至大沩会下数载，食不至充，卧不求暖，清苦炼行，沩深器之。一日，问曰：“阇黎在老僧此间，不曾问一转话？”师曰：“教某甲向甚么处下口？”沩曰：“何不道如何是佛？”师便作手势掩沩口。沩叹曰：“子真得其髓。”僧问：“路逢古佛时如何？”师曰：“你忽逢驴驼象马，唤作甚么？”僧问：“劫火洞然，大千俱坏。未审这个坏不坏？”师曰：“坏。”曰：“恁么则随他去也。”师曰：“随他去。”僧不肯，后到投子举前话。子遂装香遥礼曰：“西川古佛出世。”谓其僧曰：“汝速回去忏悔。”僧回大随，师已殁。僧再至投子，子亦迁化。后僧问修山主：“劫火洞然，大千俱坏，未审这个坏不坏？”主曰：“不坏。”僧曰：“为甚么不坏？”主曰：“为同大千。”

问僧：“甚处去？”曰：“西山住庵去。”师曰：“我向东山头唤汝，汝便来得么？”曰：“不然。”师曰：“汝住庵未得。”问僧：“甚处去？”曰：“峨嵋礼普贤去。”师举拂子曰：“文殊、普贤总在这里。”僧作圆相抛向后，乃礼拜。师唤侍者取一帖茶与这僧。因烧畬次，见一蛇，以杖挑向火中。咄云：“这个形骸，犹自不放舍。你向这里死，如暗得灯。”时有僧问：“正当恁么时，还有罪也无？”师曰：“石虎叫时山谷响，木人吼处铁牛惊。”庵侧有一龟，僧问：“一切众生皮裹骨，这个众生为甚骨裹皮？”师拈草履覆龟背上。僧无语。白云端颂云：“分明皮上骨团团，卦画重重更可观。拈起草鞋都盖了，大随却被这僧瞒。”　佛灯珣颂云：“法不孤起，仗境方生。乌龟不解上壁，草鞋随人脚行。”有僧举覆龟话问南台圆，圆以手反复示之。僧不荐。复请益宝峰文，文以偈示曰：“少室之妙诀，随根而密付。大随曾泄机，南台亦失护。翻手与覆手，脱履着龟处。明明言外传，信向有今古。掷金钟辊铁鼓，水东流日西去。”

蜀主赐师紫衣师号，并遣内侍朱延溥奉侍。三致三却。忽一日上堂，众集定，乃作患风势告众曰：“还有人医得老僧口么？”众竞送药。师并不受。经七日，师自掴口令正。复云：“如许多时鼓这两片皮，至今无人医得。”于是斋前升座辞众，俨然端坐告寂。

◎**福州灵云志勤禅师**，本州长溪人也。初在沩山，因见桃花悟道。有偈曰：“三十年来寻剑客，几回落叶又抽枝。

自从一见桃花后，直至如今更不疑。”沩览偈，诘其所悟，与之符契，嘱曰：“从缘悟达，永无退失，善自护持。”有僧举似玄沙，沙云：“谛当甚谛当，敢保老兄未彻在。”众疑此语。沙问地藏：“我恁么道，汝作么生会？”藏云：“不是桂琛，即走杀天下人。”　妙喜曰：“一家有事百家忙。”又颂玄沙语：“打破鬼门关，日轮正当午。一箭中红心，大地无寸土。”　寂音曰：“古之人有大机智，故能遇缘即宗，随处作主。”岩头和尚曰：“汝但识纲宗，本无实法。予尝与客论灵云桃花偈，因曰：‘沩山老子无大人相，便云从缘入者，永无退失。’独玄沙曰：‘谛当甚谛当，敢保老兄未彻在。’客问予：‘未彻之处安在哉？’为作偈曰：‘灵云一见不再见，红白枝枝不着花。叵耐钓鱼船上客，却来平地摝鱼虾。’”

住后，上堂：“诸仁者所有长短，尽至不常。且观四时草木，叶落花开，何况尘劫来，天人七趣，地水火风，成坏轮转，因果将尽，三恶道苦，毛发不曾添减，惟根蒂神识常存。上根者遇善友伸明，当处解脱，便是道场。中下愚痴，不能觉照，沉迷三界，流转生死。释尊为伊天上人间，设教证明，显发智道，汝等还会么？”僧问：“如何得出离生老病死？”师曰：“青山元不动，浮云任去来。”长生问：“混沌未分时，含生何来？”师曰：“如露柱怀胎。”曰：“分后如何？”师曰：“如片云点太清。”曰：“未审太清还受点也无？”师不答。曰：“恁么则含生不来也。”师亦不答。曰：“直得纯清绝点时如何？”师曰：“犹是真常流注。”曰：“如何是真常流注？”师曰：“似镜长明。”曰：“向上更有事也无？”师曰：“有。”曰：“如何是向上事？”师曰：“打破镜来，与汝相见。”

◎**洪州新兴严阳尊者**，初参赵州，问："一物不将来时如何？"州曰："放下着。"师曰："既是一物不将来，放下个甚么？"州曰："放不下，担取去。"师于言下大悟。后常有一蛇一虎随，从手中与食。黄龙南颂："一物不将来，两肩挑不起。言下忽知非，心中无限喜。毒恶既忘怀，蛇虎为知己。光阴几百年，清风犹未已。"

僧问："如何是佛？"师曰："土块。"曰："如何是法？"师曰："地动也。"曰："如何是僧？"师曰："吃粥，吃饭。"问："如何是新兴水？"师曰："面前江里。"径山杲曰："似这般法门，恰似儿戏相似。入得这般法门，方安乐得人。如真净和尚拈提古今，不在雪窦之下。而末流传习，却成恶口。小家只管问古人作么生，真如又如何下语？杨岐又如何下语？你管得许多闲事，瘥病不假驴驮药。若是对病与药，篱根拾得一茎草，便可疗病。说甚么朱砂附子人参白术？"

◎**扬州光孝院慧觉禅师**，问相国宋齐丘曰："还会道么？"宋曰："若是道，也著不得。"师曰："是有著不得，是无著不得？"宋曰："总不恁么。"师曰："著不得底聻。"宋无对。

◎**婺州木陈从朗禅师**，因金刚倒，僧问："既是金刚不坏身，为甚么却倒地？"师敲禅床曰："行住坐卧。"

◎**婺州新建禅师**，不度小师，有僧问："和尚年老，何不畜一童子侍奉？"师云："有眼暗耳聋口哑底，为我讨一个来。”

◎**杭州多福和尚**，僧问：“如何是多福一丛竹？”师曰：“一茎两茎斜。”曰：“学人不会。”师曰：“三茎四茎曲。”妙喜曰：“饶汝一茎两茎斜，三茎四茎曲，还我多福一丛竹，又如何话会？”

◎**益州西睦和尚**，上堂：“有俗士举手曰：‘和尚便是一头驴。’”师曰：“老僧被汝骑。”士无语。去后三日再来，白言：“某甲三日前着贼。”师拈杖趁出。

◎**明州雪窦常通禅师**，邢州李氏子。参长沙。沙问：“何处人？”师曰：“邢州人。”沙曰：“我道汝不从彼来。”师曰：“和尚还曾住此否？”沙然之。乃容入室。问：“如何是三世诸佛出身处？”师曰：“伊不肯知有汝三世。”僧良久。师曰：“荐否？不然者，且向着佛不得处体取。时中常在，识尽功亡，瞥然而起，即是伤他，而况言句乎？”

◎**石梯和尚**，因侍者请浴，师曰：“既不洗尘，亦不洗体，汝作么生？”者曰：“和尚先去，某甲将皂角来。”师呵呵大笑。一日，见侍者托钵赴堂，乃唤侍者，者应诺。师曰：“甚么处去？”者曰：“上堂斋去。”师曰：“我岂不知汝上堂斋去。”者曰：“除此外别道个甚么？”师曰：“我只问汝本分事。”者曰：“和尚若问本分事，某甲实是上堂斋去。”师曰：“汝不缪为吾侍者。”

◎**紫桐和尚**，僧问："如何是紫桐境？"师曰："汝眼里着得沙么？"曰："大好紫桐境也不识。"师曰："老僧不讳此事。"其僧拟出去，师下禅床擒住曰："今日好个公案，老僧未得分文入手。"曰："赖遇某甲是僧。"师拓开曰："祸不单行。"

◎**日容远和尚**，因奯上座参，师拊掌三下曰："猛虎当轩，谁是敌者？"奯曰："俊鹞冲天，阿谁捉得？"师曰："彼此难当。"奯曰："且休未要断这公案。"师将拄杖舞归方丈，奯无语。师曰："死却这汉也。"

◎**襄州关南道吾和尚**，始经村墅，闻巫者乐神云："识神无？"忽然省悟。后参常禅师，印其所解。复游德山之门，法味弥著。住后凡上堂，戴莲华笠，披襕执简，击鼓吹篴。口称鲁三郎神，识神不识神。神从空里来，却往空里去。便下座。有时曰："打动关南鼓，唱起德山歌。"僧问："如何是祖师西来意？"师以简揖曰："喏！"赵州访师，师乃著豹皮裈，执吉獠棒，在三门下，翘一足等候。才见州，便高声唱喏而立。州曰："小心只候着。"师又唱喏一声而去。"

◎**漳州罗汉和尚**，初参关南，问："如何是大道之源？"南打师一拳，师遂有省。乃为歌曰："咸通七载初参道，到处逢言不识言。心里疑团若栲栳，三春不乐止林泉。忽遇法王毡上坐，便陈疑恳向师前。师从毡上那伽起，袒膊当胸打一拳。骇散疑团獦狚落，举头看见日初圆。从兹蹬蹬以碣碣，直至如今常快活，只闻肚里饱膨脝，更不东西去持钵。”妙喜曰：“可惜这一拳，分付不着人。”

◎瑞州末山尼了然禅师，因灌溪闲和尚到，曰：“若相当即住，不然，即推倒禅床。”便入堂内。师遣侍者问：“上座游山来，为佛法来？”溪曰：“为佛法来。”师乃升座。溪上参，师问：“上座今日离何处？”曰：“路口。”师曰：“何不盖却？”溪无对。始礼拜，问：“如何是末山？”师曰：“不露顶。”曰：“如何是末山主？”师曰：“非男女相。”溪乃喝曰：“何不变去？”师曰：“不是神，不是鬼，变个甚么？”溪于是伏膺。作园头三年。溪初参临济，被济蓦胸搊住。溪曰：“领！领！”济拓开曰：“且放汝一顿。”溪离临济，乃至师所。溪住后上堂曰：“我在临济处得半杓，末山处得半杓，共成一杓吃了。直至如今饱不饥。”溪会下一僧去参石霜，霜问：“甚处来？”曰：“灌溪来。”霜曰：“我南山不如他北山。”僧无对。回举似溪，溪曰：“何不道灌溪修涅槃堂了也。”唐乾宁二年五月二十九日，问侍者曰：“坐死者谁？”曰：“僧伽。”溪曰：“立死者谁？”曰：“僧会。”溪乃行七步，垂手而逝。　溪，济下尊宿，因录见末山语。检《灯录》，见化迹卓绝，遂并录于此。

◎婺州金华山俱胝和尚，初住庵时，有尼名实际来，戴笠子执锡，绕师三匝，曰：“道得即下笠子。”如是三问，师皆无对，尼便去。师曰：“日势稍晚，何不且住？”尼曰：“道得即住。”师又无对。尼去后，师叹曰：“我虽处丈夫之形，而无丈夫之气。不如弃庵往诸方参寻知识去。”其夜山神告曰："不须离此，将有肉身菩萨来为和尚说法也。"逾旬，果天龙和尚到庵，师乃迎礼。具陈前事，龙竖一指示之，师当下大悟。自此凡有学者参问，师惟举一指，无别提唱。有一供过童子，每见人问事，亦竖指只对。人谓师曰："和尚童子亦会佛法，凡有问，皆如和尚竖指。"师一日潜袖刀子，问童曰："闻你会佛法，是否？"童曰："是。"师曰："如何是佛？"童竖起指头，师以刀断其指，童叫唤走出。师召童子，童回首。师曰："如何是佛？"童举手不见指头，豁然大悟。师将顺世，谓众曰："吾得天龙一指头禅，一生用不尽。"言讫示灭。玄沙云："我当时若见，拗折指头。" 玄觉云："且道玄沙恁么道，意作么生？" 云居锡云："只如玄沙恁么道，肯伊不肯伊？若肯，何言拗折指头。若不肯，俱胝过在甚么处？"先曹山云："俱胝承当处卤莽，只认得一机一境，一等是柏手拊掌，是它西园奇怪。"玄觉又云："且道俱胝还悟也无？若悟，为甚么道承当处卤莽。若不悟，又道用一指头禅不尽。且道曹山意在甚么处？" 琅玡觉颂："俱胝一指报君知，朝生鹞子搏天飞。若无举鼎拔山力，千里乌骓不易骑。" 雪窦显颂："对扬深爱老俱胝，宇宙空来更有谁？曾向沧溟下浮木，夜涛相共接盲龟。"

◎**袁州仰山慧寂通智禅师**，韶州怀化叶氏子。年九岁，于广州和安寺投通禅师出家即不语通。十四岁，父母取归，欲与婚媾，师不从。遂断手二指，跪致父母前，誓求正法以答劬劳，父母乃许。再诣通处而得披剃，未登具，即游方。初谒耽源，已悟玄旨。后参沩山，遂升堂奥。耽源谓师曰："国师当时传得六代祖师圆相，共九十七个，授与老僧。"乃曰："吾灭后三十年，南方有一沙弥到来，大兴此教，次第传授无令断绝。我今付汝，汝当奉持。”遂将其本过与师，师接得一览，便将火烧却。耽源一日问：“前来诸相，甚宜秘惜。”师曰：“当时看了便烧却也。”源曰：“吾此法门无人能会，惟先师及诸祖师诸大圣人方可委悉。子何得焚之？”师曰：“慧寂一览，已知其意。但用得不可执本也。”源曰：“然虽如此，于子即得，后人信之不及。”师曰：“和尚若要，重录不难。”即重集一本呈上，更无遗失。源曰：“然。”耽源上堂，师出众作此○相以手拓呈了，却叉手立。源以两手相交作拳示之，师进前三步作女人拜。源点头，师便礼拜。师浣衲次，耽源曰：“正恁么时作么生？”师曰：“正恁么时，向甚么处见？”后参沩山，沩问：“汝是有主沙弥，无主沙弥？”师曰：“有主。”曰：“主在甚么处？”师从西过东立，沩异之。师问：“如何是真佛住处？”沩曰：“以思无思之妙，反思灵焰之无穷。思尽还源，性相常住。事理不二，真佛如如。”师于言下顿悟。自此执侍，前后盘桓十五载。《宗门统要》载：沩山问师：“闻子在百丈处，问一答十。佛法向上一句作么生道？”师拟开口，沩便喝。师因发心，看牛于山下三年，乃悟。按《灯录》，师未尝见百丈，此必以香严事讹承耳。

参岩头，头举起拂子，师展坐具。岩拈拂子置背后，师将坐具搭肩上而出。岩曰：“我不肯汝放，只肯汝收。”师在沩山为直岁，作务归。沩问：“甚么处去来？”师曰：“田中来。”沩曰：“田中多少人？”师插锹叉手。沩曰：“今日南山大有人刈茅。”师拔锹便行。玄沙云：“我若见，即踏倒锹子。”

僧问镜清，仰山插锹，意旨如何？”清云：“狗衔赦书，诸侯避道。”云：“只如玄沙踏倒，意旨如何？”清云：“不奈船何，打破戽斗。”云：“南山刈茅，意旨如何？”清云：“李靖三兄久经行阵。”云居锡云：“且道镜清下此一判著不著？”　雪窦云：“诸方咸谓插锹话奇特，大似随邪逐恶。据雪窦见处，仰山被沩山一问，直得无绳自缚，去死十分。”　妙喜曰：“仁者见之谓之仁，智者见之谓之智。百姓日用而不知，故君子之道鲜矣。”　僧问明招：“古人意在插锹处，叉手处？”招唤僧，僧应诺。招曰：“还曾梦见仰山么？”

评唱引长沙语：“汝见大唐天子还自种田割稻么？遂判仰山插锹，是奴儿婢子边事，不直以一杓粪泼仰山。且令长沙亦拈余秽，诸师拈提，已为画蛇添足。然世有此引盲比丘，则诸师所拈，犹足为启膜金鎞。”

师因归沩山省觐，沩问：“子既称善知识，争辨得诸方来者知有不知有？有师承无师承？是义学是玄学？子试说看。”师曰：“慧寂有验处，但见僧来，便竖起拂子问伊：诸方还说这个不说？又曰：这个且置，诸方老宿意作么生？”沩叹曰：“此是从上宗门中牙爪。”沩问：“大地众生，业识茫茫，无本可据。子作么生知他有之与无？”师曰：“慧寂有验处。时有一僧从面前过，师召曰：阇黎，僧回首。师曰：和尚，这个便是业识茫茫无本可据。”沩曰：“此是师子一滴乳，迸散六斛驴乳。”扫地次，沩问：“尘非扫得，空不自生。如何是尘非扫得？”师扫地一下。沩曰：“如何是空不自生？”师指自身又指沩。沩曰：“尘非扫得，空不自生。离此二途，又作么生？”师又扫地一下，又指自身并指沩。沩一日指田问师：“这丘田那头高，这头低。”师曰：“却是这头高那头低。”沩曰：“你若不信，向中间立看两头。”师曰：“不必立中间，亦莫住两头。”沩曰：“若如是著水看，水能平物。”师曰：“水亦无定，但高处高平，低处低平。”沩便休。大慧云："显诸仁，藏诸用，鼓万物而不与圣人同忧。盛德大业至矣哉！喝一喝，下座。"

沩山喂鸦生饭，回头见师曰："今日为伊上堂一上。"师曰："某甲随例得闻。"沩曰："闻底事作么生。"师曰："鸦作鸦鸣，鹊作鹊噪。"沩曰："争奈声色何？"师曰："和尚适来道甚么？"沩曰："我只道为伊上堂一上。"师曰："为甚么唤作声色？"沩曰："虽然如此，验过也无妨。"师曰："大事因缘又作么生验？"沩竖起拳。师曰："终是指东画西。"沩曰："子适来问甚么？"师曰："问和尚大事因缘。"沩曰："为甚么唤作指东画西？"师曰："为著声色故，某甲所以问过。"沩曰："并未晓了此事。"师曰："如何得晓了此事？"沩曰："寂子声色，老僧东西。"师曰："一月千江，体不分水。"沩曰："应须与么始得""师曰："如金与金终无异色，岂有异名？"沩曰："作么生是无异名底道理？"师云："瓶盘钗钏券盂盆。"沩曰："寂子说禅如师子吼，惊散狐狼野干之属。"沩山问师："忽有人问汝，汝作么生只对？"师曰："东寺师叔若在，某甲不致寂寞。"沩曰："放汝一个不只对罪。"师曰："生之与杀只在一言。"沩曰："不负汝见，别有人不肯。"师曰："阿谁？"沩指露柱曰："这个。"师曰："道甚么？"沩曰："道甚么？"师曰："白鼠推迁，银台不变。"师住东平时，沩山令僧送书并镜与师。师上堂，提起示众曰："且道是沩山镜，东平镜？若道是东平镜，又是沩山送来。若道是沩山镜，又在东平手里。道得则留取，道不得则扑破去也。"众无语。师扑破便下座。师问双峰："师弟近日见处如何？"曰："据某见处，实无一法可当情。"师曰："汝解犹在境。”曰：“某只如此，师兄又如何？”师曰：“汝岂不知无一法可当情者。”沩山闻曰：“寂子一句疑杀天下人。”师卧次，僧问曰：“法身还解说法《会元》无“法身”、“法字”，《统要》《颂古》等皆有“法”字。也无？”师曰：“我说不得，别有一人说得。”曰：“说得底人在甚么处？师推出枕子。沩山闻曰：“寂子用剑刃上事。”妙喜曰：“沩山真是怜儿不觉丑，仰山推出枕子，已是逗漏，更著个名字，唤作剑刃上事。误他学语之流，便恁么承虚接响，流通将去。妙喜虽似借水献花，要且理无曲断。即今莫有旁不肯者。出来，我要问你：推出枕子，还当得法身说法也无？”

师在沩山前坡牧牛次，见一僧上山，不久便下来。师乃问：“上座何不且留山中？”僧曰：“只为因缘不契。”师曰：“有何因缘，试举看？”曰：“和尚问某名甚么？某答归真。和尚曰：归真何在？某甲无对。”师曰：“上座却回向和尚道：某甲道得也。和尚问作么生道，但曰：眼里耳里鼻里。”僧回一如所教，沩曰：“脱空漫语汉，此是五百人善知识语。”师在沩山牧牛，时踢天泰上座问曰：“一毛头师子现即不问。百亿毛头百亿师子现，又作么生？”师便骑牛归。侍立沩山次，举前话方了，却见泰来。师曰：“便是这个上座。”沩遂问：“百亿毛头百亿师子现，岂不是上座道？”泰曰：“是。”师曰：“正当现时，毛前现，毛后现？”泰曰：“现时不说前后。”沩山大笑。师曰：“师子腰折也。”便下去。沩山示众曰：“一切众生皆无佛性。”盐官示众曰：“一切众生皆有佛性。”盐官有二僧，往探问。既到沩山，闻举扬莫测其涯，若生轻慢。因一日与师言话次，乃劝曰：“师兄须是勤学佛法，不得容易。”师乃作此○相，以手拓呈了，却抛向背后。遂展两手，就二僧索。二僧罔措。师曰：“吾兄直须勤学佛法，不得容易。”便起去。时二僧却回盐官，行三十里，一僧忽然有省。乃曰：“当知沩山道一切众生皆无佛性，信之不错。”便回沩山。一僧更前行数里，因过水忽然有省。自叹曰：“沩山道一切众生皆无佛性，灼然有他恁么道。”亦回沩山。久依法席。师卧次，梦入弥勒内院众堂中，诸位皆足，惟第二位空，师遂就座。有一尊者白槌曰：“今当第二位说法。”师起白椎曰：“摩诃衍法离四句绝百非。谛听！谛听！”众皆散去。及觉举似沩，沩曰：“子已入圣位。”师便礼拜。庞居士问：“久向仰山，到来为甚么却覆？”师竖起拂子。士曰：“恰是！”师曰：“是仰，是覆？”士乃打露柱曰：“虽然无人，也要露柱证明。”师掷拂子曰：“若到诸方，一任举似。”师坐次，有僧翘一足云：“西天二十八祖亦如是，唐土六祖亦如是，天下老和尚亦如是，某甲亦如是。”师下禅床打四藤条。雪窦云：“藤条未到打折，因甚么只与四下？须是斩钉截铁汉始得。”　僧后到霍山，自称集云峰下四藤条，天下大禅佛参。山云：“打钟着。”僧骤步而去。雪窦云：“这汉虽是见机而变，争奈有头无尾。”圜悟勤云：“当时若不见机而变，何处更有大禅佛？阇黎只管唤作甚么？此句当有讹缺或有人问：甚处是有头无尾处？什么是见机而变处？你若手忙脚乱，老僧在你脚底。”

师问东寺曰：“借一路过那边，还得否？”寺曰：“大凡沙门不可只一路也，别更有么？”师良久，寺却问：“借一路过那边得否？”师曰：“大凡沙门不可只一路也，别更有么？”

寺曰："只有此。"师曰："大唐天子决定姓金。"一日雨下，天性上座谓师曰："好雨！"师曰："好在甚么处？"性无语。师曰："某甲却道得。"性曰："好在甚么处？"师指雨，性又无语。师曰："何得大智而默。"径山杲云："一人只知看雨，一人只知指雨。子细点检将来，大似钉桩摇橹。育王当时待他道：好在甚么处？只向他道：滴穿眼睛，浸烂鼻孔。或有个衲僧出来道：育王也是钉桩摇橹，却许他具眼。"

赤干行者闻钟声，乃问："有耳打钟，无耳打钟？"师曰："汝但问，莫愁我答不得。"干曰："早个问了也。"师喝曰："去！"刘侍御问："了心之旨可得闻乎？"师曰："若要了心，无心可了。无了之心，是名真了。"陆希声相公欲谒师，先作此○相封呈。师开封，于相下面书云："不思而知，落第二头。思而知之，作第三首。"遂封回。公见即入山，师乃门迎。公才入门便问："三门俱开，从何门入？"师曰："从信门入。"公至法堂又问："不出魔界便入佛界时如何？"师以拂子倒点三下，公便设礼。又问："和尚还持戒否？"师曰："不持戒。"曰："还坐禅否？"师曰："不坐禅。"公良久，师曰："会么？"曰："不会。"师曰："听老僧一颂：滔滔不持戒，兀兀不坐禅。酽茶三两碗，意在镢头边。"师却问："承闻相公看经得悟，是否？"曰："弟子因看《涅槃经》，有云：不断烦恼而入涅槃，得个安乐处。"师竖起拂子曰："只如这个，作么生入？"曰："入之一字也不消得。"师曰："入之一字不为相公。"公便起去。径山昙珍颂云："竖起拂子，希声设礼。尘刹尽交光，鸟啼花落里。仰山问会么，希声曰不会。从是维摩诘，到来须倒退。入之一字不为相公，公便起去。

下载清风云藏神，女馆雨到楚王宫。关塞极天惟鸟道，江湖满地一渔翁。”

师谓第一座曰：“不思善，不思恶，正恁么时作么生？”座曰：“正恁么时是某甲放身命处。”师曰：“何不问老僧？”座曰：“正恁么时不见有和尚。”师曰：“扶我教不起。”师问僧：“近离甚处？”曰：“南方。”师摄拄杖曰：“彼中老宿还说这个么？”曰：“不说。”师曰：“既不说这个，还说那个否？”曰：“不说。”师召大德，僧应诺。师曰：“参堂去。”僧便出。师复召曰：“大德。”僧回首。师曰：“近前来。”僧近前，师便打。云门云：“仰山若无后语，争识得人？”

师共一僧语，旁有僧曰：“语底是文殊，默底是维摩。”师曰：“不语不默底，莫是汝否？”僧默然。师曰：“何不现神通？”曰：“不辞现神通，只恐和尚收作教。”师曰：“鉴汝来处，未有教外底眼。”僧参次，便问：“和尚还识字否？”师曰：“随分。”僧以手画此○相拓呈，师以衣袖拂之。僧又作此○相拓呈，师以两手作背抛势。僧以目视之，师低头。僧绕师一匝，师便打。僧遂出去。径山昙珍颂云：“西山白虎正猖狂，东海青龙不可当。两手捉来令死斗，化成一片紫金霜。”

师坐次，见一僧从外来，便问讯了，向东边叉手立，以目视师。师乃垂下左足，僧却过西边叉手立。师垂下右足，僧向中间叉手立。师收双足，僧礼拜。师曰：“老僧自住此，未曾打着一人。”拈拄杖便打，僧便腾空而去。佛灯观颂：“个僧东西叉手，说尽六代圆相。致使东土释迦，不免起模作样。阳关唱罢柳青青，征尘望断空惆怅。” 觉海湛颂：“子晋吹笙和凤鸣，萼华云外舞衣轻。相将奏遍方诸曲，玉树流光满紫清。”

师坐次，有僧来作礼，师不顾。其僧乃问："师识字否？"师曰："随分。"僧乃右旋一匝曰："是甚么字？"师于地上书十字酬之。僧又左旋一匝曰："是甚么字？"师改十字作卍字。僧画此○相以两手拓如修罗掌日月势，曰："是甚么字？"师乃画此(卍)相对之。僧乃作娄至德势，师曰："如是！如是！此是诸佛之所护念，汝亦如是，吾亦如是，善自护持。"其僧礼谢，腾空而去。时有一道者见，经五日后遂问师。师曰："汝还见否？"道者曰："某甲见出门腾空而去。"师曰："此是西天罗汉，故来探吾道？"道者曰："某虽睹种种三昧，不辨其理。"师曰："吾以义为汝解释。此是八种三昧，是觉海变为义海，体则同然。此义合有因有果，即时异时总别不离隐身三昧也。"古人圆相，即拈花吹毛一揆。直示全提，无容拟议。百千法门、河沙妙用，皆从此出。而不与百千法门、河沙妙用为侣。观小释迦遇梵僧所示八种三昧，如善慧云兴三百问，普贤瓶泻二千酬。虽穷极妙辩，而初未有一语。后之名字罗汉，妄为钵盂安柄。人天眼目载五峰良五观悟，谓圆相总有六名：曰圆相、曰暗机、曰义海、曰字海、曰意语、曰默论。有云画此(牛)相者，乃纵意。画此(佛)相者，夺意，(人)此为相肯，○此为许相见。◡此为举函索盖，答者当以◠，则函盖相称，6ə此为抱玉求鉴，答者当于其中书某字答之，(厶)此为钩入索续，答者当于厶字侧添亻，乃问者钩入，答者索续，共成宝器相，(仏)此为已成宝器相，答者于中书土字答之，(土)此为玄印玄旨相，独脱超前众相不著也。审如是，是犹市贾私为志验，三尺牧竖语之故即无不喻，虽有圣智，不问不可强解矣。谓入圣位者，所建法幢乃如是乎？又以三种生为大圆宗旨，想生、相生、流注生。故《楞伽经》义，大圆或偶引示人耳，非大圆所立也。痴人前不得说梦，往往如此。

有梵僧从空而至，师曰：“近离甚处?”曰：“西天。”师曰：“几时离彼?”曰：“今早。”师曰：“何太迟生?”曰：“游山玩水。”师曰：“神通游戏则不无阇黎，佛法须还老僧始得。”曰：“特来东土礼文殊，却遇小释迦。”遂出梵书贝多叶与师，作礼乘空而去。自此号小释迦。一日，指雪师子云：“还有过此色者么?”云门云：“当时但与推倒。” 雪窦云：“云门只解推倒，不能扶起。” 圜悟勤云：“且道仰山意在甚么处？莫是明一色边事么？且得没交涉。云门应时应节，云但与推倒，用拈仰山意。又被雪窦拈道：他只解推倒，不解扶起。且道雪窦意在什么处?”

上堂：“汝等诸人，各自回光返照，莫记吾言。汝无始劫来，背明投暗，妄想根深，卒难顿拔。所以假设方便，夺汝粗识。如将黄叶止啼，有甚么是处？亦如人将百种货物与金宝，作一铺货卖，只拟轻重来机。所以道：石头是真金铺，我这里是杂货铺。有人来觅鼠粪，我亦拈与他。来觅真金，我亦拈与他。”时有僧问：“鼠粪即不要，请和尚真金。”师曰：“啮镞拟开口，驴年亦不会。”僧无对。师云：“索唤则有交易，不索唤则无。我若说禅宗，身边要一人相伴亦无，岂况有五百七百众耶？我若东说西说，则争头向前采拾，如将空拳诳小儿，都无实处。我今分明向汝说圣边事，且莫将心凑泊，但向自己性海如实而修，不要三明六通。何以故？此是圣末边事，如今且要识心达本。但得其本，不愁其末，他时后日，自具去在。若未得本，纵饶将情学，他亦不得。汝岂不见沩山和尚云：‘凡圣情尽，体露真常。事理不二，即如如佛。’”

师将顺寂，时在东平，数僧侍立。师示偈曰：“一二二三子，平目复仰视。两口一无舌，此是吾宗旨。”至日午升座辞众，复说偈曰：“年满七十七，无常在今日。日轮正当午，两手攀屈膝。”言讫以两手抱膝而终。阅明年，南塔涌禅师迁灵骨归仰山，塔于集云峰下。谥智通禅师妙光之塔。

◎邓州香严智闲禅师，青州人。遍参诸方，在百丈时性识聪敏，参禅不得。洎丈迁化，遂参沩山。山问：“我闻汝在百丈先师处，问一答十，问十答百。此是汝聪明灵利，意解识想，生死根本。父母未生时试道一句看。”师被一问，直得茫然。归寮将平日看过底文字从头要寻一句酬对，竟不能得。乃自叹曰：“画饼不可充饥。”屡乞沩山说破，山曰：“我若说似汝，汝已后骂我去。我说底是我底，终不干汝事。”师遂将平昔所看文字烧却。曰：“此生不学佛法也，且作个长行粥饭僧，免役心神。”乃泣辞沩山，直过南阳睹忠国师遗迹，遂憩止焉。

一日，芟除草木，偶抛瓦砾，击竹作声，忽然省悟。遽归沐浴焚香，遥礼沩山。赞曰：“和尚大慈，恩逾父母。当时若为我说破，何有今日之事？”乃有颂曰：“一击忘所知，更不假修持。动容扬古路，不堕悄然机。处处无踪迹，声色外威仪。诸方达道者，咸言上上机。”沩山闻得，谓仰山曰：“此子彻也。”仰曰：“此是心机意识，著述得成。待某甲亲自勘过。”仰后见师曰：“和尚赞叹师弟发明大事，你试说看。”师举前颂，仰曰：“此是夙习记持而成，若有正悟，别更说看。”师又成颂曰：“去年贫未是贫，今年贫始是贫。去年贫，犹有卓锥之地，今年贫，锥也无。”仰曰：“如来禅许师弟会，祖师禅未梦见在。”师复有颂曰：“我有一机，瞬目视伊。若人不会，别唤沙弥。”仰乃报沩山曰：“且喜闲师弟会祖师禅也。”妙喜曰：“沩山晚年好则剧，教得一棚肉傀儡。直是可爱。且作么生是可爱处？面面相看手脚动，争知语话在他人！”

师初开堂，沩山令僧送书并拄杖至，师接得便哭“苍天！苍天！”僧曰：“和尚为甚么如此？”师曰：“只为春行秋令。”上堂：“若论此事，如人上树，口衔树枝，脚不蹋枝，手不攀枝。树下忽有人问：‘如何是祖师西来意？’不对他又违他所问，若对他又丧身失命。当恁么时作么生即得？”时有虎头招上座出众云：“树上即不问。未上树时请和尚道？”师乃呵呵大笑。雪窦云：“树上道即易，树下道即难。老僧上树也，致将一问来。” 圜悟勤云：“你若才生树上树下，对与不对处，转生义路，堕在常情，卒难透得。若是顶门上具眼底，终不向对与不对处作解会。未举已前，先知落处。若拟议之间，觌面蹉过，或不落二边。对也不是，不对也不是。作么生却得见古人意去？” 妙喜云：“吞得栗棘蓬，透得金刚圈了。看这般说话，也是泗州人见大圣。” 保宁勇颂：“曲设多方老古锥，那堪枝上更生枝。好如良马窥鞭影，逐块且非师子儿。”

师有偈曰：“子啐母啄，子觉母壳。子母俱亡，应缘不错。同道唱和，妙云独脚。”

◎**杭州径山洪諲禅师**，佛日长老访师，师问：“伏承长老独化一方，何以荐游峰顶？”日曰：“朗月当空挂，冰霜不自寒。”师曰：“莫是长老家风也无？”日曰：“峭峙万重关，于中含宝月。”师曰：“此犹是文言，作么生是长老家风？”

日曰："今日赖遇佛日，却问隐密全真，时人知有道不得，太省无辜，时人知有道得。于此二途，犹是时人升降处。未审和尚亲道自道如何道？"师曰："我家道处无可道。"日曰："如来路上无私曲，便请玄音和一场。"师曰："任汝二轮更互照，碧潭云外不相关。"日曰："为报白头无限客，此回年少莫归乡。"师曰："老少同轮无向背，我家玄路勿参差。"日曰："一言定天下，四句为谁宣？"师曰："汝言有三四，我道其中一也无。"师因有偈曰："东西不相顾，南北与谁留。汝言有三四，我道一也无。"光化四年九月二十八日，白众而化。

◎滁州定山神英禅师，因椑树省和尚行脚时参问，不落数量，请师道。师提起数珠曰："是落不落？"树曰："圆珠三窍时人知有，请师圆前话。"师便打，树拂袖便出。师曰："三十年后捶胸大哭去在！"树住后示众曰："老僧三十年前至定山，被他热瞒一上，不同小小。"雪窦举云："定山用即用，争奈险。椑树知即知，要且未具择法眼。试请辨看。"

师见首座洗衣，遂问："作甚么？"座提起衣示之。师曰："洗底是甚衣。"座曰："关中使铁钱。"师唤维那，移下座挂搭著。

◎京兆府米和尚，令僧去问仰山曰："今时还假悟也无？"仰曰："悟即不无，争奈落在第二头。"师深肯之。又令僧问洞山曰："那个究竟作么生？"洞曰："却须问他始得。"师亦肯之。投子青拈师问仰山话云："然仰山与么道即得，还免得自己落么？若免得，更有一人大不肯在。若免不得，亦落第二头。米胡虽然肯他，自己还有出身之路也无？诸人试点检看。若点检得出，两人瓦解冰消。若点检不得，且莫造次。复颂曰：‘碧岫峰头借问人，指山穷处未安身。虽然免得重阳令，争似灵苗不犯春。’”

僧问：“自古上贤还达真正理也无？”师曰：“达。”曰：“只如真正理作么生达？”师曰：“当时霍光卖假银城与单于，契书是甚么人做？”曰：“某甲直得杜口无言。”师曰：“平地教人作保。”径山杲举此则语，至契书是甚么人做云：“径山当时若作这僧，即下一转语，塞却这老汉口。且道下甚么语？良久云：若教容易得，便作等闲看。”

◎元康和尚，因访石楼，楼才见便收足坐。师曰：“得恁么威仪周足。”楼曰：“汝适来见个甚么？”师曰：“无端被人领过。”楼曰：“须是与么始为真见。”师曰：“苦哉赚杀几人来。”楼便起身。师曰：“见则见矣，动则不动。”楼曰：“尽力道不出定也。”师拊掌三下。

后有僧举似南泉，泉曰：“天下人断这两个汉是非不得。若断得，与他同参。”

◎襄州王敬初常侍，视事次，米和尚至，公乃举笔示之。米曰：“还判得虚空否？”公掷笔入宅，更不复出。米致疑，明日凭鼓山供养主入探其意。米亦随至，潜在屏蔽间侦伺。供养主才坐，问曰：“昨日米和尚不审有甚么言句，便不相见？”公曰：“师子咬人，韩卢逐块。”米闻此语，即省前缪。遽出朗笑曰：“我会也我会也！”公曰：“会即不无，你试道看。”米曰：“请常侍举。”公乃竖起一只箸，米曰：“这野狐精。”公曰：“这汉彻也。”大沩喆云：“米胡虽然如是，且只得一橛。常侍云这汉彻去，大似看楼打楼。大沩即不然，常侍虽是个俗汉，笔下有生杀之权。米胡是一方善知识，要且出他圈䙡不得。当时待他掷下笔，但向道：我从来疑着遮汉。” 圜悟《语录》载：“公初见睦州，一日州问曰：‘今日何故入院迟?’公曰：‘看打球来。’州曰：‘人打球，马打球?’公曰：‘人打球。’州曰：‘人困么?’曰：‘困。’州曰：‘马困么?’曰：‘困。’州曰：‘露柱困么?’公惘然无对。归至私第，中夜忽然有省。明日见州曰：‘某甲会得昨日事也。’州曰：“露柱困么?’曰：‘困。’州遂许之。”亦见《颂古联珠》。

◎**郑十三娘**，保福与甘长老相看，才坐定，福便问：“承闻十三娘参见沩山，是否?”曰：“是。”福曰：“沩山迁化向甚么处去?”郑起身偏床而立。甘曰：“闲时说禅，口似悬河，何不道取?”郑曰：“鼓这两片皮，堪作甚么?”甘曰：“不鼓这两片皮，又堪作甚么?”郑曰：“合取狗口。”郑十三娘年十二岁时，随师姑到大沩，才礼拜起，沩便问：“这个师姑甚么处住?”姑云：“南台江边住。”沩便喝出。又问：“背后老婆甚处住?”十三娘放身近前叉手立。沩再问，娘云：“早个呈似和尚了也。”沩云：“去!”娘才下到法堂，师姑云：“十三娘寻常道：‘我会禅口似利剑。’今日被大师问着总无语。”娘云：“苦哉！苦哉！作这个眼目，也道我行脚。脱取衲衣来，与十三娘着。”娘后又举似罗山，“只如十三娘参见沩山恁么只对，还得平稳也无?”罗云：“不得无过。”娘云：“过在甚么处?”罗叱之。娘云：“锦上添花。”

指月录卷十四

六祖下第五世

◎镇州临济义玄禅师，曹州南华邢氏子。幼负出尘之志，及落发进具，便慕禅宗。初在黄檗会中，行业纯一。时睦州为第一座，乃问："上座在此多少时？"师曰："三年。"州曰："曾参问否？"师曰："不曾参问，不知问个甚么？"州曰："何不问堂头和尚，如何是佛法的的大意？"师便去问。声未绝，檗便打。师下来，州曰："问话作么生？"师曰："某甲问声未绝，和尚便打，某甲不会。"州曰："但更去问。"师又问，檗又打。如是三度问，三度被打。师白州曰："早承激劝问法，累蒙和尚赐棒，自恨障缘，不领深旨。今且辞去。"州曰："汝若去，须辞和尚了去。"师礼拜退。州先到黄檗处曰："问话上座，虽是后生，却甚奇特。若来辞，方便接伊。已后为一株大树，覆荫天下人去在。"师来日辞黄檗，檗曰：“不须他去，只往高安滩头参大愚，必为汝说。”师到大愚，愚曰：“甚处来？”师曰：“黄檗来。”愚曰：“黄檗有何言句？”师曰：“某甲三度问佛法的的大意，三度被打。不知某甲有过无过？”愚曰：“黄檗与么老婆心切，为汝得彻困，更来这里问有过无过？”师于言下大悟。乃曰：“元来黄檗佛法无多子。”愚搊住曰：“这尿床鬼子，适来道有过无过，如今却道黄檗佛法无多子。你见个甚么道理？速道！速道！”师于大愚肋下筑三拳，愚拓开曰：“汝师黄檗，非干我事。”师辞大愚，却回黄檗。檗见便问：“这汉来来去去，有甚了期？”师曰：“只为老婆心切，便人事了。”侍立，檗问：“甚处去来？”师曰：“昨蒙和尚慈旨，令参大愚去来。”檗曰：“大愚有何言句？”师举前话。檗曰：“大愚老汉饶舌，待来痛与一顿。”师曰：“说甚待来，即今便打，随后便掌。”檗曰：“这风颠汉来这里捋虎须。”师便喝。檗唤侍者曰：“引这风颠汉参堂去。”沩山举问仰山：“临济当时得大愚力，得黄檗力？”仰云：“非但骑虎头，亦解把虎尾。”

黄檗一日普请次，师随后行。檗回头见师空手，乃问：“镢在何处？”师云：“有一人将去了也。”檗曰：“近前来共汝商量个事。”师便近前，檗竖起镢曰：“只这个天下人拈掇不起。”师就手掣得，竖起曰：“为甚么却在某甲手里？”檗曰：“今日自有人普请。”便回寺。师锄地次，见黄檗来，拄镢而立。檗曰：“这汉困那。”师曰：“镢也未举，困个甚么？”檗便打。师接住棒一送送倒，檗呼维那：“扶起我来。”维那扶起曰：“和尚争容得这风颠汉无礼？”檗才起，便打维那。师镢地曰：“诸方火葬，我这里活埋。”

师一日在僧堂前坐，见黄檗来，便闭却目。黄檗乃作怖势，便归方丈。师随至方丈礼谢。首座在黄檗处侍立，黄檗云：“此僧虽是后生，却知有此事。”首座云：“老和尚脚跟不点地，却证据个后生。”黄檗自于口上打一掴。首座云：“知即得。”师在僧堂里睡，檗入堂见，以拄杖打板头一下。师举首见是檗，却又睡。檗又打板头一下，却往上间。见首座坐禅，乃曰：“下间后生却坐禅，汝在这里妄想作么？”座曰：“这老汉作甚么？”檗又打板头一下，便出去。沩山举问仰山：“只如黄檗意作么生？”仰云：“两彩一赛。”

师栽松次，檗曰：“深山里栽许多松作甚么？”师曰：“一与山门作境致，二与后人作标榜。”道了，将镢头𡎺地三下。檗曰：“虽然如是，子已吃吾三十棒了也。”师又𡎺地三下，嘘一嘘。檗曰：“吾宗到汝，大兴于世。”黄檗因入厨下，问饭头：“作甚么？”头曰：“拣众僧饭米。”檗曰：“一顿吃多少？”头曰：“二石五。”檗曰：“莫太多么？”头曰：“犹恐少在。”檗便打。头举似师，师曰：“吾与汝勘这老汉。”才到侍立。檗举前话，师曰：“饭头不会，请和尚代转一语。”檗曰：“汝但举。”师曰：“莫太多么？”檗曰：“来日更吃一顿。”师曰：“说甚么来日？即今便吃。”随后打一掌。檗曰：“这风颠汉，又来这里捋虎须。”师喝一喝便出去。沩山举问仰山：“此二尊宿意作么生？”仰山云：“和尚作么生？”沩山云：“养子方知父慈。”仰山云：“不然。”沩山云：“子又作么生？”仰山云：“大似勾贼破家。”

径山有五百众，少人参请。黄檗令师到径山，乃谓师曰：“汝到彼作么生？”师曰：“某甲到彼，自有方便。”师到径山，装腰上法堂见径山。径山方举头，师便喝。径山拟开口，师拂袖便行。寻有僧问径山："这僧适来有甚么言句，便喝和尚？"径山云："这僧从黄檗会里来。你要知么？自问取他。"径山五百众，大半分散。师中夏上黄檗山，见檗看经。师曰："我将谓是个人，元来是唵或作揞黑豆老和尚。"住数日，乃辞，檗曰："汝破夏来，何不终夏去？"师曰："某甲暂来礼拜和尚。"檗便打趁令去。师行数里疑此事，却回终夏。后又辞檗，檗曰："甚处去？"师曰："不是河南，便归河北。"檗便打。师约住与一掌，檗大笑。乃唤侍者："将百丈先师禅板几案来。"师曰："侍者将火来。"檗曰："不然。子但将去，已后坐断天下人舌头去在。"到龙光，值上堂。师出问："不展锋铓，如何得胜？"光据座，师曰："大善知识岂无方便？"光瞪目曰："嗄！"师以手指曰："这老汉今日败缺也。"到三峰平和尚处，平问："甚处来？"师曰："黄檗来。"平曰："黄檗有何言句？"师曰："金牛昨夜遭涂炭，直至如今不见踪。"平曰："金风吹玉管，那个是知音。"师曰："直透万重关，不住青霄内。"平曰："子这一问太高生。"师曰："龙生金凤子，冲破碧琉璃。"平曰："且坐吃茶。"又问："近离甚处？"师曰："龙光。"平曰："龙光近日何如？"师便出去。往凤林，路逢一婆子。婆问："甚处去？"师曰："凤林去。"婆曰："恰值凤林不在。"师曰："甚处去？"婆便行。师召婆，婆回首，师便行。一作"师曰：'谁道不在？'"

到凤林，林曰："有事相借问得么？"师曰："何得剜肉作疮。"林曰："海月澄无影，游鱼独自迷。"师曰："海月既无影，游鱼何得迷？”一本作“海月元无影，游鱼本不迷”。此从《会元》。林曰：“观风知浪起，玩水野帆飘。”师曰：“孤蟾独耀江山静，长啸一声天地秋。”林曰：“任张三寸挥天地，一句临机试道看？”师曰：“路逢剑客须呈剑，不是诗人莫献诗。”林便休。师乃有颂曰：“大道绝同，任向西东。石火莫及，电光罔通。”沩山问仰山：“石火莫及，电光罔通，从上诸圣以何为人？”仰云：“和尚意作么生？”沩云：“但有言说，都无实义。”仰云：“不然。”沩云：“子又作么生？”仰云：“官不容针，私通车马。”

到大慈，慈在方丈内坐。师问：“端居丈室时如何？”慈云：“寒松一色千年别，野老拈花万国春。”师云：“今古永超圆智体，三山锁断万重关。”慈便喝，师亦喝。慈云：“作么？”师拂袖便出。到襄州华严，华严倚拄杖作睡势。师云：“老和尚瞌睡作么？”严云：“作家禅客，宛尔不同。”师云：“侍者点茶来，与老和尚吃。”严乃唤维那：“第三位安排这上座。”到翠峰，峰问：“甚处来？”师云：“黄檗来。”峰云：“黄檗有何言句指示于人？”师云：“黄檗无言句。”峰云：“为甚么无？”师云：“设有亦无举处。”峰云：“但举看。”师云：“一箭过西天。”到象田，师问：“不凡不圣，请师速道。”田云：“老僧只与么？”师便喝云：“许多秃子在这里觅甚么碗？”到明化，化问：“来来去去作甚么？”师云：“只图踏破草鞋。”化云：“毕竟作么生？”师云：“老汉话头也不识。”到初祖塔头，塔主云：“长老先礼佛，先礼祖？”师云：“佛祖俱不礼。”塔主云：“佛祖与长老是什么冤家？”师便拂袖而出。到金牛，牛见师来，横按拄杖当门踞坐。师以手敲拄杖三下，却归堂中第一位坐。牛下来见乃问："夫宾主相看，各具威仪。上座从何而来，太无礼生？"师云："老和尚道甚么？"牛拟开口，师便打一坐具。牛作倒势，师又打一坐具。牛曰："今日不著便。"遂归方丈。沩山问仰山："此二尊宿还有胜负也无？"仰云："胜即总胜，负即总负。"

师为黄檗驰书到沩山，时仰山作知客，接得书便问："者个是黄檗底，那个是专使底。"师便掌。仰山约住云："老兄知是般事便休。"同去见沩山，沩山便问："黄檗师兄多少众？"师云："七百众。"沩山云："什么人为导首？"师云："适来已达书了也。"师却问沩山："和尚此间多少众？"沩山云："一千五百众。"师云："太多生。"沩山云："黄檗师兄亦不少。"师辞沩山，仰山送出，云："汝向后北去，有个住处。"师云："岂有与么事？"仰山云："但去，已后有一人佐辅老兄在。此人只是有头无尾，有始无终。"悬记普化："师后到镇州，普化已在彼。师出世，普化佐赞于师。师住未久，普化全身脱去。"

师后住镇州临济，学侣云集。一日，谓普化、克符二上座曰："我欲于此建立黄檗宗旨，汝且成褫我。"二人珍重下去。三日后，普化却上来问："和尚三日前说甚么？"师便打。三日后克符上来问："和尚三日前打普化作么？"师亦打。至晚小参曰："有时夺人不夺境，有时夺境不夺人。有时人境两俱夺，有时人境俱不夺。"克符问："如何是夺人不夺境？"师曰："煦日发生铺地锦，婴儿垂发白如丝。"符曰："如何是夺境不夺人？"师曰："王令已行天下遍，将军塞外绝烟尘。"符曰："如何是人境俱夺？"师曰："并汾绝信，独处一方。”符曰：“如何是人境俱不夺？”师曰：“王登宝殿，野老讴歌。”符于言下领旨。诸方自此为四料拣，师又尝示众曰：“如诸方学人来山僧此间作三种根器断，如中下根器来，我便夺其境而不除其法。或中上根器来，我便境法俱夺。如上上根器来，我便境法人俱夺。如有出格见解人来山僧此间，便全体作用，不历根器。大德到这里，学人着力处不通风，石火电光即过了也。学人若眼定动，即没交涉。拟心即差，动念即乖。有人解者，不离目前。”

大慧宗杲禅师因悦禅人请普说，僧问：“临济示众云：‘有时夺人不夺境，有时夺境不夺人。有时人境两俱夺，有时人境俱不夺。’如何是夺人不夺境？”师云：“三千里外绝诸讹。”进云：“如何是夺境不夺人。”师云：“拔出眼中楔。”进云：“临济道：‘煦日发生铺地锦，婴孩垂发白如丝。’未审与和尚答底是同是别？”师云：“咬人屎橛，不是好狗。”进云：“王令已行天下遍，将军塞外绝烟尘时如何？”师云：“适来犹自可，而今更郎当。”复云：“此事决定不在言语上，所以从上诸圣，次第出世，各各以善巧方便，忉忉怛怛，唯恐人泥在语言上。若在言语上，一大藏教五千四十八卷，说权说实，说有说无，说顿说渐，是岂无言说。因甚么达磨西来，却言单传心印，不立文字语言，直指人心见性成佛？因何不说传玄、传妙、传言、传语？只要当人各各直下明自本心，见自本性。事不获已，说个心，说个性，已大段狼藉了也。若要拔得生死根株尽，切不得记我说底。纵饶念得一大藏教，如瓶泻水，唤作运粪入，不名运粪出，却被这些子障却，自己正知见，不得现前，自己神通，不能发现。只管弄目前光影，理会禅，理会道，理会心，理会性，理会奇特，理会玄妙。大似掉棒打月，枉费心神，如来说为可怜悯者。古人凡有一言半句，设一个金刚圈栗棘蓬，教伊吞，教伊透。若是个英灵独脱，出情尘超理性者，金刚圈栗棘蓬是甚么弄猢孙家具，祭鬼神茶饭。盖你不能一念缘起无生，只管一向在心意识边作活计。才见宗师动口，便向宗师口里讨玄讨妙，却被宗师倒翻筋斗。自家本命元辰，依旧不知落处。脚跟下黑漫漫，依前只是个漆桶。只如适来上座问夺人不夺境一段话，只知册子上念将来，如法答他，又理会不得。问一段未了，又问一段，恰如村人打传口令相似。我今不惜口业，为你诸人葛藤注解一遍。”临济一日示众云：“有时夺人不夺境，有时夺境不夺人。有时人境两俱夺，有时人境俱不夺。会么?”良久，左右顾视，便下座。“这个便是金刚王宝剑。我昨日说底，将蜈蚣毒蛇蝎子并诸杂毒贮在一瓮里，你试将手就中拈一个不毒底出来看。若拈得出，不妨于此事有少分相应。若拈不出，自是你根性迟钝，夙无灵骨。也怪妙喜不得。临济当时道：这几句闲言长语，面目现在，自是你不会看得出。你若领得此意，自从胡乱后，三十年不少盐酱。钟楼上念赞，床脚下种菜之类，不著问人。一一自知下落，古人垂个方便，岂是闲开口，须知烂泥里有刺。”当时有个克符道者，理会得临济意。便出来问：“如何是夺人不夺境?”临济当时不知那里得许多闲言长语，斗凑得恰好。便道：“‘煦日发生铺地锦，婴孩垂发白如丝。’诸人还会么?‘煦日发生铺地锦’是境，‘婴孩垂发白如丝’是人。此两句，一句存境，一句夺人。”克符又作颂曰：“夺人不夺境，缘自带淆讹。”师云：“有甚么淆讹?”“拟欲求玄旨，思量反责么?”师云：“诬人之罪。”“骊珠光璨烂，仙桂影婆娑。”师云：“何不早恁么道?”“觌面无差互，还应滞网罗。”师云：“依稀似曲才堪听，又被风吹别调中。”此颂大概在“骊珠光璨烂，仙桂影婆娑”之上。盖此两句是境，学者问不夺境，拟欲求玄旨。思量反责么？大意只是不可思量拟议，思量拟议者人也。蹉却觌面相呈一著子，即被语言网罗矣。克符此颂专明“煦日发生铺地锦”，所以有“骊珠光璨烂，仙桂影婆娑”之句，乃是存境而夺人。故曰“觌面无差互，还应滞网罗”。夺人之义，醍醐毒药一道而行，具眼者方能辨别。又问：“如何是夺境不夺人?”答云：“王令已行天下遍，将军塞外绝烟尘。”师云：“王令已行天下遍，是夺了境。将军塞外绝烟尘，是存人而不夺。”颂曰：“夺境不夺人，寻言何处真？”师云：“也须闲处作提防。”“问禅禅是妄，究理理非亲。”师云：“好事不如无。”“日照寒光澹，山摇翠色新。”师云：“贫儿思旧债。”“直饶玄会得，也是眼中尘。”师云：“自起自倒。你要会‘日照寒光淡，山摇翠色新’么？此两句是境，直饶玄会得也是眼中尘，便夺了也。其余人境两俱夺，人境俱不夺。尽是依语，就学家问处答。”又问：“如何是人境两俱夺？”答云：“并汾信绝，独处一方，便有人境两俱夺面目。”颂曰：“人境两俱夺，从来正令行。”师云：“已落第二。”“不论佛与祖，那说圣凡情。”师云：“买石得云饶。”“拟犯吹毛剑，还如值木盲。”师云：“识法者惧。”“进前求妙会，特地斩精灵。”师云：“前箭犹轻后箭深，正令既行，不留佛祖。到这里，进之退之，性命都在师家手里。如吹毛剑，不可犯其锋。”又问：“如何是人境俱不夺？”答云：“王登宝殿，野老讴歌。”颂曰：“人境俱不夺，思量意不偏。”师云：“会么？”“是法住法位，主宾言不异。”师云：“世间相常住。”“问答理俱全。”师云：“添一毫不得，减一毫不得。”“蹋破澄潭月。”师云：“犹有这个在。”“穿开碧落天。”师云：“劳而无功。”“不能明妙用。”师云：“动着即错。”“沦溺在无缘。”师云：“却依旧处着。”这个是适来上座请益底公案，谓之四料拣。你若要分明理会得临济意，但向他当时垂示处看。如何看？山僧有时夺人不夺境，有时夺境不夺人。有时人境两俱夺，有时人境俱不夺。若恁么便是，你若作山僧‘有时夺人不夺境，有时夺境不夺人。有时人境两俱夺，有时人境俱不夺’，便不是了也。所以五祖师翁有言：如何是祖师西来意？庭前柏树子。恁么会，便不是了也。如何是祖师西来意？庭前柏树子。恁么会方始是，你诸人还会么？这般说话，莫道是你诸人理会不得，妙喜也自理会不得，我此门中无理会得。理会不得，蚊子上铁牛，无你下嘴处。须信古人垂慈，则有法无法。

不垂慈，道眼未开。大法未明，岂免向他人口里觅禅觅道、觅玄觅妙觅得了。惟恐人知，及至说时，又恐说尽了。末后无可说，这个是无限量底法。你以有限量心，拟穷他落处。且莫错！只如世尊在灵山会上，百万众前拈华普示，独迦叶破颜微笑。何曾怕人知，又何曾密室里传授来。我这里禅，许你众人闻，不许你众人会。如上所解注者四料拣，你诸人齐闻齐会了，临济之意果如是乎？若只如是，临济宗旨岂到今日。你诸人闻妙喜说得落，将谓止如此。我实向你道：此是第一等恶口。若记着一个元字脚，便是生死根本也。你诸人诸方学得底，玄中又玄，妙中又妙，是甚么屎禅？一向垩在皮袋里，将谓实有恁么事。莫错！诸上座，你真个要参妙喜禅，尽将诸方学得底埽向他方世界，百不知，百不会，虚却心来，共你理会。

僧问："如何是真佛、真法、真道，乞师开示？"师曰："佛者心清净是，法者心光明是，道者处处无碍净光是。三即一，皆是空名而无实有。如真正作道人，念念心不间断。自达磨大师从西土来，只是觅个不受人惑底人。后遇二祖，一言便了，始知从前虚用工夫。山僧今日见处，与祖佛不别。若第一句中荐得，堪与祖佛为师。若第二句中荐得，堪与人天为师。若第三句中荐得，自救不了。"僧便问："如何是第一句？"师曰："三要印开朱点窄，未容拟议主宾分。"曰："如何是第二句。"师曰："妙解岂容无著问，沤和争负截流机。"曰："如何是第三句？"师曰："但看棚头弄傀儡，抽牵全藉里头人。"乃曰："大凡演唱宗乘，一句中须具三玄门，一玄门须具三要。有权有实，有照有用。汝等诸人作么生会？"南院颙问风穴沼曰："临济有三句，当日有问：如何是第一句？临济曰：三要印开朱点窄，未容拟议主宾分。"风穴随声便喝。

又问："如何是第二句？临济曰：妙解岂容无著问，沤和争负截流机。"风穴曰："未问已前错。"又问曰："如何是第三句？"临济曰："但看棚头弄傀儡，抽牵全藉里头人。"风穴曰："明破即不堪。"南院深许之。后神鼎諲举云："若人问神鼎如何是第一句？云：苍天！苍天！如何是第二句？云：有什么驴汉？如何是第三句？云：近前来，向你道。才近前便打。若恁么会得，也不孤负祖师西来。若是从头一一问过，几时得休？佛法不是磨棱合缝底道理，似这一脉说话，须是久在他门风来始得。直是嫌佛不作，嫌法不说，方可如是，子细，珍重！"　　首山上堂举三句语。时有僧问："如何是第一句？"山曰："大用不扬眉，棒下须见血。"曰："慈悲何在？"山曰："送出三门外。"问："如何是第二句？"山曰："不打恁么驴汉。"曰："将何接人？"山曰："如斯争奈何？"问："如何是第三句？"山曰："解问无人答。"曰："即今只对者是谁？"山曰："莫使外人知。"曰："和尚是第几句荐得？"山曰："月落三更穿市过。"　　洪觉范《智证传》引《涅槃经》圆伊三点语及涂毒鼓语而为传曰："岩头奯禅师尝曰：《涅槃经》此三段义似宗门，夫言似，则非宗门旨要明矣。然宗门旨要，虽即文字语言不可见，离文字语言，亦安能见哉？临济曰：大凡举唱，须一句中具三玄，一玄中具三要。有玄有要，此涂毒鼓声也。临济殁二百年，尚有闻而死者。夫分宾主如并，存照用如别，立君臣如纵。慈明曰：一句分宾主，照用一时行。要会个中意，日午打三更。同安曰：宾主穆时全是妄，君臣合处正中邪。还乡曲调如何唱，明月堂前枯树花。如前语句，皆非一代时教之所管摄，摩醯首罗面上亚竖一目，非常目也。"幻寄曰："洪师如并如别如纵语，若错认，则罪深于荐福古也。"　　觉范著《临济宗旨》曰："汾阳昭禅师示众曰：先圣云：一句语须具三玄，一玄中须具三要。阿那个是三玄三要底句？快会取好，各自思量。还得稳当也未？古德已前行脚，闻一个因缘，未明中间，直下饮食无味，睡卧不安，火急决择，岂将为小事。所以大觉老人为一大事因缘出现于世，想计他从上来行脚，不为游山玩水，看州府奢华，片衣口食，皆为圣心未通。所以驱驰行脚，决择深奥，传唱敷扬，博问先知，亲近高德。盖为续佛心灯，绍隆佛种。祖代兴崇圣种，接引后机，自利利他，不忘先迹。如今还有商量者么？有即出来，大家商量。僧问：‘如何是接初机底句？’答曰：‘汝是行脚僧。’又问：‘如何是辨衲僧底句？’答曰：‘西方日出卯。’又问：‘如何是正令行底句？’答曰：‘千里持来呈旧面。’又问：‘如何是立乾坤底句？’答曰：‘北俱卢洲长粳米，食者无嗔亦无喜。’师曰：‘只将此四转语验天下衲僧，才见汝出来，验得了也。’僧问：‘如何是学人着力处？’答曰：‘嘉州打大象。’问：‘如何是学人转身处？’答曰：‘陕府灌铁牛。’问：‘如何是学人亲切处？’答曰：‘西河弄师子。’师曰：‘若人会此三句，已辨三玄。更有三要语在，切须荐取，不是等闲。’与大众颂出曰：‘三玄三要事难分，得意忘言道易亲。一句明明该万象，重阳九日菊花新。’还会么？恁么会得，不是性燥底。衲僧作么生会好？又举三玄语曰：‘汝还会三玄底时节么。’直须明取古人意旨，然后自心明去，更得通变自在，受用无穷，唤作自受用身佛。不从他教，便识得自家活计。所以南泉曰：‘王老师十八上解作活计。’僧便问：‘古人十八上解作活计，未审作个甚么活计？’答曰：‘两只水牯牛，双角无栏棬。’复云：若要于此明得去，直须得三玄旨趣，始得受用无碍。自家庆快，以畅平生。大丈夫汉，莫教自辜。触事不通，彼此无利济。与汝一切颂出曰：第一玄：法界广无边，森罗及万象，总在镜中圆。第二玄：释尊问阿难，多闻随事答，随器量方圆。第三玄：直出古皇前，四句百非外，闾氏问丰干。师乃曰：‘这个是三玄底颂，作么生是三玄底旨趣？直教决择分明，莫只与么望空里妄解道。我曾亲近和尚来，与我说了。脱空漫语，诳吓它人，吃铁棒有日，莫言不道。’又因采菊谓众曰：‘金花布地，玉蕊承天。杲日当空，乾坤朗耀。云腾致雨，露结为霜。’不伤物义，道将一句来。还有道得底么？若道不得，眼中有屑，直须出却始得。所以风穴云：‘若立一尘，家国兴盛，野老颦蹙。不立一尘，家国丧亡，野老安怗。于此明去，阇黎无分，全是老僧。于此不明，老僧即是阇黎，阇黎与老僧。亦能悟却天下人，亦能瞎却天下人。要知老僧与阇黎么？拊其膝曰：这里是阇黎，这里是老僧。且问诸上座，老僧与阇黎是同是别？若道是同去，上座自上座，老僧自老僧。若道是别去，又道老僧即是阇黎。若能于此明得去，一句中有三玄三要，宾主历然。平生事办，参寻事毕。所以永嘉曰：粉骨碎身未足酬，一句了然超百亿。’”又曰：“临济两堂首座，一日相见，齐下喝。僧问临济：‘还有宾主也无？’答曰：‘宾主历然。’”师作偈曰：“两堂首座总作家，其中道理有纷拏。宾主历然明似镜，宗师为点眼中花。”无尽居士谓予曰：汾阳临济五世之嫡孙，天下学者宗仰。观其提纲，渠渠惟论三玄三要。今其法派，皆以此字应衍谓三玄三要一期建立之语，无益于道。但于诸法不生异见，一切平常，便是祖意。其说是否？予曰：居士闻其说，晓然了解，宁复疑汾阳提纲乎？曰：“吾固疑而未决也。予曰：此其三玄三要之所以设也。所言一句中具三玄，一玄中具三要，有玄有要者，一切众生热恼海中，清凉寂灭法幢也。此幢之建，譬如涂毒之鼓，挝之则闻者皆死。惟远闻者后死，若不横死者，虽闻不死。临济无恙时，兴化三圣宝寿定上座辈闻而死者。今百余年，犹有悟其旨者，即后死者也。而诸法派谓无益于道者，即不横死者也。祖宗门风，壁立万仞。而子孙畏之，喜行平易坦途，此所谓法道陵夷也。譬如衣冠称孔门弟子，而毁易系辞，三尺童子笑之。临济但曰：一句中具三玄，一玄中具三要，有玄有要而已。初未尝自为句中玄意中玄体中玄也。古塔主者，误认玄沙三句为三玄故。但分三玄，而遗落三要。丛林安之不以为非，为可叹息。”玄沙曰：“真常流注为平等法，但是以言遣言，以理遣理，谓之明前不明后。盖分证法身之量，未有出格之句，死在句下。若知出格之量，则不被心魔所使。入到手中，便转换落落地。言通大道，不坐平常之见，此第一句也。古谓之句中玄。回机转位，生杀自在，纵夺随宜，出生入死，广利一切，迥脱色欲爱见之境，此第二句也。古谓之意中玄。明阴洞阳，廓周沙界，一真体性，大用现前，应化无方。全用全不用，全生全不生，方便唤作慈定之门，此第三句也。古谓之体中玄。”浮山远公亦曰：“意中玄非意识之意，古不足道，远亦迷倒。予不可以不辩，无尽领之。”　　荐福古示众云：“众生久流转者，为不明自己，欲出苦源，但明取自己。自己者，有空劫时自己，有今时日用自己。空劫自己是根蒂，今时日用自己是枝叶。”又曰：“一夏将没，空劫已前事，还得相应也未？若未得相应，争奈永劫轮回何？有什么心情学佛法？广求知解，被知解风吹入生死海。若是知解，诸人过去生中，总曾学来多知多解。说得辩慧过人，机锋迅疾，只是心不息，与空劫已前事不相应。因兹恶道轮回，动经尘劫，不复人身。如今生出头来，得个人身。在袈裟之下，依前广求知解。不能息心，未免六趣轮回。何不歇心去，如痴如迷去，不语五七年去，已后佛也不奈汝何。古德云：一句语之中，须得具三玄，故知此三玄法门，是佛知见。诸佛以此法门，度脱法界众生，皆令成佛。今人却言三玄是临济门风，误矣！”汾州偈曰：“三玄三要事难分。”古注曰：此句总颂三玄也。下三句，别列三玄也。“得意忘言道易亲。”古注曰：此玄或作“意中”玄也。“一句明明该万象。”古注曰：此体中玄也。“重阳九日菊花新。”古注曰：此句中玄也。僧问：“三玄三要之名，愿为各各标出。”古曰：“三玄者，一体中玄，二句中玄，三玄中玄。此三玄门，是佛祖正见。学道人但随入得一玄，已具正见，入得诸佛阃域。”僧问：“依何圣教参详悟得体中玄？”古曰：“如肇法师云：‘会万物为自己者，其唯圣人乎？’又曰：‘三界唯心，万法唯识。’又曰：‘诸法所生，唯心所现。’一切世间因果世界微尘，因心成体。六祖云：汝等诸人，自心是佛，更莫狐疑。外无一法而能建立，皆是自心，心生万种法。又云：于一毫端现宝王刹，坐微尘里转大法轮，如此等方是正见。才缺纤毫，即成邪见。便有剩法，不了唯心。”僧又问：“如何等语句及时节因缘是体中玄？”古曰：“佛以手指地曰：‘此处宜建梵刹。’天帝释将一茎草插其处曰：‘建梵刹竟。’佛乃微笑。水潦被马祖一踏踏倒，起曰：‘万象森罗，百千妙义，只向一毫上，便识得根源。’僧问赵州：‘如何是学人自己？’州对曰：‘山河大地。’此等所谓合头语。直明体中玄，正是泼恶水，自无出身之路。所以云门诫曰：大凡下语，如当门剑。一句之下，须有出身之路。若不如是，死在句下。又南院云：‘诸方只具啐啄同时眼，不具啐啄同时用。’”僧进曰：“有何言句，明出身之路？”古曰：“如杏山问石室：‘曾到五台否？’对曰：‘曾到。’曰：‘见文殊否？’对曰：‘见。’又问：‘文殊向汝道什么？’对曰：‘道和尚父母抛在荒草里。’僧问甘泉：‘维摩以手掷三千大千世界于他方，意旨如何？’答曰：‘填沟塞壑。’僧曰：‘一句道尽时如何？’答曰：‘百杂碎。’云门问僧：‘甚处来？’曰：‘南岳来。’又问：‘让和尚为甚入洞庭湖里？’僧无对。云门代云：‘谢和尚降尊就卑。’此等语，虽赴来机，亦自有出身之路。要且未得脱洒洁净，更须知有句中玄。”僧曰：“既悟体中玄，凡有言句，事理俱备，何须句中玄？”古曰：“体中玄，临机须看时节，分宾主。又认法身法性。能卷舒万象。纵夺圣凡。被此见解所缠。不得脱洒。所以须明句中玄。若明得，谓之透脱一路，向上关棙。又谓之本分事，只对更不答话。”僧曰：“何等语句是句中玄？”古曰：“如比丘问佛说甚法，佛云：‘说定法。’又问：‘明日说甚法？’佛云：‘不定法。’曰：‘今日为甚定，明日为甚不定？’佛曰：‘今日定，明日不定。’僧问思和尚：‘如何是佛法大意？’答曰：‘庐陵米作么价？’又僧问赵州：‘承闻和尚亲见南泉来，是否？’答曰：‘镇州出大萝菔头。’又问云门：‘如何是超佛越祖之谈？’答曰：‘糊饼。’‘如何是向上关棙？’曰：‘东山西岭青。’又问洞山：‘如何是佛？’答曰：‘麻三斤。’若于此等言句中，悟入一句，一切总通。所以体中玄，见解一时净尽。从此已后，总无佛法知见。便能与人去钉楔，脱笼头，更不依倚一物。然但脱得知见见解，犹在于生死，不得自在。何以故？为未悟道故。于它分上所有言句，谓之不答话，今世以此为极则。天下大行，祖风歇灭，为有言句在。若要不涉言句，须明玄中玄。”僧曰：“何等语句时节因缘是玄中玄？”古曰：“如外道问佛：‘不问有言，不问无言。’世尊良久，外道曰：‘世尊大慈大悲，开我迷云，令我得入。’又僧问马大师：‘离四句，绝百非，请师直指西来意。’答曰：‘我今日无心情，但问取智藏。’僧问藏，藏曰：‘我今日头痛，问取海兄。’又问海，海曰：‘我到这里却不会。’又临济问黄檗：‘如何是佛法的的大意？’三问三被打。此等因缘，方便门中以为玄极，惟悟者方知。若望上祖初宗，即未可也。”僧曰：“三玄须得一时圆备，若见未圆备有何过？”古曰：“但得体中玄，未了句中玄。此人常有佛法知见，所出言句，一一要合三乘。对答句中，须依时节，具理事，分宾主，方谓之圆，不然谓之偏枯。此人以不忘知见故。道眼未明，如眼中有金屑，须更悟句中玄乃可也。若但悟句中玄，即透得法身。然反为此知见奴使，并无实行。有憎爱人我，以心外有境，未明玄中玄也。云门临济下儿孙多如此。凡学道人，纵悟得一种玄门，又须明取玄中玄，方能不坐在脱洒路上，始得平稳，脚蹋实地。”僧曰：“既云于佛祖言句棒喝中学，何故有尽善不尽善者？”古曰：“一切言句棒喝以悟为则，但学者下劣不悟道，但得知见。知见是学成，非悟也。所以认言句作无事，作点语，作纵语，作夺语，作照作用，作同时不同时语，此皆邪师过谬，非众生咎。学者本意，只欲悟道见性。为其师不达道，只将知见教渠。故曰：我眼本正，因师故邪。”僧曰：“师论三玄法门，名既有三，法门亦有三，而语句各各不同。如何又言一句之中，须具三玄三要?”古曰：“空空法界，本自无为，随缘应现，无所不为。所以虚空世界，万象森罗，四时阴阳，否泰八节，草木荣枯，人天七趣，圣贤诸佛，五教三乘，外道典籍，世出世间，皆从此出。故云无不从此法界流，究竟还归此法界。经云：‘一切诸佛及诸佛阿耨多罗三藐三菩提法，皆从此经出。’《楞严》曰：‘于一毫端现宝王刹，坐微尘里转大法轮。’《维摩》曰：‘或为日月天，梵王世界主，或时作地水，或时作火风。’李长者云：‘于法界海之智水，示作鱼龙；处涅槃之大宅，现阴阳而化物。’真觉云：‘一月普现一切水，一切水月一月摄。’三祖云：‘一即一切，一切即一。’故曰万物本无，揽真成立。真性无量，理不可分。故知无边法界之理，全体遍在一法一尘之中。《华严》曰：‘法性遍在一切处，一切众生及国土。三世悉在无有余，亦无形相而可得。’到此境者，一法一尘，一色一声，皆具周遍，含容四义。理性无边，事相无边，参而不杂，混而不一。何疑一语之中不具三玄三要耶?”僧又进曰：“古人何故须要一语之中具三玄三要?其意安在哉?”古曰：“盖缘三世诸佛所有言句教法，出自体中玄。三世祖师所有言句并教法，出自句中玄。十方三世佛之与祖所有心法，出自玄中玄。故祖道门中，没量大人，容易领解。且如亲见云门尊宿，具大声价。如德山密，洞山初，智门宽，巴陵鉴，只悟得言教，要且未悟道见性。何以知之?如僧问巴陵提婆宗，答曰：银碗里盛雪。问吹毛剑，答曰：珊瑚枝枝撑着月。问祖意教意是同是别，答曰：鸡寒上树，鸭寒下水。云我此三转语，足报云门恩了也，更不为作忌斋大众。云门道：此事若在言句，一大藏教岂无言句?岂可以三转语便报师恩乎?”　觉范《僧宝传赞》曰：“古说法有三失。其一判三玄三要，为玄沙所立三句。其二罪巴陵三语，不识活句。其三分两种自己，不知圣人立言之难。何谓三玄三要为玄沙所立三句耶?曰：所言一句中具三玄，一玄中具三要。有玄有要者，临济所立之宗也。在百丈、黄檗但名大机大用，在岩头、雪峰但名陷虎却物。譬如火聚，触之为烧，背之非火，古谓非是临济门风，则必有据，而言有据。何不明书以绝学者之疑？不然则是臆说。肆为臆说，则非天下之达道也。见立三玄，则分以为体中，为句中，为玄中，至言三要，则独不分辨乎？方讥呵学者溺于知见，不能悟道。及释一句之中具三要，则反引《金刚》《首楞严》《维摩》等义证成曰：理性无边，事相无边，参而不杂，混而不一，何疑一语之中不具三玄三要。夫叙理叙事，岂非知见乎？且教乘既具此义，则安用复立宗门？古以气盖人，则毁教乘为知见，自宗不通，则又引知见以为证，此一失也。何谓罪巴陵三语不识活句耶？曰：巴陵真得云门之旨。夫语中有语，名为死句。语中无语，名为活句。使问提婆宗，答曰：外道是。问吹毛剑，答曰：利剑是。问祖教同异，答曰：不同。则鉴作死语，堕言句中。今观所答三语，谓之语，则无理，谓之非语，则皆赴来机，活句也。古非毁之，过矣！二失也。何谓分二种自己，不知圣人立言之难耶？曰：世尊偈曰：陁那微细识，习气如瀑流。真非真恐迷，我常不开演。以第八识言其为真也耶，则虑迷无自性；言其非真也耶，则虑迷为断灭。故曰我常不开演，立言之难也。为阿难指示即妄即真之旨，但曰二种错乱修习。一者用攀缘心为自性者，二者识精圆明能生诸缘缘所遗者。然犹不欲间隔其辞，虑于一法中生二解故。古创建两种自己，疑误后学，三失也。”　　《林间录》云：“临济大师曰：大凡举唱宗乘，须一句中具三玄，一玄中具三要，有玄有要。今诸方衲子，多溟涬其语。独汾阳无德禅师，能妙达其旨。作偈通之曰：三玄三要事难分，得意忘言道易亲。一句明明该万象，重阳九日菊花新。非特临济宗喜论三要，石头所作参同契，备具此旨，窃尝深观之。但易玄要之语，为明暗耳。文止四十余句，而以明暗论者半之。篇首便标曰：灵源明皎洁，枝派暗流注。又开通发扬之曰：暗合上中言，明明清浊句。

在暗则必分上中，在明则须明清浊，此体中玄也。至指其宗而示其意则曰：本末须归宗，尊卑用其语，故下广叙明暗之句，奕奕联连不已，此句中玄也。及其辞尽也则又曰：谨白参玄人，光阴莫虚度。道人日用，能不遗时失候。则是真报佛恩，此意中玄也。法眼为之注释，天下学者宗承之。然予独恨其不分三法，但一味作体中玄解，失石头之意。李后主读当明中有暗，注辞曰：玄黄不真，黑白何咎。遂开悟。此悟句中玄，为体中玄耳。如安楞严破句读首楞严亦有明处，予惧学者雷同其旨，宗门妙意旨趣，今丛林绝口不言。老师宿德日以凋丧，未学小生日以哗喧，无复明辨，因记先德诠量大法宗趣于此，以俟有志者。又云：此方教体以音闻应机，故明导者，假以语言，发其智用。然以言遣言，以理辨理，则妙精圆明未尝间断，谓之流注真如。此汾阳所谓一句明明该万象者也。得之者神而明之，不然死于语下。故其应机而用，皆脱略窠臼。使不滞影迹，谓之有语中无语。此汾阳所谓重阳九日菊花新者也。三玄之设，本犹遣病。故达法者贵知其意，知意则索尔虚闲。随缘在运，谓之不遗时。此汾阳所谓得意忘言道易亲者也。古塔主喜论明此道，然论三玄，则可以言传。至论三要，则未容无说。岂不曰一玄中具三要，有玄有要，自非亲证此道，莫能辨也。”　　海印昙珍曰：“古德于三玄语，类能言之。而于三要，则皆杜口。按《净名经·香积佛品》注中：罗什曰：如来说法，其要有三：一软善语，二刚强语，三杂说。善行乐果，软善语也；恶行苦果，刚强语也；赞善毁恶；杂说也。三要盖本于此也。”　　幻寄曰：“临济曰：‘凡演唱宗乘，一句中须具三玄门，一玄门须具三要。’荐福古分擘古人公案，谓此为体中玄，此为句中玄，无论未达临济落处。即于一句具三玄，一玄具三要，文义亦相戾甚矣。寂音力斥之，良是。而谓荐福误认玄沙三句为三玄，则其误，与荐福等。盖玄沙三句，初未尝有体中句中之名。两家所陈，俱以第三为极则。沙之第一句，谓尽十方世界，更无他故。

只是仁者等语已尽，福之所谓体中玄义矣。寂音乃摘其数语，而为句中玄，复以沙之第三句为体中玄，浅深既自倒置，强合其所本二，强析其所本一。传会欺众，何异束蒲为脯。原福立二种自己之意，谓体中是教乘极则语，句中是宗乘极则语。尚是今时自己言句边事，必不涉言句。契空劫自己，始得其所谓玄中玄，而尽佛祖心法。其诃巴陵三语，未足以报佛恩。即指庐陵米价，镇州萝卜，为句中玄。谓悟此等言句，未为悟道意也。殊不知庐陵米价，即空劫自己，即具三玄三要。佛佛授手，授不可授之授，授此而已；灯灯相续，续无所续之续，续此而已。谓此是言句，别求空劫自己，吾知其愈远也。寂音谓福不识陵活句，彼岂以庐陵米价为死句，固识为宗乘极则语，直未识此语即空劫自己之分身。虽终日言，而未尝言，与福所举玄中玄诸公案无异道耳！福既不能识此则玄中之所列：世尊良久、马师无心情、黄檗打临济，又何能窥藩乎？于不二法强生二解，佛祖亦不奈渠何矣！鸣呼！世尊拈花，便是青原拈米价，使人尽解一笑。而承受金色头陀，又何足贵哉！宜乎荐福之未达也！寂音又引《楞严》，罪荐福立二种自己。而《楞严》固有二种根本，谓根本可云二种自己，不可福肯俯首乎？且福之言曰：空劫自己是根蒂，今时自己是枝叶。福亦何尝截然二之？必以此为罪，则凡云真心妄心本来识神，皆负罪哉！福之分擘三玄，实不知而妄作。而音之斥福，则又不能无疵。音太息立言之难不诬也！《林间录》所载论玄要语，悉本荐福。其引《参同契》，责法眼更自穿凿。当撰《临济宗旨》时，音之见已日劫远矣！昙珍三要乃荐福流裔，玄沙三句具沙章中。咦！欲契三玄三要句，请看金色笑拈花。窥鞭良马今何处？高树扶疏挂晚霞。”

师曰：“有时一喝如金刚王宝剑，有时一喝如踞地师子，有时一喝如探竿影草，有时一喝不作一喝用。汝作么生会？”僧拟议，师便喝。寂音颂云：“金刚王剑，觌露堂堂。才涉唇吻，即犯锋铓。踞地师子，本无窠臼。顾伫之间，即成渗漏。探竿影草，不入阴界。一点不来，贼身自败。有时一喝，不作喝用。佛法大有，只是牙痛。”

师应机多用喝，会下参徒亦学师喝。师曰：“汝等总学我喝，我今问汝，有一人从东堂出，一人从西堂出，两人齐喝一声。这里分得宾主么？汝且作么生分？若分不得，已后不得学老僧喝。”上堂次，两堂首座相见，同时下喝。僧问师：“还有宾主也无？”师曰：“宾主历然。”师召众曰：“要会临济宾主句，问取堂中二首座。”上堂，僧出作礼，师便喝。僧曰：“老和尚莫探头好。”师曰：“你道落在甚么处？”僧便喝。《人天眼目》有“师便打”一句。又僧问：“如何是佛法大意？”师便喝，僧作礼。师曰：“你道好喝也无？”僧曰：“草贼大败。”师曰：“过在甚么处？”僧曰：“再犯不容。”《人天眼目》有“师便喝”一句。师曰：“大众要会临济宾主句，问取堂中二禅客。”崇觉空颂云：“孔明诸葛隐蓬庐，明主求贤三下车。为报将军莫轻躁，先生谋策必无虞。”

师会下有同学二人相问。一云：“离却中下二机，请兄道一句子。”一云：“拟问则失。”一云：“与么则礼拜老兄去也。”一云：“者贼。”师闻，乃升堂云：“要会临济宾主句，问取堂中二禅客。”便下座。彻庵璇颂云：“美人私语伫中庭，转盼金笼鹦鹉听。生怕禽言露心事，手挼香稻暗叮咛。” 广慧琏举两堂首座相见齐喝话云：“诸人且道：还有宾主也无？若道有宾主，是个瞎汉。若道无宾主，也是个瞎汉。不有不无，万里崖州。你若向这里道得，也好与三十棒。若道不得，也好与三十棒。衲僧家到这里，作么生出得山僧圈䙡去？”良久云：“苦哉！苦哉！虾蟆蚯蚓。跨跳上三十三天，撞着须弥山百杂碎。”遂拈拄杖云：“一队无孔铁椎，速退！速退！”

示众：“参学之人，大须子细。如宾主相见，便有言论往来。或应物现形，或全体作用，或把机权喜怒，或现半身，或乘师子，或乘象王，如有真正学人便喝。先拈出一个胶盆子，善知识不辨是境，便上他境上作模作样，便被学人又喝。前人不肯放下，此是膏肓之病，不堪医治，唤作宾看主。或是善知识，不拈出物，只随学人问处即夺，学人被夺，抵死不肯放，此是主看宾。或有学人，应一个清净境，出善知识前，知识辨得是境，把得抛向坑里。学人言大好善知识，知识即云：‘咄哉！不识好恶。’学人便礼拜，此唤作主看主。或有学人，披枷带锁，出善知识前。知识更与安一重枷锁，学人欢喜，彼此不辨，唤作宾看宾。大德！山僧所举，皆是辨魔拣异，知其邪正。”僧问克符禅师：“如何是宾中宾？”符曰：“倚门傍户犹如醉，出言吐气不惭惺。”曰：“如何是宾中主？”符曰：“口念弥陀双拄杖，目瞽瞳人不出头。”曰：“如何是主中宾？”符曰：“高提祖印当机用，利物应知语带悲。”曰：“如何是主中主？”符曰：“横按镆　全正令，太平寰宇斩痴顽。”曰：“既是太平寰宇，为甚么却斩痴顽？”符曰：“不许夜行刚把火，直须当道与人看。”　僧问神鼎諲：“如何是宾中宾？”鼎云：“瞎！”云：“如何是宾中主？”鼎云：“一似瞎。”云：“如何是主中宾？”鼎云：“故汝三十棒。”云：“如何是主中主？”鼎云：“耶了！”　僧问雪窦显：“如何是宾中宾？”显曰：“满面埃尘。”又曰：“噫！”复颂云：“宾中之宾，少喜多嗔。丈夫壮志，当付何人？”曰：“如何是宾中主？”曰：“兆分其五。”又曰：“引！”复颂曰：“宾中之主，玄沙猛虎。半合半开，唯自相许。”曰：“如何是主中宾？”曰：“月带重轮。”又曰：“收！”复颂曰：“主中之宾，温故知新。互换相照，师子鞺𩍐。”曰：“如何是主中主？”曰：“大千捏聚。”又曰：“揭！”复颂曰：“主中之主，正令齐举。长剑倚天，谁敢当御。”总颂曰：“宾主分不分，颟顸绝异闻。解布劳生手，寄言来白云。”　华严普孜举四宾主话云：“宾中问主，互换机锋。主中问宾，同生同死。主中辨主，饮气吞声。宾中觅宾，白云万里。故句中无意，意在句中。于斯明得，一双孤雁扑地高飞。于斯未明，一对鸳鸯池边独立。知音禅客，相共证明。影响异流，切须子细。”良久曰：“若是陶渊明，攒眉便归去。”

示众：“我有时先照后用，有时先用后照，有时照用同时，有时照用不同时。先照后用，有人在。先用后照，有法在。照用同时，驱耕夫之牛，夺饥人之食，敲骨取髓，痛下针锥。照用不同时，有问有答，立宾立主，合水和泥，应机接物。若是过量人，向未举已前，撩起便行，犹较些子。”汾阳云：“先照后用，且共汝商量。先用后照，汝也是个人始得。照用同时，汝作么生当抵？照用不同时，汝作么生凑泊？”　琅玡觉云：“先照后用，露师子之爪牙。先用后照，纵象王之威猛。照用同时，如龙得水致雨腾云。照用不同时，提奖婴儿俯怜赤子。此是古人建立法门，为合如是，不合如是。若合如是，纪信乘九龙之辇。不合如是，项羽失千里之骓。还有为琅玡出气底么？如无，山僧自道去也，卓拄杖下座。”　慈明云：“有时先照后用，有时先用后照，有时照用同时，有时照用不同时。所以道：有明有暗，有起有倒。”乃喝一喝云：“且道是照是用，还有缁素得出底么？若有，试出来呈丑拙看。若无，山僧今日失利。”　径山杲云：“若也先照后用，则瞎一切人眼。若也先用后照，则开一切人眼。若也照用同时，则半瞎半开。若也照用不同时，则全开全瞎。此四则语：有一则有宾无主，有一则有主无宾，有一则宾主俱无，有一则全具宾主。即今众中，或有个不受人瞒底汉来道：者里是甚么所在？说有说无，说虚说实，说照说用，说主说宾，拦胸挡住，拽下禅床，痛椎一顿，也怪伊不得。”

上堂：“赤肉团上，有一无位真人，常从汝等面门出入。未证据者看看。”时有僧出问：“如何是无位真人？”师下禅床把住云：“道！道！”其僧拟议，师托开云：“无位真人是甚么干矢橛？”便归方丈。师见僧来，举起拂子。僧礼拜，师便打。又有僧来，师亦举拂子。僧不顾，师亦打。又有僧来参，师举拂子。僧曰：“谢和尚指示，师亦打。”云门代云：“只宜老汉。”大觉云：“得即得，犹未见临济机在。” 师问僧：“甚么处来？”僧便喝，师揖坐。僧拟议，师便打。又一僧来，师竖起拂子。僧礼拜，师便打。复见僧来，亦竖起拂子。僧不顾，师亦打。” 径山杲颂：“五月五日午时书，赤口毒舌尽消除。更饶急急如律令，不须门上画蜘蛛。”

僧问：“如何是佛法大意？”师竖起拂子。僧便喝，师便打。又僧问：“如何是佛法大意？”师亦竖起拂子。僧便喝，师亦喝。僧拟议，师便打。乃曰：“大众！夫为法者，不避丧身失命。我于黄檗先师处，三度问佛法的的大意，三度被打，如蒿枝拂相似。如今更思一顿，谁为下手？”时有僧出曰：“某甲下手。”师度与拄杖，僧拟接，师便打。师升堂，有僧出，师便喝，僧亦喝，便礼拜，师便打。问僧：“甚处来？”曰：“定州来。”师拈棒。僧拟议，师便打。僧不肯，师曰：“已后遇明眼人去在。”僧后参三圣，才举前话，三圣便打。僧拟议，圣又打。天童华云：“临济三圣，当时若有转身句，后代儿孙未至埽土。”蓦拈拄杖云：“更有一个甚处去，卓拄杖一下。”

有一老宿参，便问：“礼拜即是，不礼拜即是？”师便喝，宿便拜。师曰："好个草贼。"宿曰："贼！贼！"便出去。师曰："莫道无事好。"时首座侍立，师曰："还有过也无？"座曰："有。"师曰："宾家有过，主家有过？"曰："二俱有过。"师曰："过在甚么处？"座便出去。师曰："莫道无事好。"南泉闻云："官马相踏。"

大觉到参，师举起拂子，觉敷坐具。师掷下拂子，觉收坐具参堂去。僧众曰："此僧莫是和尚亲，不礼拜，又不吃棒？"师闻，令唤觉。觉至，师曰："大众道：汝不礼拜，又不吃棒，莫是长老亲故。"觉乃珍重下去。师问院主："甚么处去来？"曰："州中粜黄米来。"师曰："粜得尽么？"曰："粜得尽。"师以拄杖划一划曰："还粜得这个么？"主便喝，师便打。典座至，师举前话。座曰："院主不会和尚意。"师曰："你又作么生？"座礼拜，师亦打。黄龙南云："院主下喝，不可放过。典座礼拜，放过不可。临济行令，归宗放过。三十年后，有人说破。"

同普化赴施主斋次，师问："毛吞巨海，芥纳须弥，为复是神通妙用，为复是法尔如然？"化趯倒饭床，师曰："太粗生。"曰："这里是甚么所在，说粗说细。"次日又同赴斋，师复问："今日供养何似昨日？"化又趯倒饭床。师曰："得即得，太粗生。"化喝曰："瞎汉！佛法说甚么粗细。"师乃吐舌。妙喜曰："且道，临济两次休去，还有商量分也无？若有，且如何商量。"

师一日与河阳木塔长老同在僧堂地炉内坐，因说普化每日在街市掣风掣颠，知他是凡是圣。言犹未了，普化入来。师便问："汝是凡是圣？"普化云："汝且道我是凡是圣。"师便喝，普化以手指云："河阳新妇子，木塔老婆禅。临济小厮儿，却具一只眼。"师云："者贼。"普化云："贼！贼！"便出去。一日，普化在僧堂前吃生菜，师见云："大似一头驴。"普化便作驴鸣。师谓直岁云："细抹草料着。"普化云："少室人不识，金陵又再来。临济一只眼，到处为人开。"赵州游方到院，在后架洗脚次。师便问："如何是祖师西来意？"州曰："恰遇山僧洗脚。"师近前作听势。州曰："会即便会，啖啄作甚么？"师便归方丈。州曰："三十年行脚，今日错为人下注脚。"师问杏山："如何是露地白牛？"山曰："吽！吽！"师曰："哑那！"山曰："长老作么？"师曰："者畜生！"麻谷问："大悲千手眼，那个是正眼？"师搊住曰："大悲千手眼，作么生是正眼？速道！速道！"谷拽师下禅床却坐，师问讯曰："不审。"谷拟议，师便喝。拽谷下禅床却坐，谷便出。谷又问："十二面观音，那个是正面？"师下禅床擒住曰："十二面观音甚处去也？速道！速道！"谷转身拟坐，师便打。谷接住棒，相捉归方丈。

师云："山僧无一法与人，只是治病解缚。你取山僧口里语，不如休歇无事去。"又云："一念缘起无生，超出三乘权学。"示众云："今时学佛法者，且要求真正见解。若得真正见解，生死不染，去住自由。不要求殊胜，殊胜自至。道流：只如自古先德，皆有出人底路。如山僧指示人处，只要你不受人惑，要用便用，更莫迟疑。如今学者不得，病在甚处？病在不自信处。你若自信不及，即便忙忙地，一切境，被他万境回换，不得自由。你若能歇得念念驰求心，便与祖佛不别。你欲识得祖佛么？只你面前听法底是。学人信不及，便向外驰求。设求得者，皆是文字名相，终不得他活祖意。此时不遇，万劫千生轮回三界，徇好恶境掇去，驴牛肚里生。道流：约山僧见处，与释迦不别。每日多般用处，欠少甚么？六道神光未曾间歇。若能如是见得，即是一生无事人。大德：三界无安，犹如火宅。此不是你久停住处。无常杀鬼，一刹那间，不择贵贱老少，你要与祖佛不别，但莫外求。你一念清净心光，是你屋里法身佛。一念无分别心光，是你屋里报身佛。一念无差别心光，是你屋里化身佛。此三种身，是你即今目前听法底人，只为不向外驰求，有此功用。若据经论家，取三种身为极则。约山僧见处不然，此三种身，是名言，亦是三种依。古人云：身依义立，土据体论。法性身，法性土，明知是光影。大德：你且识取弄影底人，是诸佛之本源，一切处是。道流：归舍处是你四大色身，不解说法听法，脾胃肝胆，不解说法听法，虚空不解。说法听法，是甚么解说法听法？是你目前历历底。者一个形段孤明是，者个解说法听法若如是见得，便与祖佛不别。但一切时中更莫间断，触目皆是。只为情生智隔，想变体殊。所以轮回三界，受种种苦。约山僧见处，无不甚深，无不解脱。道流：心法无形，通贯十方。在目曰见，在耳曰闻，在鼻嗅香，在口谈论，在手执捉，在足运奔。本是一精明，分为六和合。一心既无，随处解脱。山僧恁么说，意在甚处？只为道流一切驰求心不能歇，上他古人闲机境。道流：取山僧见处，坐断报化佛头，十地满心，犹如客作儿，等妙二觉，担枷锁汉。罗汉辟支，犹如厕秽，菩提涅槃，如系驴橛。何以如此？只为道流不达三祇劫空，所以有此障碍。若是真正道人，终不如是。但能随缘消旧业，任运著衣裳。要行即行，要坐即坐，无一念心希求佛果。缘何如此？古人云：若欲作业求佛，佛是生死大兆。大德：时光可惜，只拟傍家波波地学禅学道，认名认句，求佛求祖，求善知识，意度莫错。道流：你只有一个父母，更求何物？你自返照看。古人云：演若达多失却头，求心歇处即无事。大德：且要平常，莫作模样。有一般不识好恶秃兵，便即见神见鬼，指东画西，好晴好雨，如是之流，尽须抵债，向阎罗王前，吞热铁丸有日在。好人家男女，被者般野狐精魅所著，便即捏怪瞎屡生，索饭钱有日在。道流：切要求取真正见解，向天下横行，免被这一般精魅惑乱身心。更莫造作，只是平常。你才拟心，早是错了也。且莫求佛，佛是名句。你还识驰求底么？三世十方佛祖出来，也只为求法。如今参学道流，也只为求法。得法始了，未得依前轮回五道。云何是法？法者是心法，心法无形，通贯十方。目前现用，人信不及。便乃认名认句，向文字中求其意度，与佛法天地悬隔。道流：山僧说法，说甚么法？说心地法。便能入净入秽，入凡入圣，入真入俗。要且不是你真俗凡圣，能与一切真俗凡圣安名。一切真俗凡圣，安者个名字不得。道流：把得便用，更莫安名，方契玄旨。山僧说法，与天下人别。只如有个文殊普贤出来，目前各现一身问法，才道咨和尚，我早辨了也。何以如此？只为我见处别。外不取凡圣，内不住根本。见彻本法，更不疑谬。”又云：“道流：佛法无用功处，只是平常无事，著衣吃饭，屙矢送尿，困来即卧。愚人笑我，智乃知焉。古人云：向外作工夫，总是痴顽汉。你且随处作主，立处皆真。一切境缘，回换不得。纵有从来习气，五无间业，皆为解脱大海。今时学禅者，总不识法。犹如触鼻羊，逢着物安在口里，奴郎不辨，宾主不分。如是之流，邪心入道，即不得名为真出家人，正是真俗家人。夫出家者，须辨得平常真正见解，辨佛辨魔，辨真辨伪，辨凡辨圣。若如是辨得。名真出家人。若魔佛不辨，正是出一家入一家，乃唤作造业众生，未得名为真出家人。只如今有个佛魔同体，若明眼道流，魔佛俱打，你若爱圣憎凡，生死海里沉浮，未有了日。”时有僧问：“如何是佛魔，乞垂开示？”曰：“你一念心疑处，是佛魔。你若达得万法无生，心如幻化，更无一尘一法，处处清净，即无佛魔。佛与众生，是染净二境。约山僧见处，无佛无众生，无古无今，得者便得。不勒时节，亦无修证，无得无失，一切时中，更无别法。设有一法过此，我说如梦如幻。山僧所说，只是道流现今目前孤明历历地听法者。此人处处不滞，通彻十方，三界自在，入一切差别境，不能回换。一刹那间透入法界，逢佛说佛，逢祖说祖，逢罗汉说罗汉，逢饿鬼说饿鬼，向一切处游履国土，教化众生，未曾离一念，随处清净，光透十方，万法一如。道流：大丈夫儿，今日方知本来无事，只为你信不及。念念驰求，舍头觅头，自不能歇。如圆顿菩萨，入法界现身，向净土中厌凡欣圣。如此之流，取舍未忘，染净心在。如禅宗见解，又且不然。直是现今，更无时节。山僧说处，皆是一期药病相治，总无实法。若如是见，是真出家。日消万两黄金。道流：莫取次被诸方老师印破面门。道我解禅解道，辩似悬河，皆是造地狱业。若是真正学道人，不见世间过，切急要求真正见解。若达真心，悟性圆明，方始了毕。”问：“如何是真正见解，乞再指示？”曰：“你但一切入凡入圣，入染入净，入诸佛国土，入弥勒楼阁，入毗卢遮那世界，处处皆现。国土成住坏空，佛出于世，转大法轮，入无余涅槃，不见有去来相貌。求其生死，了不可得，便入无生法界。处处游履国土，入华藏世界，尽见诸法全真，皆是实相。《语录》作“尽见诸法空相，皆无实法”。此从《正法眼藏》。惟有听法无依道人是诸佛之母。所以佛从无依生，若悟无依，佛亦无得。若如是见得，是真正见解。学人不了，执为名句，被他凡圣名碍，所以障其道眼，不得分明。只如十二分教，皆是表显之说。学者不会，便向表显名句上生解，皆是依倚。落在因果，未免三界生死。你欲得生死去住自由，即今识取听法底人，无形无相，无根无本，无住处。活鲅鲅地，应是万般施设用处，只是无处所。《语录》“所”字下有“以”字。觅着转远，求之转乖，号为秘密。道流：你莫认个梦幻伴子，迟晚中间，便归无常。你向此世界中，觅甚么物作解脱？觅取一口饭吃，补毳过时。且要访寻善知识，莫因循逐乐，虚生浪死。光阴可惜，念念无常。粗则被地水火风，细则被生住异灭，四大四相所逼，无有了期。道流：今时且要识取四种无相境，免被境缘摆扑。”问：“如何是四种无相境？”师曰：“你一念心爱，被水溺。你一念心嗔，被火烧。你一念心疑，被地碍。你一念心喜，被风飘。若能如是辨得，不被境转，处处用境，东涌西没，南涌北没，中涌边没，边涌中没，履水如地，履地如水。缘何如此？为达四大如梦如幻故。道流：你只今听法者，不是你四大。能用你四大，若如是见得，便乃去住自由。约山僧见处，没嫌底法。你若憎凡爱圣，被圣凡境缚，有一般学人，向五台山求文殊现，早错了也。五台山无文殊，你欲识文殊么？只你目前用处，始终不异，处处不碍，此个是活文殊。你一念心无差别，光处处总是普贤。你一念心能自在，随处解脱。此是观音三昧法，互为主伴，显即一时显，隐即一时隐。一即三，三即一。如是解得，方始好看教。”“夫大善知识，始敢毁佛毁祖。是非天下，排斥三藏教，骂辱诸小儿，向逆顺中觅人。所以我于十二年中，求一个业性，如芥子许不可得。若似新妇子禅师，便即怕趁出院，不与饭吃，不安不乐。自古先辈，到处人不信，被递出，始知是贵。若到处人尽肯，堪作甚么？所以师子一吼，野犴脑裂。道流：诸方说有道可修，有法可证，你且说证何法，修何道？你今用处欠少甚么物？修补何处？后生小阿师不会。便即信者般野狐精魅，许他说事系缚他人言。道理行相应，护惜三业，始得成佛。如此说者，如春细雨。古人云：路逢达道人，第一莫向道。所以言：若人修道道不行，万般邪境竞头生。智剑出来无一物，明头未显暗头明。所以古人云：平常心是道。大德：觅甚么物？现今目前听法无依道人，历历地分明，未曾欠少。你若欲得与祖佛不别，但如是见，不用疑误。你心心不异，名之活祖。心若有异，则性相别。心不异故，即性相不别。”问：“如何是心心不异处？”师曰：“你拟问早异了也。性相各分，道流莫错。世出世诸法，皆无自性，亦无生性。但有空名，名字亦空你只么认他闲名为实，大错了也。设有皆是依变之境，有个菩提依、涅槃依、解脱依、三身依、境智依、菩萨依、佛依，你向依变国土中，觅什么物？乃至三乘十二分教，是拭不净故纸。佛是幻化身，祖是老比丘。你还是娘生已否？你若求佛，即被佛魔摄。你若求祖，即被祖魔缚。你若有求皆苦，不如无事。有一般秃比丘，向学人道：佛是究竟。于三大阿僧祇劫修行，果满始成道。道流：你若道佛是究竟，缘什么八十年后，向拘尸罗城双林树间，侧卧而死去。佛今何在？明知与我生死不别，你言三十二相八十种好是佛，转轮圣王应是如来，明知是幻化。古人云：如来举身相，为顺世间情。恐人生断见，权且立处名。假言三十二，八十也空声。有身非觉体，无相乃真形。你道佛有六通，是不可思议。一切诸天神仙阿修罗大力鬼，亦有神通，应是佛否？道流莫错，只如阿修罗与天帝释战，战败领八万四千眷属，入藕丝孔中藏，莫是圣否？如山僧所举，皆是业通依通。夫如佛六通者不然，入色界不被色惑，入声界不被声惑，入香界不被香惑，入味界不被味惑，入触界不被触惑，入法界不被法惑。所以达六种色声香味触法皆是空相，不能系缚。此无依道人虽是五蕴陋质，便是地行神通。道流：真佛无形，真法无相，你只么幻化上头，作模作样。设求得者，皆是野狐精魅，并不是真佛，是外道见解。夫如真学道人，并不取佛，不取菩萨罗汉，不取三界殊胜。迥然独脱，不与物拘。乾坤倒覆，我更不疑。十方诸佛现前，无一念心喜；三途地狱顿现，无一念心怖。缘何如此？我见诸佛空相，变即有，不变即无。三界惟心，万法惟识。所以梦幻空华，何劳把捉。惟有道流目前现今听法底人，入火不烧，入水不溺，入三途地狱如游园观，入饿鬼畜生而不受报。缘何如此？无嫌底法。你若爱圣憎凡，生死海里沉浮。烦恼由心故有，无心烦恼何拘。不劳分别取相，自然得道须臾。你拟傍家波波地学得，于三祇劫中，终归生死，不如无事向丛林中床角头交脚坐。”“道流：‘你欲得如法，但莫生疑。展则弥纶法界，收则丝发不立。历历孤明，未曾欠少。眼不见，耳不闻，唤作什么物？古人云：说似一物则不中。你但自家看，更有什么？说亦无尽，各自着力。珍重！”“道流：是你目前用处，与祖佛不别。只么不信，便向外求。莫错！向外无法，内亦不可得。你取山僧口里语，不如歇业无事去。已起者莫续，未起者不要放起，便胜你十年行脚。约山僧见处，无如许多般，只是平常著衣吃饭，无事过时。”“逢佛杀佛，逢祖杀祖，逢罗汉杀罗汉，逢父母杀父母，逢亲眷杀亲眷，始得解脱。不与物拘，透脱自在。”“你一念心歇得处，唤作菩提树。你一念心不能歇得处，唤作无明树。无明无住处，无明无始终。你若念念心歇不得，便上他无明树。便入六道四生，披毛戴角。你若歇得，便是清净身界。你一念不生，便是上菩提树。三界神通变化意生化身。”“有一般瞎秃子，吃饭饱了，便坐禅观行。把捉念漏，不令放起。厌喧求静，是外道法。祖师云：你若住心看静，举心外照，摄心内澄，凝心入定，如是之流，皆是造作。是你如今与么听法底人，作么生拟修他证他庄严他？渠且不是修底物，不是庄严得底物。若教他庄严，你一切物即庄严得。”“山僧说向外无法，学人不会。即便向里作解，便即倚壁坐。舌拄上腭，湛然不动。取此为是祖门佛法，也大错！是你若取不动清净境为是，你即认他无明为郎主。古人云：湛湛黑暗深坑实可怖畏，此之是也。你若认他动者，是一切草木皆解动。应可是道否？所以动者是风大，不动者是地大。动与不动，俱无自性。你若向动处捉他，他向不动处立。你若向不动处捉他，他向动处立。譬如潜泉鱼鼓波而自跃。大德：动与不动，是二种境。还是无依道人，用动用不动。”

咸通八年丁亥四月十日，将示灭，说传法偈曰：“沿流不止问如何，真照无边说似他。离相离名人不禀，吹毛用了急须磨。”复谓众曰：“吾灭后，不得灭却吾正法眼藏。”三圣出曰：“争敢灭却和尚正法眼藏？”师曰：“已后有人问你，向他道甚么？”圣便喝。师曰：“谁知吾正法眼藏，向这瞎驴边灭却。”言讫，端坐而逝。塔全身于府西北隅。谥慧照。

寂音曰：“急须磨者，船子曰：‘直须藏身处没踪迹，没踪迹处莫藏身也。’”　幻寄曰：“寂音只识菜刀子，未梦见吹毛剑在。”

指月录卷十五

六祖下第五世

◎潭州石霜山庆诸禅师，庐陵新淦陈氏子。初习毗尼，忽弃去，抵沩山为米头。一日筛米次，沩曰："施主米莫抛撒。"师曰："不抛撒。"沩于地上拾得一粒曰："汝道不抛撒，这个是甚么？"师无对。沩又曰："莫轻这一粒，百千粒尽从这一粒生。"师曰："百千粒从这一粒生，未审这一粒从甚么处生？"沩呵呵大笑，归方丈。沩至晚上堂曰："大众米里有虫，诸人好看。"后参道吾，问："如何是触目菩提？"吾唤沙弥，弥应诺。吾曰："添净瓶水著。"良久却问师："汝适来问甚么？"师拟举，吾便起去。师于此有省。吾将顺世，垂语曰："我心中有一物，久而为患，谁能为我除之？"师曰："心物俱非，除之益患。"吾曰："贤哉！贤哉！"师后避世，混俗于长沙浏阳陶家坊，朝游夕处，人莫能识。后因僧自洞山来，师问："和尚有何言句示徒？"曰："解夏上堂云：秋初夏末，兄弟或东去西去，直须向万里无寸草处去。"良久曰："只如万里无寸草处，作么生去？"师曰："有人下语否？"曰："无。"师曰："何不道出门便是草。"僧回举似洞山，山曰："浏阳乃有古佛耶？"妙喜曰："不见道：师子一滴乳，迸散十斛驴乳。"　　大阳延云："如今直道不出门亦是草漫漫地。且道合向甚么处行履？"良久云："莫守寒岩异草青，坐着白云宗不妙。"　　圆通善云："且道诸人即今脚跟下一句作么生道？若道万里无寸草，许你参见洞山。若道出门便是草，许你参见石霜。若道不出门亦是草漫漫地，许你参见大阳。若总道不得，许你参见延圣。何故？惟有好风来席上，更无闲语落人间。"

师在方丈内，僧在窗外问："咫尺之间，为甚么不睹师颜？"师曰："遍界不曾藏。"僧举问雪峰："遍界不曾藏，意旨如何？"峰曰："甚么处不是石霜？"师闻曰："这老汉，着甚死急？"峰闻曰："老僧罪过。"玄沙云："山头老汉，蹉过石霜。"　　洞山价云："笑杀土地。"　　东禅齐云："只如雪峰，是会石霜意，不会石霜意，若会？也他为什么道死急。若不会，作么生？雪峰岂可不会。然法且无异，奈以师承不同，解之差别。他云遍界不曾藏，也须曾学来始得会。乱说即不可。"　　幻寄云："齐公此言，以病为药，眼目定动，入地狱如箭射。"

僧问："三千里外，远闻石霜有个不顾。"师曰："是。"曰："只如万象历然，是顾不顾？"师曰："我道不惊众。"曰："不惊众是与万象合，如何是不顾？"师曰："遍界不曾藏。"僧辞，师问："船去，陆去？"曰："遇船即船，遇陆即陆。"师曰："我道半途稍难。"僧无对。云盖问："万户俱闭即不问。万户俱开时如何？"师曰："堂中事作么生？"曰：

"无人接得渠。"师曰："道也太煞道，也只道得八九成。"曰："未审和尚作么生道？"师曰："无人识得渠。"妙喜曰："一对无孔铁椎，就中一个最重。"　《传灯录》："于师后语，仍作无人接得渠。"　东禅齐云："只如石霜意作么生？若道一般，前来为甚么不许伊？若道别有道理，又只重说一遍。且道古人意作么生？"

问僧："近离甚处？"曰："审道。"师于面前画一画曰："汝剌脚与么来，还审得这个么？"曰："审不得。"师曰："汝衲衣与么厚，为甚却审这个不得？"曰："某甲衲衣虽厚，争奈审这个不得。"师曰："与么则七佛出世也救你不得。"曰："说甚七佛，千佛出世也救某甲不得。"师曰："太懵懂生。"曰："争奈聻。"师曰："参堂去。"僧曰："喏！喏！"裴相公来，师拈起裴笏问："在天子手中为圭，在官人手中为笏，在老僧手中且道唤作甚么？"裴无对，师乃留下笏。示众："初机未觏大事，先须识取头，其尾自至。"疏山仁参，问："如何是头？"师曰："直须知有。"曰："如何是尾？"师曰："尽却今时。"曰："有头无尾时如何？"师曰："吐得黄金堪作甚么？"曰："有尾无头时如何？"师曰："犹有依倚在。"曰："直得头尾相称时如何？"师曰："渠不作个解会，亦未许渠在。"后僧问九峰："如何是头？"峰曰："开眼不觉晓。"曰："如何是尾。"峰曰："不坐万年床。"曰："有头无尾时如何？"峰曰："终是不贵。"曰："有尾无头时如何？"峰曰："虽饱无力。"曰："直得头尾相称时如何？"峰曰："儿孙得力，室内不知。"

师居石霜二十年，学众多有常坐不卧屹若株杌，天下谓之枯木众。唐僖宗闻师名，专使赐紫，师坚辞不受。光启四年戊申二月己亥，安坐而化。

◎**潭州渐源仲兴禅师**，在道吾为侍者，因过茶与吾，吾提起盏曰：“是邪是正？”师义手近前目视吾。吾曰：“邪则总邪，正则总正。”师曰：“某甲不恁么道。”吾曰：“汝作么生？”师夺盏子提起曰：“是邪是正？”吾曰：“汝不虚为吾侍者。”师便礼拜。一日侍吾往檀越家吊慰，师拊棺曰：“生耶死耶？”吾曰：“生也不道，死也不道。”师曰：“为甚么不道？”吾曰：“不道！不道！”归至中路，师曰：“和尚今日须与某甲道，若不道，打和尚去也。”吾曰：“打即任打，道即不道。”师便打。吾归院曰：“汝宜离此去，恐知事得知不便。”师乃礼辞，隐于村院。经三年后，忽闻童子念观音经，至应以比丘身得度者，即现比丘身，忽然大省。遂焚香遥礼曰：“信知先师遗言终不虚发，自是我不会，却怨先师。先师既没，惟石霜是嫡嗣，必为证明。”乃造石霜，霜见便问：“离道吾后到甚处来？”师曰：“只在村院寄足。”霜曰：“前来打先师因缘会也未？”师起身进前曰：“却请和尚道一转语。”霜曰：“不见道：生也不道，死也不道。”师乃述在村院得底因缘，遂礼拜石霜，设斋忏悔。他日持锹复到石霜，于法堂上，从东过西，从西过东。霜曰：“作么？”师曰：“觅先师灵骨。”霜曰：“洪波浩渺，白浪滔天，觅甚先师灵骨？”师曰：“正好著力，霜曰：“这里针札不入，著甚么力？”源持锹肩上便出。太原孚代云：“先师灵骨犹在。”　雪窦颂：“兔马有角，牛羊无角。绝毫绝厘，如山如岳。黄金灵骨今犹在，白浪滔天何处着？无处着，只履西归曾失却。”　　圜悟勤云：“有者错会道：不道便是道，无句是有句。兔马无角，却云有角。牛羊有角，却云无角。且得没交涉。殊不知古人千变万化，现如此神通，只为打破你这精灵鬼窟。若透得去，不消一个了字。兔马有角，牛羊无角。绝毫绝厘，如山如岳。这四句，便似摩尼宝珠一颗相似，雪窦浑仑地吐在你面前了也，后来只是据款结案。”

一日，宝盖和尚来访，师便卷起帘子，在方丈内坐。盖一见乃下却帘，便归客位。师令侍者传语：“长老远来不易，犹隔津在。”盖擒住侍者与一掌，者曰：“不用打某甲，有堂头和尚在。”盖曰：“为有堂头老汉，所以打你。”者回举似师，师曰：“犹隔津在。”

◎**僧密禅师**，与洞山行次，忽见白兔走过，师曰：“俊哉！”洞曰：“作么生？”师曰：“大似白衣拜相。”洞曰：“老老大大作这个说话。”师曰：“你作么生？”洞曰：“积代簪缨，暂时落魄。”师把针次，洞山问曰：“作甚么？”师曰：“把针。”洞曰：“把针事作么生？”师曰：“针针相似。”洞曰：“二十年同行，作这个语话，岂有与么功夫？”师曰：“长老又作么生？”洞曰：“如大地火发底道理。”师问：“智识所通，莫不游践。径截处乞师一言。”洞曰：“师伯意何得取功。”师因斯顿觉，下语非常。后与洞山过独木桥，洞先过了，拈起木桥曰：“过来，过来。”师唤价阇黎，洞乃放下桥木。

◎**澧州夹山善会禅师**，广州廖氏子。自得法船子，遁世幽栖。学者鳞萃，咸通庚寅。乃开席夹山。师初在沩山作典座，沩问："今日吃甚菜？"师曰："二年同一春。"沩曰："好好修事着。"师曰："龙宿凤巢。"僧问："从上立祖意教意，和尚为甚么却言无？"师曰："三年不吃饭，目前无饥人。"曰："既是无饥人，某甲为甚么不悟？"师曰："只为悟迷却阇黎。"复示偈曰："明明无悟法，悟法却迷人。长舒两脚睡，无伪亦无真。"问："拨尘见佛时如何？"师曰："直须挥剑。若不挥剑，渔父栖巢。"僧后问石霜："拨尘见佛时如何？"霜曰："渠无国土，甚处逢渠？"僧回举似师，师上堂举了，乃曰："门庭施设不如老僧，入理深谈，犹较石霜百步。"问："古人布发掩泥，当为何事？"师曰："九乌射尽，一翳犹存。一箭堕地，天下黯黑。"师会下有一僧，到石霜，入门便道不审。霜曰："不必阇黎。"僧云："与么则珍重。"又到岩头，亦云不审，头乃嘘两声。僧云："与么则珍重。"才回步，头云："虽是后生，亦能管带。"其僧归举似师。师明日升堂，乃唤昨日从石霜岩头来底阿师出来。如法举前话，僧举了。师云："大众还会么？若无人道，老僧不惜两茎眉毛道去也。"乃云："石霜虽有杀人刀，且无活人剑。岩头亦有杀人刀，亦有活人剑。"上堂："我二十年住此山，未曾举着宗门中事。"有僧问："承和尚有言，二十年住此山，未曾举着宗门中事，是否？"师曰："是。"僧便掀倒禅床，师休去。至明日普请掘一坑，令侍者请昨日僧至曰："老僧二十年说无义语，今日请上座打杀老僧，埋向坑里。便请！便请！若不打杀老僧，上座自着打杀，埋在坑中始得。"其僧归堂，束装潜去。蒋山勤云："夹山浊时，头尾皆浊，这僧清时，始终俱清。后人不会，便云：‘这僧怕被打杀潜去。’殊不知绵里有针。这僧好是好，只是少一转语。待夹山云：‘阇黎若不打杀老僧，阇黎自着打杀，埋向坑中。’只近前两手擘开眼云：‘猫。’”

虎头上座参。师问：“甚处来？”曰：“湖南来。”师曰：“曾到石霜么？”曰：“要路经过争得不到？”师曰：“闻石霜有球子话，是否？”曰：“和尚也须急着眼始得。”师曰：“作么生是球子？”曰：“跳不出。”师曰：“作么生是球杖？”曰：“没手足。”师曰：“且去！老僧未与阇黎相见。”明日升座，师曰：“昨日新到在么？”头出应诺。师曰：“目前无法，意在目前，不是目前法，非耳目之所到。”头曰：“今日虽问，要且不是。”师曰：“片月虽明，非关天地。”头曰：“莫孱沸。”便作掀禅床势。师曰：“且缓缓，亏着上座甚么处？”头竖起拳曰：“目前还着得这个么？”师曰：“作家！作家！”头又作掀禅床势。师曰：“大众看这一员战将，若是门庭布列，山僧不如他。若据入理之谈，也较山僧一级地。”师示众云：“百草头荐取老僧，闹市里识取天子。”云门云：“虾蟆钻你鼻孔，毒蛇穿作眼睛，且向葛藤里会取。” 妙喜云：“夹山垛生招箭，云门认贼为子。虽然如是，知恩者少，负恩者多。”

僧问：“如何是夹山境？”师曰：“猿抱子归青嶂里，鸟衔花落碧岩前。”后来法眼云：“我二十年只作境话会。” 浮山远云：“直饶不作境话会，亦未在。何故？犀因玩月纹生角，象被雷惊花入牙。”

上堂：“金乌玉兔，交互争辉。坐却日头，天下黑暗。上唇与下唇，从来不相识。明明向君道，莫令眼顾着。何也？日月未足为明，天地未足为大。空中不运斤，巧匠不遗踪。见性不留佛，悟道不存师。寻常老僧道：目睹瞿昙，犹如黄叶。一大藏教，是老僧坐具。祖师玄旨，是破草鞋。宁可赤脚，不著最好。”上堂：“不知天晓，悟不由师。龙门跃鳞，不堕渔人之手。但意不寄私缘，舌不亲玄旨。正好知音，此名俱生话。若向玄旨疑去，赚杀阇黎。困鱼止泺，钝鸟栖芦。云水非阇黎，阇黎非云水。老僧于云水而得自在，阇黎又作么生？”上堂：“明不越户，穴不栖巢。目不顾他位里，脚不踏他位里。六户不掩，四衢无踪。学不亭午，意不立玄。千劫眼不借舌头底，万劫舌头不顾眼中明。峻机不假锋铓事，到这里有甚么事？阇黎！竿头丝线从君弄，不犯清波意自殊。”上堂：“有祖以来，时人错会，相承至今。以佛祖言句，为人师范。若或如此，却成狂人无智人去。他只指示汝，无法本是道。道无一法，无佛可成，无道可得，无法可取，无法可舍。所以老僧道：目前无法，意在目前，他不是目前法。若向佛祖边学，此人未具眼在。何故？皆属所依，不得自在。本只为生死茫茫，识性无自由分。千里万里求善知识，须具正眼。求脱虚谬之见，定取目前生死。为复实有，为复实无。若有人定得，许汝出头，上根之人，言下明道，中下根器，波波浪走。何不向生死中定当取，何处更疑佛疑祖，替汝生死。有智人笑汝，汝若不会，更听一颂：劳持生死法，惟向佛边求。目前述正理，拨火觅浮沤。”

中和元年十一月七日召主事曰：“吾与众僧话道累岁，佛法深旨各应自知，吾今幻质时尽即去，汝等善保护。如吾在日，勿得雷同世人，辄生惆怅。”言讫，奄然而逝。

◎**舒州投子山大同禅师**，参翠微语，参《翠微章》。他日问：“如何是佛理？”微曰：“佛即不理。”师曰：“莫落空否？”微曰：“真空不空。”微复示谶偈曰：“佛理何曾理，真空又不空。大同居寂住，敷演我师宗。”师后住投子院，名寂住。一日，赵州和尚至桐城县，师亦出山，途中相遇，乃逆而问曰：“莫是投子山主么？”师曰：“茶盐钱布施我。”州先归庵中坐，师后携一瓶油归。州曰：“久向投子，及乎到来，只见个卖油翁。”师曰：“汝只识卖油翁，且不识投子。”州曰：“如何是投子？”师提起油瓶曰：“油！油！”师自过胡饼与州，州不管。师令侍者过胡饼，州礼侍者三拜。州问：“大死底人却活时如何？”师曰：“不许夜行，投明须到。”州曰：“我早侯白，伊更侯黑。”雪窦颂云：“活中有眼还同死，药忌何须验作家。古佛尚言曾未到，不知谁解撒泥沙。” 径山杲颂：“禾黍不阳艳，竞栽桃李春。翻令力耕者，半作卖花人。”

雪峰到，师指庵前一片石谓雪峰曰：“三世诸佛，总在里许。”峰曰：“须知有不在里许者。”师曰：“不快漆桶。”师与雪峰游龙眠，有两路，峰问：“那个是龙眠路？”师以杖指之。峰曰：“东去西去？”师曰：“不快漆桶。”问：“一槌便就时如何？”师曰：“不是性燥汉。”曰：“不假一槌时如何？”师曰：“不快漆桶。”峰问：“此间还有人参也无？”师将镢头抛向峰面前，峰曰：“恁么则当处掘去也。”师曰：“不快漆桶。”峰辞，师送出门。召曰：“道者！”峰回首应诺。师曰：“途中善为。”雪窦显于“不是性燥汉”处拈云：“我当时若作雪峰，待投子道不是性燥汉处，只向伊道：钳锤在我手里。诸上座，合与投子著得个甚么语？若能道得，便乃性燥平生光扬宗眼。若也颟顸，顶上一椎，莫言不道。”

僧问赵州：“初生孩子还具六识也无？”州云：“急水上打球子。”后僧问师：“急水上打球子，意旨如何？”师曰：“念念不停留。”雪窦显颂云：“六识无功伸一问，作家曾共辨来端。茫茫急水打球子，落处不停谁解看？”

师因僧问：“如何是十身调御？”师下禅床立。又问：“凡圣相去多少？”师亦下禅床立。雪窦显云：“此公案，诸人无不委知。若与么举，天下衲僧尽为念话社家。雪窦还有长处也无，试为大众举看。凡圣相去多少，投子下禅床立，如何是十身调御？投子下禅床立。且道：与前来举底，是同是别？若道一般，许上座具一只眼。若道别有奇特，也许上座具一只眼。复更开一线道：凡圣相去多少？请上座下一转语。如何是十身调御？请上座答一转语。非但参见投子，亦得知雪窦长处。或复总道下禅床立，惜取眉毛好。”

问：“一切声是佛声，是否？”师曰：“是。”曰：“和尚莫屎沸碗鸣声。”师便打。问：“粗言及细语，皆归第一义，是否？”师曰：“是。”曰：“唤和尚作头驴得么？”师便打。妙喜云：“贼！贼！败也。”复云：“且道那个是正贼，那个是草贼？”

雪窦颂：“投子投子，机轮无滞。放一得二，同彼同此。可怜无限弄潮人，毕竟还落潮中死。忽然活，百川倒流闹潉潉。”

问：“一等是水，为甚么海咸河淡？”师曰：“天上星地下木。”师在京，赴一檀越斋。檀越将一盘草来，师拳两手安头上，檀越便将斋来。后有僧问：“和尚在京投斋，意旨如何？”师曰：“观世音菩萨。”问：“和尚自住此山，有何境界？”师曰：“丫角女子白头丝。”中和中，巢寇暴起，天下丧乱，有狂徒持刃问师曰：“住此何为？”师乃随宜说法，渠魁闻而拜伏，脱身服为施而去。乾化四年四月六日示微疾，大众请医，师谓众曰："四大动作，聚散常程，汝等勿虑，吾自保矣。"言讫，跏趺而寂。

◎**鄂州清平山安乐院令遵禅师**，初参翠微，便问："如何是西来的的意？"微曰："待无人即向汝说。"师良久曰："无人也请和尚说。"微下禅床引师入竹园。师又曰："无人也请和尚说。"微指竹曰："这竿得恁么长，那竿得恁么短。"师虽领其微言，犹未彻其玄旨。出住大通，举初见翠微机缘谓众曰："先师入泥入水为我，自是我不识好恶。"师自此化导。僧问："如何是大乘？"曰："井索。""如何是小乘？"曰："钱索。""如何是有漏？"曰："笊篱。""如何是无漏？"曰："木杓。"法云秀云："大乘小乘，井索钱索。有漏无漏，笊篱木杓。"　法昌遇和尚垂语云："我要一个不会禅底做国师。"妙喜曰："且道是醍醐句，毒药句？"

◎**鼎州德山宣鉴禅师**，简州周氏子，丱岁出家，依年受具。精究律藏，于性相诸经，贯通旨趣。常讲《金刚般若》，时谓之周金刚。常谓同学曰："一毛吞海，海性无亏。纤芥投锋，锋利不动。学与无学，惟我知焉。"后闻南方禅席颇盛，师气不平，乃曰："出家儿千劫学佛威仪，万劫学佛细行，不得成佛。南方魔子敢言直指人心，见性成佛，我当搂其窟穴，灭其种类，以报佛恩。"遂担《青龙疏钞》出蜀，至澧阳路上，见一婆子卖饼，因息肩买饼点心。婆指担曰："这个是甚么文字？"师曰："《青龙疏钞》。"婆曰："讲何经?”师曰：“《金刚经》。”婆曰：“我有一问，你若答得，施与点心。若答不得，且别处去。《金刚经》道：‘过去心不可得，现在心不可得，未来心不可得。’未审上座点那个心?”师无语，遂往龙潭。至法堂曰：“久向龙潭，及乎到来，潭又不见，龙又不现。”潭引身曰：“子亲到龙潭。”师无语，遂栖止焉。一夕侍立次，潭曰：“更深何不下去?”师珍重便出。却回曰：“外面黑。”潭点纸烛度与师。师拟接，潭复吹灭。师于此大悟，便礼拜。潭曰：“子见个甚么?”师曰：“从今向去，更不疑天下老和尚舌头也。”至来日，龙潭升座，谓众曰：“可中有个汉，牙如剑树，口似血盆，一棒打不回头。他时向孤峰顶上，立吾道去在!”师将疏钞堆法堂前，举火炬曰：“穷诸玄辩，若一毫置于太虚；竭世枢机，似一滴投于巨壑。”遂焚之。于是礼辞。抵沩山，挟复子上法堂，从西过东，从东过西，曰：“有么？有么?”山坐次，殊不顾盼。师曰：“无！无!”雪窦著语云：“勘破了也。”便出。至门首乃曰：“虽然如此，也不得草草。”遂具威仪，再入相见。才跨门，提起坐具曰：“和尚!”山拟取拂子，师便喝，拂袖而出。雪窦著语云：“勘破了也。”沩山至晚问首座：“今日新到在否?”座曰：“当时背却法堂，著草鞋出去也。”山曰：“此子已后向孤峰顶上盘结草庵，呵佛骂祖去在!”雪窦著语云：“雪上加霜。”复颂云：“一勘破，二勘破，雪上加霜曾险堕。飞骑将军入虏庭，再得完全能几个。急走过，不放过，孤峰顶上草里坐。咄!” 圜悟勤云：“雪窦道勘破，且道是勘破德山，为复勘破沩山。” 妙喜曰：“二尊宿恁么相见，每人失却一只眼。”

小参，示众曰：“今夜不答话，问话者三十棒。”时有僧出礼拜，师便打。僧曰：“某甲话也未问，和尚因甚么打某甲？”师曰：“汝是甚么处人？”曰：“新罗人。”师曰：“未跨船舷，好与三十棒。”圆明密云：“大小德山，龙头蛇尾。” 法眼云：“大小德山，话作两橛。” 圜悟勤云：“虽则直截单提，各能扶竖德山。要且只扶得末后句，未扶得最初句在。且作么生是德山最初句？大鹏欲展摩霄翅，谁顾崩腾六合云。”又云：“若作两橛会，且得没交涉。便作龙头蛇尾会，且得没交涉。既不恁么会，毕竟作么生？且道二老宿，为甚么却如此拈？诸人试著眼看。” 雪窦显云：“此二老宿，虽善裁长补短，舍重从轻，要见德山老汉。亦未可在。何故？殊不知德山握阃外之威权，有当断不断不招其乱底剑。诸人要识新罗僧么，只是撞着露柱底瞎汉。” 圜悟勤又云：“雪窦道新罗僧便是撞着露柱底瞎汉，甚么处是这僧瞎处？人多情解道：等他德山道你是甚么处人，当时便以坐具劈面摵。痴人！若如此，德山便放你也。且道毕竟甚么处是这僧瞎处，师便打。” 玄觉云：“丛林中唤作膈下语，且从。只如德山道问话者三十棒，意作么生？” 大愚芝云：“时人尽道：德山作家用得好，若与么会，还曾梦见么？大愚道：德山被这僧一推，直得瓦解冰消。虽然如是，今日觅这一个尊宿，也大难得。”

示众：“道得也三十棒，道不得也三十棒。”临济闻得，谓洛浦曰：“汝去问他，道得为甚么也三十棒？待伊打汝，接住棒送一送，看伊作么生？”浦如教而问，师便打。浦接住送一送，师便归方丈。浦回举似临济，济曰：“我从来疑着这汉。虽然如是，你还识德山么？”浦拟议，济便打。临济侍立次，师曰：“困。”济曰：“老汉寐语作么？”师便打。济掀倒禅床，师便休。雪窦云：“二员作者，具啐啄同时眼，有啐啄同时用。雪窦拟向猛虎口中夺鹿，饥鹰爪下分兔。敢谓临济德山二俱瞎汉，有人辨得，天下横行。”　　妙喜曰：“你看他了事汉，等闲蓦路相逢，自然各各有出身之路。后来云峰悦禅师拈云：此二员作家，一拶一捺，略露风规，大似把手上高山。虽然如是，未免旁观者丑。且道谁是旁观者？良久喝一喝。据妙喜所见，云峰亦未免和泥合水。好与这两个老汉，一状领过，一坑埋却。且道过在甚么处？”

龙牙问：“学人仗镆　剑拟取师头时如何？”师引颈近前曰：“团。”牙曰：“头落也。”师呵呵大笑。牙后到洞山，举前话，山曰：“德山道甚么”牙曰：“德山无语。”洞曰：“莫道无语，且将德山落底头呈似老僧看。”牙方省，便忏谢。有僧举似师，师曰：“洞山老人不识好恶，这汉死来多少时，救得有甚么用处？”有僧相看，乃近前作相扑势。师曰：“与么无礼，合吃山僧手里棒。”僧拂袖便行。师曰：“饶汝如是，也只得一半。”僧转身便喝。师曰：“须是我打你始得。”曰：“诸方有明眼人在。”师曰：“天然有眼。”僧擘开眼曰：“猫。”便出。师曰：“黄河三千年一度清。”师令侍者唤义存，存上来。师曰：“我自唤义存，汝又来作甚么？”存无对。雪峰问：“从上宗乘，学人还有分也无？”师打一棒曰：“道甚么？”曰：“不会。”至明日请益，师曰：“我宗无语句，实无一法与人。”峰因此有省。岩头闻之曰：“德山老人一条脊梁骨，硬似铁，拗不折。虽然如此，于唱教门中，犹较些子。”保福问招庆：“只如岩头出世，有何言教过于德山，便恁么道。”庆云：“汝不见岩头道：‘如人学射，久久方中。’”福云：“中后如何？”庆云：“展阇黎，莫不识痛痒。”福云：“和尚今日非唯举话。”庆云：“展阇黎是甚么心行？”明招云：“大小招庆，错下名言。”

僧参，师问维那："今日几人新到？"曰："八人。"师曰："唤来一时生按着。"上堂："及尽知也，直得三世诸佛口挂壁上，犹有一人呵呵大笑。若识此人，参学事毕。"或作德山密语。投子青云："德山大似藏尽楚天月，犹存汉地星。"

上堂："若也于己无事，则勿妄求。妄求而得，亦非得也。汝但无事于心，无心于事，则虚而灵，空而妙。若毛端许言之本末者，皆为自欺。何故？毫厘系念，三途业因，瞥尔情生，万劫羁锁。圣凡名号尽是虚声。殊相劣形皆为幻色。汝欲求之，得无累乎？及其厌之，又成大患，终为无益。"示众云："诸子从朝至暮，有甚么事？莫要逞驴唇马觜，问德山老汉么。我且不怕你，未审诸子有何疑虑？近来末法时代，多有鬼神，群队傍家走言。我是禅师，未审学得多少禅道。说似老汉来，你诸方老秃奴，教汝修行作佛，傍家走，成得几个佛也。你若无可学，又走作甚么？若有学者，你将取学得底来，呈似老汉看。一句不相当，须吃痛棒始得。你被他诸方老秃奴魔魅着，便道我是修行人，打硬作模作样，恰似得道底人面孔。莫取次用心，万劫千生轮回三界，皆为有心。何以故？心生则种种法生，若能一念不生，则永脱生死，不被生死缠缚。要行即行，要坐即坐，更有甚么事！仁者，我见你诸人，到处发心，向老秃奴会下，学佛法荷负。不惜身命，皆被钉却诸子眼睛，断诸子命根。三二百个淫女相似，道我主化建立法幢，为后人开眼目，自救得么？仁者，如此说修行，你岂不闻道：老胡经三大阿僧祇劫修行，即今何在？八十年后死去，与你何别？诸子莫狂，劝你不如休歇去，无事去。你瞥起一念心，便是魔家眷属，破戒俗人。你见德山出世，十个五个，总拟聚头来难问。待教结舌无言，你是偻罗儿。今何不出来，破布袋里盛锥子，不出头，是好手。我要问你，实底莫错。仁者，波波地傍家走，道我解禅解道，点胸点肋，称杨称郑，到这里须尽吐却始得无事。你但外不著声色，内无能所知解，体无凡圣，更学甚么？设学得百千妙义，只是个吃疮疣鬼，总是精魅。我这个虚空，道有且不是有，道无且不是无，言凡不凡，言圣不圣，一切处安著他不得，与你万法为师。这个老汉，不敢谤他，所以老胡吐出许多方便涕唾，教你无事去。莫向外求，你更不肯。欲得采集殊胜言句，蕴在胸襟，巧说言辞，以舌头取办。高著布裙，贵图人知，道我是禅师，要出头处。若作如此见解，打那鬼骨臀，入拔舌地狱有日在。到处觅人道，我是祖师门下客，却被他问着本分事。口似木楔，便却与他说菩提涅槃真如解脱。广引三藏言教，是禅是道，诳他闾阎，有甚么交涉，谤我先祖。德山老汉见处即不然，这里佛也无，法也无，达磨是老臊胡，十地菩萨是担粪汉，等妙二觉是破戒凡夫，菩提涅槃是系驴橛，十二分教是鬼神簿。拭疮脓纸，四果三贤初心十地是守古墓鬼。自救得也无，佛是老胡矢橛，我先祖下至此，《会元》载之。云门偃云：“赞佛赞祖，须是德山老人始得。”仁者莫错，身被疮疣衣，学甚么事，饱吃饭了。说真如涅槃，皮下还有血么？须是个丈夫始得。汝莫爱圣，圣是空名。向三界十方世间，若有一尘一法可得，与你执取生解，保任贵重者，尽落天魔外道，是有学得底，亦是依草附木精魅野狐。诸子，老汉此间无一法与你诸人作解会。自己亦不会禅，老汉亦不是善知识，百无所解，只是屙矢放尿，乞食乞衣，更有甚么事！德山老汉劝你，不如本分去，早休歇去，莫学颠狂。每人担个死尸，浩浩地去。到处向老秃奴口里，爱他涕唾吃。便道我是入三界，修蕴积行，长养圣胎，愿成佛果。如斯等辈，德山老汉见之，似毒箭入心，花针乱眼。辜负先祖，带累我宗，图他道我是出家儿。如此消他十方施主水，也消不得。莫算道，敢向他国王地上行，父母不供甘旨，岂为无事。莫错用心，阎罗王征你草鞋钱有日在，穿你鼻孔缆着橛上，偿他宿债。莫言老汉不道，是你诸人大似有福，遇着德山出世，与你解去绳索，脱却笼头，卸却背驮，作个好人去。三界六道收摄你不得，更无别法，是个烜赫虚空，无碍自在，不是你庄严得底物。从佛从祖，皆传此法，而得出离。一大藏教。只是整理你今时人，诸子莫向别处求觅。乃至达磨小碧眼胡僧到此来，也只是教你无事去，教你莫造作。著衣吃饭，屙矢送尿，更无生死可怖，亦无涅槃可得，无菩提可证。只是寻常一个无事人。第一莫拱手作禅师，觅个出头处，巧言语魔魅后生，欲得人唤作长老，自己分上都没交涉。徒知心识浩浩地，日夜捏怪不休，称杨称郑，我是江西马大师宗徒。德山老汉且不是你群队人，我见石头和尚，不识好恶，老汉所以骂伊。诸子，你但莫著声色名言句义境致，机关道理，善恶凡圣，取舍攀缘，染净明暗，有无诸念，可中与么得，方是个无事人。佛亦不如你，祖亦不如你，仁者莫走蹋，汝脚板阔去，别无禅道可学。若有学得者，即是二头三首外道见解，亦无神通变现可得。汝道神通是圣，诸天龙神五通神仙外道修罗亦有神通，应可是佛也。孤峰独宿，一食卯斋，长坐不卧，六时礼念，疑他生死，老胡有言，诸行无常，是生灭法。若言入定凝神静虑得者，尼乾子等诸外道师，亦入得八万劫大定，莫是佛否？明知邪见精魅。仁者，老胡不是圣，佛是老胡矢橛，且要仁者辨取好恶，莫著人我，免被诸圣橛、菩提橛，解脱殊胜，名言妙义，没溺系缚汝。何以故？一念妄心不尽，即是生死相续。仁者，时不待人，莫因循过日，时光可惜，老汉不图你田舍奴荷负。若肯即信取，若不肯，每人有个矢钵担取去，老汉亦不求你。诸方大有老秃奴，取一方处所，说禅说道，你急去学取抄取，我此间终无一法与你诸人。仁者问取学取，以为知解，老汉不能入拔舌地狱。若有一尘一法示诸人说，言有佛有法，有三界可出者，皆是野狐精魅。诸仁者，欲识得么，只是个虚空，尚无纤尘可得。处处清净，光明洞达，表里莹彻，无事无依，无栖泊处，有甚么事？老汉从生至死，只是个老比丘。虽在三界生，而无垢染，欲得出离，何处去？设有去处，亦是笼槛。魔得其便，仁者莫用身心无可得。只要一切时中，莫用他声色，应是从前行履处，一时放却，顿脱羁锁，永离盖缠。一念不生，即前后际断，无思无念，无一法可当情。仁者作么生拟下口嘴，你多知解，还曾识渠面孔么？出家儿，乃至十地满心菩萨，觅他踪迹不着。所以诸天欢喜，地神捧足，十方诸佛赞叹，魔王啼哭，何以故？缘此虚空活鲅鲅地，无根株，无住处，若到这里，眼光定动，即没交涉。仁者，莫求佛，佛是大杀人贼，赚多少人，入淫魔坑。莫求文殊普贤，是田舍奴，可惜许，堂堂一个丈夫儿，吃他毒药便了，拟作禅师面孔，见神见鬼，向后狂乱傍家走。觅师婆打瓦卜去，被无知老秃奴，便即与卜道，教你礼祖师鬼、佛鬼、菩提涅槃鬼，是小淫女子。不会便问：如何是祖师西来意？这老秃奴，便打禅床作境致，竖拂子云：好晴好雨好灯笼。巧述言词，强生节目，言有玄路，鸟道展手。若取如是说，如将宝器贮于不净，如将人粪作栴檀香。仁者，彼既丈夫我亦尔，怯弱于谁？竟日就他诸方老秃奴口嘴，接他涕唾吃，了无惭无愧，苦哉！苦哉！狂却子去，因果分明，水牯牛牵犁拽耙，眼睛突出，气力不登。大棒打你脊，却佛衣食道，我修行了也。若不明大理，饶你去佛肚里过来，只是个能行底矢橛，不曾遇着好人，便即认得六根门头光影，向口里说取露布，是隐言妙句，光彩尖新，争奈你自家无分！仁者，是别人涕唾，更有一辈，三三两两聚头商量，甚么处无事好？经冬过夏，快说禅道，有知解会义理。仁者，总作如此见解，觅便宜，岂有如此道理。入地狱有日在，莫道不向诸子说。到处菜不择一茎，柴不搬一束，一朝福尽，只是吃草去。虚消信施，滥称参学，更作禅师模样，无益于人。自己分上，十二时中行履处，心常附物，见人只欲妖媚掉尾子，指东话西，眼里口边，果然不见，只欲将相似语，勘当解处。老汉与你诸人何别？郎君子莫取一期眼，下口快吃他毒药了。似贪淫女人，不持斋戒，瞎秃奴，群羊僧，颠却他人入地狱。仁者莫取次看册子，寻句义，觅胜负，一递一口，何时休歇！老汉相劝，不是恶事，切须自带眼目，辨取清浊，是佛语是魔语，莫受人惑。所以殊胜名言，皆是老胡一期方便施设。切须休歇去，莫倚一物，领他言语作解会。拣择亲疏，浮虚诈伪，记他闲言长语，皆是比量。仁者，老汉只恐诸子堕坑落堑，作薄福业事褫唇嘴，得少为足，向静处立，不肯进前。自惑诸境，乱走他人，由巡万法，盖为不信虚空，本来无事，增减他不得。你诸人，好似老鸦身在虚空，心在粪堆上，只觅死物吃。诸子莫道，德山老汉，不曾入丛林商量，高声骂取。无人情，不怕业，只为诸子不守分。驰骋四方，傍他门户，恰似女姑鬼，传言送语，依事作解，心迹不忘，自犹不立，常负死尸，担枷带锁，五百一千里，来到德山面前，八字立地。如欠伊禅道相似，和尚须为或说，指示我老汉全体作用，大棒铠遮田舍奴，骂贼矢孔面，不识好恶。到我这里，恰似遇澧州人，煮鱼羹烂腥一顿，且图你放下重担，去却枷锁，作个好人去，还肯么？若肯即住，不肯一任脱去。珍重！”示众：“有言时，骑虎头收虎尾，第一句下明宗旨。无言时，觌露机锋，如同电拂。”

师因疾，僧问：“还有不病者也无？”师曰：“有。”曰：“如何是不病者？”师曰：“阿哪！阿哪！”师复告众曰：“扪空追响，劳汝心神，梦觉觉非，竟有何事？”言讫，安坐而化。即唐咸通六年十二月三日也。

指月录卷十六

六祖下第五世

◎瑞州洞山良价悟本禅师，会稽俞氏子。幼岁从师念《般若心经》，至“无眼耳鼻舌身意”处，忽以手扪面问师曰：“某甲有眼耳鼻舌等，何故经言无？”其师骇然异之曰：“吾非汝师。”即指往五泄山礼默禅师披剃。年二十一，诣嵩山具戒。游方首谒南泉，值马祖讳辰修斋。泉问众曰：“来日设马祖斋，未审马祖还来否？”众皆无对。师出对曰：“待有伴即来。”泉曰：“此子虽后生，甚堪雕琢。”师曰：“和尚莫压良为贱。”次参沩山，问曰：“顷闻南阳忠国师有无情说法话，某甲未究其微。”沩曰：“阇黎莫记得么？”师曰：“记得。”沩曰：“汝试举一遍看。”师遂举：“僧问：‘如何是古佛心？’国师曰：‘墙壁瓦砾是。’僧曰：‘墙壁瓦砾，岂不是无情？’国师曰：‘是。’僧曰：‘还解说法否？’国师曰：‘常说炽然，说无间歇。’僧曰：‘某甲为甚么不闻？’国师曰：‘汝自不闻，不可妨他闻者也。’僧曰：‘未审甚么人得闻？’国师曰：‘诸圣得闻。’僧曰：‘和尚还闻否？’国师曰：‘我不闻。’僧曰：‘和尚既不闻，争知无情解说法？’国师曰：‘赖我不闻，我若闻即齐于诸圣，汝即不闻我说法也。’僧曰：‘恁么则众生无分去也。’国师曰：‘我为众生说，不为诸圣说。’僧曰：‘众生闻后如何？’国师曰：‘即非众生。’僧曰：‘无情说法据何典教？’国师曰：‘灼然，言不该典，非君子之所谈。汝岂不见《华严经》云：刹说众生说、三世一切说。’”师举了，沩曰：“我这里亦有，只是罕遇其人。”师曰：“某甲未明，乞师指示。”沩竖起拂子曰：“会么？”师曰：“不会，请和尚说。”沩曰：“父母所生口，终不为子说。”师曰：“还有与师同时慕道者否？”沩曰：“此去澧陵攸县，石室相连，有云岩道人，若能拨草瞻风，必为子之所重。”师曰：“未审此人如何？”沩曰：“他曾问老僧：‘学人欲奉师去时如何？’老僧对他道：‘直须绝渗漏始得。’他道：‘还得不违师旨也无？’老僧道：‘第一不得道老僧在这里。’”师遂辞沩山，径造云岩，举前因缘了，便问：“无情说法，甚么人得闻？”岩曰：“无情得闻。”师曰：“和尚闻否？”岩曰：“我若闻，汝即不闻吾说法也。”师曰：“某甲为甚么不闻？”岩竖起拂子曰：“还闻么？”师曰：“不闻。”岩曰：“我说法汝尚不闻，岂况无情说法乎？”师曰：“无情说法，该何典教？”岩曰：“岂不见《弥陀经》云：水鸟树林，悉皆念佛念法。”师于此有省。乃述偈曰：“也大奇，也大奇，无情说法不思议。若将耳听终难会，眼处闻声方得知。”师问云岩：

“某甲有余习未尽。”岩曰：“汝曾作甚么来？”师曰：“圣谛亦不为。”岩曰：“还欢喜也未？”师曰：“欢喜则不无，如粪扫堆头，拾得一颗明珠。”师问云岩：“拟欲相见时如何？”曰：“问取通事舍人。”师曰：“见问。”次曰：“向汝道甚么？”师辞云岩，岩曰：“甚么处去？”师曰：“虽离和尚，未卜所止。”岩曰：“莫湖南去？”师曰：“无。”曰：“莫归乡去？”师曰：“无。”曰：“早晚却回。”师曰：“待和尚有住处即来。”曰：“自此一别，难得相见。”师曰：“难得不相见。”临行又问：“百年后忽有人问，还邈得师真否，如何只对？”岩曰：“向伊道只这是。”师良久，岩曰：“价阇黎，承当个事，大须审细。”师犹涉疑，后因过水睹影，大悟前旨。有偈曰：“切忌从他觅，迢迢与我疏。我今独自往，处处得逢渠。渠今正是我，我今不是渠。应须恁么会，方得契如如。”

妙喜未见圜悟时，读此偈致疑曰：“有个渠又有个我，成甚么禅？”遂请益湛堂。堂云：“你更举看。”妙喜遂举。堂云：“你举话也未会？”便推出。

师初行脚时，路逢一婆担水，师索水饮。婆曰：“水不妨饮，婆有一问，须先问过：且道水具几尘？”师曰：“不具诸尘。”婆云：“去！休污我水担。”在泐潭，见初首座有语曰：“也大奇，也大奇，佛界道界不思议。”师遂问曰：“佛界道界即不问，只如说佛界道界底是甚么人？”初良久无对。师曰：“何不速道？”初曰：“争即不得。”师曰：“道也未曾道，说甚么争即不得？”初无对。师曰：“佛之与道，俱是名言，何不引教？”初曰：“教道甚么？”师曰：“得意忘言。”初曰：“犹将教意向心头作病在。”师曰：“说佛界道界底病大小。”初又无对。次日忽迁化，时称师为“问杀首座价。”他日因供养云岩真次，僧问：“先师道只这是，莫便是否？”师曰：“是。”曰：“意旨如何？”师曰：“当时几错会先师意。”曰：“未审先师还知有也无？”师曰：“若不知有，争解恁么道？”“若知有，争肯恁么道？”云岩讳日营斋，僧问：“和尚于云岩处得何指示？”师曰：“虽在彼中，不蒙指示。”曰：“既不蒙指示，又用设斋作甚么？”师曰：“争敢违背他。”曰：“和尚初见南泉，为甚么却与云岩设斋？”师曰：“我不重先师道德佛法，只重他不为我说破。”曰：“和尚为先师设斋，还肯先师也无？”师曰：“半肯半不肯？”曰：“为甚么不全肯？”师曰：“若全肯，即孤负先师也。”师自唐大中末于新丰山接诱学徒，厥后盛化豫章高安之洞山。权开五位，善接三根。大阐一音，广弘万品。横抽宝剑，翦诸见之稠林；妙叶弘通，截万端之穿凿。又得曹山深明的旨，妙唱嘉猷。道合君臣，偏正回互。由是洞上玄风，播于天下。诸方宗匠，咸共推尊之曰“曹洞宗”。师作《五位君臣颂》曰：“正中偏，三更初夜月明前，莫怪相逢不相识，隐隐犹怀旧日嫌。偏中正，失晓老婆逢古镜，分明觌面别无真，休更迷头犹认影。正中来，无中有路隔尘埃，但能不触当今讳，也胜前朝断舌才。兼中至，两刃交锋不须避，好手犹如火里莲，宛然自有冲天志。兼中到，不落有无谁敢和，人人尽欲出常流，折合还归炭里坐。”

上堂：“向时作么生，奉时作么生，功时作么生，共功时作么生，功功时作么生。”僧问：“如何是向？”师曰：“吃饭时作么生。”曰：“如何是奉？”师曰：“背时作么生。”曰：

“如何是功？”师曰：“放下镢头时作么生。”曰：“如何是共功？”师曰：“不得色。”曰：“如何是功功？”师曰：“不共。”乃示颂曰：“向圣主由来法帝尧，御人以礼曲龙腰。有时闹市头边过，到处文明贺圣朝。奉净洗浓妆为阿谁？子规声里劝人归。百花落尽啼无尽，更向乱峰深处啼。功枯木花开劫外春，倒骑玉象趁麒麟。而今高隐千峰外，月皎风清好日辰。共功众生诸佛不相侵，山自高兮水自深。万别千差明底事，鹧鸪啼处百花新。功功头角才生已不堪，拟心求佛好羞惭。迢迢空劫无人识，肯向南询五十三。”僧问曹山寂“五位君臣旨诀”，山曰：“正位即空界，本来无物。偏位即色界，有万象形。正中偏者，背理就事。偏中正者，舍事入理。兼带者，冥应众缘。不堕诸有，非染非净，非正非偏，故曰虚玄大道，无著真宗。从上先德，推此一位，最妙最玄，当详审辨明。君为正位，臣为偏位，臣向君是偏中正，君视臣是正中偏，君臣道合是兼带语。”僧问：“如何是君？”山曰：“妙德尊寰宇，高明朗太虚。”曰：“如何是臣？”山曰：“灵机弘圣道，真智利群生。”曰：“如何是臣向君？”山曰：“不堕诸异趣，疑情望圣容。”曰：“如何是君视臣？”山曰：“妙容虽不动，光烛本无偏。”曰：“如何是君臣道合？”山曰：“混然无内外，和融上下平。”山又曰：“以君臣偏正言者，不欲犯中，故臣称君，不敢斥言是也。此吾法宗要。”乃作偈曰：“学者先须识自宗，莫将真际杂顽空。妙明体尽知伤触，力在逢缘不借中。出语直教烧不着，潜行须与古人同。无身有事超歧路，无事无身落始终。”复作五相◯偈曰：“白衣虽拜相，此事不为奇。积代簪缨者，休言落魄时。”◯偈曰：“子时当正位，明正在君臣正或作暗。未离兜率界，乌鸡雪上行。”◯偈曰：“焰里寒冰结，杨花九月飞。泥牛吼水面，木马逐风嘶。”◯偈曰：“王宫初降日，玉兔不能离。未得无功旨，人天何太迟。”●偈曰：“浑然藏理事，朕兆卒难明。威音王未晓，弥勒岂惺惺。”又僧问：“五位对宾时如何？”山曰：“汝即今问那个位？”曰：“某甲从偏位中来，请师向正位中接。”山曰：“不接。”曰：“为甚么不接？”山曰：“恐落偏位中去。”山却问僧：“只如不接，是对宾，是不对宾？”曰：“早是对宾了也。”山曰：“如是！如是！”　陵亘大夫问南泉：“姓甚么？”泉曰：“姓王。”曰：“王还有眷属也无？”泉曰：“四臣不昧。”曰：“王居何位？”泉曰：“玉殿苔生。”后僧举问曹山：“玉殿苔生，意旨何如？”山曰：“不居正位。”曰：“八方来朝时如何？”山曰：“他不受礼。”曰：“何用来朝？”山曰：“违则斩。”曰：“违是臣分上，未审君意如何？”山曰：“枢密不得旨。”曰：“恁么则燮理之功，全归臣相也。”山曰：“你还知君意么？”曰：“外方不敢论量。”山曰：“如是！如是！”　投子青《五位颂序》云：“夫长天一色，星月何分；大地无偏，荣枯自异。是以法无异法，何迷悟而可及；心不自心，假言象而提唱。其言也偏圆正到，兼带叶通；其法也不落是非，岂关万象。幽旨既融于水月，孤踪派浑于金河。不坠虚凝，回途复妙。”　丹霞淳《五位颂序》云：“夫黑白未分，难为彼此；玄黄之后，方见自它。于是借黑权正，假白示偏。正不坐正，夜半虚明。偏不坐偏，天晓阴晦。全体即用，枯木花开。全用即真，芳丛不艳。摧残兼带，及尽玄微。玉凤金鸾，分疏不下。是故威音那畔，休话如何。曲为今时，由人施设。”　芙蓉楷上堂：“唤作一句，已是埋没宗风。曲为今时，通途消耗。所以借功明位，用在体处；借位明功，体在用处。若也体用双明，如门扇两开，不得向两扇上著意。不见新丰老子道：峰峦秀异，鹤不停机。灵木迢然，凤无依倚。直得功成不处，电火难追。拟议之间，长途万里。”　长芦歇上堂：“转功就位，是向去底人，玉蕴荆山贵。转位就功，是却来底人，红炉片雪春。功位俱转，通身不滞，撒手亡依。石女夜登机，密室无人扫。正恁么时，绝气息一句作么生相委?”良久曰:“归根风堕叶,照尽月潭空。”

僧问雪窦宗:“如何是转功就位?”宗云:“撒手无依全体现,扁舟渔父宿芦花。”云:“如何是转位就功?”云:“夜半岭头风月静,一声高树岭猿啼。”云:“如何是功位齐彰?”云:“出门不踏来时路,满目飞尘绝点埃。”云:“如何是功位齐隐?”云:“泥牛饮尽澄潭月,石马加鞭不转头。” 涌泉景欣禅师云:“我四十九年在这里,尚自有时走作。汝等诸人莫开大口,见解人多,行解人万中无一个,见解言语总要知通。若识不尽,敢道轮回去在。为何如此?盖为识漏未尽。汝但尽却今时,始得成立,亦唤作立中功,转功就他去,亦唤作就中功,亲它去我。所以道:亲人不得度,渠不度亲人。恁么譬喻,尚不会荐取浑仑底,但管取性乱动舌头。不见洞山道:相续也大难。汝须知有此事,若不知有,啼哭有日在。” 天童觉《四借颂》:“一借功明位颂:苹末风休夜未央,水天虚碧共秋光。月船不犯东西岸,须信篙人用意良。二借位明功颂:六户虚通路不迷,太阳影里不当机。纵横妙展无私化,恰恰行从鸟道归。三借借不借借颂:识尽甘辛百草头,鼻无绳索得优游。不知有去成知有,始信南泉唤作牛。四全超不借借颂:霜重风严景寂寥,玉关金锁手慵敲。寒松尽夜无虚籁,老鹤移栖空月巢。” 古德分三种功勋颂:“一,正位一色颂:无影林中鸟不栖,空阶密密向边迟。寒岩荒草何曾绿,正坐当堂失路迷。二,大功一色颂:白牛雪里觅无踪,功尽超然体浩融。月影芦花天未晓,灵苗任运剪春风。三,今时一色颂:髑髅识尽勿多般,狗口才开落二三。日用光中须急荐,青山只在白云间。” 圜悟禅师提唱五位示众,举僧问洞山:“寒暑到来时如何回避?”山云:“何不向无寒暑处去。”僧云:“如何是无寒暑处?”曰:“寒时寒杀阇黎,热时热杀阇黎。”黄龙新拈云:“洞山袖头打领,腋下剜襟,争奈这僧不甘。”如今有个出来问黄龙:“且道如何支遣?”良久云:“安禅不必须山水,灭却心头火自凉。诸人且道:

洞山圈缋，落在甚么处？若明辨得，始知洞山下五位回互，正偏接人，不妨奇特。到这向上境界，方能如此。不消安排，自然恰好。所以道：正中偏。五位颂见前。[①] 浮山远录公以此公案，为五位之格。若会得一，则余者自然易会。岩头道：如水上葫芦子相似，捺着便转，殊不消丝毫气力。曾有僧问洞山：‘文殊普贤来参时如何？’山云：‘赶向水牯牛群里去。’僧云：‘和尚入地狱如箭。’山云：‘全得他力。’洞山道：‘何不向无寒暑处去？’此是偏中正。僧云：‘如何是无寒暑处？’山云：‘寒时寒杀阇黎，热时热杀阇黎。’此是正中偏。虽正却偏，虽偏却圆。若是临济下，无许多事。这般公案，直下便会。有者道：大好无寒暑，有什么巴鼻？古人道：若向剑刃上走则快，若向情识上见则迟。不见僧问翠微：‘如何是祖师西来意？’微云：‘待无人来向你道。’遂入园中行。僧云：‘此间无人，请和尚道。’微指竹云：‘这竿竹得与么长，那竿竹得与么短。’其僧忽然大悟。又曹山慧霞问僧：‘恁么热向什么处回避？’僧云：‘镬汤炉炭里回避。’山云：‘镬汤炉炭里如何回避？’僧云：‘众苦不能到，看它家里人，自然会他家里说话。’雪窦用它家里事颂云：‘垂手还同万仞崖，正偏何必在安排。琉璃古殿照明月，忍俊韩卢空上阶。’悟师举了云：‘只如诸人，还识洞山为人处么？’良久复云：‘讨甚兔子。’”

九峰通玄谓门弟子曰：“佛意祖意如手展握，先师安立五位，发明云岩宗旨，譬如神医治病，其药只是寻常用者。语忌十成，不欲断绝。机忌触犯，不欲染污。但学者机思不妙，惟寻九转灵丹云能起死，是大不然。《法华经》有《化城一品》，佛祖密说，熟读分明。大通智胜佛，寿五百四十万亿那由他劫，其坐道场破魔军已，垂得阿耨多罗三藐三菩提，而诸佛法不现在前，如是一小劫乃至十小劫结跏趺坐，身心不动，而诸佛法犹不在前。言垂成者，言一小

① “见”，原误作“现”，今据云门刻本改。

劫，言十小劫者，是染污是断绝。”又曰：“尔时忉利诸天，先为彼佛，于菩提树下敷师子座，高一由旬，佛于此座当得阿耨多罗三藐三菩提。适坐此座时，诸梵天王雨众天花，面百由旬，香风时来吹去萎花，更雨新者。如是不绝满十小劫，供养于佛，常击天鼓，其余诸天作天伎乐，常雨此花。四王诸天为供养佛，常击天鼓，其余诸天作天伎乐，满十小劫，至于灭度，亦复如是。诸比丘，大通智胜佛，过十小劫，诸佛之法乃现在前，成阿耨多罗三藐三菩提。言过十小劫者，偏正回互之旨也。祖师曰：藉教悟宗者，夫岂不然哉!” 道吾真曰：“古人道：主宾元不异，问答理俱全。同安又曰：宾主睦时全是妄，君臣合处正中邪。一等是出世尊宿，接物利生，言教有异。为复见处偏枯，为复利生不普，明眼底人，通个消息。” 汾阳《五位颂》：“五位参寻切要知，纤毫才动即差违。金刚透匣谁能解，惟有那咤第一机。举目便令三界静，振铃还使九天归。正中妙挟通回互，拟议锋铓失却威。” 大死翁景深禅师谒宝峰照，求入室，照曰：“直须断起灭念，向空劫已前扫除玄路，不涉正偏，尽却今时，全身放下，放尽还放，方有自由分。”师闻顿领厥旨。峰击鼓告众曰：“深得阐提大死之道，后学宜依之。” 吉祥元实禅师依天衣法聪禅师，早夜精勤，胁不至席。一日，偶失笑喧众，衣摈之。中夜宿田里，睹星月璨然有省。晓归趋方丈，衣见乃问：“洞山五位君臣，如何话会?”师曰：“我这里一位也无。”衣令参堂，谓侍者曰：“这汉却有个见处，奈不识宗旨何!”入室次，衣预令行者五人分叙而立。师至，俱召实上座。师于是密契奥旨，述偈曰：“一位才彰五位分，君臣叶处紫云屯。夜明帘卷无私照，金殿重重显至尊。”衣称善。 五位王子，僧问石霜诸禅师：“如何是诞生王子?”诸云：“贵裔非常种，天生位至尊。”“如何是朝生王子?”诸云：“白衣为宰辅，直指禁庭中。”“如何是末生王子?”诸云：“循途方觉贵，渐进不知尊。”“如何是化生王子?”诸云：“政威无比况，神用莫能俦?”“如何是内生王子?”诸云：“重帏休胜负，金殿卧清风。”又《灯录》载诸颂，洞山五位王子《诞生颂》：“天然贵胤本非功，德合乾坤育势隆。始末一朝无杂种，分宫六宅不他宗。上和下睦阴阳顺，共气连枝器量同。欲识诞生王子父，鹤冲霄汉出银笼。”《朝生颂》：“苦学论情世莫群，出来凡事已超伦。诗成五字三冬雪，笔落分毫四海云。万卷积功彰圣代，一心忠孝辅明君。盐梅不是生知得，金榜何劳显至勋。”《末生颂》：“久栖岩壑用工夫，草榻柴扉守志孤。十载见闻心自委，一身冬夏衣缣无。澄凝含笑三秋思，清苦高名上哲图。业就高科酬志极，比来臣相不当途。”《化生颂》：“傍分帝位为传持，万里山河布政威。红影日轮凝下界，碧油风冷暑炎时。高低岂废尊卑奉，五裤苏途远近知。妙印手持烟塞静，当阳那肯露纤机。”《内生颂》：“九重密处复何宣，挂弊由来显妙传。只奉一人天地贵，从他诸道自分权。紫罗帐合君臣隔，黄阁帘垂禁制全。为汝方隅宫属恋，遂将黄叶止啼钱。” 九峰虔禅师，僧问：“承古有言，向外绍则臣位，向内绍则王种，是否?”峰曰：“是。”曰：“如何是外绍?”峰曰：“若不知事极头，只得了事，唤作外绍，是为臣种。”曰：“如何是内绍?”峰曰：“知向里许，承当担荷，是为内绍。”曰：“如何是王种?”峰曰：“须见无承当底人，无担荷底人，始得同一色，同一色了，所以借为诞生，是为王种。”曰：“恁么则内绍亦须得转。”峰曰：“灼然有承当担荷，争得不转?汝道内绍，便是人王种。你且道：如今还有绍底道理么?所以古人道：绍是功，绍了非是功。转功位了，始唤作人王种。”曰：“未审外绍还转也无?”峰曰：“外绍全未知有，且教渠知有。”曰：“如何是知有?”峰曰：“天明不觉晓。”问：“如何是外绍?”峰曰：“不借别人家里事。”曰：“如何是内绍?”峰曰：“推爷向里头。”曰：“二语之中，那语最亲?”峰曰：“臣在门里，王不出门。”曰：“恁么则不出门者不落二边。”峰曰：“渠也不独坐世界里绍王种，名外绍王种姓。所以道：绍是功名臣，是偏中正。绍了转功名君，是正中偏。”问：“诞生还更知闻也无？”峰曰：“更知闻阿谁？”曰：“恁么则莫便是否？”峰曰：“若是，为甚么古人道：诞生王有父。”曰：“既有父，为甚么不知闻？”峰曰：“同时不识祖。”问：“古人道：直得不恁么来者，犹是儿孙，意旨如何？”峰曰：“古人不谩语。”曰：“如何是来底儿孙？”峰曰：“犹守珍御在。”曰：“如何是父？”峰曰：“无家可坐，无世可兴。” 寂音曰：“雪窦通禅师，长沙岑大虫之子也。每谓诸同伴曰：但时中常在，识尽功成，瞥然而起，即是伤他，而况言句乎？故石霜诸禅师，宗风多论内绍外绍，臣种王种。借句挟带，直饶未尝忘照，犹为外绍，谓之臣种，亦谓之借。谓之诞生，然不若丝毫不隔，如王子生下，即能绍种。谓之内绍，谓之王种，谓之句，非借也。借之为言，一色边事耳。不得已应机利生，则成挟带。汾阳无德禅师偈曰：‘士庶公侯一道看，贫富贤愚名渐次。’将知修行，亦须具眼。予参至此，每自嗟笑。嗟堂中首座昧先师之意而脱去，笑罗山大师不契而识岩头。及观枣柏大师之论曰：当以止观力，功熟乃证知。急亦不得成，而缓亦不得。但知当不休，必定不虚弃。如乳中有酪，要须待其缘。彼缘缘之中，本无有作者。故其酪成已，亦无有来处，亦非是本有，如来知慧海，方便亦如是。是以知古老宿行处，皆圣贤之言也。又曰：此如唐郭中令、李西平皆称王，然非有种也，以勋劳而至焉。高祖之秦王，明皇之肃宗，则以生帝王之家，皆有种，非以勋劳而至者也。谓之内绍者，无功之功也，先圣贵之。谓之外绍者，借功业而然。故又名曰借句。曹山章禅师偈有曰：‘妙明体尽知伤触，力在逢缘不借中。’云居膺禅师曰：头头上了，物物上通。只唤作了事人，终不唤作尊贵。将知尊贵一路自别。” 寂音复述洞山尊贵旨诀云：“云居膺禅师曰：僧家发言吐气，须有来由，莫将作等闲。这里是什么处所？争受容易。凡问个事，也须识些子好恶。若不识尊卑良贱，不知触犯，信口乱道，也无利益。并驰行脚，到处觅相似语。所以寻常向兄弟道：莫怪不相似，恐同学太多去。第一莫将来，将来不相似。言语也须看首尾，八十老人入场屋。不是小儿嬉，不是因循底事。一言参差，即千里万里难收摄。盖为学处容易。”又曰：“汝等诸人，直饶学得佛边事，早是错用心了也。不见古人讲得天花落，石点头，尚不干自己事。自余是甚么闲。如今拟将有限身心，向无限中用，有甚么交涉？如将方木逗于圆孔，多少淆讹。若无恁么事，饶汝说得簇花簇锦，亦无用处。未离识情在，一切事须向这里及尽，始得无过，方得出身。若一毫发去不尽，即被尘累，岂况更多。差之毫厘，过犯山岳。不见古人道：学处不玄，尽是流俗，闺合中物舍不得，俱为渗漏。直须向这里及取及去及来，并尽一切事，始得无过。如人头头上了，物物上通，只唤作了事人，终不唤作尊贵。将知尊贵一路自别，便是世间极重极贵物，不得将来向尊贵边。须知不可思议，不当好心。所以古人道：犹如双镜，光光相对，光明相照，更无亏盈。岂不是一般，犹唤作影像边事。如日出照于世间，明朗是一半，那一半唤作什么？如今人未识得光影门头，户底粗浅底事，将作屋里事，又争得？”又曰：“升天底事，须对众飏却，十成底事，对众去却。掷地作金声，不得回头顾着。自余有什么用处，不见二祖当时诗书博览三藏圣教。如观掌中，因甚么更求达磨安心。将知此门中事，不是等闲。予味云居之语，知尊贵之旨。须自悟。噫！垂衣裳而天下治者。尧舜也。”　　僧问曹山：“子归就父，为甚么父全不顾？”山曰：“理合如是。”曰：“父子之恩何在？”山曰：“始成父子之恩。”曰：“如何是父子之恩？”山曰：“刀斧斫不开。”又僧问：“如何是师子？”山曰：“众兽不能近。”曰：“如何是师子儿？”山曰：“能吞父母者。”曰：“既是众兽近不得，为甚么却被儿吞？”山曰：“岂不见道，子若哮吼，祖父俱尽。”曰：“尽后如何？”山曰：“全身归父。”曰：“未审祖尽时，父归何所？”山曰：“所亦尽。”曰：“前来为甚么道全身归父?”山曰:“譬如王子,能成一国之事。”又曰:“阇黎此事不得孤滞,直须枯木上,更撒些子华。” 投子感温禅师,僧问:“父不投,为甚么却投子?”投曰:“岂是别人屋里事。”曰:“父与子还属功也无?”投曰:“不属。”曰:“不属功底如何?”投曰:“父子各自脱。”曰:“为甚么如此?”投曰:“汝与我会。”

华严隆禅师,少时事石门彻禅师。一日,问门曰:“但得随处安闲,自然合他古辙。虽有此语,疑心未歇时如何?”门曰:“知有乃可随处安闲。如人在州县住,或闻或见,千奇百怪,他总将作寻常,不知有而安闲。如人在村落住,有少声色,则惊怪传说。先洞山示众曰:‘欲知此事,如人家养三儿,以一着州中,一着村中,一着县中。其一用家中钱物,其一用外处钱物,有一不得家中钱物,亦不得外处钱物。且道那一个合在州中,那一个合在县中,那一个合在村中?’有僧便问:‘三个莫明轻重否?’曰:‘是。’僧曰:‘如何是此人出身处?’洞曰:‘知有却不知有,是此人出身处。’僧曰:‘未审此人从今日去也无?’曰:‘亦从今日去。’僧曰:‘恁么则属功也。’洞曰:‘是。’僧曰:‘唤作甚么功?’洞曰:‘唤作功就之功。’僧曰:‘此人还知有州中人否?’洞曰:‘知有始解奉重矣。’僧曰:‘恁么则村中人全明过也。’洞曰:‘是。’僧曰:‘如何是此人过处?’洞曰:“不知有唤作闲人,是此人过处。’不见先师道:今时学道之人,须知有转身处始得。”隆曰:“古人知有,便如州里人耶?亦须因奉重而至耶?”门曰:“洞山曰:‘向时作么生,奉时作么生,功时作么生,共功时作么生,功功时作么生?’僧问:‘如何是向?’曰:‘吃饭时作么生?’曰:‘如何是奉?’曰:‘背时作么生?’曰:‘如何是功?’曰:‘放下镢头时作么生?’曰:‘如何是共功?’曰:‘不得色。’曰:‘如何是功功?’曰:‘不共。’此名功勋五位也。譬如初生鸠儿毛羽可怜生,久久自能高飞远荡。” 僧问云居宏觉禅师:“如何是沙门所重?”觉曰:“心识不到处。”洪觉范曰:“洞上宗旨,语忌十成。不欲犯，犯则谓之触讳。如五位曰：但能不触当今讳，也胜前朝断舌才。宏觉盖洞山之高弟也，而所答之语如此，岂非触讳乎？曰：东坡最能为譬。尝曰：以吾之所知，推至其所不知。婴儿生而导之言，稍长而教之书，口必至于忘声，而后能言，手必至于忘笔，而后能书，此吾之所知也。口不能忘声，则语言难于属文。手不能忘笔，则字画难于刻雕。及其相忘之至，则形容心术，酬酢万物之变，忽然而不自知也。夫不犯讳，忌十成者法也。宏觉不忘法，何以能识宗？《金刚般若》曰：'一切圣贤，皆以无为法而有差别。'宏觉以之。”

《林间录》又曰：“夫教语皆是三句相连，初中后善。初直须教渠发善心，中破善，后始名善。菩萨即非菩萨是名菩萨，法非法非非法，总与么也。若即说一句答，令人入地狱。若三句一时说，渠自入地狱不干教主事。故知古大宗师说法，皆依佛祖法式。不知者以为苟然语，如无著所释《金刚般若》，是此意也。洞山安立五位，道眼明者，视其题目十五字排布，则见悟本老人，如曰正中偏、偏中正、正中来、偏中至、兼中到是也。人天眼目，从寂音之说，悉改兼中至为偏中至。”

幻寄曰：“人多指洞山君臣五位，为语忌触讳，机贵回互，临济用棒用喝，为全提正令，直示家风。殊不知用棒用喝，即回互不触讳之密令也。语忌触讳，机贵回互，即全提直指之妙运也。至第以黑不言黑，而言半夜炭里，白不言白，而言古镜老婆，为回互尤属皮相。夫一切万法有无，俱属名言，都无实义。若确有定称，尽为邪见。故洞山假黑白而示回互，忌触讳，忌十成，死语也。所以云：借黑权正，假白示偏，正不坐正，夜半虚明，偏不坐偏，天晓阴晦。自昔圣贤说法皆然，洞山特为一拈出耳。世间岂有不回互不忌触讳，以十成死语，示人之圣贤耶？觉范谓宏觉心识不到处是触讳，而又赞其忘法识宗。吾恐宏觉未肯点头。心识不到处是触讳，则洞山非佛，与直饶将来亦无处著语，皆是触讳耶？未可谓洞山既没，莫为之正也。至于欲易兼中至为偏中至，予初亦心是之，既而反复洞山五位语，知其不然。何也？盖向者君向臣也，正中偏也；奉者臣奉君也，偏中正也。正中来君位也，曹山所云本来无物者也，学人证此功也。故云功犹之法界观理法界也，正偏兼叶。故云共功犹之事理无碍也，功功犹之事事无碍也。今以共功为偏中至，无待智者知其不然。又古德谓事不独立，若独观之，是情智之境，非观智之境。又谓色中无空，文理俱绝，则遍中至之不立。固如觉范言，大宗师说法皆依佛祖法式者也。妙喜亲见洞下诸尊宿，尝受室中密传，而引五位语，亦仍兼中至之文，未尝易为偏中至，此亦可证也。又断舌事，觉范援贺若弼而遗世亲，世亲以习小乘谤大乘，欲断舌，与触讳最切，何乃舍亲而就疏乎？又人天眼目，以五王子配五位，以末生当正位，既缪矣！又以内生为同诞生，亦非也。诞生犹有待者也，内生生即能绍种者也。觉范言之甚详，已载于前，不复繁引。又有谓洞宗颇落言诠，不如临济直截，是亦不然。宾主何异君臣，四喝何异五位耶？众盲摸象，良可悲夫！”

问：“欲见和尚本来师，如何得见？”师曰：“年牙相似，即无阻矣。”僧拟进语，师曰：“不蹑前踪，别请一问。”僧无对。师与泰首座，冬节吃果子次，乃问：“有一物，上拄天，下拄地，黑似漆，常在动用中，动用中收不得。且道过在甚么处？”泰曰：“过在动用中。”师唤侍者，掇退果桌。

沩山喆云：“诸人还知洞山落处么？若也不知，往往作是非得失会去。”山僧道：“这果子非但首座不得吃，假使尽大地人来，也不敢正眼觑着。”　琅玡觉云：“若不是洞山老人，焉能辨得。虽然如是，洞山犹欠一着在。”　云盖本云：“洞山虽有打破虚空钳锤，而无补缀的针线。待伊道过在动用中，但道请首座吃果子，泰首座若是个衲僧，吃了也须吐出。”

问：“蛇吞虾蟆，救则是，不救则是？”师曰：“救则双目不睹，不救则形影不彰。”幻寄曰：“昔洪州廉使问马祖：‘吃酒肉即是，不吃即是？’祖曰：‘吃是中丞禄，不吃是中丞福。’径山国一禅师，人问：‘传舍有二使，邮吏为 一羊，二使闻之，一人救，一人不救，罪福异之乎？’国一曰：‘救者慈悲，不救者解脱。’此三尊宿，一人雷轰电扫，却堕见渗漏；一人珠辉玉润，却堕情渗漏；一人山高水深，却堕语渗漏。若人能一一辨出，有目如盲。若辨不出，有口若哑。更或道一模脱出，无有参差，捶胸大哭，须有日在。”

问雪峰：“从甚处来？”曰：“天台来。”师曰：“见智者否？”曰：“义存吃铁棒有分。”雪峰上问讯，师曰：“入门来，须有语，不得道早个入了也。”峰曰：“某甲无口。”师曰：“无口且从，还我眼来。”峰无语。雪峰搬柴次，乃于师面前抛下一束。师曰：“重多少？”峰曰：“尽大地人提不起。”师曰：“争得到这里？”峰无语。问：“时时勤拂拭，为甚么不得他衣钵，未审甚么人合得？”师曰：“不入门者。”曰：“只如不入门者还得也无？”师曰：“虽然如此，不得不与他却。”又曰：“直道本来无一物，犹未合得他衣钵，汝道甚么人合得？这里合下得一转语，且道下得甚么语？”时有一僧下九十六转语，并不契，末后一转始惬师意。师曰：“阇黎何不早恁么道？”别有一僧密听，只不闻末后一转，遂请益其僧，僧不肯说。如是三年相从，终不为举。一日因疾，其僧曰：“某三年请举前话，不蒙慈悲，善取不得恶取去。”遂持刀白曰：“若不为某举，即杀上座去也。”其僧悚然曰：“阇黎且待，我为你举。”乃曰：“直饶将来，亦无处著。”其僧礼谢。雪窦显云：“他既不受是眼，将来必应是瞎，还见祖师衣钵么？”若于此入门，便乃两手分付，非但大庾岭头一个提不起，设使合国人来，且款款将去。”　天童拈云：“长芦即不然，直须将来，若不将来，争知不受？直须不受，若不不受，争免将来？将来底必应是眼，不受底真个是瞎。还会么？照尽体无依，通身合大道。”

问：“师寻常教学人行鸟道，未审如何是鸟道？”师曰：“不逢一人。”曰：“如何行？”师曰：“直须足下无私去。”曰：“只如行鸟道，莫便是本来面目否？”师曰：“阇黎因甚颠倒？”曰：“甚么处是学人颠倒？”师曰：“若不颠倒，因甚么却认奴作郎？”曰：“如何是本来面目？”师曰：“不行鸟道。”后夹山会问僧：“甚么处来？”曰：“洞山来。”山曰：“洞山有何言句示徒？”曰：“寻常教学人三路学。”山曰：“何者三路？”曰：“玄路鸟道展手。”山曰：“实有此语否？”曰：“实有。”山曰：“轨持千里钞，林下道人悲。”浮山远曰：“不因黄叶落，焉知是一秋。”

问僧：“名甚么？”曰：“某甲。”师曰：“阿那个是阇黎主人公？”曰：“见只对次。”师曰：“苦哉！苦哉！今时人例皆如此，只认得驴前马后底，将为自己，佛法平沉，此之是也。宾中主尚未分，如何辨得主中主？”僧便问：“如何是主中主？”师曰：“阇黎自道取。”曰：“某甲道得即是宾中主，如何是主中主？”师曰：“恁么道即易，相续也大难。”遂示颂曰：“嗟见今时学道流，千千万万认门头。恰似入京朝圣主，只到潼关即便休。”有僧不安，要见师，师遂往。僧曰：“和尚何不救取人家男女？”师曰：“你是甚么人家男女？”曰：“某甲是大阐提人家男女。”师良久，僧曰：“四山相逼时如何？”师曰：“老僧日前也向人家屋檐下过来。”曰：“回互不回互？”师曰：“不回互。”曰：“教某甲向甚处去？”师曰："粟畲里去。"僧嘘一声曰："珍重!"便坐脱。师以拄杖敲头三下曰："汝只解与么去，不解与么来。"

因夜参不点灯，有僧出问话，退后，师令侍者点灯，乃召适来问话僧出来。其僧近前，师曰："将取三两粉来与这个上座。"其僧拂袖而退，自此省发。遂罄舍衣资设斋，得三年，后辞师。师曰："善为。"时雪峰侍立，问曰："只如这僧辞去，几时却来?"师曰："他只知一去，不解再来。"其僧归堂，就衣钵下坐化。峰上报师，师曰："虽然如此，犹较老僧三生在。"问僧："甚处来?"曰："游山来。"师曰："还到顶么?"曰："到。"师曰："顶上有人么?"曰："无人。"师曰："恁么则不到顶也。"曰："若不到顶，争知无人?"师曰："何不且住。"曰："某甲不辞住，西天有人不肯。"师曰："我从来疑着这汉。"僧问茱萸："如何是沙门行?"萸曰："行则不无，有觉即乖。"别有僧举似师，师曰："他何不道未审是甚么行。"僧遂进此语，萸曰："佛行，佛行。"僧回举似师，师曰："幽州犹似可，最苦是新罗。"僧却问："如何是沙门行?"师曰："头长三尺，颈长二寸。"师令侍者持此语问三圣然和尚，圣于侍者手上掐一掐。侍者回举似师，师肯之。洗钵次，见两乌争虾蟆，有僧便问："这个因甚么到恁么地?"师曰："只为阇黎。"

问："三身之中，阿那身不堕众数?"师曰："吾尝于此切。"僧问曹山："先师道：吾尝于此切。意作么生?"山云："要头便斫去。"又问雪峰，峰以拄杖劈口打云："我亦曾到洞山来。"承天宗云："一转语海晏河清，一转语风高月冷，一转语骑贼马趁贼。"忽有个衲僧出来道："总不与么，也许伊具只眼。"好喜曰："恁么葛藤，也未梦见三个老汉在。”复云：“何不向膏肓穴上下一针。”

问僧：“作甚么来？”曰：“孝顺和尚来。”师曰：“世间甚么物最孝顺？”僧无对。陈尚书问师：“五十二位菩萨中，为甚么不见妙觉？”师曰：“尚书亲见妙觉。”僧问：“如何是青山白云父？”师曰：“不森森者是。”曰：“如何是白云青山儿？”师曰：“不辨东西者是。”曰：“如何是白云终日倚？”师曰：“去离不得。”曰：“如何是青山总不知？”师曰：“不顾视者是。”师与云居过水，师问：“水多少？”居曰：“不湿。”师曰：“粗人。”居却问：“水深多少？”师曰：“不干。”五祖演云：“二人恁么说话，还有优劣也无？山僧今日因行掉臂，为你诸人说破。过水一句不湿，库藏珍珠推积，过水一句不干，无锥说甚贫寒。干湿二途俱不涉，任他绿水与青山。”

上堂：“有一人在千人万人中，不背一人，不向一人，你道此人具何面目？云居出曰：“某甲参堂去。”官人问：“有人修行否？”师曰：“待公作男子即修行。”上堂：“还有不报四恩三有者么？”众无对。又曰：“若不体此意，何超始终之患。直须心心不触物，步步无处所，常无间断，始得相应。直须努力，莫闲过日。”师有时曰：“体得佛向上事，方有些子语话分。”僧问：“如何是语话？”师曰：“语话时阇黎不闻。”曰：“和尚还闻否？”师曰：“不语话时即闻。”僧问：“如何是佛向上人？”师曰：“非佛。”云门云：“名不得，状不得，所以言非。”　径山杲云：“二尊宿恁么提持佛向上事，且缓缓。这里即不然，如何是佛向上事？拽拄杖劈脊便打，免教伊在佛向上躲根。”

师因曹山辞，遂嘱曰：“吾在云岩先师处，亲印宝镜三味，事穷的要，今付于汝。词曰：如是之法，佛祖密付。汝今得之，宜善保护。银碗盛雪，明月藏鹭。类之弗齐，混则知处。意不在言，来机亦赴。动成窠臼，差落顾伫。背触俱非，如大火聚。但形文彩，即属染污。夜半正明，天晓不露。为物作则，用拔诸苦。虽非有为，不是无语。如临宝镜，形影相睹。汝不是渠，渠正是汝。如世婴儿，五相完具。不去不来，不起不住。婆婆和和，有句无句。终不得物，语未正故。重离六爻，偏正回互。迭而为三，变尽成五。如荎直尼切草味，如金刚杵。正中妙挟，敲唱双举。通宗通途，挟带挟路。错然则吉，不可犯忤。天真而妙，不属迷悟。因缘时节，寂然昭著。细入无间，大绝方所。毫忽之差，不应律吕。今有顿渐，缘立宗趣。宗趣分矣，即是规矩。宗通趣极，真常流注。外寂中摇，系驹伏鼠。先圣悲之，为法檀度。随其颠倒，以缁为素。颠倒想灭，肯心自许。要合古辙，请观前古。佛道垂成，十劫观树。如虎之缺，如马之馵。以有下劣，宝几珍御。以有惊异，狸奴白牯。羿以巧力，射中百步。箭锋相直，巧力何预。木人方歌，石女起舞。非情识到，宁容思虑。臣奉于君，子顺于父。不顺非孝，不奉非辅。潜行密用，如愚若鲁。但能相续，名主中主。”《智证传》：“洞山悟本禅师所立，正中妙挟挟路，通宗通途挟带。传曰：百丈曰：依文解义，三世佛冤。离经一字，即同魔说。故教外宗旨，其所开示，必曰藉教。如言妙挟，则曰正中。如言挟路，则曰通宗。如言挟带，则曰通途。盖本一挟带，而加妙字耳。然挟带之语，必有根本。大乘所缘缘义曰：言是带己相者，带与己相，各有二义。言带有二义者，一者挟带，即能缘心亲挟境体而缘；二者变带，即能缘心变起相分而缘也。曹山见杜顺法身颂曰：我意不欲与么道，乃自作之曰：渠本不是我，我本不是渠。渠无我即死，我无渠即余。渠如我是佛，我如渠即驴。不食空王俸，何假雁传书。我说横身唱，君看背上毛。乍如谣白雪，犹恐是巴歌。予观曹山之语，皆妙挟也。语不挟带，则如能缘之心。不挟境体，则是渠无我、我无渠。血脉断缘，世流布想耳，非宗旨也。” 幻寄曰：“观所缘缘论，能缘心亲挟境体而缘，此似带质也。能缘心变起相分而缘，此有质独影也。是皆情量，纯在偏位臣位，此借之明妙挟耳。宗途渠我，即偏正也，挟带即兼也。”

师又曰：“末法时代，人多乾慧。若要辨验真伪，有三种渗漏。一曰见渗漏，机不离位，堕在毒海。二曰情渗漏，滞在向背，见处偏枯。三曰语渗漏，究妙失宗，机昧终始，浊智流转。于此三种，子宜知之。”觉范云：“《大般若经》曰：应观欲界色界无色界空善现，是菩萨作此观时，不令心乱，若心不乱，则不见法。若不见法，则不作证。又曰：若金翅鸟飞腾虚空，自在翱翔，久不堕落。虽依于空戏，而不据空，亦不为空之所拘碍。昔洞山大师立五位偏正，以标准大法。约三种渗漏，以辨衲子。非意断苟为，皆本佛之遗意。今丛林闻渗漏之语，往往鼻笑。虽洞山复出，安能为哉？”

又纲要偈三首，一、《敲唱俱行偈》曰：“金针双锁备，叶路隐全该。宝印当风妙，重重锦缝开。”二、《金锁玄路偈》曰：“交互明中暗，功齐转觉难。力穷忘进退，金锁网鞔鞔。”三、《不堕凡圣亦名理事不涉偈》曰：“事理俱不涉，回照绝幽微。背风无巧拙，电火烁难追。”又偈曰：“道无心合人，人无心合道。欲识个中意，一老一不老。”后僧问曹山：“如何是一老？”山云：“不扶持。”云：“如何是一不老？”山云：

“枯木。”僧又举似道遥忠，忠云：“三从六义。”

师不安，令沙弥传语云居。乃嘱曰：“他或问和尚安乐否，但道云岩路相次绝也。汝下此语，须远立，恐他打汝。”沙弥领旨去传语，声未绝，早被云居打一棒。将圆寂，谓众曰：“吾有闲名在世，谁人为吾除得？”众皆无对。时沙弥出曰：“请和尚法号。”师曰：“吾闲名已谢。”僧问：“和尚违和，还有不病者也无？”师曰：“有。”曰：“不病者还看和尚否？”师曰：“老僧看他有分。”曰：“未审和尚如何看他？”师曰：“老僧看时不见有病。”师乃问僧：“离此壳漏子，向甚么处与吾相见？”僧无对。师示颂曰：“学者恒沙无一悟，过在寻他舌头路。欲得忘形泯踪迹，努力殷勤空里步。”乃命剃发澡身披衣，声钟辞众，俨然坐化。时大众号恸，移晷不止。师忽开目谓众曰：“出家人心不附物，是真修行。劳生惜死，哀悲何益。”复令主事办愚痴斋，众犹恋慕不已。延七日餐具方备，师亦随众斋毕。乃曰：“僧家无事，大率临行之际，勿须喧动。”遂归丈室，端坐长往。当咸通十年三月，寿六十三，腊四十二。谥悟本禅师。

佛典丛书

指月录

下

〔明〕瞿汝稷　编撰

德贤　侯剑　整理

巴蜀书社

指月录卷十七

六祖下第六世

◎睦州刺史陈操尚书，问僧，有个事，与上座商量得么?”曰：“合取狗口。”公自掴口曰：“某甲罪过。”曰：“知过必改。”公曰：“恁么则乞上座口吃饭得么?”斋次，拈起胡饼问僧：“江西湖南还有这个么?”曰：“尚书适来吃个甚么?”公曰：“敲钟谢响。”又与僚属登楼次，见数僧行来，有一官人曰：“来者总是行脚僧。”公曰：“不是。”曰：“焉知不是?”公曰：“待来勘过。”须臾僧至楼前，公蓦唤上座，僧皆举首，公谓诸官曰：“不信道。”看资福，福见来，便画一圆相。公曰：“弟子恁么来皂已是不着便，何况师更画一圆相。”福便掩却方丈门。雪窦云：“陈操只具一只眼。”复颂云：“团团珠绕玉珊珊，马载驴驮上铁船。分付海山无事客，钓鳌时下一圈圜。”复云：“天下衲僧跳不出。”

◎袁州仰山南塔光涌禅师，豫章丰城章氏子。母乳之夕，神光照庭，厩马皆惊，因以光涌名之。少甚俊敏，依仰山剃度。北游谒临济，复归侍山，山曰："汝来作甚么？"师曰："礼觐和尚。"山曰："还见和尚么？"师曰："见。"山曰："和尚何似驴？"师曰："某甲见和尚，亦不似佛？"山曰："若不似佛，似个甚么？"师曰："若有所似，与驴何别！"山大惊曰："凡圣两忘，情尽体露，吾以此验人二十年，无决了者。子保任之。"山每指谓人曰："此子肉身佛也。"

◎杭州无著文喜禅师，嘉禾语溪人。姓朱氏，七岁出家，常习律听教，后谒大慈山性空禅师。空曰："子何不遍参乎？"师直往五台山华严寺。至金刚窟礼谒，遇一老翁牵牛而行，邀师入寺。翁呼均提，有童子应声出迎。翁纵牛，引师升堂，堂宇皆耀金色。翁踞床，指绣墩命坐。翁曰："近自何来？"师曰："南方。"翁曰："南方佛法如何住持？"师曰："末法比丘少奉戒律。"翁曰："多少众？"师曰："或三百或五百。"师却问："此间佛法如何住持？"翁曰："龙蛇混杂，凡圣同居。"师曰："多少众？"翁曰："前三三，后三三。"翁呼童子致茶，并进酥酪。师食之，觉心意开爽。翁拈起玻璃盏问曰："南方还有这个否？"师曰："无。"翁曰："寻常将甚么吃茶？"师无对。师睹日色稍晚，遂问翁："拟投一宿，得否？"翁曰："汝有执心在，不得宿？"师曰："某甲无执心。"翁曰："汝曾受戒否？"师曰："受戒久矣。"翁曰："汝若无执心，何用受戒？"师辞退，翁令童子相送。师问童子："前三三，后三三，是多少？"童召大德，师应诺。童曰："是多少？"师复问曰："此为何处？"童曰："此金刚窟般若寺也。"师凄然，悟彼翁者即文殊也。不可再见，即稽首童子，愿乞一言为别。童说偈曰："面上无嗔供养具，口里无嗔吐妙香。心里无嗔是珍宝，无垢无染是真常。"言讫，均提与寺俱隐，但见五色云中，文殊乘金毛师子往来。忽有白云，自东方来，覆之不见，师因驻锡五台。后参仰山，顿了心契，令充典座。文殊尝现于粥镬上，师以搅粥篦便打曰："文殊自文殊，文喜自文喜。"殊乃说偈曰："苦瓠连根苦，甜瓜彻蒂甜。修行三大劫，却被老僧嫌。"一日，有异僧来求斋食，师减己分馈之。仰山预知，问曰："适来果位人至，汝给食否？"师曰："辍己回施。"仰曰："汝大利益。"将顺寂，于子夜告众曰："三界心尽，即是涅槃。"言讫跏趺而终。白光照室，竹树同色。塔于灵隐山之西坞。天福二年，田頵许思之乱，寇发师塔，睹肉身不坏，爪发俱长，钱武肃王异之，遣裨将邵志，重加封瘗。

◎福州双峰古禅师，本业讲经。因参先双峰，峰问："大德甚么处住？"曰："城里。"峰曰："寻常还思老僧否？"曰："常思和尚，无由礼觐。"峰曰："只这思底便是大德。"师从此领旨，即罢讲席，侍奉数年。后到石霜，但随众而已，更不参请。众谓：古侍者尝受双峰印记。往往闻于石霜，霜欲诘其所悟，而未得其便。师因辞去，霜将拂子送出门首，召曰古侍者，师回首。霜曰："拟著即差，是著即乖，不拟不是，亦莫作个会。除非知有，莫能知之。好去！好去！”师应：“喏！喏！”即前迈，寻属双峰示寂，师乃继续住持。僧问：“和尚当时辞石霜，石霜恁么道，意作么生？”师曰：“只教我不著是非。”玄觉云：“且道他会石霜意不会？”

◎**魏府兴化存奖禅师**，初在临济为侍者。洛浦来参，济问：“甚处来？”浦曰：“銮城来。”济曰：“有事相借问得么？”浦曰：“新戒不会。”济曰：“打破大唐国，觅个不会底人也无？参堂去！”师随后请问曰：“适来新到，是成褫他，不成褫他？”济曰：“我谁管你成褫不成褫。”师曰：“和尚只解将死雀就地弹，不解将一转语盖覆却。”济曰：“你又作么生？”师曰：“请和尚作新到。”济遂曰：“新戒不会。”师曰：“却是老僧罪过。”济曰：“你语藏锋。”师拟议，济便打。至晚济又曰：“我今日问新到，是将死雀就地弹，就窠子里打。及至你出得语又喝起，了向青云里打。”师曰：“草贼大败。”济便打。后在三圣会里为首座，常曰：“我向南方行脚，一遭拄杖头，不曾拨着一个会佛法底人。”三圣闻得，问曰：“你具个甚么眼，便恁么道？”师便喝。圣曰：“须是你始得。”后大觉闻举遂曰：“作么生得风吹到大觉门里来？”师后到大觉为院主，一日觉唤院主：“我闻你道‘向南方行脚，一遭拄杖头，不曾拨着一个会佛法底。’你凭个甚么道理与么道？”师便喝，觉便打。师又喝，觉又打。师来日从法堂过，觉召院主：“我直下疑你昨日这两喝。”师又喝，觉又打。师再喝，觉亦打。师曰：“某甲于三圣师兄处，学得个宾主句，总被师兄折倒了也。愿与某甲个安乐法门。”觉曰：

"这瞎汉，来这里纳败缺，脱下衲衣痛打一顿。"师于言下荐得临济先师于黄檗处吃棒底道理。师后开堂日拈香曰："此一炷香，本为三圣师兄，三圣于我太孤。本为大觉师兄，大觉于我太赊。不如供养临济先师。"师有时唤僧，僧应诺，师曰："点即不到。"又唤一僧，僧应诺，师曰："到则不点。"僧问："四面八方来时如何？"师曰："打中间底。"僧便礼拜。师曰："昨日赴个村斋，中途遇一阵卒风暴雨，却向古庙里躲避得过。"晦堂《心颂》："一不是，二不成，落花芳草伴啼莺。闲庭雨歇夜初静，片月还从海上生。"　径山杲颂："古庙里头回避得，纸钱堆里暗嗟吁。闲神野鬼都惊怕，只为渠侬识梵书。"

师谓克宾维那曰："汝不久为唱导之师。"宾曰："不入这保社。"师曰："会了不入，不会了不入？"曰："总不与么。"师便打曰："克宾维那法战不胜，罚钱五贯，设僧饭一堂。"次日，师自白椎曰："克宾维那法战不胜，不得吃饭。"即便出院。雪窦云："克宾要承嗣兴化，罚钱出院。且致，却须索这一顿棒始得。且问诸人，棒既吃了，作么生索？雪窦要断不平之事，今夜与克宾维那雪屈，以拄杖一时打散。"　云居舜云："大冶精金应无变色，其奈兴化令行太严。不是克宾维那也大难承当，若是如今泛泛之徒，翻转面皮多少时也。"　径山杲云："云居拗曲作直，妙喜道：要作临济烜赫儿孙，直须翻转面皮始得。"　洞山广道者，梓州人，丛林号广无心。初游方，问云盖智和尚："兴化打维那，意旨如何？"智下禅床展两手吐舌示之。广打一坐具，智云："此是风力所转。"又持此语问石霜琳和尚，琳云："你意作么生？"广亦打一坐具。琳云："好一坐具，只是你不知落处。"又问真净，净云："你意作么生？"广亦打一坐具。净云："他打你亦打。"

广于此大悟。净因作颂云："丈夫当断不自断，兴化为人彻底汉。已后从他眼自开，棒了罚钱趁出院。"

示众曰："若是作家战将，便请单刀直入，更莫如何若何？有旻德禅师，出礼拜，起便喝，师亦喝。德又喝，师亦喝。德礼拜归众，师曰："适来若是别人，三十棒一棒也较不得，何故？为他旻德会一喝，不作一喝用。"首山拈云："看他兴化与么用，为甚么放得他过？诸上座，且道甚么处是一喝不作一喝用？前一喝后一喝，且道那个是宾，那个是主？虽然如是，亦须子细。"便下座。又曰："二俱有过，二俱无过。"觉范曰："予观首山，可谓临济兴化的骨孙。" 幻寄曰："首山如优孟学孙叔敖耳，洪公更矢上加尖。"

师见同参来，才上法堂，师便喝，僧亦喝，师又喝，僧亦喝。师近前拈棒，僧又喝。师曰："你看这瞎汉，犹作主在。"僧拟议，师直打下法堂。侍者请问："适来那僧，有甚触忤和尚？"师曰："他适来也有权，也有实，也有照，也有用。及乎我将手向伊面前横两横，到这里却去不得。似这般瞎汉，不打更待何时！"僧礼拜。圜悟勤云："甚处是兴化将手向伊面前划两遭处？若这里洞明，可以荷负临济正法眼藏。如或泥水未分，未免瞎驴随大队。"

云居住三峰庵时，师问："权借一问以为影草时如何？"居无对。师云："想和尚答这话不得，不如礼拜了退。"二十年后，居云："如今思量，当时不消道个何必。"后遣化主到师处，师问："和尚住三峰庵时，老僧问伊，话对不得，如今道得也未？"主举前话，师云："云居二十年，只道得个何必。兴化即不然，争如道个不必。"妙喜曰："何必不必，绵绵密密，觌面当机，有人续得末后句，许你亲见二尊宿。"

后唐庄宗车驾幸河北，回至魏府行宫，诏师问曰：“朕收中原获得一宝，未曾有人酬价。”师曰：“请陛下宝看。”帝以两手舒幞头脚，师曰：“君王之宝，谁敢酬价？”宗大悦，赐紫衣师号，师皆不受。乃赐马，师乘马忽惊坠伤足。师唤院主：“与我做个木拐子。”主做了将来，师接得绕院行，问僧曰：“汝等还识老僧么？”曰：“争得不识和尚？”师曰：“蹶脚法师，说得行不得。”又至法堂，令维那声钟集众，师曰：“还识老僧么？”众无对。师掷下拐子，端然而逝。

◎**魏府大觉和尚**，参临济语，接兴化语，具二师章。临终时谓众曰：“我有一只箭，要付与人。”时有一僧出曰：“请和尚箭。”师曰：“汝唤甚么作箭？”僧喝，师打数下，便归方丈。却唤其僧入来，问曰：“汝适来会么？”曰：“不会。”师又打数下，掷却拄杖曰：“已后遇明眼人，分明举似。”便乃告寂。

◎**镇州宝寿沼禅师**，在方丈坐，因僧问讯次，师曰：“百千诸圣尽不出此方丈内。”曰：“只如古人道：大千沙界海中沤，未审此方丈向甚么处着？”师曰：“千圣现在。”曰：“阿谁证明？”师便掷下拂子，僧从西过东立，师便打。僧曰：“若不久参，焉知端的？”师曰：“三十年后，此话大行。”赵州来，师在禅床背面而坐。州展坐具礼拜，师起入方丈，州收坐具而出。

师问僧：“甚处来？”曰：“西山来。”师曰：“见猕猴么?”曰:“见。”师曰:“作甚么伎俩?”曰:“见某甲,一个伎俩也作不得。”师便打。

◎镇州三圣院慧然禅师,至仰山,山问:“汝名甚么?”师曰:“慧寂。”山曰:“慧寂是我名。”师曰:“我名慧然。”山大笑。妙喜曰:“两个藏身露影汉,殊不顾旁观者。” 雪窦颂云:“双收双放若为宗,骑虎由来要绝功。笑罢不知何处去,只应千古动悲风。” 圜悟勤云:“这个笑与岩头笑不同,岩头笑有毒药,这个笑千古万古清风凛凛地。为甚么雪窦末后却道:‘只应千古动悲风。’也是死而不吊,一时与你注解了也。争奈天下人啖啄不入,不知落处。纵是山僧,也不知落处。诸人还知么?”

仰山因有官人相访,山问:“官居何位?”曰:“推官。”山竖起拂子曰:“还推得这个么?”官人无对。山令众下语,皆不契。时师不安,在涅槃堂内将息。山令侍者去请下语,师曰:“但道和尚今日有事。”山又令侍者问:“未审有甚么事?”师曰:“再犯不容。”到德山,才展坐具,山曰:“莫展炊巾,这里无残羹馊饭。”师曰:“纵有也无着处。”山便打,师接住棒推向禅床上。山大笑,师哭苍天,便下参堂。堂中首座号踢天泰,问:“行脚高士须得本道公验,作么生是本道公验?”师曰:“道甚么?”座再问,师打一坐具曰:“这漆桶,前后触忤多少贤良。”座拟人事,师便过第二座人事。上堂:“我逢人即出,出则不为人。”便下座。兴化云:“我逢人则不出,出则便为人。”

◎定州善崔禅师,州将王令公,于衙署张座请师说法,师升座拈拄杖曰：“出来也打，不出来也打。”僧出曰：“崔禅聻。师掷下拄杖曰：“久立令公，伏惟珍重。”

◎幽州谈空和尚，镇州牧有姑为尼，行脚回，欲开堂为人，牧令师勘过。师问曰：“见说汝欲开堂为人，是否？”尼曰：“是。”师曰：“尼是五障之身，汝作么生为人？”尼曰：“龙女八岁，南方无垢世界成等正觉，又作么生？”师曰：“龙女有十八变，你试一变看？”尼曰：“设使变得，也只是个野狐精。”师便打。牧闻举乃曰：“和尚棒折那。”翠岩芝云：“且道尼具眼么，只担得个断贯索，作么生会？”

宝寿和尚问：“除却中下二根人来时，师兄作么生？”师曰：“汝适来举早错也。”寿曰：“师兄也不得无过。”师曰：“汝却与我作师兄。”寿侧掌曰：“这老贼。”

◎虎溪庵主，僧问：“庵主在这里多少年也？”师曰：“只见冬凋夏长，年代总不记得。”曰：“大好不记得。”师曰：“汝道我在这里得多少年也。”曰：“冬凋夏长聻。”师曰：“闹市里虎。”

◎覆盆庵主，有僧从山下哭上，师闭却门。僧于门上画一圆相，门外立地。师从庵后出，却从山下哭上。僧喝曰：“犹作这个去就在。”师便换手搥胸曰：“可惜先师一场埋没。”僧曰：“苦！苦！”师曰：“庵主被谩。”

◎桐峰庵主，僧问：“和尚这里忽遇大虫作么生？”师便作大虫吼。僧作怖势，师大笑。僧曰："这老贼。"师曰："争奈老僧何？"雪窦云："是则是，两个老贼，只解掩耳偷铃。"复颂云："见之不取，思之千里。好个斑斑，爪牙未备。君不见，大雄山下忽相逢，落落声光皆振地。大丈夫见也无，收虎尾兮捋虎须。"　　幻寄曰："雪窦着这两贼毒手也。"

有老人入山参，师曰："住在甚处？"老人不语。师曰："善能对机。"老人地上拈一枝草示师，师便喝，老人礼拜，师便归庵。老人曰："与么疑杀一切人在。"

◎**杉洋庵主**，有僧到参，师问："阿谁？"曰："杉洋庵主。"师曰："是我。"僧便喝，师作嘘声。僧曰："犹要棒吃在。"师便打。问僧："甚么处来？"曰："江西来。"师竖起痒和子曰："江西还有这个么？"僧拓膝闭目。师曰："东家厮儿却向西家使唤。"僧曰："有口不烦宾主说。"师曰："适来患聋，而今患哑。"僧曰："买铁得金，一场富贵。"师曰："客作无功，未免逃避。"僧便行。师曰："自累犹可，莫累老僧。"僧却回向师礼拜，师曰："若不溜么。已后丧我儿孙。"

◎**定上座**，初参临济，问："如何是佛法大意？"济下禅床擒住，师拟议，济与一掌。师伫思，傍僧曰："定上座何不礼拜？"师方作礼，忽然大悟。后南游，路逢岩头、雪峰、钦山三人，岩头问："上座甚处来？"师曰："临济来。"岩曰："和尚万福。"师曰："和尚已顺世也。"岩曰："某甲三人特去礼拜，薄福不遇。不知和尚在日有何言句？请上座举一两则。”师遂举临济上堂曰：“赤肉团上，有一无位真人，常在汝等诸人面门出入，未证据者看看？”时有僧问：“如何是无位真人？”济下禅床搊住曰：“道！道！”僧拟议，济拓开曰：“无位真人是甚么干矢橛？”岩头不觉吐舌。雪峰曰：“临济大似白拈贼。”钦山曰：“何不道赤肉团上非无位真人？”师便擒住曰：“无位真人与非无位真人，相去多少？速道！速道！”钦山被擒，直得面黄面青，语之不得。岩头、雪峰曰：“这新戒不识好恶，触忤上座，且望慈悲。”师曰：“若不是这两个老汉，㘞杀这尿床鬼子。”师在镇府斋，回到桥上坐次，逢三人座主。一人问：“如何是禅河深处，须穷到底？”师擒住拟抛向桥下。二座主近前谏曰：“莫怪触忤上座，且望慈悲。”师曰：“若不是这两个座主，直教他穷到底。”

◎**奯上座**，离临济参德山。山才见，下禅床作抽坐具势。师曰：“这个且置。或遇心境一如的人来，向伊道个甚么，免被诸方检责？”山曰：“犹较昔日三步在，别作个主人公来。”师便喝，山默然。师曰：“塞却这老汉咽喉也。”拂袖便出。沩山闻举云：“奯上座，虽得便宜，争奈掩耳偷铃。”蒋山勤云：“奯公一喝，宾主历然。德山无语，言遍天下。沩山老子，雪上加霜。子细点检将来，总不可放过。乃掷下拄杖。”

参百丈，丈曰：“阇黎有事相借问，得么？”师曰：“幸自非言，何须�。”丈曰：“收得安南，又忧塞北。”师擘开胸曰：“与么不与么？”丈曰：“要且难构，要且难构。”师曰：“知即得，知即得。”仰山寂云：“若有人知此二人落处，不妨奇特。若辨不得，大似日中迷路。”

◎**瑞州九峰道虔禅师**，为石霜侍者。洎霜归寂，众请首座继住持，师白众曰：“须明得先师意始可。”座曰：“先师有甚么意？”师曰：“先师道：‘休去，歇去，冷湫湫地去，一念万年去，寒灰枯木去，古庙香炉去，一条白练去。其余则不问，如何是一条白练去？’”座曰：“这个只是明一色边事。”师曰：“元来未会先师意在。”座曰：“你不肯我那，但装香来，香烟断处若去不得，即不会先师意。”遂焚香。香烟未断，座已脱去。师拊座背曰：“坐脱立亡即不无，先师意未梦见在。”南堂静云：“要识虔侍者么，只是急杀人底汉子；要识首座么，也只是孟春犹寒，仲春渐暖，季春渐暄。忽有人唤和尚，和尚哑。赖他唤一声，若不唤一声，念到腊月三十日，也未了在。”

僧问：“无间中人行甚么行？”师曰：“畜生行。”曰：“畜生复行甚么行？”师曰：“无间行。”曰：“此犹是长生路上人。”师曰：“汝须知有不共命者。”曰：“不共甚么命？”师曰：“长生气不常。”师乃曰：“诸兄弟，还识得命么？欲知命，流泉是命，湛寂是身，千波竞涌是文殊境界，一亘晴空是普贤床榻。其次借一句子是指月，于中事是话月。从上宗门中事，如节度使信旗相似。且如诸方先德，未建许多名目指陈已前，诸兄弟，约甚么体格商量。到这里，不假三寸，试话会看？不假耳，试辨听看？不假眼，试辨白看？所以道：声前抛不出，句后不藏形。尽乾坤大地都来，是汝常人个体。向甚么处安眼耳鼻舌？莫但向意根下图度作解，尽未来际亦未有休歇分。所以洞山道：拟将心意学玄宗，大似西行却向东。珍重！”问：“诸圣间出，只是个传语底人，岂不是和尚语？”师曰：“是。”曰：“只如世尊生下，一手指天，一手指地，云：‘天上天下唯我独尊。’为甚么唤作传语底人？”师曰：“为他指天指地，所以唤作传语底人。”僧礼拜而退。问：“尽乾坤都来是个眼，如何是乾坤眼？”师曰：“乾坤在里许。”曰：“乾坤眼何在？”师曰：“正是乾坤眼。”曰：“还照烛也无？”师曰：“不借三光势。”曰：“既不借三光势，凭何唤作乾坤眼？”师曰：“若不如是，髑髅前见鬼人无数。”吴顺义初，告众安坐而化。洞宗诸语，具《洞山章》。

◎**台州涌泉景欣禅师**，强德二禅客，于路次见师骑牛，不识师，忽曰：“蹄角甚分明，争奈骑者不鉴。”师骤牛而去。强德憩于树下煎茶，师回却下牛问曰：“二禅客近离甚么处？”曰：“那边。”师曰：“那边事作么生？”强提起茶盏。师曰：“此犹是这边事。那边事作么生？”强无对。师曰：“莫道骑者不鉴。”论转功语，具《洞山章》。

◎**邵武军龙湖普闻禅师**，唐僖宗太子。眉目风骨清朗如画，生而不茹荤，僖宗百计移之，终不得。及僖宗幸蜀，遂断发逸游，人无知者。造石霜，一夕入室恳曰：“祖师别传事，肯以相付乎？”霜曰：“莫谤祖师。”师曰：“天下宗旨盛传，岂妄为之耶？”霜曰：“是实事那。”师曰：“师意如何？”霜曰：“待案山点头，即向汝道。”师闻，俯而惟曰：“大奇！”汗下，遂拜辞。至邵武城外，见山蔚然深秀，因拨草趋烟起处，有一苦行居焉。苦行见师至乃曰：“上人当兴此。”长揖而去。师居十余年，一日，有一老人拜谒。师问：“住在何处，至此欲何求？”老人曰：“住于此山，然非人龙也。行雨不职，上天有罚当死，愿垂救护。”师曰：“汝得罪上帝，我何能致力。”无已可易形来，俄失老人所在。视座傍有一小蛇，延缘入袖。至暮，雷电震山，风雨交作，师危坐不动。达旦晴霁，垂袖蛇堕地而去。有顷老人拜而泣曰：“自非大士慈悲，为血腥秽此山矣，念何以报斯德！”即穴岩下为泉曰：“深山乏泉，致此以供养。”邦人闻之，翕然相与唱导，聿成崇刹，号为龙湖云。其旁有神最灵异，民致牲飨不绝。师仗策至庙，与之约曰：“能食素持不杀戒，乃可为邻。不然，道不同，不相为谋。何山不可居乎？”是夕，邦之父老，梦神告之曰：闻禅师为我受戒，我不复血食，祭我当如比丘饭足矣！自是神显异迹，护持此山。师将化，令击钟集众，跏趺而坐。说偈曰：“我逃世难来出家，宗师指示个歇处。住山聚众三十年，对人不欲轻分付。今日分明举似君，我敛目时齐听取。”于是敛目安坐寂然，良久撼之，已化矣。塔于本山。

◎潭州云盖山志元圆净禅师，游方时，问云居曰：“志元不奈何时如何？”居曰：“只为阇黎功力不到。”师不礼拜，直造石霜，亦如前问。霜曰：“非但阇黎，老僧亦不奈何。”师曰：“和尚为甚么不奈何？”霜曰：“老僧若奈何，拈过汝不奈何。”师便礼拜。僧问石霜：“万户俱闭即不问。万户俱开时如何？”霜曰：“堂中事作么生？”僧无对。经半年，始下一转语曰："无人接得渠。"霜曰："道即忒煞道，却只道得八成。"曰："和尚又且如何？"霜曰："无人识得渠。"师知乃礼拜。乞为举，霜不肯。师乃抱霜上方丈曰："和尚若不道，打和尚去在。"霜曰："得在。"师频礼拜，霜曰："无人识得渠。"师于言下顿省。

问："如何是师子？"师曰："善哮吼。"僧拊掌曰："好手！好手！"师曰："青天白日，却被鬼迷。"僧作掀禅床势，师便打。曰："驴事未去，马事到来。"师曰："灼然作家。"僧拂袖出。师曰："将瓯盛水，拟比大洋。"僧参，师便作起势，僧便出。师曰："阇黎且来人事。"僧回作抽坐具势，师却归方丈。僧曰："苍天！苍天！"师曰："龙头蛇尾。"僧近前叉手立，师曰："败将投王，不存性命。"道吾问："久向和尚会禅，是否？"师曰："苍天！苍天！"吾近前掩师口曰："低声！低声！"师与一掌，吾曰："苍天！苍天！"师把住曰："得与么无礼？"吾却与一掌。师曰："老僧罪过。"吾拂袖便行。师呵呵大笑曰："早知如是，不见如是。"

师将示寂，三日前，令侍者唤第一座来。师卧出气一声，座唤侍者曰："和尚渴，要汤水吃。"师乃面壁而卧。临终令集众，乃展两手出舌示之，时第三座曰："诸人！和尚舌根硬也。"师曰："苦哉！苦哉！诚如第三座所言，舌根硬去也。"言讫而寂。

◎凤翔府石柱禅师，游方时，到洞山。时虔和尚垂语曰："有四种人，一人说过佛祖，一步行不得。一人行过佛祖，一句说不得。一人说得行得，一人说不得行不得。阿那个是其人？”师出众曰：“一人说过佛祖行不得者，只是无舌不许行。一人行过佛祖一句说不得者，只是无足不许说。一人说得行得者，只是函盖相称。一人说不得行不得者，如断命求活。此是石女儿，披枷带锁。”山曰：“阇黎分上作么生？”师曰：“该通分上，卓卓宁彰。”山曰：“只如海上明公秀又作么生？”师曰：“幻人相逢，拊掌呵呵。”

◎**张拙秀才**，因禅月大师指参石霜，霜问：“秀才何姓？”曰：“姓张名拙。”霜曰：“觅巧尚不可得，拙自何来？”张忽有省，乃呈偈曰：“光明寂照遍河沙，凡圣含灵共我家。一念不生全体现，六根才动被云遮。破除烦恼重增病，趣向真如亦是邪。随顺世缘无挂碍，涅槃生死等空花。”妙喜曰：“驴拣湿处尿。”云门问僧：“光明寂照遍河沙，岂不是张拙秀才语？”僧云：“是。”门云：“话堕也。”

◎**澧州洛浦山元安禅师**，丱岁出家，通经论，具戒。为临济侍者，济尝称之曰：“此临济门下一只箭，谁敢当锋？”师自谓已足。济一日问：“从上来一人行棒，一人行喝，阿那个亲？”师曰：“总不亲。”济曰：“亲处作么生？”师便喝，济便打。济一日又拈胡饼示师曰：“万种千般不离这个，其理不二。”师曰：“如何是不二之理？”济再拈起饼示之。师曰：“与么则万种千般也？”济曰：“屙矢见解。”师曰：“罗公照镜。”又一日侍立次，有座主参济，济问：“有一人于三乘十二分教明得，有一人不于三乘十二分教明得，且道此二人是同是别？”主曰：“明得即同，明不得即别。”师曰：“这里是甚么所在，说同说别？”济顾师曰：“汝又作么生？”师便喝。济送座主，回问师：“汝岂不是适来喝老僧者？”师曰：“是。”济便打。师后辞济，济问：“甚么处去？”师曰：“南方去。”济以拄杖画一画曰：“过得这个便去。”师乃喝，济便打，师作礼而去。济明日升堂曰：“临济门下有个赤梢鲤鱼，摇头摆尾，向南方去，不知向谁家齑瓮里淹杀？”师游历罢，直往夹山卓庵。经年不访夹山，山乃修书令僧驰往，师接得便坐却，再展手索，僧无对，师便打曰：“归去举似和尚。”僧回举似，山曰：“这僧若开书，三日内必来。若不开书，斯人救不得也。”夹山却令人伺师出庵，便与烧却。越三日师果出庵来，人报曰：“庵中火起，师亦不顾。”直到夹山，不礼拜乃当面叉手而立，山曰：“鸡栖凤巢，非其同类。出去！”师曰：“自远趋风，请师一接。”山曰：“目前无阇黎，此间无老僧。”师便喝。山曰：“住！住！且莫草草匆匆，云月是同，溪山各异，截断天下人舌头即不无，阇黎争教无舌人解语？”师伫思，山便打，因兹服膺。兴化代云：“但知作佛，莫愁众生。”一日问山：“佛魔不到处，如何体会？”山曰：“烛明千里像，暗室老僧迷。”又问：“朝阳已升、夜月不现时如何？”山曰：“龙衔海珠，游鱼不顾。”师于言下大悟。山将示灭，垂语曰：“石头一枝看看即灭矣。”师曰：“不然。”山曰：“何也？”师曰：“他家自有青山在。”山曰：“苟如是，即吾宗不坠矣。”抵涔阳，遇故人，因话武陵旧事，问曰：“倏忽数年，何处逃难？”师曰：“只在阛阓中。”曰：“何不向无人处去？”师曰：“无人处有何难？”曰：“阛阓中如何逃避？”师曰：“虽在阛阓中，要且人不识。”故人罔测。

上堂："末后一句，始到牢关。锁断要津，不通凡圣。寻常向诸人道：任从天下乐欣欣，我独不肯。欲知上流之士，不将佛祖言教贴在额头上，如龟负图，自取丧身之兆。凤萦金网，趋霄汉以何期。直须旨外明宗，莫向言中取则。是以石人机似汝，也解唱巴歌。汝若似石人，雪曲也应和。指南一路，智者知疏。"又云："学道先须识得自己宗旨，方可临机不失其宜。只如锋铓未兆已前，都无是个非个。瞥尔暂起见闻，便有张三李四。胡来汉去，四姓杂居。不亲而亲，是非互起。致使玄关固闭，识锁难开。疑网罗笼，智刀劣剪。若不当阳晓示，迷子何以知归。欲得大用现前，但可顿忘诸见。诸见若尽，昏雾不生。智照洞然，更无他物。以今学人触目有滞，盖为因他数量作解，被他数量该括方寸，不能移易。所以听不出声，见不超色，假饶并当门头洁净。自己未能通明，还同不了。若也单明自己，法眼未明，此人只具一只眼。所以是非欣厌贯系，不得脱坼自由。谓之深可愍伤，各自努力!"

庞居士礼拜起曰："孟夏毒热，孟冬薄寒。"师曰："莫错。"士曰："庞公年老。"师曰："何不寒时道寒，热时道热。"士曰："患聋作么?"师曰："放你三十棒。"士曰："哑却我口，塞却你眼。"蛤溪道者相访，师问："自从犁溪相别，今得几年?"溪曰："和尚犹记得昔年事?"师曰："见说道者总忘却年月也。"溪曰："和尚住持事繁，且容仔细看。"师曰："打即打会禅汉。"溪曰："某甲消得。"师曰："道者住山事繁。"问僧："近离甚处?"曰："荆南。"师曰："有一人与么去，还逢么?”曰：“不逢。”师曰：“为甚不逢?”曰：“若逢，即头粉碎。”师曰：“阇黎三寸甚密，云门于江西见其僧，乃问：‘还有比语否?’曰：‘是。’门曰：‘洛浦倒退三千里。’”问：“一毫吞尽巨海，于中更复何言?”师曰：“家有白泽之图，必无如是妖怪。”保福别云：“家无白泽之图，亦无如是妖怪。”

问：“学人拟归乡时如何?”师曰：“家破人亡，子归何处?”曰：“恁么则不归去也。”师曰：“庭前残雪日轮消，室内红尘遣谁扫?”光化元年八月，诫主事曰：“出家之法，长物不留。播种之时，切宜减省。缔构之务，悉从废停。流光迅速，大道玄深。苟或因循，曷由体悟。虽激励恳切，众以为常，略不相儆。”至冬示微疾，亦不倦参请。十二月一日告众曰：“吾非明即后也，今有一事，问汝等，若道这个是，即头上安头；若道不是，即斩头求活。”第一座对曰：“青山不举足，日下不挑灯。”师曰：“是甚么时节，作这个语话?”时有彦从上座对曰：“离此二途，请和尚不问。”师曰：“未在更道。”曰：“彦从道不尽。”师曰：“我不管汝尽不尽。”曰：“彦从无侍者，只对和尚。”师便休。至夜令侍者唤从，问曰：“阇黎今日只对，甚有道理，汝合体得先师意。先师道：目前无法，意在目前。不是目前法，非耳目之所到。且道：那句是宾，那句是主?若择得出，分付钵袋子。”曰：“彦从不会。”师曰：“汝合会。”曰：“彦从实不会。”师喝出，乃曰：“苦！苦!”玄觉云：“且道从上座实不会，是怕见钵袋子粘着伊。”二日午时，别僧举前话问师，师曰：“慈舟不棹清波上，剑峡徒劳放木鹅。”便告寂。

◎抚州黄山月轮禅师，谒夹山。山问：“名甚么？”师曰：“月轮。”山作一圆相曰：“何似这个？”师曰：“和尚恁么语话，诸方大有人不肯在。”山曰：“阇黎作么生？”师曰：“还见月轮么？”山曰：“阇黎恁么道，此间大有人不肯诸方。”师乃服膺参讯。一日，夹山抗声问曰：“子是甚么处人？”师曰：“闽中人。”山曰：“还识老僧么？”师曰：“和尚还识学人么？”山曰：“不然，子且还老僧草鞋钱，然后老僧还子庐陵米价。”师曰：“恁么则不识和尚也，未委庐陵米作么价？”山曰：“真师子儿，善能哮吼。”乃入室受印。

◎洛京韶山普寰禅师，僧参，师问：“莫是多口白头因么？”因曰：“不敢。”师曰：“有多少口？”曰：“通身是。”师曰：“寻常向甚么处屙？”曰：“向韶山口里屙。”师曰：“有韶山口即得，无韶山口，向甚么处屙？”因无语，师便打。云门代云：“这话堕阿师，放你三十棒。”又云：“韶山今日瓦解冰消。”

遵布衲访师，在山下相见，遵问：“韶山路向甚么处去？”师以手指曰：“呜那青青黯黯处去。”遵近前把住曰：“久向韶山，莫便是否？”师曰：“是即是，阇黎有甚么事？”遵曰：“拟伸一问，师还答否？”师曰：“看君不是金牙作，争解弯弓射尉迟。”遵曰：“凤凰直入烟霄去，谁怕林间野雀儿。”师曰：“当轩画鼓从君击，试展家风似老僧。”遵曰：“一句迥超千圣外，松萝不与月轮齐。”师曰：“饶君直出威音外，犹较韶山半月程。”遵曰：“过在甚处？”师曰：“倜傥之辞，时人知有。”遵曰：“恁么则真玉泥中异，不拨万机尘。”师曰：“鲁班门下徒施巧妙。”遵曰：“学人即恁么，未审师意如何？”师曰：“玉女夜抛梭，织锦于西舍。”遵曰：“莫便是和尚家风也无？”师曰：“耕夫制玉漏，不是行家作。”遵曰：“此犹是文言，如何是和尚家风？”师曰：“横身当宇宙，谁是出头人？”遵无语。师遂同归山，才人事了，师召近前曰：“阇黎有冲天之气，老僧有入地之谋。阇黎横吞巨海，老僧背负须弥。阇黎按剑上来，老僧揑枪相待。向上一路，速道！速道！”遵曰：“明镜当台，请师一鉴。”师曰：“不鉴。”遵曰：“为甚不鉴？”师曰：“水浅无鱼，徒劳不钓。”遵无对，师便打。妙喜曰：“笑杀睦州陈尊宿。”

◎**郓州四禅禅师**，僧问：“古人有请不背，今请和尚入井，还背也无？”师曰：“深深无别源，饮者消诸患。”

◎**凤翔府天盖山幽禅师**，因有一院，名无垢净光，造浴室，有人问：“既是无垢净光，为甚么却造浴室？”僧无语。后请师代，师曰：“三秋明月夜，不是骋团圆。”丹霞淳颂：“虽然答尽深深意，争奈投机句未亲。欲同本来无垢的，更须入水见长人。”

◎**鄂州岩头全奯禅师**，泉州柯氏子，少礼青原谊公落发，往长安宝寿寺禀戒，习经律诸部，优游禅苑，与雪峰钦山为友。谒临济，济先化去。乃谒仰山，才入门，提起坐具曰：“和尚，仰山取拂子拟举。”师曰：“不妨好手。”后参德山，执坐具上法堂瞻视，山曰：“作么?”师便喝。山曰：“老僧过在甚么处?”师曰：“两重公案。”乃下参堂。山曰：“这个阿师稍似个行脚人。”至来日上问讯，山曰：“阇黎是昨日新到否?”曰：“是。”山曰：“甚么处学得这虚头来?”师曰：“全奯终不自谩。”山曰：“他后不得孤负老僧。”一日，参德山，方跨门便问：“是凡，是圣?”山便喝，师礼拜。有人举似洞山，山曰：“若不是奯公，大难承当。”师曰：“洞山老人不识好恶，错下名言，我当时一手抬一手搦。”径山杲云：“猛虎不识阱，阱中身死。蛟龙不怖剑，剑下身亡。岩头虽于虎阱之中，自有透脱一路，向剑刃上，有翻身之机。若子细点检将来，犹欠悟在。即今莫有为岩头作主底么？出来与大慧相见。”良久，喝一喝，拍一拍云：“洎合停囚长智。”

雪峰在德山作饭头，一日饭迟，德山擎钵下法堂，峰晒饭巾次。见德山乃曰：“钟未鸣鼓未响，拓钵向甚么处去?”德山便归方丈。峰举似师，师曰：“大小德山未会末后句在。”山闻，令侍者唤师去问：“汝不肯老僧那?”师密启其意，山乃休。明日升堂，果与寻常不同。师至僧堂前拊掌大笑曰：“且喜堂头老汉，会末后句。他后天下人，不奈伊何！虽然也只得三年活。”山果三年后示寂。径山杲颂云：“一挝涂毒闻皆丧，身在其中总不知。八十翁翁入场屋，真诚不是小儿嬉。”

师与罗山卜塔基，罗山中路忽曰：“和尚。”师回顾曰：“作么?”山举手指曰：“这里好片地。”师咄曰：“瓜州卖瓜汉。”又行数里歇次，山礼拜问曰：“和尚岂不是三十年前在洞山，而不肯洞山?”师曰：“是。”又曰：“和尚岂不是嗣德山，又不肯德山?”师曰：“是。”山曰：“不肯德山即不问。

只如洞山，有何亏缺？”师良久曰：“洞山好佛，只是无光。”山礼拜。无轸上座问罗山：“岩头道：‘洞山好佛只是无光。’未审洞山有何亏欠，便道无光？”山召轸，轸应诺，山曰：“灼然好个佛，只是无光。”曰：“大师为甚拨无轸话？”山曰：“甚么处是陈老师拨你话处？快道！快道！”轸无语，山打三十棒趁出。轸举似招庆，庆一夏骂詈。至夏末，自来问，山乃分明举似，庆便作礼忏悔曰：“洎错怪大师。”　妙喜曰：“岩头父子，虽善暗去明来，子细检点将来，未免髑髅敲磕。”

问僧：“甚处来？”曰：“西京来。”师曰：“黄巢过后，还收得剑么？”曰：“收得。”师引颈近前曰：“囡！”曰：“师头落也。”师呵呵大笑。僧后到雪峰，峰问：“甚处来？”曰：“岩头来。”峰曰：“岩头有何言句？”僧举前话，峰便打三十棒趁出。德山一日谓师曰：“我这里有两僧，入山住庵多时，汝去看他怎生？”师遂将一斧去，见两人在庵内坐，师乃拈起斧曰：“道得也一下斧，道不得也一下斧。”二人殊不顾。师掷下斧曰：“作家！作家！”归举似德山，山曰：“汝道他如何？”师曰：“洞山门下不道全无，若是德山门下，未梦见在。”问：“三界竞起时如何？”师曰：“坐却着。”曰：“未审师意如何？”师曰：“移取庐山来，即向汝道。”径山杲云：“岩头古佛，向万仞崖头垂手，镬汤炉炭里蹲身。盖为慈悲之故，有落草之谈。今日若有人问云门：‘三界竞起时如何？’只向他道，快便难逢，未审师意如何？移取云门山来，即向汝道。”

僧问：“尘中如何辨主？”师曰：“铜钞锣里满盛油。”招庆问罗山云：“岩头道铜钞锣里满盛油，意旨如何？”山召大师，庆应诺。山云：“猕猴入道场。”山却问明招：“有人问你作么生？”招云：“箭穿红日影。”　径山杲颂云：“猕猴入道场，箭穿红日影。

两个老古锥，担雪共填井。喝一喝。”

师因沙汰甘贽家过夏，补衣次，贽行过。师以针作札势，贽遂整衣欲谢。妻问云：“作甚么？”贽云：“说不得。”妻云：“也要大家知。”贽举前话，妻云：“此去三十年后，须知一回饮水一回咽。”女子闻云：“谁知尽大地人性命，被䖝上座札将去也！”师值沙汰，于鄂州湖边作渡子，两岸各挂一板，有人过渡，打板一下，师曰：“阿谁？”或曰：“要过那边去。”师乃舞棹迎之。一日，因一婆抱一孩儿来，乃曰：“呈桡舞棹即不问。且这婆手中儿甚处得来？”师便打，婆曰：“婆生七子，六个不遇知音，只这一个也不消得。”便抛向水中。上堂：“吾尝究涅槃经七八年，睹三两段义，似衲僧说话。”又曰：“休！休！”时有一僧出礼拜，请师举。师曰：“吾教意如∴字三点。第一向东方下一点，点开诸菩萨眼。第二向西方下一点，点诸菩萨命根。第三向上方下一点，点诸菩萨顶。此是第一段义。”又曰：“吾教意如摩醯首罗，擘开面门，竖亚一只眼，此是第二段义。”又曰：“吾教意犹如涂毒鼓，击一声，远近闻者皆丧，此是第三段义。”时小严上座问：“如何是涂毒鼓？”师以两手按膝亚身曰：“韩信临朝底，严无语。”妙喜举了，喝云：“缩头去！”

示众：“但明取纲宗，本无实法，不见道无实无虚。若向事上觑即疾，若向意根下寻，卒摸索不着。”又曰：“此是向上人活计，只露目前些子。如同电拂，如击石火，截断两头，灵然自在。若道向上有法有事，真碗鸣声，涂糊汝，系罩汝，古人唤作系驴橛。若将实法与人，土亦消不得。”示众云：“夫大统纲宗中，事须识句，若不识句，难作个话会。

甚么是句？百不思时，唤作正句。亦云居顶，亦云得住，亦云历历，亦云惺惺，亦云的的，亦云佛未生时，亦云得地，亦云与么时，将与么时，等破一切是非。才与么便不与么，便转辘辘地。若也看不过，才被人刺着眼。眊瞪地，恰似杀不死底羊相似。不见古人道：沉昏不好，须转得始得。触着便转，才与么便不与么？是句亦划，非句亦划。自然转辘辘，自然目前露裸裸地，饱齁齁地，不解却不解咬。不见道，却物为上，逐物为下，瞥起微情，早落地上。若是咬猪，狗眼赫赤。若有人问如何是禅？向伊道合取屎孔着。却有些子气息，便知浅深，硬纠纠地，汝识取这个狸奴面孔与么时，不要故 搎伊，不要称量伊。于中有一般汉，撞着物不解转，刺着屙漉漉地，遮般底椎杀万个，亦无罪过。若是本色底，拨着便上咬人火急，却似刺猬子相似。未触着时，自弄毛羽，可怜生。才有人拨着，便嗔斗诟地，有甚么近处。若也未得与么荡荡地，唤作依句修行，有则便须等破。与么时一物不存，信知从来学得一切言句，隘在胸中，有甚么用处？不见道，辟观辟句，外不放入，内不放出。截断两头，自然光烯烯地。不与一物作对，便是无诤三昧。兄弟！若欲得易会，但向根本明取。欲出不出，便须转。一日咬断后，不用寻伊去住底远近，但放却自然露裸裸地，不用思搭着昏昏地，才有所重，便成窠臼。古人唤作贴体衣病，最难治。是我向前行脚时，参着一两处尊宿，只教日夜管带坐得骨臀生胝，口里水漉漉地，初向然灯佛肚里，黑漆漆地，道我坐禅守取。与么时犹有欲在。不见道，无依无欲，便是能仁。古人道：置毒药安乳中，乃至醍醐亦能杀人。这个不是汝习学得底，这个不是汝去住底，不是汝色里底。莫错认门头户口，赚汝腊月三十日，赤哄哄地无益，当莫造作捏怪。但知着衣吃饭，屙矢送尿。随分遣时，莫乱统诈称道者。有一片衣，不敢将出晒，恐人见怕失道者名。图人赞叹作恁么，不中心行。兄弟！亦不要信他绳床上老軥棤，屙漉漉地，将为好诳謼人别造地狱着汝在，信知古风大好。不见道：有即是无，无即是有。与么送出来时，便知深浅。这个是古格，于中有一般汉。信彩吐出来，有甚么碑记？但知唤作禅道，但知唤作一句子。软嫩嫩地，真是无孔铁椎。聚得一万个，有甚么用处？若是有筋骨底，不用多诸处行脚，也须带眼始得，莫被人谩。不见道：依法生解，犹落魔界。夫唱教须一一从自己胸襟中吐得出来，与人为榜样。今时还有与么汉么？第一切须识取左右句，这个是出头处。识取去底，识取住底，这个是两头句。亦是左右句，亦唤作是非句。才生便咬，自然无事。兄弟！见与么说，还会么？莫终日哄哄地，亦无了期。欲得易会，但知于声色前，不被万境惑乱，自然露裸裸地，自然无事。送向声色前荡荡地，恰似一团火焰相似。触着便烧，更有甚么事。不见道：非是尘不侵，自是我无心。时热珍重！”人天眼目云：“四藏锋者，岩头所立也。就事者，全事也。就理者，全理也。理事俱藏，则曰入就。俱不涉理事，则曰出就。”达观颖颂：“就事藏锋事独全，不于理上取言诠。锦鳞若不吞香饵，桌尾扬鬐戏碧川。就理藏锋理最微，岂从事上立毫厘。新罗鹞子飞天外，肯搦林间野雀儿。入就藏锋理事该，碧潭风起动云雷。禹门三月桃花浪，戴角擎头免曝鳃。出就藏锋理事忘，长天赫日更无妨。雷公电母分明说，霹雳声中石火光。”

师尝谓众曰：“老汉去时，大吼一声了去。”唐光启之后，中原盗起，众皆避地，师端居宴如也。一日贼大至，责以无供馈，遂倳刃焉。师神色自若，大叫一声而终，声闻数十里。即光启三年丁未四月八日也。门人后焚之，获舍利四十九粒。众为塔藏之。

◎福州雪峰义存禅师，泉州南安曾氏子，家世奉佛。师生恶茹荤，于襁褓中闻钟梵之声。或见幡花像设，必为之动容。十二出家，十七落发，后往幽州宝刹寺受戒，久历禅会。在洞山作饭头，淘米次，山问：“淘沙去米，淘米去沙？”师曰：“沙米一时去。”山曰：“大众吃个甚么？”师遂覆却米盆。山曰：“据子因缘，合在德山。”洞山一日问师：“作甚么来？”师曰：“斫槽来。”山曰：“几斧斫成？”师曰：“一斧斫成。”山曰：“犹是这边事。那边事作么生？”师曰：“直得无下手处。”山曰：“犹是这边事。那边事作么生？”师休去。师辞洞山，山曰：“子甚处去？”师曰：“归岭中去。”山曰：“当时从甚么路出？”师曰：“从飞猿岭出。”山曰：“今回向甚么路去？”师曰：“从飞猿岭去。”山曰：“有一人不从飞猿岭去，子还识么？”师曰：“不识。”山曰：“为甚么不识？”师曰：“他无面目。”山曰：“子既不识，争知无面目？”师无对。遂谒德山，问：“从上宗乘，学人还有分也无？”山打一棒曰：“道甚么？”师曰：“不会。”至明日请益，山曰：“我宗无语句，实无一法与人。”师有省。后与岩头至澧州鳌山镇，阻雪。头每日只是打睡，师一向坐禅。一日唤曰："师兄！师兄！且起来。"头曰："作甚么？"师曰："今生不着便，共文邃个汉行脚，到处被他带累，今日到此又只管打睡。"头喝曰："噇眠去！每日床上坐，恰似七村里土地。他时后日，魔魅人家男女去在。"师自点胸曰："我这里未稳在，不敢自谩。"头曰："我将谓你他日向孤峰顶上，盘结草庵，播扬大教，犹作这个语话。"师曰："我实未稳在。"头曰："你若实如此，据你见处，一一通来，是处与你证明，不是处与你刬却。"师曰："我初到盐官，见上堂举色空义，得个入处。"头曰："此去三十年，切忌举着。"又见洞山《过水偈》曰："切忌从他觅，迢迢与我疏。渠今正是我，我今不是渠。"头曰："若与么，自救也未彻在。"师又曰："后问德山：'从上宗乘中事，学人还有分也无？'德山打一棒曰：'道甚么？'我当时如桶底脱相似。"头喝曰："你不闻道，从门入者不是家珍。"师曰："他后如何即是？"头曰："他后若欲播扬大教，一一从自己胸襟流出将来，与我盖天盖地去。"师于言下大悟，便作礼起，连声叫曰："师兄今日始是鳌山成道！"师与钦山岩头自湘中入江南，至新吴山之下，钦山濯足涧侧，见菜叶而喜曰："此山必有道人，可沿流寻之。"师恚曰："汝智眼太浊，他日如何辨人。彼不惜福如此，住山何为哉？"

住后僧问："和尚见德山，得个甚么便休去？"师曰："我空手去，空手归。"有两僧来，师以手拓庵门放身出曰："是甚么？"僧亦曰："是甚么？"师低头归庵。僧辞去，师问："甚么处去？"曰："湖南。"师曰："我有个同行住岩头，附汝一书去。书曰：某书上师兄，某一自鳌山成道后，迄至于今饱不饥。同参某书上。"僧到，岩头问："甚么处来？"

曰：“雪峰来，有书达和尚。”头接了乃问僧：“别有何言句。”僧遂举前话，头曰：“他道甚么？”曰：“他无语，低头归庵。”头曰：“噫！我当初悔不向伊道末后句。若向伊道，天下人不奈雪老何。”僧至夏末请益前话，头曰：“何不早问？”曰：“未敢容易。”头曰：“雪峰虽与我同条生，不与我同条死。要识末后句，只这是。”后有僧问招庆，庆云：“彼此皆知，何故？我若东胜神洲道一句，西瞿耶尼洲也知。天上道一句，人间也知。心心相知，眼眼相照。”　雪窦颂末后句：“为君说，明暗双双底时节，同条生也共相知，不同条死还殊绝。还殊绝，黄头碧眼须甄别，南北东西归去来，夜深同看千岩雪。”　僧问径山杲：“雪峰三上投子九到洞山，为甚么向鳌山成道？”山云：“屋里贩扬州。”僧云：“后来住庵，有僧敲门，雪峰放身出云是甚么，僧亦云是甚么，还有优劣也无？”山云：“优则总优，劣则总劣。”僧云：“为甚么雪峰低头归庵？”山云：“疑杀天下人。”僧云：“僧举似岩头，头云‘我当时若向伊道末后句，天下人不奈雪老何。’作么生是末后句？”山云：“若不同床睡，焉知被底穿。”僧云：“岩头道‘雪峰与我同条生，不与我同条死，要识末后句只这是。’意旨如何？”山云：“杀人须是杀人刀，活人须是活人剑。”乃云：“古德道：青萝夤缘直上寒松之顶，白云澹伫出没太虚之中。万法本闲，惟人自闹。又教中道：凡夫见诸法，但随于相转。不了法无相，以是不见佛。”遂举起拂子云：“这个是相，那个是无相。现今目前森罗万象，眼见耳闻，悉皆是法，又何曾闹来？既不曾闹，教甚么物随相转？”又举拂子云：“这个是无相，又作么生了？既无可了，却向甚么处见佛？且道：古德底是，教中底是，是又是个甚么？若向这里分剖得出，释迦不先，弥勒不后。虽然如是，未免被山僧拂子穿却鼻孔。”又举起拂子云：“随相转也被拂子穿却鼻孔，不随相转也被拂子穿却鼻孔。见佛也被拂子穿却鼻孔，不见佛也被拂子穿却鼻孔。”乃顾视大众云："且作么生免得此过？毕竟水须朝海去，到头云定觅山归。"击禅床下座。

僧问西山和尚："如何是祖师西来意？"山举拂子示之。其僧不肯，后参师，师问："甚处来？"云："浙中来。"师曰："今夏在甚处？"曰："苏州西山。"师曰："和尚安否？"曰："来时万福。"师曰："何不在彼从容。"曰："佛法不明。"师曰："有甚么事？"僧举前话，师曰："汝作么生不肯他？"曰："是境。"师曰："汝见苏州人家男女否？"曰："见。"师曰："汝见路上林木否？"曰："见。"师曰："凡睹人家男女大地林沼，总是境。汝肯他否？"曰："肯。"师曰："只如拈拂子，汝作么生不肯？"僧乃礼拜曰："学人取次发言，乞和尚慈悲。"师曰："尽乾坤是个眼，汝向甚么处蹲坐？"僧无对。师问僧："见说大德曾为天使来，是否？"僧曰："不敢。"师曰："又争解恁么来？"僧曰："仰慕道德，岂惮关山。"师曰："汝犹醉在，出去！"僧便出。师乃召大德，僧回首。师曰："是甚么？"僧亦曰："是甚么？"师曰："这漆桶。"僧无语。师顾谓镜清曰："好个师僧，向漆桶里折倒。"清云："和尚岂不是据款结案？"师曰："也是我，寻尝用底，忽若唤回向伊道是甚么，被他道这漆桶，又作么生？"清曰："成何道理？"师曰："我与么及伊，汝又道据款结案，伊与么及我，汝又道成何道理。一等是恁么时节，其间有得有不得？"清云："不见道，醍醐上味，为世所珍，遇斯等人，翻成毒药。"雪窦云："看他父子相投，言气相合，知者谓粉骨碎身，此恩难报；不知者谓扶高抑下，临危悚人。毒药醍醐，千古龟鉴。还会么，这漆桶？"

有一僧山下卓庵，多年不剃头，畜一长柄杓，溪边陷水。时有僧问：“如何是祖师西来意？”主曰：“溪深杓柄长。”师闻得乃曰：“也甚奇怪。”一日将剃刀，同侍者去访。才相见，便举前话问：“是庵主语否？”主曰：“是。”师曰：“若道得即不剃你头。”主便洗头胡跪师前，师即与剃却。

三圣问：“透网金鳞，以何为食？”师曰：“待汝出网来向汝道。”圣曰：“一千五百人善知识，话头也不识。”师曰：“老僧住持事繁。”雪窦显云：“可惜放过，好与三十棒。这棒一棒也饶不得，直是罕遇作家。”　五祖演云：“众中或谓雪峰三圣宗派不同，故言不相契。或谓三圣作家，雪峰不能达其意。如斯话会，有何交涉？若问五祖透网金鳞，以何为食？只向伊道：好个问头。且道与雪峰是同是别？”　圜悟勤云：“雪窦道便打，是有过，是无过？你若辨得出，拄杖子属你。”

普请次，路逢一猕猴，师曰：“人人有一面古镜，这个猕猴亦有一面古镜。”三圣曰：“旷劫无名，何以彰为古镜？”师曰：“瑕生也。”圣曰：“这老汉着甚么死急，话头也不识。”师曰：“老僧住持事繁。”雪窦显云：“好与三十棒，这棒放过，也好免见将错就错。”

问僧：“甚处来？”曰：“沩山来。”师曰：“沩山有何言句？”曰：“某甲曾问：‘如何是祖师西来意？’沩山据座。”师曰：“汝肯他否？”曰：“某甲不肯他。”师曰：“沩山古佛，汝速去忏悔。”玄沙云：“山头和尚蹉过沩山。”僧问：“意旨如何？”沙云：“大小沩山，被这僧一问，直得百杂碎。”

问：“古涧寒泉时如何？”师曰：“瞪目不见底。”曰：“饮者如何？”师曰：“不从口入。”僧举似赵州，州曰：“不从口入，不可从鼻孔里入。”僧却问：“古涧寒泉时如何？”州曰：“苦。”曰：“饮者如何？”州曰：“死。”师闻得乃曰：“赵州古佛。”遥望作礼，自此不答话。雪窦拈云：“众中总道雪峰不出这僧问头，所以赵州不肯。如斯话会，深屈古人。雪窦即不然，斩钉截铁，本分宗师。就下平高，难为作者。” 径山杲云：“雪峰不答话，疑杀多少人。赵州道苦，面赤不如语直。若是妙喜即不然，古涧寒泉时如何？到江扶客桌，出岳济民田。饮者如何？清凉肺腑。此话有两负门，若人检点得出，许你具参学眼。”

问僧：“甚么处去？”曰：“识得即知去处。”师曰：“你是了事人，乱走作么？”曰：“和尚莫涂污人好。”师曰：“我即不涂污你，古人吹布毛作么生，与我说来看？”曰：“残羹馊饭已有人吃了。”师休去。云门别前语，筑着便作屎臭气。又代后语，将谓是钻天鹞子，元来只是死水里虾蟆。 雪窦出雪峰语云：“一死更不再活。”

僧问：“声闻人见性，如夜见月；菩萨人见性，如昼见日。未审和尚见性如何？”师打三下。后问岩头，头打三掌。雪窦云：“应病与药，且打三下。据令而行，合打多少。” 天童云：“雪窦一期趁快，后人往往作行令会，殊不知雪峰岩头是个无固必汉。”

问僧：“甚处来？”曰：“近离浙中。”师曰：“船来陆来？”曰：“二途俱不涉。”师曰：“争得到这里？”曰：“有甚么隔碍。”师便打趁出。僧过十年后再来，师又问：“甚处来？”曰：“湖南。”师曰：“湖南与这里相去多少？”曰：“不隔。”师竖起拂子曰：“还隔这个么？”曰：“若隔即不到也。”师又打趁出。此僧住后，凡见人便骂师。一日有同行闻特去访，问：“兄到雪峰有何言句，便如是骂他。”遂举前话，被同行诟叱，与他说破。这僧当时悲泣，常向中夜焚香遥礼。问僧："甚处去？"曰："礼拜径山和尚去。"师曰："径山若问此间佛法如何，汝作么生只对？"曰："待问即道。"师便打。后举问镜清，这僧过在甚么处？"清曰："问得径山彻困。"师曰："径山在浙中，因甚么问得彻困？"清曰："不见道远问近对。"师曰："如是！如是！"问僧："近离甚处？"曰："覆船。"师曰："生死海未渡，为甚么覆却船？"僧无对。乃回举似覆船，船曰："何不道渠无生死。"僧再至进此语，师曰："此不是汝语。"曰："是覆船恁么道。"师曰："我有二十棒，寄与覆船。二十棒老僧自吃，不干阇黎事。"玄沙谓师曰："某甲如今大用去，和尚作么生？"师将三个木球，一时抛出。沙作斫牌势。师曰："你亲在灵山，方得如此。"沙曰："也是自家事。"妙喜曰："只许老胡知，不许老胡会。"

一日升座，众集定，师辊出木球，玄沙遂捉来安旧处。师一日在僧堂内烧火，闭却前后门，乃叫曰："救火！救火！"玄沙将一片柴，从窗棂中抛入，师便开门。上堂："南山有一条鳖鼻蛇，汝等诸人切须好看。"长庆出曰："今日堂中大有人丧身失命。"云门以拄杖撺向师前作怕势。有僧举似玄沙，沙曰："须是棱兄始得。虽然如是，我即不然。"曰："和尚作么生？"沙曰："用南山作么？"雪窦颂："象骨岩高人不到，到者须是弄蛇手。棱师备师不奈何，丧身失命有多少。韶阳知，重拨草，南北东西无处讨。忽然突出拄杖头，抛对雪峰大张口。大张口兮同闪电，剔起眉毛还不见。如今藏在乳峰前，来者一一看方便。"高声喝云："看脚下。"　真净示众，举此云："雪峰云'南山有条鳖鼻蛇，汝等诸人出入好看'。雪峰无大人相，然则蛇无头不行。长庆恰似个新妇儿怕阿家相似，便道‘堂中今日大有人丧身失命’，云门拽拄杖攛向雪峰面前作怕势，为蛇画足。玄沙云：‘用南山作甚么？’道我见处亲切，不免只在窠窟里，更无有一人有些子天然气概。报宁门下，莫有天然气概底么？不敢望你别悬慧日独振玄风。且向古人鹘臭布衫上，知些子气息也难得。”

上堂，举拂子曰：“这个为中下。”僧问：“上上人来如何？”师举拂子。僧曰：“这个为中下。”师便打。云门云：“我不似雪峰打破这葛藤。”乃拈拄杖云：“这个为中下机人。”僧问：“忽遇上上机人来如何？”门便打。

师上堂云：“尽大地撮来，如粟米粒大，抛向面前漆桶不会，打鼓普请看。”长庆问云门曰：“雪峰与么道，还有出头不得处么？”门曰：“有。”曰：“作么生？”门曰：“不可总作野狐精见解。”又曰：“狼藉不少。” 圜悟勤云：“众中道：心是万法之主，尽大地一时在我手里，且喜没交涉。” 雪窦显颂：“牛头没，马头回，曹溪镜里绝尘埃。打鼓看来君不见，百花春至为谁开。”

师云：“饭箩边坐饿死人，临河渴死汉。”玄沙云：“饭箩里坐饿死汉，水里没头浸渴死汉。”云门云：“通身是饭，通身是水。”妙喜举了喝云：“多嘴阿师，可煞忍俊不禁。通身是饭，通身是水，那里得这消息来。”

上堂：“诸上座，望州亭与汝相见了也，乌石岭与汝相见了也，僧堂前与汝相见了也。”保福展举问鹅湖智孚：“僧堂前相见即且置。只如望州亭、乌石岭，甚么处相见？”鹅湖骤步归方丈，保福低头入僧堂。

师将示寂，自制塔铭并叙曰：“夫从缘有者，始终而成坏。非从缘得者，历劫而常坚。坚之则在，坏之则捐。虽然离散未至，何妨预置者哉！所以迭石结室，剪木成函。搬土积块为龛，诸事已备。头南脚北，横山而卧。惟愿至时，同道者莫违我意，知心者不易我志，深嘱再嘱！幸勉励焉！纵然他日邪造显扬，岂如当今正眼密弘。善思之，审思之。铭曰：兄弟横十字，雪窦注云：“国无二君，又云知么？”同心著一仪。风行草偃，又云直与。土主曰松山，四顾匪绝，又云看。卵塔号难提。独露相倚，又云险。更有胡家曲，一西一东，又云大难。汝等切须知。自南自北，又云会也。我唱泥牛吼，闻莫举头，又云呵呵。汝和木马嘶。见应合眼，又云抚掌。但看五六月，岂可徒然，又云吁。冰片满长街。事非草草，又云苦薪尽火灭后，去去谁同，又云好住。密室烂如泥。”须到如此，又云努力。梁开平戊辰三月示疾，闽帅命医，师曰：“吾非疾也。”竟不服药，遗偈付法。五月二日，朝游蓝田，暮归澡身，中夜入灭。寿八十七，腊五十九。

◎**泉州瓦棺和尚**，在德山为侍者。一日，同入山斫木。山将一碗水与师，师接得便吃却。山曰：“会么？”师曰：“不会。”山又将一碗水与师。师又接吃却。山曰：“会么？”师曰：“不会。”山曰：“何不成褫取不会底？”师曰：“不会又成褫个甚么？”山曰：“子大似个铁橛。”住后，雪峰访师。茶话次，峰问：“当时在德山斫木因缘作么生？”师曰：“先师当时肯我。”峰曰：“和尚离师太早。”时面前偶有一碗水，峰曰：“将水来。”师便度与，峰接得便泼却。云门云：“莫压良为贱。”

◎**襄州高亭简禅师**，参德山，隔江才见，便云不审。山乃摇扇招之，师忽开悟。乃横趋而去，更不回顾。

指月录卷十八

六祖下第六世

◎抚州曹山本寂禅师，泉州莆田黄氏子。少业儒，年十九，往福州灵石出家，二十五登戒。寻谒洞山，山问："阇黎名甚么？"师曰："本寂。"山曰："那个聻？"师曰："不名本寂。"山深器之。此与云居对洞山语同。《僧宝传》师名耽章。此《灯录》所载，遂仍之。自此入室，盘桓数载，乃辞去。山遂密授洞上宗旨，复问曰："子向甚么处去？"师曰："不变异处去。"山曰："不变异处岂有去耶？"师曰："去亦不变异。"遂造曹溪礼祖塔，自螺川还止临川，有佳山水，因定居焉。以志慕六祖，乃名山为曹。"示众曰："凡情圣见是金销，玄路直须回互。夫取正命食者，须具三种堕：一者披毛戴角，二者不断声色，三者不受食。"时有稠布衲问："披毛戴角是甚么堕？"师曰："是类堕。"曰："不断声色是甚么堕?”师曰：“是随堕。”曰：“不受食是甚么堕?”师曰：“是尊贵堕。”乃曰：“食者即是本分事，知有不取，故曰尊贵堕。不执初心，知有自己及圣位，故曰类堕。若初心知有己事，回光之时，摈却色声香味触法，得宁谧即成功勋。后却不执六尘等事，随分而昧，任之则碍。所以外道六师，是汝之师。彼师所堕，汝亦随堕。乃可取食，食者即是正命食也。亦是就六根门头，见闻觉知，只是不被他染污。将为堕，且不是同向前均他，本分事尚不取，岂况其余事耶?”师凡言堕，谓混不得类不齐，凡言初心者，所谓悟了同未悟耳。《灯录》无“凡情圣见”至“三者不受食”四十一字。《林间录》无“凡情圣见”至“回互”十三字。《僧宝传》自稠布衲问答后，则云：“夫冥合初心而知有，是类堕。知有而不碍六尘，是随堕。”《维摩经》云：“外道六师是汝之师。”彼师所堕，汝亦随堕，乃可取食，食者正命食也。食者亦是就六根门头见闻觉知，只不被他染污，将为堕，且不是同也。此觉范节释曹山之语也。林间乃直述曹山之语也。自“师凡言下”二十四字，亦记者之辞也。随堕言不碍六尘，而云不被染污，又云本分事尚不取岂况其余。古人立言，知所坊矣。

《智证传》曰：“世尊说九因九缘，未尽寿量而死。”何等为九?谓食无度量。食时不宜，不消复食。生而不吐，熟而持之。不近医药，不知于己。若损若益非时非量，行非梵行，此名非时死。予以是观之，乃知时而食，即不枉死，故名正命食。黄檗曰：今时才出来者，只欲多知多解。广求文义，唤作修行。不知多知解翻成壅塞，唯多与儿酥乳，消与不消，都总不知。三乘学道人皆此样，尽名食不消。食不消者，所谓知解不消，皆为毒药，尽向生灭边收。真如之中无此事故，以此知。曹山贵正命食，立三堕。又曰：“《维摩经》曰：‘为坏和合相故应取食，为不受故应受彼食，以空聚相入于聚落。'所见色与盲等，所闻声与响等，所嗅香与风等，所食味不分别。受诸触如智证，知诸法如幻相。无自性，无他性，本自不然，今则无灭，此不断声色堕所由立也。"又曰："须菩提不见佛，不闻法。彼外道六师，富兰那伽叶，末伽黎拘赊黎子，删阇夜毗罗胝子，阿耆多翅舍钦婆罗，迦罗鸠驮迦旃延，尼犍陀若提子等，是汝之师。因其出家，彼师所堕，汝亦随堕，乃可取食，此随堕之所由立也。"又曰："谤诸佛，毁于法，不入众数，终不得灭度。汝若如是，乃可取食，此尊贵堕之所由立也。予尝深观曹山，其自比六祖无所愧，以其荡除圣凡之情，有大方便。"南泉曰："三世诸佛不知有，狸奴白牯却知有。乃不如曹山止言一堕字耳。"　　觉范《三堕颂》，《类堕颂》："纷然作息同，银碗里盛雪。若欲异牯牛，与牯牛何别？"《随堕颂》："有闻皆无闻，有见元无物。若断声色求，木偶当成佛。"《尊贵堕颂》："生在帝王家，那复有尊贵。自应着珍御，顾见何惊异。"　　大阳玄曰："此三种须明转位始得。一曰水牯牛是类堕，是沙门转身语，是异类中事，若不晓此意，即有所滞。直是要你一念无私，即有出身之路。二曰不断声色是随堕，以不明声色故。随处堕，须向声色有出身之路。作么生是声色外一句，曰声不自声，色不自色，故云不断指掌当指何掌也。三曰不受食是尊贵堕，须是知那边了，却来这边行履，不虚此位，即坐在尊贵。"　　幻寄曰："佛说比丘乞食，乃正命食。破四邪命食，邪命谓医卜种植等，具于教乘。《华严》疏诸典中，曹山取正命食，表本分事，盖本此。寂音引瑜伽九因，黄檗儿酥语，意虽佳，而失其本矣。《僧宝传》述三堕语，遗尊贵堕。《智证传》以不断声色与随堕分二，而遗类堕。济公不取僧宝智证，独载林间，固有所择也。至于大阳，谓不明声色故随处堕，与坐在尊贵，是直以堕为堕落，非曹山旨也。"　　寂音又曰："《金刚般若》曰：'知我说法如筏喻者，法尚应舍，何况非法。'西天此土圣贤释者，无虑千余人，然莫如无著得佛之意。双林大士又从而申明之，无著于此判为言说法身，意以为筏者言说也。虽与人俱，然亦不类，如筏行水中而实不住，非法者二边也。在筏且不类，岂于二边而止住耶。故曰：‘何况非法。’大士偈曰：‘渡河须用筏，到岸不须船。人法俱名执，悟理讵劳诠。中流仍被溺，谁论在二边。有无如取一，即被污心田。’故曹洞宗旨，有混不得类不齐之语也。”　幻寄曰：“洪师如汉儒援经傅事。”

僧问：“学人通身是病，请师医？”师曰：“不医。”曰：“为甚么不医？”师曰：“教汝求生不得，求死不得。”问：“沙门岂不是具大慈悲底人？”师曰：“是。”曰：“忽遇六贼来时如何？”师曰：“亦须具大慈悲。”曰：“如何具大慈悲？”师曰：“一剑挥尽。”曰：“尽后如何？”师曰：“始得和同。”问：“眉与目还相识也无？”师曰：“不相识。”曰：“为甚么不相识？”师曰：“为同在一处。”曰：“恁么则不分去也？”师曰：“眉且不是目。”曰：“如何是目？”师曰：“端的去。”曰：“如何是眉？”师曰：“曹山却疑。”曰：“和尚为甚么却疑？”师曰：“若不疑，即端的去也。”师示众云：“诸方尽把格则，何不与他道，却令他不疑去。”云门在众出问：“密密处为甚么不知有？”师曰：“只为密密，所以不知有。”门曰：“此人如何亲近？”师曰：“莫向密密处亲近。”门曰：“不向密密处时如何？”师曰：“始解亲近。”门曰：“喏，喏。”妙喜曰：“浊油更着黑灯心。”

云门问：“如何是沙门行？”师曰：“吃常住苗稼者是。”曰：“便恁么去时如何？”师曰：“你还畜得么？”曰：“畜得。”师曰：“你作么生畜？”曰：“着衣吃饭有甚么难？”师曰：“何不道披毛戴角？”门礼拜，问：“家贫遭劫时如何？”

师曰：“不能尽底去。”曰：“为甚么不能尽底去？”师曰：“贼是家亲。”师问德上座：“菩萨在定闻香象渡河，出甚么经？”曰：“出《涅槃经》。”师曰：“定前闻？定后闻？”曰：“和尚流也。”师曰：“道也太煞道，只道得一半。”曰：“和尚如何？”师曰：“滩下接取。”妙喜曰：“甚么处去也？”

镜清问：“清虚之理，毕竟无身时如何？”师曰：“理即如此，事作么生？”曰：“如理如事。”师曰：“谩曹山一人即得，争奈诸圣眼何？”曰：“若无诸圣眼，争鉴得个不恁么？”师曰：“官不容针，私通车马。”大沩喆云：“曹山虽然善能切磋琢磨，其奈镜清，玉本无瑕，要会么不经敏手，终成废器。”

问：“教中道：大海不宿死尸，如何是大海？”师曰：“包含万有者。”曰：“既是包含万有，为甚么不宿死尸？”师曰：“绝气息者不着。”曰：“既是包含万有，为甚么绝气息者不着？”师曰：“万有非其功，绝气息者有其德。”曰：“向上还有事也无？”师曰：“道有道无即得，争奈龙王按剑何。”问：“具何知解善能问难？”师曰：“不呈句。”曰：“问难个甚么？”师曰：“刀斧斫不入。”曰：“恁么问难？还有不肯者么？”师曰：“有。”曰：“是谁？”师曰：“曹山。”问僧：“作甚么？”曰：“扫地。”师曰：“佛前扫佛后扫？”曰：“前后一时扫。”师曰：“与曹山过靸鞋来。”问：“亲何道伴，即得常闻于未闻？”师曰：“同共一被盖。”曰：“此犹是和尚得闻，如何是常闻于未闻？”师曰：“不同于木石。”曰：“何者在先？何者在后？”师曰：“不见道常闻于未闻。”

问：“一牛饮水，五马不嘶时如何？”师曰：“曹山解忌口。”纸衣道者来参，师问：“莫是纸衣道者否？”者曰：“不敢。”师曰：“如何是纸衣下事？”者曰：“一裘才挂体，万法悉皆如。”师曰：“如何是纸衣下用？”者近前应诺便立脱。师曰：“汝只解与么去，何不解恁么来？”者忽开眼问曰：“一灵真性，不假胞胎时如何？”师曰：“未是妙。”者曰：“如何是妙？”师曰：“不借，借者珍重便化。”师示颂曰：“觉性圆明无相身，莫将知见妄疏亲。念异便于玄体昧，心差不与道为邻。情分万法沉前境，识鉴多端丧本真。如是句中全晓会，了然无事昔时人。”问强上座曰：“佛真法身犹若虚空，应物现形如水中月。作么生说个应底道理？”曰：“如驴觑井。”师曰：“道则太煞道，只道得八成。”曰：“和尚又如何？”师曰：“如井觑驴。”僧举：“药山问僧：‘年多少？’曰：‘七十二。’山曰：‘是七十二那。’曰：‘是。’山便打，此意如何？”师曰：“前箭犹似可，后箭射人深。”曰：“如何免得此棒？”师曰：“王敕既行，诸侯避道。”僧问香严：“如何是道？”严曰：“枯木里龙吟。”曰：“如何是道中人？”严曰：“髑髅里眼睛。”僧不领，乃问石霜：“如何是枯木里龙吟？”霜曰：“犹带喜在。”曰：“如何是髑髅里眼睛？”霜曰：“犹带识在。”又不领，问师：“如何是枯木里龙吟？”师曰：“血脉不断。”曰：“如何是髑髅里眼睛？”师曰：“干不尽。”曰：“未审还有得闻者么？”师曰：“尽大地未有一人不闻。”曰：“未审枯木里龙吟是何章句？”师曰：“不知是何章句，闻者皆丧。”遂示偈曰：“枯木龙吟真见道，髑髅无识眼初明。喜识尽时消息尽，当人那辨浊中清。”昭觉勤云：“念不异，心不差。圆融五位君臣，跳出无明三毒，便可以向枯木上生花，寒岩中吹律。看他三个老宿，一人透语渗漏，一人透情渗漏，一人透见渗漏。若善参详，便可玄关独步，还委悉么？莫守寒岩异草青，坐断白云机不妙。”　　径山杲举圜悟透三种语了云：“诸人还拣得出么？若拣不出，妙喜不惜眉毛，为诸人说破。香严透语渗漏，被语言缚杀。石霜透情渗漏，被情识使杀。曹山透见渗漏，被见闻觉知惑杀。分明说了，具眼者辨取。”　　寂音曰：“喜识尽时消息尽，当人那辨浊中清者。达观所谓，偏正互纵横，迢然忌十成。龙门须要透，鸟道不堪行。石女霜中织，泥牛火里耕。两头如脱得，古木一枝荣。是也。”

师读杜顺傅大士所作法身偈曰：“我意不欲与么道，门弟子请别作之。”既作偈，又注释之。其词曰：“渠本不是我非我，我本不是渠非渠。渠无我即死仰汝取活，我无渠即余不别有。渠如我是佛要且不是佛，我如渠即驴二俱不立。不食空王俸若遇御饭直须吐却。何假雁传书不通信。我说横身唱为以唱，君看背上毛不与你相似。乍如谣白雪将谓是白雪，犹恐是巴歌传此句无注。”示学人偈曰：“从缘荐得相应疾，就体消停得力迟。瞥起本来无处所，吾师暂说不思议。”寂音曰：“予以是观之，千圣皆称。此一念之心起时，了不可得，是真不可思议也。离则决定无别殊胜故，如是了知，岂不疾乎。”《华严经》曰：“以少方便，疾成菩提。”曰：“然则学者何为而不信耶？”曰：“如竹林善会禅师，为道吾发之，以见船子。言下省悟，既去而回顾。”船子笑曰：“这汉疑我别有也。于是覆其舟，盖信力尚微，未大通透故耳。”　　幻寄曰：“千古系驴橛子。”

师作《四禁偈》曰：“莫行心处路，不挂本来衣。何须正恁么，切忌未生时。”示众曰：僧家在此等衣线下，理须会会字似应在须字上通向上事，莫作等闲。若也承当处分明，即转他诸圣，向自己背后，方得自由。若也转不得，直饶学得十成，却须向他背后叉手，说什么大话。若转得自己，则一切粗重境来，皆作得主宰。假如泥里倒地，亦作得主宰。如有僧问药山曰：“三乘教中，还有祖意也无?”答曰：“有。”曰：“既有，达磨又来作么?”答曰：“只为有，所以来。”岂非作得主宰，转得归自己乎。如经曰：大通智胜佛，十劫坐道场。佛法不现前，不得成佛道。言劫者滞也，谓之十成。亦曰断渗漏也，只是十道头绝矣。不忘大果，故云守住耽着。名为取次承当，不分贵贱。我常见丛林，好论一般两般，还能成立得事么。此等但是说向去事路布。汝不见南泉曰：饶汝十成，犹较王老师一线道，也大难事。到此直须子细，始得明白自在。不论天堂地狱饿鬼畜生，但是一切处不移易。元是旧时人，只是不行旧时路，若有忻心，还成滞着，若脱得拣什么。古德云：只恐不得轮回。汝道作么生?只如今人，说个净洁处，爱说向去事，此病最难治。若是世间粗重事，却是轻。净洁病为重，只如佛味祖味，尽为滞着。先师曰：拟心是犯戒。若也得味是破斋，且唤什么作味?只是佛味祖味，才有忻心，便是犯戒。若也如今说破斋破戒，即今三羯磨时，早破了也。若是粗重食嗔痴，虽难断，却是轻。若也无为无事净洁，此乃重无以加也。祖师出世，亦只为这个，亦不独为汝，今时莫作等闲。狸奴白牯修行却快，不是有禅有道。如汝种种驰求觅佛觅祖，乃至菩提涅槃，几时休歇成办乎，皆是生灭心。所以不如狸奴白牯，兀兀无知，不知佛不知祖，乃至菩提涅槃，及以善恶因果，但饥来吃草，渴来饮水。若能恁么，不愁不成办，不见道。计较不成，是以知有，乃能披毛戴角，牵犁拽耒。得此便宜，始较些子，不见弥勒阿閦及诸妙喜等世界，被他向上人，唤作无惭愧懈怠菩萨。亦曰变易生死，尚恐是小懈怠在。本分事合作么生？大须子细始得。人人有一坐具地，佛出世，侵他不得。恁么体会修行，莫趁快利。欲知此事，饶今成佛成祖去。也只这是，便堕三涂地狱六道去。也只这是，虽然没用处，要且离他不得。须与他作主宰始得，若作得主宰，即是不变易。若作主宰不得，便是变易也。不见永嘉云：莽莽荡荡招殃祸。问："如何是莽莽荡荡招殃祸？"曰："只这个总是。"问曰："如何免得？"曰："知有即得，用免作么？"但是菩提涅槃，烦恼无明等，总是不要免。乃至世间粗重之事，但知有便得，不要免。免即同变易去也。乃至成佛成祖，菩提涅槃，此等殃祸。为不小因。什么如此？只为变易。若不变易，直须触处自由始得。南平钟王，雅重师，致礼教请。师但书大梅山居颂一首，付使者。大梅和尚，自得心印于大寂，遂入四明梅子真旧隐，缚茆燕处。唐贞元中，盐官会下有僧，因采拄杖，迷路至庵所，问和尚："在此多少时？"梅曰："只见四山青又黄。"又问："出山路向甚么处去？"梅曰："随流去。"僧归举似盐官，官曰："我在江西时，曾见一僧，自后不知消息。莫是此僧否？"遂令僧去招之，梅答以偈曰："摧残枯木倚寒林，几度逢春不变心。樵客遇之犹不顾，郢人那得苦追寻。一池荷叶衣无数，满地松花食有余。刚被世人知住处，又移茅舍入深居。寂师写辞南平者，摧残枯木一偈也。"梅诸机缘，具于第九卷，此因录。寂师辞南平事，嘉梅之幽韵，复述其肥遁之迹云："后偈或作隐山和尚偈。"

天复辛酉夏夜，问知事："今日是几何日月？"对曰："六月十五。"师曰："曹山平生行脚到处，只管九十日为一夏。明日辰时吾行脚去。”及时，焚香宴坐而化。阅世六十有二，坐三十有七夏。门弟子葬全身于山之西阿。

◎**洪州云居道膺禅师**，幽州玉田王氏子。童丱出家于范阳延寿寺。二十五成大僧。其师令习声闻篇，聚非其好。弃之游方至翠微问道，会有僧自豫章来，盛称洞山法席，师遂造焉。山问：“甚处来？”师曰：“翠微来。”山曰：“翠微有何言句示徒？”师曰：“翠微供养罗汉。某甲问：供养罗汉，罗汉还来否？微曰：你每日噇个甚么？”山曰：“实有此语否？”师曰：“有。”山曰：“不虚参见作家来。”山问：“汝名甚么？”师曰：“道膺。”山曰：“向上更道。”师曰：“向上即不名道膺。”山曰：“与老僧只对道吾底语一般。”师问：“如何是祖师意？”山曰：“阇黎，他后有把茅盖头。忽有人问：如何只对？”师曰：“道膺罪过。”山谓师曰：“吾闻思大和尚生倭国作王，是否？”师曰：“若是思大，佛亦不作。”山然之。山问师：“甚处去来？”师曰：“蹋山来。”山曰：“那个山堪住？”师曰：“那个山不堪住？”山曰：“恁么则国内总被阇黎占却。”师曰：“不然。”山曰：“恁么则子得个入路。”师曰：“无路。”山曰：“若无路，争得与老僧相见？”师曰：“若有路，即与和尚隔山去也。”山乃曰：“此子已后，千人万人把不住去在。”师结庵于三峰，经旬不赴堂。山问：“子近日何不赴斋？”师曰：“每日自有天神送食。”山曰：“我将谓汝是个人，犹作这个见解在？汝晚间来。”师晚至，山召：“膺庵主。”师应诺。山曰：“不思善，不思恶，是甚么？”师回庵寂然宴坐，天神自此竟寻不见。如是三日乃绝。山问师："作甚么？"师曰："合酱。"山曰："用多少盐？"师曰："旋入。"山曰："作何滋味？"师曰："得。"山问："大阐提人作五逆罪，孝养何在？"师曰："始成孝养。"自尔洞山许为室中领袖。刘禹端公上山谢雨，问师云："雨从何来？"师曰："从端公问处来。"端公遂礼三拜，欢喜而退。行数步，师召云："端公。"公回首，师问云："问从何来？"公无语，归家三日而死。大慧拈云：刘禹端公，无语归家，三日而死，正爬着弘觉痒处，只是不知转身一路。当初待伊道，问从何来，但依前礼三拜欢喜而退，且教弘觉疑三十年。又东平尝问一官人：风作何色？雪窦因并颂云："雨从何来，风作何色？龙门万仞，曾留宿客。进退相将，谁遭点额。风作何色，雨从何来？不用弹指，楼阁门开。波波棱棱，南方未回。"

师曾令侍者送裤与一住庵道者。道者曰："自有娘生裤。"竟不受。师再令侍者问："娘未生时，着个甚么？"道者无语，后迁化，有舍利，持似于师。师曰："直饶得八斛四斗，不如当时下得一转语好。"师在洞山作务，误划杀蚯蚓。山曰："这个罿。"师曰："他不死。"山曰："二祖往邺都，又作么生？"师不对。后有僧问："和尚在洞山罿杀蚯蚓因缘，和尚岂不是无语？"师曰："当时有语，只是无人证明。"问："山河大地从何而有？"师曰："从妄想有。"曰："与某甲想出一铤金，得么？"师便休去，僧不肯。云门云："已是葛藤不能折合，待伊道想出一铤金得么？拈拄杖便打。"

新罗僧问："佛陀波利见文殊，为甚却回去？"师曰："只为不将来，所以却回去。"问："教中道，是人先世罪业，应堕恶道。以今世人轻贱故，此意如何？"师曰："动则应堕恶道，静则为人轻贱。”示众曰：“佛法有什么多事，行得即是。但知心是佛，莫愁佛不解语。欲得如是事，还须如是人。若是如是人，愁个甚么？若云如是事即难，自古先德，醇素任真，元来无巧。设有人问如何是道？或时答甋砖木头作么皆重。元来他根本脚下实有力，即是不思议人，握土成金。若无如是事，饶汝说得簇花簇锦相似，直道我放光动地，世间更无过也。尽说了合杀头，人总不信受，元来自家脚下虚无力。汝等譬如猎狗，但寻得有踪迹底。若遇羚羊挂角时，非但不见踪迹，气息也不识。”僧便问：“羚羊挂角时如何？”答曰：“六六三十六。”曰：“会么？”僧曰：“不会。”曰：“不见道无踪迹。”其僧举似赵州，州曰：“云居师兄犹在。”僧便问：“羚羊挂角时如何？”州曰：“九九八十一。”曰：“挂角后如何？”州曰：“九九八十一。”曰：“得恁么难会？”州曰：“有甚么难会？”曰：“请和尚指示。”州曰：“新罗！新罗！”又问长庆：“羚羊挂角时如何？”庆曰：“草里汉。”曰：“挂后如何？”庆曰：“乱叫唤。”曰：“毕竟如何？”庆曰：“驴事未去，马事到来。”

又问：“世尊有密语，迦叶不覆藏。如何是世尊密语？”师呼问者名曰：“会么？”曰：“不会。”曰：“汝若不会，世尊有密语。汝若会，迦叶不覆藏。”乃曰：“僧家发言吐气，须有来由，莫当等闲。这里是什么所在，争受容易。凡问个事，也须识好恶。若不识尊卑良贱，不知触犯，信口乱道，也无利益。并家行脚，到处觅相似语，所以寻常向兄弟道，莫怪不相似，恐怕同学多去。第一莫将来，将来不相似，言语也须看他前头。八十老人入场屋，不是小儿戏，不是因循底事。一言参差，即千里万里，难为收摄。盖为学处容易不着力，敲骨打髓，须有来由。言语如钳如夹，如钩如锁，须教相续不断，始得头头上具，物物上明。岂不是得妙底事。一种学大须仔细研穷，直须谛当，的的无差。到这里，有什么踟跳处，有什么拟议处。向去底人，须常惨悚戢翼始得。若是知有底人，自解护惜，终不取次。十度发言，九度休去。为什么如此？常恐无利益。体得底人，心若腊月扇，口边直得醭出，不是强为，任运如此。欲得与么事，须是与么人。既是与么人，不愁恁么事。恁么事即难得。”又曰：“汝等直饶学得佛边事，早是错用心了也。不见古人讲得天花落，石点头，尚不干自己事。自余是什么闲，如今拟将有限身心，向无限中用，有什么交涉。如将方木逗圆孔中，多少謦讹。若无与么事，饶汝说得簇花簇锦，也无用处，未离情识在。若一切事，须向这里及尽，始得无过，方得出身。若有一毫发去不尽，即被尘累。岂况更多。差之毫厘，过犯山岳。不见古人道，学处不玄，尽是流俗，闺合中物舍不得，俱为渗漏。直须向这里及取去、及去、及来，并尽一切事，始得无过。如人头头上了，物物上通，只唤作了事人，终不唤作尊贵。将知尊贵一路自别，便是世间极重极贵物。不得将来向尊贵边，须知不可思议，不当好心。所以古人道：犹如双镜，光光相对。光明相照，更无亏盈。岂不是一般，犹唤作影像边事。如日出时，光照世间，明朗是一半，那一半唤作甚么？如今人未认得光影门头户底粗浅底事，将作屋里事，又争得？”将知尊贵一路自别下，《灯录》无便是世间诸语。但云“不见道从门入者非宝，捧上不成龙”二句而已。

又曰：“得者不轻微，明者不贱用。识者不咨嗟，解者无厌恶。从天降下即贫穷，从地涌出即富贵。门里出身则易，身里出门则难。动则埋身千尺，不动则当处生苗。一言迥脱，独拔当时。语言不要多，多则无用处。”僧问：“如何是从天降下即贫穷？”曰：“不贵得。”又问：“如何是从地涌出则富贵？”曰：“无中或有。”又曰：“了无所有，得无所图，言无所是，行无所依，心无所托，及尽始得无过。”在众如无众，无众如在众。在身如无身，处世如无世。岂不是无娆。其德超于万类，脱一切羁锁。千人万人得，尚道不当自己。如今若得共起初一般。古人曰：体得那边事，却来这边行李“李”当作“履”，下同。那边有什么事，这边又作么生行李？所以道：有也莫将来，无也莫将去，现在底是谁家事。”又曰：“欲体此事，直似一息不来底人，方与那个人相应。若体得这个人意，方有少许说话分，方有少许行李分。暂时不在，如同死人。岂况如今论年论月不在。如人常在，愁什么家事不办。欲知久远事，只在如今。如今若得，久远亦得。如人千乡万里归家，行到即是。是即一切总是，不是即一切总不是，直得顶上光焰生亦不是。能为一切，一切不为道。终日贪前头事，失却背后事。若见背后事，失却前头事。如人不前，后有什么事。”僧问：“有人衣锦绣入来，见和尚后，为甚寸丝不挂？”曰：“直得琉璃殿上行扑倒，也须粉碎。”乃曰：“若有一毫许去及不尽，即被尘累，岂况更多。不见寻常道，升天底事，须对众掉却。十成底事，须对众去却。掷地作金声，不须回头顾着，自余有什么用处。不见二祖当时诗书博览，三藏圣教如观掌中。因甚么更求达磨安心，将知此门中事，不是等闲。所以道：智人不向言中取，得人岂向说中求。不是异于常徒，息一切万累道，暂时不在涂路，便有来由。非但恶眷属，善眷属也觅不得，甚么去通身去，归家去，省覲去，始脱得诸有门去。去得牢笼，脱险难异常徒。”又曰：“如掌中观物，决定决定方可随缘。若一如此，千万亦然。千万之中难为一二，一二不可得。不见道，显照底人即易得，显已底人即难得。不道全无，即是希有。若未得如此，不受强为。强为即生恼，生恼即退道。退道则罪来加身，即见不得，说什么大话。汝既出家，如囚免狱。少欲知足，莫贪世荣。忍饥忍渴，志存无为。得在佛法中，十生九死，也莫相抛。出生入死，莫违佛法。斩钉截铁，莫负如来。事宜无多，各自了取。有事近前，无事莫立。”自示众佛法有什么多事至此，悉依《僧宝传》。

师住持三十年，道遍天下，众至千五百人。南昌钟王师尊之，愿以为世世师。唐天福元年秋，示微疾。十二月二十八日，为大众开最后方便，叙出世始卒之意，众皆怆然。越明年正月三日，问侍者：“今日是几?”对云：“初三。”师云：“三十年后，但云只这是。”乃端然告寂。

◎抚州疏山匡仁禅师，吉州新淦人。投本州元证禅师出家。一日告其师，往东都听习。未经岁月，忽曰：“寻行数墨，语不如默。舍己求人，假不如真。”遂造洞山。值山早参，出问：“未有之言，请师示诲。”山曰：“不诺无人肯。”师曰：“还可功也无?”山曰：“你即今还功得么?”师曰：“功不得即无讳处。”山他日上堂曰：“欲知此事，直须如枯木生花，方与他合。”师问：“一切处不乖时如何?”山曰：

“阇黎，此是功勋边事。幸有无功之功，子何不问？”师曰：“无功之功，岂不是那边人？”山曰：“大有人笑子恁么问。”师曰：“恁么则迢然去也。”山曰：“迢然非迢然，非不迢然。”师曰：“如何是迢然？”山曰：“唤作那边人即不得。”师曰：“如何是非迢然？”山曰：“无辨处。”山问师：“空劫无人家，是甚么人住处？”师曰：“不识。”山曰：“人还有意旨也无？”师曰：“和尚何不问他？”山曰：“现问次。”师曰：“是何意旨？”山不对。洎洞山顺世，弟子礼终，乃到潭州大沩，值沩示众曰：“行脚高士，直须向声色里睡眠，声色里坐卧始得。”师出问：“如何是不落声色句？”沩竖起拂子。师曰：“此是落声色句。”沩放下拂子归方丈。师不契，便辞香严。严曰：“何不且住？”师曰：“某甲与和尚无缘。”严曰：“有何因缘，试举看。”师遂举前话。严曰：“某甲有个语。”师曰：“道甚么？”严曰：“言发非声，色前不物。”师曰：“元来此中有人。”遂嘱香严曰：“向后有住处，某甲却来相见。”乃去。沩问严曰：“问声色话底矮阇黎在么？”严曰：“已去也。”沩曰：“曾举向子么？”严曰：“某甲亦曾对他来。”沩曰：“试举看。”严举前话，沩曰：“他道甚么？”严曰：“深肯某甲。”沩失笑曰：“我将谓这矮子有长处，元来只在这里。此子向去，若有个住处，近山无柴烧，近水无水吃。”师闻福州大沩安和尚示众曰：“有句无句，如藤倚树。”师特入岭到彼，值沩泥壁，便问：“承闻和尚道，有句无句，如藤倚树。是否？”沩曰：“是。”师曰：“忽遇树倒藤枯，句归何处？”沩放下泥盘，呵呵大笑，归方丈。师曰：“某甲三千里卖却布单，特为此事而来，和尚何得相弄？”沩唤侍者，取钱二百与这上座去。遂嘱曰：“向后有独眼龙，为子点破。”在沩山，次日上堂，师出问：“法身之理，理绝玄微，不夺是非之境，犹是法身边事。如何是法身向上事？”沩举起拂子。师曰：“此犹是法身边事。”沩曰：“如何是法身向上事？”师夺拂子，摺折掷向地上，便归众。沩曰：“龙蛇易辨，衲子难谩。”后闻婺州明招谦和尚出世，谦眇一目径往礼拜。招问：“甚处来？”师曰：“闽中来。”招曰：“曾到大沩否？”师曰：“到。”招曰：“有何言句？”师举前话，招曰：“沩山可谓头正尾正，只是不遇知音。”师亦不省。复问：“忽遇树倒藤枯，句归何处？”招曰：“却使沩山笑转新。”师于言下大悟，乃曰：“沩山元来笑里有刀。”遥望礼拜悔过。杨岐示众云：“有句无句，如藤倚树。文殊维摩，撒手归去。杨岐恁么道，也是看锢辘。更有后语，不得错举。” 妙喜曰：“利动君子。”

招一日问：“虎生七子，那个无尾巴？”师曰：“第七个无尾巴。”香严出世，师不爽前约，遂往访之。严上堂，僧问：“不求诸圣，不重己灵时如何。”严曰：“万机休罢，千圣不携。”师在众作呕声曰：“是何言欤？”严闻便下座曰：“适对此僧语，必有不是，致招师叔如是，未审过在甚么处？”师曰：“万机休罢，犹有物在。千圣不携，亦从人得。如何无过？”严曰：“却请师叔道。”师曰：“若教某甲道，须还师资礼始得。”严乃礼拜，蹑前问。师曰：“何不道肯诺不得全。”严曰：“肯又肯个甚么？诺又诺于阿谁？”师曰：“肯即肯他千圣，诺即诺于己灵。”严曰：“师叔恁么道，向去倒屙三十年在。”师住后，果病吐，二十七年而愈。师却每于食后抉口令吐曰："香严师兄，记我三十年倒屙，尚欠三年在。"师后问镜清："肯诺不得全，子作么生会？"清曰："全归肯诺。"师曰："不得全又作么生？"清曰："个中无肯路。"师曰："始惬病僧意。"

师到夹山，山上堂。师问："承师有言，目前无法，意在目前。如何是非目前法？"山曰："夜月流辉，澄潭无影。"师作掀禅床势。山曰："阇黎作么生？"师曰："目前无法，了不可得。"山曰："大众看取这一员战将。"师参岩头，头见来，乃低头佯睡。师近前而立，头不顾。师拍禅床一下，头回首曰："作甚么？"师曰："和尚且瞌睡。"拂袖便行。头呵呵大笑曰："三十年弄马骑，今日被驴扑。"上堂："病僧咸通年前，会得法身边事。咸通年后，会得法身向上事。"云门出问："如何是法身边事？"师曰："枯桩。"曰："如何是法身向上事？"师曰："非枯桩。"曰："还许某甲说道理也无？"师曰："许。"曰："枯桩岂不是明法身边事？"师曰："是。"曰："非枯桩岂不是明法身向上事？"师曰："是。"曰："只如法身，还该一切也无？"师曰："法身周遍，岂得不该？"门指净瓶曰："只如净瓶，还该法身么？"师曰："阇黎莫向净瓶边觅。"门便礼拜。妙喜曰："云门礼拜，不是好心。"

有僧为师造寿塔毕，白师。师曰："将多少钱与匠人？"曰："一切在和尚。"师曰："为将三钱与匠人，为将两钱与匠人为将一钱与匠人？若道得，与吾亲造寿塔来。"僧无语。后僧举似大岭庵闲和尚即罗山也。岭曰："还有人道得么？"僧曰："未有人道得。"岭曰："汝归与疏山道，若将三钱与匠人，和尚此生决定不得塔。若将两钱与匠人，和尚与匠人共出一只手。若将一钱与匠人，累他匠人须眉堕落。”僧回如教而说。师具威仪望大岭作礼，叹曰：“将谓无人，大岭有古佛放光，射到此间。虽然如是，也是腊月莲花。”大岭后闻此语，曰：“我恁么道，早是龟毛长三尺。”径山杲颂：“凿坏十方常住地，三钱使尽露尸骸。罗山古佛虽灵验，未免将身一处埋。” 应庵华颂：“凿开苍径造浮图，往复商量价不孤。无限落花随水去，夕阳春色满江湖。” 崇觉空颂：“三文与匠人，每爱佳人笑目青，音容常隔一沙汀。黄河谁道如今辊，波浪无风不挂情。颂两文与匠人，懊恼牛栏昨夜开，岭头人唤不归来。烦君道与西江月，莫照孤灯冷处灰。颂一文与匠人，行因感东事须分，宝塔凌空直一文。要会疏山端的意，吾家宗祖在并汾。”

师临迁化，有偈示众曰：“我路碧空外，白云无处闲。世有无根树，黄叶风送还。”偈终而逝。

◎青林师虔禅师，初参洞山，山问：“近离甚处？”师曰：“武陵。”曰：“武陵法道，何似此间？”师曰：“胡地冬抽笋。”山曰：“别甑炊香饭，供养此人。”师拂袖便出。山曰：“此子向后，走杀天下人在。”师在洞山栽松次，有刘辰翁者求偈。师作偈曰：“长长三尺余，郁郁覆青草。不知何代人，得见此松老。”刘得偈呈洞山，山谓曰：“此是第三代洞山主人。”师辞洞山，山曰：“子向甚么处去？”师曰：“金轮不隐的，遍界绝红尘。”山曰：“善自保任。”师珍重而出。洞山门送谓师曰：“恁么去一句，作么生道？”师曰：“步步踏红尘，通身无影像。”山良久，师曰：“老和尚何不速道。”山曰：“子得恁么性急？”师曰：“某甲罪过。”便礼辞。住青林，后迁洞山。凡有新到，先令搬柴三转，然后参堂。有一僧不肯，问师曰："三转内则不问，三转外如何？"师曰："铁轮天子寰中旨。"僧无对。师便打，趁出。问："学人径往时如何？"师曰："死蛇当大路，劝子莫当头。"曰："当头者如何？"师曰："丧子命根。"曰："不当头者如何？"师曰："亦无回避处。"曰："正当恁么时如何？"师曰："失却也。"曰："向甚么处去？"师曰："草深无觅处。"曰："和尚也须堤防始得。"师拊掌曰："一等是个毒气。"

◎**高安白水本仁禅师**，上堂："老僧寻常，不欲向声前色后，鼓弄人家男女。何故？且声不是声，色不是色。"僧问："如何是声不是声？"师曰："唤作色得么？"曰："如何是色不是色？"师曰："唤作声得么？"僧作礼。师曰："且道为汝说，答汝话，若向这里会，得有个入处。"师将顺世，焚香白众曰："香烟尽处，是吾涅槃时也。"言讫跏趺而坐，息随烟灭。

◎**潭州龙牙山居遁证空禅师**，参翠微，乃问："学人自到和尚法席一个余月，不蒙示诲一法，意在于何？"微曰："嫌甚么？"师又问洞山，山曰："争怪得老僧？"法眼别云："祖师来也。"　云居齐云："此三大尊宿，还有亲疏也无？若有，那个亲？若无亲疏，眼在甚么处？"

师又问翠微："如何是祖师意？"微曰："与我将禅板来。"师遂过禅板，微接得便打。师曰："打即任打，要且无祖师意。"又问临济："如何是祖师意？"济曰："与我将蒲团来。”师乃过蒲团，济接得便打。师曰：“打即任打，要且无祖师意。”后有僧问：“和尚行脚时，问二尊宿祖师意，未审二尊宿明也未?”师曰：“明即明也，要且无祖师意。东禅齐云：“众中道，佛法即有，只是无祖师意。若恁么会，有何交涉。别作么生会无祖师意底道理。” 雪窦颂：“龙牙山里龙无眼，死水何曾振古风。禅板蒲团不能用，只应分付与卢公。卢公付了亦何凭，坐倚休将继祖灯。堪对暮云归未合，远山无限碧层层。” 圜悟勤云：“雪窦据款结案，他虽恁么颂，且道意在甚么处？甚处是无眼？甚处是死水里？且道，是扶持伊，是灭伊威光。人多错会道，为甚么只应分付与卢公。殊不知，却是龙牙分付与人。” 《僧宝传》云：“初谒翠微不契，至临济亦不契，乃造洞山悟本价禅师，问：如何是祖师西来意？价曰：待洞水逆流，即向汝道师豁然大悟。研味其旨，悲欣交集觉范曰：予观龙牙偈曰：学道先须有悟由，还如惯斗快龙舟。虽然旧阁闲田地，一度赢来方始休。君若随缘得似风，吹沙走石不劳功。但于事上通无事，见色闻声不用聋。皆清深精密，如其为人疑，问翠微临济祖意，度禅板蒲团机语，在已见洞山之后，雪窦以瞎龙死水罪之，龙牙闻之必大笑。”师复举德山头落底语，因自省过，遂止于洞山，随众参请。一日问：“如何是祖师西来意?”山曰：“待洞水逆流，即向汝道。”师始悟厥旨，服勤八稔。此见于济公《灯录》。

师有颂曰：“学道如钻火，逢烟未可休。直待金星现，归家始到头。”后神鼎禋举云：“山僧即不然，学道如钻火，逢烟便可休，莫待金星现，烧额又烧头。” 翠岩真云：“若论顿也，龙牙犹在半途。若论渐也，神鼎犹欠悟在。于此复且如何？诸仁者，今年多落叶，几处扫归家。”

问：“十二时中如何着力?”师曰：“如无手人欲行拳始

得。”大沩秀云：“是则是，又教人阴界中作活计，十二时中如何用力？如有手人行拳，又且如何？”

问：“古人得个甚么，便休去？”师曰：“如贼入空室。”问：“维摩掌擎世界，未审维摩向甚么处立？”师曰：“道者，汝道维摩掌擎世界？”问：“如何是祖师西来意？”师曰：“待石乌龟解语，即向汝道。”曰：“石乌龟语也。”师曰：“向汝道甚么？”裴相国入大安寺，问诸大德曰：“罗睺罗以何为第一？”曰：“以密行为第一。”裴不肯，遂问：“此间有何禅者？”时师在后园种菜，遂请来问：“罗睺罗以何为第一？”师曰：“不知。”裴便拜曰：“破布裹真珠。”报慈屿赞师真曰：“日出连山，月圆当户，不是无身，不欲全露。”师一日在帐中坐，僧问：“不是无身，不欲全露，请师全露。”师拨开帐子曰：“还见么？”曰：“不见。”师曰：“不将眼来。”报慈闻云：“龙牙只道得一半。”云门令僧举此公案云：“汝举，我与汝道。”僧举了，门云：“我不妨与你道。”

上堂：“夫参玄人，须透过祖佛始得。新丰和尚道，祖佛言教似生冤家，始有参学分。若透不得，即被祖佛谩去。”僧问：“祖佛还有谩人之心也无？”师曰：“汝道江湖还有碍人之心也无？”乃曰：“江湖虽无碍人之心，为时人过不得。江湖成碍人去，不得道江湖不碍人。祖佛虽无谩人之心，为时人透不得。祖佛成谩人去，不得道佛祖不谩人。若透得祖佛过，此人过却祖佛。若也如是。始体得佛祖意，方与向上人同。如未透得，但学佛学祖，则万劫无有出期。”僧曰：“如何得不被祖佛谩去？”师曰：“道者直须自悟去始得。”

◎益州北院通禅师，初参夹山，问曰：“目前无法，意在目前。不是目前法，非耳目之所到，岂不是和尚语？”山曰：“是。”师乃掀倒禅床，叉手而立。山起来打一拄杖，师便下去。法眼云：“此他掀倒禅床，何不便去？须待他打丁一棒去，意在甚么处？”次参洞山，山上堂曰：“坐断主人公，不落第二见。”师出众曰：“须知有一人不合伴。”山曰：“犹是第二见。”师便掀倒禅床。山曰：“老兄作么生？”师曰：“待某甲舌头烂，即向和尚道。”后辞洞山拟入岭，山曰：“善为！飞猿岭峻，好看！”师良久，山召：“通阇黎。”师应诺。山曰：“何不入岭去？”师因有省，更不入岭。

◎京兆府蚬子和尚，不知何许人也。事迹颇异，居无定所。自印心于洞山，混俗闽川，不畜道具，不循律仪。冬夏惟披一衲，逐日沿江岸采掇虾蚬，以充其腹。暮即宿东山白马庙纸钱中。居民目为蚬子和尚。华严静禅师闻之，欲决真假，先潜入纸钱中。深夜师归，严把住曰：“如何是祖师西来意？”师遽答曰：“神前酒台盘。”严放手曰：“不虚与我同根生。”

◎越州乾峰和尚，上堂：“法身有三种病，二种光，须是一一透得，始解归家稳坐，须知更有向上一窍在。”云门出，问：“庵内人为甚么不知庵外事？”师呵呵大笑。门曰：“犹是学人疑处。”师曰：“子是甚么心行？”门曰：“也要和尚相委。”师曰：“直须与么始解稳坐。”门应“喏喏”。上堂：“举一不得举二，放过一着，落在第二。”云门出众曰：

"昨日有人从天台来，却往径山去。"师曰："典座来日不得普请。"便下座。妙喜曰："彼此扬家丑，赖遇无旁观者。"

云门到曰："请和尚答话。"师曰："到老僧也未？"门曰："恁么那恁么那？"师曰："将谓猴白，更有猴黑。"问："十方薄伽梵，一路涅槃门。未审路头在甚么处？"师以拄杖画云："在这里。"僧后请益云门，门拈起扇子云："扇子踍跳上三十三天，筑着帝释鼻孔，东海鲤鱼打一棒，雨似盆倾。会么？"宝峰文云："乾峰与么道，还梦见也未？若是老僧则不然。十方薄伽梵，一路涅槃门，未审路头在甚处，劈脊便棒，却问他：路头在甚处？待伊拟开口，热喝出去，更有个云门折脚老比丘。不分缁素，不辨邪正，拈起扇子云云。似这般和泥合水汉，粪堆头埋却，十个五个，有甚么过。阿呵呵，乐不乐，足不足。而今幸对山青水绿，年来事事一时休。信任身心懒拘束，大众休瞌睡好。"

问僧："甚处来？"曰："天台。"师曰："见说石桥作两段，是否？"曰："和尚甚处得这消息来？"师曰："将谓华顶峰前客，元是平田庄里人。"法石光禅师因旧住相访，师问："顷年有一则公案，与你商量不下，如今作么生？"云："未入门时，早呈似和尚了也。"师云："这里又作么生？"云："不可头上安头。"师划一划云："这里且置，你为甚么踏断天台石桥？"僧无语。师云："脱空妄语汉，出去。"幻寄曰："此二尊宿勘僧，一人得法身二种光，一人得法身三种病，若人辨得出，许具只眼。"

◎澧州钦山文邃禅师，与岩头、雪峰过江西，到一茶店吃茶次，师曰："不会转身通气者，不得茶吃。"头曰："若恁么，我定不得茶吃。"峰曰："某甲亦然。"师曰："这两个老汉，话头也不识？"头曰："甚处去也？"师曰："布袋里老鸦，虽活如死。”头退后曰：“看！看！”师曰：“奯公且置，存公作么生？”峰以手画一圆相，师曰：“不得不问。”头呵呵曰：“太远生。”师曰：“有口不得茶吃者多。”巨良禅客参，礼拜了便问：“一镞破三关时如何？”师曰：“放出关中主看。”良曰：“恁么则知过必改。”师曰：“更待何时？”良曰：“好只箭，放不着所在。”便出去。师曰：“阇黎，且来。”良回首，师下禅床擒住曰：“一镞破三关即且置，试为钦山发箭看。”良拟议，师打七棒曰：“且听个乱统汉，疑三十年。”有僧举似同安察，安曰：“良公虽解发箭，要且未中的。”僧便问：“未审如何得中的去？”安曰：“关中主是甚么人？”僧回举似师，师曰：“良公若解恁么，也免得钦山口。然虽如此，同安不是好心，亦须看始得。”雪窦显颂云：“与君放出关中主，放箭之徒莫莽卤。取个眼兮耳必聋，舍个耳兮目双瞽。可怜一镞破三关，的的分明箭后路。君不见玄沙有言兮，大丈夫先天为心祖。”　天童觉云：“山推岳积来，瓦解冰消去，则时人知有，与我放出关中主看，且合作么生？有底道，当时便喝，当时便掌。然则一期瞎用则得，要且未是关中主在，还体得么？当堂不正坐，那赴两头机。”

◎**瑞州九峰通玄禅师**，僧问：“自心他心，得相见否？”师曰：“自己尚不见，他人何可观。”伪唐乾宁三年二月十七日，晨兴戒其徒曰：“无虚度光阴，无虚消信施。既已出家，惟道是履，名大丈夫。”于是寂然在定，至三月二十日乃化，阅世六十有三，坐四十二夏。师引《法华经》，以明五位，语具《洞山五位章》中。

指月录卷十九

六祖下第七世

◎**吉州资福如宝禅师**，陈操尚书来。师画一圆相，操曰：“弟子与么来？早是不着便，更画圆相。”师于中着一点。操曰：“将谓是南番舶主。”师便归方丈，闭却门。

◎**郢州芭蕉山慧清禅师**，上堂，拈拄杖示众曰：“你有拄杖子，我与你拄杖子。你无拄杖子，我夺却你拄杖子。”靠拄杖下座。大沩喆云：“大沩即不然，你有拄杖子，我夺你拄杖子。你无拄杖子，我与你拄杖子。大沩即如是，诸人还用得也未？若人用得，德山先锋，临济合后。若用不得，且还本主。” 天童正觉云：“你有则一切有，你无则一切无。有无自是当人，与夺关芭蕉甚事？正恁么时，作么生是你拄杖子？”

问：“贼来须打，客来须看，忽遇客贼俱来时如何？”师曰："屋里有一緉破草鞋。"曰："只如破草鞋，还堪受用也无？"师曰："汝若将去，前凶后不吉。"师谓众曰："我年二十八，到仰山参见南塔，见上堂曰：'汝等诸人，若是个汉，从娘肚里出来，便作师子吼好么！'我于言下，歇得身心，便住五载。"

◎**汝州南院慧颙禅师**亦曰宝应，上堂："赤肉团上，壁立千仞。"僧问："赤肉团上，壁立千仞，岂不是和尚道？"师曰："是。"僧便掀倒禅床。师曰："这瞎驴乱做。"僧拟议，师便打趁出。妙喜曰："吾今为汝保任此事，终不虚也。"复颂云："赤肉团边用得亲，主宾有理各难伸。两个驼子相逢着，世上于今无直人。"

问僧："近离甚处？"曰："襄州。"师曰："来作甚么？"曰："特来礼拜和尚。"师曰："恰遇宝应老不在。"僧便喝。师曰："向汝道不在，又喝作甚么？"僧又喝，师便打。僧礼拜，师曰："这棒本是汝打我，我且打汝。要此话大行，瞎汉参堂去。"问僧："近离甚处？"曰："襄州。"师曰："是甚么物恁么来？"曰："和尚试道看。"师曰："适来礼拜底。"曰："错。"师曰："礼拜底错个甚么？"曰："再犯不容。"师曰："三十年弄马骑，今日被驴扑，瞎汉参堂去。"问："从上诸圣，向甚么处去？"师曰："不上天堂，则入地狱。"曰："和尚又作么生？"师曰："还知宝应老汉落处么？"僧拟议，师打一拂子曰："你还知吃拂子底么？"曰："不会。"师曰："正令却是你行。"又打一拂子。雪窦云："令既自行，且拂子不知来处。雪窦道个瞎，且图雪上加霜。"　妙喜云："权衡临济三要三玄，须还他南院始得。雪窦为甚么却道，拂子不知来处？妙喜亦道个瞎，且图两得相见。”

问僧：“名甚么？”曰：“普参。”师曰：“忽遇矢橛作么生？”僧曰：“不审。”师便打。上堂：“诸方只具啐啄同时眼，不具啐啄同时用。”僧便问：“如何是啐啄同时用？”师曰：“作家不啐啄，啐啄同时失。”曰：“此犹未是某甲问处。”师曰：“汝问处作么生？”僧曰：“失。”师便打，其僧不肯。后于云门会下，闻二僧举此话。一僧曰：“当时南院棒折那。”其僧忽契悟，遂奔回省觐。师已圆寂。乃谒风穴，穴一见便问：“上座莫是当时问先师啐啄同时话底么？”僧曰：“是。”穴曰：“汝当时作么生会？”曰：“某甲当时如在灯影里行相似。”穴曰：“汝会也。”云居悟云：“且作么生是啐啄同时眼，若得眼明，其用自备。又道作家不啐啄，啐啄同时失。何故不啐啄？所以道，子若哮吼，其母即丧，诸人还明得么？乃颂曰：子若哮吼，其母即丧。全归其子，十方通畅。大用现前理自然，何必起心作模样。更若不会，云居拄杖。”

僧才参，入方丈以手指云：“败也。”师乃拈起拄杖度与僧，僧才接，师便打。云峰悦云：“这僧虽然头上有光，不知脚下似漆，直饶十字纵横。朝打三千，暮打八百。”

◎守廓侍者，问德山曰：“从上诸圣，向甚么处去？”山曰：“作么，作么？”师曰：“敕点飞龙马，跛鳖出头来。”山便休去。来日浴出，师过茶与山，山于背上拊一下曰：“昨日公案作么生？”师曰：“这老汉，今日方始瞥地。”山又休去。师行脚到襄州华严和尚会下。一日，严上堂曰：“大众，今日若是临济、德山、高亭、大愚、鸟窠、船子儿孙，不用如何若何，便请单刀直入，华严与汝证据。”师出礼拜，起便喝，严亦喝，师又喝，严亦喝。师礼拜起，曰：“大众看这老汉一场败阙。”又喝一喝，拍手归众。严下座归方丈。时风穴作维那，上去问讯。严曰：“维那汝来也，叵耐守廓适来把老僧扭捏一上，待集众打一顿趁出。”穴曰：“趁他迟了也。自是和尚言过，他是临济下儿孙，本分恁么。”严方息怒。穴下来举似师。师曰：“你着甚来由劝这汉，我未问前，早要棒吃。得我话行，如今不打，搭却我这话也。”穴曰：“虽然如是，已遍天下也。”师到鹿门，一日见楚和尚，与僧道话次。鹿门下来，问楚和尚，你终日披披搭搭作甚么？”楚云：“和尚见某甲披披搭搭那。”门便喝，楚亦喝，两家总休去。师云：“诸上座，你看这两个瞎汉。”随后便喝。门归方丈，却令侍者请师上来云：“老僧适来与楚阇黎宾主相见，什么处败缺？”师曰：“转见病深。”门云：“老僧自见兴化来，便会也。”师云：“和尚到兴化时，某甲为侍者，记得与么时语？”门云：“请举看。”师遂举“兴化问和尚甚处来？和尚云：五台来。化云：还见文殊么？和尚便喝。化云：我问你还见文殊么，又恶发作么？和尚又喝，化不语。和尚作礼，化至明日教某甲唤和尚，和尚早去也。化上堂云：你看这个僧，担条断贯索，向南方去也，已后也道见兴化来。”师云：“今日公案恰似与么时底。”门云：“兴化当时为甚无语？”师曰：“见和尚不会宾主句，所以不语。及欲唤和尚持论，和尚已去也。”鹿门明日特为煎茶，晚参告众曰：“夫参学龙象，直须子细入室决择，不得容易，逴得个语，便以为极则，道我灵利。只如山僧当初见兴化时，认得个动转底，见人道一喝两喝便休，以为佛法也。今日被明眼人觑破，却成一场笑具。图个甚么？只为我慢无明，不能回转亲近上流，赖得明眼道人。不惜身命对众证据，此恩难报。何故？兴化云：饶你喝得兴化老人，上三十三天，却扑下来，一点气也无。款款地苏息起来，向你道未在。何故如此？兴化未曾向紫罗帐里撒真珠。与你在，胡喝乱喝作么？真谓药石之言，道流难信，如今直须明辨取，岂不庆快平生。参学事毕。”

◎**汝州西院思明禅师**，从漪上座到，法席旬日。常自曰：“莫道会佛法人，觅个举话底人也无？”师闻而默之。漪异日上法堂次，师召从漪，漪举首。师曰：“错。”漪进三两步，师又曰：“错。”漪近前，师曰：“适来两错，是上座错，是思明老汉错？”曰：“是从漪错。”师曰：“错！错！”乃曰：“上座且在这里过夏，共汝商量这两错。”漪不肯，便去。后住相州天平山，每举前话曰：“我行脚时被恶风吹到汝州，有西院长老勘我，连下两错，更留我过夏，待共我商量。我不道恁么时错，我发足向南方去时，早知错了也。”首山念云：“据天平作恁么解会，未梦见西院在，何故话在。” 圜悟勤云：“如今人闻他道，发足向南方去时早知道错了也，便去卜度道。未行脚时，自无许多佛法禅道。及至行脚，被诸方热瞒。不可未行脚时，唤地作天，唤山作水，幸无一星事。若总恁么作流俗见解，何不买一片帽戴，大家过时，有什么用处。佛法不是这个道理。”

◎宝寿和尚第二世，在先宝寿为供养主，寿问："父母未生前，还我本来面目来。"师立至夜深，下语不契。翌日辞去。寿曰："汝何往？"师曰："昨日蒙和尚设问，某甲不契，往南方参知识去。"寿曰："南方禁夏不禁冬，我此间禁冬不禁夏。汝且作街坊过夏。若是佛法，阛阓之中浩浩红尘。常说正法。"师不敢违。一日，街头见两人交争，挥一拳曰："你得恁么无面目？"师当下大悟，走见宝寿。未及出语，寿便曰："汝会也，不用说。"师便礼拜。寿临迁化时，嘱三圣请师开堂。师开堂日，三圣推出一僧，师便打。圣云："与么为人，非但瞎却这僧眼，瞎却镇州一城人眼去在。"师掷下拄杖，便归方丈。云峰悦云："临济一宗，扫地而尽，因甚么却到这里？蓦拈拄杖云：甚么处去也？"　　真净颂："探骑飞来棒下狞，瞎人翻满镇州城。太平本是将军致，不许将军见太平。"　　真如颂："法眼持来付与谁，三圣推僧决众疑。将军令举群夫骇，直得盲声彻四夷。"

师将顺寂，谓门人曰："汝还知吾行履处否？"曰："知和尚长坐不卧。"师又召僧近前来，僧近前，师曰："去，非吾眷属。"言讫而化。

◎洪州凤栖同安院常察禅师，僧问："学人未晓时机，乞师指示！"师曰："参差松竹笼烟薄，重叠峰峦月上迟。"僧拟进语，师曰："剑甲未施，贼身已露。"僧曰："何也？"师曰："精阳不剪霜前竹，水墨徒夸海上龙。"僧绕禅床而出。师曰："闭目食蜗牛，一场酸涩苦。"新到持锡绕师三匝，振锡一下曰："凡圣不到处请师道。"师鸣指三下。僧曰：“同安今日吓得忘前失后。”师曰：“阇黎发足何处？”僧珍重便出。师曰：“五湖衲子，一锡禅人。未到同安，不妨疑着。”僧回首曰：“远闻不如近见。”师曰：“贪他一杯酒，失却满船鱼。”问僧：“近离何处？”曰：“江西。”师曰：“江西法道何似此间？”曰：“赖遇问着某甲，若问别人，则祸生也！”师曰：“老僧适来造次。”曰：“某甲不是婴儿，徒用止啼黄叶。”师曰：“伤鳖恕龟，杀活由我。”僧又问：“久造玄微，如何洞晓？”师曰：“老僧耳背，分明问将来。”曰：“快鹞不打篱边雀。”曰：“师暗中临镜，谁辨妍媸。”曰：“向上机关，如何洞晓？”师曰：“何必。”曰：“休，休！”师曰：“始解乘舟拟跨剑水。”问僧：“甚处来？”曰：“五台。”师曰：“还见文殊么？”僧展两手。师曰：“展手颇多，文殊难睹。”曰：“气急杀人。”师曰：“不睹云中雁，焉知沙塞寒。”曰：“远趋丈室，乞师一言。”师曰：“孙膑门下徒话钻龟。”曰：“名不浪得。”师曰：“吃茶去。”僧珍重便出。师曰：“虽得一场荣，刖却一双足。”师问僧：“眼界无光如何得见？”曰：“北斗东转，南斗西移。”师曰：“夫子入太庙。”曰：“与么则同安门下，道绝人荒去也。”师曰：“横抱婴孩，拟彰皇简。”师一日游山次，大众随之。师曰：“阶前翠竹，砌下黄花，古人道：真如般若，同安即不然。”时有僧曰：“古人也好和尚。”师曰：“不贪香饵味，可谓碧潭龙。”曰：“诸方眼目不怪陶潜。”师曰：“阇黎闭目中秋坐，却怪月无光。”曰：“阶前翠竹砌下黄花，又作么生？”师曰：“安南未伏，塞北那降。”僧礼拜。师曰：“名称普闻。”问僧：“近离甚处？”曰：“太原。”师曰：“太原近日法道如何？”曰：“只见云随日出，水逐波生，不知太原法道如何。”师曰：“岂不是离太原乎？”曰：“苦，苦！”师曰：“不睹海云色，微觉旱雷声。”曰：“以金易鍮，憎真爱假。”师便归方丈，僧拂袖便出。师曰：“得缩头时且缩头。”

◎**吉州禾山无殷禅师**，生吴氏。福州人。七龄，雪峰存禅师见之，爱其纯粹，化其亲令出家。年二十，乃剃落受具，辞游方。至九峰，虔公问：“汝远来何所见，当由何路出生死？”对曰：“重昏廓辟，盲者自盲。”虔笑以手挥之曰：“佛法不如是。”师不怿，请曰：“岂无方便？”曰：“汝问我。”师理前语问之，曰：“奴见婢殷勤。”师于是依止十余年。问：“习学谓之闻，绝学谓之邻。过此二者谓之真过，如何是真过？”师曰：“禾山解打鼓。”曰：“如何是真谛？”师曰：“禾山解打鼓。”问：“即心即佛则不问，如何是非心非佛？”师曰：“禾山解打鼓。”曰：“如何是向上事？”师曰：“禾山解打鼓。”雪窦颂：“一拽石二搬土，发机须是千钧弩。象骨老师曾辊球，争似禾山解打鼓。报君知莫莽卤，甜者甜兮苦者苦，诸方目此为禾山四打鼓。”又僧问护国澄：“鹤立枯松时如何？”澄云：“脚跟下一场𢤱㦬。”又问：“雪覆千山时如何？”澄云：“日出后一场𢤱㦬。”又问：“会昌沙汰时，护法神向甚么处去？”澄云：“三门外两个汉一场𢤱㦬。”诸方谓之护国三𢤱㦬。又保福问僧：“殿里是甚么佛？”僧曰：“和尚定当看。”福曰：“释迦佛。”僧曰：“莫瞒人好。”福曰：“却是你瞒我。”又问僧曰：“你名甚么？”曰：“咸泽。”曰：“或遇枯涸时如何？”曰：“谁是枯涸者？”曰：“我。”曰：“和尚莫瞒人好。”曰：“却是你瞒我。”又问僧：“你作甚么业，吃得恁么大？”僧曰：“和尚也不小。”福作蹲身势，僧曰：“和尚莫瞒人好。”福曰：“却是你瞒我。”又问浴主：“浴锅阔多少？”主曰：“请和尚量看。”福作量势，主曰：“和尚莫瞒人好。”福曰：“却是你瞒我。”诸方谓之保福四瞒人。松庵闲举此三种语云：“诸人要会么？闲上座为你颂出。颂曰：禾山打鼓，护国懡㦬。保福瞒人，三个骨朵。”为君一言总颂出，锁。

建隆元年庚申二月，示有微疾。三月二日，令侍者开方丈，集大众曰：“后来学者，未识禾山，即今识取。”于是泊然而化。洪觉范曰：“石霜言遍界不曾藏。而其子闻公临化曰：‘今日分明说似君，我敛目时齐听取。’九峰言：‘尽乾坤是汝当人自体，何处安眼耳鼻舌？’而其子殷公临化曰：‘后来学者，未识禾山，即今识取。’予观其父子兄弟语言行履，如形着影，出声呼谷应。而近世禅者，尚伫思，可悲怜也。”

◎凤翔府青峰传楚禅师，一日洛浦问：“院主去甚么处来？”师曰：“扫雪来。”浦曰：“雪深多少？”师曰：“树上总是。”浦曰：“得即得，汝向后住个雪窟定矣。”后访白水，水曰：“见说洛浦有生机一路，是否？”师曰：“是。”水曰：“止却生路，向熟路上来。”师曰：“生路上死人无数，熟路上不着活汉。”水曰：“此是洛浦底，你底作么生？”师曰：“非但洛浦，夹山亦不奈何。”水曰：“夹山为甚么不奈何？”师曰：“不见道生机一路。”

◎袁州木平山善道禅师，初谒洛浦问：“一沤未发已前，如何辨其水脉？”浦曰：“移舟谙水脉，举棹别波澜。”师不契，乃参蟠龙，语同前问。龙曰：“移舟不别水，举棹即迷源。”师从此悟入。云峰悦云：“木平若于洛浦言下悟去，犹较些子。可惜许，向蟠龙死水里淹杀。后有问：如何是木平？对云：不劳斧斤。果然只在这里。诸禅德，大凡发足游方，也须甄别邪正，识辨真伪，带些眼筋始得。然虽如是，贼过后张弓。”　妙喜曰：“云峰此语，亦能瞎人眼，亦能开人眼。”

◎**郢州桐泉山禅师**，参黄山，山问：“天门一合，十方无路。有人道得，摆手出漳江。”师曰：“蛰户不开，龙无龙句。”山曰：“是你恁么道？”师曰：“是即直言是，不是直言不是。”山曰：“摆手出漳江。”山复问：“下和到处荆山秀，玉印从他天子传时如何？”师曰：“灵鹤不于林下憩，野老不重太平年。”山深肯之。夷，一盲引众盲，悲哉！

◎**台州瑞岩师彦禅师**，闽之许氏子。自幼披缁，秉戒无缺。初礼岩头，问曰：“如何是本常理？”头曰：“动也。”曰：“动时如何？”头曰：“不是本常理。”师良久。头曰：“肯即未脱根尘，不肯即永沉生死。”师遂领悟，便礼拜。后谒夹山，山问：“甚处来？”曰：“卧龙来。”山曰：“来时龙还起也未？”师乃顾视之。山曰：“灸疮瘢上更着艾燋。”曰：“和尚又苦如此作甚么？”山休去。妙喜曰：“若不蓝田射石虎，几乎误杀李将军。”

师问夹山：“与么即易，不与么即难。与么与么即惺惺，不与么不与么即居空界。与么不与么请师速道？”山曰：“老僧瞒阇黎去也。”师喝曰：“这老和尚，而今是甚时节！”便出去。后有僧举似岩头，头云：“苦哉！将我一枝佛法，与么流将去。”

师寻居丹丘瑞岩，坐盘石，终日如愚。每自唤主人公，复应诺，乃曰："惺惺着他后，莫受人瞒。"后有僧参玄沙，沙问："近离甚处？"曰："瑞岩。"沙云："有何言句示徒？"僧举前话。沙云："一等是弄精魂，也甚奇怪。"乃云："何不且在彼住。"云："已迁化也。"沙云："而今还唤得应么？"僧无对。

镜清问："天不能覆，地不能载，岂不是？"师曰："若是，即被覆载。"清曰："若不是，瑞岩几遭也。"师自称曰："师彦。"尝有三僧，胡形清峭，目若流电，差肩并足致礼。师问曰："子从何来？"曰："天竺来。"曰："何时发？"曰："朝行适至。"曰："得无劳乎？"曰："为法忘劳。"谛视之，足皆不蹈地，师令入堂上位安置，明旦忽焉不见。又尝有村媪来礼，师曰："汝莫拜，急归救取数百物命。"媪归见其妇方拾田螺归，媪因亟投水中。又数家召斋，一一同时见师来赴，至终阇维，有巨蛇，从树杪投身火聚。及薪尽，舍利散飞，风动草木，纷纷而坠。师生平神异之迹，不可胜述云。

◎福州罗山道闲禅师，问石霜："起灭不停时如何？"霜曰："直须寒灰枯木去，一念万年去，函盖相应去，全清绝点去。"师不契，谒岩头，复如前问。头喝曰："是谁起灭？"师于此有省。师在禾山，送同行矩长老出门，把拄杖向面前一擿，矩无对。师曰："石牛拦古路，一马生双驹。"后僧举似疏山，山云："石牛拦古路，一马生三寅。"

保福问："岩头道，与么与么，不与么不与么，意作么生？"师召福，福应诺。师曰："双明亦双暗。"福礼谢，三日后却问："前日蒙和尚垂慈，只为看不破。"师曰："尽情向汝道了也。”福曰：“和尚是把火行山。”师曰：“若与么，据汝疑处问将来。”福曰：“如何是双明亦双暗？”师曰：“同生亦同死。”福又礼谢而退。别有僧问福：“同生亦同死时如何？”福曰：“彼此合取狗口。”僧曰：“和尚收取口吃饭。”其僧却问师：“同生亦同死时如何？”师曰：“如牛无角。”曰：“同生不同死时如何？”曰：“如虎带角。”后有僧问招庆，庆云：“彼此皆知，何故？我若东胜身洲道一句，西瞿耶尼洲也知。天上道一句，人间也知。心心相知，眼眼相照。”

师因游漳州，见三平碑云：和尚迁化时，众请韩亡名作丧主。韩将一条手巾，盖一面钞锣。以一口露刃剑，横放钞锣上。直到龛前放下云：“还有人道得么若道得，某即作丧主。若道不得，即不作丧主。”道道，众无对。韩便趯却钞锣哭云：“苍天苍天，先师远矣。”师云：“噫，大奇，大奇！三平门下六百来人，总被这俗汉吞却也。陈老师当时若在，未放他过。”时有僧问：“只如他与么来，作么生只对？”师云：“我当时若在，只将三尺布盖却头，横亚一把露刃刀，以手揭起孝幕，当门而坐，看韩家个汉，要作丧主也未得，要不作丧主也未得。进之须有礼，退之须有礼。”幻寄曰：“眉毛在也无。”

师住罗山，初入院上堂，才揽衣欲坐，即云：“珍重。”便下座。良久却回云：“未识底近前来。”时有僧才出礼拜，师云：“也大苦。”僧礼拜起云：“某甲咨和尚。”师便喝出。僧问：“如何是奇特一句？”师云：“道甚么？”良久云：“若是上士，脚才跨门，便委得。若也觌面相呈，犹是钝汉。口喃喃地，不消一镢，会么？不是禅不是道，不是佛不是法，是甚么？灵锋宝剑，常露现前，亦能杀人，亦能活人，若能操持，一任操持。若也出场定当，须是个汉始得。机机相副，法法无根，互为宾主。虽然如此，切忌承当。何故？你若野干鸣，我即师子吼。我若野干鸣，你亦师子吼。你若师子吼，我亦师子吼。临时布取意句有主宰，所以道，意中句，句中意，意中不停句，句中不停意，意句不同伦。合作么生会？意能划句，句能划意，意句交驰，是为可畏。意句不明，事理不通，只是个无孔铁椎，古人唤作流俗阿师。似这般底，如稻麻竹苇，有甚么用处？此个门中，须是个汉，眼卓朔地，点着便转辘辘地，岂是你清浊可羡。凡圣能诠，有恁么汉上士相逢，如击石火，如爆龟纹，迅速如风，捷辩如电，快着精彩。一人半人，事褫言句，动逾万亿，低头学禅，卒不可得。所以道，恁么则易，不恁么则难。亦云：恁么则难，不恁么则易，诸人作么生？大须细意。兄弟，夫行脚，也须带眼，莫被遮般底罩却。教你直须冥然去，须得绵绵去，苦哉！被遮般底，无辜枷着，有甚么出期？遮个如水上葫芦子，有人按得么？常露现前，滔滔地自由自在，未曾有一法解盖得伊，未曾有一法解等得伊。拨着便露，触着便转辘辘地。盖声盖色，展即周流无滞，常露目前，岂是兀兀底。出则无无不是，入则个个归源，声前迥迥地，岂堕有无。所以道，声前一句，非圣不传。未曾亲近，如隔大千。声前一思，大家具知。这个作么生会？寻常道，声前有路，从汝洞明。句后不来，犹亏一半。纤毫不透，如隔铁围。奇特相逢，将何诘对。大凡唱教，须会目前生死意句杀活，方可褒扬。杀人刀，活人剑，上古之机锋，亦是今时之枢要。

摧魔破执，不得不无。直露真诠，须知已有。的能破的，大用无亏。圆通现前，魔难措手。若也未得如此，一切四威仪中，合作么生明显，还见伊面孔么？遮里寻常道，面门一思，常时无间，诸人还得恁么也无？若实未明，且须自立露裸裸地，不与万法为邻，一切法盖伊不得。所以古人道，目前无法，意在目前。不是目前法，非耳目之所到，第一须得本智现前。本地风光常露，裸裸地，自由自在，出入无滞，方可违时。乃至龙神擎花无路，外道潜觑，不见有踪，不是泯形实去。兄弟，透顶透底始得，莫只遮边那边，逴得些子言句，州处插语，指东画西，举古举今。遮般底，椎杀一万个，有甚么罪过？明朝后日，锢鏴人家男女，打汝鬼骨臀有日在，知么？宗门深奥，酌度胸襟。粗餐易饱，细嚼难饥。根本差殊，良由自错。虚劳一报，空腹高心。过是阿谁，食人言语。拣择是非，只占己长，终无是处。无事珍重。”临迁化，上堂集众，良久展左手，主事罔测。乃令东边师僧退后。又展右手，又令西边师僧退后。乃曰：“欲报佛恩，无过流通大教。归去也。归去也。珍重!”言讫莞尔而寂。

◎福州玄沙师备宗一禅师，福州闽县谢氏子。少渔于南台江上。及壮，忽弃舟，从芙蓉山灵训禅师断发，诣南昌开元通玄律师所，受具足戒。芒鞋布衲，食才接气。宴坐终日，众异之。初兄事雪峰，既而师承之。峰以其苦行，呼为头陀。一日峰问：“阿那个是备头陀？”师曰：“终不敢诳于人。”异日，峰召曰：“备头陀何不遍参去？”师曰：“达磨不来东土，二祖不往西天。”峰然之。暨登象骨山，乃与师同力缔构，玄徒臻萃。师入室咨决，罔替晨昏。又阅《楞严》，发明心地，由是应机敏捷，与《修多罗》冥契。诸方玄学，有所未决，必从之请益。至与雪峰征诘，亦当仁不让。峰曰：“备头陀再来人也。”正法眼藏云：“初欲遍历诸方，参寻知识，携囊出岭，筑着脚指，流血痛楚。叹曰：‘是身非有，痛从何来？’”遂回雪峰。

雪峰上堂曰：“要会此事，犹如古镜当台，胡来胡现，汉来汉现。”师出众曰：“忽遇明镜来时如何？”峰曰：“胡汉俱隐。”师曰：“老和尚脚跟犹未点地在。”雪峰指火曰：“三世诸佛，在火焰里转大法轮。”师曰：“近日王令稍严。”峰曰：“作么生？”师曰：“不许搀夺行市。”云门曰：“火焰为三世诸佛说法，三世诸佛立地听。” 黄龙新云：“雪峰云门，交互争辉。薪尽火灭，三世诸佛向甚么处听？莫恋白云深处坐，切忌寒灰烧杀人。”

侍雪峰游山次，峰指面前地曰：“这一片地，好造个无缝塔。”师曰：“高多少？”峰乃顾视上下，师曰：“人天福报即不无，和尚若是灵山授记，未梦见在。”峰曰：“你又作么生？”师曰：“七尺八尺。”雪峰曰：“世界阔一尺，古镜阔一尺。世界阔一丈，古镜阔一丈。”师指火垆曰：“火垆阔多少？”峰曰：“如古镜阔。”师曰：“老和尚脚跟未点地在。”与雪峰夹篱次，师问：“夹篱处还有佛法也无？”峰曰：“有。”师曰：“如何是夹篱处佛法？”峰撼篱一下。师曰：“某甲不与么？”峰曰：“子又作么生？”师曰：“穿过篾头来。”师辞雪峰云：“启和尚，人人自由自在，某甲如今下山去。”峰云：“是谁与么道？”师曰：“是和尚与么道。”峰曰：“汝作么生？”师云：“不自由自在。”峰云：“知。”雪峰谓师曰：“有个南际长老，问无有答不得者。”际一日到雪峰，峰令访师。师曰：“古人道，此事惟我能知，长老作么生？”际曰：“须知有不求知者。”师曰：“山头老汉，吃许多辛苦作么？”大沩真如举此云：“玄沙恁么道，大沩恁么举？不得动着。何故？如击涂毒鼓，远近闻皆丧。”

师见僧来礼拜，乃曰：“礼拜着，因我得礼汝。”径山杲颂云：“夫子不识字，达磨不会禅。玄沙无此语，切莫妄流传。”

僧问：“如何是学人自己？”师曰：“用自己作么。”云门云：“没量大人，被语脉里转却。”僧随问门：“如何是学人自己？”门云：“忽然路上有人，唤衲僧斋，你也随分得饭吃。”

鼓山来，师作一圆相示之。山曰：“人人出这个不得。”师曰：“情知汝向驴胎马腹里作活计。”山曰：“和尚又作么生？”师曰：“人人出这个不得。”山曰：“和尚与么道却得，某甲为甚么道不得？”师曰：“我得汝不得。”闽王送荔枝与师，师拈起示众云：“这个荔枝，得恁么红。这个荔枝，得恁么赤。诸人作么生会？若道得一色，犹是侊侗。若道是众色，又落断常。诸人作么生？”有僧出云：“不可不识荔枝，师自代云：“只是荔枝。”《智证传》曰：“夫以言逐言，以理遣理，皆世流布想，非能见道。”《楞伽经》曰：“如楔出楔。”如玄沙尝曰：“学者当用处不换机，而虽老于丛林者，亦莫识此语，可叹也。”玄沙尝食荔枝，问众曰：“这个荔枝得与么红，这个得与么赤，你诸人且作么生？若道一色，又是侊侗。若道是众色，只成个断常。你诸人且作么生？”彦瑫曰：“也只和尚自分别。”玄沙曰：“这侊侗愚痴，有什么交涉？”冲机曰：“都来只是一色。”玄沙曰：“总与么佬侗，有什么了时?”乃回顾问皎然：“汝作么生道?”皎然曰：“不可不识荔枝。”玄沙曰：“只是荔枝。”又曰：“汝诸人如许多时在我这里，总与么说话。不辨缁素，不识吉凶。我比来向汝道，用处不换机。因甚么只管对话，有什么交涉?”道嵷禅师曰：“先圣悯汝颠倒驰逐，将一句子解落。汝知是般事掉放闲处，自着些筋力却于机语上答出。话头将作禅道，非惟自赚，亦乃赚他。”

师与韦监军茶话次，军曰：“占波国人语话稍难辨，何况五天梵语，还有人辨得么?”师提起托子云：“识得这个即辨得。”云门举云：“玄沙何用繁词。”又云：“适来道甚么?”

师一日见三人新到，自去打普请鼓三下，却归方丈。新到具威仪了，亦自去打普请鼓三下，却入僧堂。久往来白师云：“新到轻欺和尚。”师云：“打钟集众勘过。”大众集，新到不赴。师令侍者去唤，新到才至法堂，却向侍者背上拍一下云：“和尚唤你。”侍者至师处，新到便归堂。久住乃问：“和尚何不勘新到?”师云：“我与你勘了也。”普请斫柴次，见一虎，天龙曰：“和尚，虎!”师曰：“是汝，虎。”归院后，天龙问：“适来见虎，云是汝。未审尊意如何?”师曰：“娑婆世界有四种极重事，若人透得，不妨出得阴界。”妙喜代云：“也知和尚为人切。”　雪窦云：“要与人天为师，前面端的是虎。”　保宁勇颂：“猛虎当涂独振威，爪牙真个利如锥。可怜不觉亡身者，碎骨拾来良可悲。”

韦监军来谒，乃曰：“曹山和尚甚奇怪。”师曰：“抚州取曹山几里?”韦指旁僧曰：“上座曾到曹山否?”曰：“曾到。”韦曰：“抚州取曹山几里?”曰：“百二十里。”韦曰：“恁么则上座不到曹山。”韦却起礼拜，师曰：“监军却须礼此僧，此僧却具惭愧。”师南游，莆田县排百戏迎接。来日，师问小塘长老："昨日许多喧闹，向甚么处去也？"塘提起衲衣角，师曰："料掉没交涉。"黄龙新云："奇怪诸禅德，扶竖宗乘，须是小塘长老始得。玄沙何故道，料掉没交涉。我即不然，昨日许多喧闹向甚么处去？天共白云晓，水和明月流。"

问："承和尚有言，闻性遍周沙界，雪峰打鼓，这里为甚么不闻。"师曰："谁知不闻？"师问镜清："教中道不见一法为大过患，且道不见甚么法？"清指露柱曰："莫是不见这个法？"师曰："浙中清水白米从汝吃，佛法未梦见在。"大沩喆云："若不是镜清，几乎忘前夫后。何故？不逢别者，终不开拳。"　雪窦云："大小镜清，被玄沙热瞒，我当时若见，但向他道灵山授记也未到如此。"

长庆来，师问："除却药忌，作么生道？"庆曰："放憨作么？"师曰："雪峰山橡子拾食，来这里雀儿放粪。"泉守王公请师登楼，先语客司曰："待我引大师到楼前，便舁却梯。"客司禀旨。公曰："请大师登楼。"师视楼，复视其人，乃曰："佛法不是此道理。"师与泉守在室中说话，有一沙弥揭帘入见，却退步而出。师曰："那沙弥好与二十拄杖。"守曰："恁么即某甲罪过？同安显别云："祖师来也。"师曰："佛法不是恁么。"镜清云："不为打水。"有僧问："不为打水，意作么生？"清云："青山碾为尘，敢保没闲人。"　东禅齐云："只如玄沙意作么生。"或云："直饶恁么去，也好与拄杖。"或云："事在当机。"或云："拈破会处。"此三说，还会玄沙意也无？

问："承和尚有言，尽十方世界是一颗明珠。学人如何得会？"师曰："尽十方世界是一颗明珠，用会作么？"僧便休。师来日却问其僧："尽十方世界是一颗明珠，汝作么生会？"曰："尽十方世界是一颗明珠，用会作么？"师曰："知汝向鬼窟里作活计。”师因雪峰迁化，为丧主，三朝集众煎茶次，师于灵前拈起一只盏云：“问大众，先师在日从你道，如今且作么生道？若道得，则先师无过。若道不得，则过在先师。还有人道得么？”如是三问，众皆无对。师遂扑破盏子归院，后问中塔：“作么生会？”塔云：“先师有甚么过？”师便面壁塔便出去。师复召塔，塔回首。师问：“你作么生会？”塔便面壁，师休去。上堂众集，遂将拄杖一时趁下，却回向侍者道：“我今日作得一解险，入地狱如箭射。”者曰：“喜得和尚再复人身。”翠岩芝云：“大小玄沙，前不到村，后不至店。且作么生道得出身之路？” 道吾真云：“大小芝老，只是偏枯若是道吾即不然。玄沙与侍者，一人具只眼。”

师云：“若论此事，喻如一片田地，四至界分，结契卖与诸人了也。只有中心树子，犹属老僧在。”师垂语曰：“诸方老宿尽道接物利生，只如三种病人，汝作么生接？患盲者，拈槌竖拂他又不见；患聋者，语言三昧他又不闻；患哑者，教伊说又说不得。若接不得，佛法无灵验。”时有僧出曰：“三种病人还许学人商量否？”师曰：“许。汝作么生商量？”其僧珍重出，师曰：“不是！不是！”罗汉曰：“桂琛现有眼耳口，和尚作么生接。”师曰：“惭愧！”便归方丈。中塔曰：“三种病人，即今在甚么处？”又一僧曰：“非惟瞒他，兼亦自瞒。” 法眼云：“我当时见罗汉举此僧语，我便会三种病人。”

云居锡云：“只如此僧会不会，若道会，玄沙又道不是。若道不会，法眼为甚么道？我因此僧语，便会三种病人。上座无事上来商量，大家要知。” 有僧请益云门，门曰：“汝礼拜着。”僧礼拜起，门以拄杖挃之。僧退后，门曰：“汝不是患盲么？”复唤近前来。僧近前，门曰：“汝不是患聋么？”门曰：“会么？”曰：“不会。”门曰："汝不是患哑么。"僧于是有省。　圜悟勤举此，乃举五祖演上堂云："一人会得说不得，一人不会却说得。二人若来参，如何辨得他？若辨这两人不得，管取为人解粘去缚不得在。若辨得，才见入门，我便着草鞋，向你肚里走几遭也。犹自不省，讨甚么碗？出去，且莫作盲聋喑哑会好。"　雪窦举此便喝云："这盲聋喑哑汉若不是云门，驴年去，如今有底。或拈槌竖拂，他又不管。教伊近前，他又不来。问会么？他又不应，诸方还奈何得么？雪窦若不奈何汝，这一队驴汉，又堪作什么？"以拄杖一时趁散。　雪窦颂："盲聋喑哑，杳绝机宜。天上天下，堪笑堪悲。离娄不辨正色，师旷岂识玄丝。争如独坐虚窗下，叶落花开自有时。"复云："还会也无，无孔铁锤。"妙喜拈云："这僧虽然悟去，只悟得云门禅。若是玄沙禅，更买草鞋始得。"　妙喜颂："玄沙三种病人语，透过云门六不收。莫待是非来入耳，从前知己反为仇。"

师见亡僧，谓众曰："亡僧面前，正是触目菩提，万里神光顶后相，学者多溟涬其语。"有时云："诸禅德，汝诸人尽巡方行脚来，称我参禅学道，为有奇特去处。为当只恁么？东问西问，若有试通来，我为汝证明。是非我尽识得，还有么？若无，当知只是趁谡。是汝既到这里来，我今问汝：汝诸人还有眼么？若有，即今便合识得。还识得么？若不识，便被我唤作生盲生聋底人。还是么，肯恁么道么。禅德亦莫自屈，是汝真实，何曾是恁么人？十方诸佛，把汝向顶上着，不敢错误着一分子，只道此事惟我能知。会么？如今相绍继，尽道承他释迦，我道释迦与我同参，汝道参阿谁。会么？大不容易。知莫非大悟始解得知，若是限剂所悟亦莫能觏。汝还识大悟么？不可是汝向髑髅前，任他鉴照。不可是汝说空说无，说遮边那边。有世间法，有一个不是世问法。和尚子虚空犹从迷妄幻生，如今若是大肯去，何处有遮个称说？尚无虚空消息。何处有三界业次？父母缘生，与汝桩立前后。如今道无，尚是诳语，岂况是有。知么？是汝多时行脚，和尚子称道有觉悟底事。我今问汝：只如巅山岩崖，迥绝人处，还有佛法么？还裁辨得么。若辨不得。卒未在。我寻常道。亡僧面前。正是触目菩提。万里神光顶后相。若人觏得。不妨出得阴界。脱汝髑髅前意想。天衣怀云：“亡僧面前即且置，只如活人背后底，是个甚么？”都来只是汝真实人体。何处更别有一法解盖覆汝。知么？还信得么？解承当得么？大须努力。”上堂：“佛道闲旷，无有程途。无门解脱之门，无意道人之意。不在三际，故不可升沉，建立乖真。非属造化，动则起生死之本，静则醉昏沉之乡。动静双泯，即落空亡。动静双收，颟顸佛性。必须对尘对境，如枯木寒灰，临时应用，不失其宜。镜照诸像，不乱光辉。鸟飞空中，不杂空色。所以十方无影像，三界绝行踪。不堕往来机，不住中间意。钟中无鼓响，鼓中无钟声。钟鼓不相交，句句无前后。如壮士展臂，不藉他力。师子游行，岂求伴侣？九霄绝翳，何在穿通？一段光明，未曾昏昧。若到这里，体寂寂，常的的，日赫焰里无边表。圆觉空中不动摇，吞烁乾坤迥然照。夫佛出世者，元无出入，名相无体，道本如如。法尔天真，不同修证。只要虚闲不昧作用，不涉尘泥，个中纤毫道不尽，即为魔王眷属。句前句后，是学人难处。所以一句当天，八万门永绝生死《僧宝传》作“一句当机，八万法门生死路绝”。直饶得似秋潭月影，静夜钟声。随扣击以无亏，触波澜而不散，犹是生死岸头事。道人行处，如火销冰，终不却成冰。箭既离弦，无返回势。所以牢笼不肯住，呼唤不回头。古圣不安排，至今无处所。若到这里，步步登玄，不属邪正，识不能识，智不能知，动便失宗，觉即迷旨。二乘胆颤，十地魂惊。语路处绝，心行处灭。直得释迦掩室于摩竭，净名杜口于毗邪。须菩提唱无说而显道，释梵绝听而雨花。若与么现前，更疑何事没栖泊处？离去来今，限约不得，心思路绝。不因庄严，本来真净。动用语笑，随处明了，更无欠少。今时人不悟个中道理，妄自涉事涉尘，处处染着，头头系绊。纵悟则尘境纷纭，名相不实，便拟凝心敛念，摄事归空。闭目藏睛，才有念起。旋旋破除，细想才生，即便遏捺。如此见解，即是落空亡底外道，魂不散底死人。冥冥漠漠，无觉无知，塞耳偷铃，徒自欺诳。这里分明则不然，也不是隈门傍户，句句现前，不得商量，不涉文墨，本绝尘境，本无位次，权名个出家儿，毕竟无踪迹。真如凡圣，地狱人天，只是疗狂子之方。虚空尚无改变，大道岂有升沉？悟则纵横不离本际，若到这里，凡圣也无立处。若向句中作意，则没溺杀人。若向外驰求，又落魔界。如如向上，没可安排。恰似焰垆不藏蚊蚋，此理本来平坦，何用划除？动静扬眉，是真解脱道。不强为意度，建立乖真。若到这里，纤毫不受，指意则差。便是千圣出头来，也安一字不得。久立，珍重！”又示众：“夫古佛真宗，常随物现。堂堂应用，处处流辉。隐显坦然，高低尽照，是以沙门上士道眼。惟先契本明心，方为究竟。森罗万象，一体同源。廓尔无边，谁论有滞。尘劫中事，都在目前。时人旷隔年深，致乖常体。迷心认物，以背真宗，执有滞空。不遇良朋道友，只自于疑误私作解。纵有商量，浑成意度。及至寻穷理地，不辨正邪。况平生自己，未曾捞捷。若乃先贤古德，便自知时。克己推功，庵岩石室。古德云：情存圣量，犹落法尘。已见未忘，还成渗漏。不可道持斋持戒，长坐不卧。住意观空，凝神入定，便当去也，有甚么交涉？西天外道，入得八万劫定。凝神寂静，闭目藏睛。灰身灭智，劫数满后，不免轮回。盖为道眼不明，生死根源不破。夫出家儿，即不然，不可同他外道也。莫非真实明达，具大知见，能与诸佛同彻。寂照忘知，虚含万像。如今甚么处不是汝，甚么处不分明，甚么处不露现，何不与么会去？若无这个田地，时中争奈诸般渗漏何，总成虚妄，阿那个便是平生得力处。如实未有发明，切须在急时中忘餐失寝，似救头然。如丧身命，冥心自救，放舍闲缘，歇却心识，方有少许相亲。若不如是，明朝后日，尽被识情带将去，有甚么自由分？如今却不如他无情之物。敷唱分明，土木石头说法，非常真实，只是少人能听。若闻此说，始可商量。且道无情说底法，作么生商量？试道看，不可道无言无说也，无视无听也。不可道无问而自说，称赞所行道。不见善财童子，参五十三人知识，末后见弥勒，弹指之顷，得入门。才入门后，其门自闭。于楼阁中，睹百千诸佛过去舍身受身。所参一百二十人知识化境，于楼阁中，一时俱现，为其证明，善财疑心顿息。大凡三条椽下，具遮个真实发明，即可商量。便向四生六道中，同于诸佛净土，更惧何生死？且阿谁知他一切诸法，都无实体。至于灵山会上，迦叶亲闻，犹如话月。古德云：善恶都莫思量。犹如指月，乃至三乘行位解脱。菩萨涅槃圣德圣果，并如空花兔角。不见道，却来观世间，犹如梦中事，有为心法不可相依。日久年深，全无利益。只为违真弃本，厌离凡情，忻心圣道。作此见知，不出他限量，抛他五阴不去。不见道，诸行无常，是生灭法。你只拟向前，争能明得，可中彻去，方得知之。若未究得，当知尽是虚头。世间难信之法，具大根器，方能明达。今生若彻去，万劫亦然。古德云：直向今生须了却，谁能累劫受余殃。珍重！”上堂：“我今问汝诸人，且承当得个甚么事？在何世界安身立命？还辨得么？若辨不得，恰似捏目生花，见事便差。知么？如今目前，现有山河大地，色空明暗，种种诸物，皆是狂劳花相，唤作颠倒知见。夫出家人，识心达本源，故号为沙门。汝今既已剃发披衣，为沙门相，即便有自利利他分。如今看着，尽黑漫漫地墨汁相似。自救尚不得，争解为得人？仁者！佛法因缘事大，莫作等闲相似，聚头乱说，杂话趁谓。过时光阴难得，可惜许大丈夫儿，何不自省察，看是甚么事？只如从上宗乘，是诸佛顶族，汝既承当不得，所以我方便劝汝，但从迦叶门接续顿超。去此一门，超凡圣因果，超毗卢妙庄严世界海，超他释迦方便门，直下永劫，不教有一物与汝作眼见，何不自急急究取？未必应作“可”道，我且待三生两生，久积净业。仁者！宗乘是甚么事？不可由汝用功庄严便得去，不可他心宿命便得去。会么？只如释迦出头来，作许多变弄，说十二分教，如瓶灌水，大作一场佛事。向此门中，用一点不得，用一毛头伎俩不得。知么？如同梦事，亦如寐语，沙门不应出头来，不同梦事，盖为识得。知么？识得即是大出脱、大彻头人，所以超凡越圣，出生离死，离因离果，超毗卢，越释迦，不被凡圣因果所谩，一切处无人识得汝。知么？莫只长恋生死爱网，被善恶业拘将去，无自由分。饶汝炼得身心同虚空去，饶汝到精明湛不摇处，不出识阴。古人唤作如急流水，流急不觉，妄为恬静。恁么修行，尽出他轮回际不得，依前被轮回去。所以道，诸行无常，直是三乘功果，如是可畏。若无道眼，亦不究竟。何似如今博地凡夫，不用一毫工夫，便顿超去，解省心力么？还愿乐么？劝汝：我如今立地待汝构去，更不教汝加功炼行，如今不恁么，更待何时？还肯么！”便下座。上堂：“汝诸人如在大海里坐，没头浸却了，更展手问人乞水吃。夫学般若菩萨，须具大根器，有大智能始得。若有智能，即今便出脱得去。若是根器迟钝，直须勤苦耐志，日夜忘疲，无眠失食，如丧考妣相似。恁么急切，尽一生去，更得人荷挟，克骨究实，不妨易得构去。且况如今，谁是堪任受学底人？仁者！莫只是记言记语，恰似念《陀罗尼》相似，蹋步向前来，口里哆哆和和地，被人把住诘问着没去处，便嗔道和尚不为我答话，恁么学事大苦。知么？有一般坐绳床和尚，称善知识，问着便摇身动手，点眼吐舌瞪视。更有一般说昭昭灵灵，灵台智性，能见能闻，向五蕴身田里作主宰，恁么为善知识、大赚人。知么？我今问汝：汝若认昭昭灵灵是汝真实，为甚么瞌睡时又不成昭昭灵灵？若瞌睡时不是，为甚么有昭昭时？汝还会么？这个唤作认贼为子，是生死根本，妄想缘起。汝欲识根由么？我向汝道，昭昭灵灵，只因前尘色声香等法而有分别，便道此是昭昭灵灵。若无前尘，汝此昭昭灵灵同于龟毛兔角。仁者！真实在甚么处？汝今欲得出他五蕴身田主宰，但识取汝秘密金刚体。古人向汝道，圆成正遍，遍周沙界。我今少分为汝，智者可以譬喻得解，汝还见南阎浮提日么？世间人所作兴营、养身、活命种种心行作业，莫非皆承日光成立。只如日体，还有许多般心行么？还有一周遍处么？欲识金刚体，亦须如是看。只如今山河大地，十方国土，色空明暗，及汝身心，莫非尽承汝圆成。威光所现，直是天人群生类所作业次，受生果报，有情无情，莫非承汝威光，乃至诸佛成道成果，接物利生，莫非尽承汝威光。只如金刚体，还有凡夫诸佛么？有汝心行么？不可道无，便得当去也，知么？汝既有如是奇特，当阳出身处，何不发明取因，何却随他向五蕴身田中鬼趣里作活计，直下自谩去。忽然无常杀鬼到来，眼目诪张，身见命见，恁么时大难支荷，如生脱龟壳相似，大苦。仁者！莫把瞌睡见解便当却去，未解盖覆得毛头许。汝还知么？三界无安，犹如火宅。且汝未是得安乐底人，只大作群队干他人世。这边那边，飞走野鹿相似，但求衣食。若恁么争行他王此字疑误道？知么？国王大臣不拘执汝，父母放汝出家，十方施主供汝衣食，土地龙神荷护汝，也须具惭愧知恩始得。莫孤负人好，长连床上排行着地销将去，道是安乐未在，皆是粥饭将养得汝，烂冬瓜相似变将去，土里埋将去，业识茫茫，无本可据。沙门因甚么到恁么地？只如大地上蠢蠢者，我唤作地狱劫住。如今若不了，明朝后日入驴胎马肚里，牵犁拽耙，衔铁负鞍，碓捣磨磨，水火里烧煮去，大不容易受，大须恐惧，好是汝自累。知么？若是了去，直下永劫，不曾教汝有这个消息。若不了此烦恼恶业因缘，不是一劫两劫得休，直与汝金刚齐寿。知么？”问：“后上宗乘，如何理论？”师曰：“少人听。”曰：“请和尚直道。”师曰：“患聋作么？”又曰：“仁者！如今事不获已，教我抑下如是威光，苦口相劝，百千方便，如此如彼，共汝相知闻，尽成颠倒知见。将此咽喉唇吻，只成得个野狐精业谩汝，我还肯么？只如有过无过，惟我自知，汝争得会？若是恁么人出头来，甘伏呵责。夫为人师匠大不易，须是善知识始得知。我如今恁么方便助汝。犹尚不能构得。可中纯举宗乘是汝向甚么处安措？还会么？四十九年是方便，只如灵山会上，有百万众，惟有迦叶一人亲闻，余皆不闻。汝道迦叶亲闻底事作么生？不可道如来无说说，迦叶不闻闻，便得当去。不可是汝修因成果、福智庄严底事，知么？且如道，吾有正法眼藏，付嘱大迦叶，我道犹如话月。曹溪竖拂子，还如指月。所以道：大唐国内宗乘中事，未曾见有一人举唱。设有人举唱，尽大地人失却性命，如无孔铁椎相似，一时亡锋结舌去。汝诸人赖遇我不惜身命，共汝颠倒知见，随汝狂意，方有申问处。我若不共汝恁么知闻去，汝向甚么处得见我？会么？大难。努力珍重。”上堂曰：“太虚日轮，是一切人成立，太虚现在，诸人作么生？满目觑不见，满耳听不闻，此两处省不得。便是瞌睡汉，若明彻得。坐却凡圣，坐却三界，梦幻身心，无一物如针锋许。为缘为对，直饶诸佛出来，作无限神通变现。设如许多教网，未曾措着一分毫，惟助初学诚信之门，还会么？水鸟树林，却解提纲他甚端的，自是少人听，非是外事。天魔外道，是孤恩负义，天人六趣，是自欺自狂。应是诳字如今沙门不荐此事，翻成弄影汉，生死海里浮沉，几时休息去。自家幸有此广大门风，不能绍继得，更向五蕴身田里作主宰，还梦见么？如许多田地，教谁作主宰，大地载不起，虚空包不尽，岂是小事。若要彻，即今这里，便明彻去，不教仁者取一法如微尘大，不教仁者舍一法如毫发许，还会么？”又云：“若的自肯，当人分上，不论初学入丛林，可谓共诸人久践，与过去诸佛无所乏少。如大海水，一切鱼龙初生至老，吞吐受用，悉皆平等。所以道，初发心者，与古佛齐肩。”又云：“汝诸根尽成颠倒，古人以无穷妙药，医疗对治，直至十地，未得惺惺，将知大不容易。古人思惟：如丧考妣。如今兄弟见似等闲，何处别有人为汝了得。可惜，时光虚度，何妨密密地自究，子细观寻，至无着处，自息诸缘去。”又云：“是诸人，见有险恶，见有大虫刀剑诸事，逼汝身命，便生无限怕怖。如似什么？恰如世间画师一般，自画作地狱变相，作大虫刀剑了。好好地看了，却自生怕怖，汝今诸人亦复如是。百般见有，是汝自幻出，自生怕怖，亦不是别人与汝为过。汝今欲觉此幻惑么？但识取汝金刚眼睛。若识得，不曾教汝有纤尘可得露现。何处更有虎狼刀剑解胁吓得汝？直至释迦。如是伎俩，亦觅出头处不得，所以我向汝道，沙门眼把定世界，函盖乾坤，不漏丝发。何处更有一物为汝知见，知么？何不急究取。师疾大法难举，罕遇上根。学者依语生解，随照失宗，乃示纲宗三句曰：第一句，且自承当，现成具足。尽十方世界，更无他故。只是仁者，更教谁见谁闻，都来是汝心王所为。全成不动智，只欠自承当。唤作开方便门，使汝信有一分真常流注。亘古亘今，未有不是。未有不非者，然此句只成平等法。何以故？但是以言遣言，以理逐理。平常性相，接物利生耳。且于宗旨，犹是明前不明后，号为一味平实。分证法身之量，未有出格之句，死在句下，未有自由分。若知出格量，不被心魔所使，入到手中，便转换落落地，言通大道，不堕平怀之见。是谓第一句纲宗也。第二句，回因就果，不着平常一如之理，方便唤作转位投机。生杀自在，纵夺随宜。出生入死，广利一切。迥脱色欲爱见之境，方便唤作顿超三界之佛性。此名二理双明，二义齐照，不被二边之所动，妙用现前。是谓第二句纲宗也。第三句，知有大智性相之本，通其过量之见。明阴洞阳，廓周沙界。一真体性，大用现前，应化无方。全用全不用，全生全不生，方便唤作慈定之门。是谓第三句纲宗也。”幻寄曰：“沙谓迦叶亲闻，犹如话月，而确然示人。以此三句，遂与古塔主抗轭。其然，岂其然乎？洪公好奇夸博事，未必尽实，多此类矣。”

师有偈曰：“万里神光顶后相，没顶之时何处望？事已成意亦休，此个来踪触处周。智者撩着便提取，莫待须臾失却头。”又曰：“玄沙游径别，时人切须知。三冬阳气盛，六月降霜时。有语非关舌，无言切要词。会我最后句，出世少人知。”梁开平二年戊辰十二月二十七日，示疾而化。师状短小，然精神可掬。听法座下者，盈七百。阅世七十有四，坐四十四夏。

◎**福州长庆慧棱禅师**，初参灵云，问：“如何是佛法大意？”云曰：“驴事未去，马事到来。”师不契。参雪峰举前话，峰曰：“汝岂不是苏州人。”师曰：“某甲岂不知是苏州人。”峰见玄沙举此，沙曰：“恐他因缘不在和尚处，教伊下来，某向他说。”师到玄沙处举前话，沙曰：“你是棱道者，作么生不会?”师曰：“不知灵云与么道，意作么生?”沙曰：“只是棱道者不可外觅。”师曰：“和尚作么生，与么说某名?不可不识。乞和尚说道理!”沙曰：“你是两浙人，我是福州人，作么生不会?”师曰：“实不会，乞和尚说破?”沙曰：“我岂不是向你说也!”师曰：“某甲特地来，乞和尚为说，莫与么相弄。”沙曰：“你闻鼓声也无?”师曰：“某不可不识鼓声也。”沙曰：“若闻鼓声只是你?”师曰：“不会。”沙曰：“且吃粥去了便来。”师吃粥了，便上曰：“乞和尚说破。”沙曰：“不是吃粥了也。”师曰：“乞和尚说破，莫相弄某甲。”且辞归去，沙曰：“你来时从那里路来?”师曰：“大目路来。”沙曰：“你去也从大目路去，作么生说相弄?”如是往来雪峰、玄沙，二十年，坐破七个蒲团，不明此事。一日卷帘，忽然大悟。乃有颂曰：“也大差，也大差，卷起帘来见天下。有人问我是何宗，拈起拂子劈口打。”峰举谓沙曰：“此子彻去也!”沙曰：“未可，此是意识著述，更须勘过始得。”至晚，众僧上来问讯，峰谓师曰：“备头陀未肯汝在，汝实有正悟，对众举来。”师又颂曰：“万象之中独露身，惟人自肯乃方亲。昔时谬向途中觅，今日看来火里冰。”峰乃顾沙曰：“不可更是意识著述。”师问峰曰：“从上诸圣传授一路，请师垂示。”峰良久，师设礼而退。峰乃微笑。师入方丈参，峰曰：“是甚么?”师曰：“今日天晴好晒麦。”自此酬问，未尝爽于玄旨。保福辞归雪峰，谓师曰：“山头和尚或问上座信，作么生只对?”师曰：“不避腥膻，亦有少许。”

曰：“信道甚么？”师曰：“教我分付阿谁？”曰：“从展虽有此语，未必有恁么事。”师曰：“若然者，前程全自阇黎。”师与保福游山，福问：“古人道妙峰山顶，莫只这个便是也无？”师曰：“是即是，可惜许。”僧问鼓山：“只如长庆恁么道，意作么生？”山云：“孙公若无此语，可谓髑髅遍野。”

师在西院，问诜上座曰：“这里有象骨山，汝曾到么？”曰：“不曾到。”师曰：“为甚么不到？”曰：“自有本分事在。”师曰：“作么生是上座本分事？”诜乃提起衲衣角。师曰：“为当只这个，别更有？”曰：“上座见个甚么？”师曰：“何得龙头蛇尾？”问僧：“甚处来？”曰：“鼓山来。”师曰：“鼓山有不跨石门底句，有人借问，汝作么生道？”曰：“昨夜报慈宿。”师曰：“劈脊棒汝，又作么生。”曰：“和尚若行此棒，不虚受人天供养。”师曰：“几合放过！”问：“如何得不疑不惑去？”师乃展两手，僧不进语。师曰：“汝更问，我与汝道。”僧再问，师露膊而坐。僧礼拜，师曰：“汝作么生会？”曰：“今日风起。”师曰：“恁么道未定人见解，汝于古今中有甚么节要，齐得长庆？若举得，许汝作话主。”其僧但立而已。师却问：“汝是甚处人？”曰：“向北人。”师曰：“南北三千里外，学妄语作么？”僧无对。雪峰问云：“吾见沩山问仰山，从上诸圣什么处去？”仰云：“或在天上，或在人间，汝道仰山意作么生？”师云：“若问诸圣出没处，与么道即不可。”峰云：“汝浑不肯，忽有人问：汝作么生道？”师云：“但道错。”峰云：“是汝不错。”师云：“何异于错。”上堂：“撞着道伴交肩过，一生参学事毕。”上堂：“净洁打迭了也，却近前问我觅我。劈脊与你一棒，有一棒到你。你须生惭愧，无一棒到你，你又向甚么处会？”上堂：“总似今日，老胡有望。”保福曰：“总似今日，老胡绝望。”玄觉云：“恁么道，是相见语，不是相见语？”

◎**漳州保福院从展禅师**，年十五，礼雪峰为受业师，游吴楚间，后归执侍。峰一日忽召曰：“还会么？”师欲近前，峰以杖拄之，师当下知归。常以古今方便，询于长庆。一日庆谓师曰：“宁说阿罗汉有三毒，不可说如来有二种语。不道如来无语，只是无二种语。”师曰：“作么生是如来语？”庆曰：“聋人争得闻！”师曰：“情知和尚向第二头道。”庆曰：“汝又作么生？”师曰：“吃茶去。”雪窦颂云：“头兮第一第二，卧龙不鉴止水。无处有月波澄，有处无风浪起。棱禅客棱禅客，三月禹门遭点额。” 圜悟勤云：“如今人不去他古人转处看，只管去句下走，便道，长庆当时不便用，所以落第二头。”保福云：“吃茶去，便是第一头。若只恁么看，到弥勒下生，也不见古人意。若是作家，终不作这般见解，跳出这窠窟，向上自有一条路。你若道聋人争得闻，有甚么不是处。”保福云：“吃茶去，有甚么是处，转没交涉。是故道，他参活句，不参死句。”

因举：“盘山道光境俱亡，复是何物？洞山道光境未亡，复是何物？”师曰：“据此二尊宿商量，犹未得剿绝。”乃问长庆：“如今作么生道得剿绝？”庆良久。师曰：“情知和尚向鬼窟里作活计。”庆却问：“作么生？”师曰：“两手扶犁水过膝。”长庆问：“见色便见心。还见船子么？”师曰：“见。”曰：“船子且置，作么生是心？”师却指船子。僧问：“雪峰生平有何言句，得似羚羊挂角时？”师曰：“我不可作雪峰弟子不得。”雪窦显云：“一千五百个布衲，保福较些子。”

上堂："有人从佛殿后过，见是张三李四，从佛殿前过，为甚么不见？且道佛法利害在甚么处？"僧曰："为有一分粗境，所以不见。"师乃叱之，自代曰："若是佛殿即不见。"曰："不是佛殿，还可见否？"师曰："不是佛殿，见个甚么？"将化示微疾，僧入丈室问讯。师曰："吾与汝相识年深，有何方术相救？"曰："方术甚有，闻说和尚不解忌口。"又谓众曰："吾旬日来气力困劣，别无他，只是时至也。"僧问："时既至矣，师去即是，住即是？"师曰："道！道！"曰："恁么则某甲不敢造次。"师曰："失钱遭罪。"言讫而寂。

◎福州鼓山神宴兴圣国师，大梁李氏子。幼恶荤膻，乐闻钟梵。年十二时，有白气数道腾于所居屋壁。师题壁曰："白道从兹速改张，休来显现作妖祥。宗祛邪行归真见，必得超凡入圣乡。"题罢气即随灭。年甫志学，遘疾甚亟。梦神人与药，觉而顿愈。明年又梦梵僧告曰："出家时至矣。"遂依卫州白鹿山规禅师披削，嵩岳受具。谓同学曰："古德云，白四羯磨后，全体戒定慧，岂准绳而可拘也。"于是杖锡，遍扣禅关，而但记语言，存乎知解。及造雪岭，朗然符契。一日参雪峰，峰知其缘熟，忽起搊住曰："是甚么？"师释然了悟，亦忘其了心，惟举手摇曳而已。峰曰："子作道理耶？"师曰："何道理之有！"峰审其悬解，抚而印之。师与招庆相遇次，庆曰："家常。"师曰："太无厌生。"庆曰："且款款。"师却曰："家常。"庆曰："今日未有火。"师曰："太鄙吝生。"庆曰："稳便将取去。"师问保福，古人道，非不非是不是，意作么生?”福拈起茶盏。师曰：“莫是非好。”师示众云：“若论此事，如一口剑。”时有僧问：“承和尚言，若论此事，如一口剑，和尚是死尸，学人是死尸，如何是剑?”师云：“拖出这死尸。”僧应诺，归衣钵下，结束便行。师至晚问首座：“问话底僧在否?”座云：“当时便去也。”师云：“好与二十棒。”雪窦云：“诸方老宿尽道，鼓山失却一只眼。殊不知，重赏之下必有勇夫。虽然如此，若子细点检将来未免一坑埋却。”　东禅齐云：“这僧若不肯，鼓山有甚过?若肯，何得便发去?”又云：“鼓山拄杖赏伊罚伊，具眼底试商量看。”

师有偈曰：“直下犹难会，寻言转更赊。若论佛与祖，特地隔天涯。”师举问僧：“汝作么生会?”僧无语。乃谓侍者曰：“某甲不会，请代一转语。”者曰：“和尚与么道，犹隔天涯在。”僧举似师。师唤侍者问：“汝为这僧代语，是否?”者曰：“是。”师便打趁出院。问东使：“只如仰山只对沩山，于面前与一画，意作么生?”东使云：“作家么?”师云：“兄真个与么，作么生?”东使云：“日可冷月可热。”被师拦胸与一托。清源王太尉问安只了院主云：“劫火洞然，向甚么处回避?”院主云：“这里回避。”太尉不肯，自代云：“不回避。”进云：“为什么不回避?”太尉云：“他不出头，回避什么。”师云：“什么处见他，道不出头?”师因与清源王太尉说话云：“但是世间一切杂学底事，尽是网。”太尉云：“只如今还网得也无?”师云：“太尉咻。”太尉乃展手云：“即今有甚么?”师云：“只这一网亦不少。”太尉举南阳唤侍者事，赵州云：“如空中书字，虽然不成，而文彩已彰。”师云：“只如与么道，是宗国师，不宗国师。”太尉云：

"宗与不宗，俱是彰也。"师云："只如赵州意旨作么生？"太尉云："不孤负赵州。"师云："此是句也，赵州意作么生？"太尉云："作么。"师云："彰也赵州意作么生？"太尉无对。

◎龙华照布衲，一夕，指半月问溥上座曰："那一片甚么处去也？"溥曰："莫妄想。"师曰："失却一片也！"妙喜曰："自起自倒。"

问："未剖已前，请师断。"师曰："落在甚么处？"曰："失口即不可。"师曰："也是寒山送拾得。"僧礼拜，师曰："住！住！阇黎失口，山僧失口。"曰："恶虎不食子。"师曰："驴头出，马头回。"

◎明州翠岩令参永明禅师，上堂："一夏与兄弟东语西话，看翠岩眉毛在么？"长庆云："生也。"　云门云："关。"

保福云："作贼人心虚。"　翠岩芝云："为众竭力，祸出私门。"　雪窦颂云："翠岩示徒，千古无对。关字相酬，失钱遭罪。潦倒保福，抑扬难得。唠唠翠岩，分明是贼。白圭无玷，谁辨真假。长庆相谙，眉毛生也。"　圜悟勤拈云："人多错会道，白日青天，说无向当话，无事生事。夏末先自说过，先自点检，免得别人点检他，且喜没交涉。这般见解，谓之灭胡种族。历代宗师出世，若不垂示于人，都无利益，图个甚么？到这里见得透，方知古人有驱耕夫之牛，夺饥人之食手段。如今人问着，便向言句下咬嚼，眉毛上作活计。看他屋里人，自然知他行履处。千变万化，节角聱讹，着着有出身之路，便能如此与他酬唱。此语若无奇特，云门、保福、长庆三人，咂咂地，与他酬唱，作甚么？保福云：作贼人心虚。只因此语，惹得适来说许多情解。且道，保福意作么生？切忌向句下觅他古人！你若生情起念，则换你眼睛。殊不知，保福下一转语，截断翠岩脚跟，长庆云：生也。人多道，长庆随翠岩脚跟转，所以道生也，且得没交涉。不知长庆自出他见解道生也，各有出身处。我且问你：是什么处是生处？一似作家面前，金刚王宝剑，直下便用。若能打破常流见解，截断得失是非，方见长庆与他酬唱处。云门云：关。不妨奇特，只是难参。云门大师多以一字禅示人，虽一字中，须具三句。看他古人临机唱酬，自然与今时人迥别。此乃下句底样子，他虽如此道，意决不在那里。既不在那里，且道在什么处？也须子细自参始得。又拈雪窦颂云：雪窦道，千古无对。他只道看翠岩眉毛在么？有什么奇特处，便乃千古无对。须知古人吐一言半句出来，不是造次，须是有定乾坤底眼始得。雪窦着一言半句，如金刚王宝剑，如踞地狮子，如击石火，似闪电光。若不是顶门具眼，争能见他古人落处。这个示众，直得千古无对，过于德山棒，临济喝。且道雪窦为人意，在什么处？你且作么生会，他道千古无对。关字相酬，失钱遭罪。这个意如何？直饶是具透关底眼。到这里，也须子细始得。且道是翠岩失钱遭罪，是雪窦失钱遭罪，是云门失钱遭罪。你若透得，许你具眼。潦倒保福，抑扬难得，抑自己扬古人。且道保福在甚么处是抑？什么处是扬？唠唠翠岩，分明是贼。且道他偷什么来？雪窦道，却是贼。切忌随他语脉转却。到这里，须是自有操持始得。白圭无玷，颂翠岩大似白圭相似，更无些瑕翳，谁辨真假，可谓罕有人辨得。雪窦有大才，所以从头至尾，一串穿却，末后却方道，长庆相谙，眉毛生也。且道，生也在什么处？急着眼看。”

◎越州镜清寺道怤顺德禅师，永嘉陈氏子。六岁不茹荤，亲党强啖以枯鱼，随即嗢哕，遂求出家，于本州开元寺受具。游方抵闽，谒雪峰。峰问：“甚处人？”曰：“温州人。”峰曰：“恁么则与一宿觉是乡人也。”曰：“只如一宿觉，是甚么处人？”峰曰：“好吃一顿棒，且放过。”一日，师问：“只如古德，岂不是以心传心？”峰曰：“兼不立文字语句。”师曰：“只如不立文字语句，心如何传？”峰良久，师礼谢。峰曰：“更问我一转岂不好？”师曰：“就和尚请一转问头。”峰曰：“只恁么，为别有商量？”师曰：“和尚恁么即得。”峰曰：“于汝作么生？”师曰：“孤负杀人！”雪峰谓众曰：“堂堂密密地。”师出问：“是甚么堂堂密密？”峰起立曰：“道甚么！”师退步而立。雪峰垂语曰：“此事得恁么尊贵，得恁么绵密。”师曰：“道怤自到来数年，不闻和尚恁么示诲。”峰曰：“我向前虽无，如今已有，莫有所妨么？”曰：“不敢！此是和尚不已而已。”峰曰：“致使我如此。”师从此信入，而且随众，时谓之小怤布衲。普请次，雪峰举：“沩山道：见色便见心。汝道还有过也无？”师曰：“古人为甚么事？”峰曰：“虽然如此，要共汝商量。”师曰：“恁么则不如道怤锄地去。”师再参雪峰，峰问：“甚处来？”师曰：“岭外来。”峰曰：“甚么处逢见达磨？”师曰：“更在甚么处？”峰曰：“未信汝在。”师曰：“和尚莫恁么粘腻好！”峰便休。师后遍历诸方，益资权智。因访先曹山，山问：“甚么处来？”师曰：“昨日离明水。”山曰：“甚么时到明水？”师曰：“和尚到时到。”山曰：“汝道我甚么时到？”师曰：“适来犹记得。”山曰：“如是！如是！”师因僧问：“新年头还有佛法也无？”师曰：“有。”曰：“如何是新年头佛法？”师曰：“元正启祚，万物咸新。”曰：“谢师答话。”师曰：“镜清今日失利。”僧问明教宽：“新年头还有佛法也无？”宽曰：“无。”曰：“日日是好日，年年是好年，为甚却无？”宽曰：“张公吃酒李公醉。”曰：“老老大大龙头蛇尾。”宽曰：“明教今日失利。” 佛鉴勤颂云：“新年佛法镜清有，须信亲言出亲口。新年佛法明教无，西天胡子没髭须。可笑两翁同失利，南海波斯失却鼻。太平今夜太郎当，还如雪上更加霜。岁寒孙膑收却剑，钓鱼船上谢三郎。”

问：“学人啐，请师啄。”师曰：“还得活也无？”曰：“若不活，遭人怪笑。”师曰：“也是草里汉。”雪窦颂云：“古佛有家风，对扬遭贬剥。子母不相知，是谁同啐啄。啄，觉犹在壳重遭扑，天下衲僧徒名邈。”

师一日于僧堂自击钟曰：“玄沙道底，玄沙道底。”僧问：“玄沙道甚么？”师乃画一圆相。僧曰：“若不久参，争知与么？”师曰：“失钱遭罪。”问：“学人未达其源，请师方便。”师曰：“是甚么源？”曰：“其源。”师曰：“若是其源，争受方便？”僧礼拜退。雪窦云：“死水里浸却，有甚用处。”侍者问：“和尚适来莫是成褫伊么？”师曰：“无。”曰：“莫是不成褫伊么？”师曰：“无。”曰：“未审意旨如何？”师曰：“一点水墨，两处成龙。”雪窦云：“犹较些子。雪窦不是减镜清威光，要与这僧相见。是甚么源？其源。三十年后，与汝三十棒。”

普请锄草次，浴头请师浴，师不顾，如是三请，师举镢作打势。头便走。师召曰：“来！来！”头回首，师曰：“向后遇作家，分明举似。”头后到保福，举前语未了，福以手掩其口。头却回举似师。师曰：“饶伊恁么也未作家。”问僧：“近离甚处？”曰：“石桥。”师曰：“本分事作么生？”曰：“近离石桥。”师曰：“我岂不知你近离石桥！本分事作么生？”曰：“和尚何不领话。”师便打。僧曰：“某甲话在。”师曰：“你但吃棒，我要这话行。”问僧：“门外甚么声？”

曰："雨滴声。"师曰："众生颠倒，迷己逐物。"曰："和尚作么生？"师曰："洎不迷己。"曰："洎不迷己，意旨如何？"师曰："出身犹可易，脱体道应难。"

◎**报恩怀岳禅师**，临迁化，上堂："山僧十二年来举扬宗教，诸人怪我甚么处？若要听三经五论，此去开元寺咫尺。"言讫告寂。

◎**安国弘瑫禅师**，参雪峰，峰问："甚么处来？"曰："江西来。"峰曰："甚么处见达磨？"曰："分明向和尚道。"峰曰："道甚么？"曰："甚么处去来。"一日雪峰见师，忽擒住曰："尽乾坤是个解脱门，把手拽伊不肯入。"曰："和尚怪弘瑫不得。"峰拓开曰："虽然如此，争奈背后许多师僧何！"师举国师碑文云："得之于心，伊兰作栴檀之树；失之于旨，甘露乃蒺藜之园。"问僧曰："一语须具得失两意，汝作么生道？"僧举拳曰："不可唤作拳头也。"师不肯，亦举拳别云："只为唤这个作拳头。"

◎**长生山皎然禅师**，久依雪峰，一日与僧斫树次，峰曰："斫到心且住。"师曰："斫却着。"峰曰："古人以心传心，汝为甚么道斫却？"师掷下斧曰："传。"峰打一拄杖而去。普请次，雪峰负一束藤，路逢一僧，便抛下。僧拟取，峰便踏倒。归谓师曰："我今日踏这僧快。"师曰："和尚却替这僧入涅槃堂始得。"峰便休去。雪峰问："光境俱亡，复是何物？"师曰："放皎然过，有道处。"峰曰："放汝过，作么生道?”曰：“皎然亦放和尚过。”峰曰：“放汝二十棒。”师便礼拜。玄沙问：“我观如来，前际不来，后际不去，今亦无住，长老作么生?”师云：“放某甲过，有个道处。”沙云：“放你过作么生道?”师默然。沙云：“教谁委?”师云：“和尚不委。”沙云：“情知你向鬼窟里作活计。”师休去。

◎越山师鼐禅师，初参雪峰而染指。后因闽王请于清风楼斋，坐久举目，忽睹日光，忽然顿晓。而有偈曰：“清风楼上赴官斋，此日平生眼豁开。方信普通年远事，不从葱岭带将来。”归呈雪峰，峰然之。临终示偈曰：“眼光随色尽，耳识逐声销。还源无别旨，今日与明朝。”乃跏趺而逝。

◎太原孚上座，初在扬州光孝寺讲《涅槃经》。有禅者阻雪，因往听讲。至三因佛性，三德法身，广谈法身妙理，禅者失笑。师讲罢，请禅者吃茶。白曰：“某甲素志狭劣，依文解义，适蒙见笑，且望见教。”禅者曰：“实笑座主不识法身。”师曰：“如此解说，何处不是?”曰：“请座主更说一遍。”师曰：“法身之理，犹若太虚，竖穷三际，横亘十方，弥纶八极，包括二仪，随缘赴感，靡不周遍。”曰：“不道座主说不是，只是说得法身量边事，实未证法身在。”师曰：“既然如是，禅德当为代说。”曰：“座主还信否?”师曰：“焉敢不信?”曰：“若如是，座主辍讲旬日，于室内端然静虑，收心摄念，善恶诸缘，一时放却。”师一依所教，从初夜至五更，闻鼓角声，忽然契悟，便去扣门。禅者曰：“阿谁?”师曰：“某甲。”禅者咄曰：“教汝传持大教，代佛说法，夜来为甚么醉酒卧街？”师曰：“禅德自来讲经，将生身父母鼻孔扭捏，从今已去，更不敢如是。”禅者曰：“且去，来日相见。”师遂罢讲，遍历诸方，名闻宇内。尝游浙中，登径山法会。一日于大佛殿前，有僧问：“上座曾到五台否？”师曰：“曾到。”曰：“还见文殊么？”师曰：“见。”曰：“甚么处见？”师曰：“径山佛殿前见。”其僧后适闽川，举似雪峰，峰曰：“何不教伊入岭来。”师闻，乃趣装入岭。初至雪峰廨院憩锡，因分柑子与僧。长庆问：“甚么处将来？”师曰：“岭外将来。”曰：“远涉不易，担负将来。”师曰：“柑子，柑子。”次日上山，雪峰闻乃集众。师到法堂上，顾视雪峰，便下看知事。雪窦云：“一千五百人善知识，被孚老一觑，便高竖降旗。”明日却上礼拜曰：“某甲昨日触忤和尚。”峰曰：“知是般事。”便休。雪窦云：“果然。”　云门因僧问：“作么生是触忤处，门便打？”　雪窦云：“打得百千万个，有甚么用处？直须尽大地人吃棒，方可扶竖雪峰。且道孚上座具甚么眼？”

云居舜云：“大小雪峰，被孚上座惑乱一上。只这孚上座，也是担枷过状。”　雪窦宗云：“只知其一，不知其二。殊不知，雪峰坐筹帷幄，决胜千里。孚上座逞尽平生见解，也只在雪峰圈缋里。”

幻寄曰：“一翳在目，空花乱坠。”

峰一日见师，乃指日示之，师摇手而出。峰曰：“汝不肯我那！”师曰：“和尚摇头，某甲摆尾，甚么处是不肯？”峰曰：“到处也须讳却。”一日众僧晚参，峰在中庭卧。师曰：“五州管内，只有这老和尚较些子。”峰便起去。峰问师：“见说临济有三句，是否？”师曰：“是。”曰：“作么生是第一句？”师举目视之。峰曰：“此犹是第二句。如何是第一句？”师叉手而退。自此雪峰深器之。一日玄沙上问讯雪峰，峰曰：“此间有个老鼠子，今在浴室里。”沙曰：“待与和尚勘过。”言讫到浴室，遇师打水。沙曰：“相看上座。”师曰：“已相见了。”沙曰：“甚么劫中曾相见？”师曰：“瞌睡作么？沙却入方丈，白雪峰曰：“已勘破了。”峰曰：“作么生勘伊？”沙举前话，峰曰：“汝着贼也。”妙喜曰：“又勘破一个。”

保福签瓜次，师至，福曰：“道得与汝瓜吃？”师曰：“把将来。”福度与一片，师接得便去。师到投子，子云：“久向太原孚上座，莫便是么？”师作掌势。子云：“老僧招得。”师便出。子云：“且听诸方断看。”师却回首，子便打。鼓山问：“父母未生时鼻孔在甚么处？”师曰：“老兄先道。”山曰：“如今生也，汝道在甚么处。”师不肯。山却问：“作么生？”师曰：“将手中扇子来。”山与扇子，再征前话，师摇扇不对。山罔测，乃殴师一拳。鼓山赴大王请，雪峰门送，回至法堂。乃曰：“一只圣箭直射九重城里去也。”师曰：“是伊未在。”峰曰：“渠是彻底人？”师曰：“若不信，待某甲去勘过。”遂趁至中路便问：“师兄向甚么处去？”山曰：“九重城里去。”师曰：“忽遇三军围绕时如何？”山曰：“他家自有通霄路。”师曰：“恁么则离宫失殿去也。”山曰：“何处不称尊！”师拂袖便回。峰问：“如何？”师曰：“好只圣箭，中路折却了也。”遂举前话。峰乃曰：“奴渠语在。”师曰：“这老冻脓，犹有乡情在。”径山杲云：“众中商量道，甚么处是圣箭折处，云鼓山不合答他话。是圣箭折处，鼓山不合说道理。是圣箭折处，恁么批判。非惟不识鼓山，亦乃不识孚老。殊不知，乎上座正是一枚贼汉，于鼓山面前，纳一场败阙懡㦬而归，却向雪峰处拔本，大似屋里贩扬州。若非雪峰有大人相，这贼向甚么处容身。当时可惜放过，却成不了底公案。只今莫有为古人出气底么，试出来，我要问你，甚么处是圣箭折处？”

后归维扬，陈尚书留在宅供养。一日谓尚书曰：“来日讲一遍《大涅槃经》，报答尚书。”书致斋茶毕，师遂升座。良久，挥尺一下曰：“如是我闻。”乃召尚书，书应诺。师曰：“一时佛在。”便乃脱去。

指月录卷二十

六祖下第七世

◎**抚州金峰从志禅师**，拈起枕子示僧曰：“一切人唤作枕子，金峰道不是。”僧曰：“未审和尚唤作甚么？”师拈起枕子，僧曰：“恁么则依而行之。”师曰：“你唤作甚么？”曰：“枕子。”师曰：“落在金峰窝里。”问：“是身无知，如土木瓦石，此意如何？”师下禅床，扭僧耳朵。僧负痛作声。师曰：“今日始捉着个无知汉。”僧作礼出去。师召：“阇黎！”僧回首。师曰：“若到堂中，不可举着。”曰：“何故？”师曰：“大有人笑金峰老婆心。”上堂：“事存函盖合，理应箭锋拄。还有人道得么？如有人道得，金峰分半院与他住。”时有僧出作礼，师曰：“相见易得好，共住难为人。”便下座。僧侍次，师曰：“举一则因缘，汝第一不得乱会。”曰：“请和尚举。”师竖拂子，僧良久。师曰：“知道阇黎乱会。”

僧以目视东西，师曰："雪上更加霜。"师一日见僧来便起身，僧便出去。师曰："恰共昨日那师僧见解不别。"僧遂回曰："昨日僧道甚么？"师曰："恰与么问。"曰："知道金峰有眼。"师曰："金峰且置，你今日何处吃饭？"曰："道着即不中。"师曰："与么则无来处也。"曰："老婆心堪作甚么？"师曰："金峰问僧，不曾弱他，就中阇黎无话处。"曰："岂是分别。"师曰："小慈访大慈。"师问僧："发足甚处？"曰："赵州。"师曰："赵州法嗣何人？"曰："南泉。"师曰："你何曾离赵州。"曰："未审和尚尊意何如。"师曰："赵州实嗣南泉。"僧至晚请益曰："今日蒙和尚慈悲，某甲未会，请和尚指示。"师曰："若到别处，莫道后语是金峰底。"曰："为甚如此？"曰："恐辱他赵州。"师一日上堂，吃胡饼次，乃拈一个，从上座板头转一匝。大众见一一合掌，师曰："假饶十分抬起手，也只得一半。"至晚间，有僧请益曰："今日和尚行胡饼，见众僧合掌曰：'假饶十分抬起手，也只得一半。'请和尚全道。"师以手作拈饼势曰："会么？"曰："不会。"师曰："金峰也始道得一半。"

◎处州广利容禅师，因僧到，师乃竖拂子云："贞溪老汉还具眼么。"僧云："某甲不敢见人过。"师云："老僧死在阇黎手里。"僧以手指胸便出去。师云："阇黎参见先师来。"至晚请吃茶了，僧拈起盏子云："这个是诸佛出世边事，作么生是未出世边事？"师以手拨却盏云："到阇黎死在老僧手里。"僧云："五里牌在郭门外。"师云："无故惑乱师僧。"僧遂起谢茶，师曰："特谢阇黎相访。"

◎洪州凤栖山同安丕禅师，问：“如何是和尚家风？”师曰：“金鸡抱子归霄汉，玉兔怀胎入紫微。”曰：“忽遇客来，将何只待？”师曰：“金果朝来猿摘去，玉花晚后凤衔归。”新到参，师问：“甚处来？”曰：“湖南。”师曰：“还知同安这里风云体道，花槛璇玑么？”曰：“知。”师曰：“非公境界。”僧便喝。师曰：“短贩樵人，徒夸书剑。”僧拟进语，师曰：“剑甲未施，贼身已露。”

◎杭州佛日本空禅师，初游天台山，尝曰：“如有人夺得我机者，即吾师矣。”寻谒云居，作礼问曰：“二龙争珠，谁是得者？”居曰：“卸却业身来，与子相见。”师曰：“业身已卸。”居曰：“珠在甚么处？”师无对。遂投诚入室，时年始十三。后四年，参夹山。才入门，见维那。那曰：“此间不着后生。”师曰：“某甲不求挂搭，暂来礼谒和尚。”维那白夹山，山许相见。师未升阶，山便问：“甚处来？”师曰：“云居来。”曰：“即今在甚么处？”师曰：“在夹山顶𬱟上。”山曰：“老僧行年在坎，五鬼临身。”师拟上阶，山曰：“三道宝阶从何而上？”师曰：“三道宝阶，曲为今时。向上一路，请师直指。”山便揖，师乃上阶礼拜。山问：“阇黎与甚么人同行？”师曰：“木上座。”山曰：“何不相看老僧？”师曰：“和尚看他有分？”山曰：“在甚么处？”师曰：“在堂中。”山便同师下到堂中，师遂取拄杖，掷在山面前。山曰：“莫从天台得否？”师曰：“非五岳之所生。”山曰：“莫从须弥得否？”师曰：“月宫亦不逢。”山曰：“恁么则从人得也。”

师曰："自己尚是冤家，从人得堪作甚么？"山曰："冷灰里有一粒豆爆。"乃唤维那："明窗下安排着。"师曰："未审明窗还解语也无？"山曰："待明窗解语，即向汝道。"夹山来日上堂，问："昨日新到在甚么处。"师出应诺。山曰："子未到云居已前，在甚么处？"师曰："天台国清。"山曰："吾闻天台有潺潺之瀑，渌渌之波。谢子远来，此意如何？"师曰："久居岩谷，不挂松萝。"山曰："此犹是春意，秋意作么生？"师良久，山曰："看君只是撑船汉，终归不是弄潮人。"来日普请，维那令师送茶。师曰："某甲为佛法来，不为送茶来。"那曰："奉和尚处分。"师曰："和尚尊命即得。"乃将茶去作务处，摇茶瓯作声。山回顾，师曰："酽茶三五碗，意在镢头边。"山曰："瓶有倾茶势，篮中几个瓯？"师曰："瓶有倾茶势，篮中无一瓯。"便行茶，时众皆举目。师曰："大众鹤望，请师一言。"山曰："路逢死蛇莫打杀，无底篮子盛将归。"师曰："手执夜明符，几个知天晓？"山曰："大众有人也。归去来，归去来。"遂住普请归院，众皆仰叹。

◎**池州稽山章禅师**，在投子作柴头。投子同吃茶次，谓师曰："森罗万象，总在里许。"师泼却茶曰："森罗万象在甚么处？"子曰："可惜一碗茶。"师后谒雪峰，峰问："莫是章柴头么？"师乃作轮推势，峰肯之。

◎**朱溪谦禅师**，韶国师到参次，闻犬咬灵鼠声。韶问："是甚么声？"曰："犬咬灵鼠声。"韶曰："既是灵鼠，为何却被犬咬？”曰：“咬杀也。”韶曰：“好个犬。”师便打。韶曰：“莫打，某甲话在。”师休去。

◎**南康军云居道简禅师**，初造云居谒膺公，膺公与语连三日，大奇之，而诫令刻苦事众。于是师躬操井臼，司樵爨，遍掌寺务，不妨商略古今，众莫有知者。以腊高，为堂中第一座。先是高安洞山有神，灵甚，膺公住三峰时，受服役。既来云居，神亦随至，舍于枯树之下。而树茂，号安乐树神，属膺公将顺寂，主事请问：“谁堪继嗣？”膺公曰：“堂中简。”主事虽承言，而意不在师，谓：“当简择堪说法者。”佥属意第二座，而姑请师，意师必辞也。师既夙受记莂，无所辞逊，即摄众演法。主事大沮。师察知之，一夕遁去。其夕安乐树神号泣。诘旦众追至麦庄，悔过迎归。闻空中连声唱曰：“和尚来也。”问：“路逢猛虎时如何？”师曰：“千人万人不逢，为甚么阇黎偏逢？”问：“孤峰独宿时如何？”师曰：“闲却七间僧堂不宿，阿谁教汝孤峰独宿？”问：“古人云：‘若欲保任此事，直须向高高山顶立，深深海里行。’意旨如何？”曰：“高峰深海迥绝孤危，似汝闺合中软暖么？”洪觉范曰：“大阳明安，尝疏药山之语曰：‘高高山上标不出，深深海底藏不没。’其儿孙遵承之，以为妙得其旨，及闻云居之言，则如真虎踞地而吼，百兽震恐，乃悟明安所示，盖裴旻之虎也。予为作偈曰：‘高高山顶立，深深海里行。道人行立处，尘世有谁争。无间功不立，渠侬尊贵生。酬君颠倒欲，枯木一枝荣。’”

问：“如何是朱顶王菩萨？”师曰：“问这赤头汉作么？”高庵悟云：“这个便是超宗越格底事，直是无你会处，须是悟了更能履践始得，诸人还明得么？乃颂曰：‘朱顶王菩萨，元是赤头汉。惊怪李三黑，一生只卖炭。’”

寿八十余，无疾而化。

◎护国守澄禅师，在湖南报慈。一日慈升堂，有演化禅人，出问云：“如何是真如佛性？”慈云：“谁无？”参退。首座问云：“汝适来问和尚话，还会么？”化云：“不会。”座云：“和尚恁么慈悲，汝为甚么不会？真如佛性谁无？乃至六道四生悉皆具足。”化云：“感首座为某说破。”师不觉咬齿云：“这汉自家无眼，更瞎他人。”却召化问：“首座适来说个什么？”化云：“某甲当初不会，得他指示，具如前说。”师云：“佛法不是这个道理。汝不信，问取堂头和尚。”化遂去堂上，具说前解，以求印证。慈亦云：“佛法不是这个道理。”化云：“适来问净果大师，他亦不肯，教来问和尚，望慈悲决破。”慈云：“你却去问取他。”化乃过师处作礼云：“和尚令某甲来请益。”师云：“汝但问来。”化乃问：“如何是真如佛性？”师云：“谁有？”化遂契悟，乃云：“师向后或在众，或住持，某甲愿终身佐助。”后相继住持护国。

◎黄檗山慧禅师，初业经论。因增受菩萨戒，叹曰：“大士摄律仪，与吾本受声闻戒，俱止持作犯也。然于篇聚增减，支本通别，制意且殊，既微细难防，复于摄善中，未尝行于少分，况饶益有情乎？且世间泡幻，身命何可留恋哉！”由是置讲课，欲捐身水中，以饲鳞甲之类。事已将行，值禅者策发，乃造疏山。时仁和尚坐法堂受参。师先顾视大众，然后致问曰：“刹那便去时如何？”山曰：“逼塞虚空，汝作么生去？”师曰：“逼塞虚空，不如不去。”山便休。师下堂参第一座，座曰：“适来只对甚奇特。”师曰：“此乃率尔，敢望慈悲，开示愚昧。”座曰：“一刹那间还有拟议否？”师于言下顿省，礼谢。师示灭，塔于本山，肉身至今如生。

◎伏龙山奉璘禅师，问：“和尚还爱财色也无？”师曰：“爱。”曰：“既是善知识，为甚么却爱财色？”师曰：“知恩者少。”

◎襄州石门献蕴禅师，问青林：“如何用心，得齐于诸圣？”林仰面良久曰：“会么？”师曰：“不会。”林曰：“去，无子用心处。”师礼拜，乃契悟，更不他游，遂作园头。一日归侍立次，林曰：“子今日作甚么来？”师曰：“种菜来。”林曰：“遍界是佛身，子向甚处种？”师曰：“金锄不动土，灵苗在处生。”林欣然。来日入园，唤：“蕴阇黎！”师应诺。林曰：“剩栽无影树，留与后人看。”师曰：“若是无影树，岂受栽耶？”林曰：“不受栽且止，你曾见他枝叶么？”师曰：“不曾见。”林曰：“既不曾见，争知不受栽？”师曰：“止为不曾见，所以不受栽。”林曰：“如是！如是！”林将顺寂，召师，师应诺。林曰：“日转西山后，不须取次安。”师曰：“雪满金檀树，灵枝万古春。”林曰：“或有人问你金针线囊事，子道甚么？”师曰：“若是羽毛相似者，某甲终不敢造次。”问：“不落机关，请师便道。”师曰：“湛月迅机无可比，君今曾问几人来？”曰：“即今问和尚。”师曰：“好大哥，云绽不须藏九尾，恕君残寿速归丘。”问：“月生云际时如何？”师曰：“三个孩儿抱华鼓，好大哥，莫来拦我球门路。”般若寺被焚，有人问曰：“既是般若，为甚么被火烧？”师曰：“万里一条铁。”师应机多云“好大哥”，时称大哥和尚。

◎**京兆府重云智晖禅师**，得法白水，事之十年，而还洛京。爱中滩佳山水，创屋以居，号温室院，日以施水给药为事，人莫能浅深之。有病比丘，为众恶弃之，比丘哀曰：“我以夙业白癞，师能为我洗摩。”师为之无难色。俄有神光异香，方讶之，忽失所在。旋视疮痂，亦皆异香也。梁开平五年，忽欲至圭峰，山行翛然深往，坐岩石间，如尝寝处，顾见磨衲数珠铜瓶棕笠，藏石壁间，触之即坏。敛目良久曰：“此吾前身道具也。因就其处建寺，以酬夙心。”方剃草，有祥云出众峰间，遂名曰重云，虎豹隐去。有龙湫，威灵不可犯，师督役夷塞之，以为路，龙亦移他处，但见云雷随之。后唐明宗闻而佳之，赐额曰“长兴”，住持余四十年。节度使王彦超微时尝从师游，欲为沙门。师熟视曰：“汝世缘深，当为我家垣墙。”彦超后果镇永兴，申弟子之礼。周显德三年夏，诣永兴，与彦超别，嘱以护法。彦超泣曰：“公遂忍弃弟子乎？”师笑曰：“借千年亦一别耳。”七月二十四日，书偈一首曰：“我有一间舍，父母为修盖。往来八十年，近来觉损坏。早拟移别处，事涉有憎爱。待他摧毁时，彼此无妨碍。”乃跏趺而化。

◎杭州瑞龙院幼璋禅师，唐相国夏侯孜之侄。七岁游慧照寺，忽求出家。孜不许，师即绝饮食，不可夺遂许之。后印心白水。至江陵，腾腾和尚语之曰："汝往天台，寻静而栖，遇安而止。"又值憨憨和尚，语之曰："汝却后四十年，有巾子山下菩萨，王于江南，当此时，吾道昌矣。"师入台，则居静安乡之福唐院。天祐三年，钱尚父礼延师至府，大尊隆白法。腾腾、憨憨之记悉符云。上堂："老僧顷年游历江外、岭南、荆湖，但有知识丛林，无不参问来。盖为今日与诸人聚会，各要知个去处。然诸方终无异说，只教当人歇却狂心，休从他觅。但随方任真，亦无真可任。随时受用，亦无时可用。设垂慈苦口，且不可呼昼作夜。更饶善巧，终不能指东为西。脱或能尔，自是神通作怪，非干我事。若是学语之流，不自省己知非，直欲向空里采花，波中取月，还着得心力么？汝今各自退思，忽然肯去，始知瑞龙老汉事不获已，迂回太甚。还肯么？"天成二年丁亥四月，师入府辞尚父，嘱以护法。刻期顺寂。

◎报慈藏屿禅师，僧问："情生智隔，想变体殊，只如情未生时如何？"师曰："隔。"曰："情未生时，隔个甚么？"师曰："这个梢郎子，未遇人在。"

◎韶州云门山光奉院文偃禅师，嘉兴人也。姓张氏，幼依空王寺志澄律师出家。敏质生知，慧辩天纵。及长落发，禀具于毗陵坛，侍澄数年，探穷律部。以己事未明，往参睦州。州才见来，便闭却门。师乃扣门，州曰："谁？"师曰：

"某甲。"州曰："作甚么？"师曰："己事未明，乞师指示。"州开门一见便闭却。师如是连三日扣门，至第三日，州开门，师乃拶入，州便擒住曰："道，道。"师拟议，州便推出曰："秦时𨍏轹钻。"遂掩门损师一足。师从此悟入。州指见雪峰，师到雪峰庄，见一僧乃问："上座今日上山去那！"僧曰："是。"师曰："寄一则因缘，问堂头和尚，只是不得道是别人语。"僧曰："得。"师曰："上座到山中，见和尚上堂，众才集便出，握腕立地曰：'这老汉项上铁枷何不脱却？'"其僧一依师教。雪峰见这僧与么道，便下座拦胸把住曰："速道！速道！"僧无对。峰拓开曰："不是汝语。"僧曰："是某甲语。"峰曰："侍者将绳棒来。"僧曰："不是某语，是庄上一浙中上座，教某甲来道。"峰曰："大众去庄上，迎取五百人善知识来。"师次日上雪峰。峰才见便曰："因甚么得到与么地！"师乃低头，从兹契合。温研积稔，密以宗印授焉。圜悟《碧岩集》云："师承睦州旨，往见雪峰。一到便出众问曰：'如何是佛？'峰云：'莫寐语。'师便礼拜，一住三年。雪峰一日问：'子见处如何？'师云：'某甲见处，与从上诸圣，不移易一丝毫。'僧宝传，谒雪峰。峰方堆桅坐，为众说法，师犯众出熟视曰：'项上三百斤铁枷，何不脱却。'峰曰：'因甚到与么？'师以手自拭其目趋去。峰心异之，明日升座曰：'南山有鳖鼻蛇，诸人出入好看。'师以拄杖攛出，又自惊栗，自是辈流改观。三录载师见雪峰事，其不同若此，因并录以备考。"

师在雪峰，僧问峰："如何是触目不会道，运足焉知路？"峰云："苍天！苍天！"僧不会，遂问师："苍天意旨如何？"师云："三斤麻，一疋布。"僧云："不会。"师云："更奉三尺竹。”峰闻喜云：“我常疑个布衲。”师出岭，遍谒诸方。师行脚时，见一座主。举在天台国清寺。斋时雪峰拈钵盂问某道得即与你钵盂。某云：“此是化佛边事。”峰云：“你作座主，奴也未得。”某云：“不会。”峰云：“你问，我与你道。”某始礼拜，峰便踏倒。某得七年方见。师云：“是你得七年方见？”曰：“是。”师曰：“更与七年始得。”师在浙中蕴和尚会里，一日因吃茶次，举蕴和尚垂语云：“见闻觉知是法，法离见闻觉知，作么生？”有旁僧云：“见定，如今目前一切见闻觉知是法，法亦不可得。”师拍手一下，蕴乃举头。师云：“犹欠一着在。”蕴云：“我到这里却不会。”师到洞岩，岩问：“作甚么来？”师曰：“亲近来。”岩曰：“乱走作么？”师曰：“暂时不在。”岩曰：“知过即得。”师曰：“乱走作么？”到疏山仁，仁问：“得力处道将一句来？”师曰：“请高声问。”山即高声问，师笑曰：“今日吃粥么？”山曰：“吃粥。”师曰：“乱叫唤作么？”到卧龙，问明己底人：“还见有己么？”龙曰：“不见有己，始明得己。”又问：“长连床上学得底，是第几机？”龙曰：“是第二机。”曰：“如何是第一机？”龙曰：“紧峭草鞋。”妙喜曰：“骑贼马赶贼队，借婆帔子拜婆年。”

到归宗，僧问：“大众云集，合谈何事？”宗云：“两两三三。”僧云：“不会。”宗云：“三三两两。”师却问僧：“归宗意旨如何？”僧云：“全体与么来。”师云：“上座曾到潭州龙牙么？”云：“曾到。”师云：“打野榸汉。”到天童，童曰：“你还定当得么？”师曰：“和尚道甚么？”童曰：“不会则目前包裹。”师曰：“会则目前包裹。”到鹅湖，闻上堂曰：“莫道未了底人，长时浮逼逼地。设使了得底，明明得知有去处，尚乃浮逼逼地。”师下问首座：“适来和尚意作么生?”曰：“浮逼逼地。”师曰：“首座久在此住，头白齿黄，作这个语话。”曰：“上座又作么生?”师曰：“要道即得，见即便见。若不见，莫乱道。”曰：“只如道浮逼逼地，又作么生?”师曰：“头上着枷，脚下着杻。”曰：“与么则无佛法也。”师曰：“此是文殊普贤大人境界。”到江州，有陈尚书者请斋。才见便问：“儒书中即不问，三乘十二分教，自有座主，作么生是衲僧行脚事?”师曰：“曾问几人来?”书曰：“即今问上座。”师曰：“即今且置，作么生是教意?”书曰：“黄卷赤轴。”师曰：“这个是文字语言，作么生是教意?”书曰：“口欲谈而辞丧，心欲缘而虑忘。”师曰：“口欲谈而辞丧，为对有言。心欲缘而虑忘，为对妄想。作么生是教意?”书无语。师曰：“见说尚书看《法华经》，是否?”书曰：“是。”师曰：“经中道，一切治生产业，皆与实相不相违背。且道非非想天，有几人退位?”书无语。师曰：“尚书且莫草草。三经五论，师僧抛却，特入丛林。十年二十年，尚不奈何。尚书又争得会?”书礼拜曰：“某甲罪过。”后抵灵树，冥符知圣接首座之记。初知圣在灵树，二十年不请首座。常云：“我首座生也，我首座牧牛也，我首座行脚悟道也。”一日，令众击钟，三门外接首座。众出迓，而师至。树曰：“奉迟久矣。”即延师为首座。伪广主刘欲举兵，躬入院，请树决臧否。树已先知，怡然坐化。主问知事曰：“和尚何时得疾?”对曰：“不曾有疾。”适封一函子，令呈大王。主开函，得一帖子云：“人天眼目堂中上座。”主悟树旨，遂寝兵，请师继树开法。未几迁云门光泰寺。僧问："生法师曰：敲空作响，击木无声。如何？"师以拄杖空中敲云："阿㖿阿㖿。"又敲板头云："作声么？"僧云："作声。"师云："这俗汉。"又敲板头云："唤甚么作声。"师以足跛，常把拄杖行，见众方普请，举拄杖曰："看看。北郁单越人，见汝搬柴不易，在中庭里相扑供养汝，更为汝念《般若经》曰："一切智智清净，无二无二分，无别无断故。"众环拥之，久不散。乃曰："汝诸人无端走来这里，觅什么？老僧只管吃饭屙矢，别解作什么？汝诸方行脚参禅问道，我且问汝："诸方参得底事作么生，试举看。"于是不得已，自诵三平偈曰："即此见闻非见闻。"回视僧曰："唤什么作见闻？"又曰："无余声色可呈君。"谓僧曰："有甚么口头声色？"又曰："个中若了全无事。"谓僧曰："有甚么事？"又曰："体用何妨分不分。"乃曰："语是体，体是语。"举拄杖曰："拄杖是体，灯笼是用，是分不分。不见道，一切智智清净。"闻击斋鼓曰："鼓声咬破我七条。"乃指僧曰："抱取猫儿来。"良久曰："且道鼓因甚置得？"众无对者。乃曰："因皮置得，我寻常道，一切声是佛声。一切色是佛色，尽大地是个法身，枉作个佛法知见。如今拄杖，但唤作拄杖见屋但唤作屋。"传灯作师上堂，闻钟声乃曰："世界与么广阔。为甚么钟声披七条？"径山杲颂："钟声披起郁多罗，碧眼胡儿没奈何。一箭双雕随手落，拈来元是树中鹅。"

至僧堂中，僧争起迎。师立而语曰："石头道回互不回互。"僧便问："作么生是不回互？"师以手指曰："这个是板头。"又问："作么生是回互？"曰："汝唤什么作板头？"问新到：“你诸方行脚？”道我知有。与我拈三千大千世界来。眼睫上着。僧云：“喏！”师云：“钱塘为甚么去国三千里？”僧云：“岂干他事。”师云：“者掠虚汉。”问首座：“乾坤大地与你自己，是同是别？”曰：“同。”师曰：“一切物命蛾蛘蚁子，是同是别？”曰：“同。”师曰：“你为什么干戈相待？”问：“古人道，知有极则事。如何是极则事？”师云：“争奈在老僧手里何。”进云：“某甲问极则事。”师便棒云：“咄！咄！拨破，便道请益。这般底，到处但知乱统。近前来，我问你，寻常在长连床上，商量向上向下，超佛越祖，你道，水牯牛还有超佛越祖底道理么？”僧云：“适来已有人问了也。”师云：“这个是长连床上学得底，不要有便言有，无便言无。”僧云：“若有更披毛带角作么？”师云：“将知你只是学语之流。”又云：“来来，我更问你，诸人横担拄杖道，我参禅学道，便觅个超佛越祖底道理。我且问你，十二时中行住坐卧，屙矢送尿，至于茆坑里虫子市肆买卖羊肉案头，还有超佛越祖道理么？道得底出来，若无，莫妨我东行西行。”便下座。问：“如何是法身向上事？”师曰：“向上与汝道即不难，作么生会法身？”曰：“请和尚鉴。”师曰：“鉴即且置，作么生会法身？”曰：“与么与么。”师曰：“这个是长连床上学得底，我且问你，法身还解吃饭么？”僧无对。师又云：“法身吃饭，幻化空身即法身，乾坤大地何处有也。物物不可得，以空噇空。若约检点来，将谓合有与么说话。”妙喜曰：“龙头蛇尾，得入憎。法身吃饭，以空噇空，唤作无得么。我恁么道，且作死马医。”

示众云：“灯笼是你自己，把钵盂噇饭，饭不是你自己。”有僧便问：“饭是自己时如何？”师云：“这野狐精，三家村里汉。”复云：“来，来，不是你道饭是自己。”云：“是。”师云：“驴年梦见，三家村里汉。”妙喜云：“用尽自己心，笑破他人口。”

举座主就华严讲，请翠岩斋。岩云：“山僧有个问：“座主若道得，即斋。”岩便拈起胡饼云：“还具法身么？”主云：“具法身。”岩云：“与么则吃法身也。”主无语。本讲座主代云：“有什么过？”岩不肯。东使云：“喏！喏！”师代云：“特谢和尚降重空筵。”师云：“光不透脱，有两般病：一切处不明，面前有物，是一。又透得一切法空，隐隐地似有个物相似，亦是光不透脱。又法身亦有两般病：得到法身，为法执不忘，己见犹存，坐在法身边，是一。直饶透得法身去，放过即不可，子细点检将来，有甚么气息，亦是病。”妙喜曰：“不用作禅会，不用作道会，不用作向上商量，此是云门老汉。据实而论，我恁么道，有没量罪过。汝若点检得出，许你具择法眼。若黠检不出，且向云门葛藤里参。”妙喜又曰：“而今学实法者，以透过法身为极致，而云门反以为病，不知透过法身了，合作么生。到这里，如人饮水冷暖自知，不着问别人，问别人则祸事也。”

垂语云：“人人尽有光明在，看时不见暗昏昏，作么生是诸人光明？”自代云：“厨库三门。”又云：“好事不如无。”圜悟勤云：“如今人，才闻举着光明，便去瞠眼云：那里是厨库，那里是三门，且得没交涉。所以道，识取钩头意，莫认定盘星。此事不在眼上，亦不在境上，须是绝知见，忘得失，净裸裸，赤洒洒，各各当人分上究取始得。”　　云门云：“日里来往，日里辨人。忽然半夜无日月灯光，曾到处则固是。未曾到处，取一件物，还取得么？” 参同契云：“当明中有暗，勿以暗相睹。当暗中有明，勿以明相遇。若坐断明暗，且道是个甚么？所以道，心华发明，照十方刹。”盘山云：“光非照境，境亦非存。光境俱亡，复是何物。”又云：“即此见闻非见闻，无余声色可呈君。个中若了全无事，体用何妨分不分。但会取末后一句了，却去前头游戏，毕竟不在里头作活计。古人道，以无住本，立一切法。不得去这里弄光影，弄精魂，又不得作无事会。古人道，宁可起有见如须弥山，不可起无见如芥子许。二乘人多偏坠此见。” 雪窦颂：“自照列孤明，为君通一线。花谢树无影，看时谁不见。见不见，倒骑牛兮入佛殿。”

拈拄杖曰：“凡夫实谓之有，二乘析谓之无。圆觉谓之幻有，菩萨当体即空。衲僧家，见拄杖便唤作拄杖，行但行，坐但坐，不得动着。”问：“树雕叶落时如何？”师云：“体露金风。”圜悟云：“且道，云门为是答他话，为是与他酬唱。若道答他话，错认定盘星。若道与他唱和，且得没交涉。既不恁么，毕竟作么生？你若见得透，衲僧鼻孔，不消一捏。其或未然，依旧打入鬼窟里去。”又云：“你若去他三句中求，则脑后拔箭。他一句中，须具三句。”

有讲僧参经时乃曰：“未到云门时，恰似初生月。及乎到后，曲弯弯地。”师得知乃问：“是你道否？”曰：“是。”师曰：“甚好！吾问汝，作么生是初生月？”僧乃斫额作望月势。师曰：“你如此，已后失却目在。”僧经旬日复来，师又问：“你还会也未？”曰：“未会。”师曰：“你问我。”僧便问：“如何是初生月？”师曰：“曲弯弯地。”僧罔措，后果然失目。白云端云：“这僧失却目，云门和鼻孔不见。虽然如是，家住州西。” 黄龙新云：“语惊时听，得无动机。若谓这僧，失双目入地狱如箭射。” 东禅观云：“这僧虽失双目，光射九天。云门两眼虽存，前明后暗。”

问：“一生积恶不知善，一生积善不知恶，此意如何？”师曰：“烛。”僧问灵树：“如何是祖师西来意？”树默然迁化。后门人立行状碑，欲入此语。问师曰：“先师默然处，如何上碑？”师对曰：“师。”问：“杀父杀母，向佛前忏悔。杀佛杀祖，向甚么处忏悔？”师曰：“露。”问：“承古有言：了即业障本来空，未了应须偿宿债。未审二祖是了不了？”师曰：“确。”问新到：“甚处人？”曰：“新罗。”师曰：“将甚么过海。”曰：“草贼大败。”师引手曰：“为甚么在我这里。”曰：“恰是。”师曰：“一任踍跳。”僧无对。问：“十二时中，如何得不空过？”师曰：“向甚么处着此一问？”曰：“学人不会，请师举。”师曰：“将笔砚来。”僧乃取笔砚来。师作一颂曰：“举不顾，即差互。拟思量，何劫悟。”问：“一口吞尽时如何？”曰：“我在你肚里。”曰：“和尚为甚么在学人肚里？”师曰：“还我话头来。”师问岭中顺维那：“古人竖起拂子，放下拂子，意旨如何？”顺曰：“拂前见，拂后见。”师曰：“如是，如是。”师后举问僧：“你道当初诺伊不诺伊？”僧无对。师曰：“可知礼也。”问直岁：“甚处去来？”曰：“刈茆来。”师曰：“刈得几个祖师？”曰：“三百个。”师曰：“朝打三千，暮打八百。东家杓柄长，西家杓柄短。又作么生？”岁无语，师便打。问僧：“甚处来？”曰：“西禅。”师曰：“西禅有何言句？”僧展两手。师与一掌，曰：“某甲话在。”师却展两手。僧无语，师又打。问僧：“甚么处来？”曰：“礼塔来。”师曰：“谑我。”曰：“某甲实礼塔来。”师曰：“五戒也不持。”问僧：“看什么经？”僧云：“《瑜伽论》。”师云：“义堕也。”僧云：“甚么处义堕？”师云：“自领出去。”问僧：“看甚么经？”其僧却指旁僧云：“和尚问，何不只对？”师云：“露柱为甚么倒退三千里？”僧云：“岂干他事。”师曰：“学语之流。”代云：“洎合不识势。”问：“佛法如水中月，是否？”师曰：“清波无透路。”曰：“和尚从何得？”师曰：“再问复何来？”曰：“正与么时如何。”师曰：“重叠关山路。”问：“上无攀仰，下绝己躬时如何？”师曰：“藏身一句作么生道？”僧便礼拜。师曰：“放过一着，置将一问来。”僧无语。师云：“这死虾蟆。”师问明教：“今日吃得几个胡饼？”曰：“五个。”师曰：“露柱吃得几个？”曰：“请和尚茶堂里吃茶。”师斋次，拈起匙箸云：“我不供养南僧，只供养北僧。”时有僧问：“为甚么不供养南僧？”师云：“我要钝置伊。”云：“为甚么只供养北僧？”师云：“一箭两垛。”有僧问：“只如前意如何？”师云：“好即同荣。”师见新到云：“雪峰和尚道，开却路达磨来也。我问你作么生？”僧云：“筑着和尚鼻孔。”师云：“地神恶发，把须弥山一掴，踍跳上梵天，拶破帝释鼻孔。你为甚么向鼻孔里藏身？”僧云：“和尚莫瞒人好。”师云：“筑着老僧鼻孔又作么生？”僧无对。师云：“将知你只是学语之流。”代云：“逻逻哩。”妙喜曰：“担一担懵懂，换得一担骨董，无星秤子秤来，付与无知漆桶。且道无知漆桶，将作何用，你若道得活脱句，许你亲见云门。”

师见饭头云：“汝是饭头么？”云：“是。”师云：“颗里有几米，米里有几颗？”头无对。代云：“某甲瞻星望月。”问：“圣僧为甚么被大虫咬？”师云：“与天下人作榜样。”王太傅问北院：“古人道，普现色身，遍行三昧。佛法为甚么不到北俱卢洲？”院云：“只为遍行，所以不到。”师云：“如法置一问来。”韦监军见帐子画牛抵树，问僧：“牛抵树，树抵牛。”僧无对。师代云：“归依佛法僧。”师坐次，有僧非时上来。师云：“作甚么？”僧云：“请益。”师云：“你有什么疑？”僧云：“某甲曾问和尚，一宿觉搬柴，柴搬一宿觉。”师乃敲椅子三下云：“你作么生会。”僧云：“一切临时。”师乃揎拳云：“我与你相扑一交，得么？”僧无对。次日僧再上，值师漱盥次。师乃将水碗过与僧云：“送去厨下着。”其僧送去了却来。师见来，乃从后门出去。其僧云：“比来请益，只得一口碗。”问僧：“甚处来？”曰：“搬柴来。”师曰：“搬得多少转一宿觉？”曰：“二十转。”师曰：“你为甚么打落当门齿？”僧无对。师便打曰：“学语之流。”自代曰：“也知和尚佛法身心。”又代前语曰：“搬柴早是辛苦。”因供养罗汉，问僧：“今夜供养罗汉，你道罗汉还来也无？”僧无对。师曰：“你问我。”僧便问，师曰：“换水添香。”僧曰：“与么即来也。”师云：“有什么馒头䭔子，速下来。”问僧：“甚处来？”云：“涅槃堂。”师云：“亡僧还吃饭么？”僧云：“不吃。”师云：“活人还吃饭么？”无对。师入京朝觐，归至大桥，山门煎茶迎师。师吃茶果次，僧侍立。师语二参随僧云：“是你京中无可吃。”乃拈一楪果子与一僧，其僧接得便去。又语一僧云：“我不与你。”僧无对。师云：“那里也，有也。”其僧又无对。别有僧出云：“某甲今日也随和尚来，请一分得么？”师云：“嗄。”僧云：“某甲罪过，触忤和尚。”师云：“我也不能唾得你。”僧无对。师代前语云：“也知果子少，两人共一楪。”代后语云：“某甲更是。”一日行次，一僧随后行。师竖起拳云："如许大栗子，吃得几个？"僧云："和尚莫错。"师云："是你错。"僧云："莫压良为贱。"师云："静处萨婆诃。"问："如何是清净法身？"师曰："花药栏。"曰："便恁么去时如何？"师曰："金毛师子。"雪窦颂云："花药栏，莫颟顸，星在秤兮不在盘。善恁么，太无端，金毛师子大家看。"

问："如何是一代时教？"师曰："对一说。"雪窦颂云："对一说，太孤绝，无孔铁椎重下楔。阎浮树下笑呵呵，昨夜骊龙拗角折。别别，韶阳老人得一橛。"

问："不是目前机，亦非目前事时如何？"师曰："倒一说。"雪窦颂云："倒一说，分一节，同死同生为君决。八万四千非凤毛，三十三人入虎穴。别别，扰扰匆匆水里月。"

问："如何是尘尘三昧？"师曰："钵里饭，桶里水。"雪窦颂云："钵里饭，桶里水，多口阿师难下嘴。北斗南星位不殊，白浪滔天平地起。拟不拟，止不止，个个无　长者子。"

问："如何是云门一句？"师曰："腊月二十五。"问："如何是法身？"师曰："六不收。"圜悟别云："一不立。"雪窦颂："一二三四五六，碧眼胡僧数不足。少林漫说付神光，卷衣又说归西竺。西竺茫茫无处寻，夜来却对乳峰宿。"

问："如何是超佛越祖之谈？"师曰："胡饼。"问："如何是佛？"师曰："干矢橛。"问："如何是诸佛出身处？"师曰："东山水上行。"问："不起一念，还有过也无？"师曰："须弥山。"问："如何是透法身句？"师曰："北斗里藏身。"白云端颂："五陵公子游花惯，未第贫儒自古多。令地看他人富贵，等闲不奈幞头何。"　　庐山玉涧林禅师颂："北斗藏身为举扬，法身从此露堂堂。云门赚杀他家子，直至如今漫度量。"后五祖戒见林，问作偈之意。林举目视之。戒曰："若果如此，云门不值一钱，公亦当无两目。"遂去。林竟如所言，而戒暮年亦失一目。洪觉范曰："今妄意测度先德之旨，疑误后生者，亦可少戒。" 中峰广拈玉涧因缘云："北斗藏身话，岂但玉涧颂不出。便是五祖戒，也只得向背后叉手。暮年各损一目，也是好采。觉范谓诬谤先宗感果如是，休将闲学解，埋没祖师心。"幻寄曰："一盏长明灯。中峰吹杀了。"

上堂，拈起拂子云："这里得个入处去捏怪也。日本国里说禅，三十三天有个人出家唤云："吽！吽！特舍儿担枷过状。"妙喜曰："这老汉，克由叵耐冒姓。佃官田，更不纳苗税。"

师云："十五日已前不问汝，十五日已后道将一句来。"自代云："日日是好日。"雪窦颂："去却一，拈得七，上下四维无等匹。徐行踏断流水声，纵观写出飞禽迹。草茸茸，烟幂幂，空生岩畔花狼藉。弹指堪悲舜若多，莫动着，动着三十棒。"

师云："古佛与露柱相交，是第几机？"僧问："意旨如何？"师云："一条绦，三十文买。"复代前语云："南山起云，北山下雨。"僧又问："一条绦三十文买如何？"师云："打与。"雪窦颂："南山云，北山雨，四七二三面相睹。新罗国里曾上堂，大唐国里未打鼓。苦中乐，乐中苦，谁道黄金如粪土。"

师以乾祐元年七月十五，赴广主召至府，留止供养。九月甲子乃还山，谓众曰："我离山得六十七日，且问汝六十七日事作么生？"众莫能对。师曰："何不道和尚京中吃面多。"僧来参，师乃拈起袈裟曰："汝若道得，落我袈裟圈缋里，汝若道不得，又在鬼窟里坐，作么生，自代曰："某甲无气力。"妙喜曰："西天斩头截臂，我这里自领出去。"

示众："古德道，药病相治，尽大地是药，那个是你自己？”乃曰：“遇贱即贵。”僧曰：“乞师指示。”师拍手一下拈拄杖曰：“接取拄杖。”僧接得拗作两橛，师曰：“直饶恁么，也好与三十棒。”雪窦颂：“尽大地是药，那个是你自己？云：尽大地是药，古今何太错。闭门不造车，通涂自寥廓。错错，鼻孔撩天亦穿却。”

上堂，众集，师以拄杖指面前曰：“乾坤大地微尘诸佛，总在里许。争佛法觅胜负，还有人谏得么？若无人谏得，待老汉与你谏看。”僧曰：“请和尚谏。”师曰：“这野狐精。”上堂：“眼睫横亘十方，眉毛上透乾坤。下透黄泉须弥，塞却汝咽喉。还有人会得么？若有人会得，拽取占波，共新罗斗额。”妙喜曰：“是大神咒，是大明咒，是无上咒，是无等等咒。能除一切苦，真实不虚妄。诸人要识云门么？不见道，三台须是大家催。”

上堂：“乾坤之内，宇宙之间，中有一宝，秘在形山。拈灯笼向佛殿里，将三门来灯笼上，作么生？”自代云：“逐物意移。”又曰：“云起雷兴。”雪窦颂云：“看，看，古岸何人把钓竿。云冉冉，水漫漫，明月芦花君自看。”

上堂，闻声悟道，见色明心，遂举手曰：“观世音菩萨，将钱买胡饼。”放下手曰：“元来只是馒头。”上堂：“函盖乾坤，目机铢两，不涉世缘，作么生承当？”众无对。自代云：“一镞破三关。”《智证传》云：门宗有三句：谓天中函盖，目机铢两，不涉世缘。又云：以此三句为示者，解释秦时辗轹钻之词也。《法华经》曰：“得一切语言三昧。”而《大智论》曰：“善入音声陀罗尼，以此也。”幻寄曰：“痴儿面前，不得说梦。”

上堂：“诸和尚子莫妄想，天是天，地是地，山是山，水是水，僧是僧，俗是俗。”良久曰：“与我拈案山来。”僧便问："学人见山是山、水是水时如何？"师曰："三门为甚么骑佛殿，从这里过？"曰："恁么则不妄想去也。"师曰："还我话头来。"上堂："平地上死人无数，过得荆棘林者是好手。"时有僧出曰："与么则堂中第一座有长处也。"师曰："苏噜，苏噜。"上堂："直得乾坤大地无纤毫过患，犹是转句，不见一色，始是半提，直得如此，更须知有全提时节。"示众："日里来往，日里辨人。忽然中夜教取个物来，未曾到处，作么生取？"代云："瞒却多少人。"示众："迷己底人，触途俱滞。悟本底人，为甚么有四大见？"代云："益州附子建州姜。"示众："从上祖师三世诸佛说法，山河大地草木为甚么不省去？"代云："新到行人事。"示众："既知来处，且道甚么劫中无祖师？"代云："某甲今日不着便。"径山杲云："云门也是作贼人心虚，径山即不然，既知来处。且道甚么劫中无祖师。不图打草，且要惊蛇。"

示众："布漫天网打龙，布丝网捞虾捷蚬。你道，螺蚌落在甚么处？"代云："具眼。"示众："折半裂三，针筒鼻孔在甚么处？为我一一拈出来看。"代云："上中下。"妙喜云："倚门傍户弄精魂。"

示众："拄杖子化为龙，吞却乾坤了也。山河大地甚处得来？"示众："十方国土中，惟有一乘法。且道，自己在一乘法里，一乘法外。"代云："入。"妙喜曰："特地一场愁。"

示众："要识祖师么？"以拄杖指曰："祖师在你头上踍跳。要识祖师眼睛么？在你脚下。"又曰："这个是祭鬼神茶饭，然虽如此，鬼神也无厌足。"妙喜曰："不见道留惑润生，时有僧在旁咳嗽一声。"　妙喜曰："老汉恁么道，有甚么过？僧拟议，便打。”

僧举灌溪上堂，十方无壁落，四面亦无门。净裸裸，赤洒洒，没可把。师曰：“举即易，出也大难。”曰：“上座不肯和尚与么道那。”师曰：“你适来与么举那？”曰：“是。”师曰：“你驴年梦见灌溪。”曰：“某甲话在。”师曰：“我问你，十方无壁落，四面亦无门。你道，大梵天王与帝释天，商量甚么事？”曰：“岂干他事。”师喝曰：“逐队吃饭汉。”师云：“古来老宿，皆为慈悲之故，有落草之谈，随语识人。若是出草之谈，即无与么。若与么，便有重话会语。不见仰山和尚问僧：‘近离甚处？’僧云：‘庐山。’仰山云：‘曾游五老峰么？’曰：‘不曾。’仰云：‘阇黎不曾游山。’此即为慈悲之故，有落草之谈。”沩山秀云：“今人尽道，慈悲之故有落草之谈。只知捉月，不觉水深。忽若云门当时谨慎唇吻，未审后人若为话会。然水母无目，求食须假于虾。”　雪窦颂：“出草入草，谁解寻讨。白云重重，红日杲杲。左顾无瑕，右盼已老。君不见，寒山子行太早，十年归不得，忘却来时道。”

师云：“不敢望你有逆水之波，且有顺水之意也难得。”乃举良遂初参麻谷，谷见来便去锄草。良遂到锄草处，谷都不顾，便归方丈闭却门。良遂连三日去敲门，至第三日才敲门。谷问：阿谁？遂云：和尚莫瞒良遂，若不来礼拜和尚，洎被经论赚过一生。师云：“便有逆水之波，如今得入，是顺水之意，亦唤作双放时节。”示众：“莫道今日谩诸人好，抑不得已，向诸人前，作一场狼藉。忽被明眼人见，成一场笑具，如今避不得也。且问你诸人，从上来有甚事？欠少甚么？向你道无事，已是相埋没也。虽然如是，也须到这田地始得，亦莫趁口快乱问，自己心里黑漫漫地。明朝后日，大有事在。你若根思迟回，且向古人建化门庭，东觑西觑看，是个甚么道理？你欲得会么？都缘是你自己，无量劫来妄想浓厚。一期闻人说着，便生疑心。问佛问法，问向上向下，求觅解会。转没交涉，拟心即差。况复有言有句，莫是不拟心是么？莫错会好，更有甚么事，珍重。”又曰：“江西即说君臣父子，湖南即说他不与么？我此间即不如此。”良久曰：“汝还见壁么。”又曰：“从上来且是个甚么事？如今抑不得已。且向诸人道，尽大地有什么物？与汝为缘为对。若有针锋许，与汝为隔为碍。与我拈将来，唤什么作佛？唤什么作祖？唤什么作山河大地日月星辰？将什么为四大五蕴？我与么道，唤作三家村里老婆说话，忽然遇着本色行脚汉，闻与么道。把脚拽向阶下，有甚么罪过。虽然如是，据个什么道理，便与么？莫趁口快向这里乱道，须是个汉始得。忽然被老汉脚跟下寻着，没去处，打脚折。有什么罪过？即与么，如今还有问宗乘中话者么？待老汉答一转了，东行西行。”又曰：“尽乾坤一时将来，着汝眼睫上。汝诸人闻恁么道，不敢望汝出来性燥，把老僧打一掴。且缓缓子细看，是有是无，是个甚处道理，直饶汝向这里明得。若遇衲僧门下，好槌脚折。”又曰：“三乘十二分教，横说竖说，天下老和尚纵横十字说，与我拈针锋许说底道理来，看与么道，早是作死马医。虽然如此，且有几个到此境界。不敢望汝言中有响，句里藏锋，瞬目千差，风恬浪静。”又曰：“我事不获已，向你诸人道，直下无事，早是相埋没了也。更欲踏步向前，寻言逐句，求觅解会。千差万别，广设问难，赢得一场口滑。

去道转远，有什么休歇时。此事若在言语上，三乘十二分教，岂是无言语，因甚么更道教外别传。若从学解机智得，只如十地圣人，说法如云如雨，犹被诃责见性如隔罗縠。以此故知，一切有心，天地悬殊。虽然如此，若是得底人，道火何曾烧口。终日说事，未尝挂着唇齿，未尝道着一字。终日着衣吃饭，未尝触着一粒米，挂一缕丝。虽然如此，犹是门庭之说，也须是实得恁么始得。若约衲僧门下，句里呈机，徒劳伫思。直饶一句下承当得，犹是瞌睡汉。”时有僧问：“如何是一句？”师曰：“举。”妙喜曰：“瞌睡汉。”

又曰：“诸法不异者，不可续凫截鹤。夷岳盈壑，然后为无异者哉。但长者长法身，短者短法身，是法住法位，世间相常住。”举拄杖曰：“拄杖子不是常住。”忽起立以拄杖击绳床曰：“适来许多葛藤，贬向什么处去也？灵利底见，不灵利底，着我热瞒。”又曰：“不可说时即有，不说时便无也。不可商量时便有，不商量时便无也。”又云：“且道不商量时，是个甚么？”又云：“更是甚么？”师作纲宗偈曰：“康氏圆形滞不明，魔深虚丧击寒冰。凤羽展时超碧汉，晋锋八博拟何凭。其一是机是对对机迷，辟机尘远远尘栖。夕日日中谁有挂，因底底事隔尘迷。其二丧时光，藤林荒。徒人意，滞肌尪。其三咄咄咄，力□希。禅子讶，中眉垂。其四上不见天，下不见地。塞却咽喉，何处出气。笑我者多，哂我者少其五。”师每顾见僧，即曰：“鉴。”僧欲酬之，则曰：“咦。”率以为常。故门弟子录曰：“顾鉴咦。”德山密禅师删去顾字，但以鉴咦二字为颂，谓之抽顾颂。洪觉范曰：“今其儿孙失其旨，接人以怒目直视。名为提撕，名为不认声色，名为举处便荐，相传以为道眼。北塔祚禅师独笑之，作偈曰：‘云门抽顾笑嬉嬉，拟议遭他顾鉴咦。任是张良多智巧，到头于此亦难施。’人天眼目载密师颂云：‘相见不扬眉，君东我亦西。红霞穿碧落，白日绕须弥。’”

乾和七年四月十日，端坐示寂。迨干德元年，雄武军节度推官阮绍庄梦师以拂子招曰：“寄语秀华宫使特进李托，我在塔久，可开塔乎。”托时奉使韶州，监修营诸寺院，因得绍庄之语奏闻，诏迎师肉身，内宫供养。启塔颜貌如昔，须发犹生。自南汉干和七年，至宋乾德元年，盖十七年矣。留京师月余，仍送还山。

佛印元曰：“云门说法如云雨，绝不喜人记录其语，见必骂逐曰：‘汝口不用，反记吾语。异时裨贩我去，今室中对机录，皆香林明教，以纸为衣，随即书之。后世学者，渔猎文字语言，正如吹网欲满，非愚即狂耳。’”

指月录卷二十一

六祖下第八世

◎吉州资福贞邃禅师，上堂：“隔江见资福刹竿便回去，脚跟下好与三十棒。况过江来？”时有僧才出，师曰：“不堪共语。”

◎郢州芭蕉山继彻禅师，别参风穴。穴问：“如何是正法眼？”师曰：“泥弹子。”穴异之。次谒先芭蕉。蕉上堂，举仰山道：“两口一无舌，此是吾宗旨。”师豁然有省。

◎彭州承天院辞确禅师，僧问：“众罪如霜露，慧日能消除时如何？”师曰：“亭台深夜雨，楼阁静时钟。”曰：“为甚么因缘会遇时，果报还自受？”师曰：“管笔能书，片舌解语。”

◎**汝州风穴延沼禅师**，余杭刘氏子。少魁岸有英气，于书无所不观，然无经世意。父兄强之仕，一应举至京师。即东归，从开元寺智恭律师剃发受具。游讲肆，玩法华玄义，修止观。定慧夙师争下之，弃去。游名山，到越州谒镜清。清问："近离甚处？"师曰："自浙东来。"清曰："还过小江也无？"师曰："大舸独飘空，小江无可济。"清曰："镜水秦山，鸟飞不度。子莫道听途言！"师曰："沧溟尚怯艨�势，列汉飞航渡五湖。"清竖拂子曰："争奈这个何！"师曰："这个是甚么？"清曰："果然不识。"师曰："出没卷舒，与师同用。"清曰："杓卜听虚声，熟睡饶 语。"师曰："泽广藏山，理能伏豹。"清曰："舍罪放愆，速须出去。"师曰："出去即失。"便出到法堂，乃曰："夫行脚人，因缘未尽其善，不可便休去。"却回曰："某甲适来，辄陈小骙，冒渎尊颜，伏蒙慈悲，未赐罪责。"清曰："适来言从东来，岂不是翠岩来？"师曰："雪窦亲栖宝盖东。"清曰："不逐亡羊狂解息，却来这里念篇章。"师曰："路逢剑客须呈剑，不是诗人莫献诗。"清曰："诗速秘却，略借剑看。"师曰："枭首甑人携剑去。"清曰："不独触风化，亦自显颟顸。"师曰："若不触风化，争明古佛心？"清曰："如何是古佛心？"师曰："再许允容，师今何有？"清曰："东来衲子，菽麦不分。只闻不已而已，何得抑己而已。"师曰："巨浪涌千寻，澄波不离水。"清曰："一句截流，万机寝削。"师便礼拜。清曰："衲子俊哉！"到黄龙，龙曰："石角穿云路，垂条意若何？"师曰："红霞笼玉象，拥嶂照川原。"曰："恁么则相随去也。"师曰："和尚低声。"到华严，严曰："我有牧牛歌，辄请阇黎和。"师曰："羯鼓桌鞭牛豹跳，远村海树嘴卢都。"因寓止华严，为维那。属廓侍者从南院来，侍者见严语，具前卷侍者章中。师心奇之，因结为友，遂默悟三玄旨要，叹曰："临济用处如是耶！"廓使更见南院。师参南院，入门不礼拜。院曰："入门须辨主。"师曰："端的请师分。"院于左膝拍一拍，师便喝。院于右膝拍一拍，师又喝。院曰："左边一拍且置，右边一拍作么生？"师曰："瞎院便拈棒。"师曰："莫盲枷瞎棒，夺打和尚，莫言不道。"院掷下棒曰："今日被黄面浙子钝置一场。"师曰："和尚大似持钵不得，诈道不饥。"院曰："阇黎曾到此间么？"师曰："是何言欤？"院曰："老僧好好相借问。"师曰："也不得放过。"便下参众了，却上堂头礼谢。院曰："阇黎曾见甚么人来？"师曰："在襄州华严与廓侍者同夏。"院曰："亲见作家来？"院问："南方一棒作么商量？"师曰："作奇特商量。"师却问："和尚此间一棒作么商量？"院拈拄杖曰："棒下无生忍，临机不见师。"师于言下大彻玄旨，遂依止六年。《碧岩集》云：初参雪峰五年，因请益临济两堂首座齐喝。济云宾主历然语，峰云："吾昔与岩头钦山去见临济，属济已示寂。若要会他宾主话，须参他派下尊宿。"师遂辞行，见瑞岩。岩常自唤主人公，师云："自拈自弄，有甚么难。"后在襄州鹿门与廓侍者过夏，廓指使参南院。一日举见雪峰语，院云："雪峰古佛。"集又举见南院语如上院复云："你看俊流，自是机锋峭峻，南院亦未辨得他。"至次日，南院只作寻常问云："今夏在甚么处？"师云："鹿门与廓侍者同过夏。"院云："原来亲见作家来。"又云："他向你道什么？"师云："始终只教某甲一向作主。"院便打推出方丈云："这般纳败阙底汉有什么用处。"师自此服膺，在南院会下作园头。一日院到园里问云："南方一棒。"云云同上妙喜拈南院问师南方一棒话曰："风穴当时好大，展坐具礼三拜，不然与掀倒禅床乃回顾。"冲密曰："你道风穴当时礼拜即是，掀倒禅床即是。"冲密曰："草贼大败。"妙喜曰："你看这瞎汉。"便打。

一日南院谓师曰："汝乘愿力，来荷大法，非偶然也。"问曰："汝闻临济将终时语否？"曰："闻之。"曰："临济。"曰："谁知吾正法眼藏向这瞎驴边灭却？渠平生如师子，见即杀人。及其将死，何故屈膝妥尾如此。"对曰："密付将终，全主即密。"又问："三圣如何亦无语乎？"对曰："亲承入室之真子，不同门外之游人。"南院颔之。又问："汝道四种料简语，料简何法？"对曰："凡语不滞凡情，即堕圣解。学者大病，先圣哀之。为施方便，如楔出楔。"曰："如何是夺人不夺境？"曰："新出红罐金弹子，簉破阇黎铁面皮。"又问："如何是夺境不夺人？"曰："刍草乍分头脑裂，乱云初绽影犹字。"又问："如何是人境俱夺？"曰："蹑足进前须急急，捉鞭当鞅莫迟迟。"又问："如何是人境俱不夺？"曰："常忆江南三月里，鹧鸪啼处百花香。"又问："临济有三句，当日有问，如何是第一句？"济曰："三要印开朱点窄，未容拟议主宾分。"师随声便喝。又问："如何是第二句？"济曰："妙解岂容无着问："沤和争负截流机。"师曰："未问已前错。"又问："如何是第三句？"济曰："但看棚头弄傀儡，抽牵全藉里头人。"师曰："明破即不堪。"于是南院以为可以支临济。后唐长兴二年，至汝水风穴寺。时寺已摧残，惟草屋数椽。师入驻锡，日乞村落，夜燃松脂，单丁者七年。檀信乃为新之，成丛林。伪晋天福二年上元开法。上堂："祖师心印，状似铁牛之机。去即印住，住即印破。只如不去不住，印即是，不印即是，还有人道得么？”时有卢陂长老出，问：“学人有铁牛之机，请师不搭印。”师曰：“惯钓鲸鲵澄巨浸，却怜蛙步碾泥沙。”陂注思，师喝曰：“长老何不进语？”陂拟议，师便打一拂子，曰：“还记得话头么？”陂拟开口，师又打一拂子。时有牧主曰：“信知佛法与王法一般。”师曰：“见甚么道理？”主曰：“当断不断，反招其乱。”师便下座。上堂：“若立一尘，家国兴盛，野老颦蹙。不立一尘，家国丧亡，野老安怗。于此明得，阇黎无分。全是老僧于此不明，老僧却是阇黎。阇黎与老僧，亦能悟却天下人。亦能瞎却天下人，欲识阇黎么？”右边一拍曰：“这里是。欲识老僧么？”左边一拍曰：“这里是。”五祖演云：“太平即不然。若立一尘，法堂前草深一丈。不立一尘，锦上添花。何也？不见道，九九八十一，穷汉受罪毕。才拟展脚眠，蚊虫獦蚤出。”

示众，先师曰：“欲得亲切，莫将问来问，会么？问在答处，答在问处，虽然如是，有时问不在答处，答不在问处。汝若拟议，老僧在汝脚跟底。大凡参学眼目，直须临机大用现前，勿自拘于小节。设使言前荐得，犹为滞壳迷封，句下精通，未免触途狂见。应是向来依他作解，明珠两岐，与汝一切扫却。直教个个如师子儿，吒呀地，对众证据哮吼一声。壁立千仞，谁敢正眼觑着，觑着即瞎却渠眼。”师问怀本上座云：“有事借问得么？”本云：“不可惜口去也。”师云：“不惜口即道。”本拟议，师便打。又问第二人：“莫道得么？”僧云：“道甚么？”师又打。又问第三人云：“三人同行必有我师，作么生是我师？”僧云：“见参礼次。”师亦打，云："过这边立。"复云："将头不猛，误累三军，瞎汉参堂去。"本至明日，上堂头亲近云："某甲夜来有甚么过？便蒙赐棒。"师云："你要会么？"以手左边一拍云："这里是祖师意。"以手右边一拍云："这里是教意，还会么？"本不肯便去，后到颖桥安上座处，举前话。安云："风穴棒折那。"本云："上座臂腕，终不向外曲。"安云："你会风穴道者里是祖意教意么？非唯你不会，直饶白兆老。口赫赤地教他举，也举不得。"防御使问南院："大善知识，还具见闻觉知否？"院便掌，使不肯。遂以前语复问师。师云："荆棘荒榛弃来久矣。"云："妙用又如何？"师云："王子带刀全意气，贫人擒倒语声嘶。"使深肯之，遂举到南院。院随问便掌，语师云："是深相为。"使方委悉。上堂，举寒山诗曰："梵志死去来，魂识见阎老。读尽百王书，未免受捶拷。一称南无佛，皆以成佛道。"僧问："如何是一称南无佛？"师曰："灯连凤翅当空照，月映蛾眉颙面看。"问："摘叶寻枝即不问，直截根源事若何？"师曰："赴供凌晨去，开塘带雨归。"问："随缘不变者，忽遇知音时如何？"师曰："披蓑侧立千峰外，引水浇蔬五老前。"问："九夏赏劳，请师言荐？"师曰："出袖拂开龙洞雨，泛杯波涌钵囊花。"问："最初自恣合对何人？"师曰："一把香刍拈未暇，六环金锡响遥空。"问："如何是清净法身？"师曰："金沙滩头马郎妇。"问："如何是佛？"师曰："杖林山下竹筋鞭。"真净颂云："杖林山下竹筋鞭，水在深溪月在天。良马不知何处去，阿难依旧世尊前。"

宋开宝六年八月旦日，登座说偈曰："道在乘时须济物，远方来慕自腾腾。他年有叟情相似，日日香烟夜夜灯。"至十五日跏趺而化。前一日，手书别檀越。阅世七十有八，坐五十有九夏。

◎颍桥安禅师号铁胡，与钟司徒向火次，钟忽问："三界焚烧时，如何出得?"师以香匙拨开火。钟拟议，师曰："司徒！司徒!"钟忽有省。

◎郢州兴阳归静禅师，初参西院，便问："拟问不问时如何?"院便打。师良久，院曰："若唤作棒，眉须堕落。"师于言下大悟。

◎鄂州黄龙山诲机超慧禅师，初参岩头，问："如何是祖师西来意?"头曰："你还解救糍么?"师曰："解。"头曰："且救糍去。"后到玄泉问："如何是祖师西来意?"泉拈起一茎皂角曰："会么?"师曰："不会。"泉放下皂角，作洗衣势。师便礼拜曰："信知佛法无别。"泉曰："你见甚么道理?"师曰："某甲曾问岩头，头曰：'你还解救糍么?'救糍也只是解粘。和尚提起皂角，亦是解粘，所以道无别。"泉呵呵大笑，师遂有省。幻寄曰："玄泉若无后笑，几乎带累岩头。黄龙一笑下，脱却毛角，尚未免牵犁拽耙。"

问："急切相投，请师通信。"师曰："火烧裙带香。"问："风恬浪静时如何?"师曰："百尺竿头五两垂。"问："毛吞巨海，芥纳须弥。未是学人本分事，如何是学人本分事?"师曰："封了合盘市里揭。"师将顺世，僧问："百年后，钵囊子甚么人将去?"师曰："一任将去。"曰："里面事如何？”师曰：“线绽方知。”曰：“甚么人得？”师曰：“待海燕雷声，即向汝道。”言讫而寂。

◎**婺州明招德谦禅师**，受罗山印记，靡滞于一隅，激扬玄旨，诸老宿皆畏其敏捷，后学鲜敢当其锋者。到招庆，指壁画问僧：“那个是甚么神？”曰：“护法善神。”师曰：“会昌沙汰时，向甚么处去来？”僧无对。师令僧问演侍者，演曰：“汝甚么劫中遭此难来？”僧回举似师，师曰：“直饶演上座，他后聚一千众，有甚么用处？”僧礼拜，请别语。师曰：“甚么处去也！”到坦长老处，坦曰：“夫参学，一人所在亦须到，半人所在亦须到。”师便问：“一人所在即不问，如何是半人所在？”坦无对。后令小师问师，师曰：“汝欲识半人所在么，也只是弄泥团汉。”清上座，举仰山插锹话问师：“古人意在叉手处，插锹处？”师召清，清应诺。师曰：“还梦见仰山么？”清曰：“不要上座下语，只要商量。”师曰：“若要商量，堂头自有一千五百人老师在。”到双岩，岩请吃茶次，曰：“某甲致一问：“若道得，便舍院与阇黎住。若道不得，即不舍院。”遂举《金刚经》云：“一切诸佛及诸佛阿耨多罗三藐三菩提法，皆从此经出，且道此经是何人说？”师曰：“说与不说，拈向这边着，只如和尚决定唤甚么作此经？”岩无对。师又曰：“一切贤圣皆以无为法而有差别，则以无为法为极则，凭何而有差别？只如差别，是过不是过？若是过，一切圣贤悉皆是过。若不是过，决定唤甚么作差别？”岩亦无语。师曰：“噫！雪峰道底。”到尧庵，乃提起绦子云：“得恁么胡毵毵地？”庵云：“莫错认定盘星。”

师曰："恰是。"访保宁，于中路相遇，便问："兄是道伴中人？"乃点鼻头曰："这个碍塞我不彻，与我拈却少时得么？"宁曰："和尚有来多少时？"师曰："噫！几赚我踏破一　草鞋便回。"国泰代曰："非但某甲，诸佛亦不奈何？"师曰："因甚么以己妨人？"师在疾。一日国泰深和尚来问疾，侍者通报云："深师叔来。"师乃令请深。才入方丈，师便云："阿㖿阿㖿。深师叔救取老僧。"深云："和尚有什么救处？"师举头一觑云："咦！眼子乌啤啤地。"依前是旧时深上座，乃回身面壁，更不相见。师病愈，往国泰，深乃领众出接。至门首，师乃指金刚云："者两个汉，在这里作什么？"深揎拳作金刚势。师云："殿里黄面老子笑你。"师问国泰瑫和尚云："古人道，俱胝只念三行咒，便得名超一切人。作么生与他拈却三行咒，便得名超一切人？"国泰竖起一指。师云："不因今日，争识得瓜州客。"师会迅庵主。在高司徒宅，见挂弥勒幪子，师指弥勒佛唤云庵主，主应诺。师云："这汉还彻也未？"主无语。师云："黄连和根煮，也未是苦。"后国泰代合掌云："善哉！善哉！"师云："和尚与他邻舍住庵即得。"师在招庆，因普请，去王太傅宅，取木佛。傅乃问大众云："忽遇丹霞，又作么生？"众无语。师当时提起向顶上云："也要分付着人。"尝与僧拥垆，僧问曰："目前无法，意在目前。不是目前法，非耳目所到。那句是主，那句是宾？"师指火曰："与我向此中拈出一茎眉毛，得么？"僧曰："非但学人，尽大地人丧身失命。"师曰："汝因甚么自把髻投衙乎！"径山杲云："这僧有头无尾，明招有尾无头。有人道得头尾圆全句，云门与你拄杖子。"

师在婺州智者寺，居第一座，寻常不受净水。主事嗔曰："上座不识触净，为甚么不受净水？"师跳下床提起净瓶曰："这个是触是净？"事无语，师乃扑破。师有师叔，在廨院不安，附书来问曰："某甲有此大病，如今正受疼痛，一切处安置伊不得，还有人救得么？"师回信曰："顶门上中此金刚箭，透过那边去也。"会下有僧去住庵，一年后却来，礼拜曰："古人道，三日不相见，莫作旧时看。"师拨开胸曰："汝道我有几茎盖胆毛？"僧无对。师却问："汝甚么时离庵？"曰："今朝。"师曰："来时折脚铛子，分付与阿谁？"僧又无对。师乃喝出。师有偈曰："师子教儿迷子法，进前跳踯忽翻身。罗纹结角交加处，鹘眼龙睛失却真。"临迁化，上堂曰："一百年中，只看今日。今日事作么生？吾住此山四十年，惟用一剑活人眼目。"乃拈巾曰："如今有纯陀么？"指向诸方展看作掷势。僧问："纯陀献供，末后殷勤时如何？"师曰："莫相孤负好。"又问："和尚迁化，向什么处去举足？"曰："足下看。"又问："百年后以何为极则？"师提巾便掷。中夜问侍者："昔日灵山会上释迦如来展开双足，放百宝光。"遂展足曰："吾今放多少？"者曰："昔日世尊，今宵和尚。"师以手拨眉曰："莫孤负么。"乃说偈曰："蓦刀丛里逞全威，汝等诸人善护持。火里铁牛生犊子，临岐谁解凑吾机。"偈毕端坐而逝。

◎**漳州罗汉院桂琛禅师**，常山李氏子。为儿童时，日一素食。既冠，事本府万岁寺无相大师，披削登戒，学毗尼。一日，为众升台，宣戒本布萨已，乃曰："持戒但律身而已，依文作解，岂发圣智乎？”于是访南宗，初谒云居雪峰，犹未有所见。后造玄沙，一言启发，廓尔无惑。沙问：“三界惟心，汝作么生会？”师指椅子曰：“和尚唤这个作甚么？”曰：“椅子。”师曰：“和尚不会三界惟心？”曰：“我唤这个作竹木，汝唤作甚么？”师曰：“桂琛亦唤作竹木。”曰：“尽大地觅一个会佛法底人不可得。”师自尔愈加激励。师侍沙在方丈说话，夜深，侍者闭却门。沙曰：“门总闭了，汝作么生得出去？”师曰：“唤甚么作门？”法灯别云：“和尚莫欲歇去。”

漳州牧王公，请住城西石山，十余年迁止罗汉，破垣败篑，人不堪其忧。非忘身为法者，不至。因插田次，见僧问：“甚处来？”曰：“南州。”师曰：“彼中佛法如何？”曰：“商量浩浩地。”师曰：“争如我这里，栽田博饭契。”曰：“争奈三界何！”师曰：“唤甚么作三界？”问僧：“甚处来？”曰：“南方来。”师曰：“南方知识，有何言句示徒？”曰：“彼中道，金屑虽贵，眼里着不得。”师曰：“我道须弥在汝眼里。”问：“如何是罗汉一句？”师曰：“我向汝道，却成两句。”保福僧到，师问：“彼中佛法如何？”曰：“有时示众。”曰：“塞却你眼，教你觑不见。塞却你耳，教你听不闻。坐却你意，教你分别不得。”师曰：“吾问你，不塞你眼，见个甚么？不塞你耳，闻个甚么？不坐你意，作么生分别？”东禅齐云：“那僧闻了，忽然省去，更不他游。上座如今还会么？若不会，每日见个甚么！”　妙喜曰：“富嫌千口少，贫恨一身多。”

僧报曰：“保福迁化也。”师曰：“保福迁化，地藏入塔。”师见僧，举拂子曰：“还会么？”曰：“谢和尚慈悲示学人。”师曰：“见我竖拂子，便云示学人。汝每日见山见水，可不示汝。”又见僧来，举拂子。其僧赞叹礼拜，师曰：“见我竖拂子，便礼拜赞叹。那里扫地竖起扫帚，为甚么不赞叹？”问：“一佛出世，普为群生。和尚今日为个甚么？”师曰：“甚么处遇一佛？”曰：“恁么即学人罪过？”师曰：“谨退。”玩月次，乃曰：“云动有雨去。”有僧曰：“不是云动是风动。”师曰：“我道云亦不动，风亦不动。”曰：“和尚适来又道云动。”师曰：“阿谁罪过？”问僧：“甚处来？”曰：“秦州。”师曰：“将得甚么物来？”曰：“不将得物来。”师曰：“汝为甚么对众谩语？”其僧无对。师却问：“秦州岂不是出鹦鹉？”曰：“鹦鹉出在陇西。”师曰：“也不较多。”王太傅上雪峰施众僧衣，时从弇上座不在，师弟代上名受衣。弇归，弟曰：“某甲为师兄上名了。”弇曰：“汝道我名甚么？”弟无对。师代云：“师兄得恁么贪。”又曰：“甚么处是贪处？”又代云：“两度上名。”云居锡云：“甚么处是弇上座两度上名处？”

师与长庆、保福入州，见牡丹障子。保福曰：“好一朵牡丹花。”长庆曰：“莫眼花。”师曰：“可惜许一朵花。”玄觉云：“三尊宿语，还有亲疏也无？只如罗汉恁么道，落在甚么处？”

上堂：“诸上座，不用低头思量。思量不及，便道不用拣择，委得下口处么？汝向什么处下口，试道看。还有一法近得汝，还有一法远得汝么？同得汝，异得汝么？既然如是，为甚么却特地艰难去？”上堂：“宗门玄妙，为当只恁么，也更别有奇特。若别有奇特，汝且举将来看。若无，去不可将两个字，便当却宗乘也。何者两个字？谓宗乘教乘也。汝才道着宗乘，便是宗乘。道着教乘，便是教乘。禅德，佛法宗乘。原来由汝口里安立名字，作取说取便是也。斯须向这里，说平说实，说圆说常。禅德，汝唤甚么作平实？把甚么作圆常？傍家行脚，理须甄别，莫相埋没。得些子声色名字，贮在心头，道我会解，善能拣辨。汝且会个甚么？拣个甚么？记持得底是名字，拣辨得底是声色。若不是声色名字，汝又作么生记持拣辨？风吹松树也是声，虾蟆老鸦叫也是声，何不那里听取拣辨去。若那里有个意度模样，只如老师口里，又有多少意度，与上座莫错。即今声色纵纵地，为当相及不相及。若相及，即汝灵性金刚秘密，应有坏灭去也。何以如此？为声贯破汝耳，色穿破汝眼。因缘即塞却汝，幻妄走杀汝。声色体尔，不可容也。若不相及，又甚么处得声色来，会么？相及不相及，试裁辨看。少间又道，是圆常平实。甚么人恁么道？未是黄夷村里汉，解恁么说，是他古圣垂些子相助显发。今时不识好恶，便安圆实，道我别有宗风玄妙。释迦佛无舌头，不如汝些子，便恁么点胸。若论杀盗淫罪，虽重犹轻，尚有歇时。此个谤般若，瞎却众生眼，入阿鼻地狱，吞铁丸，莫将为等闲。所以古人道，过在化主，不干汝事，珍重。”师作明道偈曰：“至道渊旷，勿以言宣。言宣非旨，孰云有是。触处皆渠，岂喻真虚。真虚设辩，如镜中现。有无虽彰，在处无伤。无伤无在，何拘何碍。不假功成，将何法尔。法尔不尔，俱为唇齿。若以斯陈，埋没宗旨。宗非意陈，无以见闻。见闻不脱，如水中月。于此不明，翻成剩法。一法有形，翳汝眼睛。眼睛不明，世界峥嵘。我宗奇特，当阳显赫。佛及众生，皆承恩力。不在低头，思量难得。搒破面门，盖覆乾坤。决须荐取，脱却根尘。其如不晓，谩说而今。”师因疾，僧问：“和尚尊候较否？”师以杖拄地曰：“汝道这个还痛否？”曰：“和尚问阿谁？”师曰：“问汝。”曰：“还痛否？”师曰：“元来共我作道理。”后唐天成三年戊子秋，师复至闽城旧止，遍游近城诸刹，乃还示微疾，沐浴安坐而化。阇维收舍利建塔。

洪觉范曰：“地藏琛禅师，能大振雪峰玄沙之道者，其秘重大法，恬退自处之效也欤。予尝想见其为人。城隈古寺，门如死灰，道容清深。戏禅客曰：‘诸方说禅浩浩地，争如我此间栽田博饭吃。’有旨哉！”

◎安国慧球禅师，玄沙室中，参讯居首。因问：“如何是第一月？”沙曰：“用汝个月作么？”师从此悟入。上堂：“我此间粥饭因缘，为兄弟举唱，终是不常。欲得省要，却是山河大地与汝发明。其道既常，亦能究竟。若从文殊门入者，一切无为。土木瓦砾，助汝发机。若从观音门入者，一切音响，虾蟆蚯蚓，助汝发机。若从普贤门入者，不动步而到。以此三门方便示汝。如将一只折箸搅大海水，令彼鱼龙知水为命。会么？若无智眼而审谛之，任汝百般巧妙，不为究竟。”师问了院主：“只如先师道，尽十方世界是真实人体，你还见僧堂么？”了曰：“和尚莫眼花。”师曰：“先师迁化，肉犹暖在。”

◎福州大章山契如庵主，得法玄沙。初隐于小界山，山有朽杉若庵，第能容身，师遂居之。清豁冲煦二长老向师名，未尝会遇，一旦同访之。值师采粟，豁问：“道者如庵主在何所？”师曰：“从甚么处来？”曰：“山下来。”师曰：“因甚么得到这里？”曰：“这里是什么处所？”师揖曰：“那下吃茶去！”二公方省是师，遂诣庵所，颇味高论。晤坐于左右，不觉及夜。睹豺虎奔至庵前，自然驯绕。豁因有诗曰：“行不等闲行，谁知去住情。一餐犹未饱，万户勿聊生。非道应难伏，空拳莫与争。龙吟云起处，闲啸两三声。”

◎天台国清寺师静上座，始遇玄沙，示众曰：“汝诸人但能一生如丧考妣，吾保汝究得彻去。”师蹑前语问曰：“只如教中道，不得以所知心测度如来无上知见，又作么生？”沙曰：“汝道究得彻底所知心，还测度得及否？”师从此信入。后居天台，三十余载不下山。博综三学，操行孤立。禅寂之余，常阅龙藏。遐迩钦重，时谓大静上座。尝有人问：“弟子每当夜坐，心念纷飞，未明摄伏之方，愿垂示诲。”师曰：“如或夜间安坐，心念纷飞，却将纷飞之心，以究纷飞之处。究之无处，则纷飞之念何存？反究究心，则能究之心安在？又能照之智本空，所缘之境亦寂。寂而非寂者，盖无能寂之人也。照而非照者，盖无所照之境也。境智俱寂，心虑安然。外不寻枝，内不住定。二涂俱泯，一性怡然，此乃还源之要道也。”师因睹教中幻义，乃述一偈，问诸学流曰：“若道法皆如幻有，造诸过恶应无咎。云何所作业不忘，而藉佛慈兴接诱。”时有小静上座答曰：“幻人兴幻幻轮围，幻业能招幻所治。不了幻生诸幻苦，觉知如幻幻无为。”二静上座并终于本山。

◎泉州招庆院道匡禅师，在长庆会下作桶头，常与众僧语话。一日庆见乃曰：“尔每日口嘮嘮地作么?”师曰：“一日不作，一日不食。”庆曰：“与么则磨弓错箭去也。”师曰：“专待尉迟来。”庆曰：“尉迟来后如何?”师曰：“教伊筋骨遍地，眼睛突出。”庆便出去。普请担泥次，师中路按拄杖问僧云：“上窟泥，下窟泥?”僧云：“上窟泥。”师打一棒。又问一僧，僧云：“下窟泥。”师亦打一棒。又问明招，招放下泥担叉手云：“请师鉴。”师便休。径山杲云：“招庆虽然休去，争奈明招不甘。云门当时若见他放下泥担云请师鉴，劈脊也与一棒，看他如何折合。”

◎襄州鹫岭明远禅师，初参长庆，庆问：“汝名甚么?”师曰：“明远。”庆曰：“那边事作么生?”师曰：“明远退两步。”庆曰：“汝无端退两步作么?”师无语。庆曰：“若不退步，争知明远。”师乃谕言。

◎太傅王延彬居士，一日入招庆佛殿，指钵盂问殿主：“这个是甚么钵?”主曰：“药师钵。”公曰：“只闻有降龙钵。”主曰：“待有龙即降。”公曰：“忽遇拿云护浪来时作么生?”主曰：“他亦不顾。”公曰：“话堕也。”玄沙曰：“尽你神力，走向甚么处去?” 保福曰：“归依佛法僧，百丈恒作覆钵势。” 云门曰：“他日生天，莫孤负老僧。”

公到招庆煎茶，朗上座与明招把铫，忽翻茶铫。公问：“茶垆下是甚么?”朗曰：“捧垆神。”公曰：“既是捧垆神，为甚么翻却茶？朗曰：“事官千日，失在一朝。”公拂袖便出。明招曰：“朗上座吃却招庆饭了，却向外边打野榸。”朗曰：“上座作么生？”招曰：“非人得其便。”雪窦显云：“当时但踏倒茶垆。”复颂云：“来问若成风，应机非善巧。堪悲独眼龙，曾未呈牙爪。牙爪开呈云雷，逆水之波经几回。”

◎**谷山行崇禅师**，谓门弟子曰：“吾虽不在，未尝不为诸兄弟。若委悉报恩常为人处，许汝出意想知解五阴身田。若委不得，犹待报恩开两片皮，方是为人，保汝未出得意想知解。所以古人唤作鬼家活计，虾蟆衣下客。欲得速疾相应，即如今立地便证验取识取，有什么罪过？不然，根思迟回，且以日及夜，寻究将去。忽然一日觑见，更莫以少为足，更能研穷究竟。乃至淫坊酒肆，若触若净，若好若恶。以汝所见事觑教，尽是此境界，入如入律。若更见一法如丝发许，不见此个事。我说为无明翳障，直须不见有法是别底法，方得圆备。到这里，更能翻掷自由开合，不成痕缝。如水入水，如火入火，如风入风，如空入空。若能如是，直下提一口剑，刺断天下人疑网，一如不作相似。所以古人道，繁兴大用，举必全真。若有个汉，到与么境界，谁敢向前说是说非。何以故？此人是个汉，超诸限量，透出因果，一切处管束此人不得。兄弟，若能如是即可。若未得如此，且直须好与此字应误。莫取次发言吐气，沉坠却汝。无量劫莫到与么时，便道报恩不道。”

◎**漳州报恩院道熙禅师**，因与保福，送书到泉州王太尉。尉问："漳南和尚近日还为人也无？"师曰："若道为人，即屈着和尚。若道不为人，又屈着太尉来问。"太尉曰："道取一句，待铁牛能啮草，木马解含烟。"师曰："某甲惜口吃饭。"尉良久，又问："驴来马来？"师曰："驴马不同途。"尉曰："争得到这里？"师曰："特谢太尉领话。"

◎招庆省僜禅师，初参保福，福一日入大殿睹佛像，乃举手问师曰："佛恁么意作么生？"师曰："和尚也是横身。"福曰："一橛我自收取。"师曰："和尚非惟横身。"福然之。

◎鼓山智岳禅师，初游方，至鄂州黄龙，问："久向黄龙，及乎到来，只见赤斑蛇。"龙曰："汝只见赤斑蛇，不见黄龙。"师曰："如何是黄龙？"龙曰："滔滔地。"师曰："忽遇金翅鸟来，又作么生？"龙曰："性命难存。"师曰："恁么则被他吞却去也。"龙曰："谢吽黎供养。"师便礼拜。传灯云："师初未省觉，后至鼓山启发，始悟微旨。"

◎报国照禅师，佛塔被雷霹，有问："祖佛塔庙为甚么却被雷霹？"师曰："通天作用。"曰："既是通天作用，为甚么却霹佛？"师曰："作用处何处见有佛？"曰："争奈狼藉何！"师曰："见甚么？"

◎衢州乌巨山仪晏开明禅师[①]，吴兴许氏子。于唐乾符

① 晏，原作"宴"，《目录》作"晏"，《五灯会元》同，据改。

三年生，诞之夕，异香满室，红光如昼。光启中，随父镇信安，强为娶，师不愿。遂游历诸方，机契镜清，归省父母，乃于郭南创别舍以遂师志。舍旁陈司徒庙有凛禅师像，师往瞻礼，失师所之。后郡守展祀祠下，见师入定于庙后丛竹间。蚁蠹其衣，败叶没胜。或者云："是许镇将之子也。"自此三昧，忽出忽入。子湖讷禅师，未知师所造浅深，问曰："子所住定，盖小乘定耳？"时方啜茶，师呈起橐曰："是大是小？"讷骇然。寻谒括苍唐山德严禅师，严问："汝何姓？"曰："姓许。"严曰："谁许汝？"曰："不别。"严默识之，遂与剃染。尝令摘桃，浃旬不归，往寻，见师攀桃倚石，泊然在定。严鸣指出之。开运中游江郎岩，睹石龛，谓弟子慧兴曰："予入定此中，汝当礌石塞门，勿以吾为念。"兴如所戒。明年，兴意师长，往启龛视师，素发被肩，胸臆尚暖。徐自定起，了无异容。复回乌巨。侍郎慎公镇信安，馥师之道，命义学僧守荣诘其定相，师不与之辩。荣意轻之。时信安人竞图师像而尊事，皆获舍利，荣因愧服。礼像谢愆，亦获舍利。叹曰："此后不敢以浅解测序矣。"钱忠懿王感师见梦，遣使图像至，适王患目疾，展像作礼，如梦所见。随雨舍利，目疾顿瘳。因锡号开明。宋太宗闻师定力，加礼延师。师不赴，特以肩舆迎至，便殿咨对，太宗深契。寻即丐归。淳化元年示寂，寿一百十五，腊五十七。阇维，白光烛天，舍利五色。徽宗政和三年，嘉州路旁大树因风摧折，中有一僧禅定，须发被体，指爪绕身。奏闻，帝令肩舆入京。命西天总持三藏以金磬出其定，遂问："何代僧？"曰："我乃东林远法师之弟，名慧持。因游峨嵋，入定于树。远法师无恙否？"藏曰："远法师晋人也，化去七百年矣。”持遂寂然。藏问：“师既至此，欲归何所？”持曰：“陈留县。”复入定。帝制三偈，令绘像颁行。偈曰：“七百年来老古锥，定中消息许谁知。争如只履西归去，生死何劳木作皮。藏山于泽亦藏身，天下无藏道可亲。寄语庄周休拟议，树中不是负趋人。有情身不是无情，彼此人人定里身。会得菩提本无树，不须辛苦问卢能。”

◎**福州林阳瑞峰院志端禅师**，本州人也。初参安国，见僧问：“如何是万象之中独露身？”国举一指，其僧不荐。师于是冥契玄旨，乃入室白曰：“适来见那僧问话，志端有个省处。”国曰：“汝见甚么道理？”师亦举一指曰：“这个是甚么？”国然之，师礼谢。谓门弟子曰：“佛法无许多般，但凡圣一真，犹存见隔。见存即凡，情忘即佛，教中谓之称性缘起。则俯仰进止，屈伸谦敬，无一法可转变有生住异灭相，况我祖师门下，合作何理论。”举拂子曰：“曹溪用不尽底，时人唤作头角生，山僧拈来拂蚊子，荐得乾坤陷落。”开宝元年八月，遗偈曰：“来年二月二，别汝暂相弃。烧灰散四林，免占檀那地。”明年正月二十八日，州民竞入山瞻礼，师尚无恙，参问如常。至二月一日，州官率诸官同至山，讯候经宵。二日斋罢，上堂辞众。时圆应长老出问曰：“云愁雾惨，大众呜咽。未当告别，先赐一言。”师垂一足，应曰：“法镜不临于此土，宝月又照于何方？”师曰：“非汝境界。”应曰：“恁么则沤生沤灭元归水，师去师来是本常。”师作嘘声，复与数僧酬答罢，归方丈。至亥时问众曰：“世尊灭度时节是何日？”曰：“二月十五日子时。”师曰：“吾今日子前。”遂泊然坐化，阅世七十八，坐六十夏。

◎**保福清豁禅师**，参睡龙，龙问曰：“豁阇黎见何尊宿来，还悟也未?”曰：“清豁尝访大章，得个信处。”龙于是上堂，集众召曰：“豁阇黎出来，对众烧香说悟处，老僧与汝证明。”师出众乃拈香曰：“香已拈了，悟即不悟。”龙大悦而许之。师将顺世，遗偈曰：“世人休说路行难，鸟道羊肠咫尺间。珍重苎溪溪畔水，汝归沧海我归山。”即往贵湖卓庵，未几谓门人曰：“吾灭后，将遗骸施诸虫蚁，勿置坟塔。”言讫潜入湖头山，坐盘石，俨然长往。弟子遍觅，而得禀遗戒。延七日，竟无虫蚁侵蚀，阇维散于林间。

◎**四祖山清皎禅师**，年七十时，遗偈曰：“吾年八十八，满头垂白发。颙颙鹛镇双峰，明明千江月。黄梅扬祖教，白兆承宗诀。日日告儿孙，勿令有断绝。”淳化四年癸巳八月二十三日入灭，年八十八。《传灯》载此，以师光十八年，而识化期也。《会元》作临终时偈，失矣。

◎**大龙智洪禅师**，僧问：“色身败坏，如何是坚固法身?”师曰：“山花开似锦，涧水碧如蓝。”妙喜拈云：“若以此明堪固法身，生身入地狱。”　雪窦显颂：“问曾不知，答还不会。月冷风高，古岩寒桧。堪笑路逢达道人，不将语默对。手把珊瑚鞭，骊珠尽击碎，不击碎增瑕类。国有宪章，三千条罪。”

◎**同安志禅师**，先同安将示寂，上堂曰：“多子塔前宗子秀，五老峰前事若何？”如是三举，莫有对者。师出曰：“夜明帘外排班立，万里歌谣道太平。”安曰：“须是这驴汉始得。”

◎庐山佛手岩行因禅师，庐山之北有岩，如五指。下有石窟，可三丈余。师宴处其中，因号佛手岩和尚，不序弟子。有邻庵僧，为之供侍。常有异鹿锦囊鸟，驯扰其侧。江南李主三召不起，乃坚请就栖贤开堂。不逾月潜归岩室。一日示微疾，谓旁僧曰：“日午吾去矣。”及期僧报日午也，师下床行数步，屹然立化。岩上有松一株，同日枯槁。李主备香薪荼毗，塔于岩阴。

◎泉州龟洋慧忠禅师，会昌初，诏天下废释氏教。及宣宗即位，诏重兴之。而师笑曰：“仙去者未必受 ，成佛者未必须僧。”遂过中不食，不宇而禅，迹不出山者三十年。以三偈自见曰：“雪后始知松柏操，云收方见济淮分。不因世主令还俗，那辨鸡群与鹤群。多年尘土自腾腾，虽着伽黎未是僧。今日归来酬本志，不妨留发候然灯。形容虽变道常存，混俗心源亦不昏。试读善财巡礼偈，当时岂例是沙门。”一旦谓弟子曰：“众生不能解脱者，情累尔。悟道易，明道难。”问：“如何得明道去？”师曰：“但脱情见，其道自明矣。”夫明之为言，信也。如禁蛇人，信其咒力药力，以蛇绾弄，揣怀袖中无难。未知咒药等力者，怖骇弃去。但谛见自心，情见便破。今千疑万虑不得用者，是未见自心者也。忽索香焚罢，安坐而化，塔全身于无了禅师塔之东。

◎襄州广德义禅师，谒先广德，作礼问曰：“如何是和尚密密处？”德曰：“隐身不必须岩谷，阛阓堆堆睹者稀。”师曰：“恁么则酌水献花去也。”德曰：“忽然云雾霭，阇黎作么生？”师曰：“采汲不虚施。”广德忻然曰：“大众看取第二代广德。”

◎襄州广德周禅师，问：“教中道阿逸多不断烦恼，不修禅定。佛记此人成佛无疑，此理如何？”师曰：“盐又尽，炭又无。”曰：“盐尽炭无时如何？”师曰：“愁人莫向愁人说，说向愁人愁杀人。”妙喜曰：“古人恁么答话，唤作洗脚上船。”

◎石门慧彻禅师，僧问：“云光作牛意旨如何？”师曰：“陋巷不骑金色马，回途却着破絉衫。”云光法师不事戒律。志公曰：“出家何为？”光曰：“吾不斋而斋，食而非食。”后招报作牛，拽车于途。志公见之呼曰：“云光。”牛举首，志曰：“何不道拽而非拽？”牛堕泪跳号而卒。

◎益州青城香林院澄远禅师，依云门，十八年为侍者。门凡接师，则呼曰：“远侍者。”师应诺。门曰：“是甚么？”如此者十八年，一日方悟。门曰：“我乃今更不呼汝矣。”师一日辞门，门曰：“光含万象一句，作么生道？”师拟议，门令更住三年。普请锄地次，有一僧曰：“看俗家失火。”师曰：“那里火？”曰：“不见那！”师曰：“不见。”曰：“瞎汉。”是时一众皆言远上座败阙。后明教宽闻举，曰：“须是我远兄始得。”问：“美味醍醐，为甚么变成毒药？”师曰：“导江纸贵。”问：“如何是西来的的意？”师曰：“坐久成劳。”雪窦显颂云：“一个两个千万个，脱却笼头卸却驮。左转右转随后来，子湖要打刘铁磨。”

问：“一子出家，九族解脱。目连为甚么母入地狱？”师曰：“确。”将示寂，辞知府宋公　曰：“老僧行脚去。”通判曰：“这僧风狂，八十岁行脚去那里？”宋曰：“大善知识，去住自由。”归谓众曰：“老僧四十年，方打成一片。”言讫而逝。有僧参举道者，一日游山次，僧曰：“香林道，老僧四十年求成一片不可得，此意如何？”举曰：“老僧也恁么。”却问其僧：“会么？”曰：“不会。”举示偈曰：“香林成一片，老僧也恁么。不待此月终，重为子决破。”至月末，举遂迁化。

◎韶州白云子祥禅师，上堂：“诸人会么？但向街头市尾、屠儿魁刽、地狱镬汤处会取？若恁么会得，堪与人天为师。若向衲僧门下，天地悬殊。更有一般底，只向长连床上作好人去。汝道此两般人，那个有长处？无事，珍重！”问僧：“不坏假名，而谈实相，作么生？”僧指椅子曰：“这个是椅子。”师以手拨椅曰：“与我将鞋袋来。”僧无对。师曰：“这虚头汉。”云门闻乃云：“须是我祥兄始得。”

将示灭，白众曰：“某甲虽提祖印，未尽其中事。诸仁者，且道其中事作么生？莫是无边中内外已否？若如是会，即大地如铺沙。”良久曰：“去此即他方相见。”言讫而寂。

◎鼎州德山缘密禅师，上堂：“我有三句语示汝诸人：

一句函盖乾坤，一句截断众流，一句随波逐浪。作么生辨？若辨得出，有参学分；若辨不出，长安路上辊辊地。”《智证传》以此为雪峰三句，其传曰：“宗师约法，以定纲宗，以简偏邪，如雪峰三句。”玄沙尝言之曰：“是汝诸人，见有险恶，见有大虫刀剑诸事，来逼汝身命，便生无限怖畏。恰如世间画师，自画作地狱变相，画大虫刀剑了，好好地看着，却自生怕怖，亦不是别人与汝为过。汝如今欲免此幻惑么，但识取金刚眼睛。若识得，不曾教有纤尘可得露现，何处更有虎狼刀剑解嚇吓得汝。直至释迦，如是伎俩，亦觅出头处不得。所以我向汝道，沙门眼把定世界，函盖乾坤，不漏丝发。何处更有一物，为汝知见。如是出脱，如是奇特，何不究取？此函盖乾坤句也。”又曰：“钟中无鼓响，鼓中无钟声。钟鼓不交参，句句无前后。如壮士展臂，不借他力。如师子游行，岂求伴侣。此截断众流句也。又曰：‘大唐国内，宗乘未有一人举唱。设有一人举唱，尽大地人，失却性命，无孔铁椎相似，一时亡锋结舌去。汝诸人，赖我不惜身命，共汝颠倒知见，随汝狂意，方有申问处。我若不共汝，与么知问去。汝向什么处得见我？此随波逐浪句也。”幻寄曰：“觉范此语，与古塔主分擘三玄，又何异。”圜悟曰：“云门大师多以一字禅示人，虽一字中，须具三句。此三句无论是雪峰，是密师语，要之窥其藩者，必圜悟。若觉范，则欲登高，而入渊者也。”

示众：“俱胝和尚，但有问答，只竖一指头。寒则普天普地寒，雪窦云：“甚么处见俱胝老？”热则普天普地热。”雪窦云：“莫错认定盘星。”复云：“森罗万象，彻下孤危。大地山河，通上险绝。甚么处得一指头禅？”　妙喜曰：“可谓是贵人多忘。”

上堂：“但参活句，莫参死句。活句下荐得，永劫无滞。一尘一佛国，一叶一释迦，是死句。扬眉瞬目，举指竖拂，是死句。山河大地，更无诮讹，是死句。”时有僧问：“如何是活句？”师曰：“波斯仰面看。”曰：“恁么则不谬去也。”师便打。

◎岳州巴陵新开院颢鉴禅师，初到云门，门曰：“雪峰和尚道，开却门达磨来也。”语具《云门章》中。住后，更不作法嗣书，只将三转语上云门。僧问：“如何是道？”师曰：“明眼人落井。”保宁颂：“秋夜霜天月正明，仰观星象约三更。一条大路平如掌，归去何妨彻晓行。”问：“如何是吹毛剑？”师曰：“珊瑚枝枝撑着月。”雪窦颂：“要平不平，大巧若拙。或指或掌，倚天照雪。大冶兮磨砻不下，良工兮拂拭未歇。别别，珊瑚枝枝撑着月。”问：“如何是提婆宗？”师曰：“银碗里盛雪。”雪窦颂：“老新开，端的别，解道银碗里盛雪。九十六个应自知，不知却问天边月。提婆宗提婆宗，赤幡之下起清风。”云门见曰：“他后老僧忌日，只消举此三转语，足以报恩。”问僧：“游山来，为佛法来？”曰：“清平世界，说甚么佛法。”师曰：“好个无事禅客。”曰：“早是多事了也。”师曰：“上座去年在此过夏了。”曰：“不曾。”师曰：“与么则先来不相识。”下去。

◎随州双泉山师宽明教禅师，初在云门。一日，闻白槌曰：“请师宽充典座。”师翻筋斗出众曰：“云门禅属我矣。”又一日，云门问师：“今日吃得几个胡饼？”师曰：“五个。”门曰：“露柱吃得几个？”师曰：“请和尚茶堂里吃茶。”师一日访白兆，兆曰：“老僧有个木鱼颂。”师曰：“请举看。”兆曰：“伏惟烂木一橛，佛与众生不别。若以杖子击着，直得圣凡路绝。”师曰：“此颂有成褫无成褫？”兆曰：“无成褫。”

师曰："佛与众生不别蹔。"侍僧救曰："有成褫。"师曰："直得圣凡路绝蹔。"当时白兆一众失色。

◎**襄州洞山守初宗慧禅师**，初参云门。门问："近离甚处？"师曰："查渡。"门曰："夏在甚处？"师曰："湖南报慈。"曰："几时离彼？"师曰："八月二十五。"门曰："放汝三顿棒。"师至明日，却上问讯："昨日蒙和尚放三顿棒，不知过在甚么处？"门曰："饭袋子，江西、湖南便恁么去？"师于言下大悟，遂曰："他后向无人烟处，不蓄一粒米，不种一茎菜，接待十方往来，尽与伊抽钉拔楔，拈却炙脂帽子，脱却鹘臭布衫，教伊洒洒地，作个无事衲僧，岂不快哉！"门曰："你身如椰子大，开得如许大口。"师便礼拜。雪窦拈云："云门气宇如王，拶着便冰消瓦解。当时若据令而行，子孙也未到断绝。"　圜悟勤云："大沩真如和尚爱教人看此因缘，拈人情解。有者道，云门道近离甚处？山曰查渡，此是放一顿棒。夏在甚处？山曰湖南报慈，此是放一顿棒。几时离彼中来？山曰八月二十五，此是放一顿棒。分明是三顿棒，且喜没交涉，又有底道。洞山实头，所以放他三顿棒。有底道，当时便好一喝，更说如何若何，总是狂解，总不恁么。毕竟作么生？所以古人道，承言须会宗，勿自立规矩。拈他情解便会，只为云门语好。便发得，洞山悟处，一如临济见大愚，只被大愚拈他情见，便会得彻。后来僧问洞山：如何是佛？便只道麻三斤，看他那里是安排得来。祖师门下，一觑便见，那里有许多般。千圣万圣挨拶，教人见到这里。虽然点破纲宗，要且意在未局时。明眼汉没窠臼，所以岩头道，若论战也。个个立在转处，向未局时一觑便见。廓天一路相似，灵利汉疑着处，一点便会。"雪窦拈谓："云门一似霸王相似，因甚么拶着便冰消瓦解。”雪窦嫌云门老婆心如此，当时真个好打。到这里，拈则许你拈，会则不许你会。若只恁么会，又错了也。当时劈脊便棒赶出去，已放过了也。教他后来道，如何是佛？麻三斤。前也不着村，后也不着店，天下人不奈何。若奈何时，如何鼻孔撩天！

示众：“语中有语，名为死句。语中无语，名为活句。诸禅德，作么生是活句？到这里，实难得人。若也不动一尘，不拨一境，见事便道答话，长老下脚不得。东西南北，莫知多少。要得去离泥水，活人眼目，举唱宗风，激扬大事。不道全无，其奈还少，只缘未达其源。落在第八魔境界中，识得个不名不物，无是无非。头头物物无不具足，道我得安乐田地，更不求余。凡有扣击问难，即便敲床竖拂，更不惜便施便设，便行便用。向恶水坑里，头出头没，弄个无尾猢狲。到腊月三十日，鼓也打破，猢狲又走却了，手忙脚乱，一无所成，悔将何及。若是个衲僧，乍可冻杀饿杀，终不着他鹘臭布衫。”又曰：“言无展事，语不投机，乘言者丧，滞句者迷。于此四句语中，见得分明，也作个脱洒衲僧。根椽片瓦，粥饭因缘，堪与人天为善知识。于此不明，终成莽卤。”《林间录》曰：“云庵平生说法，多称初悟门，度越格量。偶阅旧记，见其寄道友偈并序曰：昔洞山参云门，悟旨于言下，入佛正知见。所有炙脂帽子、鹘臭布衫皆脱去，以四句偈明其悟。盖得展事自在之用，投机善巧之风。故其应机接物，不乘言，不滞句，如师子王得大自在，于哮吼时，百兽震骇。盖法王法如是故也。又世所传，见云门者，皆坐脱立亡，何哉？以无佛法知见故也。因随句释以奉寄，曰：大用现前能展事，春来何处不开花。放伊三顿参堂去，四海当知共一家。又曰：千差万别解投机，明眼宗师在此时。北斗藏身虽有语，出群消息少人知。又曰：游山玩水便乘言，自己商量总不偏。鹘臭布衫脱未得，且随风俗度流年。又曰：滞句乘言是瞽聋，参禅学道自无功。语来不费纤毫力，火里蝍蟟吞大虫。”

又曰：“举唱宗乘，阐扬大教，须得法眼精明，方能鉴辨缁素。切缘真妄一源，水乳同器，到此难分。洞山寻常以心中眼，观身外相。观之又观，乃辨真伪。若不如是，何名善知识。夫善知识者，驱耕夫之牛，夺饥人之食，方名善知识。即今天下，那个是真善知识，诸德参得几个善知识来也！不是等闲，直须参教彻，觑教透，千圣莫能证明，方显大丈夫儿。不见释迦老子，明星出时，豁然大悟，与大地众生同时成佛。无前后际，岂不畅哉！虽然如是，若遇明眼衲僧，也好劈脊便棒。”问：“维摩掌擎四世界，未审维摩身在甚处？”师曰：“在阇黎后底。”曰：“为甚么在学人后底？”师曰：“还我话头来。”问：“如何是佛？”师曰：“麻三斤。”福严良雅，时为首座。师参罢，至首座寮，问曰：“我今日答这僧话，得么？”雅曰：“恰值某净发。”师曰：“你元来作这去就。”拂袖便出。雅曰：“这老汉，将谓我明他这话不得。”因作偈呈曰：“五彩画牛头，黄金为点额。春晴二月初，农人皆取则。寒食贺新正，铁钱三五百。”师见深肯之。僧问智门：“洞山道麻三斤，意旨如何？”门曰：“花簇簇，锦簇簇。”僧无语。门曰：“会么？”僧曰：“不会。”门曰：“南地竹兮北地木。”僧回举似师，师曰：“我不为汝说，为大众说。”遂上堂云：“言无展事，语不投机，承言者丧，滞句者迷。”雪窦显颂：“金乌急，玉兔速，善应何曾有轻触。展事投机见洞山，跛鳖盲龟入空谷。花簇簇，锦簇簇，南地竹兮北地木。因思长庆陆大夫，解道合笑不合哭。咦！”

问僧：“甚处来？”曰：“汝州。”师曰：“此去多少？”曰：“七百里。”师曰：“踏破几緉草鞋？”曰：“三緉。”师曰：“甚处得钱买？”曰：“打笠子。”师曰：“参堂去。”僧应诺。问僧：“莫便是新到否？”曰：“是。”师曰：“夜来投栖处，今朝事如何？”曰：“今朝风较急，青山背上行。”师曰：“不是更道。”曰：“珍重。”师便打。问：“不向心头安了义，如何得达祖师言？”师曰：“六脚蜘蛛上板床。”问：“自古及今不从人得，六祖黄梅夜闻何事？”师曰：“志公拄杖。”曰：“得用时如何？”师曰：“用那曲尺作甚么？”问：“十二时中行住坐卧自省觉时如何？”师曰：“看人吃饭。”曰：“争奈树影不斜何？”师曰：“亲言出亲口。”问：“金鍮现前，请师辨？”师曰：“两脚虾蟆吞却月。”都监太保问：“眼处入正受，诸尘三昧起。此意如何？”师云：“洞山茶碗里有太保，太保茶碗里有洞山。”太保无语，却将此语问谷隐。隐云：“不落无言说。”问延庆，庆云：“唤甚么作三昧。”幻寄曰：“三师恁么道，忒杀廉纤。若有人问幻寄，如何是眼处入正受诸尘三昧起？但向伊道，过。”

随牛狗儿颂：“家有一狗儿，骏小人难见。终日随牛去，未省使人唤。见客不作声，见人偏能善。拟议上门来，早是输他便。好好报禅师，须着精神看。任汝灵利人，不觉为死汉。”淳化元年秋七月，无疾跏趺而化。

◎**金陵奉先深禅师**，同明和尚在众时，闻僧问法眼：“如何是色眼？”竖起拂子。或曰“鸡冠花”，或曰“贴肉汗衫”，二人特往请益。问曰：“承闻和尚有三种色语，是否？”眼曰：“是。”师曰：“鹞子过新罗。”便归众。时李主在座下不肯，乃白法眼曰：“寡人来日致茶筵，请二人重新问话。”

明日茶罢，备彩一箱，剑一口，谓二师曰："上座若问话得是，奉赏杂彩一箱。若问不是，只赐一剑。"法眼升座，师复出问："今日奉敕问话，师还许也无？"眼曰："许。"曰："鹞子过新罗。"捧彩便行。大众一时散去。时法灯作维那，乃鸣钟集众，僧堂前勘。师众集，灯问："承闻二上座久在云门，有甚奇特因缘？举一两则来商量看。"师曰："古人道：'白鹭下田千点雪，黄鹂上树一枝花。'维那作么生商量？"灯拟议，师打一坐具，便归众。师同明和尚到淮河，见人牵网，有鱼从网透出。师曰："明兄俊哉！一似个衲僧相似。"明曰："虽然如此，争如当初不撞入网罗好！"师曰："明兄你欠悟在。"明至中夜，方省。妙喜曰："明上座省得底，且道是网罗里底，是出网罗底？"　幻寄曰："催得吴霜点鬓稠。"

◎韶州双峰竟钦禅师，上堂："进一步则迷理，退一步则失事，饶你一向兀然去，又同无情。"僧问："如何得不同无情去？"师曰："动转施为。"曰："如何得不迷理失事去？"师曰："进一步，退一步。"僧作礼。师曰："向来有人恁么会？老僧不肯伊。"曰："请师直指。"师便打。太平兴国二年三月，谓门弟子曰："吾不久去汝矣，可砌个卵塔。"五月二十三日工毕，师曰："后日子时行矣。"及期，适云门、爽禅师、温门舜峰诸老夜话。侍者报三更。师索香焚之，合掌而化。

◎洞山清禀禅师，参云门，门问："今日离甚处？"曰："慧林。"门举拄杖曰："慧林大师恁么去，汝见么？"师曰：

“深领此问：“门顾左右微笑而已。”《智证传》、《大涅槃经》曰：“所言二谛，其实是一。”方便说二，如人醉未吐，见日月转，谓有转日及不转日。醒人但见不转，不见于转。转二为粗，不转为妙。传曰：三藏全是转之二，如彼醉者，大乘经带一转二，而说不转之者一也。起信曰：“以一切法本来惟心，实无于念，而有妄心。不觉起念，见诸境界，故说明。以此义例，转二为粗也。”又曰：“心性不起，即是大智能光明义，例不转为妙也。”洞山清禀禅师惟宴坐。一日呼侍者，下法堂，谓曳木者，无损阶砌。侍者出视无有，还白。寂无人迹，禀又使求之。侍者临檐俯视，乃群蚁曳蜻蜓翼，缘阶而上，盖静极妙而灵知也。　幻寄曰：“凡情圣量皆转也。虽洞见十方，遍闻三界，犹属圣量之转。禀师以蚁曳蜻蜓翼为曳木，其灵通昧略，若在梦境。而觉范以静妙许之，异乎经之所谓不转为妙哉！”如何是不转？曰：“蜻蜓翼。”

◎**北禅寂禅师**，问僧：“甚处来？”曰：“黄州。”师曰：“夏在甚处？”曰：“资福。”师曰：“福将何资？”曰：“两重公案。”师曰：“争奈在北禅手里。”曰：“在手里即放取。”师便打。僧不甘，师随后趁出。

◎**云门山朗上座**，自幼肄业讲肆，闻僧问云门：“如何是透法身句？”门曰：“北斗里藏身。”师罔测微旨，遂造云门。门才见，便把住曰：“道！道！”师拟议，门托开，乃示颂曰：“云门耸峻白云低，水急游鱼不敢栖。入户已知来见解，何劳再举轹中泥。”师因斯大悟。

指月录卷二十二

六祖下第九世

◎汝州首山省念禅师，莱州狄氏子。受业于本郡南禅寺，才具尸罗，遍游丛席。常密诵《法华经》，众目为念法华也。晚于风穴会中充知客。一日侍立次，穴乃垂涕告之曰：“不幸临济之道，至吾将坠于地矣。”师曰：“观此一众，岂无人耶?”穴曰：“聪明者多，见性者少。”师曰：“如某者如何?”穴曰：“吾虽望子之久，犹恐耽着此经，不能放下。”师曰：“此亦可事，愿闻其要。”穴遂上堂，举世尊以智莲目顾视大众，乃曰：“正当恁么时，且道说个甚么?若道不说而说，又是埋没先圣。且道说个甚么?”师乃拂袖下去。穴掷下拄杖归方丈。侍者随后请益曰：“念法华因甚不只对和尚?”穴曰：“念法华会也。”次日，师与真园头同上，问讯次，穴问真曰：“作么生是世尊不说说?”真曰：“鹁鸠树头鸣。”穴曰：“汝作许多痴福作么？何不体究言句。”又问师曰：“汝作么生？”师曰：“动容扬古路，不堕悄然机。”穴谓真曰：“汝何不看念法华下语。”径山杲云：“我当时若见这老汉恁么道，深掘一坑一时埋却，更牵牛在上蹋过，却须放真公出一头始得。山僧恁么道，且不是抑强扶弱，亦不是杜撰差排。你若识得鹁鸠树头鸣，意在麻畲里，便识得动容扬古路，不堕悄然机。遮两转语，毕竟是一耶？是二耶？若道是一，为甚么风穴只肯念法华，不肯真园头？若道是二，争奈落霞与孤鹜齐飞，秋水共长天一色。参。”

又一日，穴升座顾视大众，师便下去。穴即归方丈。白兆楚和尚至汝州宣化，风穴令师往传语。才相见，提起坐具便问：“展即是，不展即是。”兆曰：“自家看取。”师便喝。兆曰：“我曾亲近知识来，未尝辄敢恁么造次。”师曰：“草贼大败。”兆曰：“来日若见风穴和尚，待一一举似。”师曰：“一任一任，不得忘却。”师乃先回，举似风穴。穴曰：“今日又被你收下一员草贼。”师曰：“好手不张名。”兆次日才到，相见便举前话。穴曰：“非但昨日，今日和赃捉败。”师于是名振四方，学者望风而靡。开法首山。问僧：“不从人荐得底事，试道看？”僧便喝。师曰：“好好相借问，恶发作么？”僧又喝。师曰：“今日放过即不可。”僧拟议，师喝之。问僧：“近离何处？”曰：“襄州。”师曰：“夏在何处？”曰：“洞山。”师曰：“还我洞山鼻孔来。”曰：“不会。”师曰：“却是老僧罪过。”问：“有一人荡尽来时，师还接否？”师曰：“荡尽即置，那一人是谁？”曰：“风高月冷。”师曰：“僧堂内几人坐卧？”僧无对。师曰：“赚杀老僧。”问：“如何是梵音相？”师曰：“驴鸣犬吠。”乃曰：“要得亲切，第一莫将问来问。还会么？问在答处，答在问处。汝若将问来问，老僧在汝脚底。汝若拟议，即没交涉。”时有僧出礼拜，师便打。僧便问：“挂锡幽岩时如何？”师曰：“错。”僧曰：“错。”师又打。《僧宝传·见风穴章》前已录入，而《会元》列此于师章中，乃首尾语亦异。此必师因僧问答，而引风穴语发明耳。遂复录于此。

问：“如何是佛？”师曰：“新妇骑驴阿家牵？”曰：“未审此语甚么句中收？”师曰：“三玄收不得，四句岂能该！”曰：“此意如何？”师曰：“天长地久，日月齐明。”又僧问：“新妇骑驴阿家牵，意旨如何？”师曰：“百岁翁翁失却父。”曰：“百岁翁翁岂有父耶？”师曰：“汝会也。”又曰：“此是独坐无尊卑，从上无一法与人。”

问：“学人乍入丛林，乞师指示。”师曰：“阇黎在老僧会里多少时？”曰：“已经冬夏。”师曰：“莫错举似人。”乃曰：“若论此事，实不挂一元字脚。”便下座。问：“仗镆铘剑拟取师头时如何？”师嘘一声。僧曰：“苦痛深。”师便打。问僧：“近离何处？”曰：“广慧。”师曰：“穿云不渡水，渡水不穿云。离此二途速道。”曰：“昨夜宿长桥。”师曰：“与么则合吃首山棒也。”曰：“尚未参堂。”师曰：“两重公案。”曰：“恰是。”师曰：“耶！耶！”夜有僧入室，师曰：“谁？”僧不对。师曰：“识得汝也。”僧笑。师曰：“更莫是别人么？”因作偈曰：“轻轻踏地恐人知，语笑分明更莫疑。智者只今猛提取，莫待天明失却鸡。”师问僧：“近离甚处？”僧曰：“襄州。”师云：“路上曾逢达磨也无？”僧近前不审。师云："这个是驴前马后底。"僧云："和尚又如何？"师曰："非公境界，且坐吃茶。"僧才坐，师又问："在甚么处过夏？"僧云："石门。"师云："水牯牛安乐么？"僧云："及时水草。"师曰："为甚么伤人苗稼？"僧云："对和尚不敢造次。"师云："放过即不可。"便打。示众曰："佛法无多子，只是汝辈自信不及。若能自信，千圣出头来。无奈汝何何故如此？为向汝面前，无开口处，只为汝自信不及，向外驰求，所以到这里。假如便是释迦佛，也与汝三十棒。然虽如是，初机后学，凭个什么道理？且问汝辈，还得与么也未？"良久曰："若得与么？方名无事。"示众："诸上座，不得盲喝乱喝。者里寻常向你道，宾则始终宾，主则始终主。宾无二宾，主无二主，若有二宾二主，即是两个瞎汉。所以我若立时，你须坐；我若坐时，你须立。坐则共你坐，立则共你立。虽然如是，到这里急着眼始得。若是眼孔定动，即千里万里。何故如此？如隔窗看马骑相似，拟议即没交涉。诸上座，既然于此留心，直须子细，不要掠虚好。他日异时，赚着你在。诸人，若也有事近前，无事珍重。"师示众曰："识得拄杖子行脚事毕。"三角云："识得拄杖子，入地狱如箭。"妙峰善举师语毕，着语云："错。"又举三角语毕，亦着语云："错。"老僧则不然，识得拄杖子错，颂云："妙峰三个错，不是无病药。庞公卖笊篱，清平道木杓。"

尝作纲宗偈曰："咄哉拙郎君，汾阳注曰：素洁条然。巧妙无人识运机非耳目。打破凤林关荡尽玲珑性，着靴水上立尘泥自异。咄哉巧女儿汾阳曰：妙智理圆融。擲梭不解织无间功不立。看他斗鸡人，旁观审腾距，争功不自伤。水牛也不识全力能负不露头角。背阴山子向阳多，叶县省云：迥无背面。南来北往意如何不堕有无边。若人问我西来意从来无间断，东海东面有新罗。”大地不奈何，或作示众三首。淳化三年十二月四日午时，上堂说偈曰：“今年六十七，老病随缘且遣日。今年记却来年事，来年记着今朝日。”至四年，月日无爽前记。上堂辞众，仍说偈曰：“诸子谩波波，过却几恒河。观音指弥勒，文殊不奈何。”良久曰：“白银世界金色身，情与无情共一真。明暗尽时都不照，日轮午后示全身。”日午后泊然而化，阇维得五色舍利，塔于首山。《语录》有小参示众云：“老僧拟欲归乡，什么人随得去？”时有僧问：“未审和尚什么时去？”师云：“待有伴即向汝道。”僧云：“无伴底事作么生？”师云：“尽日不逢人，明明不知处。”僧云：“忽遇一人又作么生？”师云：“迷子不归家，失却来时路。”僧云：“请师指个归乡路。”师云：“枯木藏龙，不存依倚。”僧云：“和尚什么时节却回？”师云：“一去不知音，六国无消息。”僧云：“正当归乡底事又作么生？”师云：“独唱胡家曲，无人和得齐。”僧云：“忽遇知音在时如何？”师云：“山上石人齐拍掌，溪边野老笑呵呵。”僧云：“归乡回来底事又作么生？”师云：“八国奉朝衣，四相无迁改。”僧云：“未审居何位次？”师云：“文殊不坐金台殿，自有逍遥竹拂枝。”此应是师临化问答，因附录。

◎**广慧真禅师**即真园头，风穴问：“会昌沙汰时，护法善神向什么处去？”师曰：“常在阛阓中，要且无人见。”穴曰：“你彻也。”妙喜云：“汝道风穴自彻也未。”

◎**黑水和尚**，参黄龙，问：“雪覆芦花时如何？”龙曰：“猛烈。”师曰：“不猛烈。”龙又曰：“猛烈。”师又曰：“不猛烈。”龙便打，师于此有省，便礼拜。

◎枣树第二世和尚，问僧：“近离甚处？”曰：“汉国。”师曰：“汉国天子还重佛法也无？”曰：“苦哉！赖值问着某甲，问着别人则祸生。”师曰：“作甚么？”曰：“人尚不见，有何佛法可重。”师曰：“阇黎受戒来多少时？”曰：“二十夏。”师曰：“大好不见有人。”便打。

◎吕岩真人，字洞宾，京川人也。唐末三举不第，偶于长安酒肆遇钟离权，授以延命术，自尔人莫之究。尝游庐山归宗，书钟楼壁曰：“一日清闲自在身，六神和合报平安。丹田有宝休寻道，对境无心莫问禅。”未几，道经黄龙山，睹紫云成盖，疑有异人。乃入谒，值龙击鼓升堂。龙见，意必吕公也，欲诱而进。厉声曰：“座旁有窃法者。”吕毅然出问：“一粒粟中藏世界，半升铛内煮山川。且道此意如何？”龙指曰：“这守尸鬼。”吕曰：“争奈囊有长生不死药。”龙曰：“饶经八万劫，终是落空亡。”吕薄讶，飞剑胁之，剑不能入。遂再拜，求指归。龙诘曰：“半升铛内煮山川即不问，如何是一粒粟中藏世界？”吕于言下顿契。作偈曰：“弃却瓢囊摵碎琴，如今不恋汞中金。自从一见黄龙后，始觉从前错用心。”龙嘱令加护。

◎襄州清溪山洪进禅师，在地藏时，居第一座。一日，地藏上堂，二僧出礼拜。藏曰：“俱错。”二僧无语，下堂请益修山主。修曰：“汝自巍巍堂堂，却礼拜拟问他人，岂不是错?”师闻之不肯。修乃问:“未审上座又作么生?”师曰:“汝自迷暗,焉可为人。”修愤然上方丈请益。藏指廊下曰:“典座入库头去也。”修乃省过。又一日,师问修山主曰:“明知生是不生之理,为甚么为生死之所流?”修曰:“笋毕竟成竹去,如今作篾使还得么?”师曰:“汝向后自悟去在。”修曰:“某所见止如此,上座意旨又如何?”师指曰:“这个是监院房,那个是典座房。”修即礼谢。师经行次,众僧随从。乃谓众曰:“古人有甚么言句?大家商量。”时有从漪上座,出众拟问次。师曰:“这没毛驴。”漪涣然省悟。漪即参西院明者。

◎**升州清凉院休复悟空禅师**,北海王氏子。幼出家,十九纳戒。尝自谓曰:“苟尚能诠,则为滞筏;将趣凝寂,复患堕空。既进退莫决,舍二何之?”乃参寻宗匠,依地藏,经年不契,直得成病入涅槃堂。一夜藏去看,乃问:“复上座安乐么?”师曰:“某甲为和尚因缘背。”藏指灯笼曰:“见么?”师曰;“见。”藏曰:“只这个也不背。”师于言下有省。后修山主问讯地藏,乃曰:“某甲百劫千生,曾与和尚违背来此者,又值和尚不安。”藏遂竖起拄杖曰:“只这个也不背。”师忽然契悟。

◎**抚州龙济绍修禅师**,别与法眼同参地藏,所得谓已臻极。暨同辞至建阳,途中谭次,眼忽问:“古人道,万象之中独露身,是拨万象不拨万象?”师曰:“不拨。”眼曰:“说甚么拨不拨?”师懵然不知。却回地藏,藏问:“子去未久,何以却来？”师曰：“有事未决，岂惮跋涉山川。”藏曰：“汝跋涉许多山川，也还不恶。”师未喻旨，乃问，古人道，万象之中独露身，意旨如何？”藏曰：“汝道古人拨万象不拨万象？”师曰：“不拨。”藏曰：“两个也。”师骇然沉思，而却问：“未审古人拨万象不拨万象？”藏曰：“汝唤甚么作万象？”师方省悟。再谒法眼，酬诘悉符。子方上座自长庆来，谒法眼。眼举长庆偈问曰：“作么生是万象之中独露身？”子方举拂子。眼曰：“恁么会又争得？”曰：“和尚尊意如何？”眼曰：“唤甚么作万象？”曰：“古人不拨万象。”眼曰：“万象之中独露身，说甚么拨不拨。”子方豁然。　《僧宝传》，子方问法眼曰：“公久亲长庆，乃嗣地藏，何意哉？”眼曰：“以不解长庆说万象之中独露身故。”子方举拂子示之。眼曰：“拨万象不拨万象？”方曰：“不拨万象。”眼曰：“独露身吶。”方曰：“拨万象。”眼曰：“万象之中吶。”子方于是悟旨，曰：“吾几枉度此生。”

示众：“具足凡夫法，凡夫不知。具足圣人法，圣人不会。圣人若会，即是凡夫。凡夫若知，即是圣人。此语具一理二义，若人辨得，不妨于佛法中有个入处。若辨不得，莫道不疑好。”妙喜曰：“点石化为金玉易，劝人除却是非难。”

又云：“是柱不见柱，非柱不见柱。是非已去了，是非里荐取。”妙喜咄云：“又是从头起。”

问：“如何得出三界？”师曰：“是三界则一任出。”曰：“不是三界又如何？”师曰：“甚么处不是三界？”问僧：“甚处来？”曰：“翠岩。”师曰：“翠岩有何言句示徒？”曰：“寻常道，出门逢弥勒，入门见释迦。”师曰：“与么道，又争得曰和尚又如何？”师曰：“出门逢阿谁？入门见甚么？”僧于言下有省。

◎**酒仙遇贤禅师**，姑苏长洲林氏子。母梦吞大珠而孕，生多异祥。貌伟怪，口容双拳。七岁尝沉大渊，而衣不润。遂去家师嘉禾永安可依，三十剃染圆具，往参龙华，发明心印。回居明觉院，惟事饮酒，醉则成歌颂、警道俗，因号酒仙。偈曰："绿水红桃花，前街后巷走百余遭，张三也识我，李四也识我。识我不识我，两个拳头那个大。两个之中一个大，曾把虚空一戳破。摩娑令教却恁么，拈取须弥枕头卧。扬子江头浪最深，行人到此尽沉吟。他时若到无波处，还似有波时用心。金斝又闻泛，玉山还报颓，莫教更漏促，趁取月明回。贵买朱砂画月，算来枉用工夫。醉卧绿杨阴下，起来强说真如。泥人再三叮嘱，莫教失却衣珠。一六二六，其事已足。一九二九，我要吃酒。长伸两脚眠一寣音忽起来天地还依旧。门前绿树无啼鸟，庭下苍苔有落花。聊与东风论个事，十分春色属谁家。秋至山寒水冷，春来柳绿花红。一点动随万变，江村烟雨蒙蒙。有不有，空不空，笊篱捞取西北风。生在阎浮世界，人情几多爱恶。只要吃些酒子，所以倒街卧路。死后却产娑婆，不愿超生净土。何以故？西方净土且无酒酤。"师于祥符二年上元凌晨，浴罢就室，合拳右举，左张其口而化。

◎**鼎州梁山缘观禅师**，会下有个园头参得禅，众中多有不信者。一日有僧去撩拨他，要其露个消息，乃问："园头何不出问堂头一两则话结缘？"园头云："我除是不出问。若出，须教这老汉下禅床立地在。"及梁山上堂，果出问曰：

“家贼难防时如何”山曰：“识得不为冤。”曰：“识得后如何？”山云：“贬向无生国里。”曰：“莫是他安身立命处也无？”山云：“死水不藏龙。”曰：“如何不活水里龙？”山云：“兴波不作浪。”曰：“忽然倾湫倒岳时如何？”梁山果然从法座上走下把住云：“阇黎莫教湿着老僧袈裟角。”径山杲云：“须知悟底人，与悟底人相见，自然纵夺可观。”黄龙清云：“梁山老汉，洞达机宜，堪称作者争奈借便开门，展转令人着贼。黄龙即不然，才见伊问家贼难防时如何？便与一刀两段，教伊永绝窥窬之地。然虽如是，忽有个衲僧出来，却指山僧云贼！贼！又作么生支遣？具眼者辨取。”

◎怀安军云顶德敷禅师，成都帅请就衙升座，有乐营将，出礼拜起。回顾下马台曰：“一口吸尽西江水即不问。”请师吞却阶前下马台。师展两手唱曰：“细抹将来。”营将猛省。

◎随州智门光祚禅师，僧问：“一切智智清净，还有地狱也无？”师曰：“阎罗王是鬼做。”上堂：“一法若有，毗卢堕在凡夫。万法若无，普贤失其境界。正当恁么时，文殊向甚么处出头？若也出头不得，金毛师子腰折。幸好一盘饭，莫待糁姜椒。”上堂：“山僧记得，在母胎中有一则语，今日举似大众。诸人不得作道理商量，还有人商量得么？若商量不得，三十年后不得错举。”上堂：“赫日里我人，云雾里慈悲，霜雪里假褐，雹子里藏身。还藏身得么？若藏不得，却被雹子打破髑髅。”示众：“数日好雨，且道雨从甚处来？若道从天降，那个是天？若道从地出，唤甚么作地？若更不会，所以古人道：‘天地之前径，时人莫强移。个中生解会，眼上更安锥。’”

◎**韶州大历和尚**，初参白云：“云举拳曰：“我近来不恁么也。”师领旨。

◎**连州宝华和尚**，问僧：“甚处来？”曰：“大容来。”师曰：“大容近日作么生？”曰：“近来合得一瓮酱。”师唤沙弥将一碗水来，与这僧照影。因有僧问大容曰：“天赐六铢披挂后，将何报答我皇恩？”容曰：“来披三事衲，归挂六铢衣。”师闻之，乃曰：“这老冻齈，作恁么语话。”容闻，令人传语曰：“何似奴缘不断。”师曰：“比为抛砖，只图引玉。”

◎**蕲州五祖师戒禅师**，湖州上方岳禅师少与雪窦显公结伴游淮山，闻师住五祖喜勘验。显未欲前，岳乃先往。径造丈室，师曰：“上人名甚么？”对曰：“齐岳。”师曰：“何似泰山？”岳无语，师即打趁。翌日复谒，师曰：“汝作甚么？”岳回首以手画圆相呈之。师曰：“是甚么？”岳曰：“老老大大胡饼也不识。”师曰：“趁垆灶热，更搭一个。”岳拟议，师拽拄杖赶出门。及数日后，岳再诣，乃提起坐具曰：“展则大千沙界，不展则毫发不存。为复展即是，不展即是。”师遽下绳床把住云：“既是熟人，何须如此。”岳又无语，师又打出。以是观五祖，真一代龙门矣。岳三进而三遭点额，张无尽谓。雪窦虽机锋颖脱，亦望崖而退，得非自全也耶。师暮年至大愚，倚拄杖谈笑而化。

◎**荆南福昌惟善禅师**，问僧："近离甚么处？"对曰："大别。"曰："在大别多少时？"对曰："三年。"曰："水牯使甚么人做？"对曰："不曾触他一粒米。"曰："二时吃个甚么？"僧无语，师便打。有僧自号映达摩，才入方丈，提坐具曰："展即遍周法界，不展即宾主不分。展即是，不展即是。"师曰："汝平地吃交了也。"映曰："明眼尊宿，果然有在。"师便打。映曰："夺拄杖打倒和尚，莫言不道。"师曰："棺木里瞠眼汉，且坐吃茶。"茶罢，映前白曰："适来容易触忤和尚。"师曰："两重公案，罪不重科。"便喝去之。问俗士："年多少？"曰："四十四。"师曰："添一减一是多少？"其人无对，师便打。乃自代云："适来犹记得。"问超山主："汝名甚么？"对曰："与和尚同名。"师曰："回互不回互？"对曰："不回互。"师便打。问僧："甚么处来？"对曰："复州。"曰："什么物与么来？"对曰："请和尚试辨看。"曰："礼拜着。"僧曰："喏。"师曰："自领出去，三门外与汝三十棒。"南禅师尝曰："我与翠岩悦在福昌时，适病寒，服药出汗。悦从禅侣遍借被，咸无焉。有纸衾者，皆以衰老，亦可数。悦太息曰：'善公本色作家也。'"

◎**莲花峰祥庵主**，尝示众云："若是此事，最是急切，须是明取始得。若是明得，时中免被拘系便得随处安闲。亦不要将心捺伏，须是自然合他古辙去始得。才到学处分剂，便须露布个道理，以为佛法。几时得心地休歇去，上座却请与么相委好。”示寂日，拈拄杖示众曰：“古人到这里，为甚么不肯住？”众无对。师乃曰：“为他途路不得力。”复曰：“毕竟如何？”以杖横肩曰：“楖栗横担不顾人，直入千峰万峰去。”言毕而逝。圜悟举至直入千峰万峰去，著语云：“也好与三十棒只为他担板。脑后见腮，莫与往来。”又云：“诸人还裁辨得莲花峰庵主么？脚跟也未点地在，国初时在庐山莲花峰卓庵。古人既得道之后，茅茨石室中，折脚铛儿内，煮野菜根吃过日。且不求名利，放旷随缘，垂一转语。且要报佛祖恩，传佛心印。才见僧来。便拈拄杖云：‘古人到这里，为甚么不肯住？’前后二十余年，终无一人答得。只这一问，也有权有实，有照有用。若也知他圈缋，不消一捏。你且道，因什么二十年如此问？既是宗师所为，何故只守一橛。若向个里见得，自然不向情尘上走。凡二十年中，有多少人，与他平展下语，呈见解，做尽伎俩，设有道得，也不到他极则处。况此事虽不在言句中，非言句即不能辨，不见道。道本无言，因言显道，所以验人端的处，下口便知音。古人垂一言半句亦无他，只要见你知有不知有。他见人不会，所以自代云。为他途路不得力，看他道，得自然契理契机，几曾失却宗旨。古人云：‘承言须会宗，勿自立规矩。’如今只管撞将去便了，得则得，争奈颟顸侊侗。若到作家汉，将三要语，印空、印泥、印水验他，便见方木逗圆孔，无下落处。到这里，讨一个同得同证，临时向什么处求？若是知有底人，开怀通个消息，有何不可。若不遇人，且卷而怀之。且问你诸人，拄杖子是衲僧寻常用底，因什么却道途路不得力？古人到此不肯住。其实，金屑虽贵，落眼成翳。石室善道和尚当时遭沙汰，常以拄杖示众云过去，诸佛，也恁么，未来诸佛也恁么，现前诸佛也恁么。雪峰一日僧堂前拈拄杖示众云：‘这个只为中下根人。’时有僧出问云：‘忽遇上上人来时如何？’峰拈拄杖便去。云门云：‘我即不似雪峰打破狼藉。’僧问：‘未审和尚如何？’云门便打。大凡参问，也无许多事。为你外见有山河大地，内见有见闻觉知，上见有诸佛可求，下见有众生可度，直须一时吐却，然后十二时中行住坐卧，打成一片。虽在一毛头上，宽若大千沙界。虽居镬汤炉炭中，如在安乐国土。虽居七珍八宝中，如在茅茨蓬蒿下。这般事，若是通方作者，到古人实处，自然不费力。他见无人构得他底，复自征云。毕竟如何？又奈何不得。自云：‘榔栗横担不顾人，直入千峰万峰去。’这个意又作么生？且道指什么处为地头，不妨句中有眼，言外有意。自起自倒，自放自收。岂不见，严阳尊者路逢一僧，拈起拄杖云：‘是什么？’僧云：‘不识。’严云：‘一条拄杖也不识？’严复于地上札一下云：‘还识么？’僧云：‘不识。’严云：‘土窟子也不识。’严复以拄杖担云：‘会么？’僧云：‘不会。’严云：“榔栗横担不顾人，直入千峰万峰去。’古人到这里，为什么不肯住？雪窦有颂云：‘谁当机，举不赚亦还稀。摧残峭峻，销铄玄微。重关曾巨辟，作者未同归。玉兔乍圆乍缺，金乌似飞不飞。卢老不知何处去，白云流水共依依。’因甚么山僧道，脑后见腮莫与往来。才作较计，便是黑山鬼窟里作活计。若见得彻信得及，千人万人自然罗笼不住。奈何不得动着拶着，自然有杀有活。雪窦会他意道，直入千峰万峰去，方始成颂。要知落处，看取雪窦颂云：‘眼里尘沙耳里土，千峰万峰不肯住。落花流水太茫茫，剔起眉毛何处去。’雪窦颂得甚好，有转身处，不守一隅。便道，眼里尘沙耳里土。此一句颂莲花峰庵主。衲僧家到这里，上无攀仰，下绝己躬，于一切时中，如痴似兀。不见南泉道，学道之人如痴钝者也难得。禅月诗云：‘常忆南泉好言语，如斯痴钝者还希。’法灯云：‘谁人知此意，令我忆南泉。’南泉又道：‘七百高僧尽是会佛法底人，惟有卢行者不会佛法，只会道，所以得他衣钵。’且道，佛法与道，相去多少？雪窦拈云：‘眼里着沙不得，耳里着水不得。或若有个汉，信得及，把得住。不受人瞒，祖佛言教。是什么热碗鸣声，便请高挂钵囊，拗折拄杖，管取一员无事道人。’又云：‘眼里着得须弥山，耳里着得大海水。有一般汉，受人商量。祖佛言教，如龙得水，似虎靠山。却须挑起钵囊，横担拄杖，亦是一员无事道人。’复云：“恁么也得，不恁么也得，然后没交涉。三员无事道人中，要选一人为师，正是这般生铁铸就底汉。何故？或遇恶境界，或遇奇特境界。到他面前，悉皆如梦相似，不知有六根，亦不知有旦暮。直饶到这般田地，切忌守寒灰死火，打入黑漫漫处去，也须是有转身一路始得。不见古人道，莫守寒岩异草青，坐却白云宗不妙。所以莲花峰庵主道，为他途路不得力，直须是千峰万峰去始得。且道唤甚么作千峰万峰？雪窦只爱他道，楖栗横担不顾人，直入千峰万峰去，所以颂出。且道，向什么处去？还有知得去处者么？落花流水太茫茫。落花纷纷，流水茫茫。闪电之机，眼前是什么？剔起眉毛何处去？雪窦为什么也不知他去处？只如山僧，适来举拂子。且道，即今在什么处？你诸人若见得，与莲花峰庵主同参。其或未然，三条椽下，七尺单前，试去，参详看。”此圜悟老人所举扬古公案，世所谓评唱。大慧亟毁其板，不令流行者，正恐使宗家入讲窟，孤达磨西来之意，永塞悟门也。至流而为万松林泉，则直是魔罥，较此又大在下风矣。聊举一以蔽诸，览者尝一脔而知全鼎哉。《指月录》评唱，止录此则，及南泉与陆亘对牡丹花两则。

◎蓝田县真禅师，上堂：“成山假就于始篑，修途托至于初步。上座适来从地炉边来，还与初步同别？若言同，即不会不迁。若言别，亦不会不迁。上座作么生会？还会么？这里不是那里，那里不是这里。且道一处两处？是迁不迁？是来去不是来去？若于此显明得，便乃古今一如初终。自尔念念无常，心心永灭。所以道观方知彼去，去者不至方。上座适来恁么来，却请恁么去。参！”

◎金陵清凉院文益禅师，余杭鲁氏子。七岁落发，弱龄禀具。属律匠希觉师，盛化于明州。师往预听习，究其微旨。振锡南迈，抵福州，参长庆，不大发明。后同绍修法进三人欲出岭，过地藏院，阻雪少憩。附垆次，藏问：“此行何之？”师曰：“行脚去。”藏曰：“作么生是行脚事？”师曰：“不知。”藏曰：“不知最亲切。”又同三人举《肇论》至“天地与我同根”处，藏曰：“山河大地，与上座自己是同是别？”师曰：“别。”藏竖起两指，师曰：“同。”藏又竖起两指，便起去。雪霁辞去，藏门送之。问曰：“上座寻常说三界惟心，万法惟识。”乃指庭下片石曰：“且道此石在心内？在心外？”师曰：“在心内。”藏曰：“行脚人着甚么来由，安片石在心头？”师窘无以对，即放包依席下求决择。近一月余，日呈见解，说道理。藏语之曰：“佛法不恁么。”师曰：“某甲辞穷理绝也。”藏曰：“若论佛法，一切现成。”师于言下大悟。《僧宝传》，征山河大地与自己同别处作，老僧曰：“山河大地与自己是同是别？”师曰：“同。”僧竖两指熟视曰：“两个。”即起去。师大惊。

问：“声色两字，甚么人透得？”师却谓众曰：“诸上座且道，这僧还透得也未？若会此僧问处，透声色也不难。”师问修山主，毫厘有差，天地悬隔。兄作么生会？”修曰：“毫厘有差，天地悬隔。”师曰：“恁么会又争得？”修曰：“和尚如何？”师曰：“毫厘有差，天地悬隔。”修便礼拜。保宁勇颂云：“石城亲切问同参，不话东西便指南。明暗两条来往路，依稀屈曲在烟岚。”　　径山杲云：“若是径山门下，更买草鞋行脚始得。何故？毫厘有差，天地悬隔。何处得这消息来？”

因僧来参次，师以手指帘，寻有二僧齐去卷帘。师云：“一得一失。”师指凳子云：“识得凳子，周匝有余。”云门云：“识得凳子，天地悬殊。”　　天衣云：“识得凳子，梌楠木做。”　　妙喜云：“识得凳子，好剃头洗脚。虽然如是，大有人错会在。”　　雪窦云：“泽广藏山，理能伏豹。”　　圜悟勤云：“雪窦如此道，未审是明他语点他语，是褒是贬？”

师问觉上座：“船来陆来？”曰：“船来。”师曰：“船在甚么处？”曰：“船在河里。”觉退。师问旁僧曰：“你道适来这僧，具眼不具眼？”师令僧取土添莲盆，僧取土到，师曰：“桥东取桥西取？”曰：“桥东取。”师曰：“是真实是虚妄？”问僧：“甚处来？”曰：“泗州礼拜大圣来。”师曰：“今年大圣出塔否？”曰：“出。”师却问旁僧曰：“汝道伊到泗州不到？”浮山远云：“这僧到即到泗州，只是不见大圣。”　　道场全云：“这僧见即见大圣，不曾识法眼。”　　东禅观云：“这僧到也到泗州，见也见大圣，识也识法眼，只是自讨头不见。”

僧慧超问：“如何是佛？”师曰：“汝是慧超。”圜悟勤云：“有者道，慧超便是佛，所以法眼恁么答。有者道，大似骑牛觅牛。有者道，问处便是。有甚么交涉？若恁么会去，不惟孤负自己，亦乃深屈古人。”　　雪窦颂：“江国春风吹不起，鹧鸪啼在深花里。三级浪高鱼化龙，痴人犹戽夜塘水。”

师与悟空禅师向火，拈起香匙问曰：“不得唤作香匙，兄唤作甚么？”空曰：“香匙。”师不肯。空后二十余日，方明此语。云门问僧：“甚处来？”曰：“江西来。”门曰：“江西一队老宿寐语住也未？”僧无对。后僧问师：“不知云门意作么生？”师曰：“大小云门被这僧勘破。”五云云：“甚么处是勘破云门处？要会么，法眼亦被后僧勘破也。”

生法师曰：“敲空作响，击木无声。”师忽闻斋鱼声，谓侍者曰：“还闻么？适来若闻，如今不闻。如今若闻，适来不闻。会么？”尝指竹问僧曰：“还见么？””曰：“见。”师曰：“竹来眼里？眼到竹边？”曰：“总不与么？”师笑曰：“死急作么？”法灯别云：“当时但擘眼向师。” 归宗柔别云：“和尚只是不信某甲。”

师因患脚，僧问讯次。师曰：“非人来时不能动，及至人来动不得。且道，佛法中下得甚么语？”曰：“和尚且喜得较。”师不肯。自别云：“和尚今日似减。”因开井，被沙塞却泉眼，师曰：“泉眼不通被沙碍，道眼不通。被甚么碍？”僧无对。师代曰：“被眼碍。”师见僧搬土次，乃以一块土放僧担上曰：“吾助汝。”僧曰：“谢和尚慈悲。”师不肯。一僧别云：“和尚是甚么心行？”师便休去。师问讲《百法论》僧曰：“《百法》是体用双陈，《明门》是能所兼举。座主是能，法座是所，作么生说兼举？”有老宿代云：“某甲唤作个法座。”

归宗柔代云：“不劳和尚如此。” 雪窦别老宿语云：“和尚分半院，与某甲始得。”

问：“六处不知音时如何？”师曰：“汝家眷属一群子。”师又曰：“作么生会，莫道恁么来问，便是不得。汝道六处不知音，眼处不知音，耳处不知音，若也根本是有，争解无得？古人道：离声色，着声色，离名字，着名字。所以无想天修得，经八万大劫，一朝退堕，诸事俨然，盖为不知根本真实。次地疑第修行三生六十劫，四生一百劫，如是直到三祇果满。他古人犹道，不如一念缘起无生，超彼三乘权学等见。又道弹指圆成八万门，刹那灭却三祇劫，也须体究。若如此，用多少气力！”上堂：“尽十方世界皎皎地，无一丝头。若有一丝头，即是一丝头。”法灯云：“若有一丝头，不是一丝头。”

谓门弟子曰：“赵州曰：‘莫费力也。’大好言语，何不仍旧去。世间法尚有门，佛法岂无门，自是不仍旧故。诸佛诸祖，只于仍旧中得。如初夜钟，不见有丝毫异，得与么恰好。闻时无一声子闹，何以故？为及时节无心，曰死且不是死，止于一切，只为不仍旧。忽然非次闻时，诸人尽惊愕道，钟子怪鸣也。且如今日道孟夏渐热，即不可。方隔一日，能校多少。向五月一日道，便成赚，须知校丝发不得。于方便中，向上座道，不是时，盖为赚，所以不仍旧。宝公曰：‘暂时自肯不追寻，历劫何曾异今日。’还会么？今日只是尘劫，但着衣吃饭，行住坐卧，晨参暮请，一切仍旧，便为无事人也。”又曰：“见道为本，明道为功，便能得大智能力。若未得如此，三界可爱底事，直教去尽。才有纤毫，还应未可。只如汝辈睡时，不嗔便喜，此是三界昏乱习熟境界，不惺惺便昏乱，盖缘汝辈杂乱所致。古人谓之夹幻金即是真，其如矿何？若覷得彻骨彻髓，是汝辈力。脱未能如是观察，他什么楼台殿阁，诸圣未必长把却汝手，汝未必依而行之，古今如此也。”又曰：“出家儿但随时及节便得寒即寒，热即热，欲识佛性义，当观时节因缘，古今方便不少。石头初看《肇论》，至会万物为己者，其惟圣人乎！”则曰：圣人无己，靡所不己，乃作《参同契》，首言：‘竺土大仙心，无过此语也。中间亦只寻常说话。’夫欲会万物为自己去，盖尽大地，无一法可见。已而又嘱曰：‘光阴莫虚度。’所以告汝辈，但随时及节便得。若也移时失候，即虚度光阴，于非色中作色解。于非色作色解，即是移时失候。且道色作非色解，还当得否？若与么会，便是没交涉。正是痴狂两头走，有甚么用处？但守分过时好。”上堂，大众久立，乃谓之曰：“只恁么便散去，还有佛法道理也无？试说看！若无，又来这里作么？若有，大市里人丛处亦有，何须到这里？诸人各曾看《还源观》《百门义海》《华严论》《涅槃经》诸多策子，阿那个教中有这个时节？若有，试举看！莫是恁么经里有恁么语，是此时节么？有甚么交涉？所以道：微言滞于心首，尝疑误为缘虑之场，实际居于目前，翻为名相之境。又作么生得翻去？若也翻去，又作么生得正去，还会么？莫只恁么念策子，有甚么用处？”上堂曰：“诸上座，时寒何用上来？且道，上来好？不上来好？或有上座道，不上来却好。甚么处不是，更用上来作什么？更有上座道，是伊也不得一向，又须到和尚处始得。诸上座且道，这两个人于佛法中，还有进趣也未？上座实是不得，并无少许进趣。古人唤作无孔铁椎，生盲生聋无异。若更有上座出来道，彼二人总不得。为什么如此？为伊执着，所以不得。诸上座，总似恁么行脚，总似恁么商量，且图什么？为复只要弄唇嘴，为复别有所图。恐伊执着，且执着什么？为复执着理，执着事，执着色，执着空。若是理，理且作么生执？若是事，事且作么生执？着色着空亦然，山僧所以寻常向诸上座道。十方诸佛，十方善知识，时常垂手。诸上座，时常接手，十方诸佛垂手时有也。什么处是诸上座时常接手处？还有会处，会取好。若未会得，莫道总是都来圆取。诸上座，傍家行脚，也须审谛着些精彩，莫只藉少智能过却时光。”师有颂曰：“理极忘情谓，如何有喻齐。到头霜夜月，任运落前溪。果熟兼猿重，山长似路迷。举头残照在，元是住居西。”《三界惟心》颂曰：“三界惟心，万法惟识。惟识惟心，眼声耳色。色不到耳，声何触眼。眼色耳声，万法成办。万法匪缘，岂观如幻。大地山河，谁坚谁变？”《华严六相义》颂曰：“华严六相义，同中还有异。异若异于同，全非诸佛意。诸佛意总别，何曾有同异？男子身中入定时，女子身中不留意。不留意，绝名字，万象明明无理事。”示众：“这里聚集少时为上座僧堂里，这里聚集少时为上座三门头，这里聚集少时为上座寮舍里，为复说上座过，别有道理。”会下有数尊宿对一人云：“诸佛出世，也有这个方便。”一人云：“今日离章义。”一人云：“你道伊为甚么处？”一人云：“点灯等上座来多时也。”一人云：“甚么处聚集来？”

周显德五年戊午七月十七日示疾，李国主驾至慰问。闰月五日剃发澡身，告众讫，跏趺而逝，颜貌久而如生。阅世七十有四，坐五十有四夏。塔全身于江宁丹阳乡。

指月录卷二十三

六祖下第十世

◎**汾州太子院善昭禅师**，生俞氏，太原人也。器识沉邃，少缘饰。有大智，于一切文字，不由师训，自然通晓。年十四，父母相继而亡。孤苦厌世相，剃发受具，杖策游方。所至少留，不喜观览，或讥其不韵。师叹之曰："是何言之陋哉从上先德行脚，正以圣心未通，驱驰决择耳，不缘山水也。"师历诸方，见老宿者七十有一人，皆妙得其家风，尤喜论曹洞。石门彻禅师者，盖其派之魁奇者。师作五位偈呈之曰："五位参寻切要知，纤毫才动即差违。金刚透匣谁能晓，惟有那吒第一机。举目便令三界静，振铃还使九天归。正中妙挟通回互，拟议锋铓失却威。"彻拊手称善，然师终疑临济儿孙别有奇处。最后至首山，问："百丈卷簟，意旨如何？"曰："龙袖拂开全体现。"师曰："师意如何？"

曰："象王行处绝狐踪。"于是大悟言下，拜而起曰："万古碧潭空界月，再三捞捷始应知。"有问者曰："是何道理，便尔自肯？"曰："正是我放身命处。"服勤甚久。辞去，游湘衡间，长沙太守张公茂宗，以四名刹，请师择之而居。师笑，一夕遁去。北抵襄沔，太守刘公昌言恨见之晚。时洞山谷隐皆虚席，太守敦请，师辞。前后八请，坚卧不答。淳化四年，首山殁，西河道俗千余人协心削牍，遣沙门契聪迎请住持汾州太平寺太子院。师闭关高枕，聪排闼而入，让之曰："佛法大事，静退小节。风穴惧应谶，忧宗旨坠灭，幸而有先师。先师已弃世，汝有力荷担如来大法者，今何时而欲安眠哉？"师矍起，握聪手曰："非公不闻此语。促办严，吾行矣。"既至，宴坐一榻，足不越阃者三十年。天下道俗仰慕，不敢名，同曰汾州。僧问："如何是接初机底句？"师曰："汝是行脚僧。"又问："如何是辨衲僧底句？"师曰："西方日出卯。"又问："如何是正令行底句？"师曰："千里持来呈旧面。"又问："如何是立乾坤底句？"师曰："北俱卢洲长粳米，食者无嗔亦无喜。"又曰："只将此四转语验天下衲僧，才见汝出来，验得了也。"大愚芝云："先师谓，将此四句语，验天下衲僧。大众子细思量，将此四句语，被天下衲僧一时勘破。"　妙喜曰："诸人要识大愚么？三年无改于父之道，可谓孝矣。"　师论三玄三要语，皆具《临济章》，此则亦已见彼。以大愚芝妙喜拈语，故复列之此。

问："真正修道人，不见世间过。未审不见个甚么过？"师曰："雪埋夜月深三尺，陆地行舟万里程。"曰："和尚是何心行？"师曰："却是你心行。"问，大悲千手眼，如何是正眼？”师曰：“瞎。”曰：“恁么则一条拄杖两人舁。”师曰：“三家村里唱巴歌。”曰：“恁么则和尚同在里头。”师曰：“谢汝殷勤。”郑工部到，茶话次，郑呈师偈曰：“黄纸休遮眼，青云自有阴。莫将闲学解，埋没祖师心。”复云：“只将此偈验天下长老。”师曰：“与么则汾阳也在里头。”云：“担枷过状。”师云：“更不再勘。”郑云：“两重公案。”师云：“知即得。”郑良久，师嘘一声。郑云：“文宝，文宝。”师云：“在甚所在？”郑云：“不容某甲出气，争得嗔他道淹滞长老在此。”师曰：“是何言欤。”郑云：“实。”师云：“也不得放过。”郑云：“请师一偈。”师云：“不闲纸墨。”随示偈云：“荒草寻幽径，岩松迥布阴。几多玄学客，失却本来心。”上堂：“汾阳有三诀，衲僧难辨别。更拟问如何，拄杖蓦头楔。”时有僧问：“如何是三诀？”师便打，僧礼拜。师曰：“为汝一时颂出：第一诀，接引无时节，巧语不能诠，云绽青天月。第二诀，舒光辨贤哲，问答利生心，拔却眼中楔。第三诀，西国胡人说，济水过新罗，北地用镔铁。”复曰：“还有人会么？会底出来通个消息。要知远近，莫只恁么记言记语，以当平生，有甚么利益！不用久立，珍重！”上堂，谓众曰：“夫说法者，须具十智同真。若不具十智同真，邪正不辨，缁素不分，不能与人天为眼目，决断是非，如鸟飞空而折翼，如箭射的而断弦。弦断故射的不中，翼折故空不可飞。弦壮翼牢，空的俱彻。作么生是十智同真？与诸上座点出：一同一质，二同大事，三总同参，四同真智，五同遍普，六同具足，七同得失，八同生杀，九同音吼，十同得入。”又曰：“与甚么人同得入？与阿谁同音吼？作么生是同生杀？甚么物同得失？阿那个同具足？是甚么同遍普？何人同真智？孰能总同参？那个同大事？何物同一质？有点得出底么，点得出者不吝慈悲。点不出来，未有参学眼在，切须辨取。要识是非，面目见在，不可久立，珍重！”妙喜曰：“汾阳老子，末后若无个面目现在，一场败阙。虽然如是，未免丧我儿孙，喝一喝。”颂云：“兔角龟毛眼里栽，铁山当面势崔嵬。东西南北无门入，旷劫无明当下灰。”

寂音颂：“十智同真面目全，于中一智是根源。若人欲见汾阳老，擘破三玄作两边。”

《人天眼目》载师与僧问答语。僧问：“如何是一同一质？”师云：“绵州附子汉州姜。”“如何是二同大事？”师云：“火官头上风车子。”“如何是三总同参？”师云：“万象森罗齐稽首。”“如何是四同真智？”师云：“鬼家活计。”“如何是五同遍普？”师云：“石头土块。”如何是六同具足？”师云：“乞儿箩易满。”“如何是七同得失？”师云：“披毛戴角衔铁负鞍。”“如何是八同生杀？”师云：“放汝命通汝气。”“如何是九同音吼？”师云：“驴鸣犬吠启圆通。”“如何是十同得入？”师云：“且居门外。”“与甚么人同得入？”师云：“鬼争漆桶。”“与谁同音吼？”师云：“风吹石臼念摩诃。”“作么生同生杀？”师云：“猛虎入羊群？”“甚么物同得失？”师云：“牛头没马头回。”“阿那个同具足？”师云：“上座更欠个甚么？”“是甚么同遍普？”师云：“狸奴白。”“牯放毫光，何人同真智？”师云：“认着依然还不是。”“孰与总同参？”师云：“识得木上座也未。”“那个同大事？”师云：“穿过髑髅。”“何物同一质？”师云：“含元殿里问长安。”幻寄曰：“梵音和雅，令人乐闻。”

《人天眼目》载师十八问。汾阳云：“大意除实问默问难辨，须识来意。余者总有时节言说浅深相度，只应不得妄生穿凿，彼此无益。虽是善因，而招恶果，切须子细。”请益问。僧问马祖：“如何是佛？”祖云：“即心即佛。”赵州云：“殿里底。”呈解问。僧问龙牙：“天不能盖，地不能载时如何？”牙云：

“道者合如是。”察辨问僧问临济：“学人有一问，在和尚处时如何？”济云：“速道，速道。”僧拟议，济便打，投机问。僧问天皇：“疑情未息时如何？”皇云：“守一非真。”偏辟问。僧问芭蕉：“尽大地是个眼睛，乞师指示。”蕉云：“贫儿遇馊饭。”心行问。僧问兴化：“学人皂白未分，乞师方便。”化随声便打。探拔问。僧问风穴：“不会底人，为甚么不疑。”穴云：“灵龟行陆地，争免拽泥踪。”不会问。僧问玄沙：“学人乍入丛林，乞师指示。”沙云：“汝闻偃溪水声么？”僧云：“闻。”沙云：“从者里入。”擎担问。僧问老宿：“世智辨聪总不要拈出，还我话头来。”宿便打。置问问。僧问云门：“瞪目不见边际时如何？”门曰：“鉴。”故问问。僧问首山：“一切众生皆有佛性，为甚么不识？”山云：“识。”借问问。僧问风穴：“大海有珠，如何取得？”穴云：“象罔到时光璨烂，离娄行处浪滔天。”实问问。僧问二祖：“学人只见和尚是僧，如何是佛是法？”祖云：“是佛是法，汝知之乎。”假问问。僧问径山：“者个是殿里底，那个是佛？”山云：“者个是殿里底。”审问问。僧问老宿：“一切诸法本来是有，那个是无？”老宿云：“汝问甚分明，何劳更问吾？”征问问。僧问睦州：“祖师西来当为何事？”州云：“你道为何事。”僧无语，州便打。明问问。外道问佛：“不问有言，不问无言？”世尊良久。道云：“世尊大慈大悲，开我迷云，令我得入。”默问问。外道到佛处，无言而立。世尊云：“甚多外道。”道云：“世尊大慈大悲，令我得入。”师复云：“凡有学者，偏僻之问，或盖覆将来，辨师家眼目。或呈知见。擎头戴角，一一识之，尽皆打得。只为当面识破，或贬或剥。明镜当台，是何精魅之敢现，何有妖狐能隐本形者也。”

幻寄曰：“汾阳老人，抽侻侗刺，拔颟预楔，一时间画彩虚空。设当时有闻其说，便出来问：‘如何是佛？’且道，是擎担问，不会问。十八问中，那一问不该？莫是不可唤作借问问么？方便呼为佛辈，莫是不可唤作偏辟问么？你道，佛外有甚么？辈，一大藏教诠不出。

西天四七，唐土二三说不到，乃拈以问师家。岂特皂白未分，乞师方便。是心行问。若道不是无言，而立之默问。试道，如何是佛说？了个甚么？不可世尊良久，答外道不问无言不得也，学者须是自悟始得。不见汾阳老人道，莫只恁么记言记语，以当平生，有甚么利益？”

并汾苦寒，师暂罢夜参。有异比丘振锡而至，谓师曰：“会中有大士六人，奈何不说法？”言讫升空而去。师密记以偈曰：“胡僧金锡光，请法到汾阳。六人成大器，劝请为敷扬。”时楚圆守芝号上首，丛林知名。龙德府尹李侯与师有旧，请师主承天，使者三至不赴。使者受罚，复至曰：“必得师俱往，不然有死而已。”师曰：“老病业已不出山，借往当先后之，何必俱耶？”使者曰：“师诺，则先后惟所择。”师乃令设馔，俶装告众曰：“老僧去也，谁人随得？”一僧出曰：“某甲随得。”师曰：“汝日行几里？”曰：“五十里。”师曰：“汝随我不得。”又一僧出曰：“某甲日行七十里。”师曰：“汝亦随我不得。”侍者出曰：“某甲随得，但和尚到处即到。”师曰：“汝乃随得老僧。”复顾使者曰：“吾先行矣！”停箸而化。侍者即立化于侧。阅世七十有八，坐五十六夏。化迹出《续灯》及师语录。

◎**并州承天院三交智嵩禅师**或称唐明，参首山，问：“如何是佛法的的大意？”山曰：“楚王城畔，汝水东流。”师于此有省，顿契佛意。乃作三玄偈曰：“要用直须用，心意莫定动。三岁师子吼，十方没狐种。我有真如性，如同幕里隐。打破六门关，显出毗卢印。真骨金刚体可夸，六尘一拂永无遮。廓落世界真无体，体上无为真到家。”山闻乃请吃茶。问：“这三颂是汝作来耶？”师曰：“是。”山曰：“或有人教汝现三十二相时如何？”师曰：“某甲不是野狐精。”山曰：“惜取眉毛。”师曰：“和尚落了多少？”山以竹篦头上打，曰：“这汉向后乱作去在。”师辞首山，山以拄杖送师。师接得，有偈曰：“和尚拄杖，照破龙象。临济家风，落在我掌。”山云：“莫相带累。”师打山一坐具，山曰：“果然带累。”师云：“今日捉败这老汉。”山云：“又似得便宜，又似落便宜。”郑工部入院，见法座便问：“是甚么人位次？”师云：“老僧。”部云：“自家争敢。”师云：“工部莫压良为贱。”部云：“真个。”师云：“不敢。”遂把手入方丈。部云：“此室常现八未曾有难得之法，长老还有也无？”师以袖拂工部面。部云：“与么则今日得清凉也。”师云：“且与后人作榜样。”茶话次，部云：“汾阳有个昭禅师爱看读，某甲留一偈。”师云：“略请见示。”部举云：“黄纸休遮眼，青云自有阴。莫将闲学解，埋没祖师心。”师云：“工部惯得其便。”部云：“者贼。”师云：“更不再勘。”工部问：“百尺竿头独打球，万丈悬崖丝系腰时如何？”师曰：“幽州着脚，广南厮扑。”郑无语。师曰：“勘破这胡汉。”郑曰：“二十年江南界里，这回却见禅师。”师曰：“瞎老婆吹火。”杨侍郎李驸马与师问答，问：“弥陀演化于西方，达磨传心于东土。胡来汉现，水到渠成。五岳镇静以峥嵘，百谷朝宗而浩渺。一灵之性，托境现形。三有之中，凭何立命？”师云：“仙人无妇，玉女无夫。”杨云：“尼剃头不复生子。”师云：“陕府铁牛能哮吼，嘉州大像念摩诃。”李云：“侧跳上山岭。”师云：

“骑牛不着靴。”广慧琏云：“进象倒戈。”　　汾阳昭云：“端身裂面破。”　　妙喜曰：“月下看弄雪师子。”

问：“玄沙不出岭，保寿不渡河。善财参知识五十三员，慧远结黑白一十八士。雪峰三度上投子，智者九旬讲法华。遮六个汉，为复野干鸣，为复师子吼，速道！速道！”师云：“水急鱼行涩，峰高鸟不栖。”杨云：“泗州大圣。”师云：“土上加泥更一重。”李云：“舌上覆金钱。”师云：“半夜歌乐动，谁是得知音？”广慧琏云：“歌谣满路人皆望。”　　汾阳昭云：“看壁画人笑。”　　妙喜云：“野干鸣师子吼。”

问：“风穴提印，南院传衣。昭公演化于西河，嵩师领徒于并垒。南宗之旨，北土大兴。且道二师承谁恩力？”师云：“不入莲池浴，懒向雪山游。”杨云：“清凉山里万菩萨。”师云：“维摩会中诸圣集。”李云：“背负干薪遭野火。”师云：“口是祸门。”广慧琏云：“藏头白，海头黑。”　　汾阳昭云：“告天手捺地嘘嘘。”　　妙喜曰：“猢狲骑鳖背。”

问：“忉利透日月之上，四禅无风火之灾。三交驾铁牛之车，临汝握全提之印。猕猴有一面古镜，狸奴有万里神光。直下承当，是何人也？”师云：“朝看东南，暮看西北。”杨云：“狸奴白牯却知有。”师云：“淹杀家头蒿。”李云：“月里煮油铛。”师云：“石人腰带。”广慧琏云：“陈蒲鞋，周金刚。”　　汾阳昭云：“直掇又逢胡钉铰。”　　妙喜曰：“小出大遇。”

问：“㞏一切诸佛尽在里许，动即丧身失命，觑着两头俱瞎。拟议之时，千山万水，直下会得，也是炭库里坐地。有不惜眉毛者，通个消息来。”师云：“百杂碎。”杨云：“平生不妄语。”师云：“也要道过。”李云：“出穴兔遭罥。”师云：“东西无滞碍，南北得自由。”广慧琏云：“振锡下泥犁。”汾阳昭云：“穿山透石壁，鼻孔血淋淋。”　妙喜曰：“自作自受。”

师复有颂曰：“一言才出御龙庭，搅动须弥帝释惊。三世诸佛齐坐了，杖头傀儡弄双睛。”杨答云：“今年桃李味甘香，一颗千金买得尝。贮药胡芦拖鼠尾，穴门小窄转难藏。”师又答：“千年桃核未闻香，几度逢春难得尝。灵龟曳尾除踪迹，沙中抱子更难藏。”杨又答：“五台山里有文殊，罗汉天台洞里居。为问子湖一只狗，何如兴化一头驴。”师又答：“忽闻师子吼，引出象王威。把定圣凡路，谁人敢扬眉。拟议尘沙劫，动念隔千岐。瞬目他方去，早已着灰泥。”杨再答：“蜘蛛网中坐，虫儿不敢过。昨夜三更雪，百鸟尽遭余。果熟树枝垂，鹅肥甑箪破。借问末山尼，何如刘铁磨。”师再答：“山高人难上，海深不见底。樵夫漫蹋鞋，渔父休夸水。言却超百亿，收来维摩诘。若觅同道人，旷劫不相识。”师作宗本颂：“左顾右觑，黄昏莽卤。展手回来，早是彰露。且道，作么生是彰露底句？”杨云：“正杀人时努出头。”师云：“两脚捎空手叉胸。”李云：“左须右发隐文章。”师云：“名利已彰天下去，丫头女子倒骑牛。”师复云：“维摩一默，文殊赞善。若遇老僧在彼，各与三十棒。且道，这二老汉，过在什么处？”杨云：“头破作七分，如阿梨树枝。”师云：“迦叶不擎拳，阿难不合掌。”李云：“似犊牛儿未用角时。”师云：“忙屈拳打令。”师复云：“教有明文，佛身充满于法界。老僧今日充满于法界，侍郎即今在什么处？”杨云：“布裙一截泥，努出膝盖子。”师云：“宽口布裤三尺杖。”李云：“河水一担直三文。”师云：“只见鼻头津，不见顶后湿。”

◎**汝州叶县广教院归省禅师**，参首山。山一日举竹篦，问曰：“唤作竹篦即触，不唤作竹篦则背。唤作甚么？”师掣得掷地上曰：“是甚么？”山曰：“瞎。”师于言下，豁然顿悟。问：“维摩丈室不以日月为明，和尚丈室以何为明？”师曰：“眉分八字。”曰：“未审意旨如何？”师曰：“双耳垂肩。”问：“如何是和尚深深处？”师曰：“猫有歃血之功，虎有起尸之德。”曰：“莫便是也无？”师曰：“碓捣东南，磨推西北。”问：“忽遇大阐提人来，还相为也无？”师曰：“法久成弊。”曰：“慈悲何在？”师曰：“年老成魔。”问：“己事未明，以何为验？”师曰：“闹市里折静槌。”曰：“意旨如何？”师曰：“日午点金镫。”问：“闻钟声，只有这个声，为复别有。”师曰：“脑后三斤。”师勘一僧曰：“近离什么处？”僧曰：“东京。”师曰：“你因甚口上破？”僧曰：“和尚也须子细。”师曰：“七棒对十三，库下吃茶去。”师与僧行路次，因见死人，僧便问：“车在这里，牛在甚么处？”师曰：“你蹩躠行。”僧云：“牛又无，行个甚么？”师云：“你既无牛，因甚踏破脚？”僧云：“恁么即亲从叶县来也。”师云：“莫乱走。”师因去将息寮。看病僧，僧乃问曰：“和尚四大本空，病从何来？”师曰：“从阇黎问处来。”僧喘气又问曰：“不问时如何？”师曰：“撒手卧长空。”僧曰：“唧。”便脱去。上堂，良久曰：“夫行脚禅流，直须着忖，参学须具参学眼，见地须得见地句，方有相亲分，始得不被诸境惑，亦不落于恶道。毕竟如何委悉？有时句到意不到，妄缘前尘，分别影事。有时意到句不到，如盲摸象，各说异端。有时意句俱到，打破虚空界，光明照十方。有时意句俱不到，无目之人纵横走，忽然不觉落深坑。”师到洞山问：“洞山廓然无依，法归何处？”山云：“三番羯磨。”师云：“恁么即知音不和也？”山云：“知音不和底事作么生？”师云：“龟毛拂子长三尺。”山云：“你因什么眉须堕落，师便礼拜。”

◎潭州神鼎洪諲禅师，尝与数耆宿至襄沔间，一僧举论宗乘，颇敏捷。会野饭山店中，供办而僧论说不已。师曰：“三界唯心，万法唯识。唯识惟心，眼声耳色，是甚么人语？”僧曰：“法眼语。”师曰：“其义如何？”曰：“惟心故根境不相到，惟识故声色纵然。”师曰：“舌味是根境否？”曰：“是。”师以箸筴菜入口中，含胡而语曰：“何谓相入耶？”坐者骇然，僧不能答。师曰：“途路之乐，终未到家。见解入微，不名见道。参须实参，悟须实悟。阎罗大王，不怕多语。”僧拱而退。上堂，举洞山曰：“贪嗔痴太无知，赖我今朝识得伊。”行便打坐便捶，分付心王子细推。无量劫来不解脱，问汝三人知不知？”师曰：“古人与么道，神鼎则不然。贪嗔痴实无知，十二时中任从伊。行即往坐即随，分付心王拟何为？无量劫来元解脱，何须更问知不知。”有僧自汾州来，传是举道者。师倚拄杖曰：“一朵峰峦上，独树不成林时如何？”僧曰：“水分江树浅，远涧碧泉深。”又问：“作么生是回互之机？”僧曰：“盲人无眼。”又问曰：“我在众时，不会汾阳一偈。上座久在法席，必然明了。”僧曰：“请和尚举看。”师曰：“鹅王飞鸟去，马头岭上住。天高盖不得，大家总上路。”作么？僧举起坐具曰：“万年松在祝融峰。”师曰：“不要上座答话，试说看。”僧曰：“忽忆少年曾览照，十分光彩脸边红。”即拂衣去。师曰：“弄巧成拙。”师住神鼎，以一杇床为说法座，其甘枯淡无比。德腊俱高，诸方尊之，如古赵州。

◎**襄州谷隐山蕴聪慈照禅师**，初参百丈恒和尚，因结夏。百丈上堂，举《中观论》曰：“正觉无名相，随缘即道场。”师便出问：“如何是正觉无名相？”丈曰：“汝还见露柱么？”师曰：“如何是随缘即道场？”丈曰：“今日结夏。”次参首山，问：“学人亲到宝山，空手回时如何？”山曰：“家家门前火把子。”师于言下大悟。呈偈曰：“我今二十七，访道曾寻觅。今朝喜得逢，要且不相识。”后到大阳玄和尚，问：“近离甚处？”师曰：“襄州。”阳曰：“作么生是不隔底句？”师曰：“和尚住持不易。”阳曰：“且坐吃茶。”师便参众去。侍者问：“适来新到，只对住持不易，和尚为甚么教坐吃茶？”阳曰：“我献他新罗附子，他酬我舶上茴香。你去问他有语在。”侍者请师吃茶，问：“适来只对和尚道住持不易，意旨如何？”师曰：“真鍮不博金。”僧侍立次。师问：“甚么处坐？”曰：“后架里坐。”师曰：“你向甚么处举话？”曰：“与主人公举话。”师曰：“主人公姓甚么？”曰：“不得姓。”师曰：“名甚么？”曰：“不得名。”师曰：“恁么则不识主人公也？”僧便喝。师不对。幻寄曰：“石门不对，是肯伊不肯伊。”

僧问："若能转物，即同如来。未审三门佛殿如何转？"师曰："我向汝道，汝还信么？"曰："和尚诚言，安敢不信。"师曰："这漆桶。"问："古人索火，意旨如何？"师曰："任他灭。"曰："灭后如何？"师曰："初三十一。"因作清凉河堰，僧问："忽遇洪水滔天，还堰得也无？"师曰："上拄天，下拄地。"曰："劫火洞然又作么生？"师曰："横出竖没。"《语录》作：师问直岁："清凉堰从汝堰，忽遇洪水滔天时堰得么？"曰："在里头。"师曰："与谁同伴？"岁无语，却请师代。师曰："透过新罗。"岁复问和尚忽遇洪水云云，与上同。

问："寸丝不挂，法网无边，为甚么却有迷悟？"师曰："两桶一担。"问："一处火发，任从你救，八方齐发时如何？"师曰："快。"曰："还求出也无？"师曰："若求出即烧杀你。"僧礼拜。师曰："直饶你不求出，也烧杀你。"上堂："五白猫儿爪距狞，养来堂上绝虫行。分明上树安身法，切忌遗言许外生。作么生是许外生底句？莫错举。"上堂："十五日已前诸佛生，十五日已后诸佛灭。十五日已前诸佛生，你不得离我这里。若离我这里，我有钩子钩你。十五日已后诸佛灭，你不得住我这里，若住我这里，我有锥子锥你。且道正当十五日，用钩即是，用锥即是？"遂有偈曰："正当十五日，钩锥一时息。更拟问如何，回头日又出。"师住石门时，太守以私意笞辱之。既归众，僧迎于道左，首座趋前问讯曰："太守无辜，屈辱和尚如此！"师以手指地云："平地起骨堆，随指涌一堆土。"太守闻之，令人削去，复涌如初。后太守全家死于襄州。又僧问："深山岩崖还有佛法也无？"师曰："有。"曰："如何是深山岩崖中佛法？"曰："奇怪石头形似虎，火烧松树势如龙。”无尽居士爱其语，而石门录独不载二事。皆妙喜亲见无尽居士说。深山严崖语今载《会元》矣。

◎**汝州广慧院元琏禅师**，初依招庆真觉禅师。日事炊爨，有间诵经。真觉见而问曰：“汝念甚么经？”对曰：“《维摩经》。”真觉曰：“经在这里，维摩在甚么处？”师茫然无以酬，泣涕曰：“大丈夫汉被人一问，无词可措，岂不愧哉！”于是谒闽中尊宿，历五十余员，不能契旨，遂趋河南首山。山问：“近离甚处？”师曰：“汉上。”山竖起拳曰：“汉上还有这个么？”师曰：“这个是甚么碗鸣声？”山曰：“瞎。”师曰：“恰是。”拍一拍便出。他日又问：“学人亲到宝山，空手回时如何？”山曰：“家家门前火把子。”师当下大悟，云：“某甲不疑天下老和尚舌头也。”山曰：“汝会处作么生？与我说来看。”师曰：“只是地上水硐砂也。”山曰：“汝会也。”师便礼拜。妙喜云：“你道，念和尚还肯他广慧也无？若道肯他，何故不与一棒？若道不肯他，何故不与一棒？有人于此道得，妙喜与你一棒。”

杨亿侍郎问：“天上无弥勒，地下无弥勒，未审在甚么处？”师曰：“敲砖打瓦。”许郎中式漕西蜀，经由谒师，适接见于佛前。许曰：“先拜佛，先拜长老？”师曰：“虾蟆吞大虫。”许曰：“恁么则总不拜去也？”师曰：“运使话堕。”许曰：“许长老具一只眼。”师以衣袖便拂。许曰：“今日看破。”便礼拜。师见智门纲宗歌曰：“胡蜂不恋旧时窠，猛将那肯家中死。”曰：“祚兄消许多气力作么？我寻常说禅，如手中扇子，举起便有风，不举一点也无。既称宗师，却以实法与人，好将一把火照看。与么开口，面皮厚多少？”岩头云：“若以实法与人，土也消不得。”“知么，究取好。莫面面相觑，在此作么？”示众：“佛法本来无事。从上诸圣，尽是捏怪。强生节目，压良为贱。埋没儿孙，更有云门赵州。德山临济，死不惺惺，一生受屈。老僧这里即不然。便是释迦老子出来，也贬向他方世界，教伊绝迹去。何故如此？免虑丧我儿孙。老僧与么道。你等诸人作么生会。若于这里会得去，岂不庆快。教你脱却毛衫，做个洒洒地衲僧去。更若不会，来年更有新条在，恼乱春风卒未休。”有僧入室请益云：“和尚适来言，便是释迦老子出来也贬向他方世界，举未了。”师云：“你若恁么会，入地狱如箭射。”云：“未审作么生会。”师便打。僧拟议，师云：“会么？”云：“不会。”师云：“山僧今日不避诸方检责，为你说破。将此深心奉尘刹，是即名为报佛恩。”妙喜举了咄曰：“好人不肯做，须要屎里卧。”

景祐三年岁在丙子，正月二十六日，示四圆相。自书虎狗鼠牛字于中，揭方丈门。遂至九月二十六日示寂。景德间宗师，为高名士大夫所尊服，而又享有高寿，预知报谢。师其冠也。

◎**铁佛院智嵩禅师**，有同参到，师见便问：“还记得相识么？”参头拟议。第二僧打参头一坐具曰：“何不快只对和尚？”师曰：“一箭两垛。”

◎仁王院处评禅师，问首山："如何是佛法大意?"山便喝。师礼拜，山拈棒。师曰："老和尚没世界那!"山抛下拄杖曰："明眼人难谩。"师曰："草贼大败。"

◎智门罕迥禅师，为北塔僧使点茶次，师起揖曰："僧使近上坐。"使曰："鹞子头上争敢安巢?"师曰："捧上不威龙。"随后打一坐具。使茶罢，起曰："适来却成触忤和尚。"师曰："江南杜禅客，觅甚么第二碗。"

◎丞相王随居士，谒首山，得言外之旨。自尔履践，深明大法。临终书偈曰："画堂灯已灭，弹指向谁说。去住本寻常，春风扫残雪。"

◎庐州圆通缘德禅师，混迹南昌上蓝寺。宋齐丘至，僧众趋迎，师阅经自若。丘问："看甚么经?"师举经以示。丘异之，遂知名。后主延至金陵，后居庐山之圆通。曹翰渡江入寺，禅者惊走，师宴坐如平日，翰至不起。翰怒曰："汝不闻杀人不眨眼将军乎!"师熟视曰："汝安知有不惧生死和尚耶!"翰因警悚增叹。翰曰："禅者何为而散?"师曰："击鼓自集。"翰遣裨校击之，无至者。翰曰："不至何也?"师曰："公有杀心故尔。"因自起击之，禅者乃集。翰拜问决胜之策，师曰："非禅者所知。"师每领诸刹，无所事去留，惟颓然默坐。而学者自成规矩，平生着一衲裙，以绳贯其褶处，夜申其裙以当被。太平兴国二年十月七日，升堂曰："脱离世缘，乃在今日。"以衲衣并所着木屐，留付山中。使门人累青石为塔，曰："他日塔作红色，吾再来也。"泊然而化。阅世八十，坐六十三夏。幻寄曰："德师说法，如云如雨。世人不闻，以有耳听也。无耳者，至今闻其雷音不绝也。"

◎**郢州大阳山警玄禅师**，十九为大僧。听圆觉了义讲席，无能及者，旋弃去游方。初到梁山，问："如何是无相道场？"山指观音，曰："这个是吴处士画。"师拟进语，山急索曰："这个是有相底，那个是无相底？"师遂有省，便礼拜。山曰："何不道取一句？"师曰："道即不辞，恐上纸笔。"山笑曰："此语上碑去在。"师献偈曰："我昔初机学道迷，万水千山觅见知。明今辨古终难会，直说无心转更疑。蒙师点出秦时镜，照见父母未生时。如今觉了何所得，夜放乌鸡带雪飞。"山谓："可兴洞上之宗。"上堂："诸禅德须明平常无生句，妙玄无私句，体明无尽句。第一句通一路，第二句无宾主，第三句兼带去。一句道得师子嚬呻，二句道得师子返踯，三句道得师子踞地。纵也周遍十方，擒也一时坐断。正当恁么时，作么生通得个消息？若不通得个消息，来朝更献楚王看。"问："如何是平常无生句？"师曰："白云覆青山，青山顶不露。"曰："如何是妙玄无私句？"师曰："宝殿无人不侍立，不种梧桐免凤来。"曰："如何是体明无尽句？"师曰："手指空时天地转，回涂石马出纱笼。"曰："如何是师子嚬呻？"师曰："终无回顾意，争肯落平常。"曰："如何是师子返踯？"师曰："周旋往返全归父，繁兴大用体无亏。"曰："如何是师子踞地？"师曰："迥绝去来机，古今无变异。"僧问："亡僧迁化，向甚么处去？"师曰："亡僧几时迁化?”曰:“争奈相送何?”师曰:“红垆焰上绦丝缕,叆叇云中不点头。”师神观奇伟。从儿稚中,即日一食。住大阳,足不越限,胁不至席者五十年。天圣五年七月十六日辞众。又三日,以偈寄王曙侍郎,其略曰:“吾年八十五,修因至于此。问我归何处,顶相终难睹。”停笔而化。师初会下,有承剖两衲子,号称奇杰,皆先师卒。及年八十时,叹无可继洞宗者,乃以顶相及偈,寄浮山远公,使为求法器。远得投子青,俾续洞宗。语在浮山章中。

◎**明州雪窦重显禅师**,遂宁府李氏子。依普安院仁铣上人出家。受具之后,横经讲席,究理穷玄。诘问锋驰,机辩无敌。首造智门,即伸问曰:“不起一念,云何有过?”门召师近前,师才近前,门以拂子蓦口打。师拟开口,门又打,师豁然开悟。留止五年,尽得其道,乃复遍参。洞山聪禅师每新到参,便问:“沩山水牯牛,意作么生?”对者多不契山旨,师到亦如前问。师曰:“作后人标榜。”山拟道,师以坐具拂一下便行。山曰:“且来上座。”师曰:“未参堂。”师到大龙为知客,一日问曰:“语者默者不是,非语非默更非,总是总不是。拈却大用现前,时人知有,未审大龙如何?”龙曰:“子有如是见解。”师曰:“这老汉瓦解冰消。”龙曰:“放你三十棒。”师礼拜归众。龙却唤:“适来问话底僧来。”师便出。龙曰:“老僧因甚么瓦解冰消?”师曰:“转见败阙。”龙作色曰:“叵耐!叵耐!”师休去。后举似南岳雅和尚,雅曰:“大龙何不与本分草料?”师曰:“和尚更须行脚。”问罗汉林曰:“法尔不尔,如何指南?”林曰:“只为法尔不尔。”师曰：“大众记取某甲话头。”拂衣归众。林下堂，却令侍者请师至方丈问：“上座适来不肯老僧那。”师曰：“和尚当代宗匠，焉敢不肯！”林曰：“你为甚拂衣归众？”师曰：“还许某甲说道理也无？”林曰：“你说看。”师拍一拍下去。参大愚芝，与云峰悦游最久，后出世烧香，法嗣北塔即智门。有大龙小师曰：“何不与先师烧香？”师曰：“昔僧问先师，如何是坚固法身？”先师曰：“山花开似锦，涧水湛如蓝。我颂此因缘，报他恩了也。”云峰悦，知师不嗣芝，特过勘师。一日与游山次，蓦曰：“入荒田不拣，信手拈来草。触目未尝无，临机何不道？”师拈起一茎禾示之。悦不肯曰：“梦也未梦见在。”师曰：“你不肯即休。”僧问：“远离翠峰祖席，已临雪窦道场，未审是一是二？”师曰：“马无千里谩追风。”曰：“恁么则云散家家月？”师曰：“龙头蛇尾汉。”六人新到相看，便问参头：“夫为上将，须是七事随身，两刃交锋作么生？”僧云：“久向翠岩有此一着。”师云：“一着放过，还我草鞋钱来。”僧便喝，师便棒。僧约住拄杖与师一拍，师云：“未到翠峰，与你二十棒了也。”僧无语。师曰：“且在一边。”问：“第二，副将作么生？”僧茫然。师曰：“一状领过，吃茶了。”师把住参头：“适来公案，这里即与么，堂中作么生举？”僧无语，师打一坐具推出。师问新到：“甚处人？”僧提起坐具。师曰：“虾跳不出斗。”僧曰：“踍跳。”师便打。僧曰：“更踍跳。”师又打，僧便走。师唤回，僧作礼曰：“触忤和尚。”师曰：“我要这话行，你又走作甚么？”僧曰：“已遍天下了也。”师复打五棒。僧曰：“有诸方在。”师曰：“你只管吃棒。”师又唤第二底近前来，问："甚处人？"僧曰："鼎州人。"师曰："败也。"僧曰："青天白日。"师曰："两重公案。"僧曰："恰是。"师以拄杖指曰："你拟踌跳。"僧拟议，师亦打五棒。参头曰："这僧吃棒，与某甲不同。"师一时唤近前，僧珍重便走。师随后与一拄杖。有数僧到，师曰："新到那？"曰："是。"师曰："参堂去。"僧才行，师曰："来，来。"僧回首，师曰："洞庭难得师僧到，与你一碗茶吃。"宝华侍者来看师，师问："宝华多少众？"者云："不劳和尚如此。"师云："我好好问，尔踌跳作甚么？"者云："也不得放过。"师云："真师子儿，吃茶了。"师把住云："适来得恁么无礼？"者拟议，被师一掌云："归去分明举似宝华。"问僧："名甚么？"云："义怀。"师云："何不名怀义。"云："当时致得。"师云："谁与汝安着？"云："某甲受戒来十年也。"师云："行脚费却多少草鞋？"云："和尚莫谩人好。"师云："我也没量罪过，汝作么生？"僧无语。师云："脱空谩语汉。"便打。僧问："昭昭于心目之间，而相不可睹。晃晃于色尘之内，而理不可分。既在心目之间，为甚么不亲其相？"师曰："花须连夜发，莫待晓风吹。"曰："与么则云散家家月？"师曰："毗婆尸佛早留心。"僧方礼拜。师以拄杖打一下曰："不得放过。"僧问："猿抱子归青嶂里，鸟衔花落碧岩前。古人意旨如何？"曰："夹山犹在。"曰："和尚如何？"曰："依稀似曲才堪听，又被风吹别调中。"僧却问："如何是翠峰境？"曰："春至桃花亦满溪。"僧礼拜，师曰："山僧今日败阙，有人点检得出，许他顶门上具一只眼。"便下座。宗首座到，方拟人事，师约住云："既知信之韬略，便须拱手归降。"宗云："今日败阙。”师云：“剑刃未施，贼身已露。”宗云：“气急杀人。”师云：“败将不斩。”宗云：“是。”师云：“礼拜着。”宗云：“三十年后有人举在。”师云：“已放你过。”问聪道者：“久参事作么生？”道者曰：“青天白日。”师曰：“乱走作么？”者便喝。师曰：“吃棒。”者拟举手，师打一坐具曰：“你看这瞎汉乱与。”师一日见僧来，拈拄杖云：“我两手分付，你作么生？”僧退身云：“不敢。”师云：“为甚么捧上不成龙？”云：“三十年后，恐孤负和尚。”师放下拄杖云：“吽！吽！”与数僧游山次，见牯牛举头，师问：“牯牛举头作甚么？”僧云：“怕和尚穿却。”师不肯，自云：“看入草底。”因烧亡僧，师问僧：“还将得火来么？”曰：“将得来。”师曰：“弄假像真。”问僧：“甚处来？”曰：“浴来。”师曰：“三身中那一身浴？”曰：“或鼓声前，或鼓声后。”师曰：“饱丛林。”又一日，问僧：“你浴未？”曰：“某甲此生不浴。”师曰：“你不浴图个甚么？”曰：“今日被和尚勘破。”师曰：“贼不打贫儿家。”首座写真，师曰：“既是首座，为甚么却有两个？”曰：“争之不足。”师曰：“你问我，我与你道。”座拟问，师曰：“雪窦门下。”上堂，僧问：“如何是时节因缘？”师曰：“瞌睡汉。”僧便喝。师云：“诈惺惺。”复云：“譬若世界坏时，大水竞作。其间无量众生或没未没，互相悲号。仰望苍苍，皆云相救。时四禅天人一见，高声便喝：‘咄哉众生！我预曾报汝，令频频上来。汝却不听。如今有什么救处？’乃拍手云：归堂。”师云：“十方无壁落，四面亦无门。古人向甚么处见客？若道得接手句，许汝天上天下。”上堂：“田地稳密底，佛祖不敢近。为甚么抬脚不起？神通游戏底，鬼神不能测。为甚么下脚不得？直饶十字纵横，朝打三千，暮打八百。”师又云：“槌击妙喜世界百杂碎底人，为甚么处处解持钵？”又云：“知时频到香积国底人，为甚么拄杖头上失却眼？”又云：“一花开天下春，古佛为甚么不着便？你若透得，救取天下老宿。忽若有个衲僧出来云：‘和尚且自救。’也许伊是金毛师子。”又云：“义出丰年，俭生不孝。于佛法中，作么生辨损益？”又云：“一尘一佛国，一叶一释迦。德山何以卓牌于闹市？”又云：“入林不动草，入水不动波。投子因甚么脚下五色索？透关底试辨看。”

或云：“佛未出世时一人人鼻孔撩天。出世后为甚么杳无消息？”代云：“贼不打贫儿家。”复问僧：“贼不打贫儿家，因甚么却打？”代云：“须到如此。”或云：“善来文殊，还知败阙么？”代云：“一箭雨垛。”又云：“一箭雨垛，为甚么却败阙？”代云：“善来文殊。”或云：“上来则扰扰，端坐则昏昏，脱洒一句作么生道？”代云：“春无三日晴。”又云：“春无三日晴，去住还堪笑，衲僧晒却何时了？”代云：“某甲看。”或云：“文殊起佛见法见，贬向二铁围山。衲僧起佛见法见，列在三条椽下。翠峰起佛见法见，谁敢觑着？”代云：“秤尺在手。”或云：“洞庭湖水一吸净尽，鱼鳖向甚么处藏身？”代云：“咦。”又问摘茶僧云：“茶丛列作鼻孔，茶叶是你眼睛，作么生摘？”代云：“今日不着便。”

师云：“一问一答，总未有事在。直饶乾坤大地，草木丛林，尽为衲僧。异口同声，各置百千问难，也不消长老弹指一下。乃并高低普应，前后无差。”径山杲云：“假使大地尽末为尘，一一尘有一一口，一一口具无碍广长舌相，一一舌相出无量差别音声，一一音声发无量差别言词，一一言词有无量差别妙义。如上尘数衲僧，各各具如是口、如是舌、如是音声、如是言词、如是妙义，同时致百千问难，问问各别。不消长老咳嗽一声，一时答了。乘时于中作无量无边广大佛事，一一佛事周遍法界。所谓一毛现神变，一切佛同说。经于无量劫，不得其边际，便恁么去。闹热门庭即得，正眼观来，正是业识茫茫，无本可据。祖师门下，一点也用不着。”幻寄曰：“摩醯首罗三眼，雪窦但见右眼，妙喜但见左眼。若是正眼，二师梦也未梦见在。”

戏靠安岩，呈双溪大师颂：“陕府铁牛却知有，春秋几几成过咎。一身还作二如来，黑白不分辨香臭。”疏：“黑白无从，天地不仁，万物蠢蠢，若谓非缘，竹何从笋。发兮发兮，黑白是准？”革辙二门颂：“劫火曾洞然，木人泪先落。可怜傅大士，处处失楼阁。一德云闲古锥，几下妙峰顶。唤他痴圣人，担雪共填井。二祖佛未生前，已振涂毒鼓。如今谁乐闻，请试分回互。三宛转复宛转，真金休百炼。丧却毗耶离，无人解看箭。”虚堂愚颂：“迦叶聆筝起舞，渊明闻钟皱眉。息耕古室危坐，半窗冻日熙熙。” 葛芦覃颂：“风卷浮云尽，青天绝点埃。山川俱在目，何必上高台。”

悲学者寻流失源，作为道日损。偈曰：“三分光阴早二过，灵台一点不揩磨。区区逐日贪生去，唤不回头争奈何。”无禅才云：“雪窦老汉，颟颟顸顸，侘侘侗侗，更参三十年，也未会禅在。然虽始，是。土旷人稀，试听下个注脚。乃颂云：‘瞎却摩醯三只眼，南北东西路不分。千林落叶无人扫，独自松门展脚眠。’”

且庵仁颂云：“锯解秤锤，油煎石礫。两手擎来，有功者赏。”

缘生义颂：“义列缘生笑未闻，孰呈布鼓过雷门。金刚铁券诸方问，报道三千海岳昏。”名实无当偈，玉转珠回佛祖言，精通犹是污心田。老卢只解长春米，何得风流万古传。”迷悟相反颂：“霏霏梅雨洒高层，五月山房冷似冰。莫道乾坤乖大信，未明心地是炎蒸。”道贵如愚颂：“雨过寒云晓半开，数峰如画碧崔嵬。空生不解岩中坐，惹得天花动地来。”大功不宰颂：“牛头峰顶锁重云，独坐寥寥寄此身。百鸟不来春又过，不知谁是到庵人。”晦迹自怡颂：“图画当年爱洞庭，波心七十二峰青。如今高卧思前事，添得卢公倚石屏。”与时寡合颂：“居士门高谒未期，闲隈岩石且相宜。太湖三万六千顷，月在波心说向谁。”皇祐四年六月十日，沐浴罢，整衣侧卧而化。阅世七十三，坐五十夏。建塔本山。

◎瑞州洞山晓聪禅师，游方时，在云居作灯头，见僧说泗州大圣近日在扬州出现。有设问曰：“既是泗州大圣，为甚么却向扬州出现？”师曰：“君子爱财，取之以道。”后僧举似莲花峰祥庵主，主大惊曰：“云门儿孙犹在。”中夜望云居拜之。僧问：“达磨未传心地印，释迦未解髻中珠。此时若问西来意，还有西来意也无？”师曰：“六月雨淋淋，宽其万姓心。”曰：“恁么则云散家家月，春来处处花？”师曰：“脚跟下到金刚水际是多少？”僧无语。师曰：“祖师西来特唱此事，自是上座不荐。所以从门入者，不是家珍。认影迷头，岂非大错？既是祖师西来特唱此事，又何必更对众忉忉？珍重！”师尝负柴上山，路逢一僧问：“山上有柴，何故向山下担柴？”师放柴于地曰：“会么？”曰：“不会。”师曰：“我要烧。”石林巩颂：“柴火煎熬担在身，相逢狭路不堪论。淡烟落日青山外，满地难收刀斧痕。”

发供养主，示众云：“住持之道，劳他十方高人，且实际理地不受一尘。佛事门中不舍一法，盖为清众之故，所以忘劳。然尽大地作一胡饼，天下人尽得吃，惟有深沙神不得吃。怒发将蒺藜杖打一棒，瓦解冰消。”师手植万松于东岭，而恒诵《金刚般若经》，山中人因名其岭曰金刚。方植松，而宝禅师至。时睹自五祖来，师问：“上岭一句作么生道?”宝曰：“气急杀人。”师拄镢呵曰：“从何得此随语生解阿师?见问上岭，便言气急，佛法却成流布。”宝请代语。师曰：“气喘杀人。”逍遥问：“岭在此，金刚在何处?”师指曰：“此一株是老僧亲栽。”天圣八年六月八日示疾，持不食七日，集道俗曰：“法席当令自宝住持，因与门人叙透法身话。说偈曰：参禅学道莫茫茫，问透法身北斗藏。余今老倒尪羸甚，见人无力得商量。惟有锄颂知我道，种松时复上金刚。”言卒而化。又七日阇维，得五色舍利。塔于西阿。

◎**洞山自宝禅师**，作达磨赞云：“师真徒邈，三界无着。拟欲安排，知君大错。虚劳指点，何处扪摸。要识师真，乾坤廓落。正法眼藏，自此上作叙，此下乃赞。师相兮世所希，师眉兮阵云垂。师眼兮电光辉，师鼻兮耸须弥。师口门无齿兮过在谁，拟涉流沙兮何不自知非。彼此丈夫兮传法与阿谁，更住少林兮懡㦬却西归。遇衲僧兮好与一顿椎，虽然如是兮不会莫针锥。”琅玡觉和尚睹此赞，乃述颂云：“师眼兮深，师鼻兮大。师耳兮穿，师舌兮快。师身兮黑，师心兮戴。手携只履返流沙，熊耳石塔今犹在。只将此颂验尽天下衲僧。”妙喜曰：“㊀戴，此一字不得动着，动着则祸生。”

师少即持戒甚严。行脚时尝旅宿，为娼所窘，师坐达旦。及发，娼索宿钱，仍与之，自焚被褥而去。娼愧告父母，谓师真佛子，请致斋自忏，后住归宗。一日扶杖出门，值县尉过，呵令避路，师侧立道左，尉马见师忽跪伏不行。尉廉知是师，再拜而去。继迁云居，山神一夕以舆舁师绕山行，师呵令舁致方丈，神如教舁致焉。”

◎潭州北禅智贤禅师，岁夜小参曰：“年穷岁尽，无可与诸人分岁。老僧烹一头露地白牛，炊黍米饭，煮野菜羹，烧榾柮火，大家吃了，唱村田乐，何故免见，倚他门户傍他墙，刚被时人唤作郎。”便下座归方丈。至夜深，维那入方丈问讯曰：“县里有公人到勾和尚。”师曰：“作甚么？”那曰：“道和尚宰牛不纳皮角。”师遂捋下头帽，掷在地上。那便拾去，师跳下禅床，拦胸擒住，叫曰：“贼！贼！”那将帽子覆师顶曰：“天寒，且还和尚。”师呵呵大笑，那便出去。时法昌为侍者，师顾昌曰：“这公案作么生？”昌曰：“潭州纸贵，一状领过。”

◎南安岩自严尊者，依云豁五年，密契心法。自后颇着异迹，除怀仁江蛟害驯。武平黄石岩蛇虎至，可使令驱。南安江眠槎，民有祷者辄得如愿。有僧自惠州来曰：“河源有巨舟着沙，万牛挽不可动，愿得以载砖，建塔于南海，为众生福田。”师曰：“此阴府之物，然付汝偈取之。”偈曰：“天零灞水生，阴府船王移。莫立沙中久，纳福荫菩提。”僧即舟倡偈，而舟为动，万众欢呼。至五羊有巨商，从借以载，僧许之。方解缍，俄风作，失舟所在。有沙弥无多闻性，而事师谨愿。师怜之，作偈使诵，久当聪明。偈曰：“大智发于心，于心何处寻。成就一切义，无古亦无今。”于是世间章句，吾伊上口。师示人，多以偈率题赠。以之中四字于其后，莫有识其旨者。初西竺尊者，至南康盘古山曰："后当有白衣菩萨来兴此山。"至是师以邻僧亡，遵教荼毗，而未闻官，连吏，遂白衣。适游此山，乐而栖息，三年竟成丛林。符波利所记云。淳化乙卯正月初六日，集众曰："吾此日生今正是时。"遂右胁而化。《林间录》集众曰："下有汝等当知，妙性廓然，本无生灭，示有去来，更疑何事二十字。"

◎天台山德韶国师，处州龙泉人，族陈氏。母叶梦白光触体，觉而娠。生而杰异。年十五，有梵僧见之，拊其背曰："汝当出家，尘中无置汝所也。"乃往依龙归寺剃发。十八诣信州开元寺，受满分戒。后唐同光中，谒舒州投子庵主，不契，造龙牙遁禅师，问："雄雄之尊，因甚么亲近不得？"遁曰："如火与火。"曰："忽遇水来又作么生？"遁曰："汝不会我语。"又问："天不盖，地不载。此理如何？"遁曰："合如是。"师惘然，固要为说。遁曰："道者，汝向后自会去。"师后于通玄峰澡浴次，忽省前话，遂具威仪，望龙牙礼拜曰："当时若向我说，今日决定骂也"时疏山有矮师叔者，精峭，号能啮镞机。师问："百匝千重，是何人境界？"矮曰："左搓芒绳缚鬼子。"曰："不落古今，请师说。"矮曰："不说。"曰："为什么不说？"矮曰："个中不辨有无。"师曰："师今善说。"矮骇之。久而辞去，所至少留。见知识五十四人，括磨搜剥，穷极隐秘。后至临川谒法眼，眼一见深契之。师以遍涉丛林，但随众而已，无所咨参。有僧问法眼禅师曰："十二时中，如何得顿息万缘去？"法眼曰："空与汝为缘耶！色与汝为缘耶！言空为缘，则空未无缘。言色为缘，则色心不二。日用果何物为汝缘乎？”师闻悚然异之。又有问者曰：“如何是曹源一滴水？”法眼曰：“是曹源一滴水。”于是师大悟于座下，平生疑滞，涣若冰释，感涕沾衣。法眼曰：“汝当大弘吾宗，行矣，无自滞。”洪觉范曰：“僧问法眼：‘如何是曹源一滴水？’而法眼但曰：‘是曹源一滴水。’韶公乃开悟。后僧有问韶：‘如何是古佛心？’曰：‘此问不弱。’问：‘那吒太子析骨还父，析肉还母。如何是太子身？’曰：‘大家见上座。’问则问答之间，不令意根桩立。盖尝曰：大凡言教须绝渗漏，而学者方争趋微妙之域。欲见佛祖之心，譬如趋越而首燕也欤。”

问：“一人执炬自焫其身，一人抱冰横尸于路。此二人阿谁辨道？”师曰：“不遗者。”曰：“不会，乞师指示。”师曰：“你名敬新。”曰：“未审还有人证明也无？”师曰：“有。”曰：“甚么人证明？”师曰：“敬新。”兴教明和尚问曰：“饮光持释迦丈六之衣，在鸡足山候弥勒下生，将丈六之衣披在千尺之身，应量恰好。只如释迦身长丈六，弥勒身长千尺，为复是身解短耶？衣解长耶？”师曰：“汝却会。”明拂袖便出去。师曰：“小儿子，山僧若答汝不是，当有因果。汝若不是，吾当见之。”明归七日，吐血。浮光和尚劝曰：“汝速去忏悔。”明乃至师方丈悲泣曰：“愿和尚慈悲，许某忏悔。”师曰：“如人倒地，因地而起。不曾教汝起倒。”明又曰：“若许忏悔，某当终身给侍。”师为出语曰：“佛佛道齐，宛尔高低。释迦弥勒，如印印泥。”僧问：“承古有言，若人见般若，即被般若缚。若人不见般若，亦被般若缚。既见般若，为甚么却被缚？”师曰：“你道般若见甚么？”

曰：“不见般若，为甚么亦被缚？”师曰：“你道般若甚么处不见？”乃曰：“若见般若，不名般若。不见般若，亦不名般若。且作么生说见不见？所以古人道，若欠一法，不成法身；若剩一法，不成法身；若有一法，不成法身；若无一法，不成法身。此是般若之真宗也。”云众：“真宗不二，万德无言。正当明时，如王宝剑。所以如来于一切处成等正觉，于刀山剑树上成等正觉，于镬汤垆炭里成等正觉，于棒下成等正觉。于喝下成等正觉。所以一动一静，一去一来，一生一灭，未曾有纤毫异相，未曾有纤毫别相。更无毫厘丝发许。作见闻心识解会，何故？诚谓是非路绝，妙性天机。所以云：汝生我亦生，汝杀我亦杀。生杀轮王机，交驰激电掣。”上堂：“佛法现成，一切具足。岂不见道圆同太虚，无欠无余。若如是也，且谁欠谁剩，谁是谁非，谁是会者，谁是不会者？所以道，东去亦是上座，西去亦是上座，南去亦是上座，北去亦是上座。因甚么却成东西南北？若会得，自然见闻觉知路绝，一切诸法现前。何故如此？为法身无相，触目皆形；般若无知，对缘而照。一时彻底会取好！诸上座，出家儿合作么生？此是本有之理，未为分外。识心达本源，故名为沙门。若识心皎皎地，实无丝毫障痴。上座久立，珍重！”上堂：“眼中无色识，色中无眼识。眼识二俱空，何能令见色。是眼则不能自见其己体，若不能自见，云何见余物。古圣方便皆为说破，若于此明得寂静法，不寂静法也收尽。明得远离法，不远离法亦收尽。未来现在亦无遗余，名一法界。何有遮障，各自信取。”师有偈曰：“通玄峰顶，不是人间。心外无法，满目青山。”法眼闻曰：“即此一颂，可起吾宗。”妙喜曰：“灭却法眼宗，只缘这一颂。”

师以涅槃四种闻示学者，诸方目为韶国师四料拣。云：“闻闻。”㊀放百丈端颂云：“秋江清浅时，白鹭和烟岛。良哉观世音，全身入荒草。”“闻不闻。”㊀收百丈端颂云：“解语非干舌，能言岂是声。不知常显露，刚道有亏盈。”“不闻闻。”㊀明百丈端颂云：“波生元是水，空性逐方圆。除却方圆器，胡孙夜播钱。”“不闻不闻。”㊀瞎百丈端颂云：“理事两俱忘，谁人敢度量。浑仑无缝罅，遍界不曾藏。”开宝四年辛未，华顶西峰忽摧，声振一境。六月，有星陨于峰顶，林木皆白。二十八日，集众告别而化。

◎金陵清凉泰钦法灯禅师，在众日，性豪逸。不事事，众易之，法眼独契重。眼一日问众：“虎项金铃，是谁解得？”众无对。师适至，眼举前语问。师曰：“系者解得。”眼曰：“汝辈轻渠不得。”上堂，有僧出礼拜，师曰：“道者，前时谢汝请，我将甚么与汝好？”僧拟问次，师曰：“将谓相悉，却成不委。”上堂：“某甲本欲居山藏拙，养病过时，奈缘先师有未了底公案，出来与他了却。”时有僧问：“如何是先师未了底公案？”师便打，曰：“祖祢不了，殃及儿孙。”曰：“过在甚么处？”师曰：“过在我，殃及你。”江南国主为郑王时，受心法于法眼之室。闻此问师曰：“先师有甚么不了底公案？”师曰：“现分析次。”翠岩芝云：“为众竭力，祸出私门。”　天童觉云：“这僧若是个汉，出来便与掀倒禅床。不惟自有出身之路，亦免祖祢不了殃及儿孙。”　圜悟举云：“山僧卑志，本亦如斯。今日出来，只为正祖先师。有个现成公案，对众举扬。有不惜性命底，试出来挨拶看。如无，不免自拈自弄去也。喝一喝，以拂子击禅床下座。”

◎**杭州灵隐清耸禅师**，参法眼，眼指雨谓师曰：“滴滴落在上座眼里。”师初不喻旨，后因阅《华严》感悟，承眼印可。上堂曰：“十方诸佛常在汝前，还见么？若言见，将心见，将眼见？所以道一切法不生，一切法不灭。若能如是解，诸佛常现前。”又曰：“见色便见心，且唤甚么作心？山河大地，万象森罗。青黄赤白，男女等相，是心不是心？若是心，为甚么却成物象去？若不是心，又道见色便见心。还会么？只为迷此而成颠倒，种种不同，于无同异中强生同异。且如今直下承当，顿豁本心，皎然无一物可作见闻。若离心别求解脱者，古人唤作迷波讨源，卒难晓悟。”

◎**洪州百丈道恒禅师**，参法眼，因请益外道问佛：“不问有言，不问无言。”叙语未终，眼曰：“住！住！汝拟向世尊良久处会那。”师从此悟入。上堂：“实是无事，诸人各各是佛，更有何疑得到这里？古人道，十方同聚会，个个学无为。此是选佛场，心空及第归。且作么生是心空？不是那里闭目冷坐是心空，此正是意识想解。上座要会心空么？但识自心，便见心空。所以道，过去已过去，未来更莫算。兀然无事坐，何曾有人唤。设有人唤，上座应他好，不应他好？若应他，阿谁唤上座。若不应他，又不患聋也。三世体空，且不是木头也。所以古人道，心空得见法王。还见法王么？也只是老病僧。又莫道渠自代好，珍重！”上堂，众才集，便曰："吃茶去。"或时众集，便曰："珍重！"或时众集，便曰："歇。"后有颂曰："百丈有三诀，吃茶、珍重、歇。直下便承当，敢保君未彻。"荐福古举此语示众云："大众，只如恒和尚，作此一颂。且道，见处如何？还知得失否？要会么？据他三度上堂时节，恰似个好人。后来作此一颂，恰如面上雕两行字。若是通人达士，举起便知，后学初机，难为拣辨，老僧与汝从头注出。百丈有三诀，贼身已露，吃茶、珍重、歇，赃物出来。直下便承当，敢保君未彻，大似抱赃判事。然虽如此，诸仁者须具择法眼，方能证明。如或邪正不分，可谓颟顸佛性。更须博问贤良，可惜虚生浪死。"

◎**永明道潜禅师**，谒法眼，眼曰："子于参请外，看甚么经？"师曰："《华严经》。"眼曰："总别、同异、成坏六相，是何门摄属？"师曰："文在《十地品》中。据理则世出世间一切法，皆具六相也。"眼曰："空还具六相也无？"师无对。眼曰："汝问我。"师乃问："空还具六相也无？"眼曰："空。"师于是开悟，踊跃礼谢。眼曰："子作么生会？"师曰："空。"眼然之。异日，因四众士女入院，眼问曰："律中道，隔壁闻钗钏声，即名破戒。见睹金银合杂，朱紫骈阗，是破戒不是破戒？"师曰："好个入路。"眼曰："汝向后有五百毳徒，为王侯所重在。"师后于衢州古寺，览阅藏经。尝宴坐中，见文殊现形，不觉起而作礼。及诣杭礼阿育王塔，跪而顶戴，泪下如雨。问掌塔僧曰："舍利人不目击，还实有否？"僧云："按传记云：藏在内角中，望若悬钟焉。"师疑未已，遂苦到跪礼，更无间然。俄见舍利在悬钟之外，

蠢　而行，师悲喜交集。又光文大师自为檀越，请于山斋，行三七日普贤忏，忽见遍吉御象，在塔寺三门亭下。其象鼻直，枕行忏所。建隆二年辛酉九月十八日示寂，入棺之际，有白光昼发，举众皆见。阇维舍利不可胜纪。有屠者，自惟恶业，展襟就火聚乞求，须臾获七颗。

◎**杭州报恩慧明禅师**，一日，有新到参，师问："近离甚处？"曰："都城。"师曰："上座离都城到此山，则都城少上座。此间剩上座，剩则心外有法，少则心法不周。说得道理即住，不会即去。"僧无对。妙喜代曰："和尚谩某甲不得，某甲亦谩和尚不得。"复曰："即今莫有道得相谩句者么？若也道得，许汝跳得金刚圈，吞得栗棘蓬。"

师问朋彦上座曰："从上诸圣及诸先德，还有不悟者无？"彦曰："诸圣先德岂有不悟者哉！"师曰："一人发真归源，十方虚空悉皆销陨。今天台山嶷然，如何得销陨去？"彦无对。资严长老问："如何是现前三昧？"师曰："还闻么？"严曰："某甲不患聋。"师曰："果然患聋。"

◎**云居清锡禅师**，有廖天使入院，见供养法眼真，乃问曰："真前是什么果子？"师曰："假果子。"廖曰："既是假果子，何以将供养真？"师曰："也只要天使识假。"

◎**漳州罗汉智依禅师**，问僧："今夏在甚么处？"僧曰："在无言上座处。"师曰："还曾问讯他否？"僧曰："也曾问讯。"师曰："无言作么生问得？"僧曰："若得无言，甚么处不问得?”师喝曰:“恰似问老兄。”师与彦端长老吃饼餤,端曰:“百种千般,其体不二。”师曰:“作么生是不二体?”端拈起饼餤,师曰:“只守百种千般。”端曰:“也是和尚见处。”师曰:“汝也是罗公咏梳头样。”师将示灭,乃谓众曰:“今晚四大不和畅。云腾鸟飞,风动尘起,浩浩地还有人治得么?若治得,永劫不相识。若治不得,时时常见我。”言讫告寂。”

◎金陵报慈文邃禅师,尝究《首楞严》,为之节解句释,自谓深符经旨。谒法眼,眼曰:“《楞严》岂不是有八还义?”师曰:“是。”眼曰:“明还甚么?”师曰:“明还日轮。”眼曰:“日轮还甚么?”师懵然。眼戒令焚所注文。师始依眼请益。

◎金陵报恩院玄则禅师,问青峰:“如何是学人自己?”峰曰:“丙丁童子来求火。”后谒法眼,眼问:“甚处来?”师曰:“青峰。”眼曰:“青峰有何言句?”师举前话,眼曰:“上座作么生会?”师曰:“丙丁属火而更求火,如将自己求自己。”眼曰:“与么会又争得!”师曰:“某甲只与么,未审和尚如何?”眼曰:“你问我,我与你道。”师问:“如何是学人自己?”眼曰:“丙丁童子来求火。”师于言下顿悟。开堂日,李王与法眼俱在会,僧问:“龙吟雾起,虎啸风生。学人知是出世边事,到此为甚么不会?”师曰:“会取好。”僧举头看师,又看法眼,乃抽身入众。法眼与李王当时失色。眼归方丈,令侍者唤问话僧至。眼曰:“上座适来问底话,许你具眼。人天众前，何不礼拜盖覆却？”眼撼一坐具，其僧三日后吐光而终。

◎归宗策真禅师，初名慧超，谒法眼。问曰：“慧超咨和尚，如何是佛？”眼曰：“汝是慧超。”师从此悟入。圜悟勤云：“诸方商量者，多作情解道。慧超便是佛，所以法眼恁么答。有者道，大似骑牛觅牛。有者道，问处便是。有甚么交涉？若恁么会，不惟孤负自己，亦乃深屈古人。”　雪窦颂云：“江国春风吹不起，鹧鸪啼在深花里。三级浪高鱼化龙，痴人犹戽夜塘水。”圜悟云：“江西江南，多作两般解会道，江国春风吹不起。颂汝是慧超，这个消息，直饶江国春风，也吹不起，鹧鸪啼在深花里。颂诸方商量浩浩，似鹧鸪啼在深花里。有甚么交涉？殊不知，雪窦这两句，只是一句要得无缝无罅。明明向汝道，言也端，语也端，盖天盖地。他问如何是佛，眼云汝是慧超。雪窦道，江国春风吹不起，鹧鸪啼在深花里。向这里荐得去，可以丹霄独步，何啻浪高鱼化龙。若作情解，便是痴人犹戽夜塘水。昔端师翁亦有一偈云：‘三文大光钱，买得个油糍。吃向肚里了，当下不闻饥。’此颂甚好，只是不如雪窦措词好。”

住后，上堂：“诸上座，见闻觉知，只可一度，只如会了是见闻觉知，不是见闻觉知要会么？与诸上座说破了也。待汝悟始得，久立，珍重！”

◎同安绍显禅师，因云盖山乞瓦造殿。有人问：“既是云盖，何用乞瓦？”僧无对。师代曰：“瓦遇其人。”

◎观音从显禅师，上堂，众集，良久曰：“文殊深赞居士，未审居士受赞也无？若受赞，何处有居士耶？若不受赞，文殊不可虚发言也。大众作么生会？”太平兴国八年九月中，谓檀那袁长史曰：“老僧三两日间归乡去。”袁曰：“和尚年尊，何更思乡？”师曰：“归乡图个好盐吃。”袁不测其言。翌日，师不疾，坐亡。

◎洛京兴善栖伦禅师，因宫师李继勋终世，有僧问：“是法住法位，世间相常住。未审宫师李公，向甚么处去也？”师曰：“恰被汝问着。”曰：“恁么即虚申一问？”师曰：“汝不妨灵利。”

◎古贤院谨禅师，侍立法眼次，眼问一僧曰：“自离此间，甚么处去来？”曰：“入岭来。”眼曰：“不易。”曰：“虚涉他如许多山水。”眼曰：“如许多山水也不恶。”其僧无语，师于此有省。

指月录卷二十四

六祖下第十一世

◎潭州石霜楚圆慈明禅师，出全州清湘李氏。少为书生，年二十二，依城南湘山隐静寺得度。其母有贤行，使之游方。师连眉秀目，颀然丰硕，然忽绳墨，所至为老宿所呵。以为少丛林，师崖柴而笑曰："龙象蹴踏，非驴所堪。"尝橐骨董箱，以竹杖荷之。游襄沔间，与守芝谷泉，俱结伴入洛中。闻汾阳昭禅师，道望为天下第一，决志亲依。时朝廷方问罪河东，潞泽皆屯重兵，多劝其无行。师不顾，渡大河，登太行，易衣类厮养，窜名火队中，露眠草宿，至龙川。遂造汾阳，昭公壮之。经二年，未许入室。师诣昭。昭揣其志，必诟骂使令者，或毁诋诸方，及有所训，皆流俗鄙事。一夕诉曰："自至法席已再夏，不蒙指示，但增世俗尘劳，念岁月飘忽，己事不明，失出家之利。"语未卒，昭公熟视骂曰："是恶知识，敢裨贩我！"怒举杖逐之。师拟伸救，昭公掩其口。师大悟曰："乃知临济道出常情。"服役七年，辞去。谒唐明嵩禅师。嵩谓师曰："杨大年内翰知见高，入道稳实，子不可不见。"师乃往见大年。年问曰："对面不相识，千里却同风。"师曰："近奉山门请。"年曰："真个脱空。"师曰："前月离唐明。"年曰："适来悔相问。"师曰："作家。"年便喝。师曰："恰是。"年复喝。师以手划一划。年吐舌曰："真是龙象。"师曰："是何言欤？"年唤客司："点茶来，元来是屋里人。"师曰："也不消得。"茶罢，又问："如何是上座为人一句？"师曰："切。"年曰："与么则长裙新妇拖泥走。"师曰："谁得似内翰。"年曰："作家！作家！"师曰："放你二十棒。"年拊膝曰："这里是甚么所在？"师拍掌曰："也不得放过。"年大笑。又问："记得唐明当时悟底因缘么？"师曰："唐明问首山，如何是佛法的的大意？"山曰："楚王城畔，汝水东流。"年曰："只如此语，意旨如何？"师曰："水上挂灯球。"年曰："与么则孤负古人去也。"师曰："内翰疑则别参。"年曰："三脚虾蟆跳上天。"师曰："一任踍跳。"年乃大笑。馆于斋中，日夕质疑智证，因闻前言往行，恨见之晚。朝中见驸马都尉李公遵勖曰："近得一道人，真西河师子。"李曰："我以拘文，不能就谒，奈何！"年默然，归语师曰："李公佛法中人，闻道风远至，有愿见之心，政以法不得与侍从过从。"师于是黎明谒李公，公阅谒使童子问曰："道得即与上座相见。"师曰："今日特来相看。"又令童子曰："碑文刊白字，当道种青松。"师曰："不因今日节，余日定难逢。"童又出曰："都尉言，与么则与上座相见去也。”师曰：“脚头脚底。”公乃出，坐定问曰：“我闻西河有金毛师子，是否？”师曰：“甚么处得这消息？”公便喝。师曰：“野干鸣。”公又喝。师曰：“恰是。”公大笑。师辞，公问：“如何是上座临行一句？”师曰：“好将息。”公曰：“何异诸方。”师曰：“都尉又作么生？”公曰：“放上座二十棒。”师曰：“专为流通。”公又喝。师曰：“瞎。”公曰：“好去。”师应喏喏。自是往来杨李之门，以法为友。久之，辞还河东。年曰：“有一语寄与唐明，得么。”师曰：“明月照见夜行人。”年曰：“却不相当。”师曰：“更深犹自可，午后更愁人。”年曰：“开宝寺前金刚，近日因甚么汗出？”师曰：“知。”年曰：“上座临行岂无为人底句？”师曰：“重迭关山路。”年曰：“与么则随上座去也。”师嘘一声。年曰：“真师子儿，大师子吼。”师曰：“放去又收来。”年曰：“适来失脚蹋倒，又得家童扶起。”师曰：“有甚么了期？”年大笑。师还唐明，李公遣两僧讯师，师于书尾画双足，写来僧名以寄之。公作偈曰：“黑毫千里余，金椁示双趺。人天浑莫测。珍重赤须胡。”师以母老，归筠州。依洞山聪禅师，聪令首众。先是汾阳谓师曰：“我遍参云门儿孙，特以未见聪为恨。”故师依止三年。谒神鼎諲禅师。鼎，首山高弟，望尊一时，衲子非人类精奇，无诸方其门者。住山三十年，门弟子气吞诸方。师发长不翦，敝衣楚音，通谒称法侄，一众大笑。鼎遣童子问：“长老谁之嗣？”师仰视屋曰：“亲见汾阳来！”鼎杖而出，顾见颀然。问曰：“汾州有西河师子，是否？”师指其后，绝叫曰：“屋倒矣！”童子返走，鼎回顾相矍铄。师地坐，脱只履而示之。鼎老忘所问，又失师所在。师徐起整衣，且行且语："见面不如闻名。"遂去。鼎遣人追之不可。叹曰："汾州乃有此儿耶！"到大愚芝和尚处，芝坐间，开合子取香烧。师问："作么生烧？"芝便放香垆中烧。师指曰："讶郎当汉，又恁么去也？"问："闹中取静时如何？"师曰："头枕布袋。"问："四山火来时如何？"师曰："物逐人兴。"问："行脚不逢人时如何？"师曰："钓丝绞水。"问："磨砻三尺剑，去化不平人。师意如何？"师曰："好去。"僧曰："点。"师曰："你看。"僧拍手一下归众。师曰："了。"问："有理难伸时如何？"师曰："苦。"曰："恁么则舌拄上腭也？"师嘘一声。僧曰："将谓胡须赤。"师曰："还曾梦见兴化脚跟么？"问僧："近离甚处？"曰："云过千山碧。"师曰："着忙作么？"曰："雁过水声凄。"师便喝，僧亦喝。师便打，僧亦打。师曰："你看这瞎汉，本分打出三门外。念你是新到，且坐吃茶。"师问显英首座："近离甚处？"曰："金銮。"曰："去夏在甚处？"曰："金銮。"曰："前夏在甚处？"曰："金銮。"曰："先前夏在甚处？"曰："和尚何不领话。"曰："我也不能勘得汝，教库下供过奴子来勘。且点一碗茶，与汝湿口。"永首座与师同辞汾阳，永未尽其妙。从师二十年，终不脱洒。一夕围垆深夜，师以火箸敲炭曰："永首座永首座！"永咄曰："野狐精。"师乃指永曰："讶郎当汉，又恁么去也？"永乃豁然。示众，以拄杖击禅床一下云："大众还会么？不见道，一击忘所知，更不假修治。诸方达道者，咸言上上机。香严恁么悟去，分明悟得如来禅，祖师禅犹未梦见在。且道祖师禅有甚长处？若向言中取，则误赚后人，直饶棒下承当，孤负先圣。万法本闲，惟人自闹。所以山僧居福严，只见福严境界，晏起早眠。有时云生碧嶂，有时月落寒潭，音声鸟飞鸣般若台前，娑罗花香散祝融峰畔。把瘦筇，坐盘陀石，与五湖衲子时话玄微。灰头土面住兴化，只见兴化家风，迎来送去，门连城市，车马骈填。渔唱潇湘，猿啼岳麓，丝竹歌谣时时入耳。复与四海高人，日谈禅道，岁月都忘。且道居深山、住城郭，还有优劣也无？试道看！”良久云：“是处是慈氏，无门无善财。”上堂：“道吾打鼓，四大部洲同参。拄杖横也挑括乾坤大地，钵盂覆也盖却恒沙世界。且问诸人向甚么处安身立命？若也知得，向北俱卢洲吃粥吃饭。若也不知，长连床上吃粥吃饭。”示众：“一切圣贤皆以无为法而有差别，前是按山，后是主山，那个是无为法？”良久云：“向下文长，付在来日。”师平生以事事无碍行心，凡圣所不能测，室中晏坐，横刀水盆之上，旁置草鞋，使来参扣者下语，无有契其机者。又作示徒偈曰：“黑黑黑，道道道。明明明，得得得。”又冬日榜僧堂，作此字“○○○ ＝ ＝ ≡ 」L 耳甲 抽”。其下注云：“若人识得，不离四威仪中。”有首座者见之谓曰：“和尚今日放参。”师闻而笑之。宝元戊寅，李都尉遣使邀师曰：“海内法友，惟师与杨大年耳。大年弃我而先，仆年来顿觉衰落，忍死以一见公。仍以书抵潭帅，敦邀之。”师恻然，与侍者舟而东下，舟中作偈曰：“长江行不尽，帝里到何时。既得凉风便，休将橹棹施。”至京师，与李公会，月余而李公果殁，临终画一圆相，又作偈献师：“世界无依，山河匪碍。大海微尘，须弥纳芥。拈起幞头，解下腰带。若觅死生，问取皮袋。”师曰：“如何是本来佛性？”公曰：“今日热如昨日。”随声便问师："临行一句作么生？"师曰："本来无挂碍，随处任方圆。"公曰："晚来倦甚。"更不答话。师曰："无佛处作佛。"公于是泊然而逝。仁宗皇帝尤留神空宗，闻李公之化，与师问答，嘉叹久之。师哭之恸，临圹而别。有旨赐官舟南归。中途谓侍者曰："我忽得风痹疾。"视之口吻已㖞斜，侍者以足顿地曰："当奈何！平生呵佛骂祖，今乃尔。"师曰："无忧，为汝正之。"以手整之如故。曰："而今而后，不钝置汝。"遂以明年至兴化，正月初五日，沐浴辞众，跏趺而逝。阅世五十有四，坐夏三十有二。李公之子铭志其行于兴化，而藏全身于石霜。师初在汾阳时，阳一日托以梦亡父母，命库堂设酒肉为祀。祀毕，集众僧令食。咸不听，阳因犹自饮啖。众曰："酒肉僧岂堪师法！"尽散去。惟师与大愚六七人存。阳翌日上堂云："许多闲神野鬼，只消一盘酒肉，断送去了也。"《法华经》云："此众无枝叶，惟有诸真实。"下座。叶县省和尚严冷枯淡，衲子畏之。浮山远，天衣怀，往参之。方寒雪时，省呵骂驱逐，至以水泼。其它僧皆怒而去，惟远怀整湿衣安坐。省曰："你更不去，我打你。"远曰："某二人数千里来，特参和尚，岂以一杓水泼便去。即打杀也不去！"省乃令挂搭，续命远充典座。众苦枯淡，远乘省出，窃取油面，为众僧造五味粥。省归知之，筭所直罚，远估衣钵还讫。打趁出，远因寄居廊房。省出见之，复索租钱。远持钵于市，化钱还之，无难色。省乃曰："远真有意参禅。"乃呼之归。

◎**滁州琅邪山慧觉广照禅师**，上堂，有僧出来，画一圆相，师拈拄杖。僧拟议，师便打曰："道。"僧曰："不道。"

师曰："为甚么不道？"僧曰："三世诸佛不出于此。"师又打。寻时趁出，乃曰："教中道，以手指比丘，犯波逸提罪。山僧今日入地狱如箭射。"上堂："山僧因看《华严金师子章》第九《由心回转善成门》，又释曰：如一尺之镜，纳重重之影像。若然者，道有也得，道无也得，道非亦得，道是亦得。虽然如是，更须知有拄杖头上一窍。若也不会，拄杖子穿灯笼，入佛殿，撞着释迦，磕倒弥勒，露柱拊掌呵呵大笑。你且道笑个甚么？"卓拄杖下座。上堂："汝等诸人在我这里过夏，与你点出五般病：一不得向万里无寸草处去。二不得孤峰独宿。三不得张弓架箭。四不得物外安身。五不得滞于生杀。何故？一处有滞，自救难为。五处若通，方名导师。汝等诸人若到诸方，遇明眼作者，与我通个消息，贵得祖风不坠。若是常徒，即便寝息。何故？裸形国里夸服饰，想君太煞不知时。"

◎瑞州大愚山守芝禅师，僧问："昔日灵山分半座，二师相见事如何？"师曰："记得么？"僧良久，师打禅床一下曰："多年忘却也。"乃曰："且住！且住！若向言中取则，句里明机，也似迷头认影。若也举唱宗乘，大似一场寐语。虽然如是，官不容针，私通车马。放一线道，有个葛藤处。"遂敲禅床一下曰："三世诸佛，尽皆头痛。且道大众，还有免得底么？若一人免得，无有是处。若免不得，海印发光。"师乃竖起拂子曰："这个是印，那个是光？这个是光，那个是印？掣电之机，徒劳伫思。会么？老僧说梦，且道梦见个甚么？南柯十更，若不会，听取一颂：'北斗挂须弥，杖头挑日月。林泉有商量，夏末秋风切。’珍重！”示众：“三世诸佛不知有，狸奴白牯却知有。”乃拈起拂子云：“狸奴白牯总在这里放光动地，何为如此两段不同。”妙喜曰：“大愚若无后语，洎合被狸奴白牯换却眼睛。虽然如此，也未免秤锤蘸醋。”

升座。揭香合子曰：“明头来明头合，暗头来暗头合。若道得，天下横行。道不得，且合却。”有僧日诵《金刚经》百遍，师闻之召谓曰：“汝日诵经，究竟经义否？”曰：“未曾。”师曰：“汝但日诵一遍，参究佛意。若一句下悟去，如饮海水一滴，便知百川之味。”僧如教，一日诵至应如是知，如是见，如是信解不生法相处，蓦然有省，遂以白师。师遽指床前狗子云：“狗子咴。”僧无语。师便打出。《僧宝传》云：“有僧讲《金刚经》，问曰：‘如是信解，不生法相，如何？时有狗卧绳床前，师趯之，狗起去。问僧：‘解么？’僧曰：‘不解。’师曰：‘若解即成法相。’与此所载虽有不同，应是一人，传者互有详略耳。”

问：“通身是眼，口在甚么处？”师曰：“三跳。”曰：“不会。”师曰：“章底词秋罢，歌韵向春生。”慈明有善侍者号称明眼，闻师之风，自石霜至大愚入室。师趯出，只履示之，善退身而立。师俯取履，善辄踏倒。师起面壁，以手点津连画其壁三，善瞠立其后。师旋转以履打。至法堂，善曰：“与么为人，瞎却一城人眼在。”《僧宝传》芝讥呵学者寡闻得少为足曰：“汾阳有十智同真法门，锻佛祖钳锤应作椎今时禅者资质不妙，莫有成器者。”僧问：“如何是十智同真？”芝曰：“先师言，夫说法者。”举“汾阳章中十智同真语”，至“要识是非面目现在”芝曰：“先师曰：‘要识是非面目现在，也大省力。后生晚学，刺头向言句里，贪着义味，如驴舐尿处，棒打不回。盖为不广求知识，遍历门风，多是得一言半句，便点头咽唾，道已了办。上座，大有未稳当处在。’先师有十五家宗风歌，号曰广智，其词曰：‘大道不说有高低，真空那肯涉离微。大海吞流同增减，妙峰高耸总擎持。万派千溪皆渤澥，七金五岳尽须弥。玉毫金色传灯后，二三四七普闻知。信衣息广开机，诸方老宿任施为。识心是本从头说，迷心逐物却生疑。”芝曰：“此叙宗旨也。”或直指或巧施，解道前纲出后机，旨趣分明明似镜。盲无慧目不能窥，明眼士见精微。不言胜负坠愚痴，物物会同流智水。门风逐便示宗枝，即心佛非心佛，历世明明无别物。即此真心是我心，我心犹是机权出。芝曰：“此叙马祖宗派也。”或五位或三路，设施随根巧回互。不触当今是本宗，展手通玄无佛祖。芝曰：“此叙洞上宗派也。”或君臣或父子，器量方圆无彼此。士庶公侯一道平，愚智贤豪明渐次。芝曰：“此叙石霜宗派也。”有时敲有时唱，随根问答谈谛当。应接何曾失礼仪，浅解之流却生谤。或双明或单说，只要当锋利禅悦。开权不为斗聪明，舒光只要辨贤哲。有圆相有默论，千里持来目视瞬。万般巧妙一圆空，烁迦罗眼通的信。芝曰：“此叙沩仰宗派也。”或全提或全用，万象森罗实不共。青山不碍白云飞，隐隐当台透金风。芝曰：“此叙石头药山宗派也。”象骨镜地藏月，玄沙崇寿照无缺。因公致问指归源，旨趣来人明皎洁。芝曰：“此叙雪峰地藏宗派也。”或称提或拈掇，本色衲僧长击发。句里明人事最精，好手还同楔出楔。或抬荐或垂手，切要心空易开口。不识先人出大悲，管烛之徒照街走。芝曰：“此叙云门宗派也。”德山棒临济喝，独出乾坤解横抹。从头谁管乱区分，多口阿师不能说。临机纵临机夺，迅速机锋如电掣。乾坤只在掌中持，竹木精灵脑劈裂。或宾主或料拣，大展禅宗辨正眼。三玄三要用当机，四句百非一齐铲。劝同袍莫强会，少俊依前成窒碍。不知宗脉莫颟顸，永劫长沉生死海。难逢难遇又难闻，猛烈身心快通泰。芝曰：“此叙德山临济宗派也。”幻寄曰：“大块噫气！求怒者不可得。若以激谪叱吸之，出于鼻口耳枅为怒者，是人不惟不识怒者，亦不识鼻口耳枅矣。善乎汾阳此歌，云我心犹是机权出。”而大愚师亦云：“沙里无油事可哀，翠岩嚼饭喂婴孩。一朝好恶知端的，始觉从前满面灰。”今之人因汾阳此歌，便谓宗风有十五家之异，是索怒者于鼻口耳枅也。可不谓大哀乎！

◎**舒州法华院全举禅师**，得法汾阳。扁历诸方，首谒荆南福昌善禅师。善问曰：“回互不回互？”师曰：“总不与么。”曰：“为甚么已吃福昌棒？”师曰：“一家有事百家忙。”曰：“脱空漫语。”师曰：“调琴澄太古，琢句体全真。”谒公安远禅师，远问：“作么生是伽蓝？”师曰：“深山藏独虎，浅草露群蛇。”曰：“作么生是伽蓝中人？”师曰：“青松盖不币，黄叶岂能遮。”曰：“道什么？”师曰：“少年玩尽天边月，老倒扶桑没日头。”曰：“一句两句云开月露作么生？”师曰：“照破祖师关。”谒延寿贤禅师，贤问：“海竭人亡作么生？”师曰：“毒蛇不咬人。”曰：“为何如此？”师曰：“风引溪云断，泉冲石径斜。”谒夹山真首座，真曰：“还见么？”师曰：“万事全无。”曰：“还不见么？”师曰：“千般皆在手。”师曰：“首座未见澄散圣时如何？”曰：“湖南江西。”又问：“见后如何？”曰：“江西湖南。”师曰：“却共首座一般耶。”曰：“打草惊蛇。”师曰：“终不捏怪。”到神鼎，鼎问：“一朵峰峦上，独树不成林。作么生？”师曰：“水分红树浅，涧绕碧泉深。”鼎曰：“作么生是回互之机？”师曰：“盲人却无眼。”谒福严承禅师，承问：“作么生是圆融之相？”师曰：“木人岭上休相觑，石女溪边更不迷。”师却问：

"如何是福严圆融之相?"曰:"老病寻常事,龙钟没好时。"承问:"融即不问,如何是圆?"师曰:"法界广无边。"曰:"不圆不融时如何?"师曰:"虚空无背面,鸟道绝东西。"谒石霜慈明禅师,慈明问:"作么生是向上一窍?"师曰:"二窍俱明。"曰:"还见七十二峰么?"师曰:"有甚么掩处?"曰:"道什么?"师曰:"今日触忤和尚。"慈明便打。师曰:"作什么?"曰:"将谓是收番猛将,元来是行间小卒。"师曰:"雅淡呈秋色,馨香喷月华。"谒大愚芝禅师,芝问:"古人见桃花,意作么生?"师曰:"曲不藏直。"曰:"那个且从,遮个作么生?"师曰:"市中拾得宝,比邻那得知。"曰:"上座还知么?"师曰:"路逢剑客须呈剑,不是诗人不献诗。"曰:"作家诗客。"师曰:"一条红线两人牵。"曰:"玄沙道谛当,又作么生?"师曰:"海枯终见底,人死不知心。"曰:"恰是。"师曰:"楼阁凌云势,峰峦叠翠层。"谒五祖戒禅师,戒问:"作么生是绝羁绊底人?"师曰:"反手把笼头。"曰:"却是作家。"师曰:"背鞭打不着。"曰:"为什么上来下去?"师曰:"甚处见上来下去。"戒便打。师曰:"一言无别路,千里不逢人。"谒翠峰素禅师,素曰:"风穴道,嘶风木马缘无绊,背角泥牛痛下鞭。如何?"师曰:"翻身师子生狞甚,谁敢当头露爪牙。"曰:"放汝一线道。"师曰:"七颠八倒。"曰:"收。"师曰:"了。"谒雪窦显禅师,窦问:"牛吃草,草吃牛?"师曰:"回头欲就尾,已隔万重关。"曰:"应知无背面,要须常现前。"师曰:"验在目前。"曰:"自领出去。"到琅琊觉和尚处,琊问:"近离甚处?"师曰:"两浙。"曰:"船来陆来?"师曰:"船来。"曰:"船在甚处?”师曰:“步下。”曰:“不涉程途一句,作么生道?”师以坐具摵一摵曰:“杜撰长老,如麻似粟。”拂袖而出。琊问侍者:“此是甚么人?”者曰:“举上座。”琊曰:“莫是举师叔么?先师教我寻见伊。”遂下旦过问上座:“莫是举师叔么?莫怪适来相触忤。”师便喝。复问:“长老何时到汾阳耶?”曰:“某时到。”师曰:“我在浙江早闻你名,元来见解只如此,何得名播寰宇?”琊遂作礼曰:“某甲罪过。”《僧宝传》:慈明道过琅邪觉师,因语及举公到时话,且曰:“在汾州时尚少,举陆沉众中,不及识之。”明笑曰:“举见处才能自了,而汝堕负,何以为人?”觉屏息汗下。明为作牧童歌曰:“牧牛童实快活,跣足披蓑双角撮,横眠牛上向天歌。人问如何牛未渴,回面看平田阔。四方放去休拦遏,八面无拘任意游,要收只在索头拨。小牛儿顺摩捋,角力未充难提掇。且从放在小平坡,虑上高峰四蹄脱。日已高休吃草,捏定鼻头无少老。一时牵向圈中眠,和泥看伊东西倒。笑呵呵好不好,又将横笛顺风吹,震动五湖山海岛。倒骑牛脱布袄,知音休向途中讨。若问牧童何处居,鞭指东西无一宝。”觉默得其游戏三昧。　妙喜曰:“宾则始终宾,主则始终主。二大士蓦札相逢,主宾互换,直下发明临济心髓。苟非彻证向上巴鼻,具出常情正眼,未免作得失论量。或者道,举公前来一一据实祇对,琅邪末后不合作佛法道理,是杜撰处。或者道,琅琊被举公道个杜撰,心中疑惑,实时倒戈卸甲,遂挽留举公,咨决此事,谓之坐参。一犬吠虚,千猱啀实,盖由主法者智眼不明,滥觞宗教,疑误后人。殊不知,二大士激扬,若日月丽天,龙象蹴踏,决非跛驴盲者之事,井蛙醯鸡,又焉知宇宙之宽旷耶!予尝室中举此话问学者:‘你还肯琅邪此语否?’曰:‘不肯。’‘何故不肯?’曰:‘不合作佛法道理。’予复举云门问洞山:‘近离甚处?’曰:‘查渡。’‘夏在甚处?’曰:‘湖南报慈。’‘几时离彼?’曰:‘八月二十五。’门云:‘放你三顿棒，你还肯云门此语否？’曰：‘肯。’‘肯者云何？’曰：‘云门无佛法道理。’予曰：‘师家问处一般，学者答处无异，你为甚肯一不肯一？’学者伫思，予连棒打出。复召其僧：‘且来且来。’其僧回首，予曰：‘你若作棒会，带累我，也是个瞎汉。’其僧便礼拜曰：‘今日方知琅邪与举公非常情可测。’予曰：‘你看这瞎汉乱统。’又打喝出。”幻寄曰：“妙喜不独为法华琅邪雪屈，石霜藉此亦得吐气，不然石霜被埋没无已时。”

示众，释迦不出世，达磨不西来。佛法遍天下，谈玄口不开。”妙喜曰：“作贼人心虚。”

◎**南岳芭蕉庵大道谷泉禅师**，性耐垢污。拨置戒律，眼盖衲子，所至丛林辄删去，师不以介意。造汾阳，谒昭禅师。阳奇之，密授记莂。南归放浪湘中，闻慈明住道吾，往省觐。慈明问曰：“白云横谷口，道人何处来？”师左右顾曰：“夜来何处火，烧出古人坟。”慈明呵曰：“未在更道。”师乃作虎声。慈明以坐具摵之，师接住推明置禅床上，明却作虎声。师大笑曰：“我见七十余员善知识，今日始遇作家。”山有湫，毒龙所蛰。堕叶触波，必雷雨连日，过者不敢喘。师与明暮归，时秋暑，捉明衣曰：“可同浴。”明掣肘径去。于是师解衣跃入，霹雳随至。腥风吹雨，林木振摇。明蹲草中，意师死矣。须臾晴霁，忽引颈出波间曰：“囦。”明尝遣南公谒师，师与语惊曰：“五州管内，乃有此匾头道人耶。”及南公住法轮，师复以偈招之。南公以师坦荡忽绳墨，戏酬以偈曰：“饮光论劫坐禅，布袋经年落魄。疥狗不愿生天，却笑云中白鹤。”后住保真庵，盖衡湘最险绝处。

夜地坐祝融峰下，有大蟒盘绕之，师解衣带缚其腰，中夜不见。明日杖策，遍山寻之，衣带缠枯松上，盖松妖也。倚遇上座来参，问："庵主在么？"师曰："谁？"曰："行脚僧。"师曰："作甚么？"曰："礼拜庵主。"师曰："恰值庵主不在。"曰："你聻！"师曰："向道不在，说甚么你我。"拽棒趁出。遇次日再来，师又趁出。遇一日又来，问："庵主在么？"师曰："谁？"曰："行脚僧。"揭帘便入。师拦胸扭住曰："我这里狼虎纵横，尿床鬼子，三回两度来讨甚么？"曰："人言庵主亲见汾阳来。"师解衣抖擞曰："你道我见汾阳有多少奇特？"曰："如何是庵中主？"师曰："入门须辨取。"曰："莫只这便是么？"师曰："赚却几多人？"曰："前言何在？"师曰："听事不真，唤钟作瓮。"曰："万法泯时全体现，君臣合处正中邪去也。"师曰："驴汉不会便休，乱统作么？"曰："未审客来将何祗待？"师曰："云门胡饼赵州茶。"曰："恁么则谢师供养去也。"师叱曰："我这里火种也未有，早言谢供养。"尝过衡山县，见屠者斫肉，立其旁作可怜态，指其肉，又指其口。屠问曰："汝哑耶？"即肯首。屠怜之，割巨脔置钵中。师喜出望外，发谢而去。一市大笑，而师自若，以杖荷大酒瓢，往来山中。人问："瓢中何物？"曰："大道浆也。"自作偈曰："我又谁管你天谁管你地，着个破纸袄，一味工打睡。一任金乌东上玉兔西坠，荣辱何预我，兴亡不相关。一条拄杖一葫芦，闲走南山与北山。"醉卧山路间，大雪起，作偈曰："今朝甚好雪，纷纷如秋月。文殊不出头，普贤呈丑拙。"嘉祐中，现子冷清，妖言诛。师坐清曾经由庵中，决杖配郴州牢城。盛暑负土经通衢，弛担说偈曰："今朝六月六，谷泉被气埿。不是上天堂，便是入地狱。"言讫微笑，泊然如蝉蜕。阇维舍利不可胜数，彬人塔之，至今祠焉。洪觉范赞曰："无为子曰：'生者人之所贵，死者人之所畏。耻者人之所避，而泉不贵其贵。'不畏其畏，不避其避，此其所以如是。吾不知其真，吾不知其伪，将质之于天地。方是时，丛林以肃严相尚，沙门以修洁相高。一有指目，重为愧耻，故泉有以矫之耳。其号泉大道，若非苟然。"

◎**安吉州天圣皓泰禅师**，到琅琊，琊问："埋兵掉斗，未是作家。匹马单枪，便请相见。"师指琊曰："将头不猛，带累三军。"琊打师一坐具，师亦打琊一坐具。琊接住曰："适来一坐具是山僧令行，上座一坐具落在甚么处？"师曰："伏惟尚飨。"琊拓开曰："五更侵早起，更有夜行人。"师曰："贼过后张弓。"琊曰："且坐吃茶。"

◎**舒州浮山法远圆鉴禅师**，僧问："新岁已临，旧岁何往？"师曰："目前无异怪，不用贴钟馗。"曰："毕竟如何？"师曰："将谓目前无。"僧以手画曰："争奈这个何？"师便打。师与王质待制论道，画一圆相，问曰："一不得匹马单枪，二不得衣锦还乡，鹊不得喜，鸦不得殃，速道！速道！"王罔措。师曰："勘破了也。"欧阳文忠公诣师室与客棋，师坐其旁。文忠遽收局，请师因棋说法。乃鸣鼓升座曰："若论此事，如两家着棋相似，何谓也？敌手知音，当机不让。若是缀五饶三，又通一路，始得有一般底。只解闭门作活，不会夺角冲关，硬节与虎口齐彰，局破后徒劳逴斡。所以道，肥边易得，瘦肚难求。思行则往往失粘，心粗而时时头撞。休夸国手，谩说神仙。赢局输筹即不问，且道黑白未分时，一着落在什么处”良久曰：“从前十九路，迷悟几多人。”文忠嘉叹久之。既老，退休于会圣岩。因阅班固《九流》，遂拟之作《九带》，叙佛祖教义。博采先德机语，参同印证。其一曰：“佛正法眼带。”其二曰：“佛法藏带。”其三曰：“理贯带。”其四曰：“事贯带。”其五曰：“事理纵横带。”其六曰：“屈曲带。”其七曰：“妙叶兼带。”其八曰：“金针双锁带。”其九曰：“平怀常实带。”学者既已传诵，师曰：“若据圆极法门，本具十数，今此九带，已为诸人说了。更有一带，还见得么？若也见得亲切分明，却请出来说看。说得分明，许汝通前九带圆明道眼。若见不亲切，说不相应，惟依吾语而为己解，则名谤法。大众到此如何？”众无语，师叱之去。一佛正法眼藏带：夫真实之理，证成法身，照用之功。作为报土，诸佛之本源既尔，诸祖之洪范亦然。五部分宗，万派之精蓝棋布。一灯分焰，十方之法席鳞差。又《华严经》云：“如来不出世，亦无有涅槃。”昔灵山会上，世尊以青莲目瞬视四众，无能领其密意。惟大迦叶独领解佛旨。经云：“佛告大迦叶云：吾有正法眼藏涅槃妙心，付嘱于汝，汝当流布，勿令断绝。又临涅槃，告阿难言：十二部经汝当流通。告优波离言：一切戒律汝当奉持。付大迦叶偈云：法本法无法，无法法亦法。今付无法时，法法何曾法。于是大迦叶持佛袈裟，于鸡足山中，入寂灭定。待慈氏下生，两手分付。古德着语云：鸟栖无影树，花放不萌枝。又四海波涛静，一轮明月天。大圆智颂云：佛正法眼，迦叶亲闻。祖祢不了，殃及儿孙。”大慧颂云：“迢迢空劫不能拘，佛眼何曾识得渠。体妙本来无位次，正因那得有规模。太虚寥廓尘埃净，智鉴圆明物象殊。从此华山千古秀，任他潘阆倒骑驴。”二佛法藏带，夫三乘教外，诸祖别传，万象之中迥然独露。纤尘未泯，阻隔关山。拟议差殊，千生万劫。三贤不晓，十圣那知。截断众流，如何凑泊。圣人曲成万物而不已，刻雕众形而无功，而况如来藏乎？所谓藏者，该括三世过现未来诸佛法藏，其间有大乘小乘，小乘谓声闻缘觉，大乘谓菩萨。于中支分为八，谓三藏五乘。其三藏谓经律论，五乘谓声闻缘觉菩萨，而兼摄人天。然则教分名数，依根所立，而不离一乘。《法华经》云：“于一乘道，分别说三。”又曰：“尚无二乘，何况有三。”又曰：“惟此一事实，余二则非真。”此明依根立权，如《华严》说：“如来藏以法界为体。”如来藏无前后际，无成坏法，无修证位，绝对待义。所以文殊偈曰：“一念普观无量劫，无去无来亦无住。如是了知三世事，超诸方便成十力。”圣人说了义不了义，并是依根安立。诸佛随宜说法，意趣难解。三藏五乘各有宗旨，于一乘道，论圆顿半满，并是权立。惟《华严》一经，以法界为体量。佛与众生同一体性，本无修证，本无得失，无烦恼可断，无菩提可求，人与非人性相平等。古德着语云：“掬水月在手，弄花香满衣。”又“古涧寒泉涌，青松雪后雕”。大圆颂云：“吾佛法藏，捞摝众生。百千三昧，弹指圆成。”大慧颂云：“十方通摄了无遗，三际全超在此时。圣号凡名同一舌，劣形殊相漫多岐。家家门外长安路，处处窟中师子儿。打破镜来无一事，杜鹃啼在落花枝。”三理贯带：夫声色不到，语路难诠，今古历然，从来无间。以言显道，曲为今时。竖拂扬眉，周遮示诲。天然上士，岂受提撕。中下之机。钩头取则。投机不妙。过在何人。更或踌躇。转加钝置。理贯带者。理即正位也。其正位中，自无一法，空同实际。其实际理地，不受一尘。古德着语云：“众角虽多，一麟足矣。”又“动容扬古路，不堕悄然机。”大圆颂云：“理贯全收，万派同流，毗卢华藏，物物头头。”大慧颂云：“真理何曾立一尘，呼为正位早疏亲。乌鸡半夜鸣何处，枯木花开劫外春。信手垂慈常利物，拟心执着已乖真。君看鹤树泥洹日，曾举双趺示众人。”四事贯带：夫日月照临不到，天地覆载不着。劫火坏时彼常安，万法泯时全体露。随缘不变，处闹常宁。一道圆光，阿谁无分。《华严经》云：“刹说众生说，三世国土一时说。”古德着语云：“觅火和烟得，担泉带月归。”又“石长无根树，山含不动云。”大圆颂云：“事贯有无，纤尘不漏。万象森罗，全机无咎。”大慧颂云：“转处孤危万事休，随缘得旨复何求。群生造化乘斯力，一道灵光触处周。即事即真无剩法，全心全佛有来由。填沟塞壑无人会，可笑骑牛更觅牛。”五理事纵横带：夫触目是道，绝迹无私。佛事门中，通贯实际，圆融事理。运用双行，器量堪任。随机赴感门风露布，各在当人。建立宗乘，强生枝节。出门问路，指东划西。历劫顽臣，二字疑误如何扣发。古德着语云：“针锋头上翻筋斗，红垆焰里碧波生。”又“猿抱子归青嶂里，鸟衔花落碧岩前。”大圆颂云：“理事纵横，照用齐行。者边那边，日午三更。”大慧颂云：“尘尘实际本和融，举体全该理事同。应物行权无定法，随缘立理绝罗笼。竿头有路通车马，棒下无生触祖翁。出没纵横全体用，夕阳西去水流东。”六屈曲垂带：夫垂者，圣人垂机接物也。屈曲者，脱珍御服着弊垢衣也。同安云：“权挂垢衣云是佛，却装珍御复名谁。”珍御名不出世，垢衣名出世。僧问石门彻和尚：“云光法师为什么却作牛去?”彻云：“陋巷不骑金色马，回涂却着破襴衫。”圣人成佛后，却为菩萨，导利众生，是名不住无为，不尽有为矣。文殊师利问维摩诘云：“菩萨云何通达佛道?”维摩诘云：“菩萨行于非道，是名通达佛道。”古德着语云：“慈云普覆无边际，枯木无花争奈何。”又“宛转是非从曲直，个时消息解通风。”大圆颂云：“屈曲垂慈，棒喝齐施。覆藏密旨，少室灵枝。”大慧颂云：“不装珍御示初机，出世权披弊垢衣。细路屈盘连夜过，故乡迢递几时归。垂丝千尺钩还曲，利物多方语带悲。休恋长安风物好，得便宜处落便宜。”七妙叶兼带：汝州风穴和尚示众云：“夫参学眼目，临机直须大用现前，莫自拘于小节。设使言前荐得，犹是滞壳迷封，纵饶句下精通，未免触途狂见。劝汝诸人，应是从前依他作解。明昧两岐，凡圣疑情一时扫却，直教个个如师子儿，哮吼一声，壁立万仞。谁敢正眼觑着，觑着则瞎却渠眼。”古德着语云：“一句曲含千古韵，万重云散月来初。”又“垂丝千尺，意在深潭。”大圆颂云：“妙叶真机，境物如如。是凡是圣，无欠无余。”大慧颂云：“抬搦由来作者知，个中一字两头垂。同生同死何时晓，双放双收举世疑。照胆蟾光沉碧汉，拍天沧海浸须弥。闻韶忘味有余乐，方识诗人句外奇。”八金针双锁带：夫鸡足分灯之后，少林传芳以来，各阐玄风，互兴佛事。若凭言诠为据，断灭法门，更或造作修功。平沉千圣，头头显露，物物明真。不用踌躇，直截便道。古德着语云：“风吹南岸柳，雨打北池莲。”又“白鹭下田千点雪，黄鹂上树一枝花。”大圆颂云：“金针双锁，全心印可。有句无句，千花万朵。”大慧颂云：“突出全机理事玄，东村王老夜烧钱。等闲得路明如日，举步回头直似弦。玄要并行无别语，机缘才兆不堪传。从来大道无拘束，信手拈来百事全。”九平怀常实带：洛浦和尚示众云：“末后一句，始到牢关，把断要津，不通凡圣。寻常向汝诸人道，任从天下乐欣欣，我独不肯。何故？灵龟负图，自取丧身之兆。凤萦金网，拟趋霄汉以何期。直须旨外明机，莫向言中取则。所以道，石人机似汝，也解唱巴歌。汝若似石人，雪曲也应和。僧问南泉：“如何是道？”泉云：“平常心是道。”如达平常道也，见山即是山，见水即是水。信手拈来草，无可无不可。设使风来树动，浪起船高。春生夏长，秋收冬藏，有何差异。但得风调雨顺，国泰民安，边方宁静，君臣道合，岂在麒麟出现，凤凰来仪，方显祥瑞哉。但得理归其道，事乃平实，无圣可求，无凡可舍。内外平怀，泯然自尽。所以诸圣语言，不离世谛，随顺世间。会则涂中受用，不会则世谛流布。古德着语云：“常因送客处，忆得别家时。”又“秋风吹渭水，落叶满长安。”大圆颂云：“平怀常实，事圆理毕。露柱灯笼，无得无失。”大慧颂云：“更无回互本圆成，觌面无私一体平。水上东山行不住，火中木马夜嘶鸣。人间但见浮云白，天外常看列岫横。若谓平常心是道，拟心已在铁围城。”

师初谒汾阳，既谒汝海，皆受记莂。后过大阳，与明安语甚相契。明安以皮履直裰示之，师曰：“某甲已自有师，当持此衣履，求人付之，俾续洞上宗风如何？”明安遂以付师，且授偈曰：“杨广山前草，凭君待价焞。异苗翻茂处，深密固灵根。”复书其尾曰：“得法者潜众十年，方可阐扬。”师拜受辞去。后得投子青，乃授之。俾嗣明安焉。

◎润州金山昙颖达观禅师，首谒大阳玄禅师，遂问：“洞山特设偏正君臣，意明何事？”阳曰：“父母未生时事。”师曰：“如何体会？”阳曰：“夜半正明，天晓不露。”师罔然。遂谒谷隐，举前话。隐曰：“大阳不道不是，只是口门窄，满口说未尽。老僧即不然。”师问：“如何是父母未生时事？”隐曰：“粪墼子。”师曰：“如何是夜半正明，天晓不露？”隐曰：“牡丹花下睡猫儿。”师愈疑骇。一日普请，隐问：“今日运薪耶？”师曰：“然。”隐曰：“云门问：‘僧人搬柴柴搬人？’如何会？”师无对。隐曰：“此事如人学书，点画可效者工，否者拙，盖未能忘法耳。当笔忘手，手忘心，乃可也。”师于是默契。良久曰：“如石头云，执事元是迷，契理亦非悟。”隐曰：“汝以为药语，为病语？”师曰：“是药语。”隐呵曰：“汝以病为药，又安可哉？”师曰：“事如函得盖，理如箭直锋，妙宁有加者，而犹以为病，实未喻旨。”隐曰：“妙至是，亦只名理事。祖师意旨智识所不能到，矧事理能尽乎？故世尊云：‘理障碍正见知，事障续诸生死。’”师恍如梦觉，曰：“如何受用？”隐曰：“语不离窠臼，安能出盖缠？”师叹曰：“才涉唇吻，便落意思。尽是死门，终非活路。”住后，示众曰：“才涉唇吻，便落意思。尽是死门，俱非活路。直饶透脱，犹在沉沦。莫教孤负平生，虚度此世。要得不孤负平生么？”拈拄杖卓一下，曰：“须是莫被拄杖谩始得。看看拄杖子，穿过你诸人髑髅，跨跳入你鼻孔里去也。”又卓一下。过京师，寓止驸马都尉李端愿之园。李公问曰：“人死，识归何所？”师曰：“未知生，焉知死。”李曰：“生则端愿已知。”师曰：“生从何来？”李拟对，师揕其胸曰：“只在这里，思量个甚么。”李曰：“会也，只知贪程，不知蹉路。”师托开曰：“百年一梦。”李说偈曰：“三十八岁，懵然无知。及其有知，何异无知。滔滔汴水，隐隐隋堤。师其归矣，箭浪东驰。”又问：“地狱毕竟是有是无？”师曰：“诸佛向无中说有，眼见空花。太尉就有里寻无，手揸水月。堪笑眼前见牢狱不避，心外见天堂欲生。殊不知，欣怖在心，善恶成境。太尉，但了自心，自然无惑。”李曰：“心如何了？”师曰：“善恶都莫思量。”李曰：“不思量后，心归何所？”师曰：“且请太尉归宅。”会元以此则，列问人死后识归何所前，此从《僧宝传》。传不录李偈。

上堂：“山僧平生意好相扑，祇是无人搭对。今日且共首座搭对，卷起袈裟下座，索首座相扑。座才出，师曰：“平地上吃交，便归方丈。”嘉祐四年除夕，遣侍者驰书，别扬州刁景纯学士曰："明旦当行，不暇相见，厚自爱。"景纯开书大惊曰："当奈何。"复书决别而已。中夜候吏报，扬州持书船将及岸。师欣然，遣挝鼓升座，叙出世本末，谢禅赞丛林者，劝修勿怠。下座，读刁书毕，大众拥步上方丈。师跏趺挥令各远立，良久乃化，五年元日也。

◎**唐州大乘山德遵禅师**，问谷隐曰："古人索火，意旨如何?"曰："任他灭。"师曰："灭后如何?"曰："初三十一。"师曰："恁么则好时节也。"曰："汝见甚么道理?"师曰："今日一场困。"隐便打。师乃有颂曰："索火之机实快哉，藏锋妙用少人猜。要会我师亲的旨，红垆火尽不添柴。"

◎**景清居素禅师**，僧问："即此见闻非见闻，为甚么法身有三种病二种光?"师曰："填凹就缺。"

◎**驸马李遵勖居士**，谒谷隐，问出家事。隐以崔赵公问径山公案答之。公于言下大悟，作偈曰："学道须是铁汉，着手心头便判。直趋无上菩提，一切是非莫管。"宗门武库云："李公得心要于石门聪禅师，尝作二句偈，寄发运朱正辞。时许式为淮南漕，朱以李颂示，许请赓之。朱曰：'雨催樵子还家。'许云：'风送渔舟到岸。'又请浮山远禅师和之，山偈曰：'学道须是铁汉，着手心头便判。通身虽是眼睛，也待红垆再煅。钮麑触树迷封，豫让藏身吞炭。鹭飞影落秋江，风送芦花两岸。'诸公见大敬之，李后复续末二句。今所传，惟李一颂而已。"

公一日与坚上座送别，公问："近离上党，得届中都，方接尘谈，遽回虎锡。指云屏之翠峤，访雪岭之清流。未审此处彼处，的的事作么生？”座曰：“利剑拂开天地静，霜刀才举斗牛寒。”公曰：“恰值今日耳聩。”座曰：“一箭落双雕。”公曰：“上座为甚么着草鞋睡？”座以衣袖一拂，公低头曰：“今日可谓降伏也。”座曰：“普化出僧堂。”临终时，膈胃躁热，有尼道坚谓曰：“众生见劫尽，大火所烧时，都尉切宜照管主人公。”公曰：“大师与我煎一服药来。”坚无语。公曰：“这师姑药也不会煎得。”公与慈明问答才罢，泊然而终。语具《慈明章》中。

◎东京华严道隆禅师，初参石门彻，语具《洞山章》中。后嗣广慧。有乘侍者，来自大阳。师问：“在大阳得力句。”对曰：“明安尝问曰：‘有一人遍身红烂，卧在荆棘林中。火绕周匝，若亲近得此人，禅门大启。若亲近不得，佛法无灵验。’时对曰：‘六根不具，七识不全者，亲近得此人。’明安曰：‘令渠出来，我要相见。’时又答曰：‘适来无左右只对和尚。’安曰：‘相随来也。’即礼拜退。’师曰：“若果如此，冷如毛粟，细如冰雪。”乘曰：“禅师亲见石门，如何却嗣广慧？”师曰：“我初见广慧，渠方欲剃发，使我擎凳子来。”广慧曰：“道者，我有凳子诗听取。”诗曰：“放下便平稳，我时便肯伊。”后因叙陈在石门所悟公案。广慧曰：“石门所叙，如百味珍馐，只是饱人不得。”后来有一炷香，不欲两头三绪为伊烧却。乘曰：“艺不辜人。”僧诵琏公答上问佛偈曰：“有节非干竹，三星偃月宫。一人居日下，弗与众人同。”师曰：“诸佛说心，为破心相。琏作此偈，虚空钉橛也。”乃曰：“虚空钉铁橛，平地起骨堆。莫将闲学解，安着佛阶梯。”师初至景德寺，夜卧寺门下。仁宗梦至寺，见龙蟠于地，觉令中使物色。得师夜卧状，大喜，因召对，甚见眷遇。未几师竟荐琏公，而退隐华严。殁时年八十余。方盛暑，安坐七日，手足柔和如生。

◎**文公杨亿居士**，字大年。幼举神婴，及壮负才名，而未知有佛。一日过同僚，见读《金刚经》，笑且罪之，彼读自若。公疑之曰：“是岂出孔孟之右乎？何佞甚！”因阅数叶，懵然始少敬信。后会翰林李公维，勉令参问。及由秘书监出守汝州，首谒广慧。慧接见，公便问：“布鼓当轩击，谁是知音者！”慧曰：“来风深辨。”公曰：“恁么则禅客相逢只弹指也。”慧曰：“君子可八。”公应：“喏喏。”慧曰：“草贼大败。”夜语次，慧曰：“秘监曾与甚人道话来？”公曰：“某曾问云岩谅监寺：‘两个大虫相咬时如何？’谅曰：‘一合相。’某曰：‘我只管看，未审恁么道还得么？’”慧曰：“我这里即不然。”公曰：“请和尚别一转话。”慧以手作拽鼻势，曰：“这畜生更踍跳在。”公于言下脱然无疑。有偈曰：“八角磨盘空里走，金毛师子变作狗。拟欲将身北斗藏，应须合掌南辰后。”公问广慧曰：“承和尚有言，一切罪业，皆因财宝所生，劝人疏于财利。况南阎浮提众生，以财为命，邦国以财聚人，教中有财法二施，何得劝人踈财乎？”慧曰：“幡竿尖上铁笼头。”公曰：“海坛马子似驴大。”慧曰：“楚鸡不是丹山凤。”公曰：“佛灭二千岁，比丘少惭愧。”公因微恙，问环大师曰：“某今日忽违和，大师慈悲，如何医疗？”环曰："丁香汤一碗。"公便作吐势，环曰："恩爱成烦恼。"环为煎药次，公叫曰："有贼!"环下药于公前，叉手侧立。公瞠目视之曰："少丛林汉。"环拂袖而出。又一日，问曰："某四大将欲离散，大师如何相救?"环乃捶胸三下。公曰："赖遇作家。"环曰："几年学佛法，俗气犹未除。"公曰："祸不单行。"环作嘘嘘声。公书偈遗李都尉曰："沤生与沤灭，二法本来齐。欲识真归处，赵州东院西。"尉见遂曰："泰山庙里卖纸钱。"尉即至，公已逝矣。

◎舒州投子义青禅师，青社李氏子。七龄颖异，往妙相寺出家，试经得度。习《百法论》未几叹曰："三只途远。自困何益?"乃入洛听《华严》五年，反观文字，一切如肉受串，处处同其义味。尝讲至诸林菩萨偈曰："即心自性。"忽猛省曰："法离文字，宁可讲乎?"即弃去游方。至于浮山，时圆鉴禅师居会圣岩，梦得俊鹰畜之。既觉而师届旦至，鉴以为吉，礼延之。令看外道问佛、不问有言、不问无言因缘。经三载，一日问曰："汝记得话头么?试举看。"师拟对，鉴掩其口。师了然开悟，遂礼拜。鉴曰："汝妙悟玄机耶?"师曰："设有也须吐却。"时资侍者在旁曰："青华严今日如病得汗。"师回顾曰："合取狗口。若更叨叨，我即便呕。"自此复经三年，鉴时出洞下宗旨示之，师悉妙契。遂付以大阳衣履曰："代吾续洞上宗风，善自护持，无留此间。"复令见圆通秀禅师。师至彼，无所参问，惟嗜睡而已。执事白通，通即曳杖入堂。见师正睡，乃击床呵曰："我这里无闲饭与上座吃了打眠。"师曰："和尚教某何为?"通曰：

“何不参禅去。”师曰：“美食不中饱人吃。”通曰：“争奈大有人不肯上座。”师曰：“待肯，堪作甚么？”通曰：“上座曾见甚么人来？”师曰：“浮山。”通曰：“怪得恁么顽赖。”遂握手相笑，归方丈。师平生不蓄长物，敝衲楮衾而已。初投子大同大师有记曰：“吾塔若红，是吾再来。”邦人偶修塔，作玛瑙色。未几而师领院事，山中素无水，众苦之。忽有泉出山石间，甘凉清洁，郡守贺公，遂名之为再来泉。元丰六年五月四日，盥沐升堂，别众罢，写偈曰：“两处住持，无可助道。珍重诸人，不须寻讨。”投笔而化。

◎**郢州兴阳清剖禅师**，在大阳作园头，种瓜次。阳问：“甜瓜何时得熟？”师曰：“即今熟烂了也。”曰：“拣甜底摘来。”师曰：“与甚么人吃？”曰：“不入园者。”师曰：“未审不入园者还吃也无？”曰：“汝还识伊么？”师曰：“虽然不识，不得不与。”阳笑而去。僧问：“娑竭出海乾坤震，觌面相逢事若何？”师曰：“金翅鸟王当宇宙，个中谁是出头人。”曰：“忽遇出头时又作么生？”师曰：“似鹘捉鸠君不信，髑髅前验始知真。”曰：“恁么则叉手当胸，退身三步也。”师曰：“须弥座下乌龟子，莫待重遭点额回。”幻寄曰：“剖公着贼不知，更授之太阿，可悲可痛。”

卧疾次，大阳问：“是身如泡幻，泡幻中成办。若无个泡幻，大事无由办。若要大事办，识取个泡幻。作么生？”师曰：“犹是这边事。”阳曰：“那边事作么生？”师曰：“匝地红轮秀，海底不栽花。”阳笑曰：“乃尔惺惺耶？”师喝曰：“将谓我忘却。”竟尔趋。

◎**惠州罗浮山显如禅师**，初到大阳，阳问：“汝是甚处人？”曰：“益州。”阳曰：“此去几里？”曰：“五千里。”阳曰：“你与么来，还曾踏着么？”曰：“不曾踏着。”阳曰：“汝解腾空那！”曰：“不解腾空。”阳曰：“争得到这里？”曰：“步步不迷方，通身无辨处。”阳曰：“汝得超方三昧耶？”曰：“圣心不可得，三昧岂彰名。”阳曰：“如是！如是！汝应信此，即本体全彰，理事不二。善自护持。”

◎**越州天衣义怀禅师**，世以渔为业。母梦星陨于屋，已而娠。儿稚时，坐船尾，得鱼辄放去。父呵笞之，不为介意。长游京师，遂依景德寺薙染。有言《法华》者，异僧也，于市井中见师，忽拊师背曰：“云门临济去！”师遂谒金銮善，不契。复谒叶县省，又不契。东游至翠峰，谒明觉。觉问：“汝名甚么？”曰：“义怀。”觉曰：“何不名怀义？”曰：“当时致得。”觉曰：“谁为汝立名？”曰：“受戒来十年矣。”觉曰：“汝行脚费却多少草鞋？”曰：“和尚莫谩人好！”觉曰：“我也没量罪过，汝也没量罪过。你作么生？”师无语。觉打曰：“脱空漫语汉，出去！”入室次，觉曰：“恁么也不得，不恁么也不得。”恁么不恁么总不得，师拟议，觉又打出。如是者数四。寻为水头，因汲水折担，忽悟，作《投机偈》曰：“一二三四五六七，万仞峰头独足立。骊龙颔下夺明珠，一言勘破维摩诘。”觉闻拊几称善。示众：“古人云：‘五蕴山头一段空，同门出入不相逢。无量劫来赁屋住，到头不识主人翁。’有老宿拈云：‘既不识他，当初问甚么人赁？恁么拈也太远在。’何故？须知死人路上有活人出身处，活人路上死人无数？那个是活人路上死人无数？那个是死人路上活人出身处，若检点得分明，拈却炙脂帽子，脱却鹘臭布衫。”妙喜曰：“天衣古佛，美则美矣，善则未善，具眼衲僧，试甄别看。”

举《金刚经》云：“若见诸相非相，即见如来。”法眼云：“若见诸相非相，即不见如来。”师曰：“若见诸相非相，眼在甚么处？此语有两负门。”本觉一颂云：“诸相非相孰能谙，见与不见要明参。两处负门如透彻，此时方得见瞿昙。”

上堂：“雁过长空，影沉寒水。雁无遗踪之意，水无留影之心。若能如是，方解向异类中行。不用续凫截鹤，夷岳盈壑。放行也百丑千拙，收来也栾栾拳拳。用之，则敢与八大龙王斗富。不用，都来不直半文钱。参！”雪窦闻僧举此，以为类己也。

上堂：“髑髅常干世界，鼻孔摩触家风。芭蕉闻雷开，葵花随日转。诸仁者，芭蕉闻雷开，还有耳么？葵花随日转，还有眼么？若也会得，西天即是此土。若也不会，七九六十三，收。”室中问僧，无手人能行拳，无舌人解言语。忽然无手人打无舌人，无舌人道个甚么？”晚年以疾居池阳杉山庵，门弟子智才住临平之佛日，迎归侍奉。才如苏城未还，师速其归。及踵门，师告之曰：“时至，吾行矣。”才曰：“师有何语示徒？”乃说偈曰：“红日照扶桑，寒云封华岳。三更过铁围，拶折骊龙角。”才问：“卵塔已成，如何是毕竟事？”师举拳示之，遂就寝推枕而寂。

◎**宗道者**，见雪窦后，超放自如。往来舒蕲间，多留于投子。性嗜酒，无日不醉。村民爱敬之，每饷以醇醪。一日方入浴，有送榼者至，乃裸而出，接酒竟去，人皆大笑，而宗傲然不怍。尝散衣下山，有逆而问者曰："如何是道者家风？"对曰："袈裟裹草鞋。""意旨如何？"曰："赤脚下桐城。"陈退夫初赴省闱，问曰："瓘此行欲作状元，得否？"宗熟视曰："无时即得。"退夫竟以第三名上第，而时彦者作魁。

◎**修撰曾会居士**，幼与明觉同舍，及冠异途。天禧间，公守池州，一日会于景德寺。公遂以《中庸》《大学》，参以《楞严》符宗门语句，质明觉。觉曰："这个尚不与教乘合，况《中庸》《大学》耶？学士要径捷理会此事。"乃弹指一下曰："但恁么荐取，公于言下领旨。"

◎**南康军云居晓舜禅师**，参洞山。一日如武昌行乞，首谒刘居士。士曰："老汉有一问，若相契，即请开疏。若不相契，即请还山。"遂问："古镜未磨时如何？"师曰："黑似漆。""磨后如何？"师曰："照天照地。"士长揖曰："且请上人还山。"师懡㦬而归，洞山问其故，师述前语。山曰："汝问我。"师理前问。山曰："此去汉阳不远。"进后语，山曰："黄鹤楼前鹦鹉洲。"师于言下大悟。师尝讥天衣说葛藤禅，一日闻怀迁化，于法堂上合掌云："且喜葛藤桩子倒了也。"秀圆通时在会中作维那，每见诃骂不已。乃谓同列曰："我须与这老汉理会一上。"及夜参，又如前诃骂。秀出众厉声曰："岂不见《圆觉经》中道。"师遽曰："久立大众，伏惟珍重！"便归方丈。秀曰："这老汉，通身是眼，骂得怀和尚也。"翠岩真点胸，常骂师说无事禅。石霜永和尚令人传语云："舜在洞山，悟古镜因缘，岂是说无事禅。你骂他，自失却一只眼。"师闻之作颂曰："云居不会禅，洗脚上床眠。冬瓜直侊侗，瓠子曲弯弯。"永和尚亦作颂曰："石霜不会禅，洗脚上床眠。枕子扑落地，打破常住砖。"上堂："诸方有弄蛇头，拨虎尾，跳大海。剑刃里藏身。云居这里，寒天热水洗脚，夜间脱袜打睡，早朝旋打行缠，风吹篱倒，唤人夫劈篾缚起。"师问秀圆通曰："你见怀和尚，有何言句？"秀举怀投机颂，师曰："不好！别有甚言句？"秀曰："一日有长老来参。"怀举拂子云："会么？"云："不会。"怀云："耳朵两片皮，牙齿一具骨。"师叹曰："真善知识。"幻寄曰："秀铁面，看风使帆。舜老夫，吃毒不知。"

◎**杭州佛日契嵩禅师**，得法于洞山。师夜则顶戴观世音菩萨像而诵其号，必满十万乃寝。自是世间经书章句，不学而能，作《原教论》十万余言，以抗宗韩排佛之说。读者畏服。后居永安兰若，著《禅门定祖图》《传法正宗记》《辅教编》，上进，仁宗嘉赏，令编次入藏，赐号明教。熙宁五年六月四日，晨兴写偈曰："后夜月初明，吾今独自行。不学大梅老，贪闻鼯鼠声。"至中夜而化，阇维不坏者五，顶、耳、舌、童真及常所持数珠。顶骨出舍利，红白晶洁，状如大菽。道俗合诸不坏，葬于故居永安院之左。师藤州镡津李氏子。奉律甚严，苦硬清约之风，足以配钟山僧远。尝有书与月禅师曰："数年来欲制纸被一翻，以御苦寒。今幸已成之，想闻之大笑也。"东坡曰："吾入吴尚及见嵩，其为人常嗔，盖以嗔为佛事云。"

◎太守许式，得法于洞山。一日，与泐潭澄上蓝溥坐次，潭问："闻郎中道，夜坐连云石，春栽带雨松。当时答洞山甚么话?"公曰："今日放衙早。"潭曰："闻答泗州大圣扬州出现语，是否?"公曰："别点茶来。"潭曰："名不虚传。"公曰："和尚早晚回山?"潭曰："今日被上蓝觑破。"蓝便喝，潭曰："须你始得。"公曰："不奈船何，打破戽斗。"公入上蓝僧堂，问首座："年多少?"曰："六十八。"公曰："僧腊多少。"曰："四十七夏。"公曰："圣僧得几夏?"曰："与虚空齐受戒。"公拍板头曰："下官吃饭，不似首座吃盐多。"

◎荆门军玉泉承皓禅师，无尽居士张公奉使京西南路，就谒之。问曰："师得法何人?"师曰："复州北塔广和尚。"公曰："与伊相契，可得闻乎，师曰："只为伊不肯与人说破，公善其言。"制犊鼻裩，书列代祖师名字。乃曰："惟有文殊普贤较些子。"且书于带上。故丛林目为皓布裩。元丰间，首众于襄阳谷隐，有乡僧亦效之。师见而诟曰："汝具何道理，敢以为戏事耶?呕血无及耳。"僧寻于鹿门，如所言而逝。僧入室次，狗子在室中。师叱一声，狗子便出去。师曰："狗却会，你却不会。"一日众集，师问曰："作什么?"曰："入室。"师曰："待我抽解来。"及上厕来，见僧不去，以拄杖赶散。一日，为张无尽举传大士颂曰："空手把钼头，步行骑水牛。人从桥上过，桥流水不流。”又举洞山颂曰：“五台山顶云蒸饭，佛殿阶前狗尿天。刹竿头上煎锤子，三个猢狲夜簸钱。”此二颂，只颂得法身边事，不颂得法身向上事。张曰：“请和尚颂。”师曰：“昨夜雨雱烹，打倒蒲萄棚。知事普请，行者人力。拄底拄，撑底撑，撑撑拄拄到天明，依旧可怜生。”示寂，门人围绕。师笑曰：“吾年八十一，老死异尸出。儿郎齐着力，一年三百六十日。”言毕而逝。

◎明州育王山怀琏大觉禅师，修撰孙觉莘老，书问宗教。琏答之，其略曰：“妙道之意，圣人尝寓之于易。至周衰，先王之法坏，礼义亡，然后奇言异术间出而乱俗。迨我释迦入中土，纯以第一义示人而始，末设为慈悲以化众生，亦所以趋时也。自生民以来，醇朴未散，则三皇之教，简而素，春也。及情窦日凿，则五帝之教，详而文，夏也。时与世异，情随日迁，故三王之教，密而严，秋也。昔商周之诰誓，后世学者有所难晓。彼当时人民，听之而不违，则俗与今何如也。及其弊而为秦汉也，则无所不至。而天下有不忍愿闻者。于是我佛如来，一推之以性命之理，教之以慈悲之行，冬也。天有四时循环，以生成万物。而圣人之教，迭相扶持，以化成天下，亦犹是而已矣。至其极也，皆不能无弊，弊迹也。道则一耳，要当有圣贤者，世起而救之也。自秦汉至今，千有余岁。风俗靡靡愈薄，圣人之教裂而鼎立。互相诋訾，不知所从。大道寥寥，莫知返，良可叹也。”幻寄曰：“琏公如相如指壁，叔孙誉秦，惟取济事，非本然语。”

师持律严甚，仁庙尝赐以龙脑钵盂。师对使者焚之曰：“吾法以坏色衣。以瓦钵食，此钵非法。”仁庙益嘉叹。舜老夫，为郡吏横民其衣，走依师。师馆之正寝，自处偏室，执弟子礼，甚恭。贵人过师，见咸怪之。师曰：“吾少尝问道焉，其可以像服二吾心哉！”仁庙知之，赐舜再落发，居栖贤。师自京师乞还山，时英宗赐手诏，有“经过庵院任性住持”语，师藏之不以示人。东坡为师撰《宸奎阁记》，欲一见之，师终不出。示寂后，始得之笥中。示寂之时，年已八十二，无疾而化。

◎庐山圆通居讷禅师，生而英特，读书过目成诵。初以义学冠两川，耆年多下之。会有禅者自南方来，以祖道相策发，因出蜀。放浪荆楚，久之无所得。复西至襄州洞山，留止十年，读《华严论》至曰“须弥在大海中，高八万四千由旬，非手足攀揽可及。以明八万四千尘劳山，住烦恼大海。众生有能于一切法无思无为，即烦恼自然枯竭。尘劳成一切智之山，烦恼成一切智之海。若更起心思虑，即有攀缘，即尘劳愈高，烦恼愈深，不能以至诸佛智顶也。”三复之叹曰：“石巩云：‘无下手处。’而马祖曰：‘旷劫无明。’今日一切消灭，非虚语也。”住圆通时，仁宗闻其名，诏住净因院。将亲召对，师称目疾不赴，举大觉琏以自代。临众简严，不妄言笑，常习定。初叉手自如，中夜渐升至膺。侍者每视以候鸡鸣，其精进如此。熙宁四年三月十六日，无疾而化。

◎潭州兴化绍铣禅师，当南公盛化时，荆湖衲子奔趋江南，恒百里无托宿，且多为盗劫。师半五十为馆，请僧主之，以接纳俾得宿食而去。诸方高其风，比化去。阇维收舍利，两目睛不坏，肠二亦不坏。益以油火焚之，如铁带屈折，色鲜明，因并塔焉。

◎**洪州法昌倚遇禅师**，漳州林氏子。谒浮山远，远指谓人曰："此后学行脚样子也。"既谒衡岳谷泉，三至三逐，语具谷泉章。谒北禅，禅问："近离甚处？"师曰："福严。"禅曰："思大鼻孔长多少？"师曰："与和尚当时见底一般。"禅曰："汝道我见时长多少？"师曰："和尚大似不曾到福严。"禅曰："学语之流。"又问："来时马大师安乐否？"师曰："安乐。"禅曰："向汝道甚么？"师曰："教和尚莫乱统。"禅曰："念汝新到，不能打得你。"师曰："某甲亦放和尚过。"茶罢，禅问："乡里甚处？"师曰："漳州。"禅曰："三平在彼作甚么？"师曰："说禅说道。"禅曰："年多少？"师曰："与露柱齐年。"禅曰："有露柱且从，无露柱年多少？"师曰："无露柱一年也不少。"禅曰："夜半放乌鸡。"师事北禅最久。慈明过北禅，师侍立。禅曰："汾阳师子可煞威狞。"明曰："不道来者咬杀。"禅曰："审如此，汾阳门下道绝人荒耶。"明举拂子曰："这个因甚到今日"禅未及对，师从旁曰："养子不及父，家门一世衰。"禅呵曰："汝具甚眼目乃敢尔？"师曰："若是咬人师子终不与么？"明将去，至龙牙像前，指问师曰："谁像？"师曰："龙牙像。"明曰："既是龙牙像，为甚在北禅？"师曰："两彩一赛。"明曰："像在此，龙牙在甚处？"师拟对，明掌之曰："莫道不能咬人？"

师曰："乞儿见小利。"明呵逐之。游庐山寓圆通，时大觉琏公方赴诏，辞众曰："此事分明须荐取，莫教累劫受轮回。"师问曰："如何是此事？"曰："荐取。"师曰："头上是天，脚下是地，荐个甚么？"曰："不是知音者，徒劳话岁寒。"师曰："岂无方便？"曰："胡人饮乳，反怪良医。"师曰："暴虎凭河，徒夸好手。"拍一拍归众。师在双岭，受法昌请，与英胜二首座相别曰："三年聚首无事，不知检点将来，不无渗漏。"以拄杖画一画曰："这个即且止，宗门事作么生？"英曰："须弥安鼻孔。"师曰："恁么则临崖看浒眼，特地一场愁？"英曰："深沙努眼睛。"师曰："争奈圣凡无异路，方便有多门。"英曰："铁蛇钻不入。"师曰："这般汉有甚共语处？"英曰："自缘根力浅，莫怨太阳春。"却画一画曰："宗门事且止，这个事作么生？"师便掌。英曰："这漳州子，莫无去就。"师曰："你这般见解，不打更待何时？"又打。英曰："也是老僧招得。"住后，英胜到山相访。英曰："和尚寻常爱点检诸方，今日因甚么却来古庙里作活计？"师曰："打草只要惊蛇。"英曰："莫涂糊人好。"师曰："你又刺头入胶盆作甚么？"英曰："古人道，我见两个泥牛斗入海。所以住此山。未审和尚见个甚么？"师曰："你他时异日，有把茆盖头。人或问你，作么生祗对？"英曰："山头不如岭尾。"师曰："你且道，还当得住山事也无？"英曰："使镢不及拖犁。"师曰："还曾梦见古人么？"英曰："和尚作么生？"师展两手。英曰："虾跳不出斗。"师曰："休将三寸烛，拟比太阳辉。"英曰："争奈公案见在。"师曰："乱统禅和，如麻似粟。"又问二人："我欲来这里起法堂，且道作得个甚么向当。”英曰：“贼是小人。”师曰：“邵武子动着，便作屎臭。”英曰：“曾经霜雪苦。”师曰：“明珠自有千金价，谁肯林间打雀儿。”英曰：“大似持钵不得，诈道不饥。”师却指胜曰：“你且道，合作得个甚么向当？”胜曰：“本来无位次，不用强安排。”师曰：“你这驴汉，安向甚处着？”胜曰：“一任敲砖打瓦。”师曰：“也只是个杜撰巡官。”英曰：“若是千金宝，何须打雀儿。”师曰：“东家人死，西家助哀。”英曰：“路见不平。”师因黄龙南公，举程大卿看生缘话。师曰：“何不直下与伊剿绝却？”南曰：“也曾为蛇画足，是伊自不瞥地。”师曰：“和尚如何为他？”南曰：“咬尽生姜呷尽醋。”师曰：“流俗阿师又恁么去？”南曰：“和尚意作么生？”师拈起拂子便打。南曰：“这老汉，也是无人情。”师又举在湖南时问兴化：“知有底人向甚么处去？”化曰：“善财拄杖子。”我又问：“不问善财拄杖子，知有底人向甚么处去？”化曰：“或则登山，或则临水。”我又曰：“和尚只要步步登高，不解从空放下。”化曰：“老僧虽则年迈，要且不负来机。”南曰：“和尚当时作么生？”师曰：“我错怪兴化。”南曰：“而今知也。且道从甚么处去？”师曰：“你问阿谁？”南曰：“佯聋诈哑作甚么？”师曰：“虽然如是，要且不负来机。”栽松次，南公至。南曰：“小院子栽许多松作么？”师曰：“临济道底。”曰：“栽得多少？”师曰：“但见猿啼鹤宿，耸汉侵云。”南指石曰：“这里何不栽？”师曰：“功不浪施。”曰：“也知无下手处？”师指石上松曰：“从何处得来？”南大笑曰：“苍天！苍天！”乃作偈曰：“头戴华巾离少室，手携席帽出长安。鹫峰峰下重相见，鼻孔原来总一般。”又画此相示师，师和曰：“葫芦棚上挂冬瓜，麦浪堆中钓得虾。谁在画楼沽酒处，相要来吃赵州茶。”又画此相答之。南又作偈曰：“铁牛对对黄金角，木马双双白玉蹄。为爱雪山香草细，夜深乘月过前溪。”又画此㊀相示师。师复和偈曰：“玉麟带月离霄汉，金凤衔花下彩楼。野老不嫌公子醉，相将携手御街游。”复画此○相答之。大宁宽禅师至，师画地作此相，便曳镢出。翌日未升座，谓宽曰：“昨日公案如何？”宽画此相，即抹撒之。师曰：“宽禅头名下无虚人。”乃升座曰：“忽地晴天霹雳声，禹门三级浪峥嵘。几多头角为龙去，虾蟹依然努眼睛。”宝觉心禅师问曰：“不是风兮不是幡，黑花猫子面门斑。夜行人只贪明月，不觉和衣渡水寒。岂不是和尚偈耶？”师曰：“是。”觉曰：“也大奇。”师曰：“汝道祖师前段为人，后段为人？”曰：“祖师终不妄语。”师曰：“意作么生？”曰：“岂不见道，不是风动，不是幡动。”师曰：“如狐渡水，有甚快活？”曰：“师意如何？”师以拂子摇之曰：“也是为蛇画足。”师曰：“乱统作么？”曰：’须是和尚始得。”法昌在分宁之北，千峰万壑，古屋数间。师刀耕火种，殊安乐之。衲子至，不堪其枯淡，多弃去。开垆日，以一力挝鼓升座曰：“法昌今日开垆，行脚僧无一个。惟有十八高人，缄口围垆打坐。不是规矩严难，免见诸人话堕。直饶口似秤锤，未免灯笼勘破。不知道绝功勋，安用修因证果。”喝一喝云：“但能一念回心，即脱二乘羁锁。”垂语云：“我要一个不会禅底作国师。”妙喜云：“且道是醍醐句，毒药句。”

龙图徐公禧，与师为布衣交。师将化前一日，以偈遗之曰："今年七十七，出行须择日。昨夜问龟哥，报道明朝吉。"徐览偈悚然，因要灵源叟驰往。则见师方坐寝室，诫众以爱惜常住，精进参求。语毕，举拄杖曰："且道这个分付阿谁？"徐与灵源皆屏息。掷拄杖投床，枕臂而化。

◎**南康军云居山了元佛印禅师**，幼称神童。长慕空宗，遂薙染，谒开先得法。苏子瞻与师善。师居金山时，苏以书抵师，期相过晤言。且曰："不必出山，当如赵州上等接人。"师得书径来，苏迎笑问之。师答以偈曰："赵州当日少谦光，不出三门见赵王。争似金山无量相，大千都是一绳床。"苏拊掌称善。师入室次，苏适至。师曰："此间无坐处。"苏曰："暂借佛印四大为座。"师曰："山僧有一问，学士道得即请坐，道不得即输玉带。"苏欣然请问。师曰："四大本空，五阴非有。居士向甚么处坐？"苏遂施带，师答以一衲。苏述偈曰："病骨难将玉带围，钝根仍落箭锋机。欲教乞食歌姬院，且与云山旧衲衣。"西塞帅王公韶自以杀业重，祈为澡雪，请说法上蓝。师炷香曰："此香为杀人不眨眼上将军，立地成佛大居士。"众称善，韶亦悠然意消。李公麟为师写照，师令作笑容，自为赞曰："李公天上石麒麟，传得云居道者真。不为拈花明大事，等闲开口笑何人。泥牛漫向风前齅，枯木无端雪里春。对现堂堂俱不识，太平时代自由身。"元符元年正月四日，与客语，有会其心，轩渠一笑而化。其令画笑状而赞之，非苟然也。有郑夷甫者，吴人也，少年登第，术者推其寿，不过三十五，心甚忧之。既闻师于谈笑间化去，曰："吾不得寿，得如元公，复何憾哉！"乃与禅者游。

读《楞严经》岁余，忽有所悟，曰："生死之理，我知之矣。"遂释然。既而预知死日，至期沐浴更衣，亲督人洒扫园亭。又焚香择时，指画之间，屹然立化，其手犹作指画状。

◎**杭州慧日永明延寿智觉禅师**，余杭王氏子。儿稚知敬佛乘。及冠，日一食。持《法华经》，六旬而悉成诵，感群羊跪听。年二十八，为华亭镇将，见渔船万尾戢戢，恻然悉易以投之江。依翠岩参公，学出世法。吴越文穆王闻而嘉之，听师剃染。持头陀行，精进无上。尝习定天台天柱峰下者九旬，有鸟类斥鷃巢衣褵中。暨谒韶国师，受心印。初住雪窦，屡迁至永明，众至二千，时号慈氏下生。僧问："如何是永明妙旨？"师曰："更添香着。"曰："谢师指示。"师曰："且喜没交涉。"僧礼拜。师曰："听取一偈。"欲识永明旨，门前一湖水。日照光明生，风来波浪起。"二僧来参，乃问参头："曾到此间否？"曰："曾到。"又问第二上座："曾到否？"曰："不曾到。"师曰："一得一失。"少选侍僧问："适来二僧，未审那个得那个失？"师曰："汝曾识这二僧也无。"曰："不曾识。"师曰："同坑无异土。"指法以佛祖之语为铨准曰："迦叶波初闻偈曰：'诸法从缘生，诸法从缘灭。我师大沙门，尝作如是说。'此佛祖骨髓也。"龙胜曰："无物从缘生，无物从缘灭。起惟诸缘起，灭惟诸缘灭。乃知色生时，但是空生。色灭时，但是空灭。譬如风性本不动，以缘起故动。倘风本性动，则宁有静时哉。密室中若有风，风何不动。若无风，遇缘即起。非特风为然，一切法皆然。"维摩谓文殊师利曰："不来相而来，不见相而见。"文殊乃曰："如是居士，若来已更不来，若去已更不去，所以者何？来者无所从来，去者无所至，所可见者更不可见，此缘起无生之旨也。"问："长沙偈曰：'学道之人不识真，只为从前认识神。无始时来生死本，痴人唤作本来人。'岂离识性别有真心耶？"师曰："如来世尊于《首楞严》会上，为阿难拣别详矣。而汝犹故不信，阿难以推穷寻逐者为心。遭佛呵之，推穷寻逐者识也。若以识法随相行，则烦恼名识，不名心也。意者忆也，忆想前境起于妄，并是妄识。不干心事，心非有无。有无不染，心非垢净。垢净不污，乃至迷悟凡圣。行住坐卧，并是妄识，非心也。心本不生，今亦不灭。若知自心如此，于诸佛亦然。故维摩曰：'直心是道场。'无虚假故。"师以一代时教流传此土，不见大全。而天台贤首、慈恩、性相三宗，又互相矛盾，乃为重阁馆三宗知法比丘，更相设难。至波险处，以心宗要旨折中之。因集方等秘经六十部，西天此土圣贤之语三百家，以佐三宗之义，为一百卷，号《宗镜录》，天下学者传诵焉。僧问："如和尚所论宗镜，惟立一心之旨。能摄无量法门，此心含一切法耶，生一切法耶。若生者，是自生欤，从他而生欤，共生无因而生欤？"答曰："此心不从不横，非他非自，何以知之？若言含一切法，即是横。若言生一切法，即是从。若言自生，则心岂复生心乎。若言他生，即不得自，矧曰有他乎！若言共生，则自他尚无有，以何为共哉！若言无因而生者，当思有因尚不许言生，况曰无因哉！"僧曰："审非四性所生，则世尊云何说意根生意识？心如世画师，无不从心造，然则岂非自生乎。又说心不孤起，必藉缘而起。有缘思生，无缘思不生，则岂非他生乎？”又说：“所言六触因缘生六受，得一切法，然则岂非共生乎？”又说：“十二因缘，非佛天人修罗作。性自尔故，然则岂非无因而生乎？”师笑曰：“诸佛随缘差别，俯应群机，生善破恶。令入第一义谛，是四种悉檀方便之语。如以空拳示小儿耳，岂有实法哉。”僧曰：“然则一切法是心否？”曰：“若是，即成二。”僧曰：“审尔则一切不立俱非耶。”曰：“非亦成二，汝岂不闻《首楞严》曰：‘成真文殊，无是文殊。若有是者，则二文殊。’然我今日非无文殊，于中实无是非二相。”僧曰：“既无二相，宗一可乎？”曰：“是非既乖大旨，一二还背圆宗。”僧曰：“如何用心方称此旨？”曰：“境智俱忘，云何说契？”僧曰：“如是则言思道断，心智路绝矣。”曰：“此亦强言，随他意转。虽欲隐形，而未忘迹。”僧曰：“如何得形迹俱忘？”曰：“本无朕迹，云何说忘？”僧曰：“我知之矣。要当如人饮水冷暖自知，当大悟时节，神而明之。”曰：“我此门中，亦无迷悟。明与不明之理，撒手似君无一物。徒劳辛苦说千般，此事非上根大器，莫能担荷。先德曰：‘尽十方世界，觅一人为伴无有也。’又曰：‘止是一人承绍祖位，终无第二人。’若未亲到，谩应作漫疲神思。借曰玄之又玄，妙之又妙。但是方便门中，旁赞助入之语。于自己分上亲照之时，反视之，皆为魔说。虚妄浮心，多诸巧见。不能成就圆觉，但以形言迹。文彩生时，皆是执方便门。迷真实道，要须如百尺竿头放身，乃可耳。”僧曰：“愿乞最后一言，曰：化人问幻士，谷响答泉声。欲达吾宗旨，泥牛水上行。”又尝谓门弟子曰：“夫佛祖正宗，则真唯识。才有信处，皆可为人。若论修证之门，则诸方皆云：‘功未齐于诸圣。’且教中所许，初心菩萨，皆可比知。亦许约教而会，先以闻解信入，后以无思契同。若入信门，便登祖位。且约现今世间之事，众世界中，第一比知，第二现知，第三约教而知。第一比知者，且如即今有漏之身。夜皆有梦，梦中所见好恶境界，忧喜宛然。觉来床上安眠，何曾是实。并是梦中意识思想所为，则可比知。觉时之事，皆如梦中无实。夫过去、未来、现在三世境界，元是第八阿赖耶识亲相分，唯是本识所变。若现在之境，是明了意识分别。若过去、未来之境，是独散意识思惟。梦觉之境虽殊，俱不出于意识。则唯心之旨，比况昭然。第二现知者，即是对事分明。不待立况，且如现见青白等物时。物本自虚，不言我青我白，皆是眼识分。与同时意识，计度分别。为青为白，以意辨为色，以言说为青。皆是意言，自妄安置，以六尘钝故。体不自立，名不自呼。一色既然，万法咸尔。皆无自性，悉是意言。故曰：‘万法本闲，而人自闹。’是以若有心起时，万境皆有。若空心起处，万境皆空。则空不自空，因心故空。有不自有，因心故有。既非空非有，则唯识唯心。若无于心，万法安寄。又如过去之境，何曾是有。随念起处，忽然现前。若想不生，境亦不现，此皆是众生日用可以现知。不待功成，岂假修得。凡有心者，并可证知。故先德曰：‘如大根人，知唯识者，恒观自心意言为境。’此初观时，虽未成圣，分知意言，则是菩萨。第三约教而知者，大经云：‘三界唯心，万法唯识。’此是所现本理，能诠正宗也。”师乘大愿力，为震旦法施主。居永明十五载，度弟子一千五百人。入天台山度戒，约万余人。常与七众授菩萨戒，夜施鬼神食，朝放诸生类。六时散花，日夕修持百八事，寒暑无替。声被异国，高丽遣僧航海问道。受师印记者，三十六人。其国王投书，叙门弟子之礼。开宝八年十二月示疾，二十六日辰时，焚香告众，跏趺而化。阅世七十有二，坐四十二夏。塔全身于大慈山。洪觉范曰："予初读自行录，录其行事，日百八件，计其貌状，必枯瘁尫劣。及见其画像，凛然丰硕。为善阴隲，载师用官资放生，罪当斩。临刑而乐曰：'吾活数万命而死，死何憾。'官司闻而异之，乃得释，遂为僧。此必为镇将时放生事，然传与灯录，皆无临刑语，未详彼书何据也。"

◎**杭州五云山华严院志逢禅师**，生恶熏血，肤体香洁。受具后，常梦升须弥山，睹三佛列坐。初释迦，次弥勒，皆礼其足。惟不识第三尊，但仰视而已。释尊谓之曰："此是补弥勒处师子月佛。"师方作礼，觉后因阅《大藏经》，乃符所梦。及得法于国师，一日入普贤殿中宴坐，倏有一神人跪膝于前。师问："汝其谁乎？"曰："护戒神也。"师曰："吾患有宿愆未殄，汝知之乎？"曰："师有何罪？惟一小过耳。"师曰："何也？"曰："凡折钵水，亦施主物。师每倾弃，非所宜也。"言讫而隐，师自此洗钵水尽饮之，积久因致脾疾，十载方愈。"凡折退饮食，及涕唾便利等，并宜鸣指，默念咒，发施心而倾弃之。出《灯录》。

上堂："诸上座舍一知识，参一知识，尽道善财南游之式样，且问上座，只如善财礼辞文殊，拟登妙峰谒德云比丘，及到彼所，何以德云却于别峰相见？夫教意祖意，同一方便，终无别理。彼若明得，此亦昭然。诸上座即今簇着老僧，是相见，是不相见，此处是妙峰，是别峰？脱或从此省去，可谓不孤负老僧。亦常见德云比丘，未尝刹那相舍，还信得及么？”开宝四年，大将凌超于五云山创院，奉师。师每携大扇乞钱，买肉饲虎。虎每迎之，载以还山。雍熙二年示寂，塔于本院。

◎杭州报恩永安禅师，开宝七年示寂，告众言别，时有僧问：“昔日如来正法眼，迦叶亲传，未审和尚玄风，百年后如何体会？”师曰：“汝甚么处见迦叶来。”曰：“恁么则信受奉行，不忘斯旨去也。”师曰：“佛法不是这个道理。”言讫跏趺而寂。阇维舌根不坏，柔软如红莲华，藏于普贤道场。

◎温州瑞鹿寺上方遇安禅师，师事天台。阅《首楞严经》，到“知见立知，即无明本，知见无见，斯即涅槃”，师乃破句读曰：“知见立，知即无明本。知见无，见斯即涅槃。”于此有省，有人语师曰：“破句了也。”师曰：“此是我悟处，毕生不易。”时谓之安《楞严》。至道元年春，将示寂，法嗣蕴仁侍立，师说偈示之曰：“不是岭头携得事，岂从鸡足付将来。自古圣贤皆若此，非吾今日为君裁。”付嘱已，澡身易衣安坐，令舁棺至室，良久自入棺。经三日，门人启棺，睹师右胁吉祥而卧。四众哀恸，师乃再起，升堂说法，呵责垂诫：“此度更启吾棺者，非吾之子。”言讫复入棺长往。幻寄曰：“安师不但读《楞严》破句，示寂也破句。”

◎温州瑞鹿寺本先禅师，参天台，导以风幡话得悟。后住瑞鹿，足不历城邑，手不度财帛，不设卧具，不衣茧丝。卯斋终日宴坐。申旦诲诱门弟子，逾三十年，其志弥厉。谓众曰：“吾初见天台，言下便荐。然千日之内，四威仪之中，似物碍膺，如雠同处。一日忽然猛省，譬如洗面摸着鼻孔，作偈三首曰：‘非风幡动仁心动，自古相传直至今。今后水云人欲晓，祖师真是好知音。’又曰：‘若是见色便见心，人来问着方难答。若求道理说多般，孤负平生三事衲。’又曰：‘旷大劫来称如是，如是同天亦同地。同地同天作么形，作么形兮无不是。’”上堂：“《华严》称：‘佛身充满于法界，是真个也无。’且如佛身，既已充满法界，菩萨界，缘觉声闻界，人天修罗界，饿鬼地狱畜生界，应无处蹲。如是理论，太煞聱讹。寻常说诸法所生唯心所现，且道即今五应是“六”字根所对六境，与汝是同耶是别耶？同则何不作一块，别则如何说唯是一心。大须着精彩，佛法不是等闲。”上堂：“你诸人还见竹林兰若，山水院舍人众么？若道见，则心有外法。若道不见，争奈竹林兰若山水院舍人众。现在揿然地，还会恁么告示么？”上堂：“天台教中说文殊、观音、普贤三门。文殊门者，一切色。观音门者，一切声。普贤门者，不动步而到。我道文殊门者，不是一切色，观音门者不是一切声，普贤门者是个甚么？莫道别却天台教说话，无事且退。”上堂：大凡参学，未必学，问话是参学，未必学，拣话是参学，未必学，代语是参学，未必学，别语是参学，未必学。捻破经论中奇特言语是参学，未必捻破祖师奇特言语是参学，若于如是等参学，任你七通八达，于佛法中倘无见处，唤作干慧之徒。岂不闻古德道：聪明不敌生死，干慧岂免苦轮？诸人若也参学，应须真实参学始得。行时行时参取，立时立时参取，坐时坐时参取，眠时眠时参取，语时语时参取，默时默时参取，一切作务时，一切作务时参取。既向如是等时参，且道参个甚人？参个甚么语？到这里，须自有个明白处始得。若不如是，唤作造次之流，则无究了之旨。”上堂，举僧问长沙：“南泉迁化向甚么处去？”沙曰：“东家作驴，西家作马。”僧曰：“学人不会。”沙曰：“要骑便骑，要下便下。”师曰：“若是求出三界修行底人，闻这个言语，不妨狐疑，不妨惊怛。南泉迁化向甚处去？东家作驴，西家作马。或有会云，千变万化，不出真常。或有会云，须会异类中行，始会得这个言语。或有会云，东家是南泉，西家是南泉。或有会云，东家郎君子，西家郎君子。或有会云，东家是甚么？西家是甚么？或有会云，便作驴叫，又作马嘶。或有会云，唤甚么作东家驴？唤甚么作西家马？或有会云，既问迁化，答在问处。或有会云，作露柱处去也。或有会云，东家作驴，西家作马，亏南泉甚处，如是诸家会也，总于佛法有安乐处。南泉迁化向甚处去？东家作驴，西家作马，学人不会。要骑便骑，要下便下，这个话不消得多道理而会，若见法界性去也。没多事，珍重！”上堂：“你等诸人，夜间眠熟不知一切，既不知一切，且问你等那时有本来性，无本来性？若道那时有本来性，又不知一切与死无异。若道那时无本来性，睡眠忽省，觉知如故。还会么？不知一切与死无异，睡眠忽省觉知如故。如是等时，是个甚么？若也不会，各体究取。无事，莫立。”大中祥符元年二月，谓上足如昼曰：“可造石龛，中秋望日，吾将顺化。”昼禀命即成，及期，远近士庶奔趋瞻仰。是日参问如常。至午坐方丈，手结宝印，谓昼曰：“古人云，骑虎头，打虎尾。中央事，作么生？”昼曰：“也只是如昼。”师曰：“你问我。”昼乃问：“骑虎头，打虎尾，中央事和尚作么生？”师曰：“我也弄不出。”言讫奄然开一目微视而逝。洪觉范曰：“予每怪，前圣平日机辩，皆不可犯。至终之日，皆弭光泯气。” 洞山曰：“吾闲名已谢。” 临济曰：“谁知吾正法眼藏，向这瞎驴边灭。” 今先又曰：“我也弄不出。”呜呼其有旨要乎？

◎**温州雁荡愿齐禅师**，僧问：“夜月舒光，为甚么碧潭无影？”师曰：“作家弄影汉。”其僧从东过西立。师曰：“不惟弄影，兼乃怖头。”

◎**杭州兴教洪寿禅师**，同国师普请次，闻堕薪有省，作偈曰：“扑落非他物，从横不是尘。山河及大地，全露法王身。”住后，中丞王公随。一日过师，师拥毳负暄自若。王下拜，师推蒲团，席地与坐，笑语终日而去。门人让师曰：“此一众所仰，奈何不加礼？”他日王复来，师出前趋迎之。王曰：“何不如前日相见？”师曰：“中丞即得，奈知事嗔何？”王益重之。

◎**洪州云居道齐禅师**，遍历禅会，学心未息。后于上蓝院，主经藏。法灯一日谓师曰：“有人问我西来意，答他曰：

不东不西。藏主作么生会?"师对曰:"不东不西。"灯曰:"与么会又争得?"曰:"道齐只恁么,未审和尚尊意如何?"灯曰:"他家自有儿孙在。"师于是顿明厥旨。有颂曰:"接物利生绝妙,外生终是不肖。他家自有儿孙,将来用得恰好。"正法眼藏同此,洪觉范曰:"余读大愚东禅碑,碑载齐悟契之缘。法灯曰:'西来有甚意?'以校传灯曰:'他家自有儿孙在之语,误也。'昔有僧问赵州:'如何是祖师西来意?'答曰:'庭前柏树子。'又随而诫之曰:'汝若肯我与么道,我则孤负汝。汝若不肯我与么道,我则不孤负汝。而昧者剿之,使古人之意不完,为害甚矣,故并录之。'" 幻寄曰:"读洪公此论,直似学人未经哲匠垆鞴,东卜西占,钻龟打瓦。"

大梅煦来参,师问:"汝从甚处来?若从僧堂来,即是谩语。不从僧堂来,又是自瞒。汝从甚处来?"梅于言下顿悟。谓门弟子曰:"达磨言:'此方经惟《楞伽》可以印心。'吾读此经偈曰:'诸法无法体,而说惟是心。不见于自心,而起于分别。'可谓大慈悲父如实极谈,我辈自不领受。背负恩德,如恒河沙。"或问曰:"然则见自心,遂断分别乎?"师曰:"非然也。譬如调马,马自见其影而不惊。何以故?以自知其影从自身出故。吾以是知,不断分别,亦舍心相也。只今目前如实而观,不见纤毫。"祖师曰:"若见现在,过去未来亦应见。若不见过去未来,现在亦不应见。"此语分明,人自迷昧或又问龙济曰:"一切钟鼓本无声,如何信之无声?"师曰:"祖师曰:'如鼓声无有作者,无有住处,毕竟空故,但诳凡夫耳。若鼓声是实有,钟声俱击,应不相参。'所以玄沙曰:钟中无鼓响,鼓中无钟声,钟鼓不交参,句句无前后。若不当体寂灭，如何得句句无前后耶?”至道三年九月示疾。八日申时，令击钟集众，笑叙出家本末，揖谢辅佐丛席者。且曰：“老僧以风火相逼，特与诸人相见。且向甚么处见?向四大五阴处见耶，六入十二处见耶。是种种处不可见，则只今相问者是谁?若真见得，可谓后学有赖。”良久曰：“吾化后当以院事累契瑰。”乃化。

◎庐山栖贤澄湜禅师，僧问：“毗目仙人执善财手，见微尘诸佛只如未执手时。见个甚么?”师曰：“如今又见个甚么?”师性高简，律身精严，动不违法度。暮年三终藏经，以坐阅为未敬，则立诵行披之。黄龙南禅师初游方，年方少，从之屡年，故其平生所为，多取法焉。尝曰：“栖贤和尚定从人天中来，丛林标表也。”

指月录卷二十五

六祖下第十二世

◎隆兴府黄龙慧南禅师，信州玉山章氏子。童龀不茹荤，不嬉戏。年十一弃家，十九受具足戒，至庐山归宗。老宿自宝集众坐，师却倚宝，时时眴之。师自是坐必跏趺，行必直视。及依泐潭澄禅师，令分座接物，名振诸方。云峰悦见之叹曰："南有道之器也，惜未授本色钳锤耳。"会同游西山，夜话云门法道。峰曰："澄公虽是云门之后，法道异矣。"师诘其所以异，峰曰："云门如九转丹砂，点铁成金。澄公如药汞银徒可玩，入煅则流去。"师怒，以枕投之。明日，峰谢过。又曰："云门气宇如王，甘死语下乎？澄公有法授人，死语也。死语，其能活人乎？"即背去。师挽之曰："若如是，则谁可汝意？"峰曰："石霜圆手段出诸方，子宜见之，不可后也。"师默计之曰："悦师翠岩，使我见石霜，于悦何有哉！”即造石霜。中途闻慈明不事事，慢侮少丛林。遂登衡岳，谒福严贤，贤命掌书记。俄贤卒，郡守以慈明补之。师心喜，且欲观其人，以验云峰之言。明既至，贬剥诸方，件件数为邪解。而泐潭密付之旨，皆在所斥中，师为之气索，遂造其室。明曰：“书记已领徒游方，借使有疑，可坐而商略。”师哀恳愈切。明曰：“公学云门禅，必善其旨。如云放洞山三顿棒，是有吃棒分，无吃棒分？”师曰：“有吃棒分。”明色庄曰：“从朝至暮，鹊噪鸦鸣，皆应吃棒。”明即端坐，受师炷香作礼。明复问：“脱如汝会云门意旨，则赵州道：台山婆子，我为汝勘破了也。且那里是他勘破婆子处？”师汗下不能答。次日又诣，明诟骂不已。师曰：“骂岂慈悲法施耶？”明曰：“你作骂会那！”师于言下大悟，作颂曰：“杰出丛林是赵州，老婆勘破没来由。而今四海明如镜，行人莫与路为雠。”呈明，明以手指没字。师为易有字，明颔之。圜悟勤云：“黄龙老南禅师，昔未见石霜。会一肚皮禅，翠岩悯之，劝谒慈明。只穷究玄沙语，灵云未彻处，应时瓦解冰消，遂受印可。三十年，只以此印，拈诸方解路瘥病。不假驴驮药紧要处，岂有如许多佛法也。”　《林间录》云：“师辞明曰：‘大事毕竟如何？’明呵曰：‘着衣吃饭，不是毕竟。屙屎送尿，不是毕竟。’”

后开法同安。初受请日，泐潭遣僧来审，提唱之语有曰：“智海无性，因觉妄以成凡。觉妄元虚，即凡心而见佛。便尔休去，将谓同安无折合，随汝颠倒所欲？南斗七，北斗八。”泐潭闻之不怿，俄闻嗣石霜。化主归，上堂：“世间有五种不易。一化者不易，二施者不易，三变生为熟者不易，四端坐吃者不易。更有一种不易，是甚么人？”良久云：

“聻，便下座。”时翠岩真为首座，藏主问云：“适来和尚道第五种不易，是甚么人？”真曰：“脑后见腮，莫与往来。”

师问翠岩：“承闻首座常将女子出定话为人，是否？”岩曰：“无。”师曰：“奢而不俭，俭而不奢，为甚道无？”岩曰：“若是本分衲僧，也少他盐酱不得。”师却回首唤侍者：“报典座，明日只煮白粥洞山圆禅师。”嗣雪窦，年甚少。开先暹道者，举之以应筠人之请。时师住黄檗，因出邑相见于净戒寺。师默无所言，但焚香相向危坐而已。自申时至三鼓，圆即起曰：“夜深，妨和尚偃息。”趋出。明日各还山。师问永首座：“汝在庐山，识令洞山老否？”永曰：“不识，止闻其名。”久之进曰：“和尚此回见之如何人？”师曰：“奇人。”永退问侍者：“汝随和尚见洞山，夜语及何事？”侍者以实告。永曰：“疑杀天下人。”有僧侍立，师顾视久之问曰：“百千三昧，无量妙门。作一句说与汝，汝还信否？”对曰：“和尚诚言，何敢不信。”师指其左曰：“过这边来。”僧将趋，忽咄之曰：“随声逐色，有甚了期，出去。”一僧知之，即趋入。师理前语问之，亦对曰：“安敢不信。”师又指其左曰：“过这边来。”僧坚住不往。师又咄曰：“汝来亲近我，反不听我语，出去。”觉范曰：“门风壁立，佛祖丧气，故能起临济已坠之道。而今人诬其家风，但是平实商量，可笑也。”

舜老夫暮年有所开示，但曰：“本自无事，从我何求？”师闻之谓侍者曰：“老夫耄矣。何不有事令无事，无事令有事？是谓净佛国土，成就众生。”座主德普，讲席有声，两川称为义虎。因禅者激劝，乃造师问：“阿难问迦叶，世尊付金襕外，传何法？迦叶呼阿难，阿难应诺。迦叶曰：倒却门前刹竿着，意旨如何。'。师曰："上人出蜀，曾到玉泉否？"曰："曾到。"又问："曾挂搭否？"曰："一夕便发。"师曰："智者道场，关将军打供与结缘，几时何妨？"普默然。良久理前问，师俯首。普趋出大惊曰："两川义虎，不消此老一唾。"普后住禾山，十有二年。元祐五年十二月二十五日，谓左右曰："诸方尊宿死，丛林必祭，吾以为徒虚。设吾若死，汝曹当先祭。'乃令从今辨祭。众以其老，又好戏语。复曰："和尚几时迁化？"曰："汝辈祭绝即行。"于是帏寝室坐普。其中置祭读文，跪揖上食，普饫餐自如。自门弟子下及庄力，日次为之。至明年元日祭绝，曰："明日雪晴乃行。"至时晴忽雪，雪止，普安坐焚香而化。

示众："举永嘉禅师道：'游江海，涉山川，寻师访道为参禅。自从认得曹溪路，了知生死不相关。'诸上座，那个是游底山川？那个是寻底师？那个是参底禅？那个是访底道？向淮南、两浙、庐山、南、岳、云、门、临济而求师访道，洞山法眼而参禅，是向外驰求，名为外道。若以毗卢自性为海，般若寂灭智为禅，名为内求。若外求，走杀汝。若住于五蕴内求，则缚杀汝。是故禅者非内非外，非有非无，非实非虚。不见道，内见外见俱错，佛道魔道俱恶。瞥然与么去兮，月落西山。更寻声色兮，何处名邈。"师室中常问僧曰："人人尽有生缘，上座生缘在何处？"正当问答交锋，却复伸手曰："我手何似佛手？"又问诸方参请宗师所得，却复垂脚曰："我脚何似驴脚？"三十余年，示此三问，学者莫能契旨。天下丛林目为三关。脱有酬者，师无可否。敛目危坐，人莫涯其意。南州潘兴嗣，尝问其故。师曰："已过关者，掉臂径去，安知有关吏。从关吏问可否，此未透关者也。”师自颂曰：“生缘有语人皆识，水母何曾离得虾。但见日头东畔上，谁能更吃赵州茶。我手佛手兼举，禅人直下荐取。不动干戈道出，当处超佛越祖。我脚驴脚并行，步步蹋着无生。直待云开日现，方知此道纵横。”总颂曰：“生缘断处伸驴脚，驴脚伸时佛手开。为报正湖参学者，三关一一透将来。”清隐清源云：“先师初侍栖贤　，泐潭澄，历二十年。宗门奇奥，经论玄要，莫不贯穿。及因云峰指见慈明，则一字无用，遂设三关语，以验学者。而学者，如叶公画龙，龙现即怖。”湛堂准颂云：“我手佛手，十八十九。云散月圆，痴人夜走。我脚驴脚，放过一着。庞老笊篱，清平木杓。人人生缘，北律南禅。道吾舞笏，华亭撑船。”　　张无尽颂云：“我手何似佛手，天下衲僧无口。纵饶撩起便行，也是鬼窟里走。讳不得，我脚何似驴脚，又被黐胶粘着。翻身直上兜率天，已是遭他老鼠药。吐不得，人人有个生缘，铁围山下几千年。三灾烧到四禅天，这汉犹自在旁边，杀得工夫。”《林间录》云：“云盖智禅师尝谓予言曰：昔吾再入黄檗，至坊塘，见一僧自山中来。因问：三关语兄弟近日如何商量？僧曰：有语甚妙，可以见意。我手何似佛手？曰：月下弄琵琶。或曰：远道擎空钵。我脚何似驴脚？曰：鹭鸶立雪非同色。或曰：空山蹋落花。如何是汝生缘处？曰：某甲某处人。或曰：早晨吃白粥，如今又肚饥。时戏之曰：前涂有人问上座，如何是佛手驴脚生缘？意旨，汝将远道擎空钵对之耶，汝将鹭鸶立雪非同色对之耶。若俱将对，则佛法混滥。若拣择对，则机事偏枯。其僧直视无所言。吾谓之曰：雪峰道底。”

师住归宗时，一夕火起，大众哗动山谷，而师安坐如平时。僧洪准欲掖之走，师叱之。准曰：“和尚纵厌世间，慈明法道何所赖耶。”因整衣起，而火已及榻。坐抵狱，为吏者拷掠百至，师怡然引咎，不以累人，惟不食而已。两月而后得释，须发不剪，皮骨仅在。真点胸迎于中途，见之不自知泣下。曰：“师兄何至是也。”师叱之曰：“这俗汉。”真不觉下拜。《智证传》曰：“下狱不食六十日，既释放，庵于石门之南塔。尝谓门弟子曰：‘我在狱，证《法华经》菩萨游戏三昧，经曰：菩萨游戏神通。净佛国土，心不好乐，呵小乘也。以其不能成就众生耳。’弟子请闻其说，黄龙曰：‘凡狱吏之治有罪者，察见其情伪，必痛加捶楚，欺诈之实尽则自释。虽有酷刑，不能申也。罪至于死，亦所甘心者，智迄情枯故也。今学者驰求之狂，欺诈之病，不以知见之慧锻之，何由而释。故其平生，止以三种语，验天下衲子。予少年闻老宿夜语及之，今廿年也。’其说有补丛林，故录焉。”

师风度凝远，丛林中有终身未尝见其破颜者。居积翠时，一夕燕坐，间光烛室，戒侍者令勿言。熙宁二年三月十六日，四祖演长老通法嗣书，上堂：“山僧才轻德薄，岂堪人师。盖不昧本心，不欺诸圣，未免生死。今免生死，未出轮回。今出轮回，未得解脱。今得解脱，未得自在。今得自在，所以大觉世尊于然灯佛所，无一法可得。六祖夜半，于黄梅又传个甚么？乃说偈曰：‘得不得传不传，归根得旨复何言。忆得首山曾漏泄，新妇骑驴阿家牵。”翌日午时端坐示寂。阇维得五色舍利，塔于前山。

◎**袁州杨岐方会禅师**，远州宜春冷氏子。少警敏，不事笔研。及出家，阅经典，辄自神会，折节参老宿。慈明自南源徙道吾石霜，师皆佐之总院事。依之虽久，然未有省发。

每咨参，明曰："库司事繁，且去。"他日又问，明曰："监寺异日儿孙遍天下在，何用忙为？"一日，明适出，雨忽作。师侦之小径，既见，遂搊住曰："这老汉今日须与我说。不说打你去。"明曰："监寺知是般事便休。"语未卒，师大悟，即拜于泥涂。问曰："狭路相逢时如何？"明曰："你且躲避，我要去那里去。"师归来日，具威仪，诣方丈礼谢。明呵曰："未在。"慈明饭罢恒山行，禅者问道，多失所在。师阚其出未远，即挝鼓集众。慈明怒数曰："少丛林暮而升座，何从得此规绳乎？"师曰："汾阳乃晚参也。"一日，明上堂，师出问："幽鸟语喃喃，辞云入乱峰时如何？"明曰："我行荒草里，汝又入深村。"师曰："官不容针，更借一问。"明便喝。师曰："好喝。"明又喝，师亦喝。明连喝两喝，师礼拜。明曰："此事是个人方能担荷。"师拂袖便行。白云端禅师示众云："佛身充满于法界，普现一切群生前。随缘赴感靡不周，而常处此菩提座。大众作么生说个随缘赴感底道理？只于一弹指间，尽大地含生根机一时应得周足，而未尝动着一毫头，便且唤作随缘赴感而常处此座。只如山僧，此者受《法华》请，相次与大众相别去。宿松县里开堂了，方归院去。且道还离此座也无？若道离，则世谛流布。若道不离，作么生见得个不离底事？莫是无边刹境自他不隔于毫端，十世古今始终不离于当念么？又莫是一切无心一时自遍么？若恁么，正是掉棒打月。到这里，直须悟始得，悟后更须遇人始得。你道既悟了便休，又何必更须遇人。若悟了遇人底，当垂手方便之时，着着自有出身之路，不瞎却学者眼。若只悟得，干萝菔头底，不惟瞎却学者眼，兼自己动便先自伤锋犯手。你看我杨岐先师问慈明师翁道：幽鸟语喃喃。举至师礼拜大众须知悟了遇人者，向十字街头。与人相逢，却在千峰顶上握手。千峰顶上相逢，却在十字街头握手。所以山僧尝有颂云：‘他人住处我不住，他人行处我不行。不是与人难共聚，大都缁素要分明。’山僧此者临行，解开布袋头，一时撒在诸人面前了也，有眼者莫错怪好。珍重！”

一日，慈明问师：“马祖见让师便悟去，且道迷却在甚么处？”师曰：“要悟即易，要迷即难。”圜悟颂云：“要悟即易，要迷即难。丝毫透不尽，咫尺隔千山。说食终不饱，着衣方免寒。忆昔五台曾有语，前三三与后三三。”

后住杨岐。受请日，拈法衣示众云：“会么？若也不会，今日无端走入水牯牛队里去也。还知么？筠阳九岫，萍实杨岐。”遂升座。时有僧出，师曰：“渔翁未掷钓，跃鳞冲浪来。”僧便喝，师曰：“不信道。”僧拊掌归众。师曰：“消得龙王多少风？”问：“师唱谁家曲，宗风嗣阿谁？”师曰：“有马骑马，无马步行。”曰：“少年长老，足有机筹。”师曰：“念汝年老，放汝三十棒。”问：“如何是佛？”师曰：“三脚驴子弄蹄行。”曰：“莫只这便是么？”师曰：“湖南长老。”径山杲禅师颂云：“杨岐一头驴，只有三只脚。潘阆倒骑归，颠杀黄幡绰。”乃曰：“更有问话者么？试出来相见。”杨岐今日性命，在汝诸人手里，一任横拖倒拽。为甚么如此？大丈夫儿，须是当众决择，莫背地里似水底按葫芦相似，当众引验，莫便面赤。有么，有么？出来决择看。如无，杨岐今日失利。”师便下座。九峰勤和尚把住云：“今日喜得个同参。”师曰：“作么生是同参底事？”曰：“九峰牵犁，杨岐拽耙。”师曰：“正恁么时，杨岐在前，九峰在前？”勤拟议，师拓开曰：“将谓同参，元来不是。”慈明忌辰设斋，众才集，师于真前，以两手捏拳安头上，以坐具画一画，打一圆相，便烧香退身三步，作女人拜。首座曰：“休捏怪。”师曰：“首座作么生？”座曰：“和尚休捏怪。”师曰：“兔子吃牛奶。”第二座近前，打一圆相便烧香，亦退身三步，作女人拜。师近前作听势，座拟议，师打一掌曰：“这漆桶也乱做。”妙喜曰：“杨岐老汉大似溺却一船麻，却来斛斗里扫。”

问僧：“秋色依依，朝离何处？”曰：“去夏在上蓝。”师曰：“不涉程涂一句，作么生道？”曰：“两重公案。”师曰：“谢上座答话。”僧喝。师曰：“那里学得这虚头来？”曰：“明眼尊宿难瞒。”师曰：“恁么则杨岐随上座去也？”僧拟议，师曰：“念汝乡人在此，放汝三十棒。”问来僧曰：“云深路僻，高驾何来？”曰：“天无四壁。”师曰：“踏破多少草鞋？”僧便喝。师曰：“一喝两喝后作么生？”曰：“看这老和尚着忙。”师曰：“拄杖不在，且坐吃茶。”又问来僧：“败叶堆云，朝离何处？”曰：“观音。”师曰：“观音脚跟下一句，作么生道？”曰：“适来相见了也。”师曰：“相见底事作么生？”其僧无对。师曰：“第二上座代参头道看。”亦无对。师曰：“彼此相钝置。”室中问僧：“栗棘蓬你作么生吞？金刚圈你作么生透？”一日，三人新到，师问：“三人同行，必有一智。”提起坐具曰：“参头上座，唤这个作甚么？”曰：“坐具。”师曰：“真个那！”曰：“是。”师复曰：“唤作甚么？”曰：“坐具。”师顾左右曰：“参头却具眼。”问第二人：“欲行千里，一步为初。如何是最初一句？”曰：“到和尚这里，争敢出手。”师以手画一画，僧曰：“了。”师展两手。僧拟议，师曰：“了。”问第三人：“近离甚处？”曰：“南源。”师曰：“杨岐今日被上座勘破，且坐吃茶。”一日，七人新到，师问：“阵势既圆，作家战将，何不出阵与杨岐相见?”僧以坐具便打。师曰：“作家。”僧又打。师曰：“一坐具两坐具又作么生?”僧拟议，师背面立。僧又打。师曰：“你道杨岐话头，落在甚处?”僧指面前曰：“在这里。”师曰：“三十年后，遇明眼人，不得错举好，且坐吃茶。”一日，八人新到，师问：“一字阵圆，作家战将，何不出阵与杨岐相见?”僧云：“和尚照顾话头。”师曰：“杨岐今日抱马拖旗去也。”僧云：“新戒打退鼓。”师云：“道。”僧拟议，师云：“道。”僧抚掌一下。师曰：“谢上座答话。”僧无语。师曰：“将头不猛，累及三军。且坐吃茶。”杨畋提刑山下过，师出接，提刑乃问：“和尚法嗣何人?”曰：“慈明大师。”曰：“见个甚么道理？便法嗣他。”曰：“共钵盂吃饭。”曰：“与么则不见也?”师捺膝曰：“甚么处是不见?”杨大笑。师曰：“须是提刑始得。”又曰：“请入院烧香。”杨曰：“却待回来。”师乃献茶信。杨曰：“这个却不消得。有甚干爆爆底禅，希见云些子?”师指茶信曰：“这个尚自不要，岂况干爆爆底禅。”杨拟议，师呈颂曰：“示作王臣，佛祖罔措。为指迷源，杀人无数。”杨曰：“和尚为甚么就身打劫?”师曰：“元来是我家里人。”杨大笑。师曰：“山僧罪过。”皇祐改元示寂，塔于云盖。洪觉范曰：“临济七传，而得石霜圆。圆之子，一为积翠南，一为杨岐会。南之设施，如坐四达之衢，聚珍怪百物而鬻之。遗簪堕珥，随所探焉。骎骎末流，冒其氏者，未可一二数也。会乃如玉人之治璠玙碔砆废矣。故其子孙，皆光明照人。克世其家，盖碧落碑无赝本也。”

◎洪州翠岩可真禅师，参慈明，因之金銮，同善侍者坐夏。善，慈明高弟。师自负亲见慈明，天下无可意者。善与语，知其未彻。一日，同山行，举论锋发。善拈一片瓦砾，置盘石上曰："若向这里下得一转语，许你亲见慈明。"师左右视，拟对之，善叱曰："伫思停机，情识未透，何曾梦见。"师愧悚，即还石霜。慈明见来，叱曰："本色行脚人，必知时节，有甚急事，夏未了早至此？"师泣曰："被善兄毒心，终碍塞人，故来见和尚。"明遽问："如何是佛法大意？"师曰："无云生岭上，有月落波心。"明嗔目喝曰："头白齿豁，犹作这个见解，如何脱离生死？"师悚然，求指示。明曰："汝问我。"师理前语问之。明震声喝曰："无云生岭上，有月落波心。"师于言下大悟。师因首座不安，遣侍者往问讯。座晚间自来陈谢，师曰："法身不安，色身不安。"座曰："早来承侍者相问。"师曰："泥里洗土块。"座曰："和尚常用此机。"师曰："夜来天帝释冠子为甚落地？"座无对。师曰："南山起云，北山下雨。"遂喝出。师因黄国博，问百丈华长老："既是百丈，为甚却短小？"华曰："今日好天晴。"黄不契，却请师代语。师曰："但问将来。"黄再问，师曰："须弥南畔把手同行。"黄伫思，却问："意旨如何？"师曰："蚊子上铁牛。"黄又伫思，曰："不会，请和尚为某甲说。"师曰："你离却妻子来，老僧为你说。"黄曰："只如和尚，还行得么？"师曰："上蓝寺里送客，一日行百千遭。"师语南禅师曰："我他日十字街头，作个粥饭主人。有僧自黄檗来，我必勘之。"南公曰："何必他日。我作黄檗僧，汝今试问。"师便问："近离甚处？"曰："黄檗。"师曰："见说堂头老子脚跟不点地，是否?”曰：“上座何处得这消息来?”师曰：“有人传至。”南公笑曰：“却是汝脚跟不点地。”师亦大笑而去。好问僧：“鲁祖常见僧来参，何故便面壁去?”未有契其机者。自作偈曰：“坐断千山与万山，劝人除却是非难。池阳近日无消息，果中当年不目观。”师将入灭，示疾甚劳苦，席槁于地，转侧不少休。喆侍者垂泣曰：“平生诃佛骂祖，今何为乃尔?”师熟视，呵曰：“汝亦作此见解耶?”即起趺坐，呼侍者烧香，烟起遂示寂。

◎金陵蒋山赞元禅师，傅大士远孙。三岁出家，七岁为大僧。十五游方，谒慈明。明一见曰：“好好着槽厂。”师遂作驴鸣。明曰：“真法器耳。”俾为侍者。助春破薪，泯泯者十年。明殁，葬于石霜，师种植八年乃去。兄事蒋山心禅师，心殁，乃继其席。王荆公与师游如昆弟，问祖师意旨，师不答，公益扣之。师曰：“公般若有障三，有近道之质一，更一两生来，或得纯熟。”公曰：“愿闻其说。”师曰：“公受气刚大，世缘深。以刚大气，遭深世缘，必以身任天下之重。怀经济之志，用舍不能必，则心未平。以未平之心，持经世之志，何时能一念万年哉。又多怒，而学问尚理，于道为所知愚，此其三也。特视名利如脱发，甘淡泊如头陀，此为近道，且当以教乘滋茂之可也。”公再拜受教。及公贵震天下，无月无耗，师未尝发视。公罢政府，舟至石头，入寺已二鼓。师出迎一揖而退，公坐東偏从官宾客满座。公环视问师所在，侍者对曰：“已寝久矣。”公结屋定林，往来山中。稍觉烦动，即造师相向默坐，终日而去。公弟平甫素豪纵，见师即悚然加敬。问佛法大意，师亦不答。平甫固请为说，师曰："佛祖无所异于人。所以异者，能自护心念耳。岑楼之木必有本，本于毫末。滔天之水必有原，原于滥觞。清净心中，无故动念，危乎岌哉，甚于岑楼。浩然横肆，甚于滔天，其可动耶。佛祖更相付授，必丁宁之曰：善自护持。"平甫曰："佛法止于此乎。"师曰："至美不华，至言不烦。夫华与烦，去道远甚，而流俗以之。申公论治世之法，犹谓为治者不在多言。顾力行如何耳，况出世间法乎。每客来，无贵贱，寒温外无别语，即敛目如入定。尝馔僧，俄报厨库火，且及潮音堂。众吐饭苍黄，师啜啖自若，食毕无所问。又尝出郭，有狂人入寺，手杀一僧，即自刭，尸相枕。左右走报，交武于道。师归过尸处，未尝视，登寝堂危坐。职事侧立，冀师有所处分。师敛目如平日，竟不得请而去。师提纲宗要，机锋迅敏。僧问："鲁祖面壁意旨如何?"师曰："住持事繁。"问："如何是大善知识?"师曰："屠牛剥羊。"曰："为甚么如此?"师曰："业在其中。"元祐元年忽曰："吾欲还东吴。"促办严俄化。

◎洪州大宁道宽禅师，僧问："如何是露地白牛?"师以火箸横火垆上曰："会么?"曰："不会。"师曰："头不欠尾不剩。"问："丹霞烧木佛，院主为甚眉须堕落?"师曰："贼不打贫儿家。"在同安，见僧迁化，僧问："既是同安，为甚病僧迁化?"师曰："布施不如还债。"问："饮光正见，为甚拈花却微笑?"师曰："忍俊不禁。"问："天下禅客，为甚么出这个○不得?"师曰："往往如斯。"僧问："教中云，始知众生本来成佛。为甚么有烦恼菩提?”师曰:“甘草甜黄连苦。”曰:“却成两个去也。”师曰:“你不妨会得好。”问:“既是一真法界,为甚么有千差万别?”师曰:“根深叶盛。”曰:“未审还出得这个也无?”师曰:“弄巧成拙。”

◎潭州道吾悟真禅师,示众:“举洞山云:‘五台山上云蒸饭,佛殿阶前狗尿天。幡竿头上煎䭔子,三个猢孙夜簸钱。’老僧即不然。三面狸奴脚踏月,两头白牯手拿烟。戴冠碧兔立庭柏,脱壳乌龟飞上天。老僧葛藤尽被汝诸人觑破了也。洞山老人,甚是奇特。虽然如是,只行得三步四步,且不过七跳八跳。且道诮讹在甚么处?老僧今日不惜眉毛,一时布施。”良久曰:“丁宁损君德,无言真有功,任从沧海变,终不为君通。”问:“如何是常照?”曰:“针锋上须弥。”“如何是寂照?”曰:“眉毛里海水。”?如何是本来照?”曰:“草鞋里踍跳。”问者退。师曰:“常照寂照本来照,草鞋底下常踍跳。更会针锋上须弥,眉毛中水常渺渺。”问僧:“甚处来?”曰:“僧堂里来。”曰:“圣僧道甚么?”僧近前不审。师曰:“东家作驴,西家作马。”曰:“过在甚么处?”曰:“万里崖州。”上堂:“拗折秤衡,将甚么定斤两?拈却钵盂匙箸,将甚么吃饭?不如向三家村里,东卜西卜,忽然卜着,脱却鼻孔。”上堂:“夜来雷声震地,今朝细雨霏霏。干枯滋润,万物萌芽。且道,嘉州大像长得髭须多少?还有道得者么?若也道得,陕府铁牛是常不轻菩萨。若道不得,土宿拽脱你鼻孔。”师问僧:“先行不到,末后太过。”僧拟提坐具,师指曰:“离却坐具,作么生道?”僧曰:“和尚那里得这消息来?”师便打。僧拟提起坐具，师又打曰：“瞎汉。”僧拟议，师又打曰：“且坐吃茶。”僧便坐。师曰：“甚处来?”曰：“石霜。”师曰：“怪得。”师卧病，院主问：“和尚近日尊候如何?”师曰：“粥饭头不得气力。”良久曰：“会么?”曰：“不会。”师曰：“老鼠尾上带研椎。”数人新到礼拜，师曰：“总是浙里师僧。”曰：“猢孙向火。”师曰：“踍跳作么?”僧曰：“今日得见和尚。”师曰：“伏惟尚响。”僧无语。师便打。师在慈明会里，一日提螺蛳一篮，绕院行云：“卖螺蛳。”令众下语，皆不契。有一老宿，揭帘见，以目顾视师，放身便卧。师放篮子便行。

◎**苏州定慧超信禅师**，问僧：“忠国师无情说法，南方尊宿如何商量?”僧曰：“诸方皆云：六根互用。”师曰：“教中道，无眼耳鼻舌身意，将甚么互用?”僧拟议，师劈脊便打。

◎**越州姜山方禅师**，僧问：“如何是不动尊?”师曰：“单着布衫穿市过。”曰：“学人未晓。”师曰：“骑驴踏破洞庭波。”曰：“透过三级浪，专听一声雷。”师曰：“伸手不见掌。”曰：“还许学人进向也无?”师曰：“踏地告虚空。”曰：“雷门之下，布鼓难鸣。”师曰：“八花球子上，不用绣红旗。”曰：“三十年后，此话大行。”师便打。正作二则，透过下另一则。

问：“奔流度刃，疾焰过风，未审姜山门下，还许借借也无?”师曰：“天寒日短夜更长。”曰：“锦帐绣鸳鸯，行人难得见。”师曰：“髑髅里面气冲天。”僧召和尚，师曰：“鸡头凤尾。”曰：“诸方泥里洗，姜山画将来。”师曰：“姜山今日为客，且望阇黎善传。虽然如是，不得放过。”乃拍禅床一下。

◎宣州兴教院坦禅师，为银工，淬砺瓶器次有省。即出家，参琅邪，机语顿契。后依天衣，举住兴教。有雪窦化主省宗出，问：“诸佛未出世，人人鼻孔撩天。出世后为甚么杳无消息？”师曰：“鸡足峰前风悄然。”宗曰：“未在更道。”师曰：“大雪满长安。”宗曰：“谁人知此意，令我忆南泉？”拂袖归众，更不礼拜。师曰：“新兴教今日失利。”便归方丈。令人请宗至，师曰：“适来错只对一转语，人天众前何不礼拜盖覆却。”宗曰：“大丈夫膝下有黄金，争肯礼拜无眼长老？”师曰：“我别有语在。”宗乃理前语，至“未在更道”处，师曰：“我有三十棒，寄与打雪窦。”宗礼拜。

◎江州归宗可宣禅师，汉州人。参琅邪，一语顿契，后住归宗。时郭功甫任南昌尉，相与甚厚，而为郡守所捃。寄书功甫曰：“某世缘尚有六年，奈州主抑逼，当弃余喘，托生公家，愿无见阻。”功甫阅书惊喜，且颔之。中夜，其妻梦间见师入其寝，失声曰：“此不是和尚来处。”功甫撼而问之，以梦告。功甫笑取书以示。果孕，及生，乃名宣老。期年记问如昔。三岁，白云端过功甫始见，即曰：“吾侄来也。”云曰：“与和尚相别几年？”宣倒指曰：“四年矣。”云曰：“甚处相别？”曰：“白莲庄上。”云曰：“以何为验？”

曰："爹爹妈妈明日请和尚斋。"忽闻推车声，云问："门外是甚么声？"宣以手作推车势。云曰："过后如何？"曰："平地两条沟。"果六周无疾而逝。

◎**秀州长水子璇讲师**，郡之嘉兴人也。自落发，诵《楞严》不辍。从洪敏法师讲至"动静二相，了然不生"有省，谓敏曰："敲空击木，尚落筌蹄。举目扬眉，已成拟议。去此二途，方契斯旨。"敏拊而证之。然欲探禅源，罔知攸往。闻琅邪道重当世，即趋其席。值上堂次，出问："清净本然，云何忽生山河大地？"琅邪凭陵答曰："清净本然，云何忽生山河大地？"师领悟，礼谢曰："愿侍巾瓶。"琅邪谓曰："汝宗不振久矣，宜励志扶持，报佛恩德，勿以殊宗为介也。"乃如教，再拜以辞。后住长水，承禀日顾众曰："道非言象得，禅非拟议知。会意通宗，曾无别致。"由是二宗仰之。尝疏《楞严》等经，盛行于世。

◎**南岳云峰文悦禅师**，南昌徐氏子。短小粹美，有精识年十九，杖策遍游江淮。常默坐下板，念耆宿之语，疑之曰："吾闻临济在黄檗三年，黄檗不识也。陈尊宿者，教之令问佛法大意，三问而三被打，未闻谆谆授之也。"至大愚而悟，则为江西宗。耆宿教我，意非徒然，我所欲闻者异耳，乃扣大愚。值愚升座曰："大家相聚吃茎韲，若唤作一茎韲，入地狱如箭射。"便下座。师大骇，夜造方丈，愚问："来何所求？"曰："求心法。"愚曰："法轮未转，食轮先转。后生趁色力健，何不为众乞食？我忍饥不暇，何暇为汝说禅乎?”师不敢违。未几，愚移翠岩，师纳疏罢，复过翠岩求指示。岩曰：“汝不念乍住屋壁疏漏，又寒雪，宜为众乞炭。”师亦奉命。事罢，复造丈室。岩曰：“佛法不怕烂却。堂司阙人，今以烦汝。”师受之不乐，恨岩不去心地。坐后架，桶箍忽散，自架堕落。师忽然开悟，顿见岩用处。走搭伽黎，上寝堂。岩迎笑曰：“维那，且喜大事了毕。”师再拜，不及吐一辞而出。服勤八年，后出世翠岩。时首座领众出迎，问曰：“德山宗乘即不问，如何是临济大用?”师曰：“你甚处去来?”座拟议，师便掌。座拟对，师喝曰：“领众归去。”一众畏服。僧问：“巅山岩崖还有佛法也无?”师曰：“有。”曰：“如何是巅山岩崖佛法?”师曰：“猢孙倒上树。”妙喜曰：“若人信受奉行，一生参学事毕。”

曾入室，举僧问赵州：“万法归一，一归何所?”师便喝。僧茫然，师便问：“赵州道甚么?”僧拟议，师以拂子蓦口打。僧问：“佛不化本国，和尚为甚么归乡住持?”师曰：“放过一着。”僧拟议师便打。上堂：“未达境惟心，起种种分别。达境惟心已，分别即不生。知诸法惟心，便舍外尘相。诸禅德，只如大地山河，明暗色空。法法现前，作么生说个舍底道理?于此明得，正在半途。须知向上更有一窍在。”便下座。解夏上堂，僧问：“西天以蜡人为验，和尚此间以何为验?”师曰：“铁弹子。”曰：“学人无用功处也。”师曰：“学语之流。”上堂：“即今休去便休去，欲觅了时无了时。此事若向言语上作解，意根下卜度，天地悬殊。大丈夫一刀两段，犹未相应，岂况被人唤去，方丈里涂糊。指注举《楞严》肇论，根尘色法，向上向下，有无得失。他时后日，死不得其地。近世更有一般宗匠，二三十年驰声走誉，只管教人。但莫上他言句，唤作透声色，便问东答西，以为格外之句。将此狂解，递相沿习，从此混伤宗教，诳惑后生，苦哉！苦哉！我王库中无如是刀，总若似与么行脚。清风林下守株人，凉兔渐遥春草绿。”下座。嘉祐七年七月八日，升座辞众说偈曰：“住世六十六年，为僧五十九夏。禅流若问旨归，鼻孔大头向下。”遂泊然而化。阇维得五色舍利，塔于禹溪之北。

◎安吉州西余端师子，始见弄师子，发明心要，往见龙华，受印可，遂归里中。合彩为师子皮，时被之，因号端师子。到华亭，众请上堂。师升座曰：“灵山师子，云间哮吼，佛法无可商量，不如打个筋斗。”便下座。章丞相请说法吴山。开堂日，僧宣疏，至推倒回头，趯䟉不托。七轴之莲经未诵，一声之《渔父》先闻。”回头和尚以左道惑众，与润守吕公方食肉，师径趋至指之曰：“正当与么时如何是佛？”回头窘无以对。师捶其头，推倒而去。妖人不托。说法秀州，听者倾城。师捣住问：“如何是佛？”不托拟议，师䟉之而去。常诵《法华经》，好歌《渔父词》，故云。师命止宣。遂登座拈香，祝圣罢，引声吟曰：“本是潇湘一钓客，自东自西自南北。”大众杂然称善。师顾笑曰：“谛观法王法，法王法如是。”便下座。子厚与师对坐方食次，言欲请师住坟寺。师嗔目对之曰：“章惇章惇，请我看坟。我却吃素，你却吃荤。”子厚为大笑。问：“羚羊未挂角时如何？”师曰：“怕。”曰：“既是大善知识，为甚却怕？”师曰：“不曾见恁差异畜生。”偶病牙，谓众僧曰："明日迁化去。"众以为戏语，请说偈。师索笔大书曰："端师子太慵懒，未死牙齿先坏烂。二时伴众赴堂，粥饭都赶不办。如今得死是便宜，长眠百事皆不管。第一不着看官，第二不着吃粥饭。"五更遂化。

◎**东京天宁芙蓉道楷禅师**，幼学辟谷，隐伊阳山。后试《法华》得度。谒投子于海会，乃问："佛祖言教，如家常茶饭。离此之外，别有为人处也无？"子曰："汝道寰中天子敕，还假尧舜禹汤也无？"师欲进语，子以拂子摵师口曰："汝发意来，早有三十棒也。"师即开悟，再拜便行。子曰："且来！阇黎。"师不顾，子曰："汝到不疑之地耶？"师以手掩耳。后作典座，子曰："厨务勾当不易。"师曰："不敢。"子曰："煮粥耶？蒸饭耶？"师曰："人工淘米着火，行者煮粥蒸饭。"子曰："汝作甚么？"师曰："和尚慈悲，放他闲去。"一日侍投子游菜园，子度拄杖与师，师接得便随行。子曰："理合恁么？"师曰："与和尚提鞋挈杖，也不为分外。"子曰："有同行在。"师曰："那一人不受教？"子休去。至晚问师："早来说话未尽。"师曰："请和尚举。"子曰："卯生日，戌生月。"师即点灯来。子曰："汝上来下去，总不徒然。"师曰："在和尚左右，理合如此。"子曰："奴儿婢子，谁家屋里无？"师曰："和尚年尊，缺他不可。"子曰："得恁殷勤！"师曰："报恩有分。"

大观初，开封尹李孝寿奏师道行卓冠丛林，宜有以褒显之。"敕赐紫及定照师号。师力陈昔誓，不受利名，具表辞。上不允，令孝寿躬往，谕天子旌善之意。师确然不回，上怒，收付有司。有司怜其无罪曰："长老枯瘁，有疾乎。言有疾即于法免刑。"师曰："已悉厚意，乃不敢妄言，实无疾也。"恬然受刑，编管淄州，从之者愈众。明年冬，敕自便。庵于芙蓉湖。示众，略曰："夫出家者为厌尘劳，求脱生死。休心息念，断绝攀缘。遇声遇色，如石上栽花。见利见名，如眼中着屑。无始以来，此等不是不曾经历，何须苦苦贪恋。如今不歇，更待何时。能尽今时，更有何事。若得心中无事，佛祖犹是冤家。一切世事，自然冷淡，方始那边相应。你不见，隐山至死不肯见人，赵州至死不肯告人，匾担拾橡栗为食，大梅以荷叶为衣，纸衣道者只披纸，玄泰上座只着布。石霜置枯木堂与人坐卧，只要死了你心。投子使人办米，同煮共餐，要得省取你事。且从上诸圣，有如此榜样，若无长处，如何甘得？诸仁者，若也于斯，体究的不亏人。若也不肯承当，向后深恐费力。"又云："山僧今日向诸人说家门，已是不着便，岂可更去升堂入室，拈槌竖拂，张眉努目，东棒西喝，如痫病发相似。不见达磨西来少室山下，面壁九年。二祖至于立雪断臂，可谓受尽艰辛。然而达磨不曾措一辞，二祖不曾问着一句。唤达磨作不为人，得么？唤二祖作不求师，得么？"作五偈述其门风，一曰："妙唱不干舌。"偈曰："刹刹尘尘处处谈，不参禅处善财参。空生也解通消息，花雨岩前鸟不衔。"二曰："死蛇惊出草。"偈曰："日炙风吹草里埋，触他毒气又还乖。暗地若教开死口，长安依旧绝人来。"三曰："解针枯骨吟。"偈曰："死中活得是非常，密用他家别有长。半夜髑髅吟一曲，冰河红焰却清凉。"四曰："铁锯和三台。"偈曰："不是宫商调，谁人和一场。伯牙何所措，此曲旧来长。”五曰：“古今无间。”偈曰：“一法元无万法空，个中那许悟圆通。将谓少林消息断，桃花依旧笑春风。”政和八年五月十四日，索笔书偈曰：“吾年七十六，世缘今已足。生不爱天堂，死不怕地狱。撒手横身三界外，腾腾任运何拘束。”移时乃逝。

◎随州大洪山报恩禅师，卫之黎阳刘氏子，世皆硕儒。师未冠，举方略，擢上第。后厌尘境，请于朝，乞谢簪绂为僧。上从其请，遂游心祖道。至投子，未久即悟心要。子曰：“汝再来人也。宜自护持。”与张无尽友善，张尝以书问三教大要。曰：“《清凉疏》第三卷，西域邪见，不出四见，此方儒道，亦不出此四见。如庄老计自然为因，能生万物，即是邪因。《易》曰：太极生两仪，太极为因，亦是邪因。若谓一阴一阳之谓道，能生万物，亦是邪因。若计一为虚无，则是无因。今疑老子自然与西天外道自然不同。何以言之？老子曰：常无欲以观其妙，常有欲以观其侥。无欲则常。有侥则已，入其道矣。谓之邪因，岂有说乎？《易》曰：一阴一阳之谓道。阴阳不测之谓神，神也者，妙万物而为言，寂然不动，感而遂通天下之故。今乃破阴阳变易之道为邪因。拨去不测之神，岂有说乎？望纸后批示，以断疑网故也。”师答曰：“西域外道宗多途，要其会归，不出有无四见而已。谓有见、无见、亦有亦无见、非有非无见也。盖不即一心为道，则道非我有，故名外道。不即诸法是心，则法随见异，故名邪见。如谓之有，有则有无。如谓之无，无则无有。有无则有见竞生，无有则无见斯起。若亦有亦无见，非有非无见，亦犹是也。夫不能离诸见，则无以明自心。无以明自心，则不能知正道矣。故经云：言词所说法，小智妄分别。不能了自心，云何知正道。”又曰：“有见即为垢，此则未为见。远离于诸见，如是乃见佛。以此论之，邪正异途，正由见悟殊致故也。故清凉以庄老计道法自然，能生万物。《易》谓太极生两仪，一阴一阳之谓道。以自然太极为因，一阴一阳为道，能生万物，则是邪因。计一为虚无，则是无因。尝试论之，夫三界唯心，万缘一致，心生故法生，心灭故法灭。推而广之，弥纶万有而非有，统而会之，究竟寂灭而非无。非无亦非非无，非有亦非非有。四执既亡，百非斯遣。则自然因缘，皆为戏论，虚无真实，俱是假名矣。至若谓太极阴阳，能生万物。常无常有，斯为众妙之门。阴阳不测，是谓无方之神。虽圣人设教，示悟多方。然既异一心，宁非四见。何以明之？盖虚无为道，道则是无。若自然，若太极，若一阴一阳为道，道则是有。常无常有，则是亦有亦无。阴阳不测，则是非有非无。先儒或谓妙万物谓之神，则非物，物物“物物”似应作“非物”则亦是无。故西天诸大论师，皆以心外有法为外道，万法唯心为正宗。盖以心为宗，则诸见自亡。言虽或异，未足以为异也。心外有法，则诸见竞生。言虽或同，未足以为同也。虽然，儒道圣人，固非不知之，乃存而不论耳。良以未即明指一心，为万法之宗，虽或言之，犹不论也。如西天外道，皆大权菩萨示化之所施为。横生诸见，曲尽异端，以明佛法是为正道。此其所以为圣人之道，顺逆皆宗，非思议之所能知矣。故古人有言，缘昔真宗未至，孔子且以系心。今知理有所归，不应犹执权教。然知权之为权，未必知权也。知权之为实，斯知权矣。是亦周孔老庄设教立言之本意，一大事因缘之所成始、所成终也。然则三教一心，同涂异辙。究竟道宗，本无言说。非维摩大士，孰能知此意也。”

◎东京慧林宗本圆照禅师，无锡管氏子。谒天衣，衣举：“天亲从弥勒内宫而下，无着问云：‘人间四百年，彼天为一昼夜。弥勒于一时中，成就五百亿天子，证无生法忍，未审说甚么法。’天亲曰：‘只说这个法。’如何是这个法?”师久而开悟。而喜寝，鼻息齁齁，闻者厌之，白于衣。衣曰：“此子吾家精进幢也。汝辈他日当依赖之，无多谈。”衣一日室中问师：“即心即佛时如何?”师曰：“杀人放火有甚么难?”名遂藉甚。高丽僧统义天，以王子奉国命，使于朝。闻师名，请以弟子礼见。问其所得，以《华严经》对。师曰：“《华严经》，三身佛，报身说耶？化身说耶？法身说耶?”义曰：“法身说。”师曰：“法身遍周沙界，当时听众何处蹲立。”义茫然无对。李端愿居士世以佛学名，师问曰：“十方同聚会，个个学无为。既曰无为，作么生学?”李无对。神宗最重师，尝召对。师翛然自如，无所加损。出都日，王公贵人送者，车骑相属。师诲之曰：“岁月不可把玩，老病不与人期。惟勤修勿怠，是真相为。”闻者莫不感动。出世于瑞光，开堂日，集众，击鼓。鼓旋于地圆转震响，众惊却。有僧出曰：“此和尚法雷震地之祥也。”言毕，失僧所在。自是法席日盛，众恒五百。住净慈，时民张氏有女子死，母梦女以罪报为蛇，觉得蛇棺下。持诣师，为说法，令置故处。俄有黑蝉翔棺上，而蛇亡。母祝曰："果我女，入我笼，更持汝诣净慈。"果入。师复为说法，其夕梦女曰："二报幸解脱矣。"元符二年十二月甲子，将入灭，沐浴而卧。门弟子环拥请曰："和尚道遍天下，今日不可无偈，幸强起安坐。"师熟视曰："痴子，我寻常尚懒作偈，今日特地图个甚么？寻常要卧便卧，不可今日特地坐也。"索笔大书曰："后事付守荣。"掷笔憨卧，撼之已去矣。师老隐于苏之灵岩，门弟子遂塔全身焉。洪觉范曰："富郑公居洛中，见颙《华严诵》本语，作偈寄之曰：因见颙师悟入深，夤缘传得老师心。东南谩说江山远，目对灵光与妙音。王显谟，汉之初见本登座。以目四顾，乃证本心。予闻马鸣曰：如来在世，众生色心殊胜。圆音一演，随类得解。今去佛之世二千余年，而能使王公贵人闻风而悟。瞻颜而证，则其大愿真慈之力，无愧绍隆之职者。"

◎**东京法云寺法秀禅师**，秦州辛氏子。母梦老僧托宿，觉而有娠。先是，麦积山老僧与应乾寺鲁和尚者善，尝欲从鲁游方。鲁老之，既去，谓鲁曰："他日当寻我竹铺坡前，铁场岭下。"鲁后闻其所，俄有儿生，既往视之，儿为一笑。三岁，愿从鲁归，遂承鲁姓。十九试经圆具，习《圆觉》《华严》，妙入精义，而颇疑禅宗。至随州护国，读净果禅师碑曰："僧问报慈：'如何是佛性？'慈曰：'谁无？'又问净果，果曰：'谁有？'其僧因有悟。'师大笑曰："岂佛性敢有无之。"矧又曰因以有悟哉，其气拂膺。闻怀禅师法席之盛，径往参谒。怀貌寒危坐，垂涕沾衣。师初易之，怀收涕问："座主讲何经？"师曰："《华严》。"曰："《华严》以何为宗？"

师曰："法界为宗。"曰："法界以何为宗？"师曰："以心为宗。"曰："心以何为宗？"师无对。怀曰："毫厘有差，天地悬隔。汝当自看，必有发明。"后闻僧举："白兆参报慈：'情未生时如何？'慈曰：'隔。'师忽大悟。"住真州长芦，众千人。有全椒长老至，登座，众目笑之，无出问者。师出拜趋问："如何是法秀自己？"椒笑曰："秀铁面，乃不识自己乎？"师曰："当局者迷。"一众服其荷法心。长芦福长老道眼不明，常将所得施利，舟载往上江斋僧。师闻之，往验其虚实。适至见福上堂云："入荒田不拣，可杀颟顸。信手拈来草，犹较些子。"便下座。师大惊曰："说禅如此，谁道不会？乃谓诸方生灭也。"遂躬造方丈礼谒，具说前事，仍请益提唱之语。福为依文解义，师曰："若如此，诸方不漫道，你不会禅。"福不肯。师曰："请打钟集众，有法秀上座在此，与和尚理会。"福休去。李伯时善画马，师呵曰："汝士大夫，以画名。矧又画马期人夸妙，妙入马腹中，亦足惧。"伯时遂绝笔。师劝画观音赎过。黄鲁直工艳词，师亦诋呵之。鲁直笑曰："又当置我马腹耶？"师曰："汝以艳语动天下人淫心，不止马腹，正恕生泥犁耳。"黄竦然悔谢，遂励精求道。元祐五年八月示寂。将入灭，呼侍者，更衣安坐。说偈曰："来时无物去时空，南北东西事一同。六处住持无所补。"师良久，监寺惠当进曰："和尚何不道末后句？"师曰："珍重！珍重！"言讫而逝。

◎延恩法安禅师[①]，亦天衣嗣，至黄山如意院，见败屋破垣，无以蔽风雨，安求居之。十年，大厦如化，成乃弃去。下江汉，航二浙，上天台，溯淮汶所至接物利生，未尝失言，亦未尝失人。晚居武宁延恩寺，草屋数楹，败床不箦，师殊安之。令尹纠豪右，谋为一新。师笑曰："檀法本以度人。今非其发心而强之，是名作业，不名佛事也。"栖止十年，而丛林成，僧至如归。师与秀师昆弟，且相得。秀所居庄严妙天下，说法如云雨，其威光可以为兄弟，接羽翼而天飞也。秀以书招师，师读之一笑而已。僧问其故，师笑曰："吾始见秀有英气谓可语，乃今而后知其痴，痴人正不可与语也。"问者瞋视久之曰："何哉？"师曰："比丘法，当一钵行四方。秀既不能尔，乃于八达衢头架大屋，从人乞饭，以养数百闲汉，非痴乎？"师每谓人曰："万事随缘，是安乐法。"元丰甲子七月，命弟子取方丈文书，聚火焚之。以院事付一僧，八月辛未殁。

◎礼部杨杰居士，字次公，号无为，历参诸名宿，晚从天衣游。衣每引老庞机语，令参究深造。后奉祠太山，一日鸡初鸣，睹日如盘涌。忽大悟，乃别老庞偈曰："男大须婚，女大须嫁。讨甚闲工夫，更说无生话。"书寄衣，衣称善。会芙蓉楷禅师，公曰："与师相别几年？"蓉曰："七年。"公曰："学道来，参禅来？"蓉曰："不打这鼓笛。"公曰："恁么则空游山水，百无所能也。"蓉曰："别来未久，善能高

① 按：《目录》有"延恩法安禅师"题，此段文字原误录为注文，今改正之。

鉴。”公大笑。公有辞世偈曰：“无一可恋，无一可舍。太虚空中，之乎者也。将错就错，西方极乐。”

◎金陵蒋山法泉禅师，晚奉诏住大相国智海禅寺，问众曰：“赴智海，留蒋山，去就孰是?”众皆无对。师索笔书偈曰：“非佛非心徒拟议，得皮得髓谩商量。临行珍重诸禅侣，门外千山正夕阳。”书毕坐逝。

◎明州大梅法英禅师，宣和初，敕天下僧尼为德士。师肆笔解《老子》，诣进。上称善，人以为谀。明年秋，诏复天下僧尼，师独无改志。绍兴初，晨起戴桦皮冠，披鹤氅，执象简，穿朱履，使击鼓集众。升座，召大众曰：“兰芳春谷菊秋篱，物物荣枯各有时。昔毁僧尼专奉道，后平道佞复僧尼。且道僧尼形相作么生?”复取冠示众曰：“吾顶从来似月圆，虽冠其发不成仙。今朝抛下无遮障，放出神光照碧天。”掷之于地，随易僧服。提鹤氅曰：“如来昔日贸皮衣，数载惭将鹤氅披。还我丈夫调御服，须知此物不相宜。”掷之。举象简曰：“为嫌禅板太无端，岂料遭他象简瞒。今日因何忽放下，普天致仕老仙官。”掷之。提朱履曰：“达磨携将一只归，儿孙从此赤脚走。借他朱履代麻鞋，休道时难事掣肘。化鹏未遇不如鴳，画虎不成反类狗。”掷之。横拄杖曰：“今朝拄杖化为龙，分破华山千万重。”复倚肩曰：“珍重佛心真圣主，好将尧德振吾宗。”掷下拄杖，敛目而逝。

◎邢州开元法明上座，得法报本。归里落魄，多嗜酒呼卢。醉则唱柳词数阕，人呼为醉和尚。一日谓寺众曰：“吾明旦当行，汝等无他往。”众窃笑之。翌晨，摄衣就座，大呼曰：“吾去矣，听吾一偈。”众闻奔视，师乃曰：“平生醉里颠蹶，醉里却有分别。”今宵酒醒何处，杨柳岸，晓风残月。”言讫寂然，撼之已委蜕矣。

◎签判刘经臣居士，字兴朝。初于佛法未之信。会东林总禅师启廸之，因醉心祖道。既而谒慧林冲，于僧问雪窦：“如何是诸佛本源？”窦曰：“千峰寒色。”语下有省。岁余官雒幕，谒韶山杲，将去任，辞韶。韶曰：“公如此用心，何愁不悟？尔后或有非常境界，无量欢喜，宜急收拾。收拾得，即成法器。收拾不得，或致失心。”未几复谒智海，请问因缘。海曰：“古人道，平常心是道。你十二时中放光动地，不自觉知。向外驰求，转疏转远。”公益疑不解。一夕入室，海举波罗提尊者对香至王“见性是佛”之语问。公不能对。疑甚，归寝，至五鼓觉，方追念间，见种种异相，表里通彻，六根震动，天地回旋，如云开月现，喜不自胜。因忆韶山所嘱，遂抑之。及明趋智海，以所得告，海为证据，且曰：“更须用得始得。”公曰：“莫要履践否？”海厉声曰：“这个是甚么事，却说履践？”公默契，遂著《明道谕儒篇》以警世。曰：“明道在乎见性。余之所悟者，见性而已。孟子曰：‘口之于味也，目之于色也，耳之于声也，鼻之于臭也，四肢之于安逸也，性也。’杨子曰：‘视听言貌思，性所有也。’有见于此，则能明乎道矣。当知道不远人，人之于道，犹鱼之于水，未尝须臾离也。唯其迷己逐物，故终身由之而不知。佛曰大觉，儒曰先觉，盖觉此耳。昔人有言曰，今古应无坠，分明在目前。又曰，大道只在目前，要且目前难睹。欲识大道真体，不离声色言语。又曰，夜夜抱佛眠，朝朝还共起。起坐镇相随，语默同居止。欲识佛去处，只这语声是。此佛者之语道为最亲者。立则见其参于前也，在舆则见其倚于衡也。瞻之在前也，忽焉地后也。取之左右逢其原也。此儒者之语道最迩者。奈何此道惟可心传，不立文字。故世尊拈花而妙心传于迦叶。达磨面壁而宗旨付于神光。六叶既敷，千花竞秀。分宗列派，各有门庭。故或瞬目扬眉，擎拳举指。或行棒行喝，竖拂拈槌。或持叉张弓，辊球舞笏。或拽石搬土，打鼓吹毛。或一默一言，一嘘一笑。乃至种种方便，皆是亲切为人。然只为太亲，故人多罔措。瞥然见者，不隔丝毫。其或沉吟，迢迢万里。欲明道者，宜无忽焉。祖祖相传，至今不绝。真得吾儒所谓愤而不发，开而弗违者矣。余之有得，实在此门。反思吾儒，自有此道。良哉孔子之言，默而识之，一以贯之，故目击而道存，指掌而意喻。凡若此者，皆合宗门之妙旨，得教外之真机。然而孔子之道，传之子思，子思传之孟子。孟子既没，不得其传，而所以传于世者，特文字耳。故余之学，必求自得而后已。幸余一夕开悟，凡目之所见，耳之所闻，心之所思，口之所谈，手足之所运动，无非妙者，得之既久，日益见前。每以与人，人不能受。然后知其妙道果不可以文字传也。呜呼！是道也，有其人则传，无其人则绝。余既得之矣，谁其似之乎？终余之身而有其人耶？无其人耶？所不可得而知也。故为记颂歌语，以流播其事，而又著此篇，以谕吾徒云。”幻寄曰：“签判不能于千峰寒色瞥地，遂带累波罗提尊者。入无尾巴猢孙队中，轮转流浪悲夫。”

◎杭州净土院惟政禅师，律身精严。蒋侍郎堂与师为方外交，蒋一日语师曰：“明日有客集，愿师来洒以甘露。”师诺之矣。明日遣人要之，师以一偈授曰：“昨日曾将今日期，出门倚杖又思惟。为僧只合居岩谷，国士筵中甚不宜。”竟不往。有问者曰：“师以禅师名，乃不谈禅。何也？”师曰：“日夜烦万象敷演耳。”言语有间，而此法无尽，所谓造化无尽藏也。师恒骑黄犊，故俗呼政黄牛。

指月录卷二十六

六祖下第十三世上

◎隆兴府黄龙祖心晦堂宝觉禅师，少为书生有声，年十九，而目盲。父母许以出家，遂复明。参云峰悦三年，难其孤硬，告悦将去。悦曰："必往依黄檗南公。"师至黄檗，四年不大发明。又辞，再上云峰。会悦谢世，就止石霜。因阅传灯，至"僧问：'如何是多福一丛竹？'福曰：'一茎两茎斜。'曰：'不会。'福曰：'三茎四茎曲。'"师于此顿悟，彻见二师用处，径回黄檗。方展坐具，南公曰："子已入吾室矣。"师踊跃曰："大事本来如是，和尚何得教人看话，百计搜寻？"南公曰："若不令汝如此寻究，到无用心处，自见自肯，即吾埋没汝也。"《僧宝传》曰："师从容游泳陆沉众中，时时往决云门语句。"南公曰："知是般事便休，汝用许多工夫作么？"师曰："不然。但有纤疑在，不到无学，安能七纵八横，天回地转哉。"

复谒翠岩真，真大奇之。依止三年，而真殁，乃还黄檗。南公使分座接纳。南公迁黄龙，师复谒泐潭月公。月以经论入玄，闻或笑师：政不自歇去，乃下乔木入幽谷乎？师曰：“彼以有得之得，护前遮后。我以无学之学，朝宗百川。”

师与夏倚公立谈，至肇论会万物为自己者，及情与无情共一体。时有狗卧香桌下。师以压尺击狗，又击香桌曰：“狗有情即去，香桌无情自住。情与无情，如何得成一体。”公立不能对。师曰：“才涉思惟，便成剩法，何曾会万物为己哉？”尝与僧论维摩曰：“三万二千师子宝座，入毗耶小室，何故不碍？为是维摩所现神力耶？为别假异术耶？夫难信之法，故现此瑞。有能信者，始知本来自有之物。何故复令便信。曰若无信入，小必妨大。虽然既有信，法从何而起耶，又作偈曰：楼阁门前才敛念，不须弹指早开扃。善财一去无消息，门外春来草自青。”居士吴敦夫，自谓多见知识，心地明净，偶阅《邓隐峰传》。见其倒卓化去，而衣亦顺身不褪。忽疑之曰：“彼化之异故莫测，而衣亦顺之何也。”以问师。师曰：“汝今衣顺垂于地，复疑之乎？”曰：“无所疑也。”师笑曰：“此既无疑，则彼倒化。衣亦顺体，何疑之有哉。”敦夫言下开解。《萝湖野录》辨是吴德夫。

九江守彭器资问曰：“人临命终时，有旨诀乎？”师曰：“有之。”曰：“愿闻其说。”师曰：“待器资死即说。”器资起增敬曰：“此事须和尚始得。”师过法昌遇禅师。遇问曰：“承闻和尚造草堂，已毕工否？”师曰：“已毕工。”曰：“几工？”师曰：“止用数百工。”遇恚曰：“大好草堂。”师拊掌笑曰：“且要天下人疑着。”上堂，若也单明自己，不悟目前，此人有眼无足；若悟目前，不明自己，有人有足无眼。据此二人。十二时中，常有一物蕴在胸中。物既在胸，不安之相常在目前；既在目前，触涂成滞，作么生得平稳去？祖不言乎：执之失度，必入邪路；放之自然，体无去住。幻寄曰："好个赤梢鲤鱼，可惜向虀瓮里淹杀。"

师于南公圆寂之日，作偈曰："昔人去时是今日，今日依前人不来。今既不来昔不往，白云流水空徘徊。谁云秤尺平，直中还有曲。谁云物理齐，种麻还得粟。可怜驰逐天下人，六六元来三十六。"洪觉范曰："法华穷子，追之即躄地，常不轻直告之，即被捶骂，是二者，不知直中有曲，种麻得粟者也。"

师室中常举拳问僧曰："唤作拳头则触，不唤作拳头则背，唤作甚么？"《萝湖野录》云："无尽居士，见兜率悦禅师。既有契证，询晦堂家风于悦，欲往就见。悦曰：'此老只一拳头耳。'乃潜奉书于晦堂曰：'无尽居士，世智辩聪，非老和尚一拳垂示，则安能使其知有宗门向上事耶。'未几无尽游黄龙，访晦堂于西园。先以偈默书庵壁曰：'乱云堆里数峰高，绝学高人此遁逃。无奈俗官知住处，前驱一喝散猿猱。'徐扣宗门事，果示以拳头话，无尽默计，不出悦之所料，由是易之。遂有偈曰：'久向黄龙山里龙，到来只见住山翁。须知背触拳头外，别有灵犀一点通。灵源时为侍者，寻题晦堂肖像曰：'三问逆摧，超玄机于鹫岭。一拳垂示，露赤体于龙峰。闻时富贵，见后贫穷。年老浩歌归去乐，从教人唤住山翁。'黄太史鲁直闻而笑曰：'无尽所言灵犀一点通。此藞苴为虚空安耳穴，灵源作偈分雪之，是写一字不着画。嗟乎无尽于宗门，可谓具眼矣。然因人之言，昧宗师于晦堂，鉴裁安在哉。悦虽得无尽乐出其门，奈狭中媢忌，为丛林口实也。幻寄曰：兜率谓晦堂此老只一拳头。可谓妙得其髓。其移书晦堂，赤心片片，无尽称晦堂为住山翁。盖尊于十号，灵源作颂，顺水行船。鲁直一笑，因风纵火。而仲温云云。兜率无尽且笑破鼻孔，何能使晦堂点头也。”

将入灭，命门人黄鲁直廷坚主后事。荼毗日，邻峰为秉炬，火不续，黄顾师之得法上首死心新禅师曰：“此老师有待于吾兄也。”新以丧拒，黄强之。新秉炬召众曰：“不是余殃累及我，弥天罪过不容诛。而今两脚捎空去，不作牛兮定作驴。”以火炬打一圆相曰：“只向这里雪屈。”掷炬，应手而爇。窆灵骨于普觉塔之东。《答侍郎韩宗古悟后治习气书》，见《圭峰章》。

◎**隆兴府宝峰克文云庵真净禅师**，陕府郑氏子。坐夏大沩。闻举僧问云门：“佛法如水中月，是否？”门曰：“清波无透路。”师乃领解。往见黄龙不契，却曰：“我有好处，这老汉不识我。”遂往香城见顺和尚。顺问：“甚处来？”师曰：“黄龙来。”曰：“黄龙近日有何言句？”师曰：“黄龙近日，州府委请黄檗长老。龙垂语云：‘钟楼上念赞，床脚下种菜。有人下得语契，便往住得。’胜上座云：‘猛虎当路坐。’龙遂令去住黄檗。”顺不觉云：“胜上座只下得一转语，便得黄檗住，佛法未梦见在。”师于言下大悟。方知黄龙用处。初胜居讲聚时，偶以扇勒窗棂有声。忽忆教中道，十方俱击鼓，十处一时闻，因大悟。白本讲，讲令参问，遂造黄龙。《僧宝传》载师悟缘，无往见黄龙不契已下语。称师初学经论，夺京洛讲席。经行龙门，殿庑间见塑比丘像，瞑目如在定。因幡然自失，南游遍参，所至辩论倾坐，人目为饱参。后于大沩，闻僧诵云门语而悟。谓师天纵之资，不由师训，自然得道。特定宗旨于黄龙而已。按，《大慧宗门武库》载，师恒对南禅师，真以手加额云：“不是这老和尚，岂能如此。”辄颦蹙良久。又《宗门统要》载：师侍龙，龙举白云端颂临济三顿棒云：“一拳拳倒黄鹤楼，一脚踢翻鹦鹉洲。有意气时添意气，不风流处也风流大称赏之。”师曰：“某甲见处与端兄一般。”龙曰：“汝作么生会。”师拟开口。龙喝曰：“端会汝不会。”则龙于师悟后，尚相切劘，如石霜之于杨岐，武库似有所承，传语或失真也。

遂回见黄龙。问：“甚处来？”师曰：“特来礼拜和尚。”龙曰：“恰值老僧不在。”师曰：“向甚么处去？”龙曰：“天台普请，南岳游山。”师曰：“恁么则学人得自在去也。”龙曰：“脚下鞋甚处得来？”师曰：“庐山七百五十文唱得。”龙曰：“何曾得自在？”师指鞋曰：“何尝不自在。”龙异之。一日龙曰：“适令侍者卷帘，问渠，卷起帘时如何？”曰：“照见天下。”“放下帘时如何？”曰：“水泄不通。”“不卷不放时如何？侍者无语，汝作么生？”师曰：“和尚替侍者下涅槃堂始得。”龙喝曰：“关西人果无头脑。”乃顾旁僧。师指之曰：“只这僧也未梦见。”龙大笑。师初游方，与二僧偕行。到谷隐薛大头，问云：“三人同行，必有一智。如何是一智？”二僧无语。师立下肩，应声便喝。薛竖拳作相扑势。师曰：“不劳再勘。”薛拽拄杖趁出，薛见石门慈照禅师。

师居洞山时，僧问：“《华严》论云，以无明住地烦恼，便为一切诸佛不动智，一切众生皆自有之。只为智体无性无依，不能自了。会缘方了，且无明住地烦恼，如何便成诸佛不动智。理极渊深，绝难晓达。”师曰：“此最分明可了解。”时有童了子方扫地，呼之回首。师指曰：“不是不动智。”却问：“如何是佛性？”童子左右视惘然而去。师曰：“不是住地烦恼，若能了之，即今成佛。”问讲师曰：“火灾起时，山河大地皆被焚尽，世间虚空，是否？”对曰：“教有明文，安有不是之理。”师曰：“如许多灰烬，将置何处？”讲师舌大而干笑曰：“不知。”师亦笑曰：“汝所讲者，纸上语耳。”居归宗时，方送法眼大师荼毗时雨新霁，道方滑，忽趺倒，大众争掖而起。师举火把曰：“法眼荼毗，归宗遭颠。”呈似大众，更无可说。刘宜翁，尝参佛印，颇自负，一日见师便问：“长老写戏来得几年？”师曰：“专候乐官来。”曰：“我不入这保社。”师曰：“争奈即今在这场子里。”刘拟护，师拍手曰：“虾蟆禅，只跳得一跳。”又坐次。刘指师衣曰：“唤作甚么？”师曰：“禅衣。”曰：“如何是禅。”师乃抖擞曰：“抖擞不下。”刘无语。师打一下曰：“你伎俩如此，敢勘老僧耶。”钱弋郎中访师，谈久，钱如厕，师令侍者引从西边去。钱遽曰：“既是东司，为甚么向西去？”师曰：“多少人向东边讨。”后大慧述此云：“恶。”便是赵州问投子，不许夜行，投明须到，亦不如此语好师报谒钱，有獒逸出，师避之。钱戏曰：“禅者教诲龙虎，乃畏狗乎。”师应声曰：“易伏限岩虎，难降护宅龙。”钱叹赏之。南康诸山相会，佛印后至。师问曰：“云居来何迟？”曰：“为着草鞋。从归宗肚里过，所以迟。”师曰：“却被归宗吞了。”曰：“争奈吐不出。”师曰：“吐不出即屙出。”僧问：“如何是道？”师曰：“宝公云：‘若欲将心求佛道，问取虚空始出尘。’汝今求佛道，虚空向汝道甚么。”其僧于是大悟于言下。僧问：“如何是佛？”师呵呵大笑。曰：“何哂之有。”师曰：“笑你随语生解。”曰：“偶然失利。”师喝曰：“不得礼拜。”僧便归众。师复笑曰：“随语生解。”僧问：“有一人欲出长安，有一人欲入长安，未审那个在先？”师曰：“多少人疑着。”曰：“不许夜行。”

师曰："蚊子锥铁牛。"曰："山顶老猿啼古木，渡头新雁下平沙。"师曰："长安人已入，你合作么生。"曰："春日华山青。"师曰："这僧虽然后生，却可与商量。"僧问："云门大师欲一棒打杀释迦老子，和尚又欲粪埽堆里罯杀云门。未审和尚罪过，还许学人点检也无？"师曰："且莫造次。"曰："和尚坐断庐山，为甚么不识某甲这话？"师曰："三十棒。"曰："关。"师曰："点。"曰："札。"师曰："念汝做街坊。"师室中问僧云："了也未？"僧云："未了。"师云："你吃粥了也未？"僧云："了。"师云："又道未了。"复云："门外甚么声？"僧云："雨声。"师云："又道未了。"复云："面前是甚么？"僧云："屏风。"师云："又道未了。"复云："还会么？"僧云："不会。"乃云："听取一颂：随缘事事了，日用何欠少。一切但寻常，自然不颠倒。"舒王问："诸经皆首标时处，圆觉经独不然，何也？"师曰："头乘所演，直示众生日用现前，不属今古。只今老僧与相公同入大光明藏，游戏三昧，互为宾主，非干时处。"又问："《经》曰：'一切众生皆证圆觉。'而圭峰以证为具，谓译者之讹，如何？"师曰："圆觉如可改，维摩亦可改也。维摩岂不曰：'亦不灭受而取证。'夫不灭受蕴，而取证者，与皆证圆觉之意同。盖众生现行无明，即是如来根本大智，圭峰之言非是。"舒王大悦，称赏者累日。示众，天地与我同根，万物与我一体。脚头脚尾，横三竖四。北俱庐洲火发，烧着帝释眉毛。东海龙王忍痛不禁，轰一个霹雳，直得倾湫倒岳，云暗长空。十字街头廖胡子，醉中惊觉起来，拊手呵呵大笑云："筠阳城中，近来少贼。"乃拈拄杖云："贼贼。"上堂："裈无裆，裤无口。

头上青灰三五斗，赵州老子少卖弄。然则国清才子贵，家富小儿骄。其奈禾黍不阳艳，竞栽桃李春。翻令力耕者，半作卖花人。”上堂：“世尊三昧迦叶不知，迦叶三昧阿难不知。因甚不知，只为甚深有异。三德六味，施佛及僧。法界人天，普同供养。首座三昧大众不知，因甚不知，对面不相识。开单展钵，拈匙放筯，大众三昧各不相知。因甚不知，复拈拄杖横按云：‘我观法王法，法王法如是。’卓拄杖便下座。”上堂：“举古人云：‘如珠在盘，不拨而自转。’只如大众开单展钵，拈匙把筯，一切时中所作所为，又何假人拨而后转。乃至云门胡饼，赵州柏树，德山棒，临济喝。又何假人拨而后转，自是你诸人不悟，却错会。又干他胡饼柏树棒喝甚么事，岂不见六祖大师云：‘汝当一念自知非，自己灵光常显现。’”示众。佛法两字，直是难得人。有底不信自己佛事惟凭少许古人影响相似般若，所知境界，定相法门，动即背觉合尘粘将去。脱不得，或学者来。如印印泥，递相印授，不惟自误，亦乃误他。洞山门下，无佛法与人。只有一口剑，凡是来者，一一斩断，使伊性命不存。见闻俱泯，却向父母未生前，与伊相见。见伊拟近前，便与斩断。然则刚刀虽利，不斩无罪之人，莫有无罪底么，也好与三十拄杖。上堂，洞山门下，有时和泥合水，有时壁立千仞。你诸方，拟向和泥合水处见洞山，洞山又不在和泥合水处。拟向壁立千仞处见洞山，洞山且不在壁立千仞处。拟向一切处见洞山，洞山且不在一切处。你拟不要见洞山，鼻索又在洞山手里。拟瞌睡，也把鼻索一掣，只见眼孔定动。又不相识，也不要你识洞山，但识得自己也得。示众，新丰古洞，万叠争攒。悟本真宗，千林竞簇。古今胜地，佛事长兴。所以昔日悟本大师有时提唱云："惟有佛菩提，是真归仗处。"复喝一喝云："犹作这个去就在。"诸禅德，只如大师道，犹作这个去就在。且道，意作么生？还知落处么？"丛林中多有商量者，有底道："闻佛闻法，似生冤家。况更有归仗处，故遭悟本大师点检。"有底道："悟本只要人休歇去。"有底道："悟本只见锥头利。"不见凿头方，似恁么匹配，又何曾梦见他古人。既不如是，又且如何。诸禅德，此个大事须子细，不可粗心。一等参禅，穷教到底。宗门中千差万别，隐显殊涂。惟大智方明，降兹已往，莫测涯际。而今多是抱不哭孩儿，打洁净球子，把索缆放船，抱桥柱澡洗。彼此丈夫，阿谁无分，若便明去。驱耕夫之牛，夺饥人之食。入火不烧，入水不溺。上堂："昔有五百罗汉，以六神通降一毒龙，了不能得。"忽异方有一尊者至，众谓曰："我等尽其神力，降不可得，尊者可能降之。"尊者乃弹指一下，其龙便伏。诸禅德，据此还有优劣也无。若言无，五百众尽其神力，皆曰不能。此尊者一弹指，而毒龙便伏。既有优劣，如何可明，于此明得。作个出格道人，动静去来，五眼不能睹，十力不能知。堪受人天供养，日消万两黄金。于此未明，山门今日作斋，供养罗汉，且随队，长连床上，开单展钵，下座。幻寄曰："若作象罔获玄珠会，便被毒龙啖却。"

小参示众云："更有问话者么？"良久云："洎合放过。"乃喝。复举拂子云："耶耶。尽十方世界，若凡若圣，若僧若俗，若草若木，尽向拂子下成佛作祖。无前无后，一时解脱，还有不解脱者么？设有。命若悬丝。"又抚掌曰："知恩者少。所以此个事，论实不论虚，参须实参，悟须实悟。若纤毫不尽，总落魔界。岂不见古人道：平地上死人无数，过得荆棘林，是好手。如今人多是得个身心寂灭，前后际断，一念万年去。休去歇去，似古庙里香炉去，冷湫湫地去，便为究竟。殊不知，却被此胜妙境界障蔽自己，正知见不能现前，神通光明不得发露。或有执个一切平常心是道，以为极则。天是天，地是地，山是山，水是水，僧是僧，俗是俗。大尽三十日，小尽二十九。此依草附木，不知不觉，一向迷将去。忽然问他：'我手何似佛手？'便道：'是和尚手。''我脚何似驴脚。'便道：'是和尚脚。''人人尽有生缘处，那个是上座生缘处？'便道：'某是某州人。'是何言欤，且莫错会好。凡百施为，须要平常一路子，以为稳当。定将去，合将去，更不敢别移一步，怕堕坑落堑。长时一似双盲底人行路，一条拄杖子，寸步抛不得，紧把着凭将去，步步依倚。一日若道眼豁开，顿觉前非，抛却杖子，撒开两手。十方荡荡，七纵八横，东西南北，无可不可。岂可一向倚他门户，傍他行脚，有甚快活自己，毕竟如何。不见云门大师道：而今天下老和尚多是师承学解，露布葛藤，印板上打来，模子里脱出。当人若是明去，何不一切临时。又不见临济大师云：'我这里是活祖师西来意，把来便用，立处皆真。他不说古又如何。今又如何。这语得，那语不得。那里是虚，这里是实。你与我拈出丝毫许实底道理来看。此盖当人眼不开，自无见处。一向承虚接响，百般忌讳，自缠自缚，直饶与么说。当下忽然见得倜傥分明去，也是棺木里瞠眼。如今还有无师智自然智，不与万法为侣者，烜赫底丈夫汉。

麣麣齖齖，千变万化。见我恁么胡言汉语，便好近前蓦口掴，拽下椅子，掷向三门外，喝散大众，岂不快哉。还有么。”良久云：“若无，且看老僧骑案山，跳入你诸人眼睛里，七颠八倒，诃佛骂祖去也。”喝一喝下座。《宗门武库》云：照觉禅师自泐潭移虎溪，乃赴王子淳观文所请。开堂后，百废并举，升堂小参入室无虚日。尝言：晦堂、真净、同门诸老，只参得先师禅，不得先师道。师曰：“盖照觉以平常无事，不立知见解会为道。更不求妙悟，却将诸佛诸祖德山临济曹洞云门真实顿悟见性法门为建立。《楞严经》中所说‘山河大地，皆是妙明真心中所现物’，为膈上语，亦是建立。以古人谈玄说妙为禅，诬罔先圣，聋瞽后昆，眼里无筋，皮下无血之流，随例颠倒，恬然不觉。真可怜悯。《圆觉经》云：‘末世众生，希望成道，无令求悟，惟益多闻，增长我见。’又云：‘末世众生，虽求善友，遇邪见者，未得正悟。是则名为外道种性，邪师过谬，非众生咎。’岂虚语哉。所以真净和尚小参云。”举“执个一切平常”至“凭将去”晦堂和尚谓学者曰：“你去庐山无事甲里坐地去。”而今子孙门如死灰，良可叹也。

朱显谟世英，问佛法大意。师以书答曰：“辱书以佛法为问。”佛法至妙无二，但未至于妙，则互有长短。苟至于妙，则悟心之人。如实知自心，究竟本来成佛。如实自在，如实安乐，如实解脱，如实清净，而日用惟用自心。自心变化，把得便用，莫问是非。拟心思量，已不是也。不拟心，一一天真，一一明妙，一一如莲花不着水，所以迷自心故作众生，悟自心故成佛。而众生即佛，佛即众生，由迷悟故，有彼此也。如今学者多不信自心。不悟自心，不得自心明妙受用，不得自心安乐解脱。心外妄有禅道，妄立奇特，妄生取舍，纵修行，落外道二乘禅寂，断见境界。洪觉范曰：“云庵之言，盖救一时之弊。然其旨要，晓然可以发人之昧昧。”

法界三观六颂。色空无碍，如意自在。万象森罗，影现中外。出没去来，此土他界。心印廓然，融通广大。理事无碍，如意自在。倒把须弥，卓向纤芥。清净法身，圆满土块。一点镜灯，十方海会。事事无碍，如意自在。不动道场，十方世界。东涌西没，千差万怪。火里蝍蟟，吞却螃蟹。事事无碍，如意自在。手把猪头，口诵净戒。趁出淫坊，未还酒债。十字街头，解开布袋。张无尽寓荆南，以道学自居，少见推许。佛果禅师谒之，剧谈《华严》旨要曰：华严现量境界，理事全真，初无假法，所以即一而万，了万为一。一复一，万复万，浩然莫穷。心佛众生三无差别，卷舒自在，无碍圆融。此虽极则，终是无风匝匝之波，张于是不觉促榻。师遂问曰：“到此与祖师西来意，为同为别?”张曰：“同矣。”师曰：“且得没交涉。”张色为之愠。师曰：“不见云门道，山河大地，无丝毫过患，犹是转句。直得不见一色，始是半提，更须知有向上全提时节。彼德山临济，岂非全提乎。”张乃首肯。翌日复举事法界理法界，至理事无碍法界，师又问：“此可说禅乎?”张曰：“正好说禅也。”师笑曰：“不然。正是法界量里在，盖法界量未灭，若到事事无碍法界，法界量灭，始好说禅，如何是佛，干屎橛；如何是佛，麻三斤。故真净偈云云。”即举此偈。张曰：“美哉之论，岂易闻乎。”

事事无碍，如意自在。拈起一毛，重重法界。一念遍入，无边刹海。只在目前，或显或晦。事事不知，色空谁会。理事既休，铁船下海。石火电光，咄哉不快。横按镆铘，魔军胆碎。崇宁元年十月十六日中夜，沐浴更衣，跏趺辞众。众请说法，师笑曰：“今年七十八，四大将离别。火风既分散，临行休更说。”遗诫诸徒众毕，泊然而寂。又七日阇维，五色成焰，白光上腾，烟所及皆成舍利，道俗千余人皆得之，分塔于泐潭洞山。大慧云：“老南下尊宿，五祖只肯晦堂真净二老而已，自余不肯他也。五祖为人，如绵里一柄刀相似，才按着，便将咽喉一刺，刺杀你去也。若是真净，脚上着，也即脚上杀你；手上着，也即手上杀你；咽喉上着，也即咽喉上杀你。”

◎**潭州云盖守智禅师**，游方，至双岭寺，谒法昌遇禅师。遇方附火，师揭帘，遇诟曰：“谁故出我烟？”师反走，遇呼曰：“来。汝何所来。”曰：“大宁。”遇曰：“三门夜来倒，知否？”师愕然曰：“不知。”遇曰：“吴中石佛，大有人不曾得见。”师惘然，即展拜。遇使谒翠岩真，久之无省。及谒黄龙于积翠，始尽所疑。政和五年三月七日，升座说偈曰：“未出世头如马杓，出世后口如驴嘴。百年终须自坏，一任天下卜度。”归方丈安坐，良久乃化。

◎**吉州隆庆院庆闲禅师**，福州古田卓氏子。母梦胡僧授以明珠而孕。及生，白光满室。幼不近酒胾。年十一出家，二十远游。貌丰硕，寡言语，惟道是究。所至自处，罕与人接，有即之者，一举手而去。父事黄龙，龙甚重之。时与翠岩顺公同在黄檗，顺时时诘问师，师横机无所让。顺谓龙曰：“闲轻易且语，未辨触净。”龙曰：“法如是，以情求闲，乃成是非。”师尝问龙：“文首座何如在黄檗时？”龙曰：“渠在黄檗时。”如人暴富，用钱如粪土。迩来如数世富人，一钱不虚用。既龙过双岭，师谒龙。龙问：“甚处来？”师曰：“百丈。”曰：“几时离彼？”师曰：“正月十三。”龙曰：“脚跟好痛与三十棒。”师曰：“非但三十棒。”龙喝曰：“许多时行脚，无点气息。”师曰：“百千诸佛亦乃如是。”龙曰：“汝与么来，何曾有纤毫到诸佛境界？”师曰：“诸佛未必到庆闲境界。”龙随问：“如何是汝生缘处？”师曰：“早晨吃白粥，如今又觉饥。”问：“我手何似佛手？”师曰：“月下弄琵琶。”问：“我脚何似驴脚？”师曰：“鹭鸶立雪非同色。”龙咨嗟而视曰：“汝剃除须发，当为何事？”师曰：“只要无事。”龙曰：“既无事，何须剃发？”师曰：“若不剃发，争知无事。”曰：“与么则数声清磬是非外，一个闲人天地间也。”师曰：“是何言欤。”曰：“灵利衲子。”师曰：“也不消得。”龙便喝，师拍一拍。龙又喝，师便出。复侍次，龙曰：“此间有辨上座者，汝着精彩。”师曰：“他有甚么长处？”曰：“他拊汝背一下又如何？”师曰：“作甚么。”曰：“他展两手。”师曰：“甚处学这虚头来。”龙大笑，师却展两手。龙喝，师便出。斋后，又侍立。龙问：“松松，两人共一碗，作么生会？”师曰：“百杂碎。”曰：“尽大地是个须弥山，撮来掌中，汝又作么生会？”师曰：“两重公案。”曰：“这里从汝胡言汉语，若到同安，如何过得？”英邵武在同安，师将往谒，故云。师曰：“渠也须到这个田地始得。”曰：“忽被渠指火炉曰：‘这个是黑漆火炉，那个是黑漆香桌，甚处是不到处？’”师曰：“庆闲面前，且从恁么说话，若是别人，笑和尚去。”龙拍一拍，师便喝。明日同看僧堂曰：“好僧堂。”师曰：“极好工夫。”曰：“好在甚处？”师曰：“一梁拄一柱。”曰：“此未是好处。”师曰：“和尚又作么生？”龙以手指曰：“这柱得与么圆，那枋得与么匾。”师曰：“人天大善如识，须是和尚始得。”便出。龙出堂外曰：“适来与么？是肯你，不肯你？”师曰：“若与么，何曾得安乐处。”师上方丈问讯。龙曰：“据汝知见，只得上梢，不得下梢。”师曰：“某甲上梢亦得，下梢亦得。”曰：“如何是上梢？”师曰：“风过树头摇。”曰：“如何是下梢？”师曰：“刀斫斧凿。”龙曰：“老僧即不然。”师曰：“如何是上梢？”曰：“头鬅鬙耳卓朔。”曰：“如何是下梢？”曰：“紧峭草鞋。”师曰：“谢师答话。”龙便喝。明日侍立，龙问：“得坐披衣，向后如何施设？”师曰：“遇方即方，遇圆即圆。”曰：“汝与么说话，犹带唇齿在？”师曰：“庆闲即与么，和尚作么生。”曰：“近前来为汝说。”师拊掌曰：“三十年用底，今朝捉败。”龙大笑曰：“一等是精灵。”师拂袖而去。由是学者争归之。师室中每垂问：鱼行水浊，鸟飞毛落。亮座主一入西山，为甚么杳无消息？元丰四年三月七日，告众将入灭。说偈曰：“露质浮世，奄忽入灭。五十三岁，六七八月。南岳天台，松风涧雪。珍重知音，红垆优钵。”说偈毕，乃入浴。浴出，方以巾搭膝而化，神色不变。为着衣，手足和柔，发剃复出，画工就写其真。首忽自举，次日仍平视。太守来观，愿留全身。而僧利俨曰：“遗言令化。”阇维日，薪尽火灭，跏趺不散，以油沃薪益之乃化。是日云起风作，飞瓦折木，烟气所至，东西南北四十里。凡草木沙砾之间，皆得舍利，如金色，计其所获几数斛。初，苏子由欲为作记，而疑其事，方卧痁，梦有诃者曰：“闲师事何疑哉，疑即病矣。”子由梦中作铭，觉复疏之，中有云：“稽首三界尊，闲师不止此。悯世狭劣故，聊示其小者。”子由其知言哉。洪觉范为师传赞曰：“潜庵为予言，闭为人，气刚而语急；尝同宿，见其坐而假寐。梦语滚滚，而领略识之，皆古衲机缘。初以为适然，已而每每连榻莫不尔。盖其款诚于道，精一如此。唐道氲讯明皇，曩于般若闻熏不一，而沉伫想。自起现行，闲之去留，践履之验，非闻熏不一者也。”张无垢问大慧曰：“某每于梦中，必诵语孟何如?”慧举圆觉曰：“由寂静故，十方世界诸如来心，于中显现，如镜中像。”无垢曰：“非老师莫闻此论也。”又慧答向伯恭侍郎书曰：“示论悟与未悟，梦与觉一，一段因缘。黄面老子云：汝以缘心听法，此法亦缘。谓至人无梦，非有无之无。谓梦与非梦一而已。以是观之，则佛梦金鼓。高宗梦传说，孔子梦奠两楹，亦不可作梦与非梦解，却来观世间，犹如梦中事。教中自有明文，惟梦乃全妄想也。而众生颠倒，以日用目前境界为实。殊不知，全体是梦，而于其中复生虚妄分别，以想心系念。神识纷飞为实梦，殊不知正是梦中说梦，颠倒中又颠倒。故佛大慈悲老婆心切，悉能遍入一切法界，诸安立海。所有微尘于一一尘中，以梦自在法门，开悟世界海微尘数众生。住邪定者，入正定聚，此亦普示颠倒众生。以目前实有底境界，为安定海。令悟梦与非梦，悉皆是幻，则全梦有实，全实是梦。不可取不可舍，至人无梦之义，如是而已。来书见问，乃是某三十六岁之所疑，读之不觉抓着痒处。亦尝以此问圜悟先师，但以手指曰：‘住住，休妄想休妄想。’某复曰：如某未睡着时，佛所赞者，依而行之；佛所诃者，不敢违犯。从前依师及自做工夫零碎所得者，惺惺时却得受用。及乎上床半醒半觉时，已做主宰不得，梦见得金宝，则梦中欢喜无量；梦见被人以刀杖相逼，及诸恶境界，则梦中怕怖惶恐。自念此身尚存，只是睡着已作主宰不得。况地、水、火、风分散，众苦炽然，如何得不被回换。到这里，方始着忙。”先师又曰：待汝说底许多妄想绝时，汝自到寤寐恒一处也。初闻亦未之信，每日我自顾，寤与寐分明作两段，如何敢开大口说禅，除非佛说寤寐恒一。是妄语，则我此病不须除。佛语果不欺人，乃是我自未了。后因闻先师举诸佛出身处，熏风自南来，忽然去却碍膺之物，方知黄面老子所说，是真语实语如语，不诳语不妄语。不欺人，真大慈悲，粉身没命不可报。碍膺之物既除，方知寐时便是寤时底，寤时便是寐时底。佛言寤寐恒一，方始自知。这般道理，拈出呈似人不得，说与人不得。如梦中境界，取不得，舍不得。承问妙喜于未悟已前，已悟之后，有异无异，不觉依实供通。子细读来，教字字至诚，不是问禅，亦非见诘，故不免以昔时所疑处吐露，愿居士试将老庞语谩提撕，但愿空诸所有，切勿实诸所无。先以目前日用境界作梦会了，然后却将梦中底，移来目前。则佛金鼓，高宗得说，孔子奠两楹，决不是梦矣。高峰妙禅师初参断桥，无所省，既参雪岩钦，令看无字。初每诘其日用所做工夫如何，久之不问做处，一入门便问："阿谁与你拖这死尸来?"声未绝，便痛拳打出。未几岩迁南明，峰过径山，忽于梦中忆断桥和尚室中所举万法归一一归何处话，疑情顿发，寝食俱忘，东西不辨。至第六日，在堂下行，见众僧堂内出，不觉辊于队中。至三塔阁上讽经，抬头忽见演和尚真赞，有云："百年三万六千朝，反复元来是这汉。"顿悟岩所问拖死尸语，如放下百二十斤担子，乃过南明谒岩。岩屡加煅炼，峰于古人公案，虽不受瞒，及开口则又觉有碍。于日用中，尚不得自由，如欠人债相似。岩迁天宁，峰又随侍。岩问："日间浩浩时，还作得主么?"峰云："作得主。"岩云："睡梦中作得主么?"峰云："作得主。"又问："正睡着时无梦无想无见无闻，主在甚么处?"峰茫然不能答。岩云："从今日去，也不要你学佛学法，也不要你穷古穷今。你只饥来吃饭，困来打眠，才眠觉来，却抖擞精神。我这一觉，毕竟主人公在甚么处安身立命?"峰禀教。即自誓云："拚一生作个痴呆汉，定要这一着子明白。经及五年，一日寓庵睡觉，正疑此事，忽同宿道友推枕子堕地作声，蓦然打破疑团，如在网中跳出。

追忆日前所疑佛祖诸讹公案，古今差别因缘，恰如泗州见大圣，远客还故乡，元来只是旧时人，不改旧时行履处。圜悟禅师和灵源瞌睡歌云：懵懵懂懂无巴鼻，兀兀陶陶绝忌讳。信任流光动地迁，不论冬夏惟瞌睡。个中滋味佛不知，空咄蛤蚌与螺师。放身不管卧水底，与发长捱布袋儿。鼻息如雷谁顾得，寻常少见有醒时。没醒时良有以，要明瞌睡中宗旨。从来一觉到天明，佛来不解抬身起。纵使舒光遍大千，终难换我无忧底。校疏亲浑打失，瞌睡根灵莫穷诘。有人契会便参同，睡着须知更绵密。

指月录卷二十七

六祖下第十三世下

◎**隆兴府泐潭洪英禅师**，阅《华严十明论》，至为真智能无体性，不能自知无性故。为无性之性，不能自知无性故。名曰无明，华严第六地曰："不了第一义故，号曰无明，将知真智能，本无性故，不能自了。若遇了缘而了，则无明灭矣，是谓成佛要门。愿以此法，绍隆佛种。然今诸方谁可语此。良久喜曰："有积翠老在。"即日造黄檗南禅师席，檗与语达旦。曰："荷担大法，尽在尔躬，厚自爱。"又往见翠岩真点胸。方入室，真问曰："女子出定意旨如何?"师引手掐真膝而去。真笑曰："卖匙箸客未在。"真自是知其机辩脱略窠臼，大称赏之。于是一时学者宗向。僧礼拜起，便垂下袈裟角，曰："脱衣卸甲时如何?"师曰："喜得狼烟息，弓弰壁上悬。"僧却揽上袈裟，曰："重整衣甲时如何?"师曰：

“不到乌江畔，知君未肯休。”僧便喝。师曰：“惊杀我。”僧拍一拍，师曰：“也是死中得活。”僧礼拜。师曰：“将谓是收燕破赵之才，元来是贩私盐汉。”上堂：“释迦老子，当时一手指天，一手指地，云天上天下，惟我独尊。释迦老子，旁若无人。当时若遇个明眼衲僧，直教他上天无路，入地无门。然虽如是，也须是铜沙锣里满盛油始得。”妙喜曰：“可贵可贱。”

南昌潘居士，同宿双岭。居士曰：“龙潭见天皇时节，冥合孔子。”师惊问：“何以验之？”曰：“孔子曰：‘二三子以我为隐乎。’吾无隐乎尔。吾无行而不与二三子者是丘也，师以为何如？”师笑曰：“楚人以山鸡为凤，世传以为笑。”不意居士此语相类，汝擎茶来，我为汝接。汝行碗来，我为汝受。汝问讯，我起手。若言是说，说个甚么？若言不说，龙潭何以便悟。此所谓无法可说，是名说法。以世尊之辩，亦不能加此两句耳。学者但求解会，譬如以五色图画虚空，鸟窠无佛法可传授，不可默坐，闲拈布毛吹之，侍者便悟。学者乃曰：“拈起布毛，全体发露。似此见解，未出教乘。其可称祖师门下客哉。”九峰被人问：“深山里有佛法也无？”不得已曰：“有。”及被穷诘，无可有。乃曰：“石头大者大，小者小。”学者卜度曰：“刹说众生说，三世炽然说。”审如是，教乘自足。何必更问祖师意旨耶。要得脱体明去。譬如眼病人求医治之。医者但能去翳膜。不曾以光明与之。居士推床惊曰：“吾忧积翠法道未有继者，今知尽在子躬，厚自爱。”双岭顺禅师问：“庵中老师好问学者，并却咽喉唇吻，道取一句，首座曾道得么？”师干笑已，而有偈曰：“阿家尝醋三尺喙，新妇洗面摸着鼻。道吾答话得腰裩，玄沙开书是白纸。”顺公屈服。熙宁二年六月，知事纷争，止之不可。初九日谓众曰：“领众不肃，正坐无德，吾有愧黄龙。”呼维那鸣钟集众，叙行脚始末曰：“吾灭后火化，以骨石藏普通塔，明生死不离清众也。”言卒而逝。

◎袁州仰山行伟禅师，受贤首宗于太三藏成名，见同学法亮者参南宗，问曰：“汝今称禅者，禅宗奥义语我来？”亮曰：“待我死后，为汝敷说。”师曰：“狂耶。”亮曰：“我狂已息，汝今方炽。”即趋去，师因弃讲。谒南禅师，每造室，南公必敛目良久乃语，师曰：“和尚见行伟，必合眼何耶？”曰：“麻谷见良遂来。”荷钽钽草，良遂有悟处。我见汝来，但闲闭目，汝虽无悟，然且有疑。尚亦可在，师滋不晓。时泐潭月禅师，与南公同坐夏积翠，月以经论有声，师常侍坐，听其谈论。因读《小释迦传》曰：“韦尚书问仰山寂公，禅师寻常如何接人？”寂曰：“僧来必问，来为何事？”曰：“来亲近。”又问：“还见老僧否？”曰：“见。”又问：“老僧何似驴，僧未有酬者？”韦曰：“若言见，争奈驴。若言不见，今礼觐谁，以此故难答。”寂曰：“无人如尚书辨析者耳。月公称善，师亦以为然。”南公独曰：“沩仰宗枝，不到今者，病在此耳。”师日夜究思，不悟其意，将治行，而西卜庵嵩少之下，为粥饭僧。夜与一僧同侍坐，僧问：“《法华经》言，‘得解一切众生语言陀罗尼。’何等语是陀罗尼？”南公顾香垆，僧即引手候火有无，无火，又就添以炷香，仍依位而立。南公笑曰：“此是陀罗尼。”师惊喜进曰：“如何解?”南公令僧且去，僧揭帘趋出。南公曰：“若不解，争能与么?”师方有省。师律身甚严。燕坐忘夜旦，占一室，谢绝交游。有过师者，虚己座以延之，躬起炷香叉手而立。南公闻之，以为太绝物，非和光同尘义，面诫之。师曰：“道业未办，岁月如流。”大根器如云门赵州，犹曰：“我惟粥饭二时是杂用心。”又曰：“我岂有工夫闲处用。”矧行伟根器，日劫相倍者，宁暇囿世情，事清谈，谀悦人，增我相乎?南公贤之，夏夜坐深林，袒以饲蚊蚋。腸毒作，十日不愈，以刀绝之尺许，血流不止，门人泣曰：“师奈何不少忍。”师曰：“为其障我行道。”蒲伏床上，无所利于物，得死不愈于生乎。元丰三年十一月二十六日，说偈而化。后三日阇维，得五色舍利，骨石拴索勾连，塔于寺之东。

◎**黄龙恭首座**，出世住禅林，访法昌遇和尚，遇问曰：“见说你要为黄龙烧香，是否?”曰：“不敢。”遇曰：“龙生龙子，须是解兴云吐雾始得。”师曰：“随家丰俭。”遇曰：“你未拈香，早钝置黄龙了也。”师曰：“且莫多口。”遇曰：“你且道黄龙实头处作么生?”师提起坐具，遇唤行者，讨坐具来。行者提在手中，遇便打云：“你三十年后，也道见老僧来。”师后住衡之华光，乃有坦率之风，罹有司民其衣，华光既遭回禄。而师语录，于灰烬中字画无损，余纸悉尽，信般若之明验矣。

◎**安吉州报本慧元禅师**，参黄龙，师每坐下板，辄自引手反复视之曰：“宁有道理而云似佛手，知吾家揭阳，而乃复问生缘何处乎?”久而顿释其疑。一日为达上座咨问入室，龙曰:“既是达了，为甚么更来?师曰:“事不厌细。”龙曰:“你便打赶出去，不是做得老僧侍者。”师曰:“不得一句。”龙遂行入方丈，师曰:“大小黄檗，龙头蛇尾。”龙笑而已。师胁不至席三十年，平生规法，南禅师作止。元祐六年十一月十六日，升座说偈曰:“五十五年梦幻身，东西南北孰为亲。白云散尽千山外，万里秋空片月新。”言讫而化。

◎**景福顺禅师**，得心印于老黄龙，尝有偈曰:“夏日人人把扇摇，冬来以炭满垆烧。若能于此全知晓，旷劫无明当下消。”寿八十余，坐脱于香城山，颜貌如生。素与潘延之善，临终使人要延之叙别，延之至，而师去矣。

◎**黄檗积翠永庵主**，问僧审奇:“汝久不见，何所为?”奇曰:“见伟藏主，有个安乐处。”师曰:“举似我。”奇叙所得，师曰:“汝是伟未是。”奇莫测，以语伟。伟曰:“汝非永不非。”奇走积翠质之南公，南亦大笑。师闻作偈曰:“明暗相参杀活机，大人境界普贤知。同条生不同条死，笑倒庵中老古锥。”

◎**延庆洪准禅师**，得法黄龙，天资纯至，闻人之善，喜见眉宇，闻人之恶，合掌扣空，暮年不领院事。寓迹于寒溪寺，年已逾八十矣。平生日夕无所营为，眠食之余，惟吟梵音赞观世音而已。临寂，弟子皆赴供，惟一仆夫在，安坐读《孔雀经》一周，瞑目而逝，三日不倾，乡人观者如堵，师忽开目而笑，使坐于地。弟子还，师呼立其右，握手如炊熟状。良久视之，寂然去矣，颜色如生，道俗塑而龛之。

◎舒州白云守端禅师，衡阳葛氏子。幻事翰墨，冠依茶陵郁禅师披削，往参杨岐。岐一日忽问："受业师为谁？"师曰："茶陵郁和尚。"岐曰："吾闻伊过桥遭颠有省，作偈甚奇，能记否？"师诵曰："我有明珠一颗，久被尘劳关锁。今朝尘尽光生，照破山河万朵。"岐笑而趋起，师愕然通夕不寐。黎明咨询之。适岁暮，岐曰："汝见昨日打驱傩者么？"曰："见。"岐曰："汝一筹不及渠。"师复骇曰："何谓也？"岐曰："渠爱人笑，汝怕人笑。"师大悟。师游庐山，圆通讷以院事让师，而讷处东堂。未几，讷厌闲寂。郡守至，自陈客情，太守恻然目师，师笑唯唯而已。明日升座曰："昔法眼禅师有偈曰：'难难难是遣情难，情尽圆明一颗寒。方便遣情犹不是，更除方便太无端。'大众且道：'情作么生遣，喝一喝下座，负包去。'一众大惊，挽之不可。"示众，明明知道只是这个，为甚么透不过。只为见人开口时，便唤作言句；见人闭口时，便唤作良久默然。又道：动展施为，开言吐气。尽十方世界内，无不是自己。所以堕在涂中，隐隐犹怀近日嫌。岂不见云门道，闻声悟道，见色明心，遂举手云。观世音菩萨，将钱来买胡饼，放下手云："元来却是馒头。"又不见山僧在法华时，当示众云："无业禅师道，一毫头圣凡情念未尽，未免入驴胎马腹里去。大众，直饶一毫头圣凡情念顿尽，亦未免入驴胎马腹里去。"瞎汉但恁么看取？参。示众曰："此事如万仞崖头相似，总知道放着手便扑到底，只是舍命不得。法华今日，不动一毫头，教诸人到底去也。”掷拄杖下座。示众，若端的得一回汗出来，也向一茎草上，便现琼楼玉殿。若未端的得一回汗出，纵有玉殿琼楼，却被一茎草盖却。且道：作么生得汗出去？良久云：“自有一双穷相手，不曾容易舞三台。”妙喜曰：“一茎草上，现琼楼玉殿，决定可信。琼楼玉殿，被一茎草盖却，莫被他热瞒。径山恁么道，为已得一回汗出者说。若未得一回汗出者，切不得疑着。”

僧问：“智不到处，切忌道着。道着时如何？”师曰：“风吹日炙。”曰：“恁么则无处容身去也？”师曰：“碓捣磨磨。”曰：“官不容针，私通车马。”师曰：“可贵可贱。”僧弹指一下，师曰：“恰是。”僧吐舌，师曰：“家贫犹自可，路贫愁杀人。”僧呵呵大笑。师曰：“放过一着。”

◎金陵保宁仁勇禅师，僧问：“如何是佛？”师曰：“近火先焦。”曰：“如何是道？”曰：“泥里有刺。”曰：“如何是道中人？”曰：“切忌踏着。”上堂：“山僧入拔舌地狱去也。”以手拽舌云：“阿哪阿哪。”上堂：“古人底今人用，今人底古人为。古今无背面，今古几人知，哪呜咿。”一九与二九，相逢不出手。上堂：“有手脚无背面，明眼人看不见，天左旋地右转。”拍膝云：“西风一阵来，落叶两三片。”示众云：“释迦老子，四十九年说法，不曾道着一字；优波毱多，丈室盈筹，不曾度得一人。达磨不居少室，六祖不住曹溪，彼自无疮，勿伤之也。拍膝顾众云：“且喜得天下太平。”

◎比部孙居士，因杨岐来访，值视断次，士曰：“某为王事所牵，何由免难？”岐指曰：“委悉得么？”士曰：“望师点破。”岐曰：“此是比部弘愿深广，利济群生？”士曰：“未审如何？”岐示以偈曰：“应现宰官身，广弘悲愿深。为人重指处，棒下血淋淋。”士于此有省。

◎潭州大沩慕喆真如禅师，上堂：“月生一，大地茫茫谁受屈。月生二，东西南北没把鼻。月生三，善财特地向南参。”所以道，放行则怛萨舒光，把住则泥沙匿曜。且道，放行是，把住是。良久云：“圆伊三点永，万物自尖新。”师室中问学者，赵州洗钵盂话，上人如何会？僧拟对，则师以手托之曰：“歇去。”自其分座接纳至终，未尝换机。师律身精严，放参罢，辄自作务，使令者在侧，如路人。绍圣二年十月八日，无疾说偈曰：“昨夜三更，风雷忽作。云散长空，前溪月落。”良久别众趋寂，阇维舍利斗许，大如豆，目睛齿爪不坏，分塔于京潭。

◎福州圣泉绍灯禅师，古田陈氏子。生时异香满室，紫帽覆首。幼不茹荤，观诸经论如宿习。一日索浴更衣升座，四方檀信凑至，师说偈曰：“吾年五十三，去住本无贪。临行事若何，不用口喃喃。”俨然示寂。两日后，闻钟声忽复醒。自后四大轻安，身频出舍利。元丰中，本郡大旱，太守孙公请师祈雨，甘泽大沛。后凡有所祷辄应，不着所终。又有慧力善周禅师者，元祐元年十二月望日，沐浴净发，说偈曰：“山僧住瑞筠，未尝形言句。七十三年来，七十三年去。”言毕而逝，五日后须发再生，亦玉泉嗣。

◎**邓州丹霞子淳禅师**，上堂，举德山示众曰："我宗无语句，实无一法与人。德山恁么说话，可谓是只知入草求人。不觉通身泥水。子细观来，只具一只眼，若是丹霞则不然。我宗有语句：金刀剪不开，深深玄妙旨，玉女夜怀胎。

◎**洪州宝峰阐提惟照禅师**，尝夜坐阁道，时风雪震薄，闻警道者传呼过之。随有所得，辞去。大观中，芙蓉婴难，师自三吴欲趋沂水。仆夫迷道，师举杖击之，忽大悟，叹曰："是地非鳌山也耶。"比至沂，芙蓉望而喜曰："绍隆吾宗，必子数辈矣。"示聪藏主法语五则：一曰，曹山立四禁，尽衲僧命脉。透得过，切忌依倚将来。了事人，须别有生机一路。二曰，衲僧向异类中行履，先德道，异类堕。此了事人病。明安道，须是识主始得。三曰，阐提寻常向人道，不得参禅，不得学佛，只要伊如大死人。只恐闻此语，作无事会，作无法可当情曾，正是死不得。若是死得，决不肯作这般见解。他时为人，切宜子细。四曰，吾家立五位为宗，往往人以理事明，以寂照会。以能所见。以体用解，尽落今时，何得名为教外别传之妙。生死路头，那个是得处，总不恁么时如何，卜度即不中。五曰，有情故情渗漏，有见故见渗漏。有语故语渗漏，设得见无情无语无，拽住便问他，你是何人？

◎**襄州石门元易禅师**，上堂："十方同聚会，个个学无为。此是选佛场，心空及第归。大众，只如闻见觉知未尝有间，作么生说个心空底道理，莫是见而不见，闻而不闻，谓之心空耶。错，莫是忘机息虑，万法俱捐，销能所以入玄宗。泯性相而归法界，谓之心空耶。错，恁么也不得，不恁么也不得，恁么不恁么总不得。未审毕竟作么生，还会么？良久曰：若实无为无不为，天堂地狱长相随。三尺杖子搅黄河，八臂那吒冷眼窥，无限鱼龙尽奔走。捉得循河三脚龟，脱取壳铁锥锥。吉凶之兆便分辉，借问东村白头老。吉凶未兆若何为，休休休，古往今来春复秋。白日腾腾随分过，更嫌何处不风流，咄。”

◎东京净因自觉禅师，政和五年九月四日，忽召主事，令以楮囊分而为四。众僧童行常住津送，各一。既而复曰：“丹霞有个公案，从来推倒扶起。今朝普示诸人，且道是个甚底？”顾视左右曰：“会么？”曰：“不会。”师曰：“伟哉大丈夫，不会末后句。”遂就寝右胁而化。

◎东京法云善本大通禅师，游方至苏州瑞光，谒圆照。坐定，照特顾之，师便契旨。僧问：“宝塔原无缝，如何指示人？”师曰：“烟霞生背面，星月绕檐楹。”曰：“如何是塔中人？”师曰：“竟日不干清世事，长年占断白云乡。”曰：“向上更有事也无？”师曰：“太无厌生。”师所至，见佛菩萨行立之像，不敢坐，伊蒲塞馔，以鱼胾名者不食。其真诚应事，防心离过，类如此。大观三年十二月甲子，届三指谓左右曰：“止有三日。”届期而化，与圆照齐名，时号大小本。

◎**投子修颙禅师**，参慧林，因吃颠有省，作偈曰：“这一交这一交，万两黄金也合消。头上笠腰下包，清风明月杖头挑。”富郑公因赵清献公警发，不舍昼夜，力进此道，谒师于投子，会师方为众登座。富见师左右顾视，忽有省，因执弟子礼。趋函丈，命侍者请为入室，师见即曰：“相公已入来，富弼犹在外。”富闻汗流浃背，即大悟，随以颂寄圆照，颂见圆照章中。

◎**清献公赵抃**，字悦道。年四十余，摈去声色，系心宗教。会佛慧来居衢之南禅，公日亲之，慧未尝容措一词。后典青州，政事之余多宴坐，忽大雷震惊，即契悟，作偈曰：“默坐公堂虚隐几，心源不动湛如水。一声霹雳顶门开，唤起从前自家底。”慧闻笑曰：“赵悦道撞彩耳。”公尝自题偈斋中曰：“腰佩黄金已退藏，个中消息也寻常。世人欲识高斋老，只是柯村赵四郎。”复曰：“切忌错认。”临终遗书佛慧，有曰：“非师平日警诲，至此必不得力矣。”

指月录卷二十八

六祖下第十四世

◎**隆兴府黄龙死心悟新禅师**，韶州黄氏子。传作王生有紫肉幕左肩，右袒如僧伽黎。比壮，魁岸黑面如梵僧。以气节盖众，好面折人。初谒栖贤秀铁面，秀问："上座甚处人？"师曰："广南韶州。"又问："曾到云门否？"师曰："曾到。"又问："曾到灵树否？"师曰："曾到。"秀曰："如何是灵树枝条？"师曰："长底自长，短底自短。"秀曰："广南蛮莫乱统。"师曰："向北驴只恁么。"拂袖而出，秀器之，而师无留意。至黄龙，谒晦堂，堂竖拳问曰："唤作拳头则触，不唤作拳头则背，汝唤作甚么？"师罔措，经二年方领解，然尚谈辩无所抵牾。堂患之，偶与语，至其锐，堂遽曰："住住。说食岂能饱人。"师窘乃曰："某到此弓折箭尽，望和尚慈悲，指个安乐处。"堂曰："一尘飞而翳天，一芥堕而覆地，安乐处政忌上座许多骨董，直须死却无量劫来全传作偷心乃可耳。”师趋出。一日闻知事捶行者，而迅雷忽震，即大悟。趋见晦堂，忘纳其屦，即自誉曰：“天下人总是参得底禅，某是悟得底。”堂笑曰：“选佛得甲科，何可当也。”因号死心叟。谒哲禅师于岳麓，哲问：“是凡是圣？”师曰：“非凡非圣。”喆曰：“是甚么？”师曰：“高着眼。”喆曰：“恁么则南山起云，北山下雨？”师曰：“且道是凡是圣。”喆曰：“争奈头上漫漫，脚下漫漫。”师仰屋作嘘声，喆曰：“气急杀人。”师曰：“恰是。”拂袖便出。谒法昌遇禅师，遇问：“近离甚处？”师曰：“某甲自黄龙来。”遇曰：“还见心禅师么？”师曰：“见。”遇曰：“甚么处见？”师曰：“吃粥吃饭处见。”遇插火箸于垆中曰：“这个又作么生？”师拽脱火箸便行。师室中问僧：“月晦之阴，以五色彩着于瞑中，令百人千万人，夜视其色，宁有辨其青黄赤白者么？”僧无语，师代曰：“个个是盲人。”王正言问：“尝闻三缘和合而生，又闻即死即生，何故有夺胎而生者？”师曰：“如正言作漕使，随所住处即居其位，还疑否？”王曰：“不疑。”师曰：“复何疑也。”王于言下领解。师住翠岩时，翠岩有淫祠，乡人祷禬酒胾无虚日。师诫知事令毁之，知事辞以不敢掇祸。师曰：“使能作祸，吾自当之。”乃躬自毁拆。俄有巨蟒，盘卧内，引首作吞噬之状。师叱之，蟒遁，安寝无他。《雪堂行和尚拾遗录》载此事云：“是齐安王祠，乃李主景远也。”复云：“师一夜梦神人，峨冠而前告曰：‘弟子为师所斥，不遑安处，欲之广南，假庄夫六十人。’师梦中诺之，未几庄夫疫死者，满其数。师后问学者曰：‘且道果有鬼神否？若道有，又不打杀死心？若道无，庄夫为什么却死？答者皆不契。适真净会中元首座至，师如前问，元云：'甜瓜连蒂甜，苦瓠连根苦。'师大喜之，元乃辨才高弟也。"

领云岩，建经藏，太史黄庭坚为作记。有以其亲墓志于碑阴者，师骂曰："凌侮不避祸若是。"语未卒，电光翻屋，雷击自户入，析其碑阴中分之，视之志已灰烬，而藏记安然无损。晚属疾，退居晦堂，夜参。竖起拂子云：看看，拂子病死心病，拂子安死心安。拂子穿却死心，死心穿却拂子。正当恁么时，唤作拂子。又是死心，唤作死心。又是拂子，毕竟唤作甚么？"良久云："莫把是非来辨我，浮生穿凿不相关。"有乞末后句者，师示偈曰："末后一句子，直须心路绝。六根门既空，万法无生灭。于此彻其源，不须求解脱。平生爱骂人，只为长快活。"政和五年十二月十三日，晚小参，说偈曰："说时七颠八倒，默时落二落三。为报五湖禅客，心王自在休参。"十五日泊然坐逝，荼毗，设利五色，后有过其区者，获之尤甚。阅世七十二，坐四十五夏，塔于晦堂丈室之北。

◎**隆兴府黄龙灵源惟清禅师**，生南州武宁陈氏。方垂髫，日诵数千言，有异比丘见之，引手熟视，惊曰："菇蒲中有此儿耶，告其父母令出家，年十七为大僧。"见延安耆宿法安，安曰："汝苦海法航也，我寻常沟渎耳，黄龙心禅师，是汝之师，亟行无后。"师至黄龙，泯泯与众作息，问答茫然，不知端倪。夜誓诸佛前曰："傥有省发，愿尽形寿。以法为檀，世世力弘大法。"初阅玄沙语，倦而倚壁，起经行，步促遗履。俯取之，乃大悟。以所悟告宝觉，觉曰：

"从缘入者，永无退失。"然新得法空者，多喜悦，或致乱，令就侍者房熟寐。洪觉范与师为法门昆仲。尝闻师论曰："今之学者，未脱生死，病在什么处？在偷心未死耳。然非其罪，为师者之罪也。如汉高帝绐韩信而杀之，信虽曰死，其心果死乎？古之学者，言下脱生死，效在什么处？在偷心已死。然非学者自能尔，实为师者钳锤妙密也。如梁武帝御大殿见侯景，不动声气，而景之心已枯竭无余矣。诸方所说，非不美丽，要之如赵昌画花逼真，非真花也。"政和七年九月十八日食罢，掩房遣呼以栖首座至，叙说决别。乃起浴更衣，以手指顶，侍者为净发讫，安坐而寂。前十日，自作无生常住真归告铭曰："贤劫第四尊释迦文佛直下第四十八世孙惟清，虽从本觉应缘而生，而了缘即空。初无自性，氏族亲里，莫得而详。但以正因一念为所宗，承是厕释迦之远孙，其号灵源叟。"据自了因所了妙性，无名字中示称谓耳。亦临济无位真人，傅大士之心王类矣。亦正法眼藏涅槃妙心，惟证乃知，余莫能测者欤。所以六祖问让和尚："什么处来？"曰："嵩山来。"祖曰："什么物恁么来？"曰："说似一物即不中。"祖曰："还假修证否？"曰："修证即不无，污染即不得。"祖曰："即此不污染，是诸佛之护念，汝既如是，吾亦如是。"兹盖独标清净法身，以遵教外别传之宗。而拣云：报化非真佛，亦非说法者。然非无报化大功大用，谓若解通报化。而不顿见法身，则滞污染缘，乖护念旨，理必警省耳。夫少室道行，光腾后裔，则有云门偃，奋雄音绝唱于国中。临济玄，振大机大用于天下，皆得正传。世咸宗奉，惟清望临济，九世祖也。今宗教衰丧，其未尽绝灭者，唯二家微派斑斑有焉。然名多愧实，顾适当危寄。而朝露身缘，势迫晞坠，因力病释俗从真。叙如上事，以授二三子。吾委息后，当用依禀观究即不违先圣法门，而自见深益。慎勿随末法所向，乞空文于有位，求为志铭。张饰说以浼吾，至嘱至嘱。因自应作目所叙曰无生常住真归告，且系之以铭。铭曰：“无涯湛海，瞥起一沤。亘乎百年，曷浮曷休。广漠清汉，歘生片云。有无起灭，隐显何分。了兹二者，即见实相。十世古今，始终现量。吾铭此旨，昭示汝曹。泥多佛大，水长船高。”门弟子，遵师遗诫，藏骨石于海会，示生死不与众隔也。

◎龙兴府泐潭草堂善清禅师，谒黄龙，龙示以风幡话，久而不契。一日龙问：“风幡话，子作么生会？”师曰：“迥无入处，乞师方便。”龙曰：“子见猫儿捕鼠乎？目睛不瞬，四足踞地，诸根顺向，首尾一直，拟无不中。子诚能如是，心无异缘，六根自静，默然而究，万无失一也。”师从是屏去闲缘岁余，忽然契悟。以偈告龙曰：“随随随，昔昔昔。随随随后无人识，夜来明月上高峰，元来只是这个贼。”龙颔之，复告之曰：“得道非难，弘道为难。弘道犹在己，说法为人难。既明之后，在力行之。大凡宗师说法，一句中具三玄，一玄中具三要。子入处真实，得坐披衣向后自看，自然七通八达去。”师复依止七年，乃辞。韩子苍问大慧曰：“清公如何？”慧曰：“向闻其拈庞居士问马大师，不与万法为侣因缘云：‘鱼龙虾蟹，向甚处着。’若如此，亦浪得其名。”子苍持此语达师，师曰：“公向他道：譬如一人船行，一人陆行，二人俱至。”慧闻此语，乃曰：“草堂得也。”

◎**吉州青原惟信禅师**，上堂：“老僧三十年前，未参禅时，见山是山，见水是水。及至后来亲见知识，有个入处。见山不是山，见水不是水。而今得个休歇处，依前见山只是山，见水只是水。大众，这三般见解，是同是别？有人缁素得出。许汝亲见老僧。更参三十年迥无入处在。

◎**漳州保福本权禅师**，黄山谷初有所入，问晦堂：“此中谁可与语？”堂曰：“漳州权。”师方督役开田，山谷同晦堂往，致问曰：“直岁还知露柱生儿么？”师曰：“是男是女。”黄拟议，师挥之。堂谓曰：“不得无礼。”师曰：“这木头，不打更待何时？”黄大笑。上堂，举寒山偈曰：“吾心似秋月，碧潭清皎洁。无物堪比伦，教我如何说？老僧即不然，吾心似灯笼，点火内外红。有物堪比伦，来朝日出东。”传者以为笑。死心和尚见之叹曰：“权兄提唱若此，诚不负先师所付嘱也。”

◎**太史山谷居士黄庭坚**，初谒秀圆通，语具圆通章。自是遂着发愿文，痛戒酒色，日惟朝粥午饭，锐志参求。既依晦堂，乞指径捷处。堂曰：“只如仲尼道，二三子以我为隐乎？吾无隐乎尔者。太史居常如何理论。”公拟对，堂曰：“不是！不是！”公迷闷不已。一日侍堂山行次，时岩桂盛开，堂曰：“闻木樨花香么？”公曰：“闻。”堂曰：“吾无隐乎尔？”公释然，即拜之曰：“和尚得恁么老婆心切。”堂笑曰："只要公到家耳。"久之谒死心新禅师，随众入室。心见，张目问曰："新长老死，学士死，烧作两堆灰，向甚么处相见？"公无语。心约出曰："晦堂处参得底，使未著在。"后左官黔南，道力愈胜。于无思念中，顿明死心所问。报以书曰："往年尝蒙苦苦提撕，长如醉梦，依稀在光影中。盖疑情不尽，命根不断，故望崖而退耳。谪官在黔南，道中昼卧觉来，忽尔寻思。被天下老和尚瞒了多少，惟有死心道人不肯，乃是第一相为也。"

◎**秘书吴恂居士**，字德夫。参晦堂，堂谓曰："平生学解记忆多闻即不问，你父母未生已前，道将一句来。"公拟议，堂以拂子击之，即领深旨。连呈三偈，其后曰："咄！这多知俗汉，咬尽古今公案。忽于狼藉堆头，拾舍蜣螂粪弹。明明不直分文，万两黄金不换。等闲拈出示人，只为走盘难看。"

◎**隆兴府兜率从悦禅师**，初首众于道吾，领数衲，谒云盖智和尚，智与语，未数句，尽知所蕴。乃笑曰："观首座气质不凡，奈何出言吐气，如醉人耶？"师面热汗下，曰："愿和尚不吝慈悲。"智复与语，锥札之，师茫然，遂求入室。智曰："曾见法昌遇和尚否？"师曰："曾看他语录，自了可也，不愿见之。"智曰："曾见洞山文和尚否？"师曰："关西子，没头脑，拖一条布裙，作尿臭气，有甚长处？"智曰："你但向尿臭气处参取。"师依教即谒洞山，深领奥旨。复谒智，智曰："见关西子后，大事如何？"师曰："若不得和尚指示，洎乎蹉过一生。”遂礼谢。师复谒真净，后出世鹿苑。有清素者，久参慈明，寓居一室，未始与人交。师因食蜜渍荔枝。偶素过门，师呼曰：“此老人乡果也，可同食之。”素曰：“自先师亡后，不得此食久矣。”师曰：“先师为谁?”素曰：“慈明也。”某忝执事十三年耳。”师乃疑骇，曰：“十三年堪忍执事之役，非得其道而何?”遂馈以余果，稍稍亲之。素问：“师所见者何人?”曰：“洞山文。”素曰：“文见何人?”师曰：“黄龙南。”素曰：“南匾头，见先师，不久法道大振如此。”师益疑骇，遂袖香诣素作礼。素起避之，曰：“吾以福薄，先师受记，不许为人。”师益恭，素乃曰：“怜子之诚，违先师之记。子平生所得，试语我。”师具通所见。素曰：可以入佛，而不能入魔。”师曰：“何谓也?”素曰：“岂不见古人道，末后一句始到牢关。”如是累日，素乃印可。仍戒之曰：“文示子者，皆正知正见。然子离师太早，不能尽其妙。吾今为子点破，使子受用得大自在。他日切勿嗣吾也。”师后嗣真净，如素所戒。师室中设三语，以验学者：“一曰，拨草瞻风只图见性，即今上人性，在甚么处?二曰，识得自性，方脱生死，眼光落地时作么生脱?三曰，脱得生死，便知去处。四大分离，向甚么处去?张无尽以颂答三问：其一曰，阴森夏木杜鹃鸣，日破浮云宇宙清。莫对曾参问曾晰，从来孝子讳爷名。其二曰，人间鬼使符来取，天上花冠色正萎。好个转身时节子，莫教阎老等闲知。其三曰，鼓合东村李大妻，西风旷野泪沾衣。碧芦红蓼江南岸，却作张三坐钓矶。

元祐六年冬，浴讫集众说偈曰：“四十有八，圣凡尽杀，不是英雄，龙安路滑。”奄然而化。

◎**东京法云佛照杲禅师**，谒圆通玑禅师。入室次，玑举："僧问投子：'大死底人却活时如何？'子曰：'不许夜行，投明须到。'意作么生？"师曰："恩大难酬。"圆通大称赏之。后数日举立僧秉拂，机思迟钝，哄堂大笑。师有惭色，次日特为大众茶。安茶具在案上，惭无以自处，偶打翻茶具，瓢子落地，跳数跳，悟得答话，机锋迅捷，无敢当者。复至真净处，因看祖师偈云："心同虚空界，示等虚空法。证得虚空时，无是无非法。"豁然大悟。后出世时，上堂小参，常谓人曰："和尚绍圣三年十一月二十一日，悟得方寸禅。"又言："和尚熙宁三年，文帐在凤翔府供申，当年陷了华山一十八州，你辈茄子瓠子，那里得知。"或曰："宝华王座上，为甚么一向世谛？"师曰："痴人佛性岂有二种耶？"大慧《宗门武库》云："法云佛照杲禅师，尝退居景德铁罗汉院，殿中有木罗汉数尊，京师苦寒，杲取而烧之，拥垆达旦。次日淘灰中得舍利无数，诸座主辈，皆目之为外道。盖佛照乃丹霞辈流，非俗眼所能验也。"又云："佛照杲和尚，初住归宗，专精行道，未尝少懈。深夜修敬罢，坐于僧堂地垆中，忽见二僧入堂，一人庞眉雪顶，一人少年，皆丰姿颀然。杲心喜，自谓曰：'我座中有如此僧。'须臾二人出堂，杲袭其后，见入佛殿中，杲亦随入。灯影荧煌，垆中尚有火，杲炷香礼佛。二僧复出，亦袭其后，至佛殿前，偶失所在。自念忘却香匣在殿内，回身取时，见殿门扃钥，遂唤直殿。行者守舜开门，舜取钥匙开门，见垆中香烟未散，香匣在宝阶上，自不谕其故。妙喜亲见佛照说，时守舜在旁，犹指以为证。"

◎**隆兴府泐潭湛堂文准禅师**，初谒梁山乘禅师，乘曰："驱乌未受戒，敢学佛乘乎？"师捧手曰："坛场是戒耶，三羯磨梵行阿阇黎是戒耶。”乘大惊，师笑曰：“虽然敢不受教。”遂受具足戒，于唐安律师。既谒真净，净问：“近离甚处？”师曰：“大仰。”曰：“夏在甚处？”师曰：“大沩。”曰：“甚处人？”师曰：“兴元府。”净展手曰：“我手何似佛手？”师罔措。净曰：“适来只对，一一灵明，一一天真。及乎道个我手何似佛手，便成窒碍。且道病在甚处？”师曰：“某甲不会。”曰：“一切现成，更教谁会？”师服膺，就弟子之列，余十年，所至必随。绍圣三年，真净移居石门，衲子益盛。凡入室扣问，必瞑目危坐，无所示。见来学则往治蔬圃，率以为常。师谓同行恭上座曰：“老汉无意于法道乎！”一日举杖决渠，水溅衣，忽大悟。走叙其事，净诟曰：“此乃敢尔尝苴耶？”自此迹愈晦，名愈著。初云岩虚席，郡牧命死心禅师举所知。心曰：“准山主住得，某未尝识渠。”见有洗钵颂甚好，牧请举。心举云：“之乎者也，衲僧鼻孔，大头向下，若也不会，问取东村王大姐。”牧奇之，出请主云岩。死心举师住云岩，心谓寺丞张邦昌曰：“这个长老，极有鼻孔。”一日会诸山于南昌，师后至，心指曰：“这川僧唱喏也破句，便敢出来做长老？”师喝一喝曰：“何尝破句来？”心顾昌曰：“向道有鼻孔。”昌大悦。一日新到相看，展坐具，师曰：“未得人事，上座近离甚处？”曰：“庐山归宗。”师曰：“宗归何处？”曰：“嗄。”师曰：“虾蟆窟里作活计。”曰：“和尚何不领话？”师曰：“是你岂不从归宗来。”曰：“是。”师曰：“驴前马后汉，问第二上座，近离甚处？”曰：“袁州。”师曰：“夏在甚处？”曰：“仰山。”师曰：“还见小释迦么？”曰：“见。”师曰：“鼻孔长多少？”僧拟议，师曰：

“话堕阿师。”问僧：“你来作甚么？”曰：“特来问讯和尚。”师曰：“云在岭头闲不彻，水流涧下太忙生。”曰：“和尚莫瞒人。”师曰：“马大师为甚么从阇黎脚跟下走过？”僧无语，师曰：“却是阇黎瞒老僧。”一日法堂上逢首座，便问：“向甚么处去？”座曰：“拟与和尚商量一事。”师曰：“便请。”曰：“东家杓柄长，西家杓柄短。”师曰：“为甚拈起巩县茶瓶，却是饶州磁碗？”曰：“临崖看浒眼，特地一场愁。”师叫屈，座吐舌而退。僧问：“教中道，若有一人发真归源，十方虚空悉皆销陨，未审此理如何？”师遂展掌点指曰：“子丑寅卯辰巳午未，一罗二土三水四金五太阳六太阴七计都。今日计都星入巨蟹宫，宝峰不打这鼓笛。”便下座。上堂：“五九四十五，圣人作而万物睹，秦时䡅轹钻头尖，汉祖殿前樊哙恁。曾闻黄鹤楼崔颢题诗在上头：‘晴川历历汉阳树，芳草萋萋鹦鹉洲。’可知礼也，君子务本，本立而道生。道生一，一生二，二生三，三生万物。”蓦拈拄杖起身云：“大众，宝峰何似孔夫子？”良久曰：“酒逢知己饮，诗向会人吟。”卓拄杖下座。上堂，札：久雨不晴，直得五老峰头黑云叆叇，洞庭湖里白浪滔天。云门大师忍俊不禁，向佛殿里烧香，三门头合掌，祷祝咒愿：愿黄梅石女生儿，子母团圆，少室无角铁牛。常甘水草。”喝一喝云：“有甚么交涉？”复顾众曰：“不因杨得意，争见马相如？”师自浙回泐潭，谒深禅师，亦真净嗣寻命分座闻有悟侍者。见所掷爨余有省，诣方丈通所悟，深喝出。因丧志，自经于延寿堂厕，后出没无时，众惮之。师故于半夜登混，方脱衣，悟即提净水至，师曰：“待我脱衣。”脱罢，悟复到。未几供筹子，师涤净已，召接净桶去。悟才接，师执其手问曰：“汝是悟侍者那?”悟曰：“诺。”师曰：“是当时在知客寮，见掉火柴头，有个悟处底么？参禅学道，只要知个本命元辰下落处，汝划地作此去就，汝在藏殿移首座鞋，岂不是汝当时悟得底。又在知客寮移枕子，岂不是汝当时悟得底。汝每夜在此移水度筹，岂不是汝当时悟得底。因甚么不知下落，却在这里恼乱大众。”师猛推之，索然有声，由是绝迹。师平生律身以约，虽领徒弘法，不异在众时。晨兴后架只取小杓汤洗面，复用濯足，其它受用，大率类此。放参罢，方丈侍者人力，便如路人，扫地煎茶，皆躬亲为之。政和五年夏，师卧病，进药者令忌毒物，师不从。有问其故，师曰：“病有自性乎?”曰：“无。”师曰：“既无自性，以空纳空，吾未尝颠倒。”首座问：“和尚近日尊候如何?”师曰：“跛驴上壁。”曰：“和尚也好吃一服药?”师曰：“朽木搭桥。”曰：“也知和尚不解忌口。”师曰：“你作么生?”座拟进语。师曰：“你也好吃一服药。”七月二十日，更衣说偈而化，阇维，得设利，晶圆光洁，睛齿数珠不坏。塔于南山之阳。

◎**瑞州清凉慧洪觉范禅师**，郡之彭氏子。少孤，依三峰靘禅师为童子，日记数千言。十九，试经得度。从宣秘度讲《成实唯识论》。逾四年，弃谒真净于归宗。净迁石门，师随至。净患其深闻之弊，每举玄沙未彻之语发其疑。凡有所对，净曰：“你又说道理耶?”一日顿脱所疑，述偈曰：“灵云一见不再见，红白枝枝不着花。叵耐钓鱼船上客，却来平地摝鱼虾，净见为助喜。《智证传》曰：余昔庵于高安九峰之下，有僧问予曰："临济会中两僧，一日相见，同时下喝，临济闻之，升座曰：'大众，要会临济宾主句，问取堂中二禅客。'僧便问：'那个是宾？那个是主？'临济曰：'宾主历然。"余方欲酬之，顿见三玄三要之旨。于是再拜曰："大哉无为，寂灭之幢也。虽百千世，有闻之者，偷心死尽。况余去大师余二百年哉！"作偈曰："一句中具三玄门，一玄中具三要路。细看即是陷虎机，忽轰一声涂毒鼓。偷心死尽眼麻迷，石女梦中毛卓竖。"又《萝湖野录》云：寂音尊者洪公，初于归宗，参侍真净和尚，而至宝峰。一日有客问真净曰：'洪上人参禅如何？'真净曰：'也有到处，也有不到处。'客既退，洪不自安，即诣真净求决所疑。真净举风穴颂曰：'五白猫儿爪距狞，养来堂上绝虫行。分明上树安身法，切忌遗言许外甥。'且作么生是安身法？洪便喝。真净曰：'这一喝也有到处，也有不到处。'洪忽于言下有省，翌日因违禅规遭删去，时年二十有九。及游东吴，寓杭之净慈，以颂发明风穴意，寄呈真净曰：'五白猫儿无缝罅，等闲抛出令人怕。翻身跳踯百千般，冷地看他成话杷。如今也解弄些些，从渠欢喜从渠骂。却笑树头老舅翁，只能上树不能下。'自后复阅汾阳语录，至三玄颂，涣有所证。妙喜老师盖尝语此，而丛林鲜有知者，反以文华才辩而掩其道。微妙喜，亦何由取信于后耶。"又按《林间录》，觉范自述云"古之人有大机智，故能遇缘即宗"一章，是觉范与僧谈灵云偈，至玄沙未彻语。僧请益，觉范因示偈曰："灵云一见不再见"云云。

至临川，与朱世英游，相好，俄上蓝长老者至。上蓝谓世英曰："觉范闻工诗耳，禅则其师犹错，矧弟子耶？"世英笑曰："师能勘验之乎？"上蓝曰："诺。"居一日，同游疏山，饭于逆旅，上蓝以手画案，谓师曰："经轴之上，必题乂字，是何义？"师即画圆相，横一画曰："是此义也。"上蓝愕然。师为作偈曰："以字不成八不是，法身睡着无遮蔽。

衲僧对面不知名，百众人前呼不。"，上蓝归举似世英，世英拊手曰："孰谓诗僧亦能识字义乎？"因同看汾阳，作犊偈牛曰："有头无角实堪嗟，百劫难逃这作家。凡圣不能明得尽，现前相貌有些些。"师谓世英曰："此偈又予字义之训诂也。"崇宁二年，会无尽居士张公，于峡之善溪。张尝自谓，得龙安悦禅师末后句，丛林畏与语。因夜话及之曰："可惜云庵不知此事。"师问所以，张曰："商英顷自金陵酒官，移知豫章，过归宗见之，欲为点破。方叙悦末后句，未卒，此老大怒骂曰：'此吐血秃丁，脱空妄语，不得信。'既见其盛怒，更不欲叙之。"师笑曰："相公但识龙安口传末后句，而真药现前，不能辨也。"张大惊，起执师手曰："老师真有此意耶？"师曰："疑则别参。"乃取家藏云庵顶相，展拜赞之，书以授师，其词曰："云庵纲宗，能用能照。天鼓希声，不落凡调。冷面严眸，神光独耀。孰传其真，观面为肖。前悦后洪，如融如肇。"枣柏曰："《华严第三会》，于须弥山顶上说十住，表入理弃智，非生灭心所得至故。如须弥山在大海中，高八万四千由旬，非手足攀揽所及。明八万四千尘劳山，住烦恼大海，于一切法无思无为，即烦恼海枯竭。尘劳山便成一切智山，烦恼海便成性海。若起心思虑，有所攀缘，则尘劳山愈高，烦恼海愈深，不可至其智顶。"师曰："《首楞严》曰：'汝但弃其生灭，守于真常，常光现前，根尘识心应时销落。故维摩大士现神力，实时须弥灯王佛，遣三万二千师子座，高广严净，来入维摩诘室。诸菩萨大弟子，释梵四天王等，昔所未见。其室广博，悉包容三万二千师子座，无所妨碍。'宝觉禅师曰：'以师子座之高广，毗耶室之狭小，伫思其间，即成妨碍。’尝问转运判官夏倚汝言，情与无情共一体。时有狗卧香桌下，乃以压尺击香桌又击狗曰：‘狗有情即去。’香桌无情即住，如何得成一体。倚不能对，宝觉曰：‘才入思惟，便成剩法，前圣所知，转相传授，皆此旨也。而学者莫能明，如言弹指而五百毒龙屈伏，女子之定亦出。尤昭著明白者也。’沩山尝语仰山曰：‘寂子速道，莫入阴界。’而仰山曰：‘慧寂信位亦不立。’予恨仰山极力道不尽。”《法华经》曰：“世尊于一切众前，现大神力，出广长舌，上至梵世。”师曰：“沩山尝曰：‘凡圣情尽，体露真常。理事不二，即如如佛。’而学者不能深味此语，苟认意度而已，譬如众盲扪象，随所得之为是。故象遍为尾为蹄为腰为牙，而全象隐矣。”《般若经》曰：“无二无二分，无别无断故者，真常也。非凝然一物卓不变坏之常也。”而解《法华》者曰：“佛音深妙，触处皆闻。超越凡圣，则其舌广长。高出梵世，此殆所谓随语生解，谬矣乎。”《楞伽经》曰：“不应摄受随说计着，真实者离名字故。大慧，如为愚夫以指指物，愚夫观指，不得实义。如是愚夫，随言说指，摄受计着，至竟不舍，终不能得离言说指。第一实义。”师曰：“僧问九峰禅师曰：‘深山中还有佛法也无?’”答曰：“有。”僧曰：“如何是深山中佛法?”答曰：“石头大者大小者小，今学者闻举，便欣然以为解了。”有诘之者则曰：“触目全真，头头显现，嗟乎！此所谓观指不得实义者也。”予尝与僧自逍遥山，经乱石硐，入五峰，休于树阴。举此因缘，作偈曰：“石头若是佛法，法身应不灵圣。佛法若有大小，法身应分少剩。枯骨头上没汁，衲僧眼见不信。八万四千法门，一句为汝说尽。”唐僧复礼有法辩。当时流辈推尊之，作真妄偈，问天下学者曰：“真法性本净，妄念何由起？从真有妄生，此妄何所止？无初即无末，有终应有始。无始而无终，长怀懵兹理。愿为开玄妙，析之出生死。”清凉国师答曰：“迷真妄念生，悟真妄即止。能迷非所迷，安得长相似。从来未曾悟，故说妄无始。知妄本自真，方是恒妙理。分别心未忘，何由出生死。”圭峰禅师答曰：“本净本不觉，由斯妄念起。知真妄即空，知空妄即止。止处名有终，迷时号无始。因缘如梦幻，何终复何始。此是众生源，穷之出生死。”又曰：“人多谓真能生妄，故妄不穷尽。为决此理，重答前偈曰：“不是真生妄，妄迷真而起。”悟妄本自真，知真妄即止。妄止似终末，悟来似初始。迷悟性皆空，皆空无终始。生死由此迷，达此出生死。”师谓：“二老所答之辞，皆未副复礼问意。彼问真法本净，妄念何由而起。”但曰：“迷真不觉，则孰不能答耶。因为明其意作偈曰：真法本无性，随缘染净起。不了号无明，了之全佛智。无明全妄情，知觉全真理。当念绝古今，底处寻终始。本自离言诠，分别即生死。”徐六喻担板。

《宗镜录》曰：“虽然心即是业，业即是心，既从心生，还从心受。”如何现今消其妄业，报答曰：“但了无作，自然业空。”所以云：“若了无作恶业，一生成佛。”又曰：“虽有作业，而无作者。”即是如来秘密之教。又凡作业，悉是自心横计外法，还自对治，妄取成业。若了心不取境，境不自生，无法牵情，云何成业。师为作偈释其旨曰：“举手炷香，而供养佛。其心自知，应念获福。举手操刃，恣行杀戮。其心自知，死入地狱。或杀或供，一手之功。”云何业报罪福不同，皆自横计，有如是事。是故从来，枉沉生死，雷长芭蕉，铁转磁石，俱无作者。而有是力，心不取境，境亦自寂。故如来藏，不许有识。师曰：晋鸠摩罗什儿时，随母至沙勒，顶戴佛钵，私念钵形甚大，何其轻耶。即重，失声下之。母问其故，对曰：我心有分别故，钵有轻重耳，予以是知。”一切诸法，随念而至。念未生时，量同太虚。然则即今现行分别者，万类纷然，何故灵验不等？曰是皆乱想虚妄，如因梦中事，心力昧略微劣故也。嗟乎人莫不有忠孝之心也。而王祥卧冰则鱼跃，耿恭拜井则泉冽，何也？盖其养之专，故灵验之应，速如影响。《涅槃经》迦叶菩萨白佛言："世尊！如佛所说，诸佛世尊有秘密藏，是义不然。何以故？诸佛世尊，惟有密语，无秘密藏。譬如幻主机关木人，人虽睹见屈伸俯仰，莫知其内而使之然。佛法不尔，咸令众生悉得知见，云何当言佛世尊有秘密藏。”佛赞迦叶："善哉！善哉！善男子。如汝所言，如来实无秘密之藏。何以故？如秋满月，处空显露，清净无翳，人皆观见，如来之言亦复如是，开发显露，清净无翳，愚人不解，谓之秘藏，智者了达，则不名藏。”又曰："又无语者，犹如婴孩，言语未了，虽复有语，实亦无语，如来亦尔。”语未了者，即秘密之言，虽有所说，众生不解，故名无语。故石头曰："乘言须会宗，勿自立规矩。”药山曰："更须自看，不得绝却言语。我今为汝说者个语，显无语底。”长庆曰："二十八代祖师，皆说传心，且不说传语，且道心作么生传，若也无言启蒙，何名达者？”云门曰："此事若在言语上，三乘十二分教，岂是无说。因甚么道教外别传，若从学解机智得，只如十地圣人，说法如云如雨，犹被佛诃见性如隔罗縠。以此故知，一切有心，天地悬殊。虽然如是，若是得底人，道火何曾烧着口耶?”师每曰：“衲子于此彻去，方知诸佛无法可说，而证言说法身。”如何是言说法身?自答曰：“断头船子下扬州。”《大般若经》曰：“诸天子窃作是念，诸药叉等言辞咒句，虽复隐密，而当可知。”尊者善现，于此般若波罗密多，虽以种种言辞显示，而我等辈，竟不能解。善现知彼心之所念，便告之言：“汝等天子，于我所说不能解耶?”诸天子言：“如是如是。”具寿善现复告言：“我曾于此不说一字，汝亦不闻，当何所解。”何以故，甚深般若波罗密多，文字言说皆远离故。由于此中说者听者及能解者皆不可得，一切如来应正等觉，所证无上正等菩提。其相甚深，亦复如是。曹溪大师将入灭，方敢全提此令者，知大乘种性纯熟故。僧问归新州意旨，乃曰：“叶落归根。”来时无口，至江西马祖，南岳石头，则大振耀之。故号石头为真吼，马祖为全提。其机锋如大火聚，拟之则死。学者乃欲以意思解，不亦误哉！有僧谓师曰：“如古人问，大修行人还落因果也无?答曰：“不落。”或答曰：“不昧。”问：“如何是大悲千手眼?”答曰：“通身是。”有闻之者，则曰：“我则不然。”曰：“遍身是。”或有问：“如何是佛?”或答曰：“臭肉等来蝇。”有闻之者曰：“我则不然，破驴脊上足苍蝇。”或问：“拟借一问以为影草时如何?”或答曰：“何必。”有闻之者曰：“何不道个不必。如诸老宿所示，何以分其优劣。得达其旨，于法无碍。谓一切语言，无用拣择，信手拈来也耶。则彼皆轻重问答锱铢而较之，谓临机直须辨别也耶。则彼之理致具在，若无可同异者，此吾所尝疑不能释也。”师曰：“我不解子之疑，然闻世尊在日，有比丘根钝，无多闻性。佛令诵苕帚二字，日夕诵之。言苕则已忘帚，言帚则又忘苕，每自克责，系念不休。忽能言曰苕帚，于此大悟，得无碍辩才。子能如诵苕帚者，当见先德大慈悲故为物之心。僧耸膺而去。”庄子言：“藏舟于壑，藏山于泽。”释者遣语如流，至曰藏天下于天下，未有不嗒然危坐置笔而思者。晦堂老人尝问学者：“此义如何?”对之甚众。晦堂笑曰：“汝善说道理。”师作偈记其意曰：“天下心知不可藏，纷纷嗅迹但寻香。端能百尺竿头步，始见林梢挂角羊。”又问：“《列子载》：两小儿论日远近不决，而质于孔子。孔子不答，其意何在?”学者皆曰：“圣如夫子，亦莫能辨此理，是无以说也。”晦堂亦笑之。师作偈释之曰：“凉温远近转增疑，不答当渠痛处锥。尚逐小儿争未已，仲尼何独古难知。”师曰：“灵源禅师谓予曰：‘道人保养，如人病须服药。药之灵验易见，要须忌口乃可，不然服药何益。’生死是大病，佛祖言教是良药，污染心是杂毒，不能忌之，生死之病无时而损也，予爱其言。”追念圆觉经曰：“末世诸众生，心不生虚妄。佛说如是人，现世即菩萨。”《法句经》曰：“若起精进心，是妄非精进。但能心不妄，精进无有涯。”南岳思大禅师，悟入法华三昧，即诵曰：“是真精进是名真法供养。”汾阳无业大达国师，一生答学者之问，但曰：“莫妄想。”是谓称性之语，见道径门。而禅者易其言，反求玄妙，良可笑也。师之著述，最佳者，是《临济宗旨》一篇。自首至无尽颂之，皆论三玄三要，录于《临济章》；次述十智同真，录于《汾阳章》；次述四宾主，录于《临济章》；龙山论宾主语，录《龙山章》；洞山论宾主语，录《洞山章》；次与朱世英上蓝，论经轴首火字语，录之本章；论《法华经》世尊广长舌语，录于本章；独论《华严经》语，教乘常谈，不录耳。

建炎二年五月，示寂于同安。

◎南岳石头怀志庵主，预讲席十二年，宿学争下之。尝欲会通诸宗异义，以正一代时教。有禅者问曰：“杜顺贤首宗祖师也，而谈法身则曰：‘怀州牛吃禾，益州马腹胀。’此偈合归天台何义耶？”师不能对。即游方至洞山，谒真净。问：“古人一喝不作一喝用，意旨如何？”净叱之。师趋出。净笑呼曰：“浙子斋后游山好。”师忽领悟。久之辞去。净曰：“子所造虽逸格，惜缘不胜耳。”师识其意，拜赐而行。诸方力挽出世。师不应，庵居于衡岳石头二十年，不与世接。有偈曰：“万机休罢付痴憨，踪迹时容野鹿参。不脱麻衣拳作枕，几生梦在绿萝庵。”或问：“住山多年有何旨趣？”师对曰：“山中住，独掩柴门无别趣。三个柴头品字煨，不用援毫文彩露。”崇宁元年冬，遍辞山中之人，曳杖竟去，留之不可，曰：“龙安照禅师吾友也，偶念见之耳。”龙安闻其肯来，使人自长沙迎之，居于最乐堂。明年六月晦，问侍者曰蚤暮？”曰：“已夕矣。”笑曰：“梦境相逢，我睡已觉。汝但莫负丛林，即是报佛恩德。”言讫而寂。

◎庐山罗汉院系南禅师，临示寂，升座告众曰：“罗汉今日倒骑铁马，逆上须弥，踏破虚空，不留朕迹。”乃归方丈，跏趺而逝。

◎信州永丰慧日庵主，自机契云居，熟游湘汉。暨归永丰，或处岩谷，或居廛市，令乡民称丘师伯。凡有所问，以“莫晓”答之。忽语邑人曰：“吾明日行脚去，汝等可来相送。”于是赆路者毕集。师笑不已，众问其故，即书偈曰：丘师伯莫晓，寂寂明皎皎。日午打三更，谁人打得了。”投笔而逝。

◎泉州尊胜有朋讲师，尝疏《楞严》《维摩》等经，学者宗之。每疑祖师直指之道，故多与禅衲游。一日谒开元，迹未及阃，心忽领悟，元出遂问：“座主来作甚么？”师曰：“不敢贵耳贱目。”元曰：“老老大大，何必如是？”师曰：“自是者不长。”元曰：“朝看《华严》，夜读《般若》，则不问，如何是当今一句？”师曰：“日轮正当午。”元曰：“闲言语，更道来。”师曰：“平生仗忠信，今日任风波。然虽如是，衹如和尚恁么道，有甚交涉，须要新戒草鞋穿？”元曰：“这里且放你过，忽遇达磨问你：‘作么生道？’”师便喝。元曰：“这座主，今日见老僧，气冲牛斗。”师曰：“再犯不容。”元拊掌大笑。

◎庆元府育王无竭净昙禅师，绍兴丙寅夏，辞众檀。归付院事，四众拥视，挥扇久之，书偈曰：“这汉从来没缝罅，五十六年成话杷。今朝死去见阎王，剑树刀山得人怕。”打一圆相曰：“嗄。”一任诸方钻龟打瓦，收足而化。阇维，设利如霰而下。

◎**蕲州五祖法演禅师**，绵州邓氏子。年三十五，始弃家祝发受具。往成都，习《唯识》《百法论》，因闻菩萨入见道时，智与理冥，境与神会，不分能证所证。西天外道尝难比丘曰："既不分能证所证，却以何为证？"无能对者。外道贬之，令不鸣钟鼓，反披袈裟。三藏奘法师至彼，救此义曰："如人饮水，冷暖自知。"乃通其难。师曰："冷暖则可知矣，如何是自知底事？"遂往质本讲曰："不知自知之理如何？"讲莫疏其问，但诱曰："汝欲明此，当往南方扣传佛心宗者。"师即负笈出关。所见尊宿，无不以此咨决，所疑终不破。洎谒圆照本禅师，古今因缘会尽，惟不会。僧问兴化："四方八面来时如何？"化云："打中间底。"僧作礼。化云："我昨日赴个村斋，中途遇一阵卒风暴雨，却向古庙里避得过。"请益本。本云："此是临济下因缘，须是问他家儿孙始得。"师遂谒浮山远禅师，请益前话。远云："我有个譬喻，说似你。你一似个三家村里卖柴汉子，把个匾担，向十字街头立地问人，中书堂今日商量甚么事？"师默计云："若如此，大故未在远。"一日语师曰："吾老矣，恐虚度子光阴，可往依白云。此老虽后生，吾未识面，但见其颂临济三顿棒话，有过人处。必能了子大事。"师潸然礼辞。至白云，遂举僧问南泉摩尼珠话请问。云叱之，师领悟。献投机偈曰："山前一片闲田地，叉手叮咛问祖翁。几度卖来还自买，为怜松竹引清风。"云特印可，令掌磨事。一日有僧见磨转，遽指以问师曰："此神通耶法尔耶？"师褰衣旋磨一匝，僧无语。未几云至，语师曰：“有数禅客，自庐山来，皆有悟入处。教伊说，亦说得有来由。举因缘，问伊亦明得，教伊下语亦下得。只是未在。”师于是大疑，私自计曰：“既悟了，说亦说得，明亦明得。如何却未在？”遂参究累日，忽然省悟。从前宝惜，一时放下。走见白云，云为手舞足蹈，师亦一笑而已。师后曰：“吾因兹出一身白汗，便明得下载清风。”云一日示众曰：“古人道，如镜铸像，像成后，镜在甚么处？”众下语不契，举以问师。师近前问讯曰：“也不较多。”云笑曰：“须是道者始得。”乃命分座，开示方来。《雪堂和尚拾遗录》云：“五祖在受业寺，逐字礼莲经。一夕遇屎字欲唱礼，遽疑，乃白诸老宿曰：‘如何屎字亦称为法宝，某礼至此疑不解？’老宿曰：‘据汝所问，可以南询，汝正是宗门中根器也。’祖遂南游。初抵兴元府，经时逗留，随房僧赴请，稍违初志。受业师闻之，寄信至祖。祖开缄，只见两行字云：‘汝既出得醋瓮，又却淹在酱缸里。’祖读罢，即日登途，往浙西参圆照本。次见浮山远，远异其根器，指见白云端。端示以世尊有密语迦叶不覆藏因缘，久之未契。一日自廊趋上法堂，疑情顿息。未几令充磨头，下与灯录同，岂拾遗所载礼经事。是成都习唯识已前事，迦叶不覆藏因缘，乃白云所示南泉摩尼珠因缘，乃师所请益。记者各述所闻，而拾遗所载，固灯录所删弃耶。”《拾遗录》又云：“白云一日室中举云门示众，如许大栗子吃得几个？众下语皆不契，问师，师曰：‘悬羊头卖狗肉。’云骇之。师尝曰：‘我参二十年，今方识羞。’后灵源闻叹曰：‘好识羞两字，因作正续铭，遂载铭中。’有俗士投师出家，自曰舍缘。师曰：‘何谓舍缘？’士曰：‘有妻予舍之，谓之舍缘。’师曰：‘我也有个老婆，还信否？’士默然。师乃颂曰：‘我有个老婆，出世无人见。昼夜共一处，自然有方便。’并录以博闻。”

问："如何是临济下事？"师曰："五逆闻雷。"曰："如何是云门下事？"师曰："红旗闪烁。"曰："如何是曹洞下事？"师曰："驰书不到家。"曰："如何是沩仰下事？"师曰："断碑横古路。"僧礼拜。师曰："何不问法眼下事？"曰："留与和尚。"师曰："巡人犯夜。"问："如何是佛？"师曰："露胸跣足。"曰："如何是法？"师曰："大赦不放。"曰："如何是僧？"师曰："钓鱼船上谢三郎。"径山杲云："此三转语，一转具三玄三要，四料拣，四宾主，洞山五位。云门三句，百千法门，无量妙义。若人拣得，许你具一只眼。"

圆悟一日请益："临济四宾主怎生？"师曰："也只个"只"下应有"是"字程限，是甚么闲事？"又云："我这里却似马前相扑，倒便休。"师谓圜悟曰："你也尽好，只是有些病。"悟再三请问："不知某有甚么病？"师云："只是禅忒多。"悟云："本为参禅，因甚么却嫌人说禅？"师云："只似寻常说话时多少好。"时有僧便问："因甚嫌人说禅？"师云："恶情悰。"师一日问圜悟无缝塔话，悟罔然，直从方丈至三门，方道得。师云："你道得也。"悟云："不然。"暂时不在，便不堪也。三佛一日相谓曰："老和尚只是干爆爆地，往往说心说性不得，因请益：佛身无为不堕诸数？"师曰："譬如清净摩尼宝珠，映于五色，五色是数，摩尼是佛身。"圜悟谓二老曰："他大段会说。我辈说时，费多少工夫，他只一两句便了，分明是个老大虫。"师闻之乃曰："若说心说性，便是恶口。"又曰："猫有歃血之功，虎有起尸之德。所谓驱耕夫之牛，夺饥人之食，若不如是，尽是弄泥团汉。"三佛侍师，于一亭上夜话，及归灯已灭。师于暗中曰："各人下一转语。”佛鉴曰：“彩凤舞丹霄。”佛眼曰：“铁蛇横古路。”佛果曰：“看脚下。”师曰：“灭吾宗者，克勤耳。”开圣觉，初参长芦夫铁脚。久无所得，闻师法道，径造席下。一日室中问云：“释迦弥勒，犹是他奴。且道他是阿谁？”觉云：“胡张三黑李四。”师然其语。时圜悟和尚为座元，师举此语似之，语云：“好则好，恐未实，不可放过。”更于言下搜看。次日入室，垂问如前。觉云：“昨日向和尚道了。”师云：“道甚么？”觉云：“胡张三，黑李四。”师云：“不是！不是！”觉云：“和尚为甚昨日道是？”师云：“昨日是，今日不是。”觉于言下大悟。觉后出世，住开圣，见长芦法席大盛，乃嗣夫，不原所得。拈香时，忽觉胸前如捣，遂于痛处发痈成窍，以乳香作饼塞之，久而不愈，竟卒。举僧问洞山：“如何是善知识眼？”山曰：“纸捻无油。”洞山老汉不是无，只是大俭。或有人问四面，如何是善知识眼，但向伊道瞎，且要相称纸捻无油，也大奇。不堪拈掇有谁知，回身却忆来时路，月下腾腾信脚归。示众，佛祖生冤家，悟道染泥土。无为无事人，声色如聋瞽。且道：如何即是？恁么也不得？不恁么也不得？恁么不恁么总不得？忽有个出来道：恁么也得，不恁么也得，恁么不恁么总得，只向伊道。我也知你向鬼窟里作活计。示众，举德山答僧，我宗无语句。雪峰闻之有省，后峰云：“我当时空手去空手归因缘。”语具雪峰章师云：“白云今日说向透未过者。有个人从东京来，问伊甚处来，他却道苏州来。问伊苏州事如何，伊道一切寻常。虽然如是，谩白云不过，何故？只为语音各别，毕竟如何，苏州菱邵伯藕。小参，举陆亘大夫问南泉：“弟子家中有一片石，也曾坐也曾卧，拟镌作佛得么？”云：“得。”陆曰：“莫不得么？”云：“不得。”大众，夫为善知识，须明抉择。为甚么他人道得也道得，他人道不得也道不得，还知南泉落处么？白云不惜眉毛，与汝注破，得又是谁道来，不得又是谁道来，汝若更不会，老僧今夜为汝作个样子。乃举手云：将三界二十八天，作个佛头，金轮水际作个佛脚，四大洲作个佛身。虽然作此佛儿子了，汝诸人又却在那里安身立命。大众还会也未？老僧作第二个样子去也。将东弗于逮作一个佛，南赡部洲作一个佛，西瞿耶尼作一个佛，北郁单越作一个佛。草木丛林是佛，蠢动含灵是佛，既恁么，又唤甚么作众生，还会也未？不如东弗于逮还他东弗于逮，南赡部洲还他南赡部洲，西瞿耶尼还他西瞿耶尼，北郁单越还他北郁单越。草木丛林还他草木丛林，蠢动含灵还他蠢动含灵。所以道，是法住法位，世间相常住。既恁么，汝又唤甚么作佛，还会么？忽有个汉出来道：白云休寐语。大众记取这一转示众。将四大海水为一枚砚，须弥山作一管笔，有人向虚空里，写祖师西来意五字。太平下座，大展坐具礼拜为师，若写不得，佛法无灵验，有么有么，便下座。大众散，师高声云：“侍者。”者应诺。师曰：“收取坐具。”复问侍者云：“收得坐具么？”者提起坐具，师曰：“我早知汝恁么也。”上堂：“说佛说法，拈槌竖拂，白云万里。德山入门便棒，临济入门便喝。白云万里，然后恁么也不得，不恁么也不得，恁么不恁么总不得，也则白云万里。或有个汉出来道：长老你恁么道？也则白云万里，这个说话，唤作矮子看戏，随人上下，三十年后一场好笑。且道笑个甚么？笑白云万里。谢街坊上堂。街坊昨日将一把沙到方丈前，一见老僧，劈面便撒。赖遇老僧先见，衫袖一遮，并不妨事。今朝举似大众，不敢隐藏，何故？赏伊大胆，下得这个手脚。忽有人问白云：“为什么只恁休去？不见道，老不以筋力为能。”然虽如是，宾主历然。端和尚忌辰，上堂：去年正当恁么时，多前年三件事。今年正当恁么时，多去年七件事。这十件事，数不过者甚多，何也？去却七三存一事，是去年说是今日。急如箭，黑似漆，无言童子口吧吧，无足仙人劈胸趯。乃云交。下座。上堂，汝等诸人。见老和尚鼓动唇吻。竖起拂子。便作胜解。及乎山禽聚集。牛动尾巴，却将作等闲。殊不知，檐声不断前旬雨，电影还连后夜雷。”谢监收上堂：“人之性命事，第一须是○。欲得成此○，先须防于○。若是真○人，○○。”上堂：山僧昨日入城，见一棚傀儡，不免近前看。或见端严奇特，或见丑陋不堪，动转行坐，青黄赤白，一一见了。子细看时，元来青布幔里有人。山僧忍俊不禁，乃问长史高姓。他道：“老和尚看便了，问甚么姓。”大众，山僧被他一问，直得无言可对，无理可伸，还有人为山僧道得么。昨日那里落节，今日这里拔本。示众云：“吾本来兹土，传法救迷情。一花开五叶，结果自然成。达磨大师信脚来，信口道，后代儿孙多成计较，要会开花结果处么。郑州梨，青州枣，万物无过出处好。”示众云：“真如凡圣皆是梦言，佛及众生并为增语。或有人出来道，盘山老聻。但向伊道，不因紫陌花开早，争得黄莺下柳条。若更问五祖老聻，自云：诺，惺惺着。”师云：“三乘人出三界狱，小果必藉方便。如穴地穿壁，取自天窗中出，惟得道菩萨。

从初入地狱，先与狱子不相疑，一切如常。一日寄信去，觅得酒肉，与狱子吃。至大醉，取狱子衣服行缠，结束自身。却将自己破衣服，与狱子着。移枷在狱子项上，坐在牢里，却自手捉狱子藤条公然从大门出去。参禅人，须是恁么始得。”师曰：“我这里禅，似个什么？”如人家会作贼，有一儿子，一日云：“我爷老后，我却如何养家，须学个事业始得。”遂白其爷。爷云：“好得。”一夜引至巨室，穿窬人宅开柜，乃教儿子入其中取衣帛。儿才入柜爷便闭却复锁了，故于厅上扣打，令其家惊觉，乃先寻穿窬而去。其家人实时起来，点火烛之，知有贼，但已去了。其贼儿在柜中，私自语曰：“我爷何故如此？”正闷闷中，却得一计：作鼠龁声。其家遣婢点灯开柜。柜才开了，贼儿耸身吹灭灯，推倒婢走出。其家人赶至中路，贼儿忽见一井，乃推巨石投井中，其人却于井中觅贼，儿直走归家问爷。爷云：“你休说，你怎生得出？”儿具说上件意。爷云：“你恁么尽做得。”师垂语曰：“譬如水牯牛过窗棂，头角四蹄都过了，因甚尾巴过不得。”月林观颂云：“牛过窗棂，错为安名。大唐国里，不见一人。”

高峰妙颂云：“等闲放出这牛儿，头角分明举似谁。若向尾巴尖上会，新罗鹞子过多时。”

师一日持锡绕廊曰：“莫有属牛人问命么？”众皆无语。师乃曰：“孙膑今日开铺，更无一人垂顾。可怜三尺龙须，唤作寻常破布。”常展手问僧曰：“如何唤作手？”室中常问僧，倩女离魂，那个是真底。万庵柔颂：“忆昔春风上苑行，烂窥红紫厌平生。如今再到曾行处，寂寂无人草自生。” 或庵体颂：“纵使百千劫，所作业不忘。因缘会遇时，果报还自受。”

普融藏主入室次，师举离魂话问之，有契，呈偈曰：“二女合为一媳妇，轮机绝断难回互。从来往返绝踪由，行人莫问来时路。”

崇宁三年六月二十五日，上堂辞众曰：“赵州和尚有末后句，你作么生会，试出来道看。若会得去，不妨自在快活。如或未然，这好事作么说。”良久曰：“说即说了也，只是诸人不知。要会么？富嫌千口少，贫恨一身多，珍重。”时山门有土木之役，躬往督之，诫曰：“汝等好作息，吾不复来矣。”归方丈净发澡浴，旦日吉祥而逝，年八十余。先是五祖遗记曰：“吾灭后可留真身，吾手启而举，吾再出矣。”师住山时，塑手泥涞中裂相去容七，众咸异之。师尝拜塔，以手指云：“当时与么全身去，今日重来记得无。”复云：“以何为验？以此为验。”遂作礼。及将亡之夕，山摧石陨，四十里内岩谷震吼，阇维设利如雨。塔于东山之南。

◎**提刑郭祥正**，字功甫。谒白云，云上堂曰：“夜来枕上，作得个山颂，谢功甫大儒：庐山二十年之旧，今日远访，白云之勤当须举，与大众请。”已后分明举似诸方，此颂岂惟谢功甫大儒，直要与天下有鼻孔衲僧，脱却着肉汗衫，莫言不道。乃曰：“上大人丘乙己，化三千七十士。尔小生八九子，佳作仁可知礼也。”士切疑，后闻小儿诵之，忽有省，以书报云。云以偈答曰：“藏身不用缩头，敛迹何须收脚。金乌半夜獠天，玉兔赶他不着。”《萝湖野录》云：“郭谒端，端问曰：‘牛醇乎？’”对曰：“醇矣。”端遽厉声叱之，郭不觉拱而立。端曰：“醇乎！醇乎！”于是为郭升堂，而发挥之曰：“牛来山中，水足草足。牛出山去，东触西触。”又不免送之以偈曰：

"上大人，丘乙己。化三千，可知礼。"当是一事，所记各有所详耳。

元祐中，往衢之南禅，谒泉万卷，请升座。公趋前拈香曰："海边枯木，入手成香，爇向垆中。横穿香积如来鼻孔，作此大事，须是对众白过始得。云居老人，有个无缝布衫，分付南禅禅师，着得不长不短。进前则诸佛让位，退步则海水澄波。今日嚬呻六种震动，遂召曰："大众还委悉么，有意气时添意气，不风流处也风流。"泉曰："递相钝置。"公曰："因谁致得。"崇宁初到五祖，请祖升座。公趋前拈香曰："此一瓣香，爇向垆中，供养我堂头法兄禅师。伏愿于方广座上，擘开面门，放出先师形相，与他诸人描邈。"何以如此？白云岩畔旧相逢，往日今朝事不同。夜静水寒鱼不食，一垆香散白莲峰。祖遂云："曩谟萨怛哆钵啰野，恁么恁么，几度白云溪上望，黄梅花向雪中开。不恁么不恁么，嫩柳垂金线，且要应时来。"不见庞居士问马大师云："不与万法为侣者是甚么人？"大师云："待汝一口吸尽西江水，即向汝道。"大众，一口吸尽西江水，万丈深潭穷到底。略彴不是赵州桥，明月清风安可比。后又到保宁，亦请升座。公拈香曰："法鼓既鸣，宝香初爇。杨岐顶𩕳门，请师重着楔。"保宁卓拄杖一下曰："着楔已竟，大众证明。"又卓一下，便下座。到云居，请佛印升座。公拈香曰："觉地相逢一何早，鹘臭布衫今脱了。要识云居一句玄，珍重后园驴吃草。"召大众曰："此一瓣香，熏天炙地去也。"印曰："今日不着便。"被这汉当面涂糊，便打，乃曰："谢公千里来相访，共话东山竹径深。借与一龙骑出洞，若逢天旱便为霖。"掷拄杖下座。公拜起，印曰："收得龙么？"公曰："已在这里。”印曰：“作么生骑？”公摆手作舞便行。印拊掌曰：“只有这汉，犹较些子。”

◎**安吉州上方日益禅师**，开堂日，上首白槌罢。师曰：“白槌前观，一又不成；白槌后观，二又不是。到这里，任是铁眼铜睛，也须百杂碎。莫有不避危亡底衲僧，试出来看。”时有两僧齐出。师曰：“一箭落双雕。”僧曰：“某甲话犹未问，何得着忙？”师曰：“莫是新罗僧么？”僧拟议，师曰：“撞露柱汉。”便打。

◎**赣州显首座**，赋性高逸，机辩自将，保宁勇禅师以子育之，因示以神剑颂。提得神锋胜太阿，万年妖孽尽消磨。直饶埋向尘泥里，争奈灵光透匣何。显曰：“漫效颦亦提得一个。”勇曰：“何不呈似老僧？”显便举云：“凛凛寒光出匣时，乾坤闪烁耀潜辉。当锋截断毗卢顶，更有何妖作是非。”勇曰：“忽遇天魔外道来时如何？”显以坐具便摵。勇作倒势，显拂袖便行。勇曰：“且来。”显曰：“且去掘窟。”勇笑而已。寻谒端禅师于白云：“端称于众，待以犹子之礼。”一日端与净居瑶公游水磨，显偕数衲先在，遂侍端右。瑶曰：“显兄且莫妨稳便。”端曰：“从他在此听话。”显曰：“不曾带得褾手钱来。”便行。二老相顾为之解颜。

◎**洪州泐潭景祥禅师**，室中问僧：“达磨西归手携只履，当时何不两只都将去？”曰：“此土也要留个消息。”师曰：“一只脚在西天，一只脚在东土，着甚来由？”僧无语。问僧："惟一坚密身，一切尘中现。如何是尘中现底身？"僧指香垆曰："这个是香垆。"师曰："带累三世诸佛，生陷地狱。"僧罔措，师便打。师常叉手夜坐，如对大宾，初坐手与趺缀，至五鼓必齐膺，因号祥叉手焉。

◎**和州光孝慧兰禅师**，不知何许人也，尝以触衣书七佛名，丛林称为兰布裩。建炎末，逆虏犯淮。执师见酋长，长曰："闻我名否？"师曰："我所闻者唯大宋天子之名。"长恚令左右以锤击之，锤至辄断坏，长惊异，延麾下敬事之。经旬师索薪自焚，无敢供者，亲拾薪成龛。怡然端坐，烟焰一起，流光四腾。虏跪伏多灼肤者，火绝得五色舍利，并灵骨北归，所执僧尼悉听自便。和人至今咏之。

◎**真州长芦真歇清了禅师**，襁褓入寺，见佛喜动眉睫。至沔汉扣丹霞之室，霞问："如何是空劫已前自己？"师拟对，霞曰："你闹在且去。"一日登钵盂峰，豁然契悟，径归侍立。霞掌曰："将谓你知有？"师欣然拜之。霞翌日上堂曰："日照孤峰翠，月临溪水寒。祖师玄妙诀，莫向寸心安。"便下座。师直前曰："今日升座更瞒某不得也。"霞曰："你试举我今日升座看。"师良久，霞曰："将谓你瞥地。"师便出。

◎**明州天童宏智正觉禅师**，隰州李氏子。母梦五台一僧解环与环其右臂乃孕，遂斋戒，及生右臂特起若环状。七岁日诵数千言，十一得度，十八游方。至香山谒成枯木，甚器之。一日闻僧诵莲经，至父母所生眼悉见三千界，瞥然有省，即诣丈室陈所悟。山指台上香合曰："里面是甚么物？"师曰："是甚么心行。"山曰："汝悟处又作么生？"师以手画一圆相呈之，复抛向后。山曰："弄泥团汉，有甚么限？"师曰："错。"山曰："别见人始得。"师应诺诺，即造丹霞。霞问："如何是空劫已前自己？"师曰："井底虾蟆吞却月，三更不借夜明帘。"霞曰："未在更道。"师拟议，霞打一拂子曰："又道不借。"师言下释然，遂作礼。霞曰："何不道取一句？"师曰："某甲今日失钱遭罪。"霞曰："未暇打得你在。"且去。"绍兴丁丑九月，谒郡僚及檀度，次谒越帅赵公令诅，与之言别。十月七日还山，翌日辰巳间，沐浴更衣端坐告众。顾侍僧索笔作书，遗育王大慧禅师。请主后事，仍书偈曰："梦幻空华，六十七年。白鸟烟没，秋水连天。"掷笔而逝，龛留七日。颜貌如生。

◎**江州圆通德止禅师**，历阳金紫徐闳中之季子。双瞳绀碧，神光射人。十岁未知书，既我童强记过人，为文多奇语。弱冠梦异僧授四句偈，已而有以南安岩主像遗之者，即傍所载聪明偈，自是持念不忘。后五年随金紫将漕西洛，一夕忽大悟，连作数偈。一曰："不因言句不因人，不因物色不因声。夜半吹灯方就枕，忽然这里已天明。"每啸歌自若，众莫测之。乃力求出家，父弗许，欲以官授之。师曰："某方将脱世网，不着三界，岂复刺头于利名中耶。"请移授从兄珏，遂祝发受具。

◎衡州华药智朋禅师，依宝峰有年无省。因为众持钵，峰自题其像曰："雨洗淡红桃萼嫩，风摇浅碧柳丝轻。白云影里怪石露，绿水光中古木清。咦，你是何人？"至焦山，枯木成禅师见之叹曰："今日方知此老亲见先师来。"师遂请益其赞，成曰："岂不见法眼拈夹山境话曰：'我二十年只作境会。'"师即契悟。《萝湖野录》云：成指偈问师曰："汝会么？"师曰："不会。"成曰："汝记得法灯拟寒山诗否？"师遂踊至谁人知此意令我忆南泉，于忆字处，成遽以手掩师口曰："住！住！"师豁然有省。乃曰："元来恁么地。"成曰："汝作么生会？"师曰："春生夏长秋收冬藏。"成曰："直须保任。"师应诺。

◎吉州青原齐禅师，从云盖智禅师出家，执事首座。座一日秉拂罢，师问曰："某闻首座所说，莫晓其义，伏望慈悲指示。"座谆谆诱之，使究无着说这个法，逾两日有省，以偈呈曰："说法无如这个亲，十方刹海一微尘。若能于此明真理，大地何曾见一人。"座骇然，后遍参至石门印契。示寂日，说偈遗众曰："昨夜三更过急滩，滩头云雾黑漫漫。一条拄杖为知己，击碎千山与万山。"

◎天台山如庵主，看云门东山水上行语，发明己见。归隐故山，猿鹿为伍。郡守闻其风，逼请住持。师作偈曰："三十年来住此山，郡符何事到林间？休将琐琐尘寰事，换我一生闲又闲。"遂焚其庐，竟不知所止。

◎平江府西竺寺尼法海禅师，宝文吕嘉之姑。领旨于一公，诸名儒屡挽应世，坚不从。将示寂，说偈曰：“霜天云雾结，山月冷涵辉。夜接故乡信，晓行人不知。”届明坐脱。

◎**东京慧林怀深慈受禅师**，寿春府夏氏子。生而祥光现舍，文殊坚禅师遥见疑火也。诘旦，知师始生，往访之。师见坚辄笑，母许出家。依净照于嘉禾资圣。照举良遂见麻谷因缘问曰：“如何是良遂知处？”师即洞明。出住资福，屦满户外。蒋山佛鉴勤禅师行化至，茶退，师引巡寮，至千人街坊，鉴问：“既是千人街坊，为甚么有一人？”师曰：“多虚不如少实。”鉴曰：“恁么那？”师赧然。值朝廷以资福为神霄宫，因弃往蒋山，留西庵陈请益。鉴曰：“资福知是般事便休。”师曰：“某实未稳，望和尚不外。”鉴举倩女离魂话反复穷之，大豁疑碍。呈偈曰：“祇是旧时行履处，等闲举着便诸讹。夜来一阵狂风起，吹落桃花知几多。”鉴拊几曰：“这底岂不是活祖师意？”

◎**平江府万寿如瑰证悟禅师**，凡见僧必问：“近日如何？”僧拟对，即拊其背曰：“不可思议。”将示寂，众集，复曰：“不可思议。”乃合掌而终。

◎**越州天衣如哲禅师**，自退席寓平江之万寿寺，饮啖无择，人多侮之。有以瑞岩唤主人公话问者，师答偈曰：“瑞岩常唤主人公，突出须弥最上峰。大地掀翻无觅处，笙歌一曲画楼中。”一日曰：“吾行矣。”令拂拭所乘笋舆，乃书偈告众曰：“道在用处，用在死处。时人只管贪欢乐，不肯学无为。”叙平昔参问，勉众进修已。忽竖起拳曰：“诸人且道，这个落在甚么处？”众无对。师挥案一下曰：“一齐分付与秋风。”遂入舆端坐而逝。

◎大觉法庆禅师，因侍者读《洞山录》，作愚痴斋处。者曰：“古人甚奇怪。”师谓侍者曰：“吾化后汝可唤之，若能回来，是有道力也。”后预知时至，乃作颂曰：“今年五月初五，四大将离本主。白骨当风扬却，免占檀那地土。”衣物尽付侍者斋僧，始闻初夜钟声坐逝。侍者记昔约遂唤师，师应曰：“作么？”者曰：“和尚何裸跣而去？”师曰：“来时何有？”者欲强穿衣，师曰：“休留与后人。”者曰：“正恁么时如何？”师曰：“也只恁么。”复书一偈曰：“七十三年如掣电，临行为君通一线。铁牛踍跳过新罗，撞破虚空七八片。”俨然而化。

◎临安府广福院惟尚禅师，初参觉印，问曰：“南泉斩猫儿，意旨如何？”印曰：“须是南泉始得。”印以前语诘之，师不能对。至僧堂忽大悟曰：“古人道，从今日去，更不疑天下老和尚舌头，信有之矣。”述偈呈印曰：“须是南泉第一机，不知不觉蓦头锥。觌面若无青白眼。还如鹧鹕守空池。”举未绝，印竖拳曰：“正当恁么时作么生？”师掀倒禅床，印遂喝。师曰：“贼过后张弓。”便出。

指月录卷二十九

六祖下第十五世

◎**吉州禾山超宗慧方禅师**，上堂，举拂子曰：“看！看！只这个，在临济则照用齐行，在云门则理事俱备，在曹洞则偏正叶通，在沩山则暗机圆合，在法眼则何止惟心？然五家宗派，门庭施设则不无，直饶辨得倜傥分明去，犹是光影边事。若要抵敌生死，则霄壤有隔。且超越生死一句作么生道？”良久曰：“洎合错下注脚。”

◎**嘉兴府华亭性空妙普庵主**，汉州人。久依死心获证，结茅青龙野，吹铁笛自娱。多赋咏，有警众偈曰：“学道犹如守禁城，昼防六贼夜惺惺。中军主将能行令，不动干戈致太平。”又曰：“十二时中莫住工，穷来穷去到无穷。直须洞彻无穷底，踏倒须弥第一峰。”又山居偈曰：“心法双忘犹隔妄，色空不二尚余尘。百鸟不来春又过，不知谁是住庵人。”建炎初，徐明叛，道经乌镇，肆屠戮，师为贼所得，贼怒欲斩之。师曰：“大丈夫要头便斫取，奚以怒为！我死必矣，能一祭我乎？”贼奉肉食，师如常出生毕，乃曰：“孰为文？”贼笑。师索笔大书一文，其词旨超达。遂举箸饫餐，餐罢笑曰：“劫数既遭离乱，我是快活烈汉。如今正好乘时，便请一刀两段。”乃大呼：“斩！斩！”贼大骇罗拜，卫师而出。乌镇悉免焚掠。有僧见师《见佛不拜歌》，逆问曰：“既见佛，为甚么不拜？”师掌之曰：“会么？”云：“不会。”师又掌曰：“家无二主。”绍兴庚申冬，造大盆，穴而塞之。修书寄雪窦持禅师曰：“吾将水葬矣。”壬戌岁持至，见其尚存，作偈嘲之曰：“咄哉老性空，刚要喂鱼鳖。去不索性去，只管向人说。”师阅偈笑曰：“待兄来证明耳。”令遍告四众，众集，师为说法要，仍说偈曰：“坐脱立亡，不若水葬。一省柴烧，二省开圹。撒手便行，不妨快畅。谁是知音？船子和尚。高风难继百千年，一曲渔歌少人唱。”遂盘坐盆中，顺流而下。众皆随至海滨，望欲断目。师取塞，戽水而回。众拥观水无所入。复乘流而往，唱曰：“船子当年返故乡，没踪迹处妙难量。真风遍寄知音者，铁笛横吹作散场。”其笛声呜咽。顷于苍茫间，见以笛掷空而没。众号慕，图像事之。后三日于沙上趺坐，颜色如生，道俗争往迎归。留五日，阇维，舍利大如菽者莫计。二鹤徘徊空中，火尽始去。塔于青龙。

◎空室道人智通者，龙图范珣女也。幼聪慧，长归丞相苏颂之孙悌，未几厌世相，还家求祝发。父难之，遂清修。因看《法界观》有省，乃连作二偈见意，一曰："浩浩尘中体一如，纵横交互印毗卢。全波是水波非水，全水成波水自殊。"二曰："物我元无异，森罗镜像同。明明超主伴，了了彻真空。一体含多法，交参帝网中。重重无尽处，动静悉圆通。"后父母俱亡，兄涓领分宁尉，通偕行，闻死心名重往谒之。心见知其所得，便问："常啼菩萨卖却心肝，教谁学般若？"通曰："你若无心我也休。"又问："一雨所滋，根苗有异。无阴阳地上生个甚么？"通曰："一华五叶。"复问："十二时中向甚么处安身立命？"通曰："和尚惜取眉毛好。"心打曰："这妇女乱作次第。"通礼拜，心然之。政和间，居金陵，尝设浴于保宁，揭榜于门曰："一物也无，洗个甚么？纤尘若有，起自何来？道取一句子玄，乃可大家入浴。古灵只解揩背，开士何曾明心？欲证离垢地时，须是通身汗出。尽道水能洗垢，焉知水亦是尘。直饶水垢顿除，到此亦须洗却。"后为尼，名惟久，挂锡姑苏之西竺。示寂时，书偈趺坐而化。有《明心录》行世。

◎潭州上封佛心本才禅师，依海印隆禅师。见老宿达道者看经，至"一毛头师子，百亿毛头一时现"，师指问曰："一毛头师子，作么生得百亿毛头一时现？"达曰："汝乍入丛林，岂可便理会许事？"师因疑之，遂发心领净头职。一夕泛扫次，印适夜参，至则遇结座，掷拄杖曰："了即毛端吞巨海，始知大地一微尘。"师豁然有省。及出闽，造豫章黄龙山，与死心机不契，乃参灵源。凡入室，出必挥泪自讼曰：“此事我见得甚分明，只是临机吐不出，若为奈何?”灵源知师诚笃，告以：“须是大彻，方得自在也。”未几因观邻案僧读《曹洞广录》，至“药山采薪归，有僧问：‘甚么处来?’山曰：‘讨柴来。’僧指腰下刀曰：‘鸣剥剥是个甚么?’山拔刀作斫势。”师忽欣然掴邻案僧一掌。揭帘趋出，冲口说偈曰：“彻！彻！大海干枯，虚空迸裂。四方八面绝遮拦，万象森罗齐漏泄。”上堂：“一法有形该动植，百川湍激竞朝宗。昭琴不鼓云天淡，想象毗耶老病翁。维摩病则上封病，上封病则拄杖子病。拄杖子病则森罗万象病。森罗万象病则凡之与圣病。诸人还觉病本起处么?”若也觉去，情与无情同一体，处处皆同真法界。其或未然，甜瓜彻蒂甜，苦瓠连根苦。”

◎**潭州法轮应端禅师**，扣灵源。以妙入诸经自负，源尝痛札之。师乃援马祖百丈机语，及华严宗旨为表。源笑曰：“马祖百丈固错矣，而华严宗旨与个事喜没交涉。”师愤然欲他往。因请辞。及揭帘忽大悟，汗流浃背。源见乃曰：“是子识好恶矣，马祖、百丈、文殊、普贤几被汝带累。”

◎**东京天宁长灵守卓禅师**，上堂：“三千剑客，独许庄周。为甚么跳不出?良医之门多病人，因甚么不消一札?已透关者更请辨看。”宣和五年十二月二十七日，奄然示寂。阇维日，上遣中使赐香，持金盘求设利。爇香罢，盘中铿然。视之五色者数颗，大如豆。使者持还，上见大悦。

◎**隆兴府黄龙山堂道震禅师**，初谒丹霞淳禅师。一日，与论洞上宗旨。师呈偈曰："白云深覆古寒岩，异草灵花彩凤衔。夜半天明日当午，骑牛背面着靴衫。"霞器之。师自以为碍，弃依草堂，一见契合。日取藏经读之。一夕闻晚参鼓，步出经堂，举头见月遂大悟。亟趋方丈，堂望见，即为印可。

◎**庆元府天童普交禅师**，因为檀越修忏摩。有问曰："公之所忏罪，为自忏耶？为他忏耶？若自忏罪，罪性何来？若忏他罪，他罪非汝，乌能忏之？"师不能对。遂改服游方，造泐潭。足才踵门，潭即呵之。师拟问，潭即曳杖逐之。一日，忽呼师至丈室曰："我有古人公案，要与你商量。"师拟进语，潭遂喝。师豁然领悟，乃大笑。潭下禅床执师手曰："汝会佛法耶？"师便喝，复拓开，潭大笑。

◎**江州圆通道旻禅师**，世称古佛，兴化蔡氏子。母梦吞摩尼宝珠有娠。生五岁，足不履口不言。母抱游西明寺，见佛像遽履地合爪称南无佛，人大异之。既出家遍参。后至泐潭，一见器之。师陈列参所得，不蒙印可。潭举世尊拈花，迦叶微笑语以问。复不契。后侍潭行次，潭以拄杖架肩长嘘曰："会么？"师拟对，潭便打。有顷复拈草示之曰："是甚么？"师亦拟对，潭遂喝，于是顿明大法，作拈花势。乃曰："这回瞒旻上座不得也。"潭挽曰："更道！更道！"师曰："南山起云，北山下雨。"即礼拜，潭首肯。

◎庆元府二灵知和庵主，苏台玉峰张氏子。儿时尝习坐垂堂，堂倾。父母意其必死，师瞑目自若。因使出家，年满得度。趋谒泐潭，潭见乃问："作甚么?"师拟对，潭便打，复喝曰："你唤甚么作禅?"师蓦领旨。即曰："禅，无后无先，波澄大海，月印青天。"又问："如何是道?"师曰："道，红尘浩浩，不用安排，本无欠少。"潭然之。幻寄曰："可怜万劫系驴橛。"

栖雪窦之中峰栖云两庵，逾二十年。僧至礼拜，师曰："近离甚处?"曰："天童。"师曰："太白峰高多少?"僧以手斫额作望势。师曰："犹有这个在。"曰："却请庵主道。"师却作斫额势。僧拟议，师便打。住二灵三十年间，居无长物，惟二虎侍其右。一日威于人，以偈遣之。宣和七年四月十二日，趺坐而逝。正言陈公状师行实，及示疾异迹甚详。仍塑其像，二虎侍之，至今存焉。

◎绍兴府慈氏瑞仙禅师，习毗尼。因睹戒性如虚空。持者为迷倒。师谓："戒者，束身之法也。何自缚乎?"遂探台教。又阅"诸法不自生，亦不从他生，不共不无因，是故说无生。"疑曰："又不自他，不共不无因生毕竟从何而生?"即省曰："因缘所生，空假三观，抑扬性海，心佛众生，名异体同。十境十乘，转识成智。不思议境，智照方明，非言诠所及。"弃谒诸方，后至投子。广鉴问："乡里甚处?"师曰："两浙东越。"鉴曰："东越事作么生?"师曰："秦望峰高，鉴湖水阔。"鉴曰："秦望峰与你自己是同是别?"师曰："西天梵语，此土唐言。"鉴曰："此犹是丛林只对，毕竟是同是别？”师便喝，鉴便打。师曰：“恩大难酬。”便礼拜。

◎丞相张商英居士，字天觉，号无尽。年十九应举入京，道过向氏，向先一夕梦神告云：“接相公。”公至，向遂约以女女。公既第，遂娶向氏。公一日见藏经装潢严丽，怫然曰：“人之崇事，圣人书乃不及此。欲着无佛论。”向氏曰：“既是无佛，何论之有？须着《有佛论》始得。”公疑其言，遂已。后访同列，见维摩经适读，至“此病非地大，亦不离地大”，叹曰：“胡人之言亦能尔耶？”乃借归阅次。向氏问：“读何书？”公曰：“维摩经。”向氏曰：“可熟读此，然后着《无佛论》。”公悚然，因深信佛乘。元祐六年为江西漕，首谒东林总，总诘所见，与己符合，因印可，且令往见其弟子玉溪慈古镜。公按部分宁，诸禅迓之。首致敬于慈，闻龚德庄尝言兜率悦聪明，因问悦曰：“闻公善文章。”悦笑曰：“从悦，临济九世孙，对运使论文章，政如运使对从悦论禅也。”公不然其语，乃强屈指曰：“是九世也。”问：“玉溪去此多少？”曰：“三十里。”问：“兜率。”曰：“五里。”乃过兜率。先是悦梦手抟日轮，觉语首座曰：“日轮运转之象，张运使且过此，吾当深锥痛札之。”首座曰：“士大夫恶拂己者，或起别衅。”悦曰：“正使烦恼，只退得我院也。”公与悦语次，称赏东林，悦未肯其说。公乃题诗《拟爆轩》，有云：“不向庐山寻落处，象王鼻孔漫撩天。”意讥悦不肯东林也。公与悦语至更深，论及宗门事。悦曰：“东林既印可运使，运使于佛祖言教有少疑否？”公曰：“有。”悦曰：“疑何等语？”公曰：“疑香严《独脚颂》，德山《托钵话》。”悦曰：“既于此有疑，其余安得无耶？只如岩头言末后句，是有耶是无耶？”公曰：“有。”悦大笑，便归方丈闭却门。公一夜睡不稳，至五更下床，触翻溺器，乃大彻猛省前话。遂有颂曰：“鼓寂钟沉托钵回，岩头一拶语如雷。果然只得三年活，莫是遭他授记来。”遂扣方丈门曰：“某已捉得贼了。”悦曰：“赃在甚处？”公无语。悦曰：“都运且去，来日相见。”翌日公遂举前颂，悦乃谓曰：“参禅只为命根不断，依语生解。如是之说，公已深悟。然至极微细处，使人不觉不知，堕在区宇。”乃作颂证之曰：“等闲行处，步步皆如。虽居声色，宁滞有无？一心靡异，万法非殊。休分体用，莫择精粗。临机不碍，应物无拘。是非情尽，凡圣皆除。谁得谁失，何亲何疏？拈头作尾，指实为虚。翻身魔界，转脚邪涂。了无逆顺，不犯工夫。”公邀悦至建昌，途中一一伺察，有十颂叙其事，悦亦有十颂酬之。《灯录》《武库》皆不载其颂。

公尝云：“先佛所说，于一毛端现宝王刹，坐微尘里转大法轮，是真实义。法华会上，多宝如来在宝塔中分半座，与释迦文佛。过去佛现在佛同坐一处，实有如是事，非谓表法？”公于宣和四年十一月黎明，口占遗表，命子弟书之。俄取枕掷门窗上，声如雷震。众视之，已薨矣。

◎**西蜀銮法师**，通大小乘。佛照谢事居景德，师问照曰：“禅家言多不根，何也？”照曰：“汝习何经论？”曰：“诸经粗知，颇通《百法》。”照曰：“只如昨日雨今日晴，是甚么法中收？”师懵然。照举痒和子击曰：“莫道禅家所言不根好！”师愤曰：“昨日雨今日晴，毕竟是甚么法中收？”照曰："第二十四时分不相应法中收。"师恍悟，即礼谢。后归蜀居讲会，以直道示徒，不泥名相。

◎**隆兴府云岩天游典牛禅师**，依湛堂于泐潭。一日，潭普说曰："诸人苦苦就准上座觅佛法。"遂拊膝曰："会么？雪上加霜。"又拊膝曰："若也不会，岂不见干峰示众曰：'举一不得举二，放过一着，落在第二。"师闻脱然"颖"悟。尝和忠道者《牧牛颂》曰："两角指天，四脚踏地。拽断鼻绳，牧甚屎屁！"张无尽见之甚击节"颖"应作"顿"。

◎ **法清祖鉴禅师**，尝于池之天宁，以伽黎覆顶而坐。侍郎曾公开问曰："上座仙乡甚处？"曰："严州。"曰："与此间是同是别？"师拽伽黎下地，揖曰："官人曾到严州否？"曾罔措。师曰："待官人到严州时，却向官人道。"

◎**眉州中岩慧目蕴能禅师**，遍谒诸方，后到大沩，沩问："上座桑梓何处？"师曰："西川。"曰："我闻西川有普贤菩萨示现，是否？"师曰："今日得瞻慈相。"曰："白象何在？"师曰："爪牙已具。"曰："还会转身么？"师提坐具绕禅床一匝。沩曰："不是这个道理。"师趋出。一日沩为众入室，问僧："黄巢过后，还有人收得剑么？"僧竖起拳。沩曰："菜刀子。"僧曰："争奈受用不尽！"沩喝出。次问师："黄巢过后，还有人收得剑么？"师亦竖起拳。沩曰："也只是菜刀子。"师曰："杀得人即休。"遂近前，拦胸筑之。沩曰："三十年弄马骑，今日被驴子扑。"

◎**怀安军云顶宝觉宗印禅师**，一日普说罢，召众曰："诸子未要散去，更听一颂。"乃曰："四十九年一场热閧，八十七春老汉独弄。谁少谁多？一般作梦。归去来兮，梅梢雪重。"言讫下座，倚杖而逝。

◎**成都府信相宗显正觉禅师**，少为进士有声。尝昼掬溪水为戏，至夜思之，遂见水泠然盈室，欲汲之不可，而尘境自空。曰："吾世网裂矣。"往依昭觉得度，具满分戒，后随众咨参。"觉一日问师："高高峰顶立，深深海底行。汝作么生会？"师于言下顿悟，曰："钉杀脚跟也。"觉拈起拂子曰："这个又作么生？"师一笑而出。服勤七祀，南游至京师。历淮浙，晚见五祖演和尚于海会，出问，未知关棙子，难过赵州桥。赵州桥即不问，如何是关棙子？"祖曰："汝且在门外立。"师进步，一踏而退。祖曰："许多时茶饭，元来也有人知滋味。"明日入室，祖云："你便是昨日问话底僧否？我固知你见处，只是未过得白云关在。"师珍重便出。时圜悟为侍者，师以白云关意扣之。悟曰："你但直下会取。"师笑曰："我不是不会，只是未谙，待见这老汉，共伊理会一上。"明日祖往舒城，师与悟继往，适会于兴化。祖问师："记得曾在郡里相见来？"师曰："全火只候。"祖顾悟曰："这汉饶舌！"自是机缘相契。游庐阜回，师以"高高峰顶立，深深海底行"所得之语告五祖。祖曰："吾尝以此事诘先师，先师云，我曾问远和尚。远曰：猫有歃血之功，虎有起尸之德。非素达本源，不能到也。"师给侍之久，祖钟爱之。后辞西归，为小参，复以颂送曰："离乡四十余年，一时忘却蜀语。禅人回到成都，切须记取鲁语。"时觉尚无恙，师再侍之。名声蔼着。

◎成都府昭觉寺克勤佛果禅师，彭州骆氏子，世宗儒。师儿时日记千言，偶游妙寂寺，见佛书，三复怅然，如获旧物。曰："予殆过去沙门也。"即去家，依自省祝发，从文照通讲说，又从敏行授《楞严》。俄得病濒死，叹曰："诸佛涅槃正路，不在文句中，吾欲以声求色见，宜其无以死也。"遂弃去。至真觉胜禅师之席，胜方创臂出血，指示师曰："此曹溪一滴也。"师矍然良久曰："道固如是乎？"即徒步出蜀，首谒玉泉皓，次依金銮信、大沩哲、黄龙心、东林度，佥指为法器，而晦堂称"他日临济一派属子矣"。最后见五祖，尽其机用，祖皆不诺。乃谓"祖强移换人"，出不逊语，忿然而去。祖曰："待你着一顿热病打时，方思量我在。"师到金山，染伤寒困极，以平日见处试之，无得力者。追绎五祖之言，乃自誓曰："我病稍间，即归五祖。"病痊寻归，祖一见而喜，令即参堂，便入侍者寮。方半月，会部使者解印还蜀，诣祖问道。祖曰："提刑少年曾读小艶诗否？"有两句颇相近。频呼小玉元无事，只要檀郎认得声。"提刑应"喏喏"。祖曰："且仔细。"师适归侍立次，问曰："闻和尚举小艶诗，提刑会否？"祖曰："他只认得声。"师曰："只要檀郎认得声。他既认得声，为甚么却不是？"祖曰："如何是祖师西来意？庭前柏树子聻。"师忽有省，遽出，见鸡飞上阑干鼓翅而鸣。复自谓曰："此岂不是声？"遂袖香入室通所得，呈偈曰："金鸭香销锦绣帏，笙歌丛里醉扶归。少年一段风流事，只许佳人独自知。"祖曰："佛祖大事，非小根劣品所能造诣，吾助汝喜。"祖遍谓山中耆旧曰："我侍者参得禅也？"由此所至推为上首。《宗门武库》云："圆悟和尚尝参蕲州北乌牙方禅师，佛鉴和尚尝参东林宣秘度禅师，皆得昭觉平实之旨，同至五祖室中，平生所得一句用不着，久之无契悟下载悟缘同上。"

圆悟和尚初在沩山，一日真如和尚问曰："如何？"悟云："起灭不停。"如曰："可知是愽地凡夫。老僧三十年在里许践履，只得个相似。"次见晦堂，堂曰："我住院十二年不会，如今方会，脚尖头也踢出个佛。"悟后住昭觉，有长老问："刘铁磨到沩山问答，并雪窦御街行颂，未审此意如何？"悟曰："老僧更参四十年，也不到雪窦处。"长老叹曰："昭觉和尚犹如此说，况余人耶。" 师《语录》中，小参有云：山僧顷日问五祖和尚：二祖云觅心了不可得，毕竟如何？他道：汝须自参始得这些好处，别人为汝着力不得。参来参去，忽因闻举"频呼小玉元无事，只要檀郎认得声"，忽然桶底脱，庭前柏树子也透，麻三斤也是，玄沙蹉过也是，睦州担板也是，不落因果也是，不昧因果也是。三乘十二分教二六时中眼里耳里，乃至钟鸣鼓响驴鸣犬吠，无非这个消息。又云：五祖尝云：诸方参得底禅，如琉璃瓶子相似，爱护不舍，第一莫教老僧见将铁椎一击定碎也。山僧初见他如此说，便尽心参。他尝问有句无句如藤倚树，作么生会？山僧便喝，或下语总不契。他云：须是情识净尽计较都忘处会。山僧明日便于无计较处，胡道乱道，转没交涉。后来彻悟实见实用，如镜当台，明珠在掌。又云：老僧往日为热病所苦，死却一日，观前路黑漫漫地，都不知何往。获再苏醒，遂惊骇生死事，便乃发心行脚，寻访有道知识。体究此事，初到大沩参真如和尚，终日面壁默坐，将古人公案翻覆看。及一年许，忽有个省处，然只认得个昭昭灵灵驴前马后，只向四大身中作个动用。若被人拶着，一似无见处，只为解脱坑埋却禅道满肚。于佛法上看即有，于世法上看即无。后到白云先师处，被他云“你总无见处”，自此全无咬嚼分。下载悟缘同此。

问古人道，楖栗横担不顾人，直入千峰万峰去。未审那里是他住处？师曰：“腾蛇缠足路布绕身。”曰：“朝看云片片，暮听水潺潺。”师曰：“却须截断始得。”曰：“此回不是梦，真个到庐山。”师曰：“高着眼。”僧问：“譬如掷剑挥空，有一人剑亦无。虚空亦不挥时如何？”师曰：“大众见你败阙。”曰：“学人只管推出，和尚何不放行。”师曰：“莫谤崇宁好。”曰：“为甚么不肯承当？”师曰：“藏身露影。”曰：“今日捉败。”师曰：“果然。”僧问：“九旬禁足三月护生，只如花猫取断南泉分身两段，斑蛇适会赤眼就地一钼，未审是持是犯？”师云：“破戒也不知。”进云：“大用不拘今古楷模。”师云：“依旧分身两段。”进云：“若然者，玉箸撑开虎眼睛，金鞭击断那吒臂。”师云：“你向甚么处见南泉归宗？”进云：“只在目前。”师云：“重言不当吃。”僧问：“如何是初日分以恒河沙等身布施？”师曰：“大海若不纳，百川应倒流。”如何是中日分以恒河沙等身布施？师曰：“现成公案。”如何是后日分亦以恒河沙等身布施？师曰：“尽未来际一时收。”僧问东禅岳：“如何是初日分以恒河沙等身布施？”岳曰：“从苗辨地，因语识人。”“如何是中日分以恒河沙等身布施？”曰：“筑着磕着。”“如何是后日分亦以恒河沙等身布施？”曰：“向下文长，付在来日。”

僧问：“最初威音王，末后楼至佛，未审威音参见甚么人？”师曰：“参见无面目底。”僧云：“只如无面目人，复见阿谁？”师云：“狂狗趁块。”僧云：“争奈拄杖子在学人手里？”师云：“你试用看。”僧云：“到这里直得无言可说，无理可伸。”师云：“只得七成。”僧云：“可谓师承不立，递代相传。”师云：“一刀截断。”僧云：“既然如是，和尚何用更觅白云？”师云：“你道威音楼至佛，即今在什么处？”僧云：“一串穿却。”师云：“顶颟上更添一只眼始得。”祈雨上堂，僧问，万里不挂片云时如何？”师曰：“老僧也怪伊。”曰：“青天也须吃棒，又作么生？”师曰：“行遣早迟也。”曰：“过在甚么处？”师曰：“彼此住山人，更不重注破。”曰：“好雨下时却不下，不天晴处却天晴。”师曰：“适来你向甚么处去来？”曰：“乍卷乍舒去也。”师曰：“脚跟下更与一棒，直得雨似盆倾。”曰：“总不与么时如何？”师曰：“捩转鼻孔。”曰：“忽然应时应节又作么生？”师曰：“山前禾麦熟，尽唱太平歌。”示众云：“通身是眼见不到，通身是耳闻不及，通身是口说不着，通身是心鉴不出。通身即且置，或若无眼作么生见？无耳作么生闻？无口作么生说？无心作么生鉴？若向这里拨得一线路，便与古佛同参，且道参甚么人？”径山杲云：“惜乎径山当时不在，若在，点一把火照看这老汉面皮厚多少。”即今莫有旁不甘底出来道，和尚也是普州人又作么生？即向他道，西天斩头截臂。这里自领出去。

示吴教授：祖佛以神道设教，惟务明心达本，况人人具足各各圆成。但以迷妄背此本心，流转诸趣枉受轮回，而其根本初无增减。诸佛以为一大事因缘而出，盖为此也。祖师以单传密印而来，亦以此也。若是宿昔韫大根利智，便能于脚跟直下承当，不从他得，了然自悟，廓彻灵明，广大虚寂，从无始来亦未曾间断。清净无为，妙圆真心，不为诸尘作对，不与万法为侣，常如十日并照。离见超情，截却生死浮幻，如金刚王坚固不动，乃谓之即心即佛，更不外求。惟了自性，顿时与佛祖契合。到无疑之地，把得住作得主，可不是径截大解脱耶？探究此事，要透生死，岂是小缘，应当猛利诚志信重如救头然。始有少分相应，多见参问之士。世智聪明，只图资谈柄。广声誉，以为高上趋向，务以胜人。但增益我见，如以油救火，其焰益炽。直到腊月三十日，茫然缪乱，殊不得纤毫力。良由最初已无正因，所以末后劳而无功，是故古德教人参涅槃堂里禅，诚有旨也。生死之际，处之良不易，惟大达超证之士。奋利根勇猛，一径截断，则无难。然此段虽由自己根力，亦假方便。于常时些小境界中，转得行，打得彻，不存解不立见，凛然全体现成。践履将去，养得纯熟。到缘谢之时，自然无怖畏，只有清虚莹彻，无一法可当情，如悬崖撒手，弃舍得无留恋。一念万年，万年一念，觅生了不可得，岂有死也。是故古德坐脱立亡行化倒蜕，能得勇徤，皆是平昔汰淘得净洁。香林四十年，得成一片。涌泉四十年，尚有走作。石霜劝人休去歇去，古庙香炉去。永嘉云：体即无生，了本无速，业业兢兢念兹在兹，方得无碍自在。既舍生之后，得意生身，随自意趣，后报悉以理遣。不由业牵，所谓透脱生死耶？报缘未谢，于人间世上，有如许参涉交互，应须处之绰绰然有余裕始得。人生各随缘分，不必厌喧求静，但令中虚外顺。虽在闹市沸汤中，亦恬然安稳。才有纤毫见刺，则打不过也。示张持满，要须根本明彻。理地精至，纯一无杂。才有是非，纷然失心，若踏正脉。诸天捧花无路，魔外潜觑不见。深深海底行，高高峰顶立。始得不惊群动众，谓之平常心，本源天真自性也。虽居千万人中，如无一人相似，此岂粗浮识想利智聪慧所能测哉。示谕绵密无间，寂照同时，岁月悠久，打成一片。而根本愈牢，密密作用，诚无出此。应当当处全真，则彼我遐迩触处皆渠，刹刹尘尘皆在自己大圆镜中，愈绵愈密，能转换也。故云门道。直得乾坤大地无纤毫过患，犹为转句，不见一色，始是半提，直得如此。更须知有向上全提底时节始得，所以德山棒临济喝，皆彻证无生，透顶透底，融通自在。到大用现前处，方能出没。欲人全身担荷外，退守文殊普贤大人境界。岩头道，他得底人，只守闲闲地。二六时中无欲无依，自然超诸三昧。德山亦云：汝但无事于心，于心无事，则虚而灵，寂而照。若毫端许言本末者，皆为自欺。此既已明，当须履践。但只退步愈退愈明，愈不会愈有力量。异念才起，拟心才生，即猛自割断令不相续，则智照洞然，步步踏实地，岂有高低憎爱违顺拣择于其间哉。无明习气旋起旋消，悠久间自无力能扰人也。古人以牧牛为喻，诚哉，所谓要久长人耳。直截省要，最是先亡我见，使虚静恬和。任运腾腾，腾腾任运，于一切法皆无取舍。向根根尘尘应时脱然，自处孤运独照。照体独立，物我一如。直下彻底无照可立，如斩一綟丝，一斩一切断，便自会作活计去也。佛见法见尚不令起，则尘劳业识自当冰消瓦解。又云：但逢缘遇境，莫不管带，何止此生而已。穷未来际，证无量圣身，也未是他泊头处。但一味退步，莫作限量也。示韩朝议曰：古云：说得一丈，不如行得一尺。盖定慧之力回转业缘。正要惺惺地勇猛果决。千百生中当受用。其余古人机缘，不必尽要会。但一着分明，则着着如此，千变万化岂移变得渠力用哉。示方清老云：胸次空劳劳，不留毫发。洞然虚凝，言思路绝。直契本源，泯然无际。自得本有无得妙智，方号信及见彻。犹有无量无边莫测莫量大机大用在，倘留些能所。堕在缘尘，则卒急便未相应。示尼修道者，直下发明从本以来元自具足妙圆真心。触境遇缘，自知落着。便乃守住患不能出得，遂作窠臼。向机境上立照立用，下咄下拍，努目扬眉。一场特地，更遇本色宗匠，尽与拈却如许知解。直下契证本来无为无事无心境界，然后识羞惭知休歇，一向冥然。诸圣尚觅他起念处不得，况其余耶？见与佛齐，犹有佛地障在。大宗师为人，虽不立窠臼露布，久之学徒妄认，亦是窠臼。盖以无窠臼为窠臼，无露布作露布。应须及之令尽，无令守株待兔。才毫发要无事，早是事生。究竟佛亦不立，唤甚作众生。菩提亦不立，唤甚作烦恼。翛然永脱，应时纳佑。欲得亲切，第一不用求。求而得之，已落解会。休歇到一念不生处，即是透脱。不堕情尘，不居意想，迥然超绝，则遍界不藏。物物头头浑成大用，一一皆从自己胸襟流出，古人谓之运出自己家财，一得永得，受用岂有穷极。似大死人，已绝气息。到本分地上，大休大歇。口鼻眼耳初无相知，手足项背各不相到，然后向寒灰死火上。头头上明，枯水朽株间，物物斯照。示信侍者，百不干怀时。圆融无际，脱体虚凝。一切所为曾无疑间，谓之现成本分事。及至才起一毫头见解，欲承当作主宰，便落在阴界里。被见闻觉知得失是非笼罩，半醉半醒，打叠不办，约实而论。但于闹哄哄处，管带得行，如无一事相似。透顶透底，直下圆成。了无形相，不废功用，不妨作为。语默起倒终不是别人，稍觉纤毫滞碍，悉是妄想。直教洒洒落落，如太虚空，如明镜当台，如杲日丽天。一动一静一去一来，不从外得，放教自由自在，不被法缚，不求法脱。尽始尽终，打成一片。何处离佛法外别有世法，离世法外别有佛法。是故祖师直指人心，金刚般若贵人离相，譬如壮士屈伸臂顷，不借他力。如此省要，好长时自退步体究。令有个落着谛实证悟之地，即是念念遍参无量无边大善知识也。示良炉头，但令心念澄静。纷纷扰扰处，正好作工夫。当作工夫时，透顶透底，无丝毫遗漏。全体现成，更不自他处起。惟此一大机阿辘辘转，更说甚世谛佛法。一样平持，日久岁深，自然脚跟下实确确地，只是个良上座，直下契证，如水入水。示蒋待制，每接士大夫，多言尘事萦绊。未暇及此，待稍拨剔了，然后存心体究。此虽诚实之言，只以尘劳为务。头出头没，烂骨董地熟了，只唤作尘事，更待拨却尘缘，方可趣入。其所谓终日行而未尝行，终日用而未尝用，岂是尘劳之外，别有此段大因缘耶。殊不知大宝聚上，放大宝光，辉天焯地。不自省悟承当，更去外求，转益辛勤，岂为至要。若具大根器，不必看古人言句公案，但只从朝起，正却念静却心。凡所指呼作为一番。作为一番，更提起审详看。从何处起，是个甚物，作为得如许多。当尘缘中一透，一切诸缘靡不皆是。何待拨剔，即此便可超宗越格。于三界火宅之中，变化成清净无为清凉大道场也。《法华经》云："佛子住此地，即是佛受用。经行及坐卧，常在于其中。"此一件事，直饶三世诸佛出兴。以无量知见方便接引，亦只有限。历代祖师天下老和尚，设千百问答提持，亦只有限，不如向自己脚跟下究取。威音王已前，空劫那畔，自己家珍随处受用。也须是大丈夫汉意气，方有如是作略，亦不依他言语指示，不受他欺谩。从朝至夜，入息不居阴界，出息不涉万缘，极是省要，只为各各当人自违背此事。向六根门头，认光认影，不得快活。却云争奈某甲疑何？且道疑从什么处来？又道某甲为甚么道不得？只你这道不得底，是什么？为你不能回光直下承当。祖师道，自己分上有如是灵光，有如是自在，一切众生流浪情尘，不能解脱。假使将此一大事因缘，种种垂示，犹是有机有境，落在情尘。要会么？直是一念不生，方有少分相应。解制小参，师云：“收因结果，慎末护初。”一段因缘此时周备，圣贤窠窟生死根株，一锤击碎，一刀截断。若是通方作者，举着知归。后进初机，如何凑泊。祇如生佛未分，空劫已前。威音王那边，还有结制解制也无。虽然，到这里直饶千圣出头来，也须目瞪口呿，那边即且致。只如今灯烛交光，坐立俨然。高者是天，厚者是地，山是山水是水，有是有无是无，长是长短是短。正当恁么时，与威音王已前空劫那畔，是同是别，若向个里倜傥分明。目前无法，胸中无心。上不见诸圣，下不见凡夫。外不见一切境界，内不见眼耳鼻舌身意。便能通同一切，说甚么结制解制。一锤击碎圣贤窠窟，一刀截断生死根株。设使临济德山文殊普贤，乃至无量无边具大解脱，有大威神。无数河沙，浩浩地来，不消一捏，且凭个甚么？若不蓝田射石虎，几乎误杀李将军。示众：天堂地狱，草芥人畜，六类四生，纤洪近远，无不皆真。但为未彻根源底，居常生心动念，皆在尘劳业识中流转，未曾回光返照，所以枉受轮回，不得受用。示众：直下如悬崖撒手，放身舍命。舍却见闻觉知，舍却菩提涅槃真如解脱。若净若秽，一时舍却，令教净裸裸赤洒洒，自然一闻千悟，从此直下承当，却来反观佛祖用处。与自己无二无别，乃至闹市之中。四民浩浩，经商贸易，以至于风鸣鸟噪，皆与自己无别。然后佛与众生为一，烦恼与菩提为一，心与境为一，明与暗为一，是与非为一。乃至千差万别，悉皆为一，方可搅长河为酥酪，变大地作黄金。都卢浑成一片，而一亦不立。然后行是行坐是坐，着衣是着衣，吃饭是吃饭，如明镜当台，胡来胡现，汉来汉现。初不作计较，而随处现成。示许庭龟，多见聪俊明敏，根浮脚浅，便向言语上认得转变。即以世间无可过上，遂增长见刺。逞能逞解，逞言语快利，将谓佛法只如此。及至境界缘生，透脱不行，因成进退，良可痛惜。是故古人，直是千魔万难悉皆尝遍，虽七处割截亦不动念。一往操心犹如铁石，以至透脱生死，浑不费力，岂不是大丈夫超诣。示隆知藏，有祖以来，惟务单传直指，不喜带水拖泥。打露布列窠窟，钝置人。盖释迦老子，三百余会，对机设教。立世垂范，大段周遮，是故最后径截省要，接最上机。虽自迦叶二十八世，少示机关，多显理致。至于付授之际，靡不觌面提持，如倒刹竿。碗水投针，示圆光相，执赤幡，把明鉴。说如铁橛子，传法偈。达磨破五宗，与外道立义，天下太平。翻转我天尔狗，皆神机迅捷，非拟议思惟所测。又云：五祖老师，平生孤峻，少许可人。干曝曝地壁立，只靠此一着。常自云：如倚一座须弥山，岂可落虚弄滑头谩人。把个没滋味铁酸馅，劈头拈似学者令嵦嚼，须待渠桶底子脱，丧却如许恶知恶见。胸次不挂丝毫，透得净尽，始可下手锻炼。方禁得拳踢，然后示以金刚王宝剑，度其果能践履负荷，净然无一事。山是山水是水，更应转向那边。千圣罗笼不肯住处，便契乃祖以来传持正法眼藏。及至应用为物，仍当驱耕夫牛夺饥人食。证验得十成无渗漏，即是本家道流也。摩竭提国亲行此令，少林面壁全提正宗。而时流错认，遂尚泯默，以为无缝罅无摸索。壁立万仞，殊不知本分事，但恣情识抟量，便为高见，此大病也。从上来事，本不如是。严头云：只露目前些子个，如击石火闪电光。若构不得，不用疑着，此是向上人行履处。除非知有莫能知之，赵州吃茶去。秘魔岩擎杈，雪峰辊球，禾山打鼓，俱胝一指，归宗拽石，玄沙未彻。德山棒，临济喝，并是透顶透底，直截剪断葛藤。大机大用，千差万别，会归一源，可以与人解粘去缚。若随语作解，即须与本分草料。如七斛驴乳，只以一滴师子乳滴，悉皆迸散。要脚下传持相继绵远，直须不徇人情，勿使容易，乃端的也。末后一句始到牢关，诚哉是言，透脱死生提持正令，全是此个时节。惟踏着上头关棙子底，便谙悉也。示李嘉仲，若能蕴宿根本，从诸佛祖师直截指示处，便倒底脱却炙脂衲袄。赤条条净裸裸，直下承当，不从外来，不从内出，当下廓然，明证此性。更说甚人佛心，如红垆上着一点雪，何处更有如许多忉怛也。是故此宗，不立文字语句。惟最许上乘根器，如飘风疾雷电激星飞，脱体契证。截生死根，破无明壳，了无疑惑，直下顿明。二六时中转一切事缘，皆成无上妙智，岂假厌喧求静。弃彼取此，一真一切真，一了一切了。示众：欲知佛性义，当观时节因缘。时节若至，其理自彰。苟或时节未至，理地未明，便乃业识茫茫，无本可据。敢问诸公，即今是什么时节？莫是黄昏时节么？莫是小参时节么？莫是坐立俨然时节么？莫是说禅说道时节么？莫是万象交参时节么？莫是心境一如时节么？若与么侃侗，且喜没交涉。今夜诸公在此权立片时，山僧不惜眉毛。确实评论这一段时节去也。只如诸公在此听山僧鼓两片皮，用作时节，正堕常情。须知山僧不曾说一字，诸人不曾闻一言。诸人与山僧，各各有一段大事，辉腾今古，迥绝知见，净裸裸赤洒洒，各不相知，各不相到。透声透色，超佛超祖。若能退步就己，脱却情尘意想，记持分别，露布言诠。闻见觉知，是非得失，直下豁然瞥地，便与古佛同一知见，同一语言，同一手作，同一体相。非惟与诸圣同，亦乃与历代宗师天下老和尚同。下至四生六道醯鸡蠛蠓。无不皆同，不被前尘所惑，知解所挠。不畏生死，不爱涅槃。放旷平常，随时任运，动静施为无非解脱。能转一切境界，能使一切语言，非惟诸人分上如此。至于古人，无不皆由此个时节得入，岂不见赵州初参南泉，悟平常心是道。后来有问西来意，便对道庭前柏树子，以至镇州出大萝葡头。我在青州作一领布衫重七斤，非惟赵州。德山得此时节，入门便打。临济得此时节，入门便喝。睦州得此时节，便道现成公案放你三十棒。俱胝一指头上用此时节，鸟窠吹布毛处见此时节。以要言之，古来宗师无不皆用此个时节，只如法眼曾举参同契云：竺土大仙心，遂云无过此语也。向下中间，也只是应时应节说话。至最后谨白参玄人光阴莫虚度，乃云：住！住！恩大难酬。设使粉骨碎身，亦报此恩不得。岂不是知此节节，方恁么说？如今若有未发明去处，只虚度光阴，若参得彻底分明去。二六时中管取，无丝毫许落虚。非惟二六时中，至百千亿劫尽未来际，悉不落虚。只如山僧说恁么时节，还得谛当也未。复云：梦也未曾梦见在。且道还有为人处也无？若善参详，只这一句亦不虚设。示众：世尊三昧迦叶不知，迦叶三昧阿难不知，阿难三昧商那和修不知，商那和修三昧优波毱多不知。既是各各不知，何故却相传授？到这里，不妨淆讹处直是谛讹。绵密处直是绵密。师云：父母未生已前，净裸裸赤洒洒，不立一丝毫。及乎投胎既生之后，亦净裸裸赤洒洒，不立一丝毫。然生于世，堕在四大五蕴中，多是情生翳障，以身为碍，迷却自心。若是明眼人，明了四大空寂，五蕴本虚。知四大五蕴中，有个辉腾今古。迥绝知见底一段事，若能返照，无第二人。脚跟下净裸裸赤洒洒，六根门头亦净裸裸赤洒洒。乃至山河大地，穷虚空界，尽无边香水海，亦净裸裸赤洒洒。恁么说话，莫是拨有归无么？且喜没交涉。若拨有归无，杳杳冥冥，堕在豁达空，拨无因果处，则永劫出他地狱三涂因果不得，若真实彻证，到真净明妙实际理地，则四圣六凡，三世诸佛，天下祖师，有情无情，悉于是中流出显现。所以孚上座问："鼓山晏国师道，父母未生前鼻孔，在什么处？"山云："即今生也在什么处？"孚上座不肯云："你问我来。"山如前问："孚但摇扇，大凡参请，参须实参，见须实见，用须实用，父母未生前鼻孔在甚么处？"孚上座只摇扇，莫是弄精魂么？须知有奇特事始得，只如文殊初生见十吉祥异相，须菩提生室现空相，善财初生涌出万宝藏，皆在此一大宝光中，净裸裸赤洒洒流出。若只在杳杳冥冥，堕在空空寂寂处，岂有如是奇特。所以古人于生处见大奇特，如世尊分手指于天地，自云天上天下惟吾独尊。若逢云门大师，尚不以为奇特，直行衲僧正令。后来老宿云："云门知恩方解报恩。"既知了，方以衲僧本分事，向逆顺境界中行，且道还当得么。若是平展商量，则有向上事。若据衲僧本分事上，不直半文钱，何故？他家自有通霄路。师一日到首座寮，因说，密印长老，四年前见他恁么地，乃至来金山升座。也只恁么地，打一个回合了。又打一个回合，只管无收杀。如何为得人，恰如载一车宝剑相似。将一柄出了，又将一柄出，只要搬尽。若是本分手段，拈得一柄，便杀人去，那里只管将出来弄。时有僧闻得谓师曰："某前日因看他小参语录，便知此人平日做得细腻工夫，所以对众只管要吐尽，一段了又一段不肯休。"师曰："事不如此。如龙得半盏水，便能兴云起霞，降注大雨，那里只管大海里辊，谓我有许多水也。又如会相杀人，持一条枪，才见贼马，便知那个定是我底，近前一枪杀了。贼跳上马背，便杀人去，须是恁么始得。"绍兴五年八月己酉，示微恙，趺坐书偈遗众，投笔而逝。茶毗，舌齿不坏，设利五色无数。塔于昭觉寺之侧。

◎舒州太平慧勤佛鉴禅师，本郡汪氏子。丱岁师广教圆深，试所习得度。每以"惟此一事实，余二则非真"味之，有省。乃遍参名宿，往来五祖之门有年。恚祖不为印据，与圆悟相继而去。及悟还侍五祖得彻证，而师忽至。意欲他迈，悟勉令挂搭，且曰："某与兄相别始月余，比旧相见时如何？"师曰："我所疑者此也。"遂参堂。一日闻祖举："僧问赵州：'如何是和尚家风？'州曰：'老僧耳聋，高声问将来。'僧再问，州曰：'你问我家风，我却识你家风了也。'"师即大豁所疑，曰："乞和尚指示极则。"祖曰："森罗及万象，一法之所印。"师展拜，祖令掌翰墨。后同圆悟语话次，举东寺和尚问仰山：'汝是甚处人？'仰山曰：'广南人。'寺曰：'我闻广南有镇海明珠曾收得否？'山曰：'收得。'寺曰：'珠作何色？'山曰：'白月即现黑月即隐。'寺曰：'何不呈似老僧？'山叉手近前云：'慧寂昨到沩山被索此珠。'"直得无言可对无理可伸，悟顾师曰："既云收得，逮索此珠。又云无言可对无理可伸，是如何？师无语。忽一日谓悟曰："仰山见东寺因缘，我有语也。东寺当时只索一颗珠，仰山倾出一栲栳。"悟深肯之。乃告之曰："老兄更宜亲近老和尚去。"师一日造方丈，未及语。被祖诟詈懡㦬而退，归寮闭门打睡，恨祖不已。悟已密知，即往扣门。师曰："谁？"悟曰："我。"师即开门。悟问："你见老和尚何如？"师曰："我本不去，被你赚累我遭这老汉诟骂。"悟呵呵大笑曰："你记得前日下的语么？"师曰："是甚么语？"悟曰："你又道东寺只索一颗，仰山倾出一栲栳。"师当下释然。悟遂领师同上方丈。祖才见遽曰："勤兄，且喜大事了毕。"政和七年九月八日，上堂："祖师心印状似铁牛之机。去即印住，住即印破。直饶不住不破，亦未是衲僧行履处。且作么生是衲僧行履处？待十月前后，为诸人注破。"至十月八日，沐浴更衣端坐，手写数书别故旧，停笔而化。阇维，收灵骨设利，塔于本山。

◎**舒州龙门清远佛眼禅师**，读《法华》，至“是法非思量分别之所能解”，质其讲师，师不能答。遂遍参，至太平见五祖。旋丐于庐州，偶雨仆地。烦懑间，闻二人交相恶骂，谏者曰：“你犹自烦恼在。”师于言下有省。及归，凡有所问，祖即曰：“我不如你，你自会得好。”或曰：“我不会，我不如你。”师愈疑，遂咨决于元礼首座。礼乃以手引师之耳，绕围垆数匝，且行且语曰：“你自会得好。”师曰：“有冀开发，乃尔相戏耶？”礼曰：“你他后悟去，方知今日曲折耳。”太平将迁海会，师慨然曰：“吾持钵方归复参，随往一荒院，安能究决己事耶？”遂作偈告辞，之蒋山坐夏。邂逅灵源禅师，相与甚善，话次师曰：“比见都下一尊宿语句似有缘，。源曰：“演公天下第一宗师，何故舍而事远游耶？所谓有缘者，盖知解之。师与公初心相应耳。”师从所勉径趋海会，后命典谒。适寒夜孤坐，拨垆见火如豆许，恍然自喜曰：“深深拨有些子，平生事只如此。”遽起阅几上《传灯录》，至破灶堕因缘，忽大悟，作偈曰：“刀刀林鸟啼，披衣终夜坐。拨火悟平生，穷神归破堕。事皎人自迷，曲淡谁能和？念之永不忘，门开少人过。”圆悟因诣其寮，举青林搬柴话验之。青林师虔禅师，得法洞山。凡新到令搬柴三转，然后参堂。有僧不肯，问曰：“三转内即不问，三转外如何？”虔曰：“铁轮天子寰中旨。”僧无语。虔便打趁出且谓：“古今无人出得，你如何会？”师曰：“也有甚难。”悟曰：“只如他道铁轮天子寰中旨，意作么生？”师曰：“我道帝释宫中放赦书。”悟退语人曰：“且喜远兄便有活人句也。”《宗门武库》云：“佛眼禅师在五祖时，圆悟举临济三句语问眼。一日忽谓悟曰：‘我举三句向你。’以手屈指曰：‘此是第二句，第三句已说了。’便走。悟举似祖，祖曰：‘也好哳。’眼乃辞五祖，参归宗真净和尚。去后，祖谓悟曰：‘归宗波烂阔弄大旗手段，远到彼未必相契。’未数日有书抵悟曰：‘比到归宗，偶然漏网。’闻云居清首座作晦堂赞曰：‘闻时富贵，见后贫穷，颇疑着他。’及相见果契合。逾年复还祖山，众请秉拂，却说心性禅。祖曰：‘远却如此说禅，莫管他。’” 师《语录》云：“山僧初参胜和尚，教看如何是佛法大意？楚王城畔汝水东流，又令看风幡话。”及至下来参老和尚，乃请问，古人声色纯真。老和尚千说万说，只是理会不得。后来又令看如何是奇特事云：“你道什么？”遂却欢喜。盖为有个撮摸处，遂常看云：“如何是奇特事？”云：“你道什么？”独自思量云：“我道什么来？我道奇特事，又不见有奇特处。”看三年不会，遂去游浙。中途回来，却令看杀父杀母佛前忏悔杀佛杀祖向甚么处忏悔？云门云露。这公案，一似热铁一团在心中，七年吃尽辛苦。

示众：“以迷心故山林中来见善知识，将谓别有一道可令人安乐，不知返究向来迷处功夫最第一。”示众：“千说万说，不若亲面一见，纵不说亦自分明。王子宝刀喻，众盲摸象喻，禅学中隔江招手事，望州亭相见事，迥绝无人处，深山岩崖处事，此皆亲面而见之，不在说也。”上堂：“大众，或有人唤上座，上座便应。设使不应心中，也须领览。今时学人便道应底是也，领览底是也。若如此会，便是入地狱汉子。是即且置，且道面前是阿谁唤你？是有人唤耶？是无人唤耶？还裁断得么！若是有人唤，山精鬼魅唤你时，天魔外道唤你时，如何辨白？若道无人唤，你又不聋不騃，如何得无人唤？者个是十二时中生死路头事，诸人明得么？有人唤生迷乱，无人唤遭系绊。若能行生死断，万两金终不换下座。”示众：“我且问你，适来因甚么问讯圣僧？且问讯时，还印证你么？还肯诺你么？若道印证你，他是土圣僧，岂解印证你。若道肯诺你，岂解肯诺你。既不解印证肯诺，问迅作么？莫是仁义道中么？莫是睹相生善么？若是仁义道中，衲僧家岂有仁义，岂有睹相生善。莫是事不获已随众问讯么，又成何道理？到这里须一一明始得。不见长沙大师一日回头见圣僧，忽然知归，便云：‘回头忽见本来身，本身非见亦非真。若将本体同真体，历劫迢迢受苦辛。’诸人还会此个道理么？珍重。”上堂：“今日七月二十，解夏来又是五日也。你禅僧家尽道我会也。且道今日是七月二十，不是七月二十。或若当此一问，于佛法中如何只对。有底师僧道，何不问本分事？这个是世间日月。大众，那个是世间日月？又岂有不管底法。又有师僧道，不动世间一星子，就上便明取恁么事今日七月二十也。大众，那里是不动底一星子？得安乐底人，终不作这般去就。山僧问你，今日是七月二十，不是七月二十，有人明得么？古人云：‘世间事明不得。’佛法太远在。这里若分疏不下，一切处碍塞杀人。还知么？大火聚中难着手，清凉池内易安身。下座。”师作示道三偈，一曰随流：“千圣灵踪百草头，卓然放去号随流。从教万古无人识，笑杀沩山水牯牛。”二曰合辙：“水中月是天边月，南北东西更无别。新罗打铁火星飞，烧着指头名合辙。”三曰双唱：“坐断千差古路头，解开空岸济人舟。明明一句该群象，善唱无声作么求。”问僧：“癞狗因甚无毛?”代云：“已被和尚道了也。”问：“六祖不识字，为甚坠腰石上，题龙朔三年老卢记?”代云：“更须子细。”宣和二年书云前一日，饭食讫，趺坐谓其徒曰：“诸方老宿，临终必留偈辞世，世可辞耶?且将安往?”乃合掌怡然趋寂。塔于龙门灵光台侧。

◎**彭州大随南堂元静禅师**，参永安恩，于临济三顿棒话发明。次依诸名宿，无有当意者。闻五祖机峻欲抑之，遂谒祖。祖乃曰：“我此间不比诸方，凡于室中，不要汝进前退后，竖指擎拳，绕禅床作女人拜，提起坐具千般伎俩，只要你一言下谛当，便是汝见处。”师茫然退参，历三载。一日入室罢，祖谓曰：“子所下语已得十分，试更与我说看。”师即剖而陈之。祖曰：“说亦说得十分，更与我断看。”师随所问而判之。祖曰：“好即好，只是未得老僧说话在。斋后，汝可来祖爷塔所，与汝一一按过始得。”及至彼，祖便以“即心即佛，非心非佛，睦州担板汉，南泉斩猫儿，赵州狗子无佛性有佛性之语”编辟之。其所对了无凝滞。至子胡狗话，祖遽转面曰：“不是。”师曰：“不是却如何?”祖曰：“此不是，则和前面皆不是。”师曰：“望和尚慈悲指示。”祖曰：“看他道，子胡有一狗，上取人头，中取人腰，下取人脚。入门者好看。才见僧入门，便道：看狗。向子胡道，看狗处，下得一转语，教子胡结舌，老僧钤口，便是你了当处。”次日入室，师密启其说。祖笑曰：“不道你不是千了百当底人，此语只似先师下底语。”师曰：“某何人，得似端和尚。”祖曰：“不然，老僧虽承嗣他，谓他语拙，盖只用远录公手段接人故也。如老僧共远录公。便与百丈、黄檗、南泉、赵州辈把手共行，才见语拙即不堪。”师以为不然。乃拽杖渡江，适大水泛涨，因留。四祖侪辈挽其归。又二年，祖方许可。尝商略古今次，执师手曰：“得汝说须是吾举，得汝举须是吾说。而今而后，佛祖秘要诸方关键，无逃子掌握矣。”师因五祖垂语云：“身之一字也大难说，教中道，地水火风四大假合。据老僧所见，亦未是在，有人道得，老僧大展坐具礼他三拜。”师云：“某甲道得，请和尚礼拜。”祖提起坐具，师便趋退。祖掷下坐具，师揭帘而出云：“贼过后张弓。”上堂，问答已，乃曰：“有祖已来，时人错会，只将言句以为禅道。殊不知道本无体，因体而立名。道本无名，因名而立号。只如适来上座才恁么出来，便恁么归众。且道具眼不具眼？若道具眼，才恁么出来，眼在甚么处？若道不具眼，争合便恁么去？诸仁者于此见得倜傥分明，则知二祖，礼拜依位而立，真得其髓。才这些子是三世诸佛命根，六代祖师命脉，天下老和尚安身立命处。虽然如是，须是亲到始得。”有一老宿垂语云：“十字街头起一间茅厮，只是不许人屙。”僧举以叩师。师曰：“是你先屙了，更教甚么人屙？”宿闻，焚香遥望大随拜谢。绍兴乙卯秋七月，山中大雨雪，有异象。师曰：“吾期至矣。”十七日别郡守，以次越三日，示少恙于天彭，二十四夜谓侍僧曰：“天晓无月时如何？”僧无对。师曰：“倒教我与汝下火始得。”翌日还堋口廨院，留遗诫，蜕然示寂。门弟子奉全身归，烟雾四合，猿鸟悲鸣。荼毗异香遍野，舌本如故。设利五色者不可计，瘗于定光塔之西。师之法嗣，护圣居静禅师，尝谓众曰："参学至要，不出先南堂道最初句，及末后句，透得过者。一生事毕，倘或未然，更与你分作十门。各各印证自心，还得稳当也未。一须信有教外别传，二须知有教外别传，三须会无情说法与有情说法无二，四须见性如观掌中之物了了分明，一一田地稳密。五须具择法眼，六须行鸟道玄路，七须文武兼济，八须摧邪显正，九须大机大用，十须向异类中行。凡欲绍隆佛种，须尽此纲要，方得坐这曲录床子，受得天下人礼拜，敢与佛祖为师。若不到恁么田地，只一向虚头，异日阎老子未放你在。"间有学者，各门颂出呈师。师以颂示曰："十门纲要掌中施，机会来时自有为。作者不须排位次，大都首末是根基。"人天眼目载此，去先南堂三字，指为南堂语，而以后颂为护圣语。今从《灯录》，考定附载于此。

◎汉州无为宗泰禅师，参五祖，祖举"赵州洗钵盂话"俾参。洎入室，举此话问师："你道赵州向伊道甚么？这僧便悟去。"师曰："洗钵盂去，蹔祖曰："你只知路上事，不知路上滋味。"师曰："既知路上事，路上有甚滋味？"祖曰："你不知耶？"又问："你曾游浙否？"师曰："未也。"祖曰："你未悟在。"师自此凡五年不能对。祖一日升堂，顾众曰："八十翁翁辊绣球。"便下座。师欣然出众曰："和尚试辊一辊看。"祖以手作打杖鼓势，操蜀音唱绵州巴歌曰："豆子山，打瓦鼓。杨平山，撒白雨。白雨下，取龙女。织得绢，二丈五。一半属罗江，一半属玄武。"师闻大悟，掩祖口曰："只消唱到这里。"祖大笑而归。

◎蕲州五祖表自禅师，依五祖最久，未有省。时圆悟为座元，往请益。悟曰：“兄有疑处试语我。”师遂举“德山小参，不答话，问话者三十棒。”悟曰：“礼拜着，我作得你师。举话尚不会?”师作礼竟，悟令再举前话。师曰：“德山小参，不答话。”悟掩其口曰：“但恁么看。”师出扬声曰：“屈！屈！岂有公案只教人看一句底道理?”有僧谓师曰：“兄不可如此说，首座须有方便。”因静坐体究，及旬顿释所疑，诣悟礼谢。悟曰：“兄始知吾不汝欺。”又诣方丈，祖迎笑。《萝湖野录》载此，又曰：“自从圆悟指示，未几有省。及迁圆悟，监总院务，即举自为座元。圆悟私告五祖曰：‘渠只得一橛，大法未明在，须更煅炼，必为法器。居无何，五祖宣言，请自立僧，实欲激其远到，自闻之深有所待。’一日上堂，以目顾自曰：‘莫妄想。’便下座，自气不平。趋琅琊启公法社，久之圆悟往抚存，遂于言下大彻。”

◎**嘉州九顶清素禅师**，闻五祖举首山西来意话，倏然契悟。述偈曰：“颠倒颠，颠倒颠，新妇骑驴阿家牵。便恁么，太无端，回头不觉布衫穿。”祖见乃问：“百丈野狐话又作么生?”师曰：“来说是非者，便是是非人。”祖大悦。太守吕公来瞻大像，问曰：“既是大像，因甚肩负两楹?”师曰：“船上无散工。”至阁下睹观音像，又问：“弥勒化境，观音何来?”师曰：“家富小儿娇。”守乃礼敬。勤老宿至，师问：“舞剑当咽时如何?”曰：“伏惟尚飨。”师诟曰：“老贼，死去你问我。”勤理前语问之。师叉手揖曰：“拽破。”绍兴乙卯四月二十四日，得微疾，书偈遗众曰：“木人备舟，铁人备马。丙丁童子稳稳登，喝散白云归去也。”竟尔趋寂。

◎**元礼首座**，初参五祖，凡入室必谓曰：“衲僧家明取缁素好。”师疑之不已。一日祖升堂，举首山新妇骑驴阿家牵语，乃曰：“诸人要会么？莫问新妇阿家，免烦路上波吒，遇饭即饭，遇茶即茶。同门出入，宿世冤家。”师于言下豁然，且曰：“今日缁素明矣。”

◎**法闵上座**，久依五祖，未有所入。一日造室，祖问：“不与万法为侣者是甚么人？”曰：“法闵即不然。”祖以手指曰：“住！住！法闵即不然作么生？”师于是启悟。后至东林宣密度《武库》作“宣秘度”禅师席下，见其得平实之旨。一日拈花绕度禅床一匝，背手插香垆中曰：“和尚且道，意作么生？”度屡下语皆不契。逾两月，乃令师试说之。师曰：“某只将花插香垆中，和尚自疑，有甚么事来？”

◎**金陵俞道婆**，市油糍为业。常随众参问琅琊，琊以临济无位真人话示之。一日闻丐者唱莲花落云：“不因柳毅传书信，何缘得到洞庭湖。”忽大悟，以油糍投地。夫曰：“你颠耶？”婆掌曰：“非汝境界。”往见琅琊，琊望之知其造诣。问：“那个是无位真人？”婆应声曰：“有一无位真人，六臂三头努力嗔。一擘华山分两路，万年流水不知春。”圆悟蒋山开堂，方至法座前，婆于众中跃出，以身一拶便归众。悟曰：“见怪不怪，其怪自坏。”悟次日至其家，婆不出，厉声曰：“这般黄口小儿，也道出来开堂说法？”悟曰：“婆子少卖弄，我识得你了也。”婆遂大笑出相见。凡有僧至，则曰：“儿，儿。”僧拟议，即掩门。佛灯珣禅师往勘之，婆见如前问。珣曰："爷在甚处？"婆转身拜露柱。珣即踏倒曰："将谓有多少奇特？"便出。婆蹶起曰："儿，儿来，惜你则个。"珣竟不顾。安首座至，婆问："甚处来？"曰："德山。"婆曰："德山泰老婆儿子。"安曰："婆是甚人儿子？"婆曰："被上座一问，直得立地放尿。"颂马祖不安因缘曰："日面月面，虚空闪电，虽然截断天下人舌头，分明只道得一半。"

◎东京净因继成禅师，同圆悟法真慈受。并十大法师，禅讲千僧，赴大尉陈公良弼府斋。时徽宗私幸观之，有善《华严》者，贤首宗之义虎也。对众问曰："吾佛设教，自小乘至于圆顿，扫除空有，独证真常。然后万德庄严，方名为佛。常闻禅宗一喝能转凡成圣，与诸经论似相违背。今一喝若能入吾宗五教，是为正说。若不能入，是为邪说？"诸禅视师，师曰："如法师所问，不足三大禅师之酬。"净因小长老，可以使法师无惑也。师召善，善应诺。师曰："法师所谓愚法小乘教者，乃有义也。大乘始教者，乃空义也。大乘终教者，乃不有不空义也。大乘顿教者，乃即有即空义也。一乘圆教者，乃不有而有不空而空义也。如我一喝，非惟能入五教。至于工巧伎艺诸子百家，悉皆能入。"师震声喝一喝，问善曰："闻么？"曰："闻。"师曰："汝既闻此一喝是有，能入小乘教。"须臾又问善曰："闻么？"曰："不闻。"师曰："汝既不闻适来一喝是无，能入始教。"遂顾善曰："我初一喝，汝既道有。喝久声消，汝复道无。道无则原初实有，道有则而今实无。不有不无，能入终教。我有一喝之时，有非是有，因无故有。无一喝之时，无非是无，因有故无。即有即无，能入顿教。须知我此一喝不作一喝用。有无不及，情解俱忘。道有之时纤尘不立，道无之时横遍虚空。即此一喝，入百千万亿喝。百千万亿喝入此一喝，是故能入圆教。”善乃起再拜。师复谓曰：“非唯一喝为然，乃至一语一默一动一静。从古至今，十方虚空万象森罗，六趣四生，三世诸佛，一切圣贤，八万四千法门，百千三昧，无量妙义，契理契机，与天地万物一体，谓之法身。三界惟心，万法惟识，四时八节，阴阳一致，谓之法性。是故《华严经》云：“法性遍在一切处。有相无相一声一色，全在一尘中含四义。事理无边，周遍无余。参而不杂，混而不一。于此一喝中皆悉具足。犹是建化门庭随机方便。谓之小歇场。未至宝所。殊不知吾祖师门下。以心传心。以法印法，不立文字。见性成佛，有千圣不传底向上一路在。”善又问曰：“如何是向上一路？”师曰：汝且向下会取。善曰：如何是宝所。师曰：非汝境界。善曰：望禅师慈悲。师曰：任从沧海变。“终不为君通。”善胶口而出，闻者靡不叹仰。

◎建宁府开善道琼首座，分座日，尝举只履西归语谓众曰：“坐脱立亡倒化即不无，要且未有逝而复出遗履者。为复后代儿孙不及祖师，为复祖师剩有这一着子。”乃大笑曰：“老野狐。”绍兴庚申冬，信守以超化革律为禅，迎为第一祖。师语专使曰：“吾初无意人间，欲为山子，正为宗派耳。然恐多不能往受请，已取所藏沩潭绘像与木庵二字。仍书偈嘱清泉亨老。”寄得法弟子慧山曰：“口嘴不中祥老子，爱向丛林鼓是非。分付雪峰山首座，为吾痛骂莫饶伊。”顾专使曰：“传语侍郎，行计迫甚。”不及修答，声绝而化。

◎杭州净慈慧晖禅师，初叩真歇，微有所证。后谒宏智，智举“当明中有暗不以暗相遇，当暗中有明不以明相睹”问之，语不契。初夜定回往圣僧前烧香，而宏智适至，师见之顿明前话。次日入室，智举堪嗟去日颜如玉，却叹回时鬓似霜诘之。师曰：“其入离其出微，自尔问答无滞。”智许为室中真子。

◎明州瑞岩法恭禅师，一夕诵《法华》至“父母所生眼悉见三千界，时闻风刺棕榈叶声”，忽然有省。弃依天童，始明大旨。

◎舒州投子道宣禅师，久侍天衣，无所契，衣叱之。师忘寝食者月余，一夕闻巡更铃声，忽猛省曰：“住！住！一声直透青霄路，寒潭月皎有谁知。泥牛触折珊瑚树，衣闻命职藏司。”住后凡有所问，以拂子作摇铃势。

指月录卷三十

六祖下第十六世

◎**嘉兴府报恩法常首座**，于《首楞严经》，深入义海。谒雪巢机契，命掌笺翰。首众报恩。室中惟有矮榻，余无长物。宣和庚子九月中，语寺僧曰："一月后不复留此。"十月二十一往方丈谒饭。将晓，书《渔父词》于室门，就榻收足而逝。词曰："此事《楞严》曾露布，梅花雪月交光处，一笑寥寥空万古。风瓯语，迥然银汉横天宇。蝶梦南华方栩栩，斑斑谁跨丰干虎。而今忘却来时路，江山暮，天涯目送鸿飞去。"

◎**左丞范冲居士**，字致虚。由翰苑守豫章，过圆通，谒旻禅师，茶罢曰："某行将老矣。堕在金紫行中，去此事稍远。"通呼内翰，公应诺。通曰："何远之有？"公跃然曰：

"乞师再垂指示。"通曰："此去洪都有四程。"公伫思，通曰："见即便见，拟思即差。"公豁然有省。又枢密吴居厚居士，拥节归钟陵，谒圆通曰："某往赴省试过此，过赵州关，因问前住讷老：'透关底事如何？'讷曰：'且去做官。'今不觉五十余年。"通曰："曾明得透关底事么？"公曰："八次经过，常存此念，然未甚脱洒在。"通度扇与之曰："请使扇。"公即挥扇。通曰："有甚不脱洒处？"公忽有省，曰："便请末后句。"通乃挥扇两下，公曰："亲切，亲切。"通曰："吉獠舌头三千里。"又谏议彭汝霖居士，手写《观音经》施圆通。通拈起曰："这个是《观音经》，那个是《谏议经》？"公曰："此是某亲写。"通曰："写底是字，哪个是经。"公笑曰："却了不得也。"通曰："即现宰官身而为说法。"公曰："人人有分。"通曰："莫谤经好。"公曰："如何即是？"通举经示之。公拊掌大笑曰："嗄！"通曰："又道了不得。"公礼拜。又中丞卢航居士，与圆通拥垆次，公问："诸家因缘不劳拈出，直截一句请师指示？"通厉声揖曰："看火。"公急拨衣忽大悟，谢曰："灼然佛法无多子。"通喝曰："放下着。"公应喏喏。又左司都贶居士，问圆通曰："是法非思量分别之所能解，如何凑泊？"通曰："全身入火聚。"公曰："毕竟如何会？"通曰："蓦直去。"公沉吟，通曰："可更吃茶么？"公曰："不必。"通曰："何不恁么会。"公契旨曰："元来太近。"通曰："十万八千。"公占偈曰："不可思议，是大火聚。便恁么去，不离当处。"通曰："咦！犹有这个在。"公曰："乞师再垂指示。"通曰："便恁么去？铛是铁铸。"公顿首谢之。

◎临安府径山涂毒智策禅师，初谒寂室光，洒然有省。次谒大圆于明之万寿。圆问曰：“甚处来？”师曰：“天台来。”曰：“见智者大师么？”师曰：“即今亦不少。”曰：“因甚在汝脚跟下？”师曰：“当面蹉过。”圆曰：“上人不耘而秀，不扶而直。”一日辞去，圆送之门，拊师背曰：“宝所在近，此城非实。”师颔之，往豫章谒典牛，道由云居，风雪塞路，坐阅四十二日。午时版声铿然，豁尔大悟。及造门，典牛独指师曰：“甚处见神见鬼来？”师曰：“云居闻板声来。”牛曰：“是甚么？”师曰：“打破虚空，全无柄靶。”牛曰：“向上事未在。”师曰：“东家暗坐，西家厮骂。”牛曰：“崭然超出佛祖。他日起家一麟足矣。”将示寂，升座别众，嘱门人以文祭之，师危坐倾听。至尚飨，为之一笑。越两日，沐浴更衣，集众说偈曰：“四大既分飞，烟云任意归。秋天霜夜月，万里转光辉。”俄顷泊然而逝。

◎平江府虎丘绍隆禅师，初谒长芦信禅师，得其大略。有传圆悟语至者，师读之叹曰：“想酢生液，虽未浇肠沃胃，要且使人庆快。第恨未聆謦欬耳。”遂由宝峰，依湛堂客黄龙，扣死心禅师。次谒圆悟，一日入室，悟问曰：“见见之时，见非是见。见犹离见，见不能及。”举拳曰：“还见么？”师曰：“见。”悟曰：“头上安头。”师闻脱然契证。悟叱曰：“见个甚么？”师曰：“竹密不妨流水过。”悟肯之。寻俾掌藏教。有问悟曰：“隆藏主柔易若此，何能为哉！”悟曰：“瞌睡虎耳。”

◎庆元府育王端裕禅师，依净慈一禅师。未几，偶闻僧击露柱曰：“你何不说禅?”忽微省。去谒诸名宿，皆以颖迈见推。晚谒圆悟于钟阜。一日悟问：“谁知正法眼藏，向这瞎驴边灭却。即今是灭不灭?”师曰：“请和尚合取口好。”悟曰：“此犹未出常情。”师拟对，悟击之，师顿去所滞。绍兴庚午十月初，示微疾，至十八日，首座法全请遗训，师曰：“尽此心意，以道相资。”语绝而逝。火后，目睛舌齿不坏，其地发光终夕。得设利者无数，逾月不绝。黄冠罗肇常，平日问道于师，适外归。独无所获。翘诚哀请，方与客食，咀嚼间，若有物，吐哺则设利也，大如菽，色若琥珀。好事者持去，遂再拜于阇维所，闻香奁有声，亟开所获如前，而差红润。

◎台州护国景元禅师，因僧读死心小参语云：“既迷须得个悟，既悟须识悟中迷，迷中悟。迷悟双忘，却从无迷悟处，建立一切法。”师闻而疑，即趋佛殿，以手拓开门扉，豁然大彻。继而报事，机辩逸发。圆悟目为聱头元，侍者悟自题肖像付之，有曰：“生平只说聱头禅，撞着聱头如铁壁。”

◎平江府南峰云辩禅师，谒穹窿圆，忽有得，遂通所见。圆曰：“子虽得入，未至当也，切宜着鞭。”乃辞扣诸席，后参圆悟。直入室，才踵门，悟曰：“看脚下。”师打露柱一下。悟曰：“何不着实道取一句?”师曰：“师若摇头，弟子摆尾。”悟曰：“你试摆尾看。”师翻筋斗而出，悟大笑。

◎临安府灵隐慧远禅师，依灵岩徽，微有省。既谒圆悟，闻举庞居士不与万法为侣因缘，师忽顿悟，仆于众，众掖之。师乃曰：“吾梦觉矣。”至夜小参，师出问曰：“净裸裸空无一物，赤骨力贫无一钱。户破家亡，乞师赈济。”悟曰：“七珍八宝一时拿。”师曰：“祸不入谨家之门。”悟曰：“机不离位，堕在毒海。”师随声便喝。悟以拄杖击禅床云：“吃得棒也未？”师又喝。悟连喝两喝，师便礼拜。自此机锋峻发，无所抵牾。内翰曾开居士，久参圆悟大慧之门。绍兴辛未，值师领光孝。开来谒，问曰：“如何是善知识？”师曰：“灯笼露柱，猫儿狗子。”开曰：“为甚么赞即欢喜，毁即烦恼？”师曰：“侍郎曾见善知识否？”开曰：“某三十年参问，何言不见！”师曰：“向烦恼处见，向欢喜处见。”开拟议，师震声便喝。开拟对，师曰：“开口底不是。”公开罔然。师召曰：“侍郎向甚么处去也？”开猛省点头，说偈曰：“咄哉瞎驴，丛林妖孽。震地一声，天机漏泄。有人更问意如何，拈起拂子劈口截。”师曰：“也只得一橛。”知府葛郯，志慕禅宗，久无证入。一日举“不是心，不是佛，不是物”，豁然有省，说偈云：“非心非佛亦非物，五凤楼前山突兀。艳阳影里倒翻身，野狐跳入金毛窟。”谒师求证，师云：“居士见处只可入佛，未得入魔在。”葛礼拜，师曰：“云何不道金毛跳入野狐窟？”葛乃顿领。乙未秋示众曰：“淳熙二年闰九月旦，闹处莫出头，冷地着眼看。明暗不相干，彼此分一半。一种作贵人，教谁卖柴炭？向你道，不可毁，不可赞，体若虚空没涯岸，相唤相呼归去来，上元定是正月半。”都下喧传而疑之。明年忽示微疾，果以上元挥偈安坐而化。偈曰：“拗折秤锤，掀翻露布。突出机先，鸦飞不度。”留七日，颜色如生。

◎**建康府华藏安民禅师**，初讲《楞严》有声。谒圜悟，闻“举国师三唤侍者因缘”，赵州拈云：“如人暗中书字，字虽不成，文彩已彰。那里是文彩已彰处？”师心疑之，告香入室。悟问：“座主讲何经？”师曰：“《楞严》。”悟曰：“《楞严经》有七处征心，八还辨见，毕竟心在甚么处？”师多呈解，悟皆不肯。师复请益，悟令一切处作文彩已彰会。偶僧请益十玄谈，方举问：“君心印作何颜？”悟厉声曰：“文彩已彰。”师闻而有省，遂求印证。悟示以本色钳锤，师则罔测。一日白悟曰：“和尚休举话，待某说看。”悟诺。师曰：“寻常拈槌竖拂，岂不是经中道，一切世界诸所有相，皆即菩提妙明真心。”悟笑曰：“你元来在这里作活计。”师又曰：“下喝敲床时，岂不是返闻闻自性，性成无上道？”悟曰：“你岂不见经中道，妙性圆明离诸名相。”师于言下释然《萝湖》作“悚然无以酬”。悟出蜀居夹山，师侍行。夜参次，悟举僧问岩头：“古帆未挂时如何？”头曰：“后园驴吃草。”师未领，遂求决。悟曰：“你问我。”师举前话，悟曰：“庭前柏树子。”师即洞明，谓悟曰：“古人道，如一滴投于巨壑，殊不知大海投于一滴。”悟笑曰：“奈这汉何！”未几令分座。后谒佛鉴，鉴问：“佛果有不曾乱为人说底句，曾与你说么？”师曰：“合取狗口。”鉴震声曰：“不是这个道理。”师曰："无人夺你茶盐袋，叫作甚么。"鉴曰："佛果若不为你说，我为你说。"师曰："和尚疑时退院别参去。"鉴呵呵大笑。

◎**成都府昭觉道元禅师**，谒大别道，因看廓然无圣之语，忽尔失笑曰："达磨元在这里。"道誉之，往参佛鉴、佛眼，皆蒙赏识。次谒圆悟于金山，悟不肯。悟迁住云居，师从之。虽有信入，终以鲠膺之物未去为疑。会悟问参徒："生死到来时如何？"僧曰："香台子笑和尚。"次问师："汝作么生？"师曰："草贼大败。"悟曰："有人问你时如何？"师拟答，悟凭凌曰："草贼大败。"师即彻证。悟以拳击之，师拊掌大笑。悟曰："汝见甚么便如此？"师曰："毒拳未报，死劫不忘。"悟归昭觉，命首众。

◎**潭州大沩佛性法泰禅师**，圆悟住蒋山时，师为座元。有僧仲安者，来谒悟。因扣师，遂领旨。及师住德山，遣安至蒋山，通嗣书于悟。时悟坐于丈室，安捧书趋前。悟曰："千里驰达，不辱宗风。公案现成，如何通信？"安曰："觌面相呈更无回互。"悟曰："此是德山底，那个是专使底。"安曰："岂有第二人。"悟曰："背后底聻。"安便度书。悟曰："作家禅客，天然犹在。"安曰："分付与蒋山。"乃下通首座大众书。于僧堂前，首座问曰："玄沙白纸，此自何来？"安呈起书曰："见么。"座遂引手接。安复执却曰："久默斯要，不务速说。今日拜呈，幸希一鉴。"座便喝。安曰："作家首座。"座又喝。安打一书，座拟议，安曰："未明三八九，不免自沉吟。”又以书打一下曰：“接。”悟与佛眼立于法堂，盻其作略。悟厉声曰：“打我首座死也。”佛眼曰：“官马厮踏，有甚凭据?”安曰：“说甚官马厮蹋，正是龙象蹴蹋也。”悟曰：“唤来，唤来。”安复至法堂上。悟曰：“我五百众中首座，你为甚么打他?”安曰：“和尚也吃一顿始得。”悟顾佛眼吐舌，佛眼曰：“未在。”乃顾安而问曰：“只如空手把锄头，步行骑水牛。人从桥上过，桥流水不流。意作么生安低躬? 曰：所供并是诣实。”悟笑曰：“元来是家里人。”遂至五祖自禅师处，自曰：“书里说甚么?”安曰：“文彩已彰。”自曰：“毕竟说甚么?”安曰：“当阳挥宝剑。”自曰：“近前来，这里不识数字。”安曰：“莫诈败。”自顾侍者曰：“这是那里僧?”安曰：“多少人疑着。”侍者曰：“曾在和尚会下去。”自曰：“怪得恁么滑头。”安曰：“曾被和尚钝置来。”自遂将书于炉上熏曰：“南无三满多没驮喃。”安近前弹指而已。安再至蒋山坐夏，悟使分座接纳。秋辞归，悟曰：“子何所需?”安曰：“短歌须要十数丈，长句只消三两言。”悟以颂嘉赏之。安后出世于鼎州灵岩。源不深流不长，安公得法于佛性。其为专使，藉甚于丛林，佛性所诣可知矣。嗟乎昔何林林，今何寥寥也。

◎眉州象耳山袁觉禅师，本名圆觉，郡守填牒误作袁，以师族姓袁，戏谓曰：“一字名可乎?”师曰：“一字已多。”守异之。遍历诸方。后依佛性陈所见，性曰：“汝忒煞远在。”性每举《法华》“开示悟入”四字令下语，曰：“直待我竖点头时方是也。”偶不职被斥。制中无依，寓俗士家。

一日诵《法华》，至“亦复不知何者是舍，何者为火。”乃豁然，制罢归省。性见首肯之。时圆悟在云居，师往通所悟。悟呵云：“本是净地，屙屎作么？”师所疑顿释。

◎**临安府中天竺中仁禅师**，谛穷经论，于宗门未契。圆悟居天宁，凌晨谒之。悟方为众入室，师见敬服，奋然造前。悟曰：“依经解义，三世佛冤。离经一字，即同魔说。速道！速道！”师拟对，悟劈口击之，因坠一齿。即大悟。

◎**眉州中岩华严祖觉禅师**，幼聪慧，过目成诵。著书排释氏，恶境忽现，悔过出家。依慧目能禅师。未几疽发膝上，五年医莫愈。因书《华严合论》毕，夜感异梦，旦即舍杖步趋。一日诵至《现相品》曰：“佛身无有生，而能示出生。法性如虚空，诸佛于中住。无住亦无去，处处皆见佛。”遂悟华严宗旨。尝讲于千部堂，词旨宏放，众皆叹服。适南堂静禅师至，谓曰：“观公讲说，独步西南，惜未离文字相耳。倘能问道方外，即今之周金刚也。”师欣然罢讲南游，依圆悟于钟阜。一日入室，悟举“德山道：‘有言时，踞虎头收虎尾，第一句下明宗旨。无言时，觌露机锋，如同电拂。’作么生会？”师莫能对。夙夜参究，忽然有省。作偈呈悟曰：“家住孤峰顶，长年半掩门。自嗟身已老，活计付儿孙。”悟见许可。次日入室，悟问：“昨日公案作么生？”师拟对，悟便喝曰：“佛法不是这个道理。”师复留五年，愈更迷闷。后于庐山，阅浮山远禅师《削执论》云：“若道悟有疏亲，岂有栴檀林中却生臭草。”豁然契悟。作偈寄悟曰：

“出门依旧入蓬蒿，天网恢恢不可逃。谁信业缘无避处？归来不怕语声高。”悟大喜，持以示众曰：“觉华严彻矣。”

◎**平江府明因昙玩禅师**，当诏僧为德士时，入头陁岩，食松自全。后依圆悟。因举桴击鼓，顿明大法。后凡有所问法，皆对曰：“莫理会。”故人亦称为莫理会长老。

◎**成都府昭觉道祖首座**，初见圆悟，于即心即佛语下发明。久之，悟命分座。一日为众入室，师忽问曰：“生死到来，如何回避？”僧无对。师掷下拂子，奄然而逝。众皆眙愕，悟闻至召曰：“祖首座。”师张目视之。悟曰：“抖擞精神透关去。”师点头，竟尔趋寂。

◎**枢密徐俯**，字师川。每侍其父龙图谒法昌及灵源，语论终日。公闻之，藐如也。及法昌归寂，在笑谈间，公异之，始笃信。及丁父忧，念无以报罔极，请灵源归孝址说法。源登座问答已，乃曰：“诸仁者，只如龙图读万卷书，如水传器，涓滴不遗。且道，寻常着在甚么处？而今舍识之后，这著万卷书底，又却向甚么处著？公闻洒然有得，遂曰：“吾无憾矣。”源下座问曰：“学士适来见个甚么，便恁么道？”公曰：“若有所见，则钝置和尚去也。”源曰：“恁么则老僧不如。”公曰：“和尚是何心行？”源大笑。靖康初，为尚书外郎，与朝士同志者，挂钵于天宁寺之择木堂，力参圜悟。悟亦喜其见地超迈。一日至书记寮，指悟顶相曰：“这老汉，脚跟犹未点地在。”悟颦面曰：“瓮里何曾走却鳖？”公曰：“且喜老汉脚跟点地。”悟曰：“莫谤他好。”公休去。

◎郡王赵令衿，参圆悟于瓯阜，公欣然就其炉锤，悟不少假。公固请，悟曰：“此事要得相应，直须是死一回始得。”公默契，尝自疏之。其略曰：“家贫遭劫，谁知尽底不存。空室无人，几度贼来亦打。”悟见，嘱令加护。绍兴庚申冬谒大慧，慧闻令击鼓入室，公欣然袖香趋之。慧曰：“赵州洗钵盂话，居士作么生会？”公曰：“讨甚么碗？”拂袖便出。慧起搊住曰：“古人向这里悟去，你为甚么不悟？”公拟对，慧摵之曰：“讨甚么碗？”公曰：“还这老汉始得。”

◎侍郎李弥远普现居士，参圜悟一日朝回，至天津桥马跃，忽有省，通身汗流。直造天宁，适悟出门，遥见便唤曰：“居士且喜大事了毕。”公厉声曰：“和尚眼花作么？”悟便喝，公亦喝。于是机锋迅捷，凡与悟问答，当机不让。及迁吏部，方在壮岁。遽乞祠禄，归闽连江，筑庵自娱。一日示微恙，索汤沐浴毕，遂趺坐作偈曰：“漫说从来牧护，今日分明呈露。虚空拶倒须弥，说甚向上一路。”掷笔而逝。

◎成都范县君，嫠居岁久，常坐而不卧。闻圆悟住昭觉，往礼拜，请示入道因缘。悟令看“不是心，不是佛，不是物，是个甚么？”久无所契。范泣告悟曰：“和尚有何方便，令某易会。”悟曰：“却有个方便。”遂令“只看是个甚么？”后有省，曰：“元来恁么近那！”《宗门武库》至“和尚有何方便令某易会”，悟曰：“有个方便，不是心，不是佛，不是物。”范于此有省，乃云：“元来得恁么近。”

◎**常德府文殊心道禅师**，习惟识，自以为至。同舍诘之曰：“三界惟心，万法惟识。目前万象摐然，心识安在？”师茫然。遂遍参扣，抵太平，闻佛鉴夜参，举赵州柏树子话，至“觉铁觜云，先师无此语莫谤先师好”，因大疑。提撕既久，一夕豁然。即趋丈室，拟叙所悟。鉴见来便闭门。师曰：“和尚莫瞒某甲。”鉴曰：“十方无壁落，何不入门来？”师以拳㩳破窗纸，鉴即开门搊住云：“道！道！”师以两手捧鉴头，作口啐而出。遂呈偈曰：“赵州有个柏树话，禅客相传遍天下。多是摘叶与寻枝，不能直向根源会。觉公说道无此语，正是恶言当面骂。禅人若具通方眼，好向此中辨真假。”鉴深然之。

◎**潭州龙牙智才禅师**，得法佛鉴。后谒黄龙死心，心问曰：“会得最初句，便会末后句。会得末后句，便会最初句。最初末后拈放一边。百丈野狐话作么生会？”师曰：“入户已知来见解，何劳再举轹中泥？”心曰：“新长老死在上座手里也。”师曰：“语言虽有异，至理且无差。”心曰：“如何是无差底事？”师曰：“不扣黄龙角，焉知颔下珠？”心便打。上堂，举死心小参曰：“若论此事，如人家有三子。第一子聪明智能，孝养父母，接待往来，主掌家业。第二子凶顽狡猾，贪淫嗜酒，倒街卧巷，破坏家业。第三子盲聋喑痖，菽麦不分，是事不能，只会吃饭。三人中，黄龙要选一人用，更有四句：‘死中有活，活中有死，死中常死，活中常活。’将此四句，验天下衲僧。”师曰：“唤甚么作四句，三人姓甚名谁？若也识得，与黄龙把手并行，更无纤毫间隔。如或未然，不免借水献花去也。三人共体用非用，四句同音空不空。欲识三人并四句，金乌初出一团红。”师初住岳麓。开堂日，僧问：“德山棒临济喝，今日请师为拈掇。”师曰：“苏噜，苏噜。”曰：“苏噜，苏噜。还有西来意也无？”师曰：“苏噜，苏噜。”由是丛林呼为才苏噜。居龙牙，迁云溪，以清苦莅众，衲子敬畏。绍兴戊午八月望，俄集众付寺事。仍书偈曰：“戊午中秋之日，出家住持事毕。临行自己尚无，有甚虚空可觅？”其垂训如常。二十三日再集众示问曰：“涅槃生死，尽是空华。佛及众生，并为增语。汝等诸人，合作么生？”众皆下语不契。师喝曰：“苦！苦！”复曰：“白云涌地，明月当天。”言讫翛然而逝。

◎**安吉州何山佛灯守珣禅师**，参佛鉴。随众咨请，邈无所入。乃封其衾曰：“此生若不彻，誓不展此。”于是昼坐宵立，如丧考妣。逾七七日，忽佛鉴上堂曰：“森罗及万象，一法之所印。”师闻顿悟，往见鉴。鉴曰：“可惜一颗明珠，被这风颠汉拾得。”乃诘之曰：“灵云道，自从一见桃花后，直至如今更不疑。如何是他不疑处？”师曰：“莫道灵云不疑，只今觅个疑处了不可得。”鉴曰：“玄沙道：谛当甚谛当，敢保老兄未彻在。那里是他未彻处？”师曰：“深知和尚老婆心切。”鉴然之。师拜起呈偈曰：“终日看天不举头，桃花烂熳始抬眸。饶君更有遮天网，透得牢关即便休。”鉴嘱令护持。是夕厉声谓众曰："这回珦上座稳睡去也。"圆悟闻得，疑其未然，乃曰："我须勘过始得。"遂令人召至，因与游山，偶到一水潭，悟推师入水，遽问曰："牛头未见四祖时如何?"师曰："潭深鱼聚。"悟曰："见后如何?"师曰："树高招风。"悟曰："见与未见时如何?"师曰："伸脚在缩脚里。"悟大称之。待制潘良贵，依师久不契，谓师曰："某只欲死去时如何?"师曰："好个封皮，且留着使用。而今不了，不当便去，忽被他换却封皮，卒无整理处。"公又以南泉斩猫儿话问曰："某看此甚久，终未透彻，告和尚慈悲?"师曰："你只管理会别人家猫儿，不知走却自家狗子。"公于言下如醉醒。师复曰："不易公进此一步，更须知有向上事始得。如今士大夫，说禅说道，只依着义理，便快活。大率似将钱买油糍吃了便不饥，其余便道，是瞒他。亦可笑也。"公唯唯。师尝谓众曰："兄弟如有省悟处，不拘时节，请来露个消息。"雪夜有僧扣方丈门，师起秉烛，震威喝曰："雪深夜半，求决疑情。因甚么威仪不具?"僧顾视衣裓，师逐出院。师每曰："先师只年五十九，吾年五十六矣，来日无多。"绍兴甲寅解制，退天宁，谓双槐居士郑绩曰："十月八日是佛鉴忌，则吾时至矣。"乞还鄣南。十月四日，郑公遣弟僧道如讯之，师曰："汝来正其时也。先一日不着便，后一日蹉过了。吾虽与佛鉴同条生，终不同条死。明早可为我寻一只小船子来。"如曰："要长者，要高者?"师曰："高五尺许。"越三日，鸡鸣，端坐如平时，侍者请遗偈，师曰："不曾作得。"言讫而逝。

◎温州龙翔士珪禅师，醉心《楞严》。逾五秋，南游谒诸尊宿。始登龙门，即以平时所得白佛眼。眼曰：“汝解心已极，但欠着力开眼耳。”俾职堂司。一日侍立次，问云：“绝对待时如何？”眼曰：“如汝僧堂中白椎相似。”师罔措。眼晚至堂司，师理前话。眼曰：“闲言语。”师遂大悟。

◎南康军云居善悟禅师，在龙门日，有僧被蛇伤足，佛眼问曰：“既是龙门，为甚却被蛇齩？”师即应曰：“果然现大人相。”后传此语到昭觉，圆悟云：“龙门有此僧耶？东山法道未寂寥尔。”

◎隆兴府黄龙法忠禅师，四明姚氏子。十九试经得度，习台教，悟一心三观之旨，未能泯迹。遍参名宿，至龙门观水磨旋转，发明心要。乃述偈曰：“转大法轮，目前包裹。更问如何，水推石磨。”呈佛眼，眼曰：“其中事作么生？”师曰：“涧下水长流。”眼曰：“我有末后一句，待分付汝。”师掩耳而出。已而礼辞，渡九江登庐阜，露眠草宿，相羊山水，会意则居。或数日不食，或连宵不卧，发长不剪，衣敝不易，故禅会呼为忠道者。死心禅师住黄龙，学者奔凑，至无所容，因于季春结制限之。师见心抗论不可，投以偈曰：“莫怪狂僧骂死心，死心结夏破丛林。丛林明眼如相委，此话须教播古今。”又迫暮持白木剑造死心，而问曰：“闻老和尚不惧生死，是否？”心拟对，师即挥剑。心引颈而笑，师掷剑于地，作舞而出冯给事济川。尝有请师住胜业疏，略曰：“佛眼磨头，悟法轮之常转。死心室内，容慧剑以相挥。”时以为实录云。宣和间，湘潭大旱，祷而不应。师跃入龙渊呼曰：“业畜，当雨一尺。”雨随至。居南岳，恒跨虎出游，儒释望尘而拜。普庵印肃禅师，袁州宜春余氏子。师将生，邻里望其室，祥光烛天，莲生道周，或现阡陌。及生，即善世言。盖政和五年乙未十一月二十七日辰时也。及长，一夕梦一僧点其胸曰：“汝他日当自省。”既寤白母，黄氏视胸有赤点如含桃，因遣师寿隆贤。贤授以《法华》，师曰：“诸佛玄旨，贵悟于心。数墨循行，何益于道。”贤甚器之。闻牧庵道风，遂谒于湘之沩山，问：“万法归一，一归何处？”牧庵竖拂示之，有省。归寿隆时年二十九矣。使牒请主慈化寺，师利世不伐。尝言舍家出家，当为何事。披缁削发，本属何因。若不报国资家，虚负皇恩。若不导化檀那，枉作释子。楮衣粝食，胁不沾席者十有二年。一日诵《华严论》，至“达本情亡知心体合”，豁然大悟，遍体汗流，曰：“我今亲契《华严》法界矣。”遂示众曰：“李公长者，于《华严》大经之首，痛下一槌，击碎三千大千世界。如汤消雪，不留毫发许。于后进者，作得滞碍。”普庵老人一见，不觉吞却五千四十八卷，化成一气，充塞虚空，方信释迦老子“出气不得”之句。然后破一微尘，出此《华严经》。遍含法界，无理不收，无法不贯。便见摩耶夫人是我身，弥勒楼台是我体，善财童子是甚茄子，文殊普贤与我同参。不动道场，遍周法界。悲涕欢喜，踊跃无量，大似死中得活。如梦忽醒，良久云：“不可说，不可说，又不可说。”始信《金刚经》云：“信心清净即生实相。”实相既生，妄想相灭。全体法身，遍一切处，方得大用现前。即说偈曰：“捏不成团拨不开，何须南岳又天台。六根门首无人用，惹得胡僧特地来。”师一日举似心斋圆通二子云：“达本情亡，知心体合，汝作么生会？”二人相顾笑云：“未达。”明日各呈颂，师因题云：“据宗眼看来，句到意未到，其体未合，其情未亡。”乘便强占二词，调曰：“解佩。”令明眼人前觑着，三十拄杖不饶。为什么如此？不合雪上加霜。其一云：“先天先地，何名何样？阿曼陁，无物比况。触目菩提，自是人不肯承当，且轮回。滞名著相，圆融法界，无思无想，庐陵米不用商量。血脉才通，便知道击木无声，打虚空尽成金响。”其二云：“柏庭立雪，一场败阙。了无为，当下休歇。百匝千围。但只这孤圆心月，不揩磨。镇常皎洁，无余无欠，无听无说，韶阳老衹得一橛。十圣三贤闻举着，魂消胆裂，惟普庵迥然寂灭。俄有僧称道存：“自蜀冒雪而来。”既见师曰：“此吾不请友也。”遂相征诘。棒喝交驰，心心密契。僧曰：“师再来人也。”大兴吾道，非师而谁，因指雪书颂而别。师自是广津梁，崇塔庙，御灾捍患。天动物与鬼神，莫能测其变化，诸异迹不可胜纪。尝自赞云：“苍天！苍天！悟无生法。谈不说禅，开两片皮。括地该天，如何是佛？十万八千。”干道五年七月二十一日，书偈于方丈之西壁云：“乍雨乍晴，宝象明，东西南北乱云深。失珠无限人遭劫，幻应权机为汝清。”书毕跏趺而逝。幻寄曰：“忠道者父子悟处，与诸方等耳。其神用乃能尔。假令黄檗而在，其胫惧不免。黄檗十二传而得忠，十三传而得肃，养子不及父，悲夫。至谓天竺神通不传真丹者，又何尝梦见忠父子矢溺气耶。”肃之咒世间盛传，至被管弦。而临终一偈，乃类“云门”，是可异矣。

◎**衢州乌巨道行禅师**，示疾，门弟子教授汪公乔年至省候。师以后事委之，示以偈曰：“识则识自本心，见则见自本性。识得本心本性，正是宗门大病。注曰：‘烂泥中有刺，莫道不疑好。’”黎明沐浴更衣，跏趺而逝。

◎**南康军云居法如禅师**，遍参浙右诸宗匠。晚至龙门，以平日所证白佛眼。眼曰：“此皆学解，非究竟事。欲了生死，当求妙悟。”师骇然谛信。一日命主香积，以道业未办固辞。眼勉曰：“姑就职，其中大有人为汝说法。”未几，晨兴开厨门，望见圣僧，契所未契。即白佛眼，眼曰：“这里还见圣僧么？”师诣前问讯，叉手而立。眼曰：“向汝道，大有人为汝说法。”

◎南康军归宗正贤禅师，习经论，过目成诵，义亦顿晓，大慈秀称为经藏子。出蜀扣诸尊宿，后扣佛眼。一日入室，眼举“殷勤抱得栴檀树”，语声未绝，师顿悟。眼曰：“经藏子逗漏了也。”

◎安吉州道场明辩禅师，至少林，闻僧举“佛眼以古诗发明罽宾王斩师子尊者”话，曰：“杨子江头杨柳津，杨花愁杀荡舟人。数声羌笛离亭晚，君向潇湘我向秦。”师默有所契，即趋龙门求入室。佛眼问，从上祖师方册因缘，许你会得。”忽举拳曰：“这个因何唤作拳？”师拟对，眼筑其口曰：“不得作道理。”于是顿去知见。室中垂问，猫儿为甚么爱捉老鼠？”虚堂湛颂云：“独怜幽草涧边生，上有黄鹂深树鸣。春潮带雨晚来急，野渡无人舟自横。”

又曰：“板鸣因甚么犬吠？”云峰潜颂云：“黄河远上白云间，一片孤城万仞山。羌笛何须怨杨柳，春风不度玉门关。”

又曰：“蚯蚓为甚么化为百合？”圆极岑颂云：“客舍并州已十霜，归心日夜忆咸阳。无端更渡桑干水，却望并州是故乡。”

葛待制胜携客造师室，坐论天地一指万物一马，滚滚不已。师若不闻，葛疑而问曰：“师谓何如？”师笑而不答，良久厉声唤待制。葛仓皇应诺，师曰："天地一指万物一马。"葛欣然曰："须是和尚始得。"临终登座，拈拄杖于左边卓一下曰："三十二相无此相。"于右边卓一下曰："八十种好无此好。僧繇一笔画成，志公露出草槁。"又卓一下顾大众曰："莫懊恼，直下承当休更讨。"下座归方丈，俨然趺坐而逝。《萝湖野录》载师悟缘，自闻僧举"至默有所契下，乃云：即趋龙门坐据，居无何？佛眼举前话问之。师拟对，佛眼以手托开。师趋出豁然大彻，复回吐露，佛眼拽杖逐之"，与《灯录》小异，附志于此。

◎**世奇首座**，瞌睡间，群蛙忽鸣，误听为净发板响。亟趋往，有晓之者曰："蛙鸣非板也。"师恍然，诣方丈披露。佛眼曰："岂不见罗睺罗？"师遽止曰："和尚不必举，待去自看。"未几有省，乃占偈曰："梦中闻板响，觉来虾蟆啼。虾蟆与板响，山岳一时齐。"由是益加参究，洞臻玄奥。眼命分座，师固辞曰："此非细事也。如金针刺眼，毫发若差，睛则破矣。愿生生居学地，而自煅炼。"暮年，学者力请不容辞。因说偈曰："诸法空故我心空，我心空故诸法同。诸法我心无别体，只在而今一念中。且道是那一念？"行罔措，师喝一喝而终。

◎**给事冯楫济川居士**，自壮岁遍参，后依佛眼。一日同眼经行法堂，偶童子趋庭吟曰："万象之中独露身。"眼拊公背曰："好！聻。"公于是契入。绍兴丁巳除给事。会大慧禅师，就明庆开堂，慧下座，公挽之曰："和尚每言于士大夫前曰："此生决不作这虫豸，今日因甚却纳败阙？"慧曰："尽大地是个杲上座，你向甚处见他？"公拟对，慧便掌。公曰："是我招得。"越月，特丐祠坐夏径山，榜其室曰"不动轩"。一日慧升座，举"药山参石头马祖得悟因缘"，慧拈罢，公随至方丈曰："适来和尚所举底因缘，某理会得了？"慧曰："你如何会？"公曰："恁么也不得。苏嚧娑婆诃。不恁么也不得。悉哩娑婆诃。恁么不恁么总不得，苏嚧悉哩娑婆诃。"慧印之以偈曰："梵语唐言，打成一块。咄哉俗人，得此三昧。"公后知邛州，所至宴晦无倦。尝自咏曰："公事之余喜坐禅，少曾将胁到床眠。虽然现出宰官相，长老之名四海传。"至二十三年秋，乞休致，预报亲知，期以十月三十报终。至日，令后厅置高座，见客如平时。至辰巳间，降阶望阙肃拜。请漕使摄邛事，着僧衣履，踞高座。嘱诸官吏道俗，各宜向道，扶持教门，建立法幢。遂拈拄杖按膝，泊然而化。漕使请曰："安抚去住如此自由，何不留一颂以表罕闻？"公张目索笔书曰："初三十一，中九下七，老人言尽，龟哥眼赤。"竟尔长往。公以建炎后名刹教藏，多残毁，施印凡一百二十八藏。有《语录》《颂古》行世。

◎**台州钓鱼台石头自回禅师**，世为石工，从人口授《法华》能诵之。投大随，供洒扫。令取崖石，手不释锤凿，诵经不辍。随见而语之曰："今日硿磕，明日硿磕，生死到来，如何折合？"师因设礼，求究竟法。随令且罢诵经，看赵州勘婆因缘。师念念不去心。久之因凿石，石稍坚，尽力一锤，瞥见火光，忽然省彻。走至方丈，礼拜呈颂曰："用尽工夫，浑无巴鼻。火光迸散。元在这里。”随欣然曰：“子彻也。”复献《赵州勘婆颂》曰：“三军不动旗闪烁，老婆正是魔王脚。赵州无柄铁扫帚，扫荡烟尘空索索。”随可之，授以僧服。俗呼为回石头。

◎常德府梁山师远禅师，上堂，举“杨岐三脚驴子”话，乃召大众曰：“扬其汤者，莫若扑其火；壅其流者，莫若杜其源。此乃至人之明鉴。佛法之正论，正在斯焉。这因缘，如今丛林中，提唱者甚多，商量者不少。有般底只道，宗师家无固必。凡有所问，随口便答。似则也似，是即未是。若恁么，只作个干无事会。不见杨岐用处，乃至祖师千差万别门庭，如何消遣？又有般底，只向佛边会却与自已没交涉。古人道，凡有言句，一一须消归自己，又作么生？又有般底，一向只作自己会，弃却古人用处，惟知道明自己事，古人方便却如何消遣？既消遣不下，却似抱桥柱洗澡，要且放手不得。此亦是一病。又有般底，却去脚多少处会。此病最难医也。所以他语有巧妙处，学人卒难摸索，才拟心则差了也。前辈谓之杨岐宗旨，须是他屋里人。到恁么田地，方堪传授。若不然者。则守死善道之谓也。这公案，直须还他透顶彻底汉，方能了得。此非止禅和子会不得，而今天下丛林中，出世为人底，亦少有会得者。若要会去，直须向威音那畔空劫已前，轻轻觑着，提起便行，捺着便转。却向万仞峰前进一步，可以笼罩古今，坐断天下人舌头。如今还有恁么者么？有则出来道看。如无，更听一颂：三脚驴子弄蹄行，直透威音万丈坑。云在岭头闲不彻，水流涧下太忙生。湖南长老谁解会，行人更在青山外。”

◎**莫将尚书**，字少虚。官西蜀时，谒南堂咨决心要。堂使其向好处提撕。适如厕闻秽气，急以手掩鼻。遂有省，即呈偈曰：“从来姿韵爱风流，几笑时人向外求。万别千差无觅处，得来元在鼻尖头。”堂答曰：“一法才通法法周，纵横妙处更何求。青蛇出匣魔军伏，碧眼胡僧笑点头。”南堂大随别号

◎**龙图王萧居士**，字观复。留昭觉日，闻开静板声有省。问南堂曰：“某有个见处，才被人问，却开口不得，未审过在甚处？”堂曰：“过在有个见处。”堂却问：“朝旆几时到任？”公曰：“去年八月四日。”堂曰：“自按察几时离衙？”公曰：“前月二十。”堂曰：“为甚么道开口不得。”公乃契悟。

◎**无为军冶父道川禅师**，昆山狄氏子。初为县之弓给，闻东斋谦首座，为道俗演法，往从之，习坐不倦。一日因不职遭笞，忽于杖下大悟，遂辞役依谦。谦为改名道川，且曰：“汝旧呼狄三，今名道川。川即三耳，汝能竖起脊梁，了办个事。其道如川之增，若放倒，则依旧狄三也。”师铭于心。建炎初，圆顶游方，至天封蹒庵，与语锋投，庵称善。归憩东斋，道俗尊事之，座下学者请益《金刚般若经》。因章为之颂，盛行于世。

指月录卷三十一

六祖下第十六世

◎临安府径山宗杲大慧普觉禅师语要上，师宣城奚氏子。其母梦一僧，黑颊隆鼻，神人卫之，造于卧室。问其何所居，对曰："岳北。"觉而有身。哲宗元祐四年己巳十一月十日巳时诞师，白光透室，举邑称异。年十六《灯录》作"十二"，非。此从年谱。出家，十七落发，即喜宗门中事。遍阅诸家语录，尤喜云门睦州语。尝疑五家宗派，元初只是一个达磨，甚处有许多门庭。性俊逸不羁，十九游方。初至太平杯度庵，庵主迎待恭甚，曰："夜梦伽蓝神。"告以云峰悦师来，戒令肃候也。杯度老宿，因以悦语示师。师过目成诵，人遂谓云峰后身，既谒宣州明寂珵禅师，请益雪窦拈古颂古，珵不假一言。令自见自说，师辄洞达微旨。珵叹曰："杲必再来人也。"过郢州大阳，见元首座。洞山微和尚，坚首座。师周旋三公会下甚久，尽得曹洞宗旨，见其授受之际，必臂香以表不妄付。念曰："禅有传授。岂佛祖自证自悟之法。弃之为方敷文普说云："微固有悟门，只是不合。将功动五位偏正回互五王子之类，许多家事来传被我一传得了，写作一纸，榜在僧堂前。大丈夫参禅，岂肯就宗师口边，吃野狐涎唾。尽是阎老子面前，吃铁棒底遍历诸方，尝至奉圣初和尚处。值初上堂，师出问。承和尚有言，金莲从地涌，宝盖自天垂。为是神通妙用，为是法尔如然？初曰："金莲从地涌，宝盖自天垂。"师曰："鸾凤不栖荆棘树，燕雏犹恋旧时窠。"初曰："三年不相见，便有许多般。"师曰："只如适来僧道，昔日世尊今朝和尚，又作么生？"初便喝。师曰："这一喝，未有主在。"初回头取拄杖稍迟，师曰："掣电之机，徒劳伫思。"拍手一下归众，已而参心印珣公。珣令至宝峰，依湛堂准公。师始至，机辩纵横。一日湛堂问曰："你鼻孔今日因甚无半边？"对曰："宝峰门下。"堂曰："杜撰禅和。"又一日于妆十王处，问曰："此官人姓甚么？"对曰："姓梁。"堂姓梁堂以手自摸头曰："争奈姓梁底。"对个幞头，对曰："虽无幞头，鼻孔仿佛。"堂曰："杜撰禅和。"又看经次，问曰："看甚么经？"对曰："《金刚经》。"堂曰："是法平等，无有高下，为甚么云居山高，宝峰山低？"对曰："是法平等，无有高下。"堂曰："你做得个座主。"使下。一日侍次，湛堂视师指爪曰："想东司头筹子，不是汝洗。"师承训，即代黄龙忠道者作净头。九月按普说云：某自闻湛堂和尚此说，终身不养爪甲，才长一菽不剪。湛堂和尚便于手指上出现一日堂问曰："杲上座，我这里禅，你一时理会得，教你说也说得，教你做拈古颂古小参普说，你也做得，只是有一事未在，你还知么？”对曰：“什么事？”堂曰：“你只欠这一解在。囫。若你不得这一解，我方丈里与你说时便有禅，才出方丈便无了。惺惺思量时便有禅，才睡着便无了。若如此，如何敌得生死？”对曰：“正是某甲疑处。”湛堂疾亟，师问曰：“倘和尚不复起，某甲依谁可了此大事？”堂曰：“有个勤巴子，我虽不识渠，然汝必依之，可了汝事。若见渠不了，便修行去，后世出来参禅。”及堂化后，师往荆南。谒张无尽求塔铭。张问曰：“公只恁么着草鞋远来？”师曰：“某数千里行乞来见相公。”又问：“年多少？”师曰：“二十八。”又问：“水牯牛年多少？”师曰：“两个。”又问：“什么处学得这虚头来？”师曰：“今日亲见相公。”张笑曰：“且坐吃茶。”才坐又问：“远来有何事？”师趋前曰：“泐潭和尚示寂，荼毗，眼睛牙齿数珠不坏，舍利无数。求大手笔作塔铭，激励后学。”张曰：“有问问公，若道得即作塔铭。”师曰：“请相公问。”张曰：“闻准老眼睛不坏，是否？”曰：“是。”张曰：“我不问这个眼睛。”曰：“相公问什么眼睛？”张曰：“金刚眼睛。”曰：“若是金刚眼睛，在相公笔头上。”张曰：“若如此，老夫为他点出光明，令他照天照地去也。”师谢，张遂着铭。铭有云：四大色身，诸缘假合。从本已来，舍利岂有体性。若梵行精洁，白业坚固，灵明廓微，预知报谢。不惊不怖，则依正二报，毫厘不失。世间粗心，于本分事上。十二时中，不曾照管。微细流注，生大我慢，此是业主鬼来借宅。如此而欲舍利流珠，诸根不坏，其可得乎复谒灵源草堂诸大老，咸被赏识。与洪觉范游。觉范尝见其十智同真颂云：“兔角龟毛眼里栽，铁山当面势崔巍。东西南北无门入，旷劫无明当下灰。”叹曰：“作怪我二十年做工夫，也只道得到这里。”又过无尽，无尽与论百丈再参马祖因缘语具《百丈章》中。无尽亟赏之，促师见圜悟。及悟住天宁，师往依之，自惟曰：“当以九夏为期。其禅若不异诸方，妄以余为是，我则造无禅论去也。枉费精神，蹉跎岁月，不若弘一经一论。把本修行，庶他生后世，不失为佛法中人。”既见悟，晨夕参请。悟举“云门东山水上行语”令参，师凡呈四十九转语，悟不肯。悟一日升座。举云门语曰：“天宁即不然。若有人问如何是诸佛出身处，但向他道，熏风自南来，殿阁生微凉。”师闻举豁然，以白悟。悟察师虽得前后际断，动相不生，却坐净裸裸处，语师曰：“也不易你到这个田地，但可惜死了，不能得活。不疑言句，是为大病。不见道，悬崖撒手自肯承当，绝后再苏欺君不得，须知有这个道理。”师曰：“某甲只据如今得处，已是快活，更不能理会得也。”悟令居择木堂，为不厘务侍者。日同士大夫闲话，入室日不下三四。每举有句无句如藤倚树问之，师才开口，悟便曰：“不是。”经半载，念念不忘于心。一日同诸客饭，师把箸在手，都忘下口。悟笑曰：“这汉参黄杨木禅，却倒缩去。”师曰：“这个道理，恰似狗看热油铛，欲舐舐不得，欲舍舍不得。”悟曰：“你喻得极好，这个便是金刚圈栗棘蓬也。”一日问曰：“闻和尚当时在五祖，曾问这话，不知五祖道甚么？”悟笑而不答。师曰：“当时须对众问，如今说亦何妨？”悟曰：“我问有句无句如藤倚树，意旨如何？祖曰：‘描也描不成，画也画不就，又问树倒藤枯时如何？’祖曰：‘相随来也。’”师当下释然，曰：“我会也。”悟遂举数诸讹因缘诘之，师酬对无滞。悟曰："始知我不汝欺。"遂着临济正宗记付之。师既大彻，反于数禅客有疑，乃以问悟。悟云："我这里禅，如大海相似，你须将个大海来倾去始得。若只将钵盂盛得些子去便休，是你器量只如此，教我怎奈何。能有几个得到你田地，往时只有个珪璟上座，与你一般，却已死了也。"未几，令分座。室中握竹篦以验学者，丛林浩然归重。会女真之变，欲取禅师十数，师在选，获免趋吴虎丘。阅《华严》，至八地文，洞彻昔所请问湛堂，殃崛奉佛语救产难因缘。初师以此请益湛堂，堂曰："正爬着我痒处。这话是金矢法，不会如金，会得如矢。"师曰："岂无方便。"堂曰："我有个方便，只是你刬地不会。"师曰："望和尚慈悲。"堂曰："殃崛云：'我乍入道，未知此法，待问世尊。未到佛座下，他家生下儿子时如何？我自从贤圣法来，未曾杀生。'殃崛持此语，未到他家，已生下儿子时如何？"师茫然。至是读至菩萨登第七地，证无生法忍云：佛子，菩萨成就此忍，实时得入菩萨第八不动地，为深行菩萨。难可知，无差别。离一切相一切想一切执着，无量无边，一切声闻辟支佛，所不能及。离诸喧诤，寂灭现前。譬如比丘具足神通，得心自在，次第乃至入灭尽定，一切动心忆想分别，悉皆止息。此菩萨摩诃萨亦复如是，住不动地，即舍一切功用行，得无功用法，身口意业，念务皆息，住于报行。譬如有人，梦中见身堕在大河，为欲渡故，发大勇猛，施大方便。以大勇猛施方便故，即便寤寤。既寤寤已，所作皆息。菩萨亦尔，见众生身在四流中，为救度故，发大勇猛，起大精进。以勇猛精进故，至此不动地。既至此已，一切功用靡不皆息，二行相行皆不现前。此菩萨摩诃萨，菩萨心、佛心、菩提心、涅槃心，尚不现起，况复起于世间之心。师因豁然，打失布袋。湛堂所说方便，忽然现前。圜悟诏住云居，师往觐，悟即请为第一座。冬至秉拂，昭觉元禅师出众问云："眉间挂剑时如何？"师曰："血溅梵天。"悟于座下以手约云："住！住！问得固好，答得更奇。"元乃归众。师每入室，圜悟时来听其语。一日入室罢上方丈，悟云："或有个禅和子，得似老僧，汝又如何支遣？"师云："何幸如之，正如东坡说：作刽子手，一生得遇一个肥汉剐。"悟呵呵大笑云："你倒与我入室，拶得我上壁也。"悟又问："达磨西来，将何传授？"师曰："不下总作野狐精见解。"又问："据虎头收虎尾，第一句下明宗旨，如何是第一句？"师曰："此是第二句。"悟常言：近来诸方，尽成窠臼。五祖下，我与佛鉴、佛眼三人，结社参禅，如今早见逗漏出来。佛鉴下，有一种作狗子叫鹁鸠鸣，取笑人。佛眼下，有一种觑灯笼露柱，指东画西，如眼见鬼一般，我这里且无这两般病。师曰："击石火闪电光，引得无限人弄业识。举了便会了，岂不是佛法大窠窟。"悟不觉吐舌，乃云："休管他。我只以契证为期，若不契证，断不放过。"师曰："契证即得，第恐只恁么传将去？举了便悟了，硬主张，击石火电闪光，业识茫茫，未有了日。"悟深肯之。

勘辨

师在云居作首座，一日到西积庄，遇一暂到，从圆通来，云："因看首座颂女子出定话，有个悟处，特来求首座印证。”师云：“你去不是。”僧云：“某甲未道见处，为甚么道不是？”师再三摇手云：“你去不是，不是。”僧懡㦬而退。问僧：“不是心、不是佛、不是物，你作么生会？”曰：“领师曰：‘领你屋里七代先灵。’”僧便喝。师曰：“适来领而今喝，干他不是心、不是佛、不是物，甚么事？”僧无语，师打出。问僧：“我前日有一问在你处，你先前日答了我也，即今因甚么瞌睡？”僧曰：“如是，如是。”师曰：“道甚么？”僧曰：“不是，不是。”师连打两棒曰：“一棒打你如是，一棒打你不是。”师室中多问衲子，唤作竹篦则触，不唤作竹篦则背；不得下语，不得无语；不得于意根下卜度，不得扬在无事甲里；不得于举起处承当，不得良久；不得作女人拜绕禅床，不得拂袖便行，一切总不得，速道，速道。僧拟进语，师便打趁出，时罕有善其机者。有僧闻举，夺却竹篦。师曰：“夺却竹篦，我且许你夺却。我唤作拳头则触，不唤作拳头则背，你又如何夺？更饶你道个请和尚放下着，我且放下着。我唤作露柱则触，不唤作露柱则背，你又如何夺？我唤作山河大地则触，不唤作山河大地则背，你又如何夺？”时有舟峰长老，云：“某甲看和尚竹篦子话，如籍没却人家财产了，更要人纳物事。”师曰：“你譬得极妙。我真要你纳物事，你无所从出，便须讨死路去也。或投河，或赴火拼得方始死得。死了却缓缓地再活起来，唤你作菩萨则欢喜，唤你作贼汉则恶发，依前只是旧时人。所以古人道：悬崖撒手自肯承当，绝后再苏欺君不得，到这里，始契得竹篦子话。”又僧闻举曰：“请和尚放下竹篦即与和尚道。”师放下，僧拂袖便出。师曰：“侍者认取这僧。”又举问僧，僧曰：“瓮里怕走却鳖那。”师下禅床擒住曰：“此是谁语？速道。”僧曰：“实不敢谩昧，此是竹庵和尚，教某恁么道。”师连打数棒曰：“分明举似诸方。”师又举问弥光光曰："杜撰长老，如麻似粟。"师曰："你是第几个？"光曰："今日捉败这老贼。"师深肯之近礼侍者久侍师，默究竹篦话，无所入，一日入室罢求指示。师曰："你是个福州人，我说个喻向你，如将名品荔枝，和皮壳剥了，送在你口里，只是不解吞。"礼不觉失笑，曰："和尚吞却即祸事。"师后复问曰："前日吞了底荔枝，只是你不知滋味。"礼曰："若知滋味，转见祸事。"师肯之。

才见僧入，便曰："不是出去。"僧便出，师曰："没量大人，被语脉里转却。"次一僧入，师亦曰："不是出去。"僧却近前。师曰："向你道不是，更近前觅个甚么？"便打出。复一僧入，曰："适来两僧，不会和尚意。"师低头嘘一声，僧罔措。师打曰："却是你会老僧意。"师才见僧入，便云："你不会出去。"僧便出去。次一僧入：师亦云："你不会出去。"僧亦出。复一僧入，师云："适来两个上座，一人解收不解放，一人解放不解收，你还辨得么？"僧云："一状领过。"师云："领过后别有甚好消息。"僧拍手一下便出。师云："三十年后悟去在。"问僧："路逢达道人，不将语默对时如何？"僧珍重便出，师呵呵大笑。次一僧来，师曰："我适来问这僧：路逢达道人，不将语默对时如何？他珍重便出，你道：他会不会？"僧拟问讯，师便打出。问僧："不与万法为侣者，是甚么人？"曰："无面目汉。"师曰："适来有个师僧恁么道，打出去了也。"僧拟议，师便打。问僧："香严上树话，你作么生会？"曰："好对春风唱鹧鸪。"师曰："虎头上座道，树上即不问。未上树道将一句来，又作么生？"曰："适来对和尚道了也。"师曰："好对春风唱鹧鸪，是树上语树下语？"僧拟对，师便打。僧问："某参禅不得，病在甚么处？”师曰：“病在这里。”曰：“某因甚却参不得？”师曰：“开眼尿床汉，我打你去。”问僧：“国师三唤侍者，意旨如何？”曰：“鱼行水浊。”师曰：“莫屡沸。”僧无语，便打。问僧：“马大师道，自从胡乱后，三十年不曾少盐酱，作么生？”曰：“随家丰俭。”师曰：“好个随家丰俭，只是你不会。”僧拟议，师便打。僧请益夹山境话，道声未了，师便喝。僧茫然，师曰：“你问甚么？”僧拟举，师连打喝出。问僧：“道不用修，但莫染污。如何是不染污底道？”曰：“某甲不敢道。”师曰：“你为甚么不敢道？”曰：“怕染污。”师高声曰：“行者将粪箕笤帚来。”僧茫然，师便打出。问僧：“一切智智清净，无二无二分，无别无断故，作么生会？”曰：“一切智智清净，无二无二分，无别无断故，某但恁么会？”师曰：“抱取猫儿来。”僧无语，师便喝出。问僧：“还记得话头么？”曰：“不记得。”师曰：“你来这里管甚么事？”便打。问僧：“五祖道：赵州狗子无佛性，也胜猫儿十万倍。如何？”曰：“风行草偃。”师曰：“你也不得乱说，却作么生会？”僧无语。师曰：“学语之流。”便打出。师才见僧入，便云：“释迦老子来也。”僧近前，师云：“不是。”便打。次一僧入，师亦曰：“释迦老子来也。”僧当面问讯便出。师曰：“却似真个。”僧才入，师便曰：“诸佛菩萨畜生驴马，庭前柏树子麻三斤干矢橛。你是一枚无状贼汉。”曰：“久知和尚有此机要。”师曰：“我已无端入荒草，是你屎臭气也不知。”僧拂袖便出。师曰：“苦哉佛陀耶。”问侍者曰：“几多人入室？几人道得着几人道不着。”侍者曰：“某甲只管看。”师忽展手曰：“我手何似佛手？”侍者曰：“天寒且请和尚通袖。”便行。师随打一竹篦曰：“且道，是赏你罚你?”有僧请益，不知某甲死向甚么处去?师曰：“你道只今是生耶死耶?”僧曰：“生也不道，死也不道。”师曰：“你做得渐源奴。”僧拟议，师便打出。又一僧来，师曰：“适来这僧，纳一场败阙，你还知么?”僧曰：“知。”师亦打出。问僧：“岩头才跨德山门，便问是凡是圣。德山便喝，岩头礼拜，意作么生?曰：“好个消息。”师曰：“那里是好处?”僧便喝。师曰：“你这一喝，未有主在。出去。”问僧：“恁么也不得，不恁么也不得，恁么不恁么总不得，作么生?”曰：“总得。”师曰：“抛却甜桃树，缘山摘醋梨。”问僧：“你道禅还受教也无?”曰：“万里一条铁。”师曰：“争奈观音院里有弥勒。”僧拟议，师便打出。问僧：“你名甚么?”曰：“法如。”师曰：“僧堂佛殿如否?”曰：“如。”师曰：“老僧被你勘破。”僧拟议，师便打。乌龙长老访冯济川话次，云：“昔有官人，问：‘泗州大圣何姓?’圣云：‘姓何。’官云：‘住何国。’圣云：‘住何国。’此意如何?”龙曰：“大圣本不姓何，亦不是何国人。”冯笑曰：“大圣决定姓何，住何国。”如是往返数次，遂致书于师，乞断此公案。师云：“有六十棒，将三十棒打大圣，不合道姓何。三十棒打济川，不合道大圣决定姓何。若乌龙长老，教自领出去。”一日同到明庵，见壁间画髑髅，济川颂云：“尸在这里，人今何在。”始知一灵不居皮袋。师不肯，自颂云：“即此形骸，便是其人。一灵皮袋，皮袋一灵。”张子韶至，上堂，僧问：“大颠为韩文公趁却首座，意旨如何?”师曰：“鲇鱼上竹竿，一日一千里。”进云：“学人未了，乞师慈悲。”师云：“更要第二杓恶水在。”进云：“只如首座也扣齿三下，过在甚么处？”师云：“过在扣齿处。”进云：“莫谤他首座好。”师云：“你见个甚么道理，便恁么道？”进云：“谁知远烟浪，别有好思量。”师云：“你莫谤径山好。”进云：“今日侍郎或问和尚春秋多少，又且如何？”师云：“向他道百十二岁。”进云：“唤作谤径山得么？”师云：“你又谤侍郎也。”僧问：“古人道：‘如人上树，口衔树枝，手不攀枝，脚不踏树。’未审还有答话分也无？”师云：“答话了也。”进云：“学人问树上话，和尚为甚么向树下答？”师云：“只为你在树下问。”进云：“谩得大众眼么？”师云：“灼然谩不得。”进云：“只如树子未生，消息未动，香严向甚么处得这话头来？”师云：“向你漆桶里得来。”进云：“只如和尚道：‘唤作竹篦则触，不唤作竹篦则背。’还有为人处也无？”师云：“无。”进云：“恁么则成虚设？”师云：“虚设。”乃云：“如人上树，口衔树枝，手不攀枝，脚不踏树。树下有人问西来意，答他则丧身失命，不答又违他所问。”是时，香严才恁么道。便有个旁不肯底，唤作虎头上座，出众云：“树上即不问，树下道将一句来。”师云：“险。”香严呵呵大笑，师云：“险。”径山这两险，有一险如天普盖，似地普擎，有一险料掉没交涉，还有拣得出者么？若拣得出，非惟亲见香严，亦使虎头上座，无安身立命处。如无，径山将现成公案。为你诸人下个注脚：唤作竹篦则触，不唤作竹篦则背。

酬答法要

佛言：“若有欲知佛境界，当净其意如虚空。远离妄想及诸取，令心所向皆无碍。”佛境界，非是外境界有相佛，乃自觉圣智之境界也。决欲知此境界，不假庄严修证而得。当净意根下，无始时来客尘烦恼之染，如虚空之宽旷，远离意识中诸取。虚伪不实妄想，亦如虚空，则此无功用妙心所向，自然无滞碍矣。示李献臣。又云：“古德有言：‘寻牛须访迹，学道贵无心。迹在牛还在，无心道易寻。’”所谓无心者，非如土木瓦石顽然无知。谓触境遇缘心定不动，不取着诸法。一切处荡然，无障无碍，无所染污，亦不住在无染污处。观身观心如梦如幻，亦不住在梦幻虚无之境。到得如此境界，方始谓之真无心，且非口头说底无心。若未得真无心，只据说底，与默照邪禅，何以异哉？但得本，莫愁末。空却此心是本，既得本，则种种语言，种种智能，日用应物随缘。七颠八倒，或喜或怒，或好或恶，或顺或逆，皆末也。于随缘处能自觉知，则无少无剩。示黄伯成。既学此道，十二时中遇物应缘处，不得令恶念相续。或照顾不着，起一恶念，当急着精彩，拽转头来。若一向随他去，相续不断，非独障道，亦谓之无智能人。昔沩山问懒安：“汝十二时中，当何所务？”安云：“牧牛。”山云：“汝作么生牧？”安云：“一回入草去，蓦鼻拽将回。”山云：“子真牧牛也。”学道人，制恶念，当如懒安之牧牛，则久久自纯熟矣。示李献臣。又云：“他弓莫把，他马莫骑，他人之事莫知。”此虽常言，亦可为入道之资粮。但常自检察，自旦至暮，有甚利人自利之事，稍觉偏枯，当须自警不可忽也。又云：“昔道林禅师，居秦望山长松之上，时人谓之鸟窠和尚。”白居易侍郎镇钱塘，特入山中谒之，乃问：“禅师坐处甚危险？”师曰：“老僧有甚危险，侍郎险尤甚。”曰：“弟子位镇江山，何险之有？”师曰：“薪火相交，识性不停，得非险乎。”又问：“如何是佛法大意？”师曰：“诸恶莫作，众善奉行。”曰：“三岁孩儿也解恁么道。”师曰：“三岁孩儿虽道得，八十老人行不得。”白遂作礼而去。今欲省心力，莫管他三岁孩儿道得道不得，八十老人行得行不得，但诸恶莫作，便了此语。信也着，不信也着，请思之。又云：“世人现行无明，矫而为善。善虽未至，岂不胜寡廉鲜耻。”托善而为恶者，教中谓之因地不真。果招纡曲，苟能直心直行，直取无上菩提，可谓真大丈夫之所为矣。尘劫来事，只在如今。如今会得，尘劫来事。实时瓦解冰消，如今不会，更经尘却，亦只如是。如是之法亘古恒然，未尝移易一丝毫许。又云：“世间尘劳之事，如钩锁连环，相续不断，得省便省，为无始时来习得熟。若不力与之争，日久月深，不知不觉，入得头深。腊月三十日，卒着手脚不办，要得临命终时不颠错，便从如今作事处，莫教颠错。如今作事处颠错，欲临命终时不颠错，无有是处。”又云：“有一种人，早晨看经念佛忏悔，晚间纵口业骂詈人，次日依前礼佛忏悔，卒岁穷年，以为日课，此乃愚之甚也。”殊不知，梵语忏摩，此云悔过，谓之断相续心。一断永不复续，一忏永不复造，此吾佛忏悔之意。学道之士，不可不知也。又云：“学道人，十二时中，心意识常要寂静无事。亦须静坐，令心不放逸，身不动摇。久久习熟，自然身心宁怗，于道有趣向分，寂静波罗蜜定众生散乱妄觉耳。”若执寂静处便为究竟，则被默照邪禅之所摄持矣。梵语般若，此云智能。未有明般若，而贪欲嗔恚痴者。未有明般若，而毒害众生者。作如此等事底，与般若背驰，焉得谓之智能。示陈次仲。以生死事在念，则心术已正。心术既正，则日用应缘时。不着用力排遣，既不着排遣，则无邪非。无邪非则正念独脱，正念独脱则理随事变，理随事变则事得理融，事得理融则省力。才觉省力时，便是学此道得力处也。得力处省无限力，省力处得无限力。示罗孟弼。此事许聪明灵利汉担荷。若使聪明灵利，则无担荷分。聪明灵利者虽易入，而难于保任。盖入处不甚深，而力弱故也。聪明灵利者，才闻善知识说着个中事，便眼目定动，早将心意识领解了也。似此者，自作障碍，永劫无有悟时。外鬼作殃犹可治，此乃家亲作祟，不可禳祷也。永嘉云：“损法财，灭功德，莫不由兹心意识。此之谓也。”示李献臣。心意识之障道，甚于毒蛇猛虎。何以故？毒蛇猛虎尚可回避，聪明利智之士，以心意识为窟宅，行住坐卧，未尝顷刻不与之相酬酢，日久月深，不知不觉，与之打作一块，亦不是要作一块。为无始时来，行得这一路子熟，虽乍识得破，欲相远离，亦不可得，故曰：毒蛇猛虎尚可回避，而心意识，真是无你回避处。示罗孟弼。士大夫，多以有所得心，求无所得法。何谓有所得心？聪明灵利思量计较者是。何谓无所得法？思量不行计较不到，聪明灵利无处安著者是。不见释迦老子，在法华会上，舍利弗殷勤三请，直得无启口处，然后尽力道得个“是法非思量，分别之所能”解，此是释迦老子究竟此事，开方便门，示真实相之椎轮也。昔雪峰真觉禅师，为此事之切，三度到投子，九度上洞山，因缘不相契。后闻德山周金刚主化，遂造其室。一日问德山：“从上宗风，以何法示人？”德山云：“我宗无语句，亦无一法示人。”后又问：“从上宗乘中事，学人还有分也无？”德山拈拄杖便打云：“道什么？雪峰于棒下，方打破漆桶。”以是观之，聪明灵利思量计较，于此个门中，一点也用不着。古德有言：“般若如大火聚，近之则燎却面门。”拟议寻思，便落意识。永嘉云：“损法财灭功德，莫不由兹心意识。”故知，心意识非独障道，亦使得人七颠八倒，作诸不善。既有究竟此道之心，须是具决定志，不到大休大歇大解脱处，誓毕此生不退不堕。佛法无多子，久长难得人。世间尘劳中事，如钩锁相续不断。志意下劣者，往往甘心，与伊作伴侣。不觉不知，被伊牵挽将去。除是当人夙有愿力，方肯退步思量。永嘉又云：“无明实性即佛性，幻化空身即法身。法身觉了无一物，本原自性天真佛。”若如是思量，蓦然向思量不及处，见得无一物底法身，即是当人出生死处。前所云无所得法，不可以有所得心求，便是这个道理也。士大夫，一生在思量计较中作活计，才闻善知识说无所得法，心里便疑惑怕落空去。妙喜每见如此说者，即问：他只这怕落空者，还空也无？十个有五双，分疏不下。盖平时只以思量计较为窟宅，乍闻说着不得思量底话，便茫然无讨巴鼻处。殊不知，只这无讨巴鼻处，便是自家放身命底时节也。敦立道友，靖康中在夷门相会，是时春秋鼎盛，便知有此段大事因缘叙事不录。但以博极群书，于九经十七史内，入得太深，聪明太过，理路太多，定力太少，被日用应缘处牵挽将去，故于脚跟下，不能得啐地折嚗地断耳。若时时正念现前，怕生死之心不变，则日月浸久，生处自熟，熟处自生矣。且那个是熟处？聪明灵利思量计较底是。那个是生处？菩提涅槃真如佛性，绝思惟分别，搏量卜度不到，无你用心安排底是。蓦然时节到来，或于古人入道因缘上，或因看经教时，或于日用应缘，若善若不善，若身心散乱，若逆顺境界现前，若暂得心意识宁静时，忽地踏翻关棙子，不是差事。示徐敦立。士人博览群书，本以资益性识，而反以记持古人言语，蕴在胸中，作事业资谈柄。殊不知，圣人说教之意，所谓“终日数他宝，自无半钱分”。看读佛教亦然，当须见月忘指，不可依语生解。古德云：“佛说一切法，为度一切心。我无一切心，何用一切法。”有志之士，读书看教，能如是，方体圣人之意少分也。示李献臣。又云：“近日丛林，以古人奇言妙语问答。为差别因缘，狐媚学者，殊不本其实。”诸佛说法，惟恐人不会，纵有隐覆之说，则旁引譬喻，令众生悟入而已。如僧问马祖：“如何是佛？”祖曰：“即心是佛。”于此悟入，又有何差别。于此不悟，即此即心是佛，便是差别因缘。参禅人，看经教及古德入道因缘，但虚却心，不用向声名句义上，求玄妙求悟入。若起此心，即障却自己正知见，永劫无有入头处。盘山云：“譬如掷剑挥空，莫论及之不及。”不可忽。净名云：“法过眼耳鼻舌身意，欲彻此法，先须屏除六根门头，使无少过患。”何谓过患？被色、声、香、味、触、法所转，而不能远离，于经教及古德言句上，求知见觅解会者是。苟能于经教及古德入道因缘中，不起第二念，直下知归，则于自境界他境界，无不如意，无不自在者。德山见僧入门便棒，临济见僧入门便喝，诸方尊宿，唤作劈面提持，直截分付；妙喜唤作第一等拖泥带水，直饶向一棒一喝下。全身担荷得，已是不丈夫汉，被他蓦头浇一杓恶水了也。况于一棒一喝下，求奇特觅妙会，乃是不唧嵧中，又不唧嵧者。示邓子立。昔李文和都尉，参石门慈照聪禅师，悟临济宗旨，有一偈曰：“学道须是铁汉，着手心头便判。直取无上菩提，一切是非莫管。”妙哉斯言，可以为光明种子，发机之助也。示李献臣。又云：“佛是众生药，众生病除，药亦无用。或病去药存，入佛境界，而不能入魔境界，其病与众生未除之病等。病瘥药除，佛魔俱扫，始于此大事因缘，有少分相应耳。”佛是众生界中了事汉，众生是佛界中不了事汉。欲得一如，但佛与众生一时放下，则无了无不了。古德云：“但于事上通无事，见色闻声不用聋。”示聂妙证。是人知得世间有为虚妄不实底道理，及至对境遇缘，蓦地撞在面前，不随他去，则被伊穿却鼻孔定也。盖无始时来，熟处太熟，生处太生，虽暂识得破，终是道力不能胜他业力。且那个是业力？熟处是。那个是道力？生处是。然道力业力，本无定度，但看日用现行处，一个昧与不昧耳。昧却道力，则被业力胜却。业力胜，则触涂成滞。触涂成滞，则处处染着。处处染着，则以苦为乐。故释迦老子谓满慈子曰：“汝以色、空、相倾相夺于如来藏。”而如来藏随为色空，周遍法界。是故于中风动空澄，日明云暗，众生迷闷，背觉合尘。故发尘劳有世间相，遮个是昧道力而被业力胜者。释迦老子又曰：“我以妙明不灭不生合如来藏。”而如来藏惟妙觉明，圆照法界。是故于中，一为无量，无量为一。小中现大，大中现小。不动道场遍十方界，身含十方无尽虚空，于一毛端现宝王刹，坐微尘里转大法轮。遮个是现行处不昧道力而胜业力者，然两处俱归虚妄。若舍业力而执着道力，则我说是人不会诸佛方便随宜说法。何以故？不见释迦老子曰："若取法相，即着我人众生寿者。若取非法相，即着我人众生寿者。是故不应取法，不应取非法。"前所云"道力业力本无定度"是也。若有智能丈夫儿，借道力为器仗，攘除业力，业力既除，道亦虚妄。所以道：但以假名字，引导于众生。未识得破时，千难万难。识得破后，有甚难易。庞居士曰："凡夫志量狭，妄说有难易。离相如虚空，尽契诸佛智。戒相亦如空，迷人自作持。病根不肯拔，只自弄花枝。"要识病根么？不是别物，只是个执难执易妄生取舍者。遮个病根拔不尽，生死海里浮沉，直是无出头时。昔张拙秀才，才被尊宿点着病源，便解道：断除烦恼重增病，趋向真如亦是邪。随分世缘无罣碍，涅槃生死等空华。要得直截，不疑佛祖，不疑生死。但常放教方寸虚豁豁地，事来则随时拨置。如水之定，如鉴之明。好恶妍丑到来，逃一毫不得，信知无心自然境界不可思议示吕舜元。要识法么？真如佛性菩提涅槃是。要识病么？妄想颠倒贪嗔邪见是。虽然如是，离妄想颠倒，无真如佛性。离贪嗔邪见，无菩提涅槃。且道：分即是，不分即是。若分，存一去一，其病转深。若不分，正是颟顸佛性，儱侗真如。毕竟作么生说个除病不除法底道理，有般汉，闻恁么说？便道：即法是病，即病是法。但有言说，都无实义。顺真如，则颠倒妄想贪嗔邪见悉皆是法。随颠倒，则真如佛性菩提涅槃悉皆是病。恁么见解？莫道我披衲衣，便是作他座主奴，也未得在。何故？须知平地上死人无数，灼然过得荆棘林者是好手，不见古人云："设有一法过于涅槃。”吾说亦如梦幻，苟能于梦幻中，如实而证，如实而解，如实而修，如实而行。以如实之法，能自调伏，起大悲心，作种种方便，复能调伏一切众生。而于众生不作调伏不调伏想，亦复不作颠倒想，不作贪嗔邪见想，不作真如佛性菩提涅槃想，不作除病不除法想，不作存一去一分不分想。既无如是之想，则一道清净，平等解脱。魏砙请升座。既曰虚幻，则作时亦幻，受时亦幻，知觉时亦幻，迷倒时亦幻，过去现在未来皆悉是幻。今日知非，则以幻药复治幻病。病瘥药除，依前只是旧时人。若别有人有法，则是邪魔外道见解也。答曾天游。又云：“善财于弥勒弹指之顷，尚能顿忘诸善知识所证三昧，况无始虚伪恶业习气耶。”若以前所作底罪为实，则现今目前境界皆为实有，乃至官职富贵恩爱悉皆是实。不识别后日用应缘处不被外境所夺否？视堆案之文。能拨置否？与物相遇时。能动转否？住寂静处。不妄想否？体究个事。无杂念否？故黄面老子有言：心不妄取过去法，亦不贪着未来事。不于现在有所住，了达三世悉空寂。过去事或善或恶不须思量，思量则障道矣。未来事不须计较，计较则狂乱矣。现在事在面前或顺或逆，亦不须着意，着意则扰方寸矣。但一切临时随缘酬酢，自然合着遮个道理。逆境界易打，顺境界难打。逆我意者，只消一个忍字定省，少时便过了。顺境界，直是无你回避处，如磁石与铁相偶，彼此不觉合在一处。无情之物尚尔，况现行无明，全身在里许作活计者。当此境界，若无智能，不觉不知，被他引入罗网，却向里许要求出路，不亦难乎。所以先圣云：“入得世间出世无余。”便是遮个道理也。近世有一种修行失方便者，往往认现行无明，为入世间，便将世间法，强差排作出世无余之事，可不悲乎。除夙有誓愿，实时识得破，作得主，不被他牵引。故净名有言："佛为增上慢人。"说离淫、怒、痴为解脱耳。若无增上慢者，佛说淫、怒、痴性即是解脱。若免得此过，于逆顺境界中，无起灭相，始离得增上慢名字。恁么方可作入得世间？谓之有力量汉。已上所说，都是妙喜平昔经历过底，即今亦只如此修行愿公趁色力强健，亦入是三昧答楼枢密。细读来书，乃知四威仪中，无时间断，不为公冗所夺。于急流中，时自猛省，殊不放逸，道心愈久愈坚固，深惬鄙怀。然世间尘劳，如火炽然，何时是了？正在闹中，不得忘却竹椅蒲团上事。平昔留心静胜处，正要闹中用。若闹中不得力，却似不曾在静中做工夫一般。承有前缘驳杂，今受此报之叹，独不敢闻命。若动此念，则障道矣。古德云："随流认得性，无喜亦无忧。"净名云："譬如高原陆地不生莲花，卑湿污泥乃生此花。"老胡云："真如不守自性，随缘成就一切事法。"又云："随缘赴感靡不周。"而常处此菩提座，岂欺人哉。若以静处为是，闹处为非，则是坏世间相而求实相，离生灭而求寂灭。好静恶闹时，正好着力。蓦然闹里撞翻静时消息，其力能胜竹椅蒲团上，千万亿倍。答曾天游。乍得身心宁静，切须努力，不得便向宁静处躲根。教中谓之解脱深坑可畏之处，须教转辘辘。如水上葫芦，自由自在，不受拘牵。入净入秽，不碍不没。方于衲僧门下，有少亲近分。若只抱得不哭孩儿，有甚用处。示空慧。临济云：汝若歇得念念驰求心，与释迦老子不别，不是欺人。第七地菩萨，求佛智心未满足故，谓之烦恼。直是无你安排处，着一星儿外料不得。数年前有个许居士，认得个门头户口，将书来呈见解云：日用中空豁豁地，无一物作对待，方知三界万法，一切元无。直是安乐快活放得下，因示之以偈曰：“莫恋净洁处，净洁使人困。莫恋快活处，快活使人狂。如水之任器，随方圆短长。放下不放下，更请细思量。三界与万法，匪归何有乡。若只便恁么，此事大乖张。为报许居士，家亲作祸殃。豁开千圣眼，不须频祷禳。”示严子卿。学道人，日用空境易，而空心难。境空而心不空，心为境所胜，但空心而境自空矣。若心已空，而更起第二念。欲空其境，则是此心未得空，复为境所夺。此病不除，生死无由出离。不见庞公呈马祖偈云：“十方同聚会，个个学无为。此是选佛场，心空及第归。此心既空矣，心外复有何物而可空耶。”思之。示黄伯成。心不驰求，不妄想，不缘诸境，即此火宅尘劳，便是解脱出三界之处。何以故？佛不云乎：“于一切境无依无住。”无有分别，明见法界，广大安立，了诸世间及一切法，平等无二。故远行地菩萨，以自所行智能力故，出过一切二乘之上，虽得佛境界藏，而示住魔境界。虽超魔道，而现行魔法。虽示同外道行，而不舍佛法。虽示随顺一切世间，而常行一切出世间法，此乃火宅尘劳中真方便也。学般若人，舍此方便，而随顺尘劳，定为魔所摄持。又于随顺境中，强说道理，谓烦恼即菩提，无明即大智。步步行有，口口谈空，自不责业力所牵，更教人拨无因果，便言：饮酒食肉不离菩提，行盗行淫无妨般若。如此之流，邪魔恶毒入其心腑，都不觉知。欲出尘劳，如泼油救火，可不悲哉！示真如。又云：“打得彻了，方可说烦恼即菩提，无明即大智。”本来广大寂灭妙心中，清净圆明，荡然无一物可作障碍，如太虚空一般。佛之一字亦是外物，况更有尘劳烦恼作对待耶。此事如青天白日皎然清净不变不动，无减无增，各各当人日用应缘处。头头上明，物物上显。取之不得，舍之常存。荡荡无碍，了了空虚。如水上葫芦，拘牵他不得，惹绊他不得。古来有道之士，得之向生死海中头出头没，全体受用，无欠无余，不见有生死尘劳之状，如析栴檀片片皆是。将甚么作生死尘劳？生死尘劳从甚么处起，收因结果时，却向甚么处着？既无着处，则佛是幻，法是幻。三界二十五有，十二处十八界，空荡荡地，到得这个田地。佛之一字亦无处着，佛之一字尚无着处。真如佛性菩提涅槃，何处有也。故傅大士有言：“恐人生断见，权且立虚名。”学道人理会，不得一向去。古人入道因缘，上求玄求妙，求奇特觅解会。不能见月忘指，直下一刀两段。永嘉所谓：空拳指上生实解，根境法中虚捏怪。于五蕴十二处十八界二十五有尘劳中，妄自囚执，如来说为可怜悯者。不见岩头和尚有言：汝但无欲无依，便是能仁。都来只有一个父母所生底肉块子，一点气不来，便属他人所管。肉块子外，更有甚么，把甚么作奇特玄妙，把甚么作菩提涅槃，把甚么作真如佛性。士大夫，要究竟此事，初不本其实，只管要于古人公案上求知求解，直饶你知尽解尽一大藏教。腊月三十日生死到来时，一点也使不着。又有一种，才闻知识说如是事，又将心意识摶量卜度云：若如此则莫落空否？士大夫十个有五双，作遮般见解。妙喜不得已向他道：你未曾得空，何怕之有。如船未翻，先要跳入水去。

见伊不领略，不惜口业，又为他打葛藤一上云：只遮怕落空底，还空得也无？你眼若不空，将甚么观色？耳若不空，将甚么听声？鼻若不空，将甚么知香臭？舌若不空，将甚么尝味？身若不空，将甚么觉触？意若不空，将甚么分别万法？佛不云乎，无眼耳鼻舌身意，无色声香味触法。乃至十二处十八界二十五有，乃至声闻缘觉菩萨佛，及佛所说之法，菩提涅槃真如佛性。及说此法者，听此法者，作如是说者，受如是说者，皆悉无有。得如是了，唤作空耶，唤作不空耶，唤作佛耶，唤作菩萨耶，唤作声闻耶，唤作缘觉耶唤作菩提涅槃耶，唤作真如佛性耶。道我聪明灵利不受人瞒，向遮里试定当看。若是定当得出，止宿草庵，且居门外。若定当不出，切忌开大口说过头话。大丈夫汉，决欲究竟此一段大事因缘。一等打破面皮，性燥竖起脊梁骨。莫顺人情，把自家平昔所疑处，贴在额头上。常时一似欠了人百万贯钱，被人追索，无物可偿，生怕被人耻辱。无急得急，无忙得忙，无大得大底一件事，方有趋向分。此处比原文节去论口鼓子禅一段。昼三夜三，孜孜矻矻。茶里饭里，喜时怒时。净处秽处，妻儿聚头处，与宾客相酬酢处，办公家职事处，了私门婚嫁处，都是第一等做工夫提撕警觉底时节。昔李文和都尉，在富贵丛中参得禅，大彻大悟。杨文公参得禅时，身居翰苑。张无尽参得禅时，作江西转运使。只遮三大老，便是个不坏世间相而谈实相底样子也，又何曾须要去妻孥，休官罢职，咬菜根，苦形劣志，避喧求静，然后入枯禅鬼窟里作妄想，方得悟道来。不见庞居士有言：但自无心于万物，何妨万物常围绕。铁牛不怕师子吼，恰似木人见花鸟。木人本体自无情，花鸟逢人亦不惊。心境如如只遮是，何虑菩提道不成。在世俗尘劳中，能不忘生死事，虽未即打破漆桶，然亦种得般若种智之深。异世出头来，亦省心力，亦不至流落恶趣中，大胜躭染尘劳不求脱离，谓此事不可容易，且作归敬信向处。似此见解者，不可胜数。士大夫学道，与我出家儿大不同。出家儿，父母不供甘旨，六亲固已弃离。一瓶一钵，日用应缘处，无许多障道底冤家。一心一意，体究此事而已。士大夫，开眼合眼处，无非障道底冤魂。若是个有智能者，只就里许做工夫，净名所谓尘劳之俦为如来种，怕人坏世间相而求实相。又设个喻云：譬如高原陆地不生莲花，卑湿污泥乃生此花。若就里许，如杨文公李文和张无尽三大老，打得透，其力胜我出家儿二十倍。何以故？我出家儿在外打入，士大夫在内打出。在外打入者，其力弱。在内打出者，其力强。强者谓所乖处重，而转处有力。弱者谓所乖处轻，而转处少力。虽力有强弱，而所乖则一也。示徐敦济。

附刘参政请就天竺升座，僧问："高揖释迦，不拜弥勒时如何？"师云："梦里惺惺。"进云："将谓和尚忘却。"师云："你记得试道看。"进云："虽道不得，要旦不失。"师云："原来不会。"进云："从上来事分付阿谁？"师云："分付瞎汉。"进云："临济一宗，全凭渠力。"师云："旦喜不干你事。"问："昔日七贤女游尸陀林，一女云：'尸在这里，人向甚么处去？'一女云：'作么，作么？'当时齐悟无生法忍。如何是无生法忍？"师云："拈却髑髅里底。"进云："辉腾今古烁破乾坤。"师云："这田库奴。"进云："只如四主薄即今在甚么处？"师举起拂子云："在这里。"进云："惟凭这个力，念念更无差。"师云："摩竭令行传万古。乃云：拈提要妙，掘地觅天。就里明真，望空启告。直得心心不触物，念念绝扳缘。观法界于一微尘之中，见一微尘遍法界之内。尘尘尔，念念尔，法法尔。犹是教乘极则，未是衲僧放身命处。若识得衲僧放身命处，则出生入死，得大自在。以生死为游戏之场，而不被生死之所留碍，其或不然，未免葛藤。妙性圆明离诸名相，本来无有世界众生。因妄有生，因生有灭。生灭名妄，灭妄名真。乃顾视大众云：今日参政相公，为亡男主簿尽七之晨，命山僧升于此座，为众举扬。僧俗交参，同临斯会。又是偶甚么？若言是妄，现今说法听法，历历孤明，复是何物。眼若是妄，将甚么观色？耳若是妄，将甚么听声？鼻若是妄，将甚么嗅香？舌若是妄，将甚么了味？身若是妄，将甚么觉触？意若是妄，将甚么分别？眼、耳、鼻、舌、身、意，色、声、香、味、触、法。既不是妄，一真何依。真既无依，一道平等。到这里，方如主簿昔日虽生，本不曾生。今日虽灭，本不曾灭。既不曾生，又不曾灭，更唤甚么作圆明妙性？真妄名相，何处安着，还委悉么？腾身一掷太虚外，鼻孔依前搭上唇。”

下座，从来无法与人，但为人做得指路头底汉子耳。古德云：有所得是野干鸣，无所得是师子吼。佛是通变底人，于四十九年中，三百六十余会说法，随其根性而引导之，故于十法界内，一音演说，众生随类各获饶益。譬如东风一拂，万卉齐敷，佛所说法亦复如是。若有意于十法界内作饶益，则是以我说法，欲使众生随类得度，不亦难乎。不见舍利弗在般若会上，问文殊曰：“诸佛如来不觉法界耶？”文殊曰：“弗也舍利弗，诸佛尚不可得，云何有佛而觉法界。法界尚不可得，云何法界为诸佛所觉。”看他两人恁么激扬，又何曾着意来。从上诸佛诸祖为人，皆有如是体裁，自是后来儿孙，失其宗旨，各立门户，造妖捏怪示曾叔迟。以湛然号公，祖师云：“但有心分别计较自心见量者，悉皆是梦。

若心识寂灭，无一念动处，是名正觉。觉既正，则于日用二六时中，见色闻声，嗅香了味，觉触知法，行住坐卧，语默动静，无不湛然。亦自不作颠倒想，有想无想悉皆清净。既得清净，动时显湛然之用，不动时归湛然之体。体用虽殊，而湛然则一也，如析栴檀片片皆栴檀。今时有一般杜撰汉，自己脚跟下不实，只管教人摄心静坐。坐教绝气息，此辈名为可怜愍者。请公只恁么做工夫，山野虽然如此指示公，真不得已耳。若实有恁么做工夫底事，即是染污公矣。此心无有实体，如何硬收摄得住。拟收摄，向甚处安着？既无安着处，则无时无节，无古无今，无凡无圣，无得无失，无静无乱，无生无死。亦无湛然之名，亦无湛然之体，亦无湛然之用，亦无恁么说湛然者，亦无恁么受湛然说者。答许寿源。佛说一切法，为度一切心，我无一切心，何用一切法。法本无法，心亦无心。心法两空，是真实相。而今学道之士，多怕落空，作如是解者。错认方便，执病为药，深可怜愍。故庞居士有言：汝勿嫌落空，落空亦不恶。又云：但愿空诸所有，切勿实诸所无。若觑得遮一句子，破无边恶业无明，当下瓦解冰消。如来所说一大藏教，亦批注遮一句子，不出当人。若具决定，信知得有如是大解脱法，只在知得处，拨转上头关棙子。则庞公一句，与佛说一大藏，无异无别，无前无后，无古无今，无少无剩。亦不见有一切法，亦不见有一切心，十方世界空荡荡地，亦莫作空荡荡地见。若作是见，则便有说空者，便有闻说空者，便有一切法可听，便有一切心可证。既可听可证，则内有能证之心，外有所证之法。此病不除，教中谓之以我说法，亦谓之谤佛法僧。又教中云：

若取法相，即着我人众生寿者。若取非法相，即着我人众生寿者。前所云内有能证之心，外有所证之法，便是遮个道理也。佛弟子陈惇，知身是妄，知法是幻，于幻妄中，能看个狗子无佛性话，忽然洗面摸着鼻孔，伊有书来呈见解。试手说禅，如虎生三日，气已食牛。其间通消息处，虽似吉獠棒打地，有着处，则入地数寸；不着处，则全无巴鼻。然大体基本已正，而大法未明，亦初心入道之常病耳。苟能知是般事，拨向一边，却把诸佛诸祖要妙门，一时塞断，向威音那畔，讨个生涯处，方于法得自在矣。释迦老子云：若但赞佛乘，众生没在苦。信知如是事，以我所证扩而充之，然后不被法缚，不求法脱，恁么也得，不恁么也得，恁么不恁么总得。凡有言句，凡所受用，如壮士展臂，不借他力。箭既离弦，无返回势。非是强为，法如是故。得如此了，始可言无善无恶，无佛无众生等事。而今大法未明，若便说恁么话，恐堕在永嘉所谓：豁达空拨因果。莽莽荡荡招殃祸中，不可不知也。但得本莫愁末，久久淹浸得熟，不愁不成一片，勉之，勉之。示陈明仲。佛又言：“不应于一法、一事、一身、一国土、一众生，见于如来，应遍于一切处见于如来。”佛者觉义，谓于一切处，常遍觉故，所谓遍见者，见自己本源自性天真佛，无一时、一处、一法、一事、一身、一国土、一众生界中，而不遍故也。众生迷此，而轮转三界。受种种苦，诸佛悟此，而超诸有海。受殊胜妙乐，然苦乐皆无实体。但迷悟差别，而苦乐异途耳。故杜顺云：法身流转五道，名曰“众生”。众生现时，法身不现也。示李献臣。

又郑成忠请普说，师云：“如今心地未明底，不免疑道世界从甚么处起将来，却向甚么处灭？为复先有世界，为复先有人。若道先有世界，古德不应云：‘三界惟心所现，万法惟识所变。’若道先有人，既未有世界，人却在甚么处安顿？遮些子不妨被他室碍，说先有世界也不是，先有人也不是。大法一明，不着排遣，自然分晓。”幻寄曰：“吾初读《华严·十无尽藏品》，至‘菩萨有无记法’而疑之，谓华严菩萨，具一切智，何独于此数端，而独无记。及读径山老人语，乃知菩萨之无记。杜人言思，正所以使之深证。后如黄檗被喝处，盖见无边沙界于毛端。临济吃棒时，则拈十世古今于眼睫。若以言思求，必流魔外。”又云：“善恶皆从自心起。”且道：离却举足动步思量分别外，唤甚么作自心？自心却从甚么处起？若识得自心起处，无边业障一时清净，种种殊胜不求而自至矣。又云：“生从何处来，死向何处去。知得来去处，方名学佛人。”知生死底是阿谁？受生死底复是阿谁？不知来去处底，又是阿谁？忽然知得来去处底又是阿谁？看此话，眼眨眨地，理会不得，肚里七上八下。方寸中，如顿却一团火相似底。又是阿谁？若要识，但向理会不得处识取。若便识得，方知生死决定不相干涉。又云：凡看经教及古德入道因缘，心未明了，觉得迷闷，没滋味。如齩铁橛相似时，正好着力。第一不得放舍，乃是意识不行，思量不到。绝分别，灭理路处，寻常可以说得道理。分别得行处，尽是情识边事，往往多认贼为子，不可不知也。又答王大授云：不识左右，别后日用如何做工夫？若是曾于理性上得滋味，经教上得滋味，祖师言句上得滋味，眼见耳闻上得滋味，举足动步处得滋味，心思意想处得滋味，都不济事。若要直下休歇，应是从前得滋味处。都莫官他，却去没捞摸处，没滋味处，试着意看。若着意不得，捞摸不得，转觉得没杷柄可把捉，理路义路心意识都不行。如土木瓦石相似时，莫怕落空，此是当人放身命处，不可忽不可忽。又答李似表云：示谕，欲妙喜因书指示径要处，只遮求指示径要底一念，早是刺头入胶盆了也，不可更向雪上加霜。虽然，有问不可无答，请左右都将平昔，或自看经教话头，或因人举觉指示得滋味欢喜处。一时放下，依前百不知百不会，如三岁孩儿相似。有性识而未行，却向未起求径要底一念子前头看看来看去，觉得转没巴鼻。方寸转不宁怗时，不得放缓。遮里是坐断千圣顶𩕳处，往往学道人，多向这里打退了。左右若信得及，只向未起求径要指示一念前看，看来看去，忽然睡梦觉，不是差事。又云："赵州狗子无佛性话，喜怒静闹处，亦须提撕。"第一不得用意等悟，若用意等悟，则自谓我即今迷。执迷待悟，纵经尘劫，亦不能得悟。但举话头时，略抖擞精神看，是个甚么道理。常以生不知来处，死不知去处二事，贴在鼻孔尖上，茶里饭里，静处闹处，念念孜孜。常似欠却人百万贯钱债，无所从出，心胸烦闷，回避无门，求生不得，求死不得。当恁么时，善恶路头相次绝也。觉得如此时，正好着力。只就这里，看个话头。僧问赵州："狗子还有佛性也无？"州云："无。"看时不用博量，不用批注，不用要得分晓，不用向开口处承当，不用向举起处作道理，不用堕在空寂处，不用将心等悟，不用向宗师说处领略，不用掉在无事甲里，但行住坐卧，时时提撕。狗子还有佛性也无？无。提撕得熟，口议心思不及，方寸里七上八下，如𪘂生铁橛。没滋味时，切莫退志。得如此时，却是好底消息。不见古德有言："佛说一切法，为度一切心。我无一切心，何用一切法。"非但祖师门下如是，佛说一大藏教，尽是这般道理。众生恶业障重，逐日下得床来，便心识纷飞，思量名利，担却人我，妄想颠倒。从旦至暮，如钩锁连环，相续不断，都不厌恶。乍起一念，向此个门中着意思量，便要我会心意识。安排不到，便生烦恼。早要罢休，有着甚来由之。说如此者，不可胜数。舜元道友即不然，既知缺减界中，种种虚妄，一心一意。向自己脚跟下理会。生从何处来，死向何处去？既不知来处，又不知去处。现今历历孤明，与人分是非别好丑底，决定是有是无，是真实是虚妄。直待到如人饮水冷暖自知，不向他人口头受处分。忽然喷地一发，到究竟安乐大休大歇处，方始自肯。以此轴来求指示，掇笔信手一挥，遂成一段葛藤。然则事不孤起，起必有由。若一向作葛藤会，又争得。不见昔日子湖和尚有言：祖师西来，也只是个冬寒夏热。夜暗日明，只为你徒无意立意，无事生事。无内外强作内外，无东西谩应作“漫”说东西。所以 奢摩不能明了，以至根境不能自由。以是评量，舜元不曾来妙喜处求法语，妙喜元不曾写一字。冬寒夏热，夜暗日明，内外中间，东西南北，元不曾移易增减一丝毫许。何以故？我宗无语句，亦无一法与人。既无一法与人，即今写底是个甚么？说冬寒夏热内外中间者，又是个甚么？东西南北不曾移易一丝毫者，又是个甚么？咄，有也不可得，无也不可得，冬寒夏热也不可得，内外中间也不可得，作如是说者亦不可得，受如是说者亦不可得，一丝毫亦不可得，舜元亦不可得，妙喜亦不可得，不可得亦不可得。不可得中只么得？舜元到者里，合作么生参？只这作么生参，亦无着处，然后此语亦不受。此语既不受，妙喜决定无说，舜元决定无闻。无说处是真说，无闻处是真闻。如是则妙喜即是舜元，舜元即是妙喜。妙喜舜元无二无二分，无别无断故。嘉州大像吃黄连，陕府铁牛满口苦。苦不苦，分明觑见没可睹，咄。示吕舜元。疑生不知来处，死不知去处底心未亡，则是生死交加。但向交加处，看个话头。僧问赵州和尚："狗子还有佛性也无？"州云："无。"但将疑生不知来处，死不知去处底心。移来无字上，则交加之心不行矣。交加之心既不行，则疑生来死去底心将绝矣。但向欲绝未绝处厮崖，时节因缘到来，蓦然喷地一下便了示李伯和。僧问赵州："狗子还有佛性也无？"州云："无。"此一字，便是个破生死疑心底刀子也。这刀子杷柄，只在当人手中，教别人下手不得，须是自家下手始得。若舍得性命，方肯自下手。若舍性命不得，且只管在疑不破处崖将去，蓦然自肯舍命一下便了，那时方信静时便是闹时底，闹时便是静时底，语时便是默时底，默时便是语时底。不着问人，亦自然不受邪师胡说乱道也。又云："日用二六时中，不得执生死佛道是有，不得拨生死佛道归无。但只看个'狗子还有佛性也无？'"赵州云："无。"答陈季任。老居士，所作所为，冥与道合，但未能得囮地一下耳。若日用应缘，不失故步，虽未得囮地一下，腊月三十日，阎家老子，亦须拱手归降，况一念相应耶。妙喜老汉，虽未目击观其行事，大小折中，无过不及，只此便是道所合处。到这里，不用作尘劳想，亦不用作佛法想。佛法尘劳都是外事，然亦不得作外事想。但回光返照，作如是想者，从甚么处得来？所作所为时，有何形段？所作既办，随我心意，无不周旋，无有少剩。正当恁么时，承谁恩力。如此做工夫，日久月深，如人学射，自然中的矣。众生颠倒迷己逐物，躭少欲味，甘心受无量苦。逐日未开眼时，未下床时，半惺半觉时，心识已纷飞，随妄想流荡矣。作善作恶，虽未发露，未下床时，天堂地狱在方寸中，已一时成就矣。及待发时，已落在第八。佛不云乎：一切诸根自心现器身等藏。自妄想相施设显示，如河流，如种子，如灯如风如云，刹那展转坏，躁动如猿猴。乐不净处如飞蝇，无厌足如风火。无始虚伪习气因，如汲水轮等事。如此识得破，便唤作无人无我智。天堂地狱不在别处，只在当人半惺半觉，未下床时方寸中，并不从外来。发未发，觉未觉时，切须照顾。照顾时亦不得与之用力争，争着则费力矣。祖不云乎：止动归止，止更弥动。才觉日用尘劳中，渐渐省力时，便是当人得力之处。便是当人成佛作祖之处，便是当人变地狱作天堂之处，便是当人稳坐之处，便是当人出生死之处，便是当人致君尧舜之上之处，便是当人起疲氓于雕瘵之处，便是当人福荫子孙之处。到这里，说佛说祖，说心说性，说玄说妙，说理说事，说好说恶，亦是外边事。如此等事，尚属外矣，况肯作尘劳中，先圣所诃之事耶。作好事尚不肯，岂肯作不好事耶。若信得此说及，永嘉所谓："行亦禅坐亦禅，语默动静体安然。"不是虚语，请依此行履。始终不变易，则虽未彻证自己本地风光，虽未明见自己本来面目，生处已熟，熟处已生矣，切切记取。才觉省力处，便是得力处也。妙喜老汉，每与个中人说此话，往往见说得频了多忽之，不肯将为事。居士试如此做工夫看，只十余日，便自见得省力不省力，得力不得力矣。如人饮水冷暖自知，说与人不得，呈似人不得。先德云："语证则不可示人，说理则非证不了。"自证、自得、自信、自悟处，除曾证、曾得、已信、已悟者，方默默相契。未证、未得、未信、未悟者，不唯自不信，亦不信他人有如此境界。老居士，天资近道，现定所作所为不着，更易以他人较之，万分中已省得九千九百九十九分，只欠喷地一发便了。士大夫学道，多不着实理会，除却口议心思，便茫然无所措手足。不信无措手足处，正是好处，只管心里要思量得到，口里要说得分晓，殊不知错了也。佛言：如来以一切譬喻，说种种事。无有譬喻能说此法，何以故？心智路绝，不思议故。信知思量分别障道必矣。若得前后际断，心智路自绝矣。若得心智路绝，说种种事，皆此法也。此法既明，即此明处，便是不思议大解脱境界，只此境界亦不可思议。境界既不可思议，一切譬喻亦不可思议，种种事亦不可思议，只这不可思议底亦不可思议。此语亦无着处，只这无着处底亦不可思议。如是展转穷诘，若事若法，若譬喻若境界，如环之无端，无起处无尽处，皆不可思议之法也。所以云：菩萨住是不思议，于中思议不可尽。入此不可思议处，思与非思皆寂灭。然亦不得住在寂灭处，若住在寂灭处，则被法界量之所管摄，教中谓之法尘烦恼。灭却法界量，种种殊胜一时荡尽了。方始好看庭前柏树子，麻三斤，干矢橛。狗子无佛性，一口吸尽西江水，东山水上行之类。忽然一句下透得，方始谓之法界无量回向。如实而见，如实而行，如实而用，便能于一毛端，现宝王刹，坐微尘里，转大法轮，成就种种法，破坏种种法，一切由我，如壮士展臂不借他力，师子游行不求伴侣。种种胜妙境界现前，心不惊异。种种恶业境界现前，心不怕怖。日用四威仪中，随缘放旷，任运逍遥。到得这个田地，方可说无天堂无地狱等事。

永嘉云："亦无人亦无佛，大千沙界海中沤，一切圣贤如电拂。"此老若不到这个田地，如何说得出来。此语错会者甚多，苟未彻根源，不免依语生解，便道一切皆无，拨无因果。将诸佛诸祖所说言教，尽以为虚，谓之诳惑人。此病不除，乃莽莽荡荡招殃祸者也。佛言：虚妄浮心多诸巧见。若不着有，便着无。若不着此二种，便于有无之间，搏量卜度。纵识得此病，定在非有非无处着倒。故先圣苦口丁宁，令离四句绝百非，直下一刀两段。更不念后思前，坐断千圣顶领。四句者，乃有、无、非有、非无、亦有、亦无是也。若透得此四句了，见说一切诸法实有，我亦随顺与之说有，且不被此实有所碍。见说一切诸法实无，我亦随顺与之说无，且非世间虚豁之无。见说一切诸法亦有亦无，我亦随顺与之说亦有亦无，且非戏论。见说一切诸法非有非无，我亦随顺与之说非有非无，且非相违。《净名》云：外道六师所堕，汝亦随堕，是也。答张旸叔。赵州云："老僧逐日，除二时粥饭，是杂用心，余外更无杂用心处。"且道：这老汉，在甚处着倒？若于这里识得他面目，始可说行亦禅坐亦禅，语默动静体安然。未能如是，当时时退步，向自己脚跟下，子细推穷，我能知他人好恶长短底。是凡是圣，是有是无，推穷来穷去，到无可推穷处，如老鼠入牛角，蓦地偷心绝，则便是当人四棱榻地归家稳坐处。示熊叔雅。伏承第五令嗣，以疾不起。父子之情，千生百劫，恩爱之所流注。想当此境界应有讹缺，无有是处。五浊世中种种虚幻，无一真实，请行住坐卧。常作是观，则日久月深，渐渐消磨矣。然正烦恼时，子细揣摩穷诘，从甚么处起，若穷起处不得。现今烦恼底，却从甚么处得来。正烦恼时，是有是无，是虚是实，穷来穷去，心无所之。要思量但思量，要哭但哭。哭来哭去，思量来思量去，抖擞得藏识中许多恩爱习气尽时，自然如冰归水，还我个本来无烦恼、无思量、无忧、无喜底去耳。入得世间出世无余，世间法则佛法，佛法则世间法也。父子天性一而已，若子丧，而父不烦恼不思量；如父丧，而子不烦恼不思量，还得也无。若硬止遏，哭时又不敢哭，思量时又不敢思量，是特欲逆天理，灭天性，扬声止响，泼油救火耳。正烦恼时，总不是外事，且不得作外边想。永嘉云：无明实性即佛性，幻化空身即法身。是真语实语，不诳不妄语。恁么见得了，要思量要烦恼亦不可得。作是观者，名为正观。若他观者，名为邪观。邪正未分，正好着力，此是妙喜决定义，无智人前莫说。答汪彦章。众生日用现行无明，顺无明则生欢喜，逆无明则生烦恼。佛菩萨则不然，借无明以为佛事，为众生以无明为窟宅，逆之则是破他窟宅，顺之则随其所着而诱导之。净名云：“尘劳之俦为如来种。”永嘉云：“无明实性即佛性，幻化空身即法身。”便是这个道理也。示张太尉益之。向自己脚跟下推穷，我这取富贵底从何处来？即今受富贵底，异日却向何处去？既不知来处，又不知去处，便觉心头迷闷。正迷闷时亦非他物，只就这里，看个话头。僧问云门：“如何是佛？”门云：“干矢橛。”但举此话，忽然伎俩尽时便悟也。切忌寻文字引证，胡乱博量批注。纵然批注得分明，说得有下落，尽是鬼家活计。疑情不破，生死交加。疑情若破，则生死心绝矣。生死心绝，则佛见法见亡矣。佛见法见尚亡，况复更起众生烦恼见耶。但将迷闷底心，移来干矢橛上。一抵抵住，怖生死底心，迷闷底心。思量分别底心，作聪明底心，自然不行也。觉得不行时，莫怕落空。忽然向抵住处，绝消息，不胜庆快平生。得消息绝了，起佛见法见众生见，思量分别，作聪明说道理，都不相妨。日用四威仪中，但常放教荡荡地，静处闹处，常以干矢橛提撕。日往月来，水牯牛自纯熟矣。第一不得向外面别起疑也。干矢橛上疑破，则恒河沙数疑，一时破矣。答吕隆礼。　示曾天游云："莫于古人言句上，只管如叠塔子相似，一层了又一层，枉用工夫，无有了期，但只存心于一处，无有不到底。时节因缘到来，自然筑着磕着，喷地省去耳。不起一念还有过也无?"云："须弥山。一物不将来时如何? 放下着，这里疑不破。只在这里参，更不必自生枝叶也。"答吕居仁云："千疑万疑，只是一疑。"话头上疑破，则千疑万疑一时破。话头不破，则且就上面与之厮崖。若弃了话头，别去文字上起疑，经教上起疑，古人公案上起疑，日用尘劳中起疑。皆是邪魔眷属。

既办此心，第一不要急，急则转迟矣。又不得缓，缓则怠惰矣。如调琴之法，紧缓要得中，方成曲调。但向日用应缘处，时时觑捕，我遮能与人决断是非曲直底。承谁恩力，毕竟从甚么处流出。觑捕来觑捕去，平昔生处路头自熟。生处既熟，则熟处却生矣。那个是熟处，五阴六入十二处十八界二十五有。无明业识思量计较心识，昼夜熠熠，如野马无暂停息底，是这一落索。使得人流浪生死，使得人做不好事。这一落索既生，则菩提涅槃真如佛性，便现前矣。当现前时，亦无现前之量，故古德契证得了，便解道：应眼时若千日，万象不能逃影质。应耳时若幽谷，大小音声无不足。如此等事，不假他求，不借他力，自然向应缘处，活鲅鲅地，未得如此。且将思量世间尘劳底心，回在思量不及处，试思量看教看无字话头云云。答荣茂实。既已知有此段大事因缘，决定不从人得，则便好顿舍外尘，时时向自己脚跟下推穷。推来推去，内不见有能推之心，外不见有所推之境。净裸裸，赤洒洒，没可把。如水上放葫芦，无人动着，常荡荡地，拘牵他不得，惹绊他不得，拨着便动，触着便转。如是自在，如是瞥脱，如是灵圣，不与千圣同途，不与衲僧借借，直能号令佛祖。佛祖号令他不得，当人知是般事，便好猛着精彩，向百尺竿头更进一步。如进得这一步，则不异善财童子，于普贤毛孔刹中行一步，过不可说不可说佛刹微尘数世界。如是而行，尽未来劫，犹不能知一毛孔中刹海次第。刹海藏，刹海差别，刹海普入。刹海成，刹海坏，刹海庄严。所有边际，似这般境界，亦不是外边起心用意修证得来，只是当人脚跟下，本来具足底道理耳。不见德山和尚有言：汝但无事于心，无心于事，则虚而灵，空而妙。若毫端许言之本末者，皆为自欺。何故？毫厘系念，三涂业因。瞥尔情生，万劫羁锁，圣名凡号尽是虚声，殊相劣形皆为幻色。汝欲求之，得无累乎。及其厌之，又成大患。恁么说话，棒打石人头，曝曝论实事。前所云："内不见有能推之心，外不见有所推之境。"便是这个道理也。这个道理，向事上觑则疾，若向意根下思量卜度，则转疏转远矣。所以释迦老子在法华会上，只度得个八岁底女人。华严会上，只度得个童子。涅槃会上，只度得个屠儿。看他这三个成佛底样子，又何曾向外取证，辛勤修学来。佛亦只言："我今为汝保任此事，终不虚也。"只说为他保任而已，且不说有法可传，令汝向外驰求，然后成佛。幸有如此体格，何故不信。苟能直下信得及，不向外驰求，亦不于心内取证，则二六时中，随处解脱。何以故？既不向外驰求，则内心寂静；既不于心内取证，则外境幽闲。故祖师云："境缘无好丑，好丑起于心。心若不强名，妄情从何起。妄情既不起，真心任遍知。"当知内心外境，只是一事，切忌作两般看。记得沩山问仰山："妙净明心，子作么生会？"仰山云："山河大地日月星辰。"沩山云："汝只得其事。"仰山云："和尚适来问甚么？"沩山云："妙净明心。"仰山云："唤作事得么？"沩山云："如是！如是！"观使师重叙事不录为立号曰妙净居士，师重勉之，行住坐卧造次颠沛，不可忘了妙净明心之义。妄念起时，不必用力排遣，只举僧问赵州："狗子还有佛性也无。"赵州云："无。"举来举去，和这举话底，亦不见有，只这知不见有底，亦不见有，然后此语亦无所受。蓦地于无所受处，不觉失声大笑一巡时，便是归家稳坐处也。示赵师重。岩头云："若欲他时播扬大教，须是一一从自己胸襟流出。"盖天盖地，始是大丈夫所为。岩头之语，非独发明雪峰根器，亦可作学此道者万世规式，所谓胸襟流出者，乃是自己无始时来现量。本自具足，才起第二念，则落比量矣。比量是外境庄严所得之法，现量是父母未生前威音那畔事。从现量中得者，气力粗；从比量中得者，气力弱。气力粗者，能入佛又能入魔；气力弱者，入得佛境界，往往于魔境界打退鼓，不可胜数。此事不在聪明灵利，亦不在钝根浅识，据实而论，只以喷地一发为准的耳。才得这个消息，凡有言句，非离真而立处。立处即真，所谓胸襟流出。盖天盖地者，如是而已，非是做言语求奇特。他人道不出，锦心绣口，意句尖新，以为胸襟流出也。示曾叔迟。欲学此道，当于自己脚跟下理会。才涉秋毫知见，即蹉过脚跟下消息。脚跟下消息通了，种种知见，无非尽是脚跟下事。故祖师云："正说知见时，知见即是心。当心即知见，知见即如今。"若如今不越一念，向脚跟下顿亡知见，便与祖师把手共行，未能如是，切忌向知见上着倒。示陈次□。学世间法，全仗口议心思。学出世间法，用口议心思则远矣。佛不云乎："是法非思量分别之所能解。"永嘉云："损法财，灭功德，莫不由兹心意识。"盖心意识，乃思量分别之窟宅也。决欲荷担此段大事因缘，请猛着精彩，把这个来为先锋，去为殿后底，生死魔根一刀斫断，便是出头时节。正当恁么时，方用得口议心思着。何以故？第八识既除，则生死魔无处栖泊。生死魔无栖泊处，则思量分别底。浑是般若妙智，更无毫发许为我作障。所以道："观法先后，以智分别。是非审定，不违法印。"得到这个田地了，尽作聪明，尽说道理，皆是大寂灭大究竟大解脱境界。更非他物。故盘山云："全心即佛，全佛即人。"是也。未得如是，直须行住坐卧，勿令心意识得其便。久久纯熟，自然不着用力排遣矣。示谢廓然。寻常计较安排底是识情，随生死迁流底亦是识情，怕怖慞惶底亦是识情。而今参学之人，不知是病，只管在里许头出头没，教中所谓随识而行不随智，以故昧却本地风光本来面目。若或一时放得下，百不思量计较，忽然失脚蹋着鼻孔，即此识情便是真空妙智，更无别智可得。若别有所得，别有所证，则又却不是也。如人迷时唤东作西，及至悟时，即西便是东，无别有东，此真空妙智，与太虚空齐寿。只这大虚空中，还有一物碍得他否？虽不受一物碍，而不妨诸物于空中往来，此真空妙智亦然。生死凡圣垢染，着一点不得。虽着不得，而不碍生死凡圣于中往来。答曾天游。心火炽然，熠熠不息，贪欲嗔恚痴，继之如钩锁连环，相续不断。若无猛烈志气，日月浸久，不觉被五阴魔所摄持。若能一念缘起无生，不离贪欲嗔恚痴，倒用魔王印，驱诸魔侣。以为护法善神，且非强为，法如是故。示谢廓然。禅不在静处，不在闹处，不在思量分别处，不在日用应缘处。然虽如是，第一不得舍却静处闹处。日用应缘处，思量分别处参，忽然眼开，都是自家屋里事。示聂寺丞。但于日用应缘处不昧，则日月浸久，自然打成一片。何处为应缘处？喜时怒时，判断公事时，与宾客相酬酢时，与妻子聚会时，思量善恶时，触境遇缘时，皆是喷地一发时节，千万记取。示熊叔雅。这个道理，只为太近，远不出自家眼睛里，开眼处便刺着，合眼处亦不欠少，开口处便道着，合口处亦自现成。拟欲起心动念承当渠，早已蹉过十万八千了也。答刘彦冲。狗子无佛性话，左右如人捕贼。已知窝盘处，但未捉着耳。请快着精彩，不得有少间断，时时向行住坐卧处，看读书史处。修仁义礼智信处，侍奉尊长处，提诲学者处，吃粥吃饭处，与之厮崖。忽然打失布袋，夫复何言。示汪圣锡。古德有言："但办肯心，必不相赚，只恐当人信不及。"于日用应缘处，被外境所夺，不能纯一做工夫，则成间断。当间断时，未免方寸扰扰。正扰扰时，却是个好底时节。佛言："居一切时不起妄念，于诸妄心亦不息灭。"住妄想境不加了知，于无了知不辨真实，便是这个道理也。这个道理，说似人不得。惟证悟者，举起便知落处。示谢廓然。示谕：自得山野向来书之后，每遇闹中躲避不得处，常自点检，而未有着力工夫。只这躲避不得处，便是工夫了也。若更着力点检，则却又远矣。昔魏府老华严云："佛法在日用处，行住坐卧处，吃茶吃饭处，语言相问处，所作所为处。"举心动念，又却不是也。正当躲避不得处，切忌起心动念，作点检想。祖师云："分别不生，虚明自照。"又庞居士云："日用事无别，惟吾自偶谐。头头非取舍，处处没张乖。朱紫谁为号，丘山绝点埃。神通并妙用，运水及搬柴。"又先圣云："但有心分别计较自心现量者，悉皆如梦，切记取。"躲避不得时，不得更拟心。不拟心时，一切现成，亦不用理会利，亦不用理会钝，总不干他利钝之事，亦不干他静乱之事。正当躲避不得时，忽然打失布袋，不觉拊掌大笑矣。记取！记取！此事若用一毫毛工夫取证，则如人以手撮摩虚空，只益自劳耳示陈季任。情识未破，则心火熠熠地。正当恁么时，但只以所疑底话头提撕，如僧问赵州："狗子还有佛性也无。"州云："无。"只管提撕举觉，左来也不是，右来也不是，又不得将心等悟，又不得向举起处承当，又不得作玄妙领略，又不得作有无商量，又不得作真无之无卜度，又不得坐在无事甲里，又不得向击石火闪电光处会，直得无所用心。心无所之时，莫怕落空，这里却是好处，蓦然老鼠入牛角，便见倒断也。此事非难非易，除是夙曾种得般若种智之深，曾于无始旷大劫来，承事真善知识，熏习得正知正见。在灵识中，触境遇缘。于现行处，筑着磕着，如在万人丛里，认得自家父母相似。当恁么时，不着问人，自然求觅底心不驰散矣。云门云："不可说时即有，不说时即无也；不可商量时便有，不商量时便无也。"又自提起云："且道：不商量时，是个甚么？恐人不会。"又自云："更是甚么？"答张安国。大凡涉世有余之士，久胶于尘劳中，忽然得人指令，向静默处做工夫。乍得胸中无事，便认着以为究竟安乐。殊不知，似石压草，虽暂觉绝消息，奈何根株犹在，宁有证彻寂灭之期。要得真正寂灭现前，必须于炽然生灭之中，蓦地一跳跳出，不动一丝毫，便搅长河为酥酪，变大地作黄金。临机纵夺，杀活自由。利他自利，无施不可。示富季申。昔严阳尊者问赵州："一物不将来时如何？"州云："放下着。"严阳云："一物既不将来，放下个甚么？"州云："放不下，担取去。"严阳于言下大悟。又有僧问古德："学人奈何不得时如何？"古德云："老僧亦奈何不得。"僧云："学人在学地故，是奈何不得。和尚是大善知识，为甚么亦奈何不得？"古德云："我若奈何得，则便拈却你这不奈何。"僧于言下大悟。二僧悟处，即是楼枢密迷处楼枢密疑处，即是二僧问处。法从分别生，还从分别灭。灭诸分别法，是法无生灭。答楼枢密。与向伯恭，论梦觉书。见《隆庆闲师章》中。示谕：腊月三十日已到，要之日用当如是观察，则世间尘劳之心，自然消陨矣。尘劳之心既消陨，则来日依前孟春犹寒矣。古德云："欲识佛性义，当观时节因缘。"此个时节，乃是黄面老子出世成佛，坐金刚座，降伏魔军，转法轮，度众生，入涅槃底时节，与解空所谓腊月三十日时节，无异无别。到这里，只如是观。以此观者，名为正观。异此观者，名为邪观。邪正未分，未免随他时节迁变。要得不随时节，但一时放下着。放到无可放处，此语亦不受。依前只是解空居士，更不是别人。答刘季高。章敬和尚曰："至理亡言，时人不悉。强习他事，以为功能。"不知自性元非尘境，是个微妙大解脱门。所有鉴觉，不染不碍。如是光明，未曾休废。曩劫至今，固无变易，犹如日轮远近斯照。虽及众色，不与一切和合。灵烛妙明，非假锻炼。为不了故，取于物象。但如捏目妄起空华，徒自疲劳。枉经劫数，若能返照，无第二人。举措施为，不亏实相，左右自言根钝试。如此返照看，能知钝者，还钝也无？若不回光返，照只守钝根，更增烦恼，乃是向幻妄上，重增幻妄，空花上更添空花也。但相听能知根性钝者，决定不钝。虽不得守着这个钝底，然亦不得舍却这个钝底参。取舍利钝，在人不在心。此心与三世诸佛一体无二，若有二，则法不平等矣。受教传心，俱为虚妄。求真觅实，转见参差。但知得一体无二之心。决定不在利钝取舍之间，则便当见月亡指，直下一刀两段。若更迟疑，思前筭后，则乃是空拳指上生实解，根境法中虚捏怪。于阴界中，妄自囚执，无有了时。答陈季任。伏承杜门息交，世事一切阔略，朝夕惟以某向所举话头提撕，甚善，甚善。既办此心，当以悟为则。若自生退屈，谓根性陋劣，更求入头处，正是含元殿里问长安，在甚处耳？正提撕时，是阿谁？能知根性陋劣底。又是阿谁？求入头处底。又是阿谁？妙喜不避口业。分明为居士说破，只是个汪彦章，更无两个。只有一个汪彦章，更那里得个提撕底。知根性陋劣底，求入头处底来，当知皆是汪彦章影子，并不干他汪彦章事。若是真个汪彦章，根性必不陋劣，必不求入头处，但只信得自家主人公，皮并不消得许多劳攘。昔有僧问仰山：“禅宗顿悟，毕竟入门的意如何？”山曰：“此意极难，若是祖宗门下上根上智，一闻千悟，得大总持，此根人难得，其有根微智劣。所以古德道：若不安禅静虑。到这里，总须茫然。”僧曰：“除此格外，还有别方便，令学人得入也无？”山曰：“别有别无，令汝心不安。我今问汝，汝是甚处人？”曰：“幽州人。”山曰：“汝还思彼处否？”曰：“常思。”山曰：“彼处楼台林苑人马骈阗，汝返思思底，还有许多般也无？”曰：“某甲到这里，一切不见有。”山曰：“汝解犹在境，信位即是，人位即不是。”妙喜已是老婆心切，须着更下个注脚，人位即是汪彦章，信位即是知根性陋劣。求入头处底，若于正提撕话头时，返思能提撕底还是汪彦章否？到这里，间不容发。若伫思停机，则被影子惑矣。请快着精彩，不可忽不可忽。答汪彦章。向承示谕，性根昏钝。而黾勉修持，终未得超悟之方。某顷在双径，答富季申所问，正与此问同。能知昏钝者，决定不昏钝，更欲向甚处求超悟。士大夫学此道，却须借昏钝而入。若执昏钝，自谓我无分，则为昏钝魔所摄矣。盖平昔知见，多以求证悟之心，在前作障。故自己正知见，不能现前。此障亦非外来，亦非别事，只是个能知昏钝底主人公耳。故瑞岩和尚，居常在丈室中，自唤云主人公，又自应云诺。惺惺着，又自应云诺。他时后日，莫受人谩，又自应云诺诺。古来幸有恁么榜样，慢向这里提撕看，是个甚么？只这提撕底，亦不是别人，只是这能知昏钝者耳。能知昏钝者，亦不是别人，便是李宝文本命元辰也。此是妙喜不得已应病与药，略为居士指个归家稳坐底路头而已。若便认定死语，真个唤作本命元辰，则是认识神为自己，转没交涉矣。故长沙和尚云："学道之人不识真，只为从来诏识神。无量劫来生死本，痴人唤作本来人。"前所云借昏钝而入，是也。但只看能知得如是昏钝底，毕竟是个甚么？只向这里看，不用求超悟，看来看去，忽地大笑去矣。此外无可言者。答李茂嘉。士大夫学道，利根者蹉过，钝根者难入。难入则自生退屈，蹉过则起谤无疑。若要着中，但将蹉过底。移在难入处，却将难入底。移在蹉过处，自然怗怗地，不作难入蹉过之解矣。得如此了却，好向这里全身放下。放下时，亦不得作放下道理。古德所谓：放荡长如痴兀人，他家自有通人爱。示陈次仲。昏沉掉举，先圣所诃，静坐时才觉此两种病现前。但只举狗子无佛性话，两种病不着用力排遣，当下怗怗地矣。日久月深，才觉省力，便是得力处也。亦不着做静胜工夫，只这便是工夫也。答富季申。令兄宝学公，初未尝知管带忘怀之事，信手摸着鼻孔，虽未尽识得诸方邪正，而基本坚实，邪毒不能侵，忘怀管带在其中矣。若一向忘怀管带，生死心不破，阴魔得其便，未免把虚空隔绝作两处。处静时受无量乐，处闹时受无量苦，要得苦乐均平。但莫起心管带，将心忘怀。十二时中，放教荡荡地，忽尔旧习瞥起，亦不着用心遏捺。只就瞥起处，看个话头：狗子还有佛性也无？无。正当恁么时，如红垆上一点雪相似，眼辨手亲者，一趯趯得，方知懒融道。恰恰用心时，恰恰无心用。曲谈名相劳，直说无繁重。无心恰恰用，常用恰恰无。今说无心处，不与有心殊，不是诳人语。答刘彦冲。示谕：应缘日涉差别境界，未尝不在佛法中。又于日用动容之间，以狗子无佛性话，破除情尘。若作如是工夫，恐卒未得悟入。请于脚跟下，照顾差别境界从甚么处起。动容周旋之间，如何以狗子无佛性话，破除情尘。能知破除情尘者，又是阿谁？佛不云乎："众生颠倒，迷己逐物。"物本无自性，迷己者自逐之耳。境界本无差别，迷己者自差别耳。既日涉差别境界，又在佛法中。既在佛法中，则非差别境界。既在差别境界中，则非佛法矣。拈一放一，有甚了期。广额屠儿，在涅槃会上，放下屠刀，立地便成佛，岂有许多忉忉怛怛来。日用应缘处，才觉涉差别境界时。但只就差别处，举狗子无佛性话，不用作破除想，不用作情尘想，不用作差别想，不用作佛法想，但只看狗子无佛性话，但只举个无字，亦不用存心等悟。若存心等悟，则境界也差别，佛法也差别，情尘也差别，狗子无佛性话也差别，间断处也差别，无间断处也差别，遭情尘惑乱身心不安乐处也差别，能知许多差别底亦差别。若要除此病，但只看个无字，但只看广额屠儿放下屠刀云："我是千佛一数。"是实是虚，若作虚实商量，又打入差别境界上去也。不如一刀两段，不得念后思前。念后思前，则又差别矣。玄沙云："此事限约不得。"心思路绝，不因庄严，本来真净，动用语笑随处明了，更无欠少。今时人不悟个中道理，妄自涉事涉尘，处处染着，头头系绊，纵悟则尘境纷纭，名相不实，便拟凝心敛念，摄事归空，闭目藏睛。随有念起，旋旋破除。细想才生，即便遏捺。如此见解，即是落空亡底外道，魂不散底死人，冥冥漠漠，无觉无知，塞耳偷铃，徒自欺诳。左右来书云云，尽是玄沙所诃底病，寂照邪禅，埋人底坑子，不可不知也。举话时，都不用作许多伎俩，但行住坐卧处，勿令间断。喜怒哀乐处，莫生分别。举来举去，看来看去，觉得没理路没滋味。心头热闷时，便是当人放身命处也。记取！记取！莫见如此境界便退心，如此境界，正是成佛作祖底消息也。而今默照邪师辈，只以无言无说为极则，唤作威音那畔事，亦唤作空劫已前事。不信有悟门，以悟为诳，以悟为第二头，以悟为方便语，以悟为接引之词。如此之徒，谩人自谩，误人自误，亦不可不知。日用四威仪中，涉差别境界，觉得省力时，便是得力处也。得力处极省力，若用一毫毛气力支撑，定是邪法，非佛法也。但办取长远心，与狗子无佛性话厮崖，崖来崖去，心无所之。忽然如睡梦觉，如莲花开，如披云见日，到恁么时，自然成一片矣。但日用七颠八倒处，只看个无字，莫管悟不悟彻不彻。三世诸佛，只是个无事人。诸代祖师，亦只是个无事人。古德云："但于事上通无事，见色闻声不用聋。"又古德云："愚人除境不亡心，智者亡心不除境。"于一切处无心，则种种差别境界自无矣。而今士大夫，多是急性，便要会禅，于经教上及祖师言句中博量，要说得分晓。殊不知，分晓处却是不分晓底事，若透得个无字，分晓不分晓，不着问人矣。老汉教士大夫放教钝，便是这个道理也。作钝榜状元亦不恶，只怕拖白耳一笑。答宗直阁。

知迷不悟是大错，执迷待悟，其错益大。何以故？为不觉故迷。执迷待悟，乃不觉中又不觉，迷中又迷。决欲破此两重关，请一时放下着，若放不下，迷迷悟悟，尽未来际，何有休歇。示黄伯成。又云："学此道，未得个入头处时，觉得千难万难。”闻宗师举着，愈觉难会。盖以取证求歇底心不除，反被此作障碍。此心才歇，方知非难非易，亦非师家可以传授。欲得将心待悟，将心待休歇，从脚下参到弥勒下生，亦不能得悟，亦不能得休歇，转加迷闷耳。平田和尚曰：“神光不昧，万古徽猷。入此门来，莫存知解。”又古德曰：“此事不可以有心求，不可以无心得，不可以语言造，不可以寂默通。”此是第一等入泥入水老婆说话。往往参禅人，只恁么念过，殊不子细看是甚道理。若是个有筋骨底，才闻举着，直下将金刚王宝剑，一截截断此四路葛藤，则生死路头亦断，凡圣路头亦断，计较思量亦断，得失是非亦断，当人脚跟下。净裸裸，赤洒洒，没可把，岂不快哉，岂不畅哉。不见昔日灌溪和尚，初参临济，济见来，便下绳床蓦胸擒住。灌溪便云：“领，领。”济知其已彻，即便推出，更无言句与之商量。当恁么时，灌溪如何思量计较只对得，古来幸有如此榜样，如今人总不将为事，只为粗心。灌溪当初，若有一点待悟待证待休歇底心在前时，莫道被擒住便悟，便是缚却手脚，绕四天下拖一遭，也不能得悟，也不能得休歇。答曾天游。示谕：蚤岁知信向此道，晚年为知解所障，未有一悟入处。欲知日夕体道方便，既荷至诚，不敢自外据款结案葛藤少许，只这求悟入底，便是障道知解了也，更别有甚么知解。为公作障，毕竟唤甚么作知解？知解从何而至？被障者复是阿谁？只此一句，颠倒有三，自言为知解所障，是一。自言未悟，甘作迷人，是一。更在迷中将心待悟，是一。只这三颠倒，便是生死根本，直须一念不生，颠倒心绝，方知无迷可破，无悟可待，无知解可障。如人饮水冷暖自知，久久自然，不作这个见解也。但就能知知解底心上看，还障得也无？能知知解底心上，还有如许多般也无。从上大智能之士，莫不皆以知解为俦侣，以知解为方便。于知解上，行平等慈；于知解上，作诸佛事，如龙得水，似虎靠山，终不以此为恼。只为他识得知解起处，既识得起处，即此知解，便是解脱之场，便是出生死处。既是解脱之场，出生死处，则知底解底当体寂灭。知底解底既寂灭，能知知解者不可不寂灭。菩提涅槃，真如佛性，不可不寂灭，更有何物可障，更向何处求悟入。答富季申。定光大师妙道问云门：“此心此性迷悟向背如何？”乞省要处指示，云门良久不答。妙道再问，云门笑曰：“若论省要处，则不可指示于人；若可指示，则不省要矣。”妙道曰：“岂无方便，令学人趣向？”云门曰：“若论方便，则心无迷悟，性无向背。”但人立迷悟见，执向背解。欲明此心见此性，而此心此性，即随人颠倒，错乱流入邪途，以故佛魔不辨，邪正不分。盖不了此性此心之梦幻，妄立二种之名言，以向背迷悟为实，认此心此性为真。殊不知，若实若不实，若妄若非妄，世间出世间，但是假言说。故净名云：“法不可见闻觉知。”若行见闻觉知，是则见闻觉知，非求法也。又古德云：“若取自己自心为究竟，必有他物他人为对治。”又佛谓富楼那曰：“汝以色空，相倾相夺于如来藏。”而如来藏，随为色空，周遍法界。我以妙明不灭不生，合如来藏。而如来藏，惟妙觉明，圆照法界。如来藏即此心此性也。而佛权指色空相倾相夺为非，以妙明不灭不生为是。此两段，是药语，治迷悟二病，非佛定意也，为破执迷悟心性向背为实法者之言耳。不见金刚藏菩萨曰："一切三世，惟是言说。一切诸法，于言说中。无有依处，一切言说。于诸法中，亦无依处。"苟迷悟见亡，向背解绝，则此心洞明如皎日，此性宽廓等虚空。当人脚跟下，放光动地，照彻十方，睹斯光者，尽证无生法忍，到恁么时自然与此心此性，默默相契，方知昔本无迷。今本无悟。悟即迷。迷即悟。向即背。背即向。性即心。心即性。佛即魔。魔即佛。一道清净平等，无有平等不平等者，皆吾心之常分。非假于他术，既得恁么，亦是不得已而言之，不可便以为实。若以为实，则又是不识方便。认定死语，重增虚妄。展转惑乱，无有了期。到这里，无你用心处。不若知是般事，拨置一边，却转头来看。马大师即心即佛，非心非佛，不是心不是佛不是物。赵州庭前柏树子。云门须弥山。大愚锯解秤锤。严阳尊者土块。汾州莫妄想，俱胝竖指头，毕竟是何道理？此乃云门方便也，妙道思之。示妙道禅人。只这着忙底。便是腊月三十日消息也。如何是佛？干矢橛。这里不透，与腊月三十日何异。答吕隆礼。示谕：能行佛事，而不解禅语，能与不能，无别无同。但知能行者即是禅语，会禅语而不能行佛事，如人在水底坐叫渴，饭箩里坐叫饥何异？当知禅语即佛事，佛事即禅语，能行能解，在人不在法。答樊茂实。担荷此段大事因缘，须是有决定志，若半信半疑，则没交涉矣。古德云：学道如钻火，逢烟未可休。直待金星现，归家始到头。欲知到头处，自境界他境界一如是也。示李献臣。又云："赵州和尚云：'老僧十二时中，除二时粥饭，是杂用心。'余无杂用心处，此是这老和尚。真实行履处，不用作佛法禅道会。"无常迅速，生死事大。众生界中，顺生死底事，如麻似粟，拨整了一番，又一番到来，若不把生死两字，贴在鼻尖儿上作对治，则直待腊月三十日，手忙脚乱，如落汤螃蟹时，方始知悔则迟也。若要直截，请从而今便截断。示聂寺丞。欲学此道，须是具决安信，逢逆顺境，心不动摇，方有趣向分。佛言："信能永灭烦恼本，信能专向佛功德。信于境界无所着，远离诸难得无难。"又云："信能超出众魔路，示现无上解脱道。如上所说，教有明文，佛岂欺人耶？若半明半暗，半信半不信，则触境遇缘，心生疑惑。乃是于境界，心有所着，不能于此道决定无疑。灭烦恼本，远离诸难。诸难者，为无决定信，被自己阴魔所挠，若能一念缘起无生，则不越此念，实时超出魔路。所谓魔路亦非他物，乃是昧却此心。于此心外，妄生差别诸见，而此心即随差别妄念流转故。成就魔境，若能直下信此心，决定本来成佛，顿忘诸见，即此魔路，便是当人出生死菩提路也。示邓子立。道家者流，全以妄想心想。日精月华，吞霞服气，尚能留形住世，不被寒暑所侵。况回此心此念，全在般若中耶？先圣明明有言："喻如太末虫，处处能泊，惟不能泊于火焰之上。"众生心亦尔，处处能缘，惟不能缘于般若之上。苟念念不退初心，把自家心识。缘世间尘劳底，回来抵在般若上。虽今生打未彻，临命终时，定不为恶业所牵。流落恶道，来生出头，随我今生愿力。定在般若中，现成受用，此是决定底事，无可疑者。答曾天游。腊月三十日到来，恩爱也使不着，势力也使不着，财宝也使不着，性气也使不着，官职也使不着，富贵也使不着。眼光落地时，惟有平昔造善造恶两路境界，一一现前。作恶多作善少，则随恶业流浪将去。作善多作恶少，则随善业生人天十善之家去。既知得这两路子，皆属虚幻，然后发勇猛精进坚固不退之心，决欲超情离见，透脱生死。腊月三十日，善恶两路，拘执我不得。示邓两府宅。

指月录卷三十二

六祖下第十六世

◎临安府径山宗杲大慧普觉禅师语要下

酬答法要之余

示谕：自到城中，着衣吃饭，抱子弄孙，色色仍旧，既亡拘滞之情，亦不作奇特之想。宿习旧障，亦稍轻微，三复斯语，欢喜踊跃，此乃学佛之验也。傥非过量大人，于一笑中，百了千当，则不能知吾家果有不传之妙。若不尔者，疑怒二字法门，尽未来际，终不能坏。使太虚空，为云门口。草木瓦石，皆发光明。助说道理，亦不柰何。方信此段因缘，不可传不可学。须是自证自悟，自肯自休，方始彻头。公今一笑，顿亡所得，夫复何言！黄面老子曰："不取众生所言说，一切有为虚妄事。虽复不依言语道，亦复不着无言说。”来书所说既亡拘滞之情，亦不作奇特之想，暗与黄面老子所言契合。即是说者名为佛说，离是说者即波旬说，山野平昔有大誓愿，宁以此身代一切众生受地狱苦，终不以此口将佛法以为人情，瞎一切人眼。公既到恁么田地，自知此事不从人得，但且仍旧，更不须问大法明未明，应机碍不碍？若作是念，则不仍旧矣。承过夏后，方可复出。甚惬病僧意，若更热荒驰求不歇，则不相当也。前日见公欢喜之甚，以故不敢说破，恐伤言语。今欢喜既定，方敢指出，此事极不容易，须生惭愧始得。往往利根上智者，得之不费力，遂生容易心，便不修行，多被目前境界夺将去，作主宰不得。日久月深，迷而不返，道力不能胜业力，魔得其便，定为魔所摄持。临命终时，亦不得力。千万记取前日之语，理则顿悟，乘悟并销，事非顿除，因次第尽，行住坐卧，切不可忘了。其余古人种种差别言句，皆不可以为实，然亦不可以为虚，久久纯熟，自然默默契自本心矣。不必别求殊胜奇特也。此下举“水潦见马祖，鼓山见雪峰，慧明大庾岭见六祖”三师悟缘，具于《三师章》。以三尊宿三段因缘，较公于一笑中释然，优劣何如？请自断看。还更别有奇特道理么？若更别有，则却似不曾释然也。但知作佛，莫愁佛不解语。古来得道之士，自己既充足，推己之余，应机接物，如明镜当台，明珠在掌，胡来胡现，汉来汉现，非着意也。若着意，则有实法与人矣。公欲大法明，应机无滞，但且仍旧，不必问人，久久自点头矣。临行面禀之语，请书于座右，此外别无说，纵有说，于公分上，尽成剩语矣。葛藤太多，姑置是事。答李汉老。　李又具书云：“邴比蒙诲答，备悉深旨。邴自有验者三：一事无逆顺，随缘即应，不留胸中。二夙习浓厚，不加排遣，自尔轻微。三古人公案，旧所茫然，时复瞥地。此非自昧者，前书大法未明之语，盖恐得少为足，当扩而充之，岂别求胜解耶。净除现流，理则不无，敢不铭佩。”师又答书云：“信后益增瞻仰，不识日来随缘放旷，如意自在否？四威仪中，不为尘劳所胜否？寤寐二边，得一如否？于仍旧处，无走作否？于生死心，不相续否？但尽凡情，别无圣解。公既一笑，豁开正眼，消息顿亡，得力不得力，如人饮水，冷暖自知矣。然日用之间，当依黄面老子所言，刳其正性，除其助因，违其现业。此乃了事汉，无方便中真方便，无修证中真修证，无取舍中真取舍也。古德云：皮肤脱落尽，惟一真实在。又如栴檀繁柯脱落尽，惟真栴檀在，斯违现业除助因刳正性之极致也。公试思之，如此说话，于了事汉分上，大似一柄腊月扇子，恐南地寒喧不常，也少不得，一笑。”师又与江少明书云：“承连日去与参政道话，甚善！甚善！此公歇得驰求心，得言语道断，心行处灭，差别异路，觑见古人脚手，不被古人方便文字所罗笼。山僧见渠如此，所以更不曾与之说一字，恐钝置他，直候渠将来，自要与山僧说话，方始共渠眉毛厮结理会在，不只恁么便休。学道人，若驰求心不歇，纵与之眉毛厮结理会，何益之有？正是痴狂外边走耳。参政汉老也。

即日蒸溽，不审燕处悠然，放旷自如，无诸魔挠否？日用四威仪内，与狗子无佛性话一如否？于动静二边，能不分别否？梦与觉合否？理与事会否？心与境皆如否？老庞云：“心如境亦如，无实亦无虚；有亦不管，无亦不拘；不是圣贤，了事凡夫。若真个作得个了事凡夫，释迦、达磨，是甚么泥团土块。三乘十二分教，是甚么热碗鸣声？公既于此个门中，自信不疑，不是小事，要须生处放教熟，熟处放教生，始与此事，少分相应耳。往往士大夫，多于不应有“如”字意中，得个瞥地处，却于如意中，打失了，不可不使公知。在如意中，须时时以不如意中时节在念，切不可暂忘也。但得本，莫愁末；但知作佛，莫愁佛不解语。这一着子，得易守难，切不可忽。须教头正尾正，扩而充之，然后推己之余，以及物。”答刘彦修。昔杨文公大年，三十岁见广慧琏公，除去碍膺之物，自是已后，在朝廷居田里始终一节，不为功名所移，不为富贵所夺，亦非有意轻功名富贵，道之所在，法如是故也。赵州云：“诸人被十二时使，老僧使得十二时。”此老此说，非是强为，亦法如是故也，大率为学为道一也。而今学者，往往以仁义礼智信为学，以格物忠恕一以贯之之类为道，只管如博谜子相似，又如众盲摸象，各说异端。释不云乎：“以思惟心。”测度如来圆觉境界，如取萤火烧须弥山，临生死祸福之际，都不得力，盖由此也。杨子云：“学者所以修性，性即道也。”黄面老子云：“性成无上道。”圭峰云：“作有义事，是惺悟心。作无义事，是狂乱心。狂乱由情念，临终被梵牵。惺悟不由情，临终能转业。”所谓义者，是义理之义，非仁义之义。而今看来，这老子，亦未免析虚空为两处。仁乃性之仁，义乃性之义，礼乃性之礼，智乃性之智，信乃性之信，义理之义亦性也。此句有脱文。应云：“义理之义固性也，仁义之义亦性也。”详上下文可见。作无义事，即背此性；作有义事，即顺此性。然顺背在人，不在性也。仁义礼智信，在性不在人也。人有贤愚，性即无也。若仁义礼智信，在贤而不在愚，则圣人之道，有拣择取舍矣。如天降雨，择地而下矣。所以云：仁义礼智信，在性而不在人也。贤愚顺背，在人而不在性也。杨子所谓“修性”，性亦不可修，亦顺背贤愚而已。圭峰所谓“惺悟狂乱”，是也。赵州所谓“使得十二时，被十二时使”，是也。若识得仁义礼智信之性起处，则格物忠恕一以贯之，在其中矣。肇法师云：“能天能人者，岂天人之所能哉！”所以云：“为学为道一也。”答汪圣锡。予虽学佛者，然爱君忧国之心，与忠义士大夫等，但力所不能，而年运往矣。喜正恶邪之志，与生俱生。永嘉所谓：“假使铁轮顶上旋，定慧圆明终不失。”予虽不敏，敢直下自信不疑。示成机宜季恭。又云：“博极群书，只要知圣人所用心处。”知得了，自家心术即正，心术正，则种种杂毒种种邪说，不相染污矣。又云：学不至，不是学，学至而用不得，不是学。学不能化物，不是学。学到彻头处，文亦在其中，武亦在其中，事亦在其中，理亦在其中。忠义孝道，乃至治身治人，安国安邦之术，无有不在其中者。释迦老子云：“常在于其中，经行及坐卧。”便是这个消息也。未有忠于君，而不孝于亲者。未有孝于亲，而不忠于君者。但圣人所赞者，依而行之；圣人所诃者，不敢违犯。则于忠于孝，于事于理，治身治人，无不周旋，无不明了。为学为道一也，为学，则学未至于圣人，而期于必至。为道，则求其放心于物我，物我一如，则道学双备矣。示莫润甫。又云：“在儒教则以正心术为先。”心术既正，则造次颠沛，无不与此道相契。前所云为学为道一之义也。在吾教，则曰：“若能转物，即同如来。”在老氏，则曰：“慈。”曰：“俭。”曰：“不敢为天下先。”能如是学，不须求与此道合，自然默默与之相投矣。佛说一切法，为度一切心。我无一切心，何用一切法。当知读经看教，博极群书，以见月忘指，得鱼忘筌，为第一义，则不为文字语言所转，而能转得语言文字矣。士大夫，不曾向佛乘中留心者，往往以佛乘为空寂之教，恋着个布袋子。闻人说空说寂，则生怕怖。殊不知，只这怕怖底心，便是生死根本。佛自有言："不坏世间相，而谈实相。"又云："是法住法位，世间相常住。"《宝藏论》云："寂兮寥兮，宽兮廓兮，上则有君，下则有臣，父子亲其居，尊卑异其位。"以是观之，吾佛之教，密密助扬至尊圣化者亦多矣，又何尝只谈空寂而已。如俗谓李老君，说长生之术，正如硬差排佛谈空寂之法无异。老子之书，原不曾说留形住世，亦以清净无为，为自然归宿之处，自是不学佛老者，以好恶以相诬谤尔，不可不察也。愚谓：三教圣人，立教虽异，而其道同归一致，此万古不易之义。然虽如是，无智人前莫说，打你头破额裂。示张大尉。既得外护者，存心相照，自可拨置人事。频与衲子辈作佛事，久久自殊胜。更望室中与之子细，不得容人情，不得共伊落草，直似之以本分草料，教伊自悟自得，方是尊宿为人体裁也。若是见伊迟疑不荐，便与之下注脚，非但瞎却他眼，亦乃失却自家本分手段。答珪和尚。既已承当个事，须卓卓地做教彻头彻尾，以平昔实证实悟底一着子，端居丈室。如担百二十斤担子，从独木桥上过，脚蹉手跌，则和自家性命不可保，况复与人抽钉拔楔，救济他人耶。古德云："此事如八十翁翁入场屋，岂是儿戏。"又古德云："我若一向举扬宗教，法堂前草深一丈，须倩人看院始得。"岩头每云：向未屙已前一觑，便眼卓朔地。晏国师不跨石门句，睦州现成公案放你三十棒。汾阳无业莫妄想，鲁祖凡见僧入门便转身面壁而坐。为人时，当不昧这般体裁，方不失从上宗旨耳。答逮长老。又云：衲子到室中，下刃要紧，不得拖泥带水，如雪峰空禅师，顷在云居云门相聚。老汉知渠不自欺，是个佛法中人，故一味以本分钳锤似之，后来自在别处打发大法既明，向所受过底钳锤一时得受用，方知妙喜不以佛法当人情。去年送得一册语录来，造次颠沛，不失临济宗旨，今送在众寮中，与衲子辈看。老汉因掇笔书其后，特为发扬，使本分衲子，为将来说法之式。若使老汉初为渠拖泥带水，说老婆禅，眼开后，定骂我无疑。所以古人云：我不重先师道德，只重先师不为我说破。若为我说破，岂有今日，便是这个道理也。赵州云：若教老僧随伊根机接人，自有三乘十二分教，接他了也。老僧这里，只以本分事接人，若接不得，自是学者根性迟钝，不干老僧事。思之，思之。归宗斩蛇，南泉斩猫儿，学语之流，多谓之当机妙用，亦谓之大用现前，不存轨则。殊不知，总不是这般道理。具超方眼，举起便知落处，若大法不明，打瓦钻龟，何时是了。示李献臣。大珠和尚云：心逐物为邪，物从心为正。虽则一期应病与药，未免垛生招箭。而今未了底，闻此语而不疑，则大珠空费老婆心。已了底，闻此语而不疑，则心与物，俱是剩法。毕竟如何？不许夜行，投明须到。示空慧四则。右一。既有个趣向狗子无佛性话，冷地里慢提撕，则个若道知是般事便休。我说此人智眼未明在，妙喜虽似平地起风雷，然亦不出雪峰道底二。五通仙人问佛：“佛有六通，我有五通，如何是那一通？”佛遂召五通仙人，五通仙人应诺：佛云：

“那一通汝问我。今时有一种弄泥团汉，往往多在那一通处，错认定盘星？[三]”国师三唤侍者话，瑞岩唤主人公话，睦州担板汉话，投子漆桶话，雪峰辊球话，风穴佛话，这六个老古锥，各欠悟在。妙喜恁么道，大似掉棒打月，旁观看之，不为分外[四]。昔庞居士有言：“有男不婚，有女不嫁。大家团圞头，共说无生话。”后来元丰间，有个士人，谓之无为居士，姓杨，名杰，字次公，尝参前辈，于宗门中，有真实得力处。曾和庞公此偈云：“男大须婚，女长须嫁。讨甚闲工夫，更说无生话。”这两个俗汉子，将他十方常住一片田地，不向官中印契，各自分疆列界，道我知有，而时时向无佛处称尊。当时亦有个不平底，谓之海印信禅师，时住苏州定慧，因见无为此偈，亦有一偈曰：“我无男婚，亦无女嫁。困来便打眠，管甚无生话。”这三个老汉，说此三偈，快然居士，开眼也着，合眼也着，不开不合也着。妙喜只得冷地看，看则不无。毕竟快然居士，向开眼处着到耶？合眼处着到耶？不开不合处着到耶？若在开眼处着到，则落在庞公圈缋里；在合眼处着到，则落在杨无为圈缋里；在不开不合处着到，则落在海印禅师圈缋里。快然见恁么说，定道总不恁么。若总不恁么，又落在妙喜圈缋里。要出三老圈缋则易，要出妙喜圈缋则难。快然毕竟如何出得？待归延平嫁了女，却缓缓地来，为你说破。因记得古德一偈，并书其后，庶几快然不在中途躲根，亦老婆心之切耳。偈曰：“学道如钻火，逢烟未可休。直待金星现，归家始到头。”更有一个问头，且那里是快然归底家？若透得这一问，男婚女嫁，都在里许。若未识得家，且业识茫茫，尽在外边走，亦怪妙喜不得。示罗快然。昔灵云和尚因见桃花，忽然悟道，有偈曰："三十年来寻剑客，几回落叶又抽枝。自从一见桃花后，直至如今更不疑。"沩山和尚诘其所悟，与之符契，乃印可曰："从缘悟道，永无退失。"又雪峰和尚，自作《寿塔铭》，序曰："夫从缘有者，始终而成坏。非从缘得者，历劫而常坚。"此二尊宿所见，且道是一般是两般？若道是一般，一人以从缘而得为是，一人以从缘而得为非；若道两般，不可二大老各立门户，疑惑后人。咦，鹅王择乳，素非鸭类，知立禅人，还知二大老落处么？若不知，云门直为你说破：二由一有，一亦莫守。一心不生，万法无咎。已上两段不同，收归上科。○咄！示知立禅人。承夜梦焚香入山僧之室，甚从容，切不得作梦会，须知是真入室。不见舍利弗问须菩提："梦中说六波罗蜜，与觉时同别？"须菩提云："此义幽深，吾不能说。此会有弥勒大士，汝往彼问。"咄！逗漏不少。雪窦云："当时若不放过，随后与一札。谁云弥勒？谁是弥勒者？便见冰消瓦解。"咄！雪窦亦逗漏不少。或有人问："只如曾待制，夜梦入云门之室，且道与觉时同别？"云门即向他道："谁是入室者？谁是为入室者？谁是作梦者？谁是说梦者？谁是不作梦会者？谁是真入室者？"咄！亦逗漏不少。答曾天游。石头和尚云："谨白参玄人，光阴莫虚度。"这一句子，开眼也着，合眼也着，忘怀也着，管带也着。狂乱也着，寂静也着，此是径山如此差排。想杜撰长老辈，别有差排处也。咄！且置是事。答刘彦冲。古德云："句能划意，意能划句，意句交驰，是为可畏。"又云："意中不停句，句中不停意。"如招庆问罗山云："岩头和尚道：'恁么？恁么？不恁么？不恁么？’意旨如何？”罗山遂唤大师，招庆应诺。山云：“双明亦双暗。”庆便作礼而去，三日后复来问：“前日和尚意旨如何？”山云：“我尽情向汝道了也。”庆云：“大师是把火行。”山云：“若如是？据你疑处问将来。”庆云：“如何是双明亦双暗？”山云：“同生亦同死。”庆又礼谢而去。后有僧问罗山：“同生不同死时如何？”山云：“如牛无角。”又问：“同生亦同死时如何？”山云：“如虎带角。”欲了从上来事，当以此段因缘，时时在念，然不得着意穿凿，穿凿即错。示黄伯成。僧问赵州：“柏树子还有佛性也无？”州云：“有。”僧云：“几时成佛？”州云：“待虚空落地。”僧云：“虚空几时落地？”州云：“待柏树子成佛。”看此话不得作柏树子不成佛想，虚空不落地想，毕竟如何？虚空落地时，柏树子成佛。柏树子成佛时，虚空落地定也，思之。示聂寺丞。梁武帝问达磨：“朕造寺度僧，不可胜数，有何功德？”达磨曰：“无功德。”帝曰：“云何无功德？”达磨曰：“此但人天小果，有漏之因，如影之随形，虽有而非实。”曰：“如何是真功德？”答曰：“净智妙圆，体自空寂。如是功德，不以世求。”帝始问：“如何是圣谛第一义？”答曰：“廓然无圣。”曰：“对朕者谁？”答曰：“不识。”帝不契，达磨遂渡江之魏。如今要见真功德，不用别求。只向不识处荐取。若透得此二字，一生参学事毕。示谢机宜。吾佛大圣人，能空一切相，成万法智，而不能即灭定业，况博地凡夫耶。居士既是个中人，想当亦入是三昧。昔有僧问一老宿：“世界恁么热，未审向甚么处回避？”老宿曰：“向镬汤垆炭里回避。”曰：“只如镬汤垆炭里，作么生回避？”曰：

"众苦不能到。"愿居士，日用四威仪中，只如此做工夫，老宿之言不可忽。此是妙喜得效底药方，非与居士此道相契，此心相知，亦不肯容易传授，只用一念相应草汤下，更不用别汤。使若用别汤，便令人发狂，不可不知也。一念相应草不用他求，亦只在居士四威仪中，明处明如日，黑处黑如漆。若信手拈来，以本地风光一照，无有错者，亦能杀人，亦能活人。故佛祖常以此药，向镬汤垆炭里，医苦恼众生生死大病，号大医王，不识居士还信得及否？若言我自有父子不传之秘方，不用向镬汤垆炭里回避底妙术，却望居士布施也。答刘季高。

示谕：求一语，与信道人做工夫，既看《圆觉经》，经中岂止一语而已哉。诸大菩萨，各随自所疑处发问，世尊据所疑，一一分明剖析，大段分晓，前所给话头，亦在其中矣。经云："居一切时，不起妄念，于诸妄心，亦不息灭。住妄想境，不加了知此语最亲切，于无了知，不辨真实。"老汉昔居云门庵时，尝颂之曰："荷叶团团团似镜，菱角尖尖尖似锥。风吹柳絮毛球走，雨打梨花蛱蝶飞。"但将此颂，放在上面，却将经文移来下面，颂却是经，经却是颂，试如此做工夫看，莫管悟不悟，心头休热忙，亦不可放缓。如调琴之法，紧缓得其所，则曲调自成矣。答林少瞻。

室中垂示

师云："大凡参禅，不必有机锋，便言我是。"昔云盖智和尚，道眼明白，因太守入山，憩谈空亭，问："如何是谈空亭？"智云："只是个谈空亭。"太守不喜，遂举问本慕顾。

本云："只将亭说法，何用口谈空。"太守乃喜，迁本住云盖。若以本较智，则大远，乃知真实事，不可以机锋取。宝峰元首座，亦有道之士，答话机锋钝，觉范号元为五斗，盖开口取气，炊得五斗米熟，方答得一转语。《武库》又云："师在宝峰时，元首座极见喜。师尝乞假访李商老归，元见遽云：'恶野了也无常迅速。'师不觉汗下，可见其人矣。"今时人，只解顺颠倒，不解顺正理。如何是佛？云即心是佛，却以为寻常。及至问如何是佛？云灯笼缘壁上天台，便道是奇特，岂不是顺颠倒。严阳尊者见赵州，有僧问："如何是佛？"云："土块。""如何是法？"云："地动也。""如何是僧？"云："吃粥吃饭。"问："如何是新兴水？"云："前面江里。"师云："似这般法门，恰似儿戏相似。入得这般法门，方安乐得人，如真净和尚，拈提古今，不在雪窦之下。而末流传习，却成恶口。小家只管问：古人作么生？真如又如何下语？杨岐又如何下语？你管得许多闲事，瘥病不假驴驼药。若是对病与药，篱根下拾得一茎草，便可疗病，说甚么朱砂附子人参白术。"师一日云："我这里无逐日长进底禅。"遂弹指一下云："若会去便罢参。"乃云：今时一般宗师，为人入室三五遍，辨白他不出，却教他说悟处，更问你见处如何？学人云：某见处说不得，却云你说不得，我如何见得你去。若恁么地，如何为人？不见泉大道到慈明，明云："片云横谷口，游人何处来？"泉云："夜间何处火？烧出古人坟。"明云："未在更道。"泉便作虎声，明便打一坐具。泉推明向禅床上，明却作虎声。泉云："我见八十四人善知识，惟师继得临济宗风。"看他恁么问答数句子？那里便是见他处？须是如此始得。山僧待人志诚，须是资质是始得。此是一超直入如来地，参禅须是直心直行直言直语。心言直故，始终地位中间永无诸委曲相。祖师西来，直指人心见性成佛。僧问云门："如何是佛?"门云："干矢橛。"拟议思量，已曲了也，何况脱空耶。今时兄弟，知见情解，多须要记闲言长语，来这里答。大似手中握无价摩尼宝珠，被人问你手中是甚么?却放下拈起一个土块，可煞痴。若恁么参，到驴年也不省。我这里无法与人，只是据款结案，恰如将个琉璃瓶子来，护惜如什么?我一见便为你打破。你又将得摩尼珠来，我又夺了。见你恁地来，我又和你两手截了。所以临济和尚道："逢佛杀佛，逢祖杀祖，逢罗汉杀罗汉。"你且道："既称善知识，为甚么却要杀人?"你且看他是什么道理，而今兄弟做工夫，不省这个过在何处，只为要去明他。且如恁么也不得，不恁么也不得，恁么不恁么总不得，作么生是?你将一转语便去明得么?永明他不得。古人忒煞直截，你不肯去直截处行，只为分明极，翻令所得迟。师云："我平生好骂人。"因看玄沙语录，大喜他勘灵云道，谛当甚谛当！敢保老兄未彻在，可谓壁立万仞。后来与灵云说话了，却云："你恁么方始是彻，后头却恁么撒矢撒尿?"却问圆悟如何?悟笑云："他后头却恁么地，我也理会不得。"遂下来归到寮，方知玄沙大段作怪，遂举似圆悟。悟笑云："且喜你知。"晦堂云："今时诸方，多是无此药头。"师云："切忌外人闻此粗言。"菩萨人眼见佛性，须是眼见始得。

普说

钱计议请普说，师云："法不可见闻觉知。"若行见闻觉知，是则见闻觉知，非求法也。既离见闻觉知外，却唤甚么作法？到这里，如人饮水，冷暖自知，除非亲证亲悟，方可见得。若实曾证悟底人，拈起一丝毫头，尽大地一时明得，今时不但禅和子，便是士大夫，聪明灵利，博极群书底人，个个有两般病，若不着意，便是忘怀，忘怀则堕在黑山下鬼窟里，教中谓之昏沉。着意则心识纷飞，一念续一念，前念未止，后念相续，教中谓之掉举。不知有人人脚跟下，不沉不掉底一段大事因缘，如天普盖，似地普擎，未有世界，先有此段大事因缘。世界坏时，此段大事因缘，不会动着一丝毫头，往往士大夫，多是掉举。而今诸方，有一般默照邪禅，见士大夫为尘劳所障，方寸不宁怗，便教他寒灰枯木去，一条白练去，古庙香垆去，冷湫湫地去。将这个休歇人，你道还休歇得么？殊不知，这个猢孙子不死，如何休歇得？来为先锋，去为殿后底不死，如何休歇得？此风往年福建路极盛。妙喜绍兴初，入闽住庵时，便力排之，谓之断佛慧命，千佛出世，不通忏悔。彼中有个士人郑尚明，极聪明，教乘也理会得，道藏也理会得，儒教则故是也。一日持一片香，来妙喜室中，怒气可掬，声色俱厉，曰："昂有一片香未烧在，欲与和尚理会一件事。"只如默然无言，是法门中第一等休歇处。和尚肆意诋诃，昂心疑。和尚不到这田地，所以信不及。且如释迦老子，在摩竭提国，三七日中掩室不作声，岂不是佛默然。毗耶离城三十二菩萨，各说不二法门，末后维摩诘无语，文殊赞善，岂不是菩萨默然。须菩提在岩中宴坐，无言无说，岂不是声闻默然。天帝释见须菩提在岩中宴坐，乃雨花供养，亦无言，岂不是凡夫默然。达磨游梁历魏，少林冷坐九年，岂不是祖师默然。鲁祖见僧便面壁，岂不是宗师默然。和尚因甚么却力排默照，以为邪非？妙喜曰：尚明，你问得我也是，待我与你说。我若说不行，却烧一炷香，礼你三拜；我若说得行，却受你烧香礼拜。我也不与你说释迦老子及先德言句，我即就你屋里说，所谓借婆帔子拜婆年，乃问：你曾读庄子么？曰是何不读？妙喜曰：庄子云：言而足，终日言而尽道。言而不足，终日言而尽物。道物之极，言默不足以载。非言非默，义有所极。我也不曾看郭象解，并诸家批注，只据我杜撰说破你这默然，岂不见孔夫子一日大惊小怪曰："参乎吾道一以贯之。"曾子曰："唯。"你措大家，才闻个唯字，便来这里恶口，却云这一唯，与天地同根，万物一体，致君于尧舜之上，成家立国，出将入相，以至启手足时，不出这一唯，且喜没交涉。殊不知，这个道理，便是曾子言而足，孔子言而足。其徒不会，却问曰何谓也？曾子见他理会不得，却向第二头答他话，谓夫子之道不可无言。所以云：夫子之道忠恕而已矣。要之，道与物至极处，不在言语上，不在默然处；言也载不得，默也载不得。公之所说，尚不契庄子意，何况要契释迦老子达磨大师意耶。你要理会得庄子非言非默义，有所极么？便是云门大师，拈起扇子云：扇子踍跳上三十三天，筑着帝释鼻孔，东海鲤鱼打一棒，雨似盆倾。你若会得云门这个说话，便是庄子说底，曾子说底，孔子说底一般。

渠遂不作声，妙喜曰：你虽不语，心未伏在，然古人决定不在默然处坐地明矣。你适来举释迦掩室，维摩默然，且看旧时有个座主，唤作肇法师，把那无言说处，说出来与人云："释迦掩室于摩竭，净名杜口于毗耶。须菩提唱无说以显道，释梵绝听而雨花，斯皆理为神御，故口以之而默，岂曰无辩，辩所不能言也。这个道理，与神忽然相撞着，不觉到说不得处。虽然不语，其声如雷，故曰：岂曰无辩，盖辩所不能言也。这里，世间聪明辩才，用一点不得。到得恁么田地，方始是放身舍命处，这般境界，须是当人自证自悟始得。所以《华严经》云："如来宫殿无有边，自然觉者处其中。"此是从上诸圣大解脱法门，无边无量，无得无失，无默无语，无去无来。尘尘尔，刹刹尔，念念尔，法法尔。只为众生根性狭劣，不到三教圣人境界，所以分彼分此。殊不知，境界如此广大，云向黑山下鬼窟里，默然坐地，故先圣诃为解脱深坑，是可怖畏之处。以神信道眼观之，则是刀山剑树，镬汤垆炭里坐地一般。座主家，向不滞在默然处，况祖师门下客。却道才开口便落今时，且喜没交涉，尚明不觉作礼。妙喜曰："公虽作礼，然更有事在。"至晚间来入室，乃问他："今年几岁？"曰："六十四。"又问："你六十四年前，从甚么处来？"渠开口不得，被我将竹篦劈脊打出去。次日又来室中曰："六十四年前，尚未有昂在，如何和尚却问昂从甚么处来？"妙喜曰："你六十四年前，不可元在福州郑家，只今这听法说法一段历历孤明底，未生已前，毕竟在甚么处？"曰："不知。"妙喜曰："你若不知，便是生大。今生且限百岁，百岁后，你待飞出三千大千世界外去，须是与他入棺材始得。当尔之时，四大五蕴一时解散，有眼不见物，有耳不闻声。有个肉团心，分别不行；有个身，火烧刀斫都不觉痛。到这里，历历孤明底，却向甚么处去?”曰：“昂也不知。”妙喜曰：“你既不知，便是死大。”故曰：“无常迅速，生死事大。”便是这个道理。这里，使聪明也不得，记持也不得，我更问你：平生做许多之乎者也？腊月三十日，将那一句敌他生死，须是知得生来死去处分晓始得，若不知，即是愚人。渠方心伏，从此遂救他，不坐在无言无说处，肯来这下做工夫。答曾天游云。　　老庞云：“但愿空诸所有，切勿实诸所无。”只了得这两句，一生参学事毕。今时有一种剃头外道，自眼不明，只管教人死。獦狚地休去歇去，若如此休歇，到千佛出世，也休歇不得，转使心头迷闷耳。又教人随缘管带忘情默照照来照去，带来带去，转加迷闷，无有了期，殊失祖师方便，错指示人，教人一向虚生浪死，更教人是事莫管，但只恁么歇去，歇这来情念不生。到恁么时，不是冥然无知，直是惺惺历历。这般底更是毒害，瞎却人眼。又云：教人管带，此是守目前鉴觉而生解者。教人硬休去歇去，此是守忘怀空寂而生解者。歇到无觉无知，如土木瓦石相似，当恁么时，不是冥然无知，又是错认方便解缚语而生解者。教人随缘照顾，莫教恶觉现前，遮个又是认着髑髅情识而生解者。教人但放旷任其自在，莫管生心动念，念起念灭，本无实体，若执为实，即生死心生矣，遮个又是守自然体为究竟法而生解者。如上诸病，非干学人之事，皆由瞎眼宗师，错指示耳。答刘彦修云：腊月三十日，作么生折合去，不可眼光欲落未落时，向阎家老子道：待我澄神定虑少时，却去相见答张安国云：或以无言无说，坐在黑山鬼窟里，闭眉合眼，谓之威音那畔。父母未生时消息，亦谓之默而常照为禅者。如此等辈，不求妙悟，以悟为落在第二头，以悟为诳謼人，以悟为建立，自既不会悟，亦不信有悟底。妙喜尝为衲子辈说，世间工巧伎艺，若无悟处，尚不得其妙，况欲脱生死？答荣茂实云：有一种唱邪说为宗师者，谓学者曰：但只管守静。不知守者是何物？静者是何人？却言静底是基本，却不信有悟底，谓悟底是枝叶，更引僧问仰山曰："今时人还假悟也无？"仰山曰："悟则不无。"争奈落在第二头，痴人面前不得说梦。便作实法会，谓悟是第二头。殊不知，沩山自有警觉学者之言，直是痛切，曰研穷至理，以悟为则。此语又向甚处着？不可沩山疑误后人，要教落在第二头也。黄德用请普说。德用，黄端夫子。端夫初恳吴元昭，撰疏，乞分杨岐一枝。至其家庵开法，师遣弥光应其请。时端夫卒，德用昆仲，请师普说。德用昆仲，特诣当庵，挥金办供，命山僧普说，举扬宗旨，以答诸圣加被之恩。且唤甚么作宗旨？宗旨又如何举扬？近代佛法可伤，邪师说法如恒河沙，各立门风，各设奇特，逐旋捏合，疑误后昆，不可胜数。参禅者，既不具择法眼，为师者，又道眼不明，以至如是。云门初与元昭不相识，顷在江西，见渠跋所施《华严·梵行品》，自言于《梵行品》有悟入处，不疑天下老师舌头，那时已得其要领，即与兄弟说。此人只悟得个无梵行而已，已被邪师印破面门了也。云居若见，须尽力救他。及乎在长乐相见，便来咨问入室。实时将渠悟入处，两句断了曰：公所悟者，永嘉所谓豁达空拨因果，莽莽荡荡招殃祸耳。更为渠引《梵行品》中错证据处曰：于身无所取，于修无所着，于法无所住。过去已灭，未来未至，现在空寂。无作业者，无受报者，此世不移动，彼世不改变。此中何法名为梵行？梵行从何处来？谁之所有？体为是谁？由谁而作？为是有，为是无，为是色，为非色，为是受，为非受，为是想，为非想，为是行，为非行，为是识，为非识，如是观察，梵行法不可得故。若依此引证，谓无梵行，是真梵行，则是谤大般若。入地狱如箭射，更为渠说。而今诸方邪师辈，各各自言得无上菩提，各说异端，欺胡谩汉，将古人入道因缘，妄生穿凿。或者以良久默然无言无说，为空劫已前事，教人休去歇去。歇教如土木瓦石相似去，又怕人道坐在黑山下鬼窟里，随后便引祖师语证据云："了了常知故，言之不可及。"歇得如土木瓦石相似时，不是冥然无知，直是惺惺历历，行住坐卧，时时管带，但只如此修行，久久自契本心矣。或者以脱去情尘，不立窠臼。为门户，凡古人公案，举了早会了也。或师家问："不是心不是佛不是物，你作么生会?"便云："和尚不妨惺惺。"或云："和尚甚么处去来?"或云："不可矢上更加尖。"或云："谩却多少人。"或再举一遍云："不是心不是佛不是物。"凡问他古人因缘，皆向举起处承当，击石火闪电光处会，举了便会了。凡有所问，皆不受，唤作脱洒自在，得大快乐。或者以三界惟心万法惟识为主，牵引一类古人相似处作证明，以眼见耳闻，为得力处。凡通入处，未有不由见物而悟者，未有不由闻声而悟者。凡有施设，仿效古人相似处，有人问话，只粘定学家问头便答，谓之言下合无生，正如福州人联麻相似，唤作绵密不落情尘。如僧问古德：如何出得三界去？云："把将三界来，为你出。"或云："唤甚么作三界?"或云："会得这僧问头，出三界也不难。"如僧问法眼，如何是曹源一滴水？答云是曹源一滴水。慧超咨和尚，如何是佛？答云汝是慧超。引如此之类作证，乃全是全不是。又如论药山夜间示众云："我有一句子，待特牛生儿。”即向汝道，有僧出众云：“特牛已生儿也。”自是和尚不道，药山云：“点灯来。”其僧便归众。后来法灯出语云：“且道：生底是牯牛是牸牛？”自代云：“双生也。”商量时，亦作言下合无生会。药山云：“我有一句子，待特牛生儿，便是道了也。”所以这僧领得，便出来道，特牛已生儿也。自是和尚不道，直是绵密不露锋铓。法灯微云：且道生底是牸牛是牯牛？又自代云双生也。亦只作言下合无生会，云他自问牯牛牸牛？乃自代云双生也。更无少剩，佛眼也觑不见。将此等语，作以的破的不露锋铓不费气力会。又如古人，指一片石问学者云：“此一片石，在心内在心外？”答云：“在心内。”古德云：“你着甚死急？心内着一片石。”众中商量云：“不合以内外答他。若以内外答，则法有少剩矣。”出语云：“大好一片石。”或云：“痛领一问。”或云：“唤甚么作一片石？”成云：“诺，诺。”或云：“在法堂前。”或云：“谢师指示。”或云：“和尚还识羞么？”或云：“钝置杀人。”凡答如此话，只以一句包却，谓之绵密，谓之不走作。如此之见，丛林甚多，或者谓一切语言，总不干事。凡举觉时，先大瞠却眼，如小儿患天吊，见神见鬼一般，只于瞠眉努眼处领略。更错引古人言句证据曰：“举不顾即差。”互拟思量何劫悟？举时须要以眼顾视，只是以古人言句提撕一遍，唤作不在言句上，如柏树子洗钵盂麻三斤之类。若过得一个时，余者拨牌子过，更不费力。如此之类，此击石火闪电光底，只添得个瞠眉努眼而已。亦各各自谓得祖师巴鼻，莫谤他古人好。如举僧问云门：“如何是透法身句？”门云：“北斗里藏身。”你作么生会？学者即大瞠却眼云：“北斗里藏身。”师家或权为沮抑，学者又连叫数声云：“北斗里藏身，北斗里藏身。”以为把得定作得主，不受转换。师家奈何不下，亦唤作实头。方始问：“其意旨如何?”遂下语云：“佛眼也觑不见。”或云：“举头天外看。”或问：“如何是祖师西来意?”庭前柏树子，即下语云：“一枝南一枝北。”或云：“能为万象主，不逐四时雕。”已上尽在瞠眉努眼提撕处，然后下合头语，以为奇特。痴汉不可瞠眉努眼时便有禅，不瞠眉努眼时便无禅也。不可提撕时便有禅，不提撕时便无禅也。或者见云门如此说，便又错会云：“提撕时也是，不提撕时也是；更无两般。”似这般底，更是救不得，或者都不理会。才说着佛法，说着悟处，便是发狂。更错引古人言句云：“本无迷悟人，只要今日了。”凡古人因缘，谓之设权，亦谓之建立。实头底，只在不作佛法商量处，凡有问答，一一具实只对。平常无事，天是天，地是地，露柱是木头，金刚是泥塑，饥来吃饭，困来打眠，更有何事。岂不见真净和尚云：“莫将无事会，无事困人心。”往往中无事毒者，却以此言为非，或者见古人公案，不可以理路商量处，便着一转没交涉底语，一应应过，谓之玄妙，亦谓之不涉义路，亦谓之当机透脱。如僧问赵州：“万法归一，一归何所?”州云“我在青州作一领布衫，重七斤”之类，多少人错商量云：“这僧致得个问头奇特。不是赵州有出身之路，便奈何不得。”云“万法归一”，一更无所归。若有所归，即有实法，所以赵州识得破。当机妙用，一应应过云：“我在青州作一领布衫，重七斤。”多少奇特，或者商量道：“万法归一，一归何所?”一若无所归，即落空去，所以赵州道：

“我在青州作一领布衫重七斤。”赵州遮一转语，直是奇特，不落有无，答得甚妙。或者谓：云门如此说，只是怕人执着。若不执着，便是祖师心要，只要得是事不着，自由自在，非离真而立处。立处即真，更有甚么事。或问他父母未生时，如何是你本来面目？便云：“无侍者只对和尚。”将个业识，作本命元辰，如此之流，尽是痴狂外边走。又有一般底，自知道眼不明，禅不取信于人，无以开示学者。自来又不曾听教，旋于座主处，作短贩逴得一言半句，狐媚聋俗。临济和尚曰：有一般瞎秃兵，向教乘中，取意度商量，成于句义，如将屎块子口中含了，却吐与别人，直是叵耐。”元昭初见如此说，心中虽疑，口头甚硬，尚对山僧冷笑。当晚来室中，只问渠个狗子无佛性话，便去不得，方始知道参禅要悟。在长乐住十日，二十遍到室中，呈尽伎俩，奈何不得，方始着忙。山僧实向渠道：不须呈伎俩，直须啐地折曝地断，方敌得生死。呈伎俩，有甚了期，仍向渠道：不须着忙，今生参不得，后世参。遂乃相信便辞去。隔十余日，忽然寄书来，并颂古十首，皆山僧室中问渠底因缘。书中云：在延平路上，蓦然有省，某终不敢自谩，方信此事不从人得。其中一首曰：不是心不是佛不是物，通身一串金锁骨。赵州参见老南泉，解道镇州出萝菔。”山僧甚是疑着，时光禅便问：“据此颂，还了得生死否?”云门向渠道：了得了不得，却请问取元昭去。比得光禅书云：学士相见，尽如和尚所说。大众且道，说个甚么？咦，疑杀天下人，具眼者辨取。今时参禅者，不问了得生死，了不得生死，只求速效，且要会禅，无有一个不说道理。如檀越执事，见其爱说道理，遂将个没道理底因缘与渠看。僧问云门：“如何是佛？”门云：“干矢橛。”又恐渠作道理会，先与渠说，不得云“道在矢溺，道在稊稗，道在瓦砾。”即色明心，附物显理，不得道处处真，尘尘尽是本来人之类。渠看此语，奈何不下，用尽气力去看，终看不破。忽然一日省得，此事不可以道理通，便道：我有个悟处。遂连作数颂来呈见解，一曰：“大虚寥廓强为名，任是僧繇画不成。何用寻源问端的，都无一法可当情。”又曰：“到家岂复说涂程，万木春来自向荣。若遇上流相借问，扶桑东畔日轮生。”又曰：“羚羊过后绝追寻，妙诀空传在少林。闲把无弦弹一曲，清风明月两知音。”又曰：“撒手悬崖信不虚，根尘顿尽更无余。始知佛法无多子，向外驰求转见疏。”山僧向渠道：“作得颂也好，说得道理也是，只是去道转远。”渠不甘，又作一颂曰：“切忌谈玄说妙，那堪随声逐色。和遮一橛扫除，大家都无见识。”又有书来云：“看此话，直得言悟道断，心行处灭，无言可说，无理可伸，不起纤毫修学心。百不知，百不会，不涉思惟，不入理路，直是安乐。”山僧又向渠道：这个是出格底道理，若是干矢橛话，如此说得落时，如锯解秤锤，麻三斤，狗子无佛性，一口吸尽西江水。不是心不是佛不是物，有句无句如藤倚树。即心即佛话，皆可如此说得也既不可如此，须是悟始得。悟则事同一家，不悟则万别千差，差之毫厘，失之千里，切须子细。从教人道，云门待檀越无礼，但心不负人，面无惭色。渠见山僧如此至诚相告，方知佛法无人情，乃相信。既相信，只教看如何是佛干矢橛，亦只要得渠啐地折曝地断。若以渠作从官舍财创庵，置庄田供众，乃至供养山僧之故，便以为是，则尽大地穷汉，更无参禅分也。非但失却善知识辨人眼，亦乃赚他百劫千生，不是小事。今夏更有数人衲子，不肯向省力处做工夫，只管热忙，亦来呈见解作颂古。云门向他道："不是这个道理。"便道把定他不肯放过，我且问你："你还自放得过也未？"赵州云："诸方难见易识，我这里易见难识。"云门寻常问学者，唤作竹篦则触，不唤作竹篦则背。不得下语，不得无语，十个有五双。眼眵地，纵有作聪明呈见解者，尽力道得个领字，或来手中夺却竹篦，或拂袖便行，自余邪解，不可胜数，更无一个皮下有血。古德云：此事如八十翁翁入场屋，不是小儿戏，若可捏合得时。捏合千千万万了也。既不可捏合，须是悟始得，此外别无道理。若你实有悟处，师家故言不是，亦招因果不小。今日因斋庆赞，举似大众。盖黄端夫，知有云门，始因元昭，光禅往彼住庵。亦因元昭，端夫二子，今日设斋，请山僧普说。亦因元昭，云门打这一场葛藤。亦因元昭，既然如是，且道元昭毕竟事作么生？良久云："待渠冬间亲到云门，那时始与诸人说破。"拍禅床下座。秦国夫人请普说。夫人计氏法真，张魏公浚母也。少寡居，屏居纷华，蔬食礼诵。师遣谦禅过魏公，公因请谦，为夫人指示。夫人问曰："径山和尚寻常如何为人？"谦因举，师教人看狗子无佛性及竹篦子话，并述不得向举起处承当等语，且令暂辍礼诵，专意看话。得透话头，则礼诵皆妙用，夫人遂谛信。一日忽洞然，因自述语缘，及数偈呈师。偈有曰："逐日看经文，如逢旧识人。勿言频有碍，一举一回新。"师见而肯之，以诞辰请师普说，章首问答，叙事不录。今日是秦国夫人计氏诞辰，谦禅昨日上来，告山僧子细说些禅病，且与秦国，结大众般若缘。山僧向他道：禅有甚么病可说？禅又不曾患头疼，又不曾患脚痛，又不曾患耳聋，又不曾患眼暗。只是参禅底人，参得差别，证得差别，用心差别，依师差别。因此差别故，说名为病，非谓禅有病也。如何是佛？即心是佛。有甚么病？狗子还有佛性也无？”无。“有甚么病？唤作竹篦则触，不唤作竹篦则背。有甚么病？如何是佛？麻三斤。有甚么病？如何是佛？干矢橛。有甚么病？你不透了。才作道理要透，便千里万里，没交涉也。拟心凑泊他，拟心思量他，向举起处领略，击石火闪电光处会，这个方始是病。世医拱手，然究竟不干禅事。赵州云：“要与空王为弟子，莫教心病最难医。”记得舍利弗问月上女曰：“汝于今者行何乘也？为行声闻乘？为行辟支佛乘？为行大乘？”月上女答曰：“舍利弗，汝既问我行何乘者，我今还问：舍利弗，惟愿随意答我，如舍利弗所证法者，为行声闻乘，为行辟支佛乘，为行大乘。”舍利弗言：“非也！月上女，所以者何？然彼法者，无可分别，亦无言说，非别非一，亦非众多。”月上女曰：“舍利弗，是故不应分别诸法一相异相。无别异相，于诸相中，无有可住？”师云：“舍利弗恁么问？月上女恁么答？”且道：与秦国太夫人所证之法，相去几何，还有人断得么？试出来断看，如无，且向葛藤里荐取。所以道：参学者须参活句，莫参死句。活句下荐得，永劫不忘，死句下荐得，自救不了。你诸人，每日上来下去，寮舍里吃茶吃汤，庄上搬盐搬面，僧堂里行益，长廊下择菜，后园里担矢。磨坊下推磨。当恁么时，佛眼也觑你不见，且道是死句是活句，是不死不活句，试定当看。直饶定当得出，也未免在三句里。岂不见僧问南泉和尚："即心是佛又不得，非心非佛又不得，师意如何？"泉云："你但信即心即佛便了，更说甚么得与不得，只如大德吃饭了，从东廊上西廊下，不可总问人得与不得也。"这里若识得南泉，方不被三句所使，便能使得三句。既使得三句，始与南泉同一眼见，同一耳闻，同一鼻齅，同一舌尝，同一身触，同一意思，更无差别。只为你执药为病，旧病未除，新病复作，却被死句活句使得来，七颠八倒，将他古人径截处，一时纡曲了。且那个是古人径截处，我更为你举一两则。只如南泉道：牵牛向溪东放，不免食他国王水草；牵牛向溪西放，不免食他国王水草，不如随分纳些些。总不见得，这个公案，有多少人错断。如何是纳些些底道理？便道着衣吃饭，有甚么难。向驴前马后作活计，且莫谤他南泉好。你既错会这个定又错会黄檗道，汝等诸人，尽是噇酒糟汉，恁么行脚？何处有今日？还知大唐国里无禅师么？时有僧出云："只如诸方匡徒领众。"又作么生檗云："不道无禅，只是无师。"这个话头，便是个祸胎。莫道未悟者错会，直饶悟得彻头彻尾，大法不明，也觑他黄檗。不见只如黄檗道："不道无禅，只是无师。"你如何理会？众中商量道："人人分上，谁不丈夫，岂假师承。"噇酒糟，便是嗾言语，言语乃古人糟粕也。且喜没交涉，欲得不招无间业，莫谤如来正法轮。岂不见，沩山举此话问仰山云："黄檗意作么生？"仰山云："鹅王择乳，素非鸭类。"沩山云："此实难辨。"只如沩山仰山恁么问答？又作么生商量？到这里，须是个人始得。既不会这个，定将庭前柏树子，麻三斤，干矢橛，锯解秤锤之类，尽为糟粕。

既错会这个，定又错会洞山问蟾首座，佛真法身犹若虚空，应物现形如水中月。作么生说个应底道理？蟾云：“如驴觑井。”山云：“道则太煞道，只道得八成。”蟾云：“和尚作么生？”山云：“如井觑驴。”诸方商量道，如驴觑井是有迹，如井觑驴是无迹，又唤作亡情拂迹。且喜没交涉，要且不是这个道理。既错会这个，定又错会南岳和尚道。譬牛驾车，车若不行，打车即是，打牛即是。马祖闻举，豁然大悟。而今禅和家理会道，牛喻心，车喻法，但只明心，法自明矣。但只打牛，车自行矣。且喜没交涉，若恁么？马祖驴年也不能得悟去。这老汉，始初将谓佛可以坐得成，禅可以坐得悟，一向坐地等。南岳和尚知其不凡，故将砖去他庵前磨。祖云：“和尚磨砖作甚么？”南岳云：“磨作镜。”祖云：“磨砖岂得成镜？”南岳云：“磨砖既不成镜，坐禅岂得成佛。”马祖被他动一动，心中热忙，便问：“如何即是？”只这里鼻孔索头，便在南岳和尚手里了也。所以道：欲识佛性义，当观时节因缘。南岳和尚知他时节已至，即向他道：“汝学坐禅，为学坐佛。若学坐禅，禅非坐卧。若学坐佛，佛非定相。于无住法，不应取舍。汝若坐佛，即是杀佛。若执坐相，非达其理。”一时籍没了他家计，却更要他纳物事，教他无所从出，始肯舍命，讨个死处。命既舍了，便解问：“如何用心？”即合无相三昧。南岳云：“汝学心地法门，如下种子，我说法要，譬彼天泽，汝缘合故，当见其道。”又问：“道非色相，云何能见？”南岳云：“心地法眼能见乎道，无相三昧亦复然矣。”祖云：“有成坏否？”南岳云：“若以成坏聚散而见道者非也。”马祖于是泮然无疑。所谓不入虎穴，不得虎子。悟了若不遇人，十个有五双，杜撰决定为人不得。诸人要识悟了遇人者么？只这马祖，便是样子也。马祖既得法，直往江西，建立宗旨。一日南岳和尚曰："道一在江西说法，总不见持个消息来。"遂嘱一僧曰："汝去待他上堂便问：'作么生？'看他道甚么记取来？"其僧依教去，见上堂便出问作么生？祖云："自从胡乱后三十年，不曾少盐酱。"师召大众云："祖师门下，穿人鼻孔底，尽从这一句子来。"你道，这一句子从甚么处来？从打牛打车处来。你若会得这个，便会得台山路上婆子。每有僧问："台山路向甚么处去？"婆云："蓦直去。"僧才行，婆云："好个阿师却恁么去？"赵州闻得云："待我去勘过这婆子。"赵州去见婆子，亦如是问，婆子亦如是答。归来谓众曰："台山路上婆子，被老僧勘破了也。"诸人还会么？寰中天子勅，塞下将军令，但恁么看取？山僧昔年理会不得，曾请益一杜撰长老，为山僧批注云："这僧才问台山路向甚么处去？便被婆子勘破了也。婆云蓦直去，僧便行。正是随声逐色，如何不被勘破。"又道："才开口，便勘破了也。"今日思量，直是叵耐，山僧为你说破。若会得赵州道台山路上婆子被老僧勘破了也，便会婆子道好个阿师却恁么去？山僧尝颂云："天下禅和说勘破，争知赵州已话堕。引得儿孙不丈夫，人人点过冷地卧。"此颂甚分明，切不得错会。既错会这个，定又错会睦州唤僧大德。僧回首，州云"担板汉"，曾有个禅头，举这话问僧：你作么生会？才见僧开口，便云"果然担板，且喜没交涉。"雪窦拈云："睦州只具一只眼。"这僧唤既回头，因甚却成担板？晦堂云："雪窦亦只具一只眼。"这僧一唤便回，为甚不成担板？这两个老汉，可与睦州把手共行。若是个灵利汉，才闻举着，眼似铜铃，终不向这里打之绕。既不会这个，定又错会百丈野狐话，便道不落也是，不昧也是。”只是当时答此话不合带疑，所以堕野狐，谓野狐性多疑故，且喜没交涉。既错无这个，定又错会祖师云：“不是风动，不是幡动，仁者心动。”山僧亦曾请益一个长老，意旨如何？长老将衫袖摇作风动势云：“是甚么？”苦哉！苦哉！惭惶杀人，钝置杀人。有者道：不是风动，不是幡动，定是心动。山僧寻常问学者：“不是风动，不是幡动，不是心动，作么生？”这里岂容眨眼，既错会这个，定又错会文殊是七佛之师。为甚么出女子定不得？罔明菩萨为甚么出得女子定？众中商量道：“杓柄在女子手里。”且喜没交涉，既错会这个，定又错会雪峰道：望州亭与汝相见了也，乌石岭与汝相见了也，僧堂前与汝相见了也。如今诸方商量道：作么生是望州亭相见处？便道南头买贱北头卖贵。乌石岭相见意旨如何？便道石头大底大小底小。僧堂前相见又作么生？便道归堂吃茶去。且喜没交涉，自余邪解不可胜数。山僧寻常亦问学者：“望州亭与汝相见了也，乌石岭与汝相见了也，僧堂前与汝相见了也，作么生？”这个便是金刚圈栗棘蓬，你如何吞如何透。你要识能吞能透底么？岂不见保福问鹅湖：“僧堂前且置，望州亭乌石岭。甚么处相见？鹅湖骤步归方丈。”保福便入僧堂。汾阳和尚颂曰：“望州乌石与堂前，相见相知几万千。惟有鹅湖并保福，此时相见解推迁。”此颂分明为你说了也。既不会这个，定又错会玄沙道，诸方总道。接物利生，或遇三种病人来，合作么生接？患盲者，拈槌竖拂他又不见；患聋者，语言三昧他又不闻；患哑者，教伊说又说不得。若接此人不得，佛法无灵验。师顾视大众云："要识玄沙么？平生心胆向人倾，相识还如不相识。"当时地藏和尚在座下，便出来道："某甲有口不哑，有眼不盲，有耳不聋，和尚作么生接？"师云："非父不生其子。"玄沙呵呵大笑，师云："笑里有刀。"山僧有时举此话问学者，有来依样画葫芦，也道某甲有口有耳有眼，和尚作么生接？山僧向他道："齩人矢橛，不是好狗。"又却去不得。既错会这个，定又错会香严道。如人上树，口衔树枝，手不攀枝，脚不蹋树，树下有人问西来意，不对则违他所问，若对又丧身失命。师云："好与玄沙一坑埋却。"山僧昔年曾请益一个尊宿，未审香严意旨如何，遂以拂子柄衔在口中，紧闭却眼，便作衔树枝势，摇手摆脚，只对山僧。师乃弹指云："如此者，亦是当年驰声走誉底。"尚作这般去就，其余作怪，不在言也。你要会么？但只作一句看，我先为你说，莫见道作一句看，便向举起处会，举了便会了。且不是这个道理，是甚么道理？如人上树，口衔树枝，手不攀枝，脚不蹋树，树下有人问西来意，不对则违他所问，若对又丧身失命，如何？这里间不容发。当时香严会中，只有个虎头上座，领得香严意，便出来为香严出气云："上树即不问，未上树请和尚道。"师云："虽得一场荣，刖却一双足。"香严呵呵大笑，师云："铁作面皮。"又云："回天轮转地轴。"后来雪窦拈云："树上道即易，树下道即难。"老僧上树，也致将一问来。雪窦虽为虎头上座出气，争奈蹉过香严。今时有般缪汉，闻雪窦恁么道，便引洞山语云："但能不触当今讳，也胜前朝断舌才。"

谓香严立此问头，喻如一团火相似，不可相触。虽然如此，不可断却言句。有问如何是佛？麻三斤。如何是祖师西来意？庭前柏树子。又且何妨，你不妨会得好，不见汾阳和尚颂曰：“香严衔树示多人，要引同袍达本真。”师云：“依实供通。”拟议却从言下觅，丧身失命数如尘。师云：“不是苦心人不知。”汾阳为你开天路，云散长空月色新。师云：“闲言语。”虽然如是，若向这里提得，一生参学事毕。既提不得，定又错会百丈问沩山五峰云岩云：“并却咽喉唇吻，作么生道？”沩山云：“却请和尚道。”百丈云：“我不辞向汝道，恐已后丧我儿孙。”五峰云：“和尚也须并却。”百丈云：“无人处斫额望汝。”云岩云：“和尚有也未？”百丈云：“丧我儿孙。”众中商量道：“百丈大似抱赃叫屈，掩耳偷铃，三子恁么祗对？”大家走入荒草里，且喜没交涉，向你道：“此事决定不在言语上。”既不在言语上，当恁么时合作么生？我早是与你说了也。既错会这个，定又错会德山道：“今夜不答话。”问话者三十棒。时有僧出礼拜，德山便打。僧云：“某甲话也未问，为甚打某甲？”山云：“你是甚处人？”僧云：“新罗人。”山云：“未蹋船舷。”好与三十棒。后来法眼云：“大小德山，话作两橛。”圆明云：“大小德山，龙头蛇尾。”雪窦拈云：“二老宿虽善裁长补短，舍重从轻，要见德山亦未可。”何故？德山大似握阃外威权，有当断不断，不招其乱底剑。要识新罗僧么？只是撞着露柱底瞎汉。众中商量道：某甲话也未问便好打，德山不打，却又问你是甚处人，这里便是话作两橛，龙头蛇尾处。且喜没交涉。又道：这僧若是作家，才见他问你是甚处人，便好掀倒禅床。他既不能，却被德山道未蹋船舷好与三十棒。这里是当断不断不招其乱底剑，所以雪窦云：要识新罗僧么？只是撞着露柱底瞎汉，且喜没交涉。参禅若是恁么地会得时，更不消悟也。聪明灵利底，一时随语生解，解注将去便了。我且问你：恁么解注得？一时有下落了，生死到来，却如何支遣。而今分明向你道：这些闲言长语，便是出生死底径路，你莫去径路上，栽荆棘掘矢窖。或若有个衲僧出来道："和尚现在这里，栽荆棘掘矢窖。"也不是却作么只对，山僧有个推托处，且如何推托。听取一偈偈颂秦国不录。喝一喝下座。

示众云："古人道：'大智无分别，大用无理事。如月印千江，似波随众水。'且那个是无分别底大智？那个是无理事底大用？莫是问一答十，辩泻悬河，是大智么？莫是粗言及细语，皆归第一义，掀倒禅床，喝散大众，拦腮赠掌，拂袖便行，拟议思量，劈口便塑之类，是大智么？若作这般见解，莫道我是衲僧，便做他衲僧门下，提破草鞋，挈骨董袋底奴子，也未得在。善知识实证实悟，而大法不明。为人时，未免以自证自悟处指似人，瞎却人眼。况无证悟学语之流，瞎人眼不在言也。此事大难，没量大人，到这里无插足处。你小根无知魔子辈，如何敢造次开大口？你试静处坐地，微细揣摩，你方寸里，还实到不疑之地也未？若实未到，我却赏你，放得过，把得定，不受人走作。这般底，唤作地狱滓，十方施主一粒米一茎菜，将来供给你。只要你道业成就，同趣佛乘，求异世他生福报，道业不成，如何消得？你诸人决欲继绍此个门风，直须心境一如，方有少分相应。你莫见我说恁么事，便闭目藏睛，作死模样，硬差排心与境一如。这个尽你伎俩，如何差排，你要得真个心境一如么？直须啐地折曝地断，拈却髑髅里作妄想底，将第八识断一刀，自然不着差排。你不见岩头和尚有言：才有所重，便成窠臼。你诸人一生在丛林，参寻此事，无所得者，不在言也。其间多有头白齿黄，坐在窠臼里，一生出头不得，都不知非向古人言句上，得些滋味者，以奇言妙句为窠臼；于经教中声名句义上，得滋味者，以经教为窠臼；于古人公案上得滋味者，以古人问答代语别语抑扬语褒贬语为窠臼；于心性上得滋味者，以三界惟心万法惟识为窠臼；于寂默无言无说处得滋味者，以闭目藏睛威音那畔坐在黑山下鬼窟里不动为窠臼；于日用动转施为处得滋味者，以扬眉瞬目举觉提撕为窠臼；谓法不在言语上，不在情识上，不在举动施为处，错认业识为佛性，于此得滋味者，以击石火闪电光为窠臼。如上所说，皆于得滋味处有所重，若无大丈夫气概，退步知非，即以所重处，便作奇特想、玄妙想、安隐想、究竟想、解脱想。作如是等想者，佛出世亦不奈何，教中谓之痴暗惑。何以故？为你痴故。执邪为正，为你暗故。堕在所重处，不能动转。若于心无所起，于法无所着，则无所重。无所重，则自然赤骨力地，无欲无依，于法自在。你即今便要恁么相应亦不难，但于心平等无所染着。如何是染着？作众生想，佛想，世间想，出世间想，求出离想，求佛智想，皆名染着。你但向欲起未起时，猛着精彩，一跃跳出来，此心朗然独脱，才觉恁么，便转向上面去，自然头头上明，物物上显。得到恁么田地，亦不得采顾着。若采顾着，则有所重。才有所重，此心即渗漏矣。只名渗漏心，不名平等心，谓平等者。善与恶等，背与向等，理与事等，凡与圣等，量与无量等，体与用等，这个道理，惟证者方知。诸人若未证，直须证取，证得了，方得名为真出家儿。若心不证，向心外取证，此名出家外道，不堪为种草。此心广大，无分剂，无边表，尘沙诸佛成等正觉，山河大地万象森罗，皆不出此心。此心能与一切安名立字，一切与伊安名立字不得，故诸佛诸祖，不得已随你颠倒，着个名字，唤作真如佛性，菩提涅槃。强立种种差别异号，为你众生界中，见解偏枯。有种种差别故，立此差别名号，令汝于差别处，识取此无差别底心，非是此心有差别也。所以僧问马祖：如何是佛？祖曰：即心是佛。你若实证实悟，有何差别？你若不悟，求奇特解会，不实证实悟，不悟此心决定是佛，只此即心是佛，便是差别因缘。佛言：欲以譬喻而显示，终无有喻能喻此。说个广大，已是限量他了也。况以限量心，欲入此广大境界，纵然入得，如持蠡酌海，一蠡纵满，能得几何？然只这蠡中之水，未入蠡时，即是无限量底水，为你境界只如此大，生满足想，故此无限量境界，亦随你器量满足，非是大海水只有许多。故佛有言：譬如大海不让小流。乃至蚊虻及阿修罗，饮其水者，皆得充满。此水喻心，蚊虻阿修罗喻大小差别，此心体上，本无若干差别，汝但不起诸见，识取此心，种种差别，亦自识得矣。先圣尚不许执此心为实，心外更有什么实底物，为你作障难？我今拖泥带水，亦是不得已，为提奖娇儿，抚怜爱子，老婆心切，故牵枝引蔓，你莫记我说底便以为是。今日恁么说，明日又却不恁么说；你才恁么，我却不恁么；你不恁么时，我却恁么；你向那头寻我住处，只我亦自不知住处，他人又如何寻得这个。是活底门户，死却现行，方可入作。而今学人，将少分精进礼佛持诵戒身口意，以为资粮，希求证取，有什么交涉？大似痴人埋头向西走，欲取东边物，转走转背，转急转迟，此是无为、无漏、无功用大法门，若起纤毫取证心，则背驰矣。如何欲凭些小有为功行，便拟希求？所以古人见得太近，故云“我坐地看你究取。”又云“我立地看你究取。”即不曾教你起模画样，积功累德，希望成道。纵你希望得成，才成即坏，徒自疲劳。你莫见恁么道了，便拨无因果作地狱业，以平常无事，唤作无佛法知见。饥来吃饭，困来打眠，以此为无修证，以此为无功用，且莫错会好。荷担此事，也须是个浑钢打就生铁铸成底汉始得，岂容你小根小器造次承当。不见临济三度问黄檗佛法的的大意，三度被打，后得大愚点破，忽然大悟，不觉失声云：“恶。”元来黄檗佛法无多子。愚云：“你适来觅有过无过，而今却言黄檗佛法无多子，你见个什么便恁么道，临济于大愚肋下㧐两㧐。愚遂拓开云：‘汝师黄檗，非干我事。你诸人参禅。还得恁么也未？’云庵和尚颂云：‘资粮更不着些些，岐路年深恐转赊。直下痛施三顿棒，夜来依旧宿芦花。’又颂临济悟旨云：‘便言黄檗无多法，大丈夫儿岂自乖。胁下两拳明有信，不从黄檗付将来。’又端和尚颂云：‘一拳拳倒黄鹤楼，一踢踢翻鹦鹉洲。有意气时添意气，不风流处也风流。’据这两个老汉颂，便可承嗣临济，作他儿孙。真不忝窃，古来幸有恁么体格。如何略不着些眼脑，看是个甚么道理？此事如青天白日，有甚么遮障，诸方有奇特差别海蠡儿禅，曲曲折折，此语又是讨他，那语又是识破，这语又是不上他钩线，不入他圈缋，这语又是偏正回互，这语又是尊堂有讳，不敢抬头。又有一种，以楞严宗镜龙济偈语所说，眼见耳闻无非是心，更非别法。引通玄峰顶不是人间，心外无法满目青山之类为证，谓之脚跟下事，谓之基趾，谓之绵密地，你不妨会得好。若恁么会，岂不是认物为心。既是你心，又要认他作么？又有一种将临济三玄，云门三句，逐句解说，以传灯广灯祖师言句，各分门类以一尘才起大地全收。一毛头师子百亿毛头师子现，尽大地是个解脱门，尽大地是沙门一只眼，若人识得心，大地无寸土，山河大地明暗色空。咸是妙明真心中物之类，配为体中玄，函盖乾坤句，以三脚驴子弄蹄行，锯解秤锤。火里蝍蟟吞大虫，文殊起佛见法见，贬向二铁围山。东山水上行，北斗里藏身，凡语言注解不得处，便道蚊子上铁牛，无你下嘴处。如此之类，谓之句中玄，截断众流句，如蹋着秤锤硬似铁，蹋破草鞋赤脚走。饥来吃饭困来打眠，山是山水是水，行但行坐但坐，大尽三十日小尽二十九，如此之类，谓之玄中玄，随波逐浪句。岂不见汾阳和尚颂云：‘三玄三要事难分，得意忘言道易亲。一句明明该万象，重阳九日菊花新。’此老子，明明为你指出临济骨髓，却来逐句下解注，谓三玄三要事难分。是总颂，得意忘言道易亲；是体中玄，一句明明该万象；是句中玄，重阳九日菊花新；是玄中玄，此是前辈中，负大名望，有真实悟处。而大法不明，无师承杜撰，如此瞎众生眼，其余裨贩之流，不在言也。想汾阳老人，未肯点头在，分明向你道：‘三玄三要事难分，得意忘言道易亲。一句明明该万象，重阳九日菊花新。”恁么道了？

更将钵盂安柄。莫道你负大名，具大辩才，有大智能，便是达磨大师出来，作这般去就，正好捉来活埋，免致教坏人家男女。一盲引众盲，问着三要，却注解不得，便将同德山托钵，岩头末后句，南泉斩猫儿，百丈野狐，归宗斩蛇，大随烧畬。赵州勘婆子勘庵主，睦州担板。陈操尚书勘僧，玄沙敢保老兄未彻在。洞山道即太煞道只道得八成，达磨只履西归。如此之类，皆谓之末后句，便引洛浦云：'末后一句始到牢关，把断要津不通凡圣。'任从天下乐欣欣，我独不肯，谓之我为法王于法自在，任你学者逞尽神通，呈尽伎俩，我只一向把住不许。你谓之牢关，直待举立僧住院密室口耳传授。如斯之类，自毁正因。返行魔说：又有一种道，南泉斩猫儿。百丈野狐，归宗斩蛇。大随烧畬，赵州勘婆子勘庵主之类，谓之建立门庭。本无恁么事？贵要罗笼学者。又有一种，以偏正回互为宗旨，如洞山与云居过水次，洞山问："水深多少？"云："不湿。"山云："粗人。"云居却问："水深多少？"云："不干。"谓水讳湿，而当头道湿，不能回互，谓之粗人。云居却云"不湿。"是触讳而不能回互。洞山道不干，乃有语中无语。何谓有语？不干是何谓无语？不干是。不干乃是湿，是活语，能回互，不触讳故也。又以黑白圈儿，作五位形相，以全黑圈儿，为威音那畔。父母未生，空劫以前，混沌未分事，谓之正位。以二分黑一分白圈儿，为正中偏，却来白处说黑底，又不得犯着黑字。犯着黑字，即触讳矣。更引洞山颂云："正中偏，三更初夜月明前。"谓能回互，只言三更。三更是黑，初夜是黑，月明前是黑，不言黑，而言三更初夜月明前，是能回互，不触讳。以两分白一分黑圈儿，为偏中正，却来黑处说白底，而不得犯白底消息云：“偏中正，失晓老婆逢古镜。”不言明与白，而言失晓与古镜，是能回互，明与白字而不触讳。盖失晓是暗中之明，古镜亦是暗中之明，老婆头白，不说白而言老婆，白在其中矣，能回互白字故也。又说正中来颂云：“正中来，无中有路隔尘埃。”或云：“出尘埃。”谓凡有言句，皆无中唱出，便自挟妙了也。无不从正位中来，或明或暗，或至或到，皆妙挟通宗。凡一位皆具此五事，如掌之五指，无少无剩。兼中至，谓兼黑兼白，兼偏兼正而至。何谓至？如人归家未到而至别业，乃在途为人边事，亦能回互妙在体前。兼中到，谓兼前四位。皆妙挟而归正位，谓之折合归来炭里坐，亦是说黑处，而回互黑字，不道黑而言炭。或者又谓，曹山有言：“正位者即空界也。”一向无物，偏位者即色界也。内有种种诸杂万象，兼中至者，舍事入理。正中来者，背理就事。兼带者即冥应众缘，不随诸有，非染非净，无正无偏，故云虚玄要道无着真宗。从上先德，推此一位最妙最玄，须是审详辨明当体。又说：五位皆三字成句，偏正上下回互，而不犯中，中即正位也。说理说事，教有明文，教外单传直指之道，果如是否？若果如是，讨甚好曹山耶。又引浮山作大阳真赞曰：“黑狗烂银蹄，自注云：此语正位中有偏位，黑狗是正位，烂银蹄是偏位。白象昆仑骑。自注云：此语偏位中有正位。于斯二无碍，自注云：此语不堕有无二边，所以洞山云，不落有无谁敢和。木马火中嘶。自注云：妙挟。然虽妙挟，而虚玄唱道也。似这般说话，须教你烧顶炼臂发誓愿，不得妄传，然后分付，亦谓之末后句。师举了遂弹指云：好掩彩底禅。若是皮下有点血底，还肯吃这般茶饭么？我且问你：腊月三十日，四大相将解散，平昔记持学得底，还回互得么？回互时还着意也无？当恁么时，心识已昏，如何回互。既回互不得，定撞入驴胎马腹中，随业受报。当此时，欲触讳作粗人，亦不可得，况能敌他生死耶。又有商量洞山示众云："向时作么生？奉时作么生？功时作么生？共功时作么生？功功时作么生？"时有僧问："如何是向？"山云："吃饭时作么生，如何是奉。"云："背时作么生，如何是功。"云："放下钼头时作么生，如何是共功。"云："不得色，如何是功功。"云："不共，向时作么生。"谓趣向此事，答曰："吃饭时作么生。"谓此事不可吃饭时，无有功勋而间断也。奉时作么生，奉乃承奉也。如人奉尊长，先致敬而后承奉，向乃功勋之所立，才向即有承奉之义。答曰："背时作么生，谓此事无间断，奉时既尔，而背时亦然，言背即奉之义，盖奉背皆功勋也。功时作么生，功即用也。答曰：放下钼头时作么生。把钼头是用，放下钼头是无用。洞山之意谓，用与无用皆功勋也。亦是无间断之义，共功时作么生，谓法与境敌。答曰："不得色，乃法与境，不得成一色，正用时是显个无用底，无用即用也。"若作一色，即是十成死语，洞山宗旨，语忌十成，故曰：不得色，乃活语也。功功时作么生，谓法与境皆空，谓之无劫用大解脱。故曰：不共，乃无法可共。不共之义，全归功勋边，如法界事事无碍是也。你面前无我，我面前无你，所以夹山道，此间无老僧，目前无阇黎是也。如此之说，皆趣向承奉。于日用四威仪内，成就世出世间，无不周旋，谓之功勋五位。你道他古人意果如是乎？若只如此，有甚奇特，只是口传心授底葛藤。既不如是，且古人意毕竟作么生？妙喜为你下个注脚：也要诸方点检，不见汾阳道，面目见在，一任拣取。故净名云：但除其病，而不除法。又《首楞严》云：“汝以缘心听法。”此法亦缘，古人一言半句，虽是垂慈，皆在未屙已前着倒，如三玄三要，四种料拣，十智同真，亦是这个道理。妙喜恁么道，不是贬剥诸方，且要个中人辨明缁素而已。又有一种，也不在言语上，也不在古人公案上，也不在心性上，也不在玄妙上，也不在有无得失边，如火相似，触着便烧。非离真而立处，立处即真，信手拈来，超今越古。一句来一句去，末后多一句，便是得便宜。似这般底，只是弄个业识痴团，便谓无因果无报应，亦无人亦无佛，饮酒食肉不碍菩提，行盗行淫无妨般若。如此之流，正是师子身中虫，自食师子身中肉，永嘉所谓‘豁达空，拨因果，莽莽荡荡招殃祸’是也。有一种商量古人公案，谓之针线功夫，又谓之郎君子弟禅，如商量女子出定语云：“文殊是七佛之师，为甚么出女子定不得？”云：“文殊与女子无缘。”“罔明是初地菩萨，为甚么出得女子定？”云：“与女子有缘。”下语云：“冤有头，债有主。”又商量道：文殊不合有心，所以出不得，罔明无意，所以出得。下语云：有心用处还成错，无意求时却宛然。又有商量道，文殊为甚么出女子定不得？杓柄在女子手里。罔明为甚么出得？如虫御木。又云：因风吹火。又云：争奈女子何？邪解甚者。至于作入定势，又作出定势，推一推，弹指一下，哭苍天数声，伏惟尚飨。拂袖之类，冷地看来，惭惶杀人。又芭蕉云：你有拄杖子，我与你拄杖子；你无拄杖子，我夺却你拄杖子。商量云：你若是这般人，我与你说这般话，谓之与你拄杖子，你不是这般人。我当面换却你眼睛，谓之夺却你拄杖子。下语云：量才补职。又云看楼打楼。又有商量道，有无与夺，是擒纵学者，似恁见解，如麻似粟。如上所说，皆口传心授露布葛藤，印板上打来，模子里脱出，非惟自谤，亦乃谤他古人，此是诸方学得底海蠡儿禅，诸上座还信得及么？不见道：垂慈则有法，无法不垂慈。识取钩头意，莫认定盘星。我这里是海蚌禅，开口便见心肝五脏，差珍异宝，都在面前，闭却口时，何处觅伊缝罅。不是强为，法本如是。诸上座，光阴可惜，各各趁色力强健，猛着精神了取，莫爱他奇特。奇特处赚误人，杂毒在心识里，他时后日莫道得力，只死时也死得不瞥脱，更说甚么敌他生死。世间无明烦恼，却有限量，一念识破，则当体寂灭。恶知恶见法尘烦恼无限量，能障道眼，使得你心识昼夜不停，谤佛法僧，造地狱业，虽是善因，返招恶果。果有智能大丈夫汉，方识得破，不被他作恼，不见云门大师有言：尽乾坤一时将来，着你眼睫上。你诸人闻恁么道？不敢望你出来性燥，把老僧打一掴，且缓缓子细看。是有是无，是个甚么道理？直饶你向这里明得。若向衲僧门下，好椎脚折。若是个人，闻说道甚么处有老宿出世，便好蓦面唾污我耳目。你若不是个手脚，才闻人举，便承当得，早落第二机也。又不见罗山和尚有言："玄门无法，不立纪纲。若欲讨寻，声前看取。"诸佛子，真心无定，真智无边，我若纵这两片皮，从今日说到尽未来际，钩锁连环相续不断，亦不借他人气力，此是人人分上，各自具足底事，添些子不得，减些子不得。佛祖得之，唤作大解脱法门，众生失之，唤作尘劳烦恼，然得亦不曾得，失亦不曾失，得失在人，不在法故。祖师云："至道无难，惟嫌拣择。但莫憎爱，洞然明白。毫厘有差，天地悬隔。欲得见前，莫存顺逆。"你禅和家个个念得，还曾略着意理会么？祖师安个名字，谓之"信心铭"。只要诸人信此广大寂灭妙心，决定不从人得，故中间有言。"一心不生，万法无咎。无咎无法，不生不心。能随境灭，境逐能沉。境由能境，能由境能。"又云："大道体宽，无易无难。"又云："执之失度，必入邪路。放之自然，体无去住。"你但信此一心之法，不可取不可舍，便好向这里放身命，若放不得，是你根性迟钝。腊月三十日，不要错怪老汉，时热久立。喝一喝下座。到雪峰普说，有云：如今诸方多少错商量，学家既眼不明，出来伸一问。禅床上瞎汉，将合头语只对便道，扶过断桥水，伴归明月村。一句来一句去，道我答得玄答得妙，学者不识好恶埿向皮袋里将去，到处合合得着，则倒来印可，宗师合不着，便将这般不材不净，蕴在胸襟，轻薄好人作地狱业。又钱计议请普说，有云：这些子药头，不问云门下临济下曹洞下法眼下沩仰下，大法若不明，各宗其宗，各师其师，各父其父，各子其子，只管理会宗旨热大不紧老汉在众中时，尝请益一尊宿，禅门中说：有语中无语，无语中有语。尊宿为我引证云：有语中无语，路逢死蛇莫打杀，无底篮子盛将归，唤这个作有语中无语，又唤作无语中有语。如何是有语中无语？路逢死蛇莫打杀。如何是无语中有语？无底篮子盛将归。只这一句，便具此两义。路逢死蛇莫打杀，是无语中有语。无底篮子盛将归，乃是有语中无语，谓既是死蛇，更不消打杀。又云：如何是同中有异，鹭鹚立雪非同色？如何是异中有同，明月芦花不似他？我如此说时，你便会得了，却济得甚么事。这般底，不要学大法明后，举一丝毫，便一时会得。又示黄伯成云古人入门便棒便喝，惟恐学者承当不性燥。况忉忉怛怛，说事说理说玄说妙，草里耶。近年以来，此道衰微，据高座为人师者，只以古人公案，成褒或贬或密室传授。为禅道者，或以默然无言，为威音那畔空劫已前事。为禅道者，或以眼见耳闻举觉提撕。为禅道者，或以猖狂妄行，击石火闪电光，举了便会了，一切拨无。为禅道者，如此等既非，却那个是着实处。若有着实处，则与此等何异，具眼者举起便知。右皆指斥邪解警语而若有着实处，则与此等何异，又最警策也。无厌葛藤。

被机

泉州教忠弥光禅师，初依圜悟，次谒佛心。既谒师，师问曰：“汝在佛心处所得者，试举一二看？”光举《佛心拈普化公案》曰：“佛心即不然，总不恁么来时如何，劈脊便打，从教遍界分身。”师曰：“汝意如何？”光曰：“某不肯他后头下个注脚。”师曰：“此正是以病为法。”光毅然无信可意。师曰：“汝但揣摩看。”光竟以为不然，经旬忽忆海印信拈曰：“雷声浩大雨点全无。”恍然无滞，趋告师。师以举道者见琅琊，及玄沙未彻语诘之。光对已，师曰：“虽进得一步，只是不着所在。如人斫树，根下一刀，则命根断矣。汝向枝上斫，其能断命根乎？今诸方浩浩谈禅者，见处总如此，何益于事。其杨岐正传，三四人而已。”光愠而去。翌日师问：“汝还疑否？”光曰：“无可疑者。”师曰：“只如古人相见，未开口时，已知虚实，或闻其语，便识浅深，此理如何？”光悚然。师令究有句无句。师过云门庵，光侍行，一日问曰：“某到这里，不能得彻，病在甚处？”师曰：“汝病最僻，世医拱手。何也？别人死了不能活，汝今活了未曾死，要到大安乐田地，须是死一回始得。”光因益疑。后入室，师问，吃粥了也，洗钵盂了也，去却药忌，道将一句来？”光曰：“裂破。”师振威喝曰：“你又说禅也。”光即大悟。师挝鼓告众曰：“龟毛拾得笑咍咍，一击万重关锁开。庆快平生在今日，孰云千里赚吾来。”光亦呈颂曰：“一拶当机怒雷吼，惊起须弥藏北斗。洪波浩渺浪滔天，拈得鼻孔失却口。”

福州西禅鼎需禅师，幼举进士，年二十五，偶读《遗教经》，忽曰：“几为儒冠误。”欲出家，母以亲迎在期难之。需曰：“夭桃红杏，一时分付春风。翠竹黄花，此去永为道伴。”竟依保寿乐为比丘，一锡湖湘，遍参名宿，结庵于羌峰绝顶，不下山者三年，佛心才挽出首众于大乘。尝问学者即心即佛因缘，师方庵于洋屿，光公与需友善，因谓曰：“庵主手段与诸方别，可来少款。”需不答。光以计要之至，会师方为众入室，需随众在列，师问：“即心即佛话作么生会？”需下语。师诟曰：“你见解如此，敢为人师耶！”鸣鼓普说，讦其平生珍重处，悉排为邪解。需自惟缪戾，涕泪交颐。默计曰：“我之所得既非，则西来不传之旨果如何哉？”一日师问曰：“内不放出，外不放入，正恁么时如何？”需拟开口，师拈竹篦劈脊连打，需于是大悟，厉声曰：“和尚已多了也。”师又打一下，需礼拜，师笑曰：“今日方知吾不汝欺也。”印之以偈。

玉泉昙懿禅师，与育王遵璞禅师，偕参圜悟，自谓不疑。懿出世莆之祥云，璞佐之，法席颇盛。师入闽，知其所见未稳，恐误众，致书令来。懿犹豫，师小参痛斥其非，懿乃破夏来见。师鞠其所证曰："汝恁么见解，敢承嗣圜悟老人耶?"懿归遂退院，偕璞同依师席。一日师问璞："三圣兴化出不出?"为人不为人话，你道，这两个老汉，还有出身处也无?璞于师膝上打一拳，师曰："你这一拳，为兴化出气，为三圣出气，速道!速道!"璞拟议，师劈脊与一棒，且曰："你第一不得忘了这一棒。"又一日听别僧入室，师问僧曰："德山见僧入门便棒，临济见僧入门便喝，雪峰见僧入门，便道是甚么?睦州见僧入门，便道现成公案放汝三十棒，这四个老汉，还有为人处也无?"僧曰："有。"师曰："札。"僧拟议，师便喝出，璞闻忽有省。懿一日入室，师问："我要个不会禅底做国师。"懿曰："我做得国师去也。"师喝出。久之师语之曰："香严悟处不在击竹边，俱胝悟处不在指头上。"懿亦有省。

开善道谦禅师，初依圆悟，既从师庵居泉南。及师领径山，令谦往长沙，通紫岩居士书。谦自谓："我参禅二十年，无入头处，更作此行，复废岁月。"意欲无往。友人宗元者叱曰："不可在路便参禅不得也。去，吾与汝俱往。"谦不得已而行，在路泣语元曰："我参禅殊无得力处，今又途中奔波，如何得相应去?"元曰："你但将诸方参得底悟得底，圆悟妙喜为你说得底，都不要理会，途中可替底事，我尽替你，只有五件事，替你不得，你须自家支当。"谦曰："五件何事?"元曰："着衣吃饭，屙矢放尿，驼个死尸路上行。"谦于言下领旨。及谦通书归，师于半山亭望见，便曰："这汉和骨头都换了也。"谦闻曰："老汉验人处，应不让释迦。"谦示众有曰：时光易过，且紧紧做工夫，别无工夫，但放下便是，只将心识上所有底，一时放下，此是真正径截工夫。若别有工夫，尽是痴狂外边走，山僧寻常道，行住坐卧，决定不是；见闻觉知，决定不是；思量分别，决定不是；语言问答决定不是，试绝却此四个路头看，若不绝，决定不悟此四个路头。若绝，僧问赵州：狗子还有佛性也无？赵州云“无”。如何是佛？云门道“干矢橛”。管取呵呵大笑，莹仲温极赏此语

荐福悟本禅师，久依师，不见印可，遂欲发去，师语之曰：“汝但专意参究，如有所得，不待开口，我已识也。”既而有闻本入室，故谓之曰：“本侍者参禅许多年，逐日只道得个不会。”本诟之曰：“这小鬼你未生时，我已三度霍山庙里退牙了，好教你知。”由兹益锐志参狗子无佛性话，一夕将三鼓，倚殿柱昏寐间，不觉无字出口吻间，忽尔顿悟。后三日，师归自郡城，本趋丈室，足才越阃，未及吐词，师遽曰：“本胡子这回方是彻头。”本寻过谦公于建阳庵中，谦适举保宁颂五通仙人因缘曰：“无量劫来曾未悟，如何不动到其中。莫言佛法无多子，最苦瞿昙那一通。”谦复曰：“我爱他道如何不动到其中，既是不动，如何到？看他古人得了。”等闲拈出来，自然抓着人痒处。本曰：“因甚么却道最苦瞿昙那一通？”谦曰：“你未生时，吾已三度霍山庙里退牙了也。”于是相顾大笑。其友朋琢磨之益，盖如印圈契约之无差，至于会心𩔖然，可使后世想望风采唐中舍文若，于道自谓有所入，每闻僧言师有未语已前之验，未之信，师自梅还时，蓦于舟次见师，师见便曰：“莫是子西之后否？”唐曰：“家大人也。”师曰：“尊翁在无尽第，相从甚久，不如公有个无师自得底道理，但未契得径山手里竹篦在。”唐俯首感叹，炷香致敬，连樯而之鄂渚，勤扣请焉

育王佛照德光禅师，初依光化吉禅师，一日入室，吉问："不是心不是佛不是物，是甚么？"光罔措，遂致疑，通夕不寐。次日诣方丈请益："昨日蒙和尚垂问，既不是心，又不是佛，又不是物，毕竟是甚么？望和尚慈悲指示。"吉震威喝曰："这沙弥，更要我与你下注脚在。"拈棒劈脊便打出，光于是有省。既谒诸名宿，终不自肯。适师领育王，光依法席，师室中问光："唤作竹篦则触，不唤作竹篦则背，不得下语，不得无语？"光拟对，师便棒。光豁然大悟，从前所得，瓦解冰消。

雁山能仁祖元禅师，初谒雪峰预，佛心才，皆已契机。及依师于云门庵，夜坐次，睹僧剔灯始彻证，有偈曰："剔起灯来是火，历劫无明照破。归堂撞见圣僧，几乎当面蹉过。不蹉过是甚么？十五年前奇特，依前只是这个。"师以偈赠之曰："万仞崖头解放身，起来依旧却惺惺。饥飡渴饮浑无事，那论昔人非昔人。"

蒋山善直禅师，初参师于回雁峰下，一日师问之曰："上座甚处人？"直曰："安州人。"师曰："我闻你安州人会厮扑是否？"直便作相扑势。师曰："湖南人吃鱼，因甚湖北人着鲠？"直打筋斗而出。师曰："谁知冷灰里，有粒豆爆。"

平江资寿尼无着妙总禅师，丞相苏公颂之孙女，年三十许，谢世缘而遍参名宿，正信已具。及师住径山，总依结夏，闻师升堂举"药山参石头马祖"语，豁然顿彻。师下座，冯济川随师至方丈曰："某理会得适来和尚所举公案矣。"师曰："居士如何？"川曰："恁么也不得，苏嚧娑婆诃。不恁么也不得，唏哩娑婆诃。恁么不恁么总不得，苏嚧嗘哩娑婆诃。师举似总，总曰：“曾见郭象注庄子。”识者谓却是庄子注郭象。师见总语异，因举“岩头婆子”话问之。总答偈曰：“一叶扁舟泛渺茫，呈桡舞棹别宫商。云山水月俱抛却，赢得庄周蝶梦长。”师休去，川疑总所悟未实，后过无锡，招至舟中问曰：“婆生七子，六个不遇知音，只这一个也不消得，便弃水中。大慧老师言：‘道人理会得。’如何理会？”总曰：“已上供通，并是诣实。”川大惊。一日师挂牌次，总入室，师问：“古人不出方丈，为甚么却去庄上吃油糍？”总曰：“和尚放妙总过，妙总方敢通个消息。”师曰：“我放你过，你试道看。”总曰：“妙总亦放和尚过。”师曰：“争奈油糍何。”总喝一喝而出。

侍郎无垢居士张九成，未第时，则心慕杨文公吕微仲之学，谒宝印明，问入道之要，明曰：“此事惟念念不舍，久久纯熟，时节到来，自然证入。”复举“柏树子”话，令时时提撕。公久之无省，辞谒善权清。公问，此事人人有分，个个圆成，是否？”清曰：“然。”公曰：“为甚么某无个入处？”清于袖中出数珠示之曰：“此是谁底？”公俯仰无对。清复袖之曰：“是汝底则拈取去，才涉思惟，则不是汝底。”公悚然，未几留苏氏馆，一夕如厕，正提“柏树子”话，闻蛙声释然契入，述偈曰：春天月夜一声，蛙撞破乾坤共一家。正恁么时谁会得，岭头脚痛有玄沙。禅林类聚云：“公谒胡，文定公，问修己治心之道，胡曰：‘公但熟读孟子，将他言仁义处，类作一处看。’一日如厕，因思恻隐之心乃仁之端，忽闻蛙鸣，豁然有省，不觉自举云：‘如何是祖师西来意，庭前柏树子。’不觉大笑，汗下被体，遂述偈同上。”录以博异届明谒法印一公，机语颇契，适私忌，就明静庵供云水。主僧惟尚，才见乃展手，公便喝。尚批公颊，公趋前。尚曰："张学录何得谤大般若？"公曰："某见处只如此，和尚又作么生？"尚举"马祖升堂百丈卷席"话诘之。叙语未终，公推倒桌子，尚大呼张学录杀人。公跃起问旁僧曰："汝又作么生？"僧罔措，公殴之，顾尚曰："祖祢不了，殃及儿孙。"尚大笑。公呈偈曰："卷席因缘也大奇，诸方闻举尽攒眉。台盘趯倒人星散，直汉从来不受欺。"绍兴癸丑魁多士，复谒尚于东庵，尚曰："浮山圆鉴云：'饶你入得汾阳室始到浮山门，亦未见老僧在，公作么生？'公叱侍僧曰：'何不只对？'僧罔措，公打僧一掌曰：'虾蟆窟里果没蛟龙。'公一日访规首座，才相见，规便问：'承闻学士因蛙鸣有个入处，是否？'公曰：'那里得这消息来？'规云：'现成公案，讳作甚么？'公厉声云：'火发也。'规顾视旁僧，公云：'烧到你脚跟也。'规云：'将谓你有长处，元来只在这里。'又一日同规围炉坐次，规蓦拈火抄云：'不得唤作火抄毕竟唤作甚么？'公乃掣火抄，踢倒汤瓶而出。师董径山，有传师语要至公，公阅而叹曰："是知宗门有人，恨不一见。"逮庚申造径山，一日与冯济川诸君，议及格物。师曰："公只知有格物，而不知有物格。"公茫然，师大笑。公曰："师能开谕乎？"师曰："不见小说载。唐人有与安禄山谋叛者，其人先为阆守，有画象在焉。"明皇幸蜀见之怒，令侍臣以剑击其首。时阆守在陕西，首忽堕地，公顿领微旨，题不动轩壁曰："子韶格物，昙晦物格。欲识一贯，两个五百。"师肯之。又一日问曰："前辈既得了，何故复理会临济四料拣，则甚议论？"师曰：

“公之所见，只可入佛，不可入魔，岂可不从料拣中去耶。公遂举“克符问临济”，至人境两俱夺，不觉欣然。师曰：“余则不然。”公曰：“师意如何?”师曰：“打破蔡州城，杀却吴元源。”公于言下得大自在，尝曰：“某每闻径山老人所举因缘，如千门万户，不消一蹋而开。或与联舆接席，登高山之上。或缓步徐行，入深水之中。非出常情之流，莫知吾二人落处，某了末后大事。实在老人处，此瓣香不敢孤负他也。辛酉，公丁父忧，过径山饭僧，秉钧者谓：公与师议及朝政，遂窜师于衡阳，公服除，安置南安。丙子春放还，道次新淦，而师适至相见，惟剧谈宗旨。未尝一言及往事时，公甥干宪侍次，公令甥拜师，宪曰：“素不拜僧。”公曰：“汝试扣之。”宪遂举“中庸天命”之谓性，率性之谓道，修道之谓教以问。师曰：“凡人既不知本命元辰下落处，又要牵好人入火坑如何?”圣贤于打头一着不凿破。宪曰：“吾师能为圣贤凿破否?”师曰：“天命之谓性，便是清净法身。率性之谓道，便是圆满报身。修道之谓教，便是千百亿化身。公顾宪曰：“子拜何辞?”公与三川道人，论不愁念起惟怕觉迟。公颂曰：“念是贼子，觉是贼魁，捶杀贼魁。贼子何归，堂堂大路，惟吾独之。越南燕北，辽东陇西，撒手便到。何虑何疑？神剑在山，锷冷光寒，魈夔魍魉，莫之敢干。此名真觉。秦时轑轹，师赓曰：“说觉说念，翻背作面。无念无觉，何处摸索。起是谁起，觉是谁觉？豁开户牖，太虚辽廓。撒手前行不顾人，秦时轑轹何时作。”公后设心六度，不为子孙计，因取《华严》善知识，日供其二回食，以饭缁流。又尝供十六大天，而诸位茶杯悉为乳，公述偈曰：“稽首十方佛法僧，稽首一切护法天。我今供养三宝天，如海一滴牛一毛。有何妙术能感格，试借意识为汝说。我心与佛天无异，一尘才起大地隔。倘或尘销觉圆净，是故佛天来降临。我欲供佛佛即现，我欲供天天亦现。佛子若或生狐疑，试问此乳何处来？狐疑即尘尘即疑，终与佛天不相似。我今为汝扫狐疑，如汤沃雪火消冰。汝今微有疑与惑，鹞子便到新罗国。”

参政李邴居士字汉老，醉心祖道有年，闻师排默照为邪禅，心疑且怒，过师观听。值师方示众，举“赵州柏树子”话垂语曰：“庭前柏树子，今日重新举。打破赵州关，特地寻言语。敢问大众。既是打破赵州关，为甚么特地寻言语？”良久曰：“当初只道茆长短，烧了方知地不平。”士忽领悟，谓师曰：“无老师后语，几蹉过此生。”后有书与师咨询录于前

士病将革，以偈寄教忠弥光禅师曰：“曩岁曾经度厄津，深将法力荷云门。如今稍觉神明复，拟欲酬师不报恩。”光公答曰：“胡床稳坐已通津，何处还寻不二门。八苦起时全体现，不知谁解报深恩。”士得其报，阅罢而逝。其处生死之大变，泊然不变，而言神明还复，可见平昔矣。

履略

师三十七岁，而悟道，庵居者十余年，及主径山，法席之盛，冠于一时。既以子韶兴当路相左，贬于衡阳者十年，复移梅阳五年。梅乃瘴疠之地，非人所居，而缁衲奔凑，憧憧不绝。归领育王二年，复领径山四年，退老于明月堂三年，隆兴元年癸未七月十二日示疾，十四日有大星陨于寝室

之后，流光有声，八月九日训勉四众曰："吾翌日行矣。"至五鼓亲书遗奏及紫岩居士书，侍僧了贤请偈，师厉声曰："无偈便死不得也。"援笔曰："生也恁么，死也恁么。有偈无偈，是甚么热大？"掷笔而逝，世寿七十有五，坐五十八夏。塔全身于明月堂之侧，《语录》八十卷，随大藏流行。

《年谱》作六十卷，《年谱》所载书问法语普说之目，今藏本多不具，不知此三函者，何人所节略？《续灯》谓："从师得法，如鼎需、思岳、弥光、悟本、守净、道谦、遵璞、祖元、冲密等九人，皆契悟广大，先师而没，《语录》世不睹全本。弟子之超卓者又蚤世，不使久开法，俾法嗣广布，为人天眼，甚哉！末法之可悲也。"

图书在版编目（CIP）数据

指月录（上、下）/（明）瞿汝稷编撰；德贤，侯剑整理．
—成都：巴蜀书社，2011.12（2024.8. 重印）
（佛典丛书）
ISBN 978-7-80752-956-9

Ⅰ.①指… Ⅱ.①瞿…②德…③侯… Ⅲ.①禅宗—
中国—古代 Ⅳ.①B946.5

中国版本图书馆 CIP 数据核字（2011）第 259177 号

指月录（上、下）　［明］瞿汝稷　编撰
ZHIYUELU　德贤　侯剑　整理

责任编辑　王　雷
责任印制　田东洋　谷雨婷
出　　版　巴蜀书社
　　　　　成都市锦江区三色路 238 号新华之星 A 座 36 层
　　　　　邮政编码：610023
　　　　　总编室电话：（028）86361843
网　　址　www.bsbook.com
发　　行　巴蜀书社
　　　　　发行科电话：（028）86361847
经　　销　新华书店
印　　刷　四川五洲彩印有限责任公司
　　　　　电话：（028）85011398
版　　次　2012 年 1 月第 2 版
印　　次　2024 年 8 月第 16 次印刷
成品尺寸　210mm×148mm
印　　张　32.5
字　　数　700 千
书　　号　ISBN 978-7-80752-956-9
定　　价　75.00 元（上下册）